MORALTHEOLOGISCHE STUDIEN
NEUE FOLGE – Bd. 8

Begründet von Josef Georg Ziegler – Herausgegeben von Clemens Breuer

Thomas Maria Rimmel

Die Theologie des Leibes von Papst Johannes Paul II.

Philosophische und theologische Grundlagen

eos

Umschlagsabbildung: Michelangelo Buonarroti, Erschaffung des Adams,Sixtinische Kapelle (Detail)

mail@eos-verlag.de
www.eos-verlag.de

ISBN 978-3-8306-7653-9

Bibliografische Information der Deutschen Bibliothek
Die Deutsche Bibliothek verzeichnet diese Publikation in der Deutschen Nationalbibliografie; detaillierte bibliografische Angaben sind im Internet unter http://dnb.ddb.de abrufbar.

Druck und Bindung: EOS-Druck Sankt Ottilien
Printed in Germany

Meinen Eltern

VORWORT

Die vorliegende Arbeit wurde im Herbst 2013 von der Katholisch-Theologischen Fakultät der Universität Augsburg als Dissertationsschrift angenommen.

Mein Dank gilt vor allem Hochw. Herrn Professor Dr. Joachim Piegsa, der mich als Doktorvater mit seiner reichen wissenschaftlichen Erfahrung und mit großem persönlichem Interesse am Denken Karol Wojtyłas bzw. Johannes Pauls II. begleitet hat. Nie wurde er müde, mich zur Fertigstellung der Arbeit über die „Theologie des Leibes" anzuspornen. Die darin enthaltene Konzeption der menschlichen Liebe betrachtet er als prophetisch. So ermutigte er mich, den personalistischen Ansatz im Blick auf den göttlichen Heilsplan moraltheologisch wie auch fundamentaltheologisch auszuwerten. In seiner treuen und hingebungsvollen Art ist mir Prof. Piegsa all die Jahre hindurch auch zu einem echten priesterlichen Vorbild geworden.

Außerdem gilt mein Dank den Hochw. Herrn Professoren Hans Christian Schmidbauer, Manfred Hauke und André-Marie Jerumanis der Tessiner Facoltà di Teologia für zahlreiche nützliche Hinweise. Die Diskussionen in der Mensa der Università della Svizzera italiana und die „Nikodemusgespräche" im Pfarrhaus von San Giorgio am Monte Bré in Lugano waren eine richtungweisende Bereicherung. Hilfreich für die Arbeit waren die vielen Anregungen meines priesterlichen Freundes Erich Maria Fink, der als Pfarrer in Beresniki/Russland tätig ist und sich als Mitherausgeber für die Zeitschrift „Kirche heute" engagiert.

Aufrichtig danke ich Hochw. Herrn Professor Dr. Peter Hofmann für die Erstellung des Zweitgutachtens und Hochw. Herrn Msgr. Ortwin Gebauer für das Korrekturlesen.

Herrn Professor Dr. Clemens Breuer danke ich für die Aufnahme dieser Arbeit in die Reihe „Moraltheologische Studien – Neue Folge".

Vergelt's Gott allen, die durch ihr Gebet und durch anderweitige Unterstützung zum Gelingen dieser Promotion beigetragen haben. Es ist für mich eine tiefe Freude, dass die Publikation der vorliegenden Arbeit genau mit der Heiligsprechung Johannes Pauls II. zusammenfällt. So danke ich Gott und übergebe in seine Hände meinen bescheidenen Beitrag zur Aufarbeitung des Erbes dieses großen heiligen Papstes.

Bad Wörishofen, den 22. Februar 2014
Thomas Maria Rimmel

INHALTSVERZEICHNIS

0. EINLEITUNG

Joseph Ratzinger bezeichnete es als „eine Fügung der Vorsehung“, dass mit Karol Wojtyła/Johannes Paul II. (1920-2005) „ein ‚Philosoph‘ auf den Stuhl Petri stieg“[1]. Seine erste Begegnung mit dem damaligen Krakauer Erzbischof Karol Wojtyła und späteren Papst war indirekt. Nach der Teilnahme an einem internationalen Philosophenkongress in Neapel berichtet ihm der befreundete Philosoph Josef Pieper (1904-1997), „das eigentliche Ereignis dieser Tage“ war der Beitrag des Krakauer Metropoliten: „Da sei er endlich einmal wieder einem wirklichen Philosophen begegnet, der mit frischer Kraft und genialer Intuition die wesentlichen Fragen neu stellte, nicht in akademischen Theorien verfangen, sondern von der Leidenschaft des Erkennens und dem Willen zur Wahrheit beseelt. Diesen Namen müsse man sich merken.“[2] Im Frühjahr 1974 hielt Wojtyła zum 700. Todestag des Thomas von Aquin (1224/5-1274) ein Referat zum Thema: *Die personale Struktur der Selbstbestimmung*[3]. Darin findet der Grundansatz Wojtyłas einen bleibenden Ausdruck. Denn er versucht die Wirklichkeit über die Analyse der Struktur der menschlichen Person zu erschließen. Dabei verwendet er einerseits die phänomenologische Methode, verbindet sie aber mit einem metaphysischen Konzept, das sich seiner Überzeugung nach aus der Evidenz der beobachteten Tatsachen ergibt. Gegenstand seiner Untersuchungen, bei der er die Synthese beider Zugänge als methodischen Ansatz verwendet, ist die sittliche Erfahrung des Menschen. Auf diese Weise wird für ihn die Erfahrung zur Brücke zwischen Anthropologie und Ethik, einer Verknüpfung, welche für die philosophische Konzeption Karol Wojtyłas kennzeichnend ist.

Von Anfang an dreht sich das Denken Karol Wojtyłas/Johannes Pauls II.[4] um eine wesentliche Frage, nämlich die Frage nach dem Menschen. Die zeitlose Ak-

1 Ratzinger, Einheit, 24.

2 Ratzinger, Begegnungen, 44. Fasziniert vom Krakauer Erzbischof waren auch Henri de Lubac (1896-1991) („Mann von allergrößten Fähigkeiten“) und Yves Congar (1904-1995) („Wojtyła machte einen hervorragenden Eindruck. Seine Persönlichkeit ist dominierend. In diesem Menschen steckt Leben, eine magnetische Kraft, eine prophetische Stärke, eine große Gelassenheit. Es ist unmöglich, ihm zu widerstehen“), nachdem sie während des Zweiten Vatikanischen Konzils mit Wojtyła in einem Unterausschuss zusammengearbeitet hatten (Vgl. Weigel, Zeuge, 174).

3 Vgl. Wojtyła, Die personale Struktur der Selbstbestimmung, 13-23. Zuerst hielt Wojtyła diesen Vortrag „am 12.3.1974 im Rahmen der XVII. Philosophischen Woche der KUL unter dem Titel ‚Aktualität des Thomismus. Zum 700. Todestag des hl. Thomas von Aquin‘“ (Wojtyła, Die Aufgabe christlicher Philosophie, [Anm. 1] 108).

4 Joseph Ratzinger stellt einerseits fest, „dass dieser Papst sehr wohl zwischen den persönlichen Ansichten von Karol Wojtyła und seinem Lehramt als Papst zu unterscheiden“ wusste, doch

tualität dieser Frage hat das Zweite Vatikanische Konzil (1962-1965) mit dem Dokument *Gaudium et spes* unterstrichen, an dessen Zustandekommen Wojtyła als damaliger Erzbischof von Krakau maßgeblich beteiligt war. Darin heißt es wörtlich: „Was ist der Mensch? Was ist der Sinn des Schmerzes, des Bösen, des Todes – alles Dinge, die trotz solchen Fortschritts noch immer weiter bestehen? Wozu diese Siege, wenn sie so teuer erkauft werden mussten? Was kann der Mensch der Gesellschaft geben, was von ihr erwarten? Was kommt nach diesem irdischen Leben?“[1] Für Ratzinger stehen mit diesen konkreten Fragestellungen bei Wojtyła „auch die Fragen der Moraltheologie im Zentrum seines theologischen Interesses“[2]. Letztendlich geht es Wojtyła darum, so Ratzinger, ob „wir eine aus dem Wesen des Menschen und der Dinge selbst kommende Norm, der man nie zuwiderhandeln dürfte, (…) erkennen können.“[3] Alle literarischen[4], philosophischen[5] und theologischen[6] Werke Karol Wojtyłas/Johannes Pauls II. zeugen nach Paul Poupard von einer „authentischen Leidenschaft für die philosophische Suche nach der Wahrheit der menschlichen Person“[7]. Johannes Paul II. selbst spricht von einem lebenslangen „Staunen über das Wunder der Person, über die Ebenbildlichkeit des Menschen mit dem einen und dreifaltigen Gott, einem Staunen über die so tiefe Beziehung zwischen Liebe und Wahrheit, über das Geheimnis der gegenseitigen Hingabe und das Leben“[8].

In seinem philosophischen Hauptwerk *Person und Tat* (1969) stellt Wojtyła dar, wie sich aus der allgemein zugänglichen Erfahrung des Menschen eine Anthropologie erschließen lässt. Ziel ist die „Erkenntnis des Menschen sozusagen

weist er gleichzeitig darauf hin, „dass die beiden Aspekte nicht heterogen nebeneinander stehen, sondern eine einzige Persönlichkeit zum Ausdruck bringen“ (Ratzinger, Einheit, 20).

1 GS 10. Ebenso programmatisch für den philosophisch-theologischen Ansatz Karol Wojtyłas/Johannes Pauls II. ist die Aussage des Konzils: „In Wahrheit hängen die Störungen des Gleichgewichts, an denen die moderne Welt leidet, mit jener tiefer liegenden Störung des Gleichwichts zusammen, die im Herzen des Menschen ihren Ursprung hat“ (GS 10).

2 Ratzinger, Einheit, 24.

3 Ratzinger, Glaube als Weg, 566.

4 Vgl. z. B. Wojtyła, Die Jugendgedichte des Papstes, Köln 2000; Ders., Jeremia, Paderborn 1996; Jawień/Wojtyła, Der Laden des Goldschmieds, Freiburg 1980; Wojtyła, Der Bruder unseres Gottes, Freiburg 1981; Ders., Tutte le opere letterarie, Mailand 2001; Wojtyła/Johannes Paul II., Der Gedanke ist eine seltsame Weite, Freiburg 1990; Johannes Paul II., Römisches Triptychon, Freiburg 2003.

5 Vgl. z. B. Wojtyła/Johannes Paul II., Primat des Geistes, Stuttgart-Degerloch 1980; Ders., Lubliner Vorlesungen, Stuttgart-Degerloch 1981; Wojtyła, Person und Tat, Freiburg 1981; Ders., Person and Community. Selected Essays, New York 1993; Ders., Perchè l'uomo. Scritti inediti di antropologia e filosofia, Mailand 1995; Ders., Wer ist der Mensch? Skizzen zur Anthropologie, München 2011.

6 Vgl. z. B. Wojtyła, Der Glaube bei Johannes vom Kreuz, Wien 1998; Ders., Quellen der Erneuerung. Studie zur Verwirklichung des Zweiten Vatikanischen Konzils, Freiburg 1981; Ders., Zeichen des Widerspruchs. Besinnung auf Christus, Freiburg 1979; Johannes Paul II., Die Schwelle der Hoffnung überschreiten, Hamburg 1994.

7 Poupard, Denker, 41.

8 Johannes Paul II., Auf, lasst uns gehen, 104.

aus den Quellen der Selbst-Erfahrung und des Selbst-Verstehens"[1]. Mit diesem Ansatz sieht er sich in der Tradition der griechischen Philosophie: „Am Architrav des Tempels von Delphi war die ermahnende Aufforderung: *Erkenne dich selbst!* eingemeißelt", so Johannes Paul II., „als Zeugnis für eine Grundwahrheit, die als Mindestregel von jedem Menschen angenommen werden muss, der sich innerhalb der ganzen Schöpfung gerade dadurch als ‚Mensch' auszeichnen will, dass er sich selbst erkennt."[2] Er verweist aber auch auf die Heilige Schrift und auf Augustinus (354-430).[3] Von 1979 bis 1984 nützte er als Papst die sog. Mittwochskatechesen bei den allwöchentlichen Generalaudienzen dazu, um „eine Anthropologie aufzustellen oder wenigstens zu entwerfen, die wir als ‚Theologie des Leibes' bezeichnen können"[4]. Mit diesem mehrjährigen Katechesenzyklus, der kurz *Als Mann und Frau schuf er sie* oder nur *Mann und Frau* betitelt wird, „ist Johannes Paul II. der erste gewesen, der in die Sprache des Lehramts den Ausdruck ‚Theologie des Leibes' einführte"[5]. Wie noch zu zeigen sein wird, stellt die „Theologie des Leibes" Johannes Pauls II. eine kontinuierliche, aber wesentliche Weiterentwicklung seiner früheren philosophischen Anthropologie dar. Lino Ciccone weist zu Recht darauf hin, bei der „Theologie des Leibes" stehe der „Leib" eben nicht nur für eine der Komponenten des Menschen, sondern für den in der Perspektive seiner Körperlichkeit gesehenen ganzen Menschen als Konkretheit, sodass „Anthropologie", „adäquate Anthropologie", „theologische Anthropologie" und „Theologie des Leibes" synonyme Begriffe seien[6]. „Was wir gewöhnlich als Theologie des Leibes bezeichnen", bestätigt Johannes Paul II., „erweist sich als etwas wahrhaft Grundlegendes und Bestimmendes für die gesamte anthropologische Hermeneutik – und zugleich als ebenso grundlegend für die Ethik und die Theologie."[7]

---

1 Wojtyła, Person und Tat, 61.

2 Johannes Paul II., Fides et ratio, Nr. 1.

3 „‚Dieses Gebot, auf das ich dich heute verpflichte, geht nicht über deine Kraft und ist nicht fern von dir. Es ist nicht im Himmel, sodass du sagen müsstest: Wer steigt für uns in den Himmel hinauf, holt es herunter und verkündet es uns, damit wir es halten können? Es ist auch nicht jenseits des Meeres, sodass du sagen müsstest: Wer fährt für uns über das Meer, holt es herüber und verkündet es uns, damit wir es halten können? Nein, das Wort ist ganz nah bei dir, es ist in deinem Mund und in deinem Herzen, du kannst es halten' ([Dtn] 30, 11-14). Diesem Text stimmt der heilige Augustinus, Philosoph und Theologe, mit dem berühmten Gedanken zu: ‚Noli foras ire, in te ipsum redi. In interiore homine habitat veritas' [Geh nicht nach draußen, kehre zu dir selbst zurück. Im Inneren des Menschen wohnt die Wahrheit]" (Johannes Paul II., Fides et ratio, Nr. 15).

4 Johannes Paul II., Die menschliche Liebe im göttlichen Heilsplan. Eine Theologie des Leibes, Martin N. u. R. (Hg.), Kisslegg ²2008, 365.

5 „Giovanni Paolo II è stato il primo a introdurre nel linguaggio del magistero l'espressione ‚teologia del corpo'" (Concetti, Relazioni, 48). (Eigenübersetzung)

6 Vgl. Ciccone, Uomo-Donna, 19.

7 Johannes Paul II., Die menschliche Liebe im göttlichen Heilsplan. Eine Theologie des Leibes, 488.

0.1 AKTUALITÄT DER ARBEIT

„Wenn man in der katholischen Presse Deutschlands lesen kann, dass beispielsweise in den USA eines der vorrangigen Themen, mit denen sich die kirchlichen Medien befassen, die Mittwochsansprachen des Heiligen Vaters seien, die ein ‚Ereignis' von großer Tragweite für alle Katholiken der Welt darstellen," schreibt Norbert Martin 1987 drei Jahre nach Abschluss der Katechesen, „dieses Ereignis aber in Deutschland keinerlei Beachtung gefunden habe, so fragt man sich, woran das liegt. Denn zumindest die theologische Wissenschaft (Exegese, Moraltheologie, christliche Soziallehre, Ethik, Pastoraltheologie usw.) kann an ihnen nicht vorbeigehen."[1] Über drei Jahrzehnte später gehört für Benedikt XVI. sicherlich auch die „Theologie des Leibes" zum „noch längst nicht ausgeschöpfte[n] Schatz der Dokumente (...), die uns Papst Johannes Paul II. geschenkt hat"[2], doch scheint sich das Blatt zu wenden. Allmählich finden die Katechesen in der theologischen Diskussion deutscher Sprache Beachtung. Beispiele sind die Beiträge der Philosophin Hanna-Barbara Gerl-Falkovitz[3] und des Moraltheologen Gerhard Höver[4]. Vorausgegangen aber war ein wachsendes Interesse vonseiten der Jugendlichen.[5] Außerhalb Deutschlands „bilden sich mehr und mehr Gruppen von jungen Menschen an Universitäten und in anderen Kontexten", erklärt Michael Waldstein, „die zusammen ‚*Mann und Frau'* lesen und in ihrer eigenen Erfahrung verifizieren."[6] Ein „anderer Kontext" waren z. B. die Weltjugendtage 2008 in Sydney und 2011 in Madrid, deren Workshops mit Christopher West zum Thema „Theologie des Leibes" sich größter Nachfrage erfreuten.[7] Nicht zuletzt dadurch wurden Jugendliche aus dem deutschsprachigen Raum auf die „Theologie des Leibes" Johannes Pauls II. aufmerksam gemacht. Zwar gilt es zu bedenken, dass das Interesse der jungen Menschen auf die praktischen Fragen ihrer Lebensgestaltung ausgerichtet war. Die Vermittlung der „Theologie des Leibes" reduzierte sich dementsprechend auf die Sexualmoral. Tatsächlich erscheint das „Ethos des Leibes" in der Konzeption Johannes Pauls II., doch stellt die katholische Sexualmoral eben nur eine, wenn

1 Martin, Katechesen, 4.

2 Benedikt XVI., Predigt zur Missa, 9.

3 Gerl-Falkovitz, „Als Mann und Frau schuf er sie ..." Die Erlösung des Leibes und seiner Geschlechtlichkeit nach Johannes Paul II., in: Nissing, H.-G./Zekorn S. (Hg.), Staunend vor dem Menschen. Das Denken Papst Johannes Pauls II., Kevelar 2011, 59-79.

4 Höver, Verantwortete Elternschaft – Überlegungen im Hinblick auf eine Theologie des Leibes, Freiburg/Br. 2011, 263-278.

5 Vgl. Percy, Theology of the Body, 9.

6 Waldstein, Mann und Frau, 516.

7 Während des Weltjugendtags in Madrid 2011 wurde vom *Institut Johannes Pauls II. für Studien über Ehe und Familie* in Rom in Kooperation mit den *Vatikanischen Museen* auch eine Ausstellung zum Thema „Johannes Paul II.: die Theologie des Körpers in der Sixtinischen Kapelle" mit dem „Ziel" präsentiert, „den Jugendlichen die Schönheit und Wahrheit der Berufung der Liebe des menschlichen Körpers zu zeigen" (Arzobispado di Madrid, Der Leitfaden, 89).

auch bedeutende Konsequenz der Prinzipien der „Theologie des Leibes“ dar. Jedenfalls scheinen gerade die Jugendlichen die Tragweite der „Theologie des Leibes“ intuitiv zu erfassen, ähnlich wie sie sich im Rahmen der Weltjugendtage der „Vision der Hoffnung“ Johannes Pauls II. geöffnet haben.[1] Heinrich Fries nennt die Hoffnung ein Herzensanliegen dieses Papstes.[2] Anlässlich des 50-jährigen Bestehens der UNO bezeichnete sich Johannes Paul II. vor der Völkerfamilie selbst als „Zeuge für die Hoffnung“[3].

Waldstein spricht im Blick auf die „Theologie des Leibes“ „schon von einer neuen sexuellen Revolution, die von *Johannes Paul II.* ausgeht.“[4] Der Papstbiograf George Weigel betont die prophetische Dimension der „Theologie des Leibes“. Die „katechetischen Ansprachen stellen zusammen eine Art theologischer Zeitbombe dar, die mit dramatischen Konsequenzen irgendwann im dritten Millennium der Kirche hochgehen wird“, so Weigel: „Wenn das geschieht, vielleicht im 21. Jahrhundert, könnte die Theologie des Leibes durchaus als entscheidender Augenblick nicht nur in der katholischen Theologie, sondern auch in der Geschichte des modernen Denkens angesehen werden.“[5] Der vormalige Rektor der Päpstlichen Lateran-Universität in Rom, Angelo Scola, äußerte Weigel gegenüber in einem persönlichen Gespräch, „dass praktisch jede These in der Theologie – Gott, Christus, die Dreifaltigkeit, die Gnade, die Kirche, die Sakramente – in neuem Licht gesehen werden könne, wenn die Theologen gründlich den Personalismus erforschen würden, der in Johannes Pauls Theologie des Leibes enthalten ist.“[6]

In diesem Spannungsfeld zwischen jugendlicher Intuition, prophetischer Klassifikation und akademischem Interesse ist die Aktualität der vorliegenden Arbeit erkennbar. Sie ist im Bereich der Fundamentalmoral angesiedelt und stellt den Versuch dar, eine kritische und systematische Interpretation der „Theologie des Leibes“ Johannes Pauls II. im Licht der philosophischen Anthropologie Karol Wojtyłas vorzulegen. Gleichzeitig ist es ihr Anliegen, seine ethischen sowie theologischen Prinzipien herauszuarbeiten. Dass die Beschäftigung mit dem Thema immer auch Fragestellungen der Speziellen Moral impliziert, liegt in der Natur der Sache, gehört doch die „Fleischwerdung“ (vgl. Joh 1,14) zum Proprium der „Theologie des Leibes“. Schließlich fordert das

1 Vgl. Rimmel/Fink, Weltjugendtage I-V.

2 „Wenn ich mich frage, worin das Besondere besteht, was dem jetzigen Papst so sehr am Herzen liegt und was zugleich seine Qualifikation ausmacht, dann würde ich sagen, er versteht seinen Petrusdienst als Dienst am Glauben vor allem dadurch, dass er nicht so sehr Verbote, Warnungen, Gesetze in Anspruch nimmt, sondern den Glauben als Ermutigung, als frohe Botschaft, als Orientierung für das Leben, als Sinngebung menschlicher Situationen, als Freude und als Hoffnung für die Welt vermittelt“ (Fries, Papsttum, 74).

3 Johannes Paul II., Ansprache vor den Vereinten Nationen, 4.

4 Waldstein, Mann und Frau, 516.

5 Weigel, Zeuge, 358.

6 Ebd., 357.

Phänomen „Leib“ per se den Schritt vom reinen Noumenalen zum konkreten Vollzug. Dabei gilt es zu klären, inwieweit Johannes Paul II. tatsächlich konkrete Hilfestellungen geboten hat. Denn die „Theologie des Leibes“, wie sie Johannes Paul II. entfaltet hat, darf nicht auf Fragen wie die moraltheologische Beurteilung von Familienplanung und Empfängnisregelung reduziert werden. Sie umfasst ebenso die Auseinandersetzung mit der Sakramentalität der Ehe, ekklesiologische Interpretationen, Reflexionen über das Wesen der Eucharistie und gipfelt in einer heilstheologischen Deutung des ganzen Kosmos und seiner eschatologischen Bestimmung.

0.2 AUTHENTISCHE FASSUNG DER PÄPSTLICHEN KATECHESEN ÜBER DIE „THEOLOGIE DES LEIBES“

„Theologie des Leibes“ ist eine Formulierung, die von Johannes Paul II. selbst stammt. Zunächst handelt es sich um eine Schrift, die er kurz vor seiner Wahl zum Papst verfasste. „Kardinal Wojtyła hatte das Projekt“, so Weigel, „aus dem schließlich der erste Teil der Theologie des Leibes wurde, schon in Krakau entworfen. Wie er sich Jahre später erinnerte, hatte er sein Forschungsmaterial in das Konklave mitgebracht, das im August 1978 Johannes Paul I. wählte, und arbeitete dort an dem Entwurf.“[1] Wie seine Antrittsenzyklika *Redemptor hominis* vom 4. März 1979 brachte er die „Theologie des Leibes“ sozusagen in seinem Gepäck mit nach Rom.[2] Dieses „Manuskript wird im Johannes-Paul-II.-Archiv (Dom Polski, Via Cassia, Rom) aufbewahrt“[3], erklärt Waldstein. In welcher Weise Johannes Paul II. diesen polnischen „Urtext“ als Vorlage benutzte, belegen Schriftstücke im Johannes-Paul-II.-Archiv.[4] Als einzige Ausgabe enthält die von der Libreria Editrice Vaticana 1986 publizierte polnische Edition der Katechesen die originale Gliederung dieses polnischen Manuskripts.[5] Vor der Papstwahl trug die „Theologie des Leibes“ den Titel *Als Mann und Frau schuf er sie* und wurde von Johannes Paul II. schließlich in der Form der Mittwochskatechesen von 1979 bis 1984 vorgetragen.[6] Nach Waldstein „hatte [er] insgesamt 135 Katechesen vorbereitet, von denen er einige vor den entsprechenden Audienzen kürzte.“[7] Gehalten hat er lediglich 129 Ansprachen, die sukzessi-

1 Ebd., 350.

2 „Sie werden sich erinnern, dass meine erste Enzyklika über den Erlöser des Menschen (*Redemptor hominis*) (…) einige Monate nach meiner Wahl, erschienen ist. Dies heißt, dass ich ihren Inhalt in Wirklichkeit *in mir* trug. In gewisser Weise brauchte ich aus meiner Erfahrung nur noch das niederzuschreiben, von dem ich an der Schwelle zum Pontifikat bereits lebte“ (Johannes Paul II., Die Schwelle der Hoffnung, 76).

3 Waldstein, Mann und Frau, [Anm. 2] 514.

4 Vgl. Waldstein, Introduction, 7.

5 Vgl. Waldstein, Mann und Frau, 520.

6 Vgl. Waldstein, Introduction, 7.

7 Waldstein, Mann und Frau, [Anm. 5] 515.

ve in den verschiedenen Landessprachen im *L'Osservatore Romano* publiziert wurden. Deshalb ist im Rahmen dieser Arbeit die Rede immer von 129 Katechesen. Aufgrund der Tatsache aber, dass Johannes Paul II. Katechesen gehalten bzw. nicht gehalten oder nicht in der Weise gehalten hat, divergiert in den verschiedenen Übersetzungen und Editionen die Gesamtzahl samt Nummerierung. Gängige Editionen zählen 133 Katechesen. Alle 135 Katechesen finden sich in der genannten polnischen Ausgabe von 1986.

Eine erste handliche Gesamtausgabe in italienischer Sprache mit dem Titel *Uomo e Donna lo creò. Catechesi sull'amore umano* erschien 1985 und liegt zwischenzeitlich mit 133 Katechesen (und eine als Anhang) in der 9. Auflage vor.[1] Diese Zusammenstellung ist ein Werk des von Johannes Paul II. begründeten und an der Päpstlichen Lateran-Universität in Rom angesiedelten *Pontificio Istituto Giovanni Paolo II per Studi su Matrimonio e Famiglia*.[2] Diese Herausgeberschaft verleiht dem „Buch den Charakter einer gleichsam offiziösen Sammlung"[3]. Eine einbändige englischsprachige Ausgabe ist seit 1997 erhältlich.[4] Die aktuelle Edition *Man and Woman He created Them. A Theology of the Body* von 2006 zählt 133 Katechesen und wurde von Michael Waldstein neu übersetzt.[5] Beachtung verdienen seine ausführliche Hinführung und der von ihm erstellte Index. Aufmerken lässt der Untertitel „Eine Theologie des Leibes". Denselben Untertitel trägt die aktuelle deutschsprachige Ausgabe: *Die menschliche Liebe im göttlichen Heilsplan. Eine Theologie des Leibes*[6]. Im Gegensatz zur zweibändigen Edition von 1985[7] wurde es nach Norbert Martin

1 Giovanni Paolo II, Uomo e Donna lo creò. Catechesi sull'amore umano, Vatikan ^{9}2009. Johannes Paul II. hat von 10 schriftlich vorliegenden Katechesen zwischen dem 23. Mai und dem 27. Juni 1984 nur vier gehalten. Zudem fehlen in der ersten italienischen Edition (Giovanni Paolo II, Uomo e Donna lo creò, Vatikan 1985) die beiden tatsächlich vorgetragenen Katechesen vom 29. Sept. 1982 und 4. Juli 1984. In der 2. Aufl. von 1987 wurde die Katechese vom 29. Sept. 1982 als Anhang beigefügt. Die andere fehlt weiterhin. Die 117. Katechese ist mit keinem Datum versehen, da sie der Papst vermutlich aus Zeitgründen nicht vorgetragen hat. Man findet diese zwar sowohl in der polnischen Ausgabe von 1986 als auch in „Uomo e Donna lo creò", nicht aber in den *Insegnamenti di Giovanni Paolo II (Vgl.* Waldstein, Systems, 732).

2 Benedikt XVI. sagte am 11. Mai 2006 über die Gründung dieses Instituts: „Die Anfänge eures Instituts sind mit einem ganz besonderen Ereignis verknüpft: Am 13. Mai 1981 erlitt mein geliebter Vorgänger Johannes Paul II. auf dem Petersplatz das bekannte schwere Attentat gerade während der Audienz, bei der er die Errichtung eures Instituts hätte ankündigen sollen" (Benedikt XVI., Ansprache anlässlich des 25jährigen Bestehens, 7).

3 „(...) volume il carattere di una raccolta quasi ufficiosa" (Ciccone, Uomo-Donna, 6). (Eigenübersetzung)

4 John Paul II, The Theology of the Body. Human Love in the Divine Plan, Boston 1997.

5 John Paul II, Man and Woman He created Them. A Theology of the Body, Boston 2006.

6 Johannes Paul II., Die menschliche Liebe im göttlichen Heilsplan. Eine Theologie des Leibes, Martin N. u. R (Hg.), Kisslegg ^{2}2008.

7 Johannes Paul II., Die menschliche Liebe im göttlichen Heilsplan. Katechesen 1979-1981, Martin N. u. R (Hg.) (= Communio personarum Bd. 1), Vallendar-Schönstatt 1985; Johannes

auch hier unter Mitarbeit von Waldstein möglich, „den deutschen Text – ausgehend vom italienischen und polnischen Text – wesentlich zu überarbeiten und zu verbessern“, was insbesondere für die „in der Auflage von 1985 noch nicht vorliegenden Katechesen über das Hohelied und Tobit“[1] gelte, die der Papst nur in verkürzter Form vortrug. „Im vorliegenden Text werden erstmals die vollständigen Katechesen in Deutsch abgedruckt. Die gekürzten Katechesen sind in einem Anhang angefügt, sodass man die schriftliche mit der gehaltenen Fassung vergleichen kann.“[2] Diese deutschsprachige Ausgabe zählt 133 Katechesen und hat „bis auf die Katechesen 108 bis 117“ ebenso „die seinerzeit im ‚Osservatore Romano deutsch‘ veröffentlichten Übersetzungen zur Grundlage, die zeitnah zu ihrer Verlesung in den Audienzen angefertigt wurden. Deren Basis ist der italienische Text“[3]. Auf die bleibende Problematik der Übersetzung hat Hanna-Barbara Gerl-Falkovitz hingewiesen.[4] Werden keine eigenen Übersetzungen angeführt, bezieht sich die vorliegende Arbeit in der Zitation der Katechesen auf diese 2008 publizierte deutsche Ausgabe, deren Titel kurz mit „TdL“ (= „Theologie des Leibes“) wiedergegeben wird. Die einzelnen Katechesen werden nach deren fortlaufender Nummerierung mit dem jeweiligen Abschnitt zitiert: „TdL 3,4“ z. B. bezeichnet die 3. Katechese vom 19. September 1979, Abschnitt 4. Bereits erstellte Synopsen bieten Hilfestellungen, ältere oder Ausgaben mit abweichenden Zählweisen zu vergleichen.[5]

Unbestritten ist, dass ein „polnischer *Urtext*“ existiert.[6] Dennoch wurde eine Anfrage Waldsteins an Johannes Paul II. mit einem Schreiben von Erzbischof Leonardo Sandri vom 28. Februar 2005 dahingehend beantwortet, der Original-

---

Paul II., Die Erlösung des Leibes und die Sakramentalität der Ehe. Katechesen 1981-1984, Martin N. u. R. (Hg.) (= Communio personarum Bd. 2), Vallendar-Schönstatt 1985.

1 Martin, Vorwort, 34.

2 Ebd., 35.

3 Ebd., 33-34.

4 „Kritisch zu sehen ist die Übersetzung der Katechesen. Das deutsche Wort ‚Leib‘, etymologisch stammverwandt mit ‚Liebe‘ und ‚Leben‘, drückt genau die Intention des Papstes aus, wird aber zumeist mit ‚Körper‘, der ein mechanisches (totes) Moment einschließt, übersetzt. Ebenso muss das erste Wort der *Genesis* übersetzt werden mit ‚im Anfang‘ (zeitfrei), nicht ‚am Anfang‘ (zeitlich)“ (Gerl-Falkovitz, Mann und Frau [Anm. 1], 59). Deutliche Worte findet Jörg Splett für die Übersetzung der *Lubliner Vorlesungen* (Wojtyła, Lubliner Vorlesungen, Stuttgart-Degerloch 1980): „Ich glaube nicht unterdrücken zu dürfen, dass die Übersetzung z.T. skandalös ist“ (Splett, Anthropologie [Anm. 22], 43).

5 Gilfredo Marengo gibt den Tag an, an dem die Katechese gehalten wurde, die jeweilige Fundstelle in den *Insegnamenti di Giovanni Paolo II* und den Vergleich mit der ersten italienischen Ausgabe *Uomo e Donna lo creò* von 1985 (Marengo, Sinossi, 499-510). Die von Michael Waldstein erstellte Tabelle dient vornehmlich dem Vergleich der verschiedenen englischsprachigen Ausgaben (Waldstein, Systems, 731f.).

6 Vgl. Marengo, Introduzione, 10; „The sister who typed the manuscript confirms that Pope John Paul II brought this text from Kraków to Rome after his election. The work seems to have been complete and ready for publication. The archives also preserve materials that show how John Paul II used this manuscript as the basis“ (Waldstein, Introduction, 7).

text der Katechesen sei der italienische.[1] Da die Ansprachen zur „Theologie des Leibes" nicht in die *Acta Apostolicae Sedis* aufgenommen sind, bilden die *Insegnamenti di Giovanni Paolo II* nach Waldstein die „authentische und autorisierte"[2] Fassung. Diese Textquelle liegt der 2009 vom *Institut Johannes Pauls II. für Studien über Ehe und Familie* publizierten italienischen Neuausgabe *L'Amore Umano Nel Piano Divino. La redenzione del corpo e la sacramentalità del matrimonio nelle catechesi del mercolidì (1979-1984)*[3] zugrunde. Diese Edition ist von Gilfredo Marengo bearbeitet und mit einer ausführlichen Einführung versehen. Sie beschränkt sich wieder auf die 129 von Johannes Paul II. tatsächlich vorgetragenen Katechesen, die in den *Insegnamenti* abgedruckt sind. Deshalb wird diese Zusammenstellung im Rahmen der vorliegenden Arbeit als authentische Fassung betrachtet. Bei der Zitation dieser Ausgabe (z. B. Giovanni Paolo II, L'Amore Umano 5,5) bezeichnet die Zahl vor dem Komma die Nummer der Katechese, dahinter steht der zitierte Abschnitt. Für die Zitierweise dieser Arbeit gilt grundsätzlich: Zusätze in eckigen Klammern stammen vom Verfasser der vorliegenden Arbeit, alle Hervorhebungen dagegen aus dem Original.

0.3 ZUR LITERATURSITUATION

Die Bibliografie Karol Wojtyłas/Johannes Pauls II. ist umfangreich und die vorliegende Untersuchung berücksichtigt nur eine Auswahl. Für die Zeit vor seiner Wahl zum Papst am 16. Oktober 1978 werden 635 Titel aufgelistet.[4] Immer noch erscheinen Neuausgaben.[5] In deutscher Übersetzung sind erstmals mehr-

---

1 Aus dem Antwortschreiben von Erzbischof Leonardo Sandri:
„Papa Giovanni Paolo II mi ha incaricato di farLe pervenire questa risposta.
Come testo di base per la nuova traduzione da Lei progettata devono essere usate i testi delle catechesi nella loro edizione della collana *Insegnamenti di Giovanni Paolo II* (volume II/2, p. 234 fino al volume VII/2, p. 131ss), pubblicata dalla Santa Sede.
Inoltre possono rivelarsi utili per il Suo lavoro le seguenti indicazioni:
il testo originale delle catechesi è in italiano.
I sottotitoli da Lei citati sono stati elaborati dell'*Osservatore Romano* e non fanno parte del testo pontificio proprio.
Le sottolineature in corsivo sono originali e da rispettare come tali. Si tratta di una particolarità dello stile del Santo Padre.
I due diversi tipi di note (in calce o finali) dovrebbero essere riportati ambedue come note in calce, così come appare anche in tutti i documenti pontifici importanti (a.e. encicliche). Fanno eccezione i riferimenti scritturistici che rimangono nel testo" (Marengo, Introduzione, 73).

2 „John Paul II's statement, ‚The original text of the catecheses is Italian,' should be understood in the sense that the Italian text is the authentic or authoritative text" (Waldstein, Introduction, 7).

3 Giovanni Paolo II, L'Amore Umano Nel Piano Divino. La redenzione del corpo e la sacramentalità del matrimonio nelle catechesi del mercolidì (1979-1984), Marengo G. (Hg.), Vatikan 2009.

4 Vgl. Gramatowski/Wilińska, Karol Wojtyła, 57-130.

5 Vgl. Wojtyła, Man in the Field of Responsibility, South Bend 2011.

heitlich die Aufsätze Wojtyłas zu seiner philosophischen Anthropologie zugänglich.[1] Noch viel umfangreicher stellt sich die Quellenlage nach seiner Wahl zum Papst dar. „Seine in den *Insegnamenti di Giovanni Paolo I.* versammelten Lehrschriften füllen 56 große Foliobände und gut drei Meter Regalbretter: 14 Enzykliken, 14 apostolische Schreiben, 11 apostolische Konstitutionen, 45 apostolische Briefe sowie Tausende anderer Briefe, Botschaften, Reden, Predigten, Audienzansprachen und Ansprachen beim wöchentlichen Angelus oder Regina Coeli“[2], schreibt Weigel. Uferlos ist die Sekundärliteratur zum Denken Karol Wojtyłas/Johannes Pauls II.

Um das Erbe der „Theologie des Leibes“ bemüht sich an erster Stelle das *Päpstliche Institut Johannes Pauls II. für Studien über Ehe und Familie* mit seinen internationalen Niederlassungen und zeichnet für die Herausgeberschaft der Katechesen verantwortlich.[3] Anlässlich des 25-jährigen Bestehens des Instituts sagte Benedikt XVI. am 11. Mai 2006 über dieses Vermächtnis Johannes Pauls II.: „Mit Recht empfindet ihr dieses Erbe in ganz besonderer Weise als das eure, da ihr die Empfänger der ‚Vision' seid – und sie fortführt –, die einer der tragenden Mittelpunkte seiner Sendung und seiner Reflexion war: Der Plan Gottes für die Ehe und die Familie.“[4] Benedikt XVI. verweist auf die Enzyklika *Humanae vitae* Pauls VI. und die „Schwierigkeiten im Gefolge deren Veröffentlichung“, sodass Wojtyła „die Notwendigkeit eines systematischen Studiums dieser Thematik [sah]. Das bildete die Basis jener Lehre, die dann in seinen unvergesslichen *Katechesen über die menschliche Liebe* der ganzen Kirche geschenkt wurde. So wurden *zwei grundlegende Elemente* hervorgehoben, die ihr in diesen Jahren zu vertiefen versucht habt und die die eigentliche Neuheit eures Instituts als akademische Realität (…) darstellen.“[5] Tatsächlich gehen auf die Dozenten dieses Instituts zahlreiche Publikationen zur „Theologie des Leibes“ zurück.[6] Eine der ersten Studien zur „Theologie des Leibes“ legte allerdings der italienische Moraltheologe Lino Ciccone vor, jedoch auf den Anspruch be-

1 Vgl. Wojtyła K., Wer ist der Mensch? Skizzen zur Anthropologie. Eingeleitet und übersetzt von Hans-Gregor Nissing, München 2011.

2 Weigel, Der Papst der Freiheit, 400.

3 Vgl. Giovanni Paolo II, Uomo e Donna, Innenseite des hinteren Buchdeckels.

4 Benedikt XVI. Ansprache anlässlich des 25jährigen Bestehens, 7.

5 Ebd.

6 2006 organisierte dieses Institut einen Kongress zum Thema: „Das Erbe Johannes Pauls II. zu Ehe und Familie: Die menschliche Liebe lieben" (Vgl. Melina/Grygiel (Hg.), „Amare l'amore umano“. L'eredità di Giovanni Paolo II sul Matrimonio e la Famiglia, Siena 2007). Nachfolgend eine Auswahl der Referenten mit dem jeweiligen Thema: Caffarra, La verità e fecondità del dono, 187-193; Scola, Il mistero divino dell'amore nell'insegnamento di Giovanni Paolo II, 23-33; Ognibeni, Giovanni Paolo II alla sacra scrittura, 113-122; Marengo, L'antropologia adequata nelle catechesi sull'amore umane, 149-172; Noriega, La vocazione al dono di sé, 195-203.

schränkt, lediglich eine Anleitung zur Lektüre dieser Papstansprachen zu sein.[1] Bewusst verweist er nicht auf weitere Werke, Artikel und Ansprachen Karol Wojtyłas/Johannes Pauls II.[2]

Da im deutschen Sprachraum kaum Veröffentlichungen zur „Theologie des Leibes“ existieren, scheint gerade dort eine Äußerung Walter Kaspers traurige Wirklichkeit geworden zu sein: „Viele seiner Worte mögen vergessen und nur noch in Doktorarbeiten aufgefrischt werden.“[3] Derweil besteht nicht nur hierzulande ein echter Bedarf, die Ansprachen einem breiteren Publikum überhaupt erst bekannt zu machen. „Ein sehr kleiner, mikroskopischer Anteil der Katholiken auf der Welt weiß überhaupt“, meint Weigel, „dass eine Theologie des Leibes existiert. Warum? Ein Faktor ist sicher die Dichte von Johannes Pauls Material; deshalb wird dringend eine Sekundärliteratur benötigt, die Johannes Pauls Gedanken in leichter zugängliche Kategorien und Begriffe ‚übersetzen’ kann.“[4] Auch Gerl-Falkovitz fordert eine „Einordnung der Gedanken in die zeitgenössische Kultur. Kurz: Um in der Spätmoderne gehört zu werden, bedürfte die Darstellung einer tieferen Bearbeitung.“[5]

0.4 ZIEL, METHODE UND AUFBAU DER ARBEIT

Die „Theologie des Leibes“ kann nur im Kontext des gesamten Denkens Wojtyłas/Johannes Pauls II. verstanden werden. Grundlage dafür ist das Hauptwerk *Person und Tat*, das der „Theologie des Leibes“ chronologisch vorausgeht. Ebenso bilden spätere Schriften Johannes Pauls II. wie Enzykliken und Apostolische Schreiben oder andere Monografien wie *Liebe und Verantwortung*[6], *Zeichen des Widerspruchs*[7], *Die Schwelle der Hoffnung überschreiten*[8], *Erinnerung und Identität*[9] wichtige Interpretationsschlüssel. Gegen Ende seines Pontifikats bestätigt Johannes Paul II., er habe dem „Gedankengang über die Theorie von Gut und Böse (…) einige Jahre der Arbeit an der Katholischen Universität von Lublin gewidmet“ und diese „Überlegungen fanden ihren Niederschlag in dem Band *Liebe und Verantwortung* und dann in der Abhandlung *Person und Tat*

1 Ciccone L., Uomo-Donna. La grande catechesi del mercoledì di Giovanni Paolo II, Turin 1986; vgl. auch: Ders., Per una corretta comprensione della Catechesi di Giovanni Paolo II nelle udienze generali del mercolidi, in: DT(P) 84 (1980) 356-380.

2 Vgl. Ciccone, Uomo-Donna, 9.

3 Kasper, Ökumene, 191. Dissertationen im Bereich der Speziellen Moral widmeten sich bereits den Konzeptionen von Ehe (Schwaderlapp, Erfüllung durch Hingabe, St. Ottilien 2002) und Zölibat (Mayer, Zölibat als Weg personaler Verwirklichung, St. Ottilien 2011).

4 Weigel, Zeuge, 357-358.

5 Gerl-Falkovitz, Mann und Frau, [Anm. 1] 59.

6 Wojtyła, Liebe und Verantwortung, München 1981.

7 Wojtyła, Zeichen des Widerspruchs, Freiburg 1979.

8 Johannes Paul II., Die Schwelle der Hoffnung überschreiten, Hamburg 1994.

9 Johannes Paul II., Erinnerung und Identität, Augsburg 2005.

und schließlich in einer späteren Etappe in den Mittwochs-Katechesen, die unter dem Titel ‚*Als Mann und Frau erschuf er sie*' veröffentlicht wurden."[1]

Die vorliegende Arbeit möchte im Rahmen einer systematischen und kritischen Aufarbeitung erschließen, worum es in der „Theologie des Leibes" wirklich geht. Die Arbeitsmethode wurde vom Bemühen bestimmt, ausschöpfend zu erfassen und darzustellen, welche Themen die „Theologie des Leibes" anspricht und wie sie behandelt werden. Auf diesem Weg kann der Beweis erbracht werden, dass es sich bei der „Theologie des Leibes" eben nicht um eine Ehepastoral im eigentlichen Sinn und auch nicht um eine moraltheologische Auseinandersetzung mit der menschlichen Sexualität in ihren verschiedenen Facetten handelt. Vielmehr zeichnet sich eine fundamentaltheologische Auseinandersetzung mit moraltheologischen Implikationen ab. Denn der Hauptakzent, so wird die Arbeit zeigen, liegt bei der „Theologie des Leibes" Johannes Pauls II. auf der Soteriologie, der Lehre der Erlösung. Für Johannes Paul II. bedeutet Erlösung im Sinn der „Theologie des Leibes" Erlösung der ganzen Menschheit und Vollendung des ganzen Kosmos. Als Arbeit im Bereich der Fundamentalmoral konzentriert sie sich auf die systematische Auseinandersetzung mit den Schriften Karol Wojtyłas/Johannes Pauls II. Was sie nur am Rande leisten will, ist eine kritische Auseinandersetzung mit den Deutungsversuchen der „Theologie des Leibes", wie sie in Ansätzen bereits vorgelegt worden sind.[2] Eine kritische Untersuchung der Beschäftigung Wojtyłas mit Max Scheler (1874-1928) liegt vor.[3]

Aus dem Ziel und der gewählten Methode ergibt sich der Aufbau der Arbeit. Wenn es um die Herausarbeitung dessen gehen soll, was Johannes Paul II. mit der „Theologie des Leibes" wirklich gemeint hat, muss der Weg nachgezeichnet werden, den er selbst gegangen ist. Da er die „Theologie des Leibes" auf dem Fundament seiner philosophischen Anthropologie entfaltet hat, wird in einem ersten großen Schritt diese Anthropologie dargestellt. Wichtigste Grundlage dafür bildet sein philosophisches Hauptwerk *Person und Tat*. Wie Wojtyła versucht hat, ein Bild vom Menschen allein auf der Grundlage der jedem Menschen zugänglichen Erfahrung zu zeichnen, so entwickelt die Arbeit im ersten Hauptteil seine Anthropologie auf philosophischen Grundlagen. Die eigentliche „Theologie des Leibes" entfaltet Johannes Paul II., wie der Begriff

---

1 Ebd., 56.

2 Vgl. Ciccone, Uomo-Donna. L'amore umano nel piano divino. La grande Catechesi del mercoledì di Giovanni Paolo II, Turin 1986; West, Theology of the body explained. A Commentary on John Paul's „Gospel of the Body", Wiltshire 2003; Ders., Theologie des Leibes für Anfänger. Einführung in die sexuelle Revolution nach Papst Johannes Paul II., Kisslegg ²2006; Hogan, The theology of the body in John Paul II. What it means, why it matters, Ijamsville 2006; Anderson/Granados, Called to love. Approaching John Paul II's theology of the Body, New York 2009; Melina, Learning to Love at the the School of John Paul II and Benedikt XVI, Leominster 2011.

3 Vgl. Rynkievicz, Von der Grundlegung der christlichen Ethik, Berlin 2002, 19-68. Vgl. Harvanek, The Philosophical Foundations of the Thought of John Paul II, 1-21.

„Theologie“ zum Ausdruck bringt, auf der Basis der biblischen Offenbarung. Dabei unterscheidet Johannes Paul II. zwischen dem Erkennen der Wahrheit über den Menschen im Licht der Offenbarung und der Verwirklichung der darin aufscheinenden Berufung des Menschen durch das erlösende Handeln Gottes. So widmet sich der zweite Hauptteil der Arbeit zunächst dem Bild des Menschen im Licht der Offenbarung, der dritte Hauptteil schließlich der sakramentalen Verwirklichung der menschlichen Person.

Auf dem Hintergrund seiner philosophischen Ethik deutet Wojtyła das „Sein“ und insbesondere die menschliche Person von ihrer Werthaftigkeit her. „Wert“ aber impliziert im Rahmen des Personalismus immer auch die „Pflicht“. So hat die „Theologie des Leibes“ von Grund auf ethischen Charakter. Doch wird das Ethos von Johannes Paul II. moraltheologisch nicht konkretisiert, sondern es begleitet die „Theologie des Leibes“ als anthropologische und theologische Dimension der menschlichen Person. Aus diesem Grund taucht im Aufbau der Arbeit kein eigener Hauptteil mit den Fragen der Speziellen Moral auf. Denkbar wäre eine solche Abhandlung als Interpretation der „Theologie des Leibes“, wie sie Johannes Paul II. selbst aber nicht vorgenommen hat. Die Überlegungen zu den Themen Kunst, Ehelosigkeit „um des Himmelreiches willen“ und zur Enzyklika *Humanae vitae* am Ende dieser Arbeit stellen zwar Anwendungen seines Ansatzes dar und können somit dem Bereich der Speziellen Moral zugeordnet werden, zielen aber im Gesamt der Mittwochskatechesen lediglich auf die Verteidigung der Enzyklika Pauls VI. gegen die vielfachen Einwände ab. Und obwohl diese Überlegungen normativen Charakter besitzen, verbleiben auch sie letztlich im Rahmen seiner Fundamentalmoral.[1]

Sowohl die philosophische Anthropologie als auch die darauf aufbauende „Theologie des Leibes“ sind die Frucht ganz eigenständigen Denkens, genuine Schöpfungen Karol Wojtyłas.[2] Dazu hat er sich ein eigenes begriffliches Instrumentarium geschaffen, das sich im Lauf seines Lebens weiterentwickelt hat, das er aber von Anfang bis zum Ende in sich schlüssig verwendet. Um nun zu verstehen, was Wojtyła mit der „Theologie des Leibes“ wirklich sagen möchte und was nicht, muss zunächst sein Denken verstanden werden. Es legt sich deshalb nahe, seinen Weg so nachzuzeichnen, dass alle wesentlichen Schritte mitvoll-

1 „Karol Wojtyła's training and profession was as an ethicist. His writings before becoming pope dealt primarily with issues of meaning and not primarily with casuistry. As pope, he has had to address many casuistic issues dealing with the moral norms of Catholic hierarchial teaching, but he still continues to probe the deeper question of meaning. His long series of general audience talks at the beginning of his pontificate well illustrates such an approach“ (Curran, Moral, 161).

2 In einem 1979 publizierten Beitrag zum 60. Geburtstag von Josef Georg Ziegler schreibt Wojtyła: „Ich darf bemerken, dass ich eine sozusagen eigene Auffassung vom Menschen als Person vertrete und dass ich diese Auffassung erarbeiten und vertiefen musste (eigentlich bin ich, soweit mir die Zeit dafür bleibt, ständig dabei, sie zu vertiefen)“ (Wojtyła, Die menschliche Person im Kontext, 160).

zogen werden, ohne zu sehr ins Detail zu gehen. Einerseits verlangt dies eine Zusammenfassung seiner Gedanken, andererseits die Wiedergabe seiner Worte als Erweis für die Richtigkeit der vorgenommenen Deutung. Um diese Aufgabe im Rahmen der vorliegenden Arbeit leisten zu können, wurde eine Form gewählt, die der ganzen Arbeit ihren besonderen Charakter verleiht. Überall dort nämlich, wo die Entfaltung der Gedanken Wojtyłas nachgezeichnet wird, sind Zitate aus seinen Werken mit deutenden und zusammenfassenden Formulierungen miteinander verbunden. Zitate und Beschreibungen gehen ineinander über, um das Nachvollziehen der Gedankengänge Wojtyłas zu erleichtern. Diese Verkürzung in der Darstellung seines Denkens erstreckt sich über weite Teile der Arbeit, doch ist in den Anmerkungen immer auf die entsprechende Quelle verwiesen. Auf diese Weise wird es möglich, sich zunächst ein umfassendes Bild von den Ausführungen Karol Wojtyłas/Johannes Pauls II. zu verschaffen und es anschließend aus moraltheologischer Sicht einzuordnen und zu bewerten. Wenn dagegen in dieser Arbeit ein anderer Autor, also nicht Wojtyła/Johannes Paul II. zitiert wird, ist der Autor nicht nur in der Fußnote, sondern immer zusammen mit dem Zitat im Text selbst genannt.

So ergeben sich Stil und Form der Arbeit aus dem Anspruch, nicht Einzelthemen, sondern die gesamte „Theologie des Leibes“ Johannes Pauls II. darzustellen, um sie zunächst inhaltlich erfassen und anschließend sachgerecht einordnen und bewerten zu können. Diese Zielsetzung rechtfertigt auch den Umfang der Arbeit.

1. DIE PHILOSOPHISCHE ANTHROPOLOGIE KAROL WOJTYŁAS

In der Enzyklika *Fides et ratio* formuliert Johannes Paul II. die „Grundsatzfragen“ des Menschen: „*Wer bin ich? Woher komme ich und wohin gehe ich? Warum gibt es das Böse? Was wird nach diesem Leben sein?*.“[1] Für ihn ist es vor allem die Philosophie, die dann die „Frage nach dem Sinn des Lebens“ und „nach dem Grund der Dinge und nach ihrem Ziel“ stellt[2]. Als „Liebe zur Weisheit“ behandelt die Philosophie die Frage nach dem Sein und damit die theoretische Frage nach dem Grund des Seins. Die Ethik hingegen ist um die Klärung von praktischen Fragen bemüht: „Was soll ich tun – und warum? Was ist sittlich gut und was ist böse – und warum?“[3] Oder: „Was macht den Menschen und die menschlichen Handlungen gut bzw. böse? Was gibt dem Menschen vollkommenes Gutsein, d. h. Glück?“[4] Bei der Beantwortung dieser Fragen braucht die Ethik noch keine Normen aufzustellen, vielmehr muss sie nachweisen, wie man überhaupt zur Erkenntnis und Rechtfertigung sittlicher Prinzipien gelangt.[5] Entscheidend ist für Wojtyła, dass die Normen nicht einfach durch eine heteronome Willensäußerung Gottes vorgegeben sind. Sittliche Normen leiten sich nach ihm aus dem Sein des Menschen selbst ab. Insofern handelt es sich um einen autoteleologischen Ansatz. Indem sich der Mensch selbst erkennt, versteht er, was zur wahren Verwirklichung seiner Personalität beiträgt bzw. dieser abträglich ist. Dass die Offenbarung im Rahmen der Moraltheologie in diese Selbsterkenntnis ein klärendes Licht bringt, stellt den autoteleologischen Ansatz keineswegs in Frage. Dieses Verständnis ist nach Wojciech Giertych letztlich auch der Grund dafür, dass das Zweite Vatikanische Konzil kein eigenständiges moraltheologisches Dokument vorgelegt hat.[6]

1 Johannes Paul II., Fides et ratio, Nr. 1.

2 Ebd., Nr. 3.

3 Vgl. Wojtyła, Man in the Field of Responsibility, 60.

4 Vgl. Wojtyła, Human Nature, 95.

5 „Ethics as a normative science does not entitle us to establish these norms, but it requires their recognition in a systematic way and then their justification" (Wojtyła, Man in the Field of Responsibility, 67). (Eigenübersetzung).

6 „The approach that reigned in Catholic moral theology before Vatican II generated dissatisfaction, but serious studies in this field, prior to the Council, were lacking. For this reason Vatican II did not give us a specific document on moral theology. Among the drafts prepared for the Council there was the *Constitutio de ordine morali christiano,* which in a negative way emphasized the dangers that assail Catholic morality such as subjectivism and situation ethics. This document contrasted them with the objective and absolute moral order presented as two-

1.1 WOJTYŁA UND DAS PROBLEM DER ERFAHRUNG IN DER ETHIK

Die philosophischen Wurzeln des Denkens Karol Wojtyłas/Johannes Pauls II. sind weit verzweigt.[1] Prägend sind zunächst sein schauspielerisches Engage-

---

level morality (natural and supernatural, general and elitist), suggesting the extraordinary nature of the spiritual life. The projected Constitution expressed doubts about the primacy of charity in moral life, fearing that charity may change into verbalism and sentimentalism at the expense of the commandments. It stressed primarily the moral order, which was seen to have its source in the will of God. Moral law was interpreted as a manifestation of the divine will, which imposes an obligation, and not as an expression of divine wisdom, addressed to human reason and liberty. Not the cognition of truth, but obedience to rules, which can be unjustified, seemed to be the central issue. There was hardly any mention of grace, of the evangelical message, of Scripture. The almost unique reference to natural law, gave the draft a Stoic and not a Christian bias with virtues seen as models to be followed and not as capacities infused in the soul by grace" (Giertych, Verum bonum, 98-99).

1 Kenneth L. Schmitz bietet eine Zusammenfassung und nennt Aristoteles, Thomas von Aquin, Augustinus, Bonaventura sowie Johannes vom Kreuz und betont das Vertrautsein Wojtyłas mit den unterschiedlichsten thomistischen Schulen. Neben einigen polnischen Thomisten zählen dazu der traditionelle Thomismus Garrigou-Lagranges am Angelicum in Rom, der transzendentale Thomismus Joseph Maréchals in Löwen, der existential-historische Thomismus Etienne Gilsons, der existentiale Thomismus Jacques Maritains, der Akt-Thomismus Josef de Finances und der Teilhabe-Thomismus Cornelio Fabros. Ferner kennt Wojtyła nach Schmitz die *Nouvelle Théologie* und mit dem Personalismus Maurice Blondels, dem sozio-politischen Personalismus Emmanuel Mouniers, dem metaphysischen Personalismus Jacques Maritains und dem konkreten Personalismus Gabriel Marcels einerseits die breite Tradition des katholischen Personalismus des 20. Jahrhunderts wie auch den nichtkatholischen Personalismus (Paul Ricouer und Martin Buber) sowie einige Aspekte des Denkens Emmanuel Levinas (Vgl. Schmitz, At the center, 34f.). Wojtyła selbst verweist auf Blondel, betont aber dessen einseitige Hervorhebung des dynamischen Momentes des Willensaktes gegenüber dem Objektmoment (Vgl. Wojtyła/Johannes Paul II., Lubliner Vorlesungen, 91). Von Bedeutung ist auch der Einfluss Henri de Lubacs (Vgl. Voderholzer, Henri de Lubac begegnen, 10). „Einen großen Einfluss auf Wojtyłas Denken (…) hat Roman Ingarden ausgeübt, der einer der Rezensenten seiner Habilitationsschrift war" (Rynkiewicz, Von der Grundlegung der christlichen Ethik, 59). Hans-Gregor Nissing erwähnt im Weiteren die „Lubliner Schule" und deren Einflüsse auf Karol Wojtyła in seiner Zeit ab 1954 als Dozent und ab 1956 als Professor für Ethik an der Katholischen Universität Lublin. Nissing betont besonders den „Einfluss *sprachanalytischer* und *logischer* Strömungen in der Tradition der Lemberg-Warschauer Logikschule, repräsentiert durch Jerzy Kalinowski (1916-2000) (…). Gerade angesichts der Neigung Wojtyłas zu verdichteter Formulierung und poetischer Sprache – zumal in seinen Verkündigungstexten – wird man diese Dimension logischer Genauigkeit – wie übrigens auch die Aufnahme von Elementen sprachanalytischer Methodik – in seiner philosophischen Darstellungsweise nicht unterschätzen dürfen" (Nissing, Wer ist der Mensch, XX). Nissing erinnert „an Kennzeichnungen wie Ausschwitz als ‚Golgotha unserer Zeit' (Rede in Auschwitz am 7.6.1979), die Rede von den ‚Areopagen der modernen Welt' (Enz. *Redemptoris missio,* Nr. 37) oder von Glaube und Vernunft als den ‚zwei Flügeln des Geistes' (Enz. *Fides et ratio,* Nr. 1)" (ebd., [Anm. 41] XX). Ergänzen könnte man dazu aus der „Theologie des Leibes" die Formulierung „Sprache des Leibes". Allerdings geht es hier nicht nur um ein poetisches Bild. Denn diese Wendung bringt die Art und Weise zum Ausdruck, wie der Mensch die Wahrheit über sich selber leibhaft erfasst.

ment[1] und die Beschäftigung mit der Literatur. Einen Ausdruck finden seine Überlegungen in ersten, selbst verfassten Gedichten und Stücken[2]. Jarosław Kupczak erblickt in zwei Gedichten aus den Jahren 1944 und 1950 sogar den Ausgangspunkt für die ganze theologische Anthropologie Karol Wojtyłas, die er dann als Johannes Paul II. in den Mittwochsansprachen zur „Theologie des Leibes" in ausgereifter Form vorträgt.[3] Richtungweisend für seinen philosophischen Ansatz werden außerdem die Gedanken des Karmeliters Johannes vom Kreuz (1542-1591), in dessen Werke er als Jugendlicher von einem Laien namens Jan Tyranowski (1901-1947) eingeführt wird.[4] Wojtyła ist so fasziniert von dieser Spiritualität, dass er zwei Mal versucht, in den Karmeliterorden einzutreten.[5] 1942 wird er vom Provinzial abgelehnt, weil der Orden zu dieser Zeit keine Novizen aufgenommen hat. 1946 kurz vor seiner Priesterweihe verhindert der Krakauer Kardinal Adam Sapieha (1867-1951) diesen Schritt. Die Thesen dieses spanischen Mystikers erläutert Wojtyła später in seiner theologischen Dissertation.[6] Sie sind für ihn wie „die Offenbarung eines Universums", aber auch wie ein „Schock", „mit dem zu vergleichen, den ich im tiefsten Dickicht meines metaphysischen Dschungels erlebte"[7]. Mühe bereitet ihm als Theologiestudenten das „*Handbuch der Metaphysik*" von Kazimierz Wais (1865-1934).[8] „Ich musste mir einen Weg durch das dichte Gestrüpp von Begriffsanalysen und Lehrsätzen bahnen, ohne das Terrain ausmachen zu können. Nachdem ich

1 „In der kleinen Provinzstadt Wadowice hat er sich seit 1928, also dem neunten Lebensjahr, bei einem Amateurtheater nützlich gemacht, mit Botengängen und als Souffleur. Bei seinem älteren Bruder, Arzt an der Klinik in Bielsko, spielt er kleine Szenen für die Patienten. 1934-1936 hat er an der Höheren Schule in zehn Theaterstücken die Hauptrolle gespielt, oft bei der Regie mitgeholfen und zusätzlich den Part kranker Mitspieler übernommen" (Splett, Theater, 122).

2 „Im Herbst 1938 beginnt er sein Studium polnischer Philologie an der Jagellonen-Universität in Krakau. Er schreibt Gedichte und schließt sich einer halbprofessionellen Gruppe, sozusagen einer informellen Theaterschule, an: Studio 39. Nach Kriegsausbruch und Einmarsch der Deutschen arbeitet er bei einer Chemiefabrik, erst in deren Steinbruch, dann in der Kläranlage; aber nach Arbeitsschluss wird – jetzt im Geheimen – weiter studiert, gedichtet, und im Dezember entsteht sein erstes Stück, nicht erhalten: *David.* Erhalten sind die nächsten beiden Stücke, aus dem Frühjahr und Sommer 1940: *Job* und *Jeremia*" (Ebd., 122-123).

3 „(...) his 1944 poem ‚Song of the Hidden God' describes the internal transformation of a Christian believer who has encountered God. The 1950 poem ‚Song of the Brightness of Water,' continues the same theme, reflecting upon the New Testament encounter of the Samaritan woman with Jesus Christ at the well of Sychar. Both poems are also the starting point for Wojtyła's theological anthropology, which found ist mature formulation in John Paul II's *Wednesday Catecheses on the Theology of the Body*" (Kupczak, Destined, 142-143).

4 Vgl. Johannes Paul II., Fürchtet euch nicht, 19.

5 Vgl. Kupczak, Destined, 4-5.

6 Wojtyła promoviert 1948 bei Garrigou-Lagrange am Angelicum in Rom mit einer Arbeit zum Thema „Doctrina de fide apud S. Joannem a Cruce" (Vgl. Wojtyła, Der Glaube bei Johannes vom Kreuz, Wien 1998).

7 Johannes Paul II., Fürchtet euch nicht, 19.

8 Vgl. Nissing, Wer ist der Mensch, XII.

zwei Monate in dieser Vegetation gerodet hatte“, so Johannes Paul II., „kam der Blitzstrahl: Ich entdeckte, welch tiefen Sinn all das barg, was ich vorher nur gelebt und geahnt hatte.“[1] Nach der Beschäftigung mit der Mystik und der Seinsphilosophie setzt sich Wojtyła im Rahmen seiner Habilitation mit der Phänomenologie in der Gedankenwelt Max Schelers auseinander. Rückblickend spricht Johannes Paul II. von „zwei Etappen“ in seinem „intellektuellen Werdegang: Die erste bestand in dem Übergang von der literarischen Denkweise zur Metaphysik; die zweite führte mich von der Metaphysik zur Phänomenologie.“[2] Außerdem darf für seine theologische Konzeption der Einfluss des Konzils nicht außer Acht gelassen werden. „Ich muss Ihnen bekennen“, erklärt Johannes Paul II. im Interview mit André Frossard, „dass ich erst mit Hilfe des Zweiten Vatikanischen Konzils die Synthese meines persönlichen Glaubens gefunden habe“[3]. Deshalb wird im Rahmen dieser Arbeit das Thema „Karol Wojtyła auf dem Zweiten Vatikanum“ ausführlich behandelt.

1.2.1 Johannes vom Kreuz und die Erfahrung

In seinem Apostolischen Schreiben *Maestro della Fede* über Johannes vom Kreuz blickt Johannes Paul II. 1990 zurück: „Ich selbst habe mich sehr angezogen gefühlt besonders von der Erfahrung und den Lehren des Heiligen von Fontiveros. Seit den ersten Jahren meiner Priesterausbildung fand ich in ihm einen sicheren Führer auf den Wegen des Glaubens“[4]. Darüber hinaus eröffnet ihm die Auseinandersetzung mit diesem Mystiker die für sein ganzes Denken entscheidende erkenntnistheoretische Bedeutung menschlicher Erfahrung. Denn Johannes vom Kreuz „gibt der gelebten Erfahrung der individuellen Person eine zentrale Stelle im christlichen Leben“[5], bestätigt Waldstein. „In einem 1951 veröffentlichten Artikel ‚Über den Humanismus des hl. Johannes vom Kreuz‘ unterstreicht“ Wojtyła, so Półtawski, dass „die Schriften des hl. Johannes vom Kreuz authentische Erfahrungen ausdrücken (man kann auch sagen: dass sie authentische phänomenologische Beschreibungen sind)“[6]. Bereits dieser Artikel Wojtyłas[7] ist für Jörg Splett „ohne das neuscholastische Korsett“ verfasst, sodass man „gleich in den ersten Zeilen“ auf den „*phänomenologischen Gesichtspunkt*“ und dessen „Kennwort (…) *Erfahrung*“[8] trifft. Gemeint ist bei

1 Johannes Paul II., Fürchtet euch nicht, 17.

2 Johannes Paul II., Auf, lasst uns gehen, 102.

3 Johannes Paul II., Fürchtet euch nicht, 88.

4 „Io stesso mi sono sentito attratto specialmente della esperienza ed insegnamenti del Santo di Fontiveros. Fin dai primi anni della mia formazione sacerdotale trovai in lui una guida sicura nei sentieri della fede“ (Giovanni Paolo II/Johannes Paul II., Maestro della fede, Nr. 2). (Eigenübersetzung).

5 Waldstein, Mann und Frau, 515.

6 Półtawski, Vorwort, 11.

7 Wojtyła, L'umanesimo di San Giovanni della Croce, 5-24.

8 Splett, Anthropologie, 33.

Johannes vom Kreuz zunächst, dass das übernatürliche Leben des Glaubens in der menschlichen Erfahrung wahrgenommen werden kann. Die herkömmliche Theologie erklärt die unmittelbare Erfahrung des Gnadenwirkens mithilfe von Prinzipien, die aus der Offenbarung abgeleitet werden. Im Rahmen der Gnadentheologie wird sie als Zusammenspiel von Natur und Gnade gedeutet, in der Pneumatologie als Wirken des Heiligen Geistes. Man kann aber auch umgekehrt vorgehen, sodass sich die Offenbarung vom Erleben erschließt.[1] Wojtyła betont, wie gerade Johannes vom Kreuz von der menschlichen Erfahrung selbst ausgeht[2], um dann das Wesen des mystischen Erlebnisses zu erschließen. Letztendlich geht es darum, „die rettende Gegenwart Gottes in Christus im Zentrum selbst des Lebens und der Geschichte zu erfahren"[3]. Zwar ist die Erfahrung so der Ausgangspunkt für entsprechende Erkenntnisse der mystischen Theologie, doch sind Erfahrung und Glaube gleichzeitig deutlich voneinander zu unterscheiden. Johannes vom Kreuz ordnet nämlich den Glauben als „Mittel zur Vereinigung" der Seele mit Gott der Übernatur zu und betrachtet den Glauben als eine „auf göttliche Art mitgeteilte Realität"[4], d. h. der Glaube ist Gott ähnlich. Denn das „entsprechende Mittel zur Vereinigung mit Gott muss (...) eine Wesensähnlichkeit mit ihm besitzen."[5] Allerdings ist nicht der Glaube als solcher Gegenstand der Erfahrung, wohl aber „sein Wirken im Intellekt, seine Auswirkungen und Konsequenzen auf dem Weg zur Vereinigung."[6] Insgesamt ist das Werk des Johannes vom Kreuz für Wojtyła „kein spekulatives Traktat über die Mystik, sondern ein Zeugnis, das Zeugnis der Erfahrung. Die Theologie lieferte (...) Prinzipien, die Autoren der mystischen Schriften Definitionen und das gesamte Vergleichsmaterial, doch insbesondere ist es die erlebte Erfahrung, auf der sein Werk gründet."[7] Wenn Wojtyła später in der „Theologie des Leibes" auf den Ebenen „Offenbarung" und „Sakrament" über die Berufung des Menschen zur Vergöttlichung spricht, dann zieht er diese „erlebte Erfahrung der übernatürlichen Wirklichkeit, die sich der Seele mitteilt, die vitale Erfahrung der Teilnahme am inneren Leben der allerheiligsten Dreifaltigkeit"[8] heran. Außerdem klingen in seinem Beitrag *L'umanesimo di San Giovanni della Croce* schon zentrale Momente seiner philosophischen Anthropologie an: „der Mensch ist

1 „Si possono quindi spiegare, partendo dal punto di vista del pensiero Divino e della Rivelazione, i vari fatti della vita in questo ambito ma si può anche partire dal punto di vista opposto: scegliere una data vita sovrannaturale nella sua sola forma fenomenico e – se si può dire così – spiegare la Rivelazione con la vita" (Wojtyła, L'umanesimo, 23-24).

2 „Giovanni della Croce, partendo proprio dall'aspetto dell'esperienza vissuta" (Wojtyła, L'umanesimo, 24).

3 „(…) sperimentare la presenza salvifica di Dio in Cristo, nel centro stesso della vita e della storia"(Giovanni Paolo II/Johannes Paul II., Maestro della fede, Nr. 3). (Eigenübersetzung).

4 Wojtyła, Der Glaube bei Johannes vom Kreuz, 11.

5 Ebd., 24.

6 Ebd., 11.

7 Ebd., 10.

8 Ebd., 10.

der Ausgangspunkt, seine erlebten Erfahrungen"[1], der Mensch als Objekt der inneren und äußeren Erfahrung[2], der „Aspekt des Subjekts"[3], „das Problem der Innerlichkeit des Menschen"[4].

Neben der grundsätzlichen Bedeutung der Erfahrung bei Johannes vom Kreuz wird für die Erkenntnislehre in der philosophischen Ethik Wojtyłas die Beschäftigung mit der Ethik des Phänomenologen Max Schelers bestimmend. „Wojtyła erkennt in der Phänomenologie", so Waldstein, „eine karmelitische Feinfühligkeit für das Erlebnis der personalen Subjektivität"[5]. Im Mittelpunkt der Philosophie Schelers steht die Person, die Frage nach dem Wesen des Menschen. Wojtyła behandelt in seiner Habilitationsschrift[6] das Thema: *Über die Möglichkeit, eine christliche Ethik in Anlehnung an Max Scheler zu schaffen*[7]. Das Resümee: „Das von Max Scheler entwickelte ethische System ist im Prinzip nicht dazu geeignet, die christliche Ethik zu interpretieren."[8] Was für den Emotionalismus Schelers gilt, trifft ebenso auf den Formalismus Immanuel Kants (1724-1804) zu.

Indes käme es für Półtawski einem Fehlschluss gleich, nun bei Wojtyła „diese Basis in dem existential verstandenen Thomismus"[9] zu sehen. Wojtyła knüpft zwar an das thomistische Verständnis der menschlichen Person an. Für ihn ist es allerdings nicht ausreichend, den personalen Akt auf der Grundlage des scholastischen Substanz- und Akzidenzverständnisses zu deuten. Er entwickelt den metaphysischen Ansatz insofern weiter, als nach ihm in jedem personalen Akt das personale Sein selbst gegenwärtig ist. Diese Einsicht ist für Wojtyła deshalb so entscheidend, weil sich nur auf dieser Grundlage die Person durch die Analyse des personalen Akts erschließen lässt.

Wojtyła unterzieht die Systeme Kants und Schelers, aber auch jenes des Aquinaten, einer kritischen Betrachtung. Dabei entwickelt Wojtyła seinen eigenen Ansatz ausgehend von der Erfahrung des Menschen „vornehmlich mit der

1 „(…) l'uomo è il punto di partenza, le sue esperienze vissute" (Wojtyła, L'umanesimo, 16). (Eigenübersetzung).

2 „Ma l'uomo è probabilmente l'unico oggetto che sperimentiamo dall'interno e dall'esterno" (Ebd., 8).

3 „(…) aspetto del soggetto" (Ebd., 15). (Eigenübersetzung).

4 „(…) il problema dell'interiorità dell'uomo" (Ebd., 7). (Eigenübersetzung).

5 „Wojtyła read in phenomenology a Carmelite sensitivity to the lived experience of personal subjectivity" (Waldstein, Introduction, 81). (Eigenübersetzung).

6 „Es war die letzte Habilitation für Privatdozentur an der theologischen Fakultät der Jagiellonischen Universität vor deren Auflösung durch die Kommunisten" (Johannes Paul II., Auf, lasst uns gehen, 103).

7 Wojtyła, Über die Möglichkeit, eine christliche Ethik in Anlehnung an Max Scheler zu schaffen. Habilitationsschrift, vorgelegt der Theologischen Fakultät der Jagiellonen-Universität zu Krakau, in: Wojtyła/Johannes Paul II., Primat des Geistes, 35-197. [zit. als: Wojtyła, Über die Möglichkeit, eine christliche Ethik]

8 Wojtyła, Über die Möglichkeit, eine christliche Ethik, 187.

9 Półtawski, Vorwort, 13.

Analyse des ethischen Aktes“[1], betont Ziegler. In Anlehnung an diese drei „Systeme“ werden bei Wojtyła das Sein (Thomas), der Wert (Scheler) und die Pflicht (Kant) zu entscheidenden Momenten der Wirklichkeitsbetrachtung. Es handelt sich um einen Dreiklang, der als Schlüssel zum gesamten Denken Wojtyłas betrachtet werden kann. Dabei baut Wojtyła auf der Seinsphilosophie des Thomas von Aquin auf, bezieht aber sowohl die Dimension des Wertes als auch die der Pflicht als Dimensionen des Seins selbst mit ein. Auf diesem Weg gelangt er zu einem dynamischen Seinsbegriff. Wohl lassen sich die beiden Dimensionen von Wert und Pflicht auf der Grundlage des Seinsverständnisses von Thomas von Aquin verifizieren, sie finden dort aber keine personalistische Entfaltung, da für den Personbegriff der Scholastik das Bewusstsein wie auch die damit verbundene Subjektivität der menschlichen Person keine wesentliche Rolle spielen und somit keinen Eingang in die Beschreibung des menschlichen Wesens gefunden haben.[2] Die Entdeckung der dynamischen Wirklichkeit der menschlichen Person ist ein Verdienst der neuzeitlichen Philosophie, die nach Ansicht Wojtyłas das Denken des Aquinaten entscheidend bereichert. Die für unsere Zeit notwendige Lehre der menschlichen Person kommt ohne eine Synthese mit den neuzeitlichen Errungenschaften nicht aus. Würde man sich mit dem Stand der Neuscholastik begnügen, so würde dieser Weg in eine Sackgasse führen. Solch eine Synthese hat nichts mit einem philosophischen Synkretismus zu tun. Sie entspringt dem ehrlichen Eingeständnis, dass die berechtigten Anliegen der Neuzeit in der Lehre des Aquinaten keine ausreichende Antwort finden. Dazu muss das Fundament des Thomas von Aquin substanziell weiterentwickelt werden. Die wesentliche Fortführung setzt am dynamischen Wesen der menschlichen Person an, das, wenn es statisch begriffen wird, in seiner Eigentlichkeit nicht erfasst werden kann. Den entscheidenden Schritt zur Weiterführung des Aquinaten erblickt Wojtyła in der Beschäftigung mit der menschlichen Subjektivität, welche sich auf der Grundlage des menschlichen Aktes konstituiert. Den Schlüssel zum Verständnis des Zusammenhangs zwischen personalem Handeln und personalem Sein bildet dabei der ethische Akt, der ohne die Dimensionen von Wert und Pflicht nicht erfasst werden kann.

---

1 Ziegler, Laudatio, 189.

2 „Here it is useful to note how little St. Thomas speaks of consciousness. Concerning cognition he speaks of sensation, imagination and intellect, and although all three are intimately and integrally related to what we call consciousness, none of them IS consciousness. Certainly in his entire analysis of human cognition, Aquinas accords no distinctive, much less foundational, role to consciousness" (Reimers, Thomistic, 367).

1.1.2 Max Scheler und die Wertethik

Mit seinem Werk *Der Formalismus in der Ethik und die materiale Wertethik*[1] legt Max Scheler eine Grundlegung der Ethik vor. Es war nach Frings „auf dem Hintergrund des *désordre du coeur*, der Verwirrung des Herzens der Menschen der Zeit, geschrieben und sollte für den rechten *ordre du coeur* bei den Menschen, die damals den Ersten Weltkrieg (1914/18) und seine Folgen erleben mussten, ein offenes Ohr finden."[2] Der Schlüssel zur Wertethik Schelers besteht in der Anschauung, dass „der Mensch nicht primär ein erkennendes Wesen [ist], ein *homo rationalis*, sondern ein liebendes Wesen, ein *ens amans*".[3]

Für seine Erkenntnistheorie übernimmt Scheler die phänomenologischen Prinzipien Edmund Husserls (1858-1938).[4] Dessen Ausgangspunkt ist nach Nissing die „Forderung nach einer vorurteilsfreien Philosophie, die ‚auf die Sachen selbst zurückgehen muss' und – in Enthaltung (*epoché*) von allen vorgefassten Meinungen – eine rein beschreibende Lehre der Phänomene – eben ‚Phänomenologie' – sein sollte."[5] Die Welt der Gegenstände stellt als „materiale Wirklichkeit" bereits in der Erfahrung eine geordnete und erkennbare Einheit dar und die Phänomene enthüllen das Wesen der Dinge direkt.[6] Einen solchen unmittelbaren Einblick in das Wesen der Dinge nennen die Phänomenologen „Wesensschau".[7] Einerseits kommt diese phänomenologische Wesensschau „ohne metaphysische Elemente aus", denn „solche Kategorien wie Substanzen und Zufälligkeit, Akt und Möglichkeit [liegen] außerhalb der Reichweite der Betrachtung, gehören nicht zu deren Inhalt, also gibt es keine empirischen Grundlagen dafür, sie in die Theorie der Wirklichkeit einzuführen."[8] Andererseits ist dieser Erfahrungsbegriff auch von jenem der empirischen Einzelwissenschaften zu unterscheiden, die zu ihrem „Wissen" durch Verallgemeinerung

---

1 Vgl. Scheler, Der Formalismus in der Ethik und die materiale Wertethik. Neuer Versuch der Grundlegung eines ethischen Personalismus, Bern [5]1966.

2 Frings, Einleitung, 19.

3 Ebd.

4 „Das methodologische Bewusstsein von Einheit und Sinn der phänomenologischen Einstellung (…) verdanken wir den bedeutenden Arbeiten Husserls" (Scheler, Formalismus in der Ethik, 11).

5 Nissing, Wer ist der Mensch, XIV.

6 Somit unterscheidet sich die Phänomenologie deutlich vom Phänomenalismus Kants. Laut Kant ist das Wesen der Dinge nicht erkennbar.

7 „Wenn man sagt, das Wesen der Dinge enthülle sich in der unmittelbaren Erfahrung, so ist darunter nicht das Wesen in metaphysischem Sinne zu verstehen. Nicht das, was das Ding an sich ist, sondern als was es sich uns in der unmittelbaren Erfahrung enthüllt, interessiert den Phänomenologen. Er hat keinen erkenntnistheoretischen Ehrgeiz wie der Aristotelesschüler oder der Thomist, er setzt nicht die Philosophie des Seins an die erste Stelle, andererseits unterscheidet er sich aber auch vom Kantianer, den die Erfahrung von der intelligiblen Wesenheit der Dinge entfernt" (Wojtyła, Das Problem der Trennung, 215).

8 Wojtyła/Johannes Paul II., Lubliner Vorlesungen, 34.

einzelner empirischer Fakten gelangen (Induktion).[1] Darüber hinaus enthüllt das unmittelbare Wissen der phänomenologischen Erfahrung „nicht nur das phänomenologische Wesen der einzelnen Gegenstände, sondern auch die zwischen ihnen bestehenden wesentlichen Verhältnisse und Verbindungen."[2] Wie sich in der Analyse der Erfahrung bei Wojtyła noch zeigen wird, übernimmt er die phänomenologische Konzeption dahingehend, als nach ihm jede Erkenntnis mit der Erfahrung beginnt und mit ihr immer schon ein Verstehen verbunden ist. Ebenso hat die „Relationalität des Seins", welche sich in der phänomenologischen Analyse zeigt, für die Wirklichkeitsbetrachtung Wojtyłas zentrale Bedeutung.

In der Konzeption der schelerschen Ethik trägt das ethische Erlebnis den Charakter eines intentionalen Aktes der Person. Intentionale Akte sind im Umgang mit der „materialen Wirklichkeit" immer auf Gegenstände (irgendwelche Güter oder Ziele) gerichtet, seien sie ideal, real, abstrakt oder konkret.[3] Im Gegensatz zu Kant unterstreicht Franz Brentano (1838-1917), auf den sich Wojtyła beruft, „dass, obwohl diese Akte etwas Subjektives sind, weil sie sich innerhalb des Bewusstseins abspielen, das Objekt, auf das sie gerichtet sind, sich dennoch nicht vom Subjekt ableitet, sondern ihm gegenüber ganz transzendent ist."[4] Das bedeutet eine klare Absage an den reinen Subjektivismus. Entscheidend für die Ethik Schelers ist, dass er auch die Quellen des ethischen Wertes eines Aktes in den Gegenständen erblickt. Denn die intentional angestrebten Gegenstände sind die Träger von Werten, die deshalb als „materiale Werte" bezeichnet werden. Konsequenterweise nennt er seine Konzeption „materiale Wertethik". Dass dieser Entwurf als Opposition zu Kant[5] zu verstehen ist, für den der sittliche Wert eines Aktes niemals aus einem erfahrbaren Gegenstand, ein Gut oder ein Ziel im Sinne einer „Materie" hervorgehen kann, ist offenkundig. Im Vorwort zur 1. Auflage von *Der Formalismus in der Ethik und die materiale Wertethik* nennt Scheler „die Kritik der ethischen Lehren Kants" ein „*Nebenziel* der Arbeit"[6].

---

1 Vgl. ebd.

2 Ebd.

3 Vgl. Wojtyła, Das Problem der Trennung, 216.

4 Ebd.

5 „Max Scheler hat Kant der Gesinnungsethik geziehen und unter Berufung auf Nietzsche und Husserl jenen Vorwurf des Formalismus erhoben, der durch Nicolai Hartmann wirkungsvoll bekräftig worden ist. Nicht zuletzt gilt Kants Pflichtethik als mitverantwortlich für ‚preußischen Gehorsam'" (Höffe, Kant, 176). Doch stellt Höffe das auch in Frage: „Ein Großteil dieser Vorwürfe verblasst, sobald man sich auf Kants Argumentationsgang einlässt und in ihm eine kritische Selbstreflexion der Praxis sieht (…). Im Gegensatz zum Formalismus-Vorwurf sucht er in der *Metaphysik der Sitten* auch Verbindlichkeiten auf, die sich mit Hilfe der Autonomie und des kategorischen Imperativs als moralisch ausweisen lassen. Dabei kommt genau das zur Sprache, was viele nur bei Aristoteles oder Hegel zu finden glauben: die substantielle Sittlichkeit" (Höffe, Kant, 176).

6 Scheler, Formalismus in der Ethik, 9. Gleichzeitig betont Scheler, er „wünscht *nicht*, ‚antikantisch' zu sein oder hinter Kant zurückzugehen, sondern über Kant ‚hinauszugehen'" (Scheler, Formalismus in der Ethik, 20).

Allerdings können ethische Werte für Scheler nicht erzeugt werden. Sie erscheinen in intentionalen Akten als materiale Inhalte einer objektiven Wirklichkeit „‚anlässlich' des Handelns im Erlebnis der Person“[1]. „Sie existieren nicht selber“, wie Waldstein betont, „sondern sind nur als Wesen gegeben und nur in Akten des Fühlens“[2]. Wert und Gegenstand sind als Elemente der Wirklichkeit gleich ursprünglich, lassen sich aber nicht aufeinander reduzieren. Trotzdem sind die Werte unabhängig von den Dingen als Subjekte zugänglich. Das ergibt sich für Scheler aus der „Tatsache (…), dass Dinge, die Träger einzelner Werte darstellen, Veränderungen unterworfen sind, während der Wert selbst sich nicht verändert. Überdies erfassen wir sehr oft den Wert ganz unabhängig vom Ding, das konkret seinen Träger bildet.“[3] Als Beispiel führt Scheler den Wert der Freundschaft an.[4] Somit ist für Scheler klar, dass die Werte zwar zum Wesen der Dinge gehören, gleichzeitig aber unabhängig von den Dingen als konkrete Träger erfasst werden können.

Für Wojtyła besteht der Wert nicht nur im Erleben der Person. Vielmehr kommt dem Wert eine Seinsqualität zu. In diesem Gedankengang kann die Wurzel dafür gesehen werden, dass Wojtyła dem Handeln der Person einen Wert zuschreibt, der die Person in ihrem Personsein prägt. Darum erschließt das Handeln, dem immer eine sittliche Qualität zu Eigen ist, auch das Wesen der Person.

Zwar ist das Wertfühlen für Scheler durchaus ein erkenntnismäßiges Erlebnis, doch sind es primär Hass und Liebe, die die Erkenntnis hervorbringen. Die Liebe drückt ein Maximum an Bereitschaft aus, Werte zu erleben, und weitet so den Wertebereich der Person. Hass hingegen engt diesen Bereich ein. Dieses Wertfühlen ist einerseits historisch und sozial bedingt, verbindet sich andererseits aber mit einer a priori erfahrenen Wertordnung.[5] Letztlich hat jeder Mensch seine eigene Welt der Werte, d. h. sein Ethos. Wird der materiale

---

1 Wojtyła, Über die Möglichkeit, eine christliche Ethik, 196.

2 „They do not themselves exist, but are given only as essences and only in acts of feeling” (Waldstein, Introduction, 67). (Eigenübersetzung).

3 Wojtyła, Über die Möglichkeit, eine christliche Ethik, 46.

4 Zuweilen ist es dem Menschen nicht möglich zu sagen, welcher Eigenschaft des Subjekts es entspringt, dass dieser Mensch sympathisch ist, jener aber unsympathisch. Teilweise ändern sich sogar die Subjekte, der Wert aber bleibt. So bleibt der Wert der Freundschaft unverändert bestehen, selbst wenn man von einem einzelnen Freund enttäuscht wurde: „Der Wert der Freundschaft wird nicht angefochten dadurch, dass sich mein Freund als falsch erweist und mich verrät“ (Scheler, Formalismus in der Ethik, 41). Außerdem dürfen Werte auch nicht auf Eigenschaften oder Merkmale der Dinge reduziert werden. Ist etwa vom Nährwert der Speisen die Rede, handelt es sich für Scheler keinesfalls um die chemischen Substanzen, sondern um jenen Wert, „der uns *in* der Befriedigung des Hungers unmittelbar gegeben ist“ (Scheler, Formalismus in der Ethik, 39).

5 „In der so aufgefassten Person – nicht in der substanziellen Grundlage der Akte, sondern in deren phänomenologischer Einheit – erscheint der Wert. Die Person fühlt ihn also intentional ‚in sich', fühlt ihn stets bei der Realisierung verschiedenartiger materialer Werte, und zwar je nach der hierarchischen Position, die er im apriorischen Erlebnis ihres gesamten Wertreichs einnimmt“ (Wojtyła, Über die Möglichkeit, eine christliche Ethik, 188).

Wert als höher empfunden, verbindet sich sozusagen als Begleiterscheinung das Erlebnis des Guten; wird der Wert hingegen als niedriger empfunden, das Erlebnis des Bösen. Dem allerniedrigsten Wert, den die Person empfindet, würde demnach das absolute Böse entsprechen; das absolut Gute jenem Wert, den die Person als den höchsten empfindet, vorausgesetzt jener Wert wird zum Objekt des Willens.[1] Deswegen wurzeln die ethischen Werte in der Ausführung der Akte und nicht im Resultat der Beurteilung derselben Akte. Die ethischen Werte lassen sich ebenso wenig definieren, wie die Werte überhaupt. Sie sind „nur ‚auf dem Rücken', nach Schelers eigenem Ausdruck, der Realisierung verschiedenartiger anderer materialer Werte"[2] zu erleben. Das Gute als solches realisieren zu wollen, hätte für Scheler etwas „Pharisäisches" an sich.[3] Folglich darf die Person nicht nach sittlichen Werten streben. Es „klingt paradox"[4], aber um das Gute in seiner Wahrheit und Echtheit zu fühlen, darf der Mensch das Gute nicht wirklich wünschen. Noch weniger kann es befohlen werden. Scheler plädiert für eine reine Ethik der Werte und hält das ethische Erlebnis von jeglicher Form des Sollens und der Pflicht frei. Allein die Anziehungskraft der Werte ruft beim vollwertigen ethischen Erlebnis deren Realisierung hervor. Folglich ist für die Erfahrung von Gut oder Böse auch „nicht der Bezug auf objektive Prinzipien und Normen"[5] entscheidend.

Das Entscheidende im Denken Schelers erblickt Wojtyła darin, dass der Person nach Scheler kein substanzielles Sein zukommt.[6] Sie ist „lediglich" die in den menschlichen Erlebnissen miterlebte subjektive Einheit: „Die Person reduziert sich für den Phänomenologen Scheler auf die Einheit verschiedenartiger Akte. Aber sowohl diese Akte als auch die Person sind ihm nicht in metaphysischer Gestalt gegeben, sondern gerade in der erfahrbaren Form des Erlebnisses, und die Person als Einheit der Erlebnisse."[7] Dass die schelersche Konzeption von der Person im Gegensatz zur Lehre von der Substantialität steht, bekräftigt

---

1 Vgl. ebd., 86.

2 Wojtyła/Johannes Paul II., Lubliner Vorlesungen, 42.

3 „*‚Gut' erfahren zu wollen,* bedeutet erfahren zu wollen: ‚dass ich gut bin', es bedeutet das Wollen einer bestimmten Selbstbejahung oder Selbstachtung zu erfahren. Eine solche Erfahrung, sagt Scheler, *zerstört das eigentliche Wesen des moralischen Wertes, sie verfälscht das ‚Gute'* an der innersten Wurzel der Erfahrung. Schleler nennt eine solche Haltung ‚Pharisäismus', wobei er sich in aller Deutlichkeit auf die biblische Bedeutung des Begriffs bezieht, am deutlichsten vielleicht auf Christi Parabel vom Pharisäer und vom Zöllner. Der Autor (…) zieht sozusagen die letzte Schlussfolgerung aus dieser Parabel" (Wojtyła, Der intentionale Akt, 29).

4 Ebd.

5 Ebd., 28.

6 Robert F. Harvanek fasst die Konzeption der Person bei Scheler folgendermaßen zusammen: „Person is in no way an individual substance. It is rather an act which unifies all the functions which make up a moral act. Person is not an ontological concept but a dynamic one. As a result, the person is not present until all the conditions for a fully functioning person are present. Thus, a fetus is not a person, nor even is a young child until he or she has become a moral adult" (Harvanek, John Paul II, 9).

7 Wojtyła, Über die Möglichkeit, eine christliche Ethik, 188.

Wojtyła auch an anderer Stelle seiner Habilitationsschrift.[1] „*Die Person ist* für Scheler eben *kein substanzielles Sein,* das den kausalen Ausgangspunkt dieser Erlebnisse darstellen würde", unterstreicht Wojtyła weiter in den *Lubliner Vorlesungen*, „sie stellt für Scheler bloß die in jedem miterlebte Einheit der Erlebnisse dar."[2] Tatsächlich erklärt Scheler, „dass (…) Person *niemals* als ein *Ding* oder eine *Substanz* gedacht werden darf, die irgendwelche Vermögen oder Kräfte hätte, darunter auch ein ‚Vermögen' oder eine ‚Kraft' der Vernunft usw. Person ist vielmehr die unmittelbar miterlebte *Einheit* des Er-lebens – nicht ein nur gedachtes Ding hinter und außer dem unmittelbar Erlebten."[3] Demgegenüber stellt Kazimierz Rynkiewicz die aktualistische Deutung Wojtyłas in Frage und zitiert ebenso Scheler: „*Person ist die konkrete, selbst wesenhafte Seinseinheit von Akten verschiedenartigen Wesens,* die an sich (…) allen wesenhaften Aktdifferenzen (…) vorhergeht. *Das Sein der Person ‚fundiert' alle wesenhaft verschiedenen Akte.*"[4] Rynkiewicz erklärt die Deutung Wojtyłas mit dessen eigener Konzeption der Person und fasst seine Bewertung in die Worte: „Auf der Grundlage der menschlichen Erfahrung, die aus der Selbsterfahrung und der Erfahrung anderer Menschen resultiert, kommt in der Konzeption Wojtyłas das Erkennen der Person zustande". Und weiter: „Wenn das, was Scheler will, der Fall sein sollte, dann ist es schwer, über eine ‚erkenntnismäßige Transzendenz' (d. h. dass eine Person Gegenstand meines Erkennens sein kann) zu sprechen. Geistige, erkenntnismäßige, volitive und emotionale Akte sind einfach da; ihr Vollzug aktualisiert die Person. Ein Hinausgehen über dieses Gefüge ist aber unmöglich."[5] Damit wird er Wojtyła nicht ganz gerecht. Denn letztlich ist auch für Wojtyła die Person „unmitteilbar, unweggebar (…) *incommunicabilis*"[6]. Wenn Wojtyła davon spricht, dass die Erkenntnis der Person aus der Erfahrung der eigenen Person und der Erfahrung anderer Personen resultiert, so will er damit nicht sagen, die andere Person könnte in ihrer Identität erkannt werden. Vielmehr ist die allen Menschen gemeinsame Struktur des personalen Dyna-

1 „Nun, für Scheler ist die Person keine Substanz, kein Subjekt in metaphysischer oder physischer Bedeutung dieses Wortes. Er hängt der Aktualitäts-Theorie über die Person an. Die Person besteht für ihn in Verbindung mit den Akten, die sie vollzieht, doch nicht in der Bedeutung, als stelle sie den Ausgangpunkt für diese Akte dar, sondern in dem Sinne, dass sie sich in jedem Akt ganz erlebt und in jedem Akt gleichsam ganz da ist. Wir können daher von der Person sagen, dass sie eine Einheit verschiedenartiger Akte darstellt, eine Einheit, die restlos im Erlebnis gegeben ist. Den Akt können wir überdenken, aber eine solche Überlegung über einen Akt ist keineswegs gleichbedeutend mit seiner Vergegenständlichung. Und wenn wir den Akt nicht zu vergegenständlichen vermögen, dann können wir auch nicht die Personen vergegenständlichen" (Ebd., 57).

2 Wojtyła/Johannes Paul II., Lubliner Vorlesungen, 36

3 Scheler, Formalismus in der Ethik, 371.

4 Ebd., 382.

5 Rynkiewicz, Von der Grundlegung der christlichen Ethik, 57.

6 Wojtyła, Liebe und Verantwortung, 22.

mismus Gegenstand der Erkenntnis. Dies wird bei der Analyse von *Person und Tat* deutlich.

Die Kritik Karol Wojtyłas an der schelerschen Konzeption des ethischen Erlebnisses gilt der Frage, wie sich in dieser Sichtweise der Übergang von der Werterkenntnis zum Wollen und letztendlich zu deren Realisierung vollzieht. Denn Scheler betrachtet die Person nur als passive Akteinheit in dem Sinn, dass die Werte *in* der Person, aber *nicht durch* die Person realisiert werden. Zwar erlebt sich die Person im Entwurf Schelers als Quelle der ethischen Werte, doch lässt sich die Urheberschaft der Person nicht objektivieren.[1] Wenn aber die Person nicht die kausale Urheberin ihrer Akte ist, qualifiziert sie sich auch nicht in ihrem Sein. Die sittlichen Werte schaffen bei Scheler keine gute oder schlechte Person, sondern erscheinen nur in ihr.[2] Wojtyła vermisst für ein genuin ethisches Erlebnis die Urheberschaft der Person, die erst jedes personale Handeln zu einem sittlichen Akt werden lässt. Weil das Wollen und die damit verbundene Pflicht fehlt, kann bei Scheler im klassischen Sinn eigentlich gar nicht mehr von einer Ethik gesprochen werden. Auch wenn diese Kritik an Scheler fundamental ist, so übernimmt Wojtyła trotzdem ein wesentliches Moment aus dem Denken Schelers, das ihm einen Zugang zur Wahrheit über den Menschen eröffnet, nämlich die Überzeugung, dass Werte in der Erfahrung des Wertfühlens als Wirklichkeiten erfasst werden: „Mit Hilfe der phänomenologischen Erfahrung erfassen wir also, nach Schelers Meinung, das ethische Faktum als Werterlebnis, d. h. ein Erlebnis, das intentional auf den Wert als seinen materialen Inhalt gerichtet ist. Eine solche Problemstellung ist richtig.“[3] Es geht um ein Erkennen des Seins, das über das Erfassen von Beziehungen hinausgeht. Wojtyła führt den Gedanken Schelers aber wesentlich weiter, indem er die Seinshaftigkeit der Werte im menschlichen Wesen selbst ansiedelt. Die Brücke ist für ihn der sittliche Akt, der den Menschen selbst, der einen guten Wert verwirklicht, gut macht, und denjenigen, der einen bösen Wert verwirklicht, seiner Werthaftigkeit beraubt. Auf diese Weise gelangt Wojtyła zu dem Ergebnis, dass das Sein des Menschen gerade in dieser Werthaftigkeit besteht bzw. dass der Werthaftigkeit eine eigene Seinsqualität zukommt.

1 „Leben liegt für Johannes Paul II. tiefer als Erleben. Er spricht von einer *Lebenseinheit* und erst in zweiter Linie und sozusagen nebenher von einer *Erlebenseinheit,* sodass ‚jegliche Analyse des Menschen – jede Analyse von *Person und Tat* –, die nur vom Bewusstsein ausginge, […] von vornherein zur Inadäquatheit verurteilt' wäre“ (Hoye, Wojtyła/Johannes Paul II., 86).

2 *„Das ‚Gute' bedeutet also nicht die reale Vollkommenheit der Person als eines substantiellen Seins noch die reale Vollkommenheit ihrer vernünftigen und freien Handlungen als Zufälligkeiten, und das ‚Böse' bedeutet nicht das Fehlen einer solchen Vollkommenheit, die in der Person und in ihren vernünftigen Handlungen enthalten sein sollte – sondern sowohl das ‚Gute' als auch das ‚Böse' bedeuten nur Werte, also qualitative Inhalte des Fühlens“* (Wojtyła/Johannes Paul II., Lubliner Vorlesungen, 235).

3 Wojtyła, Über die Möglichkeit, eine christliche Ethik, 194.

Letztlich geht es um die Frage, wie Wojtyła die Subjektivität des Menschen zu erfassen sucht. Sie bildet in seiner Anthropologie den Dreh- und Angelpunkt, wie noch zu zeigen sein wird. Denn Wojtyła betrachtet gerade das Wertfühlen als Weg, sowohl den Inhalt der Subjektivität als auch deren Bereicherung erfassen zu können. Nachdem Johannes Paul II. Scheler in einer Ansprache über die „Theologie des Leibes" sogar namentlich nennt, erklärt er genau in diesem Sinn: „Der moralische Wert ist verbunden mit dem dynamischen Prozess der menschlichen Innerlichkeit. Um ihn zu erreichen, darf man nicht an der ‚Oberfläche' des menschlichen Tuns stehen bleiben; es gilt gerade bis ins Innere vorzustoßen" (TdL 24,3).

1.1.3 Immanuel Kant und die Pflichtethik

Mit seinem Werk *Kritik der reinen Vernunft*[1] löst Immanuel Kant 1781 in der Erkenntnislehre eine Revolution aus. In einer Art „kopernikanischer Wende der Metaphysik" geht es ihm um die transzendentalen Bedingungen der Möglichkeit menschlichen Erkennens.[2] „Die Erkenntnis richtet sich nicht nach den Gegenständen, sondern die Gegenstände nach der Erkenntnis"[3], bringt es Kunzmann auf den Punkt. Kant geht nämlich nicht länger vom Seinscharakter des erscheinenden Objekts (Phänomen) aus. Denn „ob die Dinge auch für sich selbst räumlich und zeitlich sind", erklärt Schulz, „muss nach Kant offen bleiben."[4] Sie bleiben zwar denkbar (Noumena), aber in ihrem An-sich-Sein nicht erkennbar.[5] Karl Rahner (1904-1984) bezeichnet dieses „Problem der Kluft zwischen dem erkennenden Menschen und der Welt objektiver Gegenstände (…) ein Scheinproblem. Ein Wissen um die Differenz zwischen Subjekt und Objekt setzt bereits eine Art von Einheit zwischen beiden voraus"[6]. Jedenfalls durchleuchtet Kant nach Hirschberger nicht die Dinge an sich, sondern die Bedingungen des Erkennens, „dass in unserem Erkennen Bestandteile enthalten sind, die aus uns selbst kommen und schon vor aller Erfahrung a priori da sind, für jeden denkenden Geist im gleichen Sinn gelten und damit streng notwendig sind."[7] Kant untersucht die „nicht-empirischen Bedingungen der Möglichkeit von Erfahrungserkenntnis: der reinen Anschauungen Raum und Zeit, der Kategorien, aber auch der Vernunftideen Seele, Welt, Gott, die denknotwendige, regulative Prinzipien für die Systematisierung der besonderen Erfahrungsgesetze

---

1 Vgl. Kant, Schriften III.

2 Vgl. Kunzmann/Burkard/Wiedmann, Philosophie, 137.

3 Ebd.

4 Schulz, Rahner, 78.

5 „Wir erfassen nicht die Dinge an sich, sondern nur die Dinge als Erscheinungen" (Weischedel, Philosophische Hintertreppe, 185).

6 Schulz, Rahner, 85.

7 Hirschberger, Kleine Geschichte der Philosophie, 142.

sind, denen jedoch kein Gegenstand entspricht“[1], schreibt Baumgartner. In der *Kritik der reinen Vernunft* bleibt Gott eine Idee, die zwar gedacht werden kann, nicht aber existieren muss. Denn aus der sinnlichen Erfahrung lässt sich die Erkenntnis der Existenz Gottes nicht ableiten. Gleiches gilt für Seele und Welt.[2] Ausgangspunkt seiner Erkenntnislehre sind die beiden Quellen Sinneswahrnehmung und Verstand. Die sinnliche Wahrnehmung stellt zunächst ein Chaos von Eindrücken dar, den Inhalt der Erkenntnis (Gegenstände, Anschauungen), der durch entsprechende Verstandestätigkeiten anhand von zwölf Kategorien des Verstandes geordnet werden muss.[3] Obwohl das Ordnen durch den Verstand ein an die Sinneseindrücke gebundenes, aposteriorisch arbeitendes Erkenntnisvermögen ist, bleiben bei Kant Sinneswahrnehmung und Verstand dennoch getrennt.[4] „Kant macht zwar an einer Stelle die Bemerkung, dass die zwei Stämme der menschlichen Erkenntnis, nämlich Sinnlichkeit und Verstand, ‚vielleicht aus einer gemeinschaftlichen, aber uns unbekannten Wurzel entspringen'“, erklärt Weissmahr, „unternimmt aber nichts, den vermuteten Einheitsgrund zu finden.“[5] Was bei Kant als unvollständiger oder nicht zu Ende gedachter Ansatz in der Erkenntnistheorie erscheint, findet im Erfahrungsbegriff von Wojtyła eine Weiterführung bzw. Lösung. Ihm gelingt es, die beiden Erkenntnisquellen wieder zu einer Einheit zusammenzuführen. Das entscheidende Moment bei Wojtyła besteht darin, dass mit jeder Erfahrung, bei der Sinneseindrücke stets eine Rolle spielen, immer bereits ein Verstehensmoment unmittelbar mitgegeben ist.

Neben dem Erkennen existiert das Wollen und Handeln des Menschen, das Kant in seinem ethischen Hauptwerk *Kritik der praktischen Vernunft*[6] (1788) behandelt. „Die praktische Vernunft ist keine andere als die theoretische“, ver-

---

1 Baumgartner, Kant, Sp. 1199. [Die im LThK typischen Abkürzungen sind vom Autor ergänzt]

2 „Auch die Idee der ‚Seele' und der ‚Welt' versteht Kant nur als Leitgrößen des Unbedingten für die Zusammenfügung (Synthese) der vielen Einzelerkenntnisse im räumlichen und zeitlichen Kontext sowie der inneren psychischen Selbstwahrnehmung des Menschen. Die Seele als solche bleibt wie die Welt im Ganzen unerkennbar, da eine entsprechende umfassende sinnliche Wahrnehmung fehlt. Nicht nur die Theologie ist darum als Wissenschaft unmöglich, sondern ebenso eine metaphysische Psychologie (Anthropologie) und Kosmologie“ (Schulz, Rahner, 80).

3 „Außer den Anschauungsformen *Raum* und *Zeit* entwickelt Kant zwölf Kategorien des *Verstandes* (z. B. Einheit, Beziehung zu anderem, Substanz, Kausalität). Durch das Zusammenspiel dieser Kategorien mit dem räumlich und zeitlich strukturierten Sinnenmaterial komme Erkenntnis zustande. Die Kategorie der Substanz kommt beispielsweise zur Anwendung, wenn etwas in der Zeit zu beharren scheint; dann erkennt man etwas Substanzielles. Mittels der Kausalkategorie lässt sich die Abfolge und Abhängigkeit bestimmter Erscheinungen voneinander festhalten“ (Ebd., 78).

4 Gegenüber dem Verstand ist die Vernunft, unterschieden in theoretische und praktische, das höhere Erkenntnisprinzip. Die theoretische Vernunft ist die Fähigkeit, Schlüsse zu ziehen und zu den apriorischen Vernunftideen zu gelangen: Seele, Gott und Welt.

5 Weissmahr, Die Wirklichkeit des Geistes, 27.

6 Vgl. Kant, Schriften, V.

deutlicht Höffe, „es gibt nur eine Vernunft, die entweder praktisch oder theoretisch tätig wird."[1] Was in der theoretischen Vernunft die apriorischen Formen Kategorie und Ideen sind, das ist für die praktische Vernunft die apriorische Form des moralischen Gesetzes. Berühmt ist Kants Diktum: „Zwei Dinge erfüllen das Gemüth mit immer neuer und zunehmender Bewunderung und Ehrfurcht, je öfter und anhaltender sich das Nachdenken damit beschäftigt: *der bestirnte Himmel über mir und das moralische Gesetz in mir."*[2] Weil dieses moralische Leben des Menschen aber keine empirischen Daten liefert, um das Wesen des freien Willens zu erkennen, muss die Idee der Freiheit postuliert und außerhalb der Phänomene in der Sphäre des „homo noumenon" ausgemacht werden. Denn ohne Freiheit macht das moralische Gesetz schließlich keinen Sinn. Ebenso postuliert Kant in der praktischen Vernunft die beiden anderen Ideen: Unsterblichkeit und die Existenz Gottes. In der *Kritik der praktischen Vernunft* ist Gott keine Idee, sondern eine Forderung der Sittlichkeit (= Postulat). „Nur Gottes Wirklichkeit kann die Garantie dafür sein", verdeutlicht Schulz, „dass die erlittenen Nachteile ausgeglichen werden, die ein Leben nach sittlichen Regeln zwangsläufig mit sich bringt."[3] Doch bleibt die Existenz Gotte auch hier lediglich eine Annahme.

Im Gegensatz zu Scheler hängen in der sittlichen Konzeption Kants Gut und Böse vom Willen ab[4], dem ein kausaler Charakter zugebilligt wird. Kant definiert den Willen nämlich als das Vermögen, „den Vorstellungen entsprechende Gegenstände entweder hervorzubringen, oder doch sich selbst zu Bewirkung derselben (das physische Vermögen mag nun hinreichend sein, oder nicht), d. i. seine Kausalität zu bestimmen"[5]. Und weil die Vernunft diesen Willen mit gewissen Grundsätzen bestimmt, wird die Vernunft eine praktische genannt. Allerdings handelt der Wille nur dann autonom, frei und moralisch, wenn allein die reine Vernunft den Willen bestimmt, sprich die apriorische Form des moralischen Gesetzes selbst. Würde ein empirisch-aposteriorischer, d. h. ein der menschlichen Erfahrung entnommener Bestimmungsfaktor sich mit der Vernunft verbinden (z. B. natürliche Neigungen, Lust- und Unlustgefühle), käme dies einer Einschränkung der Freiheit gleich. Er wäre dann noch im Bannkreis

1 Höffe, Kant, 178.

2 Kant, Schriften V, 161.

3 Schulz, Rahner, 80.

4 „Das Gute oder Böse bedeutet aber jederzeit eine Beziehung auf den Willen, so fern dieser durchs Vernunftgesetz bestimmt wird, sich etwas zu seinem Objecte zu machen; wie er denn durch das Object und dessen Vorstellung niemals unmittelbar bestimmt wird, sondern ein Vermögen ist, sich eine Regel der Vernunft zur Bewegursache einer Handlung (dadurch ein Object wirklich werden kann) zu machen" (Kant, Schriften V, 60). Oder: „Das Gesetz bestimmt alsdann unmittelbar den Willen, die ihm gemäße Handlung ist *an sich selbst gut*, ein Wille, dessen Maxime jederzeit diesem Gesetze gemäß ist, *ist schlechterdings, in aller Absicht, gut*, und *die oberste Bedingung alles Guten*" (Kant, Schriften V, 62).

5 Ebd., 15.

der in der Natur herrschenden Kausalität. Eine solche Willenstätigkeit nennt Kant „empirisch“ bzw. „pathologisch“. „Während die empirisch bedingte praktische Vernunft einen Teil ihrer Bestimmung von außen erhält, von Trieben und Bedürfnissen, Gewohnheiten und Leidenschaften“, schreibt Höffe, „ist die reine praktische Vernunft von allen empirischen Bedingungen unabhängig und ganz auf sich selbst gestellt.“[1] Für Wojtyła bildet allein eine solche „Unterordnung des Willens unter das Gesetz als der reinen apriorischen Form der praktischen Vernunft (...) das eigentliche ethische Leben der menschlichen Person.“[2] In dieser Perspektive ist die Vernunft lediglich darauf aus, die „*Handlungen zu sich, zu diesem apriorischen Inhalt heranzuziehen*, den sie, wenn man sich so ausdrücken darf, in sich trägt“[3]. Selbst wenn Kant den Willen mit dem scholastischen Terminus „Vermögen“ bezeichnet, so doch in einem völlig anderen Sinn. Der Wille ist nämlich seiner eigentlichen Dynamik beraubt und hat ausschließlich jenen Motiven zu folgen, die ihm die praktische Vernunft vorgibt.[4]

Nun aber folgt der Mensch eher Motiven, die mit Lust- und Unlustgefühlen verbunden sind -Kant nennt sie „Maximen“ – als dem a priori in die praktische Vernunft eingeschriebenen Gesetz. Also muss die Vernunft gebieten, ohne die Neigungen zu berücksichtigen. Die daraus resultierenden Gebote der praktischen Vernunft sind „hypothetische Imperative“, die dem Willen aufzeigen, mit welchen Mitteln er bestimmte Wirkungen erzielen soll: Um dieses oder jenes notwendige Gut zu erreichen, muss dieses oder jenes getan werden. Allerdings kommt diesen „hypothetischen Imperativen“ ebenso wenig eine ethische Bedeutung zu wie den „Maximen“. Solange sich der Wille nämlich noch von irgendwelchen Gütern der empirischen Welt leiten lässt, und hätte dieses Verhältnis zu den Gütern sogar seinen Ursprung in der praktischen Vernunft, dann würde diese Funktion des Gesetzes lediglich seine Materie darstellen. Solches Handeln ist „legal“[5], aber immer noch nicht sittlich. Bedingung für einen moralischen Akt (Moralität) ist, dass niemals materielle Inhalte den Willen bestimmen, sondern nur die Form des Gesetzes. „Kant geht sogar so weit“, erklärt Wojtyła, „den Willen mit der praktischen Vernunft wortwörtlich zu identifizieren“[6]. Der Wille

1 Höffe, Kant, 179.

2 Wojtyła, Das Problem der Trennung, 206.

3 Wojtyła/Johannes Paul II., Lubliner Vorlesungen, 74.

4 Vgl. Wojtyła, Das Problem der Trennung, 207.

5 „Das Wesentliche alles sittlichen Werths der Handlungen kommt darauf an, *dass das moralische Gesetz unmittelbar den Willen bestimme*. Geschieht die Willensbestimmung zwar gemäß dem moralischen Gesetze, aber nur vermittelst eines Gefühls, welcher Art es auch sei, das vorausgesetzt werden muss, damit jenes ein hinreichender Bestimmungsgrund des Willens werde, mithin nicht um *des Gesetzes willen*: so wird die Handlung zwar *Legalität*, aber nicht *Moralität* enthalten“ (Kant, Schriften V, 71).

6 Wojtyła, Das Problem des Willens, 284. Wojtyła zitiert Kant: „Alsdann allein ist Vernunft nur, so fern sie für sich selbst den Willen bestimmt (nicht im Dienste der Neigungen ist), ein wahres *oberes* Begehrungsvermögen, dem das pathologisch bestimmbare untergeordnet ist“ (Ebd., 24-25).

muss sich ganz von den Gütern abwenden und jenseits jeglicher Erfahrung – in der bloß gedachten Sphäre – ausschließlich auf die Form des Gesetzes konzentrieren und dessen Form annehmen, die in der allgemeinen Formulierung des „kategorischen Imperativs“ zum Ausdruck kommt: *„handle nur nach derjenigen Maxime, durch die du zugleich wollen kannst, dass sie ein allgemeines Gesetz werde.“*[1] Im „kategorischen Imperativ“ ist die praktische Vernunft durch die eigene Form gesetzgebend gegeben. Bemerkenswert ist: das einzige Gefühl, das Kant dann doch gelten lässt, weil es seiner Meinung nach nicht mit den Gütern der empirischen Welt in Berührung steht, sondern nur mit der Vernunft und ihrer apriorischen Form des moralischen Gesetzes, ist die Achtung vor dem Gesetz. „Je stärker der Mensch daher ein solches Gefühl hegt“, erklärt Wojtyła, „um so tiefer erlebt er die Pflicht, die nichts anderes ist als die völlige Unterwerfung des Willens unter das Gesetz, und das deswegen, weil es das Gesetz ist.“[2] Ist bei Scheler das Erlebnis des „reinen Wertes“ das schlechthin ethische Erlebnis, stellt Kant die Pflicht in den Mittelpunkt.

Tatsächlich gelingt es Kant, mit dem „kategorischen Imperativ“ ein allgemeines Gesetz für alle zu formulieren, ohne gleichzeitig einen „Inhalt“ mitzuteilen: Gut ist alles, was zu einem allgemeinen Gesetz erhoben werden kann, schlecht ist, was diesem Anspruch nicht entspricht. In diesem Sinn lautet eine zweite Formulierung des „kategorischen Imperativs“: *„Handle so, dass du die Menschheit sowohl in deiner Person, als in der Person eines jeden andern jederzeit zugleich als Zweck, niemals bloß als Mittel brauchst.“*[3] So plausibel der „kategorische Imperativ“ Kants in sich erscheint, stellt Wojtyła doch die Frage: „Lässt sich jedoch in irgendeiner konkreten menschlichen Handlung, die wir aus der Erfahrung kennen, ein so verstandener kategorischer Imperativ finden?“[4] Wo erfüllt sich diese allgemeine Gesetzmäßigkeit in der konkreten Erfahrung? Sobald man nämlich versucht, diesen Imperativ auf eine konkrete Handlung anzuwenden und positiv beantworten möchte, stellt sich die Frage nach dem Warum. Ohne die Bestimmung von Gütern lässt sich keine Antwort finden. Es fehlt ein Anhaltspunkt.[5] Warum soll man nicht lügen? Ohne Angabe eines Gutes (z. B. Vertrauen, ein gelungenes Zusammenleben der Menschen, das Sich-ernst-genommen-Wissen des Einzelnen) lässt sich die Frage nicht

---

1 Kant, Schriften IV, 421.

2 Wojtyła, Das Problem der Trennung, 212.

3 Kant, Schriften IV, 429.

4 Wojtyła, Das Problem der Trennung, 211.

5 Michael Waldstein (Vgl. Waldstein, Introdution, 73) verweist auf die ironische Anmerkung Friedrichs Schillers zu Kant:
„Gladly would I serve my friends, but unfortunately I do it with inclination,
and so I am much distressed that I am not virtuous.
There is no other way: you must seek to despise them,
And then do with disgust what duty commands" (Friedrich Schiller and Johann Wolfgang von Goethe, *Xenien,* 387-88).

beantworten. Wojtyła selbst führt diese Güterdiskussion in seinem personalistischen Ansatz auf das grundlegende Gut der Person zurück, die es um ihrer selbst willen zu bejahen gilt.

Dieses Ringen Wojtyłas mit dem „kategorischen Imperativ“ Kants verdeutlicht, wie Weigel berichtet, „aufs Schönste die Anekdote, dass Johannes Paul II. einmal vor einem Gast seufzte: ‚Kant, *mein Gott!* Kant!‘“[1] Als Ergebnis hält Wojtyła/Johannes Paul II. fest, „dass eben bei Kant, trotz aller terminologischer Relikte der traditionellen Philosophie (Materie, Form, Vermögen usw.), der ethische Akt am gründlichsten zerlegt wurde, während ihm bei Scheler (...) zu seiner Vollständigkeit noch einiges fehlt.“[2] Scheler missdeutete den Wert, indem er diesen von der Urheberschaft der Person trennte. „Kant sah den ganzen ethischen Wert in der Übereinstimmung der Handlungen mit dem Gesetz; da aber eine solche Übereinstimmung eigentlich nur im Bereich der ‚Materie' des Gesetzes erreichbar ist, steht zu bezweifeln, ob nach Kant die konkreten menschlichen Handlungen überhaupt einen sittlichen Wert besitzen.“[3] Denn das ethische Erleben ist nur in der noumenalen Ordnung angesiedelt. „Und deswegen sollte der moralische Wert eng mit dem Erleben der reinen Pflicht verbunden werden“, so Wojtyła, „dagegen mit den Handlungen bloß indirekt und zufällig. Dadurch, dass der Mensch etwas Gutes (im Sinne von: mit dem Gesetz Übereinstimmendes) tut, realisiert er noch nicht die Güte in seiner Person.“[4] Außerdem stellt sich die Frage, ob der Mensch die Güte der Person im Erleben der reinen Pflicht realisiert. Denn „durch das Erlebnis der reinen Pflicht, [wird der Mensch] weder gut noch böse, er wird sich bloß seines übersinnlichen Wesens bewusst, jenes ‚homo noumenon‘, der eigentlich außerhalb der Grenzen der Erfahrung existiert.“[5] Derart verschwindet der ethische Akt aus der empirischen Ordnung und verbleibt vollkommen in der gedachten Sphäre. So radikal Wojtyła Scheler kritisiert, so radikal stellt er mit umgekehrten Vorzeichen die Ethik Kants in Frage. Aber ähnlich, wie er bei Scheler das Wertfühlen als eine Form der menschlichen Erfahrung übernimmt, die ihm einen wesentlichen Zugang zum Sein des Menschen eröffnet, übernimmt er von Kant die praktische Vernunft, insofern sie auf die Pflicht als Gegenstand der Erfahrung ausgerichtet ist und sie als Dimension der menschlichen Wirklichkeit verstehen lässt: „Mit der Ethik des kategorischen Imperativs hat Kant zu Recht den Pflichtcharakter der moralischen Entscheidungen des Menschen hervorgehoben“[6].

Selbst wenn Wojtyła den Zusammenhang zwischen freier Willensentscheidung und sittlichem Wert anders deutet als Kant, scheint doch eine gewisse

---

1 Weigel, Zeuge, 134.
2 Wojtyła/Johannes Paul II., Lubliner Vorlesungen, 77.
3 Ebd.
4 Ebd.
5 Ebd., 77-78.
6 Johannes Paul II., Erinnerung und Identität, 56.

Parallele zum „kategorischen Imperativ“ bei Kant als allgemeine Gesetzgebung auf. Im Rahmen seiner Anthropologie versucht Wojtyła, die Einzelgüter auf eine Grundnorm zu reduzieren, aus der sich die Güter ableiten lassen. Diese autoteleologische Normenbegründung bei Wojtyła lautet: Gut ist, was die Subjektivität der Person bereichert; schlecht ist, was die Subjektivität nicht bereichert. Der Mensch erfährt sich als ein Wesen, das bei jedem menschlichen, also sittlichen Handeln, von der Pflicht durchdrungen ist, seine Subjektivität zu verwirklichen, d. h. zu bereichern. Wie später zu zeigen sein wird, ist dieses Vollbringen der Person nach dem Ansatz Wojtyłas selbstverständlich nur über die Entscheidung für konkrete sittliche Werte möglich. Aber insofern die Pflicht zur inneren Seinsstruktur der menschlichen Wirklichkeit gehört, ist sie wesensmäßig von einzelnen materialen Werten unabhängig erfahrbar. Ebenso lässt sich der Aufstieg Kants zum Postulat der Existenz Gottes, dem sich der freie Mensch zu verantworten hat, mit dem Aufstieg zum Absoluten vergleichen, wie ihn Wojtyła auf der Ebene der Erfahrung von Wert und Pflicht vornimmt. So gesehen stellt der Ansatz von Wojtyła bei aller Kritik an den beiden gegensätzlichen Entwürfen einer Ethik bei Scheler und bei Kant zugleich eine gewisse Synthese beider Denkansätze dar. Wie Wojtyła sowohl das Moment des Wertes als auch das Moment der Pflicht in der Seinsstruktur des Menschen erkennt, so stellt er nach logischen Grundsätzen diese Ergebnisse, die als Verstehensmomente der Erfahrung entspringen, auf das Fundament eines Seinsbegriffs, der sich aus der Beschreibung der Beziehungen des einzelnen Subjekts zum Ganzen ergibt.

1.1.4 Thomas von Aquin und die Seinsphilosophie

Die Leistung des Thomas von Aquin besteht in der Verbindung der Philosophie des Aristoteles (384-322 v. Chr.) mit der von Augustinus bzw. Platon (428/7-348/7 v. Chr.) herkommenden Philosophie und kommt vor allem in den großen Summen zum Ausdruck. „Dieses ganze System ist nicht nur etwas unermesslich Weises“, schreibt Wojtyła nach dem Zweiten Weltkrieg als Student in Rom, „sondern auch etwas gewaltig Schönes, das den Geist entzückt“[1]. Begeistert ist er von der Einfachheit: Je tiefer ein Gedanke sei, desto weniger Worte wären für die Formulierung nötig. Als Papst Johannes Paul II. bedauert er: „die ‚*Summa Theologica*‘ [findet] heutzutage leider wenig Beachtung“[2]. Anlässlich des 100jährigen Jubiläums der Enzyklika *Aeterni Patris* Leo XIII. preist Johannes Paul II. diese Seinsphilosophie („das heißt des ‚Seinsaktes‘“) geradezu als „Philosophie der Seinsverkündigung“ und nennt sie einen „Hymnus zur Ehre

1 „This entire system is not only something immensely wise, but also something immensely beautiful, which enraptures the mind“ [Letter to Sophia Požniakow on the 27 of March, 1947, quoted in T. KAROLAK, *Jan Paweł II.* Warsaw, 1979, p. 68]. (zit. nach: Gałkowski, Thomism, 181 u. [Anm. 1] 182). (Eigenübersetzung).

2 Johannes Paul II., Die Schwelle der Hoffnung, 57.

des Daseins".[1] In seiner Enzyklika *Fides et ratio* unterstreicht er die „*bleibende Neuheit des Denkens des hl. Thomas von Aquin*".[2]

Die Erkenntnislehre des Doctor Angelicus wurzelt in der Erfahrung. In der Wechselwirkung zwischen Subjekt und Gegenstand werden durch die Sinne in der Vorstellungskraft Bilder von einzelnen Dingen („species sensibiles") festgehalten. Die Tätigkeit des Verstandes besteht darin, aus diesen Einzelbildern ein allgemeines Begriffsbild („species intelligibiles") zu abstrahieren, das uns das allgemeine Wesen des Dinges erkennen lässt.[3] „Einen Gegenstand erkennen", schreibt Aster, „heißt sein Wesen und dessen Wirken in der Materie des Gegenstandes in einen Begriff fassen, also die Wesens- und Kausalstruktur des Gegenstandes im Intellekt nachbilden, wahr ist unsere Erkenntnis, wenn dies Bild mit der Wirklichkeit übereinstimmt (adaequatio rei et intellectus)."[4] In seiner Ontologie geht Thomas von Aquin von der Vielheit des Seienden (ens) aus. Auf der Suche nach den zugrunde liegenden Prinzipien dient als Erklärung die Unterscheidung von Wirklichkeit („actus") und Möglichkeit („potentia"). Diese Akt-Potenz-Lehre verdeutlicht, dass alles Seiende eben sein bzw. nicht sein kann und damit veränderlich ist. Und weil „die Seienden veränderbar sind", erklärt Kunzmann, „stellt sich die Frage nach dem Prinzip ihrer *Einheit*"[5]. Thomas deutet die Einheit des Seienden anhand des Hylemorphismus. In dieser Sicht setzt sich das Seiende aus „Form" und „Materie" (Seinsprinzipien) zusammen. Die „Materie" individuiert die Form und bildet so den Anlass für die Vielfalt der Seienden. Jedem einzelnen Seienden liegt ein individuiertes Wesen zugrunde. Diese Seinsgrundlage wird mit dem Begriff der „Substanz"[6] erfasst, welche im Verhältnis zu den sich verändernden „Akzidenzien" das bleibende Wesen eines Seienden ausmacht. In diesem Sinn bezeichnet das lateinische Wort „Substanz" den Selbststand eines Seienden. Der Ausdruck „essentia" für das Wesen der Dinge umfasst die Seinshaftigkeit eines einzelnen Seienden im umfassenderen Sinn.[7] Die „essentia" kann im Lichte der Kontingenz betrachtet werden. Aber erst der Seinsakt („actus essendi") macht das Seiende zu einem Seienden als eine tatsächliche Verwirklichung einer möglichen „essentia".

Natürlich geht es Wojtyła um das Erfassen des personalen Seins. Er baut das Substanzdenken und die Akt-Potenz-Lehre in seinen Personalismus ein.

---

1 Johannes Paul II., Ansprache an der Päpstlichen Hochschule, Nr. 6.

2 Vgl. Johannes Paul II., Fides et ratio, Nr. 43-44.

3 Vgl. Kunzmann/Burkard/Wiedmann, Philosophie, 85.

4 Aster, Geschichte der Philosophie, 159.

5 Kunzmann/Burkard/Wiedmann, Philosophie, 81.

6 „*Substanz* ist das Ganze aus Form und Materie" (Kunzmann/Burkard/Wiedmann, Philosophie, 83).

7 „Wesen bezieht sich auf das Ganze von Form und Materie, ist aber von der Substanz unterscheiden, insofern diese Bestimmungen annehmen kann, die zufällig sind (*Akzidenzien;* z. B. Sokrates ist kahl), die dem Wesen nicht anhängen" (Ebd., 83).

Wie Thomas von Aquin in seiner Seelenlehre[1] die „Substanz" des menschlichen Seins als geistigen Selbststand (individuiertes geistiges Sein) mit den beiden Seelenkräften des Erkennens und des freien Willens deutet, so betrachtet Wojtyła den sogenannten personalen Dynamismus als den substanziellen Wesenskern des Menschen. Und wie Thomas in jeder menschlichen Seele die Seelenkräfte als potenzielle Anlage für die Verwirklichung des Menschseins voraussetzt, so nimmt Wojtyła die Grundstruktur des personalen Dynamismus in jedem personalen Sein als metaphysisch gegeben an.[2] Wojtyła versteht die Struktur des personalen Dynamismus als das substanzielle Wesen der Person und zugleich als potentielle Anlage für den personalen Akt. Die Überzeugung, dass der personale Akt eine ethische Qualität hat, setzt eine klare Vorstellung von der Akt-Potenz-Lehre in Verbindung mit dem Kausalitätsprinzip voraus. Der freie Wille ist die Potenz, die dem Menschen ermöglicht, eine freie Entscheidung zu treffen. Aber die Ursache dafür, dass ein freier Willensakt vollzogen werden kann, besteht in der Verbindung dieses freien Willens mit einem erkannten und angestrebten Wert (Gut). Aus diesem Grund legt Wojtyła so großen Wert darauf, dass personale Vollzüge intentionale Akte sind. Bei Thomas entspricht nach dem Verständnis der griechischen Philosophie die Struktur des Seins der Struktur des Geistes: „Dasselbe ist Denken und Sein"[3] (Parmenides). Das bedeutet, beim Erkenntnisvorgang nimmt der Mensch den Wesensgehalt eines Seienden auf. Reagiert der Mensch mit seinem freien Willen positiv auf den erkannten Inhalt, macht er sich diesen selbst zu Eigen und wird damit teil des menschlichen Seins. Dies deutet Thomas von Aquin nicht nur auf der intellektuellen Ebene, sondern auch auf der ethischen. Wenn sich der Mensch mit seinem freien Willen für ein Gut entscheidet, wird dieses Gut Teil seines Seins. In entsprechender Weise deutet Wojtyła den personalen Dynamismus. Dem menschlichen Sein entspricht bei Wojtyła die Subjektivität der menschlichen Person. Durch einen guten ethischen Akt wird die Person selbst gut und die Subjektivität bereichert. Durch einen bösen Akt wird das personale Sein selbst böse. Das bedeutet, die Subjektivität der Person verliert an Fülle.

Für den Nachweis des Kausalitätsprinzips bemüht Wojtyła nach Jörg Splett außerdem „die experimentelle Psychologie der N.-Ach-Schule"[4]. Oder wie Nis-

---

1 „Der **Mensch** ist die substantielle Verbindung von *Seele* (Form) und *Körper* (Materie) (…) Die **Seele** enthält in sich versch. Vermögen: das *vegetative* (Lebenskraft), *sensitive* (Sinneswahrnehmung), *appetitive* (triebhaftes Streben), *motive* (Ortsbewegung) und *rationale* (Verstand)" (Ebd., 85) und ist die Form des Leibes. Die höchsten Vermögen der Seele sind Verstand und Wille.

2 Die Grundstruktur des personalen Dynamismus ist für Wojtyła auch bei einem Embryo gegeben, der seine Personalität noch nicht durch personale Akte vollzieht.

3 Splett, Anthropologie, 41. Vgl. Ach, Über den Willensakt und das Temperament, Leipzig 1910 (zit. nach: Wojtyła/Johannes Paul II., Lubliner Vorlesungen, 104).

4 Splett, Anthropologie, 41. Vgl. Ach, Über den Willensakt und das Temperament, Leipzig 1910 (zit. nach: Wojtyła/Johannes Paul II., Lubliner Vorlesungen, 104).

sing festhält, die Ergebnisse „willenspsychologischer Ansätze des 20. Jahrhundets (Narziß Ach [1871-1946], Albert Michotte [1881-1965], Józef Reutt [1901-1960], M. Dybowski [1885-1975])“[1]. Aus der Erfahrung heraus betont diese Denkrichtung für Wojtyła einerseits „das sogenannte Aktualmoment des Willens (…), und zwar jenes charakteristische Erlebnis ‚ich will wirklich‘, welches das einfache, nicht mehr teilbare Element des psychischen Lebens darstellt.“[2] Entscheidend für die Herausarbeitung des „Objektmomentes des Willens“ ist für Wojtyła dann „die Verbindung des Aktualmoments sowie des dynamischen Aspekts des Willens mit der Motivation, das heißt mit der Vorstellung von Zielen.“[3] Wojtyła fasst diese Studien zusammen: „Alle sind sich darin einig, dass ein solches Ziel, das den Willen vom Objekt her zum Handeln bewegt, immer ein Wert sein muss.“[4] Dabei nimmt das urheberische Engagement der Person mit der Höhe des Wertes zu. Jerzy W. Gałkowski spricht von einer „wichtigen Inspiration“ für den Ansatz Wojtyłas.[5] Denn die Ergebnisse dieser empirischen Untersuchungen kommen den metaphysischen Analysen des Thomas von Aquin sehr nahe. Beschäftigten sich die Empiriker mit dem Willen als Erlebnis, behandelt ihn Thomas als Vermögen („potentia“) der Seele. Entdecken die Psychologen in der Willensstruktur „einerseits das aktual-dynamische Moment (das Erlebnis des ‚ich will‘, ‚ich soll’, ‚ich kann‘), andererseits das Objektmoment, die Motivation“, unterscheidet Thomas zwei „Bewegungen (motio) innerhalb der Willenstätigkeit: ‚quoad exercitium‘ und ‚quoad specificationem‘, die sehr eng mit der Unterscheidung des aktual-dynamischen Moments vom Objektmoment des Willens zusammenhängen. Das erste Moment bezeichnet die determinierenden Tendenzen der Person, das zweite die Motivation.“[6] Die „motio quoad exercitium“ drückt das aktive Sich-selbst-Hinbewegen des Willens zu jeglichem Gut („bonum in communi“) als Objekt des Willens aus; dagegen trägt die „motio quoad specificationem“ der Tatsache Rechnung, dass der Wille dasjenige Gut unter verschiedenen auswählen muss, das er anstreben und aktualisieren will.[7] Dabei spielt bei Thomas die Vernunft eine wichtige Rolle. Denn der Wille wird von der Vernunft nach Art des Objektes bewegt, von sich selbst nach Art des Zieles.[8] Dennoch haben an der Motivation

1 Nissing, Wer ist der Mensch, XIX.
2 Wojtyła/Johannes Paul II., Lubliner Vorlesungen, 82.
3 Vgl. ebd., 83.
4 Ebd.
5 „The analyses of the will carried out in a certain current of contemporary psychology (Ach, Michotte, Dybowski, Reutt) were also an important inspiration“ (Gałkowski, Thomism, 182). Vgl. Dybowski M., Dzialanie woli (Die Tätigkeit des Willens), Poznań 1946; Lindworski J., Der Wille, seine Erscheinung und seine Beherrschung, Leipzig 1912; Reutt J., Przedstawienie celu a postępowanie (Die Vorstellung des Zieles und das Handeln), Poznań 1947 (zit. nach: Wojtyła/Johannes Paul II., Lubliner Vorlesungen, 104).
6 Wojtyła/Johannes Paul II., Lubliner Vorlesungen, 87.
7 Vgl. ebd., 88. Vgl. STh I-II q.10.
8 Wojtyła zitiert STh I-II q.9 a.3 ad 3: „(...) ab intellectu quidem movetur secundum rationem obiecti: a seipsa vero, quantum ad exercitium actus secundum rationem finis.“

noch andere menschliche Vermögen teil. Gemeint sind nach Wojtyła vor allem die „Begehrungsvermögen", die nach Teilgütern streben, die ebenso zum „bonum in communi" gehören und somit Objekt des Willens sind.[1] Kant würde darin die Pathologisierung des Willens sehen. Doch kritisiert Wojtyła Kant in diesem Punkt: „Die Autonomie des Willens darf man nicht gemäß den Gütern bestimmen, die er im Handeln anstrebt, sondern gemäß der Art des Strebens."[2] Zudem spielen die sinnlichen Gefühle bei der Auswahl des Gutes eine wichtige Rolle. Ein mit einem Gefühl verbundener Wert wirkt als Motiv viel stärker auf den Willen.[3]

Ob nun die Willensstruktur anhand der empirisch-induktiven Methode der Psychologen oder der metaphysischen Methode im Rahmen der ganzen Seinsphilosophie bei Thomas von Aquin untersucht wird, beide erfassen für Wojtyła die strukturelle Einheit zwischen dynamischem (exercitium) und gegenständlichem Aspekt (specificatio) des Willens. Bei Kant ist der dynamische Charakter des Willens völlig verkümmert. Als passives Element ist er gänzlich der Vernunft und ihrem apriorischen Gesetz untergeordnet. Ähnlich ergeht es Scheler, der die Urheberschaft der Person vernachlässigt. Thomas hält für Möhle beide Momente in einem Gleichgewicht und versteht den Willen „als rationales Strebevermögen, dessen Freiheit einerseits von den durch den Verstand vermittelten Wahlmöglichkeiten abhängt, andererseits aufgrund der naturalen Ausrichtung diese Freiheit nur dadurch besitzt, dass die Defizienz des endlichen Verstandes die nähere Zielbestimmung und die Mittelwahl des Handelns nicht notwendig vorgibt."[4] Wojtyła nennt diesen Ansatz „die richtige Art, das Problem des ethischen Akts zu lösen"[5]. Aus der Erfahrung heraus bestimmt der Aquinate das Gute als den eigentlichen Gegenstand des Willens. Doch entscheidet das von der Vernunft erfasste Prinzip des Guten („ratio boni") über das Streben der Person. Denn die Vernunft gebietet nicht dem Willen, wie bei Kant, sie führt gemäß ihrer Ratio des Guten dem Willen nur verschiedene gute Gegenstände vor. Die Verbindung der Willenstätigkeit mit der Vernunft macht den Willen zu einem vernünftigen Begehren („appetitus rationalis").[6]

Als kausaler Urheber seiner Akte wird der Wille im ethischen Sinn gut oder böse, so „dass der ethische Wert nicht so sehr Inhalt des Wirkens des Willens ist, als vielmehr Inhalt des Werdens des Willens (...). Das Werden bezieht sich auf den Willen als auf ein bestimmtes reales Sein, und auf dieselbe Weise bezieht er sich auch auf die Person, deren Vermögen der Wille ist."[7] „Dieses Werden des

1 Vgl. Wojtyła/Johannes Paul II., Lubliner Vorlesungen, 88.
2 Wojtyła/Johannes Paul II., Lubliner Vorlesungen, 89.
3 Vgl. ebd., 89.
4 Möhle, Wille, Sp. 1204. [Die im LThK typischen Abkürzungen sind vom Autor ergänzt]
5 Wojtyła/Johannes Paul II., Lubliner Vorlesungen, 93.
6 Vgl. ebd., 92.
7 Ebd., 95.

Willens bildet den innersten Kern der ethischen Akte des Menschen."[1] Denn mit dem Willen wird auch der Mensch als Person „in einem gleichsam absoluten Sinne (simpliciter) vervollkommnet"[2] oder gelangt nicht zur Fülle. So sind die ethischen Werte weniger Inhalte intellektueller oder emotionaler Erlebnisse, als vielmehr der eigentliche Gegenstand des Werdens von Wille und Person. Dieses Werden der Person erfasst Thomas von Aquin mit der Akt-Potenz-Lehre. Werden ist immer ein „Übergang des betreffenden Seienden von der Möglichkeit zum Akt, wobei ersteres im Verhältnis zum Akt eine gewisse Unvollkommenheit des Seins bedeutet, das eben durch diesen Akt vervollkommnet wird."[3] Wird diese Theorie auf die Person übertragen, so besitzt die Person eine spezifische Potenz zum ethisch Guten, die durch das Handeln aktualisiert wird. Diese Potenz wird in den Willensakten aktualisiert. Mit der tätigen Aktualisierung des Willens geht die ethische Aktualisierung der Person durch das Gute oder Böse einher.[4] Genau diese Aktualisierung bildet für Wojtyła das Wesen des ethischen Aktes, der in seiner Fülle nur begriffen werden kann, wenn die ganze Dynamik des ethischen Werdens der Person durch den Willen erfasst wird. Denn dieses Werden findet über den Willen statt. Für Wojtyła ist „die Lösung, die Thomas von Aquin anbietet, die einzig adäquate Interpretation des ethischen Erlebnisses der Person"[5].

Weil sie die Seinsphilosophie ablehnten, haben Scheler und Kant die volle Struktur des ethischen Erlebnisses nicht gesehen. Deshalb unterzieht Wojtyła diese beiden Ansätze einer deutlichen Kritik: „Was macht es schon aus, dass die aristotelisch-thomistische Seinsphilosophie dies mit Hilfe von sehr analogen Begriffen tut, wenn diese Begriffe eben das richtige Verständnis der ganzen Wirklichkeit ermöglichen?"[6] Oder: „Was nutzt die angebliche intellektuelle Präzision, wenn bei ihrer Anwendung der Intellekt entweder die ganze Wirklichkeit – trotz seiner natürlichen Befähigung und Möglichkeiten – überhaupt nicht erfasst oder auf eine so verzerrte Weise, wie wir das am Beispiel der Konzeption vom ethischen Erlebnis bei Kant und bei Scheler gesehen haben?"[7] Ist für Kant das Erlebnis der Pflicht das eigentlich ethische Erlebnis, so ist es für Scheler das Erlebnis des Wertes. Um den reinen Wert zu erleben, geht Scheler der Pflicht aus dem Weg. Kant meidet den materialen Wert, der zu einer Pathologisierung der Erlebnisse führe, um die reine Pflicht zu erleben. Doch ergänzen sich für Wojtyła Wert und Pflicht im eigentlich ethischen Erlebnis und bilden dessen Einheit: „Wenn wir nämlich das ethische Erlebnis in seiner ganzen spe-

1 Ebd., 97
2 Ebd., 98.
3 Ebd., 98.
4 Vgl. ebd., 99.
5 Ebd., 102.
6 Ebd., 103.
7 Ebd.

zifischen Eigenart und unteilbaren Einheit, die es in der Erfahrung hat, erfassen wollen, dürfen wir es nicht vom Handeln der menschlichen Person trennen, genauer gesagt von jener Urheberschaft der Person, die in ihrem Handeln zum Ausdruck kommt.“[1]

Für Wojtyła ist aber auch „der Thomismus nicht ausreichend (zumindest in seiner gegenwärtigen Form)“[2], meint Gałkowski. Er bedarf einer Weiterentwicklung. Zwar bestätigt Johannes Paul II. den thomistischen Ansatz in seinen Grundsätzen. Denn mit der Feststellung, dass der Mensch es vermag, „über sich zu entscheiden und seine eigene unwiederholbare Geschichte zu formen (…) ist das Wesentliche über die Würde des menschlichen Seins gesagt“[3]. Doch sieht Wojtyła die Notwendigkeit, diesen Ansatz durch die Analysen der Subjektivität zu ergänzen.[4] Und er belässt es nicht nur bei einem Vorschlag. Indem Wojtyła selbst den Personalismus mit seiner Welt der Subjektivität in die Anthropologie einführt, bedürfen verschiedene thomasische Begriffe einer dynamischen Deutung und Erweiterung. Der Schlüssel wird für Wojtyła das dynamische Verständnis der metaphysischen Seinsgrundlage der menschlichen Person sein. Auf dieser Grundlage deutet Wojtyła das ethische Handeln des Menschen als Weg zum Werden bzw. Sichvollbringen der Person.

1.2 DER ETHISCHE ANSATZ IM DENKEN WOJTYŁAS

Bislang ist deutlich geworden, wie bei Karol Wojtyła die Auseinandersetzung mit verschiedenen Ansätzen in der Ethik zum Schlüssel für die Grundlegung einer Anthropologie wird.[5] Über die Ethik, d. h. die Deutung der Erfahrungen des sittlichen Handelns des Menschen, erschließt sich für Wojtyła die Wahrheit über den Menschen als Person. Seinen anthropologischen Entwurf hat er nicht auf der Grundlage der metaphysischen Seinsphilosophie entwickelt, sondern aus der Auseinandersetzung mit verschiedenen ethischen Ansätzen heraus. So ist auch das anthropologische Hauptwerk *Person und Tat* infolge dieser Überlegungen zu ethischen Fragestellungen entstanden und bestätigt die „Selbstsituierung“[6] Wojtyłas/Johannes Pauls II.: „Mein persönlicher philosophischer Standort bewegt sich sozusagen zwischen zwei Polen: zwischen dem aristotelischen Thomismus und der Phänomenologie.“[7] Wojtyła/Johannes

1 Ebd., 81.

2 „Thomism is not enough (at least in its present form)“ (Gałkowski, Thomism, 182). (Eigenübersetzung)

3 Johannes Paul II., Ansprache an der Päpstlichen Hochschule, Nr. 6.

4 „This permits the Author to propose that Thomism be completed by subjective analyses“ (Gałkowski, Thomism, 182).

5 „I believe nevertheless that John Paul II leads us away from neo-scholasticism and towards contemporary philosophy of man and ethics” (Harvanek, John Paul II, 21).

6 Nissing, Wer ist der Mensch, XVI.

7 Johannes Paul II., Auf, lasst uns gehen, 98.

Paul II. ist also nicht einfach der einen oder anderen Richtung zuzuordnen. Die Wirklichkeit erschließt er phänomenologisch und gelangt so zu einer Synthese von Seins- und Bewusstseinphilosophie. In seiner Wirklichkeitsbetrachtung übernimmt er von Thomas von Aquin das Moment des Seins, von Scheler das Moment des Werts und von Kant das Pflichtmoment. Letztendlich entwickelt er einen Personalismus, dessen Dreh- und Angelpunkt die Subjektivität ist. Deren Wirklichkeit bildet die Grundlage für eine Homogenisierung der Ethik.

1.2.1 Phänomenologische Methode

Die Philosophie Wojtyłas setzt grundsätzlich bei der Betrachtung und Anschauung von Erscheinungen (Phänomenen) an. Die „Phänomene, so wie sie erscheinen, in den Blick zu nehmen, in ihrer Verschiedenheit und ihrem Reichtum", erklärt Ratzinger, diese „Präzision des Schauens, die Intelligenz des Menschen, der nicht von Abstraktion oder theoretischen Prinzipien ausgeht, sondern versucht, in Liebe seine Wirklichkeit zu erfassen, war und ist für das Denken des Papstes entscheidend geblieben."[1] Die Phänomene untersucht Wojtyła wie Edith Stein anhand der phänomenologischen Methode. Stein unterscheidet die phänomenologische Methode klar vom Empirismus, „wenn man unter Empirie nur die Wahrnehmung von Einzeldingen versteht."[2] Demgegenüber leitet die phänomenologische Methode ihre Erkenntnis eben nicht aus der Sinneserfahrung bzw. der sinnlichen Erfahrung des Einzeldings ab, wie es jetzt und hier erscheint. Das entscheidende Prinzip ist der „Blick auf das Wesentliche" des Dings, die „Anschauung dessen, was es seinem Wesen nach ist: und das kann wiederum ein Doppeltes heißen: was es seinem *eigentlichen* Wesen nach ist und was es seinem *allgemeinen* Wesen nach ist."[3] Husserl bezeichnet diesen Akt geistiger Anschauung und Wesenserfassung als „Intuition". „Sie steckt" nach Stein „in jeder Einzelerfahrung als ein unentbehrlicher Faktor – wir könnten nicht von Menschen, Tieren, Pflanzen sprechen, wenn wir nicht in jedem Dies, das wir hier und jetzt wahrnehmen, ein Allgemeines erfassen würden, das wir mit dem allgemeinen Namen bezeichnen – kann aber davon losgelöst und für sich vollzogen werden."[4]

„*Phänomenologie* meint im Wortsinn", erklärt Gerl-Falkovitz deshalb, „‚zur Erscheinung bringen', ein Freilegen dessen, was das Phänomen von sich selbst her zeigt."[5] So ist „das elementarste Prinzip der phänomenologischen Methode" für Edith Stein, „*die Sachen selbst* ins Auge fassen. Nicht Theorien über die Dinge befragen, möglichst alles ausschalten, was man gehört, gelesen, sich

1 Ratzinger, Einheit, 23.
2 Stein, Aufbau der menschlichen Person, 51.
3 Ebd.
4 Ebd., 52.
5 Gerl-Falkovitz, Mann und Frau, 68.

selber schon zurechtkonstruiert hat, sondern mit unbefangenem Blick an sie herantreten und aus der unmittelbaren Anschauung schöpfen."[1] Ebenso muss sich für Wojtyła der „Mensch als Gegenstand der philosophischen Anthropologie" erschließen: „Die Grundlage, um ihn zu verstehen, muss in der Erfahrung gesucht werden – und zwar in der vollen und umfassenden Erfahrung, die frei ist von jedem systematischen *a priori*."[2] Ausgangspunkt aller Erkenntnis ist die gelebte Erfahrung, wie sie jedem Menschen zugänglich ist. „Wenn wir wissen wollen, was der Mensch ist, so müssen wir uns möglichst lebendig in die Situation versetzen, in der wir menschliches Dasein erfahren", so Edith Stein, „d. h. das, was wir ins uns selbst erfahren, und das, was wir in der Begegnung mit andern Menschen erfahren."[3] Tatsächlich beginnt Wojtyła *Person und Tat* mit der phänomenologischen Analyse der Selbsterfahrung des Menschen, um dann „Subjekt und Gemeinschaft" zu betrachten.

Auch wenn Wojtyła in seinen Analysen mit der phänomenologischen Methode ansetzt, verliert er wie Edith Stein die seinsphilosophischen Fragestellungen nicht aus dem Blick. „Ihre Philosophie interessierte mich", sagt Wojtyła später über Edith Stein, „und ich las ihre Schriften, besonders *Endliches und ewiges Sein*"[4]. Geradeso wie Edith Stein sich in „der Wahl der Probleme" an Thomas von Aquin hält, „weil darin ein Schutz von Einseitigkeiten liegt und eine gewisse Gewähr, dass man nicht an wesentlichen Punkten vorbeigeht"[5], macht Wojtyła in ähnlicher Weise die Analyse der menschlichen Person zur Grundlage einer Seinsphilosophie, indem er die menschliche Person und ihre Tat sowie das Phänomen der Sittlichkeit des Menschen als Erscheinungen phänomenologisch analysiert und zugleich mit metaphysischen Kategorien interpretiert (Ursache-Wirkung, Akt-Potenz-Lehre) und auf dieser Grundlage eine Seinsphilosophie aufbaut. Ausgangspunkt ist die Betrachtung der Dinge, wie sie unmittelbar dem Bewusstsein erscheinen. Die Methode zur Problemlösung ist also „die phänomenologische, d. h. die Methode, wie sie E. Husserl ausgebildet und im II. Band seiner Logischen Untersuchungen zuerst angewendet hat", die nach Edith Stein „von den großen Philosophen aller Zeiten bereits angewendet wurde, wenn auch nicht ausschließlich und nicht mit reflektiver Klarheit über das eigene Verfahren."[6] Bemerkenswert an diesen Ausführungen Steins – Johannes Paul II. spricht von „der großen Denkerin der Husserl-Schule"[7] – ist die Überzeugung, dass im Grunde auch die ganze Philosophie des Thomas von Aquin ein phänomenologisches Vorgehen als Grundlage hat. Genau von dieser

1 Stein, Aufbau der menschlichen Person, 51.
2 Wojtyła, Die personale Struktur der Selbstbestimmung, 15.
3 Stein, Aufbau der menschlichen Person, 51.
4 Johannes Paul II., Auf, lasst uns gehen, 98.
5 Stein, Aufbau der menschlichen Person, 51.
6 Ebd.
7 Johannes Paul II., Erinnerung und Identität, 35.

Überzeugung war Wojtyła/Johannes Paul II. geleitet und konnte sich deshalb ganz in der Tradition des Aquinaten sehen.

In seinem Buch *Erinnerung und Identität* kommt Johannes Paul II. noch einmal auf den Stellenwert der „phänomenologischen Methode" zu sprechen, mit der „man z. B. Erfahrungen wie die Moralität, der Religion oder auch die des Menschen untersuchen" kann, was einerseits „eine bedeutende Bereicherung unserer Erkenntnis" bringt, doch müssen andererseits „all diese Analysen implizit die Realität des Menschenseins – d. h. eines geschaffenen Wesens – voraussetzen und auch die Realität des Absoluten Seins", denn ohne solche „realistischen" Prämissen „bewegt man sich schließlich im Leeren."[1] John Crosby erklärt diese Bereicherung für die philosophische Anthropologie Wojtyłas/ Johannes Pauls II. sehr treffend mit den Worten, „dass die phänomenologische Philosophie das Studium der personalen Subjektivität kultiviert hat"[2].

1.2.2 Seins- und Bewusstseinsphilosophie

Als Seminarist studierte Karol Wojtyła das aristotelisch-thomistische bzw. peripatetisch-scholastische System und dessen Thesen anhand eines Grundlehrbuchs zur Einführung in die Metaphysik. „Was ich bis dahin durch Intuition und inneres Gespür von der Welt gewusst hatte, das fand sich nun zuverlässig bestätigt."[3] Als Papst spricht er im Rückblick von einer „Entdeckung, die noch heute die Grundlage meiner Denkstrukturen bildet"[4] und von der bleibenden Bedeutung eines Thomas von Aquin: „Es ist nicht gut, dass seine Gedanken in der nachkonziliaren Zeit hintangestellt wurden, denn er ist immer noch der *Meister des philosophischen und theologischen Universalismus*."[5] Gleichzeitig plädiert Wojtyła für eine Öffnung und „Bewegung weg von der Seinsphilosophie zur Bewusstseinsphilosophie"[6]. Im Gefolge Kants versteht Wojtyła unter Bewusstseinsphilosophie die Deutung von menschlicher Erkenntnis als Vorgänge, die sich im Bewusstsein des Menschen abspielen, jedoch keinen Anspruch auf reale Transzendenz zum Sein der Dinge hin erheben. Vielmehr geht es um die Analyse apriorischer Strukturen des Bewusstseins, die es ihm erlauben – auf der Grundlage der Wahrnehmung – in sich selbst die Gegenstände zu formen. Auf dieser Linie beschäftigt sich Wojtyła insbesondere mit Kant und Scheler und entdeckt gerade für den Aufbau seiner philosophischen Anthropologie weiterführende Ansätze. Deshalb plädiert er dafür, „nicht alles in der nachfolgen-

---

1 Ebd., 27.

2 „(…) that phenomenological philosophy has cultivated the study of personal subjectivity" (Crosby, Personalism, 202). (Eigenübersetzung).

3 Johannes Paul II., Fürchtet euch nicht, 17.

4 Ebd.

5 Johannes Paul II., Die Schwelle der Hoffnung, 59.

6 „(...) a movement away from the philosophy of being toward the philosophy of consciousness" (Wojtyła, Ethics and Moral Theology, 103). (Eigenübersetzung).

den Entwicklung der Philosophie“ einfach als „Abweichung“ abzutun, sondern als „mögliches Werkzeug“ im Prozess der philosophischen Erschließung zu berücksichtigen.[1] „Wie man im Mittelalter im Rahmen der damaligen Kenntnisse der Welt, die in der Aristotelischen Philosophie wurzelten, die theologische Lehre mit dieser Philosophie konfrontieren musste, damit die Theologie nicht in der Leere schwebte“, erläutert Jaworski diesen Ansatz Wojtyłas, „so ist es in unserer Zeit zu einer Notwendigkeit geworden, die christliche Überlieferung mit jener Auffassung des Menschen zu konfrontieren, die er heute von sich selbst hat.“[2] Die philosophische Anthropologie Wojtyłas ist im Spannungsfeld von Seins- und Bewusstseinsphilosophie auszumachen. Ziegler spricht bei Wojtyła von einer Synthese, einer „konvergierenden Methode“, vom Versuch, „beide Blickrichtungen zu integrieren“[3]. Crosby vom Versuch, „*vetera* und *nova* zu vereinen, das Traditionelle und die Moderne zu verbinden“[4]. Auf der einen Seite möchte er nach Jaworski „die philosophische Basis des Seins nicht verlassen. Von der Philosophie des Bewusstseins will er das behalten, was sie dem Verstehen des Menschen von der Seite des Bewusstseins bringt.“[5] Dass er sich dabei nicht auf die thomasische Methode und deren Vokabular mit den korrespondierenden Bedeutungsinhalten beschränkt, erschwert gerade für Thomisten den Zugang. Ausgangspunkt seiner Analysen bilden nämlich nicht begriffliche Unterscheidungen und Definitionen, obwohl diese in der Regel bald folgen, sondern die allgemein zugängliche Erfahrung des Menschen.

Gleichzeitig geht die philosophische Anthropologie Wojtyłas vom Perfektionismus oder Perfektiorismus aus. Darunter ist zu verstehen, dass sich der Mensch durch sein Handeln vollbringt und vervollkommnet bzw. durch jede gute Tat besser wird, d. h. an Wert gewinnt. Laut Wojtyła kann „man eine konsequente perfektioristische Ethik nur ausgehend von der Philosophie des Seins errichten“[6]. Insofern bildet die aristotelisch-thomistische Seinsphilosophie, in der das Gute mit dem Sein zusammenhängt, auch die Grundlage für den Aufbau

1 „(…) not everything in the subsequent development of philosophy – and thus in the development of this potential tool for interpreting revealed contents – would seem to be a mere deviation“ (Ebd.). (Eigenübersetzung). So ist es z. B. für Rocco Buttiglione „wahr, wie die Moderne behauptet, dass der Mensch wesensmäßig Schöpfer ist“ und er erinnert im Blick auf die Philosophie Wojtyłas an den „Begriff der Mitschöpfung“ oder die „Selbstschöpfung des Menschen“: „Es ist ein großer Verdienst der Philosophie der Moderne, die Aufmerksamkeit auf diese schöpferische Tätigkeit des Menschen gelenkt zu haben. Hebt man diese Seite nicht angemessen hervor, so wird der eigentlichen Stellung des Menschen im Kosmos, welche ihn von allen anderen Geschöpfen abhebt, nicht Rechnung getragen“ (Buttiglione, Herrlichkeit Gottes).

2 Jaworski, Humanismus, 21.

3 Ziegler, Laudatio, 190.

4 “John Paul attempts to unite *vetera* and *nova,* to unite the traditional and the modern” (Crosby, Personalism, 205). (Eigenübersetzung).

5 Jaworski, Konzeption der Anthropologie, 280.

6 Wojtyła, Auf der Suche nach der Grundlage des Perfektiorismus, 312.

seiner Ethik. Auf der Basis der Akt-Potenz-Lehre ist das gut, „was das Sein in irgendeiner Hinsicht vervollkommnet, es aktualisiert, seine Existenz innerhalb der Natur sozusagen steigert.“[1] Dabei thematisiert Wojtyła gleichermaßen die Grenzen des Aquinaten. Trotz seiner „Bewunderung für die ‚summa'“ bleibt das Schaffen des Thomas von Aquin als „bemerkenswertes Werk eine ‚Frucht seiner Zeit'“, das „nicht in jeder Hinsicht vollendet und vollkommen“[2] ist. So muss die Anthropologie bei Thomas ihrem Schwerpunkt nach eher als eine Seelenlehre betrachtet werden. Gleich einem unbeschriebenen Blatt („tabula rasa“) hat sich die Person mehr und mehr der erkannten Wahrheit zu öffnen. In dieser Perspektive steht die Freiheit im Dienst der Wahrheit. Derweil sieht Wojtyła die Wahrheit im Dienst der Freiheit. In seiner anthropologischen Konzeption stellt die personale Struktur des Menschen bereits eine Wahrheit dar, die es im freien Handeln autoteleologisch zu vollbringen gilt. Je mehr der Mensch in der Wahrheit steht, desto fähiger und freier wird er für den personalen Vollzug, letztlich auch für das Sich-Öffnen auf ein Du hin. In diesem Sinn wendet Wojtyła die Verheißung Jesu auf die philosophische Anthropologie an: „die Wahrheit wird euch befreien“ (Joh 8,32). Außerdem sieht Wojtyła die Person in der Anthropologie des Thomas von Aquin als „ein Konzept, in dem eine ‚Person' gewissermaßen auf die ‚Natur‘ rückführbar ist: *individua substantia rationalis naturae*“.[3] Dagegen will Wojtyła den Menschen als Person nicht von der Natur her ableiten, sondern von seinem subjektiven Reichtum her, wie er der Erfahrung zugänglich ist. „Die Phänomenologie hat in Wojtyłas Philosophie gerade die Funktion, die subjektive Seite des menschlichen Daseins zu erklären“[4], meint Buttiglione. Gegenüber einem „metaphysischen Naturalismus“, erklärt Wojtyła, „bereichert (…) die phänomenologische Methode die Konzeption der menschlichen Person hinsichtlich des ganzen subjektiven ‚Bewusstseins'-Aspektes“[5]. Letztendlich wird für Wojtyła der ganze subjektive Reichtum der Person zum Ausgangspunkt seines Personalismus.

Die Miteinbeziehung der Bewusstseinsphilosophie erbringt einen zweifachen „Wechsel“. Erstens: Die Betonung der personalistischen Komponenten korrigiert eine allzu naturalistische Auffassung des Menschen. Zweitens: Die teleologische Form der Ethik wird durch einen autoteleologischen Ansatz er-

1 Ebd., 316.

2 „The admiration we have for this ‚summa', however, does not have to mean – and even should not mean – that we regard it as a work complete and perfect in every respect (…) to look at this remarkable work as a ‘fruit of its times'” (Wojtyła, Ethics and Moral Theology, 103). (Eigenübersetzung).

3 „(…) a concept in which a ‚person‘ is in a certain sense reducible to a ‚nature‘: individua substantia rationalis naturae“ (Wojtyła, Ethics and Moral Theology, 102). (Eigenübersetzung).

4 Buttiglione, Herrlichkeit Gottes.

5 „(…) the phenomenological method (…) enriching the concept of the human person in terms of the whole subjective, ‚conscious' aspect” (Wojtyła, Ethics and Moral Theology, 104). (Eigenübersetzung).

weitert. Aber auch hier verweist Wojtyła auf die Grenzen. Bei der Miteinbeziehung der Bewusstseinsphilosophie muss nämlich beachtet werden, dass diese durch Aussonderung, die Husserl als „epoché“ bezeichnet, das Bewusstsein als selbständiges Subjekt behandelt. Sowohl der Philosophie Schelers als auch Kants liegt solch eine idealistische Auffassung des Bewusstseins zugrunde. Demgegenüber geht es Wojtyła nach Jaworski „keineswegs um ‚ein Verabsolutieren des Bewusstseins‘. Es geht ihm nur darum, dass ein bestimmter Aspekt eröffnet wird, der bisher in der traditionellen Konzeption zu sehr verschlossen war, der nur als eine gewisse Implikation fungierte“[1]. Bei diesem „Aspekt“, den Jaworski hier andeutet, handelt es sich um den Zugang zur Subjektivität der Person, die Wojtyła allerdings nicht im rein subjektiven Bewusstsein ansiedelt, sondern in der objektiv erkennbaren ontologischen Grundlage des personalen Seins. Das ist der subjektive Reichtum der Person. Aus diesem Grund kann die phänomenologische Methode in den Analysen Wojtyłas nicht mit der Phänomenologie gleichsetzt werden. Er möchte schlichtweg die unmittelbare Erfahrung voll ausschöpfen.[2] Er will vor allem aufzeigen, dass sich die subjektive Erfahrung des Menschen nicht auf einen transzendentalen Rückschritt ins Bewusstsein beschränkt, sondern tatsächlich einen Erkenntnisinhalt über das Wesen der Dinge an erster Stelle des personalen Seins vermittelt. Folglich erblickt Wojtyła in den phänomenologischen Analysen der Bewusstseinsphilosophie nur eine methodische Bereicherung für die Anthropologie.[3] „Als Erkenntnismethode kann eine solche Analyse gute Früchte tragen“, so Wojtyła, „und erbringt sie auch wirklich. Da aber ihre Grundlage in der Aussonderung (epoché) des Bewusstseins aus der Wirklichkeit, dem wirklich existierenden Sein, besteht, kann man diese Methode nicht als die Philosophie der Wirklichkeit anerkennen, vor allem nicht der Wirklichkeit des Menschen, der Person.“[4]

Für Köchler entspringt der Ansatz Wojtyłas zusammenfassend „dem Bemühen, in konstruktiver Abhebung von der ‚metaphysischen‘ Tradition (...) und in Distanz zu einer idealistischen (subjektivistischen) Verabsolutierung des Bewusstseins das reale Wesen des Menschen als Person aufzuzeigen, deren Selbstbewusstsein und Selbstverständnis sich einzig im konkreten Handeln aktualisiert.“[5] Die seitens des Bewusstseins und des Erlebens durchgeführten Untersuchungen verhelfen dann zu einem besseren Verstehen dessen, wer der Mensch als Person ist. „Der Denker, der im philosophischen Sinne die letzte

1 Jaworski, Konzeption der Anthropologie, 280.

2 „Es geht also um den vollen Wiederaufbau der Erfahrung, darum, unsere Erkenntnis (hier: unsere ethische Selbsterkenntnis) auf der Basis der vollen authentischen Erfahrung zu entwickeln, ohne den erkenntnis-theoretischen Vorurteilen des Bewusstseinsabsolutismus und verschiedenen Verunstaltungen des Gegebenen zu verfallen“ (Półtawski, Vorwort, 15).

3 Bei Wojtyła „bleibt die Phänomenologie (…) *Methode,* sie wird nicht zu einem ontologischen System“ (Köchler, Phänomenologisch-ontologische Grundlage, 162).

4 Wojtyła, Person: Subjekt und Gemeinschaft, 24.

5 Köchler, Phänomenologisch-ontologische Grundlage, 163.

Wahrheit über den Menschen sucht, bewegt sich nicht auf einem ‚rein metaphysischen Boden'", resümiert Wojtyła, „sondern er findet in Fülle Elemente, die sowohl die Geistigkeit als auch die Leiblichkeit des Menschen bezeugen und beides in einer besseren Weise veranschaulichen."[1] Diese „Fülle an Elementen" sind z. B. Gewissen, Verantwortungsbewusstsein und Selbstwertgefühl. Ziel ist das Erfassen der Subjektivität. Wojtyła geht es um die Erneuerung („aggiornamento") nach dem Motto: das Alte durch das Neue wachsen lassen („vetera novis augere").[2] In solch einem Prozess rückt aber auch das „Alte" in ein neues Licht. „Ich muss in der Tat zugeben, dass meine Weise, diese klassischen metaphysischen Konzepte zu verstehen", stellt Wojtyła ehrlich fest, „eine grundlegende Veränderung erfahren hat, seit ich eine (wie gesehen) kritische Analyse der Texte von *Der Formalismus in der Ethik und die materiale Wertethik* durchgeführt habe."[3] Für diese Erneuerung ist die Konzeption der Erfahrung im Denken Wojtyłas ausschlaggebend. Denn für ihn gehört zum „Wesen der Erfahrung (...) ihre Objektivität"[4]. Mit Blick auf den Menschen wird dadurch der ganze „Reichtum der phänomenologischen Analysen (...) im Namen der Objektivität der Erfahrung (...) von der Ebene des Bewusstseins verlegt und in die volle Wirklichkeit der Person integriert"[5]. So hat Wojtyła im eigentlichen Sinn des Wortes eine Synthese von Seins- und Bewusstseinsphilosophie geschaffen. Gleichzeitig aber hält er fest: „Die Bewusstseinsphilosophie scheint zu behaupten, dass erst sie das menschliche Subjekt entdeckt hätte. Demgegenüber kann die Seinsphilosophie beweisen, dass eine reine Bewusstseinsanalyse folgerichtig zur Verneinung des menschlichen Subjektes führt."[6]

1.2.3 Person und Personalismus

Der Begriff „Person" ist für Wojtyła ein „Schlüsselbegriff im Streit um das Menschliche (*humanum*)"[7]. Er stammt vom lateinischen „persona". „Während die Herleitung vom griechischen πρόσωπον (Gesicht, Maske) recht unsicher ist", so Wildfeuer, „spricht einiges für den Ursprung beim phönikischen Wort *persu* als Bezeichnung für die Maske, durch die der Schauspieler im Theater spricht und an der sich die von ihm zu verkörpernde Rolle (die Figur, der Charakter) zeigt."[8] Das Spielen der Rolle impliziert bereits eine Handlung bzw. ein gewisses Handeln. In der weiteren Entwicklung wird das selbständige Handeln zu einem Wesensmerkmal der Person. Zwischenzeitlich klären die Kirchenvä-

1 Wojtyła, Subjektivität und „das Unreduzierbare", 11.
2 Vgl. Wojtyła, Ethics and Moral Theology, 104.
3 Wojtyła, Der intentionale Akt, 35-36.
4 Wojtyła, Person: Ich und Gemeinschaft, 192.
5 Ebd.
6 Wojtyła, Person: Subjekt und Gemeinschaft, 13.
7 Wojtyła, Das Problem der Bildung, 77.
8 Wildfeuer, Person, Sp. 42-43. [Die im LThK typischen Abkürzungen sind vom Autor ergänzt]

ter die zwei Glaubenswahrheiten der Trinität sowie der Inkarnation des Logos anhand des Personbegriffs. Die Begriffe „Person" bzw. „Hypostase" hier dienen dazu, erklärt Stubenrauch, „um das in Gott Unterscheidbare, das Nicht-Gemeinsame von Vater, Sohn und Geist zu benennen."[1] Das Konzil von Chalcedon (451) lehrt dann, dass die göttliche und menschliche Natur in Christus „unvermischt, unveränderlich, ungetrennt und unteilbar"[2] in einer Person verwirklicht sind. Zwar „decken sich [die Begriffe „Person" bzw. „Hypostase"] nicht mit dem neuzeitlichen anthropologischen Person- bzw. Subjektbegriff, zu dem die Eigenschaften Selbstbewusstsein, Selbstbestimmung, Freiheit u.a. gehören"[3], so Stubenrauch, doch bildeten diese Reflexionen nach Wojtyła „die mittelbare Vorbereitung zu einem gründlicheren Verstehen des Menschen, sie waren die Einführung in den Personalismus, die Lehre über den Menschen."[4] Deshalb verwurzelt Wojtyła/Johannes Paul II. schon an dieser Stelle den christlichen Personalismus.[5] Tatsächlich fasst im Zuge dieser christologischen Auseinandersetzungen Boëthius die Person als „rationalis naturae individua substantia"[6] – „eine geistige Natur individueller Substanz". „Gemeint ist mit dieser Definition", so Walter Kasper, „dass das, was Geist besagt, in der Person auf eine schlechterdings einmalige und nicht mitteilbare Weise da ist."[7]

Thomas von Aquin entwickelt mit seiner Definition der Person als „incommunicabilis subsistentia naturae rationalis"[8] – „eine unmitteilbare Subsistenz geistiger Natur" – den Ansatz des Boëthius weiter.[9] In dieser Sicht zeigt sich ihre Vollkommenheit in der Natur vor allem in der Herrschaft über das durch

1 Stubenrauch, Dreifaltigkeit, 144.

2 DH 302.

3 Stubenrauch, Dreifaltigkeit, 144.

4 Wojtyła/Johannes Paul II., Erziehung zur Liebe, 45.

5 „Allein die Tatsache, dass sich der Personalismus vor dem Hintergrund der Erkenntnis Gottes auf der Grundlage des Geheimnisses der Menschwerdung gestaltete, besitzt schon seine eigene Aussagekraft. Diese Tatsache bestimmt den spezifisch christlichen Charakter des Personalismus" (Ebd.).

6 Boëthius, Liber de Persona, 1343.

7 Kasper, Theologie, 145.

8 I Sent. 30.

9 „Bei ihm vertieft sich die Einsicht, dass Person gerade nicht eine Substantivierung oder Aktuierung von Geistigkeit meint, sondern eine Wirklichkeit eigener Art, die wir Subjekt nennen, ein individuelles Du, das u. a. Rationalität trägt und individuell verwirklicht: Das bedeutet: Nicht der vernünftigen Natur *an sich* wird Subsistenz zugesprochen, sondern umgekehrt: einer individuellen Subsistenz wird Vernunfthaftigkeit zugesprochen. Das war für Thomas bei Boëthius´ Definition noch nicht klar genug herausgekommen. Thomas sagt deshalb: In der Definition des Boëthius steht Substanz nicht für das Wesen, sondern für die *substantia prima,* also die Subsistenz (STh I 29,1 ad 2); Person sei ein individueller Träger einer geistigen Natur. Thomas ergänzt die Definition des Boëthius um viele weitere, die jeweils einen anderen Aspekt dieser Wirklichkeit beleuchten: Sie ist *suppositum omnis attributionis, subjectum per se agens,* ein *habens dominium sui actus,* ein *Quis irreduzibilis* oder eine *incommunicabilitas subsistens in natura humana/divina,* ein *subsistens distinctum in rationali natura.* Von Richard v. St. Viktor übernimmt Thomas sogar den Begriff der Existenz: *rationalis naturae individua existentia.*

Freiheit und Vernunft bestimmte eigene Handeln („dominium sui actus“[1]). „Eine geistige Natur besitzt als eine Natur nicht ihre eigene Subsistenz, sondern subsistiert in einer Person“[2], bestätigt Wojtyła einerseits diese Tradition. Gleichzeitig führt er sie weiter: „Die Person ist ein subsistierendes Subjekt von Existenz und Tätigkeit – was in keiner Weise von einer geistigen Natur gesagt werden kann.“[3] Somit betont Wojtyła, dass das geistige Wesen des Menschen nicht auf eine geistige Natur im philosophischen Sinn reduziert werden darf, sondern als existierende und handelnde Person verstanden werden muss. Damit steht im Mittelpunkt aller seiner Betrachtungen der Mensch als Subjekt mit der ihm eigenen Subjektivität. Diese Definition der Person als „subsistierendes Subjekt von Existenz und Tätigkeit“ ist gleichsam eine Kurzfassung der wojtyłianischen Anthropologie. Zum anderen bedient sich Thomas des Hylemorphismus. Das „compositum humanum“ setzt sich aus Materie und Form zusammen. Weil die Seele die substanzielle Form dieses „compositums“ bildet, ist die Seelenlehre bei Thomas sehr ausgeprägt. Denn es ist die geistige Seele des denkenden und vernunftbegabten Lebewesens („anima rationalis“), kraft derer dem Menschen der Charakter der Person zugeschrieben werden kann. Allerdings hat Thomas die Personalität des Menschen im Blick auf ihre Subjektivität nicht weiter analysiert und vertieft. Aus diesem Grund „widmeten spätere Thomisten zahlreiche Untersuchungen und Spekulationen dem sogenannten Problem des *constitutivum personae*“[4]. Sie versuchten eine metaphysische Grundlage der Personalität zu entwickeln und sprachen vom „constitutivum personae“. Das ist das Bemühen, die Seelenlehre des Thomas von Aquin mit der Reflexion über die Person zu verbinden. Das besagt, sie erkennen an, dass es nicht möglich ist, Seele und Person einfach zu identifizieren. Doch erblicken sie in der Seele den konstitutiven Grund des Personseins. An diese Versuche knüpft Wojtyła bewusst nicht an, da er das Wesen der Person vom personalen Akt her erschließen will.

Bei Thomas tauchen also schon viele jener Begriffe auf, die in der späteren Anthropologie wichtig sein würden: Subjektsein, Einzigartigkeit, Selbstbestimmtheit, Verantwortung, Existenz“ (Schmidbaur, Person, 465).

Insgesamt ergibt sich für den mittelalterlichen Personbegriff „ein anspruchvolles Tableau von Merkmalen: Vernunftnatur, Individualität, Inkommensurabiliät und Nichtmitteilbarkeit (bzw. Unhintergehbarkeit oder Nicht-Reduzierbarkeit), Substantialität, Würde und Relationaliät“ (Wildfeuer, Person, 43). [Die im LThK typischen Abkürzungen sind vom Autor ergänzt] „This tradition had defined the person (…), it precisely did not express itself in terms of self-precence, subjectivity, inter-subjectivity, interiority, solitude, communion” (Crosby, Personalism, 200).

1 STh. I, q.29 a.1 resp.

2 „A rational nature does not possess its own subsistence as a nature, but subsists in a person“ (Wojtyła, Thomistic Personalism, 167). (Eigenübersetzung).

3 „The person is a subsistent subject of existence and action – which can in no way be said of a rational nature“ (Ebd.). (Eigenübersetzung).

4 „Later Thomists devoted numerous investigations and speculations to the problem of the so-called *constitutivum personae*” (Ebd., 168). (Eigenübersetzung).

Wojtyła erkennt zwar an, dass in der geistigen Seele des Menschen die Person metaphysisch grundgelegt ist und setzt an der ursprünglichen Seelenlehre des Aquinaten an, betont aber gleichzeitig, dass sich bei seinen Überlegungen der Akzent von der Personalität im metaphysischen Sinn auf die Personalität im psychologischen Sinn verlagert.[1] Was die menschliche Person wesentlich von den rein geistigen Personen – göttliche Personen und Engel – unterscheidet, ist, dass ihr die geistige Natur nur aufgrund der geistigen Seele zukommt, wobei die geistige Seele als substanzielle Form des Leibes verstanden werden muss. Diese Tatsache ist fundamental sowohl für das Verstehen der Einheit der menschlichen Person als auch für die Erklärung ihrer Struktur. Die Vermögen oder Kräfte, mit denen die Seele als geistige Substanz aktiv wird, sind Vernunft und freier Wille.[2] Als substanzielle Form des Leibes eignen der Seele noch weitere Vermögen, die innerlich von der Materie abhängen. Das sind die sinnlichen Vermögen: wahrnehmende (Sinne) und begehrende (Triebe).[3] Für Wojtyła ist entscheidend, dass sich in der Konzeption des Thomas von Aquin zum einen die geistige Seele mit dem Körperlichen und dem Sinnlichen hervorragend zu einem substanziellen Ganzen verbindet und dass alle Vermögen der menschlichen Seele den Menschen vervollkommnen und so zur Entwicklung der Person beitragen.[4] Die Studie *Person und Tat* soll dies nachweisen. Ist in der Deutung des Thomas die menschliche Person ein ungeteiltes Ganzes im Sinn eines substanziellen „compositums", ändert sich diese Betrachtungsweise mit René Descartes (1596-1650) radikal. Denn er geht von einem parallelen Nebeneinander von denkender (Seele) und ausgedehnter Substanz (Leib) aus. Dies führt in der nachcartesianischen Philosophie zur Hypostatisierung des Bewusstseins. Das Bewusstsein subsistiert neben dem Leib, der den Naturgesetzen unterworfen ist. Derart wird das Bewusstsein zum Objekt der inneren Erfahrung. Objekt der äußeren Erfahrung ist der Leib. „Aber diesem Blick fehlt eine ausreichende Grundlage, um den Leib, den Organismus in das strukturelle Ganze des Lebens und der Tätigkeit der Person einzubinden", so Wojtyła, „ihm fehlt der Begriff einer geistigen Seele als der substanziellen Form dieses Leibes und als dem Prinzip des ganzen Lebens und der ganzen Tätigkeit des Menschen"[5].

1 „In this way, the point of view of our reflections will shift from personality in the metaphysical sense to personality in the psychological sense" (Ebd.).

2 Vgl. ebd.

3 Vgl. ebd., 168.

4 „This spiritual aspect, he says, is eminently suited to unite into a substantial whole with the corporeal, and thus also with the sensory. This union must, therefore, also play a special role in shaping the human personality. According to St. Thomas, all the faculities of the human soul work to perfect the human being, and so they all contribute to the development of the person" (Ebd., 169).

5 „This view lacks a sufficient basis for including the body, the organism, within the structural whole of the person's life and activity; it lacks the notion of a spiritual soul as the substantial form of the body and as the principle of the whole life and activity of the human being" (Ebd.).

Verschieden ist in der Folge die Deutung von Bewusstsein und Freiheit. Bei Thomas von Aquin ist die Freiheit eine Eigenschaft der Person und wird in der Tätigkeit des Willens aktualisiert. Bewusst handelt die Person, weil sie vernunftbegabt ist. Der Mensch ist durch den Willen Herr über seine Handlungen und dem Selbstbewusstsein kommt dabei die Rolle zu, die Herrschaft des Willens über die Taten zu reflektieren.[1] Bei Thomas subsistieren Bewusstsein und Selbstbewusstsein nicht in sich selbst, sondern werden als Frucht der vernunftbegabten Natur auch von dieser abgeleitet. Einen anderen Stellenwert nimmt die Freiheit in der Bewusstseinsphilosophie ein. Mit der Reduzierung des Menschseins auf das Bewusstsein wird auch das subjektive Element als erlebte Erfahrung verabsolutiert. Wojtyła betont, wie sich diese Sicht vom Substanzdenken der Person verabschiedet. „Die Person ist nur eine bestimmte Eigenschaft der gelebten Erfahrungen und kann anhand dieser Erfahrungen, da sie bewusste und selbstbewusste Erfahrungen sind, auch unterschieden werden; deshalb konstituieren Bewusstsein und Selbstbewusstsein das Wesen der Person“[2]. Die Person kommt im Bewusstsein und Selbstbewusstsein zu sich. Bewusstsein und Selbstbewusstsein subsistieren in sich selber und brauchen daher keine andere Seinsgrundlage, von der sie abgeleitet werden müssen. Weil dann aber auch die Freiheit nicht in einer vernunftbegabten Natur gründen kann, muss sie postuliert werden.[3] Denn in der Bewusstseinsphilosophie existiert der Wille nicht. Es gibt nur die Erfahrung des Willens als Unabhängigkeit: „Ich kann wollen“. Jedoch ist der Wille nicht ein der Erfahrung vorausgehendes Vermögen einer geistigen Natur. Im Zuge der verstärkten Analysen von Bewusstsein und Selbstbewusstsein deutet die moderne Philosophie Freiheit weitgehend im Sinn von vollkommener Unabhängigkeit.[4]

Auch stellt die Bewusstseinsphilosophie der Metaphysik ein radikal prozesshaftes Denken gegenüber. An dieser Stelle verlangt Wojtyła einerseits eine metaphysische Grundlegung des Personalismus, bringt hier aber andererseits auch seine Kritik an Thomas von Aquin vor. Zwar stelle dieser die Neigung der Person zu Bewusstsein und Selbstbewusstsein heraus, denn diese lassen die Subjektivität am deutlichsten erscheinen, doch analysiere er diese nicht weiter. Thomas bleibt bei der objektivistischen Sicht der Wirklichkeit stehen: „So vermittelt uns Thomas eine exzellente Sicht der objektiven Existenz und Tätigkeit der Person, aber es wäre schwierig, in seiner Sicht von den gelebten Er-

1 „Through the will, the human being is the master of his or her actions, and self-consciousness in a special way reflects this mastery over actions" (Ebd., 170).
Vgl. ebd., 169-170.

2 „The person is merely a certain property of lived experiences and can be distinguished by means of those experiences, for they are conscious and self-conscious experiences; hence, consciousness and self-consciousness constitute the essence of the person“ (Ebd., 170). (Eigenübersetzung).

3 Vgl. ebd.

4 Vgl. ebd., 169-170.

fahrungen der Person zu sprechen“[1]. Demgegenüber bleibt Wojtyła nicht dabei stehen, das Selbstbewusstsein als Faktum festzustellen. Vielmehr führt ihn die Beschäftigung mit dem Selbstbewusstsein als gelebte Erfahrung in die Wirklichkeit der menschlichen Subjektivität erst ein. Weil Wojtyła gerade die erlebten Erfahrungen der Person analysieren will, setzt er in seinem philosophischen Hauptwerk *Person und Tat* exakt an diesem Punkt an und entwickelt ein dynamisches Menschenbild. Auf der einen Seite verdeutlicht Wojtyła den Mangel der Bewusstseinsphilosophie (reines Bewusstsein), gleichzeitig arbeitet er die Grenzen bei Thomas von Aquin (reine Metaphysik) heraus. Seine Lösung liegt im Mittelweg des Personalismus und zielt auf die Erschließung der Subjektivität des Menschen ab. Den denkerischen Ansatz Wojtyłas also als Personalismus zu bezeichnen, trifft in dem Maße zu, wie er von der Erfahrung ausgehend die Person ins Zentrum seiner ethischen Analysen stellt und wie er die Subjektivität des Menschen als Dreh- und Angelpunkt seiner Anthropologie im Sinne des Nicht-Rückführbaren unterstreicht.[2] Genau das ist das Anliegen von *Person und Tat:* „Auf diese Weise“, so Johannes Paul II., „reihte ich mich in die moderne Denkströmung des philosophischen Personalismus ein“[3]. Der Personalismus versucht den Menschen von innen her in sich selbst zu verstehen und reduziert ihn nicht nur auf die Welt (kosmologisch). Solch eine kosmologische Sicht sieht den Menschen vorrangig nur als Naturwesen mit einigen „zusätzlichen“ Eigenschaften. Demgegenüber bedeutet „Personalismus“ für Köchler „die Einsicht, dass eine Erfassung des Wesens des Menschen durch Subsumtion unter eine allgemeine ‚Natur‘ nicht möglich ist.“[4] „Personalistische Ansätze sind insgesamt durch die Tendenz charakterisiert“, so Höffe, „Personalität als ein nicht auf andere Phänomene zurückführbares“ und „als ein elementares Faktum zu beschreiben.“[5]

1.2.4 Subjektivität des Menschen

Das Thema „Subjektivität des Menschen“ ist für Wojtyła „von vorrangiger philosophischer Bedeutung“[6] und bildet mit dem Thema der Selbstbestimmung des Menschen das Hauptanliegen seiner philosophischen Anthropologie. Selbstbestimmung und Subjektivität machen nämlich den Wert des menschlichen Sub-

1 „Thus St. Thomas gives us an excellent view of the objective existence and activity of the person, but it would be difficult to speak in his view of the lived experiences of the person“ (Ebd. 171). (Eigenübersetzung).

2 „Für mich war (…) der Personalismus eine große Hilfe“, wird Karol Wojtyła später bestätigen, „mit dem ich mich in meinen philosophischen Studien eingehend beschäftigt habe“ (Johannes Paul II., Auf, lasst uns gehen, 75).

3 Johannes Paul II., Geschenk und Geheimnis, 98.

4 Köchler, Phänomenologisch-ontologische Grundlage, 161.

5 Höffe, Lexikon der Ethik, 199.

6 Wojtyła, Die Aufgabe christlicher Philosophie, 107.

jekts aus. Allgemein formuliert geht es bei der „Subjektivität" des Menschen um seinen individuellen inneren Reichtum.

Das Thema der Subjektivität bewegt sich an der erkenntnistheoretischen Grenzlinie zwischen Subjektivismus und Objektivismus. Hier stehen sich die Gegensätze einer objektivistischen bzw. ontologischen Konzeption und einer subjektivistischen bzw. aktualistischen Konzeption des Menschen gegenüber. Zu dieser Problematik nimmt Wojtyła in dem nach Crosby „sehr wichtigen, aber vernachlässigtem Beitrag" *Subjektivität und das Unreduzierbare im Menschen* Stellung, den er zu den „kühnsten philosophischen Aussagen" des Autors rechnet.[1] Wojtyła macht darin für die „Angst", durch die Objektivierung der Subjektivität „unvermeidlich in einen Subjektivismus zu geraten", die erkenntnistheoretischen Antinomien „Subjektivismus-Objektivismus" sowie „Idealismus-Realismus" verantwortlich.[2] Teilweise sei die Angst „gerechtfertigt durch den Charakter oder zumindest durch die subjektivistischen oder idealistischen ‚Untertöne' jener Analysen, die sich auf das ‚reine Bewusstsein' gründeten."[3] Deshalb müsse „eine richtige Grenze gefunden werden, bis zu welcher die aus den Grundsätzen der Bewusstseinsphilosophie erwachsenen Phänomenologieanalysen zur Bereicherung eines realistischen Bildes der Person beitragen könnten"[4] und ab wo es sich um eine Verabschiedung vom Substanzdenken handelt. Wojtyła „ist der Ansicht, dass *sich* die *Demarkationslinie zwischen subjektivistischen (*oder idealistischen) *und objektivistischen* (oder realistischen) *Auffassungen* in Anthropologie und Ethik *auflösen muss* und dies faktisch auch geschieht – und zwar *in der menschlichen Erfahrung.*"[5]

Ausgangspunkt für die weiteren Analysen Wojtyłas, um die Subjektivität des Menschen zu erschließen, ist die aristotelische Anthropologie, die den Menschen als ein vernunftbegabtes Lebewesen („homo est animal rationale") definiert.[6] Für Wojtyła greift diese Definition allerdings zu kurz, „reduziert" sie doch das wesentlich Menschliche auf die Ebene der Welt. Er nennt sie deshalb „kosmologisch".[7] Dagegen erblickt Wojtyła *„die Überzeugung von der echten Ursprünglichkeit des menschlichen Wesens* (…) *von seiner wesentlichen Unreduzierbarkeit auf die Ebene der ‚Welt'* (…) an der Basis eines Verstehens des

1 Vgl. Crosby, Personalism, 202.

2 Vgl. Wojtyła, Subjektivität und „das Unreduzierbare", 3.

3 Ebd.

4 Wojtyła, Person: Ich und Gemeinschaft, 191.

5 Wojtyła, Subjektivität und „das Unreduzierbare", 4.

6 Dieser Seinsdefinition zufolge gehört der Mensch der Gattung („genus proximum") Lebewesen an. Der artspezifische Unterschied („differentia specifica) der „Spezies" Mensch besteht in der Vernunftbegabtheit.

7 Ähnlich verhält es sich mit der „Definition des Boëthius: ‚rationalis naturae individua substantia' (‚individuelle Substanz von vernünftiger Natur')", die für Wojtyła „eher *die Besonderheit des Menschen als eines substanziellen Seienden,* das eine vernünftige oder geistige Natur besitzt, zum Ausdruck [bringt]" (Ebd., 6).

Menschen als ‚Person'"[1]. Er setzt der kosmologischen Konzeption des Menschen „ergänzend"[2] eine personalistische entgegen. Dieser Konzeption zufolge bezeichnet gerade die Subjektivität das ursprünglich und wesentlich Personale – was die ganze Originalität des Menschen ausmacht und eben nicht rückführbar ist.[3] „*Subjektivität ist* gewissermaßen *das Synonym für all ‚das, was unreduzierbar ist'* im Menschen."[4]. In diesem Zusammenhang macht Wojtyła eine ontologische Aussage von großer Bedeutung, dass nämlich „die Subjektivität des Menschen als Person ebenfalls etwas Objektives ist"[5]. Denn nur wegen der Gegenständlichkeit der Subjektivität des Menschen ist diese auch erfahrbar. Folglich kann der Mensch die Folgen seines Handelns an der Veränderung seiner Subjektivität erkennen. Wenn Wojtyła also die Subjektivität thematisiert, spricht er nicht über Vorgänge, die sich im Bewusstsein abspielen, sondern über das personale Sein des Menschen. Dabei geht er von der Grundhypothese aus, dass der Mensch seinen eigenen personalen Reichtum, d. h. seine eigene ontologische Mitte objektiv erkennen kann. Diese Wahrnehmung vollzieht sich in der Erfahrung des eigenen personalen Aktes. Es geht um „die Person, die sich durch die Tat zur Erscheinung bringt"[6] bzw. „in der Tat erschließt"[7], wie Hoye übersetzt. In diesem Sinn stellt Wojtyła das Grundaxiom auf: Die Tat offenbart die Person.[8] In seiner metaethischen Studie *Man in the Field of Responsibility*, die Wojtyła als „*eine Fortführung der Studie ‚Person und Tat'*" betrachtet, schreibt er: „Die Person manifestiert sich selbst in und durch ihre Tat"[9].

Dieser Ansatz setzt aber die Objektivität der Erfahrungstatsachen voraus, an erster Stelle im Rahmen der Selbsterkenntnis. Andernfalls wäre eine transzendentale Wende vorprogrammiert. Für Wojtyła gehört die Objektivität zum Wesen jeder Erfahrung, auch jener Erfahrung, die dem Menschen im Zuge seines personalen Handelns ein Verstehen seiner selbst vermittelt. „Das Feld der Objektivität der Erfahrung", betont Wojtyła, welches „das Verstehen und die

---

1 Ebd., 5.

2 „Der *personalistische Typ, den Menschen zu verstehen,* ist keine Antinomie zum kosmologischen Typ – er ist vielmehr seine Ergänzung" (Ebd., 8).

3 „Damit begibt sich Wojtyła in einen Gegensatz zur traditionellen aristotelischen Definition des Wesens des Menschen (...). Der Aspekt des Bewusstseins und der damit verbundenen, nicht auf empirische Gegenstände rückführbaren Subjektivität ist ihm das entscheidende Wesensmerkmal des Menschen" (Köchler, Phänomenologisch-ontologische Grundlage, 158).

4 Wojtyła, Subjektivität und „das Unreduzierbare", 5.

5 Ebd., 6.

6 Wojtyła, Person und Tat, 346.

7 Hoye, Wojtyła/Johannes Paul II., 81.

8 „What a person is is revealed in light of his act, in accordance with the classical principle *operari sequitur esse* [action follows being], to which Wojtyła refers directly, showing the presence of a metaphysical dimension in the phenomenological analysis of the experience ‚man acts.'" (Wierzbicki, Introduction, XV).

9 „The book is to some extent *a continuation of the study ‚Person and Act.'* (…). The Person manifests himself in and through his act" (Wojtyła, Man in the Field of Responsibility, 4). (Eigenübersetzung).

Klärung der Subjektivität des Menschen voll und ganz ermöglicht, verlassen wir, wenn wir das *'reine Bewusst*sein' oder auch das *'reine Subjekt'* zu akzeptieren beginnen. Dann aber interpretieren wir schon nicht mehr die wirkliche Subjektivität des Menschen."[1] Für Wojtyła lässt sich die Personalität des Menschen nicht auf ein „reines Bewusstsein" zurückführen, vielmehr erschließt sie sich immer als ontologisch gefüllte Subjektiviät. Trotzdem dürfen die Verdienste der Bewusstseinsphilosophie hinsichtlich der Erschließung der Subjektivität des Menschen nicht übersehen werden. Denn auch für Wojtyła erschließt sich der personale Dynamismus und damit das Wesen des Menschen nicht ohne das Bewusstsein und dessen Analyse. Nach der Durchführung aller phänomenologischen Analysen, „die von der Grundannahme eines Subjekts, d. h. des reinen Bewusstseins, ausgingen", kann man für Wojtyła „den Menschen nicht länger nur als objektives Seiendes behandeln", man muss „ihn als Subjekt behandeln, und zwar in dem Maße, in dem das Bewusstsein seine spezifisch menschliche Subjektivität bildet."[2]

Um die Subjektivität des Menschen zu erschließen, nimmt die phänomenologische Kategorie des Erlebnisses eine Schlüsselstellung in der Anthropologie Wojtyłas ein. Mit der Einbeziehung des Erlebnisses kommt der Aspekt des Bewusstseins ins Spiel. Auf dieser Ebene erscheint der Mensch nicht nur als Sein, „sondern als konkretes ,Ich', als Subjekt, das sich selbst erlebt."[3] Wie die ethische Studie *Person und Tat* aufweisen wird, ist für den Menschen das „Nicht-Rückführbare"[4] in der personalen Struktur der Selbstbestimmung erlebbar und zugänglich. Denn „die dynamische Struktur der Selbstbestimmung sagt dem Menschen jederzeit, dass er sich zugleich als Gabe geschenkt und als Aufgabe gestellt ist."[5] In der Selbstbestimmung formt er seine personale Subjektivität. Diese Formung vollzieht sich im Bereich der Moralität und hängt davon ab, inwieweit sich der Mensch als Person nach der Wahrheit ausrichtet oder nicht. Darin kommt auch die Transzendenz der Person zum Ausdruck, die sich auf wahre Werte ausrichtet.[6] Gut und Böse orientieren sich an der Wahrheit. Damit schließt sich der Kreis, der von der Ethik zur ontologischen Anthropolo-

1 Wojtyła, Person: Ich und Gemeinschaft, 192.

2 Wojtyła, Subjektivität und „das Unreduzierbare", 4.

3 Ebd., 8.

4 „,Das Unreduzierbare' (*L'irréductible*) bezeichnet dasjenige, was im Menschen unsichtbar ist, was absolut innerlich ist, und *wodurch jeder Mensch* so etwas wie *ein Augenzeuge seiner selbst,* seiner Menschlichkeit und seiner Person, *ist*" (Ebd., 9).

5 Ebd.

6 „Die Moralität bestimmt in grundlegender Weise die personalistische Dimension des Menschen, in ihr ist er Subjekt, und nur in dieser Dimension kann er eigentlich verständlich werden. Zugleich ist *das Moralische (morale) der grundlegende Ausdruck der Transzendenz, die dem personalen ,Ich' eigentümlich ist.* Die Entscheidungen des Gewissens zeigen auf jeder Stufe, dass der Mensch sich selbst als Person vollzieht, wenn er sich selbst auf jene Werte hin überschreitet, die er in Wahrheit annimmt und daher mit einem tiefen Sinn für Verantwortung verwirklicht" (Ebd.).

gie führt. Die Subjektivität ist für Wojtyła zum Schlüssel für das Verstehen der Wahrheit über den Menschen geworden. Sie ist allein über die eigene Erfahrung des Menschen über sich selbst zugänglich. Gleichzeitig aber zeigt gerade diese Erfahrung, dass es sich bei der eigenen Subjektivität um eine objektive Wirklichkeit handelt. Sie ist Teil des Ganzen und verwirklicht sich in dem Maß, als sie sich an der objektiven Wahrheit über den Menschen orientiert. Die Struktur der menschlichen Subjektivität ist durch den personalen Dynamismus gekennzeichnet, durch den der Mensch selbst seine Subjektivität zu bereichern vermag, je nach dem, wie er die Fähigkeiten seiner geistigen Natur einsetzt, nämlich Vernunft und Freiheit.

Was Wojtyła von der traditionellen thomistischen Philosophie unterscheidet, ist, dass er sich nicht mit der Beschreibung einer Struktur begnügt, sondern versucht, einen Zugang zum individuellen Inhalt der personalen Subjektivität zu eröffnen. Mit dieser Fragestellung wird auch das Problem der Individuation und des Individuationsprinzips berührt, das in der Scholastik schon bald erkannt worden ist. Thomas von Aquin hatte aufgrund der von Aristoteles übernommenen Prinzipien keine andere Möglichkeit, als sich bei der metaphysischen Begründung der Individuation des Menschen auf den Leib zu beschränken. Gerade deshalb wurde andererseits die Seelenlehre auf der Ebene der allen Menschen gemeinsamen Strukturelemente behandelt. Wojtyła setzt hier vollkommen neu an. Er verankert die Individualität des Menschen in der Seele selbst. Als Ausgangspunkt dient ihm das Personsein, mit dem nicht nur eine Struktur, nämlich der personale Dynamismus gegeben ist, sondern ebenso ein individueller Inhalt, die Subjektivität des Menschen. Diese ist seinsmäßig nicht vom personalen Dynamismus zu trennen. Die Subjektivität des Menschen bildet mit dem personalen Dynamismus eine dynamische Einheit. Mit dem Dynamismus ist die Subjektivität gegeben. Gleichzeitig entfaltet sich die inhaltlich individuell gefüllte Subjektivität im personalen Dynamismus. Die Individualität ist also nicht statisch gegeben, sondern als personaler Vollzug.

1.2.5 Homogenisierung der Ethik

In seinem Beitrag *Ethics and Moral Theology* beschreibt Wojtyła die Moraltheologie als theologische Ethik in ihrer Zweigestaltigkeit. Als *„positive Theologie"* benützt sie die Erkenntnisse der Einzelwissenschaften (Geschichte, Archäologie, Philologie etc.) und stellt „in Übereinstimmung mit dem kirchlichen Lehramt eine *Exegese* der in der Offenbarung enthaltenen christlichen Morallehre (Schrift und Tradition)" dar.[1] Als *„spekulative Theologie* oder theologische Ethik im strengen Sinn" ist sie eine *„Interpretation* von Schrift und Tradition in Übereinstimmung mit dem Lehramt der Kirche *anhand eines philosophischen Systems",* wobei Wojtyła als einziges Beispiel solch einer „spekulativen Theologie" die Moraltheo-

1 Vgl. Wojtyła, Ethics and Moral Theology, 101.

logie des Thomas von Aquin anführt.[1] In der Tradition von Platon und Aristoteles wurzelt dieser Typ von Philosophie im natürlichen Streben des Menschen, als vernunftbegabtes Wesen die Wirklichkeit aus ihren letzten Gründen heraus („per ultimas causas“) zu erschließen. Dieser urphilosophischen Aufgabe entspricht das Bemühen der Ethik im Allgemeinen und „spezieller der Moraltheologie im thomistischen Sinn, ‚zum Grund' der sittlichen Wirklichkeit zu gelangen, indem man diese auf der Grundlage des letzten Ziels erklärt, was ein besonderes Konzept von Gut und ein besonderes Konzept von Sein einschließt“[2].

Allerdings befindet sich die Ethik für Wojtyła in einer Krise. Denn auf die Frage „Was ist Ethik?“ reichen die Antworten von der klassischen Position als praktischem Teil der Philosophie bis zu ihrer völligen Infragestellung als wissenschaftliche Disziplin überhaupt. Wojtyła macht für diese Situation vornehmlich zwei neuzeitliche Tendenzen verantwortlich: „die Auflösung der ursprünglichen strukturellen Ganzheit philosophischer Wissenschaft in eine Vielzahl von Einzelwissenschaften bestimmt von eigenen Wissenschaftskriterien und die kritische Haltung gegenüber der menschlichen Erkenntnis als solcher“[3]. Maßgeblich für diese Situation sind für Wojtyła die Einflüsse von „Empirismus“ und „Rationalismus“ auf die neuzeitliche Epistemologie.[4] Differenzierter betrachtet stehen sich in der Erkenntnistheorie die jeweils radikaleren Formen des „rationalistischen Apriorismus“ und des „sensualistischen Empirismus“ gegenüber.[5] Ihr unversöhnlicher Gegensatz wird für Wojtyła in der Darstellung menschlicher Erfahrung deutlich. Grundsätzlich akzeptiert der Empirismus die Erfahrung als objektive Erkenntnisquelle. Der sensualistische Empirismus hingegen engt diese auf die bloß sinnliche ein. Dagegen sucht der Rationalismus die Grundlage für Wissenschaftlichkeit in obersten Lehrsätzen (Theoreme). „Der Apriorismus hat die Position, dass diese unmittelbaren, selbst-evidenten und ersten Urteile ihre Quelle allein in der Vernunft haben und nicht in der Erfahrung.“[6] Dieser

---

1 Vgl. ebd., 101-102.

2 „More specifically, moral theology, in the Thomistic sense ‚gets to the bottom' of moral reality by explaining it on the basis of the ultimate end, which implies a particular concept of the good and a particular concept of being“ (Ebd., 102). (Eigenübersetzung).

3 „(...) the dissolution of the original structural whole of the philosophical sciences into a multiplicity of particular sciences governed by their own scientific criteria, and the critical attitude toward human knowledge“ (Wojtyła, The Problem of Experience in Ethics, 107). (Eigenübersetzung).

4 „Taking a closer look, one sees that these two opposing epistemological tendencies mutually condition one another and to some extent mutually trigger one another – the phenomenalism of David Hume historically set the stage for the rationalism of Immanul Kant (apriorism) – one can say that Hume ‚triggered' it, although that form of rationalism is also an indirect confirmation of empiricism understood phenomenalistically and sensualistically“ (Wojtyła, Man in the Field of Responsibility, 11-12).

5 Vgl. Wojtyła, The Problem of Experience in Ethics, 108.

6 „Apriorism takes the position that those immediate and self-evident primary judgments have their source in reason alone, and not in experience“ (Ebd.). (Eigenübersetzung).

historischen Desintegration der Erkenntnisquellen entsprechen zwei Pole in der Ethik: eine induktive Lehre von der Moral, die „Ethologie", sowie eine deduktive „Normenlogik": Die erste „opfert die Normativität um der Beschreibung willen und die ‚Normenlogik' beschränkt sich auf die Erstellung innerlich zusammenhängender Kodizes von Verhaltensregeln und befasst sich wenig – oder überhaupt nicht – mit deren letztgültiger Begründung"[1].

Hinzu kommt für Wojtyła der Einfluss des „Positivismus" mit seiner „beschreibenden Methode".[2] Aus ihm heraus entwickelten sich Moralpsychologie und Moralsoziologie. Das Sittliche als Phänomen des sozialen oder psychischen Lebens zu betrachten, hat sicherlich seine Berechtigung, führt für Wojtyła jedoch nicht über die Frage hinaus, was in einem bestimmten Abschnitt der Geschichte für eine gewisse Gruppe von Menschen unter den jeweiligen Umständen als sittlich gut oder böse galt. Eine letzte Begründung der Normen als Antwort auf die eigentlich ethische Frage, warum etwas sittlich gut oder böse ist, wird so im Sinne der Ethik als einer Wissenschaft der Normen nicht geleistet. Sowohl die Psychologie als auch die Soziologie beschäftigen sich nur „per accidens" mit der Moral und haben ihr eigenes Spezifikum.[3] „Quoad substantiam" bleiben sie Psychologie und Soziologie. „Eine soziale (soziologische) Tatsache ist nicht *per se* eine moralische (ethische) Tatsache, ebenso wenig wie eine psychische Tatsache eine moralische Tatsache ist"[4]. Zwar ist die Moral mit diesen Tatsachen verbunden, lässt sich aber nicht gänzlich auf sie reduzieren. Insgesamt ist die Ethik durch die Umwandlung in Psychologie und Soziologie „in aliud genus" abgeglitten, was in Bezug auf den authentischen und wesentlichen Inhalt der Erfahrung des Sittlichen einer „Heterogenisierung" gleichkommt.[5] Wojtyła spricht vom „Irrtum des Psychologismus", der die Person „nur unter dem Aspekt des Bewusstseins" betrachtet, „als ob das Bewusstsein mit dem handelnden Subjekt identisch wäre": Diese „Behandlung stellt eine Abtrennung der einzelnen psychischen und psychosomatischen Funktionen vom dynamisch strukturellen Ganzen der menschlichen Person dar"[6]. Denn für Wojtyła besteht dieses „dynamisch strukturelle Ganze der menschlichen Person" in der personalen Subjektivität, die sich durch den personalen Akt verwirklicht, dem immer

1 Ethology „sacrifices normativeness for descriptiveness, and the ‚logic of norms', which basically is confined to the construction of internally coherent codes of rules of behaviour and is less – or not at all – concerned with their ultimate justification" (Wojtyła, Ethics and Moral Theology, 101). (Eigenübersetzung).

2 Vgl. Wojtyła, The Problem of Experience in Ethics, 109f.

3 Vgl. ebd., 110f.

4 Vgl. Wojtyła, The Problem of Experience in Ethics, 112.

5 Für Wojtyła „muss die Ethik mit der sittlichen Erfahrung beginnen" (Splett, Anthropologie, 42).

6 „(…) is the treatment of individual psychic or psychosomatic functions in separation from the dynamic structural whole of the human person" (Wojtyła, The Problem of the Theory of Morality, 141). (Eigenübersetzung).

ein ethischer Charakter zukommt. Die intentionale Ausrichtung auf die Werte und die bewusste Entscheidung für diese Werte im selbstbestimmten Handeln sind beim Psychologismus zu wenig bzw. nicht hinreichend berücksichtigt.

Um das „kohärente Ganze der Ethik“, die in „induktive Ethologie“ und „deduktive Normenlogik“ zerfallen ist und sich in Psychologie oder Soziologie verwandelte, wiederzuerlangen, bedarf es der „Homogenisierung der Ethik“.[1] Dies bedeutet, die verschiedenen Bereiche (z. B. Gewissen, Wert, Pflicht, Verantwortung, Normen) wieder von einer gemeinsamen Grundlage her zu erschließen. Diese Grundlage ist die Erfahrung.[2] Das wesentlich Sittliche wird nämlich mit jeder sittlichen Tatsache erfasst. „Ich habe den Standpunkt“, so Karol Wojtyła, „dass dieses Verstehen mit der Erfahrung selbst beginnt und nicht in irgendeiner nachträglichen Abstraktion oder Reflexion. Der Ausgangspunkt in der Ethik ist deshalb die sittliche Erfahrung.“[3] Sittliche Tatsachen unterscheiden sich schon in ihrem erfahrbaren Ausgangspunkt von psychischen oder soziologischen.

Obwohl Wojtyła in der Konzeption des „moral sense“ von David Hume (1711-1776) einen positiven Versuch erblickt, die Ethik auf die Erfahrung zu gründen und den erfahrbaren Charakter in ihrem Ausgangspunkt zu betonen, geht es ihm doch um einen ganzheitlichen Ansatz aus der Erfahrung heraus.[4] Im Rahmen des „moral sense“ kann die Sittlichkeit aufgrund der sensualistischen Anschauung auf einen besonderen Sinn zurückgeführt werden, mit dem die Tugend vom Laster unterschieden wird. Die Tugend wird vom Vergnügen begleitet, das Laster vom Schmerz. Diese Konzeption bereitete jedoch dem „Utilitarismus“[5] den Weg, der die Funktion des „moral sense“ auf die Ebene eines Prinzips erhob, aufgrund dessen sich die Sittlichkeit mit der Maximierung des Vergnügens und der Minimierung des Schmerzes befasst: mit dem Hervorbringen eines Höchstmaßes an Vergnügen und der Reduzierung des Schmerzes auf ein Minimum.[6]

Die Notwendigkeit einer „Homogenisierung der Ethik“ verdeutlicht sich für Wojtyła auch in der Gegenüberstellung von Seins- und Bewusstseinsphilosophie. In der Seinsphilosophie lässt sich der dynamische Charakter der sittlichen Erfahrung anhand der Akt-Potenz-Lehre darstellen. Die sittliche Erfahrung er-

1 Vgl. Wojtyła, The Problem of Experience in Ethics, 112.

2 Für Wojtyła „muss die Ethik mit der sittlichen Erfahrung beginnen“ (Splett, Anthropologie, 42).

3 „I take the position that this apprehension initially takes place in experience itself, not in some subsequent abstraction or reflection. The point of departure in ethics is, therefore, the experience of morality“ (Wojtyła, The Problem of Experience in Ethics, 112). (Eigenübersetzung).

4 Vgl. ebd., 122-123.

5 „On the principles of positivism, ethics is impossible; on the principles of Utilitarism, it is unnecessary. The fundamental questions of ethics: what exactly ought I do and why? what is morally good and what is evil, and why? – are, on the principles of positivism, impossible to raise, and on the principles of Utilitarism – in a sense unnecessary" (Wojtyła, Man in the Field of Responsibility, 40).

6 Vgl. ebd.

scheint dann als eine besondere Veränderung, die durch ein personal handelndes Subjekt als Aktualisierung dieses Subjekts hervorgebracht wird. „In jeder menschlichen Handlung können wir eine ganze Reihe von äußerlichen und psychosomatischen Veränderungen beobachten, oder Übergänge von der Möglichkeit zur Wirklichkeit, doch das eigentliche Wesen menschlicher Handlung besteht in der Aktualisierung des Willens, der unter der Leitung der Vernunft handelt."[1] Diese traditionelle Sicht verwurzelt den ethischen Akt im Willen. Thomas von Aquin übernimmt diese aristotelische Sicht, die für Wojtyła allerdings einseitig, weil reduziert ist.[2] Ihm geht es wieder darum, dass die Wirklichkeit des ethischen Handelns nur vom Gesamt des personalen Dynamismus her verstanden werden kann. Dazu gehört in erster Linie das Erfassen der Werte, die einen Zugang zur menschlichen Subjektivität eröffnen. Wert bedeutet einerseits den subjektiven Reichtum der Person selbst, andererseits die Vergrößerung dieses Reichtums, indem sich dieses personale Handeln auf ein Gut ausrichtet. Dieser personale Dynamismus verlangt ein Wahrnehmen und sich Öffnen für ein Wertgefüge, dem man mit einer Reduzierung des Willens als Vermögen mit Wahlmöglichkeiten nicht gerecht wird. Die Notwendigkeit der „Homogenisierung der Ethik" wird besonders in der Auseinandersetzung mit der Bewusstseinsphilosophie deutlich. Im Zuge der Infragestellung der Möglichkeit von Metaphysik im Allgemeinen und der Ablehnung der Akt-Potenz-Lehre im Besonderen muss auch die ethische Erfahrung anders gedeutet werden. Im Gegensatz zur Seinsphilosophie wird in der Bewusstseinsphilosophie die Erfahrung vom ethischen Akt abgetrennt. Dass für Kant nicht mehr die Aktualisierung des Willens den ethischen Akt ausmacht, sondern die Pflicht, hat seine Grundlage im Stellenwert der Erfahrung. Von einem ethischen Akt ist in seinem System nur in Verbindung mit dem „kategorischen Imperativ" zu sprechen. Dieser verbleibt aber gänzlich in der Sphäre des „homo noumenon".

Die beschriebenen Differenzierungen führen nach Wojtyła in der traditionellen Moraltheologie zur Aufsplitterung in die Bereiche der Allgemeinen bzw. Fundamentalen sowie der Speziellen Moral, wobei beide Bereiche letztlich ohne verbindendes Fundament nebeneinander stehen bleiben. Denn die Fundamentalmoral, die sich von der Erfahrungsebene losgelöst hat, findet die Begründung ihrer Normen in metaphysischen Werten außerhalb des Menschen, die von der Erfahrung nicht mehr erreicht werden. Umgekehrt beschäftigt sich die Spezielle Moral mit einer Kategorisierung von Erfahrungswerten und Einzel-

1 „In every human action we can observe a whole series of external and psychosomatic changes, or passages from potency to act, but the very essence of human action consists in the actualization of the will acting under the direction of reason" (Wojtyła, The Problem of the Separation of Experience, 24). (Eigenübersetzung).

2 „St. Thomas (…) tends to ignore all the other empirical cofactors of ethical experience and concentrate primarily on its essential element, namely, the actualization of the will connected with both the activity of practical reason and emotional factors, along with all the other factors that, by belonging to the *compositum humanum,* take part in the ethical act") (Ebd.).

normen ohne unmittelbare Rückbindung an letzte Orientierungspunkte, die sich von der Erfahrung abstützen lassen. Unter „Homogenisierung der Moraltheologie" versteht Wojtyła dann das Beschreiten eines Weges, der es ermöglicht, die Allgemeine Moral mit der Normenbegründung und die Spezielle Moral mit der Entfaltung der Einzelnormen nicht von unterschiedlichen Prinzipien abzuleiten, sondern auf einem gemeinsamen Fundament zu entwickeln, nämlich auf der Grundlage der Erfahrung. Wie noch zu zeigen sein wird, gründet er die Unterscheidung von Gut und Böse nicht auf eine von außen geoffenbarte Norm, sondern auf der Norm, die sich aus der Erfahrung ergibt. Gut ist eine Tat dann, wenn sich der Mensch durch diese Tat vollbringt, das heißt, wenn er durch sie seinen subjektiven Reichtum vermehrt, böse oder schlecht ist sie dann, wenn er sich durch sie nicht vollbringt, oder anders ausgedrückt, wenn er dadurch seine Subjektivität beeinträchtigt und ihren Reichtum vermindert. Mit diesem Grundgedanken findet sowohl die Fundamentale als auch die Spezielle Moral ein gemeinsames Fundament in der grundlegenden, durch die Erfahrung zugänglichen Wahrheit über den Menschen. Für Wojtyła besteht die „Homogenisierung" aber letztlich darin, von der Erfahrung der Subjektivität des Menschen auszugehen und sie als objektive Wirklichkeit zum ausschlaggebenden Kriterium für die Unterscheidung von Gut und Böse zu entdecken.

1.3 ANALYSE DER MENSCHLICHEN ERFAHRUNG

In seiner Enzyklika *Fides et ratio* hält Johannes Paul II. fest: „der Mensch ist von Natur aus Philosoph."[1] Was aber macht den Menschen als Philosophen aus? „Philosophieren heißt nach Wojtyła", so Ziegler, „‚von der Erfahrung in ihrem weitesten Sinne ausgehen und sie erklären, indem man die Wahrheiten, die darin enthalten sind, ans Licht hebt'."[2] Für Wojtyła ist nach Nissing „Erfahrung immer die erste und fundamentale Bühne menschlicher Erkenntnis"[3]. Dieser Ansatz erinnert an „Schelers programmatisches Wort: ‚Jede Art von Erkenntnis wurzelt in Erfahrung'"[4] und entspricht auch ganz und gar dem persönlichen Wesen Wojtyłas.[5] Allerdings ist im philosophischen Sinn kaum ein Begriff derart schwer zu fassen bzw. einzuordnen wie jener der Erfahrung. „Denn dieser

1 Johannes Paul II., Fides et ratio, Nr. 64.

2 Ziegler, Laudatio, 190.

3 „Experience is always the first and fundamental stage of human knowledge" (Wojtyła, The Structure of Self-Determination, 37). (Eigenübersetzung).

4 Nissing, Wer ist der Mensch, XVI.

5 „Die Umstände haben mir niemals viel Zeit zum Studium gelassen. Von meiner Veranlagung her ziehe ich das Denken der Gelehrsamkeit vor (...). Meine Auffassung von der Person, die ‚einzig' in ihrer Identität ist, und vom Menschen als Mittelpunkt des Weltalls ist eher aus der Erfahrung und aus dem Gespräch mit anderen erwachsen als aus der Lektüre. Die Bücher, das Studium, die Überlegung und die Diskussion (...) helfen mir, das zu formulieren, was die Erfahrung mich lehrt" (Johannes Paul II., Fürchtet euch nicht, 17-18).

Begriff gehört zu denen", erklärt Quelquejeu/Jossua, „die wegen ihrer grundlegenden Bedeutung und ihrer Ursprünglichkeit in der Geschichte des Denkens auf breiter Ebene benutzt wurden und denen daher die Spuren einer reichen und komplexen philosophischen Vergangenheit anhaften."[1] Andererseits gilt: „Keine Philosophie", die das Zusammenspiel von Erfahrung, Erkennen und Wissen reflektiert, „kommt daran vorbei, ihre Deutung von ‚Erfahrung' vorzulegen."[2] Dabei lässt sich nach Mittelstrass für die Wissensbildung grundsätzlich der aristotelische vom galileischen Erfahrungsbegriff unterscheiden. „Bei Aristoteles bezeichnet Erfahrung (ἐμπειρία) ein im vortheoretischen Bereich angelegtes ‚Wissen des Besonderen', d. h. ein Vertrautsein mit bestimmten Sach- und Handlungszusammenhängen, das sich in der Bildung und Beherrschung von Unterscheidungen zum Ausdruck bringt"[3]. Zu diesem „elementaren Wissen" gelangt man „auf eine exemplarische, nicht induktive oder deduktive Weise"[4]. Demgegenüber „nimmt Galilei die begriffliche Trennung theoretischer (erfahrungsunabhängiger) und empirischer (von einer nunmehr experimentellen Erfahrung abhängiger) Elemente im Aufbau empirischer Wissenschaft vor."[5] In der Folge wird der aristotelische oder phänomenale Erfahrungsbegriff vom galileischen oder instrumentalen abgelöst. Denn „im Experiment, d. h. unter Bedingungen einer technischen Praxis, wird eine neue, Nicht-Aristotelische Erfahrung instrumentell erzeugt"[6].

Bei Wojtyła ist der Erfahrungsbegriff von der phänomenologischen Methode geprägt. Er versucht, sich völlig urteilsfrei dem Gegenstand zu nähern („epoché"). Was der Mensch hierbei als Erkenntnis über den Gegenstand gewinnt, deutet er als objektives Erfassen der Wahrheit über sich und den Gegenstand, der sich außerhalb des Menschen befindet. Erfahrung im Rahmen der Wissensbildung ist für Wojtyła jede Form der Wahrnehmung, also die Gesamtheit der sinnlich-leiblichen, sowie gefühlsmäßig-seelischen Eindrücke. Dass mit jeder Wahrnehmung unmittelbar ein Moment des Verstehens mitgegeben ist, stellt für Wojtyła eine evidente, unumstößliche Tatsache dar: „Die Erfahrung verdrängt in der Erkenntnis des Menschen die Konzeption des ‚reinen Bewusstseins' und gibt vielmehr allem, was in dieser Konzeption unser Wissen vom Menschen vertieft hat, Ausdruck objektiver Realität."[7] Freilich setzt diese Feststellung voraus: „Zum Wesen der Erfahrung gehört (...) ihre Objektivität"[8]. In diesem allgemeinen Sinn stellt der Erfahrungsbegriff bei Wojtyła ein Axiom dar, das nicht weiter

1 Quelquejeu/Jossua, Erfahrung, 349.
2 Ebd., 351.
3 Mittelstrass, Erfahrung, Sp. 753. [Die im LThK typischen Abkürzungen sind vom Autor ergänzt]
4 Ebd. [Die im LThK typischen Abkürzungen sind vom Autor ergänzt]
5 Ebd. [Die im LThK typischen Abkürzungen sind vom Autor ergänzt]
6 Ebd. [Die im LThK typischen Abkürzungen sind vom Autor ergänzt]
7 Wojtyła, Person: Ich und Gemeinschaft, 192.
8 Ebd.

begründet zu werden braucht. Außerdem ist die Erfahrung die Basis für seine gesamte Erkenntnistheorie. Er geht aus von der „fundamentalen Einheit von Verstehen und Erfahrung in der menschlichen Erkenntnis“[1]. Wie noch zu zeigen sein wird, dringt der Mensch in die Wahrheit vor, indem er mit Hilfe seiner intellektuellen Fähigkeiten die Verstehensmomente, die er in der Erfahrung gewinnt, ordnet und interpretiert. Die so gewonnene Erkenntnis ist einerseits Frucht der Erfahrung, muss aber auf der anderen Seite immer wieder durch die Rückbindung an die Erfahrung gesichert, erweitert und korrigiert werden.

Selbstverständlich prägt dieser Erfahrungsbegriff den ganzen philosophischen Ansatz Wojtyłas. Im Gegensatz zu den Anfängen der Philosophiegeschichte betrachtet er nicht nur die Dinge, die sich außerhalb des Menschen befinden, er fragt vielmehr nach der Erkenntnisbeziehung des Menschen zu sich selbst. Hier knüpft er an eine griechische Tradition an, nämlich an die sokratische Aufforderung: „Erkenne Dich selbst!“ Dabei ist es Wojtyła wichtig, dass die Beziehung des Menschen zu sich selbst immer den Charakter einer Erfahrung besitzt und dass gerade mit der Erfahrung von sich selbst ein Verstehensmoment verbunden ist, ja, dass „jede Erfahrung gleichzeitig ein gewisses Verstehen ist.“[2] Insbesondere ergibt sich in den Taten der Person die sittliche Erfahrung. „Jede menschliche Handlung beinhaltet ein besonderes Erlebnis, welches als sittliche Erfahrung bezeichnet werden kann“[3]. Diese sittliche Erfahrung gründet in dem Umstand, dass sich der Mensch als Urheber seiner Handlungen erlebt. Mit dieser Urheberschaft verbindet sich eine Verantwortlichkeit für den moralischen Wert dieser Handlung.[4]

1.3.1 Welt als Beziehungsgeflecht

Das Handeln des Menschen kann nicht für sich allein betrachtet werden. Denn die gegenständliche Wirklichkeit setzt sich aus Dingen, Pflanzen, Tieren und Personen zusammen.[5] Das Ding ist ein „unbelebtes Objekt“; der Pflanze kommt gegenüber dem Ding Leben zu; beim Tier macht es für Wojtyła Sinn, von einem „*Individuum* einer bestimmten Tierart“ zu sprechen; der Mensch als Person be-

1 „(…) fundamental unity of understanding and experience in human cognition“ (Wojtyła, Man in the Field of Responsibility, 12). (Eigenübersetzung).

2 Wojtyła, Person und Tat, 10.

3 „Every human action involves a particular lived experience that goes by the name ethical experience“ (Wojtyła, The Problem of the Separation of Experience, 23). (Eigenübersetzung).

4 Wojtyła entfaltet die erkenntnistheoretische und ethische Bedeutung der Erfahrung neben seinem philosophischen Hauptwerk *Person und Tat* hauptsächlich in zwei Beiträgen, die im selben Jahr 1969 veröffentlicht wurden: Wojtyła, The Problem of Experience in Ethics, 107-127, und: Wojtyła, The Problem of the Theory of Morality, 129-161.

5 Johannes Paul II. fasst die „Wahrheit des Seins“ ganz allgemein als „die Wahrheit Gottes, die Wahrheit des Menschen und die Wahrheit der erschaffenen Wirklichkeit in ihrer Gesamtheit“ (Johannes Paul II., Erinnerung und Identität, 167).

sitzt eine eigene und „besondere Daseinsfülle".[1] Folglich definiert Wojtyła in *Liebe und Verantwortung* die Person als *„ein objektives Wesen, das als bestimmtes Subjekt mit der ganzen (äußeren) Welt eng in Verbindung steht und dank seiner Innerlichkeit und seinem Innenleben darin von Grund auf wurzelt."*[2] „All das, Gewissen, Wahrheit, Verantwortlichkeit, Freiheit bildet eine Gesamtheit: die Innerlichkeit des Menschen", (...). Es ist das, was den Menschen zum ‚Subjekt' werden lässt".[3] Das Innenleben der Person stellt ihren subjektiven Reichtum dar. Und selbst wenn für Wojtyła erst diese „Sphäre des inneren Lebens die dem Menschen arteigene Form"[4] ist, hat die Person als dynamische Einheit doch auch einen Leib und ist in gewissem Sinne Leib. „Der Mensch fühlt nicht nur den eigenen Körper, sondern er fühlt auch sich selbst in sehr integraler Weise, er fühlt das, was das eigene ‚Ich' und seine Dynamik bestimmt."[5] Der Leib ist so ein besonderes Moment der personalen „Daseinsfülle". Alle „psychosomatischen Bedingungen" gehören ebenso zum „Reichtum des Menschen", selbst wenn sie „seine besondere Begrenzung" formen.[6] Immerhin vollzieht sich über den Leib der physische und sinnenhafte Kontakt mit der objektiven Welt. Der Mensch „fühlt (…) die ‚Welt' als ein komplexes und differenziertes Ensemble von Existenzen, unter denen das eigene ‚Ich' existiert und zu denen es in verschiedenartigen Relationen steht."[7] Dabei geht Wojtyła nicht nur vom „ganzen Bereich der interpersonalen und gesellschaftlichen" Beziehungen aus, sondern zunächst vom „ganzen in viele Richtungen gehenden Beziehungsverhältnis zur ‚Welt', zur ganz allgemein gefassten Natur, einer Natur, zu der sich eine Reihe von Existenzformen zusammensetzen, die tiefer stehen als der Mensch, aber gleichzeitig auf irgendeine Weise ihm zugeordnet und ihm nötig sind."[8] Das ist die ganze nicht personale Welt, zu welcher der Mensch immer irgendwie in Beziehung steht.[9] „Alle diese Relationen haben auch irgendeine Bedeutung für das Glück des Menschen. Besondere und grundsätzliche Bedeutung aber hat die Beziehung zu den anderen Personen."[10] Für die Deutung dieses grundlegenden strukturellen Netzwerkes des Menschen als In-der-Welt-Seiendem dient Wojtyła jener der phänomenologischen Analyse entliehene Schlüsselbegriff der Intentionalität. Denn „das Wesen des intentionalen Aktes und seines objektiven

1 Vgl. Wojtyła, Liebe und Verantwortung, 20.
2 Ebd., 21.
3 Johannes Paul II., Fürchtet euch nicht, 128.
4 Wojtyła, Liebe und Verantwortung, 21.
5 Wojtyła, Person und Tat, 267.
6 Vgl. ebd., 346.
7 Ebd., 267.
8 Ebd., 200.
9 Wojtyła schreibt in seiner Vota zur Vorbereitung des Zweiten Vatikanischen Konzils: „In der Handlung einer bestimmten Person finden sich die Beziehungen des Handelnden zu anderen Dingen und Personen" („In actione personae considerandae sunt relationes agentis ad res et personas alias") (ADI II/2, 742. Trad. V. Csernokorsky).
10 Wojtyła, Person und Tat, 200.

Korrelates [erlaubt es], die rationalen Formen, Artikulationen und gegenseitigen Verbindungen des subjektiv-objektiv agierenden Systems des Menschen sichtbar zu machen."[1] In dieser Sicht erlebt die Person als Subjekt ihr Dasein und ihr Verhältnis zu den Objekten der Wirklichkeit ausschließlich als Relationalität. „Der Mensch existiert nicht nur ‚in der Welt', nicht nur ‚in sich selbst', sondern er existiert ‚in Beziehung'"[2]. In seiner Enzyklika *Fides et ratio* schreibt Johannes Paul II. über das Volk Israel: „der biblische Mensch entdeckt[e], dass er sich nur begreifen kann, insofern er ‚in Beziehung steht': in Beziehung zu sich selbst, zum Volk, zur Welt und zu Gott."[3] Die „Elemente der Wirklichkeit" bei Karol Wojtyła/Johannes Paul II. sind somit Subjekt („sich selbst"), Gemeinschaft („Volk"), Kosmos („Welt") und das Absolute („Gott"). Dabei sind diese „einzelnen Elemente der Wirklichkeit sowie ihre gegenseitigen Verbindungen"[4] als „intentionales Netzwerk"[5] oder „Beziehungsgeflecht" zu denken. In diesem dynamischen Beziehungsgeflecht verbindet sich die „Erfahrung jedes Dings, das sich außerhalb des Menschen befindet, (...) immer mit irgendeiner Erfahrung des Menschen von sich selbst."[6] Auch erkenntnistheoretisch stellt die Erfahrung der äußeren Welt eine Bereicherung für die Person dar. Indem sie die „Welt" kennen und verstehen lernt, versteht sie immer mehr sich selbst. Und: „Je besser wir die Welt kennen, umso mehr sind wir fähig, sie uns unterzuordnen und von den neuen Schätzen und Reichtümern Gebrauch zu machen, die wir in ihr entdecken"[7]. Mit diesem personalistischen Ansatz wird Johannes Paul II. die Enzyklika *Fides et ratio* eröffnen.[8] Was für die Erkenntnis der äußeren Wirklichkeit gilt, gilt ebenso für die Selbsterkenntnis: „je besser wir uns selbst kennen – unsere Möglichkeiten, Fähigkeiten und Talente –, umso mehr sind wir fähig, etwas von uns selbst herzuleiten und umso mehr sind wir fähig, schöpferisch zu sein, indem wir von dem rohen Material Gebrauch machen, das wir in uns selbst finden"[9]. Dass aber die Person „*mit sich selbst* in Berührung kommt,

1 Wojtyła, Der intentionale Akt, 25.
2 Wojtyła, Zeichen des Widerspruchs, 153.
3 Johannes Paul II., Fides et ratio, Nr. 21.
4 Wojtyła, Person und Tat, 44.
5 „(...) intentional network" (Wojtyła, The Intentional Act and the Human Act, 269). (Eigenübersetzung).
6 Wojtyła, Person und Tat, 9.
7 „The better we know the world, the more we are able to subordinate it to ourselves and make use of the new resources and riches we discover in it" (Wojtyła, Thomistic Personalism, 171). (Eigenübersetzung).
8 „Je mehr der Mensch die Wirklichkeit und die Welt erkennt, desto besser erkennt er sich selbst in seiner Einmaligkeit, während sich für ihn immer drängender die Frage nach dem Sinn der Dinge und seines eigenen Daseins stellt. Alles, was als Gegenstand unserer Erkenntnis erscheint, wird daher selbst Teil unseres Lebens" (Johannes Paul II., Fides et ratio, Nr. 1).
9 „(...) the better we know ourselves – our possibilities, capabilities, and talents – the more we are able to derive from ourselves and the more we are able to create, making use of the raw material we find in ourselves" (Wojtyła, Thomistic Personalism, 171). (Eigenübersetzung).

das heißt in eine Erkenntnisbeziehung zu sich selbst tritt“[1], ist für das Denken Wojtyłas entscheidend. Denn in diesem unmittelbaren Erkenntnisakt der einzigartigen und unnachahmlichen Selbsterfahrung des eigenen „Ichs“ wird das menschliche Subjekt gleichzeitig zum Objekt. In dem Moment, wie noch zu zeigen sein wird, in dem die Person eine Tat vollbringt, die der Selbstbestimmung entspringt, erfährt sich die Person als personales Selbst und erfährt sich als „Ich“, d. h. wird sich ihrer selbst bewusst. Gleichzeitig findet sich die Person als „Ich“ in einer Überordnung zur personalen Subjektivität und kann zu ihr in ein objektives Verhältnis eintreten, d. h. die eigene Subjektivität gegenständlich wahrnehmen.

Von der Erfahrung des Menschen muss also immer im doppelten Sinn die Rede sein. „Ein Mensch erfährt, ist also Subjekt der Erfahrung, und ein Mensch wird erfahren, ist also auch Objekt der Erfahrung. Ein Mensch ist gleichzeitig Subjekt und Objekt der Erfahrung.“[2] Somit sind nicht nur die „Anderen“ als Objekt der Erfahrung gegeben, sondern auch das eigene „Ich“ als Objekt. Die ganzheitliche Erfahrung des Menschen besteht sowohl aus der äußeren Erfahrung anderer (das fremde „Ich“) wie den inneren Erfahrungen, die jeder von sich selbst hat. Aufgrund meiner eigenen, inneren Erfahrung ist mir selbst die Erfahrung eines fremden Inneren irgendwie zugänglich und bleibt nicht gänzlich inkommensurabel. Doch stellt sich in Anbetracht dieser Komplexität und Vielheit der äußeren und inneren Erfahrung des Menschen die Frage nach ihrer Relevanz innerhalb des Erkenntnisaktes als dynamischem Ganzen.

1.3.2 Erfahrung und Verstehen

Ontologisch betrachtet kann die Welt der Objekte als Beziehungsgeflecht interpretiert werden. Als „Objekt“ definiert Wojtyła das, „was zu einem Subjekt in Beziehung steht.“[3] Folglich ist das „Verstehen (...) nichts anderes, als die Bedeutung der Dinge oder der zwischen ihnen bestehenden Zusammenhänge intellektuell zu erfassen.“[4] Doch „ist dieses verstandesmäßige Erfassen des ansonsten undurchsichtigen menschlichen Bewusstseinsstroms nur auf der Ebene der *Wesensschau* möglich, d. h. auf einer Ebene, auf welcher (…) sich eine Abstraktion der konkreten Erfahrungsmasse und seiner Aspekte anders vollzieht als durch intellektuelle (verstandesmäßige) Vermögen“[5]. Dieses Erfassen nimmt seinen Anfang nämlich bereits in den Erfahrungsakten, d. h. „jener unmittelba-

---

1 Wojtyła, Person und Tat, 9.

2 Wojtyła, Person: Ich und Gemeinschaft, 192.

3 Wojtyła, Liebe und Verantwortung, 19.

4 Wojtyła, Person und Tat, 45.

5 „However, this rational grasp of the otherwise opaque flux of man's consciousness is possible only at the level of the *eidetic insight*, that is, at a level at which (…) an abstraction is made of the concrete pulp of experience and of its aspects by other than the rational (intellectual) faculties“ (Wojtyła, The Intentional Act and the Human Act, 269). (Eigenübersetzung).

ren Berührungen mit der gegenständlichen Wirklichkeit."[1] Diese gegenständliche Wirklichkeit ist die Welt der Objekte oder der Phänomene. „Der Begriff *Phänomen* bezeichnet etwas, das ‚sich selbst' uns kundtut, etwas, das unsere kognitiven Kräfte in einer wahrnehmbaren Weise anrührt"[2]. Wegen diesem Sich-selbst-Kundmachen veranschaulichen sich die Gegenstände selbst und der jeweilige Erfahrungsgehalt tritt in seiner Evidenz offen zutage.[3] Prima facie liegt es auf der Hand, diesen Erfahrungsgehalt mit den rein sinnlichen Wahrnehmungsinhalten zu identifizieren. Denn es „ist richtig, dass die Sinne in unmittelbarem Kontakt mit den Gegenständen der uns umschließenden Wirklichkeit (...) stehen."[4] Doch dieses Sich-Kundmachen und Anrühren der menschlichen Erkenntniskräfte beschränkt sich keineswegs auf die unmittelbaren sinnlichen Wahrnehmungsmomente. Zumal es für den Menschen offen bleibt, wie rein sinnliche Erfahrung überhaupt geschieht. Denn eine rein sinnliche Erfahrung kommt so nur in der Tierwelt vor. Da der Mensch aber kein rein sinnliches Wesen ist, existiert für ihn auch keine rein sinnliche Erfahrung.[5] Folglich wird der Erfahrung des Menschen mit einer rein sensualistischen Konzeption nicht Genüge geleistet.[6]

Gleiches gilt nach Wojtyła für eine phänomenalistische Auffassung. Der Phänomenalismus gründet auf der erkenntnistheoretischen Annahme einer der

1 Wojtyła, Person und Tat, 14.

2 „The term *phenomenon* signifies something that ‚manifests itself' to us, something that affects our cognitive powers in a perceptible way" (Wojtyła, The Problem of Experience in Ethics, 114). (Eigenübersetzung).

3 „Zunächst verweist die Evidenz auf die wesentliche Eigenschaft des Gegenstandes zu erscheinen, das heißt sich zu veranschaulichen und somit auf den für ihn bezeichnenden Erkenntniszug" (Wojtyła, Person und Tat, 18).

4 Ebd., 17.

5 Vgl. Wojtyła, The Problem of Experience in Ethics, 116.

6 Johannes Paul II. sagt dazu im Interview mit Vittorio Messori: „Ist der Mensch denn tatsächlich in der Lage, mehr zu kennen als das, was seine Augen sehen oder seine Ohren hören können? Existiert eine andere Wissenschaft als die des rein empirischen Wissens? Sind die Fähigkeiten der menschlichen Vernunft ausschließlich den Sinnen unterworfen? (…) Aus positivistischem Blickwinkel machen Begriffe wie *Gott* oder *Seele* selbstverständlich keinerlei Sinn (…).
Niemanden überrascht im Übrigen die Tatsache, dass die menschliche Erkenntnis zuallererst sinnliche Erkenntnis ist. Kein Klassiker der Philosophie, weder Platon noch Aristoteles, hat dies bezweifelt. Der erkennende Realismus, sowohl der sogenannte naive wie der kritische Realismus, sind sich darüber einig, dass *nihil est in intellectu, quod prius non fuerit in sensu* (nichts im Verstand ist, was nicht vorher im Sinne war). *Dennoch, die Grenzen eines solchen ‚Sensus' sind nicht ausschließlich sinnesbedingt.* Wir wissen nämlich, dass der Mensch nicht nur Farben, Töne oder Formen erfasst, sondern auch Gegenstände *in ihrer Ganzheit.* So kennt er zum Beispiel nicht nur eine Gesamtheit von Eigenschaften, die den Gegenstand ‚Mensch' betreffen, sondern er kennt auch den Menschen an sich (den Menschen als Person). Er kennt daher *außersinnliche Wahrheiten* oder, mit anderen Worten, *transempirische Wahrheiten*, wobei man nicht einfach behaupten kann, dass das, was transempirisch ist, aufhört, empirisch zu sein" (Johannes Paul II., Die Schwelle der Hoffnung, 60-62).

Erkenntnis innewohnenden Trennung in Sinnes- und Verstandesfunktionen, mit denen dann entsprechende sinnliche und begriffliche Inhalte verknüpft sind.[1] Dem Verstand kommt die Funktion zu, die sinnlichen Inhalte begrifflich zu organisieren. Dagegen bildet nach Wojtyła „die menschliche Erkenntnis eine organische – und nicht nur organisatorische – Einheit“[2]. In allem menschlichen Erkennen erfolgt die Ausgestaltung der Akte und Gegenstände menschlicher Erfahrung bereits durch die Anteilnahme des Geistes. Von Anfang an schaltet sich der menschliche Geist in die Erfahrung ein. Keinesfalls beschränkt er sich in seiner Verstandesfunktion darauf, aus den sinnlichen Wahrnehmungsinhalten erst im Nachhinein einen organisierten Gegenstand zu schaffen. Deshalb ist in der Erfahrung nicht nur ein sinnliches Moment enthalten, sondern immer schon ein Verstandesmoment, wodurch erklärt wird, dass die menschliche Erfahrung prinzipiell ein Verstehen dessen beinhaltet, was ich erfahre: „Die menschliche Erfahrung ist immer schon ein Verstehen“[3]. „Es scheint, dass ein solcher Standpunkt dem Phänomenalismus widerspricht, der Phänomenologie hingegen, die mehr als alles andere die Einzigartigkeit des menschlichen Erkenntnisaktes betont, genau entspricht.“[4] Doch ist für Wojtyła weder der Ansatz Kants noch der von Scheler zufriedenstellend: „Für Kant dringt die Erfahrung nicht in das Wesen des Dings vor; in der Phänomenologie (z. B. besonders bei Scheler) dringt die Erfahrung in das Wesen des Dings vor, allerdings zum phänomenologischen und nicht zum metaphysischen Aspekt des Wesens“, verdeutlicht Gałkowski die Position Wojtyłas, „der unmittelbar zum Objekt der Erkenntnis (d. h. Erfahrung) und zu den eigentlichen Wesen der Dinge vordringen wollte, zum Wesen, von dem die traditionelle Metaphysik gesprochen hat“[5]. Insofern „ist Wojtyłas Konzeption der Erfahrung grundsätzlich aus der aristotelisch-thomistischen Konzeption erwachsen und steht in Übereinstimmung mit ihr, obwohl sie mit ihr nicht identisch ist, denn sie überschreitet und entwickelt diese. Dieses Überschreiten nähert sich den phänomenologischen Analysen der menschlichen Subjektivität“[6]

1 Vgl. Wojtyła, The Structure of Self-Determination, 37.

2 „(…) human knowledge constitutes an organic – and not merely an organizational – unity“ (Ebd.). (Eigenübersetzung).

3 „(…) human experience is always already an understanding“ (Ebd., 33). (Eigenübersetzung). „Because human experience is always already a kind of understanding of that which is experienced" (Wojtyła, Man in the Field of Responsibility, 11).

4 Wojtyła, Person und Tat, 17.

5 „For Kant, experience does not penetrate to the essence of things; in phenomenology (eg. particulary in Scheler), experience does penetrate to the essence of things, although it is to the phenomenological, not the metaphysical aspect to the essence. Both the one and the other were unsatisfactory for K. Wojtyła, who wanted to penetrate immediately to the object of knowledge (i.e. experience), and to the very essences of things, to the essence which was spoken of by traditional metaphysics" (Gałkowski, Thomism, 183). (Ei-genübersetzung).

6 „Wojtyła's conception of experience has basically grown out of the Aristotelian-Thomistic conception and is in agreement with it, although it is not identical with it, since it transcends

1.3.3 Erfahrung und Erkenntnis

Die Erkenntnislehre Wojtyłas beginnt mit dem Begriff des Staunens. Als Funktion des menschlichen Geistes ist das Erstaunen „der erste Erkenntnisimpuls“, der „zu einem System von Fragen und andererseits zu einem System von Antworten oder Überlegungen“[1] führt.[2] Aber der staunende Mensch denkt nicht nur, er fühlt auch. Mit dem Fühlen beginnt die Erfahrung als Wahrnehmung auf der Ebene der Sinne. Gefühle geschehen im Menschen und „sind nicht von der Vernunft abhängig, wie dies schon die bekannten griechischen Philosophen herausfanden, die Gefühle sind ihrem Wesen nach ‚irrational‘. Doch diesen Ausdruck kann man leicht als pejorativ missverstehen.“[3] Intentional haben die Gefühle stets eine Neigung zu Werten. Gerade im Bereich des Wertfühlens muss für Wojtyła auf die „schöpferische Rolle der erkennenden Intuition“[4] hingewiesen werden. In einer Intuition[5] gelangt der Mensch nicht durch diskursives und schlussfolgerndes Denken zu einem Werturteil, sondern „hic et nunc“.[6] Gleichwohl ist festzuhalten, dass das plötzliche intuitive Erfassen eines Wertes oft mittelbar die Frucht früherer diskursiver Bemühungen darstellt. Bisweilen verläuft der Erkenntnisprozess eher diskursiv, dann wieder mehr intuitiv.[7]

Inwiefern die Gefühle bzw. das Fühlen selbst eine Erkenntnisfunktion ausüben, oder zumindest an einer solchen teilhaben, lässt Wojtyła in seiner Studie *Person und Tat* offen. Doch charakterisiert er „das Gefühlsmoment als einen realen Bestandteil der Beziehung des Menschen zu den Wirklichkeitsbereichen, auf die er sich mit Hilfe der bloßen Sinne nicht beziehen kann“[8] und bezeichnet das Gefühl als einen „sinnlichen Erkenntnisreflex“[9], das „unmittelbar mit dem verbunden [ist], was im Sinnesbereich liegt, obwohl es nicht völlig von den Ver-

---

and develops it. This transcendence approaches the phenomenological analyses of man'a subjectivity" (Ebd., 184). (Eigenübersetzung).

1 Wojtyła, Person und Tat, 31.

2 Dass dem Staunen „grundlegende Erkenntnisse entspringen“, legt Johannes Paul II. auch in seiner Enzyklika *Fides et ratio* dar. Solches Erstaunen lässt neue „Erkenntnishorizonte“ entdecken und wird zunächst durch die Betrachtung der Schöpfung geweckt: Der „Mensch wird vom Staunen ergriffen, sobald er sich als eingebunden in die Welt und in Beziehung zu den anderen entdeckt, die ihm ähnlich sind und deren Schicksal er teilt.“ Im Anschluss an diesen Hinweis auf die Wirklichkeit als Beziehungsgeflecht meint Johannes Paul II. hinsichtlich der Bedeutung des Staunens: „Ohne das Staunen würde der Mensch in die Monotonie der Wiederholung verfallen und sehr bald zu einer wirklichen Existenz als Person unfähig werden“ (Johannes Paul II., Fides et ratio, Nr. 4).

3 Wojtyła, Person und Tat, 279-280.

4 Ebd., 168.

5 „Unter Intuition versteht man das unvermittelt unmittelbare Gewahren eines Wesens, eines Wertes oder das unvermittelt unmittelbare Innesein eines Handlungszieles“ (Eley, Intuition, 748).

6 Vgl. Wojtyła, Person und Tat, 168.

7 Vgl. ebd., 168-169.

8 Ebd., 268.

9 Ebd., 263.

nunftinhalten abgeschnitten ist, von all dem also, wovon die menschliche Vernunft auf den verschiedenen Erkenntnisebenen und –wegen lebt."[1] Die Gefühle gestalten im Menschen dessen individuelle Empfindsamkeit, d. h. „die Fähigkeit, spontan Werte zu erfühlen"[2]. Diese Empfindsamkeit ist nicht sinnlich wie das Hören, Sehen oder Tasten; sie hängt mit dem Eindruck zusammen: „Unter Eindruck verstehen wir ein sinnliches Empfangen und ein sinnliches Bild der Gegenstände. Die Empfindsamkeit hat in gewisser Weise Anteil an dieser sinnlichen Fähigkeit des Menschen. Sie hat ebenfalls vornehmlich rezeptiven und nicht aktiven Charakter"[3]. Deshalb muss sie in den personalen Dynamismus integriert werden.

Nichtsdestotrotz sind in der Erfahrung als Wahrnehmung mit den unmittelbaren, sinnlichen Wahrnehmungsmomenten der Gefühlsregungen immer schon verstandesmäßige, d. h. geistige Wahrnehmungsmomente mitgegeben. Das sind die Verstehensmomente: „Das Verstehen wächst (...) unmittelbar aus der Erfahrung ohne irgendwelche Zwischenstadien hervor, ohne Schlussfolgerungen der Vernunft."[4] Diese Aussage, mit jeder Erfahrung des Menschen gehe immer schon ein Verstehen einher, nimmt – wie bereits bemerkt – in der Erkenntnislehre Wojtyłas den Rang eines Axioms ein. Dabei sind dem dynamischen Ganzen der Erfahrung zwei konstitutive Elemente eigen, die ein organisches Ganzes bilden. Obwohl sie nicht sinnlich sind, stellen sie eine Art „sensitivum" dar und bilden die entscheidende Grundlage der Erkenntnislehre Wojtyłas. Das erste Element ist der *Wirklichkeitssinn.* Alle Erkenntnisakte haben „intentionalen Charakter, sie sind auf den Erkenntnisgegenstand gerichtet, denn in ihm finden sie ihren Existenzgrund als Verstehens- bzw. Erkenntnisakte."[5] Mit dem Wirklichkeitssinn erspürt der Mensch den vom Verstehen unabhängigen objektiven Charakter des erkannten Gegenstandes. Beim Wirklichkeitssinn „liegt der Akzent auf der *Wirklichkeit* – auf der Tatsache, dass etwas existiert mit einer Existenz, die real ist und objektiv unabhängig vom erkennenden Subjekt und dem Erkenntnisakt des Subjekts, während es zur selben Zeit als das Objekt dieses Aktes existiert"[6]. Organisch damit verbunden ist das zweite Element: der *Erkenntnissinn.* „Das ist ein Sinn, der in einer anderen Beziehung zu dem steht, was in einer realen und objektiven Weise existiert; mehr noch, es ist ein Sinn, der einen besonderen Kontakt oder Verbindung hat mit dem, was existiert und

1 Ebd., 267.
2 Ebd., 271.
3 Ebd., 269.
4 Ebd., 69-70.
5 Ebd., 41.
6 „(...) placing the accent on *reality* – on the fact that something exists with an existence that is real and objectively independent of the cognizing subject and the subject's cognitive act, while at the same time existing as the object of that act" (Wojtyła, The Problem of Experience in Ethics, 115). (Eigenübersetzung).

in einer solchen Weise existiert“[1]. Mit den Worten „besonderen Kontakt oder Verbindung“ umschreibt Wojtyła ein verstandesmäßiges, subjektives Erfassen, das in Form von selbst geschaffenen Inhalten über das Sinnliche hinausgeht.[2] Denn es „gehört zum Wesen der vom Menschen vollzogenen Erkenntnisakte, in den Gegenstand einzudringen, ihn intellektuell zu objektivieren und auf diesem Weg zu ‚verstehen‘.“[3] Der Erkenntnissinn erfasst das Wesen der Erkenntnisgegenstände. Dabei kann es sich um Dinge, um Werte, oder auch um die eigene Subjektivität handeln. Einerseits unterscheiden sich die beiden Sinne, andererseits entsprechen sie sich. Der *Wirklichkeitssinn* ist ein solcher in und durch die Erkenntnis und der *Erkenntnissinn* ist ein solcher „durch die Wirklichkeit, durch das, was wirklich und objektiv existiert, mit einer Existenz unabhängig vom Erkenntnisakt und gleichzeitig in Kontakt mit diesem Akt“[4]. „Gerade durch diesen Kontakt und durch diese Orientierung manifestiert sich der Erkenntnissinn letztlich als Neigung zu dem, was wirklich und objektiv existiert – eine Neigung zu einem Objekt – als wahr“[5]. Wegen diesem wesentlichen und konstitutiven Bedürfnis des Erkenntnissinnes nach Wahrheit zu streben, ist für Wojtyła eine rein sensualistische Deutung von Erfahrung überwunden.

In diesem Zusammenhang wird der *Wirklichkeitssinn* noch klarer beleuchtet. Er hat einen unmittelbaren Bezug zur Realität, von der er auch abhängt, „eine Wirklichkeit, die hinsichtlich der Erkenntnis transzendent ist“[6]. Wäre nämlich Sein („esse“) und Erkenntnis („percipi“) identisch (Idealismus), würde das Streben der Erkenntnis nach Wahrheit keinen Sinn ergeben.[7] In einer idealistischen Deutung besitzt die konkrete Welt ihre Existenz nur in Relation zu dem Be-

---

1 „This is a sense of a distinctive kind of relation to what exists in a real and objective way, together with a sense of a distinctive kind of contact or union with what exists and exists in such way“ (Ebd.). (Eigenübersetzung).

2 Wojtyła betont den kreativen Charakter der menschlichen Vernunft. Zwar erschafft die menschliche Vernunft nicht eine Welt von Ideen und Urteilen getrennt und unabhängig von der Wirklichkeit, doch kommt ihr ein realistischer und objektiver Charakter in solcher Weise zu, dass sie die existierende Wirklichkeit sowohl kontrolliert als auch neue Wahrheiten von dieser ableite („This does not mean that by thinking we create a world of ideas and judgements separate from and independent of reality. Quite the contrary. Human thought has a very realistic and objective character. It is also, however, the basis for deriving new truths from existing reality and for controlling reality“ [Wojtyła, Thomistic Personalism, 171]).

3 Wojtyła, Person und Tat, 41.

4 „The latter is a sense of reality in and through knowing – and the former is a sense of knowing through reality, through what really and objectively exists with an existence independent of the cognitive act and, at the same time, in contact with that act“ (Wojtyła, The Problem of Experience in Ethics, 115). (Eigenübersetzung).

5 „It is in just such contact and in just such an orientation that the sense of kowing ultimately manifests itself as a tendency toward that which really and objectively exists – a tendency toward an object – as true“ (Wojtyła, The Problem of Experience in Ethics, 115). (Eigenübersetzung).

6 „(…) a reality that is transcendent in relation to cognition” (Ebd., 116). (Eigenübersetzung).

7 Vgl. ebd.

wusstsein, das sie reflektiert. Denn „das Sein“ ist in dieser Sicht nach Dec „im Bewusstsein und gleichsam durch das Bewusstsein konstituiert“[1]. Das Streben nach Wahrheit erklärt sich nur und ausschließlich auf der Basis der Transzendenz des „esse“ im Verhältnis zum Erfassen („percipi“). „Erkenntnis muss über sich selbst hinausgehen, weil sie nicht durch die Wahrheit ihres eigenen Aktes (*percipi*) verwirklicht ist, sondern durch die Wahrheit eines transzendenten Objekts – etwas, das mit einer wirklichen und objektiven Weise unabhängig vom Akt der Erkenntnis existiert (*esse*)“[2]. Die Erkenntnis schafft somit in keiner Weise Wirklichkeiten, sondern entsteht dank verschiedener Arten von „esse“: z. B. der Sittlichkeit. Dieses „esse“ macht das Phänomen der Moral aus. „Man könnte sagen“, so Wojtyła, „dass die Erfahrung wie ein ursprünglicher und unaufhörlicher Ruf der Wirklichkeit an unsere Erkenntniskräfte ist“, „der nicht mit einem Gefühl in den Sinnen endet (mit einem ‚Eindruck‘)“, sondern „der unmittelbar und gleichzeitig zur Potentialität des menschlichen Verstandes reicht“, sodass „sowohl der Dynamismus des menschlichen Verstandes als auch die Struktur der menschlichen Erkenntnis schon in der Erfahrung evident sind“[3].

1.3.4 Erfahrung und Interpretation

Im Weiteren taucht im erkenntnistheoretischen Ansatz Wojtyłas als Schlüsselbegriff die Interpretation auf. Diese ist ein intellektueller Vorgang und der entscheidende Schritt, durch den der Mensch zu den Gründen der Gegenstände vordringt. Ihre Grundlage ist die Einheit von Erfahrungs- und Verstehensmomenten. Wie bereits angemerkt, ist die Erfahrung keineswegs auf die Funktion der Sinne zu beschränken. Denn diese stehen in Verbindung mit dem Verstand. Diese grundsätzliche Verbindung der Sinnesfunktion mit dem Verstand ist von großer Bedeutung. „Jedes Fühlen oder jede Gefühlsregung ist von einem gewissen verstandesmäßigen Inhalt durchdrungen“[4]. „Dank der Fähigkeit und Leistung des tätigen Verstehens erschließen wir die Bedeutung der einzelnen Dinge und schreiten in der geistigen Einvernahme dieser Dinge wie auch der zwischen ihnen bestehenden Verbindungen weiter fort.“[5]

---

1 Dec, Person, 300.

2 „Cognition must go beyond itself because it is realized not through the truth of its own act (*percipi*) but through the truth of a transcendent object – something that exists (*esse*) with a real and objective existence independently of the act of knowing“ (Wojtyła, The Problem of Experience in Ethics, 116). (Eigenübersetzung).

3 „ Experience could be said to be like an original and unceasing call of reality to our cognitive powers (…) this call of reality does not terminate with a feeling in the senses (with an ‚impression‘). It reaches immediately and simultaneously to the potentiality of the human intellect (…). Thus the dynamism of the human intellect and the structure of human cognition are evident already in experience“ (Ebd., 116-117). (Eigenübersetzung).

4 „Every feeling or emotion is permeated by some sort of intellectual content“ (Ebd., 129). (Eigenübersetzung).

5 Wojtyła, Person und Tat, 45.

Im heranreifenden Verstehen stellt die Komplexität und Vielheit der Erfahrungsfakten ein spezifisches Problem dar. Den Übergang von dieser Komplexität und Vielheit zu ihrer Gleichartigkeit bezeichnet Wojtyła als Stabilisierung der Erfahrungsgegenstände.[1] Diese Stabilisierung ist ein Werk der induktiven Funktion des Geistes. Induktion ist dabei jedoch nicht in positivistischer Deutung als beweisführende Methode der Verallgemeinerung einer bestimmten These zu verstehen[2], sondern als Methode im aristotelischen Sinn, nämlich ohne argumentative Beweisführung „eine allgemeine Wahrheit unmittelbar in einzelnen Tatsachen zu erfassen“[3]. „Induktion“, so Wojtyła in *Person und Tat*, „ist das geistige Erfassen der Bedeutungseinheit in der Vielheit und Komplexität der Erscheinungen.“[4] Für Gałkowski korrespondiert diese Konzeption der Induktion bei Wojtyła mit dem phänomenlogischen Konzept der „Wesensschau“.[5] Ohne den mannigfaltigen Reichtum der Erfahrung zu verlieren, gelangt der Mensch über die Induktion in der Erfahrung von der Vielheit zur Einheit und Einfachheit. Es ist zum Beispiel eine Feststellung der induktiven Funktion des Geistes, „dass in jedem Faktum ‚Der Mensch handelt‘ die gleichartige Relation ‚Person-Tat‘ enthalten ist und dass die Person sich in allen diesen Fakten auf dieselbe Weise durch die Tat zur Anschauung bringt.“[6] Ein weiteres Ergebnis der Induktion ist die „Inter-Subjektivierung“ – die gleichartige Anschauung eines Gegenstandes für alle, „unabhängig von der subjektiven Verstrickung, in der dieser Gegenstand sich zumindest teilweise befindet“[7].

Mit dem Verstehen der Relation „Person-Tat“ ist das Bedürfnis verbunden, diese Wirklichkeit mehr und mehr zu erschließen. Das ist der Schritt der Reduktion.[8] „Die Ergründung, das Verstehen durch Reduktion ist wie eine Art Ausschöpfung der Erfahrung.“[9] Der Gegenstand soll auf die eigentlichen Gründe und Grundlagen zurückgeführt („reducere“) werden: „Im Ergründen, das heißt

---

1 Vgl. ebd., 22.

2 „Das Induktionsverfahren folgert, im einfachsten Falle, aus dem Umstand, dass z. B. S und P (zeitlich oder räumlich) miteinander verbunden auftreten, sei es einmal, sei es öfter, dass sie stets miteinander auftreten oder auftreten werden. Dieser Folgerung kommt natürlich keine absolute Gewissheit, sondern nur Wahrscheinlichkeit zu und diese wächst mit der Zahl der überprüften Einzelfälle. Ein Induktionsschluss ist z. B.: Gold, Silber, Eisen usw. sind schwerer als Wasser. Also sind alle Metalle schwerer als Wasser. Der Schluss war richtig, bis das Kalium entdeckt wurde“ (Schischkoff, Induktion, 333).

3 „Induction (…) the meaning ascribed to it by Aristotle (…) a method of directly grasping a general truth in particular facts“ (Wojtyła, The Problem of Experience in Ethics, 121). (Eigenübersetzung).

4 Wojtyła, Person und Tat, 22.

5 Vgl. Gałkowski, Thomism, 185.

6 Wojtyła, Person und Tat, 23.

7 Ebd., 24.

8 „Es handelt sich hier nicht um eine Verminderung oder gar eine Beschränkung des Inhaltes vom erfahrenen Objekt. Es geht hier vielmehr um ein streng konsequentes Heraus- und Hervorheben des Objektes“ (Jaworski, Konzeption der Anthropologie, 279).

9 Wojtyła, Person und Tat, 24.

in der Interpretation, geht es darum, dass das intellektuale ‚Bild' des Gegenstandes adäquat ist, dass es dem Gegenstand ‚gleichkommt' und das heißt, dass es alle erklärenden Gründe der Gegenstände erfasst, unter Beibehaltung der richtigen Proportionen."[1] Mit dem Ergründen ist die Organisation aller sukzessiven Verstehensmomente verbunden. Das führt zu einer Vertiefung und Ausweitung des Verstehens. „Die wesentliche Funktion der wissenschaftlichen Methode besteht darin, sicherzustellen, dass diese Organisation, Vertiefung und Ausweitung [also die Interpretation] auf der Grundlage der Erfahrung und in strenger Übereinstimmung mit ihr stattfindet"[2]. Die Gründe, die den Gegenstand erklären, müssen der Erfahrung entsprechen. Darüber hinaus hängt diese Vertiefung und Ausweitung von Fragen ab, die zwangsläufig aus der Erfahrung resultieren und den Verstehensprozess fördern. Wojtyła nennt diese weiterführende Wechselwirkung zwischen Erfahrung und Fragen einen „uralten dialektischen Charakterzug menschlicher Erkenntnis"[3]. Die Aufgabe der Interpretation ist erfüllt, wenn etwa für die Sittlichkeit die letzte Grundlage von Gut und Böse in Übereinstimmung mit der sittlichen Erfahrung entdeckt wird. Dies ist der Fall, wenn zum Beispiel erkannt wird, dass eine eheliche Vereinigung von Mann und Frau nur unter der Voraussetzung der Wahrheit interpersonaler Liebe entspricht, dass sie grundsätzlich für die Weitergabe des Lebens offenbleibt.

Von diesem Ansatz her erklärt sich auch, warum Wojtyła kaum Sekundärliteratur anführt. Die polnische Originalausgabe von *Person und Tat* enthält keine Fußnoten. Sein Anliegen ist immer die Rückbindung an die Erfahrung des Menschen. Statt Quellen zu zitieren, versucht Wojtyła immer zu beweisen, dass sich jeder Schritt seiner Analysen evident aus der Erfahrung ableiten lässt. Denn mit jeder Erfahrung ist unmittelbar ein Verstehensmoment gegeben. Allerdings handelt es sich bei diesen Verstehensmomenten nicht um den geistigen Seinsgehalt eines Seienden, wie er nach der Erkenntnislehre der griechisch-scholastischen Philosophie auf dem Weg der Abstraktion herausgeschält wird, denn die Wahrheit über einen Gegenstand wird nach Wojtyła gerade nicht durch Separation wie die der Abstraktion erkannt, sondern durch das Erfassen und die Interpretation seiner Beziehungen zum Ganzen. Verstehen heißt für Wojtyła, die Bedeutung der Dinge oder der zwischen ihnen bestehenden Zusammenhänge intellektuell zu erfassen. Es geht um das Erfassen des Beziehungsgeflechts, in das ein Gegen-stand eingebunden ist (Sein), dann des Wertes und schließlich des damit einhergehenden Moments des Sollens (Pflicht).

---

1 Ebd., 26.

2 „The essential function of the scientific method is to ensure that this organization, deepening, and expansion takes place on the basis of experience and in strict conformity with it" (Wojtyła, The Problem of Experience in Ethics, 129). (Eigenübersetzung).

3 „(…) age-old dialectical trait of human knowledge" (Ebd., 130). (Eigenübersetzung).

1.3.5 Metaphysische Grundlegung

Die Studie *Person und Tat* vermittelt den Eindruck einer ungewöhnlichen Mischung aus Erfahrungstatsachen, phänomenologischen Begriffen und Termini scholastischer Prägung. Das macht die Lektüre nicht einfach.[1] Oft ist dem Leser nicht klar, ob er sich in einem „metaphysischen Dschungel"[2] oder, wie Conley bemerkt, einem „phänomenologischen Nebel"[3] bewegt. Wojtyła scheint diesen Eindruck in seinem Vorwort zur englisch-amerikanischen Erstausgabe von *Person und Tat* zu bestätigen, wenn er die Bedeutung der vorcartesianischen traditionellen Philosophie sowie der Phänomenologie für sein Werk unterstreicht. Er verdanke „all sein Wissen einerseits den Systemen der Metaphysik, der Anthropologie und der aristotelisch-thomistischen Ethik, und andererseits der Phänomenologie, vor allem in der Interpretation Schelers, sowie Kant, gleichfalls im Blickwinkel der Schelerschen Kritik."[4]

Obwohl es für Ziegler auf den ersten Blick den Anschein hat, als wolle er die Erfahrungstatsachen „einerseits auf phänomenologischem, andererseits auf metaphysischen Wege"[5] erklären, wird ihm dieses Entweder-Oder überhaupt nicht gerecht. Die entsprechenden Passagen in den Werken Wojtyłas einfach der klassischen Phänomenologie oder der scholastischen Seinsphilosophie zuzuordnen, würde die Absicht des Verfassers ganz und gar verkennen. Wojtyła ist sich der Grenzen beider Ansätze vollauf bewusst. Grundsätzlich beruhen seine Ausführungen „nicht auf den Voraussetzungen der transzendental-phänomenologischen Methode" im Sinne Husserls.[6] Einerseits hebt er die Leistungen der phänomenologischen Methode hervor, andererseits unterstreicht er die Notwendigkeit der Metaphysik. So ist es „ein Charakteristikum der phänomenologischen Methode", dass in Bezug auf eine bestimmte Wirklichkeit die Erklärung mit der Erscheinung einhergeht und dass die phänomenologische Einsicht „keineswegs an der Oberfläche" stehenbleibt, „sondern erlaubt (...), in die Tiefe

---

1 „‚Person und Tat', ein außerordentlich schwer verständliches Werk, von dem in Polen das geflügelte Wort umgeht, dass Kapitalsünder, denen die Lektüre dieses Buches zur Buße auferlegt wird, für gewöhnlich vorziehen, in Unbußfertigkeit zu verharren" (Johannes Paul II., Fürchtet euch nicht, 45-46).

2 Ebd., 19.

3 „(…) phenomenological fog" (Conley, Philosophical, 28). (Eigenübersetzung).

4 Wojtyła, Vorwort des Autors, 365-366.

5 Ziegler, Laudatio, 190.

6 „Wenn wir uns auf das methodische Vorgehen berufen, das in der Mathematik angewandt wird, so soll dies verdeutlichen, in welchem Sinn und in welchem Umfang wir uns in der vorliegenden Studie des ‚Ausklammerns' bedienen wollen. Es geht um den Ausschluss der wesentlich ethischen aus der wesentlich anthropologischen Problematik. Hingegen kann keine Rede sein von der für die phänomenologische Methode Husserls so bezeichnenden Ausklammerung der aktuellen Existenz (epoché). Die Studie beruht nicht auf den Voraussetzungen der transzendental-phänomenologischen Methode. Zugleich geht es dem Autor aber von Anfang bis Ende um das Verständnis des Menschen als Person, das heißt auch um ein bestimmtes ‚eidos'" (Wojtyła, Person und Tat [Anm. 4], 348).

vorzudringen", sowie „einen Einblick in diese Wirklichkeit" vermittelt.[1] Aber „gleichzeitig scheint die Phänomenologie (...) der Metaphysik (...) zu bedürfen, denn Phänomene veranschaulichen ein Ding zwar hinreichend, können sich aber selbst nicht hinreichend erklären."[2] Wojtyła nennt bereits in seiner Habilitationsschrift als Verdienst der phänomenologischen Methode das Erfassen des ethisch Guten und Bösen, das immer mit der entscheidenden Erfahrung verbunden ist, dass diese Erlebnisse die Person gestalten. Allerdings vermisst er die Bestimmung eines objektiven Prinzips, warum eine Tat gut bzw. böse ist. „Um dieses Prinzip zu finden, müssen wir die phänomenologische Methode fallenlassen", womit sich die Notwendigkeit ergibt, „in den ethischen Forschungen von der phänomenologischen zur metaphysischen Methode überzugehen"[3]. Nicht zuletzt aus diesem Grund wird Johannes Paul II. später sagen: *„Wir sind Zeugen einer symptomatischen Rückkehr zur Metaphysik (Philosophie des Seins) durch die ganzheitliche Anthropologie.*"[4] Gleichzeitig gibt sich Wojtyła auch nicht mit den thomistischen Auffassungen zufrieden und will diese „ergänzen, das heißt sie gleichsam bis zum Ende"[5] weiterdenken.

Als Ergebnis ergibt sich für Josef Seifert die „personalistische Metaphysik"[6] Wojtyłas. „Denn obwohl wir die Eigenart und Besonderheit der metaphysischen Erkenntnis anerkennen", so erklärt Wojtyła selbst, „lassen wir doch nicht zu, dass man sie aus dem Gesamt menschlichen Erkennens herausnimmt. Alle Erkenntnis vielmehr hat eine metaphysische Wurzel: sie erreicht das Sein."[7] Die scholastische Akt-Potenz-Lehre eignet sich in den Augen Wojtyłas wie kein anderes Modell, die Seinsgrundlage der erfahrbaren Aktualisierungen der Wirklichkeit als Potenz zu bestimmen. Das Begreifen dieser Grundlage geschieht durch einen Vernunftschluss.[8] Alle Vorgänge, die sich dem Menschen durch die Erfahrung erschließen, verlangen gleichsam als ultimative Erklärung die Annahme einer ontologischen Grundlage.[9] Die phänomenologische Wahrnehmung der Wirklichkeit impliziert als Erklärungsmodell eine „metaphysische

1 Vgl. ebd., 205.

2 Ebd., 85.

3 Wojtyła, Über die Möglichkeit, eine christliche Ethik, 195.

4 Johannes Paul II., Die Schwelle der Hoffnung, 63.

5 Wojtyła, Person und Tat, 308.

6 Seifert, Person, 54.

7 Wojtyła, Person: Subjekt und Gemeinschaft, 19-20.

8 „Dieser Vernunftschluss vollzieht sich in enger Verbindung mit dem ganzheitlichen Gegenstand der Erfahrung, ohne sich von ihm abzutrennen, ohne von ihm zu abstrahieren, sondern, ganz im Gegenteil, indem er tiefer in ihn eindringt, als man dies durch die bloße Feststellung des Dynamismus in irgendeiner Form könnte" (Wojtyła, Person und Tat, 103).

9 „As the years passed Wojtyła reached the conclusion that Aquinas's metaphysical vision could profit from the enrichment of the phenomenological and experimental perspective attentive to the level of the indvidual's experience, but the perspective of modern philosophers still urgently needed the backing of the clear principles of Aquinas' metaphysical ontology" (Giertych, Verum bonum, 101).

Grundlegung".[1] Wojtyła bezeichnet die „metaphysische Grundlegung" als „metaphysische Reduktion", die nicht zuletzt bei der „Theorie von Sittlichkeit" evident ist.[2] Für ihn besteht kein Zweifel, „dass die Konzeption des Menschen als Person – obwohl sie sich zunächst aus einer ersten Intuition entwickelt und sich gedanklich im Rahmen der phänomenologischen Betrachtungsweise allein errichten lässt – doch, um zur Fülle zu gelangen, der metaphysischen Analyse des menschlichen Seins bedarf."[3] Wie sich der Geist des Menschen durch die Annahme eines Seelenlebens begründet, so muss das Phänomen des ganzen Seins und Handelns desselben Menschen ebenfalls ontologisch grundgelegt sein. Die in der Erfahrung gegebene „dynamische Einheit des Menschen" muss „ihre Grundlage in einer ontischen Einheit haben"[4]. Die metaphysische Konzeption des Menschen bezeichnet diese Seinsgrundlage mit dem Terminus „suppositum".[5] Wojtyła geht nach Höffner „von einer dynamischen Auffassung der Person aus und verbindet metaphysisches Denken mit konkreter Erfahrung."[6] Er möchte sich in *Person und Tat* dieser ontischen Einheit nur nähern. „Gerade diese Annäherung, die uns gestattet, die Erfahrung und die phänomenologische Anschauung des Menschen in umfassender Weise auszunutzen, sehen wir als Spezifikum der in der vorliegenden Studie beabsichtigten Konzeption von Person und Tat an."[7]

Was im Rahmen dieser Arbeit als „metaphysische Grundlegung" bezeichnet wird, nennt Johannes Paul II. in seiner Enzyklika *Fides et ratio* „eine große Herausforderung", d. h. „den ebenso notwendigen wie dringenden Übergang vom

---

1 „Die Beschreibung der Person anhand ihres eigenen Verhaltens wird komplimentiert durch ihr sinnbegründetes Verstehen. Erst dies erschließt den letzten Grund der konkreten Erfahrung, die sich nicht durch sich selbst restlos zu erklären vermag" (Ziegler, Laudatio, 190).

2 „The metaphysical aspect is present in the entire experience of morality, which is an experience of being and becoming good or evil through one or another act. Becoming (*fieri*), which is a strictly metaphysical category, is contained above all in the very experience of acting. However, it is only a substrate of the proper experience of the morality, i.e., the experience of becoming morally good or evil through action: the subject itself, the ‚I'-the person, becomes morally good or evil. The person becomes morally good or evil through an act which is morally good or evil. Both *‚becoming'* and *‚being'* are *metaphysical categories* which define an express being – in this case, man as a being: as one which is, which becomes, and which becomes in and througt action.

By *metaphysical reduction* in the interpretation of morality is understood the uncovering of precisely that aspect which is fundamental. Without it, one cannot speak of an understanding of morality as such, for even duty is insufficient for that" (Wojtyła, Man in the Field of Responsibility, 21-22).

3 Wojtyła, Person und Tat, 212-213.

4 Ebd., 29-30.

5 „Bekanntlich verlangt die Objektivität der Konzeption des Menschen als Seinendes *erstens* die Feststellung, dass der Mensch ein eigenes *suppositum* darstellt (=ein Subjekt des Existierens und Handelns) und *zweitens* die *Bejahung* dessen, dass er Person (*persona*) ist" (Wojtyła, Subjektivität und „das Unreduzierbare", 6).

6 Höffner, Vorwort, 5.

7 Wojtyła, Person und Tat, 30.

Phänomen zum *Fundament*": „Wir können unmöglich bei der bloßen Erfahrung stehenbleiben; auch wenn diese die Innerlichkeit des Menschen und seine Spiritualität ausdrückt und verdeutlicht, muss das spekulative Denken die geistliche Mitte und das sie tragende Fundament erreichen."[1]

1.4 ENTWURF EINER ANTHROPOLOGIE AUF DER GRUNDLAGE DER ERFAHRUNG

Die Lehrtätigkeit als Dozent für Moraltheologie und philosophische Ethik in Krakau und Lublin lenkt die wissenschaftlichen Interessen Karol Wojtyłas mehr und mehr auf die Fage nach dem Menschen als Person. „Die Straße dieser Kristallisation meines wissenschaftlichen Interesses", schreibt Wojtyła, „führte über die Notwendigkeit, die Normen der katholischen Ethik für das eheliche Leben solide zu begründen"[2]. Frucht ist zunächst die ethische Studie *Liebe und Verantwortung*. „Von diesen Untersuchungen und Analysen her", erklärt Wojtyła, „ist in mir eine Art innere Notwendigkeit oder Verpflichtung erwachsen, mich dem Studium der Theorie der Person zu widmen, was im Folgenden seinen Ausdruck in der Studie (…) *Person und Tat* fand."[3] Wenn Wojtyła festhält, dass sein Weg zur „Theorie der Person" über die Praxis führte[4], ist „Theorie" hier nicht als Idee oder Begriffswelt eines philosophischen Systems zu verstehen, sondern als die geistige Seinsgrundlage der Person, die sich in ihrem Handeln (Praxis) erklärt. Es geht um die objektive Wahrheit über den Menschen, die sich durch die konkret erfahrbaren Taten erschließt. Deshalb beginnt Wojtyła seine philosophische Anthropologie mit der Anschauung des Menschen aus der Erfahrung heraus als erster und grundsätzlicher Erkenntnisquelle. Der Mensch ist Subjekt („Ich erfahre etwas oder jemand") und Objekt („Ich erfahre mich") der Erfahrung.[5] Aber der Mensch erfasst sich nicht nur selbst („Ich")[6], sondern auch den „Anderen" außer ihm als denjenigen, der ist und handelt. Sowohl die Erfahrung des eigenen „Ich" als auch die des „Anderen" muss zum Verstehen des Menschen herangezogen werden. Denn mit der inneren wie mit der äuße-

1 Johannes Paul II., Fides et ratio, Nr. 83.

2 „La strada di quella cristallizzazione del mio interesse scientifico passava attraverso il bisogno di fondare solidamente le norme dell'etica cattolica della vita coniugale" (Wojtyła, Teoria e prassi, 377). (Eigenübersetzung).

3 „Da quelle indagini e analisi nacque in me una specie di bisogno interiore o imperativo di dedicarmi allo studio della teoria della persona, che in sequito trovò la sua espressione nello studio (...) *Persona e atto*" (Ebd.). (Eigenübersetzung).

4 Vgl. ebd., 377-378.

5 „Die besondere Berücksichtigung dieses ‚Ich' ist von Wichtigkeit vornehmlich für das Verstehen der Subjektivität des Menschen, denn *in keinem anderen Objekt der Menschenerfahrung sind mir die konstitutiven Elemente der Subjektivität* auf eine so direkte und augenfällige Weise *gegeben, wie im eigenen ‚Ich'*" (Wojtyła, Person: Ich und Gemeinschaft, 192).

6 „Nur der Mensch vermag sich selbst unmittelbar zu erfahren. Diese Erfahrung ist außergewöhnlich, einzigartig und hat kein Pendant in der Natur" (Dec, Person, 296).

ren Erfahrung verbindet sich ein Verstehen. Dieses Verstehen darf weder durch irgendein Vorverständnis (philosophisches System) belastet sein[1], noch zielt es auf „eine Theorie der Person als Sein“, d. h. auf „eine metaphysische Konzeption des Menschen“.[2] Dies entspräche dem Ansatz der traditionellen Philosophie eines Thomas von Aquin. Wojtyła möchte demgegenüber den „Versuch (...) unternehmen, gewisse Formulierungen, die für diese ganze Philosophie charakteristisch sind, neu zu interpretieren“.[3] Eine solche Formulierung ist z. B. der Ausdruck „actus humanus“. Mit diesem Terminus bezeichnet die traditionelle Ethik die menschliche Tat. Diese aristotelisch-thomistische Terminologie beinhaltet aber bereits ein philosophisches System, nämlich eine metaphysische Interpretation der Tat. Im Sinn der Akt-Potenz-Lehre setzt diese historische Konzeption die Potentialität des personalen Subjekts voraus, mit deren Hilfe der veränderliche und dynamische Charakter des Seins erklärt wird.[4]

Die Studie *Person und Tat* setzt keine vorgefertigte Definition der Person voraus, anhand derer das Handeln des Menschen dann a posteriori erklärt und gedeutet werden kann. Wojtyła beginnt seine Analysen mit der Feststellung der „Tat“ als dem in der phänomenologischen Erfahrung gegebenen dynamischen Faktum „Der Mensch handelt“. In der deutschen Sprache bietet sich der Begriff „Tat“ gerade deshalb an, weil ihm eben nicht die ganze metaphysische Interpretation des vom Klang her naheliegenderen lateinischen Terminus „actus“ mit der entsprechenden ontischen Struktur anhaftet. Phänomenologisch betrachtet ist die dynamische Wirklichkeit der menschlichen Tat nämlich nur ein bewusstes Handeln[5] und damit bezüglich der Akt-Potenz-Lehre unbelastet. Diese philosophische Unvoreingenommenheit erlaubt „die Erfahrung, die Anschauung und die mit ihr verbundene phänomenologische Analyse in neuer Weise auf das ganze Verhältnis der Person zur Tat zu sehen“[6]. Es eröffnen sich neue Perspektiven für die Erforschung des Menschen als „individuum ineffabile“.

Von daher wird der originelle Ansatz Wojtyłas verständlich: „Wir werden eine andere Richtung der Erfahrung und des Verstehens einschlagen. Es wird uns nämlich um *die Erforschung der Tat gehen, die die Person erschließt*; um das Studium der Person durch die Tat.“[7] Um das Wesen und die Wirklichkeit der Person zu enthüllen, wird die Tat als bewusstes Handeln zum besonderen Moment der Anschauung der Person, die jedoch erst das zu Tage fördern soll,

1 „The basis of understanding him must be looked for in experience, moreover in such experience as is *complete* and comprehensive as well as free of all preconceptions derived from this or that philosophical system“ “Wojtyła, The Structure of Self-Determination, 38).

2 Wojtyła, Person und Tat, 346-347.

3 Wojtyła, Vorwort des Autors, 365.

4 „(...) ‚actus‘ significa una perfezione, un compimento della potenzialità“ (Wojtyła, Teoria e prassi, 379).

5 Vgl. Wojtyła, Person: Subjekt und Gemeinschaft, 23.

6 Wojtyła, Person und Tat, 127.

7 Ebd., 19.

was vom Menschen als Person zeugt. Die Tat soll die Person offenbaren, nicht umgekehrt.[1] Sie „offenbart (…) die Ganzheit, Originalität und Einzigartigkeit jedes Menschen“[2] und vermittelt „einen spezifischen Einblick in die Struktur der Person“[3]. Wojtyła möchte „durch das Prisma ihrer Handlungen“[4] zum Wesen der Person vordringen. *Person und Tat* beruht letztlich auf dem philosophischen Grundsatz „operari sequitur esse“. Das Handeln geht aus dem Sein hervor. Deshalb „ist es – in entgegengesetzter Richtung – der eigentliche Weg zum Kennenlernen des ‚esse‘.“[5] Die „Wendung ‚operari sequitur esse' (…) bezeichnet eine ontologische Abhängigkeit des Handelns vom Sein“[6], aber auch eine gnoseologische, die nicht nur zur Erkenntnis führt, dass der Mensch Subjekt seines Handelns ist, sondern wer er als Subjekt seines Handelns ist.[7]

1.4.1 Der Mensch als Subjekt

In Anbetracht der Komplexität des menschlichen Wesens in seiner psycho-somatischen Struktur ist diese Analyse der Selbsterfahrung des Menschen kein leichtes Unterfangen. „Das offensichtlich äußerst verwickelte Netzwerk“, schreibt Tymieniecka zum methodischen Vorgehen Wojtyłas, „das in der Natur vorgefunden wird, muss differenziert, entwirrt und wieder zu einem philosophischen Modell verwoben werden.“[8] Tatsächlich „schält“ Wojtyła im Verlauf seiner Analysen zunächst ein wesentliches Moment der Person nach dem anderen heraus (Bewusstsein, Wirkmacht, Wille etc.), um letztendlich alles wieder in einer dynamischen Gesamtschau der Person aufstrahlen zu lassen, zunächst

1 Zweifelsohne wurde Wojtyła durch das Denken Schelers auf solch einen Ansatz vorbereitet. So führt Wojtyła bereits in den fünfziger Jahren im Rahmen seiner *Lubliner Vorlesungen* mit Blick auf das Verhältnis von Handeln und Sein (Gut) bei Aristoteles und Thomas von Aquin aus: „Das Sein und das Gute gehen dem Handeln voraus. Bei Scheler dagegen erlaubt uns erst das Handeln, erlauben uns erst die intentionalen Akte, das Gute als Objekt des Handelns zu erkennen“ (Wojtyła/Johannes Paul II., Lubliner Vorlesungen, 235).

2 „(...) the act reveals, as it were, the wholeness, originality, and uniqueness of every human being“ (Wojtyła, Participation or Alienation, 63). (Eigenübersetzung).

3 „Human actions thus provide us with a specific insight into the structure of the person“ (Wojtyła, The Structure of Self-Determination, 42). (Eigenübersetzung).

4 Wojtyła, Die anthropologische Vision der Enzyklika „Humanae Vitae“, 179.

5 Wojtyła, Person: Subjekt und Gemeinschaft, 20.

6 „(...) l'adagio ‚operari sequitur esse‘ (...) indica una dipendenza ontologica dell'agire dall'essere“ (Wojtyła, Teoria e prassi, 378). (Eigenübersetzung).

7 Das wird auch in thomistischer Sicht deutlich, in der der „actus“ das Vollbringen der Potentialität des Seins ist. In der Potentialität verwirklicht sich ein jedwedes Sein. Die Perfektion findet sich also in der Praxis des menschlichen Handelns. Von daher erklärt sich umgekehrt, dass „wir die vollständigste Erfahrung und das vollständigste Verstehen des Seins – insbesondere des Menschen – aus der Erfahrung selbst schöpfen können“ („la più completa esperienza e comprensione dell'essere – e specialmente dell'uomo – la possiamo attingere proprio dalla ‚praxis'“ (Ebd., 379). (Eigenübersetzung).

8 Tymieniecka, Einführung des Herausgebers, 367.

im Kontext des Menschen als Subjekt für sich selbst betrachtet und schließlich als Subjekt in Gemeinschaft.

1.4.1.1 Die Wirkmacht der Person

Seinem Wesen nach stellt der Mensch eine differenzierte und dynamische Wirklichkeit dar. Diese hat zwei grundlegende Strukturen, die in der Erfahrung als „Der Mensch handelt" und „Etwas geschieht im Menschen" gegeben sind.[1] Im Handeln veranschaulicht sich die dynamische Tätigkeit oder Aktivität des Menschen, die Passivität oder dynamische Untätigkeit dagegen im Geschehen (z. B. die Verdauung im Menschen). Beide Dynamismen umfassen das „operari" und lassen sich einerseits mit den der aristotelischen Metaphysik entliehenen Kategorien „agere" und „pati" klar unterscheiden.[2] Andererseits wurde in der traditionellen Metaphysik der menschliche Dynamismus (wie jeder Dynamismus des Seins) unter Zuhilfenahme der aristotelischen Akt-Potenz-Lehre erklärt. Das, was der Möglichkeit nach bereits existiert, kann Wirklichkeit werden, und das, was Wirklichkeit geworden ist, existierte vorher in der Möglichkeit. Wojtyła bestätigt den unersetzlichen Wert dieses Erklärungsmodells: „Wir kennen bisher keine Konzeption und keine Sprache, die das dynamische Wesen der Veränderung, aller vorkommenden Veränderungen in welchem Seinsbereich auch immer, so wiedergeben könnte wie diese einzigartige Konzeption und diese einzigartige Sprache, die uns die Philosophie von potentia-actus beschert."[3] So lassen sich sowohl das Handeln als auch das Geschehen als Aktualisierungen von Potenzen begreifen.

Die klare phänomenologische Unterscheidung zwischen dem, was im Subjekt nur „geschieht" und der „Aktivität" bzw. dem Handeln des Subjekts, erlaubt es, genau jenes Element in der ganzen Erfahrung des Menschen zu identifizieren, das die Aktivität und das Handeln der Person von dem unterscheidet, was in der Person nur geschieht. Dieses Moment ist die Wirkmacht der Person. „So wie in der Relation ‚Ich'-‚Geschehen', jenes ‚Ich' nur das Subjekt für ‚Geschehen' ist", erklärt Dec, „so erscheint in der Relation ‚Ich'-‚Tat' jenes ‚Ich' nicht nur als Subjekt, sondern auch als Wirkmacht."[4] Das Erleben „Ich bin der Täter" oder „Ich bin wirkmächtig" scheidet das Handeln vom Geschehen. „Dies ist uns bestens bekannt, und sowohl Philosophie als auch Ethik verspürten schon immer die Notwendigkeit, zwischen dem *actus humanus* und etwas anderem zu unterscheiden, das nicht sehr glücklich mit *actus hominis* umschrieben wird."[5] Klassisch entspricht der Wirkmächtigkeit der „actus hu-

1 „The experiencing of the fact ‚I do' is to be distinguished from all other facts, which only ‚occur' in the personal subject" (Wojtyła, The Structure of Self-Determination, 38).
2 Vgl. Wojtyła, Subjectivity and the Irreducible, 110.
3 Wojtyła, Person und Tat, 77-78.
4 Dec, Person, 303.
5 Wojtyła, Die menschliche Person und das Naturrecht, 61.

manus“, der „actus hominis“ dem Geschehen.[1] Im Prinzip müsste die Tat aber nicht mit „actus humanus“, sondern mit „actus personae“ bezeichnet werden. „Für eine solche Bezeichnung der Tat spricht das Moment der Urheberschaft des Täters, der Person.“[2] Denn mit diesem Moment wird deutlich: die „Person ist nicht nur das Subjekt, in dem sich sittlich Gutes und Böses ereignet, sondern ist auch die Wirkursache für dieses Gute und Böse“[3]. Phänomenologisch gehört zum Erleben der Urheberschaft bzw. Wirkmacht das tätige Eingreifen des Menschen, der sich seiner Verursachung bewusst ist: „Ursache sein, das heißt Werden und Existieren einer Folge hervorrufen, ihr fieri und esse.“[4] Die Tat bezeichnet genau die Dynamisierung des Menschen, in der die Person als „Ich“ tätig ist und sich als „Ich“ wirkmächtig erlebt. „Ich handle“ bedeutet: „Ich bin die wirkmächtige Ursache“ meines Handelns als Subjekt. Allerdings unterscheidet Wojtyła eine äußere oder transitive von der inneren oder intransitiven Wirkmacht. Analog der äußeren Erfahrung gestaltet der Mensch durch eine transitive Handlung die ihn umgebende Wirklichkeit. Zwar ist die Person die Ursache, doch die Wirkung liegt außerhalb des wirkmächtigen Subjekts.[5] Maßgeblich für die Konzeption Wojtyłas ist aber *„jene andere Abhängigkeit, die das bewusste Handeln des Menschen mit dem handelnden Subjekt verbindet.“*[6] In dieser ursächlichen Abhängigkeit gestaltet jeder personale Akt das Innere des Menschen (intransitiv). Je nach dem, ob dieser Akt sittlich gut oder böse ist, ruft sie als innere Wirkung eine Bereicherung oder Minderung der personalen Subjektivität hervor. Person und Tat gehören zusammen.[7] Dagegen verbindet sich mit dem, was im Menschen nur geschieht, das Moment einer Aktualisierung. Hier ist das „Ich“ untätig. Dabei unterscheidet Wojtyła den somatisch-vegetativen Dynamismus vom psycho-emotionalen Dynamismus. Diese verschiedenen Dynamismen baut Wojtyła in das umfassende Konzept des Menschen als Person ein. Je nachdem, wie es dem Menschen gelingt, diese Dynamismen dem perso-

1 Die Ethik beschäftigt sich mit dem „actus humanus“, aber nur indirekt mit dem „actus hominis“, der eine gewisse Ähnlichkeit mit der Aktivierung bei Tieren hat und mit dem sinnenhaften und vegetativen Leben des Menschen zusammenhängt (Vgl. Wojtyła, Human Nature, 96).

2 Wojtyła, Person: Subjekt und Gemeinschaft, 26.

3 „The person ist not only the subject in which moral good and evil occur but also the efficient cause of that good and evil“ (Wojtyła, Human Nature, 97). (Eigenübersetzung).

4 Wojtyła, Person und Tat, 82.

5 Das ist der schöpferische Aspekt der Tat. Als denkendes Wesen ist die Person nicht nur Empfänger (consumer), sondern Schöpfer (creator). Durch die Tat erschafft die Person etwas außerhalb und innerhalb ihrer selbst. Sie erfüllt so die äußerliche materielle Welt mit ihrem eigenen Sein und Denken. Weil die ganze Schöpfung ein Ausdruck von Gottes eigenem Denken und Sein ist, erkennt Wojtyła hier eine gewisse Ähnlichkeit zwischen Gott und Mensch (Vgl. Wojtyła, Thomistic Personalism, 171-172).

6 Wojtyła, Person: Subjekt und Gemeinschaft, 27.

7 „Der Mensch ist es gewohnt, eine Trennung zwischen sich selbst und seinen Taten zu machen. Für Johannes Paul II. aber ist das nicht legitim“ (Hoye, Wojtyła/Johannes Paul II., [Anm. 3] 82).

nalen Dynamismus unterzuordnen, d. h. zu integrieren, tragen diese dazu bei, „die eigene Subjektivität zu vollbringen“[1] bzw. zu bereichern. Die Bereicherung des inneren Lebens der Person aber ist gerade die Auswirkung der Tat auf der Grundlage ihrer sogenannten intransitiven Wirkmacht, wie sie der inneren Erfahrung (Introspektion) zugänglich ist.

1.4.1.1.1 Ontologische Integration der Natur in die Person

Weil in der Erfahrung derjenige, der handelt, zugleich der ist, in dem dies oder jenes geschieht, müssen die beiden Dynamismen metaphysisch betrachtet eine gemeinsame Wurzel haben. Die Annahme eines „integralen Seins“[2] ist ein Vernunftschluss. Demnach sind die „Strukturen ‚Der Mensch handelt‘ und ‚Etwas geschieht im Menschen‘ (...) im phänomenologischen Feld der Erfahrung getrennt, hingegen verbinden und vereinigen sie sich im metaphysischen Feld.“[3] Um die phänomenologische Erfahrung erklären zu können, bedarf es der „metaphysischen Grundlegung“: Am Ursprung aller menschlichen Vollzüge befindet sich als gemeinsame Seinsgrundlage ein ontisches Subjekt. „Wenn der Mensch beispielsweise mit der Hand eine Blume bewegt“, verdeutlicht William J. Hoye diesen Ansatz Wojtyłas, „so bewegt er sich selbst als Subjekt dieser Tat gleichzeitig, und zwar auf ontologische Weise.“[4]

1.4.1.1.2 Dynamisches suppositum

Wojtyła zeigt auf, dass das Personsein des Menschen ontologisch begriffen werden muss.[5] Der Person kommt ein substanzielles Sein zu. Entscheidend bei Wojtyła ist dabei, dass er die Tat nicht nur akzidentell betrachtet, sondern als zum Wesen der Person gehörend. Er geht von der Akt-Potenz-Lehre aus und zieht diese zur „metaphysischen Grundlegung“ des Verstädnisses der Person heran. Die Tat erklärt er als eine Verwirklichung einer Potenz, die im „suppositum“ des menschlichen Subjekts angelegt ist. Ähnlich wie die Begriffe „Person“, „Subjekt“ und „eigenes Ich“ die gesamte Wirklichkeit des Menschen erfassen, verbindet sich auch der Begriff „suppositum“ mit dem ganzen Menschsein. Der aus der traditionellen Ontologie stammende Begriff „suppositum“ besagt nämlich, dass grundsätzlich alles, was in irgendeiner Weise existiert und handelt, eine metaphysische Grundlage hat. Als metaphysisches und ontisches Subjekt ist für Wojtyła das „personale esse“ das „suppositum“ für den gan-

1 Wojtyła, Person und Tat, 289.
2 Ebd., 108.
3 Ebd., 90.
4 Hoye, Wojtyła/Johannes Paul II., [Anm. 3] 82.
5 „Indem K. Wojtyła von der Erfahrung des Menschen ausgeht, d. h. von der Erfahrung sowohl über sich selbst, als auch über die anderen, von der Erfahrung eigener Tat, eigener bewusster Tat, gelangt er zur Person als dem Subjekt der Erfahrung. Man muss vor allen Dingen den Menschen als ein Suppositum identifizieren“ (Jaworski, Konzeption der Anthropologie, 282).

zen sekundären Dynamismus des Menschen – ob Handeln oder Geschehen.[1] Im Sinn des Axioms „operari sequitur esse“ stellt das „esse“ die primäre Verwirklichung des Seins dar.[2] Wojtyła bezeichnet das In-Existenz-Treten eines Seienden als erste Dynamisierung des Seins, als ein erstes „fieri“. Das „operari“ ist auch für ihn etwas Sekundäres, eine zweite Dynamisierung des Seins, als ein zweites „fieri“: „Der Mensch, der einmal substanziell in Existenz getreten ist, wird zugleich durch alles, was er tut, und auch durch alles, was in ihm geschieht, – durch beide Formen des ihm eigenen Dynamismus –, immer mehr zu ‚etwas‘, ja sogar immer mehr zu ‚jemand‘.“[3] Weil der Mensch als Person im „suppositum“ bereits konstituiert ist[4], kann dieses „operari“ im Sinn eines zufälligen aber nicht substanziellen In-Existenz-Tretens lediglich als ein zweites Werden aufgefasst werden. Wie noch zu zeigen ist, „wird“ der Mensch vor allem durch seine Taten. Nach Wojtyła ist der Mensch nämlich insofern Person, als er sich als Urheber seiner Taten erfährt. Somit ist das konstituierende Element der Person die Selbstbestimmung. Durch den personalen Dynamismus, der sich im selbstbestimmten Handeln verwirklicht, konstituiert sich das eigene „Ich“, allerdings nicht im metaphysischen Sinn, indem es als „suppositum“ bereits gegeben ist, sondern als „Ich“ in seiner „personalen Subjektivität“, das selbst zum eignen Dynamismus in Beziehung treten kann.[5] Dieses „Ich“ erlebt

1 Der Terminus „suppositum“ kennzeichnet den Menschen „als Träger seiner Existenz und Quelle seiner Handlungen“ (Wojtyła, Person: Ich und Gemeinschaft, 192) und als reales „Subjekt seines Existierens und Handelns“ („*suppositum* (…) that is, a subject of existing and acting“) (Wojtyła, Subjectivity and the Irreducible, 109). (Eigenübersetzung).

2 Vgl. Wojtyła, Person und Tat, 114-115.

3 Ebd., 115.

4 „Der Mensch als Person ist im metaphysischen Sinne, als Seiender, durch sein eigenes Suppositum konstituiert: er ist es, der vom Anfang seiner Existenz an wirkt, obwohl – in Konsequenz der Komplexität seiner Natur – das volle menschliche Wirken (‚actus humanus‘) erst auf einer gewissen Entwicklungsstufe erscheint. In den Anfängen des Erkennens (des Bewusstseins) wie der Freiheit (der Selbstbestimmung des Menschen) dominieren die somatischen und die psychischen Schichten. Doch die ganze Entwicklung des Individuums läuft auf das Hervortreten der Person und ihrer Subjektivität im menschlichen Suppositum zu. Stufenweise enthüllt sich so – gewissermaßen auf der Basis des Suppositums – und konstituiert sich das konkrete menschliche Ich: und es erscheint eben darin, dass es sich konstituiert.
Es konstituiert sich nun durch Taten, durch das dem Menschen eigene ‚operari‘. Es konstituiert sich auch durch die Gesamtheit der psycho-somatischen Dynamik, durch die ganze Sphäre des ‚operari‘, das im Subjekt nur ‚geschieht‘, aber ebenfalls auf seine Weise die Subjektivität des Individuums prägt. Das menschliche ‚Ich‘ konstituiert sich durch all dies – natürlich dank dem, dass es grundsätzlich schon als ‚Suppositum‘ konstituiert worden ist. Das Suppositum humanum zeigt sich notwendig als menschliches Ich: die metaphysische als personale Subjektivität“ (Wojtyła, Person: Subjekt und Gemeinschaft, 21-22).

5 „Damit ist die Wirklichkeit der Person (…) nicht außerhalb der Erfahrung der Phänomene, d. h. der Inhalte einer Erfahrung“, so Hoye, „sondern vollzieht sich in den Phänomenen. Allerdings sind die Phänomene nicht schlichtweg alles. Gerade unter ihnen und damit grundlegender liegt das Suppositum. Darum kann Johannes Paul II. zwischen *personaler Subjektivität,*

sich im Bewusstsein. Bei Wojtyła ist zwischen „seiendem Ich“ und „handelnden Ich“ zu unterscheiden.

So ist es für Wojtyła wegen der „ganzen und allseitigen Erfahrung des Menschen als der Haupt-Quelle für die Erkenntnis seiner selbst“ also nicht nur erlaubt, diesen „alten Begriff ‚Suppositum‘ ohne Abstriche zu übernehmen und ihn zugleich auf eine neue Weise zu verstehen“[1]. Er spricht sogar von einen „Zwang“[2], dass er das Konzept des Menschen als Subjekt eng mit dem traditionellen, ontologischen Begriff „suppositum“ verknüpft: *„der Feststellung der Subjektivität des Menschen im metaphysischen Sinn.*“[3] Deswegen kann Wojtyła, selbst wenn er seine Anthropologie auf der Erfahrung aufbaut, diesen traditionellen Begriff nicht aufgeben. Wichtig für ihn ist dabei, dass die damit bezeichnete „metaphysische“ Wirklichkeit nicht als etwas „Praeterphänomenales“ zu verstehen ist, als würde es dann „neben“ oder „über“ den Phänomenen existieren. Da das Subjekt dieses Seins und Handelns gleichsam durch die erfahrungsmäßige Erscheinungsform des Menschen hindurch gegeben ist, muss das Wort „metaphysisch“ im Sinne von „in“ den Phänomenen „transphänomenal“ aufgefasst werden.[4] Denn nur so wird deutlich „dass der Mensch dieses Subjekt ist, es sein muss, da sonst das ganze Sein und Handeln, das uns in der Erfahrung als ‚sein‘ Sein und Handeln – im konkreten Fall des eigenen Ich: als ‚mein‘ Sein und Handeln – gegeben ist, nicht ‚sein‘ – beziehungsweise nicht ‚mein‘ – Sein und Handeln wäre.“[5] Wojtyła fügt hinzu: „Die metaphysische Subjektivität, das *Suppositum* als *transphänomenaler und eben dadurch grundlegender Ausdruck der Erfahrung des Menschen*, ist zugleich Bürge der Identität des Menschen in Sein und Handeln.“[6]

auf der Ebene der Erscheinungsform, und *metaphysischer Subjektivität*, die unter den Erscheinungen bzw. Phänomenen liegt, unterscheiden“ (Hoye, Wojtyła/Johannes Paul II., 81-82).

1 Wojtyła, Person: Subjekt und Gemeinschaft, 19.

2 „Wenn wir sagen, dass der Mensch in der Erfahrung als ‚Suppositum‘ gegeben ist – und dies sowohl jeder ‚Andere‘ als auch das ‚Ich‘, so stellen wir fest, dass die ganze Erfahrung des Menschen, die ihn uns als den existierenden, den seienden und handelnden zeigt, es uns erlaubt und uns zwingt, ihn als das Subjekt seines eigenen Seins und Handelns zu betrachten“ (Wojtyła, Person: Ich und Gemeinschaft, 192).

3 Wojtyła, Person: Subjekt und Gemeinschaft, 19.

4 Vgl. ebd., 19.

5 Ebd.

6 Ebd. Für Wojtyła bleibt der Terminus „suppositum“ „unantastbar“, schließlich fordert für ihn das Gesamt menschlicher Erfahrung die Annahme einer Seinsgrundlage im Sinn eines metaphysisch verstandenen „suppositums“, andererseits hilft gerade dieser Begriff, die Subjektivität auf der Grundlage der Erfahrung tiefer zu verstehen: „Wenn wir sagen, dass das ‚Suppositum‘ den grundlegenden Ausdruck der ganzen Erfahrung des Menschen bildet, so wollen wir dadurch feststellen, dass dieser Ausdruck zugleich gewissermaßen *unantastbar* ist: die Erfahrung kann sich von ihm nicht trennen – und zugleich, dass er für alles offen ist, was die Erfahrung des Menschen und besonders die Erfahrung des eigenen ‚Ich‘ in das Verstehen der Subjektivität der Person einbringen kann“ (Wojtyła, Person: Ich und Gemeinschaft, 192).

Das ist wichtig, weil Wojtyła auch der Ansicht ist, dass nicht nur dem „suppositum“ als Potenz, sondern auch der Tat als Verwirklichung dieser Potenz eine Existenz, ein reales Moment des Seins zukommt. Der Mensch „verbleibt“ in der Tat.[1] Diese Seinshaftigkeit der Tat wird für ihn in der Erfahrung unmittelbar erkannt. Einerseits ist dieses Seinsmoment der Tat real vom „suppositum“ als solchem verschieden, distinkt, andererseits aber – und das erfasst der Mensch wiederum unmittelbar in der Erfahrung seiner selbst – liegt der Tat kein eigenes Subjekt zugrunde, das von der Subjektivität des „suppositums“ verschieden wäre. Dann aber stellt sich die ontologische Frage, wodurch die Existenz des „suppositums“ (esse) und die Existenz der Tat wie auch aller anderen Aktivierungen (operari) des Menschen zusammengehalten werden. Darauf gibt Wojtyła eine Antwort, die sich ebenfalls aus der Erfahrung erschließt. Der Mensch erlebt, dass die Tat und alle übrigen Aktivierungen unmittelbar dem eigenen „Ich“ und damit metaphysisch dem eigenen personalen Sein des Menschen zugehören. Diese Zugehörigkeit aber bedeutet, dass sie zusammen mit dem „suppositum“ des Subjekts eine gemeinsame Seinsgrundlage haben müssen. Das wiederum lässt nur den einen Schluss zu, dass das „suppositum“ als Wesenheit der Person selbst dynamisch zu denken ist, nämlich als eine Seinsgrundlage, die sich dynamisch in die Tat hinein erstreckt, diese durchdringt und trägt. Wojtyła kommt zu dem Schluss, dass das „suppositum“ nicht nur als statisches Subjekt unter dem ganzen Dynamismus des Menschen als Person liegt, sondern selbst die „dynamische Quelle“ dieses Dynamismus bildet: „Das suppositum steckt (‚liegt‘) nicht nur als statisches Subjekt unter dem ganzen Dynamismus des Menschen als Person, sondern bildet selbst die dynamische Quelle dieses Dynamismus.“[2] Einerseits ist das „suppositum“ Grundlage der verschiedenen Dynamisierungen, andererseits stellt es deren dynamische Quelle dar. Josef Seifert erblickt in diesem Ansatz Wojtyłas „eine radikale Revision der klassischen Metaphysik“[3]. Während „Aristoteles (…) nur in der Substanz den Selbstbesitz des Seins findet“, er war nämlich der Meinung, „dass allein die Substanz, im Gegensatz zur Heteronomie der Akzidenzien, ihr Sein autonom besitzt“, zeigt Wojtyła „in *Person und Tat*“, so Seifert, „dass die Person diese Selbständigkeit in wesenhaft höherem Sinn besitzt als die Substanz qua Substanz, eben gerade durch ihr Personsein als solches.“[4]

Die Tat gehört nach Wojtyła also nicht in der Weise zum Wesen der Person, als die Substanz der Akzidenzien bedürfte, um vollständig zu sein. Die Tat gehört vielmehr insofern zum Wesen des Menschen, als in ihr dieses Wesen selbst

---

1 „Aufgrund der Struktur der Selbstbestimmung nimmt der Mensch eine Stellung über seine Taten ein, während er als ihr Urheber zugleich in ihnen verbleibt“ (Wojtyła, Die Stufen des Seins, 56).

2 Wojtyła, Person und Tat, 90.

3 Seifert, Person, 58.

4 Ebd., 58-59.

dynamisch gegenwärtig ist und als solches erschlossen werden kann. Mit dieser Weiterentwicklung des scholastischen Begriffs vom „suppositum" und der damit verbundenen Akt-Potenz-Lehre ist philosophisch die Grundlage für ein dynamisches Verständnis der ganzen Wirklichkeit gegeben.

1.4.1.1.3 Natur und Person

Im Rahmen der dynamischen Totalität des Menschen erfährt auch der Begriff der „Natur" im Denken Wojtyłas sowohl eine phänomenologische als auch eine metaphysische Einführung. Auf beiden Wegen soll die seinsmäßige Integration der „Natur" in die Person aufgezeigt werden. Von dieser Integration in der Seinsordnung wird später die ethische Integration der Person in der Tat zu unterscheiden sein.

Etymologisch leitet Wojtyła „Natur" „vom lateinischen Verbum *nascor* = geboren werden, über *natus* = geboren, *naturus* = geboren werden sollend"[1] ab. Phänomenologisch ist mit dem Begriff der „Natur" der ganze dem Menschen ein- und angeborene Dynamismus erfasst, seine Aktivität, die ununterbrochen in der dynamischen Struktur des Subjekts bereitliegt. Gemeint ist, dass *etwas* von Natur aus geschieht, und nicht, dass die Person als tätiges Subjekt, als *jemand* eine Tat vollbringt. Das sind alle Aktivierungen, die im Menschen nur geschehen und die nicht personal sind. Denn die personale Kausalität ist nur im Erleben der Wirkmacht des konkreten „Ichs" enthalten, wenn der Mensch handelt. So ist die Kausalität der „Natur" (Aktivierung) erfahrungsmäßig von der Kausalität der Person (Wirkmacht) deutlich zu unterscheiden. Gleichzeitig erlebt der Mensch beide Bereiche als seinem „Ich" zugehörig. Hinter dieser erlebten Zugehörigkeit verbirgt sich eine kausale Abhängigkeit vom „Ich" als dynamischem Subjekt. Es gäbe gar keine Aktivierungen, würde im Subjekt nicht die Potentialität dazu stecken. Mit diesem Gedankengang der erfahrbaren Zugehörigkeit ebnet sich der Weg zur Integration der phänomenologisch aufgefassten „Natur" in die Person. Allerdings den Schluss zu ziehen, dass die „Natur" als Ursache der Aktivierungen in die Einheit des personalen „suppositums" integriert werden muss, ist eine metaphysische Interpretation.[2]

In der metaphysischen Deutung des Naturbegriffs ist „Natur" nicht mehr bloß die Ursache für einen der beiden menschlichen Dynamismen. „Innerhalb der Thomistischen Schule (...) sind wir vor allem, oder auch ausschließlich,

1 Wojtyła, Person und Tat, 92.

2 Diesen phänomenologischen Naturbegriff grenzt Wojtyła von jenem der Phänomenalisten deutlich ab. Für diese ist „Natur" das „Subjekt einer instinktiven Aktualisierung als Subjekt ausschließlich dessen, was geschieht" (Wojtyła, Die menschliche Person und das Naturrecht, 60), d. h. ein Subjekt, das nicht in das personale Sein integriert ist. Demgegenüber ist „Natur" im Sinne Wojtyłas nicht das eigene Subjekt all dessen, was im Menschen geschieht, sondern „nur" die Kausalität eines der beiden Dynamismen, die von ein und demselben Subjekt getragen werden.

an eines gewöhnt: dass die Natur, metaphysisch betrachtet, ungefähr so viel ist wie das Wesen eines gegebenen Gegenstandes, das als Grundlage jeglicher Aktualisierung dieses Gegenstandes gesehen wird.“[1] Als mit seinem Wesen identisch bildet die „Natur“ die reale Grundlage des ganzen dem Menschen eigenen Dynamismus. Wird in dieser Sicht „ein wirklich existierendes Seiendes mit ganzer Rücksicht auf sein Wesen untersucht, werden wir auf der einen Seite zustimmen müssen“, so Wojtyła, „dass die Aktivierung dieses Seienden eine Ausdehnung seiner Existenz ist (*operari sequitur esse*), andererseits, dass der Inhalt dieser Aktivierung ein Ausdruck oder eine Externalisierung des Wesens dieses Seienden ist“[2]. Die Konsequenz dieser Ausdehnung der Existenz lautet: „Folglich finden wir dieselben beiden Aspekte in der Aktivierung des Seienden wie im Seienden selbst“[3]. Durch die Analyse des Aktes erschließt sich die Wirkmächtigkeit der Person als deren innerstes Wesen. Dieser Befund ist für die Erschließung der Person fundamental. Denn mit diesem metaphysischen Naturbegriff beantwortet Wojtyła die Frage nach dem wesentlichen Zusammenhang zwischen Handeln und handelndem Subjekt. Nicht nur das handelnde Subjekt existiert, sondern auch das Handeln als solches. Zwischen beiden besteht ein dynamischer Zusammenhalt. Die Menschennatur im metaphysischen Sinn verbindet das Subjekt des Handelns mit seinem Handeln. „Als Basis dieses dynamischen Zusammenhalts steckt die Natur offensichtlich real im Subjekt.“[4] Insofern also die „Natur“ real im Subjekt steckt und alles umfasst, was den Menschen zum Menschen macht, ist sie mit dem „suppositum“ identisch.[5] Allerdings ist bei Wojtyła die Rede immer vom personalen „suppositum“. Schließlich geht das Sein dieses Subjekts aus der grundlegenden Dynamisierung des „personalen esse“[6] hervor. Deshalb ist die im Subjekt steckende Menschennatur ebenfalls personal. Folglich „ist jede Form der Dynamisierung dieses Subjekts, jegliches operari – sei es nun Handeln oder Geschehen, also Aktivierung –, da es real mit der Menschennatur verbunden ist, auch real personal.“[7] Damit wird deutlich, worin die seinsmäßige Integration der metaphysisch aufgefassten „Natur“ in die Person besteht. Sie besteht nicht in der Individualisierung der Natur durch die Person, sondern im beson-

1 Wojtyła, Die menschliche Person und das Naturrecht, 59.

2 „If we examine a really existing being with full regard for its essence, we will have to agree, on the one hand, that the activity of this being is an extension of its existence (*operari sequitur esse*), and, on the other, that the content of this activity is an expression or externalization of the being's essence“ (Wojtyła, Human Nature, 96). (Eigenübersetzung).

3 „Thus we find the same two aspects in the being's activity as we find in the being itself.“ (Ebd.). (Eigenübersetzung).

4 Wojtyła, Person und Tat, 100.

5 Das Faktum „Ein Tier handelt“ ist deshalb vom Faktum „Ein Mensch handelt“ verschieden, weil beiden eine unterschiedliche „Natur“ zugrunde liegt (Vgl. Wojtyła, Human Nature, 96).

6 Wojtyła, Person und Tat, 100.

7 Ebd., 100.

deren Faktum des Personseins.[1] Das Subjekt als personales Sein durchdringt die Menschennatur von allem Anfang an und ist diese Menschennatur. Darauf gründet die Integration der metaphysisch aufgefassten Natur in die Person. „Die Integration der menschlichen Natur, der Menschennatur in der Person und durch die Person, zieht die Integration des gesamten dem Menschen eigenen Dynamismus in der menschlichen Person nach sich."[2] Vom Anfang seiner Existenz an ist der Mensch als Person eine Einheit. Daher kommt weder den Taten noch den Aktivierungen eine eigene Subjektivität zu. In dieser Interpretation sind die Grundlagen für ein späteres Leibverständnis zu suchen, nach dem der Leib die Person offenbart und die Grundlage darstellt, aufgrund derer sich der Mensch vollbringt.

1.4.1.2 Das Bewusstsein

In der Darlegung des Bewusstseins nimmt Wojtyła wiederum einen eigenen Standpunkt ein. Nach Dec „weicht seine Bewusstseinskonzeption von der traditionellen, aber auch von der von E. Husserl vertretenen, deutlich ab."[3] In der Scholastik verweist das „voluntarium" (Wollen) auf das Bewusstsein. „Natürlich konnte das voluntarium nur in Anlehnung an das Verstehen – vor allem des Guten und des Zwecks – auftreten", kritisiert Wojtyła diese Position, „ist doch ‚voluntas' nichts anderes als der ‚appetitus intellectivus', der sich im ‚liberum arbitrium' ausdrückt; *das Bewusstsein ist jedoch nicht ein bloßes* Willen und Handeln lenkendes *Verstehen.*"[4] Gleichzeitig erkennt Wojtyła an, dass in der Lehre des Aquinaten das Bewusstsein als konstitutives Element des „actus humanus" die entscheidende Rolle spielt. Doch wird das Bewusstsein so nicht genügend berücksichtigt. Denn es ist auf die Tatsache beschränkt, dass sich der Mensch seines Tuns bewusst sein muss, damit es wirklich als ein freies bzw. frei entschiedenes Handeln vollzogen werden kann. Wojtyła geht es um mehr. Der Mensch handelt nicht nur bewusst, er hat auch ein Bewusstsein davon.[5]

---

1 „The integration of nature in the person is based not merely upon the individualization of nature through the person, which is to say, the separation of the ‚individual' out from ‚entirety of humanity' or ‚entirety of nature'; this integration is based rather upon investing this humanity with the a mode of individual existence. If thus *esse* calls the human being into existence and invests him with dynamism, then this is not some ‚*esse* in general', but the *esse* of this here being, personal *esse.* For this reason man's *esse* is personal *esse,* and each one of his dynamism is human – in him there is not a separate vegetative, sensitive, or other, dynamism which would be common also with the nature of subhuman being. For this reason too, the integration of nature in the person is possible, and this integration takes place through nature (conceived of metaphysically)" (Gałkowski, Thomism, 192-193).

2 Wojtyła, Person und Tat, 100.

3 Dec, Person, 299.

4 Wojtyła, Person: Subjekt und Gemeinschaft, 23.

5 „Wenn der Mensch handelt, dann ist er sich somit erstens seiner Handlung und zweitens seiner selbst bewusst. In der Bewusstwerdung der Handlung findet sich eine *Widerspiegelung* des eigenen Bewusstseins" (Hoye, Wojtyła/Johannes Paul II., 83).

Das Bewusstsein des Handelns enthüllt das Bewusstsein als solches. Deshalb fragt Wojtyła, wie der Mensch sich selbst erlebt, wenn er sich durch einen „actus humanus" verwirklicht, und betrachtet das Bewusstsein nicht nur insofern, als es zum „actus humanus" selbst beiträgt, sondern wie es die Person erleben lässt, welche Konsequenzen der „actus humanus" für die personale Subjektivität selbst hat (Bereicherung, Verarmung etc.). Weil das Bewusstsein die Relation Person-Tat durchdringt, lässt es sich gleichsam aus dem bewussten Handeln des Menschen herausschälen. Das Bewusstsein begleitet die Tat.

Wojtyła distanziert sich gleichermaßen von der Bewusstseinskonzeption Husserls, der letztendlich doch versucht, die Phänomenologie mit der Transzendentalphilosophie zu verbinden, nach Röd „eine Synthese zwischen der Lehre von der Wesensschau (der ‚Ideation') und der Annahme, dass Gegenstände im Allgemeinen vom Subjekt abhängig seien"[1]. Mit dieser Verknüpfung hat die Verabsolutierung des Bewussteins seit Descartes auch Eingang in die Phänomenologie Husserls gefunden.[2] In dieser Sicht „wird das Sein im Bewusstsein und gewissermaßen durch das Bewusstsein konstituiert, während doch die *Wirklichkeit der Person die Konzeption eines bewussten Seins verlangt*", entgegnet Wojtyła, „d. h. eines Seins, das nicht im Bewusstsein und durch es konstituiert wird, sondern gerade umgekehrt seinerseits das Bewusstsein konstituiert, und so auch die Wirklichkeit der Tat als bewusstes Handeln."[3] Indem Wojtyła also „von einer wesentlich anderen Auffassung des Bewusstseins ausgeht, als wir sie etwa in der Phänomenologie Husserls vorfinden"[4], erklärt Köchler, „führt [sie] nicht zu einem ‚Idealismus' im ontologischen Sinn."[5] Für Wojtyła stellt nämlich nicht das Bewusstsein die Seinsgrundlage für die Person dar.[6] Bei ihm ist „durch eine Modifikation des Begriffes der *Intentionalität*", erklärt Köchler, „eine eher ‚realistische' Konzeption gegeben: Bewusstsein ist nach ihm gerade nicht intentional, es ist lediglich eine Widerspiegelung dessen, was im handelnden Subjekt vor sich geht"[7]. Verantwortlich dafür ist bei Wojtyła die Unterscheidung von Erkenntnis- und Bewusstseinsfunktionen. Nicht die Bewusstseinsakte sind intentional auf die Gegenstände ausgerichtet, sondern die Erkenntnisakte. Das Bewusstsein ist durch die Erkenntnisfähigkeit bedingt und arbeitet mit ihr aufs

1 Röd, Der Weg der Philosophie II, 429.

2 „Wenn der Nous des Platon und Aristoteles oder Thomas Wesenheiten und Ideen schaut, dann ist das bewusstseinsunabhängiges Sein" (Hirschberger, Geschichte der Philosophie II, 598).

3 Wojtyła, Person: Subjekt und Gemeinschaft, 23.

4 Köchler, Phänomenologisch-ontologische Grundlage, 159

5 Ebd., 158.

6 „Das Suppositum konstituiert das Bewusstsein ‚und so auch die Wirklichkeit der Tat als bewusstes Handeln'. Das Suppositum wird dank des Bewusstseins zum handelnden Ich und vollbringt eine bewusste Tat, durch dessen Bewusstheit wiederum das seiende Ich entsteht und offenbart wird. Auf diese Weise werden beide Seiten dieser zwei Pole, d. h. das seiende Ich im Sinne des Suppositums und das handelnde Ich, miteinander vereinbart" (Hoye, Wojtyła/ Johannes Paul II., 83).

7 Köchler, Phänomenologisch-ontologische Grundlage, 159.

engste zusammen. Jedem Bewusstseinsakt geht ein Erkenntnisakt voran. Das Verstehen, das heißt die Bedeutung der Dinge sowie ihre Zusammenhänge, sind dem Bewusstsein, das nicht erkennend objektiviert, als Frucht der Erkenntnis sozusagen von außen gegeben.[1] Nur das kann zum Bewusstseinsinhalt werden, was zuvor in einem intentionalen Erkenntnisakt objektiviert wurde. „Es ist dies in gewisser Weise ein Verstehen des bereits Verstandenen."[2] Das Erkennen hat eine intentionale Funktion. Dem Bewusstsein kommt eine reflexive Funktion zu. „Anders als die klassische Phänomenologie bemerken wir, dass der Existenzgrund des Bewusstseins als Erkenntnis sowie der dem Bewusstsein eigenen Akte nicht darauf beruht, in den Gegenstand einzudringen, ihn zu objektivieren, was ein Verstehen oder die Konstituierung des Gegenstandes zur Folge hätte."[3] Nach Köchler ist diese „Konzeption des ‚Erkennens' (...) in der Tradition einer realistischen (wenngleich nicht objektivistischen) Phänomenologie zu sehen, für die es ‚Transzendentalität' im Sinne der Hervorbringung eines Wahrnehmungsobjektes und seiner auf das ‚reine' Subjekt bezogenen Seinsgeltung nicht geben kann."[4]

1.4.1.2.1 Funktion der Widerspiegelung

In der Konzeption Wojtyłas kann nur das zum Bewusstseinsinhalt werden, was vorher erkannt wurde. Dabei kommt dem Bewusstsein eine doppelte Funktion zu. Die erste Funktion ist die *Widerspiegelung* der Gegenstände, die Erkenntnisinhalte zu Bewusstseinsinhalten werden lässt. Das Bewusstsein spiegelt das wider, was im Menschen geschieht, aber auch, was er tut. Es spiegelt zudem jene Welt der Gegenstände wider, mit denen der Mensch im Handeln in Kontakt gerät. Zwar geht es bei dieser Funktion um „ein Verstehen des bereits Verstandenen"[5], insofern setzen die Bewusstseinsakte die Erkenntnisakte voraus, doch kommt dem Bewusstsein darüber hinaus eine Art bewusstseinsspezifische Erkenntnisvitalität zu, nämlich die Durchleuchtung der Gegenstände, die es jedoch klar vom objektivierenden Erkenntnisdynamismus zu unterscheiden gilt.[6] In ihrer Gesamtheit formen die vielen Widerspiegelungen die inhaltliche Totalität des Bewusstseins der Person.

---

1 Folglich bestimmen unterschiedliche Erkenntnisgrade auch unterschiedliche Bewusstseinsgrade.

2 Wojtyła, Person und Tat, 41.

3 Ebd.

4 Köchler, Phänomenologisch-ontologische Grundlage, 159.

5 Wojtyła, Person und Tat, 41.

6 „Aber diese Durchleuchtung ist nicht dasselbe wie das tätige Verstehen der Gegenstände und das daraus hervorgehende Konstituieren ihrer Bedeutungen. Um weiter im Vergleich zu bleiben, jene Durchleuchtung ist eher ein Ins-Licht-Halten zu dem Zweck, dass die Gegenstände und ihre erkannte Bedeutung sich im Bewusstsein widerspiegeln können. Denn dem Bewusstsein ist das geistige Licht selbst eigentümlich, dem der Mensch seine traditionelle Definition als ‚animal rationale' und die menschliche Seele als ‚anima rationalis' verdankt" (Ebd., 42).

Für das Bewusstein von besonderer Bedeutung ist die Selbsterkenntnis des Menschen. Deren Objekt ist das eigene „Ich". Mit der Vergegenständlichung des eigenen „Ichs" geht die Vergegenständlichung der mit ihm zusammenhängenden Taten samt ihrer Beziehung zum eigenen „Ich" einher.[1] Das *„Bewusstsein spiegelt* die Taten sowie ihre Relation zum eigenen Ich *dank der Selbsterkenntnis wider.*"[2] Infolge dieser objektivierenden Akte der Selbsterkenntnis wird nun auch das eigene „Ich", also das Subjekt, im Prozess des Sich-selbst-Verstehens überhaupt als Gegenstand erfasst. Denn wenn das Subjekt weiß, dass es handelt und dass es bewusst handelt, wird auch das Bewusstsein selbst zum Objekt der Selbsterkenntnis.[3] Auf diese Weise objektivieren die Akte der Selbsterkenntnis das Bewusstsein selbst. „Letzteres ist auch Gegenstand der Selbsterkenntnis"[4]. Mit der Funktion der Widerspiegelung wird somit deutlich, wie wenig die Ausführungen subjektivistisch interpretiert werden können. „Wojtyła annektiert keineswegs eine Bewusstseins-Philosophie", so Jaworski, „welche die gesamte Realität auf Bewusstsein reduziert; sämtliche Erfahrungsdaten des Menschen leugnen es total, besonders das Faktum des Selbstwissens, für welches das eigene ‚Ego' ein Objekt ist"[5]. Denn ohne „das Wissen um sich selbst befände sich das Bewusstsein selbst in einer Art von Leere (vacuum) gegenüber dem eigenen ‚Ego' als seinem Objekt (so wollen es Idealisten)"[6].

1.4.1.2.2 Reflexive Funktion

Vermittels der zweiten Funktion des Bewusstseins werden die Gegenstände der Selbsterkenntnis nicht nur widergespiegelt, also gleichsam geschaut, sondern erlebt. „Wenn nämlich ‚das Subjekt in der Widerspiegelung noch als Objekt besteht'", so Dec, „dann führt die Wendung ‚reflexives Bewusstsein' dazu, dass dieses Objekt, das ontologisch gesehen Subjekt ist, sich selbst als Objekt, d. h., dass es sein eigenes ‚Ich' erlebt."[7] Das eigene Subjekt wird erlebt, die intentionale Welt der Person wird erlebt und die Taten werden als die eigenen erlebt. Diese objektiven Erlebnisinhalte werden dann subjektiviert. Bei dieser Subjektivierung des Objektiven gehen diese in den Bereich der eigenen Subjektivität ein, was jeden Menschen einzigartig und unnachahmlich macht. Dieser Funktion des Bewusstseins verdankt der Mensch demnach nicht nur das Erleben, son-

1 Die Selbsterkenntnis „führt die (...) Beziehung zum eigenen ‚Ich' und zu seinen Taten in das Bewusstsein ein, ist also in dieser Hinsicht gleichsam früher da als das Bewusstsein, für das die Selbsterkenntnis gleichzeitig die Grenze in der bewusstgewordenen Beziehung zum eigenen ‚Ich' als Gegenstand darstellt" (Dec, Person, 301-302).

2 Wojtyła, Person und Tat, 46.

3 „Consciousness itself is also an object of self-knowledge when the subject knows that he acts and that he acts consciously" (Kupczak, Destined, 97).

4 Dec, Person, 302.

5 Jaworski, Konzeption der Anthropologie, 280-281.

6 Ebd., 283.

7 Dec, Person, 302.

dern auch die „Hervorhebung der Subjektivität des erlebenden Ichs (...). Und diese konstitutive Funktion des Bewusstseins bestimmen wir als die reflexive, das heißt alles auf das Subjekt beziehende. In diesem Sinne ist das Bewusstsein auch ‚reflexiv', nicht nur ‚reflex'."[1]

Gewissermaßen konstituiert sich das Subjekt im Erleben als „Ich". Durch diese *reflexive Funktion* des Bewusstseins kommt in der Tat die Subjektivität des Menschen als eigenes „Ich" zu sich. Das menschliche „suppositum" wird dank dem Bewusstsein als Ich erlebt, und damit in gewissem Sinn auch als Ich konstituiert. „Ohne das ‚Ich'-Bewusstsein bliebe lediglich das ‚suppositum'"[2], erklärt Dec. Zwar wurzelt das „Ich" im „suppositum", doch enthält das Wort „Ich" mehr als das Wort „suppositum". Das traditionelle „suppositum" beinhaltet allein die ontische Subjektivität, abstrahiert allerdings vom Aspekt des Erlebens der eigenen Subjektivität. Aber erst dieses Erleben ist die Grundlage dafür, dass sich die konkrete Person mit dem Pronomen „Ich" bestimmt. Somit umfasst der Terminus „Ich" sowohl die ontisch-reale als auch die erlebte Subjektivität. Eine solche Sichtweise setzt die *reflexive Funktion* des Bewusstseins voraus, in der eine Hinwendung zum realen Subjekt als ontische Grundlage (suppositum) stattfindet. Dieses „Erlebens-Ich'" konstituiert sich also durch die „reflexive Zuwendung zum realen Subjekt in einer eigenen Dimension", nämlich „der Bewusstseinsdimension".[3] Aufgrund der *reflexiven Funktion* des Bewusstseins erlebt der Mensch dieses „Ich" als sein „Ich". In der Studie *Person und Tat* ist das „Bewusstsein (…) nicht nur ein Aspekt, sondern auch eine wesentliche Dimension bzw. ein reales Moment des Seins, das ‚ich' bin, da es die Subjektivität dieses Ichs im Sinn eines Erlebens konstituiert."[4]

Die Konstituierung des Subjekts im Erleben auf der Bewusstseinsebene bedeutet im Denken Wojtyłas keineswegs, dass dasselbe „Ich" ontologisch nicht schon konstituiert wäre. Ein solches Missverständnis entstand um die Debatte von *Person und Tat*. Am 16. Dezember 1970 diskutierten polnische Philosophen in Lublin über das philosophische Hauptwerk Wojtyłas.[5] Dieser reagiert mit seinem Artikel *Person: Subjekt und Gemeinschaft* auf diese Diskussion und fasst die Fehlinterpretationen seiner Analysen über das Bewusstsein zusammen: „Manche meinen, dass wir durch eine solche Analyse von der metaphysischen Objektivität abweichen und auf die Ebene einer rein psychologischen Subjektivität übergehen, die von der metaphysischen grundsätzlich verschieden ist."[6] Doch

1 Wojtyła, Person und Tat, 55.
2 Dec, Person, 302.
3 Vgl. Wojtyła, Person und Tat, 56.
4 Ebd., 57.
5 Die Diskussionsbeiträge sind publiziert (Vgl. Analecta Cracoviensia, Bd. V-VI (Krakau 1973-1974) 49-272).
6 Wojtyła, Person: Subjekt und Gemeinschaft, 25.

schon in *Person und Tat* beugt der Autor einer derartigen Interpretation vor.[1] Zwischen Subjekt *sein* („suppositum“) und sich als Subjekt *erleben* („Ich“) besteht ein fundamentaler Unterschied. Das Erleben baut auf dem Sein auf.[2] Und dieses Erleben seiner Selbst als Subjekt ist gleichsam eine zweite Dimension der Wirklichkeit des menschlichen „Ichs“. „Eben zur Bildung dieser zweiten Dimension der personalen Subjektivität des Menschen hat das Bewusstsein eine konstitutive Schlüsselposition. Man kann auch sagen, dass das menschliche Suppositum dank dem Bewusstsein zum menschlichen Ich wird und als solches sich selbst offenbart.“[3] Zwar ist das „Ich“ im Bewusstsein konstituiert, aber es besteht nur auf der Grundlage des dem „suppositum“ eigenen Seins („esse“) und Handelns („operari“). Deshalb kann das „Ich“ nicht schlechthin auf das Bewusstsein oder Selbstbewusstsein reduziert werden. Auch kreiert das Bewusstsein das „Ich“ nicht seinsmäßig. Denn in der Erfahrung ist der Mensch objektiv als „Etwas“ oder „Jemand“ immer schon gegeben.[4] Die Objektivität der Erfahrung ist der entscheidende Punkt für Wojtyła, weil allein sie eine umfassende Erklärung der Subjektivität des Menschen ermöglicht. Hans Köchler[5]

1 „Wir unterscheiden ganz klar: es ist eine Sache, Subjekt zu sein, eine andere, als Subjekt *erkannt zu werden* (objektiviert zu werden, was auch noch in der Widerspiegelung durch das Bewusstsein vorkommen kann) und es ist schließlich wieder eine ganz andere Sache – sich als Subjekt seiner Taten und seines Erlebens zu *erleben* (diese letztere Möglichkeit verdanken wir dem Bewusstsein in seiner reflexiven Funktion)“ (Wojtyła, Person und Tat, 55).

2 „Es geht um eine Konstituierung des ‚Ich‘ auf dem Grund des menschlichen Suppositum“ (Jaworski, Konzeption der Anthropologie, 283).

3 Wojtyła, Person: Subjekt und Gemeinschaft, 24.

4 „Die Erfahrung verdrängt in der Erkenntnis des Menschen die Konzeption des ‚reinen Bewusstseins‘ und gibt allem, was in dieser Konzeption unser Wissen vom Menschen vertieft hat, das Maß objektiver Realität“ (Ebd., 17).

5 „Nach Wojtyłas Auffassung darf das Bewusstsein (…) niemals als Absolutes genommen werden, da es lediglich ‚für sich‘ keine Realität besitze. In dieser Hinsicht ist Wojtyła offenbar der realistischen Tradition der Phänomenologie verpflichtet, wie sie sich etwa bei Roman Ingarden und Max Scheler ausgeprägt hat (...). (Die transzendentale Phänomenologie, wie sie Edmund Husserl seit den ‚Ideen‘ entwickelt hat, lässt sich mit der Auffassung von der Passivität des Bewusstseins, wie wir sie bei Wojtyła vorfinden, schwer in Einklang bringen)“ (Köchler, Phänomenologisch-ontologische Grundlage, 159). Das Bewusstsein wurzelt im „suppositum“. Wojtyła verzichtet „auf die Hypostasierung eines empirisch-endlichen Bewusstseins zu einem jegliche Seinsgeltung erst fundierendem ‚reinen‘ Bewusstsein, wie wir dies in der transzendentalen Phänomenologie Husserls vorfinden“ (Köchler, Phänomenologisch-ontologische Grundlage, 161) und er widerspricht einer „transzendentalen ‚Konstituti onsphänomenologie‘“(Köchler, Phänomenologisch-ontologische Grundlage, 162). Weil dem Bewusstsein keine Intentionalität zukommt, kann auch nicht die Rede vom „reinen Bewusstsein“ sein. Aufgrund des „‚passiven‘ Verständnis des Bewusstseins (der Reflexion) bleibt die Phänomenologie Wojtyłas *Methode*, sie wird nicht zu einem ontologischen System“ (Köchler, Phänomenologisch-ontologische Grundlage, 162). Das bedeutet natürlich nicht, dass Wojtyła sein Menschenbild nicht auf einer ontologischen Grundlage aufbaut. Ganz im Gegenteil! Erst dadurch, dass Wojtyła seine Phänomenologie nicht zu einem ontologischen System werden lässt, kann sie für ihn zu einem Weg werden, den menschlichen Seinsgrund zu erschließen. „Der Rekurs auf das ‚Erlebnis‘ ist gerade nicht ein Hinweis auf eine ‚subjektivistische‘ Ten-

und Ignacy Dec[1] grenzen diese Konzeption Wojtyłas klar von der transzendentalen Phänomenologie ab. Obwohl das Bewusstsein für Wojtyła „kein selbständiges Subjekt" ist, hat es doch „*eine Schlüsselstellung für das Verstehen der personalen Subjektivität des Menschen.* Man kann das Verhältnis zwischen dem Suppositum humanum und dem menschlichen Ich ohne Berücksichtigung des Bewusstseins und seine Funktion *weder erfassen noch darstellen.*"[2] Wie gesagt gehen die Erkenntnisakte den widerspiegelnden Bewusstseinsakten voraus. Aber das Bewusstsein „*gibt* (...) *all dem jene ‚Subjektivität'*, die dem Menschen eben als Subjekt eigen ist. Das Bewusstsein verinnerlicht all das, was der Mensch erkennt – auch das, was er in sich in den Akten des Selbstbewusstseins erkennt –, und *macht das alles zum Inhalt des Erlebnisses des Subjektes.*"[3]

An dieser Stelle kommt der bereichernde Beitrag der Bewusstseinsphilosophie für die Seinsphilosophie besonders zum Tragen. Nach Wojtyła kommt man nicht umhin, zuzugeben, „dass *der Mensch erst dann Subjekt ist – und dies erst dann voll und ganz (‚in actu') –, wenn er sich selbst als Subjekt erlebt.* Und das setzt eben das Bewusstsein voraus. Natürlich wird in einer solchen Auffassung der Sinn von ‚Subjekt' und ‚Subjektivität' bereichert und gewissermaßen auch modifiziert."[4] Zur Subjektivität kommt durch die Erforschung von Bewusstsein und Erleben das „Inne-sein" und „In-sich-sein" von Handeln und Sein hinzu.[5] Zwar ist dieser Aspekt bereits „virtuell im Begriff ‚Suppositum humanum' enthalten", muss aber, um „die volle Bedeutung der personalen Subjektivität des Menschen zu erfassen" und das „suppositum" besser zu verstehen, miteinbezogen werden.[6] An anderer Stelle bezeichnet Wojtyła das „‚Suppositum humanum' und das menschliche ‚Ich'" als „zwei Pole ein und derselben Erfahrung des Menschen."[7]

Abschließend zu den Ausführungen über die Bewusstseinsfunktionen soll noch das Faktum erwähnt werden, dass Wojtyła in seinem Beitrag *Person: Subjekt und Gemeinschaft* an sich nur noch einmal auf die Verwendung des Begriffs

denz, sondern einzig zu verstehen als methodisch-empirische Notwendigkeit. Die damit einhergehende ‚realistische' Dimension der Intentionalität, die nicht ‚seinsschöpferische' Sinnkonstitution ist, verbürgt einen Objekt-Bezug über die Immanenz des Erlebnisflusses hinaus" (Köchler, Phänomenologisch-ontologische Grundlage, 162).

1 „Indem der Autor das Problem so und nicht anders auffasst, setzt er sich – wir betonen es noch einmal – von der Bewusstseinsauffassung der transzendentalen Philosophie und von Husserls Phänomenologie ab. Beide Richtungen haben das Bewusstsein bis zu einem gewissen Grad verabsolutiert und zum Teil als ein von der Wirklichkeit abgekapseltes, isoliertes Subjekt aufgefasst. (Bei Husserl z. B. das ‚reine' Bewusstsein nach einer transzendentalen Reduktion)" (Dec, Person, 300).

2 Wojtyła, Person: Subjekt und Gemeinschaft, 24.

3 Ebd.

4 Ebd., 25.

5 Vgl. ebd.

6 Vgl. ebd.

7 Ebd., 31.

der *reflexiven Funktion* in der Studie *Person und Tat* verweist[1], ansonsten aber verschiedentlich vom „Ich" spricht, „das sich im Bewusstsein und Selbstbewusstsein durch seine eigenen Taten konstituiert."[2] Es handelt sich wohl nicht um eine Abwendung von dem Entwurf der *reflexiven Funktion* des Bewusstseins, jedoch tritt das unmittelbare Erleben des eigenen „Ichs" durch die Verwirklichung der personalen Selbstbestimmung in den Vordergrund. Dabei hilft ihm die Unterscheidung von „Ich" und „Selbst". Nicht mehr das Bewusstsein allein konstituiert das „Ich", jedoch bildet es die Voraussetzung für dessen volle Manifestation durch die Tat.[3] An die Stelle der Konstituierung des „Ichs" im reflexiven Bewusstsein tritt die Manifestation des „Selbst" im Selbstbewusstsein als „Ich". Letztlich wird aber die Selbstbestimmung des Menschen für die Konstituierung des „Ichs" von Bedeutung.[4]

Wenn Wojtyła davon spricht, dass der Mensch erst dann Subjekt ist, wenn er sich als Subjekt erlebt, erhebt sich natürlich die entscheidende Frage, ob er damit nicht einem Denken Vorschub leistet, das dem Menschen in bestimmten Phasen seines Daseins das eigentliche Menschsein abspricht. Diese Frage hat für die Moraltheologie weitreichende Folgen, wie die moderne Abtreibungsdiskussion zeigt. Dazu sei an dieser Stelle angemerkt, dass es Wojtyła gerade durch seinen Ansatz gelingt, einerseits auf diejenigen einzugehen, die den Menschen vom personalen Bewusstsein her verstehen, andererseits aber eine Beschränkung auf diese Dimension des Menschseins überwindet. Über die Auswertung der Erfahrung der eigenen Subjektivität nämlich führt Wojtyła zu einem Verständnis der Werthaftigkeit dieser Subjektivität hin, die allen bewusstseinsmäßigen Akten vorausgeht. Die Menschenwürde ist eben nicht an Bewusstseinsakte geknüpft, sondern an das Sein des Menschen, das sich dem Bewusstsein eröffnet. Je mehr Wojtyła also ernst nimmt, was sich im Bewusstsein des Menschen abspielt, um so unumstößlicher zeigt sich für ihn das Fundament der unantastbaren Würde des Menschen in jedem Augenblick seines Daseins. Bemerkenswert ist in diesem Zusammenhang die Betonung Wojtyłas der personalen Struktur der Selbstbeherrschung und des Selbstbesitzes als aktuale oder potentiale Bedingung für die Bezeichnung „Jemand": „Also ist der Mensch schon mit dem Augenblick seiner Empfängnis jemand. Er ist auch dann jemand, wenn irgendwelche Umstände ihn am Sich-Vollbringen, an der Selbst-Erfüllung in den Taten, das heißt an der ausgereiften Aktualisierung der Selbst-Beherrschung und Selbst-Zugehörigkeit, hindern."[5]

---

1 Vgl. ebd., 30.

2 Ebd., 32.

3 „Consciousness alone does not constitute that ‚I', *however, it conditions its full manifestation through the act"* (Wojtyła, Participation or Alienation, 62).

4 „Wir verdanken (...) den Akten der Selbstbestimmung die Prozesse der realen Konstituierung eines menschlichen ‚Ego' auf Grund des menschlichen Suppositum" (Jaworski, Konzeption der Anthropologie, 283-284).

5 Wojtyła, Person und Tat, 206.

1.4.1.3 Die personale Struktur der Selbstbestimmung

Wojtyła beginnt seinen Beitrag *The Structure of Self-Determination as the Core of the Theory of the Person* mit dem Satz: „Die Frage nach der personalen Struktur der Selbstbestimmung bildet das Herzstück meiner Arbeit *Person und Tat*".[1] „In der Erfahrung der menschlichen Tat beinhaltet eine erste Definition der Selbstbestimmung die Wahrnehmung", so Wojtyła im selben Beitrag, „selbst der Ausführende des personalen Selbst zu sein – die Eigenschaft zu haben, selbst der Handelnde zu sein: ‚Ich handle' bedeutet, dass ‚Ich die wirksame Ursache' meiner Handlung bin, der Aktualisierung meiner selbst als Subjekt"[2]. Dabei gilt es zu bedenken: *„was die Tat in sich selbst konstituiert und dieser ihre ganz eigentümliche Wirklichkeit verleiht, ist der Wille"*[3]. Das Moment des Wollens taucht mit dem Erleben „Ich will" auf. Dabei ist der Wille mehr als nur eine Wirkkraft, die sich ausschließlich auf die Urheberschaft des Handelns beschränkt.[4] Wojtyła geht es darum, dass sich die Person mit der Aktualisierung des Willens als Vermögen selbst verwirklicht, oder, wie er sagt, vollbringt. Aus diesem Grund will er nicht an der Oberfläche stehenbleiben und die Resultate betrachten, sei es die Tatsache, dass durch den Willen ein Handeln ausgelöst wurde, sei es die Tatsache, dass der Mensch eine Wahl getroffen hat, sondern er will zur Wurzel dieses Vermögens vordringen. In der Tiefe der Person nämlich zeigt sich, dass mit jeder Aktualisierung des Willens die Person eine seinsmäßige Veränderung erlebt. Hier spricht er vom „Wille[n] (…) als Eigentlichkeit der Person"[5]. Es handelt sich also nicht darum, dass Wojtyła neben der herkömmlichen Deutung des Willens als Vermögen des Begehrens ein zusätzliches Seelenvermögen erblickt, sondern um ein tieferes personalistisches Erfassen der Willensdynamik, die eine zweifache Dimension hat.

Die erste Dimension zeigt sich im Willen als Vermögen zur bewussten Entscheidung, insofern er sich intentional auf ein Objekt oder einen Wert außerhalb der Person richtet.[6] Als solches Vermögen – scholastisch als „appetitus" im Sin-

---

1 „The question of the personal structure of self-determination constitutes the very core of my work *The Acting Person*" (Wojtyła, The Structure of Self-Determination, 37). (Eigenübersetzung)

2 „The first definition of self-determination in the experience of the human action includes the apprehension of being oneself the agency – the property of being the agent – of the personal self: ‚I do' means that ‚I am the efficient cause' of my action, of the actualization of myself as the subject" (Ebd., 38). (Eigenübersetzung).

3 „(...) *which constitutes the act in itself, which gives it its entire proper reality is the will*" (Wojtyła, Participation or Alienation, 63). (Eigenübersetzung).

4 „I believe we conceive the will too one-sidedly when we regard it only as an efficient power (as did, for example, Narziss Ach and similar psychologists), a power that is merely an initiator of activity (...), a power that gives rise to action" (Wojtyła, Human Nature, 98-99).

5 Wojtyła, Person und Tat, 120.

6 „Intentionality is, as it were, directed to the outside, towards the object, which represents a value and so attracts the will" (Wojtyła, The Structure of Self-Determination, 41).

ne von Streben und Begehren – tritt der Wille in dem Erleben „Ich will etwas“ hervor – etwa in der Wahl von x oder y. Doch dieses „‚ich will‘ wurde in der philosophischen und psychologischen Tradition“ für Wojtyła „vielleicht allzu sehr unter dem Blickwinkel des äußeren Gegenstandes betrachtet, also zu sehr nur als ‚ich will etwas‘ – und vielleicht nicht so sehr unter dem Blickwinkel der inneren Gegenständlichkeit, als Selbstbestimmung“[1]. Denn in der personalen Struktur der Selbstbestimmung erscheint der Wille nicht zuerst als Vermögen zur Entscheidung, sondern als „Eigentlichkeit der Person“. Dabei geht es um den „freien Willen (…)“ als eine Art Fähigkeit zu „werden“, „als jene Macht der Person, kraft derer eine Person sittlich gut oder schlecht wird“[2]. Freilich vollzieht sich die Selbstbestimmung in den Akten des Willens, „doch kann die Selbstbestimmung selbst als Eigentlichkeit der Person nicht mit den Willensakten identifiziert werden, in welcher Form auch immer“[3].

Nach der thomistischen Seelenlehre ist der Wille zunächst eine Potenz, wobei jedwede Aktualisierung als Willensakt „nur“ akzidentiell hinzukommt. Wenn die Selbstbestimmung also in irgendeiner Form mit den Willensakten gleichgesetzt werden würde, wäre die Selbstbestimmung als Aktualisierung des Willens selbst „nur“ akzidentiell. Obwohl es auch mit dem Werden der Person zu tun hat, geht es bei der Selbstbestimmung nicht so sehr um die Frage, ob der Wille nur aktuell oder gar habituell gut oder böse werden kann. In dieser Sicht gewinnt der Wille Tugenden, wird er nachhaltig durch das sittlich Gute geformt, hingegen Laster, wird er durch das sittlich Böse verformt. Das aber ist für Wojtyła zu wenig. Er betont, dass durch die Willensakte die Person selbst geformt wird. Deswegen offenbart sich für ihn eben im selbstbestimmten Handeln das Werden der Person. Bei Wojtyła „bildet die Selbstbestimmung den wesentlichen Faktor der menschlichen Freiheit. Keineswegs ist die Selbstbestimmung nur ein ‚akzidentieller‘ Aspekt des Menschen, sondern gehört zum ‚substanziellen‘ Aspekt der *Person*“[4]. Sie ist ein Wesenszug der Person. Deshalb gilt für die Selbstbestimmung: „durch sie lässt der Mensch sich im Handeln als personales Subjekt erkennen.“[5]

---

1 Wojtyła, Person und Tat, 127.

2 „Free will (...) that power of a person, by virtue of which the person becomes morally good or bad“ (Wojtyła, Human Nature, 99). (Eigenübersetzung).

3 „But self-determination cannot itself be identified with the acts of the will in any form whatever, as it is a particularity of the person itself“ (Wojtyła, The Structure of Self-Determination, 39). (Eigenübersetzung).

4 „Self-determination constitutes the essential factor of man's freedom. It is not only the ‚accidental‘ aspect of the human being, but pertains to the ‚substantial‘ aspect of the *person*“ (Ebd., 40). (Eigenübersetzung).

5 Wojtyła, Person: Subjekt und Gemeinschaft, 27.

1.4.1.3.1 Der Wille als Vermögen und die horizontale Transzendenz

Die Scholastiker haben die Fähigkeit des Willens, auf Werte zu antworten, in der knappen Willensdefinition „appetitus rationalis" erfasst. Die organische Ganzheit von Wollen und Denken wird mit der Formel ausgedrückt: „nihil volitum nisi praecognitum". Zur Dynamik des Willens gehört es, dass er über die ihm in der intentionalen Ordnung vorgestellten Gegenstände nach dem Prinzip einer bestimmten Wahrheit über diese Gegenstände entscheidet. Die Willensdy namik selbst ist nicht erkenntnishaft, sondern für die Erkenntnisinhalte offen, und setzt als „volitum" das „cognitum" voraus.

In der Selbstbestimmung ist das Subjekt auf bestimmte Gegenstände und Werte ausgerichtet, die der Mensch wählen kann. Und es scheint, als ob eine erste Definition der Selbstbestimmung in der Erfahrung der menschlichen Tat darin besteht, infolge der Wirkmacht auf der intentionalen Ebene frei zu handeln. In solchen intentionalen Willensakten überschreitet das Subjekt seine Grenze auf einen Gegenstand hin. „In dieses aktive Ausgerichtetsein des Subjekts auf ein Ziel hin" (gerade darin unterscheidet sich der Willensakt von verschiedenen „Wünschen" und „Bedürfnissen", die im Subjekt nur geschehen) ist für Wojtyła „auch dessen Transzendenz auf den Wert hin eingeschlossen, d. h. auf das Ziel hin: es ist, als ob das Subjekt aktiv auf den Wert hin ‚herausschreitet', aber dennoch dasselbe Selbst bleibt, das gerade beschlossen hat, sich auf diesen Wert hin zu bewegen"[1]. Wojtyła bezeichnet das als die „‚horizontale' Transzendenz"[2] der Person. Für Wojtyła ist dieser „Aspekt der Intentionalität und der horizontalen Transzendenz" eben jener Gesichtspunkt, „der in der Präsentation der Lehre des hl. Thomas über das Handeln des Willens in gewisser Weise oft einseitig betont wurde"[3]. Tatsächlich ist im Erleben „Ich kann x oder y wählen" eine ganz eigene Unabhängigkeit der Person gegeben. Für den intentional auf einen Gegenstand – Gut oder Wert – ausgerichteten Willen ist ein wesentliches Moment die Entscheidung. Durch das Entscheidungsmoment geht das Subjekt tätig und sich selbst ausrichtend auf einen Gegenstand zu. Grundlage jeder Willensentscheidung ist aber die „ständige *Bereitschaft auf das Gute zuzugehen.*"[4] Je größer ein Gut ist, desto mehr zieht dieses den Willen und somit die Person an. Denn etwas wollen bedeutet, „ich gehe auf den sich mir als Gutes

1 „Included in this active directing of the subject towards an end (this indeed distinguishes the act of the will from various ‚wishes' and ‚whims', that merely occur in the subject) there is also his transcendence towards the value, that is towards the end: it is as if the subject actively stepped out towards the value, but still remained the same self, which had just decided to make the move towards this value" (Wojtyła, The Structure of Self-Determination, 40). (Eigenübersertzung).

2 „(...) ‚horizontal' transcendence" (Ebd.). (Eigenübersetzung).

3 „The aspect of intentionality and of ‚horizontal' transcendence (...) that has often been stressed somewhat one-sidedly in the presentation of the St. Thomas' teaching on the act of the will" (Ebd.). (Eigenübersetzung).

4 Wojtyła, Person und Tat, 146.

vorstellenden Gegenstand zu, der mir seinen Wert zeigt."[1] Gegenstände sind Motive (lat. „movere" = bewegen), die als Wert erkannt, eine Willensbewegung auslösen, und den Willen veranlassen, eben nach ihnen als bestimmtes Gut zu streben. Wojtyła nennt dies die Motivation, die den Willen aus der anfänglichen Indeterminiertheit bezüglich der möglichen Gegenstände herausholt. Handelt es sich um mehrere miteinander konkurrierende Werte, wird die Entscheidung infolge einer „Motivdiskussion"[2] zur Wahl. Diese Wahlfähigkeit bestätigt die Unabhängigkeit des Willens auf der intentionalen Ebene der Gegenstände. Allein dem Willen steht die Determinierung des Gegenstandes zu. Würden die Momente der Entscheidung oder Wahl nicht hinreichend berücksichtigt, müsste man von einer Determinierung des Willens durch die Gegenstände sprechen. Jedes „Ich will" bildet eine einmalige, unwiederholbare und authentische Antwort auf einen Wert. „In dieser Antwort liegt eine Unabhängigkeit von den Gegenständen (...). Nicht die Gegenstände, nicht die Werte engagieren den Menschen und seinen Willen, sondern er selbst engagiert sich im Hinblick auf sie."[3]

Wojtyła spricht hier zusammenfassend vom „Drama des Willens": „Der Ausdruck ,Drama' ist hier wörtlich als ein dem menschlichen Willen eigener Dynamismus zu verstehen, der manchmal nur als einfaches Wollen erscheint, aber kraft der Motivation öfters viel komplizierter ist, und das wiederum verwandelt sich oft in eine Schlacht von Motiven, *was ganz bestimmt als ein innerer Kampf empfunden wird*"[4]. Mit diesem als „Drama" bezeichneten Prozess des Willens sind insbesondere die sittlichen Werte verbunden.

1.4.1.3.2 Die Eigentlichkeit der Person und die vertikale Transzendenz

Um den entscheidenden Schritt vom Willen als intentionalem Vermögen zum Willen als Eigentlichkeit der Person (= Selbstbestimmung) zu vollziehen, ist das in der Erfahrung gegebene Faktum zu berücksichtigen, dass sich der Mensch nicht nur Objekten, Werten und Zielen außerhalb seiner selbst zuwendet. Denn wählt und begehrt das Subjekt einen bestimmten Wert außerhalb seiner selbst, richtet sich dasselbe Subjekt in der Selbstbestimmung gleichzeitig nach innen und instituiert sich selbst als einen Wert, weil das Subjekt selbst dadurch entweder gut oder böse wird.[5] Der Mensch *„kann nicht andere Objekte und Werte wählen, ohne dadurch zugleich über sich selbst und über*

1 Ebd., 147.

2 Ebd., 148.

3 Ebd., 154.

4 „The expression ,drama' is to be taken here literally as a dynamism proper to the human will which sometimes only appears as simple willing, but often it is more complex on the strength of motivation, and that again often changes into a battle of motives, *felt very definitely as an interior struggle*" (Wojtyła, The Intentional Act and the Human Act, 275). (Eigenübersetzung).

5 „Self-determination (...) is as if directed inwards, towards the subject, which in its desire of the particular value, by the choice of the value, also instituted itself as a value by becoming either ,good' or ,bad'" (Wojtyła, The Structure of Self-Determination, 41).

seinen eigenen Wert zu bestimmen.“[1] Die Person wird sich selbst zum Ziel. Die Tat verbleibt im Menschen.[2] Köchler nennt dies bei Wojtyła die „genuin *dialektische* Konzeption menschlichen Handelns.“[3] Ohne sich intentional dem eigenen „Ich“ als Gegenstand zuzuwenden, wird dieses „Ich“ durch die Selbstbestimmung in der Tat und nur in der Tat in die Position eines Gegenstandes gebracht.[4] Dabei wird das „Ich“ als eigenes „Ich“ erfahren. Vergegenständlichung bedeutet, dass das Subjekt „für sich selbst als Subjekt das erste Objekt“[5] wird.[6]. Die Selbstbestimmung beruht bei Wojtyła „in der Rückgerichtetheit der Handlung auf das Subjekt“, so Köchler, „das so gleichermaßen zum Objekt seines eigenen Handelns wird und sich mit den Entscheidungen über die Werte selbst modifiziert.“[7] Wojtyła spricht vom *„nucleus der Selbstteleologie des Menschen“*[8]: „Die Struktur der menschlichen Tat ist in besonderem Maße auto-teleologisch.“[9] Mit jeder Tat, die der Mensch vollbringt, entscheidet er über sich selbst. Dadurch „wird er mehr und mehr ‚Jemand' im personalen und ethischen Sinn, denn im metaphysischen Sinn war er von Anfang an ‚Jemand'“[10]. Für Wojtyła kann das Werden der Person in der Tat also nur im personalen und ethischen Sinn verstanden werden.

Die Selbstbestimmung der Person ist von ihrer „Transzendenz“ her zu verstehen. Im Rahmen von *Person und Tat* bedeutet „Transzendenz“ zunächst noch das Beziehungsverhältnis des Menschen zu sich selbst, nämlich die Übergeordnetheit des „Ichs“ in Bezug auf den eigenen personalen Dynamismus („vertikale Transzendenz“). Aufgrund dieser Übergeordnetheit können die Dynamisierun-

1 Wojtyła, Person: Subjekt und Gemeinschaft, 28.

2 „Durch die Selbstbestimmung vollbringt der Mensch eine Tat, d. h. er gibt seiner Handlung menschliche Qualität und Inhalt. Die menschliche Handlung transzendiert daher ihr Subjekt nicht nur, sondern verbleibt zugleich in ihm, sie verbleibt ‚transitiv' in ihrem Subjekt ‚Mensch'“ (Wojtyła, Die Stufen des Seins, 56).

3 Köchler, Die dialektische Konzeption der Selbstbestimmung, 1.

4 „Die Gegenständlichkeit des eigenen Ichs und folglich des eigenen Subjekts ist die nächste, unmittelbarste und innerste“ (Wojtyła, Person und Tat, 125). Auf der Ebene des Bewusstseins entspricht dieser Vergegenständlichung die Subjektivierung. Denn aufgrund der reflexiven Funktion des Bewusstseins erlebt der Mensch sich als Subjekt.

5 Wojtyła, Person: Subjekt und Gemeinschaft, 28.

6 „Wenn wir, wie es Thomas tat, die absolute Wirklichkeit der sittlichen Werte im ‚menschlichen Objekt' annehmen, dann müssen wir auch annehmen, dass die Person als das Subjekt der Tat der Selbstbestimmung selbst als das ‚Objekt' betrachtet wird“ („If we assume, as Thomas did, the absolute reality of the moral values in the ‚human object‘, then we have also to assume that the person, as the subject of the act of self-determination, is faced by itself as the ‚object‘“) (Wojtyła, The Structure of Self-Determination, 41). (Eigenüberstzung).

7 Köchler, Die dialektische Konzeption der Selbstbestimmung, 2.

8 Wojtyła, Die Transzendenz der Person, 45.

9 Wojtyła, Person: Subjekt und Gemeinschaft, 28.

10 „(...) he becomes more and more ‚somebody‘ in the personal and ethical sense, though in the metaphysical sense he has from the beginning been somebody“ (Wojtyła, The Structure of Self-Determination, 41). (Eigenübersetzung).

gen vom eigenen „Ich“ abhängig gemacht werden.[1] Auf diese Weise erklärt sich die Unabhängigkeit im intentionalen Bereich durch die Selbstabhängigkeit der Person und aus dem Umstand, dass sich der Mensch in der Selbstbestimmung des Willens als Vermögen bedienen kann, gleichzeitig aber nicht muss.[2] „Der Mensch ist frei – das heißt, dass er in der Dynamisierung seines Subjekts von sich selbst abhängt.“[3] Darin gründet die erfahrbare Grenze zwischen „Person“ und „Natur“.[4] Diese Übergeordnetheit über den eigenen personalen Dynamismus wird im reflexiven Bewusstsein erlebt, in dem sich auch das „personale Ich“ durch die Tat konstituiert. Gerade dieses übergeordnete Verhältnis des „Ichs“ zur eigenen Subjektivität eröffnet der Person die Möglichkeit, sich als Subjekt selbst zu bestimmen. Das heißt, in der Transzendenz der Person besteht letztlich ihre Eigentlichkeit, und zwar in dem Sinn, als durch die Transzendenz der Person die Fähigkeit zur Selbstbestimmung gegeben ist.[5]

Die Selbstbestimmung ermöglicht es dem Menschen in einem ersten Schritt, sich seine eigene Subjektivität zu erschließen, das heißt, sich selbst zu erkennen und damit zu finden. Dabei „entdeckt der Mensch in der ganzen personalen Struktur der Selbstbestimmung sein eigenes ‚Ich‘ als dasjenige, das sich selbst besitzt und sich selbst beherrscht, oder zumindest sich besitzen und be-

1 „Eben diese Abhängigkeit macht den Willen unabhängig von den Gegenständen und von deren Vorstellung, der Person selbst aber verleiht sie jene Übergeordnetheit gegenüber dem eigenen Dynamismus, die wir als Transzendenz in der Tat bestimmten (als vertikale Transzendenz)“ (Wojtyła, Person und Tat, 158).

2 „Die Unabhängigkeit konstituiert sich aus der Selbst-Abhängigkeit und wird durch sie geformt, der Indeterminismus also durch den Autodeterminismus“ (Ebd., 139). Die Freiheit ist mit der Selbstbestimmung identisch und im Erleben von „Ich kann – aber ich muss nicht“ gegeben.

3 Wojtyła, Person und Tat, 136.

4 Bei den Tieren ist der ganze Dynamismus auf die Ebene der Natur beschränkt. Diesem Dynamismus fehlt die Freiheit, ihm kommt nur die Notwendigkeit zu, die sich mit dem Instinkt äußert. Im Instinkt kommt die Herrschaft der Natur über das Einzelwesen zum Vorschein, die sich im Instinkt auch aktualisiert. Dies rührt daher, weil das Tier als Individuum nicht die personale Struktur von Selbst-Zugehörigkeit und Selbst-Beherrschung hat, die in der Selbstbestimmung zutage tritt. Zumal der Dynamismus aller nicht menschlichen „supposita“ im Vergleich zum „suppositum humanum“ vom „Ich“ gar nicht abhängen kann. Denn dieses konstitutive „Ich“ existiert gar nicht, weil für dessen Konstituierung sowohl das Bewusstsein als auch die Selbstbestimmung notwendig wären. Beides aber fehlt beim Tier. Zwar kommt auch dem Tier eine Wirkmacht zu: „Diese Art der Wirkmacht entspringt aus dem Subjekt, dringt in dieses aber nicht ein, kehrt zu ihm nicht zurück und bezieht sich nicht vorrangig auf dieses“ (Dec, Person, 304). Weil die Wirkmacht nur transitive, aber nicht intransitive Folgen hat, kann bei handelnden Subjekten, die keine personalen Existenzen sind, nicht von Selbstbestimmung die Rede sein.

5 „Die Selbstbestimmung bringt hier vor allem die Übergeordnetheit des eigenen Ichs mit ein. Diese Übergeordnetheit, die aus der Selbstbestimmung hervorgeht, bildet gleichsam die Vertikale. Fehlt dem Einzelwesen eine solche Übergeordnetheit, so ist es nur das Subjekt von Aktivierungen, die durch den Instinkt koordiniert werden“ (Wojtyła, Person und Tat, 136).

herrschen könnte und sollte“[1]. Insoweit sich der Mensch selbst gefunden hat, kann er sich kraft seiner Selbstbestimmung in einem weiteren Schritt gleichsam in Besitz nehmen. Und er muss es. Schließlich kann nur derjenige über sich selbst bestimmen, der sich selbst besitzt und beherrscht. Deshalb gründet die personale Struktur der Selbstbestimmung in den beiden Strukturen von Selbstbesitz und Selbstbeherrschung.[2] „Gleichzeitig konstituiert diese Struktur (…) die eigentliche Begabung des personalen Subjekts und *ist* es gewissermaßen selbst. *Indem der Mensch Selbstbesitz und Selbstbeherrschung erfährt, erlebt der Mensch die Tatsache, dass er eine Person ist und dass er ein Subjekt ist*“[3]. Das „Ich“, erläutert Jaworski, „ist also nicht nur ein Ichbewusstsein, sondern auch eine Ichinbesitznahme (Selbstinbesitznahme) und eine Ichbeherrschung (Selbstbeherrschung)“[4]. Der dritte Schritt der Selbstbestimmung besteht schließlich darin, über sich selbst zu verfügen. Und diese „dynamische Struktur der Selbstbestimmung sagt dem Menschen immer wieder aufs Neue“, so Jaworski, „dass er sich selbst gleichzeitig als ein Geschenk gegeben und als eine Aufgabe ihm selbst übertragen ist“[5].

1.4.1.4 Stehen in der Wahrheit der Person

Für Wojtyła ist die Selbstabhängigkeit der Person vom eigenen „Ich“ die „conditio sine qua non“ für die Freiheit. „Abstrakt gesehen ist Freiheit nämlich das, was Unabhängigkeit besagt, das Fehlen von Abhängigkeit. Indessen ist das Gegenteil der Fall: das Fehlen der Abhängigkeit vom eigenen ‚Ich‘ ist gleichbedeutend mit dem Fehlen der Freiheit, auf jeden Fall aber mit dem Fehlen ihrer realen Grundlage.“[6] Allerdings geht es um eine „Abhängigkeit in der Wahrheit“[7]. Denn die „Transzendenz der Person in der Tat konstituiert sich (…) letztlich als ein ‚Über-sich-Hinausgehen‘ (...) nicht ‚auf die Wahrheit zu‘ als vielmehr ‚in der

---

1 „(…) the whole personal structure of self-determination in which man discovers his own ‚I‘ as the one who possesses himself and dominates himself, or in any case may and should possess and dominate himself“ (Wojtyła, Subjectivity and the Irreducible, 112). (Eigenübersetzung).

2 „Im Erleben eigener Tat identifiziert sich nämlich der Mensch mit seiner Ichinbesitznahme und mit seiner Ichbeherrschung, die sich uns dank der personalen Dynamik des Täters enthüllen. Das aber ist nichts anderes als eben Selbstbestimmung“ (Jaworski, Konzeption der Anthropologie, 284).

3 „At the same time this structure (…) constitutes the real endowment of the personal subject and to some extent *is* himself. *While experiencing self-possession and self-domination man experiences the fact that he is a person and that he is a subject*“ (Wojtyła, Subjectivity and the Irreducible, 112). (Eigenübersetzung).

4 Jaworski, Konzeption der Anthropologie, 284.

5 „The dynamic structure of self-determination tells man every time anew that he is simultaneously given to himself as a gift and imposed upon himself as a task.“ (Wojtyła, Subjectivity and the Irreducible, 112). (Eigenübersetzung).

6 Wojtyła, Person und Tat, 134.

7 Ebd., 158.

Wahrheit'."[1] Der Akzent bei *Person und Tat* liegt auf dem Stehen in der Wahrheit, die die Person selbst darstellt. Erst dann geht es um die Wahrheitsbeziehung zu den Objekten: „Die Person ist unabhängig von den Gegenständen des eigenen Handelns durch das Moment der Wahrheit, das in jeder authentischen Entscheidung oder Wahl enthalten ist."[2] Wenn dem Willen in der Erkenntnis die Gegenstände vorgestellt werden, kann er durch Wahl (Entscheidung) die für ihn charakteristische Wahrheitsbeziehung zu den Gegenständen aufnehmen. Die Entscheidung für einen unter möglichen Gegenständen hängt aber vom Wert ab, den dieser Gegenstand darstellt. Und im erkennenden Werterleben ist der Inhalt für die Motivation gegeben, nämlich die Wahrheit über den Gegenstand als einem Guten. Nicht das Wissen über einen Gegenstand macht den Inhalt der Motivation aus, sondern das Wertfühlen. „Die Entscheidung setzt daher das erkennende Werterleben voraus, denn in diesem Erleben ist die Wahrheit über den Gegenstand eben als das Gute enthalten."[3] Wegen der Feststellung eines Werts handelt es sich bei der Wahrheit vom Guten um eine Wahrheit mit axiologischer Bedeutung. „Die axiologische Wahrheit (...) ist jedoch keine praktische Wahrheit, gehört nicht unmittelbar zur praktischen Erkenntnis. Sie gehört vielmehr zur theoretischen Erkenntnis, ist ein *wesentliches Element der Wirklichkeitsbetrachtung*. Diesem Element verdanken wir im Handeln sehr viel; aufgrund dieses Elements geht das ‚Wissen' nämlich in das ‚Wollen' über."[4] Wojtyła hebt diesen Unterschied deshalb so deutlich hervor, weil es ihm beim Wertfühlen um den Charakter einer objektiven Erkenntnis geht. Denn bei der praktischen Wahrheit handelt es sich um einen Erkenntnisinhalt, der nicht als Gegenstand unmittelbar erkannt wird.

Für Wojtyła ist ganz entscheidend, dass auch der Wert eines Gegenstandes seine Wirklichkeit bestimmt und ausmacht. Er bleibt nicht auf der Ebene einer Wirklichkeitsbetrachtung stehen, auf der die Gegenstände nur in Beziehung zueinander gesehen werden, sondern bezieht die axiologische Ebene in die Wirklichkeitsbetrachtung, in die Erfassung des Seins der Gegen-stände und damit in die Ontologie mit ein. Nur so kann Wojtyła die Sittlichkeit in die Anthropologie integrieren. Vom Gutsein der Tat gelangt er so zum Gutsein des Menschen, d. h. zur Bereicherung seiner Subjektivität. Das Erfassen des Werts beim Werterleben siedelt Wojtyła im Unterschied zu Kant eindeutig in der theoretischen Erkenntnis an. Es handelt sich also um eine Erkenntnis, die durch intellektuelle Deutung der in der Erfahrung gegebenen Verstehensmomente gewonnen wird. An dieser Stelle verwurzelt Wojtyła die Bedeutung des Gewissens für das Erfassen der Wahrheit über den Menschen. Anders als bei der Unterscheidung, die Kant zwischen theoretischer und praktischer Vernunft vornimmt, verbindet

1 Ebd. [Anm. 47], 158.
2 Ebd., 158.
3 Ebd., 163.
4 Ebd., 163-164.

Wojtyła die Sittlichkeit mit der Erkenntnis der axiologischen Wahrheit in der theoretischen Erkenntnis. Für den menschlichen Erkenntnisdynamismus wird dann die geistige Funktion des Urteilens als „eigentlichste Erkenntnistätigkeit“[1] wesentlich. Bevor das Subjekt wählt oder entscheidet, geht ein Werturteil voraus, das die Transzendenz der Person gegenüber den Gegenständen begründet. „Es ist eine Transzendenz, die durch die Wahrheit der erkannten Gegenstände vermittelt ist; es handelt sich im gegebenen Fall also insbesondere um die axiologische Wahrheit, die in sich das Werturteil über die Gegenstände enthält. Gerade diese Erkenntnistranszendenz (das prae-cognitum) bedingt die eigentliche Transzendenz des Willens in der Tat (das volitum).“[2]

Betrachtet die traditionelle Philosophie den Willen als das Vermögen, sich für oder gegen einen Gegenstand zu entscheiden, den ihm die Vernunft vorstellt, so betrachtet Wojtyła diese Willenstätigkeit der Wahl als *horizontale Transzendenz.* Dabei ist jedoch das Verständnis des Willens als Eigentlichkeit der Person maßgebend. Der Wille bildet das Fundament des personalen Dynamismus mit seinen Strukturen von Selbstbesitz und Selbstbeherrschung. Je mehr es dem Menschen gelingt, sich selbst in Besitz zu nehmen und sich zu beherrschen, umso mehr kann er sich selbst bestimmen. So wird der Wille zum entscheidenden Moment aller personaler Vollzüge, in denen der Mensch seine Abhängigkeit von sich selbst und damit seine Freiheit gegenüber dem Ganzen erlebt. Gleichzeitig verleiht der Wille dem Menschen eine Übergeordnetheit gegenüber dem eigenen personalen Dynamismus, indem er auf das Ziel der Person ausgerichtet bleibt, sich selbst zu vollbringen. Es ist letztlich die Wahrheit über den Menschen, die den Willen leitet und das Subjekt über seine eigenen Grenzen hinaus transzendieren lässt. Mit den Worten von *Person und Tat* formuliert, begründet diese Deutung des Willens die autoteleologische Norm des Handelns. Schon die Analyse des Menschen als Subjekt bringt die Transzendenz des personalen Dynamismus zutage.

Im Rahmen der theologischen Entfaltung der Anthropologie entwickelt Johannes Paul II. die Analyse des Subjekts zu einem Entwurf der „communio personarum“ weiter. Im Zuge der Exegese der ersten Kapitel des Buches Genesis geschieht dies am deutlichsten in den Mittwochskatechesen. Die Wahrheit des Menschen als Person erschließt sich aus der Erfahrung, dass sich die Person letztlich nur in der Hingabe an ein Du verwirklichen kann. „‚Dasein für …‘, in Beziehung und in Hingabe sein, darin besteht die Wesensstruktur der personalen menschlichen Existenz.“[3] Der Wille als Eigentlichkeit der Person bedeutet dann die Fähigkeit, über die eigene Subjektivität in der Weise zu verfügen, dass sie zum Geschenk für ein Du gemacht wird. Freiheit ist in dieser Hinsicht die Fähigkeit, sich hinzugeben. Der Mensch wird in dem Maß frei, als er die Wahr-

1 Ebd., 165.
2 Ebd., 167.
3 Wojtyła, Zeichen des Widerspruchs, 153.

heit über sich selbst annimmt und in dieser Wahrheit steht. Bei Wojtyła wird so das Gewissen zur entscheidenden Erkenntnisquelle für die Wahrheit über den Menschen. Denn durch das Gewissen erlebt der Mensch jene Werte, die seine Subjektivität zu bereichern vermögen.

1.4.1.5 Das Sich-Vollbringen der Person

Im Gegensatz zu einem teleologischen Ansatz geht es Wojtyła in seiner autoteleologischen Interpretation der Tat nicht um ein letztes Ziel, das außerhalb des Menschen liegt.[1] Er zielt auf die Sittlichkeit des Subjekts[2] und erklärt den sittlichen Wert der Person selbst zum Ziel und Gegenstand menschlichen Strebens. Auf diese Weise vollzieht er den entscheidenden Schritt von der Teleologie zur Autoteleologie. Schelers Bedenken, der sittliche Wert erscheine nur rein psychologisch und ausschließlich „auf dem Rücken" im Streben nach anderen Gütern, hält Wojtyła zwar zugute, dass darin eine „Teilwahrheit" steckt, schließlich ereignet sich die Verwirklichung des sittlich Guten oder Bösen in einer konkreten Handlung immer im Streben nach einem objektiven Wert.[3] Mit dieser Aussage distanziert sich Wojtyła von seiner Kritik an Scheler im Rahmen seine Habilitationsschrift.[4] Doch fragt Wojtyła gleichzeitig: Was hindert den Willen, den sittlichen Wert selbst zum Objekt zu haben? Der a-teleologischen Sicht Schelers hält er deshalb entgegen, die „Menschen wollen nicht nur Güter, sondern sie wollen auch gut sein. Zu wollen oder nicht zu wollen – darin liegt der elementare Kern des Sittlichen"[5]. Und der sittliche Wert ist nicht weniger ein Ziel für den Menschen.[6] Dabei sind ein Gut zu wollen (Zielgerichtetheit auf einen objektiven Wert) oder selbst gut sein zu wollen (Zielgerichtetheit auf einen sittlichen Wert) als Aktualisierungen des Willens zwei dynamische Wirklichkeiten des Subjekts Mensch auf verschiedenen Ebenen: „Im Wollen irgendeines Gutes, was auch immer, geht das menschliche Selbst aus sich heraus auf ein werthaftes Objekt zu, während im Gut-sein-Wollen dasselbe subjektive

---

1 Aristoteles und Thomas von Aquin gehen von einer teleologische Interpretation der Tat aus („omne agens agit propter finem"). Damit ist ein letztes Ziel formuliert, dem sich der Mensch durch das sittlich Gute (Tugend) nähert und von dem er sich durch das sittlich Böse (Laster) entfernt (Vgl. Wojtyła, The Problem of the Theory of Morality, 147).

2 „I am concerned only with a teleological interpretation of the relation of morality to the human person, to the human being, who is the author of actions and the subject of morality" (Ebd.).

3 Vgl. ebd., 148.

4 „In other words, Wojtyła indicates that Scheler was right in pointing out that in the human action it is not the moral goodness of the human agent that is the primary object of will. By rejecting the intentionality of self-determination, Wojtyła seems partially to justify Scheler's criticism of ‚moral Pharisaism' which he previously rejected in his 1953 habilitation paper" (Kupczak, Destined, 116-117).

5 „People not only want goods, but also want to be good. To want or not to want – therein lies the elementary core of morality" (Wojtyła, The Problem of the Theory of Morality, 147). (Eigenübersetzung).

6 „(...) moral value is also an end for human beings" (Ebd.,148).

Selbst in gewissem Sinn einen Wert auf sich selbst überträgt“[1]. Wojtyła nennt diese Wertübertragung auf sich selbst „eine wertschaffende Objektivierung seines eigenen Selbst als Subjekt. Und es ist in diesem Sinn, weswegen wir eine besondere Teleologie der Sittlichkeit akzeptieren müssen“[2].

In der Konzeption Wojtyłas macht der Mensch die Erfahrung, dass er seinen subjektiven Reichtum vermehren oder zerstören kann. Jede Tat, also jede Verwirklichung der Selbstbestimmung, hat eine Konsequenz für den subjektiven Reichtum und damit für das personale Sein des Menschen. Je nachdem, wie der Mensch handelt, gestaltet er sich selbst. Der Mensch wird „durch seine Taten (…) auf die eine oder andere Weise sein eigener ‚Macher'“[3]. Denn indem „der Mensch eine Tat vollbringt, vollbringt der Mensch in ihr sich selbst, er bringt sich zur Fülle, denn er wird als Mensch – als Person – gut oder böse.“[4] „Als Ergebnis ‚wohnt' der sittliche Wert irgendwie in der Person: er selbst wurzelt in der Person und wird eine Qualität der Person“[5]. Folglich sind die Tat und das Werden der Person nicht voneinander zu trennen.[6] Weil der Mensch durch das sittlich Gute selber gut wird und ist und durch das sittlich Böse selbst böse ist und wird, ist die Person unablässig im Werden. „Man kann geradezu von einem *Werden* in den Taten sprechen. Durch seine Taten entstehen bei einem Menschen allmählich Tugenden und Laster, d. h. letztlich sein Charakter“[7], veredutlicht Hoye. Für dieses „Werden“ der Person verwendet Wojtyła den lateinischen Ausdruck „fieri“. „In diesem *fieri* ist auch die ganze Dynamik der Autoteleologie enthalten, die dem Menschen aufgrund seines Personseins entspricht“[8].

Der Wert des Menschen ist also in einer ständigen Entwicklung begriffen, die in erster Linie vom Menschen selbst abhängt, nämlich davon, wie er seine Fähigkeit zur Selbstbestimmung nützt. Darin besteht für Wojtyła eine fundamentale Wahrheit über den Menschen. Aus der Erfahrung ergibt sich, dass sich der Mensch durch jede Tat selbst vollbringt. Ontologisch „gesehen ist jede Tat

1 „In wanting any good whatsoever, the human self goes out toward a valuable object, whereas in wanting to be good the same subjective self in a sense confers value upon itself“ (Ebd.). (Eigenübersetzung).

2 „(...) value-generating objectification of one's own self as subject. And it is in this sense that we must accept a distinctive teleology of morality“ (Ebd.). (Eigenübersetzung).

3 „(...) by his actions he becomes, in one way or another, his own ‚maker‘ (Wojtyła, The Structure of Self-Determination, 40-41). (Eigenübersetzung).

4 Wojtyła, Person und Tat, 177.

5 „As a result, moral value somehow ‚makes its abode‘ in the person: it roots itself in the person and becomes a quality of the person“ (Wojtyła, The Problem of the Theory of Morality, 137). (Eigenübersetzung).

6 „Die Realität der Vollendung seines Selbst durch die Tat entspricht nur einer Person“ (Jaworski, Konzeption der Anthropologie, 281).

7 Hoye, Wojtyła/Johannes Paul II., 84.

8 „In this *fieri* is also contained the whole dynamic of autoteleology that corresponds to the human being by reason of being a person” (Wojtyła, The Problem of the Theory of Morality, 149). (Eigenübersetzung).

irgendein Vollbringen der Person. Axiologisch gesehen ist dieses Vollbringen nur durch das Gute ein Vollbringen, durch das sittlich Böse hingegen ein Nicht-Vollbringen, ein Nicht-zur-Fülle-Bringen."[1] „Vollbringen kann auch als Selbst-Verwirklichung definiert werden"[2]. Das Sich-zur-Fülle-Bringen geschieht nur durch die sittlich gute Tat. Dass sittlich gut ist, wodurch der Mensch als Person sittlich gut wird und ist, sittlich böse aber das, wodurch der Mensch als Person sittlich böse wird und ist, bildet im Denken Wojtyłas den Grundzug seiner „Theorie der Sittlichkeit". Eine „solche Formulierung", so Wojtyła, „kann als ein fundamentaler Grundsatz des Personalismus in der Ethik betrachtet werden".[3] Letztlich geht es beim Sich-Vollbringen der Person um die Bereicherung der Subjektivität. Indem „er einen sittlichen Wert erfährt", wird „die personale Subjektivität des Menschen geformt"[4]. Letztlich baut Wojtyła auf diesem Grundgedanken seine gesamte Ethik auf. Denn für ihn ist „das Sich-Vollbringen in der Handlung, oder die Selbst-Verwirklichung, auch das Erreichen des dem Menschen als Person eigenen Zieles (eines Menschen als eines Menschen) und hierin liegt das Wesen des sittlich Guten"[5]. Das Wesen des Bösen besteht dann im Verfehlen des dem Menschen als Person eigenen Zieles, das er selbst ist. Denn durch die sittlich böse Tat „wird" und „ist" der Mensch als Mensch böse. „In diesem Fall bringt mir der Tat-vollzug nicht die Verwirklichung meiner selbst. Hier geschieht eher eine *,Nicht-verwirklichung' (oder ,Ent-wirklichung') meiner selbst.*"[6] Wojtyła nennt dies an anderer Stelle auch „Verformung durch das sittlich Böse"[7].

Jaworski fasst die Konzeption des Menschen bei Wojtyła folgendermaßen zusammen: „Der Mensch (...) ist eine Person, weil er sich bewusst ist, dass er wirkt und weil er bewusst wirkt. Dank dessen, was er tut, wird er immer mehr ,jemand' und als solcher hängt er von sich selber ab, ist also auch selbständig. Indem er Urheber seiner eigenen Tat ist, vollendet er auch sich selbst. Er verfügt über seine Freiheit."[8] Die Taten des Menschen weisen also „auf das Streben

1 Wojtyła, Person und Tat, 174.

2 „Fulfillment can also be defined as self-realization" (Wojtyła, The Problem of the Theory of Morality, 149). (Eigenübersetzung).

3 „Moral good is that through which the human being as a person is good (is a good person), and moral evil that through which the human being as a person is evil (is a bad person). Such a formulation could be regarded as a fundamental tenet of personalism in ethics" (Ebd., 146). (Eigenübersetzung).

4 „(...) forming the personal subjectivity of man, while he is experiencing a moral value" (Wojtyła, Subjectivity and the Irreducible, 112). (Eigenübersetzung).

5 „In any case, the fulfillment of oneself in action, or self-realization, is also the attainment of the end proper to a human being as a person (a human being as a human being), and herein lies the essence of moral good" (Wojtyła, The Problem of the Theory of Morality, 149). (Eigenübersetzung).

6 Wojtyła, Person: Subjekt und Gemeinschaft, 34.

7 „(...) deformation through moral evil" (Wojtyła, Human Nature, 98). (Eigenübersetzung).

8 Jaworski, Konzeption der Anthropologie, 285.

eines noch ‚unvollständigen‘ Seienden nach seiner eigenen Vollendung hin.“[1] Damit wird deutlich, wie Dec bemerkt, dass für Wojtyła „das personale Subjektsein des Menschen keine abgeschlossene, ‚fertige‘ Struktur ist.“[2]

1.4.1.5.1 Moment der Transzendenz

Bisher war die Rede sowohl von der horizontalen als auch von der vertikalen Transzendenz. Erstere bezeichnet, dass das Subjekt in intentionalen Willensakten seine Grenzen auf Gegen-stände wie Werte hin überschreitet. Zweitere besagt, dass in der Selbstbestimmung das eigene „Ich“ sich auch selbst als Gegenstand gegeben ist. Die vertikale Transzendenz drückt die Übergeordnetheit dieses eigenen „Ichs“ dahingehend aus, dass es die Dynamisierungen von sich abhängig macht. Ohne diese Selbstabhängigkeit gäbe es im intentionalen Bereich keine Unabhängigkeit des Subjekts gegenüber den Gegenständen und damit keine Freiheit. Indem Wojtyła in der Selbstbestimmung die Eigentlichkeit der Person definiert, kann er einerseits die Transzendenz der Person, andererseits die Sittlichkeit des personalen Handelns als entscheidende Wesenszüge der Person herausarbeiten: *„Das ‚Sittliche‘ ist (…) der fundamentale Ausdruck der dem personalen ‚Ich‘ eigenen Transzendenz“*[3]. Dies wird durch die besondere Unbedingtheit des sittlich Guten oder Bösen deutlich. „Das wahre Maß der Größe irgendeines Menschen liegt in der Sittlichkeit; durch das Sittliche schreibt jeder von uns seine eigene vertrauteste und persönlichste Geschichte“[4]. Sittlichkeit und Transzendenz bedingen sich gegenseitig und treffen sich in der Verwirklichung der Person durch selbstbestimmtes Handeln. Ohne Transzendenz wäre freiheitliches Handeln nicht denkbar. Gleichzeitig aber sieht sich diese Freiheit immer Werten gegenüber zur Entscheidung herausgefordert, die autoteleologisch jedem Handeln einen sittlichen Charakter verleihen. Es ist evident, dass sich Wojtyła gegen eine teleologische Begründung der Moral wehrt, die sich an einer Willensäußerung Gottes orientiert, welche zunächst losgelöst von der Erfahrungsebene des Menschen betrachtet wird. Vereinfacht formuliert, beruht diese teleologische Ethik auf zwei Grundsätzen: 1. Das letzte Ziel des Menschen, das substanziell gesehen außerhalb seiner selbst liegt, ist Gott. 2. Je mehr der Mensch den Willen Gottes akzeptiert und entsprechend handelt, desto näher kommt er Gott, andernfalls entfernt er sich von ihm. Gottes Nähe bedeutet Glück; Gottes Ferne hingegen Leid. All dem will Wojtyła nicht widersprechen, nur genügen ihm diese Prinzipien nicht. Letztlich bildet eine Moraltheologie,

---

1 Wojtyła, Person: Subjekt und Gemeinschaft, 31.

2 Dec, Person, 306.

3 *„The ‚morale‘ is (...) the fundamental expression of the transcendence proper to the personal ‚I‘“* (Wojtyła, Subjectivity and the Irreducible, 112). (Eigenübersetzung).

4 „The true measure of the greatness of any human being lies in morality; through morality, we each write our own most intimate and personal history“ (Wojtyła, The Problem of the Theory of Morality, 156). (Eigenübersetzung).

die sich auf diese Prinzipien zurückgezogen und verselbständigt hat, auch die Grundlage für eine in der Tendenz nominalistische Vorstellung, nach der Gott in seiner Willensbekundung willkürlich Normen festsetzen könnte, um den Gehorsam des Menschen zu prüfen. Einziger Ausweg bleibt ein nachdrückliches Unterstreichen des Sittengesetzes, das Gott in die Schöpfung eingeschrieben habe. Diskutiert wird dann, wie der Mensch dieses Sittengesetz auffindet bzw. anwendet und welche Rolle die Vernunft dabei spielt. Die klassische Lehre zum „Naturgesetz" entfaltet Johannes Paul II. in seiner Enzyklika *Veritatis splendor:* die „Teilhabe des ewigen Gesetzes im vernunftbegabten Geschöpf wird Naturgesetz genannt".[1]

Für Wojtyła sind die Gegenstände der Sittlichkeit nicht nur intellektuelle Normen, sondern Werte, die durch das sittliche Handeln des Menschen in das Sein der Person eingehen und als Bereicherung der Subjektivität erfahren werden. Die Sittlichkeit hat als Wert im und durch den Menschen eine objektive Bedeutung, die ohne die Kategorien Sein („esse") und Werden („fieri") gar nicht begriffen werden kann. Sittlich gut ist das, wodurch der Mensch als Mensch gut wird und ist, sittlich böse ist, wodurch der Mensch als Mensch böse wird und ist. „Dieses Werden (*fieri*) wohnt im Dynamismus der menschlichen Handlung (*actus humanus*); es kann nicht eigentlich auf der Basis des Bewusstseins allein objektiviert werden, sondern nur auf der Basis des Menschen als ein bewusstes Sein"[2]. Wojtyła hält fest, „dass gut oder böse als Eigenschaft eines bewussten Seins selbst auch ein Sein ist und nicht nur ein Bewusstseinsinhalt"[3].

1 Johannes Paul II., Veritatis splendor, Nr. 43. Ausgehend vom Zweiten Vatikanischen Konzil und der Pastoralkonstitution *Gaudium et spes,* Nr. 36, erklärt Johannes Paul II. auch die Rolle der menschlichen Vernunft: „Die Lehre des Konzils unterstreicht einerseits *die aktive Rolle der menschlichen Vernunft* bei der Auffindung und Anwendung des Sittengesetzes: Das sittliche Leben erfordert die Kreativität und den Einfallsreichtum, die der Person eigen und Quelle und Grund ihres freien und bewussten Handelns sind. Andererseits schöpft die Vernunft ihre Wahrheit und ihre Autorität aus dem ewigen Gesetz, das nichts anderes als die göttliche Weisheit ist. Dem sittlichen Leben liegt also das Prinzip einer »richtigen Autonomie« des Menschen als Person und Subjekt seiner Handlungen zugrunde. *Das Sittengesetz kommt von Gott und findet immer in ihm seine Quelle:* Aufgrund der natürlichen Vernunft, die aus der göttlichen Weisheit stammt, ist es zugleich *das dem Menschen eigene Gesetz.* Das Naturgesetz ist nämlich, wie wir gesehen haben, ‚nichts anderes als das von Gott uns eingegebene Licht des Verstandes. Dank seiner wissen wir, was man tun und was man meiden soll. Dieses Licht und dieses Gesetz hat uns Gott bei der Erschaffung geschenkt'. Die richtige Autonomie der praktischen Vernunft bedeutet, dass der Mensch ein ihm eigenes, vom Schöpfer empfangenes Gesetz als Eigenbesitz in sich trägt. Doch *die Autonomie der Vernunft kann nicht die Erschaffung der Werte und sittlichen Normen* durch die Vernunft *bedeuten"* (Johannes Paul II., Veritatis splendor, Nr. 40).

2 „This becoming (*fieri*) resides in the dynamism of human action (*actus humanus*); it cannot be properly objectified on the basis of consciousness alone, but only on the basis of the human being as a conscious being" (Wojtyła, The Problem of the Theory of Morality, 159). (Eigenübersetzung).

3 „(…) that good or evil as a property of a conscious being is itself also a being and not just a content of consciousness" (Ebd.). (Eigenübersetzung).

„Die Tatsache (…), dass der Mensch dieses Gute oder Böse erfährt, dass der Mensch sich selbst (…) als Urheber des sittlichen Wertes und als sein dynamisches Subjekt erfährt, ist schlichtweg die erfahrbare und bewusste Bestätigung dieser Wirklichkeit, die wir auf vollständige Weise nur in den Kategorien des Seins und Werdens angemessen objektivieren können: *esse* und *fieri*“[1]. Wojtyła synthetisiert so in seinem Denken beide Ansätze. Über die Bewusstseinsphilosophie gelangt er zur Werterkenntnis. Durch das Wertfühlen wiederum macht er die Seinsphilosophie zugänglich und verständlich. In der Sphäre des Sittlichen kommen Sein- und Bewusstseinsphilosophie zusammen.[2] Auf diese Weise verlagert Wojtyła die Begründung der Moral auf die ontologische Ebene.

Infolge all dessen deutet Wojtyła die intellektuell beschreibbaren Normen – wie z. B. auch die zehn Gebote – letztlich als Ausdruck von Werten, die in sich inhaltlich gefüllte, seinshafte Wirklichkeiten darstellen. Diese wiederum sind im Menschen gegenwärtig bzw. in ihm im Sinn der Transzendenz der Person angelegt. So gewinnen Werte und die damit verbundenen Normen einen Charakter, den Wojtyła als „humanistisch“ bezeichnet. Sie sind jedem Menschen auf der Erfahrungsebene zugänglich und bilden damit das Fundament, auf dem beispielsweise die Diskussion über die allgemeinen Menschenrechte stattfinden kann: „Das Herz der Sittlichkeit ist (…) durch und durch humanistisch und personalistisch“[3]. Wojtyła schafft eine Gesprächsgrundlage für jeden Dialogpartner über die gesamte Welt der Werte, ohne sich auf ein Naturgesetz als einen Teil des Ganzen beschränken zu müssen. Gleichzeitig bietet Wojtyła so gesehen ein erweitertes Verständnis von Naturgesetz. Dies gelingt ihm, da er mit der Erschließung der Subjektivität der Person das Wesen des Menschen in einem viel umfassenderen und dynamischeren Sinn beschreiben kann. Er selbst betrachtet eine Anthropologie sowie eine damit verbundene Ethik, die auf einen Naturbegriff des Menschen aufbaut, der diese dynamische Dimension der Subjektivität des Menschen nicht wirklich berücksichtigt, als Reduktionismus. Für Johannes Paul II. bedarf es deshalb „einer Philosophie“, so Joseph Ratzinger bei der Präsentation der Enzyklika *Fides et ratio,* „die den fundamentalen Fragen der Existenz, der Integrität und Totalität des Wirklichen ohne Vorurteile und ohne reduktionistisches Vorverständnis ‚offen‘ gegenübersteht.“[4]

1 „The fact (...), that the human being experiences this good or evil, that the human being experiences himself (…) as the author of moral value and as its dynamic subject, is simply the experiential and conscious confirmation of this reality, which we can objectify in a completely adequate way only in the categories of being and becoming: *esse* and *fieri*“ (Ebd.). (Eigenübersetzung).

2 „This convergence occurs in the human being, in whom we cannot totally separate being from consciousness“ (Ebd., 160).

3 „The core of morality (...) is humanistic and personalistic through and through” (Ebd., 156). (Eigenübersetzung).

4 Ratzinger, Der Glaube antwortet, 3.

1.4.1.5.2 Moment der Norm

„Heutzutage“, erklärt Wojtyła, sei man in der Ethik „nicht so sehr an der Bestimmung des letzten Zieles moralischen Verhaltens interessiert, als an der Letztbegründung der Normen der Sittlichkeit“[1]. An die Stelle einer teleologischen trete eine autoteleologische Ethik. Und das bedeute eine normative Ethik im personalistischen Sinn. Dabei haben die Normen auch nach Wojtyła objektiven Charakter, da sie sich aus der allgemeingültigen Wahrheit über den Menschen ergeben. Sie leiten sich aber nicht aus einem Ziel ab, das außerhalb des Menschen liegt. Vielmehr ist sich nach Wojtyła letztlich der Mensch selbst das Ziel. Er spricht von der Autoteleologie des menschlichen Handelns, die an die Stelle eines heteronomen Ansatzes zu treten hat. Die Tradition der Scholastik begründet die Normen im Blick auf das Ziel, das der Mensch außerhalb seiner selbst zu finden sucht, nämlich in Gott. Alles, was ihn diesem Ziel näherbringt, ist gut, alles, was ihn davon wegführt, ist schlecht.

Diesen Wechsel bei der Normenbegründung in der Ethik nennt Wojtyła eine „Revolution“, die ein Verdienst Kants sei.[2] „Doch den Ausgangspunkt Kants in der Ethik zu akzeptieren – also das Problem der Normenbegründung als das hauptsächlichste ethische Problem zu betrachten – bedeutet nicht notwendigerweise, Kants Lösung anzunehmen“[3]. So deutlich Kant das Moment der Pflicht als eine wesentliche Wirklichkeit der menschlichen Person entdeckt, so sehr reduziert er die Normenfrage auf den „kategorischen Imperativ“.[4] Demgegenüber knüpft Wojtyła an die Verbindung Person, Pflicht und Norm an. Auf diese Weise öffnet er die Normenfrage wieder für das ganze Spektrum konkreten sittlichen Verhaltens. Gleichzeitig gelingt es ihm, für die Gesamtheit der Normen eine letzte gemeinsame Begründung im personalen Dynamismus des Menschen selbst zu verankern. Auf die Moraltheologie angewandt bedeutet dieser Wechsel in der Ethik, alle ethisch relevanten Tatsachen und Worte der Offenbarung in einer Weise zu interpretieren, die deren normativen Gehalt

1 „We are concerned today not so much with determining the ultimate end of moral conduct as with giving an ultimate justification of the norms of morality“ (Wojtyła, Ethics and Moral Theology, 103). (Eigenübersetzung).

2 Vgl. ebd., 103-104.

3 „But to accept Kant's point of departure in ethics – that is, to regard the problem of the justification of norms as the chief ethical problem – is not necessary to accept Kant's solution“ (Ebd., 103). (Eigenübersetzung).

4 Spindelböck fasst die Kritik Wojtyłas an Kant zusammen (Vgl. Wojtyła, Man in the Field of Responsibility, 43-44): „In seiner Pflichtethik antwortet Immanuel Kant auf die Herausforderung des Utilitarismus, indem er den kategorischen Imperativ formuliert und das Handeln aus Pflicht um der Pflicht willen zur Maxime macht. Er schließt dabei jede Art von Teleologie und Selbstinteresse aus. Demgegenüber ist festzustellen, dass der Bezug auf das Gute als solches sich nicht außerhalb der Teleologie der menschlichen Person verwirklicht. Die Verwirklichung des sittlich Guten bedeutet zugleich die Selbsterfüllung der Person“ (Spindelböck, Verantwortlichkeit, Sp. 578).

voll erschließt, sodass dieser Gehalt umgekehrt mit einer letzten Begründung versehen wird.[1] Wojtyła will nichts anderes sagen, als dass mit Hilfe seines ethischen Ansatzes alle biblischen Gebote und Verbote personalistisch begründet werden können.

Worauf es Wojtyła ankommt, wenn er die Normen als Grundlage der Sittlichkeit hervorhebt, ist, dass das Erkennen der Wahrheit über den Wert, also ob dieser gut oder böse ist, dem sittlichen Handeln vorausgehen muss. Mag Wojtyła auch die Norm letztlich damit begründen, dass das Gute die Person bereichert und das Böse die Person mindert („autoteleologische Norm"), so muss doch vor und unabhängig vom sittlichen Tun des Menschen feststehen, welcher Wert gut und welcher Wert böse ist. Die Tatsache, dass diese Wahrheit über die Sphäre der Werte vor dem sittlichen Handeln erkannt wird und den Willen des Menschen zur Entscheidung herausfordert, verleiht der Welt der Werte ihren normativen Charakter. Einerseits berechtigt sie, überhaupt von Normen zu sprechen, andererseits verlangt sie, an den Normen als Voraussetzung für die Sittlichkeit festzuhalten. Würde der Wert lediglich axiologisch erfühlt, wie in der Ethik Schelers, und nicht als eine Norm erkannt, wäre dem sittlichen Dynamismus gleichsam der Boden entzogen, oder, wie es Wojtyła formuliert, bei diesem ethischen Ansatz würde der gesamte sittliche Dynamismus „verschluckt"[2] werden. Sittlichkeit ist mehr als nur der axiologische Inhalt einer Reihe von Werten. Da „eine gute Handlung wesensmäßig die Person perfektioniert, die die Handlung ausführt", Wojtyła spricht vom „Perfektionismus in der Ethik"[3], „haben Normen deshalb keine volle Bedeutung getrennt vom Menschen, der, indem er ihnen gemäß lebt, schlichtweg auf eine gute Weise lebt und als Mensch perfektioniert wird, oder im gegenteiligen Fall, sich verschlechtert und an Wert verliert"[4]. Für Wojtyła ist *„die sittliche Norm* letztlich als *die Regel* zu definieren*, um ein guter Mensch zu sein* (als ein Mensch) *und gut zu handeln*"[5].

Wojtyła begründet also die Normen der Sittlichkeit mit Hilfe der Erfahrung, nach der der Mensch die Folge seines sittlichen Handelns als Bereicherung bzw. Verminderung seiner Subjektivität erlebt. Damit sind die Normen Bestandteil

---

1 „The assimilation of this change in ethics by moral theology will proceed in the direction of an interpretation of the ethically relevant ‚facts and words' of revelation in a way that will fully disclose their normative content, in order that this content might, in turn, be provided with an ultimate justification" (Wojtyła, Ethics and Moral Theology, 103-104).

2 Wojtyła, Über die metaphysische und die phänomenologische Grundlage, 261.

3 „When in ethics we emphasize that a good action essentially perfects the person performing that action, we are then speaking of perfectionism in ethics" (Wojtyła, In Search of the Basis of Perfectionism, 45). (Eigenübersetzung).

4 „Norms, therefore, do not have full meaning apart from the human being, who, by living according to them, simply lives in a good way and is perfected as a human being, or, in the opposite case, deteriorates and loses value" (Ebd., 46). (Eigenübersetzung).

5 „(…) finally define *the moral norm* as *the rule for being a good man* (as a man) *and acting well*" (Wojtyła, Man in the Field of Responsibility, 47). (Eigenübersetzung).

des Dynamismus der menschlichen Person. Wie der Wert als seinsmäßiger Bestandteil der menschlichen Subjektivität gesehen werden kann, so auch die Norm, die der Mensch in der Gestalt der Pflicht erlebt. Wojtyła sieht einerseits die Pflicht als Bestandteil der personalen Wesenstruktur, die darin besteht, dass der Mensch gar nicht anders existieren kann, als sich durch sittlich werthaftes Handeln zu vollbringen.

Da dies nur geschehen kann, wenn der Mensch sich selbst bestimmt, besteht diese Pflicht im Blick auf den anderen Menschen darin, jede Person um ihrer selbst willen zu bejahen. Beides ist in der „personalistischen Norm" enthalten, die Fundament und Frucht des Denkens Wojtyłas wesentlich ausmacht. „Als ich die Abhandlung *Liebe und Verantwortung* schrieb, erschien mir das größte Gebot des Evangeliums als eine personalistische Norm", schreibt Johannes Paul II. *in Erinnerung und Identität*: „Wie die Liebe das höchste Gebot gegenüber dem personalen Gott ist, so kann die fundamentale Pflicht gegenüber der menschlichen Person, die als Abbild Gottes erschaffen ist, nur die Liebe sein."[1] Man darf den anderen nicht zum Objekt machen, sondern muss ihn ohne Vorbehalt um seiner selbst willen bejahen. In Anlehnung an die sogenannte zweite Formulierung des „kategorischen Imperativs" Kants[2] fasst Wojtyła das „personalistische Prinzip" folgendermaßen: „Wenn in deinem Verhalten eine Person Objekt deines Handelns ist, vergiß niemals, dass du sie nicht bloß als Mittel, als Werkzeug, behandeln darfst, sondern sei dir bewusst, dass sie ihr eigenes Ziel hat oder haben sollte."[3] Dabei betont Wojtyła auch „die normative Bedeutung des ‚Inkarnierten Wortes', die Beispielhaftigkeit der Tatsache des ‚Gott-Menschen'" als „einem lebendigen Model für lebende Menschen, einem Model für das hier und jetzt *in via*"[4]. Denn das Beispiel Jesu erschließt dem Menschen den Weg schlechthin, wie er sich personal verwirklichen kann. In diesem Sinn nimmt das Beispiel Jesu zugleich verpflichtenden, d. h. normativen Charakter an. Überhaupt betont Wojtyła für den Bereich des Sittlichen die Bedeutung des „Beispiels" und der „Nachfolge": „Der Mensch ist ein Beispiel für den Menschen, ein Beispiel, das anzieht, oder eines, das abstößt"[5].

---

1 Johannes Paul II., Erinnerung und Identität, 166-167.

2 In einer ersten Form lautet der „kategorische Imperativ" Kants: *„handle nur nach derjenigen Maxime, durch die du zugleich wollen kannst, dass sie ein allgemeines Gesetz werde"* (Kant, Schriften IV, 421). Die zweite Form: *„Handle so, dass du die Menschheit sowohl in deiner Person, als in der Person eines jeden andern jederzeit zugleich als Zweck, niemals bloß als Mittel brauchst"* (Ebd., 429).

3 Wojtyła, Liebe und Verantwortung, 25.

4 „(...) the normative meaning of the ‚Incarnate Word', the exemplariness of the fact of the ‚God-Human', a living model for living people, a model for the here and now, *in via"* (Wojtyła, Ethics and Moral Theology, 104). (Eigenübersetzung).

5 „Man is an example for man, an example that attracts or one that repels" (Wojtyła, Man in the Field of Responsibility, 51). (Eigenübersetzung).

1.4.1.5.3 Moment des Gewissens

Für das traditionelle Denken ist es der Vernunft aufgegeben, nach der Wahrheit zu suchen und sie als solche zu erkennen. Das Gewissen ist demgegenüber zuständig für die Unterscheidung von gut und böse. Selbstverständlich ist für Thomas von Aquin auf der Ebene des Seins das Gute mit dem Wahren identisch. Dennoch stellt es eine Besonderheit im Denken Wojtyłas dar, wie sehr er das Gewissen als den Ort ausmacht, an dem der Mensch nicht so sehr der Frage nach gut und böse, sondern der Wahrheit über sich selbst begegnet.[1] Entscheidend bei Wojtyła ist die Beziehung von Freiheit, Wahrheit und Gewissen. Die Freiheit „verwirklicht sich nämlich nicht dadurch, dass sie sich *die* Wahrheit unterordnet, sondern indem sie sich *der* Wahrheit unterordnet."[2] Die Wahrheit wird im Gewissen erlebt und scheidet das Böse vom Guten. Genaugenommen geht es um „die objektive und im Gewissen authentisch erlebte Wahrheit des Guten."[3] Es ist die Aufgabe des Gewissens, darauf hinzuweisen, was ein wahrhaftes Gut ist und was nicht.[4] Dabei erschöpft sich das Gewissen keineswegs mit dieser Feststellung bzw. einem praktischen Urteil als Ergebnis, das vorgibt, was der Mensch tun oder lassen soll. „Die eigentliche und umfassende Funktion des Gewissens beruht" für Wojtyła „darauf, die Tat von der erkannten Wahrheit abhängig zu machen."[5]

In dieser Konzeption ist der Wille grundsätzlich auf das Gute ausgerichtet. Um den Willen und die Tat deshalb vom Guten in der Wahrheit abhängig zu machen, verbindet sich der Wille mit der Vernunft. Die Vernunft ist nicht bloß die Fähigkeit, allgemeine Begriffe zu bilden und Urteilsschlüsse zu ziehen, sondern sie ist vor allem die Fähigkeit, die Wahrheit im Hinblick auf das Gute und die Wahrheit im Hinblick auf die Güter zu erkennen.[6] Als Erkenntnisvermögen strebt sie nach der Wahrheit und unterscheidet das Wahre vom Falschen. Deshalb „nennt Thomas den Willen einen *appetitus rationalis*, (…) also jene Begehrenskraft, die eine natürliche und innerlichste Verbindung mit der Vernunft und ihrer natürlichen Beziehung zur Wahrheit hat"[7]. Diese innere

1 „(…) it is difficult to find any system of philosophy in which the structure of conscience was so thoroughly elaborated as it was in that of St. Thomas (…). Perhaps in many commentaries the entire idea takes on a too one-sidedly intellectual or rationalistic character – while in reality that ‚truth of the good,' as the norm essentially is, has a fuller character and is not only a truth of thought, but at the same time *a truth of action and a truth of the very being of the person* " (Ebd., 46).

2 Wojtyła, Person und Tat, 176.

3 Wojtyła, Person: Subjekt und Gemeinschaft, 54.

4 „Dank dem Gewissen und durch das Gewissen geht der Mensch über sich selbst hinaus zur Wahrheit und zum gewollten und gewählten Guten im Lichte der Wahrheit" (Dec, Person, 307).

5 Wojtyła, Person und Tat, 178.

6 Vgl. Wojtyła, Human Nature, 97.

7 „(…) Thomas calls the will an *appetitus rationalis,* (…) the kind of appetitive power that has a natural and most intimate connection with reason and its natural relation to the truth" (Ebd.). (Eigenübersetzung).

Verbindung des Willens mit der Vernunft, also mit der Wahrheit, ist für Wojtyła entscheidend für die Sittlichkeit, die sich im Handeln aus der Möglichkeit ergibt, „die Beziehung zu verschiedenen Gütern der Wahrheit unterzuordnen" bzw. „auch dieses Handeln selbst der Wahrheit unterzuordnen"[1]. „Nur durch eine mit dem Gewissen übereinstimmende Tat, durch ein Gewissen (das nach den objektiven Werten von Wahrheit und Gut gebildet worden ist)", erklärt Ignacy Dec diesen Gedankengang Wojtyłas, „erfüllt sich der Mensch und wird als Mensch gut. Durch eine mit dem Gewissen unstimmige Tat erfüllt sich der Mensch gleichsam in ‚Richtung des Bösen', wird als Mensch schlecht."[2] Das ist dann eben eine „Nicht-Erfüllung". „Nur gute Taten (…), solche, die im Gewissen der Wahrheit, die zugleich das Gute ist, zugeordnet sind, tragen zur Selbst-Erfüllung der Person bei."[3]

Mit dem Erfassen der Wahrheit vollzieht sich gleichzeitig eine ganz eigene Übergeordnetheit des Menschen in Bezug auf die Erkenntnisgegenstände. Denn das „ganzheitlich begriffene Gewissen ist eine vollkommen eigene Anstrengung der Person, eine Anstrengung, die die Absicht hat, die Wahrheit im Bereich der Werte zu erfassen", erklärt Wojtyła, „vor allem im Bereich der sittlichen Werte. Das Gewissen ist zunächst ein Suchen der Wahrheit und ein Erforschen, ehe es zur Gewissheit und zum Urteil wird."[4] Bei jeder Gewissensanstrengung geht es nicht nur um isolierte Werte, sondern immer auch darum, dass die Person durch die Tat gut und nicht böse wird. In der Enzyklika *Veritatis splendor* wird Johannes Paul II. im Licht der Offenbarung von einem nicht hoch genug zu schätzenden „inneren *Dialog des Menschen mit sich selbst*"[5] sprechen. Einerseits schafft das Gewissen keine Normen, sondern findet sie in der objektiven Ordnung der

1 „Morality exists because of this possibility of subordinating to the truth the relation to various goods (…) also subordinating this activity itself to the truth" (Ebd.). (Eigenübersetzung).

2 Dec, Person, 307.

3 Ebd.

4 Wojtyła, Person und Tat, 182-183.

5 „Die Bedeutung dieses inneren *Dialogs des Menschen mit sich selbst* wird man niemals angemessen zu schätzen wissen. In Wirklichkeit ist er jedoch der *Dialog des Menschen mit Gott,* dem Urheber des Gesetzes, dem ersten Vorbild und letzten Ziel des Menschen. ‚Das Gewissen – schreibt der hl. Bonaventura – ist gleichsam der Herold Gottes und der Bote, und was es sagt, befiehlt es nicht von sich aus, sondern als Botschaft, die von Gott stammt, wie ein Herold, wenn er den Erlass des Königs verkündet. Und daher rührt die verpflichtende Kraft des Gewissens'. Man kann also sagen, dass das Gewissen dem Menschen selber Zeugnis gibt von der Rechtschaffenheit bzw. Schlechtigkeit des Menschen, aber zugleich, ja noch früher, ist es *Zeugnis von Gott selbst,* dessen Stimme und dessen Urteil das Innerste des Menschen bis an die Wurzeln seiner Seele durchdringen, wenn sie ihn *fortiter et suaviter* zum Gehorsam rufen: ‚Das sittliche Gewissen schließt den Menschen nicht in eine unüberschreitbare und undurchdringliche Einsamkeit ein, sondern öffnet ihn für den Ruf, für die Stimme Gottes. Darin und in nichts anderem besteht das ganze Geheimnis und die Würde des sittlichen Gewissens: dass es nämlich der Ort ist, der heilige Raum, in dem Gott zum Menschen spricht'" (Johannes Paul II. Veritatis splendor, Nr. 58).

Sittlichkeit oder des Rechts vor.[1] Andererseits darf es nicht auf einen rein deduktiven Mechanismus reduziert werden. Denn nur aufgrund einer subjektiven Überzeugung können Normen anerkannt werden. In dieser subjektiven Überzeugung ist das Erleben der Wahrhaftigkeit enthalten. So hat das Gewissen im Bereich der Wahrhaftigkeit der Normen schöpferischen Charakter.[2] Der schöpferische Charakter besteht also nicht darin, dass das Gewissen selbst allgemein gültige Normen formuliert, sondern, dass es die allgemein gültige Wahrheit auf das konkrete Handeln der Person anwendet und damit das personale Handeln von der erkannten Wahrheit abhängig macht. Dabei formt es schöpferisch im Licht dieser Wahrheit Weisungen, welche die Person in der konkreten Situation als Pflicht erlebt. „Das Gewissen verleiht den Normen die einzigartige Gestalt, die *sie* gerade *in der Person besitzen*, in deren Erleben und Vollbringen. Nachdem die Überzeugung und die Gewissheit ausgearbeitet und die Wahrhaftigkeit der Normen gemäß der Dimension der Person gestaltet wurde – tritt die Pflicht auf.“[3] Dass der Mensch durch das Gewissen die Wahrheit in ihrer Wahrhaftigkeit erlebt, ist nur zu verstehen, wenn man die Werte in ihrer Dimension für das Sein der menschlichen Person erkennt. Gleichzeitig wird klar, warum bei Wojtyła das Gewissen das Tor und die Brücke des menschlichen Subjekts zur gesamten Wirklichkeit bildet, die sich außerhalb des Menschen befindet. Das Gewissen offenbart letztlich die Transzendenz der menschlichen Person im Sinn des Schon und Noch-Nicht im Blick auf die Verwirklichung der Werte bis hin zum Absoluten.

---

1 „Es geht keineswegs darum, dem Gewissen rechtsetzende Kraft zu verleihen, wie Kant dies forderte, indem er jene Kraft mit dem Begriff der Autonomie, das heißt gewissermaßen mit der absoluten Freiheit der Person gleichsetzte. Das Gewissen ist nicht rechtsetzend, schafft nicht selbst die Normen – vielmehr findet es sie gleichsam fertig in der objektiven Ordnung der Sittlichkeit oder des Rechts vor. Die Ansicht, wonach das individuelle Gewissen des Menschen selbst diese Ordnung bestimmen müsste, übersieht die eigentlichen richtigen Proportionen, die zwischen Person und Gesellschaft, bzw. Gemeinschaft, – in einer anderen Ordnung aber zwischen Geschöpf und Schöpfer – auftreten. Eine solche Ansicht muss die Wurzel für den Individualismus bilden und stellt eine Bedrohung für das ontische und ethische Gleichgewicht der Person dar, was sich auch darin ausdrückt, dass dann das ethische ‚Naturrecht‘ verworfen wird“ (Wojtyła, Person und Tat, 188).

2 „Das Gewissen ist *im Bereich der Wahrhaftigkeit der Normen selbst schöpferisch*, das heißt im Bereich der Grundsätze, die den objektiven Grundstock der Sittlichkeit, bzw. des Rechts, darstellen. Die Schöpferkraft des Gewissens beschränkt sich nicht nur auf die einfache Empfehlung, Anordnung, das heißt die Hervorrufung der Pflicht, die gleichbedeutend ist mit dem Gehorsam. Dem Erleben der Gehörigkeit, also Richtigkeit, von Normen, geht das Erleben der Wahrhaftigkeit voraus, und dieses Erleben der Wahrhaftigkeit integriert auch das Erleben der Gehörigkeit. Das Erleben der Wahrhaftigkeit ist in der Anerkennung der Normen enthalten, womit die Kraft der subjektiven Überzeugung zusammenhängt. In all dem ist das Gewissen im Bereich der Wahrhaftigkeit der Normen schöpferisch. Diese Schöpfertätigkeit deckt sich mit der Dimension der Person – ist gänzlich innerlich und dem Handeln, das die Tat ebendieser Person ist, zugeordnet und zugleich ein Moment des Sich-Vollbringens, also der Selbsterfüllung, durch sie“ (Ebd.).

3 Ebd., 188-189.

1.4.1.5.4 Moment der Pflicht

In seiner metaethischen Studie *Man in the Field of Responsibility* schreibt Wojtyła, „die *Erfahrung der Sittlichkeit kann (...) mit dem Erlebnis der sittlichen Pflicht identifiziert werden*“[1]. Und für Kupczak gehört diese Auffassung von Pflicht zu den interessantesten Aspekten der Theorie des Sich-Vollbringens Wojtyłas.[2] Wojtyła wird nämlich nicht müde, das besondere Verdienst Kants hervorzuheben. Es besteht darin, dass er durch die Einführung der praktischen Vernunft in das philosophische Denken das Moment des Sollens als objektive Wirklichkeit herausgearbeitet hat. Daran knüpft Wojtyła an. Allerdings beschränkt dieser das Pflichtmoment nicht auf einen einzigen Punkt, der als allgemeines Prinzip inhaltlich nicht mehr gefüllt ist („kategorischer Imperativ“). Vielmehr zeigt Wojtyła eine Fülle von einzelnen Momenten des Sollens auf, die sich zunächst aus dem personalen Dynamismus des Menschen ableiten lassen und die sich daran anknüpfend aus dem menschlichen Beziehungsgeflecht mit seiner Werthaftigkeit ergeben. Auch ist für Wojtyła entscheidend, dass die Momente der Pflicht einen Teil der Wirklichkeit bilden und damit einen wichtigen Zugang zur Wahrheit über den Menschen darstellen.

Die Pflicht ist kein von außen kommendes Gebot oder ein Zwang, wie Scheler meint, sondern erwächst aus dem Wesen der sittlichen Werte. Deshalb verlangt die „sittliche Pflicht“ für Wojtyła eine „ontologische Interpretation, schließlich ist es die eigentliche Pflicht des Menschen ‚als ein Mensch‘ gut zu sein“[3]. Weil in der Konzeption Wojtyłas gut ist, was die Subjektivität bereichert, böse hingegen jenes, was die Person nicht vollbringt, kommt die Erfahrung der Pflicht in zweifacher Form ins Spiel: positiv und negativ. Will der Mensch gut sein, „muss“ er dies tun bzw. jenes lassen.[4] Erlebt wird die Pflicht im Gewissen[5]. Sie zeugt von der Freiheit der Person und von der normativen Kraft der Wahrheit.[6]

1 „(...) the *experience of morality can be identified* (...) *with the lived experience of moral duty*“ (Wojtyła, Man in the Field of Responsibility, 21). (Eigenübersetzung).

2 „Wojtyła's synthesis of the notion of duty with his teleological and perfectionist ethics of good is possibly the most interesting aspect of his theory of human fulfillment“ (Kupczak, Destined, 131).

3 „For that reason, too, moral duty itself also ultimately requires an ontological interpretation, since the proper duty of a man is to be good ‚as a man.‘“ (Wojtyła, Man in the Field of Responsibility, 18). (Eigenübersetzung).

4 „In any case the experience of duty comes in two forms: positive and negative, action or inaction, the realization of a certain objective state or its non-realization“ (Ebd., 9).

5 „The reality of good and evil as moral values manifests themselves in the conscience through obligation“ (Wojtyła, The Intentional Act and the Human Act, 276).

6 „*Die Pflicht*, das heißt die normative Kraft der Wahrheit in der Person, die aufs engste mit dem Gewissen verbunden ist, *zeugt davon, dass die Person* im Handeln *frei ist*. Denn die Wahrheit macht die Freiheit nicht zunichte, sondern ruft sie hervor. Die Spannung, wie sie zwischen der objektiven Ordnung der Normen und der inneren Freiheit des Subjekts als Person vorkommt,

Für Wojtyła offenbart sich im Pflichtmoment ein Zweifaches. Einerseits spiegelt sich in diesem Erleben die objektive Gültigkeit der sittlichen Werte und insbesondere die unbedingte Unterscheidung, also Unvereinbarkeit wieder „von gut und böse, die sich gegenseitig ausschließen: wenn gut, dann nicht böse – wenn nicht böse, dann gut; wenn nicht gut, dann böse – wenn böse, dann nicht gut“[1]. Im Bereich der Sittlichkeit umfasst die Unbedingtheit des Wertes sowohl die objektiven Werte, auf die die Handlung ausgerichtet ist, als auch den in einer Handlung enthaltenen sittlichen Wert. Wojtyła spricht von einem „deontischen Dynamismus“ und von der „durch die Wahrheit des Guten hervorgerufenen Pflicht als einem Dynamismus“[2]. Dass aber „der Wert die Pflicht hervorbringt, muss er in besonderer Weise das Handeln der Person, und zwar als spezifische Aufforderung, hervorrufen.“[3] Dieser Übergang vom Wert zur Pflicht vollzieht sich für Wojtyła oft mit sittlichen Normen in Form von Geboten und Verboten. Im Verbot ist der negative Weg gegeben, eine konkrete Pflicht zum Ausdruck zu bringen. Zum Beispiel „Du sollst nicht stehlen“ oder „Du sollst nicht die Ehe brechen“. Material umfasst letzteres eine ganze Reihe von objektiven Werten: Ehe, Beziehung Mann-Frau, Sexualität, Nachkommen, Erziehung.[4] Das formale Element ist der sittliche Wert selbst: selbst gut werden. Dieses formale Element „vereinigt den materialen Bereich der Pflicht und bildet den Punkt, um den sich die Unbedingtheit wirklich dreht, die diese Pflicht in dieses ganze Wertesystem einbringt“[5]. Für das Verbot „Du sollst nicht die Ehe brechen“ ist die Unbedingtheit folgendermaßen ausgedrückt: „Wenn Du gut sein willst, sollst Du nicht die Ehe brechen“. Gegenüber diesem Beispiel der ehelichen Treue ist für Wojtyła der positive Weg, wenn der Wert aufgrund seines Inhalts und der Anziehungskraft die Pflicht hervorruft. „Das vollkommenste und umfassendste Beispiel, wie die Pflicht durch den Wert auf positivem Wege hervorgerufen wird, ist und bleibt mit Sicherheit das Gebot des Evangeliums ‚Liebe deinen Nächsten‘.“[6]

Andererseits erschließt sich im Erleben der Pflicht ein Wesenselement des personalen Dynamismus selbst. Es gehört zum Personsein, dass sie sich vollbringen muss und von ihrem Sein her auf eine dynamische Weiter- bzw. Höherentwicklung angelegt ist. Ohne Fortschreiten sinkt die Person in die Vermin-

entlädt sich durch die Wahrheit, durch die Überzeugung von der Wahrhaftigkeit des Guten“ (Wojtyła, Person und Tat, 189).

1 „(…) of good and evil, which are mutually exclusive: if good, then not evil – if not evil, then good; if not good, then evil – if evil, then not good” (Wojtyła, The Problem of the Theory of Morality, 152). (Eigenübersetzung).

2 „A deontic dynamism (…). Duty as a dynamism evoked by the truth of the good“ (Wojtyła, Man in the Field of Responsibility, 46). (Eigenübersetzung).

3 Wojtyła, Person und Tat, 190.

4 Vgl. ebd.

5 „It unites the material scope of the duty and forms the point around which the unconditionality that this duty brings to the whole of that system of values actually revolves“ (Wojtyła, The Problem of the Theory of Morality, 153). (Eigenübersetzung).

6 Wojtyła, Person und Tat, 190.

derung ihrer selbst zurück. Das Moment der Pflicht ist deshalb für die Person sogar wesentlicher wie der als „Drama des Willens“ bezeichnete Prozess, sei er als intentionales Vermögen oder als Eigentlichkeit der Person, also als Selbstbestimmung verstanden.[1] „Die Person als spezifische Struktur der Selbst-Beherrschung und Selbst-Zugehörigkeit realisiert sich am eigentlichsten durch die Pflicht; nicht durch die Intentionalität des Wollens selbst, ja nicht einmal durch die Selbstbestimmung – sondern durch *die Pflicht als besondere Modifikation der Selbstbestimmung und Intentionalität.*“[2]

1.4.1.5.5 Moment der Verantwortung

Wie entscheidend im Denken Wojtyłas das Moment der Verantwortung ist, belegt der Titel seiner Studie *Liebe und Verantwortung*. „Der Mensch pflegt für seine Taten verantwortlich zu sein und Verantwortung zu erleben, weil er die Fähigkeit besitzt, durch den Willen auf die Werte zu antworten.“[3] Und je größer das Bewusstsein sowohl des Handelns als auch der Werte ist, desto klarer erfährt der Mensch als Subjekt nicht nur seine Selbstbestimmung und Wirkmächtigkeit, sondern auch seine Verantwortung.[4] In der Verantwortung gipfeln und bündeln sich die drei Dimensionen der menschlichen Wirklichkeit, nämlich die ontologischen Beziehungen, die Verwirklichung der Werte und die Dynamik der Pflicht. Verantwortlich ist der Mensch gegenüber der gesamten Wirklichkeit und natürlich sich selbst. Deshalb gilt die Verantwortung nicht nur für Werte im intentionalen Bereich, sondern vornehmlich für den sittlichen Wert des eigenen „Ichs“. Wojtyła spricht hier „von der tiefsten *Verantwortung des Menschen*: der Verantwortung für mein Gut- oder Bösesein als Mensch – der fundamentalsten Verantwortung, der moralischen Verantwortung“[5]. Infolge dieser Verantwortung für das eigene Subjekt hat der Mensch die Pflicht, sein personales Ich in jeder Tat zur Fülle zu bringen und seine Subjektivität zu bereichern. „Man kann an diesem Punkt – aufgrund der Analyse der Verantwortung – ganz klar sehen, dass die Sittlichkeit nicht auf heterogene – in Bezug auf die Person äußerliche – Dimensionen zurückzuführen ist, sondern, dass sich die ihr eigentliche Dimension in der Person selbst findet, in ihrer Ontologie und Axiologie.“[6] Dieser Verant-

1 Denn sie „führt den Menschen durch das Handeln, die Person durch die Tat in die Wirklichkeit hinaus, sie macht die Person zum Subjekt ihres eigenen Dramas (dramatis persona) im Kontext dieser Wirklichkeit. Dies ist – vonseiten des Menschen als Person – ein Drama von Wert und Pflicht. Der Mensch vollbringt sich nicht als Person, es sei denn in diesem Drama“ (Ebd., 192).

2 Ebd.

3 Ebd., 194.

4 Vgl. Wojtyła, The Structure of Self-Determination, 39.

5 „(…) of the deepest *responsibility of man:* the responsibility for my being good or evil as a man – the most fundamental responsibility, the moral responsibility” (Wojtyła, Man in the Field of Responsibility, 38). (Eigenübersetzung).

6 Wojtyła, Person und Tat, 195.

wortung gegenüber sich selbst kann und darf sich der Mensch nicht entziehen. „Der Mensch als Urheber seiner Handlungen, verantwortlich für ihre sittlichen Werte, für das ‚Gute' oder ‚Böse', kann in dieser fundamentalen Dimension dieses Gute oder Böse nicht ‚nicht wollen', weil er damit seine Verantwortung und seine Fähigkeit zu handeln Lügen strafen würde"[1]. Diese Verantwortung ist „in der Stimme des Gewissens zusammengefasst" und „stellt mein eigenes Ich in eine urteilende Position gegenüber meinem eigenen Ich."[2] Insbesondere aber ist der Mensch anderen Menschen gegenüber verantwortlich, mit denen er in personaler Beziehung steht. Der „Mensch, der eine Lüge in die Welt setzt und damit eigentlich zum Täter einer Lüge wird", verdeutlicht Wojtyła an einem Beispiel, ist „verantwortlich dafür, dass andere in einen Irrtum verfallen, ebenso hatte dieser Täter einer Lüge die ‚Pflicht', sich ‚nicht' auf diese Lüge einzulassen, denn er war gleichzeitig ‚verpflichtet', die Wahrheit zu achten."[3] Allgemein formuliert gilt: „wenn die Tat der Person eine andere Person zum Gegenstand hat", ist es „nötig, dass diese gegenständliche Ausrichtung dem Wert der Person entspricht."[4]

In allen diesen Beziehungen nimmt die Verantwortlichkeit den Menschen in Pflicht. Die Verantwortung ist werthaft zukunftsgerichtet, sowohl im Blick auf die aktuelle Tat als auch auf das Handeln, das der Mensch in seinem gesamten Leben vollzogen hat. So wird die Verantwortung im personalen Vollzug als ständiger Begleiter der Tat erlebt. Sie lenkt den Menschen durch das Gewissen Schritt für Schritt auf das Absolute hin und bildet so die Basis für den sittlich-religiösen Aufstieg zu Gott. Der Mensch erlebt unausweichlich seine Verantwortung vor Gott. „Diese Autorität erlaubt es, an das Gewissen als an eine Stimme Gottes selbst zu denken und vom Gewissen als von einer solchen Stimme zu sprechen."[5] Wojtyła bemerkt zu dieser Verantwortung „vor" Gott in *Person und Tat*: „Die eigentliche personale Bedeutung der Verantwortung vor Gott würde eine besondere gründliche Analyse erfordern, die wir in diesem Text nicht leisten können."[6] An dieser Stelle kann Wojtyła nicht weiter gehen, da er auf der Ebene der Erfahrung bleiben will und die Verantwortung „vor" Gott auf die Ebene der Offenbarung verschieben muss. Erschließt er im Rahmen von *Person und Tat* das Wesen des Menschen auf der Ebene der Erfahrung aus seinem Handeln heraus, geschieht dies in der „Theologie des Leibes" auf der Ebene der Offenbarung vom Leib her. Und stößt die Analyse von *Person*

---

1 „Man as the author of his actions, responsible for their moral values, for the ‚good' or ‚evil', cannot ‚not will' that good or evil in that fundamental dimension, because in that instance he would have to belie his responsibility and his ability to act" (Wojtyła, The Intentional Act and the Human Act, 278). (Eigenübersetzung).

2 Wojtyła, Person und Tat, 197.

3 Ebd., 193.

4 Ebd., 194.

5 Ebd., 196.

6 Ebd., 198.

und Tat letztlich nur bis zur „personalistischen Norm" vor und verbleibt in einer Allgemeinen Moral, reicht diese hingegen in der „Theologie des Leibes" in die Spezielle Moral. In diesem Rahmen nämlich – Offenbarung und Spezielle Moral – behandelt die „Theologie des Leibes" in besonderer Weise die personale Verantwortung des Menschen vor Gott in seinem Handeln, das durch den Leib bedingt und insbesondere von seinem Mann- bzw. Frausein bestimmt ist. Allein schon die Unterscheidung von Mann- und Frausein macht die Allgemeine Moral zu etwas Speziellem.

1.4.1.6 Intentionale Wende

Im Denken Wojtyłas gehört der Begriff der „Transzendenz" zu den delikaten Themen. Dieser Begriff ist in seinen Werken nämlich einer steten Vertiefung, wenn nicht gar einem Wandel unterzogen. Transzendenz bedeutet überschreiten oder übersteigen. „In der Metaphysik kennzeichnet sie das Sein als jene Erstgegebenheit, die alle Kategorien überschreitet und zugleich deren Grundlage bildet. Ähnlich sind mit dem Sein die Wahrheit und das Gute ‚transzendental'."[1] Jedoch geht es Wojtyła nicht um eine metaphysische Reflexion des Transzendenzbegriffs.

1.4.1.6.1 Transzendenz als Übergeordnetheit zu sich selbst

Wojtyłas Transzendenzbegriff in *Person und Tat* ist mit der phänomenologischen Methode der Philosophie des Bewusstseins verbunden und nicht einfach der Methaphysik als Philosophie des Seins oder von Kant entlehnt.[2] Wojtyła unterscheidet die horizontale Transzendenz als ein Überschreiten der Subjektgrenze auf intentionale Gegenstände hin von der vertikalen Transzendenz. Mit dem Begriff der vertikalen Transzendenz erscheint der Mensch in seiner personalen Struktur von Selbst-Zugehörigkeit und Selbst-Beherrschung. Der Mensch besitzt die Fähigkeit zur Selbstbestimmung. In der Selbstbestimmung erlebt er sich als freies Wesen. Die Freiheit drückt sich in der Tatsache aus, dass der Mensch Täter seiner Handlungen ist, wobei diese Wirkmacht die Verantwortung für die Taten zur Folge hat. In der Verantwortung kommt die Beziehung der Freiheit zur Wahrheit zutage. Die Aufgabe des Gewissens besteht in der Abhängigmachung von der Wahrheit. Das Gewissen ist der entscheidende Fak-

1 Wojtyła, Person: Subjekt und Gemeinschaft, 32.

2 „In der scholastisch-mittelalterlichen Philosophie unterschied man die Bedeutung der Begriffe *transzendental* und *transzendent* noch nicht. So bezeichnete man mit *transzendent* oder *transzendental* Gottes Wirklichkeit, weil sie alles andere *überschreitet*. Aber auch allgemeine Eigenschaften, die über konkrete Charakterisierungen einer Art- oder Gattung *hinausgehen,* nannte man *Transzendentalien:* das Eine, Wahre, Gute und Schöne. Kant prägte demgegenüber den neuen Begriff von *transzendental:* Der Begriff bezieht sich auf die Analyse der Voraussetzungen des Erkennens und bezeichnet ebenso diese Voraussetzungen – die Bedingungen der Möglichkeit einer Erkenntnis – selbst" (Schulz, Rahner, 77).

tor für die Transzendenz der Person in der Tat. „Auf diese Weise bestimmt die Transzendenz den besonderen strukturellen Zug des Menschen als Person: und damit bezeichnet sie die ganz eigene Übergeordnetheit des Menschen in Bezug auf sich selbst und auf seinen Dynamismus. Aus dieser Übergeordnetheit geht die Selbst-Beherrschung und die Selbst-Zugehörigkeit hervor."[1] Für *Person und Tat* ist mit dieser „Übergeordnetheit des Menschen in Bezug auf sich selbst und auf seinen Dynamismus" der Transzendenzbegriff der Person definiert.

Alles, was sich zur Transzendenz der Person in der Tat zusammensetzt – Freiheit, Pflicht, Verantwortung – ist eine Erscheinung des menschlichen Geistes. Phänomenologisch betrachtet, erschließt sich der Geistcharakter des Menschen durch die Transzendenz der Person in der Tat. Zunächst erscheint der Geistcharakter in der Transzendenz der Person im Handeln. Von dieser Erscheinung des Geistes vollzieht sich der phänomenologische Übergang zum Verständnis des geistigen Seins des Menschen durch Abstraktion. „Wenn wir abstrahieren, dürfen wir aber nicht vergessen, dass die Existenzform, die für dieses Sein charakteristisch ist, die Form der Person ist. So wie wir die Person nicht vom Geist-Charakter losreißen dürfen, so *dürfen wir auch den Geist-Charakter nicht von der Person losreißen*."[2] Und Wojtyła weiter: „Darauf weist die Erfahrung hin. Und deshalb darf man, wenn die Rede von der ‚geistigen Natur' (natura rationalis) ist, diesen Begriff nur insoweit verstehen, als er auf eine gewisse Stabilität oder auch Substantialität des geistigen Seins verweist."[3] Ohne diese Substantialität hätte der Geistcharakter des Menschen keine Grundlage.

Für Wojtyła also lässt sich die Erfahrung der Übergeordnetheit des eigenen „Ichs" gegenüber dem personalen Dynamismus nicht anders verstehen und deuten, als dass man von einem geistigen Sein der menschlichen Person ausgeht. Denn die vertikale Transzendenz, die sowohl Differenz als auch subjektive Einheit bedeutet, verlangt die Vorstellung einer geistigen Dynamik als Seinsgrundlage. Sie kann als Erfahrung dessen, wie sich der Mensch in der Erfahrung selbst gegeben ist, auf nichts anderes zurückgeführt werden.

1.4.1.6.2 Transzendenz als Überschreiten seiner selbst

Auf die Diskussion in Lublin über *Person und Tat* hat Wojtyła mit seinem Artikel *Person: Subjekt und Gemeinschaft* reagiert. Bezüglich der Transzendenz der Person muss festgehalten werden, dass Wojtyła diese nicht mehr im Sinne der „Übergeordnetheit" wie in *Person und Tat* versteht. Zwar konstituiert sich das „Ich" durch seine eigenen Taten im Bewusstsein und Selbstbewusstsein, aber gerade das Streben der Person nach Selbstverwirklichung und Selbstvollzug zeigt „unwiderleglich, dass *die personale Struktur des Menschen kein ge-*

1 Wojtyła, Person und Tat, 206.
2 Ebd., 208.
3 Ebd.

schlossenes ‚System' ist."[1] Dezidiert äußert sich Wojtyła diesbezüglich auch in seinem erstmals 1979 publizierten Beitrag *Die Transzendenz der Person in der Tat*: „Auf den ersten Blick kann dieses Bild den Eindruck eines Solipsismus erwecken, da es die Vorstellung einer in sich verschlossenen Monade mit sich bringt. Eine gründlichere Reflexion auf das bisher Gesagte muss jedoch zu Schlussfolgerungen führen, die dieses erste, spontane Bild radikal verändern."[2] Das Subjekt ist nämlich nicht in sich selbst verschlossen. „Im Gegenteil: diese ‚Hinwendung zu sich selbst' im Bewusstsein und Selbstbewusstsein enthüllt sich endgültig als Quelle des vollen Sich-öffnens des Subjekts auf die Wirklichkeit hin. Im menschlichen Ich als personalem Subjekt besteht ein enges Verhältnis zwischen Selbstvollzug und Transzendenz."[3] War die Transzendenz als „Übergeordnetheit" bisher gleichsam „innerhalb" des Subjekts verblieben, kann dieses „Sich-öffnen des Subjekts auf die Wirklichkeit hin" nicht anders gedeutet werden als ein intentionales „Überschreiten" der Subjektgrenze hin auf irgendwelche Gegenstände oder Subjekte „außerhalb".[4] Eine entscheidende Rolle bei diesem „Sich-öffnen des Subjekts auf die Wirklichkeit hin" spielt das Gewissen. „Die Gewissensentscheidungen des Menschen offenbaren Schritt für Schritt, dass er eine Person ist, die sich vollbringt und über sich selbst hinauswächst auf Werte hin, welche sie in Wahrheit annimmt und daher mit einem tiefen Sinn von Verantwortung verwirklicht"[5]. Erst im Gewissen gestaltet sich die Tat als Wollen und Wählen des „wahren Guten". Und dieser „Bezug zur Wahrheit, die im Falle des Gewissens vor allem die Wahrheit des Guten (oder Wahrheit über das Gute) ist, weist auf eine andere Dimension von Transzendenz hin, die der Person eigentümlich ist."[6] Daher ist das Gewissen der Ort, wo sich die Transzendenz der Person zeigt und verwirklicht. Denn um „‚Gutes zu tun und Böses zu meiden' (...), muss der Mensch in seinem Gewissen ständig sich selbst in Richtung auf das wahre Gute überschreiten. Dies ist die grundlegende Richtung der Transzendenz, die die der menschlichen Per-

1 Wojtyła, Person: Subjekt und Gemeinschaft, 32.

2 Wojtyła, Die Transzendenz der Person, 45.

3 Wojtyła, Person: Subjekt und Gemeinschaft, 32.

4 „Die Selbstteleologie des Menschen bedeutet vor allem nicht ein Sich-Verschließen in sich selbst, sondern, wie es der Struktur der Selbstbestimmung eigentümlich ist, einen lebendigen Kontakt zur gesamten Wirklichkeit und einen dynamischen Austauch mit der differenzierten und in sich hierarchisierten Welt der Werte. Die Selbstteleologie des Menschen deutet lediglich darauf hin, dass dieser Kontakt und dieser lebensspendende Austausch auf der Ebene und nach Maß des personalen ‚Ich' geschehen. In ihm finden sie ihren Ausgangs- und ihren Endpunkt, von ihm gehen sie gewissermaßen aus, in ihm gründen sie, aus ihm schöpfen sie ihre Gestalt und verleihen ihm ihrerseits Gestalt" (Wojtyła, Die Transzendenz der Person, 45-46).

5 „The decisions of man's conscience manifest at every step that he is a person consummating himself and outgrowing himself toward values accepted in truth and therefore realized with a deep sense of responsibility" (Wojtyła, Subjectivity and the Irreducible, 112). (Eigenübersetzung).

6 Wojtyła, Die Transzendenz der Person, 46-47.

son – das ‚proprium personae' – ausmacht."[1] Noch deutlicher bringt Wojtyła diese neue Ausrichtung der Transzendenz als „Hinauswachsen" der Person auf „wahre Güter" im intentionalen Bereich zum Ausdruck: „Ohne diese Transzendenz, ohne dass die Person *sich selbst überschreitet* und sozusagen über sich ‚hinauswächst' *in Richtung* auf die Wahrheit und *das im Lichte der Wahrheit gewollte und gewählte Gute*, ist das personale Subjekt gewissermaßen nicht es selbst."[2] Von der Transzendenz als der ganzen eigenen „Übergeordnetheit des Menschen in Bezug auf sich selbst und auf seinen eigenen Dynamismus"[3] ist hier keine Rede mehr. Man könnte diesen Richtungswechsel in der Deutung der Transzendenz im Denken Wojtyłas als „intentionale Wende" bezeichnen. Und mit Blick auf die Selbstverwirklichung stellt Wojtyła fest: „*Der Mensch verwirklicht sich selbst*, vollzieht die Selbstzwecklichkeit seines personalen Ich, *in der Transzendenz-Dimension seines ‚operari'*. Die Transzendenz der Wahrheit und des Guten wirkt entscheidend auf die Gestaltung des menschlichen Ich ein, auf sein Werden in der Gesamt-Wirklichkeit des personalen Subjekts"[4]. Was im Rahmen dieser Arbeit in der Deutung des Transzendenzbegriffs mit „intentionaler Wende" bezeichnet wird, ist nicht nur der entscheidende Schritt, das Subjekt für „das im Licht der Wahrheit gewollte und gewählte Gute" zu öffnen, sondern auch als weitere Akzentsetzung der „intentionalen Wende" für jedes andere „Ich", dem „Du", und somit der Gemeinschaft. Im Rahmen der „Theologie des Leibes" von Johannes Paul II. wird der menschliche Körper dabei eine entscheidende Rolle spielen. Auch das Sich-Öffnen für das Absolute ist hier angesiedelt.

Was Wojtyła im Anschluss an die Lubliner Diskussion in seinem Beitrag *Person: Subjekt und Gemeinschaft* als Transzendenz der Person herausstellt, entspricht der Sache nach der horizontalen Transzendenz, wie sie Wojtyła in *Person und Tat* als Vermögen des Willens herausgearbeitet hat. Beides Mal geht es um den Versuch zu beschreiben, wie sich die Person als Subjekt auf einen Wert oder Gegenstand hin ausrichtet, der sich außerhalb ihrer selbst befindet. Der Unterschied zwischen der Definition der „Transzendenz der Person" vor und nach der „intentionalen Wende" besteht in der Akzentuierung. Vor der „intentionalen Wende" deutet Wojtyła die Transzendenz der Person als ein innerpersonales Faktum. Die Eigentlichkeit der Person wird in der Übergeordnetheit des eigenen „Ichs" gegenüber der personalen Handlung gesehen. Entscheidend ist für Wojtyła, dass diese Übergeordnetheit der Person ermöglicht, ihr Handeln selbst zu bestimmen. Im Rahmen der Selbstbestimmung ist die Ausrichtung des Willens auf Gegenstände oder Werte nachgeordnet. Die horizontale Transzendenz wird gleichsam als eine Folge der vertikalen Tran-

1 Wojtyła, Person: Subjekt und Gemeinschaft, 33.
2 Ebd., 33-34.
3 Wojtyła, Person und Tat, 206.
4 Wojtyła, Person: Subjekt und Gemeinschaft, 35.

szendenz der Person gedeutet. Das Sich-selbst-Überschreiten der Person auf Gegenstände oder Werte hin wird als eine selbstverständliche Fähigkeit der Person im Sinn der unmittelbaren Erkenntnisfähigkeit vorausgesetzt. Die horizontale Transzendenz erhält nach diesem Verständnis ihren Transzendenzcharakter nicht dadurch, dass der Wille auf Werte ausgerichtet ist, die sich außerhalb der Person befinden, sondern von der vertikalen Transzendenz her, also dadurch, dass die Person den Gegenständen gegenüber eine freie Entscheidung treffen kann.

Nach der „intentionalen Wende" aber verschiebt sich eindeutig der Akzent im Verständnis dessen, was die „Transzendenz der Person" ausmacht. Nun wird hervorgehoben, dass die Transzendenz im Faktum des Sich-selbst-Überschreitens der Person auf Werte hin besteht, ohne deren Annahme und Verinnerlichung sich das Subjekt als Person nicht selbst verwirklichen kann. Das unterstreicht Johannes Paul II. in seiner Enzyklika *Fides et ratio.*[1] In dem Beitrag *Die Transzendenz der Person in der Tat* bringt Wojtyła die „intentionale Wende" als „Entdeckung dessen, was den Kern (*nucleus*) der Selbstteleologie des Menschen bildet"[2] auf den Nenner: „*Selbstteleologie setzt Teleologie voraus: Der Mensch wird nicht unabhängig von all den Werten, denen sich diese Wahl und dieses Wollen zuwenden*"[3]. Der Akzent liegt also nicht mehr auf der innerpersonalen Übergeordnetheit des „Ichs" gegenüber dem Handeln der Person. Im Grunde genommen hat sich Wojtyła damit dem klassisch-metaphysischen Transzendenzbegriff angeglichen und gegenüber einem personalistischen Verständnis der ontologischen Bedeutung von Transzendenz Rechnung getragen. In *Person und Tat* ging es Wojtyła darum, den personalen Dynamismus herauszuschälen und eine letzte Begründung dafür zu liefern, warum die Person ihr Handeln selbst bestimmen kann. Bei der Lubliner Diskussion sahen die Gesprächspartner die Gefahr, dass die innerpersonale Deutung von Transzendenz zu einer transzendentalen Bewusstseinsphilosophie führen könnte. Wojtyła unterstreicht demgegenüber, er habe noch nie einen Zweifel daran gelassen, dass es sich beim sittlichen Handeln der Person um die Entscheidung für Werte handelt, die in der Wirklichkeit außerhalb der Person objektiv gegeben sind. Allerdings scheint er auf die Forderung einzugehen, dass die „Transzendenz der Person" primär von dieser objektiven Wirklichkeit her definiert werden muss und nicht von einer innerpersonalen Struktur abgeleitet werden darf.

1 „Es ist also notwendig, dass die angenommenen und durch das eigene Leben verfolgten Werte wahr sind, weil nur wahre Werte die menschliche Person durch Verwirklichung ihrer Natur vollenden können. Diese Wahrheit der Werte findet der Mensch nicht dadurch, dass er sich in sich verschließt, sondern indem er sich öffnet, um sie auch in den über ihn hinausgehenden Dimensionen anzunehmen. Das ist eine unerlässliche Voraussetzung, damit ein jeder er selbst werden und als erwachsene, reife Person wachsen kann" (Johannes Paul II., Fides et ratio, Nr. 25).

2 Wojtyła, Die Transzendenz der Person, 46.

3 Ebd., 45.

1.4.1.7 Integration der Person

Das Kennzeichen des gesamten Hauptwerkes *Person und Tat* besteht darin, dass Wojtyła in seiner Analyse Schritt für Schritt den personalen Dynamismus aus allen menschlichen Vollzügen herausschält und sie den übrigen Elementen gegenüberstellt. Er stellt nicht mehr Leib und Seele als die beiden grundlegenden Wirklichkeiten des Menschen einander gegenüber wie in der griechisch-scholastischen Tradition, sondern die personale Wirklichkeit und das, was nicht unmittelbar den personalen Dynamismus ausmacht. Gleichzeitig versteht Wojtyła den ganzen Bereich, der den personalen Dynamisus umgibt, als die kosmische Wirklichkeit des Menschen.

Die kosmische Wirklichkeit erkennt Wojtyła insbesondere in den Dynamismen des Körpers und der Psyche. So spricht er vom „somatischen" und „psychischen Dynamismus", zwei Dynamismen, die dem personalen Dynamismus gegenüberstehen. Diese beiden Dynamismen der kosmischen Wirklichkeit lassen Vorgänge geschehen, die nicht durch den personalen Dynamismus veranlasst worden sind, sodass erst eine solche „volle Analyse der Dynamik des Menschen, nicht nur seiner Taten, sondern auch all dessen, was in ihm ‚geschieht' – somatisch wie psychisch (somatisch-reaktiv und psychisch-emotiv [...])" für Wojtyła „ein volles Bild der menschlichen Subjektivität"[1] erbringt. Umgekehrt macht der Mensch aber die Erfahrung, dass diese Vorgänge gleichwohl zum eigenen „Ich" gehören und dem personalen Dynamismus untergeordnet werden können. Aus diesem Grunde steht die Tat immer auch zu all dem in Beziehung, was im Menschen nur geschieht, und Wojtyła spricht von der Notwendigkeit der „Integration und Transzendenz der Person in der Tat", d. h. von der „Unterordung des ‚subjektiven ‚Ichs' [Geschehen] unter das ‚transzendente ‚Ich' [Handeln]"[2]. Die verschiedenartigen Aktivierungen der menschlichen Psychosomatik werden gleichsam dynamisch in die Tat eingegliedert. Zum Beispiel geschieht eine solche Unter- bzw. Einordnung durch die Beherrschung des Sexualtriebs oder durch die Regelung des Eß- und Schlafverhaltens. Auf diese Weise vollzieht sich eine Integration des somatischen wie des psychischen Dynamismus durch den personalen Dynamismus. Durch diese Integration, die in der Tat erfolgt, erlangen die psycho-physischen Dynamismen eine personale Qualität. Allerdings gilt es zu beachten, dass es sich um zwei komplementäre Aspekte ein und derselben personalen Struktur handelt, so „dass ohne die Integration die Transzendenz immer in einer strukturellen Leere bliebe."[3] Integration bedeutet also nicht das Zusammenführen scheinbar getrennter Teile. Der Mensch ist immer schon ein Ganzer in seinem Handeln, sodass sich die Integration auf der Basis der Komplexität vollzieht und manifestiert. Durch die

1 Wojtyła, Person: Subjekt und Gemeinschaft, 20-21.
2 Wojtyła, Person und Tat, 224.
3 Ebd., 215-216.

„Integration der Person in der Tat" werden die psychosomatischen Aktivierungen auf die Ebene der Person gehoben und haben an der übergeordneten Einheit der Tat teil.[1] Damit vollzieht sich ein Übergang vom „Geschehen" zum „Handeln". „Und eben dieser Grenzübergang vom ‚Geschehen' zum ‚Handeln' ist die *besondere Funktion der Integration*."[2] Dadurch „haben diese Dynamismen tätigen Anteil an der Selbstbestimmung und das heißt an der Verwirklichung der Freiheit der menschlichen Person."[3]

1.4.1.7.1 Psycho-somatische Integralität

Wojtyła untersucht zunächst den psychischen Dynamismus und den somatischen Dynamismus. In Verbindung damit arbeitet er die jeweilige Beziehung dieser Dynamismen zum personalen Dynamismus des Menschen heraus. Bewusst verwendet Wojtyła dabei nicht den Begriff der Seele sondern der Psyche. Dem psycho-somatischen Dynamismus schreibt er Reaktivität (Somatik) und Emotivität (Psyche) zu. Der somatische Dynamismus umfasst als Ganzes sowohl die äußere (materieller Körper als sichtbare Wirklichkeit mit Körperteilen und von außen wahrnehmbare Funktionen) wie auch die innere (Organismus) Wirklichkeit des Körpers. „Die Organe bilden die Vitalität des Körpers, das heißt seinen körperlichen Dynamismus, dem die somatische Potentialität entspricht."[4] Zwischen Somatik und Psyche[5] besteht eine Abhängigkeit. Zwar ist die psychische Erscheinung einer „Gefühlsbewegung an sich nicht körperlich", weist aber dennoch „auf eine gewisse Abhängigkeit vom Körper und auf eine Verbindung mit ihm hin."[6] Genaugenommen ist der Dynamismus der Psyche „durch das *Soma* (...) und zwar durch den Körper als Organismus"[7] bedingt. Aus dieser gegenseitigen Bedingtheit ergibt sich die „Integralität des Menschen". Diese „ist nicht die bloße Anwesenheit aller Bestandteile der somatischen und psychischen Sphäre, sondern ist zudem *ein System gegenseitiger Bedingtheit, die die für den Menschen charakteristischen Funktionen* der bei-

1 „Die menschliche Tat ist nämlich nicht nur die einfache Summe dieser Dynamismen, sie ist ein *neuer übergeordneter* Dynamismus, in dem diese Dynamismen auch einen neuen Inhalt und eine neue Qualität erlangen: und zwar die eigentlich *personale* Qualität und den eigentlich *personalen* Inhalt. Diesen Inhalt oder diese Qualität besitzen die Psyche und die Somatik des Menschen nicht als natürliche Dynamismen, sondern sie erlangen sie erst in der Tat der Person" (Ebd., 225).

2 Ebd., 226.

3 Ebd., 227.

4 Ebd., 230.

5 „Der Ausdruck Psyche selbst (vom Griechischen ‚*psyche*') verweist auf die Seele – allerdings nicht in der metaphysischen Bedeutung dieses Wortes, sondern zunächst in ‚physischer' Bedeutung und in der Bedeutung eines Phänomens. Es handelt sich hierbei nämlich um eine ganze Reihe von Erscheinungen des integralen menschlichen Lebens, die an sich nicht körperlich, materiell, sind – gleichzeitig aber eine gewisse Abhängigkeit vom Körper aufweisen, eine gewisse somatische Bedingtheit" (Ebd.).

6 Ebd.

7 Ebd., 230-231.

den Sphären *ermöglicht.*"[1] Die Integration der Person in der Tat stützt sich auf diese Bedingtheiten und Abhängigkeiten.[2]

Wojtyła beantwortet aber die Frage nach der Einheit des Menschen anders, als die scholastische Anthropologie. Diese traditionelle Philosophie eines Aristoteles, die von Thomas von Aquin aufgenommen wurde, erklärt die Zugehörigkeit des Körpers zur menschlichen Person mit dem Hylemorphismus (*hýle* = Materie und *morphé* = Form). Für Halder/Müller ist nach dieser Deutung „alles raumzeitliche, endliche Seiende ontologisch durch Materie und Form konstituiert"[3]. „Form" und „Materie" sind die beiden Seinsprinzipien. Die Seele als Form und Einheitsprinzip trägt seinsmäßig alles, was den Menschen ausmacht und zu ihm gehört. Die Einheit des Menschen ist damit durch die metaphysische Einheit von Leib und Seele gegeben. Für Wojtyła steht diese Einheit außer Frage. Doch dieses rein vom Körper als Materie bestimmte Bild vom Menschen bezeichnet Wojtyła als statische Auffassung der menschlichen Wirklichkeit.[4] Diese ist auch in der Definition „homo est animal rationale" enthalten, wobei mit dem Wort „animal" die Körperlichkeit des Menschen eingefangen ist: „Der Körper bestimmt die Konkretheit des Menschen, was in gewisser Weise die metaphysische These von der Individualisierung des Menschen durch die Materie ausdrückt."[5] Bei Wojtyła ist die Seele im Sinn des „suppositums" selbst als dynamisch gedacht. So ist die Einheit von Leib und Seele wie das Menschsein selbst gleichsam ein Ereignis, das Ereignis eines personalen Vollzugs. Das personale Sein, das nicht anders als dynamisch gedacht werden kann, ist darauf angelegt, dass sich durch den personalen Dynamismus die Integration des Menschen zu einer gesamtmenschlichen Einheit vollzieht.

1.4.1.7.2 Körper

Beim Verhältnis Körper und Person geht es Wojtyła um die Zuordnung des unsichtbaren Inneren der Person zum sichtbaren Äußeren des Körpers. Wobei mit

1 Ebd., 231.

2 „Was die Richtung der gegenseitigen Bedingtheit angeht, so verläuft sie gleichsam von außen nach innen, wenn es sich um die Bedingtheit der psychischen Funktion durch die somatischen handelt – und von innen nach außen, wenn es sich um die somatische Expression der psychischen Funktionen handelt. Die aristotelisch-thomistische Psychologie oder eher Anthropologie unterscheidet in dieser ersten Richtung zum einen die ‚innerliche' somatische Bedingtheit der psychischen Funktionen – derart sind alle sinnlichen Funktionen somatisch bedingt –, und sie unterscheidet zum anderen die bloß ‚äußerliche' Bedingtheit – derart sind somatisch alle geistigen Funktionen des Menschen bedingt. Die geistigen Funktionen sind nämlich innerlich von der Materie unabhängig" (Ebd.).

3 Müller/Halder, Kleines Philosophisches Wörterbuch, 124.

4 Die somatische Dimension ist das Individuationsprinzip des Menschen. Und der „Mensch veräußerlicht sich – bereits in statischem Sinn – durch den Körper und dessen ganz eigenen und streng individuellen Bau" (Wojtyła, Person und Tat, 233).

5 Ebd.

dem Inneren eben nicht der Organismus als somatische Grundlage gemeint ist. Das Innere ist in diesem Fall die in der Tat sich verwirklichende personale Struktur der Selbst-Beherrschung und des Selbst-Besitzes, die in der Selbstbestimmung aktualisiert wird. Diese Selbstbestimmung kommt in der Entscheidung und Wahl sowie in ihrer dynamischen Hinordnung zur Wahrheit zum Ausdruck. Das alles macht das Innere der Person aus und drückt sich nicht nur mittels des Körpers aus. Der Körper ist auch der „Raum" dafür. Im Körper veräußerlicht sich die Person. Für Wojtyła ist der menschliche Körper „Terrain, ja (...) in gewissem Sinne sogar das Mittel der Expression für die Person. Die in strengem Sinne personale Struktur der Selbst-Beherrschung und Selbst-Zugehörigkeit durchzieht gleichsam den Körper und drückt sich in ihm aus."[1] Und auch die „ganze dynamische Transzendenz der Person, die an sich geistiger Natur ist, findet im menschlichen Körper das Terrain und das Mittel für ihre Expression. Dies bestätigen immer wieder die Taten, insbesondere die sogenannten actus externi, in denen in gewisser Weise eine sichtbare (…) Veräußerlichung der Selbstbestimmung und das heißt der Wirkmacht der Person im Körper und durch den Körper vor sich geht."[2] Wojtyła weiter: „Der Körper ist im weit verbreiteten Sinn dieses Wortes somit das Terrain und in gewisser Hinsicht auch das Mittel für das Vollbringen der Tat – und damit auch für das Sich-Vollbringen der Person in der Tat und durch die Tat."[3] Schließlich fügt Wojtyła an: „Er wird aber auch zum Mittel und Terrain der Verinnerlichung für die Seele"[4]. Die Formulierung ist verständlich, da Wojtyła hier den Begriff der „Verinnerlichung" als Pendant zum Begriff der „Veräußerlichung" verwendet, mit dem er den Ausdruck der personalen Vollzüge durch und im Körper bezeichnet. Gleichzeitig ist es natürlich interessant, dass er die Verwirklichung der geistigen Natur des Menschen als Verinnerlichung bezeichnet. Die Seele verwirklicht sich also in dem Maß, als sie sich verinnerlicht. Sie wird von Wojtyła nicht mit der menschlichen Person gleichgesetzt, jedoch als Träger des personalen Dynamismus betrachtet. Die Seele ist demnach auf den Körper als Mittel und Terrain angewiesen, um zu sich selber zu kommen, sich selber zu erkennen, zu bestimmen, in Besitz zu nehmen, zu formen und zum Geschenk für ein Du zu machen.

Dass sich die Person im Körper veräußerlicht, zieht die Vergegenständlichung des Körpers im Handeln nach sich. Die Vergegenständlichung des Körpers in den Taten ist ein besonderer Aspekt der Vergegenständlichung des Subjekts in der Selbstbestimmung.[5] Dabei darf der Körper keineswegs mit diesem subjektiven Ich identifiziert werden. „Der Mensch ‚ist' nicht sein Körper, son-

1 Ebd., 234.
2 Ebd.
3 Ebd.
4 Ebd., 235.
5 Vgl. ebd., 236.

dern ‚besitzt', ‚hat' seinen Körper."[1] Dieses Besitzen und Haben des Körpers wird dem Menschen bewusst, wenn er den Körper im Handeln als Mittel zur Expression der Selbstbestimmung gebraucht. Sowohl die personale Struktur des Menschen als auch die „Integration der Person in der Tat" verwirklichen sich durch diesen Gebrauch des Körpers. „Der Mensch als Person besitzt sich gerade unter dem somatischen Aspekt dadurch, dass er seinen Körper besitzt bzw. hat, und beherrscht sich dadurch, dass er seinen Körper beherrscht."[2] Ansonsten gibt Wojtyła zu bedenken, dass dem Körper als Körper eine „rein somatische Innerlichkeit"[3] zukommt, die von der Innerlichkeit der Person zu unterscheiden ist, jedoch den Menschen zum authentischen Teil der Natur macht. Mit den anderen Körpern in der Natur verbindet den menschlichen Körper die reaktive Potentialität. Die Reaktivität als Fähigkeit zu reagieren ist die Charakteristik des somatischen Dynamismus, von der dann eine rein körperliche Vitalität ausgeht.[4] Diese Vitalität des menschlichen Körpers von der Empfängnis bis zum Tod ist vegetativ. „Der Körper als Organismus ist von Natur aus (…) auf die Vegetation und auf die Reproduktion eingestellt. Der Reproduktion dienen die Geschlechtsunterschiede des menschlichen Körpers"[5]. Grundsätzlich kommt dem Körper als Organismus eine eigene Wirkmacht zu, die von der personalen Selbstbestimmung unabhängig scheint. Da dieses Geschehen aber erfahrbar ist, zeugt es für Wojtyła von der ontischen Einheit der Person: „Der menschliche Körper stellt offensichtlich nicht irgendein gegenüber dem Subjekt, das der Mensch ist, abgesondertes Subjekt dar. Seine Einheit mit der ontischen Subjektivität des Menschen, mit dem menschlichen suppositum, unterliegt keinem Zweifel."[6] Die Rede von einer „somatischen ‚Subjektivität'", die Wojtyła auch als „reaktive Subjektivität, (...) vegetative und außerbewusste Subjektivität" oder „Quasi-Subjektivität des Körpers" bezeichnet, macht nur dann Sinn, wenn die Integralität, d. h. das enge Zusammenspiel mit der bewussten, „wirkmächtigen und transzendenten Subjektivität der Person" mitbeachtet wird.[7] Diese Integralität ist die Voraussetzung für die „Integration der Person in der Tat". „Man kann sagen, dass der Mensch im Moment der Selbstbestimmung den reaktiven Dynamismus des Körpers mit einschließt und sich auf diese Weise seiner bedient. Man kann auch sagen, dass der Mensch im Moment der Selbstbestimmung ‚sich' in diesen Dynamismus ‚einschaltet', dass er ihn bewusst ausnützt."[8]

1 Ebd.
2 Ebd.
3 Ebd., 237.
4 Vgl. ebd., 238-239.
5 Ebd., 240.
6 Ebd., 242.
7 Vgl. ebd., 243.
8 Wojtyła, Person und Tat, 243-244. Deutlich wird dieser Gebrauch für Wojtyła in der Körperbewegung. An sich ist die Bewegung des Körpers etwas Somatisches, das mit der reaktiven Potentialität verbunden ist und die Fähigkeit darstellt, auf Reize zu reagieren. Erfolgt die Be-

In *Person und Tat* betont Wojtyła also zunächst, dass sich die Person beim Vollzug ihrer Selbstbestimmung in den somatischen Dynamismus einschaltet und sich seiner bedient. In der „Theologie des Leibes" arbeitet Johannes Paul II. heraus, dass sich die Person nicht nur in der Tat offenbart, die ihrerseits ganz auf den somatischen Dynamismus angewiesen ist, sondern dass sich die Person auch im Leib selbst kundtut, ähnlich wie sie sich im Handeln offenbart. Während die Tat den personalen Dynamismus des Menschen manifestiert, so offenbart der Leib, dass die Person ihrem Wesen nach zur Verwirklichung ihrer selbst auf ein Du hingeordnet ist. Diese Eigenheit der menschlichen Person betrachtet Wojtyła als Johannes Paul II. auf der Ebene der Offenbarung. Über den Gedanken, dass sich der Mensch in seinem Leib als Geschenk für ein Du erlebt, vollzieht er den Schritt von der Erfahrungsebene hin zu einer theologischen Anthropologie.

1.4.1.7.3 Psyche

Im Denken Wojtyłas ist der phänomenologische Begriff der „Psyche" nicht mit dem metaphysischen Begriff der „Seele" gleichzusetzen. Um einem metaphysischen Vorverständnis aus dem Weg zu gehen, verwendet Wojtyła nicht die Begriffe Seele und Leib, sondern Psyche und Somatik bzw. Körper. In der phänomenologischen Erfahrung ist die Psyche das, was durch den Körper bedingt ist und gleichzeitig nicht körperlich bzw. materiell ist.[1] War die Reaktivität die Charakteristik des somatischen Dynamismus, so ist die Charakteristik des psychischen Dynamismus die Emotivität. „Während wir im ersten Fall eine somatische Bewegung vor uns haben, die keineswegs die Potentialität des Körpers überschreitet, wird hingegen in der Emotion und in der Emotivität diese Potentialität grundsätzlich – qualitativ und inhaltlich – überschritten."[2] Gleichwohl ist die Emotivität in der Reaktivität verwurzelt.

Ähnlich wie die Reaktivität verbindet sich die Emotivität mit dem Empfang von Reizen. Diese Reize gehen von materiellen Gegenständen aus und bewirken eine Gefühlsreaktion, die nicht somatisch, sondern psychisch ist. Zur Emotivität gehört somit die Fähigkeit zu fühlen und Wojtyła bezeichnet dieses Gefühl als „sinnlichen Erkenntnisreflex"[3], der das Erleben des eignen Körpers ermöglicht. Denn der eigene Körper wird im Fühlen zu einem gegenständlichen Sinnesinhalt, der im Bewusstsein widergespiegelt wird. So geht etwa erst durch das Gefühl eines körperlichen Schmerzes die Innerlichkeit des eigenen

---

wegung instinktiv und ganz spontan, handelt es sich um einen Reflex, der die dynamische Eigenheit und Unabhängigkeit des Körpers vom Willen unterstreicht. Der Reflex ist nur eine Aktivierung des Körpers. Hingegen enthält die dynamische Synthese von Tat und Bewegung das Moment der bewussten Wirkmacht (Vgl. ebd., 243-247).

1 Vgl. ebd., 256f.

2 Ebd., 259.

3 Ebd., 263.

Körpers in den Bewusstseinsbereich ein. Durch das Gefühl wird der Körper mit dem Bewusstsein verbunden. Das Körpergefühl geschieht im menschlichen „Ich" auf psychische Weise und bringt die psycho-somatische Subjektivität des Menschen zum Vorschein. Dieses Zum-Vorschein-Bringen ereignet sich vor dem Bewusstsein. Aufgrund der widerspiegelnden und reflexiven Funktion des Bewusstseins, das dem Fühlen übergeordnet ist, wird der Körper als von allen anderen Körpern unterschieden (vergegenständlicht) und als eigener erfasst (erlebt).[1]

Im Weiteren geht Wojtyła auf Gefühle (Erregung, Rührung, Leidenschaften) ein, bei denen sich der Mensch oft bewusst ist, diese geschehen auf eine Art in ihm, dass er ihrer nicht Herr ist. „Man muss deshalb an der Wurzel des emotiven Dynamismus eine eigene Wirksamkeit der Psyche annehmen; ohne eine solche Annahme", erklärt Wojtyła, „bliebe nämlich all das, was im Menschen als Subjekt auf emotive Weise geschieht, unerklärlich. In einem gewissen Sinn bezeichnet die Emotivität gerade diese spontane Wirksamkeit der menschlichen Psyche."[2] Insofern bedarf es der Integration der Gefühle (Emotivität als Wirksamkeit) in den personalen Dynamismus der Selbst-Beherrschung und Selbst-Zugehörigkeit (Selbstbestimmung als Wirkmacht). Prinzipiell bilden sich emotionale Haltungen spontan und vorübergehend. Allerdings kann der Einfluss der Gefühle auf den Willen derart groß sein, dass der Wille die Haltung der Emotion übernimmt. Wenn etwa ein Zornesausbruch nicht vorübergehend ist, hingegen als dauerndes Zürnen zur ständigen inneren Haltung des Menschen wird.[3] Das ist dann eine subjektive Gefühlshaltung, in der das Geschehen bezüglich der Wirkmacht das Übergewicht bekommt. Von einer Emotionalisierung des Bewusstseins ist dann zu sprechen, wenn ein Übermaß an Emotion das bewusste Erleben sogar zunichte macht. In solchen Fällen lebt der Mensch nur noch durch die Emotion, Erregung oder Leidenschaft. Weil die Emotivität gleichsam die Wirkmacht vernichtet hat, hört das Handeln auf, bewusstes Handeln zu sein. Es bleibt nur noch ein Geschehen übrig. Der Mensch bestimmt sich nicht mehr selber und „kann dafür auch nicht in eigentlichem Sinne Verantwortung übernehmen – obwohl man immer fragen muss, inwiefern er die Verantwortung für die Situation selbst trägt, in der er keine Verantwortung übernehmen kann."[4] Doch dies alles berechtigt nach Wojtyła nicht zur Annahme, dass die Emotionen grundsätzlich die Integration der Person in der Tat behindern. Ohne auf die weiteren Strukturanalysen Wojtyłas zur Emotivität, zum Werterleben und der damit verbundenen Rolle der Tugenden einzugehen[5], sei angemerkt, dass die Integration von Somatik und Psyche in den Taten der Person eine Lebensaufgabe ist.

1 Vgl. ebd., 262-263.
2 Ebd., 282.
3 Vgl. ebd., 284f.
4 Ebd., 286.
5 Vgl. ebd., 286-296.

1.4.1.7.4 Seele und Körper

Im Grunde genommen ersetzt die Gegenüberstellung vom personalen Dynamismus einerseits und des psycho-somatischen Dynamismen andererseits bei Wojtyła die traditionelle Gegenüberstellung von Seele und Leib. Doch die gesamte Analyse mündet schließlich auch bei ihm wieder in die Frage nach der ontologischen Einheit des personalen mit dem psycho-somatischen Dynamismen. Von Bedeutung in der anthropologischen Konzeption Wojtyłas ist deshalb die Einheit des Menschen als Person in Anbetracht der Komplexität seines körperlich-geistigen Seins.

Phänomenologisch befindet sich am Ursprung all dieser Erscheinungen die geistige Potentialität des Menschen, das Vermögen der geistigen Natur.[1] Daraus ergibt sich die Frage nach dem Verhältnis des Geistes zum Körper. Die metaphysische Sicht des Menschen entwickelte eine Theorie, wonach das Sein des Menschen aus Seele (Geist) und Körper (Materie) „zusammengesetzt“ ist. Auf die Existenz der Seele wird aufgrund ihrer Wirkungen geschlossen.[2] Es gilt nach Hirschberger das Axiom, „dass alles Tun und Geschehen sich nach einem bestimmten, zugehörigen Sein zu richten habe“[3]. Daher kommt der Seele ein eigenes Sein zu.[4] Phänomenologisch betrachtet hält Wojtyła fest, „dass der Mensch seine Seele nicht unmittelbar erlebt.“[5] Gleichwohl ist ein „Erlebnisin-

1 „Diesem Vermögen, diesen Fähigkeiten entspricht in der erkennenden Funktion die dynamische Beziehung zur Wahrheit – in der Funktion der Selbstbestimmung die Freiheit und das Faktum, dass die Freiheit von der Wahrheit abhängig gemacht wird. Das erstere bezeichnen wir mit dem Begriff der Vernunft, das zweite mit dem des Willens. Deshalb sind Vernunft und Wille Fähigkeiten der geistigen Natur. Diesen Fähigkeiten verdanken wir den wesentlichen Dynamismus der Taten. Sie bestimmen den Dynamismus der Verkoppelung von Person und Tat. Die für sie charakteristische Potentialität gestaltet – wenn man so sagen darf – jenes Profil der Person, das als ihre Transzendenz in der Tat erscheint. Deshalb auch besitzen diese Fähigkeiten, die am Profil der Person schöpferisch beteiligt sind, selbst ein personales Merkmal. Man kann sie nicht ohne weiteres auf die Natur zurückführen. Wenn wir der Vernunft und dem Willen ‚geistige' Natur zuschreiben, behaupten wir damit keineswegs, dass der für sie charakteristische Dynamismus (…) auf der Ebene der Natur selbst beschränkt bleibt. Die ‚geistige Natur‘ besagt nur soviel wie geistiger Charakter in realer und substantieller Bedeutung“ (Wojtyła, Person und Tat, 210-211).

2 „Die Erkenntnis der menschlichen Seele als Prinzip der Lebens- und Seinseinheit der Person ist die Frucht der metaphysischen Analyse. Auf die Seele und ihre geistige Natur schließen wir aus den Wirkungen, die zu Recht eine hinreichende und kommensurable Ursache fordern. Im Licht einer solchen Erkenntnismethode ist es klar, dass es weder eine unmittelbare Erfahrung noch auch ‚das Erleben der Seele‘ (die eben eine solche Erfahrung wäre) gibt. Der Mensch besitzt nur die Erfahrung der Wirkungen (Folgen), für die er eine angemessene Ursache in seiner Existenz sucht“ (Ebd., 213).

3 Hirschberger, Kleine Geschichte der Philosophie, 91.

4 Deshalb haben auch Pflanzen und Tiere eine Seele. Allerdings ist die Seele des Menschen vernunftbegabt und somit eine Geistseele.

5 Wojtyła, Person und Tat, 299.

halt der Seele“[1] gegeben. Aber ebenso wenig wie die Transzendenz der Person in der Tat mit dem unmittelbaren Erleben der Seele identifiziert werden kann, ist die Verbindung von Integration und Transzendenz mit dem Erleben des Verhältnisses Seele und Körper gleichzusetzen: „Sowohl die Wirklichkeit der Seele selbst als auch die Wirklichkeit ihres Verhältnisses zum Körper“, so Wojtyła, „ist in diesem Sinn eine transphänomenale und außerhalb der Erfahrung stehende Wirklichkeit. Gleichzeitig führt uns jedoch die ganzheitliche und allseitige Erfahrung des Menschen auf diese Wirklichkeit hin, und zwar sowohl auf die Wirklichkeit der Seele als auch auf die Wirklichkeit ihres Verhältnisses zum Körper.“[2] Was derart phänomenologisch vorbereitet ist[3], bedarf, um erklärt werden zu können, der „metaphysischen Grundlegung“. Wojtyła bestätigt, „dass sowohl die Wirklichkeit der Seele selbst als auch die ihres Verhältnisses zum Körper richtig und wahrhaftig nur in den metaphysischen Kategorien ausgedrückt werden kann.“[4] „In metaphysischer Bedeutung ist die Seele ‚Form‘, und ihr Verhältnis zum Körper ist von der Art, wie Aristoteles oder auch Thomas von Aquin das Verhältnis der ‚Form‘ zur ‚Materie‘ bestimmen. (Man muss hinzufügen, dass es sich dabei um die erste Materie – die ‚materia prima‘ handelt.)“[5] Deutlicher könnte sich Wojtyła nicht zur Gültigkeit des metaphysischen Ansatzes der scholastischen Philosophie bekennen. An diesem entscheidenden Punkt hält also Wojtyła fest, dass die Verhältnisbestimmung von Seele und Körper im Sinn der beiden Seinsprinzipien Form und Materie zu erfolgen hat. Indem er die „materia prima“ unterstreicht, wendet er sich gegen jede Form cartesianischer Trennung von Geist und Marterie als zwei verschiedener Arten des Seins.

1 „Der Erlebnisinhalt der Seele ist all das, was sich (...) zur Transzendenz der Person in der Tat zusammensetzt: also die Pflicht, die Verantwortung, die Wahrhaftigkeit, die Selbstbestimmung, das Bewusstsein – mit der besonderen Bestimmung, dass im Erleben der Seele vor allem die Innerlichkeit all dieser Inhalte zum Ausdruck kommt. Sie stellen die lebendige Grundlage des menschlichen Innern dar, stecken im Innenleben des Menschen und werden, da sie innerlich erlebt werden, von vielen Menschen mit dem Erleben der Seele verwechselt. Das Erleben der Seele beschränkt sich nicht allein auf diese Inhalte mit der ihnen eigenen Verinnerlichung im Menschen, sondern umfasst in ihnen und durch sie gleichsam das ganze geistige ‚Ich‘ des Menschen. Das Erleben der Seele als geistiges ‚Ich‘ des Menschen scheint auf seine Weise die Richtung der metaphysischen Analyse aufzuzeigen“ (Ebd., 213).

2 Ebd., 299.

3 „Wenn nämlich der reaktive Dynamismus als solcher, der für die menschliche Somatik charakteristisch ist, und sogar der emotive Dynamismus, der der menschlichen Psyche zukommt, ihren Ursprung im Körper haben, dann muss man für die Integration dieser Dynamismen in der Tat der Person allerdings einen Ursprung suchen, der sowohl der Integration als auch der Transzendenz gemeinsam ist, da (...) die Integration im Verhältnis zur Transzendenz eine vervollständigende Rolle spielt. Ist dieser letzte Ursprung, oder anders ausgedrückt, diese gemeinsame Grundlage für die Transzendenz und die Integration der Person in der Tat nun gerade die Seele? Es scheint, dass wir auf diesem Weg dem Fundament der Seele sehr nahe kommen“ (Ebd., 301).

4 Ebd.

5 Ebd., 300.

Vielmehr betont er, dass die Seele als geistige Seinsgrundlage des Menschen sowohl den Körper als auch alle personalen Vollzüge durchdringt und die Einheit des ganzen Menschen begründet. Dass die Seele auch unabhängig vom Körper existieren kann, berührt diesen Zusammenhang nicht.

Indem Wojtyła also nach einer vernunftgemäßen Erklärung der Erfahrungswerte hinsichtlich der psycho-somatischen Integralität des Menschen sucht, gelangt auch er wieder zu dem metaphysischen Begriff der Seele, die als geistige Seinsgrundlage aller menschlichen Dynamismen und somit als das einende Prinzip schlechthin gedacht wird. Ein solcher Seelenbegriff ist mit dem Begriff der geistigen Seele in der traditionellen Metaphysik letztlich identisch.

Wichtiger aber als die phänomenologische Beschreibung der psycho-somatischen Zusammenhänge und deren Integration in den personalen Dynamismus des Menschen wird in der „Theologie des Leibes" Johannes Pauls II. die realsymbolische Bedeutung des Leibes und seiner Geschlechtlichkeit für das Verstehen der „communio personarum" und ihrer Vollbildhaftigkeit im Blick auf das Bundesverhältnis zwischen Gott und Menschheit. Sobald Wojtyła die Einordnung des Leibes in einen anthropologischen Gesamtentwurf geleistet hat, kann er sich über die Strukturfragen erheben und im Lichte der Offenbarung das Geheimnis der leib-seelischen Wirklichkeit des Menschen erschließen. Dieses Geheimnis findet durch die Inkarnation in der sakramentalen Mitteilung des göttlichen Lebens an die Menschheit seine tiefste Sinndeutung. Grundlage sowohl der Einordnung des Leibes in der Anthropologie als auch für die theologische Auswertung des Offenbarungsgeschehens bleiben bei Wojtyła die Verstehensmomente, welche dem Menschen durch die Erfahrung gegeben sind. Seine Theologie baut einerseits auf den erkenntnistheoretischen Grundlagen auch hinsichtlich des emotionalen Wertfühlens auf, andererseits auf der Bedeutung des Leibes als Terrain für die Verwirklichung der Person und der Integration des gesamten Menschseins in den personalen Dynamismus. So kann Wojtyła mit dem Axiom des Leibes als „Mittel der Expression für die Person"[1] in die Theologie eintreten.

1.4.1.7.5 Körper und Zweigeschlechtlichkeit

Unter der Überschrift „Sexual- und Fortpflanzungstrieb" thematisiert Wojtyła im Rahmen von *Person und Tat* auch den „Geschlechtsunterschied, der auf der Einteilung des Menschen in männliche und weibliche Individuen beruht", der „wiederum aus dem somatischen Grund hervor[wächst]" und der „sehr tief in die Psyche, mit der ihr eigenen Gefühlsstruktur bzw. Emotivität, und in die Geisthaftigkeit des Menschen selbst hinein[reicht]"[2]. Auf der Ebene der Erfahrung, d. h. im Rahmen seiner philosophischen Anthropologie, hebt Wojtyła in

1 Ebd., 234.
2 Ebd., 250.

Person und Tat für das Mann- und Frausein ein Zweifaches hervor. Einerseits „stützt sich auf den Geschlechtstrieb das Streben, mit einem anderen Menschen auf der Grundlage einer tiefen Ähnlichkeit und zugleich eines tiefen Unterschieds, der aus der Besonderheit des Geschlechts hervorgeht, zusammen zu sein. Dieses natürliche Streben stellt die Grundlage der Ehe – die Grundlage des ehelichen Zusammenlebens – sowie für die Fortpflanzung und Geburt dar.“[1] Auf der anderen Seite spricht er vom „Sexualtrieb“ als „*Fortpflanzungstrieb*“, der mit „seiner integralen Dynamik und Zielhaftigkeit zur Quelle der Weitergabe des Lebens“ wird, aber gleichzeitig von der Notwendigkeit der „Steuerung des Sexualtriebs unter dem Gesichtspunkt der Ethik“, was „möglich [ist], obwohl die manchmal mit Schwierigkeiten verbunden ist, insbesondere wenn die sexuelle Erregbarkeit bei jemandem sehr ausgeprägt ist. Dies beruht nicht nur auf den somatischen Reaktionen selbst, sondern auch auf einem besonderen psychischen Drängen emotionaler Art.“[2] Bemerkenswert ist, dass Wojtyła an dieser Stelle von *Person und Tat* auf sein Buch *Liebe und Verantwortung* verweist: „Dort findet sich auch eine umfassendere Beschreibung der rein somatischen Strukturen, in denen der Trieb erscheint. Diese Strukturen reichen sehr tief in den menschlichen Organismus hinein, und sie heben den bezeichnenden Unterschied zwischen Mann und Frau hervor.“[3]

Es ist äußerst bemerkenswert, dass Wojtyła an dieser Stelle vollkommen davon Abstand nimmt, das Wesen der menschlichen Person auf dem Hintergrund des Verhältnisses von Mann und Frau zu deuten. Es ist, als wolle er sich dieses Thema bewusst für die Entfaltung der „Theologie des Leibes“ aufbewahren. Denn auch auf der Ebene der Erfahrung könnte er hier auf verschiedene Aspekte der menschlichen Person und deren Verwirklichung eingehen. Doch beschränkt er sich einfach auf die Feststellung, dass es dem Menschen aufgegeben ist, die körperlich bestimmten sexuellen Kräfte und Triebe durch die personale Selbstbestimmung zu beherrschen und in das Gesamt des personalen Dynamismus zu integrieren.

1.4.1.7.6 Körper und Kosmos

Der Mensch fühlt über seinen Körper hinaus auch „die ‚Welt‘ als ein komplexes und differenziertes Ensemble von Existenzen, unter denen das eigene ‚Ich’ existiert und zu denen es in verschiedenen Relationen steht.“[4] Die Welt „als ein komplexes und differenziertes Ensemble von Existenzen“ bildet zusammen mit dem Menschen den Kosmos. Einerseits stellt der menschliche Körper eine kosmische Wirklichkeit dar, andererseits erlebt sich der Mensch aufgrund seines

1 Ebd., 250-251.
2 Ebd., 251.
3 Ebd., 251.
4 Ebd., 267.

Körpers auch als Teil des ganzen Kosmos. Der Kosmos als sichtbare Welt bildet gewissermaßen eine Einheit. Auf diese Weise macht der Mensch die Erfahrung, als menschliches Subjekt Teil des Ganzen zu sein. Mit jeder Erfahrung eines Seienden, das sich außerhalb des Menschen befindet, verbindet sich deshalb auch immer eine Erfahrung des Menschen von sich selbst. Gleichzeitig erlebt der Mensch die kosmische Wirklichkeit als Feld, auf dem sich die Tat vollzieht, aber auch als Weg, auf dem er mit einem Du in Verbindung treten kann. Damit verleiht der Kosmos dem Menschen erst die Möglichkeit, sich selbst zu verwirklichen. Wojtyła spricht von einem Beziehungsverhältnis zum Kosmos, das in viele Richtungen weist. Obwohl es dabei um Existenzformen geht, die tiefer stehen als der Mensch, sind sie ihm dennoch auf verschiedene Weisen zugeordnet und gleichzeitig nötig.

Der Wert des Kosmos besteht für den Menschen zunächst darin, dass er im Umgang mit der sichtbaren Welt erkennt, dass er in ihr eine Ausnahme bildet. In diesem Zusammenhang verweist Karol Wojtyła/Johannes Paul II. immer wieder auf die Formulierung der Pastoralkonstitution *Gaudium et spes,* Nr. 24, „dass der Mensch (…) auf Erden die einzige von Gott um ihrer selbst willen gewollte Kreatur ist“[1]. Durch den Vergleich mit der kosmischen Wirklichkeit wird ihm der eigene Wert bewusst, der in der Selbstbestimmung der Person liegt. In der „Theologie des Leibes“ versteht der Mensch aus der Beziehung zu Gott dann, dass die Welt nicht um ihrer selbst willen da ist, sondern für ihn geschaffen ist. Einerseits erkennt der Mensch auf diese Weise, welchen Wert er hat, andererseits kann er die Welt für sich in Dienst nehmen. Sie enthält einen umfassenden Wert für den Menschen als Ort und Mittel seiner Selbstverwirklichung.

Aus all dem leitet sich für den Menschen die Pflicht ab, mit dem Kosmos so umzugehen, dass dieser seine Bestimmung erfüllen kann, die er für den Menschen hat. Denn in „der Natur oder in der Welt besteht so etwas wie eine Bereitschaft, sich dem Dienst am Menschen, dem Dienst an seinen Bedürfnissen, zur Verfügung zu stellen“, erklärt Wojtyła, „und darin gegenüber der Naturordnung ein höheres Maß von Zielen zu empfangen, in die Dimension des Menschen einzutreten und an seiner Existenz in der Welt teilzunehmen.“[2] Deswegen soll der Mensch den Kosmos so pflegen, dass er bewahrt bleibt und seiner Bestimmung für den Menschen nachkommen kann. Man könnte dabei von einer „kosmologischen Norm“ sprechen. Das aber setzt voraus, dass der Mensch „in sich selbst ein starkes Empfinden für den ‚Kosmos‘ bzw. für die Ordnung der Welt (…) wiedererlangt und sie nicht nur zu einem hervorragenden, aber irgendwie zugleich brutalen Gegenstand seiner Ausbeutung macht.“[3] In der „Theologie des Leibes“ geht es dann im Licht der Offenbarung um die Pflicht, den Kosmos als Geschenk Gottes zu bejahen, dieses Geschenk anzunehmen und zur persön-

1 Vgl. Wojtyła, Das Problem der Bildung, 80.
2 Ebd., 83.
3 Ebd., 85.

lichen Erfüllung in sein eigenes Leben zu integrieren. Das gilt entsprechend auch für den Leib als kosmische Wirklichkeit des menschlichen Subjekts. In diesem Zusammenhang verweist Wojtyła bereits in seinem Beitrag *Das Problem der Bildung von Kultur durch menschliche Praxis* auf Röm 8, 21-22.[1] Diese Verse aus dem Römerbrief stellen für den Aufbau der „Theologie des Leibes" Johannes Pauls II. eine Schlüsselstelle dar. Denn sie bringen zum Ausdruck, dass der Mensch und die Welt, also der Kosmos, erlösungsbedürftig sind.

1.4.2 Subjekt und Gemeinschaft

Von besonderem Interesse für den späteren Entwurf einer „Theologie des Leibes" ist bei Wojtyła für Jaworski die Untersuchung jener „Grundbedingungen (…) unter der die Existenz und die Handlung der menschlichen Person ‚in der Gemeinschaft mit den anderen' der ‚Selbstverwirklichung' dient"[2]. Harvanek spricht vom Solidaritätsbegriff bei Karol Wojtyła. Dessen Ursprung bilden die schelerschen Analysen über die Person und ihre Beziehungen zu andern Personen in Gemeinschaft, die bei Scheler Teil der Konstitution der Person sind.[3]

1.4.2.1 Personalistischer Wert

Ausgangspunkt bei Wojtyła ist eine personalistische Konzeption der Tat. Allein schon das Vollbringen der Tat durch die Person stellt einen Wert dar. Wojtyła nennt diesen Wert eben personal oder personalistisch: „Der personalistische Wert steckt (...) im bloßen Faktum, dass ‚der Mensch' auf ihm eigentümliche Weise ‚handelt'. Also darin, dass dieses Handeln den Charakter einer authentischen Selbstbestimmung hat, dass sich in ihm die Transzendenz der Person realisiert, was (...) die Integration sowohl auf dem Feld der menschlichen Somatik als auch der Psyche nach sich zieht."[4] Diese Konzeption[5] ist für die Wertbestimmung der Person an sich von großer Bedeutung. Selbstverständlich lässt Wojtyła keinen Zweifel daran, dass sich der Mensch nicht allein schon deshalb selbst verwirklicht, indem er eine Tat vollbringt, „sondern dadurch, dass diese Tat sittlich gut ist."[6] Folglich ist der personalistische Wert kein ethischer, sondern ein „prä-ethischer".[7] „Der personalistische Wert der Tat geht nämlich allen

1 Vgl. ebd., 83.
2 Jaworski, Konzeption der Anthropologie, 288.
3 „Scheler goes on to describe person in its relationship to other persons in community (…) is part of the very constitution of the person (…). His thought is, I believe, the origin of the notion of solidarity promoted in Poland by Karol Wojtyła" (Harvanek, John Paul II, 10).
4 Wojtyła, Person und Tat, 305.
5 „Der personalistische Wert besteht darin, dass sich in der Tat die Person selbst aktualisiert; in der Tat kommt die ihr eigentümliche Struktur der Selbst-Zugehörigkeit und Selbst-Beherrschung zum Ausdruck" (Ebd., 307).
6 Wojtyła, Person: Subjekt und Gemeinschaft, 35.
7 Vgl. Wojtyła, Person und Tat, 328-329.

ethischen Werten voraus und bedingt sie."[1] Er unterscheidet sich von den sittlichen Werten dahingehend, dass er im Faktum des Vollzugs steckt, wohingegen die letzteren immer Werte einer bereits vollbrachten Tat sind und sich aus der Beziehung zu Normen ergeben. Umgekehrt wachsen die sittlichen Werte aus dem prä-ethischen, personalistischen Wert hervor. Aus diesem Grund wird in der Anthropologie Wojtyłas der personalistische Wert als der „grundlegendste Ausdruck des Werts der Person selbst"[2] bezeichnet und muss in jeglicher Gemeinschaftsform bewahrt bleiben. Dabei gebraucht Wojtyła wiederholt den Begriff der „communio personarum" („personale Gemeinschaft")[3], der der Konstitution *Gaudium et spes* des Zweiten Vatikanischen Konzils entlehnt ist.[4] Die Einführung dieses Terminus technicus aus einem kirchlichen Dokument bildet die entscheidende Brücke von der Anthropologie Karol Wojtyłas zur „Theologie des Leibes" Johannes Pauls II. Zunächst unterscheidet Wojtyła jedoch die zwischenpersonale Dimension der Gemeinschaft („Ich-Du") von der sozialen Dimension der Gemeinschaft („Wir") und erfasst mit dem Begriff der „Teilhabe" die Grundstruktur jedes echten menschlichen Existierens und Handelns gemeinsam mit anderen. Jaworski weist darauf hin, dass Wojtyła den Begriff der „Teilhabe" in einem doppelten Sinn anwendet: „Erstens ist der Mensch mit den anderen zusammen dazu fähig, sich zu verwirklichen; zweitens wird darunter eine positive Beziehung zu den anderen Menschen gemeint"[5]. Dies alles gipfelt in der Konzeption der „Menschheitsfamilie"[6]. Doch liegt all dem das Problem der Beziehung zwischen der Gemeinschaft (zwischenmenschlich wie sozial) und der personalen Subjektivität des Menschen zugrunde: „Das Problem der Subjektivität der Person – und namentlich dieses Problem in Beziehung zur menschlichen Gemeinschaft – tritt heute als *eines der zentralen Weltanschauungsprobleme* auf, welche die Grundlage aller menschlichen ‚Praxis' bilden, die Grundlage der Moral (also auch der Ethik), die Grundlage der Kultur, der Zivilisation und der Politik."[7]

1.4.2.2 „Ich-Du"-Bezug

Wojtyła müht sich zunächst um die Herausarbeitung jener Grundstruktur, die den verschiedensten „Ich-Du"-Beziehungen zukommt (Eheleute; Mutter und Kind; zwei Menschen, die einander zufällig begegnen). Grundsätzlich ist das „Du" immer ein zweites von mir verschiedenes „Ich". Beim Denken oder Sagen von „Du" wird ein konkreter Mensch von vielen ausgesondert. Das könnte

1 Ebd., 306-307.
2 Ebd., 306.
3 Wojtyła, Person: Subjekt und Gemeinschaft, 48.55.59.
4 Vgl. GS 12
5 Jaworski, Konzeption der Anthropologie, 288.
6 Wojtyła, Person: Subjekt und Gemeinschaft, 55.
7 Wojtyła, Person: Ich und Gemeinschaft, 191.

auch virtuell geschehen. Potentiell können alle Menschen ein „Du" sein. Mit einem „Du" verbindet sich eine Beziehung, die vom „Ich" ausgeht und zu diesem zurückkehrt. Wojtyła nennt diese Rückkehr zum „Ich" „Gegenwendigkeit" und unterscheidet sie deutlich von der „Gegenseitigkeit" im Sinne der Gegenbeziehung „Du"-„Ich".[1] Mit diesem Sich-Öffnen für einen anderen Menschen kommt die Transzendenz auf ein Objekt hin zum Tragen, das sich außerhalb der menschlichen Person befindet. So gesehen entfaltet sich hierin am deutlichsten die Bewegung, die durch die „intentionale Wende" bei Wojtyła eingeleitet wird. Die „Transzendenz der Person in der Tat" besteht nämlich nicht allein im Faktum des Sich-selbst-Überschreitens der Person auf Werte („wahres Gut"). Diese schließt vor allem das Sich-selbst-Überschreiten der Person auf ein „Du" hin ein.[2] Und diese Beziehung ist für das „Ich" konstitutiv. Denn wenn „nun die vom Ich zum Du gerichtete Beziehung zu dem Ich, von dem sie ausgegangen ist, zurückkehrt, so liegt in *dieser* Wendung der Beziehung (...) *das Moment der spezifischen Konstituierung des menschlichen Ich durch die Beziehung zum Du.*"[3] Weil „Ich" und „Du" ontologisch aber bereits vollauf konstituierte Subjekte sind, findet diese Konstituierung des eigenen „Ich" durch die Beziehung zum „Du" im Erleben auf der Bewusstseinsebene statt.[4] Das ist für die vollkommenere Selbst-Erfahrung des „Ich" sowie für die Erkenntnis seiner selbst im Licht des zweiten „Ich" von Bedeutung. Durch ein „*auf das Du als Objekt gerichtete Handeln erlebt das Ich sich nicht nur in Beziehung zum Du, sondern es erfährt sich selbst auf eine neue Weise in seinem eigenen Subjektsein.*"[5] Darum ist für Köchler die Beziehung zum „Du" „konstitutiv für ein kritisches Selbstverständnis, das wiederum eine autonomere Selbstbestimmung durch die Kenntnis verschiedener Motivations- und Realisierungsmöglichkeiten bedingt."[6] Und: „In der Beziehung auf und in der Abhebung vom Anderen (Mitmenschen), wird erst eine klarere Bestimmung des eigenen Selbst möglich."[7] Das „Ich" wird stärker in der eigenen Subjektivität verwurzelt. Gleichzeitig zeigt sich das „Du" „dem Ich gegenüber als wahres und volles ‚zweites Ich', das – wie mein eigenes

---

1 Vgl. Wojtyła, Person: Subjekt und Gemeinschaft, 44.

2 „Wenn ein Mensch sich selbst spontan auf einen anderen, auf andere, auf die Gemeinschaft hin ‚überschreitet' (...) – so ist dies der Beweis dafür, dass der Selbstvollzug bzw. die Selbstteleologie eine Öffnung des Subjekts mit sich bringt. Der Mensch vollzieht sich *‚durch andere'*, er verwirklicht sich, indem er ‚für andere' lebt – womit *nicht nur ein Sich-selbst-Überschreiten auf andere hin* zur Sprache kommt, *sondern* vor allem *auch ein Überwinden seiner selbst*" " (Wojtyła, Die Transzendenz der Person, 50).

3 Wojtyła, Person: Subjekt und Gemeinschaft, 44.

4 „In dieser reziproken Beziehung sieht K. Wojtyła den Faktor (Zeitpunkt) der spezifischen Konstituierung des menschlichen ‚Ich' durch die Relation zum ‚Du'. Es ist nämlich von Bedeutung für ein vollkommenes Erleben des sich selbst, des eigenen ‚Ich'" (Jaworski, Konzeption der Anthropologie, 289).

5 Wojtyła, Person: Subjekt und Gemeinschaft, 46.

6 Köchler, Die dialektische Konzeption der Selbstbestimmung, 3.

7 Ebd., 4.

,Ich' – nicht nur durch Selbstbewusstsein, sondern vor allem durch Selbstbesitz und Selbstverfügung bestimmt ist. In dieser subjektiven Struktur zeigt das Du als zweites Ich seine eigene Transzendenz und sein eigenes Strukturverwirklichungs-Streben."[1] Auch das „Du" verwirklicht seine Struktur, indem es seine Subjektivität bereichert. Somit wird mit dem „Ich-Du"-Bezug deutlich, „dass in der Dimension der zwischen-menschlichen Beziehung sich die beidseitige Offenbarung des Menschen vollziehen *soll*: die Offenbarung des Menschen für den Menschen in seiner personalen Subjektivität, mit allem, worin sie besteht."[2] Das umfasst die personale Wirklichkeit von Selbstbesitz, Selbstbestimmung, Streben nach Selbstverwirklichung und die dem Menschen als Person eigene Transzendenz, die im Gewissen zutage tritt. „*In dieser Wahrheit seiner personalen Wirklichkeit* soll nun *der Mensch dem Menschen* nicht nur offenbar werden; er soll darin auch *angenommen und bestätigt werden*. In solcher Annahme und Bejahung gründet der sittliche Sinn der zwischen-personalen Gemeinschaft."[3] Letztendlich geht es darum, dass der Mensch im Erleben eines Mitmenschen versteht, dass es sich bei diesem Gegenüber ebenfalls um eine Person handelt, deren Eigentlichkeit in der Selbstbestimmung besteht wie bei ihm selbst. In dem Augenblick, als der Mensch sein Gegenüber als „Du" annimmt, das heißt, in seiner Selbstbestimmung respektiert und somit um seiner selbst Willen bejaht, entsteht eine personale Beziehung – eine „communio personarum" – zwischen diesem Menschen und dem „Du". Die höchste Form, wie der Mensch seine Selbstbestimmung verwirklichen kann, besteht dann darin, dass der Mensch sich selbst einem „Du" hingibt, das heißt, über seine Subjektivität, die er in Besitz genommen hat, so verfügt, dass er diese an das „Du" verschenkt. Darin besteht die höchste Form personaler Beziehung.

Alles, was Wojtyła im Zusammenhang mit dem „Ich-Du"-Bezug über Selbsterfahrung des „Ich", Selbsterkenntnis im Lichte des zweiten „Ich", Selbstbejahung, beidseitige Offenbarung der personalen Struktur, Annahme und Bejahung des anderen und Hingabe ausführt, wird der Ausgangspunkt für die „Theologie des Leibes" Johannes Pauls II. Wie bei der Auswertung der Mittwochskatechesen auf der Ebene der Offenbarung noch zu zeigen sein wird, ist es gerade der Leib des Menschen, über den diese „vollkommenere Selbst-Erfahrung des Ich" sowie die „Erkenntnis seiner selbst ,im Licht des zweiten Ich'" gewonnen wird.

1.4.2.3 „Wir"-Bezug

Das „Wir" umfasst mehrere menschliche Subjekte, eine Gesamtheit von Menschen, die gemeinsam existieren und handeln. „Gemeinsam" wird dieses Handeln und Sein von mehreren bzw. vielen „Ichs" erst dann, wenn ihm ein gemein-

---

1 Wojtyła, Person: Subjekt und Gemeinschaft, 47.
2 Ebd.
3 Ebd., 48.

samer Wert, ein Gemeingut oder das Gemeinwohl („bonum commune“) zugrunde liegt. Im Unterschied zum „Ich-Du“-Bezug kommt damit beim „Wir“-Bezug ein neuer Bezugspunkt hinzu, der wiederum dem „Ich-Du“-Bezug eine neue Einheit verleiht. Deutlich wird dies am Beispiel der Ehe. Wenn die Gatten jene Werte annehmen, die als Gemeingut von Ehe (Treue, Kinder, Familie etc.) betrachtet werden, erhält auch der „Ich-Du“-Bezug eine neue Perspektive und schöpft aus dem „Wir“-Bezug.

Im Blick auf die „Theologie des Leibes“ geht es um die Fragen, inwiefern diese soziale Dimension von Gemeinschaft bei Wojtyła eine Bedeutung für das personale Subjektsein des Menschen hat und „in welchem Grad und auf welche Weise auch hier ein Prozess der Selbst-Konstitution eines jeden Ich durch das Wir abläuft, ähnlich dem Prozess im zwischen-personalen Bezug, wo sich das Ich durch das Du konstituierte.“[1]. Wie schon angemerkt, geht es „hier nicht um Konstitution im metaphysischen Sinn, denn so ist jedes Ich in seinem eigenen Suppositum konstituiert. Doch *die Konstitution des konkreten* Ich in seiner personalen Subjektivität geschieht auf besondere Weise *dadurch, dass es ‚gemeinsam mit anderen‘ ist und handelt, in sozialer Gemeinschaft, in der Dimension verschiedener Formen von ‚Wir‘.*“[2] Wie ebenfalls bereits erwähnt, ist bei dieser Konstituierung und Bestätigung der personalen Subjektivität „die Beziehung zum gemeinsamen Gut“ maßgeblich, schließlich konstituieren sich in dieser Beziehung viele Subjekte mit der ihnen eigenen Transzendenz zu einem „Wir“, wobei gleichzeitig umgekehrt gilt: „der Gemeinwohl-Bezug *verwirklicht* auch in besonderer Weise diese Transzendenz.“[3] Dreh- und Angelpunkt im Spannungsfeld zwischen Gemeinwohl und Selbstverwirklichung bleibt für Wojtyła der Bezug zur Wahrheit. „Objektiv *verwirklicht sich die Transzendenz in der Beziehung zur Wahrheit* und zum ‚wahren‘, d. h. ‚rechten‘ Gut. Der Bezug *zum Gemeinwohl*, der viele Subjekte zu einem ‚Wir‘ eint, muss ebenfalls in der Beziehung zur Wahrheit und zum wahren Guten gründen.“[4] Damit ist für Wojtyła der Maßstab für das Gemeinwohl gegeben: „Das Gemeinwohl ist in seinem Wesen das für viele Gute, im Vollsinn jenes, das für alle gut ist.“[5] Natürlich stellt sich das Gute für Ehe oder Familie anders dar als das eines Volkes oder gar der Menschheit. „Doch in allen diesen Verwirklichungen *entspricht das Gemeinwohl der Transzendenz der Personen, es bildet die objektive Grundlage, auf der Personen sich in sozialer Gemeinschaft als Wir konstituieren.*“[6]

Weil nun aber „die soziale Dimension der Gemeinschaft unverkürzt zum Streben des Subjekts nach Selbstverwirklichung“ gehört, hat für Wojtyła das

1 Ebd., 50.
2 Ebd., 51.
3 Ebd., 51-52.
4 Ebd., 52.
5 Ebd.
6 Ebd.

„Gemeingut (…) als objektive Grundlage dieser Dimension eine größere Wertfülle als das Eigengut eines jeden Ich in der betreffenden Gemeinschaft“ und ist deshalb „ein übergeordnetes Gut“[1]. Im Idealfall realisiert jedes Glied einer jedweden Gemeinschaft (Ehe, Volk, Staat) im Gemeingut ihr jeweils eigenes Gut vollkommener. Doch die „Geschichte der Völker wie die Entwicklung der sozialen Systeme belegen, dass – trotz eines ständigen Ringens um das ‚wahre‘ Gemeingut, das dem Wesen des sozialen Wir und zugleich der personalen Transzendenz des Ichs entspreche – die verschiedensten Utilitarismen, Systeme des Totalitarismus und Sozial-Egoismus auftauchten.“[2] Wojtyła verdeutlicht das oft problematische Verhältnis Einzelgut-Gemeingut am Beispiel der Geschichte Polens.[3] In *Person und Tat* führt Wojtyła als „a- oder anti-personalistisch[e]“ Konzeptionen besonders den Individualismus und Totalitarismus mit ihren zahlreichen Variationen an.[4] Weil das Individuum die „anderen“ als Beschränkung empfindet und daher sein Gut vor der Gemeinschaft schützen will, ordnet der Individualismus das Gut des Individuums über das Gut jeder Gemeinschaft oder Gesellschaft. In der neueren Geschichte[5] ebnete der Individualismus dem Liberalismus die Bahn und in der Wirtschaft dem Kapitalismus.[6] Der Totalitarismus hingegen ordnet unter Zwang das Gute des Individuums der Gemeinschaft und Gesellschaft unter. Vermeintlich geht es um die Sicherung eines in besonderer Weise begriffenen gemeinsamen Gutes vor dem Individuum. Letztlich verneinen beide Positionen mit ihren vielen Facetten, dass die Person wesentlich darauf angelegt ist, ihre eigene Subjektivität zu bereichern.

Auch die Ausrichtung der menschlichen Person auf das gemeinsame Gut einer Gemeinschaft, in welche sie integriert ist, bereitet den Gedankengang auf die „Theologie des Leibes“ vor. Denn der Leib offenbart die Hinordnung der Person auf Gemeinschaft, in der sie sich umso mehr verwirklichen kann, je freier sie sich einbringen und je umfassender sie das Gemeinsame als wahres Gut auch für sich erkennen kann.

---

1 Ebd., 53.

2 Ebd., 53-54.

3 „Wir Polen etwa wissen aus unserer Geschichte, wie viel dieses Gut, das den Namen ‚Polen‘ oder ‚Vaterland‘ trägt, immer wieder einzelne Bürger gekostet hat. Die Opfer, die für die Verwirklichung dieses Gutes gebracht worden sind, die Hingabe unzähliger Einzelgüter – dazu oft Vertreibung, Kerker und Tod – zeugten und zeugen auch heute von der Größe dieses Gutes und von seinem übergeordneten Rang. Vor allem die extremen Situationen bestätigen überzeugend die Wahrheit, dass *das Einzelgut* der Glieder einer Wir-Gemeinschaft *durch das Gemeingut bedingt ist*. Denn in solchen Situationen verlieren für einzelne offenbar diese Güter ohne das Gemeingut ihren Wert. Das heißt freilich keineswegs, die Aufopferung seiner selbst, auch des eigenen Lebens, ließe sich auf eine bloße ‚Güterabwägung‘ – zwischen Einzelgut und Gemeingut – reduzieren“ (Ebd., 53). Vgl. dazu auch: Johannes Paul II., Erinnerung und Identität, 81-102.

4 Vgl. Wojtyła, Person und Tat, 318.

5 Vgl. Johannes Paul II., Erinnerung und Identität, 64-70.

6 Vgl. Wojtyła, Thomistic Personalism, 174.

1.4.2.4 „Teilhabe“ und Dialog

Der Mensch existiert und handelt nicht allein, sondern in unterschiedlichsten zwischenmenschlichen und sozialen Relationen immer gemeinsam mit anderen Menschen. Dabei stellen sowohl die personale Subjektivität als auch die Gemeinschaft[1] Werte dar. Deshalb wirft sich für Wojtyła die „grundsätzliche Frage auf, wie ein System von Beziehungen zwischen dem Individuum und einer Gesellschaft geschaffen werden kann, das sich aus der größtmöglichen Korrelation zwischen dem wahren Gut der Person und dem Gemeingut ergibt, das eine Gesellschaft natürlicherweise anstrebt“[2]. Wojtyła führt den Begriff der „Teilhabe“ („participatio“) ein. Dank der „Teilhabe“ behält die Person ihre „Eigentlichkeit“ und es ist ihr in jeder Form von Gemeinschaft möglich, „dem eigenen Sein und Handeln im Zusammensein und –wirken mit anderen Menschen personale Qualität zu geben.“[3] Der personalistische Wert der Tat ist gewahrt. So bleibt der Mensch er selbst und verwirklicht sich in seinen Taten selbst.[4] Den fundamentalen Unterschied zwischen „Mitgliedschaft“ in einer Gemeinschaft und „Teilhabe“ verdeutlicht Wojtyła am Beispiel einer Gruppe von Arbeitern, die an derselben Baugrube arbeiten oder einer Gruppe von Studenten, die dieselbe Vorlesung hören.[5] Auch hier geht es um die Frage, ob der Mensch als Mitglied einer Handlungsgemeinschaft (Arbeiter, Student) über das rein gegenständliche Ziel des Handelns (Ausheben der Grube, Aneignen von Prüfungsstoff) hinaus „durch dieses Handeln wahrhaft Taten vollbringt und in diesen Taten sich selbst vollbringt; darin nämlich besteht die Teilhabe.“[6] Die Lösung liegt für Wojtyła im „bonum commune“, das sich eben nicht auf das rein gegenständlich verstandene Ziel des Handelns beschränkt, sondern stets das subjektive Moment

---

1 „*Unter Gemeinschaft verstehen wir* nicht die bloße *Vielheit der Subjekte,* sondern stets *eine spezifische Einheit dieser Vielheit.* Diese Einheit ist akzidentell im Bezug zu jedem Einzelnen und zu allen zusammen. Sie entsteht als eine Beziehung oder auch als die Summe der Beziehungen zwischen ihnen. Diese Beziehungen können als objektive Wirklichkeit, welche alle und jeden in der Vielheit mitbestimmt, untersucht werden“ (Wojtyła, Person: Subjekt und Gemeinschaft, 39). „Es handelt sich deshalb um eine Quasi-Subjektivität, weil *das eigentliche (substantielle) Subjekt des Existierens und Handelns*, auch wenn es sich gemeinsam mit anderen realisiert, *immer der Mensch als Person ist*“ (Wojtyła, Person und Tat, 320).

2 “The basic question (…) is how to create a system of relations between the individual and society that results in the fullest possible correlation between the person’s true good and the common good that society naturally seeks” (Wojtyła, Thomistic Personalism, 174). (Eigenübersetzung).

3 Wojtyła, Person: Subjekt und Gemeinschaft, 37. „Die Teilhabe macht also die Eigentümlichkeit der Person selbst aus, *ihre innere und homogene Eigentümlichkeit*, die bestimmend ist dafür, dass die Person, die ‚gemeinsam mit anderen‘ existiert und handelt, als Person existiert und handelt“ (Wojtyła, Person und Tat, 312).

4 „ (...) ‚participation‘ (...), due to which, while existing and acting in common with others, the human being does not cease to be himself, and does not cease to realize himself in his acts“ (Wojtyła, Participation or Alienation, 70).

5 Vgl. Wojtyła, Person und Tat, 323f.

6 Ebd., 323.

impliziert.[1] Insofern steckt die „Teilhabe" im „bonum commune", sodass die Person nicht nur gemeinsam mit anderen handelt, sondern sich durch authentische Taten vollbringt und damit sich selbst. Die Arbeiter, die gemeinsam eine Grube ausheben, oder die Studenten, die gemeinsam einen Vortrag anhören, verfolgen aufgrund des „bonum commune" nicht nur ein gemeinsames Handlungsziel, „sondern bringen auch auf verschiedene Art und Weise die Teilhabe zum Vorschein, die den einzelnen Mitgliedern der Handlungsgemeinschaft zu eigen ist."[2] Das heißt, die Mitglieder verfolgen in ihrem Handeln ein Ziel, das einerseits allen gemeinsam ist, welches andererseits aber auch von jedem der Beteiligten als Gut für sich persönlich angestrebt werden kann. So bildet das „bonum commune" die Grundlage jeglicher menschlicher Gemeinschaft. Von der Familien-, Volks-, Religions- oder Staatsgemeinschaft erwartet der einzelne Mensch, dass er in ihnen jene Güter für sich selbst wählen kann, durch die er sich selbst als Person vollbringt.[3] Einerseits gilt: „Es gibt bestimmte Rechte, welche jede Gesellschaft den Personen garantieren muss, zumal ohne diese Rechte ein für Personen eigentümliches Leben und eine eigentümliche Entwicklung nicht möglich sind. Eines dieser Grundrechte ist das Recht auf Gewissensfreiheit"[4]. Die Selbstbestimmung als Eigentlichkeit der Person erfordert darüber hinaus die grundsätzliche Möglichkeit, selbst über die Gestaltung des persönlichen Lebens wie die Wahl des Ehepartners, die Weitergabe des Lebens, die Erziehung der Kinder, den Beruf und die Beschäftigung in der Freizeit entscheiden zu können. Andererseits gilt: Das „wahre Gemeingut bedroht niemals das Gut der Person, auch wenn es erhebliche Opfer einer Person fordern würde"[5]. Die Selbstbestimmung muss sich also an den Rahmenbedingungen orientieren, die durch die Gemeinschaft, in der der einzelne Mensch lebt, sowie durch die für das gemeinsame Leben erforderlichen Güter vorgegeben sind.

Für Wojtyła zeigt die theoretische Konzeption der „Teilhabe" nicht nur, wie die Person, die gemeinsam mit anderen handelt, sich selbst verwirklicht und ihren personalistischen Wert realisiert. Die „Teilhabe" hat normative Bedeutung.[6]

---

1 „Wenn wir das Gute als Ziel auffassen wollen, dann nur in doppelter, in gegenständlicher und zugleich subjektiver Bedeutung. Die subjektive Bedeutung des gemeinsamen Guten hängt eng mit der Teilhabe als Eigenart von Person und Tat zusammen" (Ebd., 325).

2 Ebd., 326.

3 Vgl. ebd., 326f.

4 „There are certain rights that every society must guarantee to persons, for without these rights the life and development proper to persons is impossible. One of these basic rights is the right to freedom of conscience" (Wojtyła, Thomistic Personalism, 174). (Eigenübersetzung).

5 „(…) the true common good never threatens the good of the person, even though it may demand considerable sacrifice of a person" (Ebd.). (Eigenübersetzung).

6 „Es ist keine Norm im streng ethischen Sinne dieses Wortes, keine Norm der vollbrachten Tat im Hinblick auf ihren gegenständlichen Inhalt – sondern es ist eine Norm des Vollbringens der Tat selbst, eine *Norm* ihrer *personalen Subjektivität*, eine ‚innere' Norm, in der es um die ungefährdete Selbstbestimmung der Person geht, also um ihre Wirkmacht und auch um ihre Transzendenz und Integration in der Tat" (Wojtyła, Person und Tat, 315).

Mit ihr verbindet sich eine Pflicht. Weil der Mensch sich im gemeinsamen Handeln verwirklichen kann, „ist dadurch einerseits jeder verpflichtet, diese Teilhabe zu erringen, die ihm im Handeln ‚gemeinsam mit anderen' erlaubt, den personalistischen Wert der eigenen Tat zu realisieren", auf der anderen Seite „muss sich jede Handlungsgemeinschaft oder auch jedes gemeinsame menschliche Handeln so ge-stalten, dass die Person, die sich im Umkreis dieser Gemeinschaft befindet, sich selbst durch die Teilhabe verwirklichen kann."[1]

Darüber hinaus sind für das Verhältnis zwischen der „Teilhabe" als Eigentümlichkeit der Person und dem Guten der Gemeinschaft die „authentischen Haltungen" der „Solidarität" und des „Widerspruchs" wesentlich. In ihnen verwirklichen sich sowohl die „Teilhabe" als auch die „Transzendenz der Person in der Tat". Für Wojtyła kommt die „Solidarität" der ständigen Bereitschaft gleich, „für das ‚Wohl der Gesamtheit', das heißt für das gemeinsame Gute"[2] den Teil zu übernehmen, der einem als Mitglied einer bestimmten Gemeinschaft auch zukommt.[3] Selbst der „Widerspruch" kann eine besondere Art und Weise der solidarischen Haltung sein: „Nicht als Negation des gemeinsamen Guten und als Negation der notwendigen Teilhabe, sondern gerade als deren Bekräftigung."[4] Wojtyła verweist auf Eltern oder Staatsmänner, die oft deshalb streiten oder in Opposition sind, weil ihnen die richtige Erziehung der Kinder oder das Wohl des Volkes am Herzen liegt.[5] Der „Widerspruch", dem das gemeinsame Gute am Herzen liegt, hat so konstruktive Funktion.

Aus all dem erwächst für Wojtyła das „Prinzip des Dialogs", das keine Beliebigkeit ist. Denn eine „‚Dialog'-Haltung", so Johannes Paul II. in seiner Enzyklika *Ut unum sint,* „ist auf der Ebene des Wesens der Person und ihrer Würde angesiedelt."[6] In Anbetracht der Selbstbestimmung des einzelnen Menschen in jedweder Gemeinschaft ist der respektvolle Dialog nämlich der Weg, gerade bei gegensätzlichen Haltungen gemeinsame Ziele in gegenseitiger Rücksichtnahme würdevoll anzustreben. Deswegen thematisiert Wojtyła in *Person und Tat* als *eine* der Bedeutungen des „Dialogs" jene, „die dazu verwandt werden kann, um die menschliche Solidarität auch durch den Widerspruch zu gestalten und zu vertiefen."[7] Jeder echte „Dialog" bereichert sowohl die Person als auch die Gemeinschaft.[8] Dem entgegen stehen die „nicht-authentischen Haltungen"

1 Ebd., 314.
2 Ebd., 329.
3 Selbstverständlich kann der solidarische Mensch auch über seinen „Pflichtanteil" hinausgehen bzw. einen Teil nicht zu realisieren, der einem anderen zukommt. Die Solidarität fordert eben ein besonderes „Fingerspitzengefühl für die Bedürfnisse der Gemeinschaft" (Ebd., 229-330)
4 Ebd., 330.
5 Vgl. ebd., 331.
6 Johannes Paul II., Ut unum sint, Nr 28.
7 Wojtyła, Person und Tat, 332
8 „Der Widerspruch kann zwar die Gemeinschaft und das Miteinander-Handeln der Menschen schwieriger machen, aber er muss sie nicht zerstören oder unmöglich machen. Der Dialog aber

des „Ausweichens" und des „Konformismus". Im „Konformismus" formt der Mensch „die Gemeinschaft nicht mit, er ‚lässt sich' vielmehr vom Kollektiv ‚tragen'"[1]. Das „Ausweichen" zeichnet sich durch „Aussteigen" bzw. „Abwesenheit in der Gemeinschaft" aus.[2] In beiden Fällen verzichtet der Mensch darauf, sich im Handeln gemeinsam mit anderen zu verwirklichen. Der Dialog hat genau das Gegenteil zum Ziel und ist deshalb „ein unerlässlicher Durchgang auf dem Weg *zur Selbsterfüllung des Menschen*, des *Individuums* wie auch *jeder menschlichen Gemeinschaft*. Obwohl an dem Begriff ‚Dialog' in erster Linie das Erkenntnismoment (*dia-logos*) hervorzuragen scheint", erklärt Johannes Paul II. in seiner Enzyklika *Ut unum sint*, „hat jeder Dialog eine globale, existenzielle Dimension in sich. Er bezieht das menschliche Subjekt in seiner Ganzheit ein; der Dialog zwischen den Gemeinschaften nimmt die Subjektivität einer jeden von ihnen in besonderer Weise in Anspruch."[3]

Was Wojtyła damit über die Bemühungen, wieder eine sichtbare Einheit unter den getrennten Christen zu erlangen, zum Ausdruck bringt, gilt in gleicher Weise für jede Art von Gemeinschaft, vor allem in Ehe und Famlie sowie in den verschiedenen Formen kirchlich-religiös geprägter Weggemeinschaft. Das Aussteigen eines Einzelnen löst immer eine Krise der Gemeinschaft aus, die dadurch entweder zerbricht oder zum Hindernis personaler Selbsterfüllung wird. Dialog kann eine Krise entweder verhindern oder überwinden.

1.4.2.5 „communio personarum" und das Liebesgebot

Die Transzendenz der Person verwirklicht sich nicht nur, wie anfänglich in *Person und Tat* beschrieben, in der Übergeordnetheit des Menschen in Bezug auf sich selbst und seinen personalen Dynamismus, oder nach der „intentionalen Wende" in der Beziehung zum wahren Guten und infolge dessen in der sozialen Dimension zum gemeinsamen Guten, sondern auch im Sich-Öffnen[4]

---

scheint dahin zu führen, dass die Situationen des Widerspruchs dasjenige erschließen, was wahrhaftig und richtig ist, wenn man die rein subjektiven Einstellungen oder Veranlagungen beiseite lässt.

Diese Einstellungen und Veranlagungen sind der Keim der Spannungen, Konflikte und Kämpfe zwischen den Menschen. Hingegen vertieft das, was wahrhaft und richtig ist, immer die Person und macht die Gemeinschaft reicher. Das Prinzip des Dialogs ist deshalb so richtig, weil man sich nicht um Spannungen, Konflikte und Kämpfe drückt (…). Man muss das Prinzip des Dialogs annehmen ohne Rücksicht auf die Schwierigkeiten, die sich auf dem Weg zu seiner Verwirklichung ergeben" (Ebd.).

1 Ebd., 334-335.

2 Vgl. ebd., 336.

3 Johannes Paul II., Ut unum sint, Nr 28.

4 „Sein Subjektsein verschließt den Menschen nicht in sich selbst, macht ihn nicht zu einer undurchdringlichen Monade, sondern öffnet ihn vielmehr – in spezifisch personaler Weise – auf andere hin. Man hat somit die Teilnahme – in der Ich-Du-Dimension wie in jener des Wir – als authentischen Ausdruck personaler Transzendenz und als deren personalen Bestätigung anzuerkennen" (Wojtyła, Person: Subjekt und Gemeinschaft, 57).

für andere. Die Transzendenz zum gemeinsamen Guten schließt den anderen Menschen als Person und Subjekt mit ein. Aufgrund der „Teilhabe" bewahrt der Mensch im Sich-Öffnen seine Eigenständigkeit als Person vollauf. Dass aber „die Person in der Gemeinschaft wirkt und bleibt, ist offenbar die Bedingung einer authentischen ‚communio personarum', sowohl in den Wir-Bezügen als auch in den zwischen-personalen Ich-Du-Beziehungen."[1] Beide Bezüge „beruhen auf einem Sich-Öffnen; beide vollziehen sich auf der Basis der Transzendenz von Person. Die Beziehung ‚Ich-Du' öffnet den Menschen direkt auf einen anderen Menschen hin. *Teilnehmen besagt in diesem Fall, sich – auf der Basis personaler Transzendenz – einem anderen Ich zuzuwenden, zur vollen Wahrheit dieses Menschen*"[2]. Dank einer so verstandenen „Teilhabe" „wird die personale Subjektivität des einen wie des anderen vertieft und sichergestellt und wächst in ihrer Gemeinschaft."[3] Von einer echten „communio personarum" kann also nur dann gesprochen werden, wenn die Subjektivität jedes einzelnen im gemeinsamen Existieren und Handeln einer solchen Gemeinschaft von Personen bereichert wird, wenn trotz Subjekt-Vielheit die Subjektivität des Einzelnen als sein subjektiver Reichtum wächst. Die Antithese zur „Teilhabe" ist für Wojtyła die „Entfremdung", d. h. das Subjekt wird in der sozialen Dimension der Möglichkeit beraubt, sich in der Gemeinschaft selbst zu verwirklichen.[4]

Am Ende von *Person und Tat* erinnert Wojtyła an das Gebot des Evangeliums: „*Du sollst deinen Nächsten lieben wie dich selbst*" (Mk 12,31). Dieses „*Liebesgebot* stellt (…) den Anruf dar, den anderen Menschen als ein ‚anderes Ich' zu erfahren, also ein Ruf, an seinem Menschsein teilzuhaben, das in dieser Person konkretisiert ist, ähnlich wie meine Menschheit in meiner Person"[5]. Idealerweise sollte der nötige Impuls nicht nur in der Form eines Gebotes rein äußerlich verbleiben, sondern stets von innen kommen. Dennoch zielt dieses Gebot „nur darauf ab, dass jeder Mensch die wirkliche Teilhabe im Menschsein eines anderen, d. h. das Erfahren eines anderen als ein ‚Ich', als eine Person, unablässig als seine Pflicht betrachten muss"[6]. Wojtyła beendet *Person und Tat* vor der Schlussbemerkung mit den Worten: „Das Liebesgebot bestimmt gleichzeitig die eigentlichen Aufgaben und Forderungen, denen sich alle Menschen stellen

1 Ebd., 59.
2 Ebd.
3 Ebd.
4 Vgl. Wojtyła, Participation or Alienation, 71-72; Wojtyła, Person: Subjekt und Gemeinschaft, 61; Wojtyła, Person: Ich und Gemeinschaft, 192.
5 „(…) the *commandment of love* (…) pre-ethical (…) signifies the call to experience another human being as the ‚other I,' that is, a call to participate in his humanity, concretized in his person, similarly as my humanity is in my person" (Wojtyła, Participation or Alienation, 66).
6 „The commandment of love points only to this that every human being must constantly regard as a duty the actual participation in the humanity of other people, that is, the experiencing of another as an ‚I', as a person" (Ebd., 67).

müssen – als Person wie als Gemeinschaft – damit das ganze Gute des Handelns und Existierens ‚gemeinsam mit anderen' sich wahrhaft verwirklichen kann."[1] Jeder einzelne ist auf ein gemeinsames Leben mit seinen Mitmenschen hingeordnet. Eine der entscheidenden Werte und Pflichten des Menschen besteht darin, das gemeinsame Leben so zu gestalten, dass es die personale Entfaltung aller Beteiligten ermöglicht und fördert. In dieser Deutung des Liebesgebots verbleibt Wojtyła noch auf der Ebene der Erfahrung. Mit der Einbeziehung des Liebesgebots aber leitet er bereits zur Offenbarung über.

1.4.2.6 Personalistische und humanistische Norm

In der Anthropologie Wojtyłas macht die Selbstbestimmung wesentlich die Personalität des Menschen aus. Zugleich wird man der menschlichen Person nur gerecht, lässt man sie sein, was sie ist. Das aber verlangt, dass das „Ich" ein „Du" um seiner selbst willen bejaht. Indem sich der einzelne Mensch in seiner Selbstbestimmung erlebt, erkennt er die Aufgabe als Pflicht, dass er dem Anderen nur gerecht wird, wenn er ihn sein lässt, wie er ist. Diese Pflicht heißt „personalistische Norm"[2]. Darunter ist zu verstehen, dass jede Person um ihrer selbst willen zu bejahen ist. Gerade für das menschliche Zusammenleben ist die „personalistische Norm" relevant. Sie verlangt vom Menschen, dass er das „Du" um seiner selbst willen bejaht. Geschieht dies, ist bereits ein erster Schritt dazu getan, dass sich ein „bonum comune" entwickelt, an dem jeder einzelne teilhaben kann.

Darüber hinaus aber ist es jedem einzelnen aufgegeben, mit seinem Mitmenschen so zusammenzuleben, dass sich das „bonum commune" vermehrt: „ob in der Ehe, ob in einem bestimmtem Milieu, einer gesellschaftlichen Gruppe, ob in einem Volk, einem Staat oder endlich in der Menschheit als ganzer. (Das Wort ‚Menschheitsfamilie' will hier sehr viel sagen.)"[3] In der „vollen Verwirklichung des menschlichen ‚Wir'" auf der Ebene der ganzen Menschheit erblickt Wojtyła die „authentische ‚communio personarum'".[4] In dem Vermehren des „bonum commune" besteht dann das, was als die „humanistische Norm" bezeichnet werden könnte, die für alle menschlichen Gemeinschaften und Gesellschaften gilt. Aus ihr leiten sich insbesondere die Menschenrechte

1 Wojtyła, Person und Tat, 344-345.

2 Wojtyła, Liebe und Verantwortung, 37.

3 Wojtyła, Person: Subjekt und Gemeinschaft, 55.

4 „Die menschlichen Ichs sind in diesen verschiedenen Wir-Dimensionen bereit, sich nicht nur um sich selbst zu sorgen, sondern auch das zu verwirklichen, *was für das Wir der sozialen Gemeinschaft wesentlich ist;* sie sind also auch bereit, auf der Basis dieser Gemeinschaft und im Einklang mit ihrem menschlichen Wesen *das Subjektsein vieler, umfassend gedacht: das aller Menschen zu verwirklichen.* Das wäre die volle Verwirklichung des menschlichen ‚Wir'. In der Tat dürfte wohl nur eine solche Gemeinschaft, in der die faktische Subjekt-Vielheit sich auf die Subjektivität der Vielheit hin entwickelt, also die Gemeinschaft eines menschlichen ‚Wir', als authentische ‚communio personarum' gelten" (Ebd.).

ab, die Johannes Paul II. dann zu einem Hauptthema seiner Pastoral gemacht hat, und von denen er in seiner Rede vor der Vollversammlung der Vereinten Nationen in New York am 2. Oktober 1979 die „wichtigsten und allgemein anerkannten" aufzählt.[1] „Das Gesamt der Menschenrechte entspricht der Substanz der Menschenwürde in ihrem umfassenden Verständnis und nicht in einer Beschränkung auf nur eine einzige Dimension."[2] In diesen Menschenrechten kristallisiert sich das personalistische Menschenbild, das nach Wojtyła/Johannes Paul II. bereits auf der Ebene der Erfahrung allen Menschen zugänglich ist. Die Tatsache, dass der Mensch seine Subjektivität dadurch bereichert, dass er mit seinem Mitmenschen in einen personalen Austausch tritt, verpflichtet ihn zu einer grundsätzlichen Offenheit gegenüber allen Menschen. Im Zusammenleben der Völker bedeutet die „humanistische Norm", dass es einen echten Fortschritt der Völker nur geben kann, wenn die einzelnen Kulturen in einen Austausch treten und sich dadurch gegenseitig bereichern. Die Geschichte der Menschheit ist daraufhin ausgerichtet, dass sich die verschiedenen Völker mit ihren Kulturen nach dem Prinzip der Komplementarität immer mehr zu einer personalen Gemeinschaft zusammenfinden. Für all das, was die „Fortschrittsbilanz der Menschheit negativ belastet"[3], verweist Johannes Paul II. auf die Pastoralkonstitution *Gaudium et spes*.[4]

---

1 „– Das Recht auf Leben und Freiheit und auf die Sicherheit der Person,
– das Recht auf Nahrung, Kleidung und Wohnung, auf Gesundheit, Erholung und Freizeit,
– das Recht auf freie Meinungsäußerung, auf Erziehung und Kultur,
– das Recht auf Freiheit der Gedanken, des Gewisens und der Religion sowie das Recht, seine Religion privat und in der Öffentlichkeit, für sich allein oder in der Gemeinschaft zu bekennen,
– das Recht, seinen Lebensstand zu wählen, eine Familie zu gründen und alle notwendigen Voraussetzungen zu haben für das Leben der Familie,
– das Recht auf Eigentum und auf Arbeit, auf angemessene Arbeitsbedingungen und einen gerechten Lohn,
– das Recht auf Versammlung und Zusammenschluss,
– das Recht auf Bewegungsfreiheit und freien Ortswechsel im Inneren und nach draußen,
– das Recht auf Staatsbürgerschaft und auf den Wohnsitz,
– das Recht auf politische Mitbestimmung und das Recht auf Teilnahme an der freien Wahl des politischen Systems des Volkes, zu dem man gehört" (Johannes Paul II., Ohne Menschenrechte keine Freiheit, 316-317).

2 Ebd., 317.

3 Johannes Paul II., Dominum et vivificantem, Nr. 43.

4 „(…) wie jede Art von Mord, Völkermord, Abtreibung, Euthanasie und auch der freiwillige Selbstmord; was immer die Unantastbarkeit der menschlichen Person verletzt, wie Verstümmelung, körperliche oder seelische Folter und der Versuch, psychischen Zwang auszuüben; was immer die menschliche Würde angreift, wie unmenschliche Lebensbedingungen, willkürliche Verhaftung, Verschleppung, Sklaverei, Prostitution, Mädchenhandel und Handel mit Jugendlichen, sodann auch unwürdige Arbeitsbedingungen, bei denen der Arbeiter als bloßes Erwerbsmittel und nicht als freie und verantwortliche Person behandelt wird: all diese und andere ähnliche Taten sind an sich schon eine Schande; sie sind eine Zersetzung der menschlichen Kultur, entwürdigen weit mehr jene, die das Unrecht tun, als jene, die es erleiden" (GS 27).

1.4.3 Auf das Absolute hin geöffnet

Auf die Frage, inwieweit der Mensch auf das Absolute hin geöffnet ist, meint Johannes Paul II. in seiner Enzyklika *Redemptoris missio*, dass die „Antwort" noch „innerhalb des Erfahrungsbereiches jedes Menschen"[1] liegt. Die Person ist ihrem Wesen nach darauf angelegt, sich auf das Absolute, d. h. das göttliche Du hin zu transzendieren. In seiner Enzyklika *Fides et ratio* schreibt Johannes Paul II.: „Das Streben und die Sehnsucht nach Gott ist tief in das Menschenherz eingesät."[2] Wojtyła spricht vom „Menschsein[…] in der Welt, das ein ‚Sein zu Gott hin' ist."[3] Der Mensch, der auf der Suche ist, sich selber zu verstehen, sucht noch vor jeglicher Offenbarung auf der Ebene der Erfahrung das Absolute und streckt sich nach dem Unendlichen und Ewigen aus. Er ist offen für das Absolute. Dieses Offensein für das Absolute bzw. das Sich-Überschreiten gehört zum Wesen des Menschen. Erst „diese Öffnung *erlaubt* es dem *Menschlichen (humanum)",* so Wojtyła in seinen Beitrag *Theorie und praxis – ein allgemeinmenschliches und ein christliches Thema, „die volle Dimension der Transzendenz zu finden,* die tief in der personalen Struktur des Menschen verwurzelt ist. Es ist daher auch Aufgabe der Theologie, das Christliche (*christianum*) als besondere Form der Bestimmung des Menschlichen (*humanum*) sichtbar zu machen."[4]

Johannes Paul II. nennt für das Offensein des Menschen gegenüber dem Absoluten zwei Anknüpfungspunkte: „Wenn Gott Gegenstand der Erkenntnis ist, so ist er es auf der Grundlage der Erfahrung, die der Mensch sowohl aus der sichtbaren als auch aus seiner eigenen inneren Welt macht."[5] Auf die Erfahrung der „sichtbaren Welt" baut der kosmologische Gottesbeweis auf. Aufgrund der „Analogia entis" schließt die Vernunft „von der sichtbaren Welt zum unsichtbaren Absoluten"[6]. Hier hat auch „die Welt der Bibel in das große Meer der Erkenntnislehre ihren originellen Beitrag einfließen lassen"[7]. Das gilt sowohl für das Alte Testament[8] wie für das Neue Testament: „Seit Erschaffung der Welt

---

1 „In der modernen Welt neigt der Mensch dazu, sich auf die horizontale Dimension einzuengen. Aber was wird aus dem Menschen ohne Öffnung auf das Absolute hin? Die Antwort liegt innerhalb des Erfahrungsbereiches jedes Menschen" (Johannes Paul II., Redemptoris missio, Nr. 8).

2 Johannes Paul II., Fides et ratio, Nr. 24. „Das Streben nach Erkenntnis ist so groß und mit einem derartigen Dynamismus verbunden, dass sich das Herz des Menschen trotz der Erfahrung der unüberschreitbaren Grenze nach dem unendlichen Reichtum sehnt, der sich jenseits befindet, weil es ahnt, dass dort die befriedigende Antwort auf jede noch ungelöste Frage gehütet wird" (Johannes Paul II., Fides et ratio, Nr. 17).

3 Wojtyła, Zeichen des Widerspruchs, 157.

4 Wojtyła, Theorie und *praxis,* 72.

5 Johannes Paul II., Die Schwelle der Hoffnung, 62.

6 Ebd., 56

7 Johannes Paul II., Fides et ratio, Nr. 16.

8 „Denn von der Größe und Schönheit der Geschöpfe lässt sich auf ihren Schöpfer schließen" (Weish 13,5).

wird seine unsichtbare Wirklichkeit an den Werken der Schöpfung mit der Vernunft wahrgenommen, seine ewige Macht und Gottheit. Daher sind sie unentschuldbar“ (Röm 1,20). Mit diesem Worten beschreibt die Bibel für Johannes Paul II. „die metaphysische Fähigkeit des Menschen“.[1]

1.4.3.1 Anthropologischer Gottesbeweis

So ist für Karol Wojtyła/Johannes Pauls II. „nicht nur das Universum der Ausgangspunkt vernunftgemäßer Gotteserkenntnis, sondern auch und vielleicht vor allem der in der Welt eingebundene Mensch“[2]. In erster Linie steigt der Mensch zur Erkenntnis Gottes nämlich nicht über die Betrachtung der ihn umgebenden kosmischen Wirklichkeit auf („Analogia entis“), sondern im Zug der Verwirklichung seines eigenen personalen Dynamismus. Der Mensch versteht, was es um das Absolute ist, indem er sich selbst erlebt und dabei erkennt, woraufhin er selbst angelegt ist. Weil dieser Weg bei der Erfahrung der „inneren Welt“ des Menschen, beim Sich-selbst-Erleben des Menschen als Person ansetzt, könnte von einem „anthropologischen Gottesbeweis“ die Rede sein. Dieser Ansatz „berücksichtigt“ nämlich, so Johannes Paul II. in seinem Interview mit André Frossard, „die menschliche Subjektivität. Diese Art von Analyse liegt meinem Denken besonders nahe. Es geht dabei unmittelbar um die Erkenntnis von *Gott*, nicht allein von dem *Absoluten*, wie in der metaphysischen Sicht der Ontologie“[3] Dreh- und Angelpunkt ist die Subjektivität der Person und ihre Berufung zur Erfüllung durch Hingabe. Der Mensch erkennt auf der Erfahrungsebene aufgrund seines personalen Dynamismus, dass er durch den Austausch mit einem Du seine Subjektivität bereichert und somit zur gegenseitigen Hingabe berufen ist. Sobald sich der Mensch aber durch personale Wirklichkeit selbst zu verwirklichen beginnt, sucht er nach einer Steigerung. Letztendlich sehnt er sich nach vollkommener Hingabe. Dabei macht der die Erfahrung, dass letztlich kein menschliches Du das zu erfüllen vermag, wonach er sich im Innersten seines Wesens sehnt. Denn alle Hingabe in der Welt bleibt beschränkt. So erfährt sich der Mensch als ein „begrenztes Wesen“ in dem Sinn, dass er „ein *nichtvollendetes* Wesen ist“, das eine „offene Stelle“ hat, die ihn „auf das Unendliche“ hinweist.[4] Er macht die Erfahrung, dass er als Person daraufhin angelegt ist, in eine personale Beziehung mit einem absoluten Du zu treten. Somit öffnet ihn

1 „Der Vernunft des Menschen wird also eine Fähigkeit zuerkannt, die gleichsam ihre natürlichen Grenzen zu übersteigen scheint: nicht nur dass sie von dem Augenblick an, wo sie kritisch darüber nachdenken kann, nicht mehr in die sinnliche Erkenntnis verbannt ist, sondern auch durch das Argumentieren über die Sinneswahrnehmungen kann sie zu dem Grund vordringen, der am Anfang jeder sinnlich wahrnehmbaren Wirklichkeit steht“ (Johannes Paul II., Fides et ratio, Nr. 22).

2 Johannes Paul II., Fürchtet euch nicht, 73.

3 Ebd., 65-66.

4 Vgl. ebd., 120.

seine Sehnsucht nach absoluter Hingabe für das Absolute bzw. den Absoluten. Auf diese Weise kommt im Denken Wojtyłas/Johannes Pauls II. Gott ins Spiel. Denn mit der Berufung zur Hingabe spürt der Mensch, dass er zum Austausch mit Gott geschaffen ist. In diesem Sinn ist die Formulierung der Pastoralkonstitution *Gaudium et spes* für Wojtyła/Johannes Paul II. eine Schlüsselstelle: „Einerseits erfährt er [der Mensch] sich nämlich als Geschöpf vielfältig begrenzt, andererseits empfindet er sich in seinem Verlangen unbegrenzt und berufen zu einem Leben höherer Ordnung."[1] Auch braucht der Mensch nach Wojtyła das Absolute. Er bliebe sich ein Rätsel, würde es das Absolute nicht geben. „Andere Wesen in der Welt der Natur sind auf ihre Weise ‚vollendete Wesen': nur der Mensch ist offen für das Absolute, er allein *erwartet* seine Vollendung."[2] In Wirklichkeit ist die ganze Anthropologie Karol Wojtyłas/Johannes Pauls II. nur zu verstehen, begreift man die Subjektivität des Menschen als Teilhabe am göttlichen Leben und dass jede „communio personarum" ein Austausch mit Gott werden soll sowie eine Begegnung mit Christus darstellt. Der Mensch begegnet so in allem Zwischenpersonalem Christus. In diesem Sinn sind die Worte zu verstehen: „Was ihr für einen meiner geringsten Brüder getan habt, das habt ihr mir getan" (Mt 25,40).

Aber außer in der Berufung zur Hingabe ergibt sich für Wojtyła auch „im Bereich des Sittlichen eine Begegnung mit dem Absoluten, mit Gott"[3]. Der Mensch will gut sein und strebt danach. So „erfahren wir die Unbedingtheit des Guten und auf diesem Weg begegnen wir dem Element des Absoluten innerhalb unserer selbst, gleichwohl wir selbst nicht das Absolute sind, denn wir schwanken beständig zwischen der Möglichkeit des Guten und Bösen"[4]. Wojtyła siedelt die Erfahrung des Absoluten also im Wesen des Menschen an. „Die Fähigkeit, das Element des Absoluten innerhalb unserer selbst zu erfahren, während wir uns gleichzeitig unserer Kontingenz bewusst sind, einschließlich unserer ethischen Kontingenz als die stetige Möglichkeit von gut und böse, ruft in uns eine Beziehung zum Absoluten sowohl im ontischen als auch im ethischen Sinn hervor"[5].

---

1 GS 10.

2 Johannes Paul II., Fürchtet euch nicht, 120.

3 „(…) in the realm of morality there arises an encounter with the Absolute, with God" (Wojtyła, The Problem of the Theory of Morality, 157). (Eigenübersetzung). Seinen Beitrag *Theorie und praxis* schließt Wojtyła mit der Feststellung: „Es ist unsere tiefste Überzeugung – eine Überzeugung, die wir zugleich aus der Erfahrung des Menschen und der Moralität schöpfen, dass jene Öffnung der menschlichen *praxis* auf Gott hin dem Menschlichen (*humanum*) seinen authentischen Inhalt und Wert nicht nimmt, ihn nicht entfremdet" (Wojtyła, Theorie und *praxis*, 72).

4 „As human beings, we experience the unconditionality of the good, and in this way we encounter the element of the absolute within ourselves, yet we ourselves are not the absolute, for we are constantly oscillating between the possibility of good and evil" (Wojtyła, The Problem of the Theory of Morality, 157). (Eigenübersetzung).

5 „The ability to experience the element of the absolute within ourselves while simultaneously being aware of our own contingency, including our ethical contingency as the constant possi-

Besonders im Moment der Pflicht, die der Mensch in ihrer Unbedingtheit erlebt, macht der Mensch eine unmittelbare Erfahrung von der seinsmäßigen Gegenwart des Absoluten in seiner Subjektivität.[1] Der Mensch trägt als Wesenseigenschaft seines Seins den Befehl in sich, sich zu vollbringen, d. h. durch Wertzuwachs zu vervollständigen. Die Transzendenz der Person besagt in diesem Zusammenhang, dass der Mensch durch seine Erfahrung den Inhalt seiner Subjektivität erlebt, gleichzeitig aber erkennt, dass dieser Inhalt begrenzt und auf das Absolute hingeordnet ist. Die „Innerlichkeit des Menschen" ist „das, was den Menschen zum ‚Subjekt' werden lässt und zum Unendlichen, also zum Absoluten hin offen ist."[2] Der Inhalt der Subjektivität hat in seiner Werthaftigkeit einen dynamischen Charakter. Die Werte sind bis hin zum Absoluten bereits erfahrbar in der Form des Ausgerichtetseins der menschlichen Person auf eine Erfüllung hin, die im Begriff ist, durch das personale Handeln des Menschen vollbracht zu werden. Einerseits ist also die gesamte Welt der Werte bis hin zum Absoluten bereits in der menschlichen Person ontologisch verankert, andererseits aber liegt sie noch außerhalb seiner selbst und wartet auf ihre Integration bzw. Verwirklichung durch das sittliche Handeln. Diese dynamische Spannung stellt die Transzendenz der Person als einen Wesenszug des personalen Seins dar.

1.4.3.2 Christliche Anthropologie

Bei Karol Wojtyła kann auf der Ebene der Erfahrung nicht nur von einem „anthropologischen Gottesbeweis" gesprochen werden, sondern bereits von einer „christlichen Anthropologie": „Ich glaube", so Johannes Paul II. in seinem Interview mit André Frossard, „dass man vom Menschen sagen kann, dass er ‚von Natur aus religiös' (auf Gott bezogen) ist oder dass die Seele des Menschen ‚von Natur aus christlich' ist."[3]

Die Basis für eine „christliche Anthropologie" ist die Lehre vom Menschen als *imago Dei,* d. h. „Abbild Gottes, insofern er ein vernunftbegabtes und freies Geschöpf ist und in der Lage, diesen zu erkennen und zu lieben."[4] Nach Marengo legt Johannes Paul II. den Akzent dabei auf den Menschen als „*imago Trinitatis*"[5], d. h. Abbild der Dreifaltigkeit. Das Abbild-Gottes-Sein beschränkt sich nicht auf den geistigen Bereich von Vernunft und Freiheit, sondern beinhal-

---

bility of good and evil, evokes in us a relation to the Absolute in both the ontic and the ethical sense" (Wojtyła, The Problem of the Theory of Morality, 157). (Eigenübersetzung).

1 „Das Element der Pflicht offenbart die Unbedingtheit des Guten als eine Art Absolutem, das in der menschlichen Person wohnt; gleichzeitig (…) offenbart sie auch auf besondere Weise die Bedingtheit dieser Person" („The element of duty reveals the unconditionality of the good as a kind of absolute residing in the human person; at the same time (...) it also reveals in a particular way the contingency of that person") (Ebd.). (Eigenübersetzung).

2 Johannes Paul II., Fürchtet euch nicht, 128.

3 Ebd., 34.

4 Johannes Paul II., Mulieris dignitatem, Nr. 7.

5 Marengo, Introduzione, 43.

tet auch die Dimension der Gemeinschaft: „Personsein nach dem Abbild Gottes bedeutet also auch Existenz in Beziehung, in Beziehung zum anderen ‚Ich'. Das lässt uns die endgültige Selbstoffenbarung des dreieinigen Gottes vorausahnen: lebendige Einheit in der Gemeinschaft von Vater, Sohn und Heiligen Geist."[1] Einerseits kann man vom Menschenbild nicht auf die Dreifaltigkeit Gottes schließen, die keine Erfahrungstatsache ist, sondern eine geoffenbarte Wahrheit. Andererseits ist der Mensch aber letztgültig nur vom geoffenbarten Geheimnis her zu verstehen, dass Gott dreifaltig ist. Deshalb sagt Johannes Paul II. in seiner „Theologie des Leibes": „Der Mensch wird nicht so sehr im Augenblick seines Alleinseins als vielmehr im Augenblick der Gemeinschaft zum Abbild Gottes" (TdL 9,3). Zwar wird die menschliche Person bei Wojtyła/ Johannes Paul II. nicht durch die Beziehung zu einem „Du" konstituiert, denn das Wesen der Person ist nicht mit der Beziehung identisch, vielmehr hat die Person Beziehungen, doch vollzieht sich die menschliche Existenz in ihrer Fülle nicht im Nebeneinander, nicht einmal im Miteinander, sondern immer nur im Füreinander ihrer Beziehungen. Wenn der Mensch Person ist und als solche zur Hingabe fähig ist und diese auf einen Austausch abzielt, durch den sich der Mensch verwirklicht, dann heißt das nichts anderes, als dass der Mensch nur in der „communio personarum" ist, was er ist. Da die Anthropologie auf diese Weise in das Geheimnis Christi vordringt, kann man bereits bei *Person und Tat* von einer „christlichen Anthropologie" sprechen, die freilich Grenzen birgt. Zwar erkennt der Mensch im Bereich der Erfahrung die Verpflichtung zur Hingabe, aber er erkennt noch nicht die Berufung zur vollkommenen Hingabe. Denn dazu muss er erkennen, wie Gott ihn liebt. Das ist aber erst in Christus möglich. Christus ist die vollkommene Hingabe Gottes an den Menschen. Und nur Christus kann den Menschen zu solch einer vollkommenen Hingabe befreien. Daher muss *Person und Tat* und damit der ganze anthropologische Ansatz der Philosophie Wojtyłas auf der Erfahrungsebene mit der Aufforderung des Liebesgebots enden[2]: „*Du sollst deinen Nächsten lieben wie dich selbst*" (Mt 22,39). Die vollkommene Hingabe aber, wie sie sich aus den Worten Christi ergibt, erschließt sich erst auf der Ebene der Offenbarung: „Liebt einander, so wie ich euch geliebt habe" (Joh 15,12). Ohne Offenbarung könnte der Mensch das Liebesgebot, das die vollkommene Hingabe an den Menschen einschließt, nicht verstehen. Auf diese Weise vollendet die Offenbarung die Erfahrung.

Vor diesem Hintergrund wird deutlich, wie Wojtyła gleichsam zur Theologie gedrängt wird. Aber zu einer Theologie, die gar nicht anders sein kann als personalistisch. Sein Gottesbegriff ist nicht philosophischer Art, sondern personalistisch. Wojtyła versucht die philosophischen Eigenschaften Gottes[3]

1 Johannes Paul II., Mulieris dignitatem, Nr. 7.

2 Vgl. Wojtyła, Person und Tat, 341-345.

3 David Berger fasst den philosophischen Begriff der Unveränderlichkeit Gottes bei Thomas von Aquin zusammen:

personal zu verstehen. So deutet er die Unveränderlichkeit Gottes als „unendliche Majestät“ nicht statisch (Unveränderlichkeit des Seins), die nach menschlichem Ermessen durch nichts eingeschränkt ist, sondern personal als Treue Gottes zu seinem ewigen Ratschluss, mit einem Geschöpf einen Bund einzugehen. Die Barmherzigkeit Gottes offenbart dann, dass Gott trotz der Sünde des Menschen zu seinem Bund steht und die Gemeinschaft mit dem Menschen nicht aufgibt. Das „zeigt sich vielleicht am deutlichsten in der Parabel vom verlorenen Sohn, wo das Wesen des göttlichen Erbarmens besonders deutlich aufleuchtet“ und „sich indirekt auf jeden Bruch des Liebesbundes, auf jeden Verlust der Gnade, auf jede Sünde“[1] bezieht. „Der Vater des verlorenen Sohnes *ist seiner Vaterschaft treu, ist der Liebe treu,* mit der er seit jeher seinen Sohn beschenkt hat.“[2] Genauso nimmt Gott sein Bundesangebot trotz der Treulosigkeit des Menschen nicht zurück. „Dieser Gott, der sich vollständig auf Seiten des Guten befindet und gegen das Böse ist, hört nicht auf, ein Bundesgott zu sein. Im Gegenteil, Gott ist größer als der Gegensatz und die Kluft, die von der Kreatur in die Schöpfung hineingebracht worden sind. Er ist ein je größerer Gott, nicht nur als Gott von unendlicher Majestät, sondern auch als Bundesgott.“[3] Auf diese Weise besteht die Unveränderlichkeit Gottes nicht in einem statischen Seinsbegriff, sondern in der Bundestreue. „Wenn wir untreu sind, bleibt er doch treu, denn er kann sich selbst nicht verleugnen“ (2 Tim 2,13). In diesem Sinn thematisiert Johannes Paul II. auch den „Schmerz Gottes“[4].

„Gott ist schlechthin einzig (…) und vollkommen einfach (Sth Ia q.3 a.6). Aus dieser einzigartigen Einfachheit, die mit der größtmöglichen Seinsfülle in eins fällt, folgt die absolute Vollkommenheitsfülle Gottes: Wer reiner Akt, absolute Verwirklichung ist, bei dem ist keine Vervollkommnung, die immer in einem Übergang von Möglichkeit zu Wirklichkeit besteht, möglich (Sth Ia q.4 a.1). Wo es aber keinen Übergang von der Potenz in den Akt, keinerlei Aufeinanderfolge, geben kann, ist auch keine Veränderlichkeit bzw. Geschichtlichkeit denkbar. Daher ist Gott absolut unveränderlich bzw. ewig“ (Berger, Thomas von Aquin, 103). Vgl. DH 302.

1 Johannes Paul II., Dives in misericordia, Nr. 5.

2 Ebd., Nr. 6.

3 Wojtyła, Zeichen des Widerspruchs, 59.

4 Johannes Paul II., Dominum et vivificantem, Nr. 41. „Der Begriff von Gott als des unbedingt vollkommensten Wesens schließt ganz gewiss jeden Schmerz von Gott aus, der aus einem Mangel oder einer Verletzung käme; aber es gibt in den ‚Tiefen Gottes' eine Liebe des Vaters, die angesichts der Sünde des Menschen so stark reagiert, dass es in der Sprache der Bibel sogar heißt: ‚Es reut mich, den Menschen gemacht zu haben“ [vgl. Gen 6,7] (…). Aber viel öfter spricht uns die Heilige Schrift von einem Vater, der Mit-leid mit dem Menschen hat, gleichsam als teile er seinen Schmerz. Schließlich wird dieser unergründliche und unsagbare ‚Schmerz' des Vaters vor allem das wunderbare Heilswerk der erlösenden Liebe in Jesus Christus hervorbringen, damit durch das Geheimnis des Glaubens die Liebe in der Geschichte des Menschen sich als stärker erweisen kann als die Sünde. Damit die Gnadengabe Gottes siegt!“ (Ebd., Nr. 39).

1.4.3.3 Christliche Philosophie

An der Schnittstelle von Erfahrung und Offenbarung ergeben sich die Fragen, ob bei Karol Wojtyła im Rahmen von *Person und Tat* bereits von einer „christlichen Philosophie" gesprochen werden kann bzw. muss? Oder ob die Philosophie Wojtyłas lediglich eine Theologie ist, die nur ihre Voraussetzungen noch nicht nennt? Nach der bisherigen Analyse können wir eindeutig festhalten, dass es sich bei der Anthropologie, wie sie Wojtyła in *Person und Tat* entwickelt hat, nicht um Theologie handelt, sondern um einen genuin philosophischen Ansatz. Ja sie kann auch nicht als „christliche Philosophie" bezeichnet werden, denn Wojtyła verzichtet nicht nur der Sprache, sondern auch der Sache nach auf alle Stützen, die sich aus der christlichen Offenbarung bzw. aus dem christlichen Glauben ergeben könnten.

In seiner Enzyklika *Fides et ratio* erklärt Johannes Paul II., wie er den Ausdruck christliche Philosophie" verstanden wissen will. Sie bezeichne nicht eine „offizielle Philosophie der Kirche" oder lediglich „eine Philosophie, die von christlichen Philosophen erarbeitet wurde", sondern es gehe um „eine in lebendiger Verbundenheit mit dem Glauben konzipierte philosophische Spekulation", mit der man „alle jene bedeutenden Entwicklungen des philosophischen Denkens erfassen [will], die sich ohne den direkten oder indirekten Beitrag des christlichen Glaubens nicht hätten verwirklichen lassen."[1] Dabei unterscheidet Johannes Paul II. einen subjektiven und einen objektiven Aspekt. Beim subjektiven Aspekt der „christlichen Philosophie" wird die Vernunft durch den Glauben geläutert, d. h. „die Vernunft wird von der typischen Versuchung der Anmaßung, der die Philosophen leicht erliegen", befreit, sodass „der Philosoph auch den Mut [gewinnt], sich mit manchen Problemen auseinanderzusetzen, die er ohne Berücksichtigung der von der Offenbarung empfangenen Erkenntnisse kaum lösen könnte."[2] Neben der „Frage nach dem Sinn des Lebens" erinnert Johannes Paul II. an Themen wie das Böse und das Leid oder „die Identität eines persönlichen Gottes". Demgegenüber umfasst der objektive Aspekt Inhalte, „die von der Vernunft, obwohl sie ihr natürlich nicht unzugänglich sind, vielleicht niemals entdeckt worden wären, wenn sie sich selbst überlassen geblieben wäre."[3] Das sind Inhalte, die den Bereich der Vernunft erweitern. Johannes Paul II. nennt den „Begriff eines freien und schöpferischen persönlichen Gottes, der für die Entwicklung des philosophischen Denkens und insbesondere für die Philosophie des Seins so große Bedeutung gehabt hat"; „die Realität der Sünde, wie sie im Licht des Glaubens erscheint, der hilft, das Problem des Bösen in geeigneter Weise philosophisch anzugehen": „die Auffassung von der Person als geistiges Wesen" als „besondere Eigenart des Glaubens: Die christli-

1 Johannes Paul II., Fides et ratio, Nr. 76.
2 Ebd.
3 Ebd.

che Botschaft von der Würde, der Gleichheit und der Freiheit des Menschen hat sicher das philosophische Denken beeinflusst, das die Modernen vollzogen haben"; die „Bedeutung des geschichtlichen Ereignisses für die Philosophie (...), das die Mitte der christlichen Offenbarung bildet" und deshalb nicht „zufällig zur Grundlage einer Geschichtsphilosophie geworden" ist; „die Vernünftigkeit mancher von der Heiligen Schrift ausgesprochenen Wahrheiten (...), wie die Möglichkeit einer übernatürlichen Berufung des Menschen und eben auch die Erbsünde".[1]

So bestätigt die Miteinbeziehung der Offenbarung z. B. die „autoteleologische Norm" und liefert eine vertiefte Begründung: „das Problem des sittlich Bösen — die tragischste Form des Bösen — wird in der Bibel aufgegriffen, die uns sagt, dass es nicht auf irgendeinen durch die Materie bedingten Mangel zurückzuführen ist, sondern auf eine Wunde, die von einem ungeordneten Sich-Äußern der menschlichen Freiheit herrührt."[2] Gleiches gilt für die Frage nach dem Sinn des Daseins. „Das Wort Gottes (...) enthüllt seine Antwort, indem es den Menschen auf Jesus Christus, das fleischgewordene Wort, hinweist, der das menschliche Dasein im Vollsinn verwirklicht."[3] Doch legt Johannes Paul II. Nachdruck darauf, dass es beim Nachdenken über diese Inhalte der Offenbarung nicht darum gehen kann, dass die Philosophen Theologen werden, schließlich bleibt es ihre Aufgabe, auch die Wahrheiten des Glaubens nicht von der Offenbarung her zu deuten, sondern anhand ihrer philosophisch-rationalen Methode.[4] Auch betont er, „dass es ohne diesen stimulierenden Einfluß des Wortes Gottes einen beachtlichen Teil der modernen und zeitgenössischen Philosophie gar nicht gäbe."[5] Hier erwähnt er z. B. den Personalismus und die Geschichtsphilosophie.

In diesem Lehrschreiben Johannes Pauls II. spiegelt sich sein eigener Werdegang wider. Letztlich ist er von *Person und Tat* aus genau diesen Weg der Betrachtung im Licht der Offenbarung gegangen, um schließlich die „Theologie des Leibes" zu entwickeln.

1.5 SYSTEMATISCHE ZUSAMMENFASSUNG

Um sich der sog. „Theologie des Leibes" Johannes Pauls II. annähern und sie verstehen zu können, muss man sich zunächst mit seiner philosophischen Anthropologie beschäftigen. Das philosophische Bild vom Menschen, das Karol Wojtyła noch vor seiner Wahl zum Papst ausgearbeitet hat, bildet die Grundlage für sein theologisches Denken.

1 Ebd.
2 Ebd., Nr. 80.
3 Ebd.
4 Vgl. ebd., Nr. 76.
5 Ebd.

Erkenntnistheoretisch erhebt Wojtyła den Anspruch, zum Sein des Menschen tatsächlich vordringen zu können. Im Gegensatz zu Kant geht er davon aus, dass der Mensch das Wesen der Dinge objektiv erkennen kann. Auf der Basis der phänomenologischen Methode entwickelt er dazu einen besonderen Erfahrungsbegriff, der zum Schlüssel seines gesamten philosophischen und theologischen Schaffens geworden ist. Nach Wojtyła geht jede menschliche Erkenntnis von einer Erfahrung aus, die der Mensch mit sich selbst und seiner Umgebung macht. Wojtyła stellt nun fest, dass mit jeder Erfahrung ein Verstehensmoment mitgegeben ist. Das bedeutet, dass jede sinnliche Wahrnehmung mit dem verstandesmäßigen Erfassen eines Erkenntnisinhalts verbunden ist. Nach Wojtyła ist die Verknüpfung von Erfahrung und geistigem Verstehen evident. Diese Annahme stellt für ihn gleichsam ein Axiom dar. Auf der Grundlage der Evidenz dieses Charakters jeder menschlichen Erfahrung beansprucht er für seine Analysen objektiven Charakter und allgemeine Gültigkeit.

Wojtyła beginnt nun seinen philosophischen Ansatz nicht mit der Betrachtung der Dinge, die sich außerhalb des Menschen befinden, sondern mit der Betrachtung seiner selbst. Er stellt die Frage: „Wie erfahre ich mich selbst?“ Der erste Gegenstand der Betrachtung ist also die menschliche Person, die er selbst ist. Auf diese Weise versucht er nicht nur sich selbst zu verstehen, sondern ganz allgemein das Wesen der Person auf der Ebene der Erfahrung zu erkennen. Mit der Wahl des ersten Gegenstandes nimmt er eine Weichenstellung vor, die von enormer Tragweite ist. Ein Blick in die Philosophiegeschichte lässt die Bedeutung seines Ansatzes erkennen.

Die griechisch-scholastische Philosophie geht bei der Beschreibung der Wirklichkeit (Ontologie) von der Beobachtung der Dinge aus, die den Menschen umgeben, und stellt sich die Frage: Was macht bei aller Veränderung der Dinge durch die Zeiten hindurch ihre Identität aus? Was ist das Bleibende, das den Dingen ihre Identität verleiht? Mit diesen Fragen wird das gesucht, was die Dinge zu dem macht, was sie sind, was an ihnen durch die Zeit hindurch das Unveränderliche ist. Allein aufgrund dieser Fragestellung werden die Identität und das Wesen der Dinge von vornherein in einen gewissen Gegensatz zu dem gebracht, was die Veränderung der Dinge in Raum und Zeit ausmacht. Damit wird letztlich die Frage nach dem Sein selbst als dem Primären statisch beantwortet, während Vollzug und Bewegung immer als etwas Sekundäres aufgefasst werden. Diese Ausrichtung der Ontologie führt bei Aristoteles schließlich zu der bekannten Aufspaltung der Dinge in Substanz und Akzidenz. Die Substanz, das Wesen eines Seienden, ist das Bleibende, das ihm die Identität verleiht, während die Akzidenz das bezeichnet, was zum Wesen hinzukommt, was aber das Wesen des Seienden selbst nicht ausmachen kann. Das Ergebnis ist ein statisches Bild der Wirklichkeit. So entwickelt die griechisch-scholastische Philosophie die Ontologie auf dem Fundament eines statischen Seinsbegriffs.

Wojtyła möchte auch eine Ontologie entwerfen und nicht in einem Idealismus oder Existentialismus stehen bleiben. Doch setzt er vollkommen neu an. Wenn er nicht die Dinge in den Blick nimmt, die den Menschen umgeben, sondern den Menschen, und dabei nicht einen anderen Menschen als Gegenüber, sondern sich selbst, eröffnet sich ihm die Möglichkeit, das Sein als Prozess zu erleben und letztlich dynamisch zu deuten. Den Zugang zu einer dynamischen Wirklichkeitsbetrachtung entfaltet Wojtyła vor allem in seinem Hauptwerk *Person und Tat.* Wie der Titel des Buches zum Ausdruck bringt, geht Wojtyła von der „Tat" des Menschen aus. Die Tat bildet für ihn den Schlüssel zum Verständnis des Menschen als Person. Indem er die Tat analysiert, erschließt sich ihm das Wesen der Person. So stellt die Analyse der Tat die Grundlage für die Anthropologie und schließlich für die gesamte Ontologie dar.

Was ist in diesem Zusammenhang mit Tat gemeint? Für Wojtyła spielen sich im Menschen zwei Vorgänge ab, die sich wesensmäßig radikal voneinander unterscheiden. Die eine Form sind Vorgänge, die geschehen, ohne dass der Mensch bewusst oder willentlich daran mitwirkt, z. B. die Verdauung. Wojtyła nennt diese Vorgänge „Aktivierungen" („Es geschieht etwas in mir"). Die andere Form sind Vorgänge, die nur dann ablaufen, wenn sie der Mensch durch seinen Willen veranlasst: die Tat („Ich handle").

In der Tat erlebt der Mensch sich selbst als der Urheber dessen, was geschieht. Dabei wird er sich selbst nicht nur als Urheber der Tat bewusst, sondern er erlebt sich auch gleichzeitig als personales „Ich", d. h. seine eigene Subjektivität. Das „Ich" konstituiert sich ausschließlich durch die „Tat" im sog. reflexiven Bewusstsein. Dies heißt nicht, dass die Person damit erst ins Dasein tritt. Hier setzt Wojtyła mit der metaphysischen Grundlegung dessen an, was er auf der Grundlage der Erfahrung erkannt hat. Die Forderung nach einem „suppositum" im metaphysischen Sinn, das der Tat vorausgeht, einer „metaphysischen Subjektivität", die bereits konstituiert ist, stellt für ihn eine logische Folge dar, gleichsam eine Forderung der Vernunft. Was sich durch die selbstbestimmte Tat konstituiert, ist dagegen das Ich in seiner „personalen Subjektivität".

Eine solche Deutung aber hat eine gewaltige Konsequenz. Wird das Wesen der Person nämlich von diesem „suppositum" her verstanden, so muss es als dynamische Seinsgrundlage der Person und ihrer Taten aufgefasst werden. Denn für Wojtyła ergibt sich aus der Analyse der Tat, dass die Person selbst in ihren Taten gegenwärtig ist, substantiell und nicht nur akzidentell.

Sich selbst als Urheber zu erleben, bedeutet, die „Selbstbestimmung" wahrzunehmen. Insofern der Mensch Urheber seiner „Taten" ist, bestimmt er sich selbst. Indem der Mensch sein eignes „Ich" bzw. sich selbst als „Ich" nicht anders als durch die Tat erleben kann, erkennt er seine Selbstbestimmung als das, was sein eigentliches Wesen ausmacht. Die Selbstbestimmung ist im Willen verankert. Dabei unterscheidet Wojtyła deutlich zwischen intentionalen Willensakten, die auf erkannte Gegenstände außerhalb des Menschen ausgerichtet sind („horizontale Transzendenz") und dem „Willen als Eigentlichkeit der Person", d. h. der Fähigkeit zur Selbstbestimmung („vertikale Transzendenz"). Aufgrund der Übergeordnetheit des eigenen Ichs gegenüber dem Willen ist der Mensch zu einer Tat im Sinn eines bewussten, selbstbestimmten Handelns fähig. Diese Erfahrung zeigt dem Menschen, was er ist. Die Tat offenbart die Person. Auf diese Weise dringt Wojtyła zum Wesen der Person durch das Prisma ihrer Handlungen vor und betrachtet die Tat schlechthin als personalen Vorgang.

Alle Elemente und Vorgänge, die zum Vollbringen einer Tat führen, bilden zusammen den sog. „personalen Dynamismus". Die Struktur dieses Dynamismus ist allen menschlichen Person gleichermaßen gegeben und stellt so gesehen eine objektive Größe dar, hingegen birgt dieser Dynamismus in sich die Subjektivität des Menschen, die den individuellen Reichtum der jeweiligen Person ausmacht.

Wojtyła zieht zur Analyse der Person den personalen Dynamismus als Gegenstand für seine Betrachtungen heran und leitet daraus seine Ontologie ab. Im personalen Dynamismus also erkennt Wojtyła das Wesen des Menschen, nicht in einer Substanz, die von allen akzidentiellen Vollzügen der menschlichen Person abstrahiert worden ist. Darin unterscheidet sich der Ansatz Wojtyłas von der griechisch-scholastischen Philosophie.

Auf der Grundlage dieser Analyse dringt Wojtyła nun zur Ethik vor, indem er mit dem Sein der Person die Erfahrung von Wert und Pflicht verbindet. Was Max Scheler als Wertfühlen und Immanuel Kant als Erkenntnis der Pflicht herausgearbeitet haben, führt er zu einer Synthese mit dem metaphysischen Seinsbegriff eines Thomas von Aquin zusammen. So ergeben sich für Wojtyła drei Dimensionen des personalen Seins wie der Subjektivität des Menschen, welche durch die Erfahrung zugänglich sind und als Verstehensmomente in die Erkenntnis der menschlichen Person einfließen.

Auf dieser Basis entwickelt Wojtyła den entscheidenden Grundsatz seiner philosophischen Anthropologie. Er besagt, dass der Mensch in seinem personalen Sein bereichert wird, wenn er eine gute Tat vollbringt, dagegen gemindert, wenn er eine böse Tat vollbringt. Hierin gehen nun Anthropologie und Ethik ineinander über. Denn umgekehrt kann nun aus der Erfahrung heraus das sittlich Gute bzw. Böse definiert werden: Gut ist, was die Person vollbringt, d. h. die Subjektivität bereichert; böse ist, was die Person nicht vollbringt, d. h. die Subjektivität vermindert. Dabei handelt es sich um eine Norm, die auf das eigene Sein der Person abzielt. Sie wird als Kernstück der philosophischen Ethik bei Wojtyła als „autotelelogische" Norm bezeichnet.

In *Person und Tat* ist die Transzendenz der Person („vertikale Transzendenz") ein innerpersonaler Vorgang und bedeutet die Übergeordnetheit des Menschen in Bezug auf sich selbst und seine Handlungen, d. h. seinen personalen Dynamismus. Letztlich begründet Wojtyła damit die Fähigkeit der menschlichen Person zur Selbstbestimmung.

Um Missverständnissen vorzubeugen verwendet Wojtyła diese Ausdrucksweise von „vertikaler Transzendenz" später nicht mehr. Man könnte von einer „intentionalen Wende" sprechen. Denn nun betont Wojtyła, dass die Transzendenz im Faktum des Sich-selbst-Überschreitens der Person auf Werte hin besteht, ohne deren Annahme und Verinnerlichung sich das Subjekt als Person nicht selbst verwirklichen kann.

Entscheidend aber bleibt die Bestimmung der Person von ihrer Fähigkeit der Selbstbestimmung her. Immer wenn der Mensch eine selbstbestimmte Handlung vollzieht, verwirklicht er seine Personalität. Wojtyła spricht dabei von einem personalistischen Wert, dem eine sog. „personalistische Norm" entspricht. Allein schon das Vollbringen einer Tat stellt für Wojtyła einen „personalistischen Wert" dar. Umgekehrt hat jeder Mensch die Pflicht, der anderen Person die Möglichkeit zu geben, sich selbst zu bestimmen, das aber heißt, jede andere Person um ihrer selbst willen anzunehmen.

In seine philosophische Anthropologie ordnet Wojtyła auch den Leib des Menschen ein. Dies bildet schließlich auch den Ausgangspunkt für die theologische Deutung des Leibes und seiner Erlösung. Philosophisch gesehen ist der Körper zunächst Terrain und Mittel für das personale Handeln als Ausdruck der Person. Dazu müssen die psycho-somatischen Dynamismen in den personalen Dynamismus integriert werden. Das bedeutet, sie haben am personalen Geschehen nur insofern Anteil, als sie vom Menschen als Person bewusst und willentlich beherrscht und eingesetzt werden.

In einem weiteren Beziehungszusammenhang erfährt sich der Mensch mit seinem Körper als Teil des Kosmos. Über die kosmische Wirklichkeit tritt er in Beziehung zu seinen Mitmenschen und erlebt sich als Teil einer Gemeinschaft, einer „communio personarum". In jeglicher Form von Gemeinschaft verlangt die „personalistische Norm", den anderen um seiner selbst willen zu bejahen und nicht als Objekt zu behandeln.

Über das Ausgerichtetsein des Menschen auf ein Du bzw. auf eine Gemeinschaft hin gelangt Wojtyła zum Begriff des „bonum commune", des Allgemeinguts, an dem die Person als Teil der Gemeinschaft Anteil hat und das somit ihre Subjektivität bereichert. In dem Vermehren des „bonum commune" besteht nach Wojtyła die sog. „humanistische Norm", die für alle menschlichen Gemeinschaften und Gesellschaften gilt.

Dieser Weg führt nach Wojtyła schließlich zum Höhepunkt der Wahrheit über den Menschen, wie sie ihm bereits auf der Ebene der Erfahrung, d. h. der philosophischen Anthropologie zugänglich ist. Je mehr sich nämlich der Mensch darum bemüht, seine Subjektivität zu vermehren, macht er nach Wojtyła die Erfahrung, dass er auf ein absolutes Du hin angelegt ist, das heißt, dass er für eine personale Beziehung mit dem Absoluten – mit Gott – offen ist („anthropologischer Gottesbeweis").

2. DIE „THEOLOGIE DES LEIBES“ IM LICHT DER OFFENBARUNG

Mit seiner Studie *Person und Tat* erhebt Karol Wojtyła den Anspruch auf eine philosophische Anthropologie, die autoteleologisch grundgelegt ist. Die ganze Untersuchung gipfelt in der Herausarbeitung der personalen Struktur der Selbstbestimmung. Analog zum „kategorischen Imperativ“ Kants bringt Wojtyła die Unterscheidung von Gut und Böse auf die Formel: Gut ist, was die Person vollbringt; böse ist, was sie mindert.[1] Zwar reicht diese „autoteleogische Norm“ auch über das „erste praktische Prinzip“ („primum principium practicum“) der Ethik als Moralphilosophie „bonum est faciendum et prosequendum, et malum vitandum“[2] hinaus. Denn die „autoteleologische Norm“ benötigt im Unterschied zum „ersten praktischen Prinzip“ keinen positivistischen Wertekodex, der einfach festgesetzt auch anders sein könnte, sondern liefert ein Prinzip für die Unterscheidung von Gut und Böse, zu dem man in der Erfahrung über das Gewissen Zugang hat. Schließlich lässt sich das Sich-Bereichern bzw. Sich-Verlieren erleben. Doch bleibt am Ende das Problem, inwieweit dieser Ansatz taugt, um die Frage nach dem Sittlichen in den konkreten Lebensbereichen im Sinne der Speziellen Moral zu beantworten. Denn die personale Struktur der Selbstbestimmung liefert dafür keine konkreten Unterscheidungskriterien. Diese Frage entscheidet sich letztlich nur im Einzelfall. Das Defizit der Anthropologie auf der Grundlage von *Person und Tat* zeigt sich besonders darin, dass der personalistische Ansatz nicht auf die Geschlechtlichkeit und die Geschlechterdifferenz des Menschen eingeht. Zwar führen die Untersuchungen Wojtyła zur „communio personarum“, doch bleibt der Ansatz geschlechtsunspezifisch. Es geht immer um Personen, nicht aber um Mann und Frau in und mit ihrem Frau- und Mannsein. Die autoteleologische Normenbegründung allein, die Wojtyła auf der Grundlage seiner personalistischen Anthropologie herausarbeitet, erweist sich als nicht hinreichende Grundlage für eine Begründung sittlicher Normen.

Allein die Verknüpfung seiner Grundsätze mit den Dimensionen des menschlichen Leibes lässt konkrete sittliche Anhaltspunkte sichtbar werden. Nur so

1 „Kants kategorischer Imperativ in seiner inhaltlichen Fassung wurde überdies zum Vorbild für die Formulierung seiner eigenen ‚*personalistischen Norm*‘“ (Nissing, Wer ist der Mensch, XVIII). In Anlehung an Kant formuliert Wojtyła: „Wenn in deinem Verhalten eine Person Objekt deines Handelns ist, vergiss niemals, dass du sie nicht bloß als Mittel, als Werkzeug, behandeln darfst, sondern sei dir bewusst, dass sie ihr eigenes Ziel hat oder wenigstens haben sollte“ (Wojtyła, Liebe und Verantwortung, 25).

2 STh I-II q.94 a.2 resp.

gewinnt der Ansatz seiner autoteleologischen Ethik eine Bedeutung für die Spezielle Moral. Erst die Berücksichtigung des Leibes erschließt die menschliche Person ganzheitlich. Immerhin bildet der „Körper (...) zusammen mit der Geistseele die Natur des Menschen und seine personale Subjektivität“[1]. Wojtyła beschäftigt sich nun mit dem Leib nicht nur unter dem Aspekt der Integration der psycho-somatischen Dynamismen wie in der philosophischen Anthropologie, sondern er geht von der geschlechterspezifischen Differenz beim Menschen aus und erhebt sich bis zum offenbarungstheologischen Faktum: „Und das Wort ist Fleisch geworden“ (Joh 1,14). Die philosophische Anthropologie wird so zur Grundlage für eine christliche Moral und schließlich zur „Theologie des Leibes“. Durch die Berücksichtigung der christlichen Offenbarung wird aus der „Philososphie des Leibes“ eine „Theologie des Leibes“. Die Miteinbeziehung des Leibes im Licht der Offenbarung führt die Beschreibung der personalen Struktur der Selbstbestimmung über einen reinen Formalismus hinaus. Es werden Dimensionen erschlossen, die die Analyse des personalen Dynamismus nicht liefern kann. Erst im Rahmen einer „Theologie des Leibes“ werden das Frau- und Mannsein, Ehe, eheliche Treue, Weitergabe des Lebens, Familie, Ehelosigkeit um des Himmelreiches willen etc. thematisiert und die damit verbundenen konkreten sittlichen Anforderungen greifbar. Ohne eine „Theologie des Leibes“ lässt sich in den konkreten Einzelfragen nicht einordnen, was gut oder böse ist. Der Leib und seine Analyse offenbart also nicht nur die Person und deren Struktur, sondern auch die Welt der Werte, d. h. die Sittlichkeit. Erst der Leib bringt zum Vorschein, worin die einzelnen Werte bestehen. Allein die Einbeziehung des Leibes lässt erkennen, was personale Hingabe für den Menschen bedeutet und dass das höchste sittliche Gut die Hingabe seiner selbst ist. In der Erweiterung der Anthropologie durch die „Theologie des Leibes“ erweisen sich die Gebote auf der „zweiten Tafel“ des Dekalogs (vgl. Ex 20,12-17) insbesondere als Gebote des Leibes. Außerdem eröffnet die Erschließung der menschlichen Person, wie sie sich im Leib offenbart, eine Perspektive für eine sakramentale Deutung der gesamten Wirklichkeit.

2.1 EXKURS I: ZWEITES VATIKANUM – MEILENSTEIN IM DENKEN WOJTYŁAS

Zweifelsohne war das Zweite Vatikanische Konzil (11. Oktober 1962 – 8. Dezember 1965) ein Meilenstein im Denken Karol Wojtyłas/Johannes Pauls II. Denn für *„Karol Wojtyła“*, so sein langjähriger Sekretär Stanislaw Dziwisz, *„war das Zweite Vatikanum eine wirkliche Wende.“*[2] „Ohne Konzil wäre sein

1 Johannes Paul II., Dominum et vivificantem, Nr. 55.
2 Dziwisz, Papst, 26.

Leben anders verlaufen"[1], schreibt Maliński. Inwiefern seine Teilnahme am Konzil für die Entwicklung der „Theologie des Leibes" relevant ist, soll im Folgenden beleuchtet werden.

Nach dem Tod von Erzbischof Eugeniusz Baziak (1890-1962) nimmt Wojtyła von Beginn an zunächst als Weihbischof bzw. „Kapitular-Vikar der Erzdiözese Krakau"[2] und seit 1964 als Erzbischof[3] derselben Diözese am Konzil teil.[4] „Das Konzil war ein außerordentliches kirchliches Ereignis", so Johannes Paul II. im Nachhinein, „und ich danke Gott, dass ich vom ersten bis zum letzten Tag daran teilnehmen konnte."[5] Benedikt XVI. schreibt, dass „Johannes Paul II. (…) für dieses Konzil als Konzilsvater einen bedeutenden persönlichen Beitrag eingebracht hat"[6]. Wegen seinen zahlreichen Beiträgen beim Konzil[7], vor allem aufgrund deren Gehalts, war er für viele Kardinäle im Konklave vom Oktober 1978 kein Unbekannter.[8]

Bereits in der Vorbereitungszeit zum Zweiten Vatikanischen Konzil zeichnen sich nach Schatz bei den Konzilsvätern zwei Lager ab: „Die beiden entgegengesetzten Pole in Vorbereitung und Grundidee des Konzils wurden so Kardinal Ottaviani und die von ihm geleitete Theologische Kommission einer-

1 Maliński, Karol Wojtyła, 137.

2 Johannes Paul II., Auf, lasst uns gehen, 157. Papst Paul VI. „hatte einen italienischen Sonderschlafwagen nach Warschau geschickt", mit dem die „14 polnischen Bischöfe(…) am 7. Oktober 1962 um 8.55 Uhr auf dem römischen Bahnhof Termini ein[trafen], darunter Karol Wojtyła aus Krakau" (Wittstadt, Vorabend, 553).

3 „Die Ernennung (...) zum Erzbischof von Krakau ist auch seiner Teilnahme am Konzil zuzuschreiben! Wojtyła war zunächst unter den wichtigen Vertretern des polnischen Episkopats kaum bekannt. Rom ist der Ort, wo sie ihn entdecken und von dem persönlichen Einsatz des jungen Weihbischofs in diversen anfänglichen Konzilsaktivitäten beeindruckt sind" (Grootaers, Ebbe, 626). Darüber hinaus stellt seine Anwesenheit ein wesentlich „menschliches" Moment dafür dar, dass er zum Papst gewählt wurde (Vgl. Scola, Interventi, 289).

4 „Als ich meine Tätigkeit im Konzil aufnahm, war ich ein junger Bischof. Ich erinnere mich genau, dass sich mein Platz zunächst am Eingang des Petersdoms befand, während er von der dritten Sitzungsperiode an, da ich zum Erzbischof von Krakau ernannt worden war, mehr in die Nähe des Altars rückte" (Johannes Paul II., Die Schwelle der Hoffnung, 185).

5 Johannes Paul II., Auf, lasst uns gehen, 171. Diese Aussage erklärt z. B., warum er „in seinen offiziellen Reden und Enzykliken das Licht des Zweiten Vatikanums nicht unter einen Scheffel stellt", wie es Karl Rahner formuliert (Rahner, Papst, 212).

6 „ Giovanni Paolo II (...), che a quel Concilio recò un significativo contributo personale come Padre conciliare" (Benedikt XVI., Lettera del Santo Padre, 15)

7 „Zu Beginn befand ich mich, weil ich eben jung war, eher in einer Lernphase; nach und nach vermochte ich jedoch einen reiferen Beitrag zu leisten und mich schöpferisch am Konzil zu beteiligen" (Johannes Paul II., Die Schwelle der Hoffnung, 185). Vgl. Alberti, Karol Wojtyła. Uno stile conciliare, Venezia 2012.

8 Albergio erinnert daran, dass die „Zeit zwischen den Sitzungsperioden auch Anlässe mit sich gebracht hatte, die solchen Konzilsvätern, die bisher noch im Schatten gestanden hatten, die Möglichkeit boten, bekannt und geschätzt zu werden, wie dies z. B. der Fall war beim Erzbischof von Krakau, Karol Wojtyła" (Albergio, Ergebnisse, 753).

seits, Kardinal Bea und das Einheitssekretariat andererseits.“[1] Alfredo Ottaviani (1890-1979) war mit seiner scholastischen Orientierung in der Enzyklika *Mystici Corporis* Pius XII. (1876-1958) verwurzelt. Augustin Bea (1881-1968) war biblisch-patristisch ausgerichtet. Mit dem Entwurf seiner philosophischen Anthropologie ist Wojtyła keinem der beiden Lager zuzuordnen. Vielmehr brachte er seine Fragestellungen zur menschlichen Person als spezifischen Beitrag bei der Konzilsarbeit ein, d. h. seine Reflexionen über die Wahrheit des Menschen vornehmlich auf der Ebene der Erfahrung. Das Ergebnis ist die personalistische Konzeption des Menschen. Insbesondere scheint Wojtyła aufgrund der besonderen Situation in seinem Heimatland Polen erkannt zu haben, dass die Kirche in der Auseinandersetzung mit der gesellschaftlichen Situation der Gegenwart genau diese Konzeption als geistiges Instrumentarium benötigt. So machte er sich mit einem ungeheuren Sendungsbewusstsein ans Werk und versuchte seinen personalistischen Ansatz auf dem Konzil einzubringen.

Im Blick auf den Übergang von der Ebene der Erfahrung zur Ebene der Offenbarung lässt sich im Folgenden der Nachweis erbringen, wie ihm die gesamte Gedankenwelt, die bisher dargelegt wurde, präsent war, als er selbst in die Konzilsdebatte eintrat. Gleichzeitig scheint ihm durch die Debatten klar geworden zu sein, wie dringend Kirche und Welt von heute eine personalistische Konzeption des Menschen benötigen. So ist zugleich mit dem Konzilsverlauf sein Hauptwerk *Person und Tat* entstanden. Umgekehrt aber hat Wojtyła mit seinem Ansatz nicht nur das Konzil befruchtet und mitgeprägt, er selbst wurde in seinem philosophischen Denken auch ganz neu mit der Theologie der Kirche konfrontiert.[2] Offensichtlich beginnt Wojtyła damit auch, seinen Ansatz auf eine theologische Ebene zu heben und von der Offenbarung her neu zu füllen. Insofern ist Hans Halter beizupflichten, wenn er bei Wojtyła/Johannes Paul II. von einer „theologisch verstärkte[n] Moralphilosophie“[3] spricht.

---

1 Schatz, Allgemeine Konzilien, 279. Papst Johannes XXIII. errichtete das *Sekretariat für die Förderung der Einheit der Christen* mit dem Motu Proprio *Superno Dei nutu* vom 5. Juni 1960. Am 15.8.1967 erfolgte eine Reform der Kurie durch die Apostolische Konstitution *Regimini Ecclesiae Universae:* „Diese machte das Staatssekretariat zur zentralen Verwaltungsbehörde und errichtete im Ergebnis des Vaticanums II drei neue Sekretariate: ‚für die Einheit der Christen‘, ‚für die Nichtchristen‘ und ‚für die Nichtglaubenden‘. Diese Sekretariate stellten einen neuen Behördentyp dar, der zwar in seiner rechtlichen Struktur den Kongregationen ähnelte, in seiner Zweckbestimmung aber weniger Verwaltungs- als vielmehr pastoralen Aufgaben diente. Mit der erneuten Reform der römischen Kurie durch die Apostolische Konstitution *Pastor bonus* vom 28.6.1988 wurden diese drei Sekretariate in ‚Päpstliche Räte‘ umgewandelt: ‚zur Förderung der Einheit der Christen‘, ‚für den Dialog zwischen den Religionen‘ und ‚für den Dialog mit den Nichtglaubenden‘“ (Hartelt, Sekretariate, Sp. 411). [Die im LThK typischen Abkürzungen sind vom Autor ergänzt]

2 „While Wojtyła's reflection (…) was primarily philosophical, the Council located this intuition in a Christological setting“ (Giertych, Verum bonum, 100).

3 Halter, Böckle, 820.

Aus der „Philosophie des Leibes“ Karol Wojtyłas wird die „Theologie des Leibes“ Johannes Pauls II., welche ihren deutlichsten Ausdruck in den Mittwochskatechesen gefunden hat. Wie er mit dem personalistischen Ansatz in das Konzil eingetreten ist, so brachte er eine bereits ausgearbeitete „Theologie des Leibes“ in sein Pontifikat mit. Und wie er erst während des Konzils seiner personalistischen Anthropologie mit seinem Hauptwerk *Person und Tat* eine literarische Form verliehen hat, so hat seine „Theologie des Leibes“ unmittelbar nach seiner Wahl zum Papst ihren Niederschlag in der Gestalt der Mittwochskatechesen gefunden. Folglich erhalten die mündlichen und schriftlichen Beiträge Wojtyłas vor und während des Konzils ihre Brisanz auf dem Hintergrund der bisherigen Ausführungen über seine personalistische Anthropologie.

2.1.1 Anregungen für das Konzil

„Mein Leben als Bischof“, so Johannes Paul II., „begann praktisch mit der Ankündigung des Konzils.“[1] Am 17. Mai 1959 wurde als Vorbereitung auf das Zweite Vatikanische Konzil die *Commissio ante-praeparatoria* gegründet. Nachdem alle Bischöfe, Ordensobere und kirchliche Fakultäten mit einem Schreiben vom 18. Juni 1959 über etwaige Konzilsthemen befragt wurden, sollte die Kommission diese Voten sichten und zusammenfassen. „Von 2800 Befragten antworteten 2150“[2], so Schatz. Das Antwortschreiben Wojtyłas vom 30. Dezember 1959 stellt eine bedeutende Wegmarke dar. Im Juni 1960 ging diese „ante-präparatorische“ Phase in die „präparatorische“ über. Für die eigentliche Konzilsvorbereitung wurden zunächst zehn Kommissionen gebildet, die aufgrund der Voten Dekretentwürfe für das Konzil erstellen sollten.

Bereits im ersten Abschnitt seines Votums thematisiert Wojtyła „das Problem des christlichen Personalismus, das der Lehre gemäß zu erklären angebracht scheint“[3]. Allerdings sind seine Ausführungen noch sehr der Tradition verhaftet. Als Ebenbild Gottes „ist der Mensch ein zusammengesetztes Wesen; mit dem Körper hat er Anteil an der materiellen Welt, durch die spirituelle und unsterbliche Seele aber unterscheidet er sich von dieser Welt – wenn durch die Seele, dann auch mit seinem ganzen Wesen, ist doch die Seele die Form des Körpers“[4]. „Auch geht der menschliche Körper wegen der wesenhaften Einheit mit der Geistseele über die anderen Körper der Welt hinaus“, so Wojtyła weiter, „und er scheint wegen der Hoffnung auf die zukünftige Auferstehung sogar an der Unsterblichkeit dieser Seele gewissermaßen Anteil zu haben“, doch seien

1 Johannes Paul II., Auf, lasst uns gehen, 174.

2 Schatz, Allgemeine Konzilien, 274.

3 „Unde problerma personalismi christiani, quod opportunum videtur et conveniens doctrinaliter delineari“ (ADCOV II/2, 742. Trad. V. Csernokorsky).

4 „Est quidem homo ens compositum; corpore participans in mundo materiali, anima tamen spirituali et immortali a mundo hoc distinctus – si anima, tunc etiam ente integro, anima enim forma est corporis“ (Ebd. Trad. V. Csernokorsky).

das „Dinge, die im Lichte der Vernunft nur zum Teil, vollständiger aber im Licht der übernatürlichen Offenbarung erkannt werden, sie fordern nämlich, dass sich der Mensch als Person von den anderen sichtbaren Wesen der Welt unterscheide – die anderen sind nämlich keine personalen Wesen“[1]. Die zentralen Momente seines Personalismus (z. B. Selbstbestimmung, Subjektivität), wie sie dann in *Person und Tat* aufscheinen, kommen in der Eingabe Wojtyłas nicht vor.

Wie das Votum Wojytals zur Vorbereitung des Zweiten Vatikanums belegt, war seine Ekklesiologie zu diesem Zeitpunkt noch ganz von der „Lehre vom Mystischen Leib Christi“ geprägt.[2] Einerseits gründet sein Kirchenverständnis noch nicht im bräutlichen Verhältnis Christus-Kirche, wie noch zu zeigen sein wird, andererseits zeichnet sich dann bereits während des Konzils eine Weiterentwicklung ab.

Im Rahmen seiner Vorschläge für die Vorbereitungskommission des Konzils geht Wojtyła unter anderem (Rolle der Laien, Seminarausbildung, Ordensleben, Liturgie, Überarbeitungen des CIC) auch der Frage nach, wie mit Priestern zu verfahren sei, die den Zölibat gebrochen haben. „Es wird also wiederholt gefragt, ob solche von der Kirche ganz in den Laienstand zurückzuversetzende Kleriker jeglicher Hoffnung auf den Klerikerstand beraubt seien“, schreibt Wojtyła, „und damit auch auf eine Dispens vom gebrochenen Gesetz des Zölibates und vom Ausschluss von höheren Weihen, dort wo es sich um die Ehe handelt“[3]. Wojtyła geht es bei seiner Eingabe „um das ewige Heil eines solchen gefallenen Priesters, und zu seinem ewigen Heil hat jeder das Recht aus dem göttlichen Gesetz, da das Zölibat mehr aus dem Kirchengesetz hervorgeht“[4]. Zudem stellt Wojtyła fest: „In einem bürgerlichen Vertragsverhältnis lebend ist ein solcher gefallener Priester jedoch der übernatürlichen Heilmittel beraubt, und mit ihm zugleich auch die Frau, weshalb die möglichen Kinder der geistlichen Bedrohung ausgesetzt sind“[5]. Aus dieser Situation „erwachsen der Kirche oft ihre größten Feinde. Durch ein verändertes Gesetz könnten solche ein

1 „Excedit etiam corpus humanum propter substantialem cum anima spirituali unionem caetera mundi corpora, et propter spem resurrectionis futurae videtur ipsam eiusdem animae immortalitatem quodammodo participare. Sunt ea, quae partim solo rationis lumine, plenius lumine revelationis supernaturalis cognoscuntur, postulant autem hominem tamquam personam ab aliis mundi visibilis entibus distinquere – caetera enim non sunt entia personalia“ (Ebd.,Trad. V. Csernokorsky).

2 Vgl. ADCOV II/2, 742-743

3 „Quaeritur ergo pluries, utrum tales ad statum laicalem ab Ecclesia omnio reducendi non sint sine ulla spe readmissionis ad statum clericalem, cum dispensatione simul super coelibatus violata lege, eo ipso ab impedimento maiorum ordinum, ubi agitur de matrimonio“ (ADCOV II/2, 745. Trad. V. Csernokorsky).

4 „En 1) agitur de salute aeterna sacerdotis talis lapsi, ad quam cuilibet ius est ex lege divina, cum coelibatus magis ex lege ecclesiastica procedit“ (Ebd. Trad. V. Csernokorsky).

5 „Vivendo in contractu civili privatus est autem talis sacerdos lapsus remediis supernaturalibus, simul cum eo etiam mulier, unde eventuales filii periculo spirituali exponuntur“ (Ebd. Trad. V. Csernokorsky).

ehrenhaftes Leben führen und dadurch Genugtuung leisten für den von ihnen verursachten Skandal“[1]. Während Karol Wojtyła in seinem Votum sich mit Klerikern befasst, „die aus einer Mangelhaftigkeit der Natur oder des innerlichen Lebens das Zölibat nicht erfüllen können“[2], greift er in seiner „Theologie des Leibes“ das Thema „Zölibat“ und „inneres Leben“ dahingehend wieder auf, dass er ausführt, die Motivation für den Verzicht auf die Ehe müsse „um des Himmelreiches willen“ geschehen: „Andernfalls kann die ‚Spaltung' verstohlen auch in das Leben des Unverheirateten eindringen, der, wenn er einerseits das Eheleben entbehrt und andererseits ein klares Ziel vermisst, für das er auf dieses Eheleben verzichtet, unvermutet vor einer gewissen inneren Leere stehen könnte“ (TdL 84,2).

2.1.2 Wojtyła als Konzilsvater

Für die Konzilsdebatten wurden als Textvorlagen Schemata[3] ausgearbeitet. Während der Aussprachen ergriff Wojtyła insgesamt achtmal das Wort („allocutiones“). „Im ersten Jahr hat sich Wojtyła zur Liturgie und zu den Quellen der Offenbarung geäußert, im zweiten Konzilsjahr sprach er zur Struktur des neuen Schemas über die Kirche. Im dritten wie im vierten Jahr äußerte er sich je in einer Ansprache zur Erklärung über die Religionsfreiheit und zum Schema XIII, außerdem im dritten Jahr noch zum Laienapostolat.“[4] Ursprünglich war das „Schema XVII“ dem Thema „Kirche und Welt“ gewidmet. „Eine neue Zählung und eine Umgruppierung der Schemata (…) im Juli 1964“, so Moeller, „machte dieses Schema zu ‚Schema XIII', ein Name, der ihm neben dem der Pastoralkonstitution geblieben ist.“[5] Zu den Wortmeldungen Wojtyłas kommen 13 schriftliche Beiträge („animadversiones scriptae“). Darunter fallen „sowohl mehr oder weniger ausgearbeitete Texte wie auch Listen von Verbesserungsvorschlägen. Fünf davon betreffen ‚Lumen gentium‘ (davon drei das Kapitel über die Gottesmutter), vier Schema XIII, drei die Religionsfreiheit und eine die sozialen Kommunikationsmittel“[6], wie Grootaers herausarbeitet. Im Namen der polnischen Bischöfe, die Wojtyła während der zweiten Konzilshälfte eine Art

1 „Saepe inde inimici Ecclesiae ortum suum capiunt, qui odio maximo illam persequuntur. Lege mutata possent tales vitam ducere honestiorem satisfaciendo pro scandalo a se praestito“ (Ebd. Trad. V. Csernokorsky).

2 „(…) clericis (…), qui ex defectu naturae vel vitae inetrioris legem coelibatus adimplere nequeunt“ (Ebd. Trad. V. Csernokorsky).

3 „‚Schema' nennt man seit altersher die Beratungs- und Beschlussvorlagen für die Konzilsdebatten. Sie sind abgefasst – ähnlich wie ein Gesetzentwurf – in der Form eines potentiellen Konzilsbeschlusses, und die Debatten drehen sich dann darum, diese Entwürfe abzuändern (durch sog. *Modi,* d. h.: Abänderungsanträge), zu verbessern – oder auch ganz zurückzuweisen“ (Pesch, Konzil, 69-70).

4 Grootaers, Karol Wojtyła, 453.

5 Moeller, Pastoralkonstitution, 247-248.

6 Grootaers, Karol Wojtyła, 453.

Führungsposition zuerkannten[1], sind zwei Redebeiträge und zwei schriftliche Eingaben verfasst. Federführend reicht der Erzbischof von Krakau zum Schema *De Ecclesia* eine schriftliche Stellungsnahme ein, die im Wesentlichen die Kollegialität unter den Bischöfen zum Thema hat. Zur Erläuterung der Kollegialität vermissen die Bischöfe die Schriftstellen Mt 18,18 und Mt 28,18-20. Immer wieder betonen sie die Einheit der Apostel mit Petrus. Schließlich bildeten die Apostel ein Kollegium unter dem Haupt des Papstes. Ohne das Haupt gäbe es keine Weiterführung des Apostelkollegiums. Der „Episkopat, der aus dem Sitz des Petrus hervorgeht, wird nämlich als einer und ungeteilter betrachtet, dessen Teil gewöhnlich Einzelne innehaben“[2]. Mit dieser Äußerung wird deutlich, wie sehr die polnische Position noch von der Diskussion des Ersten Vatikanischen Konzils geprägt war.

Wenn im Folgenden die in den *Acta Synodalia* publizierten Beiträge Wojtyłas auf dem Konzil kritisch analysiert werden, dann mit der Absicht, diese einer „Relecture“ im Lichte seiner philosophischen Anthropologie zu unterziehen, um so die Linien seines Denkens aufzuzeigen.[3] Mit diesem Ziel hat Angelo Scola in den Konzilseingaben Wojtyłas schon die drei Grundthemen der Konzeption der Person, der pastoralen Haltung sowie der Kirche ausgemacht.[4] Diese drei Grundthemen können entsprechend auch dem zugeordnet werden, was im Rahmen dieser Arbeit mit den Ebenen Erfahrung, Offenbarung und Sakrament bezeichnet wird. So werden die Anregungen Wojtyłas zum Thema Kirche unter der sakramentalen Dimension der „Theologie des Leibes“ behandelt.

2.1.2.1 Liturgie, Offenbarung, Kommunikationsmittel

Erstmals meldet sich der Weihbischof von Krakau am 7. November 1962 während der XIV. Generalversammlung zum Schema über die Liturgie zu Wort. Bereits in seinem ersten Satz betont er die Notwendigkeit, in der Liturgie der Sakramente mehr den pastoralen Aspekt hervorzuheben. Denn „einerseits verliert die Seelsorge ohne die Liturgie der Sakramente ihren wesentlichsten und übernatürlichen Wert; andererseits büßt die Liturgie der Sakramente ohne den pastoralen Kontext sozusagen ihre geschuldete Kraft in den Seelen ein“[5]. In dieser pastoralen Linie macht Wojtyła eine Anmerkung zur christlichen Initiation,

1 Vgl. Scola, Interventi, 289.

2 „Unus enim et indivisus censetur episcopatus a Petri sede exortus, cuius a singulis in solidum pars tenetur“ (ASyn III/1, 617). (Eigenübersetzung).

3 Wojtyłas Teilnahme am Konzil und die redaktionelle Mitarbeit an verschiedenen Dokumenten reicht selbstverständlich über die in den *Acta Synodalia* veröffentlichten Beiträge hinaus (Vgl. Alberti, Karol Wojtyła, 23).

4 Vgl. Scola, Interventi, 293.

5 „(...) quia una ex parte sine liturgia sacramentorum cura animarum pastoralis perdet suum valorem maxime essentialem eumque supernaturalem; altera ex parte liturgia sacramentorum sine contextu – ut ita dicam – pastorali perdet debitam sibi vim in animas“ (ASyn I/2, 314). (Eigenübersetung).

die sich keineswegs auf den bloßen Empfang von Taufe und Firmung beschränken darf, sondern gerade bei den Erwachsenen die katechetische Vorbereitung auf ein christliches Leben mit einschließen muss. Für die Kindertaufe fordert Wojtyła eine bessere Unterweisung der Eltern sowie Paten und macht einen konkreten Textvorschlag: „Weil aber der Kindertaufe keine Vorbereitung vorausgeht, und zwar als Katechumenat wie bei der Erwachsenentaufe, mögen die Aufgaben der Eltern und Paten auch im Ritus besser ins Licht gerückt werden", d. h., Eltern und Paten „werden bei der Taufe in der Weise behandelt, dass sie all dies wissen mögen, was zur christlichen Einführung gehört, bis zur religiösen Unterweisung und katholischen Erziehung, und das sie sich aufs Nachdrücklichste angelegen sein lassen"[1]. Dieser Vorschlag ist so nicht in die Konstitution *Sacrosanctum Concilium* eingegangen.[2] Doch zeugt dieser Beitrag nach Weigel von großem pastoralem Interesse bzw. von einer „eher personalistische[n] und pastorale[n] Auffassung des Seleneheils"[3]. Mit anderen Worten: Die ganze Liturgie verliert dann ihre Kraft, wenn sie nicht im Leben der Menschen verwurzelt ist, kurzum in ihrer Erfahrung.

Am 21. November 1962 hält Wojtyła auf der XXIV. Generalversammlung eine kurze Ansprache zum Schema über die Offenbarungsquellen. Inhaltlich geht es ihm um die Wortbedeutung von „Quelle" („fons") oder „Quellen" („fontes"). Von Quelle im eigentlichen Sinn sei nur bezüglich dem Ursprung des Trinkwassers zu sprechen. Eine Zisterne oder Grube, aus denen Wasser geschöpft wird, kann nur im nachgeordneten Sinn als Quelle bezeichnet werden. Schrift und Tradition sind daher nicht im eigentlichen Sinn Quellen. „Denn der Ursprung der Offenbarung ist weder in der Tradition noch in der Schrift, sondern einzig und allein im sprechenden Gott auszumachen"[4]. Würde diese Unterscheidung nicht beachtet, führte dies zu einer semantischen Verwirrung. In dieser Ausführung Wojtyłas kann das Anliegen erblickt werden, Offenbarung und Tradition sehr differenziert zu behandeln, und zwar im Hinblick auf die dabei handelnden Personen. Schließlich handelt es sich beim Ursprung der Offenbarung nicht um eine Sache, sondern um den lebendigen und sprechenden Gott.

Den ersten schriftlichen Einwand erhob Wojtyła zum Schema *De Instrumentis Communicationis Socialis*. Sowohl im Bereich der sozialen Kommunikationsmittel als auch im Bereich der Kunst gelte es, eine Werthierarchie zu berücksichtigen. Die sozialen Kommunikationsmittel stellen ein großes Ge-

1 „Cum autem Baptisma parvulorum non habet praeviam praeparationem, id est catechumenatum, eodem sensu ac Baptisma adultorum, tunc partes parentum et patrinorum melius in luce ponantur etiam in ipso ritu. Parentes ergo et patrini in Baptismate eo modo tractentur, ut sciant haec omnia, quae ad initiationem christianam pertinent quoad instructionem religiosam catholicamque educationem sibi gravissime incumbere" (ASyn I/2, 315). (Eigenübersetzung).

2 Vgl. SC 67.

3 Weigel, Zeuge, 168.

4 „Origo enim revelationis non est in Traditione vel Scriptura, sed solummodo in Deo loquente" (ASyn I/3, 294). (Eigenübersetzung).

schenk Gottes an die Zeitgenossen dar, allerdings mit Gefahren verbunden, die nur durch die Einführung einer klaren Werthierarchie („hierarchiam valorum“) ausgeschlossen werden können. An dieser Stelle entfaltet Wojtyła den Kerngedanken seines ganzen Personalismus, wenn er schreibt, dass „der höhere Wert jener ist, der die menschliche Person als solche vervollkommnet“, und dass „ein guter Gebrauch der Mittel ein solcher ist, welcher einer wahren menschlichen Kultur dient und das innere Leben vermehrt“[1]. Mit dieser Aussage vertieft er den Begriff der Kultur[2] dahingehend, dass sie entsprechend der autoteleologischen Norm den Menschen als Menschen bereichert und seine Subjektivität vermehrt. Hat „man früher die Kultur als das die Natur umgestaltende menschliche Wirken bezeichnet[...], vor allem in Bezug auf besonders herausragende Tätigkeiten“, erläutert Marian Jaworski diese autoteleologische Deutung des Papstes, so „versteht man [heute] die Kultur als den subjektiven (aber nicht subjektivistischen) Begriff, in dem sich das ursprüngliche konstitutive Moment von alldem ausspricht, wodurch der Mensch das ‚Menschsein' selbst gestaltet und entwickelt.“[3] Aber allzu oft, erklärt Wojtyła weiter, scheint der Gebrauch der sozialen Kommunikationsmittel weder einen Beitrag zu solch einer wahren Kultur noch zur Bereicherung des inneren Lebens des Menschen zu leisten, stelle also vielmehr ein Hindernis dazu dar, was kein Gebrauch, sondern ein Missbrauch sei. Deshalb steht für ihn fest: „ohne klares Prinzip des Personalismus kann diesbezüglich keine richtige Handlungsgrundlage festgelegt werden“; im Gegenteil, „es bleibt jede Gefahr der ‚Instrumentalisierung'“[4].

In diesem Zusammenhang geht Wojtyła auf die Freiheit der Kunst ein und weist auf die Gefahr hin, eine abstrakt sittliche Ordnung zu kreieren, die übersieht, dass jede Kunst das eigene Gute hat. „Weil nämlich vom hl. Thomas die Kunst als richtiger Sinn der machbaren Dinge definiert wird, ist es klar, dass jedes beliebige Kunstwerk durch seine eigene Vollkommenheit stark ist, die durch das sittlich Gute nicht ersetzt werden darf, damit wir nicht dem Irrtum der Moralisierung verfallen“[5]. Im Rahmen der „Theologie des Leibes“ spricht Johannes Paul II. dann allerdings doch von einem „Ethos des Bildes“ (TdL 63,1) und davon, dass insbesondere die Darstellung des nackten Körpers

1 „Tamquam valor superior fungitur illud, quod personam humanam qua talem perficit. Tunc bonus usus instrumentorum talis est, qui verae culturae humanae inservit et vitam interiorem auget“ (ASyn I/3, 609). (Eigenübersetzung).

2 In der Pastoralkonstitution heißt es: „Unter Kultur im Allgemeinen versteht man alles, wodurch der Mensch seine vielfältigen geistigen und körperlichen Anlagen ausbildet und entfaltet“ (GS 53).

3 Jaworski, Verwurzelung der christlichen Botschaft, 11-12.

4 „(...) sine claro principio personalismi, non determinatur recta ratio agendi in hac re – immo semper remanet aliquod periculum ‚instrumentalismi'“ (ASyn I/3, 609). (Eigenübersetzung).

5 „Cum enim ars a S. Thoma definitur recta ratio factibilium, tunc clarum est quodlibet artefactum propria sibi perfectione pollere, cui bonum morale non est substituendum, ne in errorem ‚moralizationis' cadamus“ (Ebd.). (Eigenüberstzung).

„weder rein ästhetisch noch moralisch belanglos ist“ (TdL 61,1). Es besteht sicherlich kein Widerspruch zwischen der Aussage während des Konzils und der Forderung in der „Theologie des Leibes“. Vielmehr zeigen beide Äußerungen, wie sehr es ihm beim Thema Kunst um die Wahrheit der menschlichen Person geht.

2.1.2.2 Laienapostolat

Schon in seinem Votum für die Vorbereitung des Konzils formuliert Karol Wojtyła prägnant: „Der Aufbau des Leibes Christi kann ohne die Mitarbeit der Laien mit dem Klerus nicht vonstatten gehen. Dazu aber ist es vonseiten des Klerus notwendig, dass er eine vollere Erkenntnis des Lebens der Laien und dessen natürlichen wie übernatürlichen Wert gewinne“[1]. Während des Konzils bemängelt er eine einseitige Akzentuierung von Gemeinschaftsformen beim Laienapostolat.[2] Seiner Meinung nach muss eine Definition des Laienapostolates auch diejenigen umfassen, die meinen, mehr passive als aktive Mitglieder der Kirche zu sein. Unter den Aspekten von Sein (Kirche), Wert (Güter) und Pflicht (Verantwortung) erwächst das „Apostolat der Laien aus der Liebe zur Kirche als der gemeinsamen Mutter und aus der Verantwortung für alle Güter, die ihr selbst zueigen sind“[3]. Doch ein Dienst lediglich an der Kirche wäre zu wenig für das Apostolat der Laien. Es geht um den „Dienst der Kirche an der Menschheit insgesamt, welche in verschiedener Weise zur Vollendung strebt sowohl in der Ordnung der Natur wie auch der zu erhaltenden Gnade“[4]. Diesen Dienst ordnet Wojtyła mehr den Laien zu. Denn die Kleriker wirken vornehmlich in jenen Bereichen, die für das übernatürliche Leben notwendig sind. Ohne dass Wojtyła an dieser Stelle näher darauf eingeht, hat solch ein „Dienst der Kirche an der Menschheit“ in erster Linie eine sakramentale Dimension. Nichts anderes wird die Definition des Konzils zum Ausdruck bringen: „Die Kirche ist ja in Christus gleichsam das Sakrament, das heißt Zeichen und Werkzeug für die innigste Vereinigung mit Gott wie für die Einheit der ganzen Menschheit.“[5]

---

1 „Aedificatio Corporis Christi sine mutuo laicorum cum clero labore in actum transire nequit. Tunc tamen ex parte cleri necesse est, ut pleniorem capiant cognitionem totius vitae laicorum eisque valoris tam naturalis quam supernaturalis" (ADCOV II/2, 743. Trad. V. Csernokorsky).

2 Wojtyła unterstützte „den revidierten Entwurf, da er die Quelle des Laienapostolats ganz richtig in der durch die Taufe gewonnenen Würde und Verantwortung aller Christen sah, nicht in der Tatsache, dass einige Laien bestimmten apostolischen Bewegungen angehörten. Das besondere Apostolat von Laien, ob nun Männer oder Frauen, sei eine Sache der grundlegenden Sakramententheologie, nicht der Kirchensoziologie“ (Weigel, Zeuge, 169).

3 „Apostolatus laicorum oritur in dilectione Ecclesiae tamquam Matris communis et in responsabilitate pro omnibus bonis, quae ipsi sunt propria“ (ASyn III/4, 69-70). (Eigenübersetzung).

4 „(…) servitium Ecclesiae erga humanitatem integram, quae diversimode tendit ad finem suum in ordine tam naturae quam gratiae obtinendum“ (ASyn III/4, 789). (Eigenübersetzung).

5 LG 1.

Darüber hinaus entfaltet Wojtyła zentrale Gedanken zum Dialog innerhalb der Kirche.[1] Dieser „Dialog in der Kirche", so Wojtyła, „leitet sich *von jenem Dialog* ab, den die ganze Kirche und die gesamte Christenheit im Heiligen Geist mit dem Ewigen Vater durch Christus, dem Sohn Gottes, führt"[2]. Der „Dialog bezeichnet jenen gegenseitigen Kontakt, in dem beide oder mehrere sich einander in voller Ehrlichkeit öffnen"[3]. Auf diese Weise wird nicht nur die gegenseitige Subjektivität der Dialogpartner bereichert (vgl. *Person und Tat*), ebenso wird die Teilhabe an den Reichtümern Christi gefördert. Und weil „in ihm ,die unerforschlichen Reichtümer Christi' (…), die in allen Gliedern des geheimnisvollen Leibes Christi wirken, besser in Erscheinung treten", kann er als Austauch „in Wahrheit apostolische Frucht tragen"[4]. Wojtyła spricht vom „Dialog ,innerhalb der Kirche' als einem apostolischen Instrument".[5] Der „,Dialog innerhalb der Kirche', in dem Klerus und Laien ,sich einander in völliger Aufrichtigkeit öffnen'", fasst George Weigel diese Gedanken zusammen, fördert „die Evangelisierung der gesamten Kirche (…), denn die Sendung der Kirche in der Welt hänge von der Sendung der Kirche sich selbst gegenüber ab, in der die Glieder des Leibes Christi sich gegenseitig um ihrer gemeinsamen Zeugenschaft willen bereichern."[6] Tatsächlich unterscheidet Wojtyła eine „apostolische Sendung der Kirche nach Innen" („missio apostolica Ecclesia ad intra"), die der „Sendung nach Außen" („missionem ad extra") vorangehen muss.[7] Auch bemängelt Wojtyła, dass „im Schema das Recht und die Pflicht der Jugend im Laienapostolat nicht genügend herausgearbeitet worden ist", wobei doch gerade „in diesem Umfeld das Prinzip des Dialogs gut verstanden wird und vielleicht am meisten anwendbar erscheint"[8]. Zweifelsohne kann in diesen Worten eine Grundlage für die späteren Weltjugendtage[9] erblickt werden, die Johannes Paul II. immer als Dialog mit der Jugend der Welt und Möglichkeit der Evangelisierung bzw. Neuevangelisierung verstanden hat.[10] Aber nicht weniger wichtig als den Dia-

1 Denn für „das zeitgenössische Apostolat konstituiert der Dialog das Mittel" („dialogo, qui constituit medium apostolatus contemporanei") (ASyn III/4, 70). (Eigenübersetzung).

2 „Dialogus einim in Ecclesia descendit *ad illum dialogum*, quem tota Ecclesia et omnis christianus ducit cum Patre Aeterno per Christum Filium Dei in Spiritu Sancto" (Ebd.). (Eigenübersetzung).

3 „(...) dialogus designat mutuum contactum, in quo ambo vel plures sibi invicem in omni sinceritate aperiuntur" (Ebd.). (Eigenübersetzung).

4 „(...) revera apostolicos potest afferre fructus. Melius enim in illo apparere valent ‚investigabiles divitiae Christi' (...), quae in omnibus membris Corporis mystici vigent" (Ebd.). (Eigenübersetzung).

5 Vgl. ebd.

6 Weigel, Zeuge, 169.

7 Vgl. ASyn III/4, 70.

8 „In schemate proposito non enucleatur sufficienter ius et simul debitum iuvenum in apostolatu laicorum. Ille est ambitus, in quo principium dialogi bene intellectum videtur forsitan maxime applicabile" (Ebd.). (Eigenübersetzung).

9 Vgl. Rimmel/Rosen, Weltjugendtage, 139-152.

10 Vgl. Johannes Paul II., Die Schwelle der Hoffnung, 152-154.

log für die Weitergabe des Glaubens erachtet Wojtyła die Anziehungskraft des persönlichen Vorbilds. „Man sollte nicht vergessen: das Apostolat ist im Kern ein personaler Einfluss auf andere, das begründet wird auf das intellektuelle Gute und noch mehr auf das moralische [Gut] – auf das Gut des Glaubens und der Werke der Liebe“[1]. Daher fordert Wojtyła, im Schema „mehr das personale Moment“[2] zu betonen.

Nachdem Wojtyła von den Rechten und Pflichten der Laien spricht, die in Taufe sowie Firmung wurzeln und durch gute Werke ausgeübt werden, greift er einmal mehr den Gedanken der Bereicherung der eigenen Subjektivität auf, wenn er sagt: „Der Mensch kann in jedem beliebigen Umfeld seines Lebens aus den Werken des Schöpfers schöpfen, wenn er entsprechend seinem Geist handelt, insoweit es uns besonders durch den menschgewordenen Sohn klar und durchsichtig geoffenbart ist“[3]. Mit der folgenden Aussage bringt Wojtyła auf den drei Ebenen von Schöpfung, Menschwerdung und Erlösung genau das zur Sprache, was im Rahmen dieser Arbeit mit Erfahrung, Offenbarung und Sakrament betitelt wird: „Das menschliche Leben scheint sowohl in der natürlichen als auch übernatürlichen Ordnung voll von Gütern zu sein, die jedem gegeben sind, um Anderes und Besseres zu gewinnen“, sodass „aus einem starken Glauben an die Geheimnisse der Schöpfung, der Menschwerdung und der Erlösung vor allem ein maßvoller Optimismus die vorrangige Bedingung des Apostolates zu sein scheint“[4]. Aus diesem „maßvollen Optimismus“ Wojtyłas wird später die „Vision der Hoffnung“ Johannes Pauls II.[5]

---

1 „Oportet non oblivisci, apostolatum in suis intimis esse influxum personalem in alios, qui fundatur in bono intellectuali et magis adhuc morali – in bono fidei et operum caritatis“ (ASyn III/4, 788). (Eigenübersetzung).

2 „Momentum personale magis videtur esse sublevandum in toto schemate“ (Ebd., 788-789). (Eigenübersetzung).

3 „Homo in quolibet vitae suae ambitu haurire potest ex opibus Creatoris operando secundum eius mentem, inquantum nobis praesertim per Filium Incarnatum clare et perspicue apparuit“ (Ebd., 788). (Eigenübersetzung).

4 „Vita humana videtur esse plena bonorum, quae data sunt cuilibet ad alia et meliora obtinenda. Et haec quidem in ordine naturali et supernaturali. Conditio primaria apostolatus praecipue videtur esse quidam optimismus moderatus ex firma fide mysteriorum Creationis, Incarnationis et Redemptionis orta“ (Ebd., 788). (Eigenübersetzung).

5 Skrzypczak merkt zu diesem „optimismus moderatus“ an: „Karol Wojtyła era solito ad evitare l'ottimismo e il pessimismo quali categorie puramente umane e variabili, anche nel giudizio dei fini raggiunti dal Concilio, esprimendo la sua preferenza alla speranza" (Skrzypczak, Karol Wojtyła, 285). Diese „Vision der Hoffnung" Johannes Pauls II. scheint für Skrzypczak in vielen Dokumenten und Schriften auf: „In diesem ‚neuen Frühling' des Christentums“ (RM 2); „*Vorbereitung jenes neuen Frühlings christlichen Lebens*“ (Johannes Paul II., Tertio millennio, Nr. 18); „Wo das Böse zunimmt, dort nimmt auch die Hoffnung auf das Gute zu“ (Johannes Paul II., Erinnerung und Identität, 207).

2.1.2.3 Religionsfreiheit

In der Diskussion über die Religionsfreiheit betont Karol Wojtyła nach Routhier, „dass die Erklärung sich nicht darauf beschränken dürfe, das zu wiederholen, was man bereits in den Staatsverfassungen findet.“[1] Erneut bringt er sein Grundanliegen deutlich zum Ausdruck, nämlich dieser „Deklaration ein echtes personalistisches Aussehen im christlichen Sinn“[2] zu verleihen. Ursprünglich wurde das Thema der Religionsfreiheit im V. Kapitel des Schemas *De Ecclesiae unitate „Ut omnes unum sint“* über den Ökumenismus behandelt.[3] Aus diesem Grund unterscheidet Wojtyła „die Religionsfreiheit im ethischen Sinn hinsichtlich der getrennten Brüder von jener im politischen Sinn hinsichtlich der Rechte eines beliebigen Glaubenden in der Gesellschaft“[4] bzw. den „ethischen und rechtlichen Aspekt der Religionsfreiheit“[5]. Zwar setzt die Freiheit im juridischen Sinn die ethische Freiheit voraus, doch dürfen diese beiden Dimensionen nicht einfach vermischt werden. Für Wojtyła werden so in einem Dokument zwei Ziele verfolgt, die an sich separat behandelt werden sollten. Tatsächlich wurde das fünfte Kapitel vom Dekret über den Ökumenismus *Unitatis redintegratio* getrennt und eine eigenständige Erklärung über die Religionsfreiheit *Dignitatis humanae* verfasst.

Für die ethische Dimension (Ökumene), die die Befreiung der Christenheit von den Spaltungen zum Ziel hat, ist die Beziehung zwischen Wahrheit und Freiheit maßgebend. „Einerseits ist die Freiheit wegen der Wahrheit da, andererseits kann sie nicht verwirklicht werden, wenn nicht aufgrund der Wahrheit“[6]. Um das Zueinander von Wahrheit und Freiheit zu verdeutlichen, zitiert Wojtyła immer wieder die Worte Jesu: „die Wahrheit wird euch befreien“ (Joh 8,32).[7] Indem er seinem autoteleologischen Ansatz treu bleibt, meint Wojtyła, das „eigentliche Moment der Freiheit besteht in der Wahl, und zwar nicht in der Wahl eines beliebigen Gutes, sondern des wahren Guten“[8]. Auch könnte folgende Formulierung *Person und Tat* entnommen sein: „Die menschliche Person ver-

---

1 Routhier, Werk, 126.

2 „Ipsa debet sublineari, ut declaratio nostra videatur intime personalistica in sensu christiano“ (ASyn IV/2, 12). (Eigenübersetzung).

3 „Die erste in der Konzilsaula vorgelegte Fassung des Dokumentes über die religiöse Freiheit bildete das Kapitel V des Schemas des Dekrets über den Ökumenismus“ (Pavan, Einleitung, 705).

4 „(...) de libertate religiosa in sensu ethico respectu fratrum separatorum et in sensu politico respectu iurium cuiuslibet credentis in civitate“ (ASyn III/2, 838). (Eigenübersetzung).

5 „‚De libertate religiosa‘, sub duplici aspectu, scil. ethico et iuridico“ (ASyn III/3, 766). (Eigenübersetzung).

6 „Libertas enim una ex parte est propter veritatem, altera tamen ex parte nequit perfici nisi veritatis ope“ (ASyn III/2, 531). (Eigenübersetzung).

7 „Non datur libertas sine veritate“ (Ebd., 531).

8 „Ipsum momentum libertatis est in electione, non autem in electione boni cuiuslibet, sed veri boni“ (ASyn III/3, 766). (Eigenübersetzung).

wirklicht ihre eigene Vervollkommnung in der Wahrheit“[1]. Von dieser personalistischen Konzeption her ergibt sich für Wojtyła: Die Einheit ist nur in der Wahrheit zu verwirklichen, sodass es in der Ökumene nicht darum gehen kann, jedem einfach seine Freiheit zu lassen, sondern in einer ehrlichen Suche nach der „christlichen Wahrheit selbst“[2] sich für Gott zu entscheiden. Die erkannte Wahrheit verpflichtet dann im Gewissen. Nur deshalb kann Wojtyła von Religionsfreiheit im ethischen Sinn sprechen. Damit wird deutlich, wie unzureichend es wäre, das Prinzip der Religionsfreiheit ausschließlich auf das Toleranzprinzip zu reduzieren. Und „das Prinzip des unüberwindbar irrenden Gewissens ist nur ein Prinzip der Toleranz“[3]. Anhand dieses Prinzips allerdings ist in der Ökumene höchstens ein gewisser status quo zu erreichen. „Da aber schlussendlich nichts anderes als die Wahrheit von der vielfältigen Trennung befreit, ist ein Fortschritt in der gleichzeitig zu erkennenden Wahrheit wünschenswert“[4].

Anders verhält es sich für Wojtyła mit der Religionsfreiheit im politischen Sinn. Hier konstituiert gerade das Prinzip der Toleranz das von allen zu beachtende Grundrecht auf freie Religionsausübung. Einerseits existieren verschiedene politische Systeme, andererseits sehen gerade die Atheisten in jeder Religion eine Entfremdung[5] des menschlichen Geistes, von der sie den Menschen befreien wollen. In materialistischer Sicht vollzieht sich diese Befreiung nämlich durch den wissenschaftlichen, technischen und wirtschaftlichen Fortschritt. Aus diesem Grund kann für Wojtyła nicht von Religionsfreiheit die Rede sein, ohne klar darzulegen, dass „die menschliche Person nicht nur als ein Instrument von Wirtschaft und Gesellschaft betrachtet werden darf, sondern vielmehr ihr Ziel darstellt“[6]. Diese Aussage beinhaltet die ganze autoteleologische Anthropologie Karol Wojtyłas und den für die Relation Subjekt und Gemeinschaft zentralen Begriff der „Entfremdung“. Wojtyła fordert vom „Konzil, dass es unter dem Licht des Glaubens und der reinen Vernunft die volle und solide Wahrheit über den Menschen befruchten muss, der in der Religion in keiner Weise entfremdet

1 „Persona humana perfectionem sibi propriam obtinet in veritate“ (Ebd.). Vgl. Wojtyła, Person und Tat, 176.

2 „(…) ipsius veritatis christianae“ (ASyn III/3, 766). (Eigenübersetzung).

3 „Principium de conscientia invincibiliter erronea est principium tolerantiae“ (ASyn III/2, 838). (Eigenübersetzung).

4 „Desiderandus autem est progressus in veritate simul cognoscenda, finaliter enim nihil aliud quam veritas liberabit nos a multimodis separationibus“ (Ebd., 531). (Eigenübersetzung).

5 Wojtyła erläutert diesen Begriff z. B. während der Exerzitienvorträge vor der römischen Kurie: „Entfremden bedeutet hier entmenschlichen. In der Religion beraube sich der Mensch seines Rechts auf das Menschsein zum Vorteil Gottes, d. h. zum Vorteil eines Begriffs, den er selbst gebildet habe, und unterwerfe sich dabei folglich einem selbstproduzierten Gebilde“ (Wojtyła, Zeichen des Widerspruchs, 47).

6 „Loquendo proinde de libertate religiosa oportet omni cum exactitudine praesentare personam humanam, quae nequit tantum considerari ut instrumentum in oeconomia et societate, cum sit eius finis“ (ASyn III/2, 531). (Eigenübersetzung).

wird, sondern sich verwirklicht“[1]. Die Religion ist der Gipfel der geistigen Natur des Menschen. „Sie besteht nämlich in der freien Zuwendung des menschlichen Geistes hin zu Gott, was überhaupt personal und gewissenhaft ist, und aus dem Verlangen nach Wahrheit“, so erklärt Wojtyła. Und weiter: „Ein solcher Mensch ist ein Verehrer Gottes in der Wahrheit (Joh 4,23) und auf die Wahrheit in seiner Beziehung zu Gott aufs Ehrlichste ausgerichtet; er sucht in dieser Beziehung immerfort die Freiheit seiner selbst und hört nicht auf, wenn er sie nicht erreicht“[2]. Auf diese Weise verbindet Wojtyła das „Recht auf Freiheit der auszuübenden Religion mit jenen Rechten der Person, welche die Wahrheit betreffen, d. h. das Recht sie kennenzulernen, sie anderen weiterzugeben und mit jenen auszutauschen“[3], sie also öffentlich zu bezeugen.[4]

Grundsätzlich leitet Wojtyła die Rechte der Person und damit auch das Recht auf Religionsfreiheit aus der Ordnung der Natur („ordo naturae“) ab und nicht erst aus der Offenbarung („ordo christianus“), die er auch „Ordnung des Liebesgebotes“ („ordo caritatis“) nennt. Noch vor der Offenbarung und dem Erlösungswerk Gottes in der Menschwerdung Jesu Christi erschließt sich ihm durch die Vernunft das Wesen der Person auf der Ebene der Erfahrung.[5] Erst dann kann die Offenbarung adäquat gedeutet werden. Aus dieser Intention heraus entstand *Person und Tat.* Zwar enthält der „ordo christianus“ den „ordo naturae“, doch kann die Offenbarung keinesfalls auf die Erfahrungsebene zu-

1 „Concilium ergo, sub lumine fidei et sanae rationis, debet profiteri plenam et solidam veritatem de homine, qui in religione nullo modo alienatur sed perficit semetipsum“ (Ebd., 532). (Eigenübersetzung).

2 „Consistit enim in libera mentis humanae ad Deum adhaesione, quae est omnino personalis et conscientiosa et ex appetitu oritur veritatis. Talis homo, cultor Dei in veritate (Io 4,23), veritatique in sua relatione ad Deum sincerrime intentus, libertatem sui ipsius in hac relatione expostulat nec cessat, nisi eam obtineat“ (Ebd., 532). (Eigenübersetzung).

3 „Ius ad libertatem religionis exercendae connectitur cum illis iuribus personae, quae respiciunt veritatem – i.e. ius ad eam cognoscendam, ad eam aliis tradendam et cum illis communicandam“ (Ebd., 532). (Eigenübersetzung).

4 „Der Punkt, wo es zum Konflikt zwischen der ungerechten staatlichen Gewalt und dem gläubigen Menschen kommt, ist nicht so sehr der im verborgenen Innern wohnende Glaube, sondern das Bekenntnis der Glaubenswahrheit nach außen, die Bezeugung. Es fehlt nicht an solchen, welche diese göttliche Wahrheit um jeden Preis unter die Erde, in die Katakomben verbannen wollen, die ihr die Möglichkeit nehmen wollen, sich im öffentlichen Leben zu bezeugen, die damit also den Menschen in seinem Wesensvollzug behindern. Es gibt wirklich tragische Situationen, wo dem Menschen das Recht abgesprochen wird, für die Wahrheit Zeugnis zu geben, und wo man ihn gleichzeitig verpflichtet, das zu bekennen, was seinen tiefsten Überzeugungen nicht entspricht oder ihnen geradezu widerspricht. Der Mensch wird gezwungen, in der Lüge zu leben.
In der Literatur von gestern und heute finden wir erschütternde Schilderungen einer solchen Entfremdung des Menschen“ (Wojtyła, Zeichen des Widerspruchs, 142-143).

5 „Die Lehre der Kirche wurde geoffenbart; zugleich stimmt sie auch mit dem gesunden Menschenverstand überein in jenen Dingen, die die Vernunft erkennen kann“ („Ecclesiae autem doctrina est revelata et simul rationi sanae consona in illis, quae rationi ipsi perspicua sunt“ (ASyn IV/2, 11). (Eigenübersetzung).

rückgeführt werden. Gleichwohl „enthält die sittliche, christliche Ordnung in sich nicht nur die sittliche Ordnung der Natur und alle Rechte der menschlichen Person, sie hebt diese empor, verlebendigt und heiligt sie“[1]. Demzufolge erachtet Wojtyła es für „notwendig, die Beziehung zwischen der sittlichen Naturordnung, aus welcher die Rechte der Person hervorfließen, und der Ordnung des Liebesgebotes im Dokument anders herauszustellen“[2]. Wojtyła scheint es daher angebracht, einem Kapitel mit dem Titel „Lehre von der Religionsfreiheit erläutert aus Schrift und Tradition“ ein Kapitel mit dem Titel „Lehre von der Religionsfreiheit begründet in der Menschenwürde“ vorzuschalten.[3] Außerdem betont Wojtyła im Namen der polnischen Bischöfe, der ethisch-sozialen Bedeutung der Religionsfreiheit gehe die ethisch-personale voran. Obwohl das Thema der Religionsfreiheit die Regierungen anbelangt, trifft es doch in erster Linie den Menschen selbst. „Das Recht ist immer subjektiv, nämlich das Recht eines Subjektes d. h. einer Person, dieses Recht ist sogar ein Recht zur Freiheit; aber mit dieser Freiheit muss eine so große Verantwortlichkeit verbunden sein; und diesem Recht muss eine schwere Verpflichtung innewohnen“[4]. Dass sich mit der freien Ausübung der Religion als Bezug zu Gott immer auch eine Verantwortung bzw. Verpflichtung verbindet, ist für Wojtyła wichtig. Zunächst ist das eine persönliche Verantwortung, die dann in die gesellschaftliche Ordnung übergeht. Damit aber nicht der Eindruck entsteht, so Weigel, die alleinige Grundlage seiner Argumentation „sei die menschliche Vernunft, reichte Wojtyła dann eine schriftliche Intervention ein, in der er forderte, das Dokument möge doch noch das stärkere Argument zugunsten der Religionsfreiheit anführen, nämlich, dass sie Gottes geoffenbarter Wille für die Menschen und die Welt sei“[5]: „*Das Recht auf Religionsfreiheit ist wie ein Naturgesetz und [damit] göttlich und es akzeptiert keine Grenzen außer vonseiten des moralischen Gesetzes, welches ja natürlich und göttlich ist*“[6].

2.1.2.4 *Gaudium et spes*

Die Pastoralkonstitution *Gaudium et spes* ist das letzte und umfangreichste Dokument des Zweiten Vatikanischen Konzils. Anlässlich des 30. Jahrestags räumt Johannes Paul II. ein, ihm sei dieses Dokument „auf Grund der direk-

---

1 „(...) ordo moralis christianus ordinem moralem naturae et omnia iura personae humanae in se continet et tamen elevat, vivificat et sanctificat“ (ASyn III/3, 767). (Eigenübersetzung).

2 „Oportet etiam aliter exponere relationem inter ordinem moralem naturae, ex quo iura personae in civitate promanant, et ordinem praecepti caritatis“ (ASyn III/2, 839). (Eigenübersetzung).

3 Vgl. ASyn IV/2, 11.

4 „Ius quidem subiectum est, i.e. ius subiecti scil. Personae, immo est ius ad libertatem; sed cum libertati adnexa sit tam magna resonsabilitas, et iuri tam gravis obligatio interna” (Ebd., 12). (Eigenübersetzung).

5 Weigel, Zeuge, 171-172.

6 „*Ius tamen ad libertatem religiosam tamquam naturale et divinum non recipit limites, nisi ex parte legis moralis, quae etiam naturalis et divina est*“ (ASyn IV/2, 292). (Eigenübersetzung).

ten Beteiligung" an seiner Erarbeitung „besonders lieb": „Als junger Bischof von Krakau war ich nämlich Mitglied der Unterkommission, die das Studium der ‚Zeitzeichen' verantwortlich übernahm, und ab November 1964 Mitarbeiter der zentralen Unterkommission, die mit der Abfassung des Textes beauftragt war."[1] Im Nachhinein spricht er von „den äußerst interessanten Arbeiten dieser Gruppe" am sogenannten Schema XIII.[2], aus dem die Pastoralkonstitution *Gaudium et spes* hervorging, vom „großen Glück" mit anderen Bischöfen und Theologen „den Arbeitstisch teilen zu dürfen" und nennt namentlich Henri de Lubac (1896-1991). Als „ich über Personalismus sprach", so Johannes Paul II. im Rückblick, „kam Pater de Lubac zu mir und sagte: ‚Genauso, genauso, ganz genau so, in dieser Richtung!' Auf diese Weise machte er mir Mut, und das war für mich von besonderer Bedeutung, denn ich war ja noch relativ jung."[3] „Seit diesem Moment verbindet mich mit Pater De Lubac eine ganz besondere Freundschaft."[4] Beide bleiben in Kontakt und korrespondieren.[5]

Einerseits begünstigt die Mitarbeit auf dem Konzil eine Öffnung des philosophischen Ansatzes Wojtyłas zu mehr theologischen Fragestellungen hin. Auf der anderen Seite stellt gerade diese philosophische Anthropologie eine Bereicherung für die Mitarbeit beim Konzil dar.[6] „Sein Einsatz, insbesondere bei der Ausarbeitung der Pastoralkonstitution", so Ziegler, „trug dazu bei, dass sich die sogenannte anthropologische Wende in der Theologie zu Wort melden konnte."[7] Ein Textentwurf Wojtyłas mit anthropologischer Akzentsetzung sollte das Schema XIII sogar komplett ersetzen.[8] Seiner personalistischen Konzeption

1 Johannes Paul II., Ansprache zum 30. Jahrestag, 7.

2 Neben anderen wurde Wojtyła mit dem Spanier Gonzalez Moralejo in die Theologische Subkommission berufen. So „erfolgte die Ernennung der beiden (…) vermutlich wegen der Beiträge, die sie zur Diskussion des Schemas in der Aula erbracht hatten, und außerdem deswegen, weil sie sich zu Förderern systematischer Textentwürfe gemacht hatten, die von Expertengruppen in ihren jeweiligen Ländern verfasst worden waren; und deswegen konnten sie für die Kommission wichtige Partner darstellen und ihr tatkräftige Hilfe leisten" (Burigana/Turbanti, Sitzungsperioden, 613).

3 Johannes Paul II., Auf, lasst uns gehen, 171.

4 Johannes Paul II., Die Schwelle der Hoffnung, 186.

5 „De Lubac schreibt ein Vorwort zur französischen Übersetzung von Wojtyłas Buch *Liebe und Verantwortung,* Wojtyła lässt de Lubacs Aufsatz *Eglises particulaires et Eglise universelle* ins Polnische übersetzen. 1970 und 1971 lädt Wojtyła de Lubac nach Polen ein. Nur de Lubacs Erkrankung lässt es nicht zur schon fest geplanten Reise kommen. De Lubac erinnert sich, dass er in vertrauten Gesprächen immer wieder die Prognose geäußert hatte: ‚Nach Paul VI. heißt mein Kandidat Wojtyła'" (Voderholzer, Henri de Lubac, 11).

6 Vgl. Dziwisz, Papst, 25.

7 Ziegler, Laudatio, 189.

8 „Dieser Text wurde in der Folge ‚der Vorschlag der polnischen Bischöfe' genannt. Es handelte sich um einen Text, der in Krakau verfasst worden war, und zwar unter der Leitung von Wojtyła selbst (…). Einer der Leitgedanken des polnischen Schemas könnte so formuliert werden: Die Präsenz der Kirche stützt sich nicht bloß auf den Willen Gottes, sondern auch auf den Willen der Menschen, die in aller Freiheit zu erkennen geben, dass sie sich zu ihr bekennen (…). Der polnische Text wurde (…) den Dokumenten von Ariccia (1965) beigefügt

folgend soll die pastorale Ausrichtung dieser Konstitution verdeutlichen, dass „die menschliche Person – in allen Bezugen zu sich selbst, zu anderen, zur Welt – die Wahrheit über ihre ganzheitliche Berufung versteht und in der Tat zum Ausdruck bringt.[1]. Mit diesen Worten erklärt Wojtyła nicht nur die Tatsache, dass der Mensch in einem Beziehungsgeflecht lebt und handelt, er fängt mit diesen wenigen Worten das ganze Anliegen seines philosophischen Hauptwerkes *Person und Tat* ein. Tatsächlich thematisiert *Gaudium et spes* dann die *„tieferen Fragen der Menschheit"*[2] und Johannes Paul II. meint: „Noch nie war es in der zweitausendjährigen Geschichte der Kirche vorgekommen, dass ein ökumenisches Konzil seine pastorale Sorge mit so tiefem Engagement auf die irdischen Wirklichkeiten der Menschheit richtete."[3] *„Es war nie zuvor geschehen"*, so Dziwisz, *„dass die Kirche in so klarer und tiefer Weise ihre Teilnahme an den Problemen der Menschen, an der Geschichte der Menschheit kundtat. Sie betrachtete die Welt nicht mehr von vornherein als feindlich, als Gegner, den es zu bekämpfen galt."*[4] Ausdruck dafür ist auch, dass sich die Botschaft dieses Dokumentes „nicht mehr bloß an die Kinder der Kirche, und an alle, die Christi Namen anrufen", richtet, „sondern an alle Menschen schlechthin in der Absicht, allen darzulegen, wie es Gegenwart und Wirken der Kirche in der Welt von heute versteht."[5] Dabei fällt eine Art Personalisierung auf, die Wojtyła während der Konzilsdebatten mit dem Begriff „Welt" vornimmt. Zwar sei es eine Welt, in der die Kirche existiert, doch lebt und wirkt sie in Wirklichkeit in einer „Pluralität ‚der Welten' (...): Vielleicht gibt es mehr Welten, die nicht im Text stehen, als jene, die drinstehen"[6]. Wojtyła meint damit die verschiedenen ökonomischen, sozialen und politischen Systeme. Im Laufe des 20. Jahrhun-

---

und übte dann einen gewissen Einfluss auf die neue Fassung des Schemas XIII aus" (Vilanova, Interessio, 480-481). In Ariccia trafen sich alle Subkommissionen vom 1.-6. Februar 1956 und berieten insbesondere über die Entwürfe des Franzosen Haubtmanns und Wojtyłas. „Der Entwurf für das Schema, den Wojtyła und seine Mitarbeiter in Krakau vorbereitet hatten und den er bei dieser Gelegenheit mit größerer Genauigkeit erläutern konnte, weckte ein gewisses Interesse bei den in Ariccia versammelten Kommissionsmitgliedern und Theologen. Dieser Entwurf stellte sich ziemlich klar und in der Weise, wie er die negativen Aspekte der heutigen Welt bedachte, realistischer dar als der von Haubtmann (…). Obwohl an Hauptmanns Text festgehalten wurde, wurde doch beschlossen, ihn so weit wie möglich entsprechend den von Wojtyła erhobenen Einwänden zu korrigieren (…). Unter anderem fehlte eine angemessene Thematisierung anthropologischer Fragen" (Burigana/Turbanti, Sitzungsperioden, 618-619).

1 „(...) ut persona humana in omni relatione cum seipsa, cum aliis, cum mundo, intelligat et actu exprimat veritatem de sua integra vocatione" (ASyn IV/2, 660). (Eigenübersetzung).

2 „Was ist der Mensch? Was ist der Sinn des Schmerzes, des Bösen, des Todes – alles Dinge, die trotz solchen Fortschritts noch immer weiterbestehen?" (GS 10).

3 Johannes Paul II., Ansprache zum 30. Jahrestag, 7.

4 Dziwisz, Papst, 24.

5 GS 2.

6 „Haec pluralitas ‚mundorum' (…). Et forsitan plures adhuc sunt ‚mundi', qui sese in textu praeiacenti non vident, quam illi, qui sese vident in ipso" (ASyn III/5, 299). (Eigenübersetzung).

derts bildete der Westen die kapitalistische „Erste Welt“, „die Länder hinter dem Eisernen Vorhang“ unter kommunistischer Herrschaft die kollektivistische „Zweite Welt“ und was sich außerhalb dieser Bereiche befand, insbesondere die Entwicklungsländer, wurde „Dritte Welt“ genannt.[1] Auf diesen Redebeitrag über diese Wirklichkeit von „Welten, die sehr verschieden voneinander sind“, kommt Johannes Paul II. gegen Ende seines Pontifikats noch einmal zu sprechen: „Gerade darauf habe ich bereits während des Konzils die Aufmerksamkeit der Konzilsväter gelenkt, als ich als Metropolit von Krakau das Wort ergriff.“[2] Will die Kirche mit solch einer pluralen Welt in einen echten Dialog treten und sich mit der Pastoralkonstitution der Welt auch präsentieren, könne es nicht das Ziel sein, anstelle von rationalen Argumenten in einer moralisierenden und ermahnenden Weise die Welt nur belehren zu wollen.[3] „Im Schema XIII sollte man eine Art von Rede verwenden, dass die Welt sehen möge, dass wir sie nicht nur mit Autorität belehren, sondern gleichzeitig mit ihr eine wahre und ausgewogene Lösung der schwierigen Probleme des menschlichen Lebens suchen“[4]. Wojtyła gibt zu bedenken, „dass man auch durch eine Methode lehren kann, die man ‚heuristisch‘ nennt, indem man dem Schüler erlaubt, die Wahrheit quasi aus eigenen Mitteln zu finden“[5]. Andernfalls führt der angestrebte Dialog nur zum Selbstgespräch („soliloquium“): „Hüten wir uns also, dass unser Schema zum Selbstgespräch wird“[6] Gleichzeitig gibt Wojtyła zu bedenken: Zu einem echten „Dialog gehört die Bejahung des Dialogpartners“, doch bedeute eine solche Bejahung seitens der Kirche keinesfalls, ihre eigene Sendung aufzugeben,

1 Vgl. Johannes Paul II., Erinnerung und Identität, 154-155. Wie sehr der „Eiserne Vorhang“ die damaligen „Welten“ trennte, macht ein Rückblick Johannes Pauls II. auf seine Begrüßungsrede nach der Papstwahl deutlich: „Als ich mich am Abend des 16. Oktober 1978 auf der Loggia der Basilika von Sankt Peter zeigte, um die Römer und die Pilger zu begrüßen, die in Erwartung des Ausgangs des Konklaves auf dem Platz versammelt waren, sagte ich, dass ich ‚aus einem fernen Land‘ komme. Im Grunde war die geographische Distanz gar nicht so groß. Die Flugzeuge überwinden sie in knapp zwei Stunden. Als ich von ‚Ferne‘ sprach, wollte ich damit auf den damals noch existierenden Eisernen Vorhang anspielen. Der Papst, der aus einem Land hinter dem Eisernen Vorhang kam, er kam in einem sehr tiefen Sinn aus der Ferne, auch wenn er in Wirklichkeit aus dem Herzen Europas selbst kam. Das geographische Zentrum des Kontinents befindet sich nämlich auf polnischem Territorium“ (Johannes Paul II., Erinnerung und Identität, 176-177).

2 Ebd., 156.

3 „Durch das Belehren stellt sich die Kirche über die Welt und fodert, dass diese ihr Gehorsam leistet“ („Docendo tamen eo ipso sese ponit supra mundum et postulat ipsum sibi oboedientiam praestare“ (ASyn III/5, 299). „Niemals sollte man anstelle von Argumenten das Moralisieren oder Ermahnen anwenden“ („Numquam autem loco argumentorum adhibeatur moralisatio vel exhortaio“ (Ebd.). (Eigenübersetzungen).

4 „In schemata XIII tamen oportet tali modo loqui, ut mundus videat nos ipsum docere non tantum modo auctoritativo, sed etiam simul cum ipso inquirere veram et aequam solutionem difficilium problematum vitae humanae” (Ebd.). (Eigenübersetzung).

5 „(…) quod docere possit etiam methodo sic dicta ‚heuristica‘, permittendo discipulo veritatem quasi ex suis invenire” (Ebd.). (Eigenübersetzung).

6 „Caveamus autem, ne schema nostrum soliloquium fiat!“ (Ebd.). (Eigenübersetzung).

denn „gemäß der ihr eigenen Transzendenz aus dem Erlösungswerk“ bringe die „Kirche den Dienst des ewigen Heils ein und dieses ewige Heil übersteigt alle immanente Finalität der Welt“[1].

Auch in der Diskussion über den Atheismus leuchten die personalistischen Grundsätze Wojtyłas deutlich auf. Zunächst unterscheidet er den Atheismus, der aus einer persönlichen Überzeugung herrührt[2], vom Atheismus, der mit ungerechten Mitteln propagiert wird. Wenn das moralische Naturgesetz dadurch verletzt wird, dass eine Einzelperson zu einer Religion gezwungen wird, dann verstößt die mit Druck ausgeübte Indoktrination atheistischer Prinzipien nicht weniger gegen dasselbe Naturgesetz.[3] Um aber dem Problem des Atheismus gerecht zu werden, darf nicht nur erwogen werden, inwieweit der Atheismus eine Negation Gottes ist, sondern inwieweit er ein innerer Zustand des Menschen ist. Seinem Personalismus treu bleibend verlagert Wojtyła die Problematik in das Innere der menschlichen Person und bezeichnet es als ein „Problem der Seele, des Denkens und des Herzens“[4]. Von diesem personalistischen Ansatz her erklärt sich der konkrete Vorschlag Wojtyłas, der Dialog mit dem Atheismus müsse vom Menschen her begonnen werden – und zwar sachlich. Schon während der Debatte riefen nämlich Konzilsväter aus dem kommunistischen Bereich Europas zur Vorsicht auf, wenn es um eine Verurteilung des Atheismus

1 „Sub aspectu dialogi: ad dialogum pertinet utique affirmatio eius, cum quo dialogus instituitur (...). (...) semper tamen secundum hanc transcendentiam, quae ipsi ex opere Redemptionis est propria.Tunc servitium Ecclesiae est servitium salutis aeternae, quae omnem finalitatem

2 Für Johannes Paul II. ist das „Phänomen eines intellektuellen Atheismus (…) eher ein ‚Agnostizismus‘ als ein ausgesprochener ‚Atheismus‘ (…). Der Agnostiker sagt: ‚Ich weiß nicht, ob Gott existiert. Ich habe keine Beweise dafür.‘ Während der Atheist behauptet: ‚Ich weiß, dass er nicht existiert.‘“ (Johannes Paul II., Fürchtet euch nicht, 61-62). Beide gründen in der „Unterordnung der ontologischen Fragen unter die epistemologischen Probleme“ und sind „Früchte der positivistischen Epistemologie“, d. h. der „Verstand“ hat „von der Erforschung der geheimnisvollen Erscheinungsformen des Seins genug“ (ebd., 62-63) und stürzt sich auf die Materie. Das menschliche Erkenntnisvermögen wird auf das beschränkt, was den Sinnen sichtbar und messbar zugänglich ist. „Im Rahmen der verschiedenen brauchbaren und wirkungsvollen Methoden zur immer tieferen Erforschung der sichtbaren Welt (…) ist nicht nur kein Raum mehr für das, was ‚unsichtbar‘ ist, sondern dieses ‚Unsichtbare‘ verliert auch noch seinen Sinn. Diese geistige Einstellung wird mit dem Ausdruck ‚Tod Gottes‘ umschrieben“ (Ebd., 63).

3 Vgl. ASyn IV/2, 662.

4 „(...) problema atheismi est problema personae humanae in sua interioritate, problema animae, mentis et cordis“ (ASyn IV/2, 662). (Eigenübersetzung). „Der atheistische Mensch ist ein Mensch, der von seiner finalen – sozusagen – ‚eschatologischen‘ Einsamkeit überzeugt ist. Diese Einsamkeit ‚von Gott‘, *ohne Gott*, ist einer Einsamkeit ‚für Gott‘ entgegengesetzt und in ihr [dieser Einsamkeit ohne Gott] ist eine Negation der persönlichen Unsterblichkeit eingeschlossen; diese macht ihn noch mehr bereit, eine Quasi-Unsterblichkeit in einem kollektiven Leben zu suchen“. „Homo atheus est homo persuasus de sua finali – ut ita dicam – ‚eschatologica‘ solitudine. Haec solitudo ‚a Deo‘, *absque Deo*, solitudini ‚ad Deum‘ opposita, in qua includitur negatio immortatlitatis personalis, promptiorem eum facit, ad quaerendam quasi-immortalitatem in vita collectiva“ (Ebd.). (Eigenübersetzung).

durch das Konzil ging.[1] Wojtyła „sprach sich ebenfalls klar dagegen aus, wies aber dann auf die größeren Zusammenhänge hin“; so Kardinal Franz König (1905-2004): „Er meinte, man sollte alle Provokationen, die nichts bringen, unterlassen, vielmehr die Situation im Osten zur Gewissenserforschung nutzen, inwiefern Christen vielleicht selber Mitschuld tragen am Zustandekommen des Atheismus.“[2] König schätzte schon damals den Einsatz Wojtyłas für Menschenrechte und Menschenwürde. „Der endgültige Text, wie er sich heute in der Pastoralkonstitution Nr. 19-21 findet, ist sehr ausgewogen und weist über die Situation von damals hinaus. Gerade an diesem Text ist Johannes Paul II. nicht unbeteiligt gewesen.“[3] Zum Umgang mit dem Kommunismus meint Dziwisz, *„dass sich die Methode von Karol Wojtyła als ‚siegreich' erwiesen hatte: Er übte gegenüber dem Marxismus keine Frontalopposition, sondern höhlte ihn von innen aus beziehungsweise konfrontierte ihn mit der Wirklichkeit des Menschen, mit der ‚Wahrheit' über den Menschen.“*[4]

Das Konzilsdokument *Gaudium et spes* atmet einerseits den personalistischen Geist Wojtyłas, andererseits stellt das Pontifikat Johannes Pauls II. mit seiner Lehrverkündigung eine authentische und umfassende Verwirklichung der Anregungen dar, welche in diesem Dokument enthalten sind. Die „Theologie des Leibes“ stellt nur insofern eine Weiterentwicklung von *Gaudium et spes* dar, als sie eine vertiefte Begründung für die darin enthaltenen Aussagen über die Kirche als umfassendes Werkzeug des Heils für die Menschheit und für die Welt, über die Kirche als Braut Christi sowie über die Bedeutung der christlichen Ehe vorlegt.

2.1.3 Konzil und „Theologie des Leibes“

Die Mitarbeit Karol Wojtyłas an *Gaudium et spes* hatte einerseits Auswirkungen auf die Abhandlung *Person und Tat*, der er nicht zuletzt deshalb als Motto ein Zitat aus *Gaudium et spes* voranstellte.[5] Nachweislich hat die Pastoralkonstitution die Abfassung der Enzyklika *Redemptor hominis*[6] beeinflusst. Selbst

---

1 Die Geschichte des Kommunismus ist „die Geschichte des Protests gegen Ungerechtigkeit“ (Johannes Paul II., Die Schwelle der Hoffnung, 158), doch hat er „keine wirkliche Sozialreform zuwege gebracht“, sodass im Nachhinein für Johannes Paul II. der Kommunismus „als Folge seiner eigenen Fehler und Miißbräuche“ „von *alleine untergegangen*“ ist – *„aufgrund seiner eigenen ihm innewohnenden Schwäche*“ (Ebd., 160).

2 König, Geht hinaus, 147-148.

3 Ebd., 148.

4 Dziwisz, Papst, 55.

5 „Die Kirche, die in keiner Weise hinsichtlich ihrer Aufgabe und Zuständigkeit mit der politischen Gemeinschaft verwechselt werden darf noch auch an ein irgendein politisches System gebunden ist, ist zugleich Zeichen und Schutz der Transzendenz der menschlichen Person“ (GS 76). Vgl. Wojtyła, Person und Tat, 9.

6 „Gerade die tiefere Kenntnis der Entstehungsgeschichte von *Gaudium et spes* hat es mir ermöglicht, ihren prophetischen Wert voll einzuschätzen und ihre Inhalte voll und ganz in meine

das Lehrschreiben *Fides et ratio*[1] verortet Johannes Paul II. in ihr. Doch welche Bedeutung hat die Mitarbeit Wojtyłas beim Zweiten Vatikanum und die Beschäftigung mit offenbarungstheologischen Themen für die Abfassung der „Theologie des Leibes" Johannes Pauls II.? Schließlich macht die Miteinbeziehung der Offenbarung aus der Philosophie zwar eine Theologie, aber noch keine „Theologie des Leibes".

Johannes Paul II. bezeichnet das „Konzil – oder wie man es damals nannte: das *‚Seminar des Heiligen Geistes'*" als *„eine wichtige Erfahrung der Kirche.*"[2] Auch für die Ausarbeitung der „Theologie des Leibes" sollte es eine „wichtige Erfahrung" werden. Wojtyła machte dort nämlich eine wegweisende „Entdeckung". Als Papst legt er darüber Zeugnis ab: „Die Ent-deckung, die ich damals machte", so Johannes Paul II., findet sich vor allem in *Lumen gentium* 7: „Während ich früher vor allem die endzeitliche Bestimmung des Menschen und mein persönliches Schicksal im Jenseits, das in den Händen Gottes liegt, im Blick hatte, so hat sich durch die Konzilskonstitution das Schwergewicht auf die Kirche und auf die Welt verlagert."[3] Die Überzeugung, dass die eschatologische Vollendung des Menschen schon in dieser Welt mit der „Erlösung des Leibes" beginnt, wird für Wojtyła der entscheidende Impuls für die Ausgestaltung einer umfassenden Theologie auf der Grundlage einer ganzheitlichen Anthropologie.

Neben GS 22 („Tatsächlich klärt sich nur im Geheimnis des fleischgewordenen Wortes das Geheimnis des Menschen wahrhaft auf"), nimmt die Formulierung von GS 24, „dass der Mensch, der auf Erden die einzige von Gott um ihrer selbst willen gewollte Kreatur ist, sich selbst nur durch die aufrichtige Hingabe seiner selbst vollkommen finden kann", für den Aufbau der „Theologie des Leibes" eine Schlüsselposition ein.[4]. In seiner Enzyklika *Dominum et vivificantem* schreibt Johannes Paul II., „dass in diesen Worten der Pastoralkonstitution des Konzils die ganze christliche Anthropologie zusammengefasst ist"[5]. Immer wieder beruft sich Johannes Paul II. auf diese Passage. Einerseits geht es um per-

Lehre seit der ersten Enzyklika *Redemptor hominis* aufzunehmen. Ich wollte, das Erbe der Konzilskonstitution zusammenfassend, in ihr betonen, dass die Natur und das Schicksal der Menschheit und der Welt nicht endgültig offenbart werden können, wenn nicht im Licht des Gekreuzigten und Auferstandenen" (Johannes Paul II., Ansprache zum 30. Jahrestag, 7).

1 „Ich selbst habe es in diesen Jahren für meine Pflicht gehalten, in die Fußstapfen von *Gaudium et spes* tretend, bei verschiedenen Anlässen zu verdeutlichen, dass Wissenschaft und Glaube trotz der nicht gutzuheißenden Konflikte der Vergangenheit keinen wirklichen Grund zur Gegnerschaft haben, sondern dass sie vielmehr gegenseitigen Vorteil aus der Begegnung und der Zusammenarbeit ziehen sollen (GS, 36)" (Johannes Paul II., Ansprache zum 30. Jahrestag, 7).

2 Johannes Paul II., Die Schwelle der Hoffnung, 186.

3 Johannes Paul II., Fürchtet euch nicht, 89.

4 Weigel bezeichnet diese Worte als „die philosophische und moralische Kernaussage des Konzils" (Weigel, Zeuge, 176). „The Pope thinks that much of the ‚truth about man' is epitomized in this conciliar expression of this paradoxical structure" (Crosby, Personalism, 206).

5 Johannes Paul II., Dominum et vivificantem, Nr. 59.

sonale Erfüllung durch Hingabe.[1] Andererseits enthält die Formulierung, dass der Mensch „die einzige von Gott um ihrer selbst willen gewollte Kreatur ist“, für Johannes Paul II. nach Crosby „*das* erste Prinzip von Sittlichkeit“[2]. Schon in *Liebe und Verantwortung* nennt Wojtyła dieses Prinzip das „personalistische Prinzip“[3] und misst diesem „ganz allgemeine Gültigkeit“ zu: „Niemand hat das Recht, sich einer Person zu bedienen, sie als Mittel zu gebrauchen, nicht einmal Gott, der sie erschaffen hat.“[4] Es war also nicht erst die Herausforderung von *Humanae vitae*, die Wojtyła anregte, aus der philosophischen Anthropologie eine „Theologie des Leibes“ zu entwickeln. Ohne die beiden Abhandlungen *Liebe und Verantwortung* sowie *Erziehung zur Liebe*[5] wären seine Mittwochskatechesen sicherlich nicht denkbar. Doch bilden letztlich das Konzil und die mit ihm verbundenen „Entdeckungen“ den entscheidenden Anstoß für eine theologische Einordnung der großen Thematik der menschlichen Liebe. Schon in seiner Eingabe zur Vorbereitung des Zweiten Vatikanischen Konzils führt Wojtyła aus, dass die „katholische Morallehre Regeln auf[zeigt], wie man sich der Dinge bedient, ohne sie zu missbrauchen, und wie man die Personen lieben soll“[6]. Infolgedessen geht es Wojtyła auch bei *Humae vitae* zunächst nicht um die Frage der Pille, sondern um das Thema der Selbstbeherrschung. Denn in seiner „Theologie des Leibes“ ist die Begierde die psychologische Auswirkung des Sündenfalls: „Liebt nicht die Welt und was in der Welt ist! Wer die Welt liebt, hat die Liebe zum Vater nicht. Denn alles, was in der Welt ist, die Begierde des Fleisches, die Begierde der Augen und das Prahlen mit dem Besitz, ist nicht vom Vater, sondern von der Welt“ (1 Joh 2,15-16). Der Mensch erlöst

1 Vgl. Schwaderlapp, Erfüllung durch Hingabe. Die Ehe in ihrer personalistischen, sakramentalen und ethischen Dimension nach der Lehre und Verkündigung Karol Wojtyłas/Johannes Paul II., St. Ottilien 2002.

2 „(…) for John Paul is *the* first principle of morality” (Crosby, Personalism, 206).

3 In der Konzeption Wojtyłas sollte „dieses personalistische Prinzip nicht im Kantschen, sondern im folgenden Wortlaut formuliert werden: ‚Wenn in deinem Verhalten eine Person Objekt deines Handelns ist, vergiß niemals, dass du sie nicht bloß als Mittel, als Werkzeug, behandeln darfst, sondern sei dir bewusst, dass sie ihr eigenes Ziel hat oder wenigstens haben sollte“ (Wojtyła, Liebe und Verantwortung, 25).

4 Wojtyła, Liebe und Verantwortung, 25. „Vonseiten Gottes ist dies übrigens absolut unmöglich, denn indem er die Person mit einer vernunftbegabten, freien Natur ausgestattet hat, hat er ihr die Macht verleihen, die Ziele ihres Handelns selbst zu bestimmen und sich nicht zu einem bloßen blinden Werkzeug machen zu lassen, das den Zielen von jemand anders dient. Wenn Gott die Absicht hat, den Menschen auf bestimmte Ziele hinzulenken, so macht er ihm diese zuerst bekannt, damit der Mensch sie sich zu eigen machen und sie frei erstreben kann. Darauf u.a. beruht die tiefe Logik der Offenbarung: Gott ermöglicht dem Menschen, das übernatürliche Ziel zu erkennen, überlässt aber den Entscheid, es anzustreben, es zu wählen, dessen Freiheit. Gott rettet also den Menschen nicht gegen dessen Willen“ (Ebd.).

5 Vgl. Wojtyła/Johannes Paul II., Erziehung zur Liebe. Mit einer ethischen Fibel, Stuttgart-Degerloch ^{2}1979.

6 „Unde catholica doctrina moralis regulas indicat utendi quidem rebus sine abusu et diligendi personas“ (ADI II/2, 742. Trad. V. Csernokorsky).

seinen Leib, indem er diese dreifache Begierde durch seinen personalen Einsatz und die Gnade in den Griff bekommt. Im Beherrschen der Begierde strahlt dann die Liebe auf. Den ersten Teil der Katechesen zur „Theologie des Leibes" hat Johannes Paul II. bewusst abgeschlossen. Mit diesem Abschluss verbinden sich sowohl die Errichtung des *Päpstlichen Rates für die Familie*[1] wie auch die Gründung des „Institutes für Studien über Ehe und Familie"[2] an der Lateranuniversität. Als er diese beiden Einrichtungen am 13. Mai 1981 auf dem Petersplatz öffentlich verkünden will, wird er niedergeschossen. Das ist bezeichnend, macht doch dieser historische Tag deutlich, wie eine Kultur des Todes gegen die Kultur des Lebens aufbegehrt, zu deren Kernanliegen die Beherrschung der Begierde zählt.

2.1.4 Krakauer Pastoralsynode

Zehn Jahre nach der Eröffnung der Konzilsversammlung publiziert Wojtyła die Arbeitsstudie *Quellen der Erneuerung. Studie zur Verwirklichung des Zweiten Vatikanischen Konzils*[3]. Damit möchte er „den Kern der Lehren des Konzils zusammenzufassen", wobei das Buch „auch eine Art *ex voto* der Dankbarkeit sein [soll] für das, was die göttliche Gnade durch die Konzilsversammlung in" ihm „persönlich als Bischof gewirkt hatte."[4]. Johannes Paul II. spricht vom „*Versuch* (...), *die Bringschuld zu begleichen*, die jeder Bischof durch seine Teilnahme am Konzil dem Heiligen Geist gegenüber hat."[5] Doch will dieses Opus kein theologischer Kommentar sein, sondern als „Leitfaden" verstanden werden, „der in die einschlägigen Dokumente des Zweiten Vatikanums einführt, aber stets im Blick auf ihre Verwirklichung im Leben und Glauben der Kirche."[6] Richtungweisend ist die Aussage Wojtyłas, dass gerade die Teilnehmer „durch das Konzil spirituell sehr bereichert worden"[7] sind. Sein Anliegen ist es deshalb, diese Erfahrung mit anderen zu teilen. Schon während des Konzils infor-

1 Der „Päpstliche Rat für die Familie" ist eine „Kurienbehörde, der – ein Novum in der Geschichte der Kirche – als Mitglieder aus-schließlich Eheleute angehören und die in ihrer Arbeit ‚die Bedeutung sichtbar machen soll', die der Heilige Vater ‚dem pastoralen Dienst an den Familien in der Welt beimesse, und zugleich wirksames Instrument zu ihrer Förderung auf jeder Ebene sein soll.'" (Martin, Katechesen, 3-4).

2 Dieses Institut „‚soll der gesamten Kirche jenen Beitrag an theologischer und pastoraler Reflexion bieten, ohne den der Evangeli-sierungsauftrag der Kirche einer ganz wesentlichen Hilfe entbehrte. Dieses Institut soll der Ort sein, wo die Erkenntnis der Wahrheit über Ehe und Familie im Lichte des Glaubens und mit Hilfe der verschiedenen Humanwissenschaften vertieft wird.' – So stand es im vorgesehenen Redemanuskript für die Generalaudienz am 13. Mai 1981" (Ebd., 4).

3 Vgl. Wojtyła, Quellen der Erneuerung. Studie zur Verwirklichung des Zweiten Vatikanischen Konzils, Freiburg/Br–Basel–Wien 1981.

4 Johannes Paul II., Auf, lasst uns gehen, 180.

5 Johannes Paul II., Die Schwelle der Hoffnung, 184-185.

6 Wojtyła, Quellen, 16.

7 Ebd., 14.

miert er die Gläubigen seiner Diözese ausführlich und systematisch über dessen Verlauf und Inhalt in Form von Pastoralbriefen aus Rom und Predigten vor Ort.[1] Letztendlich will er der pastoralen Ausrichtung des Konzils gerecht werden. „Das Zweite Vatikanische Konzil“, so Johannes Paul II., „war für mich ein sehr starker Ansporn, die pastorale Tätigkeit zu intensivieren.“[2]

Ein wesentlicher Teil dieser Intensivierung war die Krakauer Pastoralsynode[3] von 1972-1979.[4] Diese Synode wird nach Augé als „Meisterwerk von Erzbischof Wojtyła“[5] bezeichnet und sollte nach Pieronek „zu einer Bereicherung des Glaubens und zu einer noch tieferen Ausbildung der christlichen Haltungen führen“, eben „durch ‚die Lektüre des Konzils‘, d. h. die Bewusstmachung seiner Lehre und der pastoralen Ausrichtungen sowie durch die Teilnahme der ganzen Gemeinschaft an der Verantwortung für die Kirche, insbesondere der katholischen Laien“[6]. Alle in der Diözese Krakau waren eingeladen, die Initiative zu ergreifen, zu behandelnde Themen zu unterbreiten, die redaktionellen Vorschläge der Vorbereitungsgruppen zu kommentieren oder öffentlich die eigene Meinung bzw. Kritik zu äußern.[7] Weigel spricht von einem „dialogische[n] Verfahren der Synode“[8] und Pieronek von einer „Atmosphäre des Vertrauens und der Freiheit“, zwei Werte, die „für die Entwicklung der menschlichen Per-

1 Vgl. Pieronek, Recezione, 59. Sein langjähriger Sekretär Stanislaw Dziwisz schreibt: „Karol Wojtyła wollte, dass die ganze Diözese sich geistigerweise an den Konzilsarbeiten beteiligte. Er blieb im Kontakt mit Priestern und Seminaristen und versuchte das Interesse intellektueller Kreise zu wecken. Er ging so vor, dass alle über die in der Aula debattierten Themen sowie über den Inhalt der Dokumente informiert wurden. Auf diese Weise haben wir in Krakau miterlebt, was in Rom passierte“ (Dziwisz, Papst, 22).

2 Johannes Paul II., Auf, lasst uns gehen, 157.

3 „Diözesansynoden drehten sich fast immer um Rechtsfragen, sie waren gesetzgebende Versammlungen des lokalen Klerus, die Rechtsstatuten für die Ortskirche ausarbeiteten. Diesmal würde es anders sein, wie auch das II. Vatikanische Konzil anders gewesen war. Es würde sich um eine Pastoralsynode handeln, um den Versuch, mit den Priestern und Gläubigen des Erzbistums eben jene Erfahrung von Kollegialität zu machen, die das II. Vatikanische Konzil beherrscht hatte. Die Synode sollte ein Programm planen, aber vor allem sollte sie die christliche Gemeinschaft aufbauen. Kardinal Wojtyła wünschte sich, dass die Kirche von Krakau zu einer lebendigen missionarischen und apostolischen Bewegung werde. Auf diese Weise sollte das Konzil in Krakau lebendig werden“ (Weigel, Zeuge, 213-214).

4 Am 11. April 1979 jährte sich der 900. Todestag des Krakauer Märtyrerbischofs Stanislaus (Vgl. Röhrig, Stanislaus, 930-931). Aus diesem Anlass berief Wojtyła die Synode ein, die so lange dauern sollte, wie Stanislaus Bischof war, nämlich acht Jahre.

5 Vgl. Augé, Giovanni Paolo II, 143.

6 „Sinodo (…) avrebbe portato ad un arricchimento della fede e ad una più piena formazione degli atteggiamenti cristiani, attraverso ‚la lezione del Concilio‘ cioè la presa di coscienza della sua dottrina e degli orientamenti pastorali, partecipazione alla responsabilità per la Chiesa dell'intera comunità, specialmente dei cattolici laici“ (Pieronek, Recezione, 61). (Eigenübersetzung)

7 Vgl. ebd., 62.

8 Weigel, Zeuge, 214.

son unabdingbar“ sind.[1] „Im Unterschied zu anderen kirchlichen Körperschaften begann die Krakauer Synode nicht mit der Abfassung von Erklärungen. Ja, sie begann in den ersten beiden Jahren nicht einmal mit Entwürfen“[2], so Weigel. Analog zum philosophischen Ansatz Wojtyłas sollten die Erfahrungen der Gläubigen der Ausgangspunkt der Synode sein. Deshalb wurden die Gläubigen motiviert, unter der Leitung von Priestern bzw. Laien synodale Arbeitsgruppen zu bilden, von denen Wojtyła 50 erwartete, sich zu seiner Überraschung aber annähernd 500 formierten.[3] Die einzelnen Treffen verliefen immer nach demselben Schema: Gebet, Schriftlesung, Studium der Konzilstexte, Messe, offene Diskussion des jeweiligen Themas anhand von drei Fragen (Was sagt das Evangelium zu dieser Frage? Wie sieht unter diesem Aspekt die Wirklichkeit aus, in der wir leben? Wie müsste angesichts dieser Wirklichkeit unsere Antwort Gott gegenüber lauten?).[4] „Nur dank dieser Annäherung“, so Pieronek, „konnte der Wunsch nach Umkehr erwachsen“ und die Synode[5] wurde so zu einer „wahren spirituellen Revolution“[6]. Karol Wojtyła wurde vor Abschluss dieser Synode zum Papst gewählt, stand aber „als Papst Johannes Paul II. der feierlichen Schlusssitzung der Synode am 8. Juni 1979 vor.“[7]

Von Bedeutung für die „Theologie des Leibes“ ist die Krakauer Pastoralsynode schon allein deshalb, weil die Abfassung in diese Zeit fällt. So wie Wojtyła während des Zweiten Vatikanischen Konzils an *Person und Tat* schrieb und im Zuge des Konzils die Frage nach dem Menschen im Licht der Offenbarung neu stellte, so wäre zu klären, inwieweit die Krakauer Synode und die damit verbundene Erfahrung einer lebendigen Kirche das Bewusstsein für den Charakter der Kirche als sakramentale Wirklichkeit bzw. „Ursakrament der Erlösung“ sowie die Verwirklichung der übernatürlichen Berufung der Kirche im Dialog, geistlichen Austausch und im Geist der Kollegialität geformt hat. Immerhin schreibt Dziwisz im Rückblick auf diese Phase: „Jene Zeit der Verwirklichung des Konzils war eine glückliche Zeit sowohl für den Erzbischof von Krakau als auch für die ganze Erzdiözese und die Kirche von Polen.“[8] Umgekehrt wirft das sakramentale Verständnis der Kirche ein Licht auf die Verwirklichung der menschlichen Person in ihrer Leiblichkeit und deren sakramentaler Bedeutung.

---

1 Vgl. Pieronek, Recezione, 62.

2 Weigel, Zeuge, 214.

3 Vgl. Pieronek, Recezione, 63-64.

4 Vgl. ebd., 63.

5 „Die Krakauer Synode gab am Ende etwa 400 Seiten Dokumente heraus, die sämtliche Aspekte des kirchlichen Lebens in der Erzdiözese abdeckten. Diese Dokumente standen unter drei Überschriften, die die ‚Ämter' oder Aufgaben Christi als Priester, Prophet und König spiegelten – drei Ämter, an denen, wie *Gaudium et spes lehrte*, das Kirchenvolk als Leib Christi in der Welt teilhatte“ (Weigel, Zeuge, 214).

6 „Solo grazie a questo accostamento poteva nascere il desiderio di conversione. Il Sinodo (…) una vera rivoluzione spirituale“ (Pieronek, Recezione, 63).

7 Weigel, Zeuge, 215.

8 Dziwisz, Papst, 26.

2.2 VON DER ERFAHRUNG ZUR OFFENBARUNG

Der Hebräerbrief beginnt mit den Worten. „Viele Male und auf vielerlei Weise hat Gott einst zu den Vätern gesprochen durch die Propheten; in dieser Endzeit aber hat er zu uns gesprochen durch den Sohn, den er zum Erben des Alls eingesetzt und durch den er auch die Welt erschaffen hat; er ist der Abglanz seiner Herrlichkeit und das Abbild seines Wesens“ (Hebr 1,1-3). Diese Offenbarung des Wortes Gottes ereignet sich in der Geschichte. Gerhard Ludwig Müller definiert Offenbarung deshalb als *„die zusammenfassende Bezeichnung für das im Alten und Neuen Testament bezeugte geschichtliche Heilswirken Gottes, das seinen Höhepunkt im Christusereignis hat. Die Offenbarung in Jesus Christus erschließt dem Glaubenden die Erkenntnis der Wirklichkeit Gottes als das Mysterium der Liebe, die Gott Vater, Sohn und Heiliger Geist selber ist.“*[1] So will sich „Gott als Quelle der Liebe (…) zu erkennen geben, und die Erkenntnis, die der Mensch von Ihm hat, bringt jede andere wahre Erkenntnis über den Sinn seiner eigenen Existenz zur Vollendung, zu der sein Verstand zu gelangen vermag.“[2] Damit fällt durch das Licht der Offenbarung auch ein neues Licht auf das Selbstverständnis des Menschen und sein Verhältnis zu Gott. Der Mensch versteht den ewigen Heilsplan, den Gott mit der Menschheit in der Geschichte verwirklichen möchte. Im ewigen Ratschluss Gottes lässt sich schließlich die Geschichte als die Erfüllung eines universellen Heilsprozesses erkennen.

Allerdings streckt sich der Mensch im Denken Wojtyłas/Johannes Pauls II. schon vor der Offenbarung in Jesus Christus auf Gott aus („anthropologischer Gottesbeweis“). Die Offenbarung (Theologie) als Selbstmitteilung Gottes kommt diesem Ausgestrecktsein gleichsam entgegen und baut auf die vernunftgemäße Erkenntnis (Philosophie) auf.[3] „Wie Maria durch ihre Zustimmung zu der von Gabriel verkündeten Botschaft nichts von ihrem wahren Menschsein und ihrer Freiheit eingebüßt hat“, erklärt Johannes Paul II. in *Fides et ratio,* „so verliert das philosophische Denken nichts von seiner Autonomie, wenn es sich der Anfrage stellt, die von der Wahrheit des Evangeliums kommt. Das philosophische Denken erlebt vielmehr, dass sein ganzes Forschen zur höchsten Verwirklichung angespornt wird.“[4]

---

1 Müller, Dogmatik, 45.

2 Johannes Paul II., Fides et ratio, Nr. 7.

3 Rocco Buttiglione schreibt über die Erkenntnis der Existenz Gottes und das Verhältnis von Philosophie und Offenbarung: „La filosofia non può dire molto su Dio. Può dire che c'è, ne discerne le tracce nell'ordine della creazione ma non conosce il suo volto. Per questo la filosofia è aperta alla possibilità di una rivelazione, come dice già Platone nel Fedone: come sarebbe bello se Qualcuno, dall'altro lato del mare della vita, venisse a chiarire i nostri dubbi e a dare und risposta alle nostre speranze. Il Dio di Gesù Cristo è questa risposta. Chi sia il Padre nessuno lo può conoscere, il Figlio, che solo conosce il volto del Padre, ce lo ha rivelato. Questa rivelazione non è contro la ragione umana anche se ne valica i limiti e non si identifica con essa" (Buttiglione, Giovanni Paolo II, 41).

4 Johannes Paul II., Fides et ratio, Nr. 108.

2.2.1 Natur und Gnade

An der Schnittstelle von Erfahrung und Offenbarung gilt es der Frage nachzugehen, inwieweit die Natur des Menschen auf die Offenbarung Gottes und die Mitteilung seiner Gnade natürlich angelegt ist. Nach Joachim Piegsa gehört „zum Wesen der menschlichen Kreatürlichkeit [entweder] eine natürliche Hinordnung auf Gott („desiderium naturale")"[1], wie Thomas von Aquin in der *Summa contra gentiles* lehrt.[2] „Dank dieser naturgegebenen Ausrichtung auf Gott ist jeder Mensch befähigt", so Piegsa, „seine personale Vollendung zu finden. Mit anderen Worten, die menschliche Natur ist auf die göttliche Gnade hingeordnet und wird durch sie vollkommen"[3]: „(…) gratia non tollat naturam, sed perficiat"[4]. Oder es geht um die Frage, ob der Mensch die Zuwendung Gottes gar einfordern kann? Michael Schulz verdeutlicht die Problematik: „Würde der Schöpfer in ein Geschöpf den Durst nach Wasser legen, so müsste er auch das Wasser dazuerschaffen, damit das Verlangen nach Wasser einen Sinn hat. Hat der Schöpfer in den Menschen den Durst nach dem ewigen Leben gelegt, *muss* ihm auch Gott als Quell des ewigen Lebens notwendigerweise – und damit unfrei – entgegenströmen (…). In diesem Sinn verstand man vor allem Lubacs Gnadentheologie und wies sie zurück."[5]

Kasper meint, der theologische Ansatz, als dessen zentrale Figur Henri de Lubac (1896-1991) in Erscheinung trat, sei „damals fälschlicherweise" als „Nouvelle théologie" bezeichnet worden. „Im Grunde war sie keine neue Theologie, sondern die Erneuerung der alten patristischen und hochmittelalterlichen Theologie", so Kasper.[6] Doch Scheffczyk zeigt eindeutig die Abhängigkeit de Lubacs von Maurice Blondel (1851-1949)[7] auf: „Die bei M. Blondel vorhandene Dialektik von ‚Notwendig – Unerreichbar' bringt de Lubac auf die Formel ‚absolutes Verlangen – ungeschuldete Erfüllung'. In dieser Ausrichtung des Menschen auf das Geschenk der Gnade besteht der Adel des Menschen, zugleich aber auch sein Paradox."[8] An dieser Konzeption de Lubacs bleibt allerdings offen, so Scheffczyk, inwieweit die „Gratuität der Gnade" tatsächlich noch gegeben ist.[9]

1 Piegsa, Ehesakrament, 52.
2 Vgl. Thomas von Aquin, Summa contra gentes III 51. (zit. nach: Piegsa, Ehesakrament, 52).
3 Piegsa, Ehesakrament, 52.
4 STh I q.1 a.8 ad 2.
5 Schulz, Rahner, 88-89.
6 Kasper, Katholische Kirche, 29.
7 Vgl. Scheffczyk, Gnadenlehre, 399-401.
8 Ebd., 404.
9 „Viele Kritiker vertraten tatsächlich die Auffassung, dass in de Lubacs ‚System' die Gratuität der Gnade nicht gewahrt sei. Es schien ihnen nicht nur die Ungeschuldetheit der Gnade mit Bezug auf den Menschen preisgegeben, sondern auch die Freiheit Gottes angetastet, der ein in den Menschen eingesenktes ‚absolutes Verlangen' erfüllen müsse" (Scheffczyk, Gnadenlehre, 404). Und weiter: „In der Antwort auf diese Kritik beharrte der Autor auf der Legitimität

Bei der Auseinandersetzung mit der *Nouvelle théologie* ging es also wesentlich um den „Geschenkcharakter der Gnade“: „*Entweder* ist die übernatürliche Berufung und Bestimmung des Menschen aus seiner natürlichen Ausrichtung nicht ableitbar“, so Bernd Jochen Hilberath, oder „die Natur des Menschen gilt auf diese übernatürliche Erfüllung so hingeordnet, dass zwar diese nicht als Entfremdung erfahren wird, jedoch die Freiheit der gnadenhaften Erfüllung als gefährdet erscheint.“[1]

Johannes Paul II. hat Henri de Lubac große Wertschätzung entgegengebracht. Deswegen stellt sich hier die Frage, wie er zur Auseinandersetzung um den Charakter der Gnade gestanden ist. Wie die nachfolgenden Ausführungen zeigen, versucht Johannes Paul II., die Positionen auszubalancieren und wesentliche Grenzziehungen vorzunehmen. Für ihn kann der Mensch seine eigene Bestimmung, die er bereits auf der Ebene der Erfahrung wahrnehmen kann, nicht ohne die Gnade verwirklichen. Deshalb ist der Mensch nach Johannes Paul II. nicht nur in dem Sinn auf die Gnade hingeordnet, dass sie ergänzend zu seiner Natur passen würde, sondern dass die Natur von sich aus nach ihr verlangt. Gleichzeitig behält die Gnade ihren vollkommen ungeschuldeten Charakter, insofern als ihre Gestalt vom Menschen weder vorhergesehen noch erwartet werden kann. Sie bleibt eine freie Zuwendung Gottes an den Menschen im Rahmen personaler Gemeinschaft. Und genau dieser Ansatz gibt Johannes Paul II. die Möglichkeit, die Hingeordnetheit des Menschen auf die Gnade als radikale Offenheit der Person für das Absolute zu verstehen. Doch wie sich die Teilhabe des Menschen am göttlichen Leben im personalen Vollzug verwirklicht, hängt einerseits von den freien Akten der menschlichen Person und andererseits von der freien Art der Zuwendung Gottes zum Menschen ab. Für Joahnnes Paul II. stellt deshalb die Gnade gegenüber dem Menschen immer etwas Neues dar, das sich weder ontologisch noch gnoseologisch aus seiner Natur ableiten lässt. Ja, sie übersteigt auch die Art der Zuwendung Gottes, wie sie durch die ursprüngliche Begnadung in der Schöpfungsordung vor dem Sündenfall gegeben war.

---

seines Ansatzes mit dem Hinweis auf die doppelte göttliche Freiheit, die sich schon bei der Schöpfung zeige und die sich nochmals bei der Berufung zur Gnade und zur Glorie beweise. Da er aber den Gedanken einer Schöpfung ohne Gnade (‚natura pura') nicht anerkennt und das Verlangen nach der Anschauung Gottes konstitutiv mit dem menschlichen Geist verbindet, fällt die Freiheit der Begnadung sachlich mit der Freiheit zur Schöpfung zusammen. So ging in der Auseinandersetzung das Urteil überweigend dahin, dass es in diesem Konzept eines absoluten natürlichen Verlangens nach der Gottschau nur die Gratuität der Schöpfung gebe, welche das höhere Geschenk der Gnade und der Glorie nicht in den Blick bringe.
Das letztgenannte Argument machte sich auch *K. Rahner* (1984) zu eigen“ (Ebd., 405).

1 Hilberath, Gnadenlehre, 37.

2.2.1.1 Statische Zuordnung in der Neuscholastik

Die klassische Schultheologie verteidigt nach Hilberath den „Geschenkcharakter der Gnade“ mit einer klaren Unterscheidung von Natur und Gnade.[1] Diese „Unterscheidung“, so Voderholzer, „im Sinne zweier unvermittelter Ordnungen war einer der Grundpfeiler der sog. *neuscholastischen Theologie*, die seit dem späten 19. Jahrhundert an den katholischen Hochschulen als die Schultheologie galt und von den führenden Jesuiten und Dominikanergelehrten auch vertreten wurde.“[2] Anhand dieser Unterscheidung konnte plausibel gemacht werden, Gott müsse seine Gnade nicht schenken und ist in seiner Selbstmitteilung frei. Allerdings bleibt die Frage nach dem Zueinander von Natur und Gnade. Dieser Ansatz wird deshalb als „Zwei-Stockwerk-Denken“ bezeichnet, schließlich würde die übernatürliche Ordnung so unvermittelt zur natürlichen Ordnung hinzukommen.[3] In diesem Kontext wurde der Begriff des „Extrinsezismus“ geprägt. „*Extrinsezistisch* nennt man ein Offenbarungsverständnis, das die göttliche Selbstmitteilung rein ‚von außen‘ (*extrinsece*) auf den Menschen treffen lässt, ohne dass vom Empfänger der Offenbarung her deutlich gemacht werden könnte, inwiefern er auf diese Offenbarung ausgerichtet ist“[4], vedeutlicht Voderholzer. So betonte die klassische Schultheologie zwar, der Mensch könne mit der Vernunft die Existenz Gottes erkennen, verstand ihn aber nach Schulz lediglich „als einen rein passiv Empfangenden gegenüber Gottes Offenbarung. Der Fachausdruck für diese bloß passive Empfänglichkeit lautete *potentia oboedientialis passiva, passive gehorsamheitliche Potenz.* Die ‚Gehorsamheitlichkeit’ bezog man darauf, dass die Offenbarung eben nur ‚gehorsam’ angenommen und nicht irgendwie ‚vorlaut’ eingefordert werden könne.“[5]

Natürlich stellen Hilberath, Voderholzer und Schulz mit dieser Einordnung die Neuscholastik sehr vereinfacht dar. In Wirklichkeit handelt es sich bei der Neuscholastik um eine sehr vielfältige Bewegung. Doch bringen die Zitate in ihrer Zuspitzung entscheidende Problempunkte zur Sprache, auch wenn sie den meisten neuscholastischen Theologen damit nicht gerecht werden. Nach Scheffczyk „wurde die Formel ‚Natur und Gnade’ nicht immer in dieser Neben- oder Gegenordnung verstanden. Im Lichte des Schöpfungs- und Offenbarungsgedankens war immer auch die Erkenntnis von einer Zusammengehörigkeit beider

1 Vgl. Hilberath, Gnadenlehre, 37.

2 Voderholzer, Henri de Lubac, 19.

3 So „spricht Blondel vom Parterre des menschlichen Hauses, in dem man sich mit Hilfe von Vernunft und Wissenschaft orientiert – hier geht sozusagen alles mit natürlichen und vernünftigen Dingen zu. Die Theologie beginnt erst im ersten Stock; hier regieren die gnadenhafte Übernatur, Offenbarung und Ewiges. Doch für Blondel bleibt es unklar, wie man vom Paterre in den ersten Stock kommt“ (Schulz, Rahner, 89).

4 Voderholzer, Henri de Lubac, 20.

5 Schulz, Rahner, 88.

Wirklichkeiten lebendig.“[1] Für solch eine „Zusammengehörigkeit“ stand in der Scholastik die Formel „Gratia praesupponit naturam“.[2] „Die nachtridentinische Scholastik verlieh dem Grundsatz eine inhaltliche Ausweitung und formulierte ihn dahingehend, dass ‚die Gnade die Natur nicht zerstört, sondern vollendet‘ (‚Gratia non destruit, sed perficit naturam‘).“[3] Ansätze zur Überwindung eines statischen Geschiedenseins von Natur und Gnade finden sich vor allem auch bei M. J. Scheeben (1835-1888), einem der herausragendsten Protagonisten der Neuscholastik.[4] Analog zu Leib und Seele beim Menschen betrachtet er Natur und Gnade zunächst „wie Teile eines organischen Ganzen“[5], wie Scheffczyk herausarbeitet. Auf diese Weise ist bei ihm „das Verhältnis von Natur und Gnade als eine von Gott gesetzte Einheit vom Ursprung der Schöpfung her gedacht und in das aristotelisch-scholastische Modell von Materie und Form gebracht.“[6] Aber damit ist es nicht getan. Gott hat nach Scheeben „die Natur von vornherein auf Gnade geschaffen“[7], „sodass das ganze Sein und Leben der Natur schon vermöge der dem schöpferischen Akte zugrundeliegenden Intention und Idee ihres Urhebers, auf diese Bestimmung bezogen ist“[8]. Diese Ausgerichtetheit der Natur auf die Gnade ergibt sich durch die Gottebenbildlichkeit des Menschen, „der nach der höchstmöglichen Gottähnlichkeit“[9] strebt. Inwieweit diese „Hinordnung eine dem Geist des Menschen innerliche und ontologische [ist] oder (…) sie ihm äußerlich“ bleibt, war eine der Fragen, welche „die Neuentwürfe im 20. Jh. bestimmt, vor allem seit der Zeit der nouvelle théologie.“[10] Zu den profilierten Vertretern dieser Denkrichtung zählen ab den 30er Jahren des 20. Jh.s neben den Jesuiten de Lubac und Jean Daniélou (1905-1974) weitere französische Theologen wie die Dominkaner Marie-Dominique Chenu (1895-1990) oder Yves Congar (1904-1995). Diese *Nouvelle théologie* war aber nicht nur geprägt von „Fragen nach der Heilsgeschichte“ bzw. „dem Verhältnis von Gnade und Natur“: „Im Gespräch mit den russischen Exiltheologen“, erklärt Peter Hofmann, „kamen verstärkt Gedanken der orthodoxen Theologie zu Wort. Damit verband sich die Einsicht, die Theologie müsse hinter die lateinische Scholastik zurückgehen bis zu den Kirchenvätern, aber auch über die Neuscholastik hinausgehen zu den modernen Fragestellungen, denen sich die Kirche lange

1 Scheffczyk, Gnadenlehre, 372.
2 Vgl. ebd., 372f.
3 Ebd., 374.
4 Vgl. Scheffczyk L., Die „organische“ und die „transzendentale“ Verbindung zwischen Natur und Gnade (Ein Vergleich zwischen M.J. Scheeben und K. Rahner aus Anlass des Scheebens-Gedenkens), in: FKTh 4 (1988) 162-179.
5 Handbuch der kath. Dogm. III (Ges.Schr. V, hrsg. von W. Breuning und Fr. Lakner) Freiburg [3]1961 (zit. nach: Scheffczyk, Natur und Gnade, 166).
6 Scheffczyk, Natur und Gnade, 167.
7 Ebd., 168.
8 Scheeben, Handbuch III, 465 (zit. nach: Scheffczyk, Natur und Gnade, 168).
9 Scheffczyk, Natur und Gnade, 168. Vgl. Scheffczyk, Gnadenlehre, 375.
10 Ebd., 169.

verweigert hatte.“[1] Nicht nur wegen Letzterem gerät die *Nouvelle théologie* bald unter Modernismusverdacht.[2] „Im Rückgriff auf die Theologie des Thomas von Aquin und im Geiste Blondels entwickelte Henri de Lubac in seinem Werk *Surnaturel* (1946) die These“, so Schulz, „dass der Mensch als Mensch ein natürliches Verlangen nach der übernatürlichen Gemeinschaft mit der Dreieinigkeit in sich trage. Es ist nicht schwer zu erkennen, dass diese These Lubacs auf die *Schultheologie* zielte.“[3] Pius XII. reagierte 1950 mit der Enzyklika *Humani generis,* in der er Kritik übte an modernen theologischen Tendenzen[4]: „Andere machen die wahre ‚Gnadenhaftigkeit' der übernatürlichen Ordnung zunichte, da sie behaupten, Gott könne keine vernunftbegabten Wesen schaffen, ohne diese auf die seligmachende Schau hinzuordnen und dazu zu berufen.“[5] Mit diesen Worten war offensichtlich de Lubac gemeint. Allerdings merkt Schulz an: „Lubac glaubte sich jedoch nicht theologisch getroffen sehen zu müssen. Denn aus der Hinordnung des Menschen auf Gottes Gnade und ewige Gemeinschaft folgerte er nicht, dass Gott dem Menschen diese Gnadengemeinschaft auch schenken müsse.“[6] Obwohl die entsprechenden Abschnitte der Enzyklika nach Raffelt tatsächlich „keine eigentliche Verurteilung“ darstellten, waren die Reaktionen im Jesuitenorden „– wiewohl es keinerlei lehramtliche Prozesse gab und keine Rücknahmen von Lehräußerungen gefordert wurden – gravierend bis zu Publikationsverboten und zu Amtsenthebung.“[7] Eine Rehabilitierung erfolgte erst durch Johannes XXIII. (1881-1963), der namhafte Vertreter als Konzilstheologen berief. „Der Einfluss der Nouvelle Théologie auf dem Vatikanum II war beträchtlich. Die kirchliche Anerkennung zeigte sich verspätet auch in Kardinals-Ernennungen Congars, Daniélous, de Lubacs sowie Balthasars.“[8]

Die Wertschätzung, die Wojtyła/Johannes Paul II. de Lubac entgegenbrachte, verdeutlicht eine symbolische Geste. Als er 1980 während eines Besuchs in Paris Henri de Lubac erblickte, unterbrach er seine Rede und meinte: „Ich

---

1 Hofmann, Benedikt XVI., 12.

2 „Der katholische Modernismus-Begriff gründet im Dekret *Lamentabili* vom 6.7. und der Enzyklika *Pascendi* vom 8.9.1907 gegen Agnostizismus und Immanentismus, verkehrte Dogmenentwicklung, historisch-kritische Methode in der Exegese, Reform der Kirchenstruktur und Kritik an der Neuscholastik“ (Weiss, Modernismus, Sp. 367). [Die im LThK typischen Abkürzungen sind vom Autor ergänzt]. „Verkehrte Dogmenentwicklung“ oder „Diskontinuität in der Dogmenentwicklung“ beschreibt ein allmähliches Sichentfernen der Glaubenslehre von den biblischen Grundlagen. Eine zentrale Figur war Alfred Loisy (1857-1940), ein französischer Exeget. Als Antwort auf den Modernismus hat die kath. Kirche 1910 den „Antimodernisteneid“ eingeführt, der bis 1967 von allen Klerikern abgelegt wurde (Vgl. Voderholzer, Henri de Lubac, 21).

3 Schulz, Rahner, 95.

4 Vgl. DH 3875-3899.

5 DH 3891.

6 Schulz, Rahner, 95.

7 Raffelt, Nouvelle Théologie, Sp. 936. [Die im LThK typischen Abkürzungen sind vom Autor ergänzt].

8 Ebd. [Die im LThK typischen Abkürzungen sind vom Autor ergänzt].

neige mein Haupt vor Pater de Lubac“[1]. Der Einfluss der *Nouvelle théologie* und besonders de Lubacs auf Wojtyła/Johannes Paul II. ist unbestritten.[2] Johannes Dörmann (1922-2009) verweist auf „eine augenscheinliche Ähnlichkeit in der Christologie und der Ekklesiologie bei Wojtyła und de Lubac. Auch bei Lubac hat sich Christus in der Inkarnation mit der ganzen Menschheit vereinigt, haben alle Menschen eine organische Bindung zu Christus, bilden Kirche und Menschheit eine organische Einheit.“[3] Dörmann bemerkt dasselbe für die Konzeption von Offenbarung: „Bis in den verbalen Ausdruck hinein entspricht der Offenbarungsbegriff Henri de Lubacs dem Kardinal Wojtyłas.“[4]

2.2.1.2 Karol Wojtyła und Henri de Lubac

Das personalistische Denken konnte sich nur in einer radikalen Auseinandersetzung mit der Neuscholastik entwickeln. Wojtyła hat klar gesehen, der Personalismus ist nur durchzusetzen, bestimmt man das Verhältnis von Natur und Gnade neu. Auf dem Zweiten Vatikanischen Konzil hat er sich schon dezidiert in diese Richtung geäußert. In der Diskussion über die Religionsfreiheit meint er, „es wäre besser (...) Vernunft und Offenbarung nicht so [sehr] zu unterscheiden; das ist zu sehr der scholastischen Methode verpflichtet“[5]. In dieser Eingabe klingt die bereits erwähnte Problematik des sogenannten „Zwei-Stockwerk-Denkens“ an. Sein Anliegen, diese neuscholastische Engführung zu überwinden, unterstreicht Wojtyła dann in der Diskussion um die Pastoralkonstitution, nämlich in der Verhältnisbestimmung von Schöpfungsauftrag und Erlösungswerk. Ihm genügt die Feststellung nicht, dass der Schöpfungsauftrag im Erlösungswerk, das am Kreuz vollbracht wurde, in Vollendung aufgenommen sei. Er fordert die Streichung einer derartigen Aussage. „Diese göttliche Art der Aufnahme des Schöpfungsauftrages im Werk der Erlösung durch das Kreuz determiniert *irgendwie doch* für immer die christliche Bedeutung von ‚Welt‘“, so Wojtyła: „Das Erlösungswerk ist ein eigenes und konstitutives Element des Schemas ‚Die Kirche in der Welt‘, insoweit dieses Schema pastoral ist. Wir können die Erlösung nicht in einer eigenen Zweckbestimmung verstecken, sonst gibt es im Schema weder eine Wahrheit über die Welt noch eine pastorale Wahrheit“[6]. Zu-

1 Voderholzer, Henri de Lubac, 10.

2 „John Paul II's systematic intertwining of philosophical, theological and historical categories also indicates the influence of *la nouvelle théologie* on his method. Like phenomenologists, the artisans of *la nouvelle théologie* criticized neoscholasticism's nature/supernature dichotomy with its corresponding wall between philosophy and theology" (Conley, Philosophical, 27).

3 Dörmann, Johannes Paul II., 100.

4 Dörmann, Johannes Paul II., 102.

5 „Melius (…) rationem et Revelationem nom tam distinguere, hoc enim methodo scholastica nimis imbuitur" (ASyn IV/2, 293). (Eigenübersetzung).

6 „Iste autem modus divinus assumendi opus Creationis in opere Redemptionis per Crucem determinavit *aliqualiter sed* pro semper christianam significationem ‚mundi‘. Opus Redemptionis constituit elementum proprium et constitutivum schematis ‚de Ecclesia in mundo‘, in-

dem mahnt Wojtyła im Dokument einen Mangel an „christlichem Realismus" an: „Im Schema hat die Sicht der Welt, wie sie sein sollte, ein Übergewicht gegenüber jener Weltschau, wie sie de facto ist – und die Schau Christi des Vollenders hat ein Übergewicht gegenüber der Schau Christi des Erlösers"[1].

Wojtyła findet in Henri de Lubac einen Verbündeten, den er während des Zweiten Vatikanums kennenlernte. Anstelle von einem statischen Nebeneinander von Natur und Gnade, Erfahrung und Offenbarung, gehen beide von einem organischen Fortschreiten aus. In diesem Sinn fasst de Lubac z. B. die Auseinandersetzung der Kirchenväter mit der antiken Philosophie in der Feststellung: „Wo immer man – sei es in der spontanen Regung des Menschengeistes, sei es in den Lehren, die dieser entwickelt hat – Vorbereitungen zur Annahme des Evangeliums entdecken kann, haben diese ihren Grund darin, dass der Mensch auf das Heil hin erschaffen ist, das ihm das Evangelium offenbart und schenkt. Denn Gottes Schöpfungswerk besitzt eine innere Folgerichtigkeit."[2] Sowohl die Kirchenväter wie auch die „großen Theologen des Mittelalters", erklärt de Lubac weiter, „sehen diesbezüglich die Dinge organischer als oft die spätere Theologie", dass Gott „den Menschen auf ein göttliches Ziel hin geschaffen" hat, sodass es „im Menschen Fundamente geben" muss, „die auf dieses Ziel und seine Offenbarung hin gelegt worden sind": „Auf dem Grunde der menschlichen Natur und folglich in jedem Menschen ist das Bild Gottes eingeprägt, das heißt jenes Etwas, das in ihm – noch ohne sein Zutun – wie ein geheimer Aufruf ist zur Mitte der vollen und übernatürlichen, von Jesus Christis gebrachten Offenbarung."[3] Entsprechend formuliert Karol Wojtyła: „Das Heil ist nicht außerhalb dessen geplant und verwirklicht worden, was zum Wesen des Menschen gehört. Was menschlich ist, trägt den ewigen Stempel Gottes, ist ein Abbild Gottes (vgl. Gen 1,26). Darum hat Gott das göttliche Heilswerk sozusagen aus dem gezogen, was menschlich, wesentlich menschlich und für den Menschen grundlegend ist."[4]

De Lubac erblickt in dieser grundlegenden Hingeordnetheit des Menschen auf die göttliche Offenbarung durch Jesus Christus eine Analogie zur patristischen „Lehre von der zweifachen Bezogenheit des Menschen auf das menschgewordene Wort". Einerseits hat das Wort durch die Menschwerdung die gesamte menschliche Natur angenommen und diese erhöht. De Lubac zitiert an dieser Stelle Origines, der in De Trinitate 1.II C.16 viel weiter geht und die Schöpfung mit einbezieht: „Christus, cuius omne hominum genus, immo fortas-

---

quantum hoc schema pastorale est. Non possumus celare Redemptionem in una propria finalitate, secus non datur in schemate nec veritas de mundo, nec veritas pastoralis" (Ebd., 661). (Eigenübersetzung).

1 „In schema visio mundi, qualis esse debet, praevalet visioni mundi, qualis est – et visio Christi Consummatoris praevalet visioni Christi Redemptoris" (Ebd.). (Eigenübersetzung).

2 de Lubac, Geheimnis, 134-135.

3 Ebd., 135.

4 Wojtyła, Zeichen des Widerspruchs, 137-138.

se totius creaturae universitas corpus est“ – „Christus, dessen Leib das ganze Menschengeschlecht, ja vielleicht sogar die gesamte Schöpfung bildet“. Für de Lubac folgt daraus, „dass jeder Mensch, ob Christ oder nicht, ob im ‚Stand der Gnade‘ befindlich oder nicht, ob ausdrücklich auf Gott hin ausgerichtet oder nicht, gleichgültig, welches Wissen er besitzt oder was alles er nicht weiß, eine organische Bindung zu Christus hin hat.“[1] Davon gilt es allerdings eine zweite Grundbeziehung zu unterscheiden, „die ein Glied des ‚Mystischen Leibes‘ mit seinem Haupt eint“, an der auch nur jene teilnehmen, „die in ausdrücklicher oder verborgener Weise Christus empfangen oder angenommen haben“, sodass der Mensch nicht schon Glied des Leibes ist allein aufgrund der Tatsache seines Menschseins: „Diese Unterscheidung ließe sich so verständlich machen, dass man sagt: die erste dieser beiden Beziehungen oder Formen der Teilhabe gehört zur ‚naturhaften‘ Ordnung (hier nicht im Gegensatz zu ‚übernatürlich‘ verstanden), während die zweite ‚personaler‘ Art ist.“[2] De Lubac unterstreicht die „völlige Übereinstimmung dieser Lehre mit der Christologie des hl. Paulus, für den Christus zuerst dem gesamten Kosmos, der ‚in ihm‘ geschaffen wurde, gegenwärtig ist, und somit auch jedem Menschen, noch ‚bevor‘ er der Erlöser derjenigen wird, die seinem Ruf antworten.“[3] Dörmann kritisiert diese Auslegung de Lubacs, nach Gal 1,15-16 habe Gott seinen Sohn nicht dem Paulus, sondern in Paulus offenbart, weil damit deutlich wird, „dass auch bei Kardinal Wojtyła die menschliche Natur das Übernatürliche impliziert.“[4] Dörmann verweist auf Joseph Siri: „Entweder ist Christus nur Mensch oder der Mensch ist göttlich. Die Schlussfolgerungen mögen zwar nicht so klar ausgedrückt sein, sie präzisieren jedoch immer jene Auffassung von einem in der menschlichen Natur an sich implizierten Übernatürlichen: von da aus öffnet sich dann, ohne es bewusst zu wollen, der Weg in Richtung auf den fundamentalen Anthropozentrismus.“[5]

2.2.1.3 Organisches Fortschreiten zum Licht der Offenbarung

Karol Wojtyła/Johannes Paul II. unterscheidet die Offenbarungsebene deutlich von der Erfahrungsebene. „Die Wahrheit, welche die Offenbarung uns erkennen lässt“, erklärt Johannes Paul II. in *Fides et ratio,* „ist nicht die reife Frucht oder der Höhepunkt eines von der Vernunft aufbereiteten Denkens.“[6] Er spricht vom „radikal Neue[n], das die Offenbarung gebracht hat“[7]. Gleichzeitig betont Leo Scheffczyk (1920-2005) für die Konzeption der Vernunft bei Johannes Paul II. in *Fides et ratio* deren „Ausrichtung auf eine höchste Wahrheit, welche auch

1 de Lubac, Geheimnis, 136.
2 Ebd.
3 Ebd., 136.
4 Dörmann, Johannes Paul II., 102.
5 J. Siri, Gethsemani, Aschaffenburg 1982, S. 60 [zit. nach: Dörmann, Johannes Paul II., 102].
6 Johannes Paul II., Fides et ratio, Nr. 15.
7 Ebd., Nr. 78.

mit der Möglichkeit einer Offenbarungswahrheit rechnet" und spricht von der „Dynamik des Menschengeistes und seine Befähigung zur beständigen Tran szendenz auf ein Absolutes hin".[1] Dabei geht die philosophische Anthropologie Wojtyłas zunächst von der jedem Menschen zugänglichen Erfahrung aus. Keinesfalls aber handelt es sich bei dieser philosophischen Konzeption bereits um eine Theologie, die nur ihre Voraussetzungen noch nicht nennen würde. Denn wie wichtig dieser genuin philosophische Ansatz dem Theologen Wojtyła bleibt, wird an der Tatsache deutlich, dass sein philosophisches Hauptwerk *Person und Tat* während des Zweiten Vatikanischen Konzils entsteht und erst 1969 veröffentlicht wird. Damals war Wojtyła bereits Kardinal von Krakau. Diese Studie hat kein anderes Ziel, als eine Konzeption des Menschen aus seiner Erfahrung heraus zu entwickeln. Für das auf der Ebene der Erfahrung erlangte Selbstverständnis des Menschen bringt die Offenbarung dann allerdings etwas ein, was auf der Erfahrungsebene nicht erschlossen werden kann. „Die Offenbarung führt in die Geschichte einen Bezugspunkt ein", präzisiert Johannes Paul II., „von dem der Mensch nicht absehen kann, wenn er dahin gelangen will, das Geheimnis seines Daseins zu verstehen; andererseits verweist diese Erkenntnis ständig auf das Geheimnis Gottes, das der Verstand nicht auszuschöpfen vermag, sondern nur im Glauben empfangen und annehmen kann."[2] Solche „Bezugspunkte" sind das Geheimnis der Trinität oder die Hingabe Gottes an den Menschen, wie sie sich in Christus ereignet. Im Übrigen nennt Scheffczyk „Wahrheiten wie die von der Menschwerdung Gottes, von Passion, von Tod und Auferstehung Jesu Christi"[3]. Von diesen ist der „wahre Knotenpunkt, der die Philosophie herausfordert, (…) der Tod Jesu Christi am Kreuz."[4] Schließlich ist für Johannes Paul II. beim „scandalum crucis" (Ärgernis des Kreuzes) „jeder Versuch, den Heilsplan des Vaters auf reine menschliche Logik zurückzuführen, zum Scheitern verurteilt."[5]

Für Wojtyła/Johannes Paul II. stellt der Übergang von der Erfahrungsebene zur Ebene der Offenbarung zunächst zwar einen erkenntnistheoretischen Schritt dar, denn durch die Offenbarung Gottes wird dem Menschen die Wahrheit über sich selbst in einer Weise vermittelt, wie er sie aus der Erfahrung nicht erschließen kann. Doch bedeutet der Erkenntniszuwachs an Neuem, Johannes Paul II. spricht von „bis dahin unverhoffte[n] Verständnismöglichkeiten"[6], nicht einfach einen Sprung in fremdes Territorium, vielmehr handelt es sich beim Schritt von der Erfahrung zur Offenbarung um ein organisches Fortschreiten oder einen organischen Aufstieg von der Erfahrungserkenntnis in das Licht der Offenba-

1 Scheffczyk, Fides et Ratio, 19.21.
2 Johannes Paul II., Fides et ratio, Nr.14.
3 Scheffczyk, Fides et Ratio, 20.
4 Johannes Paul II., Fides et ratio, Nr. 23.
5 Ebd. Vgl. Johannes Paul II., Dominum et vivificantem, Nr. 6.
6 Johannes Paul II., Fides et ratio, Nr. 21.

rung. Diese Einheit von Vernunft- und Glaubenserkenntnis erklärt Johannes Paul II. nach Scheffczyk aber nicht nur damit, dass „Gott der Schöpfer beider dieser Ordnungen ist“, sondern „dass beide Ordnungen und ihre Kräfte in einer ‚einzigartigen Wechselbeziehung zueinander stehen‘ (…). Ausdrücklich vermerkt Johannes Paul II., dass es ‚keinen Grund für das Bestehen irgendeines Konkurrenzkampfes zwischen Vernunft und Glaube‘ gebe, weil beide ‚einander innewohnen‘“[1]. Vielmehr bringt die Offenbarung die Erfahrung zur Fülle und vollendet sie. Alles, „was sie [Vernunft] erreicht“, so Johannes Paul II., „erlangt (…) volle Bedeutung erst, wenn sein Inhalt in den weiten Horizont des Glaubens gestellt wird“[2]. Auf diese Weise erfüllt sich für Johannes Paul II. „das Prinzip, wonach die Gnade die Natur nicht zerstört, sondern vervollkommnet: Die Glaubenszustimmung, die den Verstand und den Willen verpflichtet, zerstört nicht die Willensfreiheit eines jeden Glaubenden, der das Geoffenbarte in sich aufnimmt, sondern vervollkommnet sie.“[3]

In der Verhältnisbestimmung, die Wojtyłas/Johannes Pauls II. zwischen Natur und Gnade bzw. zwischen der Hinordnung eines jeden Menschen auf die ewige Gemeinschaft mit Gott und der Offenbarung in Jesus Christus vornimmt, zeigt sich das deutliche Bemühen, eine Synthese zwischen dem Anliegen der *Nouvelle théologie* und der traditionellen Lehre von der ungeschuldeten Gnadenzuwendung Gottes an den Menschen zu leisten. Er sieht darin keinen Gegensatz; denn, so betont er, die dynamische Ausrichtung auf Gott, die jedem Menschen mit seinem personalen Sein auf den Weg gegeben ist, nimmt in keiner Weise das Maß der göttlichen Hingabe an den Menschen vorweg. Allerdings ist Christus, der menschgewordene Sohn Gottes, von Anfang an Ausgangspunkt und Ziel des Wesens der menschlichen Person.

2.2.2 Berufung zur Teilhabe

In seinem Beitrag *Zur christozentrischen Anthropologie der Enzyklika „Fides et Ratio“* weist Scheffcyzk darauf hin, dass sich der anthropologische Ansatz Johannes Pauls II. in dieser Enzyklika nicht mit einem „Menschsein (…) als Pilgerschaft zur Wahrheit Gottes hin“[4] erschöpft. Der Papst vertritt die Meinung, „dass alle Linien und Stufen der Wahrheit auf Christus weisen und zu ihm hinführen. Für ihn nimmt daraufhin die Dynamik des Wahrheitserkennens und Wahrheitsstrebens des Menschen den Charakter einer förmlichen Christusdynamik oder einer Christofinalität an.“[5] Im Licht der Offenbarung ergibt sich diese „Christozentrik“[6] bei Johannes Paul II. aus dem ewigen Heilsplan Gottes

1 Scheffczyk, Fides et Ratio, 22. Vgl. Johannes Paul II., Fides et ratio, Nr. 17.
2 Johannes Paul II., Fides et ratio, Nr. 20.
3 Ebd., Nr. 75.
4 Scheffczyk, Fides et Ratio, 23.
5 Ebd., 24.
6 Ebd., 26.

mit der Berufung des Menschen zur Vergöttlichung und der Tatsache, wie das Konzil formuliert, dass sich „der Sohn Gottes (…) in seiner Menschwerdung gewissermaßen mit jedem Menschen vereinigt“[1] hat.

Der Ansatz Wojtyłas/Johannes Pauls II. kann als „Partizipationspersonalismus“ bezeichnet werden. Auf der Ebene der Anthropologie wird die Teilhabe an den Werten der anderen Person im Sinn der „communio personarum“ erfahren, auf der Ebene der Offenbarung kommt die sich schenkende Liebe Gottes ins Spiel, die als Gnade angenommen und in die Person als Teilhabe am göttlichen Leben integriert wird.

2.2.2.1 Gottes ewiger Heilsplan

Durch die Offenbarung versteht der Mensch den ewigen Heilsplan, den Gott mit der Menschheit verwirklichen möchte. Schon im Alten Testament rufen die Patriarchen und Propheten die Verheißungen Gottes in Erinnerung. Sie reden im Namen Gottes und der Heilsplan „ist im wesentlichen darauf ausgerichtet, das Kommen Christi, des Erlösers des Alls, und seines messianischen Reiches vorzubereiten und anzukündigen.“[2] Jesus Christus offenbart dann den ewigen Ratschluss Gottes, den die Dogmatische Konstitution über die göttliche Offenbarung *Dei verbum* folgendermaßen formuliert: „Gott hat in seiner Güte und Weisheit beschlossen, sich selbst zu offenbaren und das Geheimnis seines Willens kundzutun (vgl. Eph 1,9): dass die Menschen durch Christus, das fleischgewordene Wort, im Heiligen Geist Zugang zum Vater haben und teilhaftig werden der göttlichen Natur (vgl. Eph 2,18; 2 Petr 1,4).“[3] Bei diesem „Offenbarwerden eines seit ewigen Zeiten verborgenen, jetzt aber enthüllten Geheimnisses (vgl. 1 *Kor 2,7; Röm 16,25-26*)“, unterstreicht Johannes Paul II., „handelt es sich um eine völlig ungeschuldete Initiative, die von Gott ausgeht, um die Menschheit zu erreichen und zu retten.“[4] Ausgangspunkt ist „die unverdiente Liebe Gottes“[5].

Johannes Paul II. verweist beim ewigen Heilsplan als „Geheimnis seines Willens“ immer wieder auf Eph 1,3-10.[6] Nach dieser Schriftstelle ist Christus,

1 GS 22.

2 Johannes Paul II., Tertio millennio, Nr. 6.

3 DV 2.

4 Johannes Paul II., Fides et ratio, Nr. 7. Johannes Paul II. spricht vom „Wesen der ungeschuldeten Liebe“ (Johannes Paul II., Fides et ratio, Nr. 23).

5 Johannes Paul II., Veritatis splendor, Nr. 10.

6 „Gepriesen sei der Gott und Vater unseres Herrn Jesus Christus: Er hat uns mit allem Segen seines Geistes gesegnet durch unsere Gemeinschaft mit Christus im Himmel. Denn in ihm hat er uns erwählt vor der Erschaffung der Welt, damit wir heilig und untadelig leben vor Gott; er hat uns aus Liebe im Voraus dazu bestimmt, seine Söhne zu werden durch Jesus Christus und nach seinem gnädigen Willen zu ihm zu gelangen, zum Lob seiner herrlichen Gnade. Er hat sie uns geschenkt in seinem geliebten Sohn; durch sein Blut haben wir die Erlösung, die Vergebung der Sünden nach dem Reichtum seiner Gnade. Durch sie hat er uns mit aller Weisheit

so Ulrich Luz, „‚präexistent‘ gedacht, er existierte schon vor der Erschaffung der Welt bei Gott“[1]. Der Mensch ist von Ewigkeit her, „im Voraus“, von Gott in Christus geliebt, d. h., „dass wir auch schon in unserer Erwählung in Christus waren“[2], schreibt Schlier. Alles ereignete sich bzw. ereignet sich im Hinblick auf das Erlösungswerk Jesu Christi.

Doch wollte Gott seinen Plan den Menschen nicht nur im Wort kundtun, sondern auch verwirklichen.[3] Deshalb ist die ewige Dimension des in Gott verborgenen Geheimnisses (Eph 1,3-6) von der christologischen oder ekklesiologischen Dimension (Eph 1,7-10) zu unterscheiden, d. h. „die Phase der Verwirklichung jenes Geheimnisses in der Geschichte des Menschen“ (TdL 94,2): „Als aber die Zeit erfüllt war, sandte Gott seinen Sohn, geboren von einer Frau und dem Gesetz unterstellt, damit er die freikaufe, die unter dem Gesetz stehen, und damit wir die Sohnschaft erlangen“ (Gal 4,4). Die „Fülle der Zeiten“ und das „Freikaufen“ bezeichnen das erlösende Geheimnis der Menschwerdung des Sohnes Gottes und die Erlösung am Kreuz „im Opfer Christi, durch das der Mensch die Schuld der Sünde ablöst und mit Gott versöhnt wird.“[4] Eine andere Formulierung für das Erlösungswerk lautet im Epheserbrief, dass „Christus die Kirche geliebt und sich für sie hingegeben hat“ (Eph 5,25). Diese Hingabe Gottes an den Menschen ist das von Ewigkeit her in Gott verborgene Geheimnis und bildet das erste wesentliche Moment dieses ewigen Heilsplanes. In diesem Zusammenhang unterscheidet Johannes Paul II. die „ungeschaffene Hingabe Gottes“ von der „geschaffenen Hingabe“ des Menschen. Obgleich sich eine absolut „ungeschaffene Hingabe“ nur in der trinitarischen Personengemeinschaft vollzieht und auch in ihrer transzendentalen Fülle verbleibt, hat der Mensch doch aufgrund der Selbsthingabe Gottes teil an der göttlichen Natur.[5] Diese Teilhabe hat ihre Grundlage in der „ungeschaffenen Gnade“ der Einwohnung des Heiligen Geistes im Menschen, welche von der „geschaffenen Gnade“ zu

---

und Einsicht reich beschenkt und hat uns das Geheimnis seines Willens kundgetan, wie er es gnädig im Voraus bestimmt hat: Er hat beschlossen, die Fülle der Zeiten heraufzuführen, in Christus alles zu vereinen, alles, was im Himmel und auf Erden ist“ (Eph 1,3-10).

1 Luz, Epheser, 118.

2 Schlier, Epheser, 49.

3 „Christus (…) enthüllt das ewige Geheimnis und verwirklicht es unter den Menschen“ (TdL 94,3). Es geht nicht nur um die Mitteilung der „Frohbotschaft über das Heil“, sondern eben auch um „das Heilswerk als Frucht der Gnade“ (TdL 93,3).

4 Johannes Paul II., Tertio millennio, Nr. 7.

5 „Eine solche totale (ungeschaffene) Hingabe wird nur von Gott selbst in der trinitarischen Gemeinschaft der Personen ausgetauscht. Die Selbsthingabe Gottes an den Menschen hingegen, von der die Analogie mit der bräutlichen Liebe spricht, kann nur in dem Maß der Teilhabe an der göttlichen Natur erfolgen (Vgl. 2 Petr 1,4), wie von der Theologie mit großer Klarheit dargestellt wurde“ (TdL 95B,4). Vgl. Johannes Paul II., Dominum et vivificantem, Nr. 10.

unterscheiden ist, welche in jeder menschlichen Hingabe am Werk ist.[1] Mit der „Teilhabe an der göttlichen Natur“ ist das zweite wesentliche Moment des ewigen Heilsplan Gottes für den Menschen gegeben. Dieses zweite Moment hat nichts anderes zum Ziel als die Vergöttlichung des Menschen, der dazu berufen ist, wie Johannes Paul II. in *Mulieris dignitatem* schreibt, „*am inneren Leben Gottes selbst teilzuhaben*“[2].

2.2.2.2 Vergöttlichung des Menschen

Als damaliger Krakauer Erzbischof hielt Wojtyła 1976 die jährlichen Exerzitien für Paul VI. (1897-1978) und die Römische Kurie. Während seiner Vorträge kam er auf den deutschen Philosophen Martin Heidegger (1889-1976) zu sprechen, der erklärte, der Mensch sei ein „Sein zum Tode“: „Der Mensch ist ein ‚Sein zur Herrlichkeit‘, behauptete der, der in einem Stall zur Welt kam und wie ein Sklave am Kreuz starb (vgl. Joh 17,22).“[3] Dass der Mensch zur Teilhabe an der Herrlichkeit Gottes berufen ist, hat Wojtyła schon als Jugendlicher verstanden. Wegweisend war die Bekanntschaft mit Jan Tyranowski (1900-1947). Dieser Laie schloss in seiner Pfarrei viele junge Menschen im sogenannten „lebendigen Rosenkranz“ zusammen.[4] Wojtyła war einer von ihnen und entdeckte mit Tyranowski eine Welt, die er bislang nicht kannte. Er schreibt darüber: „Ich habe die Schönheit einer in der Gnade entfalteten Seele gesehen.“[5] Und er bezeichnet Tyranowski als „einen jener unbekannten Heiligen, die mitten unter den anderen verborgen leben, wie ein wunderbares Licht auf dem Grund der Existenz, in der Tiefe, in der gewöhnlich nächtliches Dunkel herrscht. Er hat mir die Reichtümer seines inneren Lebens, seines mystischen Lebens erschlossen.“[6] Was der junge Wojtyła damals entdeckt hatte, blieb für sein gesamtes geistliches und theologisches Leben und Wirken das entscheidende Fundament. Wojtyła hat verstanden: Wir Menschen sind dazu geschaffen und berufen, dass wir am göttlichen Leben teilhaben und Anteil erhalten. Bereits 1951 beschreibt Karol Wojtyła in seinem Beitrag *L'umanesimo di San Giovanni della Croce* ausführlich die „Berufung des Menschen zur

1 „Weil eines Wesens mit dem Vater und dem Sohn in seiner Göttlichkeit, ist der Heilige Geist zugleich Liebe und (ungeschaffenes) Geschenk, aus dem wie aus einer Quelle (‚fons vivus‘ – lebendiger Quell) jegliche Gabe an die Geschöpfe entspringt (geschaffenes Geschenk): das Geschenk der Existenz für alle Dinge durch die Schöpfung; das Geschenk der Gnade für die Menschen durch die gesamte Heilsökonomie. Wie der Apostel Paulus schreibt: ‚Die Liebe Gottes ist ausgegossen in unsere Herzen durch den Heiligen Geist, der uns gegeben ist‘“ (Johannes Paul II., Dominum et vivificantem, Nr. 10).

2 Johannes Paul II., Mulieris dignitatem, Nr. 9.

3 Wojtyła, Zeichen des Widerspruchs, 65.

4 Vgl. Johannes Paul II., Fürchtet euch nicht, 18-19.

5 Ebd., 19.

6 Ebd., 18f.

Vergöttlichung“.[1] Auch in seinem Votum als Anregung für das Zweite Vatikanum thematisiert Wojtyła die „Teilhabe an der göttlichen Natur und am innersten Leben der Erhabensten Dreifaltigkeit durch die Gnade“[2]. In dem Apostolischen Schreiben *Tertio millennio adveniente* bezeichnet Johannes Paul II. das Christentum als die „Religion des ‚*Verweilens in den Tiefen Gottes*‘, der Teilhabe an seinem inneren Leben.“[3] In der Enzyklika *Dives in misericordia* ist die Rede von einem „admirabile commercium“ („wunderbaren Tausch“).[4] Für den Menschen bedeutet dieser „Austausch“ und die damit verbundene „Umgestaltung“ und „Teilhabe“ zunächst, dass das göttliche Leben selbst im Menschen gegenwärtig wird bzw. ist. Sobald sich der Mensch Gott hingibt, gewinnt er Anteil am Reichtum Gottes. Die Gegenwart des Göttlichen im Menschen macht seine Freude, sein Glück, seine Erfüllung aus. Und die ganze Berufung des Menschen, die Berufung des Christen dreht sich allein um diese Fragen: Wie kann der Mensch immer mehr am göttlichen Leben teilhaben? Wie kann er den Anteil am göttlichen Leben in sich vergrößern? Die Teilhabe am göttlichen Leben hat verschiedene Namen: Es ist die Gnade[5], es ist die göttliche

---

1 „Dunque la grazia è una rinascita dell'uomo da Dio, che dà alla natura umana la partecipazione alla natura divina, alla Divinità stessa di Dio. Lo sappiamo dalla Rivelazione (cf. *Gv* 1 e 3,5), sappiamo dalla fede. Ma non lo sappiamo soltanto; attraverso la fede e la grazia siamo coinvolti in questa partecipazione sovrannaturale che entra a far parte non soltanto moralmente, ma anche fisicamente dell'umanità concreta come elemento dinamico. Questa dinamica va (…) in due direzioni: nella direzione dell'Oggetto suo proprio, in altre parole apre l'uomo a Dio, gli rende accessibile l'unione soggettiva con l'Essenza Divina – e al tempo stesso nella direzione del soggetto; in esso si compie un cambiamento, una trasformazione reale. Sulla prima strada si apre davanti all'anima umana la possibilità di conoscere empiricamente la Divinità stessa, sull'altra strada essa vive un cambiamento gradulae e forse anche molto lento, ma reale, della propria interiorità. Questo è indubbiamente il risultato di tale unità profonda con l'Essere Divino" (Wojtyła, L'umanesimo, 14-15).

2 „Participatio Divinae naturae et vitae intimae Augustissimae Trinitatis per gratiam“ (ADCOV II/2, 742. Trad. V. Csernokorsky). „Zwischen dem Menschen und Gott gibt es eine grundlegende Verbindung dadurch, dass der Mensch eine Person ist und Gott ebenfalls in einer besonderen Bedeutung ein Personenwesen – die Natur Gottes verharrt in der unbegreiflichen Drei-Personen-Einigkeit, diese Verbindung stützt sich auf eine gewisse Ähnlichkeit und hebt keinesfalls die völlige Unvergleichbarkeit der Natur Gottes mit der des Menschen auf, schafft aber die Grundlagen dafür, dass in der menschlichen Natur ein Element der Natur Gottes wachsen kann. Die Grundlage dessen ist für die ganze Menschheit nach dem Fall Adams das Geheimnis der Menschwerdung – die Geburt Christi“ (Wojtyła/Johannes Paul II., Erziehung zur Liebe, 45).

3 Johannes Paul II., Tertio millennio, Nr. 8.

4 „Das Kreuz Christi auf Golgota steht *am Weg jenes admirabile commercium, jener wunderbaren Selbstmitteilung Gottes an den Menschen*, die zugleich die *Einladung* an den Menschen in sich schließt, sich und mit sich die ganze sichtbare Welt Gott hinzugeben und so an seinem Leben teilzuhaben; als angenommener Sohn der Wahrheit und Liebe in Gott und aus Gott teilhaft zu werden“ (Johannes Paul II., Dives in misericordia, Nr. 7). Vgl. Wojtyła, Zeichen des Widerspruchs, 13.

5 „Die Gnade (…) heiligt dadurch, dass sie die Natur der Seele und ihrer Macht mit Elementen aus Gottes Leben tränkt“ (Wojtyła/Johannes Paul II., Erziehung zur Liebe, 46).

Liebe, es ist das Geschenk Gottes in Person, d. h. es ist der Heilige Geist.[1] Deshalb „sandte Gott den Geist seines Sohnes in unser Herz, den Geist, der ruft: Abba, Vater. Daher bist du nicht mehr Sklave, sondern Sohn; bist du aber Sohn, dann auch Erbe, Erbe durch Gott" (Gal 4,6-7). Auf diese Weise kommt „dem Heiligen Geist eine ganz besondere Rolle zu: durch die Macht des im Herzen wohnenden Geistes beginnt die Vergöttlichung bereits auf Erden, das Geschöpf wird verklärt und das Reich Gottes bricht an."[2] In diesem Apostolischen Schreiben *Orientale lumen* spricht Johannes Paul II. von einer „Theologie der Vergöttlichung", die „sich in einem Gedanken zusammenfassen [lässt], den der hl. Irenäus schon zu Ende des 2. Jahrhunderts ausgesprochen hat: *Gott ist Kind eines Menschen geworden, damit der Mensch Kind Gottes werde.*"[3]

Zu eben dieser „Theologie der Vergöttlichung" entwickelt Johannes Paul II. in seinen Katechesen über die „Theologie des Leibes" dann ein Grundgesetz des Reiches Gottes und zwar schon vor dem Erlösungsgeheimnis von Menschwerdung und Kreuzesopfer, dessen Frucht der Heilige Geist ist. Er stellt fest: Die menschliche Person ist gekennzeichnet durch ihre Leiblichkeit, das heißt die Verbindung von geistiger und materieller Wirklichkeit. Aus diesem Grund geschieht die Mitteilung des göttlichen Lebens an die menschliche Person immer auf einem sakramentalen Weg. Das heißt: Gott nützt einen sinnlich erfahrbaren Vorgang als Weg, um auf ihm die unsichtbaren Reichtümer dem menschlichen Geschöpf mitzuteilen. Und je mehr dieser sinnlich wahrnehmbare Vorgang über Gott und den Menschen auszusagen vermag, umso mehr kann ihn Gott auch als Werkzeug nützen und ihn mit göttlichem Leben erfüllen. Was aber die Wahrheit über Gott und den Menschen am tiefsten zum Ausdruck bringt, das ist für Johannes Paul II. die Verbindung von Mann und Frau. Das bräutliche Verhältnis bis hin zur ehelichen Vereinigung ist für ihn die deutlichste Aussage darüber, wie Gott den Menschen liebt und wie er sich selbst dem Menschen mitteilen möchte. Auf diesem Grundgedanken entwickelt er die ursprüngliche Schöpfungsordnung Gottes. Wie hatte Gott den Menschen ursprünglich gedacht? Wie sollte der Mensch am göttlichen Leben Anteil erhalten? Wie wäre es gewesen, wenn die ersten Menschen nicht in Sünde gefallen wären? Darauf antwortet Johannes Paul II. in seinen Mittwochskatechesen zur „Theologie des Leibes": Mann und Frau hätten sich in Liebe miteinander verbunden. Diese Liebe hätte sakramentalen Charakter gehabt. Doch nach dem Sündenfall ist es das bräutliche Verhältnis zwischen Christus und der Kirche, das mit der In-

1 Der „Mensch ruft zu Gott, wie Christus gerufen hat, und gibt so Zeugnis davon, dass er an seiner Sohnschaft durch das Wirken des Heiligen Geistes teilhat. Der Heilige Geist, den der Vater im Namen des Sohnes gesandt hat, bewirkt, dass der Mensch am inneren Leben Gottes teilhat" (Johannes Paul II., Tertio millennio, Nr. 8).

2 Johannes Paul II., Orientale lumen, Nr. 6.

3 Ebd., Nr. 6.

karnation beginnt und durch die ganze Geschichte hindurch auf sakramentale Weise die Umgestaltung und Vergöttlichung des Menschen bewirkt.

2.2.2.3 Christus hat sich mit jedem Menschen vereinigt

Auf der Ebene der philosophischen Anthropologie kann Wojtyła feststellen, dass die Person auf das Absolute ausgerichtet ist. Im Licht der Offenbarung ergibt sich für Johannes Paul II. ein neues Verständnis: Alles, was sich dem Menschen auf der Erfahrungsebene über den Menschen erschließt, ist bereits eine Teilhabe am Geheimnis Christi. Das ergibt sich zunächst aus dem ewigen Heilsplan Gottes. In diesem ist der Mensch nämlich immer schon auf Christus hin geschaffen, seit unvordenklichen Zeiten in ihm erwählt und zur Vergöttlichung berufen. Diese „seine höchste Berufung“ zur Vergöttlichung macht den Wert des Menschen aus. Mit diesem Wert des menschlichen Lebens ist die Pflicht verbunden, der Berufung zur Vergöttlichung auch nachzukommen. Der Mensch steht vor der Aufgabe, sich schon in dieser Welt auf den Weg der Heiligung zu begeben. Seine Vergöttlichung ist dann die Verwirklichung seiner Gotteskindschaft. Deswegen ist die Berufung zur Vergöttlichung im Denken Wojtyłas/Johannes Pauls II. auch der zentrale Dreh- und Angelpunkt für seine ganze Theologie.

Im Licht der Offenbarung kann der Ansatz Wojtyłas/Johannes Paul II. deshalb nicht nur als „christlicher Humanismus“[1] bezeichnet werden, sondern es sollte treffender von einem „christozentrischen Humanismus“[2] die Rede sein. „Christozentrischer Humanismus“ besagt, dass der Mensch auf der Suche nach dem wahrhaft Menschlichen zu einem Bild der menschlichen Person gelangt, das ihn auf Christus als das Zentrum der ganzen Schöpfung hinführt und sich in ihm vollends erschließt. Hier verweist Johannes Paul II. immer wieder auf die entsprechende Passage der Pastoralkonstitution *Gaudium et spes*: „Tatsächlich klärt sich nur im Geheimnis des fleischgewordenen Wortes das Geheimnis des Menschen wahrhaft auf. Denn Adam, der erste Mensch, war das Vorausbild des zukünftigen, nämlich Christi des Herrn. Christus, der neue Adam, macht eben in der Offenbarung des Geheimnisses des Vaters und seiner Liebe dem Menschen den Menschen selbst voll kund und erschließt ihm seine höchste Berufung.“[3] In seiner Enzyklika über den Heiligen Geist schreibt Johannes Paul II., dass Jesus Christus „dem Menschen den Menschen voll kundmacht“, bedeutet, dass er ihm

---

1 Wierzbicki spricht im Kontext von Menschenrechten von einem „christlichen Humanismus“: „Die Affirmation der Welt von heute und die Kritik an der Gegenwart entstammen im Denken Johannes Pauls II. ein und derselben Quelle: der mit den Prinzipien des christlichen Humanismus übereinstimmenden Doktrin der Menschenrechte“ (Wierzbicki, Menschenwürde, 100).

2 Vgl. Jaworski, Humanismus, 20-26; vgl. Pottmeyer, Würde, 35. Oswald von Nell-Breuning spricht von „Johannes Paul II. und seiner Christozentrik“ (Nell-Breuning, Johannes Pauls II., 683).

3 GS 22.

hilft, „den göttlichen Sinn des menschlichen Lebens zu entdecken (…), indem er ‚eine gewisse Ähnlichkeit zwischen der Einheit der göttlichen Personen und der Einheit der Kinder Gottes in der Wahrheit der Liebe' nahelegt."[1]. Aufgrund seiner Gottebenbildlichkeit besteht auch der Sinn des Menschseins im selbstlosen Sich-Schenken. „Der Mensch lernt diese Wahrheit von Christus"[2], die das Zweite Vatikanische Konzil in der Pastoralkonstitution *Gaudium et spes* in die Worte fasst, „dass der Mensch, der auf Erden die einzige von Gott um ihrer selbst willen gewollte Kreatur ist, sich selbst nur durch die aufrichtige Hingabe seiner selbst vollkommen finden kann."[3] In der „Theologie des Leibes" formuliert Johannes Paul II. dieses „Gesetz für die Existenz der Person" in der Weise, dass sich der Mensch nur „verwirklicht (…), wenn er ‚mit irgendjemandem' lebt, und noch tiefer und vollkommener, wenn er ‚für irgendjemanden' da ist" (TdL 14,2).

In Christus erkennt der Mensch nicht nur seine ureigene Berufung, sondern „er, der Sohn Gottes, hat sich in seiner Menschwerdung gewissermaßen mit jedem Menschen vereinigt."[4] Aufgrund dieser weiteren Aussage von *Gaudium et spes* entsteht in der Hingabe an einen anderen Menschen nicht nur eine menschliche Beziehung, vielmehr vollzieht sich durch jede Hingabe an einen Menschen auch unmittelbar eine Hingabe an Christus, den Sohn Gottes. Für Johannes Paul II. ist diese Offenbarung ganz entscheidend. Denn durch Christus ist jede zwischenmenschliche Hingabe zugleich Hingabe an Gott, die aus sich heraus einen Austausch mit Gott bewirkt. Das bedeutet, dass durch jede selbstlose Hingabe der einzelne Mensch Anteil am göttlichen Leben gewinnt.

Auf diese Weise entwickelt Johannes Paul II. die Anthropologie von *Person und Tat* weiter zu einer christlichen Anthropologie, in welcher der Mensch von Anfang an als Abbild Gottes begriffen wird.

2.2.3 Offenbarungstheologischer Ansatz Johannes Pauls II.

Bevor das Werk der Erlösung, das Johannes Paul II. als Vergöttlichung des Menschen versteht und ein gnadenhaftes Zugehen Gottes auf den Menschen verlangt, näher betrachtet wird, muss zunächst geklärt werden, wie Johannes Paul II. die Offenbarung als solche versteht. Der Mensch kann sich für die Gnade in einer personalen Weise öffnen, wenn ihm durch die Offenbarung Gottes seine eigene Bestimmung bewusst wird.

1 Johannes Paul II., Dominum et vivificantem, Nr. 62. Vgl. GS 22.
2 Johannes Paul II., Dominum et vivificantem, Nr. 59.
3 GS 24.
4 GS 22.

2.2.3.1 I. Vatikanum: Schwerpunkte im herkömmlichen Offenbarungsbegriff

Für den Offenbarungsbegriff sowie die daraus resultierende Anthropologie der Schultheologie bildet das Substanzdenken die Grundlage. Substanz („subsistere“) bedeutet, dass Gott und Mensch für sich selbst stehen. Es geht um substanzielle Scheidung bzw. Eigenständigkeit.[1] Der Mensch wird in der Gottesferne verstanden. Daraus folgt erstens der Entwurf einer Natur des Menschen, die als für sich selbst, ohne die Gnade Gottes existierend, gedacht wird. In einem zweiten Schritt werden Überlegungen angestellt, welche Wahrheiten über den Menschen ihm mit dem natürlichen Licht seiner Vernunft zugänglich sind („natürliche Offenbarung“).[2] Dem Ersten Vatikanum folgend ergibt sich so im Erkennen die Existenz Gottes, nämlich, „dass Gott, der Ursprung und das Ziel aller Dinge, mit dem natürlichen Licht der menschlichen Vernunft aus den geschaffenen Dingen gewiss erkannt werden kann“[3]. Deshalb antwortet Johannes Paul II. auf die Frage des Journalisten André Frossard: „Kann man Gott erkennen?“, mit den Worten: „Sie wissen, mit welchen Ausdrücken sich die Kirche auf dem Ersten Vatikanischen Konzil dazu geäußert hat. All das ist bekannt.“[4] Das Erste Vatikanum betont eben die „zweifache Ordung der Erkenntnis (…), weil wir in der einen (Ordnung) mit der natürlichen Vernunft, in der anderen mit dem göttlichen Glauben erkennen“[5]. Der natürlichen (Vernunft) und übernatürlichen Erkenntnis Gottes (Glaube) entspricht die Unterscheidung natürliche und übernatürliche Offenbarung.[6] Diesen „übernatürlichen Charakter der Offenbarung Gottes“ betont das Konzil deshalb so nachdrücklich, erklärt Johannes Paul II., weil die „rationalistische Kritik, die zu jener Zeit auf Grund weitverbreiteter falscher Thesen gegen den Glauben vorgebracht wurde, (…) die Leugnung jeder Erkenntnis, die nicht den natürlichen Fähigkeiten der Vernunft entspränge“[7], betraf. „Der Glaube, der sich auf das Zeugnis Gottes gründet und der übernatürlichen Hilfe der Gnade bedient“, so Johannes Paul II. weiter, „ist in der Tat von einer anderen Ordnung als die philosophische Erkenntnis. Denn diese stützt sich auf die Sinneswahrneh-

1 „Die heilige katholische apostolische Römische Kirche glaubt und bekennt, dass ein wahrer und lebendiger Gott ist, Schöpfer und Herr des Himmels und der Erde, allmächtig, ewig, unermesslich, unbegreiflich, an Vernunft und Willen sowie jeglicher Vollkommenheit unendlich; da er eine einzige, gänzlich einfache und unveränderliche geistige Substanz ist, ist er als der Sache und dem Wesen nach von der Welt verschieden zu verkünden, als in sich und aus sich vollkommen selig und über alles, was außer ihm ist und gedacht werden kann, unaussprechlich erhaben“ (DH 3001).

2 „Im Zweiten Kapitel [der dogmatischen Konstitution über den Glauben *Dei Filius* des I. Vatikanums] taucht der Offenbarungsbegriff erstmals in einem kirchlichen Dokument auf und wird ausdrücklich als Zentralbegriff des christlichen Glaubens vorgestellt bzw. als Grundlage des Christentums eingeführt“ (Böttigheimer, Fundamentaltheologie, 441).

3 DH 3004

4 Johannes Paul II., Fürchtet euch nicht, 55.

5 DH 3015.

6 Vgl. Dörmann, Johannes Paul II., 109.

7 Johannes Paul II., Fides et ratio, Nr. 8.

mung, auf die Erfahrung und bewegt sich allein im Licht des Ver-standes."[1] Die dem Glauben gemäße Erkenntnis schöpft aus der „göttlichen Offenbarung" als Selbstmitteilung Gottes.[2] Der Schwerpunkt des Ersten Vatikanums liegt auf der Darlegung des erkenntnishaften Inhalts dieser Selbstmitteilung, also Wahrheiten bzw. Wahrheitsgehalte über Gott und sein Verhältnis zum Menschen, welche der Mensch von Natur aus nicht erkennen kann. Diese Art der Selbstmitteilung Gottes hat grundsätzlich geschichtlichen Charakter. „Diese Offenbarung wird personhaft vermittelt", erläutert Böttigheimer, „ihre Grundgestalt ist nicht das Schöpfungssein, sondern das geschichtlich gesprochene bzw. fleischgewordene Wort Gottes."[3] Dieser geschichtliche Charakter ist nicht auf letzte Prinzipien zurückzuführen. Solche letzten Prinzipien wären die Ewigkeit Gottes oder die Freiheit des Menschen. Im Gegenteil, der geschichtliche Charakter besteht aus kategorialen Elementen: Väter, Bundesschluss, Propheten etc.[4] Gott tritt sozusagen von außen in die Geschichte ein und bringt etwas Neues, was es vorher nicht gegeben hat. In der Auseinandersetzung mit den geschichtlichen Ereignissen gilt es zu erkennen bzw. zu verstehen, was Gott dem Menschen sagt. Das alles mündet in die endgültige Offenbarung Gottes in Jesus Christus. In ihm hat sich Gott ganz ausgesprochen. Die Auseinandersetzung mit den geschichtlichen Ereignissen hat zur Folge, dass das Erkannte bezeugt (Zeugnis) und tradiert (Tradition) werden muss. Somit ergibt sich, dass die Offenbarung mit dem Tod des letzten Apostels abgeschlossen ist. Und die Verknüpfung der verschiedenen kategorialen Elemente in Raum und Zeit zielt auf das Verstehen.[5] „Offenbarung erscheint als ein In-

---

1 Ebd., Nr. 9.

2 „(…) jedoch hat es seiner Weisheit und Güte gefallen, auf einem anderen, und zwar übernatürlichem Wege sich selbst und die ewigen Ratschlüsse seines Willens dem Menschengeschlecht zu offenbaren, wie der Apostel sagt: ‚Oftmals und auf vielfache Weise hat Gott einst zu den Vätern in den Propheten gesprochen: zuletzt hat er in diesen Tagen zu uns gesprochen in seinem Sohn' [*Hebr 1,1f; Kan. 1*]" (DH 3004). „Inhalt der Offenbarung sind nicht irgendwelche Wahrheiten", schreibt Böttigheimer zu DH 3004, „sondern Gott offenbart die ewigen Dekrete seines Willens auf übernatürlichem Wege, d. h. in einer Weise, die die Natur und den Akt der Vernunft übersteigt" (Böttigheimer, Fundamentaltheologie, 443).

3 Ebd., 443-444.

4 „Damit nichtsdestoweniger der Gehorsam unseres Glaubens mit der Vernunft übereinstimmend [*vgl. Röm 12,1*] sei, wollte Gott, dass mit den inneren Hilfen des Heiligen Geistes äußere Beweise seiner Offenbarung verbunden werden, nämlich göttliche Taten und vor allem Wunder und Weissagungen, die, da sie Gottes Allmacht und unendliches Wissen klar und deutlich zeigen, ganz sichere und dem Erkenntnisvermögen aller angepasste Zeichen der göttlichen Offenbarung sind (…). Deshalb haben sowohl Moses und die Propheten als auch vor allem Christus, der Herr, selbst viele und ganz offensichtliche Wunder und Weissagungen getan; und von den Aposteln lesen wir: ‚Jene aber brachen auf und predigten überall; der Herr wirkte mit (ihnen) und bestätigte ihre Rede durch nachfolgende Zeichen' [*Mk 16,20*]. Und wiederum steht geschrieben: ‚Wir haben ein noch festeres Prophetenwort: ihr tut gut daran, darauf zu achten wie auf ein leuchtendes Licht an finsterem Ort' [*2 Petr 1,19*]" (DH 3009).

5 „Das Konzil betont den kognitiven Aspekt der Selbsterschließung Gottes und unterstreicht den Erkenntnis- und Wahrheitscharakter göttlicher Offenbarung" (Böttigheimer, Fundamentaltheologie, 445).

formationsgeschehen“, so Böttigheimer, „dem Kenntnisse zu verdanken sind.“[1] Übrig bleibt die Frage nach der Erfassung der Offenbarung als Selbstmitteilung Gottes. In der klassischen Schultheologie bedeutet Offenbarung Gotteswort im Menschenwort. Das gültige Menschenwort ist letztlich die dogmatische Lehre der Kirche. Das erste Moment ist die Heilige Schrift, deren Kanon von der Kirche festgelegt wurde. Hinzu gesellen sich die dogmatischen Entscheidungen der Kirche sowie ihre mündliche und schriftliche Überlieferung.[2]

2.2.3.2 II. Vatikanum: Erweiterung des Offenbarungsbegriffs

Für Johannes Paul II. gründet das „Zweite Vatikanische Konzil (...) seine Lehre auf den ganzen doktrinellen Reichtum, der bis dahin über die Menschheit Christi ausgearbeitet worden war, um daraus eine wesentliche Folgerung für die christliche Anthropologie zu ziehen. Genau darin besteht sein Erneuerungscharakter.“[3] Zwischen Erstem und Zweiten Vatikanum gibt es demnach keinen Bruch, wie Benedikt XVI. betont, vielmehr geht es auch hier um eine „Hermeneutik der Reform“.[4] Deshalb zielen die folgenden Überlegungen nicht auf eine Verleugnung der traditionellen Lehre ab, sondern auf eine Weitung des Blicks, als deren Ergebnis die Offenbarung Gottes nicht nur ein Ausdrücken von Wahrheiten in Worten ist (intellektuelle Ebene). Zwar bleibe das Verstehen der Selbstmitteilung Gottes als Schwerpunkt der Offenbarung bestehen, doch gehe es den Vätern des Zweiten Vatikanums „darum, den neuscholastischen Intellektualismus zu überwinden, für den Offenbarung hauptsächlich die Vorlage geheimnisvoller, übernatürlicher Lehren bedeutete“, so Ratzinger, „womit von selbst auch der Glaube sich weitgehend auf die Zustimmung zu diesen übernatürlichen Erkenntnissen reduziert.“[5] Auch entspricht dieser intellektualistische Ansatz nicht der theologischen Tradition. „Das ‚Instruktions'-Modell einer Offenbarung, die lediglich ein kognitives Sonderwissen vermittelt, ist weder von den Kirchenvätern noch von den großen Theologen der Scholastik vertreten worden“, erklärt Peter Hofmann dazu, „scheint aber seit dem 19. Jh. das theologische Denken durchsetzt und den Grundgedanken einer personalen Selbstmitteilung Gottes verunklärt zu haben.“[6] Für die erweiterte Sicht des Zweiten Vatikanums und dessen dogmatischer Konstitution über die göttliche Offenbarung *Dei Verbum* stellt deshalb das an die

1 Ebd.

2 „Mit göttlichem und katholischem Glauben ist ferner all das zu glauben, was im geschriebenen oder überlieferten Wort Gottes enthalten ist und von der Kirche – sei es in feierlicher Entscheidung oder kraft ihres gewöhnlichen und allgemeinen Lehramtes – als von Gott geoffenbart zu glauben vorgelegt wird“ (DH 3011).

3 Johannes Paul II., Erinnerung und Identität, 143.

4 Vgl. Benedikt XVI., Ansprache an das Kardinalskollegium, 10.

5 Ratzinger, Kommentar zum Prooemium, 507.

6 Hofmann, Dogmatik, 93.

Kirchenväter anknüpfende Offenbarungsverständnis Henri de Lubacs einen maßgeblichen Beitrag dar. Es war seine umfangreiche Publikationstätigkeit im Vorfeld des Konzils, welche sowohl die Kirchenkonstitution *Lumen gentium* als auch die Offenbarungskonstitution *Dei Verbum* „wesentlich" vorbereitete.[1] Die Anfangsworte der Offenbarungskonstitution *Dei Verbum* („Gottes Wort voll Ehrfurcht hörend und voll Zuversicht verkündigend"[2]) beziehen sich nicht auf die Bibel, sondern auf Jesus Christus selbst als das fleischgewordene Wort. Aus diesem Grund ist das Christentum keine Buchreligion. Im Zentrum steht nicht eine Schrift, sondern der Gottmensch Jesus Christus. Und nicht nur einzelne Aussagen von Jesus Christus sind Offenbarung, sondern Jesus Christus mit seinem ganzen Sein und Leben. „Das Offenbarungsgeschehen ereignet sich in Tat und Wort", formuliert *Dei Verbum*, „die innerlich miteinander verknüpft sind: die Werke nämlich, die Gott im Verlauf der Heilsgeschichte wirkt, offenbaren und bekräftigen die Lehre und die durch die Worte bezeichneten Wirklichkeiten; die Worte verkündigen die Werke und lassen das Geheimnis, das sie enthalten, ans Licht treten."[3] Der Vollzug der Offenbarung durch Christus und der Inhalt (Christus) sind identisch. „Die Tiefe der durch diese Offenbarung über Gott und das Heil des Menschen erschlossenen Wahrheit leuchtet uns auf in Christus, der zugleich Mittler und die Fülle der ganzen Offenbarung ist."[4] Das zentrale Moment der Erweiterung des Offenbarungsbegriffs bildet die Identifizierung Jesu Christi als Höhepunkt des Offenbarungsgeschehens.[5] „In seiner die Ideologie des Nationalsozialismus zurückweisenden Enzyklika *Mit brennender Sorge* hatte Papst Pius XI. 1937 noch geschrieben, in Jesus Christus, dem menschgewordenen Gottessohn, ‚ist die Fülle der göttlichen Offenbarung erschienen'. *Dei Verbum* sagt nun, ‚Jesus Christus ist zugleich der Mittler und die Fülle der ganzen Offenbarung' (*Dei Verbum* 2)"[6], so Voderholzer. Johannes Paul II. fasst es einmal in die Worte: „Die Offenbarung erreicht ihren Höhepunkt in der Lebensgeschichte Christi, von der uns die vier Evangelien berichten und die von den übrigen Schriften des Neuen Testaments bestätigt wird – wie die Konstitution *Dei Verbum* sagt."[7] Mit Jesus als „Mittler und die Fülle der ganzen Offenbarung" tritt für Böttigheimer ein „theozentrischer

1 Vgl. Voderholzer, Henri de Lubac, 10-11.

2 DV 1.

3 DV 2.

4 DV 2.

5 „Indem das Zweite Vatikanum Offenbarung als Selbstoffenbarung Gottes beschreibt und Christus in den Mittelpunkt stellt als das lebendige WORT des Vaters, setzt es gegenüber der bisherigen Lehrverkündigung der Kirche neue Akzente" (Voderholzer, Henri de Lubac, 134). „Offenbarung ist Leben, das erscheint, und nicht nur Licht, das aufleuchtet. Damit bahnt sich ein neues Offenbarungsverständnis an, in dem es nicht nur um Belehrung geht, sondern um eine neue Existenzmöglichkeit" (Böttigheimer, Fundamentaltheologie, 468).

6 Voderholzer, Henri de Lubac, 134.

7 Johannes Paul II., Fürchtet euch nicht, 71.

und personaler Ansatz (…) in den Vordergrund“, denn Gott „offenbart nicht irgendetwas, sondern sich selbst; nicht eine Teilhabe an ‚göttlichen Gütern' ist das Ziel, sondern der ‚Zugang zum Vater'. Es geht um Teilhabe am inneren Geschehen Gottes, sodass wirklich Neues zwischen Gott und den Menschen geschieht.“[1] Nach *Dei Verbum* hat Gott „seinen Sohn, das ewige Wort, das Licht aller Menschen, gesandt, damit er unter den Menschen wohne und ihnen vom Inneren Gottes Kunde bringe“[2]. Damit ist Offenbarung „nicht nur ein lehrhaftes Sprechen, sondern ein reales, erlösendes Ereignis“[3], resümiert Böttigheimer, „das die Wirklichkeit Gottes zu den Menschen bringt und den Menschen in Gott hineinnimmt“[4], „ein fortdauerndes Begegnungsgeschehen.“[5]

2.2.3.3 Johannes Paul II: Vertiefung des Offenbarungsbegriffs

Nachfolgend geht es nicht darum, die neuen Ansätze Wojtyłas/Johannes Pauls II. in der Offenbarungstheologie vollständig darzustellen, sondern nur insofern, als sie im Rahmen der „Theologie des Leibes“ relevant sind. Bei ihm hängt das Verständnis der Offenbarung sehr eng mit seinem Begriff von Erfahrung zusammen. Und Wojtyła vertieft den Offenbarungsbegriff des Zweiten Vatikanischen Konzils dadurch, dass er ein Prinzip seiner philosophischen Anthropologie in die Theologie überträgt: Mit jeder Erfahrung sind unmittelbar Verstehensmomente verbunden, die der Mensch mit seinem Verstand organisieren und interpretieren kann.

Nun hat sich Gott dem Menschen aber auf die Weise offenbart, dass er Mensch geworden ist: „Und das Wort ist Fleisch geworden“ (Joh 1,14).[6] War in der philosophischen Anthropologie Wojtyłas die Rede von der Tat, die die Person offenbart, spricht Johannes Paul II. in der „Theologie des Leibes“ von der „Offenbarung des Leibes“ (TdL 68,5): „Der Leib offenbart den Menschen“ (TdL 9,4). Auf Christus übertragen, bedeutet dieser Grundsatz: Weil Jesus mit seinem Leib in den Erfahrungsbereich des Menschen eingetreten ist, wird er auch für uns im Leib erfahrbar, der sich in der Tat vollzieht. Alles was durch die Inkarnation von Jesus Christus in Raum und Zeit erfahrbar geworden ist, ist Gegenstand des Verstehens und Inhalt der Offenbarung.[7] Sein ganzes Leben als

1 Böttigheimer, Fundamentaltheologie, 470.

2 DV 4.

3 Böttigheimer, Fundamentaltheologie, 472.

4 Ebd., 477.

5 Ebd., 473.

6 „*Die Selbstoffenbarung Gottes vollzieht sich vor allem in seinem ‚Sich-Vermenschlichen'*“ (Johannes Paul II., Die Schwelle der Hoffnung, 67). Das Zweite Vatikanische Konzil fasst dieses „Sich-Vermenschlichen“ sehr konkret: „Mit Menschenhänden hat er gearbeitet, mit menschlichem Geist gedacht, mit einem menschlichen Willen hat er gehandelt, mit einem menschlichen Herzen geliebt“ (GS 22).

7 Bei Jesus Christus „besteht kein Unterschied zwischen Botschaft und Verkünder, zwischen Wort, Handeln und Sein. Seine Kraft, das Geheimnis der Wirkung seines Handelns liegt in

Einheit und Vollzug seiner Person. Der Zugang zur Offenbarung ist somit die Interpretation des Leibes Christi, der in der Tat (Gesamtheit seines geschichtlichen Erscheinens und Lebens) erfahrbar geworden ist. Schließlich gibt es bei der Offenbarung Jesu Christi keinen Unterschied zwischen Inhalt und Person. „Das Zeugnis und der Zeuge fallen hier zusammen", so Scheffczyk, was zur Folge hat, „dass diese Wahrheit in seinem ganzen Leben, in allen seinen Betätigungen, in Worten wie in Taten, zum Ausdruck kommt."[1] Wenn Jesus beispielsweise die Samariterin am Jakobsbrunnen um Wasser bittet, können wir nach Johannes Paul II. darin Gottes Sehnsucht nach uns Menschen erkennen (vgl. Joh 4,7f.). Das gesamte Bild, das uns Jesus auf diese Weise vom Vater vermittelt, offenbart die unendliche Liebe Gottes zum Menschen. Insbesondere „sein Leiden und Sterben am Kreuz sind die lebendige Offenbarung seiner Liebe zum Vater und zu den Menschen."[2] Dabei bildet das, was der Mensch bei der Erfahrung Jesu Christi an Verstehensmomenten aufnimmt, zwar den Einstieg in die Offenbarung Gottes, macht aber noch nicht die Offenbarung selbst aus. Erst wenn der Mensch aufgrund der Zeichen, die Jesus gewirkt hat, zum Glauben kommt, dass Jesus Christus der Herr ist, beginnen die Verstehensmomente, die mit der Erfahrung Jesu Christi verbunden sind, Offenbarung über den Menschen und Gott zu werden. Das „gesamte ‚Mysterium Christi' erfordert den Glauben, weil dieser es ist, der den Menschen auf angemessene Weise in die Wirklichkeit des geoffenbarten Geheimnisses einführt."[3] Der entscheidende Schritt ist somit der Glaubensakt.[4] Schließlich geht es um eine Kulmination, die zum gläubigen Bekenntnis führt, dass die Person Jesu Christi der Sohn Gottes ist, die zweite göttliche Person, der Gottmensch: „Jesus Christus ist der Herr" (Phil 2,11).[5] Bereits als eine Frucht des Wirkens des Heiligen Geistes führt dieser Glaube dann „in die ganze Wahrheit" (Joh 16,13)[6] ein und

der völligen Identität mit der Botschaft, die er bringt: er sagt die ‚gute Nachricht' an, nicht nur in dem, was er spricht und tut, sondern in dem, was er ist" (Johannes Paul II., Redemptoris missio, Nr. 13).

1 Scheffczyk, Fides et Ratio, 25.

2 Johannes Paul II., Veritatis splendor, Nr. 20. Wojtyła spricht vom „Geheimnis Christi, das seine volle Geschichtlichkeit in den Sachverhalten, Ereignissen, Taten, Worten und Bezeugungen besaß" (Wojtyła, Zeichen des Widerspruchs, 137).

3 Johannes Paul II., Dominum et vivificantem, Nr. 6. Denn nur „durch den Glauben wohnt Christus im Herzen des Glaubenden (Vgl. *Eph* 3,17)" (Johannes Paul II., Veritatis splendor, Nr. 21).

4 „Einzig und allein der Glaube gestattet es, in das Innere des Geheimnisses einzutreten, dessen Verständnis er in angemessener Weise begünstigt" (Johannes Paul II., Fides et ratio, Nr. 13).

5 Deshalb nennt Johannes Paul II. als Grund für die Veröffentlichung des Interviews mit dem Journalisten Vittorio Messori, „dass er das Interview nur deshalb gewähre (…), weil er eine weitere Gelegenheit nutzen wolle, um das *Kerygma*, die umwälzende Nachricht, zu verkünden, auf der aller Glaube beruht: ‚Jesus ist der Herr; in Ihm allein liegt das Heil: heute wie gestern und in Ewigkeit'" (Johannes Paul II., Die Schwelle der Hoffnung, 20).

6 „Die ‚Einführung in die ganze Wahrheit' verwirklicht sich also im Glauben und mit Hilfe des Glaubens: Sie ist das Werk des Geistes der Wahrheit und die Frucht seines Wirkens im

wird so zum Schlüssel für die Interpretation der Verstehensmomente.[1] Erst im Glauben beginnt das ganze Leben Jesu über Gott zu sprechen und es ergibt sich ein neues Verstehen, eine tiefere Erkenntnis der Wirklichkeit. In Jesus wird der Vater sichtbar: „Wer mich gesehen hat, hat den Vater gesehen“ (Joh 14,9).[2] Gott wird in seinem Wesen erkannt und dem Menschen offenbar.[3] In einer Fülle von Ereignissen, von kategorialen Elementen in bestimmten Situationen, an bestimmten Orten, zu einer bestimmten Zeit, wird der Vater sichtbar. Jesus isst „mit Zöllnern und Sündern“ (Mk 2,16), macht Blinde sehend (vgl. Mk 10,46f.) und „legte jedem Kranken die Hände auf und heilte alle“ (Lk 4,40). Er erzählt das Gleichnis vom barmherzigen Vater (Lk 15,11-32). Er stirbt am Kreuz und spricht: „Vater, vergib ihnen“ (Lk 23,34) oder: „Mich dürstet“ (Joh 19,28). Er erscheint und spricht „Friede sei mit euch!“ (Joh 20,19). Er erscheint dem Johannes und sagt: „Ich stehe an der Tür und klopfe an“ (Offb 3,20). All dies sind keine philosophisch-dogmatischen Aussagen Jesu über den Vater. Vielmehr gilt es das Wesen dieser Ereignisse und damit das Wesen Gottes in der Erfahrung zu erfassen. Über die Erfahrungswerte des Lebens Jesu führt der Weg zu philosophisch-dogmatischen Aussagen über den Vater. Aber gleichzeitig geht es um mehr als nur um solche Aussagen. Es geht um das Verstehen und Annehmen der Liebe Gottes, wie es mit Worten nicht ausgedrückt werden kann. In der Scholastik war die klare Trennung zwischen göttlicher und menschlicher Natur Jesu der Ausgangspunkt für den Weg der Erkenntnis des Wesens Gottes. Auf der einen Seite steht die philosophische Aussage von der Unveränderlichkeit und Leidensunfähigkeit Gottes. Auf der anderen Seite führt nach dieser Sicht das Erfassen der menschlichen Seite Jesu Christi allenfalls zur Wahrnehmung übernatürlicher Fähigkeiten als Hinweis auf seine verborgene Göttlichkeit. Demgegenüber erfasst Wojtyła das Wesen der Erfahrungen der menschlichen Dimension Jesu phänomenologisch und überträgt die gewonnenen Verstehensmomente unmittelbar auf die göttliche Ebene. Es bleibt eine Deutung mit Hilfe eines Interpretationsschlüssels („Jesus Christus ist der Herr“), aber es ist ein Überspringen der reinen Scheidung der beiden Naturen Christi: „unvermischt“

Menschen. Der Heilige Geist muss hierbei der oberste Führer des Menschen, das Licht des menschlichen Geistes sein“ (Johannes Paul II., Dominum et vivificantem, Nr. 6).

1 Die Interpretation muss als Deutung der Verstehensmomente verstanden werden. Das Verstehen und Deuten, die Organisation, geschieht dann in der Gemeinschaft aller Gläubigen, im Glaubensgehorsam gegenüber dem Lehramt der Kirche.

2 „Wenn er durch die Antwort des Glaubens dem folgt, der die fleischgewordene Weisheit ist, ist der Jünger Jesu wahrhaftig *Jünger Gottes (Vgl. Joh* 6,45). Jesus ist in der Tat das Licht der Welt, das Licht des Lebens (Vgl. *Joh* 8,12); er ist der Hirte, der die Schafe führt und nährt (Vgl. *Joh* 10,11-16), er ist der Weg, die Wahrheit und das Leben (Vgl. *Joh* 14,6), er ist der, der zum Vater führt, so dass wer ihn, den Sohn, sieht, den Vater sieht (Vgl. *Joh* 14,6-10). Daher heißt den Sohn nachahmen, der ‚das Ebenbild des unsichtbaren Gottes' ist (*Kol* 1,15), den Vater nachahmen“ (Johannes Paul II., Veritatis splendor, Nr. 19).

3 „Durch Christus wird das Geheimnis der göttlichen Liebe offenbar“ (TdL 94,5).

und „ungetrennt“[1]. Damit wird er dem Dogma des Konzils von Chalcedon in beiden Richtungen gerecht. Johannes Paul II. gelangt zur Offenbarung der Wahrheit über Gott und den Menschen in Jesus Christus.[2] Das ist sowohl die menschliche als auch die göttliche Dimension der Offenbarung in Christus. In Christus erkennt der Mensch, wer Gott für ihn ist und wer er mit seinem Leib für Gott ist. Dass Gott nämlich den Leib erschaffen und der Sohn Gottes einen solchen angenommen hat, um das Erlösungswerk zu vollziehen, erklärt umgekehrt auch die Würde des menschlichen Leibes.[3] Deswegen darf die „Tatsache, dass die Theologie auch den Leib miteinbezieht“, erklärt Johannes Paul II., „niemand, der um das Geheimnis und die Wirklichkeit der Inkarnation weiß, verwundern oder überraschen. Dadurch, dass das Wort Gottes Fleisch wurde, ist der Leib, ich möchte sagen, wie durch das Hauptportal in die Theologie eingetreten“ (TdL 23,4).

2.2.3.4 Partizipationspersonalismus und transzendentale Anthropologie

Zum Abschluss dieser Überlegungen über den partizipationspersonalistischen Ansatz Wojtyłas/Johannes Pauls II. soll noch ein Blick auf die „transzendentale Anthropologie“[4] Karl Rahners geworfen werden, aber nur, insofern dieser das Ausgestrecktsein des Menschen auf Gott hin thematisiert: die „Verwiesenheit des Menschen auf Gott“[5] bzw. die „apriorische Ausrichtung auf den dreifaltigen Gott des ewigen Lebens“[6]. „Später wird er diese Hinordnung auf Gott, der sich dem Menschen in seiner Offenbarung selber mitteilt, ‚übernatürliches Existential‘ oder etwas missverständlicher ‚transzendentale Offenbarung‘ nennen“[7], wie Siebenrock erklärt. An dieser Stelle sei auf ausführlichere Darstellungen der Konzeption Rahners z. B. von Karl-Heinz Weger[8] und Michael Schulz[9] verwiesen. Dezidiert kritisch mit Rahners Ansatz haben sich die Beiträge von Joseph Ratzinger[10], Leo

1 Vgl. DH 302.

2 „Denn es wird das innerste Wesen Gottes und des Menschen verständlich: Im Geheimnis des fleischgewordenen Wortes werden göttliche und menschliche Natur in ihrer je eigenen Autonomie bewahrt, und zugleich offenbart sich ein einziges Band, das sie unvermischt in gegenseitige Beziehung setzt“ (Johannes Paul II., Fides et ratio, Nr. 80).

3 „Come poteva considerarsi, il corpo, elemento negativo se era stato creato da Dio e se lo stesso Figlio di Dio lo aveva assunto per compiere la sua opera redentiva a favour del genere umano?“ (Concetti, Relazioni, 48).

4 Rahner, Gnade, 83.

5 Rahner, Einheit, 295.

6 Ebd., 286.

7 Siebenrock, Rahner.

8 Weger, Karl Rahner. Eine Einführung in sein theologisches Denken, Freiburg/Br. 1978.

9 Schulz, Karl Rahner begegnen, Augsburg 1999.

10 Ratzinger, Vom Verstehen des Glaubens. Anmerkungen zu Rahners Grundkurs des Glaubens, in: Theologische Revue 74 (1978) 177-186.

Scheffcyzk[1] und Manfred Hauke[2] auseinandergesetzt. Letzterer spricht mit Scheffczyk von „philosophischen Grundirrtümer[n]“ Rahners, die der idealistischen Erkenntniskritik Kants und dem Ontologismus entspringen“, der „von der Kirche verurteilt [wurde], weil er aufgrund der Konfusion zwischen Gott und Welt zu einem idealistischen Pantheismus hinführt.“[3]

Aber wie Wojtyła spricht Rahner von der „Subjektivität“, betont die „anthropozentrische Wende“ und geht somit vom Menschen („von unten“) und seiner konkreten Erfahrungswelt aus, die er das Kategoriale nennt. Dabei beschränkt sich das Menschsein nicht nur auf die kategoriale bzw. aposteriorische Gegebenheit. Nach Weger betont Rahner, „dass unser menschliches Erkennen und Handeln, unsere Erfahrungen und das Erleiden unserer Schicksale *gar nicht möglich wären* ohne die Annahme eines apriorischen Moments im Menschen, das uns allen gleichsam schon in die Wiege gelegt ist.“[4] Dieses Apriorische im Menschen, das dem Kategorialen (nicht zeitlich verstanden) vorausgeht, bezeichnet Rahner als das „Transzendentale“ und erschließt diese Erfahrung anhand der „transzendentalen Methode“. Dazu überträgt er die transzendentalphilosophischen Prinzipien der Erkenntnislehre Kants auf die Anthropologie und fragt, wie Weger herausarbeitet, „nach den Voraussetzungen, die gegeben sein müssen, damit der Mensch sich so erfährt, wie er sich erfährt und wie er ist. Gefragt wird nach den ‚Bedingungen der Möglichkeit' menschlicher Erkenntnis und menschlichen Handelns“[5]. So fragt er auch nach den Möglichkeiten und Bedingungen des Glaubensaktes als Verstehenshorizont menschlicher Gotteserkenntnis und stellt einerseits fest: „Was wir transzendentale Erkenntnis oder Erfahrung Gottes nennen, ist zwar insofern eine *aposteriorische* Erkenntnis, als die transzendentale Erfahrung des Menschen von seiner freien Subjekthaftigkeit sich immer nur in der Begegnung mit der Welt und vor allem der Mitwelt ereignet.“[6] Andererseits schreibt er: „Dennoch ist die Erkenntnis Gottes eine *transzendentale*, weil die ursprüngliche Verwiesenheit des Menschen auf das absolute Geheimnis ein dauerndes Existential des Menschen als eines geistigen Subjektes ist.“[7] Rahner akzeptiert auch keine unüberwindbare Hürde zwischen

1 Scheffczyk, Die „organische“ und die „transzendentale“ Verbindung zwischen Natur und Gnade (Ein Vergleich zwischen M.J. Scheeben und K. Rahner aus Anlass des Scheebens-Gedenkens), in: FKTh 4 (1988) 162-179; Scheffczyk, Christentum als Unmittelbarkeit zu Gott. Erwägungen zu Karl Rahners „Grundkurs des Glaubens“, in: IKaz 6 (1979) 442-450; Scheffczyk L., Grundlagen des Dogmas. Einleitung in die Dogmatik (= Katholische Dogmatik Bd. I), Aachen 1997, 245-248.

2 Hauke, Karl Rahner in der Kritik von Leo Scheffczyk, in: FKTh 28 (2012) 161-184.

3 Ebd., 165.166.

4 Weger, Rahner, 25.

5 Ebd., 27. Wojtyła lehnt in seiner Epistemologie einen transzendentalphilosophischen Ansatz ab. Er fragt nicht nach den Bedingungen und der Möglichkeit von Verstandeserkenntnissen. Für Wojtyła ist jeder Erfahrung mit einem Verstehensmoment verbunden.

6 Rahner, Grundkurs, 71.

7 Ebd.

dem Endlichen und dem „absoluten Geheimnis". Er lehnt einen „vulgären (…) *Dualismus*" ab, „der Gott und das Nicht-Göttliche einfach wie zwei Dinge nebeneinandersetzt."[1] Schon die kantsche Kluft zwischen Ding-an-Sich und Ding-für-Mich bezeichnet er als ein „Scheinproblem". Subjekt und Objekt sind für ihn immer aufeinander bezogen. „Das Subjekt ist darum offen für eine objektive Wahrheit, für den *anderen* Menschen und für Gottes Wahrheit, die sich zuerst in der Schöpfung manifestiert"[2], wie Schulz über den Ansatz Rahners urteilt. Für die Mitteilung der Gnade Gottes prägt Rahner eben den für seine theologische Konzeption zentralen Terminus des „übernatürlichen Existentials"[3], dessen Gehalt er z. B. in seinem Interview-Beitrag *Gnade als Mitte menschlicher Existenz* erklärt: „Man hat mindestens einmal Gnade und Gnadenhilfe und Sachverhalte, die aufgrund der Gnade im menschlichen Leben gegeben sind, aufgefasst als partikuläre, gewissermaßen regionale Wirklichkeit", sagt Rahner in diesem Gespräch, „die beim Sünder oder beim Ungläubigen auch schlechterdings fehlen können. Meine theologische Grundüberzeugung (…) ist demgegenüber, dass das, was wir Gnade nennen, zwar selbstverständlich eine Wirklichkeit ist, die in einem dialogisch freien Spannungsverhältnis von Gott her gegeben, also ungeschuldet, übernatürlich ist."[4] Und weiter: „Aber für mich ist Gnade zugleich eine Wirklichkeit, die so sehr in der innersten Mitte der menschlichen Existenz in Erkenntnis und Freiheit *immer* und überall im Modus des Angebots, im Modus der Annahme oder der Ablehnung, so gegeben ist, dass der Mensch aus dieser transzendentalen Eigentümlichkeit seines Wesens überhaupt nicht heraustreten kann."[5] „Von da aus ergibt sich erst das, was ich ‚anonymes Christentum' nenne", so Rahner, „von da aus ergibt sich auch, dass ich keine Religion, gleichgültig welcher Art, sehe, in der nicht auch Gnade Gottes, wenn vielleicht auch in einer unterdrückten und depravierten Weise, gegeben wäre. Von da aus ergibt sich auch, was ich das transzendentale

---

1 Ebd. Michael Schulz verweist hier auf den Einfluss Joseph Maréchals (1878-1944) auf die Konzeption Rahners. So setzt nach Maréchal die Leugnung der Wahrheit die Wahrheit voraus, schließlich soll die Negation aller Wahrheit wieder wahr sein. „Also spricht der Mensch auch dann, wenn er alles in Zweifel zieht, immer mit dem Anspruch auf unbedingte Wahrheit. Insofern zeigt sich Unbedingtes (Absolutes) im menschlichen Erkennen und Behaupten" (Schulz, Rahner, 82-83).

2 Schulz, Rahner, 85.

3 „Rahner sprach nach 1950 vom *übernatürlichen Existential*. Er entwickelte diesen Begriff im direkten Bezug auf Lubac. Rahner bezeichnet damit eine von Gott *frei gesetzte* (= übernatürliche) Bestimmung (Eigenschaft) der konkreten menschlichen Existenz (Schriften, Bd. 1, S. 339ff.). Durch diese Bestimmung wird (…) das natürliche Streben des Menschen nach der Gemeinschaft mit Gott innerlich durchdrungen und auf sein Ziel nun auch sozusagen erfolgversprechender Form ausgerichtet. In Lubacs Gnadentheologie kommt Rahner zufolge dieses gnadenhafte Mitbestimmtsein des Menschen in der natürlichen Hinordnung auf Gott nicht deutlich genug zum Zuge" (Ebd., 96).

4 Rahner, Gnade, 83.

5 Ebd.

Moment der geschichtlichen Offenbarung genannt habe.“[1] „Das übernatürliche Existential“, erklärt Weger, „ist also eine *bleibende* Bestimmung des Menschen, die diesen a priori (und damit transzendental) prägt, ist eine Seinsbestimmung des Menschen, die jeder personalen Entscheidung seinsmäßig, ‚ontisch‘ und ‚ontologisch‘, noch vorausliegt, die Entscheidung des Menschen trägt und mitbestimmt.“[2]

Entscheidend für den Vergleich mit Wojtyła/Johannes Paul II. ist nach Scheffcyzk die „philosophisch-idealistische“ Konzeption der „transzendentalen Anthropologie“ Rahners eben mit dem „Adjektiv ‚transzendental‘ (...): Es besagt nach dem von Kant bestimmten Sinn, dass die Bedingung der Möglichkeit zur Erkenntnis und Erfahrung äußerer Gegenstände in der Subjektivität des Menschen vorgegeben ist, so dass nichts in den Menschen von außen eingehen kann, was nicht schon in ihm in unthematischer Weise vorhanden ist.“[3] Auf diese Weise wird für Scheffcyzk „der Mensch in einer ‚transzendentalen Anthropologie‘ nicht als möglicher Empfänger der göttlichen Offenbarung erklärt, sondern er ist von vornherein ‚die übernatürlich erhobene Transzendentalität‘, er ist ‚das Ereignis der absoluten Selbstmitteilung Gottes‘ (und zwar gnadenhafter Art).“[4] In diesem Sinn schreibt Rahner in seinem *Grundkurs des Glaubens*, „dass der Besitz Gottes in absoluter Selbstmitteilung nicht eigentlich außerhalb dieser unendlichen Möglichkeit der Transzendenz fällt“[5] und nennt „die Selbstmitteilung Gottes eine bis zum letzten radikalisierende Modifikation unserer Transzendentalität als solcher“[6]. Scheffczyk kritisiert daher, „dass die wirkliche (kategoriale) Heils- und Offenbarungsgeschichte dem Menschen eigentlich nichts Neues und Außergewöhnliches überbringen kann. Sie leistet nichts anderes als ‚die reflexive Thematisierung dieser ‚transzendentalen Offenbarung‘‘, d. h. die Explizierung und Bewusstmachung der zuvor schon ungegenständlich erfahrenen Geoffenbartheit.“[7]

Wojtyła/Johannes Paul II. geht das Verhältnis von Erfahrung und Offenbarung völlig anders an. Er ist eben nicht transzendental, sondern intentional orientiert. Auf der Ebene interpersonaler Beziehungen schreitet der Mensch von der Erfahrung zur Offenbarung fort. Bei Wojtyła/Johannes Paul II. ist der Mensch zwar von Natur aus immer schon auf Christus hingeordnet, ja seinem Wesen nach als Teilhabe am göttlichen Leben zu verstehen und zur ständig wachsenden Teilnahme am göttlichen Leben berufen (Vergöttlichung). Doch erst die Begegnung mit Christus macht ihm sein eigenes Wesen kund. Dabei ge-

1 Ebd.
2 Weger, Rahner, 80.
3 Scheffcyzk, Grundlagen, 246.
4 Ebd.
5 Rahner, Grundkurs, 135.
6 Ebd., 136.
7 Scheffcyzk, Grundlagen, 246.

schieht die Erleuchtung nicht durch eine Modifikation der innerlich gegebenen Transzendentalität, sondern durch eine Bereicherung, die personale Teilhabe an Neuem bedeutet, das so gesehen von Außen in das Innere der Person aufgenommen wird. Der Ansatz von Wojtyła/Johannes Paul II. lässt grundsätzlich die Möglichkeit offen, die Gnade ontologisch nicht als apriorisches Existential zu verstehen, sondern als dynamische Verwirklichung einer Berufung, die zwar als Ausrichtung ins Herz geschrieben ist, jedoch in keiner Weise bereits „ontisch“ vorweggenommen wäre.

2.3 JOHANNES PAUL II. UND DIE KATECHESEN ZUR „THEOLOGIE DES LEIBES“

Den Zugang zur „Theologie des Leibes“ bei Johannes Paul II. bilden die Mittwochskatechesen, die er bereits vor seiner Wahl zum Papst ausgearbeitet und in Abschnitten während der ersten fünf Jahre seines Pontifikats vorgetragen hat.

Die neueren Ausgaben betiteln diesen Corpus in den verschiedenen Sprachen als „*Eine* Theologie des Leibes“.[1] Dies steht im Gegensatz zum Anliegen von Johannes Paul II., der seine Ausführungen als „Theologie des Leibes“ ohne unbestimmten Artikel vorgestellt hat. Denn für ihn waren diese Gedanken nicht nur eine pastoral-ethische Handreichung zum Verständnis und zur Verwirklichung der Enzyklika *Humane vitae,* wie es eine unter vielen geben kann. Vielmehr stellt für ihn die „Theologie des Leibes“ einen wesentlichen Bestandteil der christlichen Offenbarung dar. Die „Theologie des Leibes“ verbindet Schöpfung und Erlösung und lässt darin das Geheimnis Gottes sowie des Menschen auf einzigartige Weise aufleuchten. Das bestätigt Johannes Paul II., als er zehn Jahre nach Abschluss der Katechesen diese in einen Zusammenhang mit seiner Antrittsenzyklika *Redemptor hominis* stellt, die „*eine große Hymne der Freude darüber sein*“ soll, „*dass der Mensch durch Christus erlöst wurde*: erlöst in der Seele und im Körper. Diese Erlösung des Körpers hat anschließend in der Reihe der Mittwochskatechesen ihren Ausdruck gefunden: ‚*Als Mann und Frau schuf er sie.*‘ Vielleicht sollte man besser sagen: ‚*Als Mann und Frau erlöste er sie.*‘“[2] Denn Johannes Paul II. entfaltet seine „Theologie des Leibes“ nicht so sehr auf der Grundlage eines angenommenen Idealzustandes des Menschen, wie er von Gott im Anfang gedacht und geschaffen worden ist. Vielmehr bildet den Schlüssel zu seiner „Theologie des Leibes“ die Fragestellung, wie sich die Erlösung des Menschen gerade in der Überwindung der erbsündlichen Verfasstheit der menschlichen Leiblichkeit mit ihrer

1 Vgl. Johannes Paul II., Die menschliche Liebe im göttlichen Heilsplan. Eine Theologie des Leibes. Mittwochskatechesen 1979-1984, Martin N. u. R. (Hg.), Kisslegg [2]2008/John Paul II, Man and Woman he Created Them. A Theology of the Body. Translation, Introduction, and Index by Michael Waldstein, Boston 2006.

2 Johannes Paul II., Die Schwelle der Hoffnung, 76-77.

Begierde durch das Wirken der göttlichen Gnade vollzieht. Diese Verbindung des Körperlichen und Geschlechtlichen mit der Offenbarung der Liebe Gottes wirft für Johannes Paul II. das entscheidend neue Licht auf die ganze Theologie. Demgegenüber suggeriert der Titel „*Eine* Theologie des Leibes“, als ob es lediglich um die theologische Deutung eines Gegenstandes ginge, der als geschichtlich vorübergehendes Phänomen an sich nicht zum Wesen Gottes gehört. Für Johannes Paul II. aber ist die eheliche Liebe mit ihrer bräutlichen Dimension des Leibes die vollkommenste Ikone des Wesens Gottes, in der sich das inkarnierte Wort offenbart und vergegenwärtigt.

2.3.1 Die Mittwochskatechesen im Überblick

Johannes Paul II. hat mit dem Vortrag der Katechesen zur „Theologie des Leibes“ in der Vorbereitungszeit zur Bischofssynode 1980 in Rom zum Thema *Über die Aufgaben der christlichen Familie in der heutigen Welt* begonnen, deren Ergebnis das Apostolische Schreiben *Familiaris consortio*[1] darstellt, die Lehre des Papstes über Ehe und Familie. Die Reihe der 129 Katechesen, welche die „Theologie des Leibes“ entfalten, begannen am 5. September 1979 und dauerten bis zum 28. November 1984. In der letzten Ansprache zeichnet Johannes Paul II. selber die großen inhaltlichen Linien nach. Zunächst stellt er das Gesamt der Katechesen unter den Titel „Die menschliche Liebe im göttlichen Heilsplan“ (TdL 133,1), den er sogleich präziser fasst: „Die Erlösung des Leibes und die Sakramentalität der Ehe“ (TdL 133,1).

Insgesamt sind die Katechesen zur „Theologie des Leibes“ dreigeteilt:

Dem präziseren Titel des Papstes zufolge kann der *erste Hauptteil* mit „Erlösung des Leibes“ überschrieben werden. Dieser Teil umfasst drei synoptische Evangelientexte, die Analyse dreier Worte Jesu. Demnach kann der ganze erste Teil in drei Zyklen aufgegliedert werden. *Erstens*: Das Gespräch Jesu mit den Pharisäern über die Unauflöslichkeit der Ehe und den „Anfang“ (vgl. Mt 19,3-8; Mk 10,2-12). Diese 23 Katechesen (TdL 1-23) vom 5. September 1979 bis 2. April 1980 „rekonstruieren“ die Situation des Menschen nach dem Plan Gottes vor dem Sündenfall. *Zweitens*: Die Worte der Bergpredigt über den im Herzen begangenen Ehebruch (vgl. Mt 5,27-28). Anhand der Katechesen (TdL 24-63) vom 16. April 1980 bis 6. Mai 1981 versucht Johannes Paul II. die Situation des geschichtlichen Menschen nach dem Sündenfall einzufangen. Es handelt sich um den Menschen der Begierde, der gefallen und zugleich erlöst ist. Die lange Pause bis zum Beginn des dritten Zyklus erklärt sich durch das auf Johannes Paul II. verübte Attentat während der Mittwochsaudienz am 13. Mai 1981. *Drittens*: Das von allen Synoptikern überlieferte Streitgespräch Jesu mit den Sadduzäern über das Gesetz der Schwagerehe und die Auferstehung der

1 Johannes Paul II., „Familiaris Consortio“ – Über die Aufgaben der christlichen Familie in der Welt von heute (22.11.1981).

Toten im Jenseits (vgl. Mt 22,23-33; Mk 12,18-27; Lk 20,27-40). Wiederum sind es über 20 Ansprachen (TdL 64-86) vom 11. November 1981 bis 21. Juli 1982, die die Situation des eschatologischen Menschen beschreiben, der erlöst und wiederhergestellt ist. Die zweite Hälfte dieses Zyklus (TdL 73-86) widmet sich der Erklärung der Ehelosigkeit „um des Himmelreiches willen“, d. h. der Jungfräulichkeit sowie dem Zölibat (vgl. Mt 19,10-12; 1 Kor 7).

Der *zweite Hauptteil* gilt der Analyse des Ehesakraments auf der Grundlage von Eph 5,21-33. Diese Ansprachen erfahren ihrerseits eine doppelte Untergliederung in die Dimension des Bundes (TdL 87-102) vom 28. Juli 1982 bis 15. Dezember 1982 sowie die Dimension des Zeichens (TdL 103-117) vom 5. Januar 1983 bis 9. Februar 1983 und vom 23. Mai 1984 bis 4. Juli 1984. Die mehr als einjährige Unterbrechung der Ausführungen zur Dimension des Zeichens war durch das außerordentliche Heilige Jahr 1983 bedingt.

Letztendlich folgt ein *dritter Hauptteil* mit 16 Katechesen. Aus den Überlegungen der ersten beiden Teile heraus stellen diese Katechesen einen Kommentar zur Enzyklika *Humanae vitae* Pauls VI. dar. Dieser Schlussteil erfährt eine doppelte Untergliederung. Die 8 Katechesen (TdL 118-125) vom 11. Juli 1984 bis 5. September 1984 sind eine Relecture und Vertiefung von *Humanae vitae*. Dagegen unterbreiten die weiteren 7 Katechesen (TdL 126-132) vom 3. Oktober 1984 bis 21. November 1984 den Entwurf einer Spiritualität von Ehe und Familie im Lichte derselben Enzyklika. Beide Teile sind aufs engste mit den vorhergehenden Katechesen verbunden. Die letzte Katechese (TdL 133) vom 28. November 1984 liefert einen Rückblick über die Dreiteilung des gesamten Katechesen-Corpus.

Johannes Paul II. unterstreicht diese Dreiteilung am 16. Januar 1985 in einer Botschaft an in Dallas (Texas) versammelte Bischöfe aus Nord- und Zentralamerikas sowie der Karibik: „bei meinen wöchentlichen Generalaudienzen während der letzten Jahre habe ich eine katechetische Reihe von Ansprachen über die Theologie des menschlichen Leibes und über die Sakramentalität der Ehe vorgelegt, die eine Bestätigung enthalten, eine vertiefende Analyse und eine Entwicklung der in der Enzyklika *Humanae vitae* enthaltenen Lehre Pauls VI.“[1] Bemerkenswert an dieser Aussage ist die Tatsache, dass Johannes Paul II. statt von „Erlösung des Leibes“ von der „Theologie des menschlichen Leibes“ spricht. Nach Lino Ciccone darf der Ausdruck nicht verwundern, denn „die häufigste unter den verschiedenen Bezeichnungen“, mit denen Johannes Paul II. auf den ersten Teil verweist „und mit der er im zweiten Teil daran er-

1 „(…) at my weekly General Audiences during the past several years, I presented a catechetical series of talks on the theology of the human body and the sacramentality of marriage, including within it a confirmation and further analysis and development of the teaching of Paul VI contained in ‚Humanae vitae'“ (John Paul II, Message to the Bishops from North and Central America and the Carribean). (Eigenübersetzung).

innert, ist genau jene der ‚Theologie des Leibes'“[1]. Während den Katechesen selbst stellt Johannes Paul II. fest, dass die ersten beiden Teile wiederholt den Ausdruck „Theologie des Leibes“ verwenden und merkt an: „Die Einführung von Begriff und Gehalt der ‚Theologie des Leibes‘ war für die umfassendere Grundlegung des Themas ‚Die Erlösung des Leibes und die Sakramentalität der Ehe' notwendig“ (TdL 133,1). Von daher können nicht nur die ersten beiden Teile unter dem Titel „Theologie des Leibes“ zusammengefasst werden, sondern alle drei, zumal der dritte Teil die ersteren voraussetzt. Schließlich *„hat keiner der Teile eine Eigenständigkeit, sei sie auch nur begrenzt*“, weshalb Ciccone auch „zwischen den verschiedenen Teilen“ von „einem wahren Netz von Verflechtungen“[2] spricht.

2.3.2 Anspruch und Valenz der Ansprachen

Erwägt werden muss die Frage nach der Valenz und dem Anspruch dieser Katechesen Johannes Pauls II. Charles E. Curran spricht auch von einer „homiletischen Natur der Ansprachen“[3]. Nicht zuletzt wegen einer solchen Einordnung wurde die „Theologie des Leibes“ Johannes Pauls II. lange ignoriert und bestenfalls als poetisch angehauchte, geistliche Betrachtungsliteratur gewertet.[4] Lässt sich für *Person und Tat* im deutschsprachigen Raum noch eine philosophische Auseinandersetzung nachweisen, werden die Mittwochsansprachen zur „Theologie des Leibes“ weder philosophisch noch theologisch wirklich ernst genommen, geschweige denn umfassend rezipiert. Eine Erschließung anhand herkömmlicher Kategorien scheint eher zu einer philosophisch-theologischen Kollision zu führen. Verfechter der traditionellen Theologie erheben dabei grundsätzlich den Vorwurf, Wojtyła/Johannes Paul II. habe mit den Grundlagen katholischer Philosophie und Theologie gebrochen.[5] Johannes Dörmann will

---

1 „Ma è tutt'altro che una novità. Mentre veniva svolgendo quella che poi risulterà costituire la Parte Prima, la più frequente tra le varie denominazioni con cui il Papa la indicava, e con cui la richiamerà poi nella Parte Seconda, è stata proprio quella di ‚teologia del corpo'“ (Ciccone, Uomo-Donna, 18). (Eigenübersetzung).

2 „(...) *nessuna delle Parti ha una sua, sia pur limitata, autonomia* (...). Si ha così tra le varie Parti un vera rete di intrecci“ (Ebd., 22-23). (Eigenübersetzung).

3 „(…) homiletical nature of the talks“ (Curran, Moral, 179). (Eigenübersetzung).

4 „This attentive description common to the phenomenological school explains the ‚meditative' quality which many commentators find in the pope's writings" (Conley, Philosophical, 25).

5 „Die Theologie Kardinal Wojtyłas (…) hat ihre philosophischen Wurzeln nicht im System der traditionellen Theologie, sondern in Ansätzen der Phänomenologie und Existenzphilosophie. Der Kardinal ist zwar bemüht, die thomistische Tradition mit dem modernen Denken in einer großen Synthese zu versöhnen, aber er geht dabei nicht von der ontologischen Grundlage der philosophia perennis aus, sondern von den Prinzipien der modernen Philosophie, sodass die klassische Philosophie und Theologie eine existentialistische Umwandlung erfahren. Wir können deshalb vorweg sagen: Die Theologie Kardinal Wojtyłas gehört nach Sprache und Philosophie zum Genus der Nouvelle Théologie“ (Dörmann, Johannes Paul II., 107)

gleich eine „subtile Umformung des ganzen bisherigen Glaubens"[1] erkennen und ordnet diesen denkerischen Ansatz dem „Genus der Nouvelle Théologie" zu. „Dieses Genus von Theologie", so Dörmann verkürzt, „hat Pius XII. mit der Enyklika *Humani Generis* (1950) verurteilt."[2] Aber auch von anderer Seite fehlt es nicht an Kritik. Für Ronald Modras ist die „Theologie des Leibes" „zweideutig". Wegen der personalistischen Sprache und der phänomenologischen Methode „erscheint sie zuerst so revolutionär und originell", weil tatsächlich oft von Person[3], Personwürde und Verantwortung die Rede ist, jedoch wenig von Natur, sodass es scheint, der Verfasser habe „mit seiner neo-thomistischen Ausbildung und dem Festhalten an unveränderlichen Naturgesetzen gebrochen". Allerdings halte dies einer „näheren Betrachtung" nicht stand und Johannes Paul II. ist für Modras „ein gewandter und energischer Vertreter der neo-thomistischen Naturgesetz-Ethik, die er in personalistische Kategorien übersetzt und als ‚Thomistischen Personalismus' bezeichnet"[4]. Curran kritisiert bei der Bewertung der „künstlichen Empfängnisregelung" in den Ansprachen zur „Theologie des Leibes", dass der dramatische Wandel der sozialen Faktoren kein Thema ist: Unter- und Überbevölkerung, kürzere bzw. längere Lebenserwartung, Agrar- oder Industriegesellschaft und die Rolle der Frau.[5] Johannes Paul II. thematisiert diese Fragen andernorts.[6] Außerdem vermisst Curran die Miteinbeziehung des „Sinnes

---

1 Ebd., 167.

2 Ebd., 102.

3 „Il lemma ricorre nelle 129 catechesi per 369 volte; 12 sono invece le presenze di *personalistica-personalistico*" (Marengo, Introduzione [Anm. 69], 26).

4 „If the pope's theology of the body is sometimes ambiguous, it is because it can appear so revolutionary and original at first. He uses the language of personalism and the phenomenological method of description in his analyses of sexuality. He speaks rarely about nature and often about persons, personal dignity and responsibility, and so appears to have broken with neo-Thomistic training with its insistence upon immutable natural laws. Upon a closer examination, however, the pope is a skillful and energetic exponent of the neo-Thomistic natural law ethic, as he translates it into personalist categories and calls it ‚Thomistic personalism.'" (Modras, Theology of the Body, 150). (Eigenübersetzung).

5 Vgl. Curran, Moral, 181.

6 Auf das Thema „Unter- und Überbevölkerung" ging Johannes Paul II. in seinem Interview-Buch *Die Schwelle der Hoffnung überschreiten* (S. 233) und in der Enzyklika *Evangelium vitae*, Nr. 91, ein: „Ein wichtiges Kapitel der Politik für das Leben stellt heute die *Problematik des Bevölkerungswachstums* dar. Die staatlichen Behörden haben gewiss die Verantwortung, mit Initiativen ‚auf das Bevölkerungswachstum einzuwirken'; aber solche Initiativen müssen immer die vorrangige und unveräußerliche Verantwortlichkeit der Ehegatten und der Familien voraussetzen und respektieren und dürfen nicht Methoden anwenden, die die Person und ihre Grundrechte missachten, angefangen bei dem Recht jedes unschuldigen menschlichen Geschöpfes auf Leben. Es ist daher sittlich unannehmbar, dass man wegen der Geburtenregelung zur Anwendung von Mitteln wie Empfängnisverhütung, Sterilisation und Abtreibung ermutigt, ja sie sogar auferlegt." In der Sozialenzyklika *Sollicitudo rei socialis* spricht er über die „Lebenserwartung" und nennt „die ganze Reihe der verschiedenen Sektoren – Erzeugung und Verteilung von Lebensmitteln, Hygiene, Gesundheitswesen und Wohnung, Trinkwasserversorgung, Arbeitsbedingungen, vor allem jene für Frauen, Lebenserwartung sowie andere

der Gläubigen“ (sensus fidelium) als mögliche Erkenntnisquelle für Wahrheit und Weisheit in der Moraltheologie.[1] Anstatt sich die Erfahrung der Gläubigen auf dem Feld von Ehe und Sexualität zu eigen zu machen, spricht Johannes Paul II. vom ewigen Heilsplan Gottes und „bezieht sich in seinen Ansprachen oft auf die Erfahrung des Menschen aller Zeiten, doch ist seine historische Perspektive theologisch – Menschen vor dem Fall, nach dem Fall sowie gefallen und erlöst“[2]. Außerdem bemängelt Curran, Johannes Paul II. gehe zwar auf alttestamentliche Entwicklungen in der Auffassung von Ehescheidung und Polygamie ein, weitere historisch bedingte Entwicklungen im kirchlichen Eheverständnis finden keine Beachtung, etwa dass die katholische Kirche die Ehe als siebtes Sakrament erst im 13. Jahrhundet festgelegt habe.[3] Tatsächlich wird erst im 12. Jh. im Zuge der scholastischen Systematik die Begrifflichkeit für das heutige Verständnis der Ehe als eines der sieben Sakramente der Kirche festgelegt und von der Synode von Verona (1184)[4] bzw. von Innozenz III bestätigt.[5] Im *Dekret für die Armenier* übernimmt das Konzil von Florenz (1439) dann ausdrücklich aus einem Werk des Thomas von Aquin die systematische Lehre über die Sakramente.[6] Das heißt aber nicht, dass das Verständnis der Ehe als eines der sieben Sakramente der Sache nach nicht schon vorhanden gewesen wäre (vgl. Mt 19, 3-8 u. 5,27-28; Eph 5).[7] Gerade auf diese Schriftstellen wird sich Johannes Paul II. im Aufbau seiner „Theologie des Leibes“ berufen.

wirtschaftliche und soziale Indikatoren“ (Nr. 14). „Argrar- oder Industriegesellschaft“ wird in seiner Enzyklika *Laborem exercens,* Nr.5, und die „Rolle der Frau“ in seinem Apostolischen Schreiben *Mulieris dignitatem* vom 15. August 1985 zum Gegenstand seiner Überlegungen.

1 Vgl. Curran, Moral, 179.

2 „The pope somewhat frequently refers to historical human beings in these talks, but his historical perspective is theological – human beings before the fall, after the fall, and fallen and redeemed” (Ebd.). (Eigenübersetzung).

3 „But historical studies have indicated great changes and developments in the church's understanding of marriage. (…) early theologians and canonists held that marital intercourse necessarily involves some sin. The early scholastics in the second millennium offered an ingenious solution to the problem. The grace given in marriage is not the positive grace of holiness but the medicinal grace that enables the spouses to temper lust within marriage. Implicitly, the Catholic Church only accepted marriage as the seventh sacrament at the Second Lateran Council in 1139, and the acceptance became explicit only within the Council of Verona 1184 (…). Catholic theologians once held as common positions that intercourse during menstruation is a mortal sin, intercourse during pregnancy is forbidden, and that there exists a natural position for intercourse. Great changes occurred with regard to the role of procreation in marriage. In the early church, the intention of procreation was necessary to justify marital intercourse. Later, the couple did not have to intend procreation. Sterile spouses could have marital intercourse. In the twentieth century, with the acceptance of rhythm and natural family planning, not only did the couple not have to intend procreation but they also could intentionally use the infertile periods in a woman' s cycle to consciously avoid procreation” (Ebd., 180-181).

4 Vgl. DH 761.

5 Im den Waldensern vorgeschriebenen Glaubensbekenntnis (Vgl. DH 793-794).

6 Vgl. DH 1327.

7 Vgl. Piegsa, Ehesakrament, 76-77.

In Anbetracht dieser kritischen Stimme wird deutlich, wie wichtig es ist, den Charakter der „Theologie des Leibes“ sachgerecht einzuordnen. Johannes Paul II. hat im Rahmen seiner „Theologie des Leibes“ eben die Fragen der Speziellen Moral nicht wirklich zum Gegenstand seiner Überlegungen gemacht. Es handelt sich nicht um die Ausarbeitung einer Moraltheologie, sondern um einen Ansatz, der im Bereich der Fundamentalmoral verbleibt und letztlich in eine Soteriologie einmündet. Seine Antworten auf Einzelfragen der Moraltheologie finden sich in anderen Abhandlungen außerhalb seiner „Theologie des Leibes“, etwa im *Katechismus der Katholischen Kirche*[1].

2.3.3 Geschichtliche Entwicklung

Die Abhaltung von Generalaudienzen geht auf Pius IX. (1846-1878) zurück. Im Zuge der Einigung Italiens und durch die Besetzung Roms am 20. September 1870 wird er zum „‚Gefangenen des Vatikans' und weigert sich, den Bereich innerhalb der Leoninischen Mauer, die die päpstlichen Besitztümer in der Nähe des Petersdoms umgibt, zu verlassen.“[2] Um aber mit den Gläubigen in Kontakt zu bleiben, „führte Pius den Brauch der ‚Generalaudienz' ein, bei der er zu einer großen Pilgergruppe sprach – im Unterschied zur ‚Privataudienz', die die Päpste einzelnen Besuchern, Diplomaten, hochrangigen Geistlichen und so weiter gewährten.“[3] Weigel spricht vom „erste[n] Versuch einer päpstlichen Öffentlichkeitsarbeit in einer Zeit, als die öffentliche Meinung an Bedeutung gewann.“[4] Seine Nachfolger übernehmen diese Praxis und erblicken darin eine Anknüpfung an die Tradition des Bischofs als Prediger und Pädagoge.[5]

Mit Paul VI. bildet sich ein systematischer Gebrauch der Ansprachen während der Audienzen heraus.[6] Zurzeit des Zweiten Vatikanischen Konzils begründet er die Tradition der allwöchentlichen Generalaudienz. Am 21. Juni 1963 zum Papst gewählt, hält er am 13. Juli 1963 seine erste Generalaudienz. Wie auch bei den drei darauffolgenden Audienzen ist dies ein Samstag. Mit

---

1 Vgl. KathKK.

2 Weigel, Zeuge, 347.

3 Ebd.

4 Ebd.

5 „Die Generalaudienz griff auch die alte Tradition des Bischofs als Lehrer wieder auf. In den ersten Jahrhunderten der Existenz der Kirche waren die Bischöfe nicht in erster Linie Verwalter (um die weltlichen Angelegenheiten kümmerten sich Diakone), sondern Prediger, Lehrer, Theologen und spirituelle Führer. Große Denker wie Ambrosius (Bischof von Mailand), Augustinus (Bischof von Hippo in Nordafrika) und Johannes Chrysostomus (Bischof von Konstantinopel) arbeiteten große Teile ihrer Theologie als Prediger und Lehrer vor großen Versammlungen von Christen aus. Diese Tradition wurde in der päpstlichen Generalaudienz wiederbelebt, obwohl Pius IX. und seine Nachfolger die Generalaudienz nicht als Ort imaginativer theologischer Erkundungen ansahen und sich gewöhnlich auf Reflexionen über vertraute Themen beschränkten“ (Ebd.).

6 Vgl. Marengo, Introduzione, 7.

dem sommerlichen Ortswechsel nach Castel Gandolfo ändert sich bereits am 7. August 1963 der Wochentag. Fortan findet die Generalaudienz während des ganzen fünfzehnjährigen Pontifikates immer an einem Mittwoch statt. Inhaltlich handelt es sich zunächst um ein kurzes geistliches Wort des Papstes an die Gläubigen. Nach und nach nehmen Umfang und theologische Bedeutung zu. Hervorzuheben sind vor allem die Ansprachen von Dezember 1965 bis Juni 1967. Diese sind ein Kommentar zum Konzilsgeschehen. Seither werden die Ansprachen der Mittwochsaudienzen als Katechesen bezeichnet. Im Gegensatz zu Johannes Paul II., so Ciccone, besitzt bei Paul VI. „jede Ansprache eine eigene ausreichende Selbständigkeit und relative Vollständigkeit“, sodass der Hörer oder Leser, der den Inhalt der vorangegangenen Katechesen nicht kennt, den Sinn leicht versteht.[1] Die Ansprache Paul VI. während der Generalaudienz am 2. August 1978 in Castel Gandolfo war seine letzte öffentliche Rede.[2]

In seiner kurzen Amtszeit entfaltet Johannes Paul I. im Rahmen von drei seiner vier Generalaudienzen die theologischen Tugenden Glaube, Hoffnung und Liebe.[3] Dieser Stil wird von Johannes Paul II. im ersten Jahr seines Pontifikates weitergeführt. Am 5. September 1979 beginnt er die Serie von 129 Katechesen, die durch Auslandsreisen, das Attentat am 13. Mai 1981 mit Rekonvaleszenzzeit und das Außerordentliche Jahr der Erlösung 1983/84 immer wieder unterbrochen werden. Diese Ansprachen werden „über Radio Vatikan in die ganze Welt übertragen und in den sechs fremdsprachigen wöchentlichen Ausgaben des *Osservatore Romano,* der Vatikanzeitung, gedruckt“[4], so Weigel. Umfang, Dauer und die systematische Entfaltung eines katechetischen „corpus“, den er schlicht auch „Theologie des Leibes“[5] nennt, stellen ein Novum dar.[6] Für Norbert Martin ist es „ein einzigartiger und einmaliger Vorgang in der Kirchengeschichte, dass ein Papst fünf Jahre lang ein bestimmtes Thema behandelt.“[7] Selbst im Vatikan führt diese Neuheit nach Weigel dazu, „dass in der Kurie Augenbrauen hochgezogen wurden: Was ist *das?* Das Thema selbst war noch explosiver“[8]: *Die menschliche Liebe im göttlichen Heilsplan.* Inhaltlich verbindet Johannes Paul II. diese Ansprachen zu Beginn mit den „Vorbereitungen für die nächste ordentliche Versammlung der Bischofssynode“ im Herbst 1980 zum Thema „Die Aufgaben der christlichen Familie“ (TdL 1,1). Dieses Thema

1 „(...) ogni discorso manteneva una propria sufficiente autonomia e una relativa compiutezza, tale da consentire agevolmente la comprensione anche all'uditore, o lettore, che non era a conscenza del contenuto dei discorsi antecedenti“ (Ciccone, Uomo-Donna, 5). (Eigenübersetzung).

2 Vgl. ebd.

3 Vgl. Johannes Paul I., Ansprachen bei der wöchentlichen Generalaudienz, 11-29.

4 Weigel, Zeuge, 347.

5 Vgl. TdL 11,3; 36,3; 63,7; 64,1; 133,2.

6 Vgl. Semen, Giovanni Paolo II, 55.

7 Martin, Vorwort, 27.

8 Weigel, Zeuge, 347.

wurde noch von Paul VI. festgelegt.[1] Hingegen unterstreicht er am Ende, „dass sämtliche Überlegungen, die wir ‚Als Mann und Frau schuf er sie‘ nannten und die von der Erlösung des Leibes und der Sakramentalität der Ehe handeln, einen umfassenden Kommentar zu der in der Enzyklika Humanae vitae enthaltenen Lehre darstellen“ (TdL 133,2). Nicht weniger neu ist die große Zahl der Anwesenden. „Es sind 20.000 bis 30.000 Personen“, so André Frossard 1982, „die jeden Mittwoch zwischen den grauen Barrieren zur öffentlichen Audienz zusammenkommen.“[2] Bis zum Ende seines nahezu 27jährigen Pontifikats hielt Johannes Paul II. nach Weigel „1164 Generalaudienzen ab, denen 17 665 800 Menschen aus der ganzen Welt beiwohnten“[3].

2.3.3.1 Qualifikation und Klassifizierung

Ähnlich wie Vittoro Messori für sein Interview-Buch mit Johannes Paul II. *Die Schwelle der Hoffnung überschreiten* anregt, wird es auch hinsichtlich der Katechesen über die „Theologie des Leibes“ „Aufgabe der Theologen und Exegeten des päpstlichen Lehramtes sein, das Problem der ‚Klassifizierung‘ eines Textes zu behandeln, der keine Vorläufer hat und damit in der Kirche neue Persepektiven eröffnet.“[4] Curran stellt mit Recht fest: „Man kann das Genre dieser Ansprachen nicht leicht beschreiben“[5].

Für Joachim Meisner zielen die Ansprachen der Generalaudienzen zur „Theologie des Leibes“ auf „die Kenntnis und Annahme der kirchlichen Lehre. Die Mittwochskatechesen fördern diese Aufnahme erheblich.“[6] Ob das aber „uneingeschränkt auch auf den großen Johannes Paul“ zutrifft, wie Meisner eine Formulierung aus einem Internet-Diskussionsforum über Benedikt XVI. auf den polnischen Papst überträgt, dass „die Mittwochskatechesen des Papstes als die wahrscheinlich kürzesten Vorlesungen der Welt effektiver zu sein“[7] scheinen als päpstliche Dokumente, wird sich zumindest für den deutschsprachigen Raum erst erweisen müssen. Denn die 129 Katechesen bestehen aus „einem kunstvoll verwobenen Ganzen“, was es für Martin von Anfang an erschwerte, den „Gang der theologischen Exegese mitzugehen.“[8] Schon die unmittelbare Reaktion des Auditoriums zeigt, dass der Inhalt einer einzelnen Ansprache für die Zuhörer oft kaum zu verstehen ist.[9] Sogar kirchliche Würdenträger bekunden ihr Bedauern

1 Vgl. Styczen, Johannes Paul II., 43.
2 Johannes Paul II., Fürchtet euch nicht, 111.
3 Weigel, Der Papst der Freiheit, 400-401.
4 Johannes Paul II., Die Schwelle der Hoffnung, 16.
5 „One cannot easily describe the genre of these talks“ (Curran, Moral, 167). (Eigenübersetzung).
6 Meisner, Geleitwort, 19.
7 Ebd.
8 Martin, Katechesen, 1.
9 „Es war nicht einfach, den (…) Texten von Johannes Pauls Theologie des Leibes zuzuhören, und sie sind nicht leicht zu lesen. Sie stellen sehr gedrängte theologische und philosophische

wie der Märtyrerbischof Oscar Arnulfo Romero.[1] Selbst das Lesen der Texte wird durch die Sprache und die Art und Weise des Argumentierens erschwert. Wie Frossard in einer treffenden Metapher zum Ausdruck bringt, erfordert der Nachvollzug seiner Gedankengänge Geduld: „Johannes Paul II. führt seine Beweisführung bedächtig von einem Thema zum andern, wie man elektrische Drähte miteinander verbindet. Und man fragt sich, wie lange diese Installation wohl dauert, bis schließlich die Verbindung hergestellt und das Lehrgebäude plötzlich erleuchtet wird.“[2] Johannes Paul II. begründet seinen Duktus mit der „*Tradition der Schulen*“ und dem „*pastoralen Stil*“, die ihn geprägt haben.[3]

Für die Qualifikation gibt Manfred Hauke zu bedenken, dass die Katechesen Teil des „magisterium ordinarium“ sind.[4] Das Erste Vatikanum lehrt in der dogmatischen Konstitution *Dei Filius:* „Mit göttlichem und katholischen Glauben ist all das zu glauben, was im geschriebenen Wort Gottes enthalten ist und von der Kirche – sei es in feierlicher Entscheidung oder kraft ihres gewöhnlichen und allgemeinen Lehramtes – als von Gott geoffenbart zu glauben vorgelegt wird.“[5] Auch wenn die Verbindlichkeit der Aussagen des „ordentlichen Lehramts“ im Gegensatz zum „außerordentlichen“ nicht immer eindeutig ist bzw. wie bei *Humane viate* oder der Frauenordination kritisch hinterfragt wird[6], hält Wolfgang Beinert bezüglich der Aussage des Ersten Vatikanums fest, dass die „oberste Lehrkompetenz“ des Papstes „nicht nur im Fall letztverbindlicher, sondern ebenso für alle anderen Aussagen gilt. Das päpstliche Lehramt wird zur nächsten Glaubensregel (regula fidei proxima).“[7] „Sätze, die allgemein als geoffenbart angesehen werden, für die sich die Kirche aber noch nicht verbürgt hat,

---

Meditationen dar, in die der Papst so viel Material wie innerhalb eines 15minitügen katechetischen Vortrags möglich hineinpacken wollte“ (Weigel, Zeuge, 350).

1 „Der Papst sprach über die Genesis, konkret von der Würde des Menschen unter seinen beiden menschlichen Aspekten des Leibes, der Männlichkeit und Weiblichkeit, und wie in der Unschuld das Glück bestehe, und dass die Scham ein Zeichen seiner Ursprungssünde sei. Eine Meditation, die mir sehr schön, aber auch sehr tief vorkam, denn ich glaube, dass viele Leute Schwierigkeiten empfinden, ihn zu begreifen. Jemand sagte mir, der Papst spreche das Volk bei seinen Eingangsworten und bei seinen persönlichen Grüßen sehr an, während der Rede aber spüre man eine Fremdheit, ein Unverständnis. Das tut einem leid, denn in solchen Augenblicken sind die Leute sehr aufmerksam, jede Idee, und wäre sie noch so schlicht, kann den Hörern sehr gut tun, wenn sie nur verstanden wird“ (Romero, Tagebuch, 279-280).

2 Johannes Paul II., Fürchtet euch nicht, 83.

3 Vgl. Johannes Paul II., Die Schwelle der Hoffnung, 76. Für Robert F. Harvanek war bereits der für polnische Akademiker typisch schwerfällige Stil Karol Wojtyłas der Grund, warum seine Werke erst mit seiner Wahl zum Papst übersetzt wurden. Zudem waren die ersten Übersetzungen nicht gut (Vgl. Harvanek, John Paul II, 6).

4 „Giovanni Paolo II in una catechesi che fa parte del magistero ordinario” (Hauke, Mariologia, 241).

5 DH 3011.

6 Vgl. Beinert, Lehramt, Sp. 752-753.

7 Beinert, Lehramt, Sp. 752. [Die im LThK typischen Abkürzungen sind vom Autor ergänzt]

gelten als ‚fidei proximum' (als an den Glauben angrenzend)"[1], stellt Scheffczyk fest. Die Verbindlichkeit solcher Aussagen des „ordentlichen Lehramtes" gründet für Scheffczyk letztlich in ihrer „Authentizität"[2]. „Das Moment des ‚Authentischen' verleiht der Auslegung des Glaubens (zwar keine Unfehlbarkeit, aber) eine moralische Evidenz im Glauben, die mehr als ‚Wahrscheinlichkeit' beinhaltet, weil sie eine Präsumtion der Wahrheit in sich trägt."[3] Letztendlich ist der „religiöse Gehorsam des Willens und des Verstandes" gefordert: Dieser „ist in besonderer Weise dem authentischen Lehramt des Bischofs von Rom, auch wenn er nicht kraft höchster Lehrautorität spricht, zu leisten", erklärt das Zweite Vatikanum, „nämlich so, dass sein oberstes Lehramt ehrfürchtig anerkannt und den von ihm vorgetragenen Urteilen aufrichtige Anhänglichkeit gezollt wird, entsprechend der von ihm kundgetanen Auffassung und Absicht. Diese lässt sich vornehmlich erkennen aus der Art der Dokumente, der Häufigkeit der Vorlage ein und derselben Lehre, und der Sprechweise."[4] Sind für die Qualifikation die „Art der Dokumente", die „Häufigkeit der Vorlage" und die „Sprechweise" maßgeblich, ist im Blick auf die Lehrautorität des Papstes grundsätzlich daran zu erinnern, dass eine Enzyklika[5] bedeutender ist als ein Apostolisches Schreiben (z. B. *Familiaris consortio*), also „eine Adhortatio Apostolica (mit dem Zusatz postsynodalis als Verlautbarung zur abschließenden Auswertung der Ergebnisse einer Bischofssynode)"[6]. Beide sind für Heribert Schmitz jedoch gewichtiger als eine „Allocutio (Ansprache) vor allem bei den wöchentlichen Generalaudienzen, bei den Papstreisen und anlässlich des Rombesuchs der

---

1 Scheffczyk, Grundlagen, 128.

2 „Seine Glaubensaussagen sind authentisch wegen der Apostolizität des Amtes, wegen der dem Amt eignenden Trägerschaft der Tradition und wegen der Ausstattung des Trägers mit der Amtsgnade oder dem Amtscharisma" (Ebd., 99).

3 Ebd.

4 LG 25.

5 „Enzykliken sind seit Benedikt XIV. (1740-58) eingeführte, gedruckte Rundschreiben des Papstes, die an den gesamten Episkopat der Kirche oder einen Teil desselben sowie über diesen an die Gläubigen, gelegentlich an alle Menschen guten Willens gerichtet sind und Gegenstände der Glaubens- und Sittenlehre, der Philosophie und der Sozial-, Staats- und Wirtschaftslehre sowie der Disziplin und der Kirchenpolitik zum Inhalt haben (…). Enzykliken enthalten keine Normen der kanonischen Rechtsordnung. Sie sind gewöhnlich durch besondere Fragen der Zeit oder konkrete Anlässe bedingt, dienen als Mittel der Ausübung des ordentlichen allgemeinen Lehramtes des Papstes und sind (seit Leo XIII.) eine Hauptquelle der Verkündigung der Kirche. Sie enthalten in der Regel viele Lehren, die bereits vorher als Dogmen vorgelegt wurden. Enzykliken verpflichten stets zur gehorsamen Annahme, wobei Abstufungen je nach der inhaltlichen Aussage und dem Einsatz der Autorität möglich sind. Wo sie ein Urteil über bislang umstrittene Fragen aussprechen, ist ihr Inhalt der freien Erörterung der Theologen entzogen (DH 3885)" (May, Enzyklika, Sp. 697-698). [Die im LThK typischen Abkürzungen sind vom Autor ergänzt]

6 Schmitz, Verlautbarungen, Sp. 692. [Die im LThK typischen Abkürzungen sind vom Autor ergänzt]

Bischöfe“[1]. Doch lässt sich aufgrund der Art und Weise einer päpstlichen Verlautbarung nicht zwingend auf deren Bedeutung schließen. „Mangels offizieller Festlegung und fehlender einheitlicher Terminologie kann aus den verwendeten Bezeichnungen oder aus der äußeren Form nicht ohne weiteres auf Stellenwert, Gewicht oder Verbindlichkeit geschlossen werden; vor allem die Sachaussage entscheidet.“[2]

Selbst der Dokumentation in den *Acta Apostolicae Sedis* schreibt Schmitz „nur eingeschränkte Aussagekraft über die Bedeutung“ zu, denn „Verlautbarungen sind nicht immer publiziert. Sie werden zum Teil auch in (meist nichtamtlichen) Übersetzungen veröffentlicht. Authentisch und verbindlich ist in der Regel der lateinische Text. Publikationsorgane sind die AAS und L'Osservatore Romano“[3]. Zwar wurden die Katechesen zur „Theologie des Leibes“ nicht in die *Acta Apostolicae Sedis* (AAS) aufgenommen, allerdings in die *Insegnamenti di Giovanni Paolo II.* Auch haben die „Überlegungen“ der Mittwochsansprachen über die „Theologie des Leibes“ Eingang in andere Lehrschreiben des Papstes gefunden und sogar nachhaltig beeinflusst.[4] So stellt etwa das Apostolische Schreiben *Mulieris dignitatem*[5] eine „Entwicklung und Anwendung von Aspekten der Theologie des Leibes auf spezielle Fragen der Würde und Berufung der Frau in Beziehung zum Mann“[6], so Grabowski. Die päpstlichen Ansprachen zur „Theologie des Leibes“ bilden so den unverzichtbaren Hintergrund zum Verständnis von gewichtigeren Lehräußerungen, obgleich ihnen selbst eine geringere Autorität zukommt.[7] Analog ist Johannes Paul II. auch der Ansicht, das Apostolische Schreiben *Evangelii nuntiandi*[8] „übertreffe““ zahlreiche Enzykliken.[9]

1 Ebd. [Die im LThK typischen Abkürzungen sind vom Autor ergänzt]

2 Ebd., Sp. 692. [Die im LThK typischen Abkürzungen sind vom Autor ergänzt]

3 Ebd. [Die im LThK typischen Abkürzungen sind vom Autor ergänzt]

4 Ähnliches gilt für die Ansprachen während der Generalaudienzen von 1985 bis 1991. Diese „müssen im Zusammenhang des 1993 erschienen ‚Katechismus der katholischen Kirche‘ gesehen werden. Wie jeder Vergleich leicht feststellen wird, haben die theologischen Darlegungen des Papstes erheblichen Einfluss auf den Katechismus gehabt“ (Martin/Hilla, Vorwort, 9).

5 Johannes Paul II., „Mulieris dignitatem“ – Über die Würde und Berufung der Frau anlässlich des Marianischen Jahres (15.8.1988).

6 „This letter is a development and application of aspects of the theology of the body to the specific question of the dignity and vocation of women in relation to men“ (Grabowski, Vorwort, 20). (Eigenübersetzung).

7 Vgl. Grabowski, Vorwort, 20-21.

8 Paul VI., „Evangelii nuntiandi“ – über die Evangelisierung in der Welt von heute (8.12.1975).

9 „Zehn Jahre nach dem Konzil wurde die *Bischofssynode zum Thema Evangelisierung* einberufen. Aus ihr ging das Apostolische Schreiben Pauls VI. ‚*Evangelii nuntiandi*‘ hervor. Es ist keine Enzyklika, doch übertrifft es vermutlich aufgrund des ihm innewohnenden Wertes viele Enzykliken: Es stellt sozusagen die Auslegung der konziliaren Lehraussagen über das dar, was wesentliche Aufgabe der Kirche ist: ‚Weh mir, wenn ich das Evangelium nicht verkünde!‘“ (Johannes Paul II., Die Schwelle der Hoffnung, 141).

2.3.3.2 Neues „Genus litterarium“?

Obwohl die Bezeichnung „Katechesen“ schon zur Zeit ihres Vortrags gebräuchlich ist, spricht Johannes Paul II. in seinen allwöchentlichen Ansprachen zur „Theologie des Leibes“ selbst nur von „riflessioni“ – „Reflexionen“/„Überlegungen“ (TdL 1,5). Gelegentlich leitet er sie mit „considerazioni“ – „Betrachtungen“ (TdL 49,1) oder „analisi“ – „Untersuchungen“ (TdL 59,1) ein. „Obgleich diese [Ansprachen] zeitweise einen homiletischen Ton anschlagen“, so Curran, „sind sie keine Homilien. Zweifelsohne gehören die Ansprachen zur Lehrgattung“[1]. Doch inwieweit handelt es sich bei diesen „Ansprachen“ um Exegese und nicht nur um reine Meditationen, wenn auch philosophisch-theologischer Natur? Kann ein Philosoph in den Mittwochskatechesen einen ontologischen bzw. erkenntnistheoretischen Ansatz entdecken oder sind es für ihn nur geistliche Betrachtungen? Auch entfaltet Johannes Paul II. keine systematische Theologie.[2] Muss der Theologe die Betrachtungen Johannes Pauls II. für Wissenschaft oder reine Spekulationen halten? Oder handelt es sich bei seinen Ansprachen zur „Theologie des Leibes“ um ein aliud?

Karl Rahner schreibt in seinem Geleitwort zu Peter Eichers Publikation über seine philosophische Anthropologie: „Ich behaupte: es ist ein neues Genus litterarium am Kommen, weil es kommen muss, das weder Wissenschaft theologischer oder philosophischer Art ist, noch Dichtung, noch die Vulgarisation von Theologie oder Philosophie als Wissenschaft, sondern ja, was?“[3] Einerseits ergibt sich dieses „neue Genus litterarium“ für Rahner aus der Tatsache, dass ein Wissenschaftler heute nicht mehr davon ausgehen kann, zu seinem Thema „alles“ objektiviert und reflektiert zu haben[4]; andererseits, weil man „heute, wenn

1 „Although they have a homiletical tone at times, they are not homilies. Without doubt, the talks belong to the genre of teaching” (Curran, Moral, 167). (Eigenübersetzung).

2 „The talks occasionally cite philosophers and other secular thinkers; the talks also come complete with footnotes. But the theology of the body is not developed in a systematic and complete way. (…) many aspects remain somewhat unclear and certainly less developed than they would be in a truly systematic presentation” (Ebd.).

3 Rahner, Zum Geleit, X.

4 „Und was man eigentlich heute sagen will, das kann man gar nicht mehr mit wissenschaftlicher Exaktheit und Durchreflektiertheit sagen; man weiß, dass man vieles sagt, worüber man Genaueres wissen müsste und ‚an sich‘ heute auch wissen kann, worüber es schon Untersuchungen gibt, die man nicht gelesen hat, worüber leicht ein genaueres Forschungsprogramm konzipiert werden kann, worüber der gelehrte Kritiker viel weiß und in seiner Kritik auch vernichtend schreiben wird, um zu beweisen, wie dilettantisch man selbst über Abgründe von Problemen hinübergeschlittert sei, ohne es zu merken, worüber ‚ich‘ selber aber, der ich etwas sage, doch nichts weiß und wissen werde, weil es bei einem selbst einfach zeitlich usw. nicht geht, was eigentlich gehen sollte und müsste, um etwas wissenschaftlich zu sagen, was gleichzeitig gewichtig für die Existenz des Menschen ist. Ich schreibe vielleicht über die Transsubstantiation und weiß herzlich wenig über die Geschichte des Substanzbe-griffs und über seine Problematik (obwohl ich weiß, dass es darüber Bücher gibt, die ich nicht gelesen habe und nicht lesen werde, nicht aus Verachtung und Faulheit, sondern aus schlichtem Unvermögen). Ich schreibe vielleicht über die Trinität, und habe noch nicht einmal die Lehre von den Rela-

man zu Menschen spricht, die ‚existenziell' etwas wissen wollen, gar nicht anders schreiben kann (…) als auf diese unwissenschaftliche Weise.“[1] Diese Kriterien Rahners für ein „neues Genus litterarium“ scheinen die Ansprachen Johannes Pauls II. vollauf zu erfüllen. Selbstverständlich bedarf die „Konzeption der Theologie des Leibes“, wie es Gerhard Höver formuliert, „einer weiteren quellengeschichtlichen Aufarbeitung“[2]. Fachspezifische Untersuchungen der jeweiligen Disziplinen zu den Aussagen der „Theologie des Leibes“ sind überfällig. Pastoral gesehen handelt es sich tatsächlich um einen Existenzialismus, schließlich lässt sich der Papst auf die Menschen ein, artikuliert ihre existenziellen Befindlichkeiten und erfährt so Zuspruch, selbst wenn die Zuhörer einzelne Ansprachen, geschweige denn das Gesamt kaum erfassen. Exakt in diesem existenziellen Sinn erblickt Johannes Paul II. in der Enzyklika *Fides et ratio* das Wesen der Katechese.[3] Da Johannes Paul II. selber aber durchwegs von „Reflexionen“ spricht, könnte dieses „neue Genus litterarium“ der Ansprachen zur „Theologie des Leibes“ als „Reflexionen ursprünglicher Erfahrungen“ bezeichnet werden.

Erst gegen Ende seiner Generalaudienzen zur „Theologie des Leibes“ verwendet der Papst den Begriff „catechesi“ – „Katechesen“ – und während der letzten Ansprache gleich acht Mal (TdL 133,1). Johannes Paul II. selbst verleiht ihnen gleichsam nachträglich die Valenz von Katechesen. Demgegenüber bezeichnet Johannes Paul II. den Zyklus seiner Ansprachen während der Generalaudienzen von 1985-1986 („Ich glaube an Gott, den Schöpfer“) von Anfang an als „Katechesen“.[4] „Wir können unsere Katechesen über Gott, den Schöpfer der Welt, nicht abschließen, ohne einem bestimmten Inhalt der göttlichen Offenbarung entsprechende Aufmerksamkeit zu widmen“, leitet Johannes Paul II. abschließend auch die Ansprachen über die Engel ein, „nämlich der Schöpfung der rein geistigen Wesen, die die Heilige Schrift ‚Engel' nennt.“[5] Gleiches gilt

---

tionen bei Thomas oder Ruiz de Montoya über die Trinität studiert. Ich rede vom Verhältnis von Papst und Episkopat und merke, dass ich eigentlich auch ein Rechtsphilosoph und Verfassungsrechtler sein müsste, der ich nicht bin und nicht werde. Gemessen an dem, was ‚an sich' heute wissenschaftlich möglich ist und von mir auch als Möglichkeit gesehen wird, kann ich nur noch dilettantisch schreiben. Die ‚haute vulgarisation' von früher ist nicht mehr das sekundäre Nebenprodukt *aus* der Wissenschaft in Theologie und Philosophie, sondern mehr oder weniger die einzige Weise, in der einer, der über Wichtiges auf diesem Gebiet schreiben will, schreiben kann, unabhängig von der Genauigkeit der Wissenschaft“ (Ebd., XII-XIII).

1 Ebd., XIII.

2 Höver, Verantwortete Elternschaft, 266.

3 „Die Katechese, die auch sprachliche Mitteilung ist, muss die Lehre der Kirche in ihrer Vollständigkeit vorlegen, indem sie deren Ansatzpunkt mit dem Leben der Gläubigen aufzeigt. So verwirklicht sich eine einzigartige Verbindung zwischen Lehre und Leben, die andernfalls unmöglich zu erreichen ist“ (Johannes Paul II., Fides et ratio, Nr. 99).

4 Vgl. OR (D), 14.12.1984, 4. Vgl. Johannes Paul II., Ich glaube an Gott den Schöpfer. Katechesen 1985-1986, Martin N. u. R./Hilla D.J. (Hg.) (=Communio personarum Bd. 4), St. Ottilien 1993.

5 OR (D), 18.7.1986, 2.

für die Ansprachen-Serien von 1986-1989 zu "Jesus Christus, der Erlöser"[1], dann für jene von 1989-1991 zum Thema „Der Heilige Geist"[2] und für die „Marianischen Katechesen".[3] Diese „70 Katechesen, vom 6. September 1995 bis zum 19. November 1997, bieten" nach Hauke „eine lehramtliche Mariologie, wie sie in diesem Umfang noch nie geboten worden ist."[4] Die Katechese an sich führt Johannes Paul II. auf den Auftrag Jesu an die Apostel zurück, in die ganze Welt zu gehen und alle Völker zu lehren (vgl. Mt 28,19): „Man kann sagen, dass dies zugleich der Beginn der Katechese ist."[5] So wie „Petrus (...) am Pfingsttag in Jerusalem die Katechese der Kirche begonnen hat", „hält es" Johannes Paul II. „in seinem Amt als Stellvertreter Christi für seine besondere Pflicht, diesen Dienst des Petrus weiterzuführen."[6] Er möchte mit den Katechesen zum Thema „Ich glaube an Gott, den Schöpfer" „im Rahmen einer systematischen Gesamtkatechese mit einer Reihe von Unterweisungen über Wahrheiten des Glaubens und der christlichen Moral beginnen" und dadurch „dem ganzen christlichen Volk wieder die Großtaten vor Augen führen, die Gott in seiner Liebe geoffenbart und für uns vollbracht hat, sowie auch die Lehraussagen, die die Kirche darüber im Laufe der Jahrhunderte bis in unsere Zeit gemacht hat."[7] Insofern spricht Carlo Caffarra zu Recht „von diesen Katechesen, so neu und [doch] so alt in der großen kirchlichen Tradition"[8].

Auf diesem Hintergrund ist es tatsächlich bedeutsam, dass Johannes Paul II. seine „Reflexionen" zur „Theologie des Leibes" erst in der letzten Ansprache als Reihe von „Katechesen" (TdL 133,1) bezeichnet hat. Einerseits war sich Johannes Paul II. darüber im Klaren, dass seine Art der Auseinandersetzung mit

1 „Nach den Katechesen über Gott, den Einen und Dreifaltigen, den Schöpfer und Gott der Vorsehung, den Vater und Herrn des Universums, wollen wir nun eine weitere Serie von Katechesen beginnen, und zwar über Gott, den Erlöser" OR (D), 5.9.1986, 2. Vgl. Johannes Paul II., Jesus Christus, der Erlöser. Katechesen 1986-1989, Martin N. u. R./Hilla D.J. (Hg.) (=Communio personarum Bd. 5), St. Ottilien 1993.

2 „Im Verlauf einer systematischen Katechese über den Inhalt des Aposolischen Glaubensbekenntnisses sind wir beim Bekenntnis unseres Glaubens an den Heiligen Geist angelangt" (OR (D), 5.5.1989, 2). Vgl. Johannes Paul II., Der Heilige Geist. Katechesen 1989-1991, Martin N. u. R./Hilla D. J. (Hg.) (=Communio personarum Bd. 6), St. Ottilien 1993.

3 Die Katechesen leitet Johannes Paul II. folgendermaßen ein: „Nachdem ich in den vorhergehenden Katechesen die Identität und die Sendung der Kirche vertieft habe, ist jetzt der Blick auf die selige Jungfrau zu richten, die sie bis zur Heiligkeit voll verwirklicht hat und die ihr Vorbild ist" (OR (D), 15.9.1995, 2). Vgl. Giovanni Paolo II, Bellissima tra le donne. La Beata Vergine Maria (= Le Catechesi del Papa 4A, hg. von Chirico F.), Napoli 2004/Giovanni Paolo II, Bellissima tra le donne. La Beata Vergine Maria (= Le Catechesi del Papa 4B, hg. von Chirico F.), Napoli 2004.

4 Hauke, Mütterliche, 134.

5 OR (D), 14.12.1984, 4.

6 Ebd.

7 Ebd.

8 „(...) *di queste catechesi, cosí nuovo e cosí antico nella grande Tradizione ecclesiale*" (Caffarra, Introduzione, 12). (Eigenübersetzung).

ursprünglichen Erfahrungen ein „neues Genus litterarium" darstellt. Es ist sein Mittel, um einen Beweis für die Evidenz seiner Aussagen und damit die inhaltliche Gültigkeit seiner Überlegungen zu liefern, wie sie sich aus der Sache selbst ergibt. Andererseits möchte er zusätzlich den theologischen und lehramtlichen Charakter seiner Darstellung unterstreichen, indem er sie zum Abschluss, also nachträglich als „Katechesen" einstuft. Er verleiht damit der Verbindlichkeit der „Theologie des Leibes" Nachdruck. So ist es berechtigt, dass wir im Rahmen dieser Arbeit die Bezeichnung „Katechesen" beibehalten.

2.3.3.3 Phänomenologische Exegese

Dass die biblische Offenbarung für die Katechesen Johannes Pauls II. eine große Bedeutung hat, steht außer Diskussion. Eine andere Frage aber ist, wie er mit den zitierten Schriftstellen umgeht. Seine Art der Exegese erfährt sowohl Zustimmung[1] als auch Kritik[2]. Curran kritisiert beispielsweise, dass Johannes Paul II. in seinen Ansprachen zur „Theologie des Leibes" zwar ausführlich Mt 19 analysiert, aber mit keinem Wort auf die sogenannte „Unzuchtsklausel" (Mt 19,9) eingeht.[3] Der Fall von „Unzucht" (πορνεία) schränkt das absolute Scheidungsverbot nämlich ein. Weiterhin würde der Papst 1 Kor 7 anführen, ohne das „Privilegium Paulinum"[4] (1 Kor 7,12-15) zu benennen.

Johannes Paul II. folgt weder einer „Denzinger-Theologie" (Karl Rahner), welche von den Bibelexegeten vornehmlich die Bestätigung dafür erwartet, dass die Aussagen des Lehramts nicht im Widerspruch zur Heiligen Schrift stehen, auch lehnt er Tendenzen ab, jedem Wort der Schrift unabhängig von sprachlichen und historischen Bedingtheiten einen absoluten Wert beizumes-

1 „Egli, però, non è stato solamente un ottimo catechista che ha saputo riproporre in termini accessibili il ricco messaggio biblico. Ha fatto molto di più: ha compiuto un difficile sforzo di mediazione ‚ermeneutica', cercando di far emergere dagli scarni e difficili testi della Bibbia il messaggio più urgente e più adatto per i nostri tempi, liberandolo dai rivestimenti di un linguaggio arcaico, pieno di simboli esoterici e molte volte anche di substrato mitologizzante" (Cipriani, Riflessioni, 9). „Il suo uso delle Scritture è in piena armonia con quello dei Padri e dei Dottori della Chiesa, con quello dei santi e dei suoi predecessori sul seggio di Pietro, pur essendo nel contempo incline ad avvalersi di alcune delle migliori intuizioni offerte dall'esegesi contemporanea" (Calkins, Introduzione, 22). Burton Calkins verweist im Folgenden auf die Erkenntnisses Ignace de la Potteries (De la Potterie I, Maria nel mistero dell'alleanza, Genova 1988), die in den marianischen Katchesen Johannes Pauls II. von 1995-1997 Eingang gefunden haben.

2 „The Pope interprets these texts not within their own distinct historical contexts" (Modras, Theology of the Body, 153). „Without doubt, the pope is always going to see and interpret scripture as supporting existing Catholic teachings. Thus, for example, he uses many scriptural quotes to argue for the unity and indissolubility of marriage" (Curran, Moral, 177).

3 Vgl. Curran, Moral, 178.

4 „Für Ehen von Ungetauften ist die Freiheit des christlich gewordenen Gatten für eine neue christliche Eheschließung vorgesehen, wenn der andere Gatte im Unglauben verharrt und zum Fortschritt der Ehe nicht bereit ist" (Weber, Privilegium, 606). [Die im LThK typischen Abkürzungen sind vom Autor ergänzt] Vgl. Piegsa, Ehesakrament, 40-42.

sen (Bibelfundamentalismus).[1] Bruno Ognibeni verweist auf die Ansprache Johannes Pauls II. anlässlich der Veröffentlichung des Dokumentes der Päpstlichen Bibelkommission über die Interpretation der Bibel in der Kirche, in welcher der Papst die Bedeutung der historisch-kritischen Methode als einen von mehreren grundlegenden Zugängen unterstreicht.[2] So macht sich Johannes Paul II. die Ergebnisse der historisch-kritischen Methode durchaus zu eigen, wenn er im Buch Genesis zwischen dem ersten (Elohist) und zweiten Schöpfungsbericht (Jahwist) unterscheidet. Grundlage ist das „Quellen- oder Urkundenmodell“, das von vier Überlieferungen ausgeht (Jahwist Mitte 10. Jh. v. Chr.; Elohist Anfang 8. Jh. v. Chr.; Deuteronomium 7. Jh. v. Chr.; Priesterschrift 6. Jh. v. Chr.), die redaktionell sukzessiv zusammengeführt wurden.[3] Dies wird 1980 von Rahner ausdrücklich gewürdigt: „Der jetzige Papst spricht unbefangen vom Jahwisten, während wir vor siebzig Jahren mit einem katholischen Exegeten nicht gerade glimpflich umgegangen wären, der dies zu sagen gewagt hätte.“[4] Auch gegen Ende seines Pontifikats kommt er auf die „‚priesterschriftliche[..]‘ Überlieferung“ wie die „redaktionelle Arbeit des Jahwisten“ zu sprechen.[5] Allerdings wurde dieses „Quellen- oder Urkundenmodell“, das bis in die siebziger Jahre des 20. Jahrhunderts vorherrschend war, so Hossfeld, inzwischen von einer „Wachstumshypothese“ abgelöst.[6] Im Zusammenhang mit der Aussage Rahners muss gleichzeitig darauf hingewiesen werden, dass Johannes Paul II. in Bezug auf die verschiedenen Schöpfungsberichte keine zeitliche Zuordnung oder nähere Bestimmung der Verfasserschaft vorgenommen hat. Auch an anderer Stelle beweist Johannes Paul II., wie vertraut ihm die aktuellen historischen, theologischen und exegetischen Debatten sind.[7] So erwähnt er die „Reihe von Problemen“ hinsichtlich des Briefes an die Epheser, welche „von den Bibelwissenschaftlern diskutiert werden, nämlich hinsichtlich der Empfänger des Briefes, seiner Urheberschaft und auch des Datums seiner Abfassung“ (TdL 88,1), klärt aber die Frage, ob der Epheserbrief von Paulus stammt, durch eine „mittlere Position“, die ihm „als Arbeitshypothese“ dient: „nämlich, dass Paulus seinem Sekretär eine Skizze übergab, die dieser weiterführte und abschloss. Diese provisorische Lösung des Problems erlaubt uns, vom ‚Verfasser des Epheserbriefes‘, vom ‚Apostel‘ oder vom ‚hl. Paulus‘

1 Vgl. Ognibeni, Giovanni Paolo II, 113.117.

2 „Die katholische Exegese ist ja keine eigene und ausschließliche Interpretationsmethode; beginnend bei der historisch-kritischen Grundlage, frei von philosophischen oder anderen Voraussetzungen, die gegen die Wahrheit unseres Glaubens gerichtet sind, wendet sie vielmehr alle aktuellen Methoden an und sucht in allen den ‚Samen des Wortes‘“ (Johannes Paul II., Ansprache an die Päpstliche Bibelkommission, 11).

3 Vgl. Hossfeld, Pentateuch, Sp. 21.

4 Rahner, Theologie, 366.

5 Vgl. Johannes Paul II., Erinnerung und Identität, 105.

6 Vgl. Hossfeld, Pentateuch, Sp. 21-22.

7 Vgl. Ciccone, Uomo-Donna [Anm. 6], 127.

zu sprechen" (TdL [Anm. 104] 87,3). Auf dieselbe Weise klärt Luz die Echtheit des Epheserbriefs.[1]

Trotz dieser historisch-kritischen Elemente ist für Gilfredo Marengo klar, dass die Katechesen keine Texte darstellen, die zunächst „einen Abschnitt ‚biblischer Theologie' vorsehen, dem dann ein Moment folgt mit mehr systematischem und theoretischem Charakter, philosophisch orientiert und gespeist"[2]. Für Ognibeni basiert die „Theologie des Leibes", wie sie Johannes Paul II. entwickelt, vielmehr auf einer sorgfältigen und scharfsinnigen Analyse dreier Aussagen Jesu (Ehe im Anfang, Ehebruch im Herzen, Schwagerehe), die einen theologischen, aber keinen exegetischen Charakter hat und verweist hinsichtlich der Art und Weise, wie der Papst mit der Heiligen Schrift umgeht, auf die richtungweisende Formulierung Johannes Pauls II. während der ersten Katechese, „wie heutige Gesprächspartner Christi" (TdL 1,5) zu sein.[3] Sein Genius als „Gesprächspartner Christi" und damit auch als „Fragesteller", so Ognibeni weiter, leuchtet vor allem mit jenen neuen Fragen auf, die er, ausgehend von seiner Kenntnis des Menschen, der Heiligen Schrift stellt.[4] Dabei sei für Johannes Paul II. die Beziehung zwischen dem Geheimnis der Schrift und dem Geheimnis der Person das Kapital, um das Hören des göttlichen Wortes zu verstehen.[5] Deshalb antwortet er Frossard auf die Frage „nach der ‚inneren Haltung', in der man die Heilige Schrift lesen soll": „Wenn die Schriftlesung (...) unseren Glauben formen soll, dann müssen wir uns beim Lesen nicht nur

1 „Der Epheserbrief gilt heute fast allgemein als pseudonym, d. h. von einem Paulusschüler verfasst (anders z. B. H. Schlier; M. Barth). Gegenüber der ersten Hälfte unseres Jahrhunderts, wo er noch überwiegend als paulinisch galt, bedeutet das einen markanten Umschwung. Auch von der katholischen Forschung wird heute die Pseudonymitätshypothese weitgehend geteilt. Der große und bedeutende Kommentar von H. Schlier, der den Epheserbrief als paulinischen Altersbrief ansah, vermochte keine Trendwende herbeizuführen. Ein dreifaches Bündel von Gründen, die gegen paulinische Verfasserschaft sprechen, erwies sich als zu stark, nämlich 1. stilistische Überlegungen, 2. theologische Überlegungen und 3. die Abhängigkeit vom Kolosserbrief (...).
Dabei muss man allerdings zwischen verschiedenen Formen der Pseudonymität unterscheiden. Schülerarbeiten, von Schülern im Geist ihrer Lehrer verfasst, waren in der Antike durchaus akzeptiert (...).Von ihnen zu unterscheiden sind die eigentlichen Fälschungen, die auch in der Antike nicht allgemein akzeptiert waren. Sie sind daran erkennbar, dass sie mit literarischen Mitteln versuchen, ihre Echtheit zu erweisen (...). Der Epheserbrief macht keine Versuche, seine eigene Echtheit plausibel zu machen. Das zeigt, dass er zur ersten Gruppe, den Schülerarbeiten gehört" (Luz, Epheser, 108-109). Im Übrigen vertritt Luz „die These, dass der – nachpaulinische – Briefverfasser mit einer einzigen Ausnahme ein guter paulinischer Theologe gewesen ist und Paulus nicht kritisieren, sondern bewahren und vertiefen wollte" (Luz, Epheser, 110). Die Ausnahme ist das Eheverständnis, das gegen das paulinische gerichtet sei.

2 „Insomma: non siamo di fronte a testi che prevedono una sezione di ‚teologia biblica' cui seque un momento di carattere più sistematico e teoretico, filosoficamente orientato e nutrito" (Marengo, Introduzione, 29).

3 Vgl. Ognibeni, Giovanni Paolo II, 114.

4 Vgl. ebd., 115-116.

5 Vgl. ebd., 122.

tief in die biblischen Texte versenken, sondern sogar ihren Inhalt überschreiten bis hin zu dem, der sich durch die Worte der Schrift selbst mitteilt. Das ist eine vollkommene andere Erkenntnisweise. Es geht weniger darum, Gott zu *kennen*, als *seine Bekanntschaft zu machen*.“[1]

Tatsächlich lassen sich Tiefe und Bedeutung der „Theologie des Leibes“ und die damit verbundenen biblischen Meditationen Johannes Pauls II. nur ermessen, folgt man ihm in seine phänomenologische Welt. Schließlich bilden die Ergebnisse seiner philosophischen Analyse der menschlichen Person („Analyse der personalistischen Gesichtspunkte“ [TdL 133,3]) den Ausgangspunkt für seine biblischen Interpretationen, sodass von einer „phänomenologischen Exegese“ gesprochen werden kann. Auch bei seiner Analyse der biblischen Texte („Analyse der biblischen Gesichtspunkte“ [TdL 133,3]) wendet Johannes Paul II. jene Art phänomenologischer Methode aus seiner Philosophie an, die ohne philosophische und theologische Vorentscheidungen zum Menschen an die Texte herangeht, um die Wesenselemente aus dem unmittelbaren Verstehen heraus zu erschließen.[2] Die Auslegungen zum Buch Genesis dürfen also nicht so bewertet werden, als hätte Johannes Paul II. seine philosophischen Erkenntnisse in die Texte hineingelesen.[3] Eine solche Deutung scheint naheliegend.[4] Vielmehr stand ihm ein sprachliches und anthropologisches Instrumentarium zur Verfügung, das ihm erlaubte, die phänomenologisch gewonnenen Erkenntnisse zum Ausdruck zu bringen.[5] Johannes Paul II. zwingt der biblischen Offen-

1 Johannes Paul II., Fürchtet euch nicht, 67-68.

2 So verweist Johannes Paul II. z. B. mit Blick auf seine Interpretation von 1 Joh 2,16-17 einerseits „auf den Zusammenhang der ganzen ‚Johanneischen Theologie'“ und den „Zusammenhang der ganzen Bibel“ (TdL 26,1), um dann aber bezüglich der spezifischen Art seiner Auslegung doch Bedenken zu formulieren: „Es könnte hier jemand fragen, ob man die typischen Inhalte der ‚Johanneischen Theologie', des ganzen Briefes (besonders 2,15-16), auf die Ebene der Bergpredigt nach Matthäus, d. h. auf den Satz Christi bei Mt 5,27-28 (…) übertragen darf“ (TdL 26,3). Schlussendlich rechtfertigt er seine Deutung im Sinne seiner „phänomenologischen Exegese“ mit der Berufung „auf den allgemeinen biblischen Zusammenhang, auf die Gesamtheit der Wahrheit über den Menschen, wie sie dort geoffenbart und dargelegt worden ist“ (TdL 26,3).

3 Johannes Paul II. verweist in seiner Enzyklika *Veritatis splendor* auf die Dogmatische Konstitution über die göttliche Offenbarung, *Dei verbum,* Nr. 10: „Absicht des Lehramtes der Kirche ist es gewiss nicht, den Gläubigen ein besonderes theologisches und schon gar nicht ein philosophisches System aufzuerlegen; aber um das Wort Gottes ‚heilig zu bewahren und treu auszulegen'“ (Johannes Paul II. Veritatis splendor, Nr. 29).

4 „(…) as an academic he taught philosophical ethics and metaphysics. He obviously interprets scpriture in the light of his own academic interest. He sees in the first account of creation ‘a powerful metaphysical content.' The human being is defined here in a metaphysical way in terms of being and existence. He sees the good or value in light of this metaphysical approach. The first chapter of Genesis provides ‚a solid basis for a metaphysic and also for an anthropolgy and an ethic, according to which *ens et bonum convertuntur* (…). Most biblical commentators would not see such a metaphysic in the first chapter of Genesis. (…) it is evident how the pope's background influences his approach to scriptural interpretation“ (Curran, Moral, 177).

5 „John Paul II responds to Scheler's reading of man with a knowledge of and sympathy to Aristotelian Thomism. However, he approaches Aristotelianism though Schelerian anthropo-

barung nicht sein eigenes Gedankengebäude auf, sondern erbringt den Nachweis, dass das Wesen einer Bildsprache, die vordergründig dunkel und rätselhaft bleibt, aus den von ihm aufgezeigten Hintergründen und Zusammenhängen hervorgeht. Ähnlich wie erst das Neue Testament die ganze Fülle und Tiefe des Alten Testaments erschließt und auch seinen göttlichen Offenbarungscharakter erweist, bringt Johannes Paul II. die Offenbarung der menschlichen Subjektivität (vgl. TdL 5,6; 6,1) und Personalität bereits im Buch Genesis zum Vorschein. Typisch phänomenologisch sind beispielsweise die Erschließungen von Einsamkeit, Nacktheit und Scham als Urerfahrungen des Menschen, die sein Wesen zum Ausdruck bringen. Die Einsamkeit etwa macht das Überlegensein des Menschen über die gesamte Schöpfung deutlich und sein Verwiesensein auf die „communio personarum“. Die Nacktheit kündet von der Unschuld in der zwischenpersonalen Beziehung, die sich ohne Egoismus in der reinen Hingabe verwirklicht. Die Scham offenbart, wie die Begierde als Bruch des Herzens in die Personalität des Menschen Einzug gehalten hat.

Dreh- und Angelpunkt seines Denkens bleibt das Anliegen, dem „Problem der Subjektivität des Menschen“ (TdL 19,1) auf die Spur zu kommen. Und der „Primat der Subjektivität in der Tat,“ so Gilfredo Marengo, „dem Autor von *Person und Tat* teuer, der bei der Relecture des Ursprungs/Anfangs ins Spiel kommt, offenbart eine bedeutsame theoretische Fruchtbarkeit“[1]. In diesem Kontext heißt „Theologie des Leibes“: Der Körper des Menschen ist nicht nur ein Leib, in dem die Seele wohnt, vielmehr erschließt sich aus der Erfahrung der Körperlichkeit das Subjekt des Menschen. Aus diesem Grund bevorzugt Johannes Paul II. den Begriff „Körper“. Denn „Leib“ impliziert immer schon „Seele“ und damit auch philosophisch-theologische Vorentscheidungen, die es eben, gleich welcher Art, auszublenden gilt.

2.3.4 „Adäquate Anthropologie“

„Theologie des Leibes“ ist ein Begriff, den Johannes Paul II. während der letzten Ansprache als „Arbeitsbegriff“ bezeichnet. Er ist sich bewusst, dass die „‚Theologie des Leibes’ weit über den Inhalt der von uns angestellten Überlegungen hinausreicht“ (TdL 133,1), und weist selbst darauf hin, dass Leiden und Tod nicht thematisiert worden sind. Nicht ausgeführt ist auch die „communio personarum“, wie sie sich über den Akt der ehelichen Vereinigung hinaus im und durch den Leib verwirklicht. Was die ethische Dimension der „Erlösung des Leibes“ betrifft, beschränkt sich Johannes Paul II. auf die Überwindung der

logy. In that sense Karol Wojtyła was innovative and non-traditional. All his encyclicals and lectures (for example, his Vatican lectures on *Genesis*) are to be read from that point of view” (Harvanek, John Paul II., 20).

1 „Il primato della soggettività in azione, caro all’autore di *Persona ed Atto*, messo in gioco nella rilettura dell’origine/principio, manifesta una significativa fecondità teoretica” (Marengo, Introduzione, 45). (Eigenübersetzung).

Begierde mit Hilfe der Gnade und begrenzt auch das große Feld des Tugendlebens vor allem auf die Tugend der Reinheit. Für Johannes Paul II. ist nämlich „die Tugend als moralische Haltung das, wodurch der Mensch als Mensch gut wird.“[1] In dieser Deutung bedeutet Erwerb von Tugenden nichts anderes als Bereicherung der Subjektivität. Die „autoteleologische Norm“ zielt also auf das sittliche Tugendstreben ab.

Den Ausgangspunkt für die Entfaltung der „Theologie des Leibes“ bilden drei Schriftstellen: „ein dreiteiliges Ganzes von Aussprüchen“ (TdL 64,1).[2] „Wenn wir diese Schlüsseltexte der Bibel analysieren und bis zur Wurzel ihrer Bedeutung vordringen, gelangen wir zu jener Anthropologie, die wir als ‚Theologie des Leibes' bezeichnen können“ (TdL 59,3). Diese „Wurzel ihrer Bedeutung“ findet sich in den ersten Kapiteln des Buches Genesis mit den Berichten über die Erschaffung der Welt und des Menschen in der Welt. Das ist der biblische „Anfang“. Für diese „gottgewollte Ordnung des Anfangs“[3] wurde durch „die protestantische Theologie (…) der Begriff der ‚Schöpfungsordnung' geprägt, um annähernd auszudrücken“, erklärt Joachim Piegsa, „was die katholische Theologie mit dem Begriff ‚sittliches Naturgesetz' meint: die sittliche Ordnung, die der Schöpfer laut Röm 2,14f. ‚von Natur aus' in das ‚Herz' aller Menschen ‚geschrieben' hat.“[4] Auf diesen „Anfang“ nimmt Jesus in seinem Streitgespräch mit den Pharisäern zweimal Bezug, als diese ihn über die Unauflöslichkeit der Ehe befragen.[5] Die Pharisäer berufen sich auf Mose und das Recht, in bestimmten Fällen eine Scheidungsurkunde auszustellen. Jesus beruft sich auf Gott und erinnert an den „Anfang“.[6] Dieses „Drama des Anfangs“ (TdL 20,1) umfasst die theologische Vorgeschichte des Menschen vor dem

1 Johannes Paul II., Laborem exercens, Nr. 9.

2 Der Bezug Jesu auf den „Anfang“ (Vgl. Mt 19,3-9), sowie seine Worte über den „Ehebruch im Herzen“ (Mt 5,27-32) und die Auferstehung der Toten (Mt 22,24-30; Mk 12,18-27; Lk 20,27-40).

3 Piegsa, Ehesakrament, 22.

4 Ebd., 10.

5 „Da kamen Pharisäer zu ihm, die ihm eine Falle stellen wollten, und fragten: Darf man seine Frau aus jedem beliebigen Grund aus der Ehe entlassen? Er antwortete: Habt ihr nicht gelesen, dass der Schöpfer die Menschen am Anfang *als Mann und Frau geschaffen hat* und dass er gesagt hat: *Darum wird der Mann Vater und Mutter verlassen und sich an seine Frau binden und die zwei werden ein Fleisch sein?* Sie sind also nicht mehr zwei, sondern eins. Was aber Gott verbunden hat, das darf der Mensch nicht trennen. Da sagten sie zu ihm: Wozu hat dann Mose vorgeschrieben, dass man (der Frau) *eine Scheidungsurkunde geben muss,* wenn man sich trennen will? Er antwortete: Nur weil ihr so hartherzig seid, hat Mose euch erlaubt, eure Frauen aus der Ehe zu entlassen. Am Anfang war das nicht so. Ich sage euch: Wer seine Frau entlässt, obwohl kein Fall von Unzucht vorliegt, und eine andere heiratet, der begeht Ehebruch“ (Mt 19, 3-9). Jesus zitiert Gen 1,27 („Gott schuf also den Menschen als sein Abbild; als Abbild Gottes schuf er ihn. Als Mann und Frau schuf er sie“) zusammenfassend und Gen 2,24 im Wortlaut: „Darum verlässt der Mann Vater und Mutter und bindet sich an seine Frau, und sie werden *ein* Fleisch.“

6 Vgl. Pesce, Mistero, 29.

Sündenfall und ist „das erste Erbe jedes Menschen, Mann und Frau, in dieser Welt, zugleich die erste Quelle der menschlichen Identität als Mensch in Wort und Offenbarung, der Urgrund für die Gewissheit seiner Berufung als Person, die nach dem Abbild Gottes selbst geschaffen ist“ (TdL 23,1). Zwar sagt der „Anfang“ „verhältnismäßig wenig über den Körper des Menschen im heutigen naturwissenschaftlichen Verständnis des Wortes“, weshalb sich Johannes Paul II. „auf einer ganz und gar vorwissenschaftlichen Ebene“ weiß, doch kommt in diesen alten Texten der Genesis „die für eine ganzheitliche Sicht des Menschen bedeutsame Wahrheit einfacher und voller zum Ausdruck“, welche „die Bedeutung des menschlichen Leibes in der Struktur des personalen Subjekts“ und die Ausweitung dieser „Bedeutung auf den Gesamtbereich der menschlichen Intersubjektivität, besonders auf das immer gültige Verhältnis von Mann und Frau“ (TdL 23,4) im Blick hat. Für die Erschließung eben dieser „Struktur des personalen Subjekts“ hat Wojtyła seine ganze Schaffenskraft aufgebracht. In seiner Konzeption erscheint die personale Struktur der Selbstzugehörigkeit und der Selbstbeherrschung als eine Erfahrungstatsache, die sich in der Selbstbestimmung als der Eigentlichkeit der Person verwirklicht. Seine „Überlegungen“ zur „Theologie des Leibes“ greifen all das jetzt wieder auf.[1] Johannes Paul II. spricht in derselben Mittwochsaudienz dann auch tatsächlich von der „Wahrheit, nach der Christus uns im ‚Anfang‘ suchen lässt“, als der Wahrheit über das „Subjekt, das für sein persönliches Handeln verantwortlich ist (…), das über sich selbst im Licht der ganzen Wahrheit über sich selbst entscheidet, der Wahrheit, die die ursprüngliche und grundlegende Struktur aller wahrhaft menschlichen Erfahrungen ist“ (TdL 23,3). Es sind somit wieder dieselben Fragen nach dem Geheimnis des Menschen, die Johannes Paul II. bewegen. War bislang die Rede von einer philosophischen Anthropologie auf der Ebene der Erfahrung, gilt es jetzt im Licht der Offenbarung „die Grundlage[n] einer adäquaten Anthropologie“ (TdL 13,2) herauszuschälen. Diese „beruht auf der wesentlich ‚menschlichen‘ Erfahrung und widersetzt sich dem Reduktionismus der naturalistischen Art, der oft zugleich mit der evolutionistischen Lehre über die Ursprünge des Menschen einhergeht“ (TdL [Anm. 23] 13,2).[2] „Wesentlich

1 „Those reflections in no way contradict his earlier ideas but rather restate them. Once again he affirms the importance of self-control“ (Modras, Theology of the Body, 153).

2 Demgegenüber übergeht eine „reduktionistische Anthropologie“ auch die Gottebenbildlichkeit des Menschen, trennt Geist und Körper und reduziert das Leibliche auf die Natur mit all seinen weitreichenden Konsequenzen: „Die Trennung im Menschen zwischen Geist und Körper hatte zur Folge, dass sich die Tendenz verstärkte, den menschlichen Leib nicht nach den Kategorien seiner spezifischen Ähnlichkeit mit Gott zu behandeln, sondern nach den Kategorien seiner Ähnlichkeit mit allen anderen in der Natur vorhandenen Körpern, Körpern, die der Mensch als Material für seine auf die Herstellung von Konsumgütern ausgerichtete Tätigkeit verwendet. Doch wird jeder unmittelbar einsehen, dass die Anwendung solcher Kriterien auf den Menschen in Wirklichkeit enorme Gefahren in sich birgt. Wenn der unabhängig von Geist und Denken betrachtete menschliche Körper als Material wie der Körper von Tieren verwendet wird – und das geschieht zum Beispiel bei den Manipulationen an Embryonen und Föten

menschlich“ im Sinne von nicht rückführbar auf eine andere Natur („animalia“) ist seine Subjektivität, die sich Johannes Paul II. auch in den biblischen Texten nicht durch eine „naturalistische“, sondern als Déjà-vu nur durch eine „personalistische Deutung“ (TdL 12,5) erschließt. Er bleibt damit dem Haupanliegen seiner präpontifikalen philosophischen Anthropologie treu. Auch im Lichte der biblischen Offenbarung geht es ihm nicht um „die der Metaphysik und metaphysischen Anthropologie spezifischen Methode der Objektivierung. In der gegenwärtigen Analyse versuchen wir hingegen den Aspekt der menschlichen Subjektivität zu betrachten; dies scheint übrigens den Urtexten viel näher zu kommen, insbesondere dem zweiten Schöpfungsbericht, d. h. dem jahwistischen Text“[1]. Damit wird an dieser Stelle auch deutlich, dass Mann und Frau als Abbild Gottes für Johannes Paul II. zwar „die unveränderliche *Grundlage der gesamten christlichen Anthropologie*“[2] bilden, doch gilt es mit Carlo Caffarra zu bedenken: „*Das Thema der Katechesen ist nicht* direkt *die Ehe und die Familie. Es ist die Rekonstruktion* einer adäquaten Anthropologie, *die vor allem durch Überlegung über die Körperlichkeit erlangt wurde, anthropologische Basis und einziges Fundament, um die ehelichen und familiären Probleme zu lösen*“[3]. Deshalb weist Ciccone mit Recht darauf hin, dass bei Johannes Paul II. der „‚Körper‘ (…) nicht für eine der Komponenten des Menschen steht, sondern für *den in der Perspektive seiner Körperlichkeit gesehenen ganzen Menschen, in seiner Konkretheit.* Der Papst (…) verwendet mehrere Male als Synomyme für ‚Theologie des Leibes‘ jene der ‚Anthropologie‘, ‚theologische Anthropologie‘ und noch mehr ‚adäquate Anthropologie‘“[4]. „Was wir gewöhnlich als Theologie des Leibes bezeichnen“, bestätigt Johannes Paul II., „erweist sich als etwas wahrhaft Grundlegendes und Bestimmendes für die gesamte anthropologische Hermeneutik – und zugleich als ebenso grundlegend für die Ethik und die Theologie“ (TdL 85,10). Die „Theologie des Leibes“ erlaubt Johannes Paul II. ein neues Vokabular in die Anthropologie einzuführen und damit auch neue

–, gehen wir unausweichlich einer schrecklichen ethischen Niederlage entgegen“ (Johannes Paul II., Brief an die Familien, Nr. 19).

1 „(…) il metodo dell’oggettivizzazione, specifico della metafisica e dell’antropologia metafisica. Nella presente analisi cerchiamo piuttosto di prendere in considerazione l’aspetto della soggettività umana; questa, del resto, sembra trovarsi più vicina ai testi originari, specialmente al secondo racconto della creazione, cioè il testo jahvista“ (Giovanni Paolo II, L’Amore Umano 18,1). (Eigenübersetzung; vgl. TdL 18,1).

2 Johannes Paul II., Mulieris dignitatem, Nr. 6.

3 „*Il tema delle catechesi non è* direttamente *il matrimonio e la famiglia. Esso è la ricostruzione di* un’antropologia adeguata *ottenuta attraverso soprattutto la riflessione sulla corporeità, antropologica che è base e unico fondamento per risolvere I problemi coniugali e familiari*“ (Caffarra, Introduzione, 5-6). (Eigenübersetzung).

4 „‚Corpo‘ qui non sta per una delle componenti dell’uomo, ma per *l’uomo intero, nella sua concretezza, visto nella prospettiva della sua corporeità.* Il Papa (…) usa più volte come sinonimi di ‚Teologia del corpo‘, quelli di ‚Antropologia‘, ‚Antropologia teologica‘, e, più ancora, ‚Antropologia adeguata‘“ (Ciccone, Uomo-Donna, 19). (Eigenübersetzung).

Dimensionen und Zusammenhänge zu erschließen. Dazu gehören beispielsweise die Deutung der „Erlösung des Leibes“ sowie die Verbindung der erlösenden Gnade mit der Subjektivität bzw. mit dem personalen Dynamismus des Menschen.

Über den biblischen Anfang hinaus werden für den Aufbau der „Theologie des Leibes“ die Worte Jesu über das menschliche Herz und die Begierde (vgl. Mt 5,28) sowie über die Auferstehung (vgl. Mt 22,30) sowohl anthropologisch als auch ethisch bedeutsam. Immer geht es um den Menschen, der Leib ist und der als Mann und Frau als Abbild Gottes erschaffen wurde, dessen Herz der Begierde ausgesetzt ist und dem sich in Christus die Hoffnung auf die Auferstehung des Leibes auftut. Wenn Johannes Paul II. die ethische Dimension hervorhebt, bringt er klar zum Ausdruck, dass die Überwindung der Begierde nur durch eine freie personale Willenentscheidung möglich ist, die sich mit dem Gnadenwirken Gottes verbindet.

2.4 ANALYSE DER GÖTTLICHEN OFFENBARUNG IM BUCH GENESIS

„Die Heilige Schrift enthält sowohl in expliziter wie impliziter Form“, so Johannes Paul II. in seiner Enzyklika *Fides et ratio,* „eine Reihe von Elementen, die uns zu einem Menschenbild und einer Weltsicht von beträchtlicher philosophischer Stärke gelangen lassen.“[1] Das gilt besonders für die beiden Schöpfungsberichte in den ersten drei Kapiteln der Genesis: Für den Aufbau der „Theologie des Leibes“ stellt dieser „Anfang“ die ursprüngliche Quelle dar. In der Pentateuch-Forschung werden beide Darstellungen wegen der verwandten Gottesnamen als Jahwist[2] bzw. Elohist[3] unterschieden. Claus Westermann (1909-2000) spricht von „J (Jahwist) und P (Priesterschrift)“, wobei sich „auf den ersten Blick [zeige], dass bei P das aufzählende, bei J das erzählende Element überwiegt.“[4]. Für Johannes Paul II. ist bezeichnend, „dass jede von ihnen eine andere philosophische Methode voraussetzt“[5]: Seins- und Bewusstseinsphilosophie.

---

1 Johannes Paul II., Fides et ratio, Nr. 80.

2 Die Bezeichnung „Jahwist“ ist ein „Kunstname (nach dem Gottesnamen Jahwe bzw. JHWH) für den bzw. die Verfasser der ältesten hypothetischen QQ-Schrift (…). Anfang in Gen 2,4b; Ende ist strittig“ (Steins, Jahwist, Sp. 713). [Die im LThK typischen Abkürzungen sind vom Autor ergänzt]

3 Dass diese Quelle Gen 1,1-2,4a umfasst, ist nicht gesichert. „Elohist“ ist ein „künstlicher *Name* (…) für den Verfasser der zweitältesten Pentateuchquelle (nach der bevorzugten Gottesbezeichnung *Elohim*); selbst in diesem Modell wegen der Schwierigkeit, Texte als elohistisch zu identifizieren und als Geschichtswerk auszuweisen, von Anfang an umstrittene Größe“ (Steins, Elohist, Sp. 608). [Die im LThK typischen Abkürzungen sind vom Autor ergänzt]

4 Westermann, Genesis, 4.

5 Johannes Paul II., Fürchtet euch nicht, 116-117.

Im elohistischen Bericht, Johannes Paul II. spricht vom „sogenannten ersten Schöpfungsbericht, in dem die Erschaffung des Menschen in einen Sieben-Tage-Zyklus eingeordnet ist (Gen 1,1-2,4)" (TdL 2,1), wird der Mensch zusammen mit der sichtbaren Welt erschaffen. Johannes Paul II. spricht vom „kosmologischen Charakter" (TdL 2,3) dieser biblischen Erzählung und gleichzeitig vom „theologischen Charakter" (TdL 2,3), schließlich ähnelt der Mensch eben nicht den übrigen Geschöpfen[1] und wird als „Abbild Gottes" (Gen 1,27) definiert.[2] Weil der Mensch durch die Betonung des Abbild-Gottes-Seins „vor allem in den Dimensionen des Seins und Daseins bestimmt" wird, d. h. „auf mehr metaphysische als physische Weise", schreibt Johannes Paul II. dem ersten Schöpfungsbericht „eine gewaltige metaphysische Aussagekraft" (TdL 2,5) zu. In „diesem metaphysischen Zusammenhang" möchte Johannes Paul II. „das Moment des Guten, das heißt, den Aspekt des Wertes" (TdL 2,5) begriffen wissen, der nach der Erschaffung des Menschen in der Aussage gipfelt: „Gott sah alles an, was er gemacht hatte: Es war sehr gut" (Gen 1,31). „Deshalb darf man mit Sicherheit sagen, dass das erste Kapitel der Genesis einen unwiderlegbaren Bezugspunkt und die solide Basis für eine Metaphysik und auch für eine Anthropologie und eine Ethik bildet, nach welcher das Sein und das Gute austauschbar sind (‚ens et bonum convertuntur')" (TdL 2,6). Indem Johannes Paul II. derart den Wertaspekt des Seins hervorhebt und das als „solide Basis" für die Ethik betrachtet, die für ihn mit dem Moment der Pflicht beginnt, sind bereits alle wesentlichen Momente der Wirklichkeitsbetrachtung Karol Wojytlas gegeben: Sein, Wert und Pflicht.

Der Bibelwissenschaft zufolge ist der zweite Schöpfungsbericht des Jahwisten (Gen 2,4b-25) viel älter und weist in seinem Gottesbild „anthropomorphe Züge" (TdL 2,2) auf. Ein Charakteristikum ist die getrennte Erschaffung der Frau (Gen 2,18-23). Seine „Tiefe vor allem subjektiver und daher in gewissem Sinne psychologischer Art" versetzt Johannes Paul II. „in Erstaunen" (TdL 3,1). Spätestens mit den nachfolgenden Aussagen wird deutlich, dass die im Rahmen der Mittwochskatechesen entworfene „Theologie des Leibes" zunächst als nichts anderes erscheint, als die ersten Seiten des Buches Genesis im Lichte sei-

1 Obwohl ihn doch mit den Tieren die Leiblichkeit aufs engste verbindet, kann der Mensch allein mit Hilfe des Körperlichen nicht hinreichend erklärt werden.

2 „Der Satz, dass Gott die Menschen nach seinem Bild geschaffen hat, findet seit der Berührung der Auslegungsgeschichte mit dem griechischen und mit dem modernen Menschenverständnis ein so beharrliches Interesse wie wohl kaum eine andere Stelle im ganzen AT. Die Literatur dazu ist uferlos. Hierin zeigt sich eine Konzentration des Interesses des theologischen Redens auf den Menschen, auf die Frage: Was ist der Mensch? Und dabei stehen wir vor der höchst auffälligen Tatsache, dass eine Aussage über den Menschen, die im AT fast allein steht, in der neueren Auslegung alles Interesse auf sich zieht. Im AT selbst hat diese Aussage eine solche Bedeutung nicht gehabt; der Satz begegnet abgesehen von Ps 8 nicht wieder. Es muss ein Interesse wirksam sein, das nicht aus der Bibel selbst, sondern aus geistesgeschichtlichen Voraussetzungen zu erklären ist, die wir noch nicht übersehen" (Westermann, Genesis, 204).

ner philosophischen Anthropologie zu interpretieren. „Das 2. Kapitel bildet in gewisser Weise die älteste Beschreibung und Aufzeichnung des Selbstverständnisses des Menschen und ist zusammen mit Kapitel 3 das erste Zeugnis des menschlichen Bewusstseins“[1], sodass für Johannes Paul II. „‚im Kern‘ nahezu alle Elemente einer Analyse des Menschen, für welche die moderne und vor allem die zeitgenössische philosophische Anthropologie aufgeschlossen ist“ (TdL 3,1), zu entdecken sind. In seinen Ausführungen präzisiert Johannes Paul II. nicht, welche denkerischen Ansätze oder philosophischen Entwürfe er selber unter „moderner und zeitgenössischer Anthropologie“ versteht. Allerdings umfassen seine Ausführungen all jene Elemente, die er selbst als Professor für philosophische Ethik bis zu seiner Papstwahl für wesentlich erachtete. Darunter spielt die Subjektivität des Menschen eine zentrale Rolle. Diese erschließt sich erst unter Berücksichtigung der Ergebnisse der Bewusstseinsphilosophie und unter Zuhilfenahme der phänomenologischen Methode. In seinem Artikel *Subjectivity and the Irreducible in Man* etwa meint Wojtyła, dass „*wir heute mehr als jemals zuvor das Bedürfnis verspüren* und auch *größere Möglichkeiten der Objektivierung des Problems der menschlichen Subjektivität* sehen“[2]. Eben diese Möglichkeit sieht Johannes Paul II. im jahwistischen Schöpfungsbericht begründet, wenn er anmerkt, „*Genesis 2* stellt die Erschaffung des Menschen besonders unter dem Aspekt seiner Subjektivität dar“[3].

2.4.1 Offenbarung in der Sprache des Mythos

Für den Aufbau der „Theologie des Leibes“ kommt den Schöpfungsberichten im Buch Genesis eine Schlüsselbedeutung zu. Selbst „wenn die Identifizierung des literarischen Genus dieser Texte noch nicht vollkommen gelungen ist, deren ‚Geschichtlichkeit‘ jedenfalls nicht im Sinn exakter Historizität verstanden werden kann“[4], erklärt Leo Scheffczyk, gilt es zu klären, wie Johannes Paul II. diese biblischen Texte angeht, schließlich zieht er daraus seine anthropologischen Schlüsse. Ein solches Vorgehen ist nach Westermann längst überfällig.[5] Wojtyła „frappiert“ in den ersten Kapiteln der Genesis einerseits „die ontologische

1 „Il capitolo 2 della Genesi costituisce, in certo qual modo, la più antica descrizione e registrazione dell'auto-comprensione dell'uomo e, insieme al capitolo 3, è la prima testimonianza della coscienza umana" (Giovanni Paolo II, L'Amore Umano 3,1). (Eigenübersetzung; vgl. TdL 3,1).

2 „(...) *we feel today a greater need than ever before*, and we also see *greater possibilities of the objectivization of the problem of man's subjectivity*“ (Wojtyła, Subjectivity and the Irreducible, 107). (Eigenübersetzung)

3 „*Genesi* 2 presenta la creazione dell'uomo specialmente nell'aspetto della sua soggettività“ (Giovanni Paolo II, L'Amore Umano 3,1). (Eigenübersetzung; vgl. TdL 3,1).

4 Scheffczyk, Urstand, Sp. 487. [Die im LThK typischen Abkürzungen sind vom Autor ergänzt]

5 „Zum Menschen gehört der Lebensraum (der Garten), die Lebensmittel (die Früchte des Gartens), die Beschäftigung oder Arbeit (bebauen und bewahren) und die Gemeinschaft (Mann und Frau) und als Medium der Gemeinschaft die Sprache. Dieses komplexe Verständnis der

und psychologische Treffsicherheit der biblischen Darstellung."[1] Andererseits übergeht er nicht deren archaischen und mythischen Charakter (vgl. TdL 3,1). Denn grundsätzlich steht dem „*Menschen*schöpfungs-Mythos Gen 2", so Müller, „in Gen 1,1-2,4a der jüngere *Welt*schöpfungs-Mythos gegenüber"[2]. Gerade im zweiten und jahwistischen Schöpfungsbericht „ist die Sprache, in der die Wahrheit über die Erschaffung des Mannes und dann, im Besonderen, der Frau mitgeteilt wird, anders, in gewissem Sinne weniger klar und – so könnte man sagen – eher beschreibend und bildhaft: Sie erinnert an die Sprache der damals bekannten Mythen."[3] Mythisch erscheinen der mysteriöse „Schlaf", in den Gott den Mann versetzt, um die Frau zu erschaffen, oder die „Schlange", welche die Stammeltern verleitet, vom „Baum der Erkenntnis" zu essen.[4] „Der Begriff Mythos", so Johannes Paul II., „bezeichnet in diesem Fall jedoch nicht eine Sage, sondern ist lediglich die archaische Ausdrucksform des tiefsten Gehalts" (TdL 8,2). Anders als Sagen, Legenden, Märchen und Erzählungen erschließt nach Bürkle „der Mythos ein dem Menschen selber nicht verfügbares Urwissen und eine Wesensschau."[5] In archaischer und mythischer Sprache erschließt das Buch Genesis „die grundlegenden Wahrheiten über den Menschen": „Es sind dies die Wahrheiten, die von Anfang an über den Menschen entscheiden und die großen Linien seiner Existenz auf Erden ziehen, sei es im Stand der ursprünglichen Gerechtigkeit, sei es nach dem durch die Sünde verursachten Bruch des ursprünglichen Bundes zwischen dem Schöpfer und seiner Schöpfung im Menschen."[6]. In diesem Sinn thematisiert das dritte Kapitel der Genesis in einer dichten bild- und symbolhaften Erzählung vom Sündenfall die Grenze am Ursprung menschlicher Identität. Der böse Geist wird durch die Schlange symbolisiert.[7] Als Ausdruck und Symbol des Bundes mit Gott markiert der Baum der Erkenntnis von „Gut und Böse"[8] die Trennungslinie der beiden Ursituationen von ursprünglicher Unschuld und dem Zustand der Sündhaftigkeit,

---

Menschenschöpfung ist in der Theologie, insbesondere der theologischen Anthropologie, meist nicht erkannt worden" (Westermann, Theologie, 81).

1 Wojtyła, Zeichen des Widerspruchs, 43.

2 Müller, Mythos, Sp. 600. [Die im LThK typischen Abkürzungen sind vom Autor ergänzt]

3 Johannes Paul II., Mulieris dignitatem, Nr. 6.

4 Vgl. Cipriani, Riflessioni, 19f. Müller, Mythos, Sp. 600. [Die im LThK typischen Abkürzungen sind vom Autor ergänzt]

5 Bürkle, Mythos, Sp. 598.

6 Johannes Paul II., Laborem exercens, Nr. 4.

7 „Grundsätzlich gilt die Schlange im Alten Testament als Bild für Bosheit und Falschheit (Vgl. Ps 58,5; Spr 23,32). In der Offenbarung des Johannes wird die Schlange mit dem ‚Teufel oder Satan' gleichgesetzt (Vgl. Offb 12,9.14f.; 20,2). Aus dieser Sicht muss man den alttestamentlichen Bericht über den Sündenfall (Vgl. Gen 3,1-24) interpretieren" (Piegsa, Ehesakrament, 19).

8 „Mit ‚Gut und Böse erkennen' ist nicht die normale Unterscheidung von Gut und Böse gemeint, die für die sittliche Verantwortung vorausgesetzt wird (…). Beim ursündlichen Erkennen geht es um ein absolut autonomes Selber-bestimmen-Wollen über ‚Gut und Böse', um ein ‚Emanzipationsstreben des Menschen gegen den Schöpfer'. Aufgrund dieser bewussten

welche von der systematischen Theologie als „status naturae integrae“ (Zustand der unversehrten Natur) und „status natuare lapsae“ (Zustand der gefallenen Natur) gekennzeichnet werden (vgl. TdL 3,3). Die Situation ursprünglicher Unschuld umfasst das, was Johannes Paul II. die geoffenbarte, „theologische ‚Vorgeschichte'“[1] nennt. Ohne diese geoffenbarte und prä-historische Situation der ursprünglichen Unschuld ist für Johannes Paul II. die Sündhaftigkeit des Menschen der Geschichte letztlich nicht zu begriffen.[2]

Zwar sprach Wojtyła bereits 1976 während seiner Exerzitienvorträge im Kontext von Gen 3 und der darin beschriebenen Auflehnung des Menschen gegen Gott vom „Drama der Geschichte, des Mythos und der Kultur“[3], doch erblickt Stanislaw Grygiel in der Rede vom Mythos im Rahmen der „Theologie des Leibes“ „einen Wechsel im philosophischen Denken des Autors. Tatsächlich beschäftigt er sich erstmals mit der Hermeneutik eines Textes, bestehend aus Symbolen und Mythos“[4]. In seinem Interview 1994 mit dem Journalisten Vittorio Messori begrüßt Johannes Paul II. deshalb ausdrücklich die Errungenschaften der „zeitgenössische[n] Hermeneutik“, die „uns die Wahrheit über die Welt und über den Menschen aus einem neuen Blickwinkel“ aufzeigt und spricht von „bemerkenswerte[n] Schritte[n]“ „in Richtung einer noch vollständigeren Erkenntnis des Menschen“, da „auch der Wert der metaphorischen und symbolischen Sprache anerkannt“[5] werde. Denn diese biblische Symbol- und Bildsprache bewahrt auch den Gottesbegriff vor einer metaphysischen Engführung.[6] Das Wort „Gott“ nämlich einfach mit philosophischen Begriffen wie „erster Beweger“, „erste Ursache“, „Seinsakt“ oder „vollkommenes Sein“ wiederzugeben, führt zu einem philosophischen Gottesbegriff und wird für Paul Ricouer (1913-2005) der Tatsache nicht gerecht, dass dieses Wort „in den biblischen Texten seine Bedeutung aus der Konvergenz verschiedener Darstellungswei-

Hybris, sein zu wollen ‚wie Gott', verweigern Adam und Eva ihrem Schöpfer den Gehorsam, obwohl sie ihm alles verdanken“ (Ebd.).

1 „(…) ‚preistoria' teologica“ (Giovanni Paolo II, L'Amore Umano 4,1). (Eigenübersetzung; vgl. TdL 4,1)

2 „Wenn diese Sünde in jedem geschichtlichen Menschen einen Zustand der verlorenen Gnade bezeichnet, dann meint sie auch einen Bezug zur Gnade der ursprünglichen Unschuld“ (TdL 4,2).

3 Wojtyła, Zeichen des Widerspruchs, 44.

4 „(…) marks a change in the philosophical thought of the author. For the first time, in fact, he engages in the hermeneutic of a text constituted by symbols and myth“ (Grygiel S., Dalla solitudine al dono, in: *La Voce nel Deserto: Post-scriptum all'insegnamento di Giovanni Paolo II,* Bologna 1981, zit. nach: Albacete, Younger, 595). (Eigenübersetzung).

5 Johannes Paul II., Die Schwelle der Hoffnung, 63. Namentlich nennt der Papst die Philosophen Emmanuel Levinas (1906-1995) und Paul Ricoeur.

6 „Die Frage, ob die Reduktion auf die Metaphysik tatsächlich den Inhalt zum Ausdruck bringt, der sich hinter der Symbol- und Bildsprache verbirgt, ist eine andere Sache“ (TdL [Anm. 6] 3,3).

sen (Erzählungen und Prophezeihungen, Gesetzestexte und Weisheitsliteratur, Sprüche und Hymnen) empfängt"[1].

Ohne Zweifel ist es Johannes Paul II. gelungen, sich für die zeitgenössische Hermeneutik zu öffnen und in ihr einen Schlüssel für das Verständnis der biblischen Texte über die Schöpfung zu entdecken. Auf diese Weise gelingt es ihm, ihnen überraschende Aussagen über die gegenwärtige Wirklichkeit zu entnehmen. Doch wenn Johannes Paul II. in der mythischen Sprache eine narrative Ausdrucksform für die Darstellung der Wahrheit über den Menschen sieht, bedeutet dies nicht, dass er die gesamte biblische Urgeschichte als Mythos versteht. Für ihn ist sie zwar kein historisches Protokoll, nimmt jedoch eindeutig auf den geschichtlichen Anfang der Menschheit Bezug. Darin liegt die Stärke seiner „Theologie des Leibes", die ihre Beweiskraft von der historischen Wirklichkeit einer ursprünglichen Begnadung, eines Sündenfalls und einer beginnenden Erlösungsgeschichte erhält.

Primär stellen die Schöpfungsberichte für Johannes Paul II. theologische Quellen dar, in welchen sich jene menschlichen Erfahrungen wiederfinden lassen, die ontologisch das Personsein des Menschen konstituieren. Das sind die wesentlichen Elemente einer „adäquaten Anthropologie": Subjektivität, Selbstbestimmung etc. Dabei erlaubt es Johannes Paul II. gerade die Einordnung dieser Texte als literarische Gattung des Mythos, daraus eine Anthropologie abzuleiten, weil nur so der Akzent von Fragen nach geschichtlichen Vorgängen verlagert wird auf allgemein gültige Aussagen über das Wesen des Menschen und dem religiös-theologischen Hintergrund dieser Wesenseigenschaften.[2] Aber wie Karol Wojtyła im Bereich der Ethik von der Notwendigkeit der Homogenisierung spricht, muss auch der anthropologische Mythos der Genesis einerseits von der Basis der menschlichen Erfahrung her bewertet werden, um auf der anderen Seite diese zu bereichern.

2.4.2 Offenbarung auf der Grundlage der Erfahrung

Der anthropologische Ansatz Karol Wojtyłas/Johannes Pauls II. ergibt sich aus der Erfahrung. Doch erschließt diese die Wahrheit über den Menschen nur bis zu einem gewissen Grad, nämlich in dem Maß, wie der geschichtliche Mensch sich selbst und andere erfährt. Auf dieser Ebene hat Wojtyła im Rahmen seiner philosophischen Anthropologie die allgemein gültige und jeden Menschen bindende personalistische Norm aufgestellt, dass die menschliche Person um ihrer selbst willen bejaht werden muss. Darüber hinaus findet sich in der Heiligen

1 Vgl. Ricoeur P., Biblical Hermeneutics, Montana 1975 (zit. nach: TdL [Anm. 6] 3,3).

2 Wenn man z. B. die Frage stellt: „‚Wie lange der Mensch im Paradies war?' und dazu sagt, dass der Mythos seiner Art nach dergleichen genaue Bestimmungen nicht geben könne (…), dann entspricht schon diese Fragestellung nicht dem, was gemeint ist" (Westermann, Genesis, 320).

Schrift die „Offenbarung des Geheimnisses des Menschen an den Menschen der Geschichte“ (TdL 20,1). Auf dieser Ebene erschließt sich der ewige Plan Gottes, die Menschheit in Christus an seinem göttlichen Leben teilhaben zu lassen. Damit aber nun die Offenbarung zu einer Quelle der Erkenntnis über den Menschen werden kann, bleiben die Erfahrungswerte unabdingbar.[1] „Die den Menschen betreffenden Data der *Offenbarung*“, so Wierzbicki, „erhalten ihre Bestätigung in den Data der *Erfahrung*.“[2] Johannes Paul II. spricht davon, „dass unsere menschliche Erfahrung in diesem Fall ein irgendwie zulässiges Mittel für die theologische Auslegung und in gewissem Sinne einen unerlässlichen Bezugspunkt darstellt, auf den wir uns bei der Interpretation des ‚Anfangs‘ berufen müssen“ (TdL 4,4). Ohne die Erfahrung des Leibes in seiner geschichtlichen Gestalt wäre eine Analyse der Texte des „Anfangs“, wie sie Johannes Paul II. vorgenommen hat, nicht möglich. So zielen seine Analysen darauf ab, anhand der menschlichen Erfahrung die Offenbarung zu erschließen und umgekehrt. Anhand der geoffenbarten Worte Jesu lässt sich die Leiberfahrung des geschichtlichen Menschen dann in zwei Richtungen überschreiten: eben auf den „Anfang“ hin (Ursprungserfahrungen) und in Richtung auf die „andere Welt“ (Erfahrung des lebendigen Gottes von Angesicht zu Angesicht).

Zunächst geht es also um eine theologische Rekonstruktion und ein theologisches Verständnis dessen, was die Erfahrung des Leibes am „Anfang“ – prähistorisch – hätte sein können und was sie in der eschatologischen Erfahrung nach der Auferstehung sein wird. Denn das, „was der menschliche Körper im geschichtlichen Erfahrungsbereich des Menschen ist, ist von jenen beiden durch das Wort Christi enthüllten Dimensionen seiner Existenz nicht völlig getrennt“ (TdL 68,5). Das gilt für den Menschen im Allgemeinen und dessen Leib im Besonderen. So vertritt Johannes Paul II. die Meinung, dass die Worte Jesu über den lüsternen Blick und den Ehebruch im Herzen (Mt 5,27-28) „zur inneren Erfahrung des Menschen aller Längen- und Breitengrade, aller Epochen, der verschiedensten sozialen und kulturellen Verhältnisse“ gehören und darauf beruhe die „Universalität des Evangeliums, die durchaus keine Verallgemeinerung ist“ (TdL 34,3.4). Offenkundig ist für Johannes Paul II. ferner das übereinstimmende „Verhältnis zwischen Offenbarung und Erfahrung“ (TdL 4,4) in Röm 8,23. Schreibt Paulus in der Sprache der Offenbarung von der „Erlösung des Leibes“, klingt zwar eine Dimension menschlicher Existenz an, die der Erfahrung nicht zugänglich ist. Aber: „Gleichzeitig mit diesem Inhalt greift der Verfasser in Röm 8,23 all das wieder auf, was sowohl ihm wie gewissermaßen jedem Menschen (unabhängig von seinem Verhältnis zur Offenbarung) durch die Erfahrung des menschlichen Daseins, das eine leibliche Existenz hat, angeboten

1 „Bei der Auslegung der Offenbarung über den Menschen und vor allem über den Leib müssen wir uns aus verständlichen Gründen auf die Erfahrung berufen, weil der Mensch in seiner Körperlichkeit von uns vor allem auf dem Weg der Erfahrung wahrgenommen wird“ (TdL 4,4).

2 Wierzbicki, Menschenwürde, 102.

wird" (TdL [Anm. 8] 4,5). Schließlich wird der „seufzende" Mensch in leiblichen Schmerzen, Leidenschaften, Schwächen und im Tod erfahren. Auf diese Weise wird deutlich: Johannes Paul II. liest seine als Karol Wojtyła entfaltete philosophische Anthropologie nicht einfachin in die Offenbarungsworte des biblischen Anfangs gleichsam hinein. Maßgeblich neu erweist sich in den Katechesen die Position des Leibes! War in der Anthropologie Wojtyłas immer nur die Rede von der Integration des somatischen Dynamismus, der Notwendigkeit also, das Somatische zu personalisieren, erschließt sich in den Katechesen das Personsein des Menschen gerade infolge seiner Leiberfahrung. Denn mit dem Leib bringt der Mensch zum Ausdruck, wer er ist.[1] Dieses Novum gipfelt in der markanten Aussage Johannes Pauls II.: „Der Leib offenbart den Menschen" (TdL 9,4). Mit diesem Geständnis rückt der Leib sozusagen von der Peripherie ins Zentrum der Anthropologie. Johannes Paul II. spricht vom „innersten Kern anthropologischer Wirklichkeit" (TdL 9,4). Infolge dessen könnte man bei Johannes Paul II. von einer leibzentrierten Anthropologie sprechen.

Die Offenbarung weitet den Blick für das Verständnis des Menschen auf den Ur-Zustand („Anfang") und den Zustand des gefallen Menschen auf dem Weg der Erlösung (geschichtlicher Mensch). Doch ist der Mensch der Geschichte nicht allein durch die Vorgeschichte konstituiert. In der Dimension der Hoffnung erfährt der Mensch der Geschichte auch seinen posthistorischen bzw. eschatologischen Horizont. Im Rahmen seiner Katechesen über die „Theologie des Leibes" entfaltet Johannes Paul II. die „adäquate Anthropologie" nach Albacete auf dem „Triptychon" von Ursprung, Geschichte und Eschatologie.[2] Dabei leuchtet das Erlösungsgeheimnis immer schon mit auf. Nach dem Sündenfall stellt das „Protoevangelium"[3] das erste Zeugnis der Hoffnung auf Erlösung dar: „Feindschaft setze ich zwischen dich und die Frau, zwischen deinen Nachwuchs und ihren Nachwuchs. Er trifft dich am Kopf, und du triffst ihn an der Ferse" (Gen 3,15). Johannes Paul II. nennt diesen Vers in *Mulieris dignitatem* *„die erste Verkündigung des Sieges* über das Böse, *über die Sünde*."[4] Über die „Frau" wird der Erlöser angekündigt.[5] Wenngleich eine solche messianische Auslegung von

1 „(...) we express who we are through our bodies" (Smith, Pope John Paul II, 239).

2 Vgl. Albacete, Younger, 598.

3 „Sofern wird Gen 3,15, seit dem 17. Jh., als ‚Erstevangelium', als ‚Protoevangelium' bezeichnet. Doch die dahingehende Auslegung begann bereits im 2. Jh. bei den Kirchenvätern Justin und Irenäus. Danach vernachlässigt, wird diese Auslegung im Mittelalter wieder aufgenommen. Nach Kirchenväterauslegung, wird Gen 3,15 messianisch verstanden, d. h. ‚Nachwuchs' bzw. ‚Er', der der Schlange den Kopf zertritt, wird auf Christus bezogen. In der lateinischen Bibelübersetzung des hl. Hieronymus (ca. 406 nC. vollendet), ‚Vulgata' genannt, steht statt ‚Er' ein ‚Sie': ‚Sie (Maria) wird dir den Kopf zermalmen'" (Piegsa, Ehesakrament, 21).

4 Johannes Paul II., Mulieris dignitatem, Nr. 11.

5 „*Eva* ist als ‚Mutter aller Lebendigen' (*Gen* 3,20) *Zeugin des ‚biblischen Anfangs'*, in dem die Wahrheit über die Erschaffung des Menschen nach dem Bild und Gleichnis Gottes und die Wahrheit über die Erbsünde enthalten sind. *Maria ist die Zeugin des neuen ‚Anfangs'* und der ‚neuen Schöpfung' (Vgl. *2 Kor* 5,17). Ja, sie selbst ist, als die Ersterlöste in der Heilsgeschich-

Gen 3,15 immer wieder beanstandet wird, begründet Johannes Paul II. diese Interpretation im Rahmen der „Theologie des Leibes“ mit einem Verweis auf die Septuaginta, der griechischen Übersetzung des AT aus dem 2. Jh. v. Chr.[1] In seiner Enzyklika *Redemptoris mater* verweist er auf Eph 1,3-7 und den ewigen Heilsplan Gottes, der „einen besonderen Platz jener *‚Frau'* ein[räumt], die die Mutter dessen ist, dem der Vater das Erlösungswerk anvertraut hat.“[2] Dabei erinnert Johannes Paul II. an eine Aussage der Dogmatischen Konstitution *Lumen gentium* über die „Mutter des Erlösers“, die „schon prophetisch in der Verheißung vom Sieg über die Schlange, die den in die Sünde gefallenen Stammeltern gegeben wurde (Gen 3,15), schattenhaft angedeutet“[3] ist.

2.4.3 Offenbarung durch das Schöpfungshandeln Gottes

Johannes Paul II. betrachtet das Buch Genesis, seine Worte und seine Bilder, als Quelle göttlicher Offenbarung. Dahinter steht die Überzeugung von der Inspiration der Heiligen Schrift, die an dieser Stelle einfach vorausgesetzt und nicht näher thematisiert wird. Will man aber zum Inhalt dessen vorstoßen, was im Buch Genesis geoffenbart wird, ist eine bestimmte Hermeneutik Voraussetzung. Johannes Paul II. erkennt an, dass sich das Buch der Sprache des Mythos bedient. Lediglich unter dieser Voraussetzung lässt sich die Wahrheit erschließen, die sich im Buch Genesis über Gott und den Menschen findet. Gleichzeitig unterstreicht Johannes Paul II., dass der Offenbarungsinhalt nur in dem Maß zutage tritt, als der Leser mit seinem Erfahrungsschatz an die Aussagen des Buches Genesis herantritt. Neben einem Verständnis für die Hermeneutik des Textes und der Reflexion über die Erfahrung des eigenen Menschseins gilt es, den Blick auf die Schöpfung zu werfen, wie sie den Menschen umgibt. Denn Johannes Paul II. spricht vom „ursprünglichen Anfang der heilbringenden Selbstmitteilung Gottes, der mit dem Geheimnis der Schöpfung selbst identisch ist.“[4] Der Bericht über das Schöpfungshandeln Gottes im Ursprung erschließt die darin enthaltene Wahrheit aber erst dann, werden die Aussagen im Licht der Erfahrung des Menschen mit der Welt betrachtet.

---

te, ‚eine neue Kreatur‘: Sie ist die ‚Gnadenvolle‘. Man kann kaum verstehen, warum die Worte des Protoevangeliums die ‚Frau‘ so nachdrücklich hervorheben, wenn man nicht zugibt, dass in ihr der neue und endgültige *Bund Gottes mit der Menschheit*, der *Bund* im erlösenden Blut Christi, seinen Anfang hat. Er beginnt mit einer ‚Frau‘, bei der Verkündigung von Nazaret. Das ist das absolut Neue des Evangeliums: Verschiedene Male hatte sich Gott im Alten Testament an Frauen gewandt, wie zum Beispiel an die Mutter Samuels und die Mutter Samsons, um in die Geschichte seines Volkes einzugreifen; um aber seinen Bund mit der Menschheit zu schließen, hatte er sich nur an Männer gewandt: Noach, Abraham ... Am Anfang des Neuen Bundes, der ewig und unwiderruflich sein soll, steht die Frau: die Jungfrau aus Nazareth“ (Ebd.).

1 Vgl. TdL [Anm. 7] 4,3. Vgl. Hofmann, Maria, 101-105.

2 Johannes Paul II., Redemptoris mater, Nr. 7.

3 LG 55.

4 Johannes Paul II., Dominum et vivificantem, Nr. 12.

Das Buch Genesis stellt den Menschen als Krone der Schöpfung vor. Aus Liebe zu diesem Menschen hat Gott die Schöpfung ins Dasein gerufen. „Erschaffen heißt aus dem Nichts in das Sein rufen; erschaffen will also sagen, Existenz schenken. Und wenn die sichtbare Welt für den Menschen geschaffen wird, dann wird ihm damit die Welt als Geschenk gegeben."[1] Auf diese Weise stellt „die Schöpfung das fundamentale und ursprüngliche Schenken" (TdL 13,4) Gottes an den Menschen dar. Die ganze Welt, der Kosmos, ist um seinetwillen erschaffen, um des Menschen willen. „Der Schöpfergott scheint aller Schöpfung sagen zu wollen: ‚*Es ist gut, dass es dich gibt.*'"[2] Doch ist die Schöpfung nicht das einzige Geschenk Gottes an den Menschen. „Gleichzeitig erhält derselbe Mensch für sein Wesen ein besonderes „Bild und Gleichnis' Gottes zum Geschenk. Das bedeutet nicht nur Verstand und Freiheit als konstitutive Eigenschaften der menschlichen Natur, sondern auch von Anfang an die Fähigkeit zur personalen Beziehung mit Gott, als ‚ich' und ‚du', und so die Fähigkeit, einen Bund mit ihm zu schließen, zu dem es durch die heilschaffende Selbstmitteilung Gottes an den Menschen kommen wird."[3] Mit dem Bund kommt Johannes Paul II. zu einem weiteren Gedanken, der sich nicht aus der Erfahrung der Schöpfung ableiten lässt, sondern der unmittelbar eine Offenbarung Gottes voraussetzt. Die Liebe als „bonum diffusivum sui"[4] ist sowohl der Beweggrund für die Schöpfung als auch für den Urbund, wie er in den ersten Kapiteln der Genesis beschrieben wird.

Durch die Ursünde des Menschen als Ungehorsam und „Widerstand des menschlichen Willens gegen den Willen Gottes" legt sich „ein dunkler Schatten über das Geheimnis der Schöpfung"[5]. Die Ablehnung Gottes hat negative Folgen für den Menschen. Die Frau wird unter Schmerzen gebären (Gen 3,16), unter Mühsal bestellt der Mann den Ackerboden (Gen 3,17). Das selbstlose Zusammenleben der Frau mit dem Mann wird schwer beeinträchtig: „Du hast Verlangen nach deinem Mann; er aber wird über dich herrschen" (Gen 3,16). „Durch die Ursünde wurde der Mensch aus dem paradiesischen Urstand vertrieben", verdeutlicht Piegsa, „aus der guten Schöpfung kam er in eine *ge*störte, jedoch keine *zer*störte Schöpfung."[6] So ist nicht nur der Mensch von den Folgen der Ursünde betroffen, sondern auch der ganze Kosmos. Umgekehrt beziehen sich auch die Menschwerdung und das ganze Werk der Erlösung nicht nur auf den Menschen, sondern ebenso auf den Kosmos. Denn in der Menschwerdung Gottes ist das Wort Fleisch geworden und Gott selbst wurde ein Teil des Kos-

1 Ebd., Nr. 34.

2 Johannes Paul II., Die Schwelle der Hoffnung, 48.

3 Johannes Paul II., Dominum et vivificantem, Nr. 34.

4 Das Motiv ist die „selbstlose Liebe, jene Liebe, die ihren philosophisch-theologischen Ausdruck erhält in dem Satz des heiligen Thomas von Aquin: ‚das Gute verschwendet sich'" (Wojtyła, Zeichen des Widerspruchs, 32).

5 Johannes Paul II., Dominum et vivificantem, Nr. 33.

6 Piegsa, Ehesakrament, 17.

mos.[1] In der leiblichen Auferstehung schließlich hat Christus mit seinem Leib zugleich die kosmische Wirklichkeit in das Leben des dreifaltigen Gottes aufgenommen: „im Himmel sitzt ein menschlicher Leib zur Rechten des Vaters.“[2] Einerseits leuchtet damit die Berufung des Leibes auf, der zur Verklärung und zur Teilhabe am ewigen Leben bestimmt ist. Andererseits zeigt sich darin, dass die ganze Schöpfung dazu berufen ist, am „Offenbarwerden der Söhne Gottes“ (Röm 8,19) teilzuhaben. Denn derjenige, „der im Schöpfungsgeheimnis dem Menschen und dem Kosmos das Leben gibt in seinen vielfältigen sichtbaren und unsichtbaren Formen“, schreibt Johannes Paul II., „erneuert es durch das Geheimnis der Menschwerdung. So wird die Schöpfung durch die Menschwerdung vervollkommnet und seither von den Kräften der Erlösung durchdrungen, die die Menschheit und alles Geschaffene erfassen.“[3] Diese Sicht nennt Johannes Paul II. die „kosmisch-theologische Vision“[4] des Paulus, in der nicht nur der Mensch sich nach Erlösung sehnt. Auch „die ganze Schöpfung wartet sehnsüchtig (…). Auch die Schöpfung soll von der Sklaverei und Verlorenheit befreit werden zur Freiheit und Herrlichkeit der Kinder Gottes. Denn wir wissen, dass die gesamte Schöpfung bis zum heutigen Tag seufzt und in Geburtswehen liegt“ (Röm 8,19.21.22).

2.5 DER MENSCH IM LICHTE DER OFFENBARUNG

Auf der Grundlage der Analyse der göttlichen Offenbarung im Buch Genesis können wir uns der theologischen Anthropologie Johannes Pauls II. zuwenden, d. h. dem Bild des Menschen im Licht der Offenbarung. Dabei zeichnet sich mit den Katechesen zur „Theologie des Leibes“ eine theologische Anthropologie ab, die zunächst den Menschen der theologischen Vorgeschichte bzw. der ursprünglichen Unschuld herausarbeitet (Schöpfung), dann den geschichtlichen Menschen, der die ursprüngliche Unschuld verloren hat (Sündenfall), und schließlich den erlösten Menschen, dessen Unschuld wieder hergestellt ist (Erlösung). Die Scholastiker sprachen bei diesen Wahrheiten der biblischen Offenbarung vom „status naturae integrae“, „lapsae“ und „redemptae“. Am Ende beleuchtet Johannes Paul II. den eschatologischen Menschen.

2.5.1 Der vorgeschichtliche Mensch

Der Mensch der Vorgeschichte ist der Mensch, wie ihn Gott vor dem Sündenfall am „Anfang“ im „status naturae integrae“ erschaffen hat. „Diese Ordnung des

1 „Die Liebe Gottes, des Vaters, göttliche Gabe, unbegrenzte Gnade, Ursprung des Lebens, ist in Christus offenbar geworden und ist nun in seiner Menschheit ‚Teil‘ des Alls, des Menschengeschlechtes und der Geschichte“ (Johannes Paul II., Dominum et vivificantem, Nr. 54).

2 Johannes Paul II., Orientale lumen, Nr. 10.

3 Johannes Paul II., Dominum et vivificantem, Nr. 52.

4 Ebd.

'Anfangs' wurde durch die Ursünde nicht völlig ausgelöscht", so Piegsa, „wie die protestantische Theologie lehrt, sondern es erfolgte eine 'Verwundung der Natur', sodass 'der ganze Adam zum Schlechteren gewandelt worden ist'. Daher ruft auch der Apostel Paulus die göttliche Urordnung in Erinnerung."[1] Denn der Mensch der Geschichte bleibt in dieser geoffenbarten, theologischen Vorgeschichte verwurzelt. Johannes Paul II. arbeitet für einen „ersten Entwurf einer Anthropologie in der Bibel" (TdL 11,2) deshalb aus dem historischen „a posteriori", dem Zustand der gefallenen und zugleich erlösten Natur („status naturae lapsae simul et redemptae"), die ursprüngliche Bedeutung des Leibes heraus, indem er aus den ersten Kapiteln der Genesis bleibende und grundlegende Elemente der ursprünglichen Erfahrung des Menschen herausschält. Zwar hat er schon früher angemerkt, das es „schwierig" ist, „eine eingehende Beschreibung dieses Zustandes vorzulegen. Bekanntlich war dies immer eines der interessantesten theologischen Themen"[2], doch kristallisieren sich neben den Ursprungserfahrungen von Einsamkeit, Einheit und Nacktheit auch die „bräutliche Bedeutung des Leibes" heraus. Auf diese Weise entwirft Johannes Paul II. anhand der ersten drei Kapitel der Genesis „eine Skizze des ursprünglichen Zustands des Menschen"[3] im Schöpfungsgeheimnis. Genesis 2 stellt „gewissermaßen die älteste Beschreibung und Aufzeichnung des menschlichen Bewusstseins dar und bildet zusammen mit Kapitel 3 das erste Zeugnis des menschlichen Gewissens" (TdL 3,1). Dabei stellt das „gewandte und einfühlsame Lesen von *Genesis*" nach Smith „für sich selbst eine bemerkenswerte Errungenschaft des Papstes"[4] dar. Für Ciccone atmen diese Analysen „Höhen wahrer und tiefer Poesie"[5].

2.5.1.1 Ursprüngliche Einsamkeit

In seinem Buch *Erinnerung und Identität* beschreibt Johannes Paul II., indem er dem ersten bzw. elohistischen Schöpfungsbericht folgt, wie Gott „gleichsam 'in sich'" geht „für eine Art trinitarische Beratung und entscheidet dann: 'Lasst uns den Menschen machen als unser Abbild, uns ähnlich' (*Gen* 1,26)"[6]. Gleichzeitig „wird der Mensch in einem einzigen Akt 'als Mann und Frau' erschaffen" (TdL 5,3).[7] Gegenüber dieser insgesamt doch „theologischen Definition des Menschen" erblickt Johannes Paul II. beim zweiten bzw. jahwistischen Schöpfungs-

1 Piegsa, Ehesakrament, 10-11. Vgl. Röm 1,19-23; 2,14-17.

2 Wojtyła, Zeichen des Widerspruchs, 34.

3 Johannes Paul II., Erinnerung und Identität, 106.

4 „(...) pope's skillful and sensitive reading of *Genesis* (...) in itself a remarkable achievement" (Smith, Pope John Paul II, 237). (Eigenübersetzung).

5 „(...) punte di vera e profonda poesia" (Ciccone, Uomo-Donna, 31). (Eigenübersetzung).

6 Johannes Paul II., Erinnerung und Identität, 104.

7 In diesem Sinn gehört auch beim Elohisten „die Zweigeschlechtlichkeit unmittelbar zur Erschaffung des Menschen", woraus Westermann folgert, „dass es nach dieser Auffassung ein 'Wesen des Menschen', eine Bestimmung des Menschen abgesehen von seiner Existenz in zwei Geschlechtern nicht geben kann" (Westermann, Genesis, 221).

bericht eine „anthropologische Definition“ (TdL 6,2). Es ist bezeichnend, dass Johannes Paul II. an dieser Stelle den Schlüsselbegriff seiner philosophischen Anthropologie einführt: „In der Tat skizziert der alte Text in relativ knappen Sätzen den Menschen als Person mit der sie charakterisierenden Subjektivität“ (TdL 6,1). Nach diesem Bericht wird zunächst der Mensch-אָדָמ (ʾāḏām) erschaffen (Gen 2,7), der erst nach der Erschaffung der Frau-אשח (iššah) als Mann-איש (iš) definiert wird (Gen 2, 22.23). Damit bildet im Zustand der ursprünglichen Unschuld ein zweifaches Alleinsein die erste Urerfahrung des Menschen: „als ein fundamentales anthropologisches Problem (…) ‚seiner Natur nach’ früher“ (TdL 5,3) die Einsamkeit im Menschsein als solchem im Verhältnis zu allen anderen Lebewesen und hernach die Einsamkeit des Mannes, die aus dem Fehlen der Frau hervorgeht. Die Frau leidet nicht an dieser Einsamkeit, denn sie findet ihren Gefährten bereits vor.[1] Aus eben dieser zweifachen Einsamkeit heraus ergibt sich für Johannes Paul II. das Bedürfnis nach einem „Du“ und damit der „communio personarum“. Schließlich wird „die ursprüngliche Bedeutung des Alleinseins des Menschen aufgrund eines besonderen ‚Tests’ bzw. einer Prüfung definiert, der sich der Mensch vor Gott (und gewissermaßen auch vor sich selbst) unterziehen muss“ (TdL 5,4).[2] Nachdem Gott alle Tiere des Himmels und der Erde erschaffen hat, führt er sie dem Menschen mit dem Auftrag vor, diese doch zu benennen.[3] Das Ergebnis findet sich in Gen 2,20: „Der Mensch gab Namen allem Vieh, den Vögeln des Himmels und allen Tieren des Feldes. Aber eine Hilfe, die dem Menschen entsprach, fand er nicht.“

Johannes Paul II. misst diesem Textabschnitt eine tiefe anthropologische Bedeutung für die „Selbstdefinition“[4] des Menschen zu. Denn dieser „Test“ verdeutlicht die „Suche nach seinem Wesen“, die „Suche nach seiner Selbstbestimmung“ bzw. die „Suche nach seiner Identität“ (TdL 5,5). Selbst wenn das Ergebnis dieses Selbstfindungsprozesses negativ ist und zunächst hervorhebt, was der Mensch nicht ist, so offenbart dieser „Test“ dem Menschen doch „sein Anderssein“ und erlaubt ihm „durch eine erste Selbstbestimmung sein eigenes Selbstbewusstsein als ursprüngliche und grundlegende Äußerung des Menschseins auszudrücken“ (TdL 5,6). „Mit diesem Erkennen, das ihn gewissermaßen

1 „La solitudine dell'uomo è solo momentanea. Dio prevede subito di affidargli una compagna simile a lui. La donna non soffre neppure un istante della solitudine di cui è stato angustiato l'uomo. Trova subito il suo compagno“ (Concetti, Relazioni, 50).

2 Westermann kritisiert eine einseitige Auslegung, „die Tiere seien wirklich von Gott als Genossen für den Menschen gemeint; der Mensch jedoch habe diese Tiere missachtet und dann habe Gott dem Menschen die Frau, die ihn ins Elend bringt, als Strafe gegeben. In dieser Erklärung ist die klare und gerade Linie der Erzählung, die von der Erwägung Gottes V. 18 zum Erreichen der Absicht (22) und dem Anerkennen durch den Menschen (23) führt, verkannt“ (Westermann, Genesis, 310).

3 Mit dieser „Namengebung“ wird nach Westermann „eine allererste Autonomie des Menschen in einem begrenzten Bereich zum Ausdruck gebracht“ (Ebd., 311).

4 „(…) definizione di se stesso” (Giovanni Paolo II, L'Amore Umano 5,5). (Eigenübersetzung; vgl. TdL 5,5)

über sein eigenes Sein hinausgehen lässt, entdeckt sich der Mensch zugleich selbst in der ganzen Besonderheit seines Seins“ (TdL 5,6). Der Seinsdefinition des Aristoteles folgend, so Johannes Paul II., der den Menschen als „animal rationale“ definiert, enthüllt diese Suche den Gattungsbegriff („genus proximum“), nämlich mit allen untergeordneten Gattungen gemeinsam „Lebewesen“ zu sein, aber auch den spezifischen Unterschied („differentia specifica“), „vernünftig“ zu sein.[1] Denn „die Besonderheit des Menschen im Vergleich zur gesamten Welt der Lebewesen (animalia) besteht ja nicht darin, dass der Mensch, vom Gesichtspunkt der Art her verstanden, grundsätzlich nicht auch als animal (Lebewesen) bezeichnet werden könnte, aber eben als animal rationale, ‚Vernunftwesen'“ (TdL 80,4). Dass die Katechesen über diese klassische Deutung hinaus den ganzen anthropologischen Ansatz Wojtyłas beinhalten, wird daran deutlich, dass Johannes Paul II. bezüglich der ursprünglichen Einsamkeit des Menschen als Mensch, die tatsächlich aus dem Faktum der „Unterschiedenheit“ resultiert, sich nicht mit der traditionellen Lösung der Vernunft begnügt, sondern dieses Alleinsein eben mit der Subjektivität des Menschen in Verbindung bringt. Das „Alleinsein bezeichnet gerade auch die Subjektivität des Menschen, die sich durch die Selbsterkenntnis konstituiert“[2]. Und Johannes Paul II. stellt bei dieser Katechese fest, dieser „Prozess der Suche einer Definition seiner selbst“[3] führe „zu einer ersten Beschreibung des menschlichen Wesens als menschliche Person mit der eigenen Subjektivität, die sie kennzeichnet“ (TdL 5,6). Außerdem fügt sich mit dem Baum der Erkenntnis von Gut und Böse zum Bild des Menschen „das Moment der Entscheidung, das heißt des freien Willens, hinzu“, sodass sich Johannes Paul II. bereits vor einem „Bild des Menschen als einer Person“ weiß, „die mit einer wesenseigenen Subjektivität ausgestattet ist, gleichsam in seinem ersten Entwurf vollendet“ (TdL 6,1). Wenngleich beim Jahwisten nirgends direkt vom Körper die Rede ist, bringt Johannes Paul II. die ursprüngliche Einsamkeit jetzt mit dem „Bewusstsein, Körper zu sein“ in Zusammenhang, „durch das sich der Mensch von allen Lebewesen unterscheidet und sich von ihnen ‚scheidet' und durch das er Person ist“ (TdL 6,3). „Denn dieser Körper war sozusagen das sichtbare Merkmal der Transzendenz, durch die der Mensch als Person über die sichtbare Welt der Lebewesen (animalia) hinausragt“ (TdL 27,3). Diese Aussage erscheint paradox. Schließlich hätte der Mensch gerade aufgrund seines Körpers, als Körper unter Körpern, ebenso zum Ergebnis kommen können, der Substanz nach vielmehr den „animalia“ ähnlich zu sein. Nichtsdestotrotz gründet die Überlegenheit des Menschen gerade in

1 Vgl. TdL [Anm. 10] 5, 5.

2 „Solitudine infatti significa anche soggettività dell'uomo, la quale si costituisce attraverso l'autoconoscenza“ (Giovanni Paolo II, L'Amore Umano 5,6). (Eigenübersetzung; vgl. TdL 5,6)

3 „(…) processo di ricerca di una definizione di sé“ (Giovanni Paolo II, L'Amore Umano 5,6). (Eigenübersetzung; vgl. TdL 5,6).

den körperspezifischen Fähigkeiten, allein den Ackerboden bestellen zu können (vgl. Gen 2,5) und die Erde zu unterwerfen (vgl. Gen 1,28). Denn vor allem diese Fähigkeiten helfen dem Menschen, „die Wahrheit über das eigene Menschsein zu entdecken und zu bestätigen“[1]. Daraus ergibt sich nämlich das Wissen um die Bedeutung des eigenen Körpers.[2] Bereits dieser Gedankengang bildet einen ersten Ausgangspunkt für die Entwicklung einer „Theologie des Leibes“. Johannes Paul II. hält fest: „Der Mensch ist nicht nur durch sein Selbstbewusstsein und seine Selbstbestimmung Subjekt, sondern auch aufgrund des ihm eigenen Körpers“ (TdL 7,2) Dass der Mensch „auch aufgrund des ihm eigenen Körpers“ Subjekt ist, stellt gegenüber *Person und Tat* eine neue Akzentsetzung dar und rückt den Körper ins Zentrum der Anthropologie. Die Person ist weder von der Tat noch vom Körper zu trennen. Das Körperliche wie die Subjektivität des Menschen sind für Johannes Paul II. eine personale Größe und gehören zum Wesen der Person. Aus diesem Grund spricht Johannes Paul II. nicht nur von der „ontologische[n] Subjektivität“ (TdL 45,1), sondern von der „gesamte[n] seelisch-leibliche[n] Subjektivität“ (TdL 68, 3) und davon, dass sich der „Mensch (…) mit diesem Leib ausdrückt und in diesem Sinne der Leib selbst ist“ (TdL 55,2). Der Mensch hat nicht nur einen Leib, er ist Leib. Im Weiteren folgt Johannes Paul II. dann doch seiner Position von *Person und Tat*, wenn er in den Katechesen ausführt: „Der Aufbau dieses Körpers ist solcher Art, dass sie ihm ein spezifisch menschliches Handeln ermöglicht. In diesem Tun bringt der Leib die Person zum Ausdruck“ (TdL 7,2).[3] In derselben Weise definiert Wojtyła den menschlichen Körper in *Person und Tat* als „Mittel für das Vollbringen der Tat“ und als „Mittel der Expression für die Person“.[4] Für Wojtyła bezeichnet die Tat genau jene Dynamisierung des Menschen (Handeln), in der die Person als „Ich“ tätig ist und seine Urheberschaft erlebt.

So erfassen diese Ausführungen über die ursprüngliche Bedeutung des Alleinseins nicht nur „den ganzen Prozess des Werdens der menschlichen Identität gegenüber allen anderen Lebewesen; es ist dies ein Prozess der ‚Differenzierung‘ des Menschen von seiner Umwelt“ (TdL 8,3). Johannes Paul II. formuliert markant: „In seinem Alleinsein ‚offenbart‘ er sich selber, sich selbst als Person“ (TdL 69,4). In seinem *Brief an die Künstler* unterstreicht Johannes Paul II. die „Anlage, der es der Mensch verdankt, Urheber seiner Handlungen zu sein, für deren moralischen Wert er verantwortlich ist“, und betont, dass

1 Johannes Paul II., Erinnerung und Identität, 106.

2 „Man kann sagen, dass das Bewusstsein der Überlegenheit des Menschen, das zur Bestimmung des Menschseins gehört, von Anfang einer typisch menschlichen ‚Praxis‘, einem Tun entspringt. Dieses Bewusstsein bringt ein besonderes Empfinden für die Bedeutung des eignenen Körpers mit sich, das sich aus der Tatsache ergibt, dass es dem Menschen obliegt, ‚den Ackerboden zu bestellen und sich zu unterwerfen‘. Das alles wäre unmöglich ohne ein typisch menschliches Empfinden für die Bedeutung des eigenen Körpers” (TdL 7,1).

3 „(…) il corpo esprime la persona“ (Giovanni Paolo II, L’Amore Umano 7,2).

4 Wojtyła, Person und Tat, 234.

bereits nach „der Aussage der Genesis (…) jeder Mensch mit der Aufgabe betraut" ist, „Baumeister des eigenen Lebens zu sein: Er soll aus seinem Leben gleichsam ein Kunstwerk, ein Meisterstück machen."[1] Damit legt Johannes Paul II. die Grundlagen einer „adäquaten Anthropologie" und wiederholt im Licht der Offenbarung über den Anfang seine ganze Lehre über die „Erfahrung des *humanum*"[2], so Albacete, d. h. der Person als Subjekt, die er als Professor für philosophische Ethik (wie auch in der Folgezeit) entwickelt hat. Ausgehend von der Subjektivität des Menschen handelt es sich um die wesentlichen Momente der Selbsterkenntnis, des Selbstbewusstseins, der Wirkmacht, der Selbstbestimmung, der Wahl und das Bewusstsein vom Sinn des eigenen Körpers, der im Handeln die Person zum Ausdruck bringt. Damit ist deutlich geworden, wie Johannes Paul II. mit den Ergebnissen seiner philosophischen Anthropologie an das Buch Genesis herantritt. Auf der Grundlage dieser Erfahrungswerte hebt er den Schatz, der sich in dieser Offenbarung verbirgt. Auf diese Weise wird die Relecture der Genesis im Licht seiner philosophischen Anthropologie zum Fundament seiner „Theologie des Leibes".

2.5.1.2 Ursprüngliche Einheit

Johannes Paul II. gründet seine Ausführungen zur Erfahrung der ursprünglichen Einheit auf Gen 2,21-24.[3] Dabei ist für Johannes Paul II. entscheidend, dass dieser Abschnitt im Anschluss an das Körperbewusstsein, das mit der Erfahrung der ursprünglichen Einsamkeit verbunden ist, vom Ein-Fleisch-Werden von Mann und Frau handelt. Auf diese Weise ist die Geschlechtlichkeit der Leiblichkeit eindeutig nachgeordnet und „die Tatsache, dass der Mensch ‚ein Körper' ist", gehört „tiefergehend zur Struktur des Person-Subjekts als die Tatsache, dass er in seiner körperlichen Beschaffenheit auch männlich oder weiblich ist" (TdL 8,1). Diese „geschlechtliche Differenzierung als Mann und Frau ist der eindeutige Wille des Schöpfers"[4], stellt Piegsa fest: „Gott schuf also den Menschen als sein Abbild; als Abbild Gottes schuf er ihn. Als Mann und Frau schuf er sie" (Gen 1,27). Gleichzeitig ist aber mit Martin festzuhalten: „die Erschaffung Evas zeigt an, dass erst in der Gemeinschaft von Mann und Frau der Mensch ‚ganz', ‚vollständig' ist"[5]. Evas Erschaffung aus der Rippe des Mannes vollzieht sich,

1 Johannes Paul II., Brief an die Künstler, Nr. 2.

2 „(…) experience of the *humanum*" (Albacete, Younger, 599). (Eigenübersetzung).

3 „Da ließ Gott, der Herr, einen tiefen Schlaf auf den Menschen fallen, sodass er einschlief, nahm eine seiner Rippen und verschloss ihre Stelle mit Fleisch. Gott, der Herr, baute aus der Rippe, die er vom Menschen genommen hatte, eine Frau und führte sie dem Menschen zu. Und der Mensch sprach: Das endlich ist Bein von meinem Bein und Fleisch von meinem Fleisch. Frau soll sie heißen, denn vom Mann ist sie genommen. Darum verlässt der Mann Vater und Mutter und bindet sich an seine Frau und sie werden *ein* Fleisch."

4 Piegsa, Ehesakrament, 15.

5 Martin, Katechesen, 12.

während der Mann in einen tiefen Schlaf gefallen ist.[1] Dieser Tiefschlaf könnte nach Westermann zum Ausdruck bringen, „dass der Mensch nicht Zeuge des Schöpfungswerkes sein dürfe“[2], doch für Johannes Paul II. „deutet das Bild vom Schlaf hier vielleicht nicht so sehr auf einen Übergang vom Bewusstsein ins Unbewusstsein als auf eine Art Rückkehr ins Nichtsein“, gleichsam „in den Zustand vor der Erschaffung, aus dem durch die schöpferische Initiative Gottes [der] Mensch – bisher allein – in seiner zweifaltigen Einheit als Mann und Frau hervorgehen soll“ (TdL 8,3). Denn trotz Geschlechtsunterschieds bekundet der Mann beim Anblick der Frau aufgrund der augenscheinlichen Gleichheit des Leibes dann seine überschwängliche Freude: „Das endlich ist Bein von meinem Bein und Fleisch von meinem Fleisch. Frau soll sie heißen; denn vom Mann ist sie genommen“ (Gen 2,23). Konnte sich der Mensch in der Erfahrung der ursprünglichen Einsamkeit mit keinem der „animalia“ identifizieren, ändert sich die Situation mit der Erschaffung der Frau vollauf. Im äußeren Anblick und „‚mit Hilfe‘ der Frau“ (TdL 12,3) öffnet sich der Mann und entdeckt sein eigenes Menschsein.[3] „Diese Entdeckung (…) wird unmittelbar durch den Köper vollzogen (‚Fleisch von meinem Fleisch‘)“ (TdL 12,3). Damit wird die gegenseitige Bereicherung von Mann und Frau auch als neuer Sinn des Leibes deutlich. Mann und Frau sind zwei sich ergänzende Arten des Selbstbewusstseins, der Selbstbestimmung, des Leib- und Menschseins.[4] Dieses Konzept der Bereicherung der eigenen Subjektivität bildet das Herzstück des genuin personalistischen Ansatzes Wojtyłas/Johannes Pauls II. Dass die Frau-חשא (iššah) als ein anderes „Ich“ eine Ergänzung bzw. Bereicherung für den Mann-שיא (iš) darstellt, bringt die hebräische Sprache durch eine Assonanz zum Ausdruck: „In der Sprache der Bibel“, so Johannes Paul II. in *Mulieris dignitatem*, „weist dieser Name auf die wesentliche Identität gegenüber dem Mann hin: iš – iššah, was die modernen Sprachen im Allgemeinen leider nicht ausdrücken können (‚Frau

1 „Das Erschaffen der Frau aus einer Rippe des Mannes darf von vornherein nicht als realistische Beschreibung eines rational zugänglichen Vorganges verstanden werden. Wenn z. B. UCassuto erklärt, Gott habe nicht nur die Rippe, sondern auch das Fleisch um die Rippe herausgenommen, wenn PHumbert meint, diese Operation habe zweifellos eine Narbe hinterlassen, oder jemand gar von der ersten Anästhesie spricht, dann ist der Charakter der Erzählung verkannt. Was hier dargestellt wird, ist Urgeschehen, und die Erschaffung der Frau aus einer Rippe des Mannes ist ebenso wenig vorzustellen, wie die Erschaffung des Mannes aus Erde oder Staub“ (Westermann, Genesis, 313).

2 Ebd., 314.

3 „So ist die ‚Hilfe‘ Evas mehr als eine Hilfe bei der Arbeit, die teilweise auch ein Tier leisten kann. Die menschliche Hilfe besteht wesentlich im ‚Einander-Entsprechen‘, das den gottgewollten Aufbau eines gemeinsamen Lebens in der Ehe ermöglicht“ (Piegsa, Ehesakrament, 16).

4 „Das Vorhandensein des weiblichen Elementes neben und zusammen mit dem männlichen bedeutet eine Bereicherung für den Menschen in jeder Phase seiner Geschichte, einschließlich der Heilsgeschichte“ (TdL 10,1).

– iššah – soll sie heißen, denn vom Mann – iš – ist sie genommen': *Gen* 2,23)."[1] Martin Luther (1483-1546) hat deshalb nach Westermann „die Entsprechung ‚Männin' gebildet (…) (leichter ist es im lateinischen: virae, virago (…) und im Englischen: woman aus wife of man (…). Ob im Hebräischen die Assonanz einen sprachlichen Grund (…) oder ‚keine etymologische Basis' (…) hat, kann offenbleiben."[2] Darüber hinaus ist der Körper in der alttestamentlichen Anthropologie pars pro toto.[3] Zwischen „Körper" und „Seele" gibt es keine exakte Unterscheidung. Selbst die „Gebeine" stehen für das menschliche Wesen. Die Worte „Bein von meinem Bein und Fleisch von meinem Fleisch" unterstreichen nicht nur, was Mann und Frau einander sichtbar ähnlich sein lässt, sondern auch all das, worin sich das Menschsein überhaupt kundtut, sodass Johannes Paul II. prägnant formuliert: „Der Leib offenbart den Menschen" (TdL 9,4). Als ob der Mann sagen würde: „Siehe, ein Leib, der die Person ausdrückt!" (TdL 14,4). „Dieser Leib macht die lebendige Seele offenbar, zu welcher der Mensch wurde, als Gott Jahwe ihm das Leben einhauchte (vgl. Gen 2,7)" (TdL 14,4). Diese Gedankengänge verdeutlichen, wie sehr Johannes Paul II. über die Analyse der menschlichen Person in seinem Hauptwerk *Person und Tat* hinausgeht. Darin lautet die entscheidende These: Die Tat offenbart die Person.[4] Bewusst sagt er nun, der Leib offenbare die Person, um zu betonen, dass es einen vom personalen Wesen unabhängigen menschlichen Leib nicht gibt. Es ist immer die menschliche Person, die dem Leib und seinen wahrnehmbaren Vollzügen, also seiner Erscheinungsweise zugrunde liegt.

Außerdem ist der Mensch von Anfang an auf Gemeinschaft angelegt. Schon in der Erfahrung der ursprünglichen Einsamkeit ist das Offensein für eine „Hilfe" angelegt.[5] „Dieses ‚Sich-Öffnen' bestimmt den Menschen als Person nicht weniger, ja wahrscheinlich noch mehr als das ‚Sich-Unterscheiden'" (TdL 9,2). In der Situation der ursprünglichen Einsamkeit öffnet sich

1 Johannes Paul II., Mulieris dignitatem, Nr. 6.

2 Westermann, Genesis, 316.

3 Bis „weithin in die neutestamentliche Zeit wurde der Mensch ganzheitlich als beseeltes Lebewesen begriffen (Gen 2,7). Sein Wesen, seine Kontinuität, Identität, Aktivität und Individualität wurden von den Aspekten (…) seiner leiblichen Existenz her erfahren und ausgesagt" (Dautzenberg, Leib, Sp. 764-765). [Die im LThK typischen Abkürzungen sind vom Autor ergänzt]

4 „‚Person und Tat', es wird also nicht eine Studie über die Tat sein, die die Person voraussetzt. Wir werden eine andere Richtung der Erfahrung und des Verstehens einschlagen. Es wird uns nämlich um *die Erforschung der Tat gehen, die die Person erschließt;* um das Studium der Person durch die Tat (…). Die Tat erlaubt uns, aufs tiefste Einblick in das Wesen der Person zu gewinnen und die ganz und gar zu verstehen" (Wojtyła, Person und Tat, 19).

5 „Mit der ‚Hilfe, die ihm entspricht' ist weder das Geschlechtswesen Frau (so hat Augustin unsere Stelle aufgefasst) noch die Frau als Arbeitskraft zur Hilfe beim Ackerbau gemeint; jede solche Eingrenzung verdirbt den Sinn dieser Stelle. Es ist die personale Gemeinschaft von Mann und Frau in umfassendem Sinn gemeint, zu der sowohl die körperliche wie die geistige Gemeinschaft von Mann und Frau, das gegenseitige Helfen bei der Arbeit, das gegenseitige Verstehen, die Freude aneinander, das Ausruhen aneinander gehören" (Westermann, Genesis, 317).

der Mensch nämlich für einen „anderen“ und erwartet die Beziehung zu einem ihm der Natur nach identischen Wesen. Entsprechend dem Zweiten Vatikanischen Konzil bezeichnet Johannes Paul II. diese die Einsamkeit überwindende Einheit zweier gleicher Wesen mit dem Terminus „communio personarum“ [1]: „Gemeinschaft der Personen“ (TdL 69,4). Für Johannes Paul II. übersteigt der Begriff der „communio“ jenen viel allgemeineren der „communitas“[2], da er „genau auf jene ‚Hilfe‘ hinweist, die in gewissem Sinne eben aus der Tatsache der Existenz des Menschen als Person ‚neben‘ einer Person herstammt“ und in „der biblischen Erzählung wird diese Tatsache eo ipso zur Existenz der Person ‚für‘ die Person“ (TdL 9,2).[3] Diese Proexistenz von Personen ergibt sich im Licht der Offenbarung aus dem Menschen als „Abbild Gottes“ (Gen 1,27). „Dass der als Mann und Frau geschaffene Mensch Abbild Gottes ist“, bedeutet, „*dass zur Erschaffung des Menschen* auch eine gewisse Ähnlichkeit mit der göttlichen Gemeinschaft (‚*communio*‘) gehört“, dass deshalb „Mann und Frau, als ‚Einheit von zweien‘ im gemeinsamen Menschsein geschaffen, dazu berufen sind, eine Gemeinschaft der Liebe zu leben und so in der Welt jene Liebesgemeinschaft widerzuspiegeln, die in Gott besteht und durch die sich die drei göttlichen Personen im innigen Geheimnis des göttlichen Lebens lieben.“[4] Kurzum: „Die Aussage, der Mensch sei nach dem Bild und Gleichnis Gottes geschaffen, bedeutet auch, dass der Mensch dazu berufen ist, ‚für‘ andere dazusein, zu einer ‚Gabe‘ zu werden.“[5] Wegen dieser seiner Berufung zur Hingabe wird der „Mensch (…) nicht so sehr im Augenblick seines Alleinseins als vielmehr im Augenblick der Gemeinschaft zum Abbild Gottes“ (TdL 9,3). Diese Berufung zur „comunio personarum“ als Abbild Gottes erschließt sich in der „Theologie des Leibes“ gerade aufgrund des Körperseins des Menschen in

---

1 „Aber Gott hat den Menschen nicht allein geschaffen: denn von Anfang an hat er ihn ‚als Mann und Frau geschaffen‘ (Gen 1,27); ihre Verbindung schafft die erste Form personaler Gemeinschaft“ (GS 12).

2 „Ich habe auf zwei miteinander verwandte, aber nicht identische Begriffe Bezug genommen: den Begriff der ‚*communio*‘ (Gemeinsamkeit) und den Begriff ‚*communitas*‘ (Gemeinschaft)“ (Johannes Paul II., Brief an die Familien, Nr. 7).

3 „Die ‚Gemeinsamkeit‘ [communio] betrifft die persönliche Beziehung zwischen dem ‚Ich‘ und dem ‚Du‘“, so Johannes Paul II. im *Brief an die Familien*, die „‚Gemeinschaft‘ [communitas] dagegen übersteigt dieses Schema in Richtung einer ‚Gesellschaft‘, eines ‚Wir‘. Die Familie als Gemeinschaft von Personen ist (...) die erste menschliche ‚Gesellschaft‘“ (Johannes Paul II., Brief an die Familien, Nr. 7). „Mit der ‚Gemeinsamkeit‘ der Eheleute beginnt diese grundlegende ‚Gemeinschaft‘ der Familie. Diese ‚Familiengemeinschaft‘ ist zutiefst von dem durchdrungen, was das eigentliche Wesen der ‚Gemeinsamkeit‘ ausmacht. Kann es auf menschlicher Ebene eine andere ‚*Gemeinsamkeit*‘ geben, welche jener vergleichbar wäre, die *zwischen der Mutter und dem Kind* entsteht, das sie zuerst im Schoß getragen und dann zur Welt gebracht hat?“ (Ebd.).

4 Johannes Paul II., Mulieris dignitatem, Nr. 7.

5 Ebd.

seinem Frau- und Mannsein.[1] Denn von Anfang an verwirklicht sich die Einheit als Überwindung der zweifachen Einsamkeit von Mann und Frau als „communio personarum“ im Körper. Im Ein-Fleisch-Werden kehren Mann und Frau „jedes Mal aufs Neue“ auch wieder „zu jener Einheit im Menschsein (‚Gebein von meinem Gebein und Fleisch von meinem Fleisch') zurück, die ihnen ermöglicht, sich gegenseitig zu erkennen und wie beim ersten Mal beim Namen zu nennen“ (TdL 10,2), als ob Mann und Frau die Erfahrung der ursprünglichen Einsamkeit nochmals durchleben. Johannes Paul II. spricht bei dieser Erfahrung der Einsamkeit durch den Geschlechtsakt von der Entdeckung oder Erfahrung vom „ursprünglichen jungfräulichen Wert des Menschen“ (TdL 10,2). Der „jungfräuliche Wert“ ergibt sich für Johannes Paul II. im Rahmen der ehelichen Vereinigung aus der Tatsache, dass sich im Idealfall ein Mensch im jungfräulichen Zustand einer anderen Person zum vollkommenen personalen Geschenk macht. Dieser „jungfräuliche Wert“ ist im gefallenen Zustand des Menschen das Ergebnis der Überwindung der Begierde und damit der „Erlösung des Leibes“. In einem ganz anderen Sinn versteht Johannes Paul II. die Fruchtbarkeit der Jungfräulichkeit beim Ideal der Ehelosigkeit „um des Himmelreiches willen“. Aber auch in diesem Fall setzt die Jungfräulichkeit die „Erlösung des Leibes“ im Sinn der Überwindung der Begierde voraus und stellt eine Form der Hingabe dar, die sich durch den Leib und seine Sprache ausdrückt und verwirklicht.

2.5.1.3 Ursprüngliche Nacktheit

Die Erfahrung der ursprünglichen Nacktheit bildet ein weiteres Schlüsselelement der ursprünglichen Offenbarung: „Beide, Adam und seine Frau, waren nackt, aber sie schämten sich nicht voreinander“ (Gen 2,25). „Dies ist der einzige Vers in Gen 2-3“, so Westermann, „der das Sein der Menschen im Garten als Zustand schildert (…). An diesen einzigen Vers können die Deutungen anschließen, die nach dem ‚Urstand', dem Sein des Menschen ‚vor dem Fall' fragen. Darum hängt an der Deutung dieses Verses viel.“[2] Für Johannes Paul II. ist das Fehlen der Scham vor dem Sündenfall „in keiner Weise eine Primitivisierung von Scham“, etwa in dem Sinn, dass sie „sich noch nicht voll entwickelt hatte“, oder, „dass man sie in Analogie zu anderen positiven menschlichen Erfahrungen erklärt, wie z. B. denen des Kindesalters oder im Leben der sogenannten primitiven Völker“ (TdL 12,2). Dass Kleinkinder noch keine sexuelle Scham kennen, hängt für Wojtyła mit der Grunderfahrung zusammen,

1 Denn der menschliche Körper ist „durch seine Männlichkeit und Weiblichkeit eine durchsichtige Dimension der gegenseitigen Hingabe der Personen“ und trug „im Geheimnis des Schöpfung ein unzweifelhaftes Zeichen der Ebenbildlichkeit Gottes an sich und bildete auch die eigentliche Quelle für die Gewissheit der Ebenbildlichkeit, die im ganzen Wesen des Menschen zum Ausdruck kommt“ (TdL 27,3).

2 Westermann, Genesis, 318.

dass sie sich noch nicht als „mögliches Genussobjekt"[1] für eine andere Person empfinden. Auch darf das „Fehlen der Scham voreinander bei Adam und Eva im Urzustand" für Piegsa nicht „als Fehlen der geschlechtlichen Anziehung vor dem Sündenfall (…) ausgelegt werden, sondern als Ausdruck der noch heilen Gemeinschaft der Menschen untereinander und mit Gott."[2] Als Ausdruck einer „volle[n] Bejahung des Körpers in seiner ganzen menschlichen und damit persönlichen Wirklichkeit" (TdL 27,3) „sehen und begreifen sich" Mann und Frau „im vollen Frieden des inneren Schauens", „in voller Ruhe und Ausgeglichenheit des inneren Schauens" (TdL 13,1). Ganz dem Grundsatz entsprechend, dass der Leib die Person offenbart, dringt dieses Schauen ins Innere des Menschen vor und beschränkt sich nicht auf die äußere Wahrnehmung. Die besondere Fülle dieser interpersonalen Kommunikation erklärt sich durch die im Leib transparente menschliche Innerlichkeit.[3] In diesem Sinn hatte Wojtyła das Thema der Scham bereits in seinem Werk *Liebe und Verantwortung* behandelt. *„Scham tritt in dem Moment auf, wo etwas, was kraft seines Wesens oder seiner Bestimmtheit im Innern bleiben sollte, die Innerlichkeit der Person verlässt, um auf irgendeine Weise nach außen in Erscheinung zu treten.*"[4] Voraussetzung für das Erlebnis der Scham ist, dass „die Person eine Innerlichkeit besitzt, die ihr allein gehört. Von daher entsteht das Bedürfnis, gewisse Werte und Sachverhalte in dieser Innerlichkeit zu verbergen."[5] Über diese Innerlichkeit reicht die Scham ins Wesen der Person hinein. Für die Erschließung dieses Phänomens entfaltet Wojtyła bereits in *Liebe und Verantwortung* die Grundzüge seiner Konzeption der Person: „Diese ist Herrin über sich selbst; niemand, außer Gott der Schöpfer, kann über sie irgendein Eigentumsrecht haben. Sie gehört sich selbst an, hat das Recht auf Selbstbestimmung, also darf niemand ihre Unabhängigkeit verletzen. Und es darf auch niemand ihr Eigentümer werden, außer sie sei damit einverstanden, indem sie sich in Liebe schenkt."[6] Auf diese Weise kommen im Phänomen des Schamgefühls die „objektive Unveräußerlichkeit der Person (*alteri incommunicabilis*) und ihre Unverletzlichkeit (…) zum Ausdruck, *das ein natürlicher Widerschein des Wesens der Person ist.*"[7] In der Erfahrung des Schamgefühls wird deutlich, dass eine Person nie

1 Vgl. Wojtyła, Liebe und Verantwortung, 152.
2 Piegsa, Ehesakrament, 14.
3 Denn der Körper „ist Ausdruck der Person in ihrer seinsmäßigen und existenziellen Konkretheit, die mehr ist als das Individuum und daher Ausdruck des menschlich-personalen Ichs, das gerade von innen her seine äußere Sichtbarkeit begründet" (TdL 12,4). Auf diese Weise lässt sich für Johannes Paul II. gerade anhand des jahwistischen Textes „rekonstruieren" (TdL 11,6), „dass der Körper durch seine Sichtbarkeit den Menschen offenbart und so zum Vermittler dafür wird, dass Mann und Frau von Anfang sich einander mitteilen aufgrund jener ‚Gemeinschaft von Personen', die der Schöpfer gerade für sie gewollt hat" (TdL 12,5).
4 Wojtyła, Liebe und Verantwortung, 151.
5 Ebd.
6 Ebd., 154.
7 Wojtyła, Liebe und Verantwortung, 154.

vollkommen über eine andere verfügen kann. So entwickelt sich aufgrund des Schamgefühls im Menschen das Bewusstsein für die „personalistische Norm", d. h. für die Verpflichtung, den anderen aufgrund seines sexuellen Wertes nicht auf ein Genussobjekt zu reduzieren. Vielmehr geht es um die Erkenntnis, „der einzige Weg, einen anderen vollauf zu respektieren, besteht darin, sie oder ihn zu *lieben* und daran zu arbeiten, was das Beste für die Person ist"[1], so Smith.. „Im Schamgefühl tritt" für Wojtyła „der supra-utilitäre Charakter der Person, des Mannes wie der Frau, zutage."[2] Die sexuelle Scham ist bestrebt, die sexuellen Werte der Person zu verhüllen, um den Wert der Person zu enthüllen. Die Funktion der Scham beschränkt sich also nicht darauf, den Wert der Person zu schützen. Vielmehr deckt die Scham den Wert der Person als einen mit dem Geschlecht verbundenen Wert auf, der das Geschlecht überragt. Es entsteht „das Gefühl der Unverletzlichkeit, das bei der Frau spricht: ‚Berühre mich nicht, auch nicht in deinem inneren Begehren!', und beim Mann: ‚Ich darf sie nicht berühren, auch nicht in meinem inneren Willen, sie zu gebrauchen.' In dieser Furcht vor ‚Kontakt', die für die Personen, die einander wahrhaft lieben, so charakteristisch ist, äußert sich indirekt die Bejahung des Wertes der Person"[3]. Hinter einer solchen Aussage verbirgt sich natürlich auch die ganz persönliche Erfahrung eines Karol Wojtyła. Im Gespräch mit André Frossard unterstreicht er, dass er die „Schönheit" der natürlichen menschlichen Liebe „ganz tief empfunden habe". Gleichzeitig bezeugt er: „Auf diesem Gebiet habe ich mehr Gnaden empfangen als Kämpfe zu bestehen gehabt."[4] So ist zu verstehen, dass die Aussage Wojtyłas über die Scham vom Standpunkt des Mannes aus geprägt ist und hinsichtlich der „Furcht vor Kontakt" sicherlich durch seine subjektiven Gefühle bedingt ist.

Mit dem Überschreiten der Schwelle zur Sündhaftigkeit und somit zum Menschen der Geschichte verbindet sich dann eine neue Körpererfahrung: „Da gingen beiden die Augen auf und sie erkannten, dass sie nackt waren. Sie hefteten Feigenblätter zusammen und machten sich einen Schurz" (Gen 3,7) Nach dem Sündenfall ist für Westermann das „Bewusstsein der Geschlechtlichkeit etwas anderes, als es vorher war; indem beiden das Nacktsein voreinander bewusst wird, ist darin das Neue, Fremde, dass sie sich voreinander genieren."[5] Mit dem Auftreten der Scham wird das innere Sehen begrenzt und die Innerlichkeit gestört.

Das Grundanliegen von Johannes Paul II. besteht darin, das Schamgefühl des Menschen im Zustand nach dem Sündenfall personal zu deuten. Dabei er-

1 „(…) the only way to respect another fully is to *love* him or her and to work for what is best for the person" (Smith, Pope John Paul II, 237). (Eigenübersetzung).

2 Wojtyła, Liebe und Verantwortung, 154.

3 Ebd., 155-156.

4 Johannes Paul II., Fürchtet euch nicht, 15.

5 Westermann, Genesis, 342.

langt die Meditation über den Zustand des Menschen vor dem Sündenfall, in dem er die Erfahrung der Scham nicht kannte, eine Schlüsselbedeutung. Die in das Herz des Menschen eingedrungene Begierde verleitet ihn dazu, den Anderen als Objekt und nicht in der Fülle seines personalen Wertes zu betrachten. Das Schamgefühl ist eine Reaktion auf dieses fehlerhafte Verlangen und dient dem Schutz der Person. So gesehen offenbart gerade das Schamgefühl die personale Würde des Menschen. Allerdings entfaltet Johannes Paul II. den ursprünglichen, gnadenhaften Zustand des Menschen nicht weiter. Wie hätte sich die „communio personarum“ über das erste Menschenpaar hinaus entwickelt? Wie hätten Zeugung, Eheschließung, Familienleben in diesem paradiesischen Zustand ausgesehen? Welche Rolle hätte die ursprüngliche Nacktheit gespielt, zumal sich die personale Subjektivität in einem Menschen, der als Kind geboren und im Raum elterlicher Liebe aufwächst, vollkommen anders konstituiert, als im ersten Menschenpaar, das sich Johannes Paul II. nur im Erwachsenenzustand vorstellt? Außerdem bleibt die Frage im Raum stehen, welchen Stellenwert der Körpererfahrung zugekommen wäre, wenn sich nicht nur ein Paar gegenüber steht, sondern, wenn der einzelne Mensch in einer größeren Gemeinschaft eine Partnerwahl vorzunehmen hat. Jedenfalls besteht für Johannes Paul II. der Offenbarungswert für das Erkennen der Wahrheit über den Menschen bei seinen Überlegungen darin, dass die Bibel von der ursprünglichen Nacktheit und dem Fehlen der Scham im Urzustand berichtet. Diese Verfasstheit des Menschen „im Anfang“ ließe sich nicht allein aus der Erfahrung ableiten. Im Licht der Offenbarung aber erscheint dadurch der Mensch so, wie der Schöpfer ihn sah, nämlich in der vollkommenen Bejahung des Leibes in seiner Bedeutung für die personale Ausrichtung des Menschen auf ein „Du“. Letztendlich muss man das Fehlen der Scham „als Offenbarung – und zugleich Entdeckung – der Freiheit verstehen, die die ‚bräutliche' Bedeutung des Leibes ermöglicht und kennzeichnet“ (TdL 15,2).

2.5.1.4 Bräutliche Bedeutung

Nach der Darlegung der drei Ursprungserfahrungen der Einsamkeit, Einheit und Nacktheit führt Johannes Paul II. zum Aufbau einer biblischen Anthropologie als „neues Kriterium“ die „Hermeneutik des Geschenks“ (TdL 13,2) ein. Damit zeichnet sich eine „Wahrheit über Mann und Frau“ ab, welche „die tragende Struktur der biblischen und christlichen Anthropologie“[1] darstellt.

Johannes Paul II. entwickelt den Gedanken des Geschenks und des Beschenktwerdens zunächst aus dem Schöpfungsgeheimnis heraus. Die Schöpfung als sichtbare Welt ist nicht nur eine „creatio ex nihilo“, sondern das fundamentale, ursprüngliche und erste Geschenk Gottes an den Menschen. Dieses

1 Johannes Paul II., Mulieris dignitatem, Nr. 7.

Geschenk Gottes an den Menschen ist eine Frucht seiner Liebe.[1] Mit Recht fragt sich Johannes Paul II. in den Katechesen, ob denn der Mensch in seiner ursprünglichen Einsamkeit die Welt auch als Ur-Geschenk erfasst hat. Zwar ist sein Leib als Teil der sichtbaren Welt „*Zeuge* der Schöpfung als einem grundlegendem Geschenk, also Zeuge der *Liebe als Quelle, aus welcher eben dieses Schenken entsprungen ist*"[2], doch erlebt Adam tatsächlich erst die Erschaffung der Frau als ein besonderes Geschenk des Schöpfers. Erst mit Mann und Frau wird die ursprüngliche Einsamkeit in einer zweigeschlechtlichen Gemeinschaft von sich gegenseitig schenkenden Personen überwunden. „In der ‚Einheit der zwei' sind Mann und Frau von Anfang an gerufen, nicht nur ‚nebeneinander' oder ‚miteinander', sondern auch einer für den anderen zu leben."[3] In dieser Sicht verwirklicht sich der Mensch wesensmäßig nicht nur im Miteinander (Koexistenz), die Johannes Paul II. zu Recht als „*eine grundlegende Dimension der menschlichen Existenz*"[4] bezeichnet, sondern vielmehr im Sich-schenkenden-Füreinander (Proexistenz). Folglich bedeutet für Johannes Paul II. die „Gemeinschaft der Personen (…) in einem gegenseitigen Füreinander, in einer Beziehung gegenseitigen Sich-Schenkens zu leben" (TdL 14,2). Erst in einer solchen Erfahrung des gegenseitigen Sich-Schenkens werden sich Mann und Frau subjektiv des Faktums des Schenkens bewusst und als dessen Folge auch des ursprünglichen Geschenks der Schöpfung.[5] Derart ergibt sich für Marengo „die einzigartige Stellung des Menschen in der Welt: er ist das einzige Subjekt, das dazu fähig ist, den eigentlichen Sinn des Geschenks der Schöpfung zu erkennen, vor allem aber ist er gerufen, den anderen Menschen als Geschenk für sich selbst anzunehmen"[6].

Dabei ist gerade der Körper „durch seine Männlichkeit und Weiblichkeit eine durchsichtige Dimension der gegenseitigen Hingabe der Personen" (TdL 27,3). Er dient so nicht nur der Fruchtbarkeit bzw. der Fortpflanzung, sondern offenbart in seiner Männlichkeit und Weiblichkeit die Person und den „bräutlichen Sinn" ihres Seins und Existierens. „Bräutlich" ist nach Martin „ein Schlüsselwort der

1 Mehrmals wiederholt der erste Schöpfungsbericht die Worte: „Gott sah, dass es gut war" (Gen 1,10.12.18.25) bzw. „Gott sah alles an, was er gemacht hatte: Es war sehr gut" (Gen 1,31). Das „Motiv Gottes für die Schöpfung" ist für Johannes Paul II. die „Liebe (…), die in Gott selbst aufspringt: ‚Nur die Liebe setzt Gutes ins Werk und erfreut sich daran' (Vgl. 1 Kor 13,6), wie wir im Buch Genesis lesen" (TdL 13,3).

2 „(...) *il corpo: testimone* della creazione come di un dono fondamentale, quindi testimone dell'*Amore come sorgente, da cui è nato questo stesso donare*" (Giovanni Paolo II, L'Amore Umano 14,4). (Eigenübersetzung; vgl. TdL 14,4).

3 Johannes Paul II., Mulieris dignitatem, Nr. 7.

4 Johannes Paul II., Die Schwelle der Hoffnung, 64.

5 „L'uomo riceve in dono da Dio tutto il mondo, ma soprattutto l'altro uomo" (Pesce, Mistero, 38).

6 „Ne conseque, poi, la singolare collocazione dell'uomo nel mondo: egli è l'unico soggetto capace di riconoscere il senso stesso del dono della Creazione, ma soprattutto è chiamato a ricevere l'altro uomo come dono a se stesso" (Marengo, Introduzione, 37).

theologischen Anthropologie Papst Johnnes Pauls II.“[1] und bezeichnet „die Fähigkeit, der Liebe Ausdruck zu geben: jener Liebe, in welcher der Mensch als Person Geschenk wird und – durch dieses Geschenk – den eigentlichen Sinn seines Seins und seiner Existenz verwirklicht“ (TdL 15,1). In *Liebe und Verantwortung* betont Wojtyła, diese „bräutliche Liebe“ reiche viel weiter als Freundschaft, Zuneigung, Begehren oder Wohlwollen: „Sie besteht in der Hingabe der eigenen Person. ‚*Ihr Wesen ist die Übereignung seiner selbst, des eigenen Ich.*‘“[2] Allerdings bleibt die Frage, wie sich diese „Übereignung“ vollzieht? Kann sich die Person überhaupt einer anderen Person übereignen bzw. schenken? Schließlich ist „jede Person von ihrem Wesen her unweggebbar, *alteri incommunicabilis* (…). Sie ist somit nicht nur Herrin über sich selbst (*sui iuris*), sondern kann auch sich weder übereignen noch geben. Die Natur der Person widersetzt sich so einer Selbstweggabe.“[3] „Übereignung“ oder Sich-Schenken bedeutet auch nicht, wie ein Ding Eigentum eines anderen zu werden. Das ist „in der Naturordnung und im physischen Sinn nicht möglich“, kann aber „in der Ordnung der Liebe und im moralischen Sinn stattfinden. Hier kann sich eine Person einer anderen – einem Menschen oder Gott – schenken, und dank dieser Hingabe entsteht eine besondere Form von Liebe, die wir bräutliche Liebe nennen wollen.“[4] Im Urzustand ist dieses Sich-Schenken frei von ungeordneter sexueller Begierde.[5] Der Mensch braucht nicht wie die Tiere durch einen Trieb zur Zeugung gedrängt werden, sondern strebt die Vereinigung mit dem „Du“ in vollkommener Freiheit und aus reiner Liebe an. Diese innere Freiheit kommt im Fehlen der Scham und in der ursprünglichen Nacktheit zum Ausdruck. Ganz seinem präpontifikalen Ansatz folgend, versteht Johannes Paul II. auch an dieser Stelle „die Freiheit (…) als Herrschaft über sich selbst (Selbstbeherrschung)“[6]. Dies ist überraschend und nicht ganz konsequent. Schließlich hat es der Mensch im Urzustand nicht nötig, eine Begierde zu beherrschen. Denn im Urzustand ist die Herrschaft über sich selbst ohne persönliche Anstrengung als Grundverfasstheit der menschlichen Person gegeben. Allerdings spricht Johannes Paul II. dann zu Recht von der Selbstbeherrschung, wenn es um den Menschen geht, der durch die Gnade von seiner Begierde erlöst worden ist und die verlorene Freiheit wieder voll erlangt hat.

Nur auf der Grundlage dieser Freiheit können Mann und Frau füreinander eine uneigennützige, mit den Worten des Zweiten Vatikanums, „aufrichtige“ Gabe werden und so sich „selbst vollkommen finden“ (vgl. GS 24). Infolge dieses Konzilstexts kann die „Wahrheit über den Menschen“ für Johannes Paul II.

1 Martin, Katechesen, 9.

2 Wojtyła, Liebe und Verantwortung, 84.

3 Ebd.

4 Ebd.

5 „Der Mensch, der sich der Zeugungskraft seines Körpers und des eignen Geschlechts bewusst ist, ist zugleich von körperlichem und sexuellem Zwang frei“ (TdL 14,6).

6 „(...) la libertà (...) come *padronanza di se stessi* (autodominio)“ (Giovanni Paolo II, L'Amore Umano 15,2). (Eigenübersetzung; vgl. TdL 15,2).

„neu gelesen werden“ und verhilft so „zu einem noch besseren Verständnis der bräutlichen Bedeutung des Leibes“ (TdL 15,3). In dieser Sicht nimmt der Mann die Frau eben so an, wie sie vom Schöpfer „um ihrer selbst willen“ (GS 24) gewollt wurde und die Frau nimmt den Mann so an, wie er vom Schöpfer „um seiner selbst willen“ gewollt wurde (vgl. TdL 15,3). Die leibspezifische Hinordnung zur Hingabe und das Bewusstsein von diesem Sinn des Leibes kommen von innen. Dieser Sinn besteht also zunächst in der „Fähigkeit und Bereitschaft zur ‚Bestätigung der Person‘, das heißt die Fähigkeit zum Erleben der Tatsache, dass der andere – die Frau für den Mann und der Mann für die Frau – auch durch den Körper jemand ist, der vom Schöpfer ‚um seiner selbst willen“ gewollt ist – also einzigartig und unwiederholbar, erwählt in ewiger Liebe“ (TdL 15,4). Worin besteht nun diese „Bestätigung der Person“, die von innen her wächst und welche die ganze leibliche Dimension des Menschen umfasst? „Die ‚Bestätigung der Person‘ ist nichts anderes als die Annahme des gegenseitigen Geschenks, die darin die Personengemeinschaft herstellt“ (TdL 15,4). Diese Bereitschaft und Fähigkeit, sich dem Anderen zu schenken sowie den Anderen als Geschenk anzunehmen und so seine Person zu bejahen, also dem eigenen Leib einen bräutlichen Sinn zu verleihen, gehört wesensmäßig zur Existenz des Menschen. „Darin besteht die Offenbarung und Entdeckung der ‚bräutlichen’ Bedeutung des Leibes“ (TdL 15,3) im Geheimnis der Schöpfung. Dem Leib einen bräutlichen Sinn zu geben, bleibt dem Menschen der Geschichte aufgetragen.[1]

Um der „bräutlichen Bedeutung des Leibes“ im Licht der Offenbarung gerecht werden zu können, muss der Mensch zunächst die „personalistische Norm“ erfüllen, wie sie sich in der philosophischen Anthropologie auf der Ebene der Erfahrung zeigt, nämlich die andere Person um ihrer selbst willen bejahen und nicht auf ein Objekt zu reduzieren. Wenn Karol Wojtyła/Johannes Paul II. im Zusammenhang mit der wahren, selbstlosen Liebe von „bräutlicher Liebe“[2] spricht, ist also nicht eine Beziehung gemeint, die sich auf eine Zeit nur vor der Ehe beschränkt. Vielmehr drückt er damit aus, dass es sich um eine Liebe handelt, die zur vollkommenen personalen Hingabe an ein „Du“ bereit ist. Die „bräutliche Bedeutung des Leibes in der Gesamtstruktur der personalen Subjektivität“ (TdL 80,5) meint dabei, dass die leibliche Hingabe an das Du als Ausdruck der sich schenkenden Liebe vollzogen wird. „Das Maß des Geschenks ist ursprünglich Gott und in der geschichtlichen Erfahrung Christus, der sich der Menschheit ohne Vorbehalt hingegeben hat“[3], meint Gino Concetti.

1 „Die Entdeckung der bräutlichen Bedeutung des Leibes ist für sie nicht länger eine einfache Offenbarungs- und Gnadenwirklichkeit. Dennoch bleibt diese Bestimmung als dem Menschen vom Ethos des Geschenks aufgetragene Verpflichtung bestehen, sie ist sozusagen als fernes Echo der ursprünglichen Unschuld in die Tiefe des Menschenherzens eingeschrieben“ (TdL 19,2).

2 Wojtyła, Liebe und Verantwortung, 158.

3 „La misura del dono è originariamente Dio e nell’esperienza storica, Cristo, donatosi all’umanità senza riserve“ (Concetti, Relazioni, 52). (Eigenübersetzung)

2.5.1.5 Ethos des Geschenks

Mit dem „Anfang“, so Concetti, „kommt ein *integrales* Menschsein ans Licht: integral in seinen Bestandteilen und Elementen, in seiner Gemeinschaft mit Gott und in der brüderlichen Gemeinschaft“[1]. Diese Fülle der „Gemeinschaft mit Gott“ und diese Fülle der „brüderlichen Gemeinschaft“ offenbaren sich für Johannes Paul II. eben durch die Analyse der Erfahrung der „ursprünglichen Unschuld“. Die ersten Verse der Genesis handeln „von der Gnade, das heißt von der Mitteilung der Heiligkeit, von der Ausstrahlung des Geistes, der in jenem ursprünglichen Menschen einen ganz eigenen Zustand der Vergeistigung bewirkte“ (TdL 16,1). Diese „Gnade“ oder „Mitteilung der Heiligkeit“ bzw. „Ausstrahlung des Geistes“ im ersten Menschen nennt Johannes Paul II. auch „Teilhabe am inneren Leben Gottes selbst, an seiner Heiligkeit“ (TdL 16,3) und spricht von der „Vergöttlichung des Menschen“ (TdL 67,4). Dabei ist im Zustand der ursprünglichen Unschuld gerade aufgrund der Leiberfahrung auf einen anderen Grad der „Vergeistigung“ bzw. „Vergöttlichung“ zu schließen als nach dem Sündenfall oder gar im eschatologischen Zustand.[2] Bei diesen „drei Zuständen“ gibt es also, wie es Albacete formuliert, wesentliche Unterschiede bei der „Konfiguration des ‚Kräftesystems‘, das den Menschen leiblich (Sensitivität), psychologisch (Affektivität) und geistig (Beziehung mit Gott) charakterisiert“[3].

Die „ursprüngliche Unschuld“ des Menschen bezieht sich auf sein Inneres, d. h. „die ganze seelisch-leibliche Subjektivität des Menschen“ (TdL 67,3). Sie

---

1 „Nel *principio* balza un essere umano *integrale:* integrale nei suoi costitutivi ed elementi, nella sua comunione con Dio e nella comunione fraterna“ (Ebd., 57). (Eigenübersetzung)

2 Johannes Paul II. sagt, „dass der Grad der dem eschatologischen Menschen eigenen Vergeistigung seinen Ursprung in dem Grad seiner Vergöttlichung hat, die unvergleichbar höher ist als jene, die er jemals im irdischen Leben zu erreichen imstande wäre. Wir müssen hinzufügen, dass es sich hier nicht bloß um einen anderen Grad handelt, sondern um eine andere Art der Vergöttlichung. Die Teilhabe an der göttlichen Natur, die Teilhabe am inneren Leben Gottes selbst, die völlige Durchdringung und Erfüllung des wesenhaft Menschlichen durch das wesenhaft Göttliche wird dann ihren Höhepunkt erreichen, sodass das Leben des menschlichen Geistes zu einer solchen Fülle gelangt, die ihm vorher absolut unerreichbar war. Diese neue Vergeistigung wird also Frucht der Gnade sein, d. h. der Selbstmitteilung Gottes in seiner Göttlichkeit nicht nur an die Seele, sondern an die ganze seelisch-leibliche Subjektivtät des Menschen. Wir sprechen hier von Subjektivität (und nicht nur von Natur), weil jene Vergöttlichung nicht nur als ein innerer Zustand des Menschen (also des Subjekts) verstanden werden darf, der jetzt Gott ‚von Angesicht zu Angesicht‘ schauen kann, sondern auch als eine Neugestaltung der gesamten personalen Subjektivität des Menschen nach dem Maß der Vereinigung mit Gott im Geheimnis seiner Dreifaltigkeit und der innigsten Verbundenheit mit ihm in der vollkommenen Gemeinschaft (communio) der göttlichen Personen. Diese Intimität mit all ihrer ganzen subjektiven Intensität wird die personale Subjektivität des Menschen nicht aufsaugen, sondern sie vielmehr unvergleichlich stärker und reicher hervortreten lassen“ (TdL 67,3).

3 „(...) the three ‚states‘ (original, historical, and eschatological) in terms of particular configurations of the ‚system of forces‘ that characterize man bodily (sensitivity), psychologically (affectivity), and spiritually (relation with God)“ (Albacete, Younger, 605).

erleichtert den Austausch der Personen, weil sie dessen innere Freiheit bedingt. Das hingebende Sich-Schenken und das bejahende Annehmen durchdringen einander. In der aufrichtigen Hingabe der Frau und im Angenommenwerden „um ihrer selbst willen" vonseiten des Mannes, so wie die Frau vom Schöpfer gewollt wurde, wird nicht nur die Würde des Geschenks bewahrt, die Frau findet sich auch selbst. Durch diesen Prozess der Selbstfindung in der Selbsthingabe gelangt die Frau zum Vollbesitz ihrer selbst. In diesem stetigen Wechsel von Geben und Empfangen bereichern beide ihre „seelisch-leibliche Subjektivität". Dabei wird der Mann nicht nur durch die Hingabe der Frau bereichert, sondern auch durch seine eigene: „denn in diesem Sich-Schenken äußert und bekundet sich gleichsam das spezifische Wesen seiner Männlichkeit, das durch die Wirklichkeit des Körpers und des Geschlechts die innerste Tiefe des ‚Besitzes seiner selbst' erreicht, dank der er sowohl zur Selbsthingabe als auch zum Empfang der Hingabe des anderen fähig ist" (TdL 17,6). Umgekehrt gilt gleiches für die Frau. Dieser wechselseitige Austausch von Annahme und Hingabe in der vollen Wahrheit der Person führt zu einer immer neuen und tieferen Bereicherung in der Beziehung von Mann und Frau. Damit „beginnt jene Gemeinschaft der Personen, in der beide sich begegnen und in der Fülle ihrer Subjektivität einander schenken"; auf diese Weise „wachsen beide als Personen, als Subjekte, und reifen einer für den anderen" (TdL 18,5). Und weil Mann und Frau in diesem Urzustand „ein selbstloses Geschenk füreinander sind", nennt Johannes Paul II. die „ursprüngliche Unschuld" „eine Äußerung und zugleich Darstellung des vollkommenen Ethos des Geschenks" (TdL 18, 5). Weder die Frau noch der Mann sind auf ein Objekt reduziert. In der Freiheit des Sich-Schenkens manifestiert sich „der ganze innere Reichtum der Person" (TdL 19,1). „Der Mensch tritt in die Welt und gleichsam in das innerste Geflecht seiner Zukunft und seiner Geschichte mit dem Bewusstsein der bräutlichen Bedeutung des eigenen Leibes"[1]. Bedeutsam an diesen Aussagen Johannes Pauls II. ist nicht nur, dass er den Gedanken des Beziehungsgeflechts wieder aufgreift und dieses sogar geschichtlich deutet. Aufhorchen lässt vor allem, dass er im Zustand der ursprünglichen Unschuld von einem „Ethos" spricht, nämlich vom „Ethos des Geschenks", das er bei anderer Gelegenheit auch als „Ethos der Schöpfung" (TdL 49,4) bezeichnet. Nun bildet aber ein „Ethos" den Maßstab für ein sittliches Handeln. Doch im Urzustand ist das Böse im Menschen inexistent. Und die „‚praeternaturalen' Gaben" in diesem „gnadenhaften Anfang" bedeuten nach Scheffczyk „Konkupiszenzfreiheit", „Freiheit vom natürlichen Tod", „Leidensfreiheit" und „höheres Wissen".[2] Dass Johannes Paul II. mit dem Urstand trotzdem ein „Ethos" verbindet, besagt, dass der Mensch in diesem Ur-

1 „L'uomo entra nel mondo e quasi nella più intima trama del suo avvenire e della sua storia, con la coscienza del significato sponsale del proprio corpo" (Giovanni Paolo II, L'Amore Umano 18,4). (Eigenübersetzung; vgl. TdL 18,4).

2 Vgl. Scheffczyk, Urzustand, Sp. 487.

zustand auf Gott hingeordnet war (Heiligkeit) und im Vertrauen (und dadurch im Gehorsam) in dieser ursprünglichen Schöpfungsordnung gelebt hat.

Die unablässige Verwirklichung der „bräutlichen Bedeutung des Leibes“ stellt für den Menschen der Geschichte einen Auftrag dar und ist somit eine Verpflichtung.[1] Zwar verlieren „Mann und Frau (…) nach dem Sündenfall die Gnade der ursprünglichen Unschuld“ und „die Entdeckung der bräutlichen Bedeutung des Leibes ist für sie nicht länger eine einfache Offenbarungs- und Gnadenwirklichkeit“, doch „bleibt diese Bestimmung als dem Menschen vom Ethos des Geschenks aufgetragene Verpflichtung bestehen, sie ist sozusagen als fernes Echo der ursprünglichen Unschuld in die Tiefe des Menschenherzens eingeschrieben“ (TdL 19,2). Mit dieser Verpflichtung verbindet sich dann ein Ethos, das Johannes Paul II. als „Ethos des Leibes“ (TdL 49,1) bezeichnet. Dieses „‚Ethos des Leibes‘“, erklärt Albacete, ist nichts anderes als „die Reflexion der ‚bräutlichen Bedeutung des Leibes‘“[2]. Denn nur von dieser „bräutlichen Bestimmung her entwickelt sich die menschliche Liebe in ihrer ganzen Wahrheit und echten Subjektivität“ (TdL 19,2).

2.5.1.6 Ein-Fleisch-Werden

Johannes Paul II. ordnet das biblische „Ein-Fleisch-Werden“ (vgl. Gen 2,24) und das biblische „erkennen“ (Gen 4,1) den Ursprungserfahrungen zu (vgl. TdL 2,1), obwohl sich „erkennen“, „empfangen“ und „gebären“ doch eigentlich bereits im Horizont von Sünde („mysterium iniquitatis“) und Tod („mysterium mortis“) ereignen. Die Berechtigung dafür erblickt er in dem Faktum, dass Jesus in seinem Verweis auf den „Anfang“ auf das „Ein-Fleisch-Werden“ Bezug nimmt (vgl. Mt 19,4-5).

Nach Claus Westermann bezieht sich das „Ein-Fleisch-Werden“ in Gen 2,24 aber weder auf den Geschlechtsverkehr noch auf das Kind. „Die letztere Erklärung (OProcksch, GvRad) kann nicht stimmen, weil V. 24 wie V. 23 eben gerade nicht von der Ehe als Institution zur Erzeugung von Nachkommenschaft spricht, sondern von der Gemeinschaft von Mann und Frau als solcher“, erklärt Westermann, „die erstere Erklärung (z. B. HGunkel) ist zu einseitig, weil ja das hebräische רשב [bāśār] eben nicht, wie das griechische σάρξ [sárx], als Gegensatz zu Geist oder Seele konzipiert ist, sondern das Menschsein als ganzes unter dem Aspekt der Körperlichkeit meint“, sodass Delitzsch zu Recht „das ‚zu einem Fleisch‘ als ‚geistliche Einheit, allumfassendste persönliche Gemein-

1 „Das Verständnis der im Geheimnis der Schöpfung selbst enthaltenen grundlegenden Bedeutungen wie der bräutlichen Bedeutung des Leibes (und der Grundvoraussetzungen für diese Bedeutung) ist wichtig und unerlässlich, um zu erkennen, wer der Mensch ist, wer er sein soll und wie er daher auch sein Tun gestalten müsste“ (TdL 18,4).

2 „The ‚ethos of the body‘ is thus the reflection of the ‚nuptial meaning of the body‘“ (Albacete, Younger, 606). (Eigenübersetzung).

schaft' versteht."[1] Eindeutig ist das Gemeinte dann in Gen 4,1: „Adam erkannte Eva, seine Frau; sie wurde schwanger und gebar." Das Erkennen „צדי [jādaʿ] bezeichnet den Geschlechtsakt häufig im AT."[2] Aber auch hier ist „die körperliche Beziehung von Mann und Frau nicht primär physiologisch, sondern primär personal gedacht", und mit Delitzsch merkt Westermann an, „dass צדי in dieser Bedeutung im AT nur vom Menschen, nie von Tieren gebraucht wird."[3] Johannes Paul II. aber identifiziert besagtes „Erkennen" eindeutig mit dem biblischen „Ein-Fleisch-Werden", wenn er sagt: „So befinden wir uns mit jenem biblischen ‚er erkannte', das zum ersten Mal in Genesis 4,1-2 erscheint (…) vor der ganzen Wirklichkeit des Zusammenlebens und der ehelichen Vereinigung, in welcher Mann und Frau ‚ein Fleisch' werden" (TdL 20,4). Johannes Paul II. betont gleichzeitig, dass dieses „Ein-Fleisch-Werden" nicht auf die „Geschlechtsgemeinschaft" reduziert werden darf.[4]

Im „Erkennen" und „Ein-Fleisch-Werden" als geschlechtliche Vereinigung offenbaren sich nach Johannes Paul II. Mann und Frau mit der ganzen Tiefe ihres eigenen menschlichen Ichs. Das ist eine einzigartige Weise des Erkennens der eignen Personalität wie der Personalität des anderen und der höchste Ausdruck gegenseitiger Hingabe.[5] Auch „schließt (…) die Tatsache der ehelichen Vereinigung, in welcher Mann und Frau ‚ein Fleisch werden', in sich eine neue und in gewisser Hinsicht die endgültige Entdeckung des Sinnes des menschlichen Körpers in seiner konstitutiven Männlichkeit bzw. Weiblichkeit ein" (TdL 20,5). Gerade im „Ein-Fleisch-Werden" spiegeln Mann und Frau das Wesen Gottes wieder. „Der tiefste theologische wie anthropologische Gedanke, immer noch dem Schöpfungsbericht verdankt, ist jener, dass die Liebesgemeinschaft von Mann und Frau eine Ahnung von der Liebesgemeinschaft zwischen Vater und Sohn verleiht", erklärt Gerl-Falkovitz, „ja, dass sich gerade an der Zweiheit des Menschen, so geheimnisvoll sie für sich selbst schon ist, das eigentliche Ge-

1 Westermann, Genesis, 318.

2 Ebd., 393.

3 Ebd.

4 „Es ist doch zu beachten, dass beide, Mann und Frau, nicht bloß ein passiver Gegenstand sind, von Körper und Geschlecht bestimmt und auf diese Weise von der Natur her festgelegt. Im Gegenteil, gerade weil sie Mann und Frau sind, ‚ist' jeder von ihnen dem anderen als einmaliges und unwiederholbares Menschenwesen, als Ich, als Person ‚gegeben'. Das Geschlecht bestimmt nicht nur die körperliche Individualität des einzelnen Menschen, sondern bestimmt gleichzeitig sowohl seine personale Konkretheit als auch seine personale Identität. In eben dieser personalen Konkretheit und Identität, als unwiederholbares männliches bzw. weibliches Ich, wird der Mensch ‚erkannt', wenn sich die Worte von Genesis 2,24 erfüllen: ‚Der Mann … bindet sich an seine Frau, und sie werden ein Fleisch.' Das ‚Erkennen', von dem Genesis 4,1-2 und alle folgenden biblischen Texte sprechen, reicht bis zu den tiefsten Wurzeln dieser Identität und Konkretheit, die Mann und Frau ihrem Geschlecht verdanken. Diese Konkretheit bedeutet aber sowohl die Einmaligkeit als auch die Unwiederholbarkeit der Person" (TdL 20,5).

5 „Nell'unione coniugale la donazione e la conoscenza reciproca raggiungono il massimo di espressione" (Concetti, Relazioni, 53).

heimnis, nämlich das unerhörte, unvorstellbare schöpferische Füreinander und Ineinander des göttlichen Lebens ausdrückt."[1]

Die Folge der ehelichen Vereinigung und des Zeugens ist die Geburt eines „neuen Menschen".[2] Das Kind ist das Abbild seiner Eltern[3] und es ist Abbild Gottes. „Da Adam und Eva Abbilder Gottes waren, erbte Set von den Eltern", so Johannes Paul II., auch „diese Ähnlichkeit, um sie an die anderen weiterzugeben" (TdL [Anm. 34] 6). Unter „der schöpferischen Anteilnahme Gottes an der menschlichen Fortpflanzung" (TdL 21,6) erneuert jeder Fortpflanzungsakt die Existenz des Menschen als Abbild Gottes. Mann und Frau „übernehmen (...) sozusagen dieses Abbild aus dem Schöpfungsgeheimnis und geben es mit Hilfe von Gott-Jahwe weiter" (TdL 21,7). Für den Zustand der ursprünglichen Unschuld bedeutet die Weitergabe des Abbild-Gottes-Seins vor allem auch, dass jeder „neue Mensch" an der ursprünglichen „Mitteilung der Heiligkeit" und der Gnade bzw. der „Ausstrahlung des Geistes" Anteil erhält als „Teilhabe am inneren Leben Gottes selbst, an seiner Heiligkeit" (TdL 16,3). Auf diese Weise vollzieht sich die „Vergöttlichung des Menschen" (TdL 67,4) im Zustand der ursprünglichen Unschuld im Ein-Fleisch-Werden von Mann und Frau.

Angeregt also vom Wort der Heiligen Schrift, mit dem Jesus das Eheideal des Neuen Bundes mit einem Hinweis auf den „Anfang" begründet, denkt Johannes Paul II. über diesen Anfang oder besser gesagt über den Zustand des Menschen am Anfang nach. Er fühlt sich von diesem Wort Jesu her überhaupt berechtigt und sogar verpflichtet, sich den Menschen im ursprünglichen Zustand der Gnade vorzustellen. Und dabei kommt er zu dem Ergebnis, dass der Mensch, wie er von Gott gedacht und geschaffen worden war, nicht etwa ohne Sexualität gelebt hätte, sondern im Gegenteil durch das „ein Fleisch werden" seine Abbildhaftigkeit zum Schöpfer auf die tiefste Weise verwirklicht und dargestellt hätte. Für ihn bildet dieser Gedanke schließlich den Ansatzpunkt für die theologische Ausformung des Begriffs vom „Ursakrament der Schöpfung".

2.5.2 Der geschichtliche Mensch

Nach der Beschreibung der Erfahrungen des Menschen vor dem Sündenfall fragt sich Lino Ciccone: „Alles schönste und wunderbare Dinge. Aber sie gelten für den Menschen im Zustand ursprünglicher Unschuld. *Was aber bleibt*

1 Gerl-Falkovitz, Mann und Frau, 66.

2 „Dieses Erkennen wird deshalb zu einer Entdeckung, in gewissenm Sinne zu einer Offenbarung des neuen Menschen in der sichtbaren Welt, in dem beide, Mann und Frau, noch einmal sich selbst, ihr Menschsein, ihr lebendiges Abbild erkennen" (TdL 21,4).

3 „Adam war hundertdreißig Jahre alt, da zeugte er einen Sohn, der ihm ähnlich war, wie sein Abbild, und nannte ihn Set" (Gen 5,3).

für uns gültig, die wir uns nicht mehr in diesem Zustand befinden?“[1] So lehrt das Konzil von Trient im *Dekret über die Ursünde*, „dass Adam, der erste Mensch, nachdem er das Gebot Gottes im Paradiese übertreten hatte, sogleich die Heiligkeit und Gerechtigkeit, in die er eingesetzt worden war, verloren“[2] hat. Johannes Paul II. betont in seinen Analysen des „Anfangs“ aber nicht so sehr diesen Zustand ursprünglicher „Heiligkeit und Gerechtigkeit“[3], sondern spricht von den Urerfahrungen des Menschen: ursprüngliche Einsamkeit, Einheit, Nacktheit und von der Entdeckung der „bräutlichen Bedeutung des Leibes“. Auch die „Erbsünde“ (TdL 28,1) wird im Rahmen seiner „Theologie des Leibes“ nur knapp behandelt[4] und Johannes Paul II. erklärt: „Wir wollen hier keine vollständige Analyse über Versuchung und Sünde nach dem Text von Gen 3,1-5 und der diesbezüglichen Lehre der Kirche und Theologie vornehmen“ (TdL 26,4). Trotzdem aber muss die Erbsünde auch als Hauptthema der ganzen „Theologie des Leibes“ betrachtet werden. Schließlich hat sich erst mit ihr die Begehrlichkeit (Konkupiszenz) entwickelt und der Mensch hat die ursprüngliche Beziehung zu Gott verloren.[5] Dass Johannes Paul II. auf das geschichtliche Ereignis der Sünde nicht explizit eingeht, hat seinen Grund. Für ihn erschließt sich das Faktum der Sünde nämlich aus den Veränderungen, die sich aus ihr ergeben. Deshalb unterzieht er die unterschiedliche Situation des Menschen vor und nach dem Sündenfall tiefgründiger Untersuchungen. Konsequenterweise entfaltet er nach den Urerfahrungen des Menschen, die sich aus einer theologischen Rekonstruktion seiner Vorgeschichte ergeben, als zweiten großen Teil die „Geschichte des menschlichen Herzens nach der Ursünde“ (TdL 34,5). Auch diese erschließt er im Licht der biblischen Offenbarung. Als Schlüsselstelle dient ihm ein Abschnitt der Bergpredigt: „Ihr habt gehört, dass gesagt worden ist: *Du sollst nicht die Ehe brechen.* Ich aber sage euch: Wer eine Frau auch nur lüstern ansieht, hat in seinem Herzen schon Ehebruch mit ihr begangen“ (Mt 5,27-28). Diese Worte Jesu über den „Ehebruch im Herzen“ verdeutlichen für

---

1 „Tutte cose bellisime e meravigliose. Ma valevano per l'uomo nella condizione di innocenza originaria. *Cosa resta di valido per noi,* che non siamo più in quella condizione?" (Ciccone, Uomo-Donna, 37). (Eigenübersetzung).

2 DH 1511.

3 „Das Vatikanum II nimmt den Gedanken unter dem Begriff der ‚Teilhabe am göttlichen Leben' auf (LG 2), während der Katechismus der Katholischen Kirche vom ‚ersten Menschen' als ‚in Freundschaft mit seinem Schöpfer und in Einklang mit sich selbst und der ihn umgebenden Schöpfung' lebend spricht (n. 374)“ (Scheffczyk, Urstand, Sp. 487). [Die im LThK typischen Abkürzungen sind vom Autor ergänzt]

4 Nur in einer Fußnote wird ausführlicher eingegangen auf die entsprechenden „Formulierungen der theologischen Lehre der Kirche“ (Vgl. TdL [Anm. 46] 27,2).

5 Selbst „die Integrität der gegenseitigen Beziehungen“ ist betroffen, erklärt Martin, „das bisher heile und unverdorbene Konzept der Communio personarum wird künftig durch den Riß der Begierde entstellt, die den Menschen auf sich selbst zurückwirft“ (Martin, Katechesen, 10).

Johannes Paul II. beispielhaft das Faktum der „ererbten Sündhaftigkeit" (TdL 58,3) und die veränderte Situation des Menschen aufgrund der Erbsünde.[1]

2.5.2.1 Subjektivität und Herz

Im Rahmen seiner philosophischen Anthropologie ist für Wojtyła die Selbstbestimmung der Person die entscheidende Wirklichkeit, die den Ausgangspunkt für die Analyse der gesamten Wirklichkeit bildet. Dazu kommt dann ein ontologisches Moment, das sich nicht auf die Wirklichkeit der Selbstbestimmung zurückführen lässt. Es handelt sich um die Tatsache, dass die Subjektivität jeder menschlichen Person einen individuellen Reichtum darstellt. Im Licht der Offenbarung und im Rahmen seiner „Theologie des Leibes" fängt Johannes Paul II. diese Wirklichkeit mit dem Begriff des Herzens ein.[2] „Die Kategorie des ‚Herzens' ist in gewissem Sinn das Äquivalent zur personalen Subjektiviät"[3]. Dabei verweist Johannes Paul II. auf die Rede Jesu über den „Ehebruch im Herzen" (vgl. Mt 5,28). Dieser Gedanke Jesu war dem Judentum nicht fremd[4] und ist durch die Weisheitsüberlieferung vorbereitet (vgl. TdL 38,4-6).[5]

1 „Natürlich gibt es in der Heiligen Schrift des Alten und Neuen Testaments zahlreiche Erzählungen, Sätze und Worte, die die gleiche Wahrheit aussprechen, nämlich dass der geschichtlich gegebene Mensch das Erbe der Ur-Sünde in sich trägt; doch die in der Bergpredigt ausgesprochenen Worte Christi scheinen gerade in ihrer knappen Formulierung eine ganz besonders nachdrückliche Aussagekraft zu besitzen" (TdL 58,3).

2 „Außer in Tit, Phlm, 2/3Joh und Jud findet sich καρδία in allen neutestamentlichen Schriften. Die 157 Vorkommen verteilen sich, ohne dass eine besondere Bevorzugung durch einen Autor festzustellen ist (ein gewisses Übergewicht bei Lukas: Lk 22mal; Apg 21mal). Hinsichtlich seiner Bedeutung schließt sich der neutestamentliche Gebrauch dem alttestamentlichen und jüdischen an. Καρδία steht nicht wie im griechischen Verständnis (als Organ im physiologischen Sinne und Sitz des seelisch-geistigen Gefühls (..), sondern ist Äquivalent für hebräisch *leb* [לב] *(lebāb).* Die LXX hat die beiden Begriffe fast durchweg mit καρδία wiedergegeben (nur selten mit διάνοια oder ψυχή). καρδία meint das *Innere des Menschen,* den Sitz von Verstand, Erkenntnis und Wille, gewinnt aber auch die Bedeutung von *Gewissen* (…); andererseits steht καρδία für das *Ich* des Menschen, wenn die Rede ist von dem ‚verborgenen Menschen *des Herzens'*: 1 Petr 3,4" (Sand, καρδία, Sp. 616). [Die Abkürzungen wurden teilweise ergänzt]

3 „La categoria del ‚cuore' è, in certo senso, l'equivalente della soggettività personale" (Giovanni Paolo II, L'Amore Umano 49,7). (Eigenübersetzung; vgl. TdL 49,7).

4 „Nun besteht kein Zweifel darüber, dass die Auffassung, die Ehe könne schon im Herzen oder mit den Augen gebrochen werden, im Judentum ziemlich bekannt war. Die einschlägigen Stellen sind oft gesammelt worden. ‚Mit den Augen huren' scheint eine stehende Redewendung gewesen zu sein (…). Einzelne spätere Stellen kommen Mt 5,28 besonders nahe, etwa: ‚Wir finden, dass auch der, welcher mit seinen Augen die Ehe bricht, ein Ehebrecher genannt wird' (…). V. 28 reiht sich somit durchaus in hochstehende ethische Meinungen der Zeit ein. Ein Unterschied ist im Folgenden zu erkennen: Die rabbinischen Belege stehen ausschließlich in haggadischen (erbaulichen) Partien von Talmud und Midraschim. Jesus hingegen prägt einen Rechtssatz für einen Tatbestand, der rechtlich nicht fassbar ist. Offenbar soll auch hier gesetzliches Denken in seiner Ungenügendheit aufgewiesen werden" (Gnilka, Matthäusevangelium I, 161-162).

5 Johannes Paul II. verweist auf Spr 6,25 u. Sir 9,8-9.

2.5.2.1.1 Ehebruch im Herzen

Nach alttestamentlichem Verständnis war allerdings vom Ehebruch erst dann die Rede, so Gnilka, „wenn jemand mit der Ehefrau (oder der Verlobten) eines Juden geschlechtlichen Umgang hatte (der Verkehr mit der Ehefrau eines Heiden blieb straffrei) und wenn Ehebrecher und Ehebrecherin ein bestimmtes Alter erreicht hatten (13 bzw. 12 Jahre)."[1] Der Ehebruch verstieß somit gegen den Besitzanspruch des Ehemannes auf seine Frau.[2] Nach Bons „bricht der Mann durch sexuelle Kontakte mit einer verheirateten Frau [lediglich] die fremde Ehe, die Frau durch solche mit einem fremden Mann die eigene."[3] Unbedingte Treue wurde also nur von der verheirateten Frau eingefordert. Auf Ehebruch stand die Todesstrafe (vgl. Joh 7,53-8,11). „Ob und in welchem Umfang dies zurzeit Jesu praktiziert wurde", so Gnilka, „ist schwer zu sagen. Auf jeden Fall war die Straffälligkeit dadurch erheblich eingeschränkt, dass Ehebruch durch Zeugen nachgewiesen werden musste und eine Verwarnung vorauszugehen hatte."[4]

Jesus demaskiert diese legalistische Sichtweise alttestamentlicher Kasuistik (vgl. TdL 24,4). Als die Pharisäer „eine Frau, die beim Ehebruch ertappt worden war" (Joh 8,3), steinigen wollen, weckt Jesus das Schuldbewusstsein insbesondere bei ihren männlichen Anklägern, die sich zu Richtern erheben, ihre eigene Schuld aber stillschweigend übergehen. Denn die Situation der Frau ist auch eine Folge ihres Fehlverhaltens.[5] Rätselhaft bleibt die Frage, was Jesus mit dem Finger in die Erde schrieb (vgl. Joh 8,6). „Die fromme Auslegung des Hieronymus (C. Pelag. 2,17), dass Jesus die Sünden der Ankläger und aller Menschen geschrieben habe", so Schnackenburg, „sollte man nicht belächeln, da sie nur Anwendung des Schriftwortes Jr 17,13 ist und illustriert, dass alle Menschen Sünder sind und als solche keinen Bestand haben."[6] Bei einer anderen Gelegenheit verlagert Jesus den Ehebruch ins Innere des Menschen: „Wer eine Frau auch nur lüstern ansieht, hat in seinem Herzen schon Ehebruch mit ihr begangen" (Mt 5,28). In dieser Sicht „ist der Blick des Mannes Ausdruck seines Begehrens und Wollens, die Ehefrau (γυνή [gynē])) des anderen zu besitzen. Nach der Meinung Jesu ist bereits damit das Delikt des Ehebruchs gegeben. Sein Ort ist das Herz"[7], so Gnilka. „Ehebruch beginnt im Herzen", bestätigt

1 Gnilka, Matthäusevangelium I, 161.

2 Entsprechend dem alttestamentlichen „Ethos versteht man unter Ehebruch vor allem (und vielleicht ausschließlich) die Verletzung des Eigentumsrechts eines Mannes auf jede Frau, die vor dem Gesetz als seine Frau gilt (gewöhnlich ist es eine unter mehreren)" (TdL 35,4).

3 Bons, Ehe, Sp. 470. [Die im LThK typischen Abkürzungen sind vom Autor ergänzt]

4 Gnilka, Matthäusevangelium I, 161.

5 „Eine Frau wird allein gelassen und mit ‚ihrer Sünde' der öffentlichen Meinung ausgesetzt, während sich hinter ‚ihrer' Sünde ein Mann als Sünder verbirgt, der ‚an der Sünde anderer' schuld, ja mitverantwortlich für sie ist" (Johannes Paul II., Mulieris dignitatem, Nr. 14).

6 Schnackenburg, Johannesevangelium II., 229.

7 Gnilka, Matthäusevangelium I, 161.

Luz, „Sünde beginnt bei den Gedanken.“[1] Das gilt nicht für die eigene Ehefrau.[2] Weiterhin auf dieser Ebene des Herzens behandelt Jesus die Frage der Pharisäer nach der Scheidungsurkunde, deren Ausstellung Mose ihnen geboten habe (vgl. Dtn 24,1-4.).[3] Jesus weist diese Deutung zurück: „Nur weil ihr so hartherzig seid, hat Mose euch erlaubt, eure Frauen aus der Ehe zu entlassen. Am Anfang war das nicht so“ (Mt 19,8).[4] Schließlich „handelt [es] sich nicht um ein Gebot, vielmehr konzedierte ihnen Mose die Entlassung ihrer Frauen hinsichtlich ihrer Herzenshärte. Ehescheidung ist Ausdruck menschlicher Verstocktheit, Äußerung eines fühllos gewordenen Herzens“[5], so Gnilka. „Σκληροκαρδία [Hartherzigkeit] ist ein biblisch, besonders weisheitlich geprägter Ausdruck, der ganz allgemein die ‚Innenseite' der Sünde vor allem gegenüber Gott meint: mangelnde Umkehrbereitschaft, Verschlossenheit gegenüber Gott, Verstockung“[6], betont Luz. Mit dem Wort „Hartherzigkeit“ appelliert Jesus, der „wusste (…), was im Menschen ist‘ (*Joh* 2,25), in seinem Innersten, in seinem ‚Herzen‘“[7], erneut an den inneren Menschen: „Denn aus dem Herzen kommen böse Gedanken, Mord, Ehebruch, Unzucht, Diebstahl, falsche Zeugenaussagen und Verleumdungen. Das ist es, was den Menschen unrein macht“ (Mt 15,19-20). „Die Notwendigkeit, innere Reinheit zu wahren“, so Piegsa, „wird im Dekalog dadurch angezeigt, dass nicht nur der Ehebruch als äußere Tat durch das 6. Gebot abgelehnt wird, sondern – durch das zusätzliche 9. Gebot – bereits die entsprechende Begierde.“[8]

Das Herz bezeichnet das, was den Menschen „einmalig und unwiederholbar macht, was seine Menschlichkeit ‚von innen her' bestimmt“ (TdL 34,4), „wo die innerste und in gewisser Hinsicht eigentliche Geschichte geschrieben wird. Es ist die Geschichte von Gut und Böse (...); dann ist es die Heilsgeschichte, deren Formulierung das Evangelium und deren Kraft der Heilige Geist ist, der denen geschenkt wird, die das Evangelium mit aufrichtigem Herzen annehmen“ (TdL 59,1).

1 Luz, Matthäus I, 351.

2 Johannes Paul II. stellt klar, „dass ein solcher Blick des Begehrens auf die eigene Frau keinen Ehebruch ‚im Herzen' darstellt, eben weil der entsprechende innere Akt des Mannes der eigenen Frau gilt, der gegenüber er nicht Ehebruch begehen kann. Wenn der eheliche Akt als äußerer Akt, in dem ‚die beiden sich verbinden, sodass sie ein Fleisch werden', in der Beziehung des Mannes zur eigenen Frau volle ethische Berechtigung hat, dann hat in derselben Beziehung auch der innere Akt eine analoge Berechtigung“ (TdL 25,5).

3 „Exegeten weisen darauf hin, dass die Scheidungsurkunde auch eine gewisse Schadensbegrenzung für die Entlassene bedeute, denn sie durfte wieder heiraten (Vgl. Dtn 24,2). Heute meinen einige Theologen im Hinblick darauf, man sollte die Möglichkeit der Wiederheirat als ‚kleineres Übel' wieder gelten lassen“ (Piegsa, Ehesakrament, 23).

4 Vgl. Mk 10,6-9.

5 Gnilka, Matthäusevangelium II, 153.

6 Luz, Matthäus III, [Anm. 32] 94. [Die Abkürzungen sind ergänzt]

7 Johannes Paul II., Mulieris dignitatem, Nr. 12.

8 Piegsa, Die Ehe, 212-213.

2.5.2.1.1 Ethos des Leibes

Dieser „innere Mensch", so Johannes Paul II., „ist das eigentliche Subjekt des Ethos des Leibes" (TdL 49,1) Das Herz des Menschen steht nämlich für den ganzen Menschen.[1] Es ist die Personenmitte, der Ort, an dem der Mensch als Person bewusste und freie Entscheidungen trifft und damit die sittliche Tat vollbringt. Diese aber kann sich nur im und durch den Leib verwirklichen. Insofern es sich um ein Tun mit sittlicher Qualität handelt, kann vom „Ethos des Leibes" gesprochen werden. Somit ist klar, dass der Träger dieses „Ethos des Leibes" die menschliche Person als Subjekt ist, dessen Wesen sich im Herzen des Menschen als personales „Ich" kristallisiert und gipfelt.

Im Zuge der Erlösung des Menschen offenbart Jesus in der Bergpredigt („Magna Charta der Moral des Evangeliums"[2]) dieses neue „Ethos des Leibes" in Anlehnung an Röm 8,23, von Johannes Paul II. auch „Ethos der Erlösung des Leibes" (TdL 49,7) genannt. Dieses Ethos der Bergpredigt" (TdL 48,5) bzw. „Ethos der Erlösung des Leibes" erschließt dem Menschen sein eigentliches Wesen und vermag ihn mit Hilfe der Teilhabe am göttlichen Leben auf eine göttliche Ebene zu erheben.[3] Je tiefer die Person dabei in die „Dimension des Herzens" hinuntersteigt, desto weiter schreitet sie fort in der Vervollkommnung des „Ethos des Leibes", umso feiner entdeckt sie, wie sie ihren Leib vollkommener als Instrument der personalen Verwirklichung einsetzen kann. Kategorial betrachtet liegt es sehr nahe, dass das Töten eines Menschen böse ist. Doch in der „Dimension des Herzens" wird deutlich, wie sehr das 5. Gebot des Dekalogs bereits dadurch verletzt wird, gibt man auch nur den Gefühlen des Zornes, der Verachtung oder der Verurteilung Raum. Im Bereich der Geschlechtlichkeit wird das 6. Gebot nicht erst durch den vollzogenen Ehebruch übertreten, vielmehr genügt es schon, im „Herzen" dem Gefühl des Begehrens Raum zu geben. Das zeigt, dass über die „Dimension des Herzens" der Schritt zu einer höheren Ethik gemacht wird.

Die Moral kann daher nicht in Form von Vorschriften gleichsam von außen an den Menschen herangetragen werden. „Eine im existenziellen Sinn lebendi-

---

1 „Weil im Herzen die tiefste Wurzel menschlichen Handelns liegt (Apg 8,21; 1 Tim 1,5) können vom Herzen Aussagen gemacht werden, die pars pro toto für den ganzen Zustand des Menschen stehen" (Brandscheidt, Herz, Sp. 49). [Die im LThK typischen Abkürzungen sind vom Autor ergänzt]

2 Johannes Paul II., Veritatis splendor, Nr. 15

3 Johannes Paul II. spricht von der „Seele der menschlichen Moral" und erwähnt Max Scheler, der in der Bergpredigt eine „große Wende gerade auf dem Gebiet des Ethos" (TdL 24,3) erblickt. Schelers Meinung nach ist der „Wechsel im Ethos" in erster Linie immer einem „*sittlich-religiöse*[n] *Genius*" zu verdanken (Vgl. Scheler, Formalismus in der Ethik, 309). „Ich kenne kein grandioseres Zeugnis für eine solche Neuerschließung eines ganzen Wertbereiches, die das ältere Ethos relativiert, als die Bergpredigt, die auch in ihrer Form als Zeugnis solcher Neuerschließung und Relativierung der älteren ‚Gesetzes'werte sich überall kundgibt: ‚Ich aber sage euch'" (Scheler, Formalismus in der Ethik, [Anm. 1.] 309).

ge Moral kommt nicht nur durch die Normen in Form von Geboten, Vorschriften und Verboten zustande wie im Fall des ‚Du sollst nicht die Ehe brechen!'“ (TdL 24,3). Sie formt sich vielmehr „im inneren Erfassen der Werte, woraus die Pflicht als Ausdruck des Gewissens entspringt, als Antwort des eigenen, persönlichen Ich. Ethos bedeutet gleichzeitig das Eindringen des Ich in die Tiefe der Norm selbst und das Herabsteigen der Norm in das Innerste des Menschen, dem Subjekt der Moral“ (TdL 24,3). In diesen und weiteren Worten[1] kommt nicht nur der für Karol Wojtyła/Johannes Paul II. immer wiederkehrende und zentrale Dreiklang von Sein, Wert und Pflicht sowie ihre Verbindung untereinander voll zum Tragen, wobei das Moment des Seins auch in der Anthropologie, das Moment des Werts in der Axiologie und jenes der Pflicht im Ethos erblickt werden kann. Die Verwirklichung des Menschseins hängt vom „inneren Erfassen der Werte“ ab, dass sittlich gut ist, wodurch er selbst als Person sittlich gut ist oder wird und dass sittlich böse ist, wodurch er selbst als Person sittlich böse ist oder wird. Sittlich böse wird der Mensch im Licht der Offenbarung durch die Sünde. Er vollbringt sich dann nicht. Im Gegenteil! In Anlehnung an GS 13 schreibt Johannes Paul II. in *Mulieris dignitatem:* „In der Tat ‚mindert‘ die Sünde den Menschen“[2]. Die Folgen der Sünde sind im Beziehungsgeflecht des Menschen auszumachen: „Die Sünde bewirkt das Zerbrechen der ursprünglichen Einheit, deren sich der Mensch im Stand der anfänglichen Gerechtigkeit erfreute: die Verbundenheit mit Gott als Quelle der Einheit im eigenen Innern, in der gegenseitigen Beziehung zwischen Mann und Frau (der personalen Gemeinschaft) und schließlich im Verhältnis zur Außenwelt, zu den Dingen der Natur.“[3] Der Mensch vollbringt sich ausschließlich durch das sittlich Gute. Denn das mehrt seine Subjektivität. Das Gewissen verpflichtet den Menschen, eben das zu verwirklichen, wodurch er selbst als Person sittlich gut wird. Aufgrund dieser Beziehung von Sein, Wert und Pflicht kann Johannes Paul II. sagen: „Der moralische Wert ist verbunden mit dem dynamischen Prozess der menschlichen Innerlichkeit“ (TdL 24,3).

Was Johannes Paul II. in den Katechesen eine „lebendige Moral“ nennt, setzt also die „Theorie der Sittlichkeit“ voraus, die er als Karol Wojtyła entfaltet hat. Die Analyse des personalen Dynamismus liefert für ihn letztlich die Rechtfertigung, Gut und Böse eindeutig zu unterscheiden. Dies führt bei ihm zunächst zur Herausarbeitung der „personalistischen Norm“, die den Menschen verpflichtet, jede Person um ihrer selbst willen zu bejahen. Schließlich ergibt sich als Kriterium für die sittliche Unterscheidung von Gut und Böse: gut ist, was die Subjektivität bereichert; böse ist, was sie mindert. Der entscheidende Ansatz Johannes Pauls II. besteht darin, dass er das Ethos und die Sittlichkeit als solche vom

1 „Das Ethos der Erlösung des Leibes bleibt zutiefst im anthropologischen und axiologischen Realismus der Offenbarung verwurzelt“ (TdL 49,7).

2 Johannes Paul II., Mulieris dignitatem, Nr. 9.

3 Ebd.

Herzen des Menschen her, also von der Subjektivität der menschlichen Person her begründet. Im Licht der Offenbarung führt dieser Ansatz zur Formulierung der „bräutlichen Bedeutung des Leibes“ als Grundlage für ein Ethos des Leibes. Die Verbindung der allgemeinen Norm mit den Kategorien des Leibes liefert schließlich die Anknüpfungspunkte für die Normen einer Speziellen Moral. Aber auch hier bleiben alle Bewertungen und Aussagen über die Sittlichkeit des menschlichen Tuns rückgebunden an seine personale Subjektivität und somit an die „Dimension des Herzens“. Auf diesem Weg lässt sich nach Johannes Paul II. beispielsweise begründen, warum eheliche Treue als sittlicher Wert im Wesen der menschlichen Person selbst begründet ist und nicht nur aus einem positiven Gesetz wie den Zehn Geboten oder der Bergpredigt abzuleiten ist. Er „verinnerlicht“[1] die Gebote und begründet sie personalistisch: „So wird das Gebot ‚Du sollst nicht töten’ zum Aufruf zu einer fürsorglichen Liebe, die das Leben des Nächsten schützt und fördert; das Gebot, das den Ehebruch verbietet, wird zur Aufforderung zu einem reinen Blick, der imstande ist, die bräutliche Bedeutung des Leibes zu achten“[2]. Die Ethik von Johannes Paul II. hat damit anthropozentrischen Charakter. Ihre Basis ist „die Erfahrung und das Bewusstsein des Menschen aller Zeiten und Orte“ (TdL 38,3). Sie erhebt damit aber auch den Anspruch, allen Menschen gleichermaßen zugänglich zu sein bzw. für alle Menschen eine letzte Verbindlichkeit zu besitzen. Ohne diese Begründung des Ethos in der „Dimension des Herzens“ hätten nach ihm das Naturrecht und die allgemeine Gültigkeit der Unantastbarkeit der Würde der menschlichen Person keinen Bestand.

2.5.2.2 Begierde und Herz

Nach Johannes Paul II. hat der Mensch im Zustand der ursprünglichen Unschuld von Gott zunächst ein zweifaches Geschenk erhalten: die Welt und seine Gottebenbildlichkeit. Dadurch, dass der Mensch sündigt und „in seinem Herzen den tiefsten Sinn des Sich-Schenkens, also der Liebe als eigentlichen Grund der Schöpfung und des ursprünglichen Bundes in Zweifel zieht, kehrt er Gott, der die Liebe ist, dem Vater, den Rücken zu. Er verweist ihn gewissermaßen aus seinem Herzen. Gleichzeitig löst er und trennt gleichsam sein Herz los von dem, was ‚vom Vater kommt’: So bleibt in ihm das, was ‚von der Welt kommt’“

---

1 „*Jesus führt die Gebote Gottes,* insbesondere das Gebot der Nächstenliebe, dadurch ihrer Erfüllung zu, dass er *ihre Forderungen verinnerlicht und ihren Anforderungen größere Radikalität verleiht:* Die Liebe zum Nächsten entspringt einem Herzen, das liebt und das eben deshalb, weil es liebt, bereit ist, die höchsten Forderungen zu leben. Jesus zeigt, dass die Gebote nicht als eine nicht zu überschreitende Minimalgrenze verstanden werden dürfen, sondern vielmehr als eine Straße, die offen ist für einen sittlichen und geistlichen Weg der Vollkommenheit, deren Seele die Liebe ist (Vgl. *Kol* 3,14)“ (Johannes Paul II., Veritatis splendor, Nr. 15).

2 Ebd.

(TdL 26,4). Das Übel der Sünde berührt also einerseits Gott, der „als Schöpfer und Vater getroffen und ‚beleidigt‘ wird, ja ganz offensichtlich beleidigt im innersten Grunde jener schenkenden Hingabe, die zum ewigen Plan Gottes für den Menschen gehört.“[1] Denn indem „*der Mensch sündigt, weist er dieses Geschenk zurück* und will zugleich werden ‚wie Gott und Gut und Böse erkennen‘ (*Gen 3,5*), das heißt, er will unabhängig von Gott, seinem Schöpfer, über Gut und Böse entscheiden.“[2] Auf diese Weise wird die Welt durch die Sünde zum Ort der dreifachen Begierde: „Denn alles, was in der Welt ist, die Begierde des Fleisches, die Begierde der Augen und das Prahlen mit dem Besitz, ist nicht vom Vater, sondern von der Welt. Die Welt und ihre Begierde vergeht; wer aber den Willen Gottes tut, bleibt in Ewigkeit“ (1 Joh 2,16-17). Johannes Paul II. entwickelt aus diesem Bibelzitat eine regelrechte „Theologie der Begehrlichkeit“ (TdL 46,3).

2.5.2.2.1 Begierde als Angelpunkt

Das Phänomen der Begierde bildet einen Angelpunkt in der ganzen „Theologie des Leibes“ Johannes Pauls II. Die Sünde, die als sittliche Größe ihren Sitz im menschlichen Willen hat, zieht eine Veränderung des Bewusstseins und der gesamten Verfassung des Menschen nach sich und zeitigt als Folge die sexuelle Begierde. Sie ist in der Leiblichkeit des Menschen verwurzelt und weist zugleich eine geistliche Dimension auf. Genau hier setzt Johannes Paul II. mit der „Erlösung des Leibes“ an. Letztlich besteht sie in der Überwindung der Begierde durch die geistige Ordnung und Beherrschung der Triebe. Es geht darum, „die Triebe zu veredeln und zu heiligen.“[3] Mit Hilfe der Gnade kann der Mensch die Veränderung seines Bewusstseins und seiner Geistigkeit wieder rückgängig machen und seine leib-seelischen Vollzüge auf die Ebene der wahren Liebe erheben. Dabei erkennt auch Johannes Paul II. an, dass das Heiligkeitsstreben des Menschen vom Geist ausgehen muss und dass sich die geistigen Kräfte gegen die Begierde des Fleisches richten müssen. Im Gegensatz zu einer Moraltheologie aber, die bei der Beherrschung und Abtötung des Leibes stehen bleibt, findet er durch seinen Rückgriff auf den „Anfang“ einen neuen Weg der Integration. Der Leib steht der Erlösung nicht im Weg, vielmehr besteht die Erlösung gerade darin, den Leib in seine ursprüngliche Fähigkeit zurückzuversetzen und damit wieder etwas Heiliges sowie sakramentales Abbild Gottes zu werden. Nach Johannes Paul II. stellt die eheliche Vereinigung von Mann und Frau dabei den tiefsten sinnlich wahrnehmbaren Ausdruck der dreifaltigen Liebe Gottes und der Liebe Gottes zu seiner Schöpfung dar.

---

1 Johannes Paul II., Mulieris dignitatem, Nr. 9.

2 Ebd.

3 Wojtyła, Zeichen des Widerspruchs, 90.

Zunächst aber schildert Johannes Paul II. die Folgen der Sünde im Menschen der Begierde und die „radikale Änderung“ des Bewusstseinszustands seines ganzen Beziehungsgeflechts: Er „verliert sozusagen die ursprüngliche Gewissheit von seiner Gottebenbildlichkeit, die in seinem Körper zum Ausdruck kommt“, ebenso „das Bewusstsein, dass er das Recht hat (…) an der göttlichen Schau der Welt und seines Menschseins“ teilzunehmen; er erlebt sowohl den „Zusammenbruch der ursprünglichen Bejahung des Körpers“ als auch die Erschütterung der „Bejahung der materiellen Welt in ihrer Beziehung zum Menschen“ (TdL 27,4). Die Worte von Gen 3,17-19 künden dann auch nicht nur den Tod, sondern „gewissermaßen die Feindseligkeit der Welt an, den Widerstand der Natur gegen den Menschen und seine Aufgaben, sie künden die Mühsal an, die der Körper des Menschen fortan im Umgang mit der von ihm unterworfenen Erde erfahren würde“ (TdL 27,4). Für Johannes Paul II. bringen die Worte „da geriet ich in Furcht, weil ich nackt bin, und versteckte mich“ (Gen 3,10) das menschliche „Empfinden der Schutzlosigkeit sowie der Unsicherheit seiner somatischen Struktur gegenüber den Naturvorgängen zum Ausdruck“ und er spricht von einer „Art ‚kosmischer Scham‘“ (TdL 27,4). Dieser „kosmischen Scham“ folgt eine „immanente und zugleich geschlechtliche Scham“ (TdL 28,4): „Da gingen beiden die Augen auf und sie erkannten, dass sie nackt waren. Sie hefteten Feigenblätter zusammen und machten sich einen Schurz“ (Gen 3,7). Dieses Schamgefühl ist „gewissermaßen ein Echo der Ur-Unschuld des Menschen: gleichsam ein Negativ des Bildes, dessen Positiv eben die Ur-Unschuld gewesen ist“ (TdL 55,4). Mit ihr verbindet sich „eine spezifische Schwierigkeit, die menschliche Wesentlichkeit des eigenen Körpers zu empfinden“, sodass sie einen „Riss in der ursprünglichen geistig-körperlichen Einheit des Menschen“ (TdL 28,2) offenbart. „Der Körper, der nicht mehr wie im Zustand der Ur-Unschuld dem Geist unterworfen ist, nährt in sich einen ständigen Herd des Widerstandes gegen den Geist und bedroht gewissermaßen die Einheit des Menschen als Person, das heißt die Einheit sittlicher Natur, die im eigentlichen Gefüge der Person fest verwurzelt ist“ (TdL 28,3). Im Zustand der Begehrlichkeit stellt die Beherrschung des Körpers für den Menschen also eine echte Herausforderung dar. Ganz in präpontifikaler Manier seiner philosophischen Anthropologie verdeutlicht Johannes Paul II., dass die „Begehrlichkeit und im Besonderen die Begehrlichkeit des Fleisches (…) eine spezifische Bedrohung für die Struktur des Selbstbesitzes und der Selbstbestimmung dar[stellt], durch die sich die Person des Menschen formt“ (TdL 28,3). Zwar wird durch die Begierde diese personale Struktur des Selbstbesitzes und der Selbstbeherrschung erschüttert, die sich in der Selbstbestimmung aktualisiert, doch besteht genau darin auch die Chance, im menschlichen Herzen diesen Wert der personalen Struktur der Selbstbestimmung zu bewahren. Denn der Mensch „identifiziert sich erneut mit ihr, insofern er ständig bereit ist, sie zurückzugewinnen“ (TdL 28,3). Insofern macht es immer Sinn, an dieses „Herz“ zu appellieren.

2.5.2.2.2 Herz als Kampfplatz

Die dreifache Begierde bringt eine Veränderung der gesamten Verfassung des Menschen mit sich. Sie belastet die „communio personarum“ und verdunkelt die konstitutive Rolle des Leibes. Im Zustand der ursprünglichen Unschuld bildete gerade der Körper „die Grundlage, die diese Gemeinschaft unmittelbar zum Ausdruck bringt und dazu dient, sie zu verwirklichen (und damit das ‚Ebenbild Gottes' in der sichtbaren Welt zu vollenden)“ (TdL 29,3). Die fleischliche Begierde erschwert nun die Entdeckung dieser einigenden Bedeutung des Leibes. Aus mangelndem Vertrauen verbergen Mann und Frau das, was körperlich die Männlichkeit und Weiblichkeit ausmacht. Der Leib wird seiner ursprünglichen Funktion beraubt.[1] Johannes Paul II. spricht von einer „Art zweiter Entdeckung des Geschlechts“, wobei „die Begehrlichkeit (…) in sich eine fast konstitutive Schwierigkeit in der Identifizierung des eigenen Ichs mit dem eigenen Körper“ trägt, „und das nicht nur für den Bereich der eigenen Subjektivität, sondern noch mehr für den Bereich der Subjektivität des anderen Menschen: der Frau gegenüber dem Mann, des Mannes gegenüber der Frau“ (TdL 29,4). Daher rührt die Scham, während die Begierde die Einheit von Mann und Frau entstellt. Zwar hört der Leib nach dem Sündenfall nicht auf, nach personaler Vereinigung zu streben, doch „die Begehrlichkeit des Fleisches lenkt dieses Verlangen auf die Befriedigung des Fleisches, oft auf Kosten einer echten und vollen Gemeinschaft der Personen“ (TdL 31,3). Eine solche Verschiebung in der Beziehung zwischen Mann und Frau drücken die Worte Gott Jahwes aus: „Du hast Verlangen nach deinem Mann; er aber wird über dich herrschen“ (Gen 3,16). An die Stelle eines selbstlosen Füreinanders in Fülle tritt das Beherrschtwerden.[2] Durch die Begierde nämlich „wandelt sich die aus voller geistiger Einheit der beiden sich einander schenkenden Wesen entstandene communio personarum in eine gegenseitige Beziehung anderer Art, nämlich einer Beziehung des Besitzes des anderen als Objekt des eigenen Begehrens“ (TdL 31,3).[3]

---

1 „Es ist, als wäre die personale Ausprägung der Männlichkeit und der Weiblichkeit, die vorher die Bedeutung des Körpers für eine volle Gemeinschaft der Personen unterstrich, dem bloßen sexuellen Empfinden gegenüber dem anderen Menschen gewichen; als würde die Geschlechtlichkeit zum Hindernis in der personalen Beziehung des Mannes zur Frau“ (TdL 29,3).

2 „Dieses ‚Herrschen‘ zeigt die Störung und *Schwächung* jener *grundlegenden Gleichheit* an, die Mann und Frau in der ‚Einheit der zwei‘ besitzen: Und das gereicht vor allem der Frau zum Nachteil, während nur die Gleichheit, die sich aus der Würde der beiden als Personen ergibt, den gegenseitigen Beziehungen den Charakter einer echten ‚Personengemeinschaft‘ zu geben vermag“ (Johannes Paul II., Mulieris dignitatem, Nr. 10).

3 An dieser Stelle wird die doppelte Funktion der Scham deutlich: Sie enthüllt das Moment der Begierde und schützt vor den Folgen. Denn „durch die Scham bleiben der Mann und die Frau gleichsam im Stand der anfänglichen Unschuld. Denn sie machen sich ständig die bräutliche Bedeutung des Körpers bewusst und möchten ihn sozusagen vor der Begehrlichkeit schützen, so wie sie versuchen, den gemeinschaftlichen Sinn der Verbundenheit ihrer Personen im ‚ein Fleisch Sein‘ aufrechtzuerhalten“ (TdL 31,1).

Damit aber verzerrt die Begierde die „bräutliche Bedeutung des Leibes" und schränkt sie ein (vgl. TdL 31,6). Sie wird nach Martin also „nicht ausgelöscht"[1] oder zerstört, sondern ist „nur in der Regel bedroht" (TdL 32,3). Auf diese Weise ist das „Herz (…) zum Kampfplatz geworden zwischen Liebe und Begehrlichkeit. Je mehr die Begehrlichkeit das Herz beherrscht, desto weniger erfährt dieses die bräutliche Bedeutung des Leibes und desto weniger ist sein Empfinden offen, das Geschenk der Person in den gegenseitigen Beziehungen zwischen Mann und Frau anzunehmen" (TdL 32,3). Aus diesem Grund sind stets die Absichten des Herzens zu prüfen. „Es ist nicht immer klar und offensichtlich, manchmal ist es versteckt und nennt sich Liebe, obwohl es seine wahre Gestalt verändert und die durchsichtige Klarheit der Hingabe in den Beziehungen der Menschen untereinander trübt" (TdL 32,3). Bei unlauteren Absichten, d. h. bei einer „Verletzung der Dimension des Geschenks im gegenseitigen ‚Für' von Mann und Frau (…) wird die Subjektivität des Menschen von der Objektivität des Körpers verdrängt" (TdL 32,5). Auf diese Weise macht die „Begehrlichkeit (…) den Körper zum ‚Terrain' der Aneignung, durch eine andere Person" (TdL 33,3) und so „treibt die Begehrlichkeit als solche den Menschen zum Besitz des anderen als Gegenstand, treibt ihn zum ‚Genuss', der die Verneinung des bräutlichen Sinnes des Körpers nach sich zieht" (TdL 33,4). Franz Böckle bringt diese Gedanken in seinem Beitrag *Anthropologie und sittliche Weisung nach dem Apostolischen Schreiben „Familiaris consortio"* auf den Punkt: „Libidinöse Objektsetzung ist noch keine Liebe."[2]: „Wohl mag der Mensch sich freuen, dass er nicht nur interessenloses Wohlgefallen erregt, sondern auch begehrt wird", erklärt Böckle weiter, doch „Liebe ist mehr; sie überschreitet das Begehren und sieht den anderen nicht als ein Objekt oder Instrument des eigenen Ich. Das Ich öffnet sich dem Du, um es zu bejahen und an seiner Selbstfindung mitzuwirken. Personale Liebe ist kein Gebrauch, kein ‚uti', sondern ein gemeinsames Erleben, ein ‚frui'."[3] Dieses „augustinische ‚frui'" (TdL 127,1) ist für Johannes Paul II. tatsächlich erst dann gegeben, wenn „Sexualität", wie Böckle anmerkt, „in solche Liebe integriert ist."[4] In diesem Sinn bleiben sich Mann und Frau auch nach dem Sündenfall als Personen anvertraut, werden aber nur dann zu einer aufrichtigen Hingabe finden, wenn sie sich beide dafür verantwortlich wissen. An dieser Stelle betont Johannes Paul II., dass gerade der Mann von Anfang an „Wächter der Wechselseitigkeit der Hingabe und ihres echten Gleichgewichts sein sollte" (TdL 33,2). Er darf sich seiner Verantwortung für die Berufung und Würde der Frau nicht entziehen. „Daher muss jeder Mann bei sich erwägen und schauen, ob diejenige, die ihm sowohl als Schwester im selben Menschsein wie auch als Ehefrau anvertraut ist, ob diejenige, die auf verschiedene Weisen in der

1 Martin, Katechesen, 12-13.
2 Böckle, Anthropologie, 110.
3 Ebd.
4 Ebd., 110-111.

Welt Subjekt des Daseins ist wie er, nicht für ihn zum ‚Objekt‘ geworden ist: zum Objekt des Genusses und der Ausbeutung.“[1]

2.5.2.2.3 Blick als Ausdruck der Begierde

Für Johannes Paul II. trägt Jesus, der „wusste, was im Menschen ist“ (Joh 2,25), der fleischlichen Begierde Rechnung und setzt bei seinen Zuhörern das Wissen um sie voraus, wie es etwa in der Weisheitslitertaur[2] aufscheint. Die Erfahrung dieser Begierde beschreibt Jesus nicht näher, vielmehr bleibt er „an der Schwelle dieser Erfahrung stehen“, schließlich kommt die Begierde bereits im Blick zum Ausdruck und nicht erst in einer Handlung.[3] So legen das „Begehren“ und der „lüsterne Blick“ das frei, was der Mensch in seinem Inneren wahrnimmt. „Ich möchte sagen“, so Johannes Paul II., „im Blick kommt der ganze Mensch zum Ausdruck. Wenn man allgemein annimmt, dass der Mensch ‚so handelt, wie er ist‘ (operari sequitur esse), dann will Christus hier hervorheben, dass der Mensch ‚so blickt, wie er ist‘ (intueri sequitur esse)“ (TdL 39,4). Im begehrlichen Blick wendet sich der Mensch von der Fülle der „bräutlichen Bedeutung des Leibes“ ab und reduziert den anderen auf ein Besitzobjekt sexueller Befriedigung.[4] Der andere hört auf, in erster Linie Subjekt zu sein. Ein selbstloses Sich-Schenken wird unmöglich. Die fleischliche Begierde „stampft über die Ruine der bräutlichen Bedeutung des Leibes und aller ihrer subjektiven Komponenten hinweg“ (TdL 40,4). Zwar ist der Blick an sich ein Erkenntnisakt, doch wenn die Begierde sich seiner inneren Struktur bemächtigt, nimmt er den Charakter eines als „appetitus“ verstandenen begehrlichen Verlangens an.[5] Daher handeln die Worte Jesu (Mt 5,27-28), die nur einen im Herzen verborgenen und inneren Akt beschreiben, der zwar im Blick zum Ausdruck kommt, aber die Schwelle des Blicks noch nicht überschritten hat, nicht nur von einer erkenntnismäßigen Ausrichtung des Blickes, sondern schließen eine grundsätzliche

1 Johannes Paul II., Mulieris dignitatem, Nr. 14.

2 „Leidenschaftliche Begierde, sie brennt wie Feuer und erlischt nicht, bis sie sich verzehrt hat; der Mensch, der am eigenen Leib Unzucht treibt und nicht aufhört, bis das Feuer verglüht; der Wollüstige, dem jedes Brot süß schmeckt, der nicht aufhört, bis er tot ist; der Mensch, der Ehebruch treibt auf seinem Lager, der bei sich denkt: Wer sieht mich? Dunkel umgibt mich, Wände verbergen mich, keiner sieht mich, warum sollte ich mich fürchten zu sündigen? Er denkt nicht an den Höchsten, nur die Augen der Menschen fürchtet er. Er bedenkt nicht, dass die Augen des Herrn zehntausendmal heller sind als die Sonne, dass sie alle Wege des Menschen sehen und die geheimsten Winkel durchdringen“ (Sir 23,16-19).

3 „Die Begehrlichkeit hat sich noch nicht in eine äußere Handlung umgewandelt, sie ist noch nicht zum körperlichen Akt geworden; sie ist noch die innere Haltung des Herzens: Sie kommt im Blick zum Ausdruck, in der Art, wie ein Mann ‚eine Frau ansieht‘“ (TdL 39,4).

4 Johannes Paul II. bezeichnet diese Reduzierung des anderen auch als „eine intentionale Verminderung, eine Einengung oder Verschließung des Horizonts von Geist und Herz“ (TdL 40,3).

5 „‚Appetitus‘ ist etwas Umfassenderes als das Begehren, denn es weist auf alles hin, was sich im Menschen als Tendenz äußert, und ist als solche immer auf ein Ziel gerichtet, also auf ein Objekt, das unter dem Aspekt des Wertes erkannt wurde“ (TdL 40,5).

Ausrichtung des Wesens des Mannes ein.[1] Im lüsternen Blick des Mannes wird deutlich, was die Frau für ihn „ist“ oder „wird“. Denn „die Intentionalität der Erkenntnis bestimmt und definiert die Intentionalität selbst der Existenz“[2]. In der Beziehung zu einem anderen Menschen gilt es also durch die Intentionalität der Erkenntnis bzw. des „appetitus“ hindurch die Intentionalität der Existenz des Menschen zu entdecken. Obwohl es sich um einen inneren Akt handelt, beginnt in der intentionalen Ausrichtung des Blickes die Frau für den Mann zum Objekt potentieller Befriedigung zu werden. „Dieser Wandel in der Intentionalität des Seins“, so Johannes Paul II., „vollzieht sich im Herzen in dem Grad, in dem er im Willen vollzogen wird“ (TdL 41,3). Entscheidend ist also die Frage, inwieweit die Begierde den Willen dominiert und den „Entschluss weckt, mit einem anderen menschlichen Wesen (…) eine Beziehung nach der ‚Werteskala‘ der Begehrlichkeit einzugehen“ (TdL 41,2). „Erst wenn sich die Begehrlichkeit des Willens bemächtigt hat, kann man sagen“, erklärt Johannes Paul II. weiter, „dass sie über die Subjektivität der Person herrscht und dass sie sich an der Wurzel des Willens sowie der Wahl- und Entscheidungsmöglichkeit befindet, durch die – kraft der Selbstentscheidung oder Selbstbestimmung – die Art selbst des Existierens im Hinblick auf eine andere Person festgelegt wird“[3]. In diesem Fall spricht Johannes Paul II. von einer „mehr oder weniger vollständigen ‚Versklavung‘“ oder vom „Zwang des Fleisches“ (TdL 41,3).

Bei all diesen Überlegungen bleibt allerdings die Frage offen, wie der Papst das „sexuelle Empfinden“ an sich auf dem Weg der „Erlösung des Leibes“ bewertet und einordnet. Er stellt es „dem Bewusstsein der Bedeutung des Körpers für eine volle Gemeinschaft der Person“ gegenüber, also der Voraussetzung für eine eheliche Vereinigung in wahrer Liebe, und ordnet es ohne klare Abgrenzung der Begehrlichkeit zu. Für die konkrete Verwirklichung der „Erlösung des Leibes“ jedoch scheint es notwendig zu sein, eine deutlichere Grenzziehung vorzunehmen. Es müsste herausgearbeitet werden, wo die Formung des Herzens genau anzusetzen hat. Denn in der konkreten Wirklichkeit des menschlichen Lebens dreht sich die sogenannte „Erlösung des Leibes“, also die Überwindung der falschen Begehrlichkeit, immer auch um das „sexuelle Bedürfnis“. Zwar geht es Johannes Paul II. „keineswegs darum, dieses Bedürfnis, das eine objektive Gegebenheit der menschlichen Natur mit der Finalität der Zeugung

1 „Der ‚Blick, den man sich zuwirft, offenbart dabei die innere Beschaffenheit der Zuwendung, er ist die Schwelle zur inneren Wahrheit oder zur Lüge, zur personalen Fülle der Communio personarum oder zur begehrlichen, isolierten Sexualität“ (Martin, Katechesen, 14).

2 „(…) l’intenzionalità della conoscenza determina e definisce l’intenzionalità stessa dell’esistenza“ (Giovanni Paolo II, L’Amore Umano 41,1). (Eigenübersetzung; vgl. TdL 41,1).

3 „Solo quando la ‚concupiscenza‘ si è impadronita della volontà, è possibile dire che essa domina sulla soggettività della persona e che sta alla base della volontà e della possibilità di scegliere e decidere, attraverso cui – in virtù dell’autodecisione o autodeterminazione – viene stabilito il modo stesso di esistere nei riguardi di un’altra persona“ (Giovanni Paolo II, L’Amore Umano 41,2). (Eigenübersetzung; vgl. TdL 41,2).

ist, in Frage zu stellen" (TdL 41,4), wie er selber betont. Insofern entspräche es sicherlich nicht dem Gesamtentwurf Johannes Pauls II., würde man das „sexuelle Bedürfnis" grundsätzlich als Ausdruck der Begehrlichkeit deuten, die es zu überwinden gilt. Selbst wenn die Mittwochskatechesen diesen Anschein vermitteln, wie Charles E. Curran anmerkt[1], so sieht Johannes Paul II. das „sexuelle Bedürfnis" nicht nur in einem negativen Licht. Trotzdem müsste in einem ersten Schritt überhaupt einmal näher definiert werden, was mit „sexuellem Bedürfnis" gemeint ist, und was Johannes Paul II. im Zusammenhang mit der „Theologie des Leibes" unter „sexuellem Bedürfnis" versteht. Dass dies nicht in einer positiven Weise geschieht, kritisiert Curran zu Recht[2]: „Die päpstliche Lehre über Ehe und Sexualität versäumt es, die Rolle des sexuellen Vergnügens zu entwickeln oder gar zu erwähnen"[3].

Ein Ansatzpunkt findet sich bei Johannes Paul II. dort, wo er der Frage der „erotischen Spontaneität" nachgeht. So spricht er von der „edlen Lust", die er deutlich von der „bloßen sexuellen Begehrlichkeit" unterscheidet (vgl. TdL 48). Und er bemerkt: „Die sinnliche Erregung unterscheidet sich ganz und gar von der tiefen Gemütsbewegung, mit welcher nicht nur die Sensibilität, sondern auch die Geschlechtlichkeit auf den unverkürzten Ausdruck der Fraulichkeit bzw. Männlichkeit reagiert" (TdL 48,4) Allerdings lässt Johannes Paul II. die Thematik auf dieser Andeutung beruhen, obwohl er im selben Abschnitt von der „klaren Differenzierung" spricht, die die subjektive Struktur des Menschen in diesem Bereich aufweise. Er begnügt sich mit der Feststellung: „Wir können diese Thematik hier nicht ausführlicher entwickeln" (TdL 48,4).

2.5.2.3 Reinheit des Herzens

„Das neue Ethos des Evangeliums", so Norbert Martin, „ist auf dem Hintergrund der geschichtlichen Situation und Ereignisse des Alten Testaments zu sehen"[4]. Deshalb ordnet Johannes Paul II. die Worte Jesu über den „Ehebruch im Herzen" (Mt 5,27-28) in den alttestamentlichen Kontext ein und bezeichnet diesen als die „geschichtliche Dimension" (TdL 34,2). Ausgehend von den Patriarchen Abram und Jakob, die aufgrund ihrer kinderlos gebliebenen Ehefrauen

---

1 „The impression given by *The Theology of the Body* is that passion and sexual pleasure are totally suspect and in need of control. The pope does not seem to acknowledge a fundamental goodness about sexuality, despite the everpresent danger of lust and concupiscence. There is just an occasional remark along more positive lines, but the heavy emphasis of the talks remains on the negative reality of sexual passion and the need for spirit and reason to control it" (Curran, Moral, 170).

2 „These talks for all practical purposes ignore the positive aspect of sexual pleasure. One would expect that talks dealing precisely with the body would recognize the role of sexual pleasure in marriage and insist that such pleasure is good" (Ebd., 172).

3 „The papal teaching on marriage and sexuality fails to develop or even mention the role of sexual pleasure in marriage" (Ebd., 187). (Eigenübersetzung).

4 Martin, Katechesen, 14.

Sarai und Rahel mit den Dienerinnen Hagar und Bilha Nachkommen zeugen (vgl. Gen 16,2f.; 30,3f.), erwähnt er die Polygamie der Könige David (2 Sam 11,2-27) und Salomo (1 Kön 11,1-8) und ruft die Überlieferung der Propheten Jesaja[1] (Analogie Braut/Bräutigam und Gott-Jahwe/Volk-Israel), Hosea[2] und Ezechiel[3] (Analogie Einehe/Ehebruch und Eingottglaube/Götzendienst) in Erinnerung (vgl. TdL 35-37). Die Aussagen der Weisheitsliteratur[4] „nähern" sich für Johannes Paul II. „der Berufung Christi auf das Herz (…), auch wenn man nicht sagen kann, sie zeigten bereits eine Tendenz zur grundlegenden Umformung des Ethos" (TdL 38,5). Erst das „Ethos des Evangeliums" (TdL 34,2) stellt gegenüber dem alttestamentlichen Ethos ein neues Ethos dar.[5] Jesus möchte die ursprüngliche Bedeutung dieses Gebots wieder ins Bewusstsein rufen. Doch beruft er sich nicht einfach auf die göttliche Gesetzgebung vom Sinai, sondern sucht diese in der Tiefe der menschlichen Person selbst zu verankern und spricht nicht vom „Ehebruch im Fleisch", sondern vom „Ehebruch im Herzen", d. h. vom Begehren. In diesem Sinn lautet das 9. Gebot des Dekalogs: „Du sollst nicht die Frau deines Nächsten begehren" (vgl. Ex 20,17; Dtn 5,21). Bei den Worten Jesu – „Wer eine Frau auch nur lüstern ansieht, hat in seinem Herzen schon Ehebruch mit ihr begangen" (Mt 5,28) – ist für Johannes Paul II. „bezeichnend, dass Christus, wenn er vom Gegenstand dieser Begehrlichkeit spricht, nicht hervorhebt, dass es sich um die ‚Frau eines anderen' bzw. nicht um die eigene Ehefrau handelt, sondern allgemein sagt: die Frau" (TdL 43,2). Entscheidend beim „Ehebruch im Herzen" ist also nicht, dass der begehrliche Blick des Mannes einer Frau gilt, die nicht seine Frau ist, sondern, dass dieser Mann „eine Frau gerade so anblickt. Auch wenn er seine Ehefrau so anblickte, würde er ebenfalls ‚im Herzen' Ehebruch begehen" (TdL 43,2). Zwar sind die Grenzen fließend, doch selbst wenn ein Mann seine eigene Ehefrau in Gedanken so anblicken würde, dass sie alleinig auf ein potenzielles Objekt seiner Trieb- und Lustbefriedigung reduziert wird, wäre es ein „Ehebruch im Herzen", der die Gemeinschaft von Personen zerstört. Diese Aussage über den Ehebruch innerhalb der Ehe löste seiner Zeit in der Öffentlichkeit heftige Reaktionen aus.[6]

---

1 Vgl. Jes 54; 61,1-5.

2 Vgl. Hos 1-3.

3 Vgl. Ez 16,5-8.12-15.30-32.

4 Vgl. Spr 6,25; Sir 9,8-9; Koh 7,26-28.

5 „Die ganze Tradition des Alten Bundes zeigt, dass dem Gewissen der aufeinander folgenden Generationen des auserwählten Volkes und ihrem Ethos die tatsächliche Notwendigkeit der Einehe, und zwar als wesentliche und unverzichtbare Folgerung aus dem Gebot ‚Du sollst nicht die Ehe brechen', nicht klar war" (TdL 35,3).

6 „Dieser Hinweis auf die Möglichkeit eines Ehebruchs innerhalb der Ehe verursachte einen Aufruhr in den Weltmedien, der nicht beruhigt wurde, als die Vatikanzeitung *L'Osservatore Romano* in ihrer Reaktion äußerte, dass manchen, die sich beschwerten, ein ‚adäquater kultureller Hintergrund' fehle, um das zu verstehen, was Johannes Paul II. sage. Dessen Beschreibung des Ehebruchs innerhalb der Ehe ähnelte jedoch Äußerungen, die seit Jahren von Feministinnen gemacht wurden, und war deutlich in der Theologie des Leibes impliziert, die

Was die Wertfülle ihres Subjektseins sowie der ganzen inneren Wahrheit ihres gegenseitigen Füreinanders betrifft, können Mann und Frau nur in der Befreiung vom Zwang der Begierde wieder zu jener Freiheit der Hingabe gelangen, welche die Fülle ihres Menschseins zum Ausdruck bringt. Indem Johannes Paul II. auch in den Katechesen dem Dreiklang von Sein, Wert und Pflicht treu bleibt, stellt sich für ihn nun zwangsläufig die Frage nach den sich daraus ergebenden Verpflichtungen für das menschliche Handeln.[1] Johannes Paul II. plädiert dafür, dass die Verwirklichung der Sexualität immer in den Raum der Liebe eingebettet sein muss. Auch bei der ehelichen Vereinigung muss die Liebe als personale Hingabe dem sexuellen Akt vorausgehen, sodass die geschlechtliche Vereinigung immer Ausdruck der Liebe ist und sich in den Dienst der liebenden Hingabe stellen kann. Selbst der Rahmen der Ehe darf nicht zum Vorwand dafür genommen werden, die Sexualität von der personalen Liebe zu trennen und in den Dienst egoistischer Befriedigung zu stellen. Dies aber verlangt eine Formung des Herzens, die der geschlechtlichen Begegnung vorausgeht und in der Kategorie des „Blickes“ ihren Ausdruck findet. Wenn aber Johannes Paul II. diese sittliche Forderung stellt, dass die personale Liebe der geschlechtlichen Vereinigung bis hinein in das Begehren vorausgeht, wirft sich die Frage auf, welche Gefühle und Sehnsüchte moralisch in dem Augenblick gerechtfertigt sind, als sich ein Mensch für einen möglichen Ehepartner zu interessieren beginnt. Schließlich setzt die personale Hinwendung zu einer Frau bzw. zu einem Mann, die psychologisch auf eine eheliche Verbindung mit Beständigkeit und Treue abzielt, im Empfinden und in der Vorstellung voraus, dass man sich dieser Person auch körperlich vollkommen hingeben könnte. Ist das bewusste Empfinden einer solchen Fähigkeit bzw. Möglichkeit bereits ein unsittliches Begehren? Darf man sich bei der Hinwendung auf einen anderen Menschen, welche zum Ziel hat, einen Partner fürs Leben zu finden, die Frage stellen, ob man sich diesem Menschen sexuell hingeben könnte? Ist eine solche Fragestellung im Zusammenhang mit der entsprechenden emotionalen Vorstellung nur im Rahmen der Partnersuche erlaubt? Oder ist sogar bei der Vorbereitung auf die Ehe dieses Fragen zu überwinden und das emotionale Verlangen auf die personale Hingabe auszurichten, die vom sexuellen Empfinden frei gehalten wird?

er seit über einem Jahr entwickelte. Wenn man annahm, Johannes Paul II. sei ein polnischer Manichäer, der Sexualität ekelerregend und schmutzig finde, dann konnte man zu dem Schluss gelangen, seine Überlegungen über den Ehebruch innerhalb der Ehe sei ein besonders merkwürdiger Ausdruck dieser Neurosen. Für jene, die das Argument des Papstes ernst nahmen, dass die sexuelle Liebe innerhalb der Ehe ein Bild des inneren Lebens Gottes ist, weil sie die Gemeinschaft von Personen ausdrückt, war seine Äußerung über den Ehebruch innerhalb der Ehe völlig plausibel“ (Weigel, Zeuge, 353).

1 „Wie sollte oder müsste er handeln, das heißt, in welcher Weise stellen die Werte, die nach der in der Bergpredigt offenbarten Rangordnung erkannt werden, eine Verpflichtung für seinen Willen und sein Herz, seine Wünsche und seine Entscheidungen dar?“ (TdL 44,2).

Johannes Paul II. unterscheidet sehr deutlich zwischen den intentionalen Akten bei der Wahrnehmung einer anderen Person und dem bewussten Willensakt, der auf die Wahrnehmung hin erfolgt. Selbstverständlich kann der Mensch in der Begegnung mit einer anderen Person sexuelle Werte erleben, die seine sinnlichen und emotionalen Sphären ansprechen.[1] Er ist weit davon entfernt, diesen intentionalen Akt bereits als unsittlich zu qualifizieren. Auch eine bewusste Prüfung und Analysierung dieser Wahrnehmung stellt für ihn noch kein Begehren im negativen Sinn dar. Erst die Verbindung dieser intentionalen Akte mit einem bewussten Willensakt, der den anderen Menschen auf ein Objekt sexueller Befriedigung reduziert, ist der Beginn des unsittlichen Begehrens. Ein solcher Willensakt macht den Menschen in seiner Fähigkeit zu personaler Hingabe unfrei. „Auf diese Weise wird jenes gegenseitige ‚Füreinander' verzerrt, es büßt den Charakter der Gemeinschaft der Personen zugunsten eines utilitaristischen Charakters ein" (TdL 43,3). Dies gilt für „jede (…) Form der Koexistenz von Männern und Frauen" (TdL 43,7), aber insbesondere auch für jemanden, der auf der Suche nach einem Ehepartner ist. Wojtyła gesteht durchaus zu, dass die Wahrnehmung sexueller Werte bei der Partnerwahl eine Rolle spielt und spielen darf.[2] Macht sie jedoch den Menschen durch einen begehrlichen Willensakt unfrei, so hindert sie ihn, bei der Partnerwahl zu einer verantwortlichen Entscheidung zu gelangen. Das sexuelle Erleben bereitet die Partnerwahl vor und beeinflusst sie, doch darf es nicht das alleinige und entscheidende Kriterium der Entscheidung sein. Die personalen Werte, die zu den sexuellen hinzukommen, müssen für eine verantwortliche Wahl ausschlaggebend sein: „Der Kern der Personwahl muss personal und darf nicht nur sexual sein."[3] Indem Johannes Paul II. für die „Reinheit des Herzens"[4] eintritt, bejaht er also durchaus das Erleben der sexuellen Werte im zwischenmenschlichen Bereich, will jedoch einen Weg aufzeigen, der den Menschen zu einer freien und personalen Hinwendung zum „Du" befähigt. Durch die Reinigung des Herzens gelangt der Mensch letztlich zu einer reifen Entscheidung, die von sexuellen Empfindungen durchaus beeinflusst sein kann, sich jedoch auf die Ebene einer personalen Gesamtschau des Menschen zu erheben vermag. Wojtyła spricht im Zusammenhang dieser Reinigung von einer „Kraftprobe": „Man darf nie vergessen, dass

1 Wojtyła spricht bei der Partnerwahl über die „im sinnlichen und affektiven Erleben vibrierenden sexuellen Werte", „die man irgendwie wittert und erlebt" (Wojtyła, Liebe und Verantwortung, 116).

2 Vgl ebd.

3 Ebd.

4 „Diese Reinheit", erklärt Johannes Paul II. im Gespräch mit André Frossard, „erreicht man nicht ohne Verzicht und ohne inneren Kampf gegen die eigene Schwäche. Hat man sie aber einmal erlangt, dann ist die Reife des Verstandes und des Herzens ein hundertfacher Lohn für alles, was sie einem gekostet hat. Es erwächst daraus eine neue Spontaneität der Gefühle, des eigenen Handelns und Verhaltens, welche die Beziehungen zu den Menschen, vor allem zu den Kindern, erleichtert" (Johannes Paul II., Fürchtet euch nicht, 16).

jede menschliche Liebe eine Kraftprobe durchmachen muss, und dabei kommt ihr wahrer Wert zum Vorschein.“[1] „Erlösung des Leibes“ bedeutet hier, dass der Mensch bei allem Erleben sexueller Werte frei bleibt für die personalen Werte und sich der anderen Person im Geist wahrer Liebe hingeben kann. Nur in dieser Freiheit kann der Mensch seine sexuellen Kräfte nach geistigen Maßstäben in einen verantwortungsvollen Lebensentwurf einordnen.

2.5.2.3.1 „Hermeneutik des Argwohns“

In der Geistesgeschichte haben die Worte Jesu über den begehrlichen Blick (Mt 5,27-28) unterschiedliche Reaktionen hervorgerufen. Für Johannes Paul II. scheiden sich die verschiedenen Ansätze bei der Frage: „Wird das Herz angeklagt oder wird es zum Guten gerufen?“ (TdL 44,1). Zunächst zeigt er eine philosophische Richtung auf, die das menschliche Herz aufgrund seines begehrlichen Blicks anklagt und ihm keine Möglichkeit der Reinigung einräumt. Ein Beispiel aus der alten Zeit erblickt er im Manichäismus, der aus gnostischen, babylonisch-chaldäischen und iranisch-zarathustrischen Vorstellungen zusammengesetzten Lehre des Persers Mani (+276). „Sie versteht sich“ nach Klimkeit „als die Lehre von den zwei Prinzipien und den drei Zeiten. Die zwei Prinzipien sind Licht und Finsternis, Gut und Böse, Geist und Materie.“[2] Letztere waren ursprünglich getrennt, sind im gegenwärtigen Zustand aber vermischt. Die gefallene Seele ist in der Materie gefangen. Am Ende vollzieht sich die Erlösung durch die Rückkehr zur ursprünglichen Trennung. „Dieses Wissen um die Urheimat“, so Klimkeit, „die zugleich auch die Bestimmung der Seele kennzeichnet, hat schon erlösende Funktion.“[3] Infolge dieser negativen Bewertung der Materie werden alles Körperliche, die Geschlechtlichkeit sowie das eheliche Zusammenleben, als Quelle des Bösen betrachtet.[4] Die Worte Jesu vom „Ehebruch im Herzen“ und die darauffolgenden Worte vom „Ausreißen des

1 Wojtyła, Liebe und Verantwortung, 117.

2 Klimkeit, Manichäismus, Sp. 1267. [Die im LThK typischen Abkürzungen sind vom Autor ergänzt]

3 Ebd. [Die im LThK typischen Abkürzungen sind vom Autor ergänzt]

4 „Die Materie ist im Grund Begehrlichkeit, böses Verlangen nach Lust und Genuss, tödlicher Instinkt, der dem Sexualtrieb, der Libido vergleichbar, wenn nicht überhaupt mit ihm identisch ist. Sie ist eine Kraft, die das Licht anzugreifen sucht; eine ungeordnete Bewegung, ein tierisches, brutales, halbbewusstes Verlangen. Adam und Eva wurden von zwei Dämonen gezeugt; unser Geschlecht entsprang einer Folge abstoßender Akte des Kannibalismus und der Sexualität und bewahrt die Zeichen dieses diabolischen Ursprungs: den Körper, der die tierische Gestalt der ‚Archonten der Unterwelt‘ ist, und die Libido, die den Menschen dazu treibt, sich zu paaren und fortzupflanzen und damit die lichtvolle Seele für immer gefangen zu halten. Wenn der Mensch erlöst werden will, muss er versuchen, sein ‚lebendiges Ich‘, den noûs, vom Fleisch und vom Körper zu befreien. Da die Materie in der Begehrlichkeit ihren höchsten Ausdruck findet, besteht die Hauptsünde in der geschlechtlichen Vereinigung (Unzucht), die zugleich Brutalität und Bestialität ist und die Menschen durch die Fortpflanzung zu Werkzeugen und Mitschuldigen des Bösen macht.

Auges“ bzw. vom „Abhauen der Hand“ (vgl. Mt 5,29-30) kommen dem Manichäismus sehr gelegen. Er verwendet sie im buchstäblichen Sinn und deutet sie als Verurteilung des Leibes. Eine solche Interpretation aber wird der Forderung der Bergpredigt in keiner Weise gerecht, die nur aus einer Bejahung des Leibes heraus verstanden werden kann.[1] „Zusammen mit dem Geist bestimmt er nämlich die ontologische Subjektivität des Menschen und hat an seiner Würde als Person teil“ (TdL 45,1). „Der Leib ist in seinem Mann- bzw. Frausein ‚von Anfang an' dazu berufen, zu einer Kundgabe des Geistes zu werden“ (TdL 45,2). Der Aufruf der Bergpredigt zielt auf die Rettung des ganzen Leibes, also auf die „Erlösung des Leibes“ ab und nicht auf dessen Entledigung zugunsten der Befreiung der geistigen Seele. Jesus ist dabei, die gottgeschenkte Berufung der Ehe herauszustellen und die Möglichkeit deren Verwirklichung durch die Formung des Herzens aufzuzeigen, nicht aber die Ehe oder die Sexualität ihres Wertes zu berauben. „Während für das manichäische Denken Leib und Geschlechtlichkeit sozusagen einen ‚Gegenwert' darstellen, sind sie für das Christentum stets ein ‚nicht hinreichend gewürdigter Wert'“ (TdL 45,3). Johannes Paul II. in die Nähe einer manichäischen Leibfeindlichkeit zu rücken, entbehrt nach Martin jeder Grundlage.[2] In seinem *Brief an die Familien* warnt er sogar vor einer „neomanichäischen Zivilisation“, einem *„neuen Manichäismus*, in dem der Körper und der Geist radikal einander entgegengesetzt werden. Weder lebt der Körper vom Geist, noch belebt der Geist den Körper. Der Mensch *hört so auf, als Person und Subjekt zu leben.*“[3] Sein großartiger Ansatz der „Theologie des Leibes“ stellt zweifelsohne ein diametrales Gegenkonzept zur manichäischen Erlösungslehre dar. Nicht der Leib als solcher, nicht die sexuellen Kräfte als solche und nicht die eheliche Vereinigung als solche stellen den Urgrund der ungeordneten Triebhaftigkeit des Menschen dar, sondern eine von der Abkehr der Liebe eingetretene Verformung des Herzens. Entscheidend also ist, wo

---

Die Auserwählten bilden die Gruppe der Vollkommenen mit einer charakteristischen asketischen Tugend, der Abstinenz, die sich in der Beobachtung von drei ‚Siegeln‘ verwirklicht: das ‚Siegel des Mundes‘ verbietet jede Gotteslästerung und gebietet die Enthaltung von Fleisch, Blut, Wein, allen alkoholischen Getränken und auch das Fasten; das ‚Siegel der Hände‘ gebietet die Achtung vor dem Leben (dem ‚Licht‘), das die Körper, die Samen, die Bäume in sich schließen, und verbietet das Sammeln von Früchten, das Ausreißen von Pflanzen, das Töten von Menschen und Tieren; das ‚Siegel des Schoßes‘ schreibt totale Enthaltsamkeit vor“ (TdL [Anm. 68] 44,5).

1 „Der Appell zur Beherrschung der Begehrlichkeit des Fleisches stammt eben aus der Bejahung der personalen Würde des Leibes und des Geschlechts und dient ausschließlich dieser Würde. Wer diesen Worten eine manichäische Sicht entnehmen wolle, befände sich in einem wesentlichen Irrtum“ (TdL 45,5).

2 „Der Heilige Vater bietet eine äußerst klare und harte Widerlegung des Manichäismus, indem er den Leib und die Leiblichkeit des Menschen in aller Deutlichkeit als etwas Positives, als gottgewollt darstellt, als die Weise, in der der Mensch sich mitteilt und in dessen ‚aufrichtiger' Hingabe (d. h. in der Wahrheit des Schenkens) er sich selbst verwirklicht“ (Martin, Katechesen, 11).

3 Johannes Paul II., Brief an die Familien, Nr. 19.

der begehrliche Blick angesiedelt wird: in der materiellen Sphäre (Manichäismus) oder in der geistigen Sphäre des Herzens (Christentum). Johannes Paul II. spricht sich eindeutig für die geistig-seelische Interpretation aus und eröffnet dadurch die Möglichkeit zur „Erlösung des Leibes“ durch das Herz.

Unter den neuzeitlichen Positionen, die den Menschen aufgrund seines Begehrens abwerten, nennt Johannes Paul II. die Ansätze von Sigmund Freud (1856-1939), Karl Marx (1818-1883) und Friedrich Nietzsche (1844-1900). Und er beruft sich auf Paul Ricoeur, der die drei als „maîtres du soupçon“[1] bezeichnet, d. h. „Meister des Argwohns“. Nach Johannes Paul II. klagen diese drei das Herz des Menschen auf je eigene Weise an: Nietzsche stürzt sich auf die Versuchung des Menschen, wie Gott sein zu wollen, Marx klammert sich an den Kampf des Menschen um materiellen Besitz und Freud versucht das gesamte menschliche Verhalten vom Sexualtrieb her zu deuten. Johannes Paul II. erkennt in diesen drei Ansätzen die drei Formen des Begehrens bzw. die dreifache Begierde, die Johannes bereits im Neuen Testament beschreibt (vgl. 1 Joh 2,16). Er spricht von einer „Hermeneutik des Menschen“ und nimmt folgende „Rollenverteilung“ vor: „In der Hermeneutik Nietzsches entsprechen Anklage und Verurteilung des menschlichen Herzens gewissermaßen dem, was in der biblischen Sprache ‚Stolz des Lebens‘ heißt; in der marxistischen Hermeneutik dem, was in der Bibel ‚Begehrlichkeit der Augen‘ genannt wird; in der Hermeneutik Freuds hingegen dem, was ‚Begehrlichkeit des Fleisches‘ heißt“ (TdL 46,2)

Nietzsche entwirft aus dem Nihilismus heraus („Gott ist tot“) ein neues Menschenbild. Wenn „man den ‚Tod Gottes’ proklamiert“, sagt Wojtyła, „so führt man den ‚Tod des Menschen’ herbei.“[2] Ohne Anfang und Ende verläuft für Nietzsche die Geschichte stetig wiederkehrend und damit ewig. Die bisherigen obersten Werte und die „Décadence-Moral“ entstammen dabei der lebensverneinenden Maßgabe der Schwachen und „Schlechtweggekommenen“[3] und müssen daher entwertet werden. Nietzsches Kampf richtet sich vor allem gegen das Christentum, das für ihn nur eine „Sklavenmoral“ erzeuge. „Seine

1 „Der in der Schule Descartes’ ausgebildete Philosoph weiß, dass die Dinge zweifelhaft sind, dass sie nicht die sind, als die sie erscheinen; aber er zweifelt nicht daran, dass das Bewusstsein so ist, wie es sich selbst erscheint ....; seit Marx, Nietzsche und Freud zweifeln wir daran. Nach dem Zweifel an den Dingen sind wir in den Zweifel am Bewusstsein eingetreten. Aber diese drei Meister des Argwohns sind nicht drei Meister des Skeptizismus; sie sind sicher drei große ‚Zerstörer’. Seit ihnen ist das Begreifen eine Hermeneutik: nach dem Sinn suchen heißt von jetzt ab nicht mehr, das Bewusstsein des Sinns herauslesen, sondern die Ausdrucksweisen entziffern. Was man daher vergleichen müsste, ist nicht nur ein dreifacher Argwohn, sondern ein dreifacher Kunstgriff ... Zugleich wird eine noch tiefere Verwandschaft zwischen Marx, Freud und Nietzsche sichtbar. Alle drei beginnen mit dem Argwohn gegenüber den Illusionen des Bewusst-seins und fahren mit dem Kunstgriff der Entzifferung fort“ (Ricoeur P., Le conflit des interprétations, Paris 1969, 149-150, zit. nach: TdL [Anm. 69] 46,1).

2 Wojtyła, Zeichen des Widerspruchs, 154.

3 Vgl. Pieper, Nietzsche, Sp. 829.

antimetaphysische und antichristliche Einstellung zieht sich durch alle seine Schriften hindurch; sie steigert sich in zunehmendem Maß“[1], stellt Pieper fest. Aus dem „Willen zur Macht“ heraus, dem „lebensbejahenden Prinzip einer neuen Wertsetzung“, tritt der Mensch schließlich an die Stelle Gottes. Auf diese Weise konzipiert Nietzsche seine Idealgestalt des „Übermenschen“, der Gott und das Nichts überwindet. Bereits in seiner ersten Schrift *Fatum und Geschichte* zeichnet sich diese stolzerfüllte Denkart Nietzsches ab.[2] In seiner philosophischen Autobiographie *Ecce homo* bringt Nietzsche sein Schicksal und sein Anliegen in nahezu besessenem Duktus zum Ausdruck: „Umwertung aller Werte“.[3] Nietzsches Antwort auf die Erkenntnis des menschlichen Hochmuts ist also nicht der Versuch, das Herz des Menschen von solch einem Begehren zu befreien, sondern dieses Verlangen als notwendigen Weg zum wahren Menschsein zu verklären. Aus der ursprünglichen Anklage des Herzens wird eine restlose Kapitulation vor dessen Begehren. Nietzsche plädiert genau für das Gegenteil dessen, wozu Jesus im Evangelium aufruft. Nicht Formung und Reinigung des Begehrens durch den Willen heißt seine Devise, sondern ihm freien Lauf zu lassen und es durch den Willen zur Absolutheit zu steigern. Das Ergebnis ist, sich über Gott und das Nichts erhaben zu fühlen, oder anders ausgedrückt, das stolze Ziel des Menschen ist es, sich selbst als Gott und das Nichts zu wissen.

Das Menschbild von Karl Marx dagegen erwuchs aus seinem Protest gegen die Selbstentfremdung des Menschen, wobei er die wirtschaftliche Situation der Ausbeutung als Grund für die Entfremdung bestimmt. Zur Überwindung dieser Entfremdung aber genügt es Marx nicht, sie nur theoretisch im Denken aufzuheben. Vielmehr gilt es die materielle Ausbeutung des Menschen praktisch zu beseitigen. In der Revolution soll die bestehende Klassenordnung vernichtet werden. Marx muss nach Lutz-Bachmann „vor dem Hintergrund seiner Stellung zur Philosophie Hegels gesehen werden.“[4] Nicht die Idee (Hegel) ist das Erste in der Welt, sondern die materielle Wirklichkeit, welche durch die wirtschaftlichen Produktionsverhältnisse bestimmt wird. Sind die beiden Ent-

1 Ebd. [Die im LThK typischen Abkürzungen sind vom Autor ergänzt]

2 „Sobald es aber möglich wäre, durch einen starken Willen die ganze Weltvergangenheit umzustürzen, sofort träten wir in die Reihe unabhängiger Götter, und Weltgeschichte hieße dann für uns nichts als ein träumerisches Selbstentrücktsein; der Vorhang fällt, und der Mensch findet sich wieder, wie ein Kind mit Welten spielend, wie ein Kind, das beim Morgenglühen aufwacht und sich lachend die furchtbaren Träume von der Stirn streicht“ (Nietzsche F., Fatum und Geschichte, zit. nach: Metzler, Philosophen, 625).

3 „Es wird sich einmal an meinen Namen die Erinnerung an etwas Ungeheures anknüpfen, – an eine Krisis, wie es keine auf Erden gab, an die tiefste Gewisssens-Collision, an eine Entscheidung heraufbeschworen gegen Alles, was bis dahin geglaubt, gefordert, geheiligt worden war ... Umwerthung aller Werthe: das ist meine Formel für einen Akt höchster Selbstbesinnung der Menschheit, der in mir Fleisch und Genie geworden ist“ (Nietzsche F., Ecce homo (Warum ich ein Schicksal bin), zit. nach: Metzler, Philosophen, 624).

4 Lutz-Bachmann, Marx, Sp. 1450.

fremdungen – Kapitalismus und Proletariat – in der angestrebten klassenlosen Gesellschaft überwunden, so hat nach Marx der Mensch in einem paradiesischen Zustand zu sich gefunden. Auch Marx klagt also den Menschen aufgrund des Begehrens seines Herzens an. Im Verlangen nach materiellem Besitz sieht er letztlich die Ursache der Selbstentfremdung. Doch auch er bietet die Lösung nicht auf dem Weg der Reinigung des Herzens von einem ungeordneten Verlangen an, sondern in der vollkommenen Befriedigung dieses Begehrens in der klassenlosen Gesellschaft. Der Mensch aber wird dabei auf eine materialistische Dimension reduziert. Auch hier wird die ursprüngliche Anklage zur Kapitulation und schließlich zur Verklärung dessen, was ursprünglich verurteilt worden ist. Für Karol Wojtyła/Johannes Paul II. ist der Kommunismus aufgrund dieses „anthropologischen Irrtum[s]“[1] gescheitert.[2]

Freud zufolge beherrscht die Verbindung von Sexualtrieb (Eros) und Todestrieb (Destruktion) das menschliche Herz.[3] Demnach würde nach Piegsa „das tiefste Wesen des Menschen in *Triebregungen*“[4] bestehen, die es zu befriedigen gilt: „Aus der psychoanalytischen Sicht *Freuds* führt Triebverzicht *unvermeidlich* zum Triebstau und dadurch zur *Aggression*.“[5] Freud bleibt in dem Sinn bei einer negativen Deutung des menschlichen Herzens stehen, dass er ihm die Fähigkeit zur positiven Selbstbeherrschung, Formung und Reinigung abspricht. Dieser Ansatz ist für Johannes Paul II. nicht zielführend: „Der Mensch darf nicht stehen bleiben bei der ständigen und gnadenlosen Anklage des Herzens wegen der Äußerungen der Begehrlichkeit des Fleisches und des Begehrens (Libido), die der Psychoanalytiker des Unbewussten aufdeckt“ (TdL 46,4).

---

1 Wierzbicki, Menschenwürde, 98.

2 „Karol Wojtyła kehrte die Beziehung zwischen Philosophie und Praxis um, die Karl Marx mit seiner These, die soziale Welt müsse zuerst geschaffen (verändert) und erst dann interpretiert werden, dem neuzeitlichen Denken aufgezwungen hatte. Auf dem Boden dieses Denkparadigmas entwickelten sich sowohl verschiedene Konzeptionen einer die aktive soziale Veränderung anstrebenden Revolution als auch die Konzeption einer Konsum- und Wohlstandsgesellschaft. In beiden Fällen setzen Politik und Ökonomie keine Anthropologie voraus, sondern diese bildet höchstens ihre Konsequenz, falls es nicht sogar zum völligen Verzicht auf die Suche nach einer objektiven und universalen Wahrheit über den Menschen kommt“ (Ebd., 99).

3 „Den Kern unseres Wesens bildet also das dunkle Es, das nicht direkt mit der Außenwelt verkehrt und auch unserer Kenntnis nur durch die Vermittlung einer anderen Instanz zugänglich wird. In diesem Es wirken die organischen Triebe, selbst aus Mischungen von zwei Urkräften (Eros und Destruktion) in wechselnden Ausmaßen zusammengesetzt und durch ihre Beziehung zu Organen oder Organsystemen voneinander differenziert. Das einzige Streben dieser Triebe ist das nach Befriedigung, die von bestimmten Veränderungen an den Organen mit Hilfe von Objekten der Außenwelt erwartet wird" (Freud S., Abriss der Psychoanalyse, Das Unbehagen in der Kultur, Frankfurt a.M./Hamburg, [4]1955, 74-75, zit. nach: TdL [Anm. 71] 46,4).

4 Piegsa, Der Mensch I, 337.

5 Ebd., 341.

2.5.2.3.2 „Hermeneutik der Heiligen Schrift"

Auf den ersten Blick scheint auch Jesus (Mt 5,27-28) das menschliche Herz anzuklagen, doch handelt es sich in Wirklichkeit um einen Appell zur Überwindung des im Begehren enthaltenen Übels. Wesensmäßig besteht der Unterschied zwischen Anklage und Aufruf darin, dass der Appell die Notwendigkeit unterstreicht, „den echten Wert des Objekts zu entdecken" (TdL 45,5). Dieser Wert des Leibes wird im Manichäismus völlig geleugnet. Aber auch die neuzeitlichen Ansätze gehen an der eigentlichen Würde des menschlichen Herzens vorbei und bleiben bei seiner Anklage stehen. Deswegen vermögen sie keinen Weg der „Erlösung des Leibes" über die Umformung des Herzens aufzuzeigen. Doch dem „Menschen Hilfe zu bringen, ist unvergleichlich viel wichtiger als Polemiken und Anklagen"[1]. So begnügt sich die Bibel nicht mit Verdächtigungen. Vielmehr ist der Mensch durch die Wirklichkeit dessen, was Paulus die „Erlösung des Leibes" (Röm 8,23) nennt, aufgerufen, „die ‚bräutliche Bedeutung des Leibes' wiederzuentdecken, ja sie zu verwirklichen und so die innere Freiheit des Geschenks, also jene geistige Haltung und Kraft zum Ausdruck zu bringen, die Folge der Beherrschung der Begehrlichkeit des Fleisches sind" (TdL 46,4). Es geht um nichts weniger als „die Wiederentdeckung des Sinnes des gesamten Daseins, des Sinnes des Lebens", so Johannes Paul II., „in der auch die Bedeutung des Leibes enthalten ist, die wir ‚bräutlich' nennen. Diese Bedeutung des Leibes ist in gewisser Weise die Antithese der Libido Freuds. Dieser Sinn des Lebens ist die Antithese der Hermeneutik des ‚Argwohns'" (TdL 46,6). Der fundamentale Unterschied zwischen der „Hermeneutik des Argwohns" und der „Hermeneutik der Heiligen Schrift" ist das Aufgerufensein „zu jenem höchsten Wert, der die Liebe ist" (TdL 46,6). Auf der Grundlage der „bräutlichen Bedeutung des Leibes" ist das die selbstlose Hingabe als Sinn des Lebens.

In diesem Kontext gelingt es Johannes Paul II., auch das Verhältnis „zwischen Ethischem und Erotischem nach dem Ethos der Bergpredigt" (TdL 48,5) neu zu klären. Der Ausdruck „Eros" entstammt nach Schneider der griechischen Mythologie[2] und bezeichnet dann im radikalen Dualismus Platons die Kraft, welche die in der Welt der Sinne befindliche Seele auf die Welt der Ideen lenkt. Dem Neuen Testament ist das Wort „Eros (…) fremd und unbekannt" (TdL 47,1).[3] Weil „sich Motive in das Zuwendungsgeschehen ein[mischen], die durchaus von Egoismus besetzt sein können", erklärt Hunold, hat „das Christentum (…) mit Blick auf diese Gefährdungen den Gegensatz von Eros und Sexus verschärft und der begehrlichen, auf individuelle Triebbefriedigung set-

1 Johannes Paul II., Erinnerung und Identität, 140.

2 „Der Gott Eros ist eine Schöpfung der Dichter, Maler und Philosophen, nicht der Religion (…); erst die Mythopoiie Platons und auf ganz andere Weise die hellenistische Götternovelle haben die Gestalt des Eros wirklich geformt" (Schneider, Eros, 306).

3 Der Begriff „Eros" ist im „Exegetisches Wörterbuch zum Neuen Testament" inexistent (Vgl. Balz/Schneider, Exegetisches Wörterbuch II).

zenden Liebe die Agape entgegengestellt“, die „letztendlich von der zweckfreien, den anderen um seiner selbst willen annehmenden Zuwendung“[1] lebt. „Der Bedeutungsgehalt der drei Vokabeln“ von „agape“ (ἀγάπη, ἀγαπάω, ἀγαπητός), so Schneider, „lässt sich für das NT mit der Übersetzung *Liebe, lieben* bzw. *geliebt* nahezu kongruent wiedergeben.“[2] Für Hunold steht fest, „dass menschliche Sexualität dort ihre sinnentfaltende, dem Menschen in seiner Ganzheit beglückende Erfahrung zu setzen vermag, wo die vermittelnde Einheit zwischen Sexus und Agape im Eros integrierend erfahren wird.“[3] In diesem Sinn führt auch für Johannes Paul II. „die Agape (…) den Eros zur Erfüllung, indem sie ihn läutert“[4] und er schlägt im Rahmen des platonischen Bedeutungsfeldes[5] eine Brücke zum Appell Jesu an das menschliche Herz. Denn dieser „Appell ist das eigentliche „Ethos der Erlösung“. „Der Ruf zu dem, was wahr, gut und schön ist, bedeutet im Ethos der Erlösung zugleich die Notwendigkeit, das zu überwinden, was von der dreifachen Begehrlichkeit herrührt. Er bedeutet die Möglichkeit und Notwendigkeit der Umgestaltung dessen, was von der Begehrlichkeit des Fleisches belastet wurde“ (TdL 47,5). So gehen Ethos und Eros im erotischen Bereich nicht auseinander, sie begegnen sich. Das Ethos muss zur bestimmenden Gestalt des Eros werden, sodass Mann und Frau im erotischen Bereich die „bräutliche Bedeutung des Leibes“ leben. Erst durch diese Wertordnung wird „auch das Erotische wahr, gut und schön“ (TdL 48,1). Zwar zielt das Ethos der Aussage von Mt 5,27-28 nicht darauf ab, der ewigen Anziehung von Mann und Frau im erotischen Bereich die Spontaneität zu nehmen, doch sind mit der Bejahung dieses Ethos der Bergpredigt für Johannes Paul II. klare Forderungen an die innere Haltung des Menschen verbunden.[6] Um dem Appell Jesu gerecht zu werden, muss der Mensch gerade die inneren Regungen seines Herzens immer wieder von der „bräutlichen Bedeutung des Leibes“ her beurteilen: „Das ist eine ‚Wissenschaft‘, die man wahrhaftig nicht ausschließlich aus Büchern lernen kann, weil es hier in erster Linie um eine vertiefte Fähigkeit des menschlichen Innern geht“ (TdL 48,4).

---

1 Hunold, Erotik, Sp. 823.

2 Schneider, ἀγάπη, Sp. 21.

3 Hunold, Erotik, Sp. 823.

4 Johannes Paul II., Die menschliche Liebe im göttlichen Heilsplan. Eine Theologie des Leibes, 720. Vgl. TdL 112-113.

5 Für „Platon ist der Eros die innere Kraft, die den Menschen zu allem hinwegträgt, was gut, wahr und schön ist“ (TdL 47,2).

6 „Die Worte Christi fordern, dass der Mensch in diesem scheinbar ausschließlich dem Körper und den Sinnen, also dem äußeren Menschen zugehörigen Bereich, tatsächlich ein innerer Mensch ist, fähig, dem rechten Gewissen zu gehorchen, fähig, wirklich Herr seiner inneren Triebe zu sein, gleich einem Wächter, der eine verborgene Quelle hütet, und schließlich fähig, von all diesen Impulsen das herauszuschöpfen, was der ‚Reinheit des Herzens‘ entspricht, indem er mit Gewissen und Konsequenz den personalen Sinn der bräutlichen Bedeutung des Leibes aufbaut, der den Innenraum der Freiheit des Geschenks erschließt“ (TdL 48,3).

2.5.2.3.3 „Ethos der Erlösung des Leibes“

Johannes Paul II. spricht von der „Erlösung des Leibes“ (vgl. Röm 8,23) bzw. vom „Ethos der Erlösung des Leibes“: „Im Ethos der Erlösung des Leibes soll das ursprüngliche Ethos der Schöpfung neu verwirklicht werden“ (TdL 49,4). Aber was meint Johannes Paul II. mit dem „Ethos der Schöpfung“? Wenn „Ethos“ ganz allgemein bedeutet, dass sich der Mensch zum Guten verpflichtet weiß, und dieses Gute auch tut, dann stellt sich die Frage, wie der Mensch im Zustand der ursprünglichen Unschuld gut von böse unterschied, wenn es das Böse doch gar nicht gab. Das „Ethos der Schöpfung“ besteht für Johannes Paul II. vielmehr darin, wie bereits ausgeführt, dass der Mensch auf seinen Schöpfer hingeordnet war (Heiligkeit) und im Vertrauen (und dadurch im Gehorsam) die Ordnung des Schöpfers gelebt hat. In der gleichen Weise könnte man vom „Ethos der eschatologischen Vollendung“ in dem Sinn sprechen, dass der Mensch in der Harmonie mit Gott lebt, ohne den Kampf zwischen gut und böse durchstehen zu müssen. Trotzdem ist es ein aktives Leben in Gott. Das Drama zwischen Gut und Böse gibt es nur im gefallenen Zustand.

Das „Ethos der Erlösung des Leibes“ bedeutet, dass der Mensch die Wahrheit über sich selbst und seinen Leib erkennt. Gleichzeitig weiß er sich gerufen, die Begehrlichkeit zu überwinden, um zu dieser Wahrheit zurückzufinden. Philosophisch betrachtet ist das „Ethos der Erlösung des Leibes“ nicht mehr als die Überwindung der Begehrlichkeit. Theologisch geht es um die Teilnahme am göttlichen Leben Christi durch das Eintreten in das Geheimnis der Menschwerdung Gottes durch die personale Beziehung mit Christus. Weil der Mensch jetzt in die Erlösungsgnade Christi eingebettet ist, handelt es sich beim „Ethos der Erlösung des Leibes“ aber nicht einfach um eine Rückkehr in den Paradieseszustand: „In der Bergpredigt fordert Christus vom Menschen nicht die Rückkehr in den Zustand der ursprünglichen Unschuld, denn diesen Zustand hat die Menschheit unwiderruflich hinter sich gelassen“, sagt der Johannes Paul II., „er ruft ihn vielmehr – aufgrund der immerwährenden und, man könnte sagen, unzerstörbaren Bedeutungen alles dessen, was menschlich ist –, die lebendigen Gestalten des ‚neuen Menschen‘ zu finden“ (TdL 49,4). So wird im „Ethos der Erlösung des Leibes“ die ursprüngliche „Fülle“ des Personseins „zurückgewonnen: zunächst durch eine innere Schau des Herzens, dann durch entsprechendes Leben und Verhalten“ (TdL 49,4). Dieses „entsprechende Leben und Verhalten“ ist im „Ethos der Erlösung des Leibes“ die Selbstbeherrschung, d. h. die Mäßigung und Enthaltsamkeit von den Begierden. Weil durch einen Akt der Selbstbeherrschung der Wert der „bräutlichen Bedeutung des Leibes“ wiederhergestellt wird, der durch die Begierde verloren ging, entsteht auch der „neue Mensch“ in dem Maß, wie das „Ethos des erlösten Leibes“ im inneren Bereich des Menschen die ganze Begierde beherrscht. Zwangsläufig greift Johannes Paul II. dabei auf jene personale Struktur von Selbstbesitz und Selbstbeherrschung zurück, die in der Selbstbestimmung aktualisiert wird. Die Selbstbeherrschung ist ein Beweis dafür, dass der Mensch „das wesenhaft Personale vollziehen kann" und in der Freiheit der Hingabe seine ganze Subjektivität bestätigt.[1]

Die Frohe Botschaft von Johannes Paul II. lautet also: Nicht die körperliche Sphäre ist das Problem des Menschen, sondern der Egoismus seines Herzens. Obwohl Johannes Paul II. nicht ausdrücklich davon spricht, so implizieren doch die Aussagen seiner Katechesen: Der Eros als Anziehungskraft zwischen Mann und Frau, die Befriedigung der sexuellen Kräfte in der leiblichen Vereinigung, die dabei empfundene Lust, all diese Dinge sind dem Menschen von Gott geschenkt und werden vom Christentum als etwas Positives bejaht. Allerdings müssen sie in die zwischenmenschlichen Beziehungen selbstloser Liebe eingebunden werden. Diese Integration nennt Johannes Paul II. „Erlösung des Leibes". Er ist fest davon überzeugt, dass dem Menschen durch die Gnade Jesu Christi (Rechtfertigung und Leben nach dem Geist) diese Erhebung der Sexualität auf die Ebene wahrer Liebe gelingen kann. Der Rahmen, der uns durch die biblischen Ideale vorgegeben wird, ist sowohl ein Weg zur „Erlösung des Leibes" als auch Ausdruck des erlösten Leibes. Zu diesen Idealen gehören, wie Johannes Paul II. in seiner lehramtlichen Verkündigung immer wieder ausführt, die voreheliche Enthaltsamkeit, eheliche Treue und die Offenheit für das Kind im Rahmen natürlicher Familienplanung. All das ist nicht immer leicht. Aber das „*Evangelium verspricht keinen leichten Erfolg*. Es verspricht niemandem ein bequemes Leben. Es stellt Ansprüche."[2] Johannes Paul II. spricht vom „*grundlegende*[n] *Paradoxon*", welches das Evangelium enthält: „Um das Leben zu finden, muss man das Leben verlieren; um geboren zu werden, muss man sterben; um sich zu retten, muss man das Kreuz auf sich nehmen. Dies ist die wesentliche Wahrheit des Evangeliums, die immer und überall auf den Protest des Menschen stoßen wird."[3]

---

1 „Besonders dann, wenn der Mensch sich zum ersten Mal dafür entscheiden muss, oder mehr noch, eine entgegengesetzte Haltung entstanden ist, d. h., wenn der Mensch der Begehrlichkeit des Fleisches bisher gewohnheitsmäßig nachgegeben hat. Doch schon beim ersten Mal und erst recht dann, wenn er die Fähigkeit gewinnt, macht der Mensch schrittweise die Erfahrung seiner Würde und bezeugt durch seine Mäßigung, dass er sein eigener Herr ist; er beweist, dass er das wesenhaft Personale vollziehen kann. Außerdem erfährt er schrittweise die Freiheit des Geschenks, die einerseits Vorbedingung und andererseits Antwort des Individuums auf den bräutlichen Wert des menschlichen Körpers in seiner Weiblichkeit und Männlichkeit ist. So verwirklicht sich also das Ethos der Erlösung des Leibes durch die Selbstbeherrschung, durch die Zügelung der Begehrlichkeit, wenn das menschliche Herz einen Bund mit diesem Ethos schließt oder mehr noch, wenn es den Bund durch seine unverkürzte Subjektivität bestätigt: wenn sich die tieferen und trotzdem realsten Möglichkeiten und Anlagen dieses personalen Subjekts offenbaren, wenn die tiefsten Schichten dieses Vermögens eine Stimme gewinnen, Schichten, denen die Begehrlichkeit des Fleisches nicht erlaubte, sich zu zeigen" (TdL 49,6).

2 Johannes Paul II., Die Schwelle der Hoffnung, 131.

3 Ebd., 132.

2.5.2.3.4 Reinheit und Rechtfertigung

Der biblische Begriff der „Reinheit des Herzens“ bringt Johannes Paul II. unmittelbar mit der Frucht der „Erlösung des Leibes“ in Verbindung. Wie die „Reinheit des Herzens“ nur durch die Rechtfertigung in Jesus Christus erlangt werden kann, so eben auch die Erlöstheit des Leibes.

Für Johannes Paul II. ergibt sich mit den Worten Jesu, „aus dem Herzen kommen böse Gedanken, Mord, Ehebruch, Unzucht, Diebstahl, falsche Zeugenaussagen und Verleumdungen“ (Mt 15,19), „dass der Begriff ‚Reinheit' und ‚Unreinheit' im moralischen Sinn vor allem ein allgemeiner und kein spezifischer Begriff ist, für den jedes sittlich Gute Ausdruck der Reinheit und jedes sittlich Schlechte der Unreinheit ist“ (TdL 50, 4). Sittliche Reinheit und Unreinheit sind weder physiologisch zu verstehen noch sind sie auf den geschlechtlichen Bereich reduziert. Selbst in den Paulusbriefen findet sich sowohl die allgemeine als auch jene spezifisch auf die fleischliche Begierde beschränkte Bedeutung der Reinheit. Analog zu dem, was im 1. Johannesbrief den Gegensatz zwischen Gott („vom Vater“) und Welt („von der Welt“) bildet (1 Joh 2,16), kennt Paulus die Spannung zwischen einem „Leben nach dem Fleisch“ („vom Fleisch bestimmt“) und jenem „nach dem Geist“ („vom Geist bestimmt“) (Röm 8,5). Gal 5,19-23 listet die „Werke des Fleisches“ („Unzucht, Unsittlichkeit, ausschweifendes Leben, Götzendienst, Zauberei, Feindschaften, Streit, Eifersucht, Jähzorn, Eigennutz, Spaltungen, Parteiungen, Neid und Missgunst, Trink- und Essgelage“) sowie die „Frucht des Geistes“ („Liebe, Freude, Friede, Langmut, Freundlichkeit, Güte, Treue, Sanftmut und Selbstbeherrschung“) auf. Paulus nennt bei der Aufzählung der „Werke des Fleisches“ zunächst Unzucht und Unsittlichkeit, also tatsächlich Sünden, die mit einer ungeordneten Sexualität in Verbindung stehen. Dennoch fällt auf, dass er im Anschluss daran vor allem solche Werke aneinanderreiht, die man auf den ersten Blick eher als Sünden des menschlichen Geistes einstufen würde, sozusagen als Auswirkungen der „Augenlust“ und der „Hoffart des Lebens“. Deswegen darf der paulinische Terminus „Fleisch“ (σάρξ [sárx]) keinesfalls mit dem menschlichen Leib gleichgesetzt werden, als ob der Leib (Materie) in Opposition zum Geist (Seele) stehe.[1] Wenn Paulus dennoch von „Werken des Fleisches“ spricht, dann für Johannes Paul II. deshalb, weil der Terminus „Fleisch“ „nicht nur und nicht so sehr dem ‚menschlichen‘ Geist als vielmehr dem Heiligen Geist gegenübergestellt ist, der in der Seele (im Geist) des Menschen wirkt“ (TdL 52,2). Gerhard Ludwig Müller spricht von einer „sarkischen Existenz (= geist-losen

1 „In der Sprache der Paulusbriefe meint ‚Fleisch‘ nicht nur den ‚äußeren‘ Menschen, sondern auch den ‚innerlich‘ der ‚Welt‘ unterworfenen Menschen, der gewissermaßen festgelegt ist auf jene Werte, die nur zur Welt gehören, und auf jene Ziele, welche die Welt dem Menschen aufzwingen kann: Werte, für die gerade der ‚fleischliche‘ Mensch empfänglich ist“ (TdL 51,1).

Daseinsweise) Gott gegenüber“.[1] In diesem Sinn spricht auch Johannes Paul II. in der Enzyklika *Dominum vivificantem* „besser von den habituellen Verhaltensweisen – Tugenden und Lastern –, die sittlich gut oder böse sind als Frucht der Unterordnung (im ersten Fall) oder des Widerstandes (im zweiten) gegen das Heilswirken des Heiligen Geistes.“[2] Die „Unterordnung“ als „Leben nach dem Geist“ entspricht dem „Ethos der Erlösung“. Einerseits geht es um das Zu- und Mittun des Menschen, d. h. dahinter steht „jeweils eine Entscheidung, eine Anstrengung des Willens, die Frucht des menschlichen Geistes ist“ (TdL 51,6). Andererseits ist diese Willensentscheidung als persönliche Anstrengung bereits „vom Geist Gottes durchdrungen“ (TdL 51,6) und gewirkt. Zwar liegt der Akzent so auf der Gnade[3], doch „durchdringen sich gegenseitig“ immer „die ontologische Dimension (das Fleisch und der Geist), die ethische (das sittlich Gute und Böse), die pneumatologische (das Wirken des Heiligen Geistes in der Gnadenordnung).[4]

Auf diese Weise offenbart dieser Widerstreit zwischen „Fleisch“ und „Geist“ die paulinische Lehre über die Rechtfertigung aus dem Glauben (vgl. TdL 51,3). Im Gegensatz zu einer „fleischlichen“ und legalistischen Auffassung der Rechtfertigung im Alten Testament (Gesetz als Quelle) verkündet Paulus die „geistige“ aus dem Geist Gottes (Glaube an Christus als Quelle).[5] Allerdings genügt nicht allein der Glaube, gerechtfertigt zu sein. „Der Mensch erlangt die Rechtfertigung

---

1 „Im Römer- und Galaterbrief entfaltet Paulus breit das Erlösungsgeheimnis unter dem Gesichtspunkt der ‚Rechtfertigung des Sünders’ (iustificatio impii). Der hermeneutische Horizont der dabei verwendeten Terminologie (Heiligkeit, ‚Zorn’ Gottes, Gerechtsprechung und Gerechtmachung, Gesetz und Evangelium u.a.) ist die alttestamentliche Bundestheologie. Paulus konnte das Heilswirken Gottes in Jesus Christus aber auch noch in anderen Kategorien auslegen: Schalom, Versöhnung, Neuer Bund, Neuschöpfung, Gemeinschaft mit Christus und dem Heiligen Geist, Gleichgestaltung mit Christus, Gotteskindschaft, der einzelne oder die Kirche als Tempel des Heiligen Geistes.
Der Mensch hat durch die Sünde die ursprüngliche Gerechtigkeit und Heiligkeit verloren. Aus dem Freund wurde ein Feind Gottes. Aus dem Herrschaftsbereich Gottes, der Freude und Leben schenkt, ist der Mensch unter die Herrschaft der Sünde geraten, die Leiden und Tod (= Gottferne, Lieb-losigkeit) mit sich bringt. Der Mensch lebt nicht mehr *im Geist Gottes,* sondern in der Selbstbezüglichkeit und der Gereiztheit zum Widerstand gegen Gott (Gottesfeindschaft). Er ist versucht, sich selbst zu rühmen und sich in seiner sarkischen Existenz (= geist-losen Daseinsweise) Gott gegenüber abzuschotten“ (Müller, Dogmatik, 778-779).

2 Johannes Paul II., Dominum et vivificantenm, Nr. 55.

3 „In diesem Kampf zwischen dem Guten und dem Bösen erweist sich der Mensch dank der Macht des Heiligen Geistes stärker, der durch sein Wirken im menschlichen Geist erreicht, dass dessen Trachten gute Frucht bringt. Es handelt sich also nicht nur – und nicht so sehr – um ‚Werke‘ des Menschen als um eine ‚Frucht‘, das heißt um eine Wirkung des ‚Geistes‘ im Menschen“ (TdL 51,6).

4 Johannes Paul II., Dominum et vivificantenm, Nr. 55.

5 Für Paulus „erreicht der Mensch die Rechtfertigung nicht durch die vom Gesetz vorgeschriebenen Handlungen, besonders nicht durch die treue Befolgung der zahlreichen Vorschriften rituellen Charakters, denen eine große Bedeutung beigemessen wurde“ (Johannes Paul II., Erinnerung und Identität, 39).

im ‚Glauben, der durch die Liebe wirksam ist' (Gal 5,6)" (TdL 52,5). Unerlässlich ist die Mitwirkung des Menschen: Gott und Mensch, Natur und Gnade. Dabei wird gerade bei der Herrschaft über die dreifache Begierde deutlich, wie der Akzent im Zusammenspiel zwischen Natur und Gnade stets auf dem Handeln Gottes im Menschen liegt.[1] Deshalb rechnet Paulus die „Selbstbeherrschung" als Ausdruck des Wirkens Gottes zu den „Früchten des Geistes".[2] In dieser Sicht bezeichnet Johannes Paul II. „die paulinische Theologie von der Rechtfertigung" als einen „Ausdruck des Glaubens im anthropologischen und ethischen Realismus der von Christus vollbrachten Erlösung, die Paulus (…) auch ‚Erlösung des Leibes' nennt" (TdL 52,1). In diesem Zusammenhang knüpft Johannes Paul II. auch an der Verheißung an, dass Christus den sterblichen Leib des Menschen lebendig machen wird: „Wenn der Geist dessen in euch wohnt, der Jesus von den Toten auferweckt hat, dann wird er, der Christus Jesus von den Toten auferweckt hat, auch euren sterblichen Leib lebendig machen durch seinen Geist, der in euch wohnt" (Röm 8,11). Einerseits sieht er darin einen „eschatologischen Entwurf", andererseits aber die Beschreibung eines Geschehens, das sich bereits innerhalb „der Welt- und Heilsgeschichte" ereignet, nämlich als „Erlösung des Leibes", die vom inneren Menschen ausgeht und sich in der „Reinheit des Herzens" ausdrückt. Damit stellt er eine innere Verbindung zwischen „Rechtfertigung", „Reinheit des Herzens" und „Erlösung des Leibes" her.

Johannes Paul II. gelingt der Nachweis, dass die paulinische Rede von den „Werken des Fleisches" nicht zu einer Abwertung des Leibes und auch nicht zu einer dualistischen Gegenüberstellung von Körper und Geist führt. Vielmehr meint „Werk des Fleisches" die egoistische Haltung des Herzens, die sich auf verschiedenste Weise im Verhalten des Menschen ausdrückt, vor allem aber in einer von der wahren Liebe und der personalen Ganzheit losgelösten Sexualität. Überwunden werden können diese Handlungen nur vom Inneren des Menschen her, d. h. durch die Formung seines Geistes bzw. seines Herzens. Dazu benötigt der Mensch die Unterstützung, das Einwirken des Heiligen Geistes auf die „Tätigkeit" seines Herzens. Das Zusammenwirken des menschlichen Geistes mit dem Heiligen Geist Gottes gelingt in dem Maß, als der Mensch schon in diesem Leben in eine personale Gemeinschaft mit Jesus Christus, dem Erlöser, eintritt. Das bedeutet für Johannes Paul II. „Rechtfertigung in Christus", deren entscheidende Frucht die „Erlösung des Leibes" darstellt. Aus diesem Grund betont Johannes Paul II., dass die Rechtfertigung „in und durch Christus" (TdL 52,5)

1 „Um vor Gott gerechtfertigt zu sein, genügen nicht die menschlichen Anstrengungen, es ist nötig, von der Gnade berührt zu werden, die aus dem Opfer Christi hervorgeht, denn allein das Opfer Christi am Kreuz hat die Macht, dem Menschen die Gerechtigkeit Gottes zurückzugeben" (Ebd., 40).

2 „Diese Rechtfertigung aus dem Glauben bedeutet nicht nur einen Aspekt des göttlichen Heilsplans und der Heiligung des Menschen, sondern ist nach Paulus eine wirkliche Kraft, die im Menschen wirksam ist und sich in seinen Handlungen offenbart und ausdrückt" (TdL 51,4).

geschieht und nicht einfach „durch“ Christus als dem einzigen Mittler zwischen Gott und dem Menschen. Denn die Rechtfertigung „durch“ seine Mittlerschaft wirkt sich nicht erst nach diesem irdischen Leben zugunsten einer Neuschöpfung des Menschen aus (reformatorische Theologie), sondern im Hier und Jetzt der Geschichte des Menschen, der durch seinen Glauben „in“ die lebendige Gemeinschaft mit Christus eingetreten ist.

2.5.2.3.5 „Anthropologie der Wiedergeburt im Geist“

Für Johannes Paul II. stellen die Worte des Paulus: „Ihr seid zur Freiheit berufen, Brüder“ (Gal 5,13) einen Aufruf dar, „dem Ethos, in dem sich das Leben ‚nach dem Geist' verwirklicht, Gestalt zu geben“ (TdL 53,2). Ausdruck dieses „Ethos der Erlösung des Leibes“ ist die „Reinheit des Herzens“ (vgl. Mt 15,18-20).

Obwohl Paulus im Brief an die Galater zu den „Werken des Fleisches“ (Gal 5,19), das rechnet, was moralisch verwerflich ist und in Gal 5,22 mit der „Frucht des Geistes“ all das in Verbindung bringt, was moralisch gut ist, stellt er die „Reinheit“ in Gal 5,19-23 nur indirekt den „Werken des Fleisches“ gegenüber, nämlich mit dem Begriff ἐγκράτεια (enkrateia), d. h. „Selbstbeherrschung“ oder „Enthaltsamkeit“ in einer umfassenderen Bedeutung.[1] „Wenn unter ‚Reinheit' das richtige Verhalten im Geschlechtsbereich entsprechend dem persönlichen Stand des Einzelnen (und nicht notwendigerweise eine absolute Enthaltsamkeit im Geschlechtlichen) zu verstehen ist, dann ist diese ‚Reinheit' im paulinischen Begriff der ‚Selbstbeherrschung' oder enkrateia eingeschlossen“ (TdL 53,5). Direkt von Reinheit spricht Paulus im 1. Thessalonicherbrief unter Gleichsetzung von Heiligung und Reinheit.[2] Auf der einen Seite verweist Johannes Paul II. auf die erste, mehr negative Funktion der „Reinheit“ als „Enthaltsamkeit“, d. h. als „eine Form der Tugend der Mäßigung“: „Nach dieser Auffassung be-

1 „Während ‚Enthaltsamkeit' (ἐγκράτεια) in der hellenistischen Ethik eine große Rolle spielt, kennt die Septuaginta den Begriff nur an wenigen Stellen (4 Makk 5,34; Weish 8,21; Sir 18,30 [als Überschrift]. Auch im NT kommt er selten vor (außer Paulus noch Apg 24,25; Tit 1,8; 2 Petr 1,6). Paulus spricht vor den Korinthern von sexueller Enthaltsamkeit (1 Kor 7,9) sowie von der enthaltsamen Lebensweise des Wettkämpfers. Von ihm müssen die Christen lernen, wenn sie den unvergänglichen Siegeskranz erringen wollen (9,25). Die Haltung des Verzichts geht mit einer Einsatzbereitschaft zusammen, die alles Zurückliegende vergisst, um den Preis der überirdischen Berufung zu erlangen (Phil 3,13f.). Zur Enthaltsamkeit der Gläubigen gehören Nüchternheit und Wachsamkeit in der Erwartung des kommenden Heils (Röm 13,11-14; 1 Thess 5,4-8; Lk 21,34-36). Den fleischlichen Gegensatz bilden sexuelle Ausschweifungen, Maßlosigkeiten im Essen und Trinken (Gal 5,19.21) und überhaupt jede Art von Genusssucht. Heute wären sicherlich auch übermäßiger Nikotingenuß und schuldhafter Drogenmissbrauch mitzuzählen“ (Borse, Galater, 204-205).

2 „Das ist es, was Gott will: eure Heiligung. Das bedeutet, dass ihr die Unzucht meidet, dass jeder von euch lernt, mit seiner Frau in heiliger und achtungsvoller Weise zu verkehren, nicht in leidenschaftlicher Begierde wie *die Heiden, die Gott nicht kennen* (...). Denn Gott hat uns nicht dazu berufen, unrein zu leben, sondern heilig zu sein. Wer das verwirft, der verwirft also nicht Menschen, sondern Gott, der euch *seinen* Heiligen *Geist schenkt*“ (1 Thess 4,3-5.7-8).

steht die Reinheit vor allem in der Beherrschung der Regungen der sinnlichen Begehrlichkeit, deren Gegenstand das Körperliche und Geschlechtliche im Menschen ist" (TdL 54,2). Eng verbunden mit ihr ist die zweite und positive Funktion der „Reinheit": „das Bewahren des eigenen Körpers und, indirekt, des Körpers des anderen ‚in Heiligkeit und Ehrfurcht'" (TdL 54,3). Johannes Paul II. verweist auf den Begriff der „Ehrfurcht" im 1. Korintherbrief.[1] Zwar hat diese Bibelstelle eine ekklesiologische Dimension und thematisiert die Kirche als Leib Christi, doch ist diesem Text auch die Ehrfurcht vor dem menschlichen Leib an sich eigen. Denn dieser Abschnitt handelt von den „weniger anständigen Gliedern", „die wir für weniger edel ansehen", denen wir aber mit „mehr Anstand" und mit „mehr Ehrfurcht" begegnen sollen.[2]

Auch wenn die „Reinheit" als Fähigkeit das Ergebnis einer Willensanstrengung des menschlichen Geistes ist, trägt in solch einer Haltung doch immer schon die Gabe des Heiligen Geistes ihre Früchte. Da die „Reinheit" so immer Tugend und Gabe zugleich ist, spricht Johannes Paul II. von zwei eng miteinander verknüpften Dimensionen der „Reinheit": „die ethische Dimension oder die Tugend und die charismatische Dimension oder die Gabe des Heiligen Geistes" (TdL 56,1). Die „charismatische Dimension" der Reinheit unterstreicht Paulus, indem er den menschlichen Leib als Wohnung und Heiligtum des Heiligen Geistes bezeichnet, das durch Sünden gegen den Leib oder die fleischliche Sünde entweiht wird.[3] Der Leib verdient somit Ehrfurcht nicht nur deshalb, weil er der Leib einer Person ist, sondern vor allem auch wegen der „dauernde[n] Gegenwart des Heiligen Geistes im Menschen – in seiner Seele und in seinem Leib – als Frucht der von Christus vollbrachten Erlösung" (TdL 56,3). Was den Menschen also befähigt, die Unzucht zu vermeiden und die Tugend der Reinheit zu leben, ist nicht so sehr das eigene Bemühen, sondern die Anwesenheit des Heiligen Geistes und das bewusste Eintreten des Menschen in diese neue Wirklichkeit. Es geht um das „Wissen um die Erlösung des Leibes" (TdL 56,5) und das Wissen darum, dass die Erlösung auf charismatische Weise im Menschen ihre Früchte zeitigt, d. h. als Gabe des Heiligen Geistes, der im Menschen wohnt. Ausdruck von diesem Bewusstsein ist für Johannes Paul II. die „Ehr-

1 „Das ist es, was Gott will: eure Heiligung. Das bedeutet, dass ihr die Unzucht meidet, dass jeder von euch lernt, mit seiner Frau in heiliger und achtungsvoller Weise zu verkehren, nicht in leidenschaftlicher Begierde wie *die Heiden, die Gott nicht kennen* (...). Denn Gott hat uns nicht dazu berufen, unrein zu leben, sondern heilig zu sein. Wer das verwirft, der verwirft also nicht Menschen, sondern Gott, der euch *seinen* Heiligen *Geist schenkt*" (1 Thess 4,3-5.7-8).

2 „Durch diese dem menschlichen Leib gebührende Ehrfurcht (…) erweist sich die christliche Tugend der Reinheit in den Paulusbriefen als wirksamer Weg, sich von dem loszulösen, was im Menschenherzen Frucht der Begehrlichkeit des Fleiches ist" (TdL 56,1).

3 „Hütet euch vor der Unzucht! Jede andere Sünde, die der Mensch tut, bleibt außerhalb des Leibes. Wer aber Unzucht treibt, versündigt sich gegen den eigenen Leib. Oder wisst ihr nicht, dass euer Leib ein Tempel des Heiligen Geistes ist, der in euch wohnt und den ihr von Gott habt? Ihr gehört nicht euch selbst" (1 Kor 6,18.19).

furcht (donum pietatis)" (TdL 58,7). Zum besseren Verständnis dieser Geistesgabe zitiert er in den Katechesen eine Befürchtung Pauls VI. aus *Humanae vitae*: „Männer, die sich an empfängnisverhütende Mittel gewöhnt haben, könnten die Ehrfurcht vor der Frau verlieren, und, ohne auf ihr körperliches Wohl und seelisches Gleichgewicht Rücksicht zu nehmen, sie zum bloßen Werkzeug ihrer Triebbefriedigung erniedrigen und nicht mehr als Partnerin ansehen, der man Achtung und Liebe schuldet"[1] (vgl. TdL 59,5). Die Geistesgabe der „Ehrfurcht" bezieht sich nämlich nicht nur auf die Verehrung Gottes, sondern auch auf die zwischenmenschlichen Beziehungen und dient so der Reinheit: „Die Reinheit, diese Tugend oder Fähigkeit, ‚seinen Leib in Heiligkeit und Ehrfurcht zu bewahren', verbunden mit der Gabe der Ehrfurcht als Frucht der Wohnung des Heiligen Geistes im ‚Tempel' des Leibes, bewirkt in diesem eine solche Fülle von Würde in den zwischenmenschlichen Beziehungen, dass Gott selbst im Leib verherrlicht wird" (TdL 57,3). Deutlicher und schöner könnte Johannes Paul II. die „Anthropologie der Wiedergeburt im Geist (vgl. auch Joh 3,5ff.)" (TdL 57,5) nicht zum Ausdruck bringen, d. h. wie die „Erlösung des Leibes" nur im Licht der Offenbarung erfasst werden kann und zugleich eine Offenbarung des Wirkens Gottes darstellt. Diese „Geburt oder Wiedergeburt aber erfolgt, wenn Gott ‚den Geist seines Sohnes in unser Herz sendet'"[2]

2.5.2.4 Konsequenzen für die christliche Moral

Was Johannes Paul II. im Rahmen der „Theologie des Leibes" und insbesondere über den Weg zur Erlangung der Reinheit herausgearbeitet hat, wirft ein Licht auf das grundsätzliche Verständnis der christlichen Moral[3] und macht wesentliche Ansatzpunkte für das christliche Verständnis der Allgemeinen und Speziellen Moral sichtbar. In seinem Interview-Buch *Fürchtet euch nicht!* spricht Johannes Paul II. vom „Wesen der Moral" und deren „innerer Dimension", der „Abhängigkeit von der Wahrheit" und der „befreienden Wirkung".[4]

Zweifelsohne hat auch die christliche Moral eine äußere und öffentliche Dimension und kann „in ihrer Beziehung zu objektiven Normen des menschlichen Verhaltens beurteilt werden"[5]. Beispielsweise verbindet sich mit dem 6. Gebot „Du sollst nicht die Ehe brechen" die Norm: eheliche Treue ist zu wahren und Ehebruch ist zu meiden. Zwar bestätigt Jesus die normative Bedeutung dieses Gebotes, weist aber gleichzeitig darauf hin, dass die „Probleme der Moral" in Wirklichkeit „immer, soweit sie das Subjekt betreffen, Probleme des Gewissens

1 HV 17.

2 Johannes Paul II., Dominum et vivificantem, Nr. 52. Vgl. Gal 4,6; Röm 5,5; 2 Kor 1,22.

3 Diese basiert auf dem moralischen Gesetz des Alten Bundes (Dekalog). Das Evangelium bestätigt die Zehn Gebote und lehrt, dass im Hauptgebot das Gebot der Gottesliebe das „größte" ist und die Nächstenliebe mit der Selbstliebe diesem gleicht (Vgl. Mt 22,34f.).

4 Vgl. Johannes Paul II., Fürchtet euch nicht, 137-145.

5 Ebd., 138.

und des Willens (Haltungen, Entscheidungen) [sind]: Denn im Gewissen und in der Haltung drückt sich der ‚innere Mensch' aus."[1] Als sich Jesus an jene Leute wendet, die die Ehebrecherin steinigen wollen, bezieht er sich auf diese innere Dimension und „nicht auf die Vorschriften des israelitischen Gesetzes, sondern spricht ausschließlich das Gewissen an" (TdL 35,5). „Die Unterscheidung von Gut und Böse, wie sie dem Gewissen des Menschen eingeschrieben ist, kann sich als tiefer und richtiger erweisen als der Inhalt einer gesetzlichen Norm" (TdL 35,5). Jesus gibt den „Vorrang der inneren Dimension, der Redlichkeit des menschlichen Gewissens und des Willens, was übrigens Herz genannt wird."[2] „Der innere Mensch muss sich dem ‚Leben nach dem Geist' öffnen, damit er an der Herzensreinheit nach dem Evangelium teilhat: damit er den Wert des Leibes, der durch die Erlösung von den Fesseln der Begehrlichkeit befreit wurde, wiederentdeckt und verwirklicht" (TdL 58,5). „Moral zu lehren" bedeutet für Johannes Paul II. deshalb, „das Innere des Menschen zu formen: das Gewissen mit dem Licht der Wahrheit zu erhellen, den Willen stärken, damit er sich für das Gute entscheidet und sich im Menschen und in seinen guten Werken durchsetzt: Im Rahmen dieser Lehre ist viel Platz für Ermutigungen, Ermahnungen und Appelle."[3]

Neben dem Primat des Herzens gehört bei Johannes Paul II. zum „Wesen der Moral", wie Hoye aufzeigt, ihre „Abhängigkeit in der Wahrheit."[4] Es ist die vornehmliche Aufgabe des Gewissens, das Handeln der Person von der Wahrheit abhängig zu machen. Der jeweiligen Person obliegt es also, „die allgemeine Erkenntnis des Guten auf eine bestimmte Situation anzuwenden und so ein Urteil über das richtige zu wählende Verhalten zu fällen"[5]. Gleichwohl macht Johannes Paul II. in seiner Enzyklika *Veritatis splendor* eine *„Krise um die Wahrheit"* aus, indem man begann, „dem Gewissen des Einzelnen das Vorrecht zuzugestehen, die Kriterien für Gut und Böse autonom festzulegen und dementsprechend zu handeln. Diese Sicht ist nichts anderes als eine individualistische Ethik, aufgrund welcher sich jeder mit *seiner* Wahrheit, die von der Wahrheit der anderen verschieden ist, konfrontiert sieht."[6] Entscheidend ist hier das Zueinander von Wahrheit und Freiheit. Denn inwieweit die christliche Moral den Menschen wirklich befreit und seine „wahre Persönlichkeit aufbaut", hängt letztlich vom Freiheitsbegriff ab. Deshalb sind die „umstrittensten und unterschiedlich gelösten menschlichen Probleme in der gegenwärtigen Reflexion über die Moral (…), wenn auch in je verschiedener Weise, mit einem Grundproblem verknüpft: *der*

1 Ebd.
2 Ebd.
3 Ebd., 139.
4 Hoye, Wojtyła/Johannes Paul II., 80. Vgl. Johannes Paul II., Veritatis splendor, Nr. 34.
5 Johannes Paul II., Veritatis splendor, Nr. 32.
6 Ebd.

Freiheit des Menschen.“[1] Versteht man unter Freiheit lediglich die Möglichkeit, nach Lust und Laune alles tun und lassen zu können, wird man ein Leben nach dem Evangelium und die christliche Morallehre immer als „beengend“ empfinden und erfahren: „Die Freiheit des Nächsten wird dann zum Hindernis, zur Bedrohung meiner Freiheit. Das fasst Sartre in die Worte: ‚Die Hölle, das sind die anderen.' Wenn aber die Freiheit“, so Johannes Paul II. weiter, „sich in der Verantwortung zeigt, das heißt, in einem Verständnis der Wahrheit über die Würde des Menschen – der anderen und meiner eigenen –, dann erscheint die christliche Moral ‚befreiend'. Wer sie bewusst und redlich ins Leben umsetzt, macht diese innere Erfahrung. Die Wahrheit befreit, sie hilft, die menschliche Person zu verstehen und sie folglich ihrer Bestimmung näher zu bringen.“[2] In diesem Sinn deutet Johannes Paul II. die Worte Jesu: „Dann werdet ihr die Wahrheit erkennen und die Wahrheit wird euch befreien“ (Joh 8,32).

Damit ist bereits das dritte Moment angesprochen, nämlich dass dem Wesen der christlichen Moral „eine befeiende Wirkung“ eigen ist „und keine störende“[3]. Dabei darf es nicht verwundern, dass die christliche Moral durchaus als „beengend“ empfunden wird, richtet sie doch bisweilen den Willen gegen die eigenen Wünsche oder stellt Anforderungen, denen man lieber aus dem Weg gehen möchte.[4] Unbestritten gibt es Anforderungen des Evangeliums, die die Fähigkeiten des Menschen zu übersteigen scheinen: „Liebt eure Feinde; tut denen Gutes, die euch hassen“ (Lk 6,27). Wenn „dich einer auf die rechte Wange schlägt, dann halt ihm auch die andere hin“ (Mt 5,39). So ist für Johannes Paul II. „die christliche Moral *anspruchsvoll*“ und er stellt sich die Frage, ob „eine konfliktfreie Moral“, „die dem Menschen niemals im Weg steht, gegen die sich sein Wille niemals auflehnt“, überhaupt verdient, „als Moral bezeichnet zu werden?“[5] Obwohl sich der Mensch in seinem Handeln – im Idealfall der Moral – mit Forderungen konfrontiert weiß, die er nicht aus „Zwang“ erfüllt, denen gegenüber er sich verpflichtet weiß, weil er so sein Personsein vollbringt[6], über-

---

1 Ebd., Nr. 31.

2 Johannes Paul II., Fürchtet euch nicht, 144-145.

3 Ebd., 141.

4 Vgl. ebd.

5 Ebd., 141-142.

6 „Einige Jahre meines Lebens konnte ich hauptsächlich der philosophischen Arbeit widmen, ich habe intensiv Kant und Scheler studiert, ihre Lehren über die Beziehung von Pflicht und ethischem Wert. Ich bin zu dem Schluss gekommen, dass sich die Moral in ihrer dynamischen Strukrur – die Zeitungen würden sagen: die operative Moral – auf Werte konzentriert und vor allem auf den Wert der Moral in sich. Dieser kann nicht verstanden werden ohne die *Pflichten.* Es gibt keine Moral ohne Verpflichtung. Je mehr das Subjekt (das ‚Ich') die Wahrheit des Wertes ins Auge fasst, das heißt, des Guten, das er darstellt, um so mehr drückt sich das Subjekt aus in der ersten Person: ‚Ich muss …' Oder das Subjekt bindet oder verpflichtet sich selbst im Namen dieser Wahrheit, die von diesem Wert anerkannt ist. Es geht also darum zu wissen, ob die Verpflichtung gleichbedeutend ist mit dem ‚Zwang' oder mit der ‚Forderung'. Ich bin überzeugt, dass für die ganze christliche Moral der zweite Begriff der Alternative der

geht Johannes Paul II. keinesfalls die Kritik, gerade im Bereich der katholischen Sexualmoral bestehe der Eindruck von unerfüllbaren Forderungen. Hier liegt für ihn aber der „Kern des Problems" darin, dass „der Mensch sich selbst nur in dem Maß verwirklicht, wie er fähig ist, die an ihn gerichteten Forderungen auf sich zu nehmen. Andernfalls wird er ‚traurig weggehen', wie wir im Evangelium lesen (Mt 19,22). Die moralische Permissivität macht den Menschen nicht glücklich. Die Konsumgesellschaft macht den Menschen nicht glücklich. Sie waren nie dazu imstande."[1] In der „Theologie des Leibes" formuliert Johannes Paul II. diesen Gedanken positiv: „Denn die Befriedigung der Leidenschaften ist eine Sache, eine andere die Freude, die der Mensch im Vollbesitz seiner selbst findet, wobei er so auch immer mehr für eine andere Person zu einem echten Geschenk werden kann" (TdL 58,7). Für Johannes Paul II. bleiben die Gebote vom Sinai „die *erste notwendige Etappe auf dem Weg zur Freiheit*"[2]. Er zitiert Augustinus: „Die erste Freiheit (…) besteht im Freisein von schuldhaftem Versagen: das wären z. B. Mord, Ehebruch, Unzucht, Diebstahl, Betrug, Gotteslästerung usw. Wenn einer beginnt, nichts mit diesen Untaten zu tun zu haben (und kein Christ darf etwas mit ihnen zu tun haben), beginnt er, das Haupt zur Freiheit hin zu erheben, doch das ist erst der Anfang der Freiheit, nicht die vollkommene Freiheit"[3].

Mit diesen drei Punkten ist abgesteckt, welche Rolle Johannes Paul II. dem Gewissen im Rahmen seines autoteleologischen Ansatzes der Normenbegründung zuweist. Er wird der unersetzbaren Rolle des Gewissens beim sittlichen Handeln des Menschen gerecht, ohne die sittlichen Normen von der Wahrheit zu lösen und sie einem Subjektivismus preiszugeben.

2.5.3 Der eschatologische Mensch

Die dritte Aussage Jesu, die Johannes Paul II. für den Aufbau seiner „Theologie des Leibes" heranzieht, ist das Streitgespräch Jesu mit den Sadduzäern (Mk 12,18-27) über das sogenannte Leviratsgesetz (vgl. Dtn 25,5-10).[4] Das „Levirat, auch *Schwagerehe*", erklärt Bohlen, „bezeichnet im ursprünglichen Sinn ‚die Verbindung einer Witwe mit dem Bruder ihres Mannes, um für den Verstorbenen Nachkommen zu zeugen', oft aber auch jede Erbehe, ‚in der ein (meist) jüngerer Bruder die Witwe übernimmt, die danach geborenen Kinder aber als seinige ansehen kann'"[5].

---

richtige ist, auch wenn der Mensch praktisch dahin tendiert, den ersten voranzustellen" (Ebd., 142).

1 Ebd., 142-143.

2 Johannes Paul II., Veritatis splendor, Nr. 13.

3 In Iohannis Evangelium Tractatus, 41 (zit. nach: Johannes Paul II., Veritatis splendor, Nr. 13).

4 Vgl. Mt 22,23-33; Lk 20,27-40.

5 Bohlen, Levirat, Sp. 864. [Die im LThK typischen Abkürzungen sind vom Autor ergänzt]

Anhand dieser Schriftstelle betrachtet Johannes Paul II. den eschatologischen Menschen. Diese Worte über die Auferstehung der Toten werfen ein neues Licht auf den „Anfang" und umgekehrt.[1] Trotz allem fällt bei den folgenden Ausführungen Johannes Pauls II. einerseits auf, wie sehr er bei der Darstellung des vorgeschichtlichen Menschen und in analoger Weise auch des geschichtlichen Menschen das Mann- und Frausein betont und die wesentlichen anthropologischen Elemente ihrer geschlechtlichen Beziehung zueinander entnimmt. So überrascht es umso mehr, wie in der Darstellung des eschatologischen Menschen Johannes Paul II. zwar davon spricht, dass der Mensch „seine männliche bzw. weibliche Eigenart beibehält" (TdL 66,4), aber die „Zweieinheit" und das Moment der Geschlechterbeziehung plötzlich überhaupt keine Rolle mehr spielen. Allein der Gedanke der allgemein verstandenen bräutlichen Berufung des menschlichen Leibes scheint noch auf.[2] Außerdem spielt in den Katechesen der Gedanke keine Rolle, dass auch die Verdammten an der leiblichen Auferstehung der Toten teilhaben.[3]

---

1 „Man versteht die Lehre von den Letzten Dingen erst dann voll und ganz, wenn man auf die Anfänge, auf die grundlegenden Probleme zurückgeht, welche die Spuren der letzten, eschatologischen Wahrheiten in sich bergen. Es ist ähnlich wie bei einem Embryo, der den Entwurf zur ausgewachsenen Person in sich trägt" (Wojtyła, Zeichen des Widerspruchs, 35-36).

2 „In seiner ursprünglichen Situation ist der Mensch also allein, und zugleich entsteht er als Mann und Frau: Zweieinheit. In seinem Alleinsein ‚offenbart' er sich selber sich selbst als Person, um dann in der Zweieinheit die Gemeinschaft der Personen in sich zu ‚offenbaren'. Im einen wie im anderen konstituiert sich der Mensch als Abbild und Gleichnis Gottes. Von Anfang an ist der Mensch auch Körper unter Körpern, und in der Zweieinheit entsteht er als Mann und Frau, wobei er die bräutliche Bedeutung des Leibes nach Maßgabe des personalen Subjekts entdeckt. In der Folge wird die Bedeutung des Leibseins und besonders des Leibes als Mann bzw. Frausein mit Ehe und Fortpflanzung verbunden (d. h. mit Vater- und Mutterschaft). Doch die ursprüngliche und fundamentale Bedeutung des Leibseins und auch des Leibes als Mann- bzw. Frausein – also eben jener ‚bräutliche' Sinn – ‚ist mit der Tatsache verbunden, dass der Mensch als Person geschaffen und zum Leben ‚in communione personarum' berufen ist. Ehe und Fortpflanzung an sich bestimmen weder endgültig die ursprüngliche und fundamentale Bedeutung des Leibseins noch des Leibes als Mann- bzw. Frausein. Ehe und Fortpflanzung bestimmen nur die Konkretisierung dieses Sinnes in den Dimensionen der Geschichte. Die Auferstehung bildet den Schlusspunkt der geschichtlichen Dimension. Und deshalb bringen die Worte ‚wenn die Menschen von den Toten auferstehen, werden sie nicht mehr heiraten' (Mt 12,25) nicht nur klar zum Ausdruck, welche Bedeutung der menschliche Leib in der ‚künftigen Welt' nicht haben wird, sondern erlauben uns auch den Schluss, dass jene ‚bräutliche' Bedeutung des Leibes in der Auferstehung zum künftigen Leben in vollkommener Weise sowohl dem Umstand entsprechen wird, dass der Mensch als Mann und Frau ‚nach dem Abbild und Gleichnis Gottes' geschaffene Person ist, als auch der Tatsache, dass dieses Abbild sich in der Gemeinschaft von Personen verwirklicht. Jene ‚bräutliche' Bedeutung des Leib-Seins wird somit als vollkommen personaler und gemeinschaftlicher Sinn seine Verwirklichung finden" (TdL 69,4).

3 Vgl. DH 801.

2.5.3.1 Auferstehung des Leibes

In einem ersten Schritt entfaltet Johannes Paul II. den Inhalt der Schriftstelle mit den vorösterlichen Worten Jesu über die „Auferstehung der Toten".[1] Gesprächspartner Jesu sind Sadduzäer, die die Auferstehung der Toten leugnen (vgl. Mt 22,23).[2] Um diesen Glauben zu widerlegen, präsentieren sie Jesus, wie Gnilka es formuliert, den „bizarre[n] Kasus"[3] einer Frau, die nacheinander sieben Brüder als Ehemänner hat, ohne dass auch nur einer Nachkommen hinterlässt. Die Männer erfüllen die Weisung Mose, der gebot, durch Heirat der verstorbenen Frau des Bruders zu Nachkommen zu verhelfen. Den Abschluss der Frage bilden die Worte: „Als letzte von allen starb die Frau. Wessen Frau wird sie nun bei der Auferstehung sein? Alle sieben haben sie doch zur Frau gehabt" (Mk 12,22-23). Mit diesem theoretischen Fall greifen die Sadduzäer das ursprüngliche Verständnis der Pharisäer vom Leben nach der Auferstehung der Toten an. Für die Sadduzäer führt der Glaube an die Auferstehung der Toten zur Annahme der Vielmännerei, die im Widerspruch zum Gesetz Gottes steht. Die Antwort Jesu: „Ihr irrt euch, ihr kennt weder die Schrift noch die Macht Gottes. Wenn nämlich die Menschen von den Toten auferstehen, werden sie nicht mehr heiraten, sondern sie werden sein wie die Engel im Himmel" (Mk 12,24-25). Jesus beruft sich auf Mose. Auf diese Weise wird, so Gnilka, „Mose (…) durch Mose, auf den sich die Sadduzäer beriefen, widerlegt"[4]: „Dass aber die Toten auferstehen, habt ihr das nicht im Buch des Mose gelesen, in der Geschichte vom Dornbusch, in der Gott zu Mose spricht: *Ich bin der Gott Abrahams, der Gott Isaaks und der Gott Jakobs?* Er ist doch nicht ein Gott von Toten, sondern von Lebenden. Ihr irrt euch sehr" (Mk 12,26-27). Jesus bezieht sich auf Ex 3,6.[5] Über die beiden anderen Synoptiker hinaus fügt Lukas hinzu: „Nur in dieser Welt heiraten die Menschen. Die aber, die Gott für würdig hält, an jener Welt

1 „Auch wenn das Neue Testament den Ausdruck ‚Auferstehung des Leibes' nicht kennt (…) und den Ausdruck ‚Auferstehung der Toten' gebraucht, womit es den Menschen als Ganzen meint, kann man doch in vielen seiner Texte den Glauben an die Unsterblichkeit der Seele und ihre Existenz auch außerhalb des Körpers finden (Vgl. Lk 23,43: Phil 1,23-24; 2 Kor 5,6-8)" (TdL [Anm. 85] 65,2).

2 Vgl. Deines, Sadduzäer, Sp. 1423.

3 Gnilka, Markus II, 157.

4 Ebd., 159.

5 „Die Stelle ist deshalb so gewichtig, weil sich die Nennung des unnennbaren Namens anschließt: Jahwe = ‚Ich bin der Ich-bin-da' (Ex 3,14). Und es ist dieser heilige Name (*schem*), der künftig zum unterscheidenden, abbildlosen Gottesglauben Israels inmitten der handfesten, namentlichen und sinnlichen Götzen des Umlandes führt. Weiter aber wird damit an die Lebensmitte Israels erinnert: an den Bund (*berith*) Gottes mit den Vätern (…). Dieser *Bundesgedanke* schließt in der Auslegung Jesu ausdrücklich die Auferstehung ein: Wird er doch als Bund von Lebenden zum unüberbietbaren Zeichen der Macht Gottes über den leiblichen Tod. Der Bund ist also ein ewiger und kein zeitlicher; auch der Tod kann ihn nicht brechen; er scheitert an der machtvollen ‚Treue' Gottes, die nur als umfassend, Leben gebend, unerschöpflich gedacht werden kann" (Gerl-Falkovitz, Mann und Frau, 62-63).

und an der Auferstehung von den Toten teilzuhaben, werden dann nicht mehr heiraten. Sie können auch nicht mehr sterben, weil sie den Engeln gleich und durch die Auferstehung zu Söhnen Gottes geworden sind“ (Lk 20,34-36).

Sowohl Matthäus (22,24-30) wie Markus (12,18-25) als auch Lukas (20,27-36) enthalten in der Antwort Jesu die zwei wesentlichen Elemente: „die Aussage über die künftige Auferstehung der Toten“ und „die Aussage über den leiblichen Zustand der Menschen nach der Auferstehung“ (TdL 65,2). Für Johannes Paul II. weist Jesus den Sadduzäern einen „methodischen Irrtum“ (Unkenntnis der Schrift) und einen „sachlichen Irrtum“ (Unkenntnis der Macht Gottes, der sich im brennenden Dornbusch offenbart hat) nach: „Die Glaubensväter des Mose, Abraham, Isaak und Jakob sind für Gott lebendige Personen (vgl. Lk 20,38: ‚denn für ihn sind alle lebendig’), auch wenn sie vom menschlichen Standpunkt aus zu den Toten gezählt werden müssen“ (TdL 65,3). Obwohl Christus „von der künftigen Auferstehung des Menschensohnes gesprochen hatte (vgl. z. B. Mt 17,9.23; 20,19 u. Parallelstellen)“ (TdL 65,6) und mit seiner eigenen Auferstehung den Glauben an die Auferstehung des Leibes besiegeln wird, „Christus ist das letzte Wort Gottes zu diesem Thema“ (TdL 65,6), beschränkt er sich bei diesem vorösterlichen Gespräch mit den Sadduzäern auf das alttestamentliche Zeugnis der „Allmacht des lebendigen Gottes“ (TdL 66,1). Schließlich ist die Wirklichkeit des Alten Testaments (Pentateuch) der Horizont seiner sadduzäischen Gesprächspartner. Deshalb „beschränkt sich“ Jesus für Gerl-Falkovitz „auf eine einzige Stelle ausdrücklich im Pentateuch und entwickelt von dort aus eine ‚Augenöffnung’.“[1] Bezeichnend für Johannes Paul II. ist außerdem, dass Jesus nicht nur von der Unsterblichkeit der Seele spricht, sondern von der Auferstehung des Leibes. Denn Jesus wendet sich an die Sadduzäer, „die den Dualismus von Leib und Seele nicht kannten, da sie nur die leibliche, psychophysische Einheit des Menschen anerkannten, die ‚der Körper und der Lebenshauch‘ ist. Deshalb stirbt nach ihrer Auffassung die Seele zugleich mit dem Körper. Die Behauptung Jesu, dass die Väter leben, konnte für die Sadduzäer nur die leibliche Auferstehung bedeuten“ (TdL [Anm. 89] 65,4).

2.5.3.2 „Vergeistigung“ und „Vergöttlichung“

In einem zweiten Schritt entfaltet Johannes Paul II. das, was er „Anthropologie der Auferstehung“ (TdL 66,6) nennt. Wenn es heißt, „nach der Auferstehung werden die Menschen nicht mehr heiraten, sondern sein wie die Engel im Himmel“ (Mt 22,30), heißt das, dass Ehe und Fortpflanzung ausschließlich der „irdischen Welt“ angehören und in der „anderen Welt“ ihre Existenzberechtigung verlieren. Durch die Auferstehung wird der Mensch „den Engeln gleich“ (Vergeistigung) und zu „Söhnen Gottes“ (Vergöttlichung). Als „eschatologische

1 Ebd., 62.

Frucht" geht mit dieser „vergöttlichenden Vergeistigung" die „Verherrlichung des Leibes" einher.[1]

Dass der Mensch nach der Auferstehung „den Engeln gleich" (Lk 20,36) wird, lässt auf eine Vergeistigung des Menschen schließen, die aber nicht als eine fleischlose Umwandlung der Menschennatur (Fleischloswerden) in die rein geistige Natur der Engel interpretiert werden darf.[2] Dieses Gleich- und Ähnlichwerden des Menschen vollzieht sich nämlich „nicht durch eine ‚Desinkarnation', sondern durch eine andere Art (man könnte auch sagen: einen höheren Grad) der Vergeistigung seiner leiblichen Natur, d. h. durch ein anderes ‚Kräfteverhältnis' im Menschen. Die Auferstehung bedeutet eine neue Unterwerfung des Leibes unter den Geist" (TdL 66,5). Der Mensch der Geschichte muss sich die Herrschaft des Geistes über seinen Körper zuweilen hart erarbeiten. Infolge der Erbsünde erlebt er das Zueinander von Körper und Geist immer wieder als Widerstreit (vgl. Röm 7,23). Demgegenüber erfährt der eschatologische Mensch eine Harmonie, die kein Gegeneinander von Geistigem und Körperlichem kennt. „Vergeistigung bedeutet nicht nur, dass der Geist den Körper beherrschen wird, sondern (…), dass er den Körper vollkommen durchdringt und dass die Kräfte des Geistes die des Körpers vollkommen durchdringen werden" (TdL 67,1). War „die Herrschaft des Geistes über den Körper" für den Menschen der Geschichte eine „Frucht beharrlicher Arbeit an sich selbst", so vollzieht sich die eschatologische und vollkommene Vergeistigung ohne Widerstreit „spontan" und „frei" (vgl. TdL 67,2).[3]

Neben der Vergeistigung („den Engeln gleich") wird, so Gerl-Falkovitz, als „Sondergut von Lukas"[4] 20,36 die „Umwandlung in ‚Söhne Gottes' hinzu[gefügt], (was keine Vermännlichung des jenseitigen Leibes ausdrückt, sondern der griechischen Inklusivsprache geschuldet ist). Zu verstehen ist darunter die Einlösung der *Ebenbildlichkeit*"[5]. Johannes Paul II. spricht von Vergöttlichung. Diese unterscheidet sich im eschatologischen Zustand wesentlich von der Vergöttlichung im irdischen Leben. „Die Teilhabe an der göttlichen Natur, die Teilhabe am inneren Leben Gottes selbst, die völlige Durchdringung und Erfüllung des wesenhaft Menschlichen durch das wesenhaft Göttliche wird dann ihren Höhepunkt erreichen", so Johannes Paul II., „sodass das Leben des

1 „*La glorificazione del corpo*, quale frutto escatologico della spiritualizzazione divinizzante" (Giovanni Paolo II, L'Amore Umano 69,6; vgl. TdL 69,6)

2 „Der Hinweis auf die Engel meint sicher nicht ein Unterschreiten der Geschlechtlichkeit, sondern ihr Transzendieren: Engel sind nicht geschlechtslos (was ein Mangel wäre), sondern geschlechtsfrei (was alles triebhafte ‚Müssen' überholt)" (Gerl-Falkovitz, Mann und Frau, 63).

3 „Das ist jedoch nicht als totaler Sieg des Geistes über den Körper zu verstehen. Die Auferstehung besteht in der vollkommenen Teilhabe alles dessen, was am Menschen körperlich ist, an dem, was an ihm geistig ist. Zugleich besteht sie in der vollkommenen Verwirklichung der menschlichen Persönlichkeit" (TdL 67,2).

4 Gerl-Falkovitz, Mann und Frau, 61.

5 Ebd., 65.

menschlichen Geistes zu einer solchen Fülle gelangt, die ihm vorher absolut unerreichbar war. Diese neue Vergeistigung wird also Frucht der Gnade sein, d. h. der Selbstmitteilung Gottes in seiner Göttlichkeit nicht nur an die Seele, sondern an die ganze seelisch-leibliche Subjektivität des Menschen“ (TdL 67,3). Dass Johannes Paul II. an dieser Stelle von „Subjektivität“ spricht, genauer sogar von „seelisch-leiblicher Subjektivität“, und nicht einfach von „Natur“ bzw. „Subjekt“, verdeutlich aufs neue den anthropologischen Ansatz Wojtyłas/Johannes Pauls II. mit der Subjektivität als Dreh- und Angelpunkt. Weil „diese Vergöttlichung nicht nur als innerer Zustand des Menschen (d. h. des Subjekts), das fähig ist, Gott ‚von Angesicht zu Angesicht zu schauen’, verstanden werden darf, sondern auch als eine Neugestaltung der ganzen personalen Subjektivität des Menschen nach dem Maß der Vereinigung mit Gott in seinem trinitarischen Geheimnis und nach der innigsten Verbundenheit mit ihm in der vollkommenen Gemeinschaft der [göttlichen] Personen“[1]. Diese Vergöttlichung „wird die personale Subjektivität des Menschen nicht aufsaugen, sondern sie vielmehr unvergleichbar stärker und reicher hervortreten lassen“ (TdL 67,3). Der Mensch der künftigen Welt erlangt unter Teilhabe seines Körpers eine solche „Fülle an Erfahrung der Wahrheit und Liebe“ (TdL 67,4), die in seinem irdischen Leben unerreichbar war. „Diese ‚eschatologische Erfahrung’ des lebendigen Gottes konzentriert in sich nicht nur alle geistigen Energien des Menschen, sondern enthüllt ihm gleichzeitig in lebendiger und erfahrbarer Weise die *‚Selbstmitteilung’* Gottes an alles Geschaffene und in besonderer Weise *an den Menschen*“, so Johannes Paul II. weiter, *„das ist das personalste ‚Sich-Schenken’ Gottes an den Menschen in seiner Göttlichkeit*: an jenes Wesen, das von Anfang an in sich das Abbild und die Ähnlichkeit mit ihm trägt“[2]. In dieser ewigen Vollendung wird „der Gegenstand der ‚Schau‘ das von Ewigkeit her im Vater verborgene Geheimnis sein, das Geheimnis, das in der Zeit in Christus geoffenbart wurde, um sich durch das Wirken des Heiligen Geistes unaufhörlich zu erfüllen“ (TdL 67,5).

Der Blick auf den eschatologischen Zustand des Menschen lässt also zunächst das Verhältnis zwischen Geist und Körper tiefer verstehen. Bedeutet die

1 „Parliamo qui della ‚soggettività‘ (e non solo della ‚natura‘), perché quella divinizzazione va intesa non soltanto come uno ‚stato interiore‘ dell'uomo (cioè: del soggetto), capace di vedere Dio ‚a faccia a faccia‘, ma anche come una nuova formazione di tutta la soggettività personale dell'uomo a misura dell'unione con Dio nel suo mistero trinitario e dell'intimità con Lui nella perfetta comunione delle persone“ (Giovanni Paolo II, L'Amore Umano 67,3). (Eigenübersetzung; vgl. TdL 67,3).

2 „Questa ‚esperienza escatologica‘ del Dio Vivente concentrerà in sé non soltanto tutte le energie spirituali dell'uomo, ma, allo stesso tempo, svelerà a lui, in modo vivo e sperimentale, il *‚comunicarsi‘* di Dio a tutto il creato e, in particolare, *all'uomo; il che è il piú personale ‚donarsi‘ di Dio, nella sua stessa divinità, all'uomo*: a quell' essere che dal principio porta in sé l'immagine e somiglianza di Lui“ (Giovanni Paolo II, L'Amore Umano 67,5). (Eigenübersetzung; vgl. TdL 67,5).

„Erlösung des Leibes" ein ständiges Ringen und Kämpfen um die Überwindung der Begehrlichkeit, was immer ein Ringen der Unterwerfung des Leibes durch den Geist mit einschließt, so ist dieser Kampf im eschatologischen Zustand vollkommen aufgehoben. Wie die Begierde überwunden ist und sich der Mensch vollkommen für die Gemeinschaft mit der Liebe Gottes geöffnet hat, so steht der Leib auf vollkommene Weise im Dienst des Geistes und nimmt ohne Widerstreben an seinem Reichtum Anteil. Indem aber der Geist den ganzen Reichtum des göttlichen Lebens in sich aufnimmt und darin eine Vergöttlichung erfährt, so nimmt auch der eschatologische Leib des Menschen an der Vergöttlichung teil.

2.5.3.3 „Vollkommene Intersubjektivität"

Immer wieder sind es die vier zueinander in Beziehung stehenden Gegebenheiten von Subjekt, Gemeinschaft, Kosmos und Gott, die das Denken Karol Wojtyłas/Johannes Pauls II. bestimmen.

In der „Theologie des Leibes" führt er zunächst aus, wie sich der Mensch in der ursprünglichen Einsamkeit als Subjekt entdeckt, d. h. wie er sein eigenes Personsein wahrnimmt. Als Subjekt aber kann er sich nur in der Beziehung mit anderen Personen verwirklichen, d. h. in der Gemeinschaft, in einer „communio personarum". Gleichzeitig erfährt sich der Mensch von Anfang an als Körper unter Körpern. Inmitten der Welt und der anderen Menschen kann er als sich selbst bestimmendes Subjekt dazu gelangen, alles Geschaffene (Kosmos) und die Mitmenschen als Geschenk Gottes zu verstehen und anzunehmen.

Das Bewusstsein, als Mann und Frau Körper zu sein, ist mit Ehe und Fortpflanzung verbunden. Doch die ursprüngliche und fundamentalere Beziehung des Menschen zu seinem Leibseins gründet in der „bräutlichen Bedeutung des Leibes". Ehe und Fortpflanzung stellen die konkrete Verwirklichung der „bräutlichen Bedeutung des Leibes" lediglich in der Dimension der Geschichte dar. Grundsätzlich aber verwirklicht sich die Person durch die aufrichtige Hingabe ihrer selbst und nimmt so als Subjekt in der Gemeinschaft mehr und mehr am Leben Gottes teil. Diese Ausrichtung des Menschen als Person und Abbild Gottes stellt einen Wert dar, welchen Johannes Paul II. als das dem Menschen aufgetragene Erbe bezeichnet, das ihm zugleich als Aufgabe und somit als Verpflichtung mitgegeben ist.

Alle diese Gegebenheiten und Beziehungen finden in der eschatologischen Erfahrung des lebendigen Gottes ihre Erfüllung. Johannes Paul II. schließt den Aspekt des Wertes ein, wenn er die „Verherrlichung des Leibes" als „endgültigen Wert" bezeichnet und die Aspekte von Sein und Pflicht, wenn er sagt, dass der -„Mensch der ‚zukünftigen Welt' (...) in dieser neuen Erfahrung des eigenen Leibes genau die Erfüllung dessen entdecken [wird], was er immerwährend und geschichtlich gewissermaßen als Erbe und noch mehr als Aufgabe und Ziel, als Inhalt des Ethos in sich trug" (TdL 69,5.6). Subjektivität, Gemeinschaft und Kosmos werden in der eschatologischen Schau Gottes zu ihrer Fülle gelangen. Die Auferstehung ist der „Anfang einer neuen Schöpfung“, die „Wiederentdeckung alles Geschaffenen in Gott, des endgültigen Schicksals aller Geschöpfe.“[1] In der endzeitlichen Gemeinschaft des Menschen mit Gott, d. h. in der eschatologischen Schau der trinitarischen Gemeinschaft der göttlichen Personen, „die nichts anderes sein kann als die volle Teilhabe am inneren Leben Gottes, also an der Wirklichkeit der Dreifaltigkeit selbst“ (TdL 68,4), bewahrt der Mensch nicht nur seine Subjektivität, sie gelangt zu ihrer Fülle. Im Verhältnis zum irdischen Leben werden sich diejenigen, die an der vollkommenen Gemeinschaft mit dem lebendigen Gott teilhaben, einer vollkommeneren Subjektivität erfreuen. „Damit wird das Gesetz der ganzheitlichen Ordnung der Person bestätigt werden, nach dem die Vervollkommnung der Gemeinschaft die geistige Vollkommenheit oder Reife des Subjekts nicht nur zur Voraussetzung hat, sondern sie ihrerseits bestimmt“ (TdL 68,2).

Obgleich die Menschen in der künftigen Welt an ihren verklärten Leibern die Merkmale der Männlichkeit und Weiblichkeit wahrnehmen, werden sie nach der Auferstehung nicht mehr heiraten. Diese endzeitliche Wirklichkeit erklärt sich für Johannes Paul II. „nicht nur mit dem Ende der Geschichte, sondern auch – und vor allem – mit der ganzen endzeitlichen Echtheit der subjektiven Antwort auf jene ‚Selbstmitteilung’ des göttlichen Subjekts“ (TdL 68,2). Diese Selbstmitteilung Gottes besteht in seiner Selbsthingabe an den Menschen, die jede irdische Erfahrung von Hingabe absolut übersteigt. Die eschatologische Antwort des Menschen als Person kann nicht anders lauten als wiederum Hingabe.[2] Wenn der Mensch Gott „von Angesicht zu Angesicht“ schaut, wird „eine Liebe von solcher Tiefe und Konzentrationskraft zu Gott selbst aufbrechen (...), dass sie seine gesamte seelisch-leibliche Subjektivität vollständig in Anspruch nimmt“ (TdL 68,3). „Diese Gottesschau wird unsere Liebe stärken und gleichzeitig auch wesentlich wirksamer machen (…). In dieser ewigen Schau enthüllt sich das in das Mysterium des menschgewordenen Wortes eingebettete Mysterium des Menschen bis auf den Grund.“[3]

Mit dieser eschatologischen Schau in der Gemeinschaft der trinitarischen Personen geht die vollkommene Durchdringung des Beziehungsgeflechtes einher: „das Entdecken der ganzen Welt in Gott, einschließlich aller Beziehungen, die für ihre ewige Ordnung (‚Kosmos‘) bestimmend sind“ und die „Entdeckung einer neuen, vollkommenen Subjektivität jedes Einzelnen“ und „einer neuen,

1 Johannes Paul II., Die Schwelle der Hoffnung, 72.

2 „In dieser antwortenden Selbsthingabe vonseiten des Menschen, einer Selbsthingabe, die als würdige Antwort eines personalen Subjektes auf die Selbsthingabe vonseiten Gottes bis auf den Grund und endgültig beglückend sein wird, wird sich die ‚Jungfräulichkeit‘ oder vielmehr der jungfräuliche Zustand des Leibes voll und ganz als endzeitliche Erfahrung der bräutlichen Bedeutung des Leibes darstellen als das spezifische Zeichen und als authentischer Ausdruck der personalen Subjektivität insgesamt“ (TdL 68,3).

3 Wojtyła, Zeichen des Widerspruchs, 136.

vollkommenen Intersubjektivität aller" (TdL 68,4). George Weigel bezeichnet diese „vollkommene Intersubjektivität" als „ein modernes philosophisches Bild dessen, was die christliche Tradition ‚die Gemeinschaft der Heiligen' nennt"[1]: „communio sanctorum" (vgl. TdL 68,4). In der Konzentration der geschaffenen, erlösten und verherrlichten Subjektivität auf Gott selbst kommt diese auf der Basis der vollkommenen Erfüllung der „bräutlichen Bedeutung des Leibes" zu ihrer endgültigen Erfüllung. Denn als Ebenbild Gottes erschaffen, ist der Mensch aufgrund der „bräutlichen Bedeutung seines Leibes" von Anfang an aufgerufen, dieses Abbildsein der Dreifaltigkeit durch die selbstlose und aufrichtige Hingabe seiner selbst in der „communio personarum" zu verwirklichen. Von Grund auf selbstlos wird diese Hingabe erst in der „anderen Welt" sein. Deshalb kann Johannes Paul II. sagen, dass „die endzeitliche Wirklichkeit so zur Quelle vollkommener Verwirklichung der ‚trinitarischen Ordnung' in der geschaffenen Welt der Personen wird" (TdL 68,4). Jeder „Teilnehmer an der ‚anderen Welt' wird in seinem verherrlichten Leib die Quelle der freiheitlichen Hingabe wiederentdecken"[2].

Wie der Mensch schon in dieser Welt durch seinen Leib die Erfahrung macht, Teil der Welt, also Teil des ganzen Kosmos zu sein, so wird der eschatologische Mensch auf vollkommene Weise in das Ganze der Wirklichkeit integriert sein. Alles wird in Gott vollendet sein. Dieser Kosmos der eschatologischen Welt bedeutet für die Beziehung des Menschen mit Gott vollkommene gegenseitige Hingabe, was die leib-seelische Verfasstheit des eschatologischen Menschen in übernatürlicher Jungfräulichkeit aufstrahlen lässt. Damit ist die vollkommen selbstlose Antwort der Liebe des Menschen an Gott gemeint, in der die „bräutliche Bedeutung" des auferstandenen Leibes in letzter Tiefe ihren Ausdruck findet. Jungfräulichkeit erhält in diesem eschatologischen Zustand des Menschen den besonderen Sinn, dass diese einzigartige Beziehung zwischen Gott und Mensch ein Auswählen der Geschöpfe untereinander im Sinn der christlichen Ehe nicht mehr zulässt. Vielmehr werden die Menschen im eschatologischen Zustand auch untereinander eine vollkommen bräutliche Liebe und vergöttlichte Jungfräulichkeit verwirklichen. Die Fülle der Gemeinschaft mit Gott bewirkt auch die Fülle der Gemeinschaft aller Menschen im eschatologischen Zustand untereinander. Der verherrlichte Leib wird vollkommen von der personalen Wirklichkeit des vergöttlichten Menschen durchdrungen sein, Teil des eschatologischen Kosmos, in dem Christus mit seinem verherrlichten Leib „alles und in allem" (1 Kor 15,28) sein wird.

---

1 Weigel, Zeuge, 355.

2 „(...) ogni partecipante dell',altro mondo' ritroverà nel suo corpo glorificato la fonte della libertà del dono" (Giovanni Paolo II, L'Amore Umano 69,6). (Eigenübersetzung; vgl. TdL 69,6).

2.5.3.4 Kosmische Dimension

Johannes Paul II. zieht schließlich das Zeugnis des Apostels Paulus heran, um das Bild von der eschatologischen Vollendung des Menschen zu bestätigen und zugleich den Blick auf die kosmische Dimension der „Erlösung des Leibes“ zu vertiefen. Dem nachösterlichen Zeugnis des Paulus über die Auferstehung Christi geht „die Auferstehung Christi und eine Reihe von Begegnungen mit dem Auferstandenen“ (TdL 70,1) voraus und nicht zuletzt sein „Damaskuserlebnis“ (Apg 9,1-9). „Das 15. Kapitel des ersten Korintherbriefes stellt die paulinische Interpretation der ‚künftigen Welt‘ und des Zustandes des Menschen in jener Welt dar, in welcher jeder zugleich mit der Auferstehung des Leibes in Fülle am Geschenk des lebenspendenden Geistes, d. h. an der Frucht der Auferstehung Christi, teilhaben wird“ (TdL 72,6). Die „Synthese der paulinischen Anthropologie der Auferstehung“ (TdL 70,4) ergibt sich für Johannes Paul II. aus den Antithesen von 1 Kor 15,42-46.[1] Diese Aussagen sind für Johannes Paul II. „tief in die Gesamtheit des Offenbarungsgeheimnisses von Schöpfung und Erlösung eingesenkt“ (TdL 70,7). Liest man den Abschnitt im Licht der Worte Jesu bei den Synoptikern, so kann in der Rede vom „Ersten Adam“ ein Hinweis auf den „Anfang“ (Mt 19,3-8; Mk 10,2-9), in den Worten „verweslich“, „schwach“, „irdisch“ und „armselig“ dagegen eine Hinweis auf die geschichtliche Erfahrung des Leibes (Mt 5,27) und im „Letzten Adam“ schließlich ein Hinweis auf die eschatologische Dimension des Menschen (Mt 22,30; Mk 12,25; Lk 20,35-36) gesehen werden.[2] Obwohl Paulus in diesem Textabschnitt

1 „So ist es auch mit der Auferstehung der Toten. Was gesät wird, ist verweslich, was auferweckt wird, unverweslich. Was gesät wird, ist armselig, was auferweckt wird, herrlich. Was gesät wird, ist schwach, was auferweckt wird, ist stark. Gesät wird ein irdischer Leib, auferweckt ein überirdischer Leib. Wenn es einen irdischen Leib gibt, gibt es auch einen überirdischen. So steht es auch in der Schrift: Adam, der Erste *Mensch, wurde ein* irdisches *Lebewesen*. Der Letzte Adam wurde lebendig machender Geist. Aber zuerst kommt nicht das Überirdische; zuerst kommt das Irdische, dann das Überirdische“ (1 Kor 15,42-46).

2 Wenn der Apostel den auferstandenen Leib als „unverweslich“, „herrlich“, „stark“ und „überirdisch“ beschreibt, dann ist die „Auferstehung (...) nicht nur eine Offenbarung des Lebens, das den Tod besiegt – gleichsam eine letzte Rückkehr zum Baum des Lebens, von dem der Mensch im Augenblick der Erbsünde vertrieben worden war –, sondern sie ist auch eine Offenbarung der letzten Bestimmung des Menschen in der ganzen Fülle seiner psychosomatischen Natur und seiner personalen Subjektivität“ (TdL 71,1). Johannes Paul fasst schließlich das paulinische Zeugnis zusammen und zeigt darin die beiden wesentlichen Linien auf, nämlich die „Erlösung des Leibes“ während des irdischen Lebens und die eschatologische Vollendung dieses Erlösungsweges: „Paulus von Tarsus, der wie die anderen Apostel in der Begegnung mit dem auferstandenen Christus den Zustand des verherrlichten Leibes erfahren hat, verkündet aufgrund eben dieser Erfahrung im Römerbrief ‚die Erlösung des Leibes‘ (Röm 8,23) und im Brief an die Korinther (1 Kor 15,42-49) die Vollendung dieser Erlösung in der künftigen Auferstehung“ (TdL 71,1). Paulus tut dies mit Hilfe von Antithesen. Der Mensch im Kosmos befindet sich in der Spannung zwischen dem ersten Adam (Urbild des irdischen Menschen) und dem auferstandenen Christus (Urbild des Menschen der Auferstehung): „Der erste *Mensch* stammt *von der Erde* und ist *Erde*; der Zweite Mensch stammt vom Himmel (...).

nicht direkt von der Erbsünde spricht, sind Mensch und Schöpfung doch dem unterworfen, was derselbe Paulus bei anderer Gelegenheit als „Sklaverei und Verlorenheit" (Röm 8,21) bezeichnet. „So hat die Sünde des Menschen nicht bloß eine innere, sondern auch eine ‚kosmische' Dimension" (TdL 70,7). Diese kosmische Dimension der Sünde formuliert der Völkerapostel folgendermaßen: „Denn wir wissen, dass die gesamte Schöpfung bis zum heutigen Tag seufzt und in Geburtswehen liegt" (Röm 8,22). So offenbart die Sündhaftigkeit des menschlichen Leibes den Zustand der ganzen Schöpfung nach dem Sündenfall. Paulus umschreibt diesen Zustand entsprechend seiner eigenen Erfahrung eben mit den Worten „verweslich", „schwach", „irdisch" und „armselig".

Wie es eine anthropologische und kosmische Dimension der Sünde gibt, so existiert auch eine anthropologische und kosmische Dimension der „Erlösung des Leibes". Auf der anthropologischen Ebene schließen alle Erfahrungen des Menschen eine Hoffnung auf Erlösung ein: „Aber auch wir, obwohl wir als Erstlingsgabe den Geist haben, seufzen in unserem Herzen und warten darauf, dass wir mit der Erlösung unseres Leibes als Söhne offenbar werden" (Röm 8,23). Diese Hoffnung ist nach der Erbsünde für Johannes Paul II. bereits mit dem Protoevangelium ins Herz des Menschen eingepflanzt (vgl. Gen 3,15). Zwar hat die „Erlösung des Leibes ihre anthropologische Dimension" und „ist die Erlösung des Menschen. Gleichzeitig strahlt sie gewissermaßen auf die gesamte Schöpfung aus, die von Anfang an in besonderer Weise mit dem Menschen verbunden und ihm unterworfen ist (vgl. Gen 1,28-30)" (TdL 86,2). Deshalb ist diese „Erlösung des Leibes" nicht nur Gegenstand der menschlichen Hoffnung, sondern auch für den Kosmos.[1] So „wie die Geburtswehen mit dem sehnsüchtigen Wunsch nach der Geburt, mit der Hoffnung auf einen neuen Menschen verbunden sind, so wartet auch die gesamte Schöpfung ‚sehnsüchtig auf das Offenbarwerden der Söhne Gottes ... Aber Gott gab ihr Hoffnung: Auch die Schöpfung soll von der Knechtschaft der Vergänglichkeit befreit werden zur Freiheit und Herrlichkeit der Kinder Gottes' (Röm 8,19-21)" (TdL 70,7). „Die Erlösung des Leibes ist also die Erlösung der Welt: Sie hat eine kosmische Dimension" (TdL 86,2). „In dem ‚kosmischen' Bild von der Erlösung (...) steht

Wie wir nach dem Bild des Irdischen gestaltet wurden, so werden wir auch nach dem Bild des Himmlischen gestaltet werden" (1 Kor 15,47.49). Der himmlische Mensch ist die Vollendung und Bestätigung des im Anfang nach dem Bild und Gleichnis Gottes erschaffenen Menschen. „Das Menschsein des ersten Adam, des ‚Menschen von der Erde', trägt (...) eine besondere Möglichkeit in sich (gemeint ist Fähigkeit und Bereitschaft), alles anzunehmen, was der zweite Adam, der himmlische Mensch, also Christus, geworden ist: was er in seiner Auferstehung geworden ist" (TdL 71,3): „unverweslich", „verherrlicht", „stark" und „geistlich".

1 „Gerade so ist aus der Hoffnung auf Auferstehung im Christentum eine neue Sicht der Wirklichkeit, vor allem eine neue Anthropologie entstanden: Statt den Leib und die sichtbar-materielle Welt sowie die gesellschaftliche Verfasstheit des Lebens gering einzuschätzen, weiß der auf Auferstehung Hoffende, dass er seine letzte Vollendung nur erreicht im Miteinander mit der übrigen Schöpfung" (Greshake, Auferstehung, Sp. 1206). [Die im LThK typischen Abkürzungen sind vom Autor ergänzt]

im Mittelpunkt der Mensch, so wie dieser ‚im Anfang‘ in den Mittelpunkt des Schöpfungsbildes gestellt worden war. Es ist der Mensch, es sind die Menschen, jene die ‚die Erstlingsgabe des Geistes‘ besitzen, die in ihrem Herzen seufzen und auf die Erlösung ihres Leibes warten (vgl. Röm 8,23)“ (TdL 86,3).

Für Johannes Paul II. sieht Paulus „die Wirklichkeit der künftigen Auferstehung als eine gewisse restitutio in integrum“ (TdL 72,3). Diese „restitutio in integrum“ ist keine Wiederherstellung der Situation des Menschen vor der Erkenntnis von Gut und Böse. In solcher Sicht wäre das Geheimnis der Erlösung um seine Bedeutung gebracht. „Restitutio in integrum“ ist als endgültige Erfüllung zu verstehen. „Es wird eine Fülle sein, welche die ganze Geschichte des Menschen voraussetzt, die sich aus dem Drama vom Baum der Erkenntnis von Gut und Böse (vgl. Gen 3) herleitet und zugleich vom Geheimnis der Erlösung geprägt ist“ (TdL 72,3). „Zentrum des Auferstehungs-Glaubens“, so Greshake, „ist die Überzeugung, dass der dreifaltige Gott die in Sünde und Tod gefallene Schöpfung durch Christus und das Wirken des Geistes in sein Leben zurückholt.“[1] Als Erfüllung erlangt „der Geist eine echte Oberhoheit über den Leib, die Geistigkeit die Oberherrschaft über die Sinnlichkeit“ (TdL 72,4). „Da man von der Auferstehung des Leibes, d. h. des Menschen in seiner authentischen Leiblichkeit, spricht, müsste folglich der ‚geistige Leib‘ eben das vollkommene Empfindungsvermögen der Sinne, ihre vollkommene Harmonie mit der Tätigkeit des menschlichen Geistes in Wahrheit und Freiheit bedeuten“ (TdL 72,4) Dies rührt aus der Tatsache, dass der Mensch unter dem Einfluss des Heiligen Geistes „geistig“ ist.

2.5.4 Deutung von Erfahrungen ohne Spekulation

Indem Johannes Paul II. in der „Theologie des Leibes“ die Situationen des Menschen im „Anfang“ (Urzustand), im Zustand der Begehrlichkeit (Geschichte) und der Auferstehung (Eschatologie) deutet, stellt er keine Vermutungen außerhalb der Sphäre der Erfahrung an. Es geht ihm nicht um Spekulationen über die Vorgeschichte oder das ewige Leben. Er möchte vielmehr zu verstehen geben, wie wichtig die „Erlösung des Leibes“ für die Verwirklichung des Menschseins ist und wie dieser Auftrag in der Geschichte erfüllt werden kann.

Gerl-Falkovitz bringt den Gedankengang Johannes Pauls II. auf den Punkt: „Männliches und weibliches Menschsein bleiben nach dem Tod erhalten, doch ergibt sich daraus eine andere, und zwar innigere Beziehung, als die in der empirischen Sexualität und Fruchtbarkeit möglich war.“[2] So bleibt die Frage: Wenn aber die geschlechtliche Vereinigung ein so fundamentales, ja sakramentales Zeichen darstellt, wenn dieses zum Ursakrament schlechthin wird, wie im dritten Teil dieser Arbeit noch zu zeigen ist, wenn die „communio personarum“

1 Ebd., Sp. 1205. [Die im LThK typischen Abkürzungen sind vom Autor ergänzt]
2 Gerl-Falkovitz, Mann und Frau, 60.

in der ehelichen Vereinigung tiefster Ausdruck des dreifaltigen Lebens Gottes ist, wie kann es dann sein, dass in der ewigen Vollendung des Menschen die Geschlechtlichkeit im Sinn des Ein-Fleisch-Werdens überhaupt keine Rolle mehr spielt? Wie ist es mit diesem Ansatz zu vereinbaren, dass sich das eschatologische Menschsein schließlich auf eine personale Liebe reduziert, deren Verwirklichung sich im Genius des Mannseins und im Genius des Frauseins erschöpft? Ist dann nicht umgekehrt zu fragen, ob die Rede Johannes Pauls II. vom Urzustand nicht zu hoch angesetzt ist? Kann darin wirklich das tiefste Wesen des Menschseins zum Ausdruck kommen? Ist deshalb dem Urzustand lediglich eine symbolische, mythologische Bedeutung beizumessen, insofern er als gedachtes Ideal dem geschichtlichen Menschen aufzeigt, wie entscheidend das Ringen um die Überwindung der Begehrlichkeit für die Vergöttlichung der menschlichen Person ist? In diesem Sinn betont Johannes Paul II. immerhin den „mythische[n] Charakter" (TdL 3,1) des zweiten Schöpfungsberichts.

Ginge man also zu sehr vom geschichtlichen Faktum der Vorgeschichte aus („So wäre es gewesen"), würde man sich verirren und Johannes Paul II. nicht gerecht werden. Denn aus diesen Analysen Johannes Pauls II. lässt sich nicht ableiten, wie sich die Geschichte der Menschheit entfaltet hätte, wenn das erste Menschenpaar nicht gesündigt hätte, oder wie die Prüfung eines jeden einzelnen Menschen ausgesehen hätte. Denn alles, was in den Analysen Johannes Pauls II. über Vertrauen, Misstrauen, Angst um sich selber oder die Einschränkung der Selbstbestimmung zum Ausdruck kommt, sind durchwegs Komponenten des geschichtlichen Menschen. Diese öffnen jedem einzelnen Menschen die Augen für das Drama, in dem er sich befindet: seine gefallene Natur, seine Sündhaftigkeit, seine Berufung zur Liebe, seine Sehnsucht nach dem Absoluten, sein Ringen zwischen Gebundensein an sein Ich, das in der sexuellen Begehrlichkeit seinen Ausdruck findet, und der selbstlosen Hingabe, die sich in Jesus Christus offenbart.[1]

Nicht zuletzt deshalb beschränkt sich die „Erlösung des Leibes" nicht auf die endzeitliche Hoffnung auf die Auferstehung, d. h. den Endsieg über den Tod, von dem Christus in seiner Auferstehung Zeugnis gegeben hat. Die „Erlösung des Leibes" hat als „Sieg über die Sünde" ihren Platz auch im täglichen Leben des geschichtlichen Menschen und Johannes Paul II. bezeichnet dies als „die tägliche Hoffnung" (TdL 86,7): „In seinem täglichen Leben muss der Mensch aus dem Geheimnis der Erlösung des Leibes die Inspiration und Kraft für die Überwindung des Bösen schöpfen, das in der Gestalt der dreifachen Begierde in ihm schlummert" (TdL 87,7).[2] Die Rede von der „täglichen Hoff-

1 Auch die Erbsündenlehre der Kirche erklärt den Zustand des geschichtlichen Menschen, aber nicht einen gnadenhaften Urzustand in seiner geschlechtlichen Verwirklichung.

2 Nicht nur Eheleute müssen täglich „im Rahmen der normalen Aufgaben und Schwierigkeiten des menschlichen Lebens ‚das Böse mit dem Guten' besiegen (…) (Röm 12,21). Denn ‚in der Hoffnung sind wir gerettet': Die tägliche Hoffnung offenbart ihre Kraft in den menschlichen Werken und sogar in den innersten Regungen des menschlichen Herzens, wenn sie in gewis-

nung“ an dieser Stelle seiner Betrachtungen zeigt sehr deutlich die Logik auf, mit der er die „Theologie des Leibes“ entwickelt. Zunächst blickt er zurück zum Anfang. Er deutet die Offenbarung im Alten und Neuen Testament, um ein Bild des Menschen zu zeichnen, wie ihn Gott im ursprünglichen Gnadenzustand geschaffen hat. Im Licht dieses Schöpfungsplans betrachtet er den Menschen in einem zweiten Schritt, wie er sich nun nach dem Sündenfall erfährt. Dadurch wird bereits deutlich, wozu der gefallene Mensch hier auf Erden berufen ist und wie sich die „Erlösung des Leibes“ zu vollziehen hat. In einem weiteren Schritt schaut Johannes Paul II. auf das Ende voraus und zeichnet wiederum ein Bild des in der Eschatologie verherrlichten menschlichen Leibes. Von dort aus wendet er sich erneut dem gefallenen Menschen zu, um noch deutlicher als bisher in diesem eschatologischen Licht aufzuzeigen, worauf die „Erlösung des Leibes“ abzielen muss. Sowohl vom Anfang als auch vom Ende her ergeht ein Ruf an den Menschen im Hier und Heute[1], sich auf das wunderbare Angebot der „Erlösung des Leibes“ einzulassen und daran mitzuwirken.

2.6 SYSTEMATISCHE ZUSAMMENFASSUNG

Als Teilnehmer des Zweiten Vatikanischen Konzils versuchte Karol Wojtyła, seinen anthropologischen Ansatz, d. h. sein personalistisches Menschenbild in die Diskussionen und die Abfassung der Dokumente einzubringen. Umgekehrt wurde für ihn das Konzil zu einem starken Impuls, sich mit offenbarungstheologischen Fragen auseinanderzusetzen. Wir dürfen das Konzil als einen Meilenstein auf dem Weg Karol Wojtyłas bezeichnen, die „Philosophie des Leibes“ zu einer „Theologie des Leibes“ weiterzuentwickeln. Bereits in *Person und Tat* war er auf die Bedeutung des Leibes eingegangen. Doch ordnete er den Leib lediglich auf phänomenologische Weise in seine personalistische Anthropologie ein. Man könnte von einer „Philosophie des Leibes“ sprechen. Nach dem Zweiten Vatikanischen Konzil bemühte sich Wojtyła/Johannes Paul II. mit allen Kräften darum, die Beschlüsse umzusetzen. Die Rezeption des Konzils wurde

---

sem Sinn der großen, mit der Erlösung des Leibes verbundenen endzeitlichen Hoffnung Raum schafft“ (TdL 86,7).

1 „Wenn die Erlösung des Leibes das Alltagsleben durch die Dimension der menschlichen Moral durchdringt, trägt sie vor allem zur Entdeckung all des Guten bei, in dem der Mensch den Sieg über die Sünde und über die Begehrlichkeit erringt. Die Worte Christi, die aus der göttlichen Tiefe des Geheimnisses der Erlösung stammen, erlauben die Entdeckung und Stärkung jenes Bandes, das zwischen der Würde des Menschen (des Mannes oder der Frau) und der bräutlichen Bedeutung seines Leibes besteht. Sie ermöglichen aufgrund jener Bedeutung das Verständnis und die Verwirklichung der reifen Freiheit des Geschenks, die einerseits in der unauflöslichen Ehe und anderseits in der Ehelosigkeit um des Himmelreiches willen ihren Ausdruck findet. Auf diese verschiedenen Weisen enthüllt Christus den Menschen voll dem Menschen, indem er ihm ‚seine höchste Berufung‘ zeigt. Diese Berufung ist dem Menschen entsprechend seiner psychisch-physischen Gesamtstruktur gerade durch das Geheimnis der Erlösung des Leibes eingeschrieben“ (TdL 86,8).

sein Herzensanliegen. Zur selben Zeit versucht er nun, in seinen Schriften den Übergang von der Erfahrungsebene zur Ebene der Offenbarung herauszuarbeiten. Es ist für ihn ein organischer Aufstieg.

Auf der einen Seite zeigt er den erkenntnistheoretischen Charakter dieses Schrittes auf. Denn durch die Offenbarung Gottes wird dem Menschen die Wahrheit über sich selbst in einer Weise vermittelt, wie er sie allein aus der Erfahrung nicht erschließen kann (Hingabe Gottes an den Menschen). Gleichzeitig ist sein Verständnis von Offenbarung sehr eng mit dem Erfahrungsbegriff verknüpft. Gott hat sich dem Menschen nämlich in der Weise offenbart, dass er selbst Mensch geworden ist. Damit ist er in den Erfahrungsbereich des Menschen eingetreten.

Auf der anderen Seite geht Wojtyła/Johannes Paul II. daran, inhaltliche Schwerpunkte der Offenbarung darzulegen. Er geht von dem Grundsatz aus, dass der Leib die Person offenbart. Übertragen auf Jesus Christus bedeutet dies, dass im Glauben alles, was an Jesus Christus in Raum und Zeit erfahrbar geworden ist (Worte und Taten), zu einer Offenbarung über Gott wird: „Wer mich gesehen hat, hat den Vater gesehen" (Joh 14,9). Gleichzeitig wird durch die Offenbarung das Verhältnis des Menschen zu Gott beleuchtet. Der Mensch versteht den ewigen Heilsplan, den Gott mit der Menschheit verwirklichen möchte. Den Dreh- und Angelpunkt sieht Wojtyła/Johannes Paul II. schließlich in der Berufung des Menschen zur Vergöttlichung.

Durch das Licht der Offenbarung ergibt sich ein neues Verständnis des Menschen. Anhand des Gesprächs Jesu mit den Pharisäern über die Unauflöslichkeit der Ehe (Mt 19,3-8) macht sich Johannes Paul II. daran, die theologische Vorgeschichte des Menschen zu erschließen: die ursprüngliche Schöpfungsordnung Gottes im Zustand der ursprünglichen Unschuld. Anhaltspunkte für diesen „Anfang" („status naturae integrae") finden sich in den drei ersten Kapiteln der Genesis. Maßgeblich für den Aufbau einer theologischen Anthropologie wird für Johannes Paul II. die Leiblichkeit des Menschen. Erst im Leib erfährt sich der Mensch als Geschenk für den anderen, aber auch umgekehrt, der Mensch erfährt den anderen durch dessen Leib als Geschenk für sich. Auf diese Weise offenbart der Leib dem Menschen das Wesen seines Personseins, das letztlich auf den zwischenpersonalen Austausch hin angelegt ist („Der Leib offenbart die Person"). Gleichzeitig offenbart der Leib den subjektiven Reichtum des einzelnen und macht diesen erfahrbar. Dabei erlebt der Mensch in seiner Körperlichkeit seinen eigenen Wert, den er für ein „Du" darstellt. Zugleich erlebt er den Wert für sich. Analog zur „personalistischen Norm" spricht Johannes Paul II. in der „Theologie des Leibes" von der „bräutlichen Bedeutung des Leibes". Bleibt diese bewahrt, wirkt der Leib wie ein Katalysator, der die gegenseitige Hingabe in Bewegung bringt. Auf diese Weise erkennt der Mensch den Sinn seines Daseins in der Verwirklichung seiner selbst, welche nur durch die „aufrichtige Hingabe seiner selbst" (GS 24) möglich ist.

Durch den Sündenfall ist die ursprüngliche Schöpfungsordnung zwar gestört, aber nicht zerstört worden. Die Unordnung zeigt sich in der dreifachen Begierde des Menschen (1 Joh 2,15-16), welche die neue Situation des Menschen der Geschichte kennzeichnet. Doch die Unschuld kann durch das Erlösungswerk Christi wieder hergestellt werden („status naturae lapsae et redemptae“). Das Ziel der Erlösung erarbeitet Johannes Paul II. anhand der Worte aus der Bergpredigt über den im Herzen begangenen Ehebruch bzw. den lüsternen Blick (Mt 5,27-28). Seine Botschaft lautet: Nicht die körperliche Sphäre stellt das Problem des Menschen dar wie im Manichäismus oder bei Nietzsche, Marx und Freud („Meister des Argwohns“), sondern der Egoismus seines Herzens. Obwohl Johannes Paul II. nicht ausdrücklich davon spricht, so implizieren die Aussagen seiner Katechesen doch eine wesentliche Grundhaltung: Der Eros als Anziehungskraft zwischen Mann und Frau, die Befriedigung der sexuellen Kräfte in der leiblichen Vereinigung, die dabei empfundene Lust, all diese Dinge sind dem Menschen von Gott geschenkt und werden vom Christentum als etwas Positives bejaht. Allerdings müssen sie in die zwischenmenschlichen Beziehungen selbstloser Liebe eingebunden werden. Diese Integration nennt Johannes Paul II. „Erlösung des Leibes“ und stellt den Weg dar, wie der Mensch der Geschichte das „Ethos der Schöpfung“ neu verwirklichen kann. Er ist fest davon überzeugt, dass dem Menschen durch die Gnade Jesu Christi („Rechtfertigung“ und „Leben nach dem Geist“) diese Erhebung der Sexualität auf die Ebene wahrer Liebe gelingen kann. Der Rahmen, der uns durch die biblischen Ideale vorgegeben wird, ist sowohl ein Weg zur „Erlösung des Leibes“ als auch Ausdruck des erlösten Leibes. Zu diesen Idealen gehören, wie Johannes Paul II. in seiner lehramtlichen Verkündigung immer wieder ausführt, die voreheliche Enthaltsamkeit, eheliche Treue und die Offenheit für das Kind im Rahmen natürlicher Familienplanung. Das „Ethos der Erlösung des Leibes“ bedeutet dann, dass der Mensch die Wahrheit über sich selbst und seinen Leib wieder erkennt, d. h. die „bräutliche Bedeutung des Leibes“. Gleichzeitig weiß er sich gerufen, die Begehrlichkeit zu überwinden, um zu dieser Wahrheit zurückzufinden. Philosophisch betrachtet ist das „Ethos der Erlösung des Leibes“ bei Johannes Paul II. nicht mehr als die Überwindung der Begehrlichkeit durch Selbstbeherrschung, d. h. Mäßigung und Enthaltsamkeit. Weil durch einen Akt der Selbstbeherrschung der Wert der „bräutlichen Bedeutung des Leibes“ wiederhergestellt wird, der durch die Begierde verloren gegangen ist, entsteht auch der „neue Mensch“ in dem Maß, wie das „Ethos des erlösten Leibes“ im inneren Bereich des Menschen die ganze Begierde beherrscht. Theologisch geht es um die Teilnahme am göttlichen Leben Christi durch das Eintreten in das Geheimnis der Menschwerdung Gottes durch die personale Beziehung mit Christus.

Die Offenbarung wirft auch ein neues Licht auf den Kosmos. Mit der Inkarnation ist Gott selbst ein Teil des Kosmos geworden. In der leiblichen Auferstehung hat Christus zugleich auch die kosmische Wirklichkeit in das Leben des dreifaltigen Gottes aufgenommen. Damit hat Gott den Kosmos in das Werk der Erlösung einbezogen. Nicht nur der Mensch sehnt sich nach Erlösung, sondern auch der gesamte Kosmos. Einerseits leuchtet damit die Berufung des Leibes auf: er ist zur Verklärung und zur Teilhabe am ewigen Leben bestimmt. Andererseits zeigt sich darin die Berufung der ganzen Schöpfung, am Offenbarwerden der Söhne Gottes teilzuhaben (Röm 8,19-23).

Den eschatologischen Menschen beleuchtet Johannes Paul II. auf dem Hintergrund des Streitgesprächs Jesu mit den Pharisäern über das sogenannte Leviratsgesetz (Mk 12,18-27). Bedeutet die „Erlösung des Leibes" ein ständiges Ringen und Kämpfen, um die Begehrlichkeit zu überwinden und den Leib durch den Geist zu unterwerfen, so ist dieser Kampf im eschatologischen Zustand vollkommen aufgehoben. Wie die Begierde überwunden ist und sich der Mensch vollkommen für die Gemeinschaft mit der Liebe Gottes geöffnet hat, so steht nun der Leib auf vollkommene Weise im Dienst des Geistes und nimmt ohne Widerstreben an seinem Reichtum Anteil. Indem aber der Geist den ganzen Reichtum des göttlichen Lebens in sich aufnimmt und darin eine Vergöttlichung erfährt, so nimmt auch der eschatologische Leib des Menschen an dieser Vergöttlichung teil. Dabei fällt auf, wie sehr Johannes Paul II. bei der Darstellung des vorgeschichtlichen Menschen und in analoger Weise auch des geschichtlichen Menschen das Mann- und Frausein betont und die wesentlichen anthropologischen Elemente der geschlechtlichen Beziehung zwischen Mann und Frau entnimmt. Umso mehr überrascht es, dass Johannes Paul II. in der Darstellung des eschatologischen Menschen zwar davon spricht, dass der Mensch seine Männlichkeit und Weiblichkeit beibehält, dass aber die „Zweieinheit" und das Moment der Geschlechterbeziehung plötzlich überhaupt keine Rolle mehr spielen. In der eschatologischen Sicht scheint nur noch der Gedanke der allgemein verstandenen bräutlichen Berufung des menschlichen Leibes auf.

3. SAKRAMENTALE VERWIRKLICHUNG DER „ERLÖSUNG DES LEIBES“

„Die Problematik des Menschen als Person beschäftigt mich schon seit meiner Tätigkeit an der Universität“, erklärt Karol Wojtyła in seinem Beitrag *Die menschliche Person im Kontext der ehelichen Hingabe und Elternschaft*, „und ebendies in engem Zusammenhang mit jenen brennenden Themen der Kirche und der Welt von heute, in deren Mittelpunkt vor allem die ‚Förderung der Würde der Ehe und der Familie' steht.“[1] Mit Verweis auf eine Überschrift der Pastoralkonstitution *Gaudium et spes* fährt er fort: „Ich darf bemerken, dass ich eine sozusagen eigene Auffassung vom Menschen als Person vertrete und dass ich diese Auffassung erarbeiten und vertiefen musste (eigentlich bin ich, soweit mir die Zeit dafür bleibt, ständig dabei, sie zu vertiefen), insbesondere um mir selbst (und auch anderen) den Standpunkt der Kirche bezüglich der Ethik der Ehe und Familie klarzumachen.“[2] Wie im ersten Kapitel dieser Arbeit dargelegt, erarbeitet Wojtyła die Wahrheit über den Menschen im Rahmen seiner philosophischen Anthropologie zunächst aus der allen Menschen zugänglichen Erfahrung. Darauf aufbauend erscheint im Licht der Offenbarung ein „vertieftes“ Bild des Menschen, der im Zustand der Sünde in seinen Fähigkeiten beeinträchtigt ist. Er ist nicht wirklich frei. Zum einen leidet er unter den Folgen der Ursünde, zum anderen binden ihn die negativen Auswirkungen seines persönlichen Lebens, die sich beispielsweise in der Form der Laster zeigen. Im personalen Dynamismus des Menschen wirkt sich die erbsündliche Belastung durch die Neigung zum Egoismus aus, das heißt durch das Gekettetsein an das eigene „Ich“. In den psycho-somatischen Dynamismen zeigt sich die Erbsünde besonders in den ungeordneten Leidenschaften, die den personalen Dynamismus überlagern und auch teilweise beherrschen. Für Johannes Paul II. besteht Erlösung vor allem darin, dass der Mensch aus dieser Unfreiheit herausgeführt wird. Er betrachtet die „Erlösung des Leibes“ als Zentrum des Heilsangebotes Gottes an den Menschen und versteht die Überwindung der egoistischen Verformung seines Herzens und die Verwirklichung einer reinen bräutlichen Liebe in vollkommener leib-seelischer Integrität als die entscheidende Aufgabe des Menschen auf dem Weg der Erfüllung seiner Personalität. Diese Aufgabe ist für Johannes Paul II. auch eine moralische Verpflichtung. Allerdings bleibt er nicht bei einem sittlichen Appell stehen. Die „Erlösung des Leibes“ ist nämlich keine Aufgabe, bei

1 Wojtyła, Die menschliche Person im Kontext, 160.
2 Ebd.

der der Mensch sich selbst überlassen bleibt. Damit wäre es eine Selbsterlösung. Vielmehr öffnet Johannes Paul II. mit der „Erlösung des Leibes“ den Blick auf das christliche Erlösungsgeheimnis. Deshalb geht es nach Concetti immer um „Christus und den Menschen, besser noch, um Christus als dem Erlöser des Menschen“[1]. Denn das Mysterium des Christentums besteht nicht nur darin, dass Gott sich in Christus offenbart hat. Gott hat vielmehr die Initiative ergriffen und ist in der Menschwerdung seines Sohnes auf den erlösungsbedürftigen Menschen zugegangen. Deshalb zeigt Johannes Paul II. im nächsten Schritt der „Theologie des Leibes“ auf, dass das Prinzip der Inkarnation die Weichen für den sakramentalen Charakter des gesamten Erlösungshandelns Gottes gestellt hat und wie die „Menschwerdung – und die daraus folgende Erlösung – (...) zur entscheidenden Quelle für den sakramentalen Charakter der Ehe geworden“ (TdL 23,4) ist. Gerade auch die „Erlösung des Leibes“ im Sinn der Überwindung egoistischer Begehrlichkeit vollzieht sich auf sakramentale Weise als dem einzig gangbaren Weg für den Menschen, seine Berufung zu erfüllen. Umgekehrt wirft die „Theologie des Leibes“ ein ganz neues Licht auf das Verständnis der Sakramente und den sakramentalen Charakter der Kirche überhaupt.

3.1 VON DER OFFENBARUNG ZUM SAKRAMENT

Eigentlich ist die sakramentale Dimension der „Erlösung des Leibes“ bereits in der Offenbarung eingeschlossen. Dennoch lassen sich beide Aspekte voneinander unterscheiden. Die Offenbarung führt zur Erkenntnis der Wahrheit über den Menschen. Sie zeigt ein Bild vom Menschen auf, der sich auf dem Weg zu einem Ziel hin befindet. Der Aspekt des Sakraments aber, der sich nicht notwendigerweise aus dem erkannten Menschenbild ableiten lässt, beruht auf einem ewigen Ratschluss Gottes, nach dem er seinen Bund mit den Menschen verwirklichen und zur Vollendung führen möchte. Aus diesem Grund formuliert Johannes Paul II.: *„Das Christentum ist nicht nur eine Religion der Erkenntnis, der Kontemplation. Es ist auch eine Religion des Handelns Gottes und des Handelns des Menschen.“*[2] Und dieses Handeln Gottes vollzieht sich nach Johannes Paul II. auf sakramentale Weise. Vom Wort der Offenbarung gelangt er zum Sakrament, in das die Offenbarung einmündet: Das „Christentum ist eine große Tat Gottes. *Das Wirken des Wortes geht ein in die Wirkung der Sakramente.*“[3] Die Herzmitte des sakramentalen Handelns Gottes aber ist der fleischgewordene Gottessohn, das Mysterium der sakramentalen Umwandlung der Welt in Jesus Christus. Er selbst ist der Weg Gottes zur Erlösung der Menschheit und des Kosmos. Johannes Paul II. fasst es in die Worte: „Christus ist *das Sakrament des*

1 „Due sono i pilastri del suo programma o della sua missione: Cristo e l'uomo, meglio ancora Cristo redentore dell'uomo“ (Concetti, Introduzione I, 7). (Eigenübersetzung)

2 Johannes Paul II., Die Schwelle der Hoffnung, 156.

3 Ebd., 157-158.

unsichtbaren Gottes. Das Sakrament schließt Gegenwart in sich ein. Gott ist mit uns. Gott, der unendlich Vollkommene, ist nicht nur mit dem Menschen, sondern er selbst ist in Jesus Christus Mensch geworden. *Fürchtet euch nicht vor dem Mensch gewordenen Gott!*“[1] Auf diesem Hintergrund fasst Johannes Paul II. Offenbarung und Sakrament zusammen. Jesus ist gekommen, um die „ganze Würde“ des Menschen „zum Ausdruck zu bringen und zu erneuern“[2] „Zum Ausdruck bringen“ entspricht der Offenbarung, „erneuern“ dem Sakrament.

3.2 EXKURS II: DIE „ANTHROPOLOGISCHE WENDE“

Die sog. „anthropologische Wende“ spielt im Denken Johannes Pauls II. eine wichtige Rolle. Gerade an diesem Ansatz haben sich theologische Diskussionen entzündet, die den Erlösungsbegriff Johannes Pauls II. teilweise radikal in Frage stellen. Die Auseinandersetzungen um die „anthropologische Wende“ können ein sehr erhellendes Licht auf die Überleitung von der Wirklichkeit der Offenbarung zur Wirklichleit des Sakraments werfen. Nachfolgend werden zur Verdeutlichung die Positionen von H. J. Pottmeyer und J. Dörmann einander gegenübergestellt.

3.2.1 Grenzen der „anthropologischen Wende“

Johannes Paul II. bekennt sich eindeutig zur sogenannten „anthropologischen Wende“. „Die moderne Philosophie hat zweifellos das große Verdienst“, schreibt er in der Enzyklika *Fides et ratio,* „ihre Aufmerksamkeit auf den Menschen konzentriert zu haben.“[3] Doch zeigt er gleichzeitig deren Grenzen auf, die in einer Verabsolutierung der menschlichen Vernunft liegen, die sich keiner den Menschen übersteigenden Wahrheit mehr öffnet.[4] Als Folge hat die „moderne Philosophie (…) das Fragen nach dem Sein vernachlässigt und ihr Suchen auf die Kenntnis vom Menschen konzentriert. Anstatt von der dem Menschen eigenen Fähigkeit zur Wahrheitserkenntnis Gebrauch zu machen, hat sie es

1 Ebd., 35.

2 Wojtyła, Zeichen des Widerspruchs, 92.

3 Johannes Paul II., Fides et ratio, Nr. 5.

4 „Die positiven Ergebnisse, die erzielt wurden, dürfen jedoch nicht zur Vernachlässigung der Tatsache verleiten, dass dieselbe Vernunft, mit einseitigen Forschungen über den Menschen als Subjekt beschäftigt, vergessen zu haben scheint, dass dieser Mensch immer auch dazu berufen ist, sich einer Wahrheit zuzuwenden, die ihn übersteigt. Ohne Beziehung zu dieser Wahrheit bleibt jeder vom eigenen Gutdünken abhängig, und seine Verfasstheit als Person wird schließlich nach pragmatischen, im wesentlichen auf empirischen Angaben beruhenden Kriterien beurteilt, in der irrigen Überzeugung, alles müsse von der Technik beherrscht werden. So kam es, dass sich die Vernunft, anstatt die Spannung zur Wahrheit bestmöglich auszudrücken, unter der Last des vielen Wissens über sich selbst gebeugt hat und von Tag zu Tag unfähiger wurde, den Blick nach oben zu erheben, um das Wagnis einzugehen, zur Wahrheit des Seins zu gelangen“ (Ebd.).

vorgezogen, deren Grenzen und Bedingtheiten herauszustellen.“[1] Entscheidend für Wojtyła/Johannes Paul II. ist also, wie die „anthropologische Wende“ gedeutet wird. Deshalb knüpft er an verschiedene Denkansätze an, beleuchtet deren Hintergrund und setzt sich schließlich mit seinem christologischen Ansatz von ihnen ab.[2] In seinem Interview-Buch *Die Schwelle der Hoffnung überschreiten* thematisiert er den philosophischen Aspekt der „anthropologischen Wende“ und macht die Anfänge dieses Denkens aus, die er in der Philosophie Descartes‘ erblickt. Descartes hat mit seinem philosophischen Ansatz das Sein des Menschen mit dessen Denken, mit dessen Vernunft gleichgesetzt („Cogito, ergo sum“) und so vom Sein abgekoppelt.[3] Anton Ziegenaus charakterisiert Descartes mit den Worten, er kenne „neben der res cogitans nur die damit lose verbundene res extensa, d. h. die allein durch Ausdehnung bestimmte Materie. Diese versteht er rein mechanisch, sodass der menschliche Leib einer Maschine mit einem subtilen Steuerungssystem gleicht.“[4] In der Folge, so Schmidbaur, „kreiste das ganze anthropologische Denken um den menschlichen Geist als autonomer *res cogitans*.“[5] Damit tritt die Erkenntnisphilosophie ins Zentrum des Interesses. Es wurde „*die große anthropologische Wende in der Philosophie eingeleitet*“ und Descartes „hat uns mit seiner ontologischen Beweisführung *von der Philosophie des Seins* und auch von den traditionellen, dem hl. Thomas von Aquin folgenden Wegen *abgebracht*“, von Wegen, so Johannes Paul II. weiter, die „zu Gott dem ‚autonomen Sein’, *Ipsum esse subsistens* (der das Sein selbst ist)“ führen, um „durch die Verabsolutierung des subjektiven Bewusstseins vielmehr hin zum *reinen Bewusstsein des Absoluten*, das das *reine Denken* ist“[6] zu gelangen. „Ein solches Absolutes ist kein *autonomes Sein*, sondern gewissermaßen *autonomes Denken*: Nur das hat Sinn, was dem menschlichen Denken entspricht.“[7] Es geht dann nicht mehr um objektive Wahrheit. Von Bedeutung ist schließlich nur noch, dass etwas im Bewusstsein erscheint.

---

1 Ebd.

2 „In the case of Karol Wojtyła, it is not possible to speak about a ‚personalistic turn’ occasioned by the Council, since he belonged to those very participants of the Second Vatican Council who arrived at the Council with already well-developed personalist sensitivities. Even more, Karol Wojtyła had already gained recognition for his developing philosophical reflections centered on the theme of human person” (Wierzbicki, Introduction, XIV).

3 „Wie anders ist doch der Ansatz des hl. Thomas von Aquin, *für den nicht das Denken über das Sein, sondern das Sein, das ‚esse‘, über das Denken entscheidet!* Ich denke, wie ich denke, denn ich bin, der ich bin – ein Geschöpf also –, und weil Er der ist, der Er ist, das heißt, *das absolute Geheimnis, das nicht geschaffen wurde*“ (Johannes Paul II., Die Schwelle der Hoffnung, 66).

4 Ziegenaus, Heilsgegenwart, 7-8. Für Anton Ziegenaus kann eine so verstandene „Körperwelt (…) keinen zeichenhaften Ausdruck für geistige, übernatürliche Zusammenhänge bilden“ (Ziegenaus, Heilsgegenwart, 8).

5 Schmidbaur, Person, 466.

6 Johannes Paul II., Die Schwelle der Hoffnung, 78-79.

7 Ebd., 79.

Doch gilt es zu beachten: So sehr Johannes Paul II. auf thomistischer Grundlage Erkenntnis und Sein miteinander vereint sehen will, so wertvoll erscheint ihm die Entdeckung des subjektiven Bewusstseins und dessen Bedeutung für das Verständnis der menschlichen Person. Gerade die Synthese von Seins- und Bewusstseinsphilosophie macht für Wojtyła die zentrale Bedeutung der „Subjektivität der Person" als „kritischen Wendepunkt" in der philosophischen Anthropologie deutlich.[1] Denn die Miteinbeziehung der Subjektivität bereichert maßgeblich die Sicht dessen, was der Mensch ist. Das führt nach Wojtyła zu einem regelrechten „Umbruch" in der Anthropologie, „der auch in der Lehre des Vaticanum II, besonders in der Konstitution ‚Gaudium et spes' Ausdruck gefunden hat"[2]. Die Schlüsselstelle lautet: „Tatsächlich klärt sich nur im Geheimnis des fleischgewordenen Wortes das Geheimnis des Menschen wahrhaft auf."[3] „Indem der Konzilstext den Begriff des Geheimnisses auf den Menschen anwendet", betont Wojtyła, „erhellt er den anthropologischen oder gar anthropozentrischen Charakter der Offenbarung, die in Christus den Menschen angeboten wird."[4]

Auf diesem Weg gelangt Johannes Paul II. zu einer theologisch gedeuteten und fundierten „anthropologischen Wende", wie sie auch bei Karl Rahner aufscheint.[5] „Es heißt, das Konzil habe zu dem geführt, was Karl Rahner die ‚anthropologische Wende' nannte. Der Gedanke hat seine Berechtigung", erklärt Johannes Paul II. in *Erinnerung und Identität,* „es darf darüber aber auf keinen Fall vergessen werden, dass diese Wende einen zutiefst christologischen Charakter besitzt. Die Anthropologie des Vatikanum II ist in der Christologie und somit letztlich in der Theologie verwurzelt."[6] Nicht zuletzt deshalb knüpft Johannes Paul II. mit seiner Antrittsenzyklika *Redemptor hominis* an *Gaudium et spes* an und dem Anliegen einer „christlichen Anthropologie". Nach Hermann J. Pottmeyer geschieht dies bei Johannes Paul II. explizit auf der Basis „einer radikalen Christozentrik"[7]. Und das auch deshalb, weil die Konzeption der Pastoralkonstitution die „Gefahr möglicher Missdeutungen"[8] berge. Denn mit *Gaudium et spes* wendet sich das Zweite Vatikanische Konzil „nicht mehr

1 Vgl. Wojtyła, Person: Subjekt und Gemeinschaft, 13.
2 Ebd., 14-15.
3 GS 22.
4 Wojtyła, Zeichen des Widerspruchs, 120.
5 Karl Lehmann spricht von Rahners „anthropologisch gewendete[r] Dogmatik" (Lehmann, Rahner, Sp. 807). Die Grundlage bildet die Philosophie Rahners. Diese ist für Peter Eicher „zweifach anthropologisch gewendet": Sie „ist anthropologisch, insofern am Seinsverständnis des Menschen selber – und nicht an der naturalen Wirklichkeit – abgelesen wird, was Sein und Werden ontologisch besagt", „sie ist anthropologisch aber auch darin, dass in ihr mehr und mehr das spezifisch Menschliche, nämlich das freie Verhalten zu allem Vorgegebenen in den Blick kommt" (Eicher, Rahner, 412-413).
6 Johannes Paul II., Erinnerung und Identität, 144.
7 Pottmeyer, Würde, 33.
8 Ebd., 31.

bloß an die Kinder der Kirche und an alle, die Christi Namen anrufen, sondern an alle Menschen schlechthin“[1]; die Kirche sucht den „Dialog“ mit der „ganzen Menschheitsfamilie“[2]. Grundlage ist die „fast einmütige Auffassung der Gläubigen und der Nichtgläubigen, dass alles auf Erden auf den Menschen als seinen Mittel- und Höhepunkt hinzuordnen ist.“[3] Dieser anthropozentrische Ansatz hat Folgen sowohl für den Aufbau des Dokuments als auch für die Art und Weise, wie die „Würde des Menschen“ erschlossen wird. „Erst nach den anthropologischen Allgemeinüberzeugungen“, erläutert Pottmeyer die Struktur von *Gaudium et spes*, „zum Abschluss der gemeinsamen dialogischen Suche nach dem, was den Menschen und seine Würde ausmacht, folgen die theologischen Momente einer christlichen Anthropologie.“[4] Christologie und Soteriologie sind im Dokument hintangestellt.[5] Joseph Ratzinger bringt die Problematik auf den Punkt: „Der Versuch, an die christliche Anthropologie von außen heranzuführen und die Glaubensaussage von Christus dabei allmählich zugänglich zu machen, hat hier zu der falschen Konsequenz verleitet, das Eigentliche des christlichen Glaubens als das vermeintlich weniger Dialogfähige vorderhand beiseite zu lassen.“[6]

3.2.2 Christozentrische „Umpolung“

Im Zentrum der Pastoralkonstitution *Gaudium et spes* stehen für Christen „die Grundzüge einer christlichen Anthropologie“[7]. Dieselbe Intention verfolgt nach Weigel die Antrittsenzyklika Johannes Pauls II. *Redemptor hominis* als „die erste Enzyklika überhaupt, die der christlichen Anthropologie gewidmet war“[8]. Sie gilt als die „‚Magna Charta' seines Pontifikats“[9], so Nissing. Für Patt ist ein

1 GS 2.

2 GS 3.

3 GS 12.

4 Pottmeyer, Würde, 30.

5 „Einmal meinten manche, ihre menschliche Solidarität als Christen dadurch erweisen zu sollen, dass sie sich unterschiedslos mit jedem angeblichen Humanismus verbanden. Als Kriterium für das, was wahres Menschsein ausmacht, ließen sie nur die allgemeine Konsensfähigkeit gelten. Da die Konstitution mit der Christologie auch die Soteriologie bis zum Schluss hintanlässt, war der Anlass zu einem weiteren Missverständnis gegeben: dass gesellschaftlicher Fortschritt und Wachstum des Reiches Gottes koextensiv seien. Immerhin bemerkt die Konstitution, dass ‚uns der wachsende Leib der neuen Menschheitsfamilie eine umrisshafte Vorstellung von der künftigen Welt geben kann' (GS 39)“ (Pottmeyer, Würde, 31).

6 Ratzinger, Kommentar, 331.

7 Christe, Gaudium et spes, Sp. 304. [Die im LThK typischen Abkürzungen sind vom Autor ergänzt]

8 Weigel, Zeuge, 301.

9 Nissing, Wer ist der Mensch, VII.

markanter Ausdruck die „eigenartige Wendung“[1], das „tiefe Staunen über den Wert und die Würde des Menschen nennt sich Evangelium, Frohe Botschaft.“[2]

Für Pottmeyer stellt *Redemptor hominis* gegenüber *Gaudium et spes* „eine kreative Relecture des Konzils“ dar und bringt „die entscheidende Umpolung jener Elemente, die eine christliche Anthropologie tragen.“[3] „Gegenüber der Meinung, was der Mensch sei, könne nur aus den primitiven Formen des Menschseins sozusagen von unten her erklärt werden,“, so Joseph Ratzinger zu dieser christozentrischen „Umpolung“ in *Redemptor hominis,* „ist der Papst der Überzeugung, dass das, was der Mensch ist, nur vom vollkommenen Menschen her erfasst werden kann und dass von dort her der Weg des Menschseins zu erkennen ist.“[4] Bezeichnenderweise setzt Johannes Paul II. dieses „hin zu Christus, dem Erlöser der Menschen“[5] bei *Gaudium et spes*, Nr. 22, an.[6] Das ist jene Schlüsselstelle, über die Ratzinger schreibt, „dass hier erstmals in einem lehramtlichen Text ein ganz neuer Typus einer ganz christozentrischen Theologie auftritt, die von Christus her Theologie als Anthropologie wagt und dadurch gerade erst radikal theologisch wird“[7]. Diese „neue Akzentsetzung“ der „christlichen Anthropologie“ von *Redemptor hominis* wird für Pottmeyer zunächst daran deutlich, dass „der Anknüpfungspunkt des Gesprächs mit Nichtgläubigen (…) jetzt nicht mehr eine anthropologische Übereinstimmung [ist], sondern das Leben Jesu, der als Mensch die Menschen anspreche“[8]: „Jesus Christus ist der Hauptweg der Kirche“ sowie „der Zugang zu jedem Menschen“[9]. Außerdem weist Pottmeyer darauf hin, mit der Aussage, „jeder [Mensch] ist vom Geheimnis der Erlösung betroffen, mit jedem ist Christus für immer durch dieses Geheimnis verbunden“[10], sei der Anknüpfungspunkt mit anderen Religionen gegeben.[11]

---

1 Patt, Menschenbild, 140.

2 Johannes Paul II., Redemptor hominis, Nr. 10.

3 Pottmeyer, Würde, 30 u. 32.

4 Ratzinger, Glaube als Refugium, 49.

5 Johannes Paul II., Redemptor hominis, Nr. 7.

6 „Tatsächlich klärt sich nur im Geheimnis des fleischgewordenen Wortes das Geheimnis des Menschen wahrhaft auf. Denn Adam, der erste Mensch, war das Vorausbild des zukünftigen, nämlich Christi des Herrn. Christus, der neue Adam, macht eben in der Offenbarung des Geheimnisses des Vaters und in seiner Liebe dem Menschen den Menschen selbst voll kund und erschließt ihm seine höchste Berufung“ (GS 22).

7 Ratzinger, Kommentar, 350.

8 Pottmeyer, Würde, 34.

9 Johannes Paul II., Redemptor hominis, Nr. 13.

10 Johannes Paul II., Redemptor hominis, Nr. 13.

11 Denn „in der Suche nach Gott“ und „in der Suche nach der vollen Dimension des Menschseins“ erblickt Johannes Paul II. mit der Tradition der Kirche „in den verschiedenen Religionen gleichsam auch Reflexe der einzigen Wahrheit als ‚Keime des Wortes‘, die bezeugen, dass das tiefste Streben des menschlichen Geistes, wenn auch auf verschiedenen Wegen, so doch in einer einzigen Richtung ausgerichtet ist“ (Johannes Paul II., Redemptor hominis, Nr. 11). Nach Pottmeyer ist die darin enthaltene „Antwort auf die neuzeitliche Religionskritik“ nicht

Diskutiert wird die Frage, inwieweit die in *Redemptor hominis* mehrmals wiederkehrende Wendung aus GS 22, „er, der Sohn Gottes, hat *sich* in seiner Menschwerdung *gewissermaßen mit jedem Menschen vereinigt*“[1], bei Johannes Paul II. ontologisch zu deuten sei.[2] Für Pottmeyer ist das „nicht eine ontologische Aussage“, sondern bezeichnet lediglich „eine durchaus erfahrbare Realität“[3]. Er verweist auf die Enzyklika, die das „die menschliche Dimension im Geheimnis der Erlösung“[4] nennt. Das bedeutet, dass „der Mensch die Größe, die Würde und den Wert, die mit seinem Menschsein gegeben sind“[5] erst durch das Beispiel der Liebe Christi des Erlösers erkennt. Diese Liebe bis zum Äußersten veranschaulicht ihm, „wie teuer der Mensch Gott ist“[6], formuliert Andrzej Szostek, um welchen Preis er erkauft wurde (vgl. 1 Kor 6,20). Es ist also das Beispiel seiner Liebe, durch das Christus „dem Menschen den Menschen selbst voll kund“ macht.[7] Christus und seine Liebe sind für den Menschen, so Johannes Paul II., der „‚Schlüssel' zu einem Verstehen seiner selbst“[8]. Schließlich braucht jeder Mensch Liebe: „Der Mensch kann nicht ohne Liebe leben. Er bleibt für sich selbst ein unbegreifliches Wesen; sein Leben ist ohne Sinn, wenn ihm nicht die Liebe geoffenbart wird, wenn er nicht der Liebe begegnet, wenn er sie nicht erfährt und sich zu eigen macht, wenn er nicht lebendigen Anteil an ihr erhält“[9]. „Für die in der Enzyklika umrissene Anthropologie scheint dieser Absatz den Höhepunkt zu bilden“, so Szostek, denn der „Mensch fängt an *als eine Person* zu leben, wenn er liebt. Niemand sieht die menschliche Person, noch versteht er irgendetwas von ihr, solange er nicht bemerkt hat, dass sich der Mensch erst und nur durch die Liebe als Mensch *erfüllt.*“[10]

Johannes Dörmann deutet die aus GS 22 übernommene Formulierung Johannes Pauls II., „der Sohn Gottes, hat *sich* in seiner Menschwerdung *gewis-*

---

zu übersehen, die den Menschen von der Entfremdung und der Unterdrückung durch Religion befreien möchte: „Die Kirche war an diesem Missverständnis nicht unschuldig, da sie lange Zeit unterschiedslos all jene Werte und Ziele im Namen des Christentums verurteilte, welche die neuzeitlichen Emanzipationsbewegungen auf ihre Fahnen geschrieben hatten. Auf der Basis ihres christozentrischen Humanismus wird es der Enzyklika möglich, von einem göttlichen Ursprung all jener Bewegungen und Werte zu sprechen, die auf die Beförderung der wahren Menschenwürde gerichtet sind, ja von der Sendung der Kirche, Wächterin jener authentischen Freiheit zu sein, ‚die Bedingung und Grundlage für die wahre Würde der menschlichen Person ist' (RH 12)“ (Pottmeyer, Würde, 35).

1 Johannes Paul II., Redemptor hominis, Nr. 8.13.18.

2 Vgl. Johannes Paul II., Evangelium vitae, Nr. 2. Zur Bedeutung von GS 22 in den Enzykliken Johannes Pauls II. vgl. Borgonovo, Wojtyła/Giovanni Paolo II, 143-150.

3 Pottmeyer, Würde, 34.

4 Johannes Paul II., Redemptor hominis, Nr. 10.

5 Ebd.

6 Szostek, Wahrheit, 19.

7 Vgl. GS 22.

8 Johannes Paul II., Erinnerung und Identität, 141.

9 Johannes Paul II., Redemptor hominis, Nr. 10.

10 Szostek, Wahrheit, 25.

sermaßen mit jedem Menschen vereinigt“, ontologisch und spricht von einer Offenbarung a priori. Mit dem Vorwurf einer „Allerlösungsthese“ verweist er auf eine Aussage Wojtyłas während der Exerzitienvorträge vor Paul VI.: „Die Offenbarung besteht darin, dass der Sohn Gottes durch seine Menschwerdung sich mit jedem Menschen vereint hat und als Mensch einer von uns geworden ist“[1]. „Offenbarung bedeutet hier nicht“, so Dörmann, „wie in der klassischen Theologie die ‚locutio Dei ad homines‘, sondern primär das *innere Faktum* der Vereinigung des Sohnes Gottes mit jedem Menschen (…) als eine innere, ontologische, subjektive Realität a priori der menschlichen Existenz und Person.“[2] Von dieser Offenbarung a priori unterscheidet Dörmann dann eine zweite Offenbarung a posteriori, die Wojtyła/Johannes Paul II. ebenfalls in der Pastoralkonstitution verwurzle: „Christus, der neue Adam, macht eben in der Offenbarung des Geheimnisses des Vaters und seiner Liebe dem Menschen den Menschen selbst voll kund und erschließt ihm seine höchste Berufung.“[3] Auf diese Weise will Dörmann bei Johannes Paul II. „eine ‚gedoppelte Offenbarung‘ [erkennen]: Die apriorische Offenbarung in der Subjektivität jedes Menschen und die a posteriori erfolgte, geschichtliche Offenbarung von Jesu Wort und Werk.“[4] Ergänzend dazu verweist er bei Wojtyła auf dessen Deutung des paulinischen „Seins in Christus“ (vgl. Röm 6,23). „Der Mensch existiert ‚in Christus‘“, so Wojtyła, „und zwar nach dem ewigen Heilsplan Gottes von Anfang an; doch durch den Tod und die Auferstehung ist dieses ‚Sein in Christus‘ zu einer geschichtlichen, in Zeit und Raum verwurzelten Tatsache geworden.“[5] Demgegenüber gehört für Dörmann das „Sein in Christus“ nicht zur Natur des Menschen. Vielmehr geht es dabei „um den Gnadenstand des durch den Glauben und die Taufe gerechtfertigten Sünders“: „Versteht man mit der klassischen Theologie das ‚Sein in Christus‘ des gerechtfertigen Sünders als eine ‚formelle Vereinigung mit Christus‘, so handelt es sich um eine *akzidentelle* Vereinigung. Der Mensch bleibt in alle Ewigkeit Mensch. Seine Teilnahme am dreifaltigen Leben Gottes ist akzidentell-übernatürlicher Art.“[6] Neben der Frage, ob Wojtyła mit seinen Ausführungen nicht „den traditionellen ‚Dualismus‘ von Natur und Gnade vom theologischen Ansatz her prinzipiell ‚überwindet‘“, muss für Dörmann bei Wojtyła/Johannes Paul II. zunächst vor allem eine Frage beantwortet werden: „Handelt es sich bei der Vereinigung des Sohnes Gottes mit jedem Menschen um eine *akzidentelle* oder um eine *substanzielle* Vereinigung, ist die ‚Selbstmitteilung Gottes‘ an den Menschen eine *akzidentelle* oder *substanzielle*

1 Wojtyła, Zeichen des Widerspruchs, 121.
2 Dörmann, Johannes Paul II., 117.
3 GS 22.
4 Dörmann, Johannes Paul II., 118.
5 Wojtyła, Zeichen des Widerspruchs, 108-109.
6 Dörmann, Johannes Paul II., 119.

Mitteilung?“[1] Außerdem muss für Dörmann geklärt werden, inwiefern sich bei Wojtyła/Johannes Paul II. Menschwerdung, Kreuz und Auferstehung dann noch voneinander unterscheiden, oder ob sich die Erlösung des Menschen und der ganzen Menschheit schon mit der Inkarnation vollzogen hat. „Ist jeder Mensch vom Anfang bis zum Ende der Welt bereits erlöst und gerechtfertigt“, fragt Dörmann, „besitzt jeder Mensch das ‚Sein in Christus' als seinen eigenen Wesensgrund und entfallen der Rechtfertigungsprozess, der heilsnotwendige Glaube und die heilsnotwendige Taufe, dann verliert auch die *Heilsgeschichte selbst* ihren echt geschichtlichen, entscheidungsvollen Charakter“, um dann festzustellen: „Die geschichtlichen Heilstaten Christi, wie Inkarnation, Kreuzesopfer und Auferstehung, werden zu Interpretamenten der menschlichen Existenz.“[2]

3.2.3 „Erlösung des Leibes“ und „neue Würde“

Erhellend für die Interpretationen Pottmeyers und die Anfragen Dörmanns sind die Katechesen zur „Theologie des Leibes“. Denn auch dort geht Johannes Paul II. auf das Geheimnis der Menschwerdung Gottes ein und resümiert: „Knapper und treffender ließe sich das, was das Geheimnis der Menschwerdung für jeden Gläubigen mit sich bringt, wohl kaum ausdrücken“ (TdL 56,4).

„Die Würde jedes Menschen und die ihr entsprechende Berufung“, definiert Johannes Paul II. in *Mulieris dignitatem*, „finden ihr entscheidendes Maß in der Verbundenheit mit Gott.“[3] Joseph Ratzinger schreibt dazu: „Diese grundlegende Aussage, die den Menschen von Gott her bestimmt und ihm damit seine unantastbare Würde gibt, wird dann in der Auslegung der biblischen Schöpfungsberichte in doppelter Richtung konkretisiert.“[4] Der Mensch ist Abbild Gottes (Gen 1,26f.) und aufgrund der Erbsünde erlösungsbedürftig. Im Kontext der Inkarnation und des Erlösungshandelns Christi spricht Johannes Paul II. dann von einem „zweifache[n] Geschenk“ (TdL 56,4). Das erste Geschenk besteht darin, dass das Körpersein „auf neuartige Weise“[5] Bestätigung erfuhr und der menschliche Leib eine „neue Würde“ erhielt. Denn durch die Menschwerdung ist jeder menschliche Leib auf besondere Weise mit dem Leib Christi verbunden. „Durch die Erlösung hat jeder Mensch von Gott sich selbst und

1 Ebd., 120.

2 Ebd., 121.

3 Johannes Paul II., Mulieris dignitatem, Nr. 5.

4 Ratzinger, Die Frau, 112.

5 In „Erziehung zur Liebe“ schreibt Karol Wojtyła/Johannes Paul II.: „Das Christentum erwächst auf der Grundlage des Geheimnisses der Fleischwerdung. Gott-Sohn ‚wurde Fleisch', indem er die ganze menschliche Natur annahm, wurde ebenso Fleisch, wie es jeder Mensch ist. Also sind alle Fragen des Fleisches – das heißt alle Probleme des Menschen, die gewissermaßen seine körperliche Existenz voraussetzen, die sich im Körper erfüllen – in den Umkreis einer neuen Tatsache gerückt. Wir sollten vor allem berücksichtigen, dass in dieser Tatsache auf neuartige Weise ihr menschlicher Inhalt bestätigt wurde“ (Wojtyła/Johannes Paul II., Erziehung zur Liebe, 43-44).

seinen Leib gleichsam neu empfangen", so Johannes Pauls II.: „Christus hat dem menschlichen Leib – dem Leib jedes Mannes und jeder Frau – eine neue Würde verliehen, da in ihm der menschliche Leib zusammen mit der Seele in die Vereinigung mit der Person des Sohnes und menschgewordenen Wortes hineingenommen wurde" (TdL 56,4).[1] Die anschließende Formulierung Johannes Pauls II., „aus dieser neuen Würde der ‚Erlösung des Leibes'" (TdL 56,4), bedeutet tatsächlich, dass jeder Mensch durch die Menschwerdung ausnahmslos a priori diese „neue Würde" erhalten hat, die substanziell ist. Durch die Tatsache, dass der Sohn Gottes menschlichen Leib angenommen hat, erfährt der Leib „in jedem Menschen eine neue übernatürliche Wertung" (TdL 56,4). Doch dies schließt nicht automatisch die endgültige Erlösung des Menschen ein. Es hat überhaupt nur insofern mit Erlösung zu tun, als hierin die Berufung zur „Erlösung des Leibes" aufscheint. Das heißt, von Erlösung kann nur insofern die Rede sein, als Gott die Bedeutung des erlösten Leibes geoffenbart hat, nämlich des Leibes, der nicht mehr von der Begehrlichkeit beherrscht wird. Vielmehr beherrscht die Person den Leib, weil sie ihn in den Dienst der bräutlichen Liebe stellt. Das bedeutet aber keinesfalls, dass durch die Menschwerdung die „Erlösung des Leibes" schon vollzogen wäre. Es ist, wie Dörmann richtig erkannt hat, dem Menschen lediglich geoffenbart, zu welcher Erlösung er berufen ist. Doch nicht als eine Offenbarung a priori, vielmehr wird dem Menschen im Hinblick auf Christus etwas offenbart, was ihm a priori geschenkt ist.

Für den Gläubigen bringt das Geheimnis der Menschwerdung die besondere Gnade der Heiligung mit sich. So besteht das zweite Geschenk darin, dass dieser Leib nun die Fülle des Heiligen Geistes empfängt, der dann in diesem Leib wohnt: „Frucht der Erlösung ist in der Tat der Heilige Geist, der im Menschen und in seinem Leib wie in einem Tempel wohnt. In diesem Geschenk, das jeden Menschen heiligt, empfängt der Christ sich selbst aufs Neue als Geschenk von Gott. Dieses neue, zweifache Geschenk verpflichtet" (TdL 56,4). Im Sinn von Heiligung erfolgt die „Erlösung des Leibes" durch den Heiligen Geist, der jedoch erst durch das Erlösungswerk Christi (Tod und Auferstehung) geschenkt ist. Paulus fasst die Konsequenzen des Geheimnisses der Menschwerdung für die Gläubigen mit den prägnanten Worten zusammen: „Der Leib ist aber nicht für die Unzucht da, sondern für den Herrn, und der Herr für den Leib" (1 Kor 6,13).[2]

1 Vgl. Johannes Paul II., Evangelium vitae, Nr. 2.

2 Bei diesem „zweifachen Geschenk" tritt der Dreiklang von Sein, Wert und Pflicht besonders deutlich zutage. Denn aus der neuen Gegebenheit der Erlösung (Sein) – „um einen teuren Preis seid ihr erkauft worden" (1 Kor 6,20) –, welche die neue Würde des Leibes ausmacht (Wert) – Tempel des Heiligen Geistes –, leitet Johannes Paul II. eine neue sittliche Verpflichtung ab: „Der Apostel bezieht sich auf diese Dimension der Verpflichtung, wenn er die Gläubigen, die um dieses Geschenk wissen, überzeugt, dass man nicht ‚Unzucht treiben', nicht ‚gegen den eigenen Leib sündigen' darf (Vgl. 1 Kor 6,18)" (TdL 56,4).

Mit den Katechesen zur „Theologie des Leibes“ wird somit klar, dass die Erlösung als Anruf an den Menschen ergeht – als eine Berufung. Der Schöpfer hat dem Menschen eine Aufgabe gegeben. Er hat „ihm mit dem Mann- und Frausein gewissermaßen sein Menschsein, die Personwürde sowie das transparente Zeichen der interpersonalen Gemeinschaft, in welcher der Mensch sich durch echte Selbsthingabe verwirklicht, zur Aufgabe gemacht“ (TdL 59,1). Doch liegt es am Menschen, wie er auf den Anruf Christi reagiert und als Aufgabe annimmt. Die „‚Theologie des Leibes' bildet dann den Grundstock für die (...) Selbsterziehung (...) des Menschen“ (TdL 59,3). „Ohne Christus“, so Karol Wojtyła, „kann man den Menschen nicht verstehen, und man kann ihn nicht zu menschlichem Verhalten erziehen und zu seiner Berufung heranbilden ohne Christus.“[1] Allein Christus offenbart gänzlich das Geheimnis des Menschseins. Demnach bedürfen die ersten „Seiten der Genesis, die an Wahrheit über den Menschen und die Welt so reich sind“[2], des Evangeliums. Johannes Paul II. bezeichnet in *Erinnerung und Identität* das „Evangelium als die größte Prophetie. Es ist die Prophetie über den Menschen. Außerhalb des Evangeliums bleibt der Mensch ein dramatisches Rätsel ohne eine ausreichende Antwort. Die richtige Antwort auf das Rätsel Mensch ist tatsächlich Christus, der *Redemptor hominis*.“[3] Christus „hilft gewissermaßen, neu zu entdecken, ‚was der Mensch ist‘ (vgl. *Ps* 8, 5).“[4]

Während Dörmann die Aussagen Johannes Pauls II. über die Bedeutung der Menschwerdung für jeden Menschen überinterpretiert, reduziert Pottmeyer deren Sinn. Für Johannes Paul II. bringt die Menschwerdung zwar eine substanzielle Veränderung eines jeden Menschen mit sich, durch die Menschwerdung hat sich das Sein eines jeden Menschen verändert, Gott hat sich mit jedem Menschen verbunden. Doch stellt das noch keine automatische Erlösung für die Ewigkeit dar. Wenn Dörmann sich die Frage stellt, inwieweit es sich bei „der Vereinigung des Sohnes Gottes mit jedem Menschen um eine *akzidentelle* oder um eine *substanzielle* Vereinigung“ handelt, so steht für Wojtyła/Johannes Paul II. außer Frage, dass sich durch die Menschwerdung des Sohnes Gottes eine substanzielle Veränderung für jeden Menschen ergeben hat. Aufgrund des dynamischen Verständnisses der menschlichen Person aber, hat Johannes Paul II. die Möglichkeit, diese substanzielle Veränderung von dem darauf aufbauenden Prozess der Heiligung und endgültigen Erlösung des Menschen zu differenzieren.

Dreh- und Angelpunkt seiner Konzeption des Menschen bleibt die „ontologische Subjektivität des Menschen“ (TdL 45,1), die zum Wesen der Person gehört und somit nicht einfach nur „akzidentell“ ist. Durch die Menschwerdung Gottes ist jedem Menschen die Möglichkeit gegeben, zusammen mit Christus

1 Wojtyła, Zeichen des Widerspruchs, 158.
2 Ebd., 61.
3 Johannes Paul II., Erinnerung und Identität, 145.
4 Johannes Paul II., Mulieris dignitatem, Nr. 11.

und von der Vollkommenheit Christi her den Weg der „Erlösung des Leibes“ einzuschlagen und in der Nachfolge Christi zu verwirklichen. Sowohl die Berufung als auch die Verpflichtung zur Vergöttlichung seines Wesens ist ihm durch die Menschwerdung Gottes nicht nur vor Augen geführt, sondern ins Herz geschrieben, d. h. Teil seiner Subjektivität geworden.

Selbst wenn man festhalten muss, dass Dörmann dem Ansatz Johannes Pauls II. nicht gerecht wird und man ihm nicht die Vorstellung einer a priorischen Allerlösung vorhalten kann, so ist doch gleichzeitig festzustellen, dass Johannes Paul II. die Konsequenzen der Menschwerdung für den Einzelnen ungenau beschrieben und nicht konkret gegen das Gnadenwirken der Sakramente abgegrenzt hat. Es bleibt die Frage, warum er diesen Sachverhalt, dem er an verschiedenen Stellen so fundamentale Bedeutung beimisst, anthropologisch nicht genauer auf den Grund gegangen ist.

3.3 THEOLOGISCHE OPTIK DER „ERLÖSUNG DES LEIBES“

Grundsätzlich gehören für Johannes Paul II. „zur theologischen Optik der ‚Erlösung unseres Leibes'“ (TdL 87,2) die drei Perspektiven des Anfangs (ursprüngliche Unschuld), der Geschichte (Begehrlichkeit) und der Eschatologie (Auferstehung). Dabei stellt die Erlösung des geschichtlichen Menschen durch Christus „gewissermaßen *das Gute* des Anfangs selbst *wieder her*, das durch die Sünde und ihr Erbe in der Geschichte des Menschen wesentlich ‚gemindert‘ worden ist.“[1] Allerdings geht es um mehr, nämlich um eine „Neuerschaffung“. Außerdem weitet ein „Wandel in der eschatologischen Anschauungsweise“ den Blick Wojtyłas/Johannes Pauls II. für das Gesamt der Weltvollendung und –erlösung, d. h. für die kosmische Dimension der „Erlösung des Leibes“.

Ohne diesen großen Rahmen des thologischen Denkens Johannes Pauls II. lässt sich die Theologie des Leibes“ letztlich nicht einordnen. Außerdem erschließt sich die Sinnhaftigkeit vieler Einzelüberlegungen wie z. B. über den hypothetischen Anfangszustand oder über die verschiedenen Dimensionen der Ehe erst aus dem allumfassenden Ziel, auf welches das gesamte Denken Johannes Pauls II. hingeordnet ist. So ist für das Verständnis der Ausfürungen über das Ehesakrament und die sakramentale Verwirklichung der verheißenen Erlösung hilfreich, zunächst den Horizont der Erlösungswirklichkeit abzustecken.

3.3.1 Erlösung als „höhere Verwirklichung“

„Erlösung des Leibes“ bedeutet mehr als nur eine Wiederherstellung des ursprünglichen Zustands des Menschen vor dem Sündenfall. Einerseits ist dieser Zustand der ursprünglichen Unschuld, Gerechtigkeit und Heiligkeit endgültig

1 Ebd.

verloren.[1] Andererseits findet „der ursprüngliche Plan eine noch höhere Verwirklichung“; denn in „Christus ist der Mensch zu einem neuen Leben berufen, zum Leben des Gotteskindes im Gottessohn“[2]. Dieses „neue Leben (...) des Gotteskindes im Gottessohn“ besagt nichts weniger als die Vergöttlichung des Menschen, die sich sakramental vollzieht. „Erlösung bedeutet Vergöttlichung (griech. *theosis,* lat. *deificatio;* [...]) des Menschen (Athanasius [+ 373], Gregor v. Nazianz [+390]“, schreibt Julia Knop, „das heißt seine Erhebung zur vollen, von Gott gewollten Menschlichkeit sowie die Erneuerung der durch Sünde und Lüge korrumpierten menschlichen Natur. Die Offenbarung in Christus und ihre sakramentale Vermittlung befähigen zur Teilhabe am göttlichen Leben, zum Eintritt in die Lebenswirklichkeit des Sohnes (*koinonia*).“[3] Dabei spricht Johannes Paul II. in seiner Enzyklika *Redemptor hominis* in Bezug auf das „Geheimnis der Erlösung“ nicht nur von einer „Erneuerung“ der menschlichen Natur, sondern von einem Nochmals-geschaffen-Werden des Menschen: „Im Geheimnis der Erlösung wird der Mensch nochmals ‚ausgedrückt‘ und in gewisser Weise nochmals geschaffen. Er wird in der Tat nochmals geschaffen!“[4] Bei diesem Neu-geschafffen-Werden handelt es sich nicht um ein substanzielles Neu-in-Existenz-Treten, sondern um eine substanzielle Verwandlung der bisherigen Existenz, um die Gnade einer substanziell „neuen Würde“. Der Mensch kann der neuen Würde in dem Maße teilhaftig werden, als er der Gnade Gottes sakramental begegenet und mit ihrer Hilfe seinen Leib in den Dienst der bräutlichen Liebe stellt.

In seinem Interview-Buch *Erinnerung und Identität* vertieft Johannes Paul II. das Verständnis dieser „höheren Verwirklichung“ bzw. „Neuerschaffung“ durch die Erlösung Christi anhand der Bildrede Jesu vom Weinstock und den Reben (Joh 15,1-8). Mit dieser Metapher umreißt Christus für Johannes Paul II. „in großen Zügen eine Art Theologie der Inkarnation und der Erlösung“[5]. Christus sagt: „Ich bin der Weinstock, ihr seid die Reben“ (Joh 15,5). Christus ist der Stamm, die Reben sind die Menschen. Der Vater ist der Winzer, der jede Rebe kultiviert, damit sie „reiche Frucht bringt“ (Joh 15,8). Diese Kultivierung durch den Winzer steht im Zentrum der Interpretation Johannes Pauls II. „Zweierlei tut der Winzer“, so Schnackenburg, „um einen möglichst reichen Fruchtertrag zu erlangen: Er schneidet (im Winter) die dürren Zweige ab, und er entfernt (im Frühjahr) die nutzlos wuchernden Triebe an den Zweigen.“[6] Für

1 „In der Bergpredigt fordert Christus vom Menschen nicht die Rückkehr in den Zustand der ursprünglichen Unschuld, denn diesen Zustand hat die Menschheit unwiderruflich hinter sich gelassen“ (TdL 49,4).

2 Johannes Paul II., Erinnerung und Identität, 41.

3 Knop, Soteriologie, 591. [Die Abkürzungen wurden ergänzt]

4 „In Redemptionis mysterio homo iterum ‚exprimitur‘ et aliquo pacto iterum creatur. Profecto ipse iterum creatur!" (DH 4640). Vgl. Johannes Paul II., Redemptor hominis, Nr. 10.

5 Johannes Paul II., Erinnerung und Identität, 127-128.

6 Schnackenburg, Johannesevangelium III, 110.

Klaus Wengst geht es vor allem um „die Arbeit während der Vegetationszeit: das Abschneiden von Geiztrieben, das Ausbrechen von Nebentrieben und das Kürzen der Fruchttriebe. Die Kraft des Weinstocks soll in die Ausbildung der Trauben und nicht in weiteren Holzwuchs gehen.“[1] Doch von all dem ist in der Auslegung Johannes Pauls II. keine Rede. Offensichtlich setzt er all das voraus und spricht von der Veredelung durch Aufpfropfung: „Gott, der den Menschen erschaffen hat, kümmert sich um dieses sein Geschöpf. Als Winzer pflegt und veredelt er es. Er pflegt es in der ihm eigenen Art. Er pfropft die Menschheit auf den ‚Stumpf‘ der Gottheit seines eingeborenen Sohnes auf. Genau dazu wird der ewige und dem Vater wesensgleiche Sohn Mensch.“[2] Und weiter: In „der jetzigen Heilsökonomie kann der Mensch sich nur dann völlig selbst verwirklichen, wenn er sich auf den göttlichen Weinstock Christi aufpfropfen lässt. Wenn er diese Einfügung verweigert, verurteilt er sich de facto selbst zu einem unvollständigen Menschsein.“[3]

Dass Johannes Paul II. die Bildrede Jesu vom Weinstock und den Reben in diesem Sinn deutet, unterstreicht, dass er den Weg der Erlösung des Menschen im Licht seiner sakramentalen Vergöttlichung versteht.[4] Schließlich geht es bei dieser Perikope darum, mit dem Weinstock in Verbindung zu bleiben, „denn getrennt von mir könnt ihr nichts vollbringen“ (Joh 15,5). Mit der Deutung dieses Bildes hat Johannes Paul II. die substanzielle Verwandlung des Menschen durch die Veredelung, die leibliche Komponente durch die Verbindung von Stamm und Zweigen sowie die sakramentale Gnade durch den inneren Fluss des Lebenssaftes eingefangen.

3.3.2 Wandel in der Eschatologie

In seinem Interview-Buch mit André Frossard bekennt Johannes Paul II., dass er zunächst von einer „Katechismuseschatologie“ geprägt gewesen sei, mit der ein „gelegentlich bedrückendes Bewusstsein von den ‚letzten Dingen‘ und vor allem vom ‚Gericht Gottes‘“[5] einherging. Neben den Themen Tod, Fegefeuer, Hölle und Himmel stand die Beschreibung des besonderen und allgemeinen Gerichts im Mittelpunkt. Dieses erschien „wie ein großes Examen über das ganze Leben, über alle guten und bösen Taten. Der vorherrschend moralische Gesichtspunkt wurde ins Jenseits verlegt, dessen Herr und höchster Gewährsmann

1 Wengst, Johannesevangelium, 140.

2 Johannes Paul II., Erinnerung und Identität, 128.

3 Ebd.

4 „Im Menschen, der als Gottes Abbild und ihm ähnlich erschaffen und nach dem Sündenfall durch Christus erlöst worden ist, müsste das Gut der Teilhabe am Wesen und am Leben Gottes selbst vorhanden sein, denn Christus hat dieses unglaubliche Privileg durch das Mysterium der Inkarnation und der Erlösung erworben“ (Ebd., 129).

5 Johannes Paul II., Fürchtet euch nicht, 87.

Gott selber ist."[1] Freilich zweifelt Johannes Paul II. eine solche Sicht und deren Gültigkeit nicht an, findet sie doch in der Rede Jesu über das Endgericht (Mt 25,31-46) ihre volle Bestätigung. Außerdem erinnert Johannes Paul II. daran, wie „groß die Zahl der Menschen" war, „die von diesen Predigten und Gedanken über die letzten Dinge zur Umkehr und Beichte geführt wurden! (…) Sie rüttelten das Gewissen wach, sie warfen den Menschen auf die Knie und führten ihn zum Gitter des Beichtstuhls; sie hatten eine zutiefst heilbringende Wirkung."[2] Doch schöpft eine solche individuelle Eschatologie nicht den ganzen Reichtum christlicher Hoffnung aus. Denn wegen „der Verheißung des ewigen Lebens ist unsere Zukunft in Gott unendlich reicher und viel näher an der Gegenwart als an der ganzen Vergangenheit des Menschen und der Welt vom Anfang an und im Verlauf der Geschichte. Um dieser *Zukunft* willen heißt diese Geschichte ‚Heilsgeschichte', und sie ist es tatsächlich."[3] Ohne also die *„individuelle Eschatologie"* in Abrede stellen zu wollen, betont Johannes Paul II. jetzt mehr eine universale *„Eschatologie der Kirche und Welt"*[4]. Maßgeblich für diesen *„Wandel in der eschatologischen Anschauungsweise"*[5] war für Wojtyła das Zweite Vatikanische Konzil. „Die Entdeckung, die ich damals machte, findet sich", so Johannes Paul II., im 7. Kapitel der dogmatischen Konstitution über die Kirche *Lumen gentium*: „Während ich früher vor allem die endzeitliche Bestimmung des Menschen und mein persönliches Schicksal im Jenseits, das in den Händen Gottes liegt, im Blick hatte, so hat sich durch die Konzilskonstitution das Schwergewicht auf die Kirche und auf die Welt verlagert."[6] An dieser Stelle zitiert Johannes Paul II. die entscheidenden Textpassagen.[7] Im Zentrum steht das *„eschatologische Bewusstsein der Kirche"*, das *„eng mit dem Wissen um*

1 Ebd.

2 Johannes Paul II., Die Schwelle der Hoffnung, 205.

3 Johannes Paul II., Fürchtet euch nicht, 88.

4 Johannes Paul II., Die Schwelle der Hoffnung, 206.

5 Ebd., 210.

6 Johannes Paul II., Fürchtet euch nicht, 89.

7 „Die Kirche (…) wird erst in der himmlischen Herrlichkeit vollendet werden, wenn die Zeit der allgemeinen Wiederherstellung kommt (Apg 3,21). Dann wird mit dem Menschengeschlecht auch die ganze Welt, die mit dem Menschen innigst verbunden ist und durch ihn ihrem Ziele entgegengeht, vollkommen in Christus erneuert werden (…).
Christus hat (…) seinen heiligmachenden Geist den Jüngern mitgeteilt und durch ihn seinen Leib, die Kirche, zum allumfassenden Heilssakrament gemacht. Zur Rechten des Vaters sitzend, wirkt er beständig in der Welt, um die Menschen zur Kirche zu führen und durch sie enger mit sich zu verbinden, um sie mit seinem eigenen Leib und Blut zu ernähren und sie seines verherrlichten Lebens teilhaftig zu machen. Die Wiederherstellung also, die uns verheißen ist und die wir erwarten, hat in Christus schon begonnen, nimmt ihren Fortgang in der Sendung des Heiligen Geistes und geht durch ihn weiter in der Kirche (…), bis wir das vom Vater uns in dieser Welt übertragene Werk mit der Hoffnung auf die künftigen Güter zu Ende führen und unser Heil wirken (…).
Bis es aber einen neuen Himmel und eine neue Erde gibt (…), trägt die pilgernde Kirche in ihren Sakramenten und Einrichtungen, die noch zu dieser Weltzeit gehören, die Gestalt dieser

die Schöpfung und die Erlösung verbunden“[1] ist. „*Die Eschatologie der Kirche ist gleichzeitig Weltvollendung*, gleichsam eine große kosmische Vollendung.“[2] Gott hat den Menschen in die Mitte der Schöpfung gestellt. In Christus wird die Welt zusammen mit dem Menschen endgültig erneuert und vollendet werden. Deshalb ist diese im Konzilsdokument beschriebene „Eschatologie *zutiefst anthropologisch*, doch im Lichte des Neuen Testamentes orientiert sie sich vor allem an Christus und am Heiligen Geist, und in gewissem Sinne ist sie auch *kosmisch*.“[3]

Diese Ausführungen verdeutlichen erneut, wie weit die „Theologie des Leibes“ Johannes Pauls II. über eine kirchliche Sexualmoral hinausreicht. Denn die „Erlösung des Leibes“ hat eine kosmische Dimension und betrifft die ganze Schöpfung: Welt und Mensch. Im Licht der Offenbarung bezeichnet Wojtyła „das Offenbarwerden der Söhne Gottes“ (Röm 8,19) als „letzte Perspektive des Menschen“ und „als Wurzel und Grundlage der schließlichen ‚Erneuerung der Welt‘“[4]. Ausschlaggebend ist hier vor allem die Sakramentalität der Kirche. Denn der „neue Himmel“ und die „neue Erde“ haben ihren Grund in der Heiligung der Kirche. Die „endzeitliche Wiederherstellung der Welt hat mit der von Christus vollbrachten Erlösung bereits begonnen, und diese ‚Welterlösung‘ besteht in der Kirche fort.“[5] Und weiter: „Die Kirche ist an der Entwicklung der Welt beteiligt. Ja die pilgernde Kirche trägt gleichsam die ‚hinfällige Gestalt dieser Welt‘ an sich.“[6] Und umgekehrt strahlt in der erlösten Kirche bereits die beginnende Erlösung der ganzen Schöpfung auf.

3.3.3 Weltvollendung und Welterlösung

Der ewige Heilsplan Gottes umfasst also nicht nur die Hingabe Gottes an den Menschen mit dem Ziel seiner Vergöttlichung. Die Menschwerdung hat eine kosmische Dimension.[7] Ziel ist es, „in Christus alles zu vereinen, alles, was

Welt, die vergeht, und zählt selbst so zu der Schöpfung, die bis jetzt noch ‚seufzt und in Wehen liegt und die Offenbarung der Kinder Gottes erwartet‘ (Vgl. Röm 8,19-22). (…) Wir sind aber noch nicht mit Christus in der Herrlichkeit erschienen (Vgl. Kol 3,4), in der wir Gott ähnlich sein werden, da wir ihn schauen werden, wie er ist (Vgl. 1 Joh 3,2) (…). Denn bevor wir mit dem verherrlichten Christus herrschen können, werden wir alle erscheinen ‚vor dem Richterstuhl Christi, damit ein jeder Rechenschaft ablege über das, was er in seinem leiblichen Leben getan hat, Gutes oder Böses‘ (2 Kor 5,10). Am Ende der Welt ‚werden die, welche Gutes getan haben, hervorgehen zur Auferstehung des Lebens, die aber Böses getan haben, zur Auferstehung des Gerichtes‘ (Joh 5,29; vgl. Mt 25,46)“ (LG 48).

1 Wojtyła, Quellen, 163

2 Ebd., 164.

3 Johannes Paul II., Die Schwelle der Hoffnung, 208.

4 Wojtyła, Quellen, 163-164.

5 Ebd., 163.

6 Ebd.

7 „‚Das Wort ist Fleisch geworden‘. Die Menschwerdung des Gottessohnes bedeutet nicht nur die Aufnahme der menschlichen Natur in die Einheit mit Gott, sondern gewissermaßen al-

im Himmel und auf Erden ist" (Eph 1,10). „Auch die Schöpfung soll von der Sklaverei und Verlorenheit befreit werden zur Freiheit und Herrlichkeit der Kinder Gottes. Denn wir wissen, dass die gesamte Schöpfung bis zum heutigen Tag seufzt und in Geburtswehen liegt" (Röm 8,21.22).[1] Christus ist „der Erstgeborene der gesamten Schöpfung" (Kol 1,15) und um „sein Erlösungsopfer versammelt sich die ganze Schöpfung, deren eigenes ewiges Schicksal in Gott reift."[2] Gleichzeitig ist dieses „Schicksal der Schöpfung" zutiefst mit der Berufung des Menschen verbunden. Johannes Paul II. spricht deshalb vom „Plan zur vergöttlichenden Umgestaltung des Menschen und der Welt in Christus. Und diese Umgestaltung vollzieht sich fortschreitend – auch in unserer Zeit."[3] Schon im Hier und Jetzt geht es für den Menschen nicht nur um sich selbst, sondern um die „große Herausforderung, die Schöpfung – sich selbst *und* die Welt – zu vervollkommnen"[4]. Christus hat auch die Welt erlöst, die darauf wartet, „auch dank des Einsatzes des Menschen, zu ihrer endgültigen Vollendung zu gelangen. In einer Paraphrasierung der Aussage des hl. Irenäus könnte man sagen: *Gloria Dei mundus secundum amorem Dei ab homine excultus* – Die Herrlichkeit Gottes ist die vom Menschen der Liebe Gottes entsprechend vervollkommnete Welt."[5] Der Mensch trägt in der Weise zur Vervollkommnung der Welt bei, wie er der Gegenwart Gottes und dem Wirken des Heiligen Geistes in der Welt Raum gibt. Dabei stellt für Johannes Paul II. das Gebet „letzten Endes *die einfachste Weise*" dar, „*Gott und seine heilbringende Liebe in der Welt gegenwärtig zu machen.*"[6] Selbst wenn es den Anschein hat, so ist es doch nicht der Mensch, der beim Gebet die Initiative ergreift. Johannes Paul II. erinnert an Röm 8,26: „So nimmt sich auch der Geist unserer Schwachheit an. Denn wir wissen nicht, worum wir in rechter Weise beten sollen; der Geist selber tritt jedoch für uns ein mit Seufzen, das wir nicht in Worte fassen können." Weil

---

les dessen, was ‚Fleisch' ist: der ganzen Menschheit, der ganzen sichtbaren und materiellen Welt. Die Menschwerdung hat also auch ihre kosmische Bedeutung und Dimension. Indem der ‚Erstgeborene der ganzen Schöpfung' in diesem individuellen Menschen Christus Fleisch annimmt, vereinigt er sich gleichsam mit der ganzen Wirklichkeit des Menschen, der auch ‚Fleisch' ist, und dadurch mit allem ‚Fleisch', mit der ganzen Schöpfung" (Johannes Paul II., Dominum et vivificantem, Nr. 50). „Die Tatsache, dass, als die Zeit erfüllt war, das ewige Wort geschöpfliche Gestalt angenommen hat, verleiht dem, was sich vor zweitausend Jahren in Bethlehem ereignet hat, eine einzigartige *kosmische Bedeutung. Dank des Wortes erscheint die kreatürliche Welt als Kosmos*, das heißt als geordnetes Universum. Und es ist erneut das Wort, *das durch seine Fleischwerdung die kosmische Ordnung der Schöpfung erneuert*" (Johannes Paul II., Tertio millennio, Nr. 3).

1 „Weil Gott dem Universum sein Dasein gegeben hat, wendet sich der ganze Kosmos ihm zu und schreit nach ihm mit der Stimme der Kreaturen, wie Paulus in einem wunderbaren Abschnitt seines Briefes an die Römer schreibt" (Wojtyła, Zeichen des Widerspruchs, 83).

2 Johannes Paul II., Die Schwelle der Hoffnung, 165.

3 Johannes Paul II., Erinnerung und Identität, 148.

4 Johannes Paul II., Die Schwelle der Hoffnung, 49.

5 Johannes Paul II., Erinnerung und Identität, 149.

6 Johannes Paul II., Die Schwelle der Hoffnung, 52.

Gott der Protagonist ist, verbindet sich mit jedem Gebet die Gegenwart Gottes. Gleichzeitig misst Johannes Paul II. dem Gebet „eine *kosmische Funktion*“[1] bei. Denn das Zulassen des Gegenwärtig-Werdens Gottes beim Gebet „*führt uns zurück zu unserer wahren Menschlichkeit, zu unserer besonderen Würde.* Ja, sie führt uns ein in die erhabene Würde der Kinder Gottes, der Kinder Gottes, die die Erwartung der gesamten Schöpfung sind.“[2] In diesem Sinn kann Johannes Paul II. sagen: „*Der Mensch ist Priester der gesamten Schöpfung.* Er spricht in ihrem Namen, insofern er vom Geist geleitet ist.“[3] Denn in dem Maß, wie die Menschen als Söhne Gottes offenbar werden (vgl. Röm 8,19), d. h. dem Wirken des Heiligen Geistes Raum geben und vergöttlicht werden, hat die daraus resultierende Gegenwart Gottes in der Welt jetzt schon erlösende Funktion für die Schöpfung. Das heißt, das „*Werk der Erlösung*“ bewirkt immer mehr „*die Erhöhung des Schöpfungswerks auf eine neue Ebene.* Alles Geschaffene ist durchdrungen von einer erlösenden Heiligung, ja von einer Vergöttlichung: als werde es in den Bann des Göttlichen und des innersten Lebens Gottes gezogen. Auf dieser Ebene wird die zerstörerische Kraft der Sünde besiegt.“[4]

Diese Mitwirkung des Menschen an der Erlösung und Vollendung der Welt geschieht auf sakramentale Weise. Wie noch zu zeigen sein wird, siedelt Johannes Paul II. in diesem Rahmen die erlösende Dimension der Ehe an.[5] Martin spricht von den „kosmischen Dimensionen der communio personarum“[6] bei Johannes Paul II., der die sakramentale Vollendung der Welt ganz bewusst „Welterlösung“ nennt: „*Die Weltvollendung entspricht der Welterlösung.*“[7] Dabei bedeutet Erlösung die Aufnahme alles Geschaffenen in die Unvergänglichkeit und Herrlichkeit Gottes. Während die Vollendung des Menschen, die die Bibel als „Offenbarwerden der Söhne Gottes“ (Röm 8,19) bezeichnet, dessen Vergöttlichung bedeutet, kann bei der „Vollendung der Welt“ nicht von einer Vergöttlichung im eigentlichen Sinn gesprochen werden. Denn Vegöttlichung setzt personale Teilhabe am Leben des dreifaltigen Gottes voraus. Das „Offenbarwerden“ der Menschen als Söhne Gottes vor der Welt beschreibt zugleich die vermittelnde und sozusagen priesterliche Funktion der Erlösung des Menschen für die „Vollendung der Welt“. „Dieses Offenbarwerden stellt die letzte Perspektive des Menschen dar: nicht außerhalb der Welt, sondern mit

1 Ebd., 44.
2 Ebd., 45.
3 Ebd., 44.
4 Ebd., 49-50.
5 Denn „die Einheit von Mann und Frau (...) prägt (...) als geschichtsphilosophische Kategorie“ nicht nur „die Historie des Menschen“, so Martin, „in der communio personarum berührt der Mensch das Geheimnis der Schöpfung und Erlösung, in ihr offenbart sich die hochzeitliche und zugleich erlösende Dimension ehelicher Liebe“ (Martin, Katechesen, 22).
6 Ebd.
7 Wojtyła, Quellen, 164.

ihr zusammen."[1] Wie der gesamte Kosmos auf den Menschen hin geschaffen ist, so ist auch die Vollendung der Welt, d. h. ihre Aufnahme in das ewige Paradies nur in Verbindung mit dem erlösten Menschen denkbar. Im Menschen „geschieht die Heimholung der Welt durch ihn"[2], Christus, so Martin. Auch hier zeigt sich der personale Charakter der Welt als Geschenk des Schöpfers an den Menschen.

3.4 DER BRIEF AN DIE EPHESER UND DIE „DOPPELTE ANALOGIE"

Seine große Vision von der sakramentalen Vergöttlichung des Menschen und der „Vollendung der Welt" entwickelt Johannes Paul II. von Grund auf und leitet diese aus der Sakramentaliät der Ehe wie der Kirche her.[3] Diesem „roten Faden" in seiner „Theologie des Leibes" gilt es nun in seiner Deutung des Epheserbriefs nachzugehen. Denn was „das sakramentale Hineingenommensein in das Erlösungsgeheimnis Jesu Christi – und damit zugleich in die ekklesiale Dimension – für Ehe und Familie bedeutet, finden wir aus biblischer Sicht am deutlichsten dargelegt im Epheserbrief"[4], unterstreicht Piegsa. Im Focus steht deshalb die „Eheparaklese"[5] in Eph 5,21-33.[6] Johannes Paul II. bezeichnet diesen biblischen Text als „Krönung der anderen Schlüsselaussagen" (TdL 87,2). Dieser Abschnitt behandelt den Leib nämlich unter einem doppelten Aspekt: konkret als menschlichen Leib (Mann und Frau) und metaphorisch als Leib Christi (Kirche). Die Verwiesenheit beider Aspekte klärt sich für Johannes Paul II. im Licht der Sakramentalität der Ehe und der Kirche. Dass diese Überlegun-

1 Ebd., 163.

2 Martin, Katechesen, 22.

3 Nach Norbert Martin widmet sich Johannes Paul II. „der Exegese des Epheserbriefes (…), um die Theologie des Leibes in die kosmischen Dimensionen des Heilsmysteriums, wie sie die Strukturlinien dieses Briefes zeichnen, hineinzustellen" (Ebd., 20).

4 Piegsa, Ehesakrament, 44.

5 Schnackenburg, Sittliche Botschaft II, 84.

6 „Einer ordne sich dem andern unter in der gemeinsamen Ehrfurcht vor Christus. Ihr Frauen, ordnet euch euren Männern unter wie dem Herrn (Christus); denn der Mann ist das Haupt der Frau, wie auch Christus das Haupt der Kirche ist; er hat sie gerettet, denn sie ist sein Leib. Wie aber die Kirche sich Christus unterordnet, sollen sich die Frauen in allem den Männern unterordnen. Ihr Männer, liebt eure Frauen, wie Christus die Kirche geliebt und sich für sie hingegeben hat, um sie im Wasser und durch das Wort rein und heilig zu machen. So will er die Kirche herrlich vor sich erscheinen lassen, ohne Flecken, Falten oder andere Fehler; heilig soll sie sein und makellos. Darum sind die Männer verpflichtet, ihre Frauen so zu lieben wie ihren eigenen Leib. Wer seine Frau liebt, liebt sich selbst. Keiner hat je seinen eigenen Leib gehasst, sondern er nährt und pflegt ihn, wie auch Christus die Kirche. Denn wir sind Glieder seines Leibes. *Darum wird der Mann Vater und Mutter verlassen und sich an seine Frau binden und die zwei werden ein Fleisch sein.* Dies ist ein tiefes Geheimnis; ich beziehe es auf Christus und die Kirche. Was euch angeht, so liebe jeder von euch seine Frau wie sich selbst, die Frau aber ehre den Mann" (Eph 5,21-33).

gen letztlich in eine Ekklesiologie einmünden, ist nicht nur berechtigt, sondern entspricht nach Ulrich Luz der Theologie des Epheserbriefs.[1]

Johannes Paul II. spricht von einer „doppelten Analogie" (TdL 91,2), die in Eph 5,21-33 aufscheint, oder „von zwei wesentlichen Beziehungen: Christus ist das Haupt der Kirche, die sein Leib ist; Christus ist der Bräutigam der Kirche, die seine Braut ist."[2] Es geht um die Analogien Christus-Kirche/Haupt-Leib und Christus-Kirche/Mann-Frau (Bräutigam-Braut). „In unseren Überlegungen werden wir vor allem der letztgenannten Richtung folgen", so Johannes Paul II., „und dabei bedenken, dass an der Basis des Verständnisses der Ehe in ihrem eigentlichen Wesen die bräutliche Beziehung zwischen Christus und der Kirche steht" (TdL 90,4). Letzteres nennt Johannes Paul II. auch die „große Analogie" (TdL 89,8) bzw. die „große paulinische Analogie" (TdL 90,4). Von diesem Vergleich her erschließt sich die tiefe Bedeutung der Ehe und die Art und Weise ihrer Verwirklichung. Martin weist für die Verwirklichung der Ehe im Alltag darauf hin, dass ein Zusammenleben von Ehemann und Ehefrau entsprechend dem Vorbild der Beziehung Christus und Kirche nicht immer leicht ist: „Sicherlich, auch eine christliche Ehe kann nicht ständig in dieser Tiefe bewusst gelebt werden, aber – so fordert es der Heilige Vater – als letzten Maßstab und höchstes Ideal sollen doch alle gläubigen Eheleute diesen kostbaren Vergleich im Herzen tragen und ihr Verhalten daran ausrichten. Zugleich ist aber dieses Geheimnis auch jenseits des jeweiligen Bewusstseinsgrades der in ihm lebenden Eheleute als Sakrament gnadenwirksam."[3]

3.4.1 „sacramentum magnum"

Eph 5,25-32 stellt die Kirche als Braut Christi vor, verwurzelt diese Sicht in der biblischen Wirklichkeit der Erschaffung des Menschen als Mann und Frau (vgl. Gen 2,24) und spricht von einem „großen" bzw. „tiefen Geheimnis": „*Darum wird der Mann Vater und Mutter verlassen und sich an seine Frau binden, und die zwei werden ein Fleisch sein.* Dies ist ein tiefes Geheimnis [„τὸ μυστήριον τοῦτο μέγα"]; ich beziehe es auf Christus und die Kirche" (Eph 5,31.32). „Tò

1 „Wer die Rechtfertigungslehre für das einzige Zentrum paulinischer Verkündigung und den Römerbrief für die abschließende Darstellung paulinischer Theologie hält, wird dazu neigen, den Epheserbrief deswegen für unecht zu halten. Manchen Protestanten fällt das deshalb von ihrem Paulusbild her leichter als manchen Katholiken, die offener sind gegenüber ekklesiologischen und mystischen Dimensionen paulinischer Theologie. Es ist auffällig, wie oft sich gerade bei Protestanten die entscheidende Feststellung, dass ‚die Lehre von der Kirche und ihren notae … das eine Thema' des Briefes bildet (E. Käsemann, Interpretationsproblem 253f.), mit einem ebenso entschiedenen Nein gegenüber seinem paulinischen Ursprung verbindet. Der Epheserbrief denkt m. E. wie Paulus theozentrisch und christozentrisch, aber nicht auf den einzelnen Menschen, sondern auf die Welt und die Kirche hin; anthropologische Aussagen enthält er kaum" (Luz, Epheser, 109).

2 Wojtyła, Zeichen des Widerspruchs, 115.

3 Martin, Katechesen, 21.

μυστήριον“ bezeichnet nach Heinrich Schlier (1900-1978) „nicht das Geheimnis der Schriftstelle als solcher, aber auch nicht das Geheimnis der Ehe als solcher, sondern den in der Schriftstelle angedeuteten Vorgang, der ja ein Typos auf Christus und die ekklesia ist.“[1] Dieser „Vorgang“ ist für Johannes Paul II. der bräutliche Charakter der Beziehung von Mann und Frau, der im „tiefen Geheimnis“ auf Christus und die Kirche übertragen wird. Umgekehrt wird das Verhältnis von Mann und Frau in der Ehe als Abbild des Verhältnisses zwischen Christus und der Kirche verstanden. Christus ist der Bräutigam der Kirche. Die Kirche ist die Braut Christi. „Μέγα meint dabei“, so Schlier, „wie 1 Tim 3,16, das Gewicht des Geheimnisses, nicht etwa seine Dunkelheit.“[2] Auf diese Weise „zielt die Analogie der bräutlichen Beziehung gleichzeitig in zwei Richtungen, die zusammen das ‚tiefe Geheimnis‘ (…) bilden.“[3] Dazu schreibt Piegsa: Die „Worte ‚Dies ist ein tiefes Geheimnis’ (Eph 5,32) lauten in der lateinischen Übersetzung der Vulgata: ‚Sacramentum hoc magnum est.’ ‚Sacramentum’ darf zwar noch nicht im späteren verbalen Verständnis eines Sakramentes ausgelegt werden, aber doch mit dem Inhalt dessen, was man heute unter Sakrament versteht.“[4] Die Berechtigung hierfür ergibt sich allein aus der Analogie, die mit dem Begriff „sacramentum magnum“ (TdL 97,5) verbunden ist.[5] Einerseits geht es um ein vertieftes Verständnis von Kirche: „Die bräutliche Beziehung, die

1 Schlier, Epheser, 262. So auch Rudolf Schnackenburg: „Das ‚große Geheimnis’ liegt für den Verf. also nach seinem Verständnis der Schriftstelle nicht in der Ehe als solcher, sondern im Verhältnis von Christus und Kirche“ (Schnackenburg, Epheser, 261). Anders die Deutung von Ulrich Luz: „Diesen klassischen biblischen Ehetext deutet der Verfasser auf Christus und die Kirche (V. 32). Das betonte ‚ich’ zeigt wohl, dass er sich bewusst ist, dass die meisten anderen diese Bibelstelle auf die Ehe deuten; er aber legt jetzt eine neue, eine allegorische Deutung vor und enthüllt so das ‚Geheimnis’ von Gen 2,24. Mit dem Geheimnis’ ist wohl das dieser Schriftstelle gemeint und nicht das Geheimnis der Ehe, an das lateinische Übersetzer dachten, als sie das griechische Wort ‚Geheimnis’ mit ‚sacramentum’ übersetzten“ (Luz, Epheser, 173).

2 Schlier, Epheser, 262.

3 Johannes Paul II., Mulieris dignitatem, Nr. 23.

4 Piegsa, Ehesakrament, 46.

5 „Die lateinische Übersetzung sacramentum (in einem Teil der Vetus Latina und in der Vulgata […]) hat in der Frage, ob die Ehe als ‚Sakrament’ (im späteren Sinn) anzusehen ist, eine Rolle gespielt. Das Sakramentenverständnis belastet auch heute noch die Auffassung der Ehe zwischen den Konfessionen. Wenn sich das ‚große Geheimnis’ auf die Verbindung von Christus und Kirche bezieht, verbietet sich eine unmittelbar sakramentale Deutung der Ehe. Aber wie ist die christliche Ehe zu beurteilen, wenn sie in Analogie zum Verhältnis Christus-Kirche steht, ja durch die Zugehörigkeit der Ehegatten zum Leib Christi (Vgl. V 30) in den gnadenvollen Wirkbereich Christi hineingenommen ist? Katholische Autoren ziehen daraus die Folgerung, dass der Ehe eine Würde und Heiligkeit verliehen wird, die man ‚Sakrament’ nennen kann“ (Schnackenburg, Epheser, 261-262). Eben weil im Epheserbrief „das eheliche Verhältnis und der Vollzug der Ehe mit dem Verhältnis und dem Verhalten Christi zur Kirche nicht nur verglichen“ wird, sondern ausgesagt ist, „dass dieses jenes vorbilde und also in jenem nachzuvollziehen sei“, erweisen für Heinrich Schlier „die gesamten Ausführungen der Verse 21-33 prinzipiell die Möglichkeit, ja Notwendigkeit, die Ehe als ein Sakrament im späteren Sinn zu verstehen“ (Schlier, Epheser, [Anm. 1] 263).

Mann und Frau in der Ehe verbindet, soll (…) uns die Liebe verstehen helfen, die Christus mit der Kirche verbindet, die gegenseitige Liebe zwischen Christus und der Kirche, in der sich der ewige Plan Gottes für das Heil der Menschen verwirklicht“ (TdL 90,2). Umgekehrt vertieft die Analogie auch das sakramentale Verständnis des Wesens der Ehe. „Die Ehe entspricht nur dann der Berufung der Christen als Eheleute, wenn sich in ihr gerade diese Liebe widerspiegelt und praktisch verwirklicht“ (TdL 90,3). „Allein schon die Analogie zwischen Christus-Kirche und den christlichen Eheleuten gibt der christlichen Ehe eine unvergleichliche Würde“, stellt Schnackenburg fest, „darüber hinaus aber werden die Eheleute als Glieder des Leibes Christi (V. 30) in den heiligen Wirkungsbereich Christi – das ist die Kirche (vgl. Eph 1,23; 2,20-22; 4,16; 5,23) einbezogen. Insofern erlangt die christliche Ehe eine ‚sakramentale' Dimension, ohne dass man dafür das ‚große Geheimnis' V. 32 berufen muss.“[1] Indessen „offenbart“ für Johannes Paul II. gerade die „große Analogie“, wie die „Ehe in ihrem tiefsten Wesen sich aus dem Geheimnis der ewigen Liebe herleitet, die Gott zum Menschen und der Menschheit hegt: aus jenem Heilsmysterium, das im Verlauf der Zeiten in der bräutlichen Liebe Christi zur Kirche Wirklichkeit wurde“ (TdL 90,4). Gleichzeitig macht der Vergleich nur deshalb Sinn, weil „im Wesen der Ehe selbst sich etwas spiegelt und verwirklicht, das zwischen Christus und der Kirche geschieht. Man muss zugeben, dass das Wesen der Ehe ein Teilchen von jenem Mysterium einschließt. Andernfalls hinge der Vergleich im Leeren“ (TdL 90,3). Dieses „Teilchen“ besteht im Denken Johannes Pauls II. darin, dass Christus die „Erlösung des Leibes“ gerade innerhalb und durch die christliche Ehe verwirklicht und dass dadurch die christliche Ehe ein herausragender Teil der Kirche wird, d. h. die Brautschaft mit Christus lebt. Deshalb bezeichnet Johannes Paul II. die christliche Ehe als integrierenden Bestandteil des Geheimnisses der Kirche.

3.4.2 Ehemann und Ehefrau

Bei der „großen Analogie“ unterscheidet Johannes Paul II. zunächst „zwischen dem, was darin die menschliche Wirklichkeit der interpersonalen Beziehungen und dem, was in symbolischer Sprache das tiefe göttliche ‚Geheimnis‘ ausdrückt.“[2] Einerseits geht es um eine ekklesiologische Auslegung, andererseits um die „Neuheit des Evangeliums“ für das Verhältnis von Mann und Frau, die in der sogenannten „Haustafel“ in Eph 5,21-6,9 zum Ausdruck kommt. Allerdings sollte nach Klaus Berger die Gattung „Haustafel“ nicht zu „statisch“ aufgefasst werden.[3] Selbst wenn bei der Auflistung der Paare „jeweils zuerst

1 Schnackenburg, Sittliche Botschaft I, 244.

2 Johannes Paul II., Mulieris dignitatem, Nr. 23.

3 Nach Klaus Berger ist es im NT „oft kaum möglich, die Haustafeln wirklich strikt als Gattung zu isolieren (…). Lediglich in Eph 5,22-6,9 und in der ‚Vorlage' Kol 3,18-4,1 ist das Material

die ‚schwächere' Gruppe genannt wird: Frauen gegenüber den Männern, Kinder gegenüber den Eltern bzw. Vätern (6,1-4), Sklaven gegenüber den Herren (6,5-9)“[1], bleibt die Eingangsmahnung doch an alle gerichtet: „Einer ordne sich dem andern unter in der gemeinsamen Ehrfurcht vor Christus“ (Eph 2,21). Außerdem weist Berger für Eph 5,22ff. darauf hin, dass sich die darin enthaltenen Mahnungen hauptsächlich an die Männer richten: „3½ kurze Verse gelten Frauen, 8½ längere den Männern. Sie vor allem müssen zurechtgewiesen werden, auch wenn es vielleicht vor allem Frauen waren und sind, die hier (wirklich) zuhörten und zuhören werden; denn sie leiden vieles, und jedes Signal der Kursänderung ist wie ein Morgenrot.“[2]

3.4.2.1 Neuheit des Evangeliums

Die Verse Eph 5,21.22 mit der Rede von der „Über- und Unterordnung“ von Mann und Frau stellen nach Martin für das heutige Empfinden eine nicht geringe Schwierigkeit dar, falls diese „fälschlicherweise als soziologische Aussagen im Sinne einer Herrschaftstheorie gedeutet werden, so als wollte der Verfasse[r] des Epheserbriefes Grundlinien einer Rechts-Kodifizierung für ein weltliches Ehe- und Familienrecht liefern“[3]. Auch wenn sich für die damalige Zeit „nicht leugnen“ lässt, so Schnackenburg, „dass eine Gesellschaftsauffassung zugrunde liegt, die dem Mann den ersten Platz vorbehält“[4], darf man nach Piegsa „nicht vorschnell auf die Bestätigung einer patriarchalischen Ordnung schließen, denn der Epheserbrief meint eine Heilsordnung.“[5] In diesem Sinn ist „die wichtigste besondere Aussage unserer langen Eheparänese“ auch für Luz „nicht, dass sich die Frauen den Männern unterordnen sollen – das hören *wir* heute in ers-

---

der Haustafeln relativ fremd gegenüber dem Kontext, wenngleich vor allem vorab allgemeineres Material gleichfalls paränetischer Herkunft platziert ist. Kurzum: Es ist zumindest fraglich, ob man mit einigem historischen Recht ‚Haustafeln' als eben nur auf das Haus beschränkte Weisungen überhaupt als eigenständige Gattungen abtrennen kann. Nun lässt es sich freilich auch nicht leugnen, dass diese Mahnungen im Neuen Testament zusammenstehen. Vielmehr haben wir es im Neuen Testament wohl mit einem *Übergangsstadium* zu tun, und die Aporien der bisherigen Forschung rühren zum Teil daher, dass man mit einem zu statischen Gattungsbegriff gerechnet hat und für diese Gattung immer nach direkten Einsprechungen suchte, wobei die Enttäuschung nicht ausbleiben konnte. Das Übergangsstadium besteht darin, dass das Neue Testament ein Zeuge dafür ist, dass sich die ‚Nester' aus paränetischer Tradition allmählich zu verselbständigen beginnen. Der Zusammenhang innerhalb der Thematik wird stärker. In dieser Phase ist deshalb auch Reziprozität aktuell, gewissermaßen als Symptom dafür, dass die Mahnungen über das Haus zusammengesehen und zusammengearbeitet werden. In 1 Petr [2,13-17] und Tit [2,1-10] ist diese Abgrenzung der Stoffe noch am wenigsten weit vorangeschritten, in Kol und dann in Eph relativ am meisten“ (Berger, Formen, 198-199).

1 Schnackenburg, Epheser, 248.
2 Berger, Kommentar, 713.
3 Martin, Katechesen, 21.
4 Schnackenburg, Epheser, 251.
5 Piegsa, Ehesakrament, 45.

ter Linie aus dem Text, und das sagt der Verfasser mit vielen christlichen und nichtchristlichen Zeitgenossen natürlich *auch!* –, sondern dass die Ehe (die den Sexualverkehr einschließt) durch Christus geheiligt ist.“[1] Für das katholische Verständnis ist die Ehe durch die Anwesenheit Gottes geheiligt. „Bei Ehemann und Ehefrau geht es nicht nur um zwei Menschen, sondern Gott ist der Dritte im Bunde, und zwar auf eigentümliche Weise. Nicht so, dass er ‚zwischen' beiden stünde, sondern dass er hinter beiden steht“[2], betont Berger. Auf dieser Grundlage behandelt der Epheserbrief die gegenseitige Unterordnung „in der gemeinsamen Ehrfurcht vor Christus“ (V. 21).[3] Heinrich Schlier deutet diese „Ehrfurcht“ als „Furcht“ vor Christus, dem kommenden Richter[4], und Rudolf Schnackenburg auf Christus als Vorbild für den gegenseitigen Respekt im Umgang miteinander.[5] Auch für Johannes Paul II. geht es nicht um „Furcht im Sinne von Angst, um eine abwehrende Haltung angesichts einer drohenden Gefahr“, sondern um „Ehrfurcht vor der Heiligkeit, vor dem Heiligen. Es handelt sich um die Ehrfurcht, die in der Sprache des Alten Testaments auch mit dem Ausdruck ‚Furcht Gottes' bezeichnet wurde (vgl. Ps 103,11; Spr 1,7; 23,17; Sir 1,11-16)“ (TdL 89,1). Klaus Berger spricht von einem „fürchten: wie man Gott fürchtet,

1 Luz, Epheser, 171.

2 Berger, Kommentar, 713.

3 „Der Vergleich mit der Kirche als Leib Christi, seiner Liebe als Erlöser und Bräutigam, muss im Bewusstsein der Empfänger des Epheserbriefs ein tiefes Empfinden für das ‚Heilige' des menschlichen Leibes ganz allgemein und vor allem in der Ehe als dem Ort hinterlassen haben, in dem das Empfinden für das ‚Heilige' in besonders tiefer Weise die gegenseitigen Beziehungen der Menschen bestimmt“ (TdL 92,8).

4 Als Hinweis auf das persönliche Gericht will Schlier „diese geforderte Unterordnung von der ‚Furcht Christi' getragen wissen“ und verweist auf das „Offenbarwerden vor dem Richterstuhl Christi“: „Das Wissen um die in Christus eröffnete Aussicht weiß ja auch um den sich einmal als Richter präsentierenden Herrn, vor dem man sich deshalb fürchten soll, weil er und gerade er, der die Aussicht geschenkt hat, derjenige ist, der mich kritisch prüfen wird (…). Die gegenseitige Unterordnung in der Furcht Christi ist also nicht nur eine Unterordnung ὡς τῷ κυρίῳ [‚als dem Herrn']. Es ist auch nicht nur eine Unterordnung in der Ehrfurcht vor Christus gemeint, sondern es ist eine Unterordnung, die von dem Christus als Richter fürchtenden Gewissen diktiert ist“ (Schlier, Epheser, 252).

5 Die Formulierung „in der (Ehr)furcht Christi“ muss man nach Schnackenburg mit Phil 2,1-5 in Verbindung bringen, „wo Paulus die Christen eindringlich mahnt, in Demut einander hochzuschätzen, jeder den anderen höher als sich selbst, und ihnen dafür das Vorbild Christi vor Augen stellt, so begreift man nicht nur die einmalige Wendung ‚Furcht *Christi'*, sondern wird man die ‚Furcht' richtig interpretieren. Die Vokabel, die schon in der klassischen Literatur unterschiedliche Bedeutungen annehmen kann (Furcht vor etwas, Angst, doch auch Ehrfurcht, Respekt), im jüdischen Bereich dann durch ‚Gottesfurcht' eine besondere Prägung erfährt, tendiert hier stark zu ‚Ehrfurcht' hin. An Christus den Richter ist in diesem Zusammenhang schwerlich gedacht. Im Eph wird den Christen nirgends das künftige Gericht angedroht (5,5f. den Lasterhaften, im Kontext der Heiden), sondern höchstens ihre Verantwortung vor dem Herrn vor Augen gehalten (Vgl. 6,8f.). Dagegen gebührt Christus als dem Haupt der Kirche, der seinem ‚Leib' stets übergeordnet bleibt, Ehrfurcht im Bewusstsein, ihm alles zu verdanken und ihm verpflichtet zu sein“ (Schnackenburg, Epheser, 250-251).

in religiöser Scheu.“[1] „Ihr Frauen, ordnet euch euren Männern unter wie dem Herrn (Christus)“ (Eph 5,22) bedeutet dann, „dass die Frau in ihrem Verhältnis zu Christus – der für beide Ehegatten der einzige Herr ist – den Beweggrund für jenes Verhältnis zu ihrem Mann finden kann und soll, der aus dem Wesen der Ehe und der Familie hervorgeht. Dieses Verhältnis aber ist keine einseitige Unterordnung“ (TdL 89,3). Exakt diese gegenseitige Unterordnung „stellt im Verhältnis zum ‚Alten‘ ganz offensichtlich ein ‚Neues‘ dar: Es ist das ‚Neue‘ des Evangeliums.“[2] Mit Norbert Baumert spricht auch Joachim Piegsa von „einer christlichen ‚Magna Charta der Gleichberechtigung‘ (...). Ihre Grundlage ist der Geist und das Vorbild Jesu Christi.“[3] In dieser neuen Sicht kann die christliche Ehe niemals ein Vertrag sein, der die Herrschaft des Mannes über die Frau regelt.[4] Selbst wenn das alte System einseitiger Unterordnung, das „früher auf dieser Institution lastete“, immer wieder durchscheint[5] und die Beziehung von Mann und Frau „zuweilen noch heute belastet“ (TdL 89,3), zielt das Neue Testament auf die wechselseitige Unterordnung im Sinne einer aufrichtigen Hingabe im gegenseitigen Sich-Schenken.[6] Johannes Paul II. ist sich sehr wohl bewusst, dass sich das neue Bewusstsein von der gegenseitigen Unterordnung „in der gemeinsamen Ehrfurcht vor Christus“ durch die Generationen hindurch seinen Weg immer wieder neu in die Herzen der Menschen bahnen muss. Nicht weniger deutlich fordert Johannes Paul II. die Gleichstellung der Frauen in Gesellschaft, Kultur und Politik ein.[7] Dass es hier „auch bei zahlreichen Söhnen

1 Berger, Kommentar, 714.

2 Johannes Paul II., Mulieris dignitatem, Nr. 24.

3 Piegsa, Ehesakrament, 45.

4 Die Worte: „Du hast Verlangen nach deinem Mann, er aber wird über dich herrschen“ (Gen 3,16), betont Johannes Paul II. in *Mulieris dignitatem*, sind eine „*Erbschaft der Sünde*“, die es immer wieder zu überwinden gelte: „Die Überwindung dieses schlimmen Erbes ist von Generation zu Generation Aufgabe jedes Menschen, sowohl der Frau wie des Mannes. In der Tat handelt der Mann in allen Fällen, in denen er für die Verletzung der persönlichen Würde und Berufung der Frau verantwortlich ist, auch gegen die eigene persönliche Würde und Berufung“ (Johannes Paul II., Mulieris dignitatem, Nr. 10).

5 Kol 3,18; 1 Petr 3,1-6; Tit 2,4-5; Eph 5,22-24; 1 Kor 11,3-16; 14,33-35; 1 Tim 2,11-15.

6 „Die Gemeinschaft oder Einheit, die sie aufgrund ihrer Ehe bilden, verwirklicht sich durch gegenseitiges Schenken, das zugleich gegenseitige Unterordnung ist. Christus ist Quelle und zugleich Vorbild für diese Unterordnung“ (TdL 89,4).

7 Johannes Paul II. betont in *Christifideles laici* die „Dringlichkeit (...), angesichts der verschiedenen Formen der Diskriminierung und Marginalisierung, denen Frauen wegen ihres Frauseins ausgesetzt sind, die *Personwürde der Frau* und somit ihre Gleichheit mit dem Mann herauszustellen“ (Nr. 49). Im *Brief an die Frauen* schreibt der Papst 1995: „(...) es ist Zeit, mit dem *Mut zur Erinnerung* und mit dem offenen Eingeständnis der Verantwortung auf die lange Geschichte der Menschheit zu blicken, zu der die Frauen, und zumeist unter viel ungünstigeren Bedingungen, einen Beitrag geleistet haben, der dem der Männer nicht nachsteht. Ich denke im besonderen an die Frauen, die die Kultur und die Kunst geliebt und sich ihnen gewidmet haben, obwohl sie von der Ausgangslage her benachteiligt, oft von einer gleichwertigen Erziehung ausgeschlossen, der Unterbewertung, Verkennung und sogar Aberkennung ihres intellektuellen Beitrags ausgesetzt waren“ (Nr. 3). „Es ist dringend geboten, überall die

der Kirche zu Fällen objektiver Schuld gekommen ist“, klagt Johannes Paul II. in seinem *Brief an die Frauen,* „bedauere ich (…) aufrichtig.“[1] Wie schleppend eine Änderung der Sitten und Verhaltensmuster sein kann, verdeutlicht Johannes Paul II. in *Mulieris dignitatem* mit der Wendung des Apostels Paulus, es gebe nicht mehr Sklaven und Freie, denn in Christus sind alle eins (vgl. Gal 3,28): „Wie viele Generationen hat es gebraucht, bis sich ein solcher Grundsatz in der Menschheitsgeschichte in der Abschaffung der Sklaverei verwirklicht hat! Und was soll man zu so vielen Formen sklavenhafter Abhängigkeit von Menschen und Völkern sagen, die bis heute nicht aus dem Weltgeschehen verschwunden sind?“[2]

Im partnerschaftlichen Miteinander von Mann und Frau schließen die Worte „Ihr Männer, liebt eure Frauen“ (Eph 5,25) nicht nur eine einseitige Unterwerfung der Frau aus. Sie besagen positiv „eine grundlegende *Bejahung der Frau* als Person, eine Bejahung, dank derer sich die weibliche Persönlichkeit voll entfalten und vertiefen kann.“[3] Zwar geht es grundsätzlich um die Bereicherung der Subjektivität der Frau, doch wie Christus um das Wohl der Kirche besorgt ist, „ohne Flecken oder Falten“ (V. 27), möge sich der Mann selbst äußerlich um das Wohl seiner Frau sorgen: „Die Liebe verpflichtet den Bräutigam (Ehemann), um das Wohl der Braut (Ehefrau) besorgt zu sein, sie verpflichtet ihn, ihre Schönheit zu wünschen, sie zu empfinden und Sorge für sie zu tragen. Es geht hier auch um die sichtbare, die physische Schönheit“ (TdL 92,4). Diese Verantwortlichkeit des Ehemannes für die „physische Schönheit“ seiner Frau, wie sie im Brief an die Epheser aufscheint, ist auch für Berger bemerkenswert.[4]

---

tatsächliche Gleichheit der Rechte der menschlichen Person zu erreichen, und das heißt gleichen Lohn für gleiche Arbeit, Schutz der berufstätigen Mutter, gerechtes Vorankommen in der Berufslaufbahn, Gleichheit der Eheleute im Familienrecht und die Anerkennung von allem, was mit den Rechten und Pflichten des Staatsbürgers in einer Demokratie zusammenhängt“ (Nr. 4). „Es ist an der Zeit, die Formen *sexueller Gewalt,* deren Objekt nicht selten die Frauen sind, nachdrücklich zu verurteilen und geeignete gesetzliche Mittel zur Verteidigung hervorzubringen“ (Nr. 5).

1 Johannes Paul II., Brief an die Frauen, Nr. 3. Charles E. Curran kritisiert, Johannes Paul II. erkenne zwar die Verfehlungen von Mitgliedern der Kirche, klage aber die Kirche selbst nicht an. Auch die hierarchische Führung der Kirche sei verantwortlich gewesen für Diskriminierungen und Marginalisierungen von Frauen (Vgl. Curran, Moral, 189).

2 Johannes Paul II., Mulieris dignitatem, Nr. 24.

3 Ebd.

4 Der Verfasser des Epheserbriefes ist für Klaus Berger „offenbar kein weltfremder Geist. Er weiß, was eine Frau begehrenswert macht. Denn wenn er sagt, Christus habe seine Braut herrlich werden lassen, ohne Makel und Falten oder etwas davon, damit sie vollkommen und tadellos sei, dann gibt er zu erkennen, dass er etwas von Schönheit versteht. Denn ‚herrlich‘ ist ‚strahlend‘, ‚ohne Makel und Falten‘ ist ‚von guter Figur und jugendlichem Aussehen‘, ‚hübsch und schick‘, eine Frau wie aus dem Märchenbuch. Erstaunlich und bemerkenswert ist nur: Diese Attribute sind nicht etwa Bedingung der Heirat wie Wunschzettel in Annoncen für Partnersuche, sondern sie sind Folge des Tuns des Ehemanns. Er ist verantwortlich für alle diese Qualitäten seiner Frau“ (Berger, Kommentar, 713-714).

Johannes Paul II. intendiert an dieser Stelle nicht, Schönheit zu definieren, die jeder Mann auf seine Weise empfindet. Außerdem soll der Mann nicht nur äußerlich auf Schönheit reagieren, sondern sich als Ausdruck seiner Treue und Hingabe für die Anmut seiner Frau „in schöpferischer, liebender Unruhe“ (TdL 92,4) verantwortlich fühlen.

Im Weiteren verdeutlicht die Verpflichtung der Männer, „ihre Frauen so zu lieben wie ihren eigenen Leib“ (Eph 5,28), für Johannes Paul II., dass es sich bei der ehelichen Liebe von Mann und Frau, die immer zwei verschiedene Subjekte bleiben, um „das Prinzip der zweifachen Subjektivität“ (TdL 92,4) handelt. Johannes Paul II. spricht von einer „Einheit der Liebe“, die nicht ontologisch, sondern „im moralischen Sinn“ (TdL 92,7) aufgefasst werden muss und betont: „Die Liebe macht das Ich des anderen gewissermaßen zum eigenen Ich: das Ich der Ehefrau wird sozusagen zum Ich des Ehemannes“ (TdL 92,6). Die Brücke ist die Leiblichkeit des Menschen. „Der Leib ist der Ausdruck dieses Ichs und die Grundlage seiner Identität“ (TdL 92,6). Und in „der Liebesvereinigung wird der Leib des anderen zum ‚eigenen‘ in dem Sinn, dass man um den Leib des anderen wie um den eigenen besorgt ist“ (TdL 92,7). Deshalb dürfen die Worte: „Keiner hat je seinen eigenen Leib gehasst, sondern er nährt und pflegt ihn, wie auch Christus die Kirche“ (Eph 5,29), nicht nur als Sorge um die Bereicherung der eigenen Subjektivität verstanden werden. Vonseiten des Mannes ist das Ziel auch die Sorge und Förderung des subjektiven Reichtums der Frau. „Man kann sagen, hier ist alles voll aufgenommen, was den ‚Stil‘ Christi im Umgang mit den Frauen ausmacht“, bemerkt Johannes Paul II. in *Mulieris dignitatem,* und fügt an: „Der Gatte müsste sich die Elemente dieses Stils gegenüber seiner Ehefrau zu eigen machen; und ähnlich sollte es der Mann in jeder Lage der Frau gegenüber tun. So leben beide, Mann und Frau, die ‚aufrichtige Selbsthingabe‘“[1], d. h. die Bejahung des anderen um seiner selbst willen. Eine solche „Liebe schließt jede Art von Unterwerfung aus, bei der die Frau Dienerin oder Sklavin des Mannes, also Objekt einseitiger Abhängigkeit, werden könnte. Die Liebe bringt es mit sich, dass gleichzeitig auch der Mann seiner Frau und damit dem Herrn selber untergeordnet ist, so wie die Frau dem Mann“ (TdL 89,4). Eben dafür ist nach Martin „Christus selbst das Richtmaß“[2]. Das „Neue des Evangeliums“ besteht also im erlösten Verhältnis zwischen Mann und Frau, welches das Herrschen des Mannes über die Frau überwindet und in Christus zu einer vollkommenen gegenseitigen Liebe heranreift. Dazu hat Christus die Ehe als Sakrament erneuert, wie sie von Gott bereits „im Anfang“ eingesetzt worden ist.

1 Johannes Paul II., Mulieris dignitatem, Nr. 24.
2 Martin, Katechesen, 21.

3.4.2.2 Symbolische Dimension

Über die evangelische Neuheit für Mann und Frau hinaus entfaltet Johannes Paul II. hauptsächlich die „symbolische Dimension“ der „großen Analogie“.[1] Ausgangspunkt ist das Bild von Bräutigam und Braut. „Das Evangelium enthält nur eine einzige Stelle“, sagt Wojtyła während seiner Exerzitienvorträge im Vatikan 1976, „worin Jesus auf dieses Bild anspielt, und zwar geschieht dies nur beiläufig in der Frage: ‚Können die Hochzeitsgäste fasten, solange der Bräutigam bei ihnen ist?‘ (Mk 2,19)“[2]. Anders als Wojtyła verweist Ulrike Bechmann für die Evangelien noch auf „die eschatologische Wiederkunft des Bräutigams Christus“[3]: „Dann aber wird es mit dem Himmelreich sein wie mit zehn Jungfrauen, die ihre Lampen nahmen und dem Bräutigam entgegengingen“ (Mt 25,1). Paulus überträgt die eheliche Beziehung von Mann und Frau auf das Verhältnis Christus und Kirche (Eph 5,32). „Man hat, um die Herkunft der paulinischen Ausführungen über die Ehe Christi mit der Kirche zu erklären, immer wieder auf verschiedene Stellen des AT verwiesen“, so Schlier, „nämlich auf Hos 1-3; Jes 49,18; 50,1ff.; 54,1; 61,10; 62,4f.; Jer 2,2f; Ez 16,1ff.; 32,1ff.“[4] Und Berger meint: „Aus dem Alten Testament wird das Bild der Ehe zwischen Gott und seinem Volk aufgegriffen und erneuert.“[5]

Auch für Johannes Paul II. führt Eph 5,22-23 mit der Analogie Christus-Kirche und Mann-Frau „eine reiche Tradition in den Büchern des Alten Bundes“ (TdL 94,7) fort. Er zitiert eine Reihe von Prophetentexten[6], die die Liebe Gottes zum Volk Israel wiederholt als die Liebe des Gemahls zu seiner Frau darstellen: „Denn dein Schöpfer ist dein Gemahl, ‚Herr der Heere‘ ist sein Name. Der Heilige Israels ist dein Erlöser“ (Jes 54,5). Ausführlicher geht Johannes Paul II. in seinen Ansprachen zur „Theologie des Leibes“ auf Jes 54,4-7.10 ein. Im Namen Gottes wendet sich der Prophet an Israel wie der Bräutigam an seine Braut. Im Unterschied zu Hosea und Ezechiel enthält dieser Textabschnitt keinen Vorwurf der Untreue. Vielmehr wird „das Motiv der erbarmenden Liebe Gottes“ (TdL 95,3) betont. „Es ist dies vielleicht die stärkste Liebeserklärung Gottes, verbunden mit dem feierlichen Schwur zu ewiger Treue“ (TdL 95,3). Allerdings sind diese Texte für Schlier „nicht mehr als Bildworte, in denen Jahve mit dem Ehemann bzw. Bräutigam Israels und Israel mit dem (ungetreuen) Eheweib bzw. mit der Braut Jahves, ihr gegenseitiges Verhältnis mit einer Ehe oder Brautzeit

1 „Im Text des *Epheserbriefes* begegnen wir *einer zweiten Dimension* jener Analogie, die als ganze der Offenbarung des ‚tiefen Geheimnisses‘ dienen soll. Es handelt sich um ihre *symbolische Dimension*“ (Johannes Paul II., Mulieris dignitatem, Nr. 25).

2 Wojtyła, Zeichen des Widerspruchs, 114.

3 Bechmann, Brautsymbolik, Sp. 665. [Die im LThK typischen Abkürzungen sind vom Autor ergänzt]

4 Schlier, Epheser, 264.

5 Berger, Kommentar, 713.

6 Hos 2,1-3,1 oder Ez 16,5-8.12-15.30-32.

verglichen werden.“[1] Außerdem merkt Schlier an, „dass Paulus und auch die Texte, die eine ähnliche Vorstellung wie Paulus vertreten, sich niemals auf die genannten alttestamentlichen Texte berufen.“[2] Nichtsdestotrotz betont Johannes Paul II. eine Kontinuität zwischen den Worten des Propheten Jesaja und der „großen Analogie“ bräutlicher Liebe im Epheserbrief, erkennt aber gleichzeitig eine „Verschiedenheit der theologischen Sichtweise“ in dem Sinn, dass der Epheserbrief „bereits im ersten Kapitel vom Geheimnis der Liebe und der Erwählung, mit dem der ‚Gott und Vater unseres Herrn Jesus Christus‘ die Menschen in seinem Sohn umarmt“, spricht, und zwar „vor allem als einem ‚in Gott verborgenen‘ Geheimnis“ (TdL 95,5). Im Gegensatz zum Epheserbrief, der die Liebe Gottes als Vater thematisiert, nach Eph 1,4-5 umfasst dieses Geheimnis der väterlichen Liebe die Erwählung zur Heiligkeit („damit wir heilig und untadelig leben vor Gott“) und die Gotteskindschaft in Christus („er hat uns aus Liebe im Voraus dazu bestimmt, seine Söhne zu werden durch Jesus Christus“), beschreibt der Jesaja-Text diese Liebe des Vaters nicht. Johannes Paul II. spricht von einer „Verkürzung der theologischen Perspektive“ (TdL 95,5). Schließlich kommt der Liebe des Vaters der Primat zu.[3] Doch taucht für Johannes Paul II. die Analogie mit der bräutlichen[4] und ehelichen Liebe bei Jesaja dann über den Gedanken des „Erlösers“ doch noch auf.[5] Analog dazu wird die Gestalt des „Erlösers“ im Brief an die Epheser entfaltet[6]: „er hat sie [= die Kirche] gerettet, denn sie ist sein Leib“ (Eph 5,23). Doch bemerkt Schlier: Diese „Bezeichnung Christi als σωτὴρ τοῦ σώματος ist im NT singulär.“[7] „Christus [hat] die Kirche geliebt und sich für sie hingegeben“ (Eph 5,25). Diese „Selbsthingabe Christi [ist] für die Kirche gleichbedeutend mit der Erfüllung des Erlösungswerkes“ (TdL 95,6).

---

1 Schlier, Epheser, 264.

2 Ebd., 265.

3 Die „erste Dimension der Liebe und der Erwählung als von Ewigkeit her in Gott verborgenes Geheimnis ist eine väterliche und keine ‚eheliche‘ Dimension“ (TdL 95,5).

4 „Als Bild verwenden die nachexilischen Texte des Deutero-Jesaja und Trito-Jesaja die Braut, um das Erstrahlen Zions in neuer Pracht nach der Wiederherstellung durch Jahwe zu beschreiben“ (Bechmann, Brautsymbolik, Sp. 664). [Die im LThK typischen Abkürzungen sind vom Autor ergänzt]

5 „Obwohl in den ältesten Büchern der Bibel der ‚Erlöser’ (hebr. go’el) die Person bezeichnet, die durch Blutsbande dazu verpflichtet ist, den getöteten Verwandten zu rächen (Vgl. z. B. Num 35,19), dem unglücklichen Verwandten zu helfen (Vgl. z. B. Rut 4,6) und vor allem ihn aus der Sklaverei loszukaufen (Vgl. z. B. Lev 25,48), so wird im Laufe der Zeit diese Analogie auf Jahwe angewandt, ‚der Israel aus dem Sklavenhaus freigekauft hat, aus der Hand des Pharao, des Königs von Ägypten’ (Dtn 7,8)“ (TdL [Anm. 107] 95,6).

6 Was sich im Alten Testament auf Jahwe bezieht, wendet Paulus auf Christus an, der „die Kirche geliebt und sich für sie hingegeben hat“ (Eph 5,25), sodass wir „durch sein Blut (...) die Erlösung, die Vergebung der Sünden nach dem Reichtum seiner Gnade“ (Eph 1,7) erlangt haben.

7 Schlier, Epheser, 254. Durch „sein Blut haben wir die Erlösung, die Vergebung der Sünden nach dem Reichtum seiner Gnade“ (Eph 1,7) erlangt.

Die erlösende Liebe Gottes zeigt sich in der bräutlichen Hingabe des Sohnes, die „der bräutlichen Liebe menschlicher Eheleute ‚ähnlich‘ [ist], aber natürlich nicht ‚gleich‘. Denn die Analogie weist auf eine Ähnlichkeit hin, lässt aber zugleich der Nicht-Ähnlichkeit angemessenen Raum.“[1] Und im Unterschied zur Braut als Einzelperson im zwischenmenschlichen Bereich handelt es sich beim Volk Israel (Braut Jahwes) bzw. der Kirche (Braut Christi) um ein kollektives Subjekt, das aus vielen Personen zusammengesetzte Volk Gottes als Gemeinschaft. Die Hingabe Christi an den Menschen gilt diesem in seiner personalen und zugleich gesellschaftlichen Dimension.[2] Im Alten Testament ist diese gesellschaftliche Dimension als Volk Gottes mit Israel gegeben, im Neuen Testament mit der Gemeinschaft der Kirche. Johannes Paul II. betont, dass „in beiden Auffassungen die Dimension der Gemeinschaft gewissermaßen in den Vordergrund gerückt wird, aber nicht so, dass dadurch die personale Dimension völlig zugedeckt wird“ (TdL 95B,2). Der Schlüssel zum Verständnis dieser Aussage bildet der im Personalismus Wojtyłas zentrale Begriff der „Teilhabe“. Aufgrund der „Teilhabe“ bereichert die einzelne Person die Gemeinschaft, die wiederum die Selbstverwirklichung jedes „Ichs“ nicht nur gewährleistet, sondern fördert.[3]

Im Unterschied zum Jesaja-Text, der das Geheimnis nur andeutet („dein Schöpfer ist dein Gemahl“), wird dieses im Epheserbrief enthüllt, ohne aufzuhören, Geheimnis zu bleiben.[4] Kennzeichnend für Johannes Paul II. ist die Unterscheidung zwischen der ewigen Dimension des in Gott verborgenen Geheimnisses („Vater unseres Herrn Jesus Christus“) und seiner christologischen bzw ekklesiologischen Dimension, d. h. der Verwirklichung in der Geschichte. „Im Epheserbrief wird die theologische Sicht des Propheten-Textes bewahrt, aber zugleich vertieft und verändert. Es treten neue Offenbarungsmomente hinzu: das trinitarische, das christologische und schließlich das eschatologische Moment“ (TdL 95,6). Auf diese Weise verdeutlicht die „symbolische Dimension“ der Ehe, dass die sakramentale Verwirklichung der Erlösung immer eine Vermittlung zwischen dem Vatergott als Schöpfer und seinem Geschöpf darstellt. Die Anfänge des Bildes von Braut und Bräutigam heben hervor, wie sehr

1 Johannes Paul II., Mulieris dignitatem, Nr. 25.

2 „‚Christus hat die Kirche geliebt‘ gerade als Gemeinschaft, als Volk Gottes; und zugleich hat er in dieser Kirche, die im selben Abschnitt auch sein ‚Leib‘ genannt wird (Vgl. *Eph* 5,23), jede einzelne Person geliebt“ (Ebd.).

3 Deshalb spricht der Papst sowohl mit Blick auf den Alten als auch den Neuen Bund von „einer bedeutungsvollen ‚Rückführung der Gemeinschaft auf die Person‘“ und merkt an: „Israel und die Kirche werden vom Bräutigam, der Person ist (Jahwe und Christus), als Person betrachtet. Jedes konkrete Ich soll sich in jenem biblischen Wir wiederfinden“ (TdL 95B,2).

4 Denn Paulus zeigt, „auf welche Weise der ‚Erlöser‘, der der eingeborene und von Ewigkeit her ‚vom Vater geliebte‘ Sohn ist, gleichzeitig seine Heilsliebe, die in seiner Hingabe für die Kirche besteht, als eheliche Liebe offenbart, mit der er sich der Kirche vermählt und sie zu seinem Leib macht“ (TdL 95,7).

es um einen Heilsplan Gottes geht, der einerseits die ganze Gemeinschaft der Menschen umfasst, der aber andererseits die göttliche Liebe zu jeder einzelnen menschlichen Person verwirklichen möchte.

3.4.3 Haupt und Leib

Neben der „großen Analogie" taucht im Epheserbrief im Kontext der Ehe noch die Analogie „Haupt-Leib" auf (vgl. 1 Kor 11,3): „denn der Mann ist das Haupt der Frau, wie auch Christus das Haupt der Kirche ist; er hat sie gerettet, denn sie ist sein Leib. Wie sich aber die Kirche Christus unterordnet, sollen sich die Frauen in allem ihren Männern unterordnen" (Eph 5,23.24). „Man kann heute fragen, ob das Bild von Haupt und Leib für die partnerschaftliche Ehe geeignet ist", meint Schnackenburg, „aber diese tritt ins Blickfeld, wenn es heißt, dass wir ‚Glieder seines Leibes' sind, Mann und Frau in gleicher Weise (V. 30). Beide sind zu gegenseitiger Liebe und Ehrfurcht gerufen, so können wir heute V. 33 interpretieren."[1] Auch für Johannes Paul II. ist diese Analogie „Haupt-Leib" keine Belegstelle für eine einseitige Unterordnung der Frau[2] und misst dieser Schriftstelle eine „vorwiegend ekklesiologische Bedeutung" (TdL 91,1) bei.[3] In dieser ekklesiologischen Betrachtungsweise Johannes Pauls II. geht es bei der Analogie „Haupt-Leib" um „zwei verschiedene Subjekte, die aufgrund einer besonderen gegenseitigen Beziehung in gewissem Sinn zu einem Subjekt werden: Das Haupt bildet zusammen mit dem Leib ein Subjekt (im physischen und im metaphysischen Sinn), einen Organismus, eine menschliche Person, ein Wesen" (TdL 91,3). Zwar wird „das Prinzip der zweifachen Subjektivität beibehalten: Christus-Kirche/Bräutigam-Braut (Mann-Frau)" (TdL 92,4), doch wie sich die Frau als Subjekt vom Mann als Subjekt unterscheidet, unterscheidet sich Christus als Subjekt von der Kirche als Subjekt. Gleichzeitig gilt für Johannes Paul II.: Aufgrund der organischen Verbundenheit eines einzigen Subjekts lebt das Haupt in gewisser Weise vom Leib her, so wie der Leib noch eigentlicher vom Haupt her lebt. In dieser Sicht formt sich Christus die „Kirche", die er „geliebt und sich für sie hingegeben hat" (Eph 5,25). Schlier gibt für den Epheserbrief einerseits zwar zu „bedenken, dass das κεφαλή-Sein Christi eine eigentümliche Unterordnung impliziert. Nach 1,22; 4,15f.; Kol 1,18 war sie dahin zu bestimmen, dass Christus so das Haupt der Kirche ist, dass diese von ihm her und zu ihm hin wächst und dass das ihr zugute geschieht."[4] Auch Johannes Paul II.

1 Schnackenburg, Sittliche Botschaft II, 92.

2 „For many Christians, even some today, this means that the husband is the head of the wife and of the family. But the pope's own position is clear – there is a reciprocal and equal love relationship of husband and wife, with no one-sided domination by the husband" (Curran, Moral, 165).

3 In 1 Kor 12,12-31a dient die Analogie Haupt-Leib zur Erläuterung der Gesellschaftsordnung. Basis für diese Deutung ist die körperliche Einheit des menschlichen Organismus.

4 Schlier, Epheser, 254.

hält in *Mulieris dignitatem* fest, dass anders als in der Beziehung Gatte-Gattin „die Unterordnung in der Beziehung Christi-Kirche nur die Kirche betrifft“[1]. Andererseits merkt Schlier an, dass „das Objekt dieses Liebeserweises Christi die Kirche ist, ist eine bei Paulus und im NT singuläre Aussage.“[2] Dieser „Liebeserweis“ als Selbsthingabe an die Kirche und im Gehorsam an den Vater reicht „bis zum Tod am Kreuz“ (Phil 2,8). Das Ziel dieser Selbsthingabe ist mit Eph 5,27 formuliert: „So will er die Kirche herrlich vor sich erscheinen lassen [παριστάνειν], ohne Flecken, Falten oder andere Fehler; heilig soll sie sein und makellos.“ „Παριστάνειν“ bedeutet nach Schlier in diesem Kontext „das Vorführen und Vorstellen bzw. das Darstellen der Braut.“[3] In diesem Sinn werden für Johannes Paul II. im Kreuzestod Jesu die „Erlöserliebe“ und die „bräutliche Liebe“ eins: „Indem Christus sich für die Kirche hingibt, verbindet er sich durch eben diese Erlösungstat ein für allemal mit ihr, wie der Bräutigam mit der Braut, wie Mann und Frau in der Ehe, durch die Hingabe alles dessen, was dieses sein ‚Sich-Hingeben‘ für die Kirche ein für allemal einschließt.“ (TdL 90,6). Dass Christus auch Bräutigam seiner Braut, der Kirche ist, stellt im Blick auf die sakramentale Verwirklichung der „Erlösung des Leibes“ durch Ehe und Kirche einen Höhepunkt der „Theologie des Leibes“ dar. Und hierbei denkt Johannes Paul II. ganz konkret an die Erlösung und Heiligung des Menschen durch die Sakramente der Kirche, beginnend mit der Taufe.

Diese einmalige Selbsthingabe Christi am Kreuz verwirklicht sich immer wieder neu in der Taufe, die der Epheserbrief mit der Wendung umschreibt „im Wasser und durch das Wort rein und heilig zu machen [ἁγιάζειν]“ (Eph 5,26). „Das ‚Wort' ist dabei vermutlich die Taufformel“, so Luz, „also der in der Taufe über dem Täufling ausgesprochene Name Christi.“[4] Für Schlier ist dieses „ἁγιάζειν im Sinn von 1 Kor 6,11 als sakramentales ‚heiligen', d. h., in Gottes Heiligkeitssphäre erheben, zu verstehen“, – Johannes Paul II. spricht von Vergöttlichung –, doch im Unterschied zu 1 Kor 1,2; 1,30; 6,11 „bezieht sich an unserer Stelle die mit der Taufe geschehene Heiligung auf die Gesamtekklesia als solche.“[5] „Natürlich wird das Sakrament der Taufe einer bestimmten Person in der Kirche gespendet“, so auch Johannes Paul II., doch sieht der „Verfasser des Briefes (…) durch diesen einzelnen Täufling hindurch die ganze Kirche. Auf sie richtet sich die bräutliche Liebe Christi jedes Mal, wenn ein einzelner Mensch in ihr die grundlegende Reinigung durch die Taufe empfängt“ (TdL 91,7).

„Einmal von Christus sich selbst als Braut zugeführt (in seiner Selbsthingabe)“, so Schlier, „tritt die Kirche als solche in jeder Taufe zu ihm hin. Christus hat sich in dem Sinn zur Heiligung der Kirche hingegeben, dass er sie sich als

1 Johannes Paul II., Mulieris dignitatem, Nr. 24.
2 Schlier, Epheser, 255.
3 Ebd., 258.
4 Luz, Epheser, 172.
5 Schlier, Epheser, 256.

seine reine Braut ständig von neuem in der Taufe der Gläubigen zuführt. Betont ist an unserer Stelle noch, dass Christus selbst (αὐτός) die Präsentation der Braut vornimmt."[1] Christus, der Bräutigam, so Johannes Paul II., stellt jedes Mal, wenn ein Mensch getauft wird, in diesem gereinigten Täufling die ganze Kirche in ihrer bräutlichen Schönheit vor.

3.5 ERWEITERTER SAKRAMENTENBEGRIFF

Johannes Paul II. weitet den Begriff von Sakrament und dehnt ihn auf das ganze Heilswirken Gottes in seiner Schöpfung aus.[2] Diese Erweiterung versteht er selbst als Rückführung zur ursprünglichen Bedeutung des Begriffs μυστήριον in der biblischen Offenbarung. „Mysterium im Sinn der Schrift ist" nach Walter Kasper „die uns von Ewigkeit her gnädig zugewandte Freiheit Gottes, sein ewiger, in Jesus Christus offenbar gewordener und verwirklichter Heilswille (Röm 16,25f.). Insofern ist μυστήριον einer der zentralsten und fundamentalsten biblischen Begriffe überhaupt."[3] Zwar wird nach Franz-Josef Nocke „[n]irgends im NT (…) das Wort ‚mysterion' auf liturgische Handlungen bezogen. Trotzdem ist der dargelegte Befund für die Sakramentenlehre bedeutsam. Mit Hilfe des Mysterienbegriffs kann der Zusammenhang der Sakramente mit dem Christusereignis und mit dem Geheimnis seiner Gegenwart in der Kirche dargestellt werden."[4] Insbesondere gilt dies für die „große Analogie" mit der Rede vom „tiefen Geheimnis" („τὸ μυστήριον τοῦτο μέγα") (Eph 5,32). „Was auch immer das Mysterium oder die Mysterien im einzelnen bei Paulus sind und in welcher Weise ihre Aufdeckung geschieht", erklärt Schlier, „immer sind mit ihnen sich verhüllend-enthüllende Vorgänge gemeint."[5] Soteriologisch geht es dann um eine „verborgene Wirklichkeit", so Ralf Miggelbrink, die „ihre Kraft und Wirksamkeit für den Menschen entfaltet. Das ist aber nur möglich, wo das Verborgene nicht einfach schlechthin verborgen ist, sondern zugleich auch so weit enthüllt, dass der Mensch in eine innere Bewegung auf das Verborgene hin hineingezogen werden kann. Damit aber ist die Wirklichkeit des Sakraments benannt."[6]

Wenngleich die „große Analogie", der Vergleich der bräutlichen Beziehungen Christus-Kirche und Ehemann-Ehefrau, „kein angemessenes und vollständiges Verständnis jener absolut transzendenten Wirklichkeit bieten" kann, „die das göttliche Geheimnis sowohl in seinem Verborgensein in Gott von Ewigkeit

1 Ebd., 258.

2 „Theology's recent retrieval of the wider patristic meaning of ‚mystery' and ‚sacrament' is adopted by Pope John Paul II" (Bristrow, Christian, 276).

3 Kasper, Kirche Jesu Christi, 267.

4 Nocke, Sakramentenlehre, 191.

5 Schlier, Epheser, 263. Schlier führt folgende Belegstellen an: Eph 1,9; 3,3f; 6,19; Kol 1,26.27; 2,2; 4,3; Röm 11,25; 16,25; 1 Kor 4,1; 13,2; 14,2; 15,51; 2 Thess 2,7; 1 Tim 3,9.16.

6 Miggelbrink, Einführung, 61.

her wie in seiner ‚geschichtlichen' Verwirklichung in der Zeit ist" (TdL 95B,1), das Geheimnis also prinzipiell „transzendent" bleibt, wird es durch diese Analogie doch anschaulicher. Denn diese Analogie „hilft (…) in das Wesen des Geheimnisses selbst vorzudringen" (TdL 95B,1), schließlich eröffnet dieser Vergleich die Perspektive, dieses Geheimnis „als Liebe zu begreifen" (TdL 95B,2). Die bräutliche Liebe von Mann und Frau erschließt somit ein Moment des Geheimnisses, das weder durch den Vergleich mit der sich erbarmenden Liebe des Vaters (vgl. Jes 54,4-19) noch durch die Analogie mit der väterlichen Liebe (vgl. Eph 1) ausgedrückt wird.[1] Es handelt sich um das „Moment der Selbsthingabe Gottes an den von Ewigkeit her in Christus erwählten Menschen (wörtlich: an ‚Israel', an die ‚Kirche')", und Johannes Paul II. spricht von „einer Hingabe, die in ihrem wesentlichen Charakter, d. h. als Hingabe, ganzheitlich (oder vielmehr radikal) und unwiderruflich ist" (TdL 95B,4). In dieser Hingabe Christi beginnt der Plan bereits Wirklichkeit zu werden, und analog zur Ehe erlangt diese Liebe des Erlösers einen bräutlichen Charakter. Deshalb bezeichnet Johannes Paul II. „in Gottes Heilsplan die Ehe als älteste Enthüllung und Offenbarung jenes Planes" (TdL 93,1). Doch besagt das „Mysterium Christi in der Kirche" (TdL 88,2) nicht nur, dass sich in der „gegenseitigen Liebe zwischen Christus und der Kirche der ewige Plan Gottes für das Heil der Menschen verwirklicht"[2]. Bei dieser Verwirklichung des ewigen Heilsplanes Gottes kommt der Ehe auch selbst eine bedeutende Rolle zu. Maßgeblich dafür ist für Johannes Paul II. die im Epheserbrief beschriebene „Kontinuität zwischen dem ältesten Bund, den Gott durch die Einsetzung der Ehe bereits im Schöpfungswerk herstellte, und dem endgültigen Bund, in dem Christus, der die Kirche geliebt und sich für sie hingegeben hat, sich mit ihr als Bräutigam entsprechend dem Bild von den Ehegatten verbindet" (TdL 93,3). Johannes Paul II. bezeichnet diese „Kontinuität der Heilsinitiative Gottes" zwischen der Verbindung von Mann und Frau „im Anfang" und der Beziehung Christus-Kirche als „die entscheidende Grundlage der großartigen Analogie im Epheserbrief" (TdL 93,3). War bislang die Rede lediglich davon, dass die eheliche Liebe die „älteste Enthüllung und Offenbarung jenes Planes" ist, der durch die Hingabe Christi dann endgültig enthüllt wird (vgl. TdL 93,1), spricht Johannes Paul II. nun vom Anteil der Ehe nach dem Sündenfall an der Verwirklichung des ewigen Heilsplanes. Mit der Betonung der „Kontinuität der Heilsinitiative Gottes" zwischen dem „ältesten Bund" (Mann-Frau) und dem „endgültigen Bund" (Christus-Kirche) ist ausgedrückt, dass auch die Ehe als

---

1 Neben diesen drei Vergleichen kennt die Heilige Schrift noch zahlreiche andere Analogien, auf die Johannes Paul II. nicht näher eingeht. Etwa die Liebe Gottes im Vergleich zur Liebe einer Mutter (Vgl. Jes 49,15) oder zur liebenden Fürsorge eines Hirten (Vgl. Ps 23).

2 „(...) quell'amore reciproco di Cristo e della Chiesa, in cui si realizza l'eterno piano divino della salvezza dell'uomo" (Giovanni Paolo II, L'Amore Umano 90,2). (Eigenübersetzung; vgl. TdL 90,2)

christliches Sakrament an der Verwirklichung des ewigen Heilsplanes teilhat.[1] Gleichwohl betont Johannes Paul II., dass Eph 5,22-33 zwar „von den Sakramenten der Kirche, insbesondere von der Taufe und der Eucharistie [spricht], allerdings nur indirekt und gewissermaßen andeutungsweise“, sodass „man weder im ersten noch im zweiten Fall von einer umfassend entwickelten Sakramentenlehre sprechen kann. Ja, dass man davon nicht einmal sprechen kann, wenn es sich um das Sakrament der Ehe als eines der Sakramente der Kirche handelt“ (TdL 99,1.2). Die Reformatoren lehnten die Ehe als Sakrament mit der Begründung ab, schließlich lasse sich nach Nocke „in der Schrift kein Einsetzungswort finde[n]. Der Berufung der römischen Theologen auf Eph 5,21-33 halten sie entgegen, diese hätten sich durch das Wort μυστήριον (...) in Vers 32 irreführen lassen, indem sie es als ‚Sakrament' im scholastischen Sinne interpretierten und zudem noch auf die Ehe statt auf die Verbindung Christi mit der Kirche anwendeten.“[2] Demgegenüber meint Joachim Gnilka: „In Eph 5,32 wird das Liebesbündnis von Christus und Kirche in Analogie zur Ehe von Mann und Frau gestellt. Mysterium (in der Vulgata mit *sacramentum* übersetzt) entspricht noch nicht dem späteren theologischen Sakraments-Begriff. Doch erscheint die Ehe im christlichen Heilsgeschehen verwahrt“[3]. Außerdem muss mit Dorothea Sattler bedacht werden, dass das Wort μυστήριον auf den ewigen Heilsplan Gottes Anwendung fand und in der Auseinandersetzung mit heidnischen Kulten (Mysterien) bewusst für liturgische Handlungen vermieden wurde.[4]

1 „Die christlichen Gatten“, heißt es auch in *Lumen gentium*, „bezeichnen das Geheimnis der Einheit und der fruchtbaren Liebe zwischen Christus und der Kirche und bekommen daran Anteil (Vgl. Eph 5,32)“ (LG 11) „Anders als in der Scholastik stellt hier das Sakrament die liebende Einheit zwischen Christus und der Kirche nicht nur dar, sondern die Eheleute bekommen auch daran Anteil“ (Nocke, Ehe, 371).

2 Nocke, Ehe, 370. „Diese Lehre hat Luther grundgelegt in seiner Programmschrift ‚Von der babylonischen Gefangenschaft' (1520)“ (Piegsa, Ehesakrament, 75). Doch geht es nicht nur um Kontinuität, sondern auch um Identität. „Die Kontinuität der Heilsinitiative Gottes bedeutet die Kontinuität und schließlich die Identität dieses ‚großen Geheimnisses‘ in den verschiedenen Phasen seiner Offenbarung“, sagt Johannes Paul II., „also gewissermaßen seine Enthüllung – und Verwirklichung zugleich; in der vom Ge-sichtspunkt der Geschichte des Menschen und des Heils aus ältesten Phase und in der Phase, ‚als die Zeit erfüllt war‘ (Gal 4,4)“ (TdL 93,3). Mit der Offenbarung des Geheimnisses und der Verwirklichung des ewigen Heilsplanes wird nämlich bereits die sakramentale Ebene der Heilsinitiative Gottes betreten.

3 Gnilka, Sakrament, Sp. 1438-1439. [Die im LThK typischen Abkürzungen sind vom Autor ergänzt]

4 „Vom *mysterion* wurde (offenbar in bewusster Abgrenzung von antiken Mysterienkulten) nicht gesprochen, um liturgische Feiern zu benennen, sondern (bei Dan 2 in eschatologisch-apokalyptischen Zusammenhang) um den Heilsratschluss Gottes, der sich menschlicher Einsicht entzieht und somit Gottes Geheimnis bleibt, zu bezeichnen (Weish 2,22). In den Evangelien kommt *mysterion* in Verbindung mit der Rede vom angebrochenen Reich Gottes einmal vor (Mk 4,11): Den Jüngern ist das Geheimnis des Reiches Gottes anvertraut, denn sie haben Kenntnis von den göttlichen Heilsplänen erhalten“ (Sattler, Sakrament, 556). [Die Abkürzungen sind ergänzt]. Vgl. Nocke, Sakramentenlehre, 196-197.

3.5.1 Sakrament

Dem Schritt vom Geheimnis des ewigen Heilsplans Gottes, d. h. der Hingabe Gottes an den Menschen mit dem Ziel seiner Vergöttlichung, zu dessen sakramentaler Verwirklichung kommt im theologischen Denken Johannes Pauls II. eine Schlüsselrolle zu. Denn damit erschließt sich für ihn die sakramentale Dimension seiner theologischen Anthropologie. Ohne diese sakramentale Dimension kann das Sein des Menschen in der Welt nicht hinreichend gedeutet werden. Allerdings ist dafür notwendig, den „traditionellen Sakramentenbegriff" zugunsten eines „analogen Sakramentenbegriffs" zu erweitern. Letzterer ist umfassender und biblisch ursprünglicher. Dazu Gnilka: „Obwohl kein neutestamentlicher Begriff, ist Sakrament der Sache nach im NT vorhanden. Im Mittelpunkt stehen Taufe und Eucharistie."[1]

3.5.1.1 Traditioneller Begriff

Der Katechismus der Katholischen Kirche definiert Sakramente als *„von Christus eingesetzte und der Kirche anvertraute wirksame Zeichen der Gnade, durch die uns das göttliche Leben gespendet wird.*"[2] Ziegenaus betont die Sichtbarkeit des Zeichens: „In den Sakramenten ist die Vermittlung des Heils an sichtbare Zeichen gebunden."[3] Von diesem traditionellen Ansatz, dass sich Gott einer sinnlich wahrnehmbaren Wirklichkeit bedient, um eine verborgene Wirklichkeit zu vermitteln, geht auch Johannes Paul II. aus. In keiner Weise ignoriert er die traditionelle Lehre der Kirche von den sieben Sakramenten. Dabei wurde lange über die Anzahl der Sakramente diskutiert.[4] Das Zweite Konzil von Lyon (1274) schließlich „hält fest und lehrt, dass es sieben kirchliche Sa-

---

1 Gnilka, Sakrament, Sp. 1438-1439. [Die im LThK typischen Abkürzungen sind vom Autor ergänzt]

2 KathKK 1131.

3 Ziegenaus, Heilsgegenwart, 16.

4 „Der weite, nicht genau festgelegte Sakramentsbegriff der Alten Kirche gilt bis ins 12. Jh. Zur Zeit der Vorscholastik herrschen noch sehr unterschiedliche Vorstellungen über die Zahl der Sakramente. Die Bischöfe Fulbert von Chartres (+1028) und Bruno von Würzburg (+1045) zählen nur zwei: Taufe und Eucharistie, Bernhard von Clairvaux (+1153) dagegen zehn (darunter die Fußwaschung), Kardinal Petrus Damiani (+1072) zwölf (einschließlich der Königssalbung), andere bewegen sich zwischen diesen Größen. Erst mit dem systematisierenden Interesse der Frühscholastik entstehen die ersten Sakramententraktate und mit ihnen Definitionsversuche sowie (um die Mitte des 12. Jhs.) die Festlegung auf die Siebenzahl" (Nocke, Sakramentenlehre, 199). „In der Bestimmung der Zahl der Sakramente bestand lange Zeit keine Einigkeit. Zu einer vertieften Reflexion des Sakramentsbegriffs kam es in der Pariser Viktorinerschule und bei Petrus Lombardus (+ 1160). Hugo von St. Viktor (+1141) formte den Sakramentsbegriff richtungweisend, indem er drei konstitutive Voraussetzungen nannte: das sinnliche Zeichen (*elementum*), die unsichtbare Gnade (*gratia*) und die göttliche Einsetzung (*institutio*). Einfluss auf die Folgezeit hatte die Sentenzensammlung des Petrus Lombardus, in der sich eine Aufzählung und Klassifikation der sieben Sakramente findet" (Sattler, Sakrament, 558). [Die Abkürzungen sind ergänzt]

kramente gibt“[1]. Mit dem *Dekret für die Armenier* bekräftigt das Konzil von Florenz (1439-1445): „Es gibt sieben Sakramente des Neuen Bundes, nämlich Taufe, Firmung, Eucharistie, Buße, Letzte Ölung, Weihe und Ehe“[2]. Im Rückgriff auf Thomas von Aquin und die Theorie des Hylemorphismus – „‚materia‘ (ὕλη [hyle]) und ‚forma‘ (μορφή [morphe])“[3] – werden die sieben Sakramente „durch dreierlei vollzogen, nämlich durch die Dinge als Materie, die Worte als Form und die Person des Spenders, der das Sakrament erteilt in der Absicht, zu tun, was die Kirche tut; wenn irgendetwas von diesem fehlt, kommt das Sakrament nicht zustande.“[4] Für jedes einzelne Sakrament werden dann Materie, Form, Spender und Wirkung beschrieben.[5] Die Richtlinien von Florenz bilden auf dem Konzil von Trient die Grundlage für das *Dekret über die Sakramente*[6]. Jedoch wollte man beim 1547 verabschiedeten Dekret „scholastische Fachausdrücke vermeiden und unter Beschränkung auf das Notwendige die reformatorischen Lehren über die Zahl der Sakramente und über ihre Wirksamkeit nur durch den Glauben (ohne Namensnennung der Reformatoren) zurückweisen“[7]. Luther nämlich beschränkt die „*Zahl der Sakramente auf drei bzw. zwei: Taufe, Eucharistie und Buße.* (Bei der Buße schwankt Luther, weil sie kein sichtbares Element enthält.)“[8], so Nocke. Die Ehe ist kein Sakrament. „In sein späteres einflussreiches ‚Traubüchlein für die einfältigen Pfarrherrn‘ (1529) floss die Erfahrung der eigenen Ehe mit der ehemaligen Nonne Katharina von Bora (…) ein. Die Ehe wird hier als ‚ein weltlich Geschäft‘ bezeichnet, das der kirchlichen Jurisdiktion nicht unterstellt ist“[9], erklärt Piegsa. „Die *Reformatoren* bestreiten die Sakramentalität der Ehe, aber nicht, weil sie die Ehe niedrig einschätzen – Luther nennt sie den ‚edelsten Stand‘ der ganzen Christenheit“, gibt Nocke zu bedenken, „sondern weil sie mit der Sakramentalität den kirchlichen Jurisdiktionsanspruch (und das bedeutet: die Aufstellung von Ehehindernissen und die ganze kasuistische Rechtsprechung) verbunden sehen“[10].

---

1 DH 860.

2 DH 1310.

3 Nocke, Sakramentenlehre, 203.

4 DH 1312.

5 Z. B. ist bei der Taufe die Materie „wahres und natürliches Wasser“ (DH 1314), die Form ist „Ich taufe Dich im Namen des Vaters und des Sohnes und des Heiligen Geistes“ (DH 1314), der Spender ist der Priester, im Notfall „kann nicht nur ein Priester oder Diakon, sondern auch ein Laie oder eine Frau, ja sogar ein Heide und Häretiker taufen, sofern er nur die Form der Kirche wahrt und die Absicht hat zu tun, was die Kirche tut“ (DH 1315). „Die Wirkung dieses Sakraments ist die Vergebung aller ursprünglichen und tathaften Schuld sowie jeder Strafe, die für die Schuld selbst geschuldet wird“ (DH 1316).

6 Vgl. DH 1600f.

7 Vorgrimler, Sakrament I, Sp. 1442. [Die im LThK typischen Abkürzungen sind vom Autor ergänzt]

8 Nocke, Sakramentenlehre, 205.

9 Piegsa, Ehesakrament, 75.

10 Nocke, Ehe, 369-370.

Die sieben Sakramente sind sichtbare Riten und vermitteln die göttliche Gnade an den Empfänger des entsprechenden Sakraments.[1] Deshalb verbindet sich mit der Spendung jedes Sakraments ein sichtbares Zeichen (Materie). Ratzinger schreibt dazu: „Drei der sieben Sakramente beziehen sich unmittelbar auf den Menschen als Person an ganz bestimmten grundlegenden Knotenpunkten seines Lebens und brauchen daher keine andere ‚Materie' als eben den Menschen selbst in der Situation, auf die das Sakrament zielt."[2] Diese drei Sakramente sind Beichte (Lossprechung), Priesterweihe (Handauflegung) und Ehe (Ja-Wort): „Da ist zunächst die Buße, in der wir als Sünder um das Wort der Vergebung und der Erneuerung bitten", vertieft Ratzinger, „da ist die Priesterweihe, in der der Herr durch die Handauflegung des Bischofs Sendung und Vollmacht in der Nachfolge des Dienstes der Apostel schenkt; da ist die Ehe, in der zwei Menschen sich gegenseitig zu lebenslangem Zueinander schenken und damit reales, gelebtes und aktuelles Abbild des Bundes von Christus und der Kirche werden (vgl. Eph 5, 27-32)."[3] Gerade das „Zweite Vatikanum wird", so Piegsa, „die Ehe im biblischen Sinn als Bund darstellen."[4] Bei den anderen vier Sakramenten (Taufe, Firmung, Eucharistie, Krankensalbung) werden nach Ratzinger „materielle Dinge Träger von Gottes Handeln an uns": „Wasser, das (Oliven-) Öl, das (Weizen-) Brot und der Wein"[5], wobei sich die einzelnen Sakramente in der Art, wie die materiellen Dinge Träger des Handelns Gottes sind, natürlich wesentlich von einander unterscheiden. Zwar lässt sich die Gegenwart Gottes unter den Gestalten des Brotes und des Weines nicht mit der Funktion des Wassers bei der Taufe vergleichen, doch ist für Sattler „die herausragende Stellung von Taufe und Eucharistie als *sacramenta maiora* (bedeutendere Sakramente in Abgrenzung von den *sacramenta minora*) in der gesamten christlichen Theologie unstrittig"[6].

Auf die besondere Bedeutung der sieben Sakramente geht auch Johannes Paul II. im Rahmen der Mittwochskatechesen zur „Theologie des Leibes" ein. Zu der Verbindung von äußerem Zeichen und innerer Gnade stellt er zusammenfassend fest: „In diesem Sinn ist jedes der sieben Sakramente der Kirche durch eine bestimmte liturgische Handlung gekennzeichnet und durch das Wort (die Form) und die besondere sakramentale ‚Materie' festgelegt gemäß der verbreiteten, von Thomas von Aquin und der ganzen scholastischen Tradition aufgenommenen und vertieften Theorie des Hylemorphismus" (TdL 98,7).

1 *„Die sichtbaren Riten, unter denen die Sakramente gefeiert werden, bezeichnen und bewirken die Gnaden, die jedem Sakrament zu eigen sind. In Gläubigen, die sie mit der erforderlichen inneren Haltung empfangen, bringen sie Frucht*" (KathKK 1131).

2 Ratzinger, Geist der Liturgie, 189.

3 Ratzinger, Geist der Liturgie, 189-190.

4 Piegsa, Ehesakrament, 76.

5 Ratzinger, Geist der Liturgie, 190.

6 Sattler, Sakrament, 562.

3.5.1.2 Analoger Begriff

Gleichzeitig weiß sich Johannes Paul II. aber „in Übereinstimmung mit der gesamten biblisch-patristischen Tradition", wenn er sich von dieser „traditionellen und modernen theologischen Terminologie, die mit dem Wort ‚Sakrament' die von Christus eingesetzten und von der Kirche verwalteten Zeichen benennt" (TdL 98,7), löst und „eine weitere und vielleicht auch ältere und grundlegendere Bedeutung des Begriffs ‚Sakrament' benutzt" (TdL 98,8).

Sodann ist von einem „weiteren Sakramentenbegriff" die Rede. Es geht um die geschichtliche Verwirklichung der göttlichen Geheimnisse. Dazu Vorgrimler: „Als Bezeichnung für geschichtliche Verwirklichungen der göttlichen Heilsgeheimnisse ist der Begriff" μυστήριον „der Ursprung des späteren weiteren (besser als ‚analogen') Sakraments-Begriffs."[1] Allerdings betont Johannes Paul II.: „‚Sakrament' ist kein Synonym für ‚Geheimnis'" (TdL 93,5). Vielmehr setzt das Sakrament das Geheimnis voraus, das „in Gott selbst verborgen [bleibt]-, sodass es auch nach seiner Verkündigung (oder Offenbarung) nicht aufhört, ‚Geheimnis' zu heißen und auch als Geheimnis verkündigt wird" (TdL 93,5), und es setzt „die Offenbarung des Geheimnisses voraus, und (…) auch dessen gläubige Annahme durch den Menschen" (TdL 93,5). Nach Peter Bristrow bezeichnet Johannes Paul II. mit dem griechischen „μυστήριον" das, was verborgen ist, und mit dem lateinischen „sacramentum" das, was offenbar ist.[2] Gleichzeitig reicht das Sakrament wesentlich über die Offenbarung und Verkündigung des Geheimnisses hinaus. Denn soll der Heilsplan Gottes verwirklicht werden, sollen die göttlichen Heilsgeheimnisse beim Menschen ankommen und seinsmäßig bewirken, dass der Mensch göttlichen Lebens teilhaftig wird, geschieht dies in sakramentaler Weise. Johannes Paul II. bezeichnet Sakrament deshalb als einen „wirksamen Ausdruck der Heilsmacht Gottes" (TdL 101,1). Es „besteht in der Darstellung dieses Geheimnisses in einem Zeichen, das nicht nur zur Verkündigung des Geheimnisses dient, sondern auch zu seiner Verwirklichung im Menschen. Das Sakrament ist sichtbares und wirksames Zeichen der Gnade" (TdL 93,5). Die Hingabe Gottes an den Menschen und das gnadenhafte Teilhaftigwerden am göttlichen Leben „erfüllt sich auf geheimnisvolle Weise, unter dem Schleier eines Zeichens" als „ein Sichtbarmachen jenes übernatürlichen Geheimnisses, das unter seinem Schleier im Menschen wirksam wird" (TdL 93,5). Im Sakrament verwirklicht sich das Geheimnis der Vergöttlichung.[3]

---

1 Vorgrimler, Sakrament I, Sp. 1440. [Die im LThK typischen Abkürzungen sind vom Autor ergänzt]. „Das nahestehende Wort ‚sacratio' bezeichnte den sakralen Akt des Sich-Weihens" (Piegsa, Ehesakrament).

2 Vgl. Bristrow, Christian, 276.

3 „Durch das Sakrament verwirklicht sich im Menschen jenes von Ewigkeit her in Gott verborgene Geheimnis, von dem der Epheserbrief gleich zu Beginn spricht (Vgl. Eph 1,9) – das Geheimnis der Berufung des Menschen zur Heiligkeit in Christus durch Gott und das Geheimnis von seiner Bestimmung, von ihm als Kind angenommen zu werden" (TdL 93,5).

Weil die göttlichen Heilspläne aber nicht erst mit der Einsetzung der Heilszeichen durch Christus sich „unter dem Schleier eines Zeichens" im Menschen zu verwirklichen beginnen, sondern im Hinblick auf das Erlösungswerk Jesu Christi bereits vor der Erschaffung der Welt, sieht Johannes Paul II. in der Beschränkung auf die sieben Sakramente als den sieben Gnadenquellen eine Engführung, die hauptsächlich auf die systematischen Definitionen der Scholastik zurückzuführen ist und der eigentlichen Bedeutung des Wortes „Sakrament" nicht vollauf gerecht wird. Er will daher die analoge und ursprüngliche Bedeutungsfülle erschließen und zeichnet dazu in einer umfangreichen Fußnote die Begriffsentwicklung nach.[1] Ausgehend vom Begriff μυστήριον, dem seit

1 „Das ‚Sakrament', der Zeichenbegriff unserer Betrachtungen, hat im Laufe der Jahrhunderte einen weiten Weg zurückgelegt. Die Bedeutungsgeschichte des Wortes ‚Sakrament' muss ausgehen vom griechischen Wort ‚mystérion', das, um die Wahrheit zu sagen, im Buch Judit noch die Kriegspläne des Königs bedeutet (‚geheime Beratung', vgl. Jdt 2,2), aber bereits im Buch der Weisheit (2,22) und beim Propheten Daniel (2,27) die schöpferischen Pläne Gottes und das Endziel, das er für die Welt bestimmt, also Geheimnisse, die nur den gläubigen Bekennern offenbar werden.
In dieser Bedeutung scheint ‚mystérion' in den Evangelien nur ein einziges Mal auf: ‚Euch ist das Geheimnis des Reiches Gottes anvertraut' (Mk 4,11). In den großen Briefen des hl. Paulus kommt jenes Wort sieben Mal vor, wobei den Höhepunkt eine Stelle im Römerbrief bildet: ‚... gemäß meinem Evangelium und der Botschaft von Jesus Christus, gemäß der Offenbarung jenes Geheimnisses, das seit ewigen Zeiten ausgesprochen war, jetzt aber ... offenbar wurde' (Röm 16,25-26). In den späteren Briefen erfolgt die Identifikation des ‚mystérion' mit dem Evangelium (Vgl. Eph 6,19) und schließlich mit Jesus Christus selbst (Vgl. Kol 2,2; 4,3; Eph 3,4), was einen Wendepunkt im Verständnis dieses Begriffes darstellt; ‚mystérion' ist nicht mehr nur der ewige Plan Gottes, sondern die Verwirklichung des in Jesus Christus offenbar gewordenen Planes auf Erden. Deshalb begann man in der Zeit der Kirchenväter auch die geschichtlichen Ereignisse als ‚mystérion' zu bezeichnen, durch die sich der göttliche Wille, den Menschen zu retten, kundtut. Bereits im 2. Jahrhundert werden in den Schriften des hl. Ignatius von Antiochia, des hl. Justinus und Melitons die Geheimnisse des Lebens Jesu, die Prophezeiungen und die symbolischen Bilder des Alten Testaments mit dem Beriff ‚mystérion' bezeichnet. Im 3. Jahrhundert beginnen die ältesten lateinischen Übersetzungen der Heiligen Schrift zu erscheinen, in denen das griechische Wort sowohl mit dem Wort ‚mystérion' wie auch mit dem Wort ‚sacramentum' (z. B. Weish 2,22; Eph 5,32) wiedergegeben wird, vielleicht um die klare Trennung von den heidnischen Mysterienkulten und von der neuplatonisch-gnostischen Mystagogie zu unterstreichen.
Ursprünglich jedoch bedeutet ‚sacramentum' den von den römischen Legionären geleisteten Fahneneid. Da man in diesem Ausdruck den Aspekt der ‚Einweihung in eine neue Lebensform', ‚den vorbehaltlosen Einsatz', ‚den treuen Dienst bis zum Wagnis des Todes' erkennen konnte, hob Tertullian diese Dimensionen im christlichen Sakrament der Taufe, der Firmung und Eucharistie hervor. Im 3. Jahrhundert wird der Begriff ‚sacramentum' daher sowohl auf das Geheimnis des Heilsplanes Gottes in Christus (Vgl. z. B. Eph 5,32) als auch auf seine konkrete Verwirklichung durch die sieben Quellen der Gnade abgewandt, die wir heute als ‚Sakramente der Kirche' bezeichnen.
Der hl. Augustinus, der sich der verschiedenen Bedeutungen dieses Begriffes bediente, nannte Sakramente die religiösen Riten des Alten und des Neuen Bundes, die Symbole und biblischen Bilder wie auch die offenbarte christliche Religion. Alle diese ‚Sakramente' haben nach dem hl. Augustinus teil an dem großen Sakrament: dem Geheimnis von Christus und der Kirche. Auf die weitere Präzisierung des Begriffes ‚sacramentum' nahm der hl. Augustinus dadurch

ewigen Zeiten in Gott verborgenen und unausgesprochenen Geheimnis, siedelt Johannes Paul II. das Sakrament im ewigen Heilsplan Gottes an. Urgrund dieses Heilsplans ist der Wille Gottes, durch Christus die ganze Menschheit zu erlösen und alle zu retten.[1] Wie bereits angemerkt, wird in den ältesten lateinischen Übersetzungen der griechische Begriff μυστήριον nicht nur mit „mysterium“ wiedergegeben, sondern auch mit dem Ausdruck „sacramentum“. Zwar umfasst der Terminus „sacramentum“ ebenso die Dimension des geheimnisvollen Heilsplanes Gottes in Christus, beschränkt aber dessen konkrete Verwirklichung gleichzeitig mehr und mehr auf die sieben Gnadenquellen. Letztendlich wird der Begriff „Sakrament“ ausschließlich auf eine der sieben Heilszeichen angewandt.

Das Zweite Vatikanische Konzil kehrt nach Vorgrimler zum „weiteren Sakraments-Begriff“ und dessen analoger Bedeutungsfülle zurück und ist „für eine neue Sicht auf den Ursprungs-Zusammenhang von Jesus Christus mit den Sakramenten offen“[2]. Insbesondere wendet das Konzil den weiteren Sakramen-

---

Einfluss, dass er hervorhob, dass die Sakramente heilige Zeichen sind, die in sich Ähnlichkeit mit dem haben, was sie bedeuten, und die das vermitteln, was sie bedeuten. Er trug also mit seinen Analysen zur Erarbeitung einer klaren Schuldefinition des Begriffes Sakrament bei: ‚signum efficax gratiae‘, ‚wirksames Zeichen der Gnade‘.

Der hl. Isidor von Sevilla (7. Jahrhundert) unterstrich dann einen anderen Aspekt: die geheimnisvolle Natur des Sakraments, die unter dem Schleier materieller Dinge das Wirken des Heiligen Geistes in der Seele des Menschen verbirgt.

Die theologischen ‚Summen‘ des 12. und 13. Jahrhunderts formulieren bereits die systematischen Definitionen der Sakramente, besondere Bedeutung aber kommt der Definition des hl. Thomas zu: ‚Non omne signum rei sacrae est sacramentum, sed solum ea quae significant perfectionem sanctitatis humanae‘ (3a q.60 a.2). ‚Nicht jedes Zeichen für eine heilige Sache ist ein Sakrament, sondern nur die, welche die Vervollkommnung menschlicher Heiligkeit bezeichnen.‘

Von da an wurde als ‚Sakrament‘ ausschließlich eine der sieben Gnadenquellen verstanden, und die Studien der Theologen galten der Vertiefung des Wesens und Wirkens der sieben Sakramente; in systematischer Weise wurden die hauptsächlichen in der scholastischen Überlieferung enthaltenen Linien ausgearbeitet. Erst im vergangenen Jahrhundert wurde den Aspekten des Sakraments Aufmerksamkeit geschenkt, die im Laufe der Jahrhunderte unbeachtet geblieben waren, zum Beispiel seiner ekklesiologischen Dimension und der persönlichen Begegnung mit Christus, zwei Aspekte, die in der Liturgiekonstitution (Sacrosanctum Concilium, Nr. 59) Ausdruck gefunden haben. Das Zweite Vatikanische Konzil kehrt jedoch vor allem zur ursprünglichen Bedeutung von ‚sacramentum – mysterium‘ zurück, wenn es die Kirche ‚allumfassendes Heilssakrament‘ nennt (Lumen gentium, Nr. 48), Sakrament, das heißt ‚Zeichen und Werkzeug für die innigste Vereinigung mit Gott wie für die Einheit der ganzen Menschheit‘ (Lumen gentium, Nr. 1).

Das Sakrament wird hier – entsprechend seiner ursprünglichen Bedeutung – als Verwirklichung des auf die Erlösung der Menschheit gerichteten ewigen Heilsplanes Gottes verstanden“ (TdL [Anm. 105] 93,5).

1 „Das ist recht und gefällt Gott, unserem Retter, er will, dass alle Menschen gerettet werden und zur Erkenntnis der Wahrheit gelangen“ (1 Tim 2,4).

2 Vorgrimler, Sakrament I, Sp. 1442. [Die im LThK typischen Abkürzungen sind vom Autor ergänzt]

tenbegriff in der dogmatischen Konstitution *Lumen gentium* an: „Die Kirche ist ja in Christus gleichsam das Sakrament, das heißt Zeichen und Werkzeug für die innigste Vereinigung mit Gott wie für die Einheit der ganzen Menschheit."[1] „Die Kirche ‚teilt' nicht nur Sakramente ‚aus'", formuliert Nocke mit Otto Semmelroth (+1979), „sondern ist selbst Sakrament, wirksames Zeichen der Gnade Gottes."[2] „Versteht man unter Sakramenten lediglich die in der Kirche zur Heiligung der Christen gebräuchlichen sieben Zeichen der Gnade Gottes", merkt Miggelbrink an, „muss die Vorstellung verwirren, dass die Kirche ebenfalls ein Sakrament sein soll, das dann womöglich als achtes den sieben zuzuzählen wäre."[3] Selbstverständlich ist die Kirche kein Sakrament im Sinne der sieben Gnadenquellen, doch eignet ihr eine sakramentale Dimension. In diesem Sinn sagt Johannes Paul II., „dass wir von der Sakramentalität der Kirche in analoger und nicht identischer Weise sprechen müssen, wenn wir uns auf die sieben Sakramente beziehen, die von der Kirche durch die Einsetzung Christi verwaltet werden" (TdL 93,6). Das Konzil drückt das mit der Formulierung „veluti sacramentum"[4] aus. „Mit der Aussage, die Kirche sei in Christus gleichsam Sakrament", erklärt Kasper, „wird die Kirche also gerade nicht ideologisiert. Im Gegenteil, sie wird entdivinisiert und im recht verstandenen Sinn sogar relativiert. Sie ist in ihrer äußeren Gestalt nur Zeichen und Werkzeug, nicht die Sache selbst."[5] Die „Sache selbst" ist Christus. „Der Ausgangspunkt und das Ziel aller Konzilsaussagen ist nicht ekklesiozentrisch, sondern christozentrisch. Die Kirche ist nicht eine in sich und für sich wichtige Sache. Man darf die Kirche nicht vergötzen. Sie ist von Christus abgeleitet, ihm untergeordnet und auf ihn hin ausgerichtet."[6] Doch spricht Johannes Paul II. nicht nur von der „Sakramentalität der Kirche".

3.5.2 „Sakrament der Welt"

Bei den sieben Sakramenten der Kirche bildet die Grundlage für die unsichtbare sakramentale Wirkung immer ein sinnlich wahrnehmbarer Vorgang, der aus einem Zeichen und einem Wort besteht. Gott teilt dem Empfänger das göttliche Leben durch die Begegnung in solchen sakramentalen Zeichenhandlungen mit. Gleichzeitig sind diese sieben Zeichen von Gott selbst gestiftet worden und sie wirken „ex opere operato". „Die objektive Wirksamkeit eines Sakraments wird gleichsam von Gott her betrachtet, unabhängig vom ‚Spender' und dessen möglicher Unwürdigkeit: es wirkt *ex opere operato*, d. h. kraft der vollzogenen Ritus", erklärt Vorgrimler, „während das Ankommen der Gnade vom subjektiven

1 LG 1.
2 Nocke, Sakramentenlehre, 210.
3 Miggelbrink, Einführung, 57.
4 LG 1.
5 Kasper, Kirche Jesu Christi, 269.
6 Ebd., 267.

menschlichen Tun des ‚Empfängers', dem *opus operantis,* abhängig ist"[1], d. h. dem Tun des menschlich Handelnden. Heiligkeit und Gerechtigkeit von Spender und Empfänger sind nicht von belang. Die Fruchtbarkeit des Sakraments hängt allerdings von der persönlichen Disposition des Empfängers ab. „Minimalbedingungen sagen, beim ‚Spender' müssten die entsprechende Vollmacht und die Intention *faciendi quod facit Ecclesia* gegeben sein, beim ‚Empfänger' genüge das Nichtvorhandensein eines Hindernisses (*obex*)."[2]

Jedoch wendet sich Gott nicht nur im Rahmen der sieben Sakramente (personale Gegenwart Gottes) an den Menschen, sondern auf vielfältige Weise. Über die sieben Sakramente hinaus geht es hier einfach um ein Hineinwirken des Heiligen Geistes in die Schöpfung und in die Welt. Das Ziel bleibt die Vergöttlichung des Menschen. Damit der Mensch aber immer mehr am göttlichen Leben Anteil erlangen kann, geht Gott auch bei dieser Zuwendungsform auf die menschliche Natur ein, die durch die Leiblichkeit gekennzeichnet ist, der Verbindung von geistiger und materieller Wirklichkeit. Um dem Menschen seine unsichtbare Gnade mitzuteilen, nützt Gott auch hier einen leiblich erfahrbaren Vorgang als Weg.[3] So folgt auch diese Zuwendungsform einer sakramentalen Struktur.[4] In diesem Sinn spricht Johannes Paul II. von der sakramentalen Dimension der ganzen Schöpfung[5] oder vom „sakramentale[n] Charakter der Schöpfung" und vom „sakramentale[n] Charakter der Welt" (TdL 19,5) bzw. kurz vom „Sakrament der Welt" (TdL 19,5). Um dieses „Sakrament der Welt" zu erläutern, entfaltet Johannes Paul II. im Kontext der ursprünglichen Unschuld den Gedanken der Welt als Geschenk Gottes an den Menschen. Gott zeigt seine Liebe im Schenken.[6] Dabei ist das Geschenk der Welt an den Menschen nicht nur der erste Ausdruck göttlicher Liebe, vielmehr stellt sich für den Papst „in dieser Dimension ein erstes, sozusagen ein ursprünglichstes Sakrament dar, das als Zeichen das unsichtbare, von Ewigkeit in Gott verborgene

---

1 Vorgrimler, Sakrament I, Sp. 1441. [Die im LThK typischen Abkürzungen sind vom Autor ergänzt]

2 Ebd. [Die im LThK typischen Abkürzungen sind vom Autor ergänzt]

3 „Christ's gifts come to us through the visible realities. This is what we mean by the sacramentality of creation and redemption. They come to us through the ‚sacramentality' of our lives, family, work, suffering etc." (Bristrow, Christian, 276).

4 Das heißt: „Gott teilt sich den Menschen leibhaftig mit, bringt sich leibhaftig in Erfahrung" (Nocke, Sakramentenlehre, 191).

5 „In his discussion of marriage as a sacrament, John Paul II uses the term ‚sacrament' in both a broader and more narrow or technical sense of one of the seven sacraments of the church. In the broader sense, a sacrament is a sign that effectively transmits in the visible world the invisible mystery hidden from eternity in God (…). In this sense, creation and redemption are both sacraments" (Curran, Moral, 165-166).

6 „Geschöpfsein heißt ‚Beschenktsein', Beschenktsein vor allem mit dem Dasein und zusammen mit dem Dasein: mit der Natur, welche die Seinsgrade angibt, die Stufung der Vollkommenheit und des Guten in der Welt vom niedrigeren Sein bis zum vollkommeneren Sein, wenn auch Thomas von Aquin behauptet, jedes Sein sei seiner Natur nach vollkommen" (Wojtyła, Zeichen des Widerspruchs, 69).

Geheimnis in wirksamer Weise in der Sichtbarkeit der Welt übermitteln will" (TdL 19,4). Als sichtbare Materie offenbart die Welt (Zeichen) bereits etwas von dem Geheimnis, das von Ewigkeit her in Gott verborgen ist (Aspekt der Hingabe) und vermittelt so eine Teilhabe am Geheimnis des göttlichen Lebens (Wirkung). Die Welt als Schöpfungswerk Gottes in ihrer Gesamtheit stellt das sakramentale Zeichen dar. Dabei bedeutet der Begriff „Zeichen (...) einfach die Sichtbarkeit des Unsichtbaren" (TdL 96,7). Sobald der Mensch die Welt und den ganzen Kosmos entsprechend seiner Bestimmung als Geschenk Gottes bejaht und annimmt, eröffnet sich mit diesem Annehmen ein Weg, auf dem der Heilige Geist gleichsam sakramental in sein Leben hineinzuwirken beginnt. In diesem Hineinwirken besteht für Johannes Paul II. „der sakramentale Charakter der Schöpfung, der sakramentale Charakter der Welt" (TdL 19,5). Selbstverständlich ist diese sakramentale Wirkung der Welt nur in Rückbindung an das Erlösungswerk Christi zu verstehen bzw. vom Anfang der Geschichte her auf die Erlösung hin. Gleichwohl wird die „Sakramentalität der Schöpfung" bzw. die „Sakramentalität der Welt" für Johannes Paul II. erst im nach dem Bild Gottes geschaffenen Menschen verstanden.[1] Denn der „Mensch erscheint in der sichtbaren Welt als der höchste Ausdruck des göttlichen Schenkens, weil er die innere Dimension in sich trägt, die Dimension des Geschenks ist" (TdL 19,3). Diese Dimension entdeckt er in der „bräutlichen Bedeutung seines Leibes" und sie macht den Menschen Gott ähnlich. Auf diese Weise ist der Mensch selbst „durch seine Sichtbarkeit, durch sein Mann- bzw. Frausein (...) ein sichtbares Zeichen der Ökonomie der Wahrheit und Liebe, die ihren Ursprung in Gott selbst hat und bereits im Geheimnis der Schöpfung offenbar wurde" (TdL 19,5).

Beim erweiterten Sakramentenbegriff ist weniger an die traditionellen Sakramentalien zu denken. Sie werden im Katechismus als Segenszeichen der Kirche definiert: *„Als Sakramentalien bezeichnet man die von der Kirche eingesetzten heiligen Zeichen die dazu bestimmt sind die Menschen auf den Empfang der Frucht der Sakramente vorzubereiten und die verschiedenen Lebensumstände zu heiligen."*[2] Näher kommt man dem Verständnis der Sakramentalität der Schöpfung, wenn man sich beispielsweise das Tischgebet bei der Einnahme einer Mahlzeit vor Augen führt. Der Mensch macht sich bewusst, dass es sich bei den Speisen um ein Geschenk des Schöpfers handelt, und nimmt diesen Ausdruck der Liebe Gottes dankbar an. Dadurch empfängt er nicht nur die leibliche Speise zur Stärkung, vielmehr kann Gott das gesamte Geschehen dazu

1 „He goes on to say that, therefore, the sacramentality of creation, of the world is revealed in man. Creation, then, as theology tells us, is the gift of God, the fruit of his self giving and superabundance, and therefore of his love. Man carries the divine gift of God's love and life within him. He is the supreme expression of it, he is the image of God. In God, then, creation, that is the giving of life or calling into existence, and love are united. This union of love and life in God is prolonged in man" (Bristrow, Christian, 278).

2 KathKK 1677.

nützen, um ihm darüber hinaus seine personale Zuwendung zu schenken. Die Schöpfung nimmt damit für den Menschen und dessen Heiligung sakramentalen Charakter an.

3.5.3 „Sakrament des Leibes“

Für Johannes Paul II. darf die „Tatsache, dass die Theologie auch den Leib miteinbezieht, (…) niemand, der um das Geheimnis und die Wirklichkeit der Inkarnation weiß, verwundern oder überraschen. Dadurch, dass das Wort Fleisch wurde, ist der Leib wie durch das Hauptportal in die Theologie eingetreten, also in die Wissenschaft von den göttlichen Dingen“ (TdL 23,4). Doch ist die Inkarnation nicht nur eine theologische Grundwahrheit, sondern ebenso eine anthropologische. Gott wird für den Menschen in den Dimensionen von Raum (Leib) und Zeit (Geschichte) gleichsam in neuer Weise *erfahrbar*. Darüber hinaus *offenbart* die Inkarnation dem Menschen die Hingabe Gottes und vollzieht sie auch. Schließlich ist mit der Fleischwerdung die Weichenstellung für die Erlösung des Menschen gegeben, ebenso der Weg der Mitteilung göttlichen Lebens, welche immer *sakramental* geschieht. Indem der Sohn Gottes einen Leib angenommen hat, hat er sich aber nicht nur mit jedem Menschen, sondern mit der ganzen Welt und dem ganzen Kosmos verbunden und all dem eine neue Würde und Qualität verliehen. In der Menschwerdung Gottes und besonders darin, dass der Auferstandene seinen verklärten Leib in das Leben der göttlichen Dreifaltigkeit hineingenommen hat – „im Himmel sitzt ein menschlicher Leib zur Rechten des Vaters.“[1] –, wurde die Berufung des Kosmos grundgelegt, am Offenbarwerden der Söhne Gottes teilzuhaben. Das erlösende Handeln Gottes am ganzen Kosmos wird dann insbesondere durch die Eucharistie fortgesetzt, in der Christus wiederum einen Teil des Kosmos verwandelt. Wie die Eucharistie den ganzen Menschen heiligt, setzt sich die Heiligung über den Menschen in den ganzen Kosmos hinein fort. Allerdings ist festzuhalten, dass darin nicht die erste Bedeutung der Eucharistie besteht und sich darin erst recht nicht die Bedeutung der Eucharistie erschöpft.

Darüber hinaus misst Johannes Paul II. dem menschlichen Leib grundsätzlich eine sakramentale Dimension zu und spricht vom „Sakrament des Leibes“ (TdL 19,5). „Der ‚Leib‘ bedeutet auch das, was sichtbar ist, bedeutet die Sichtbarkeit der Welt und des Menschen. So gehört in gewisser Weise – wenn auch in sehr allgemeiner – der Leib in die Begriffsbestimmung des Sakraments, indem dieses ‚sichtbares Zeichen einer unsichtbaren Wirklichkeit‘ ist, d. h. der geistigen, transzendenten, göttlichen Wirklichkeit“ (Tdl 87,5).[2] Insofern kommt dem

1 Johannes Paul II., Orientale lumen, Nr. 10.

2 „In diesem Zeichen – oder durch dieses Zeichen – schenkt sich Gott dem Menschen in seiner transzendenten Wahrheit und in seiner Liebe. Das Sakrament ist Zeichen der Gnade und ein wirksames Zeichen. Es zeigt diese nicht nur an und drückt sie in sichtbarer Weise aus, in Form

Leib eine einmalige Funktion zu.[1] „Der Leib und nur er, kann das Unsichtbare sichtbar machen: das Geistliche und Göttliche“ (TdL 19,4). Als sakramentales Zeichen ist der Leib „geschaffen, um das von Ewigkeit her in Gott verborgene Geheimnis in die sichtbare Wirklichkeit der Welt zu übertragen und so Zeichen dieses Geheimnisses zu sein“ (TdL 96,6). Aber trotz der Sichtbarmachung bleibt das Geheimnis ein Geheimnis.[2]

Wie noch zu zeigen sein wird, wäre im Zustand der ursprünglichen Unschuld der menschliche Leib als sakrametnales Zeichen wirksam geworden. Johannes Paul II. versteht die Ehe, die leibliche Vereinigung der Eheleute im Zustand der Unschuld, als „Ursakrament der Schöpfung“. Der Mensch hätte in seiner Leiblichkeit die Teilhabe am göttlichen Leben als sakramentale Wirkung erfahren. Ebenso wäre sein Leib zum sakramentalen Zeichen für andere, insbesondere für die Kinder, denen er das Leben geschenkt hätte, geworden. Dass der Leib bereits in diesem Zustand der ursprünglichen Reinheit eine so entscheidende Rolle hätte spielen können, bringt Johannes Paul II. nicht zuletzt mit dem Fehlen der Scham in Verbindung.[3] An diesem äußeren Erfahrungsmoment verankert er die sakramentale Wirkung des Leibes „im Anfang“. Im Licht der Aussagen des Epheserbriefs über die Ehe wird das noch deutlicher. „Man kann sagen, dass das sichtbare Zeichen der Ehe ‚im Anfang‘, insofern sie mit dem sichtbaren Zeichen Christi und der Kirche, mit dem Höhepunkt des göttlichen Heilsplanes verbunden ist, den ewigen Plan der Liebe in die Dimension der Geschichte hineinversetzt und es zum Fundament jeder sakramentalen Ordnung macht“ (TdL 95B,7). In diesem Sinn spricht Johannes Paul II. vom „Sakrament des Leibes“ (TdL 19,5) und hebt hervor, dass die Zeichenhaftigkeit des menschlichen Leibes in der ganzen sichtbaren Welt einzigartig ist und somit den Höhepunkt darstellt. Gleichzeitig kann er sagen, dass eben dieses sichtbare

des Zeichens“, so Johannes Paul II., „sondern bringt sie hervor und trägt wirksam dazu bei, dass der Mensch der Gnade teilhaftig wird und dass sich in ihm das Heilswerk verwirklicht und erfüllt, das von Gott seit Ewigkeit vorherbestimmt und in Jesus Christus voll geoffenbart wurde“ (TdL 87,5).

1 „Yet if the cosmos declares ‚the glory of God’ (*Ps* 19,1), if God’s eternal power and divinity can be known ‚from what has been made’ (*Rom* 1,20), if the universe is a real analoque of God, then how much more does the human body – which contains the whole universe in itself, which appears inexhaustibly mysterious in its nuptial structure and communional form, and which alone in all creation has been fashioned in the divine image – visibly manifest its invisible, transcendent foundation” (Cooper, Body, 98).

2 „Als Gegenstand des Glaubens bleibt es auch gerade durch das, worin es sich ausdrückt und verwirklicht, verschleiert. Die Sichtbarkeit des Unsichtbaren gehört darum in die Ordnung der Zeichen, und das Zeichen deutet nur auf die Wirklichkeit des Geheimnisses hin, enthüllt es aber nicht“ (TdL 97,5).

3 „Original nakedness. In the state of original innocence man and woman saw through the body to the person and loved and respected one another *for their own sake* with what the Pope calls ‘the peace of the interior gaze’, that is, without any intermingling of sensuality, or selfishness, and therefore also without shame” (Bristrow, Christian, 293).

Zeichen der Ehe „im Anfang“, das Ein-Fleisch-Werden, „zum Fundament jeder sakramentalen Ordnung“ wird.

„Sakrament der Welt“ und „Sakrament des Leibes“ sind im Denken Johannes Pauls II. Bezeichnungen, welche die sakramentale Vermittlung des göttlichen Lebens in die Welt einfangen. Im weitesten Sinn geht es beim sakramentalen Zeichen um die Sichtbarmachung und Verwirklichung des göttlichen Heilsplans, letztlich der Anwesenheit Gottes. Zunächst müssen die Schöpfung und dann die Menschwerdung Christi als Sichtbarmachung des unsichtbaren Geheimnisses betrachtet werden. „Das von Ewigkeit her in Gott verborgene – also unsichtbare – Geheimnis ist vor allem in Christus als dem historischen Ereignis sichtbar geworden. Die Beziehung zwischen Christus und der Kirche, die im Epheserbrief als ‚großes Geheimnis' bezeichnet wird, stellt die Erfüllung und konkrete Darstellung dieses Geheimnisses dar“ (TdL 95B,7). In diese Analogie zwischen der Einheit von Mann und Frau und der bräutlichen Hingabe Christi an seine Kirche ist die Ehe als sakramentales Zeichen eingebettet.

3.6 EHE ALS SAKRAMENT

Für Johannes Paul II. gilt es, die Ehe aus dem bräutlichen Verhältnis Christus-Kirche heraus neu zu entdecken und zwar in ihrer bräutlichen wie erlösenden Dimension. Hatten Mann und Frau, die ein Fleisch wurden, „im Anfang“ „an der Schöpferliebe Gottes selbst“ teil, so haben die Eheleute im „Lichte des Epheserbriefes“ „durch das Ehesakrament an der heilbringenden Liebe Christi“ teil (vgl. TdL 102,2). Im „Anfang“ ist diese „Teilhabe an der Schöpferliebe Gottes“ die ursprüngliche Begnadung des Menschen. Zeichen davon ist das bräutliche Ein-Fleisch-Werden von Mann und Frau. Weil der Mensch im Zustand der ursprünglichen Unschuld geschaffen war, kann lediglich von einer bräutlichen Dimension der Hingabe von Mann und Frau die Rede sein, jedoch nicht von einer erlösenden Dimension. Erlösungsbedürftig wird der Mensch mit dem Sündenfall. Erst durch das Erlösungswerk Jesu Christi fließt die neue Gnade aus der Beziehung Christus-Kirche. Das Ehesakrament als eines der sieben Sakramente der Kirche vermittelt die „Teilhabe“ an dieser „heilbringenden Liebe Christi“. Im Verhältnis zur Ehe als „Sakrament der Schöpfung“ spricht Johannes Paul II. auf dem Hintergrund der Erlösung von einer neuen Begnadung des Menschen durch Gott. Für Mann und Frau „erneuert sich jenes ursprüngliche und dauerhafte Bild von der Ehe als Sakrament, wenn die christlichen Eheleute im Bewusstsein der wahren Tiefe der ‚Erlösung des Leibes‘ sich ‚in der gemeinsamen Ehrfurcht vor Christus‘ (Eph 5,21) vereinen“ (TdL 102,3). Diese Aussage verdeutlicht, dass auch bei der Ehe als eines der sieben Sakramente der Kirche das Zeichen die leibliche Vereinigung bleibt. Auf der einen Seite gehört zu diesem Zeichen die „gemeinsame Ehrfurcht vor Christus“. Zum anderen muss die leibliche Vereinigung „im Bewusstsein der wahren Tiefe der Erlösung des

Leibes" vollzogen werden. Dieses „Bewusstsein der wahren Tiefe der Erlösung des Leibes" bedeutet nichts anderes als selbstlose Hingabe. Die „Erlösung des Leibes" als selbstlose Hingabe ist die Überwindung der dreifachen Begierde. Je freier die Eheleute von der dreifachen Begierde sind, desto fruchtbarer ist das Sakrament der Ehe. Damit kommt der Ehe außer der bräutlichen auch eine erlösende Dimension zu.[1] „Das paulinische Bild von der Ehe, wie es in dem ‚tiefe Geheimnis' Christi und der Kirche festgehalten ist, stellt die erlösende Dimension der Liebe der bräutlichen an die Seite" und „verbindet gewissermaßen diese beiden Dimensionen zu einer einzigen" (TdL 102,4).

3.6.1 „Ursakrament der Schöpfung"

Johannes Paul II. thematisiert den „sakramentalen ‚Anfang' des Menschen und der Ehe im Stand der ursprünglichen Gerechtigkeit (bzw. Unschuld)" (TdL 97,1). In diesem Stand spricht er von der Ehe, „wie sie im Ursakrament der Schöpfung eingeschrieben war"[2], oder bezeichnet die „Ehe als Ursakrament"[3]. Dabei ist dieses „Ursakrament der Schöpfung" auf der Ebene der sakramentalen Wirksamkeit der Inkarnation selbst anzusiedeln, und zwar aufgrund der vollkommenen Begnadung des Menschen im Hinblick auf Christus.

In einem ganz anderen Sinn ist in der Heilsgeschichte die Rede von „Natursakramenten"[4] vor der Ankunft Christi bzw. dann zwischen Nichtgetauften. Damit ist die Überzeugung zum Ausdruck gebracht, dass die gefallene Schöpfung auch nach dem Sündenfall sakramentalen Charakter und gnadenhaftes Wirken Gottes aufweist. „Man dachte dabei an bestimmte, von den Men-

---

1 „Die bräutliche Bedeutung des Leibes in seinem Mannsein und Frausein, die zum ersten Mal im Geheimnis der Schöpfung vor dem Hintergrund der ursprünglichen Unschuld des Menschen offenbart wurde, wird im Bild des Epheserbriefes mit der erlösenden Bedeutung verbunden und auf diese Weise bestätigt, ja gewissermaßen ‚neu geschaffen'" (TdL 102,4). Wenn nämlich im Epheserbrief der Bund zwischen Christus und Kirche als „tiefes Geheimnis" analog der Beziehung Mann und Frau gesehen wird, dann nicht nur deshalb, um das bräutliche Verhältnis zwischen Christus und Kirche zu erschließen. Die Analogie mit der Erlöserliebe Christi lässt umgekehrt auch die eheliche Liebe in ihrer erlösenden Dimension erscheinen. Denn im Rahmen dieser Analogie wird die Ehe „vorausgesetzt als Sakrament des menschlichen ‚Anfangs' im Zusammenhang mit dem Geheimnis der Schöpfung. Und sie wird neu entdeckt als Frucht der bräutlichen Liebe Christi und der Kirche, verbunden mit dem Geheimnis der Erlösung" (TdL 102,1).

2 „(…) il matrimonio (…) come fu inscritto nell'originario sacramento della creazione" (Giovanni Paolo II, L'Amore Umano 103,7). (Eigenübersetzung; vgl. TdL 102,7).

3 „(…) matrimonio come sacramento primordiale" (Giovanni Paolo II, L'Amore Umano 99,2). (Eigenübersetzung; vgl. TdL 98,2).

4 Nach Scheffczyk „drang die Überzeugung von der Existenz von Sakramenten ‚in statu legis Mosaicae' (Beschneidung, Osterlamm, rituelle Waschungen, Sühnungen, Weiheriten) durch, die mit der Anerkennung eines *sacramentum naturae* auch für die Zeit von Adam bis Mose ‚in statu legis naturae' verbunden und zur sicheren Lehre erhoben wurde (…). Augustinus machte die Notwendigkeit eines Natursakraments vor allem für die unmündigen Kinder geltend, durch das sie von der Erbsünde befreit werden konnten" (Scheffczyk, Natursakramente, Sp. 696).

schen aufgrund von Gottes Zulassung gewählte Zeichen“, erläutert Scheffczyk, „die mit einem entsprechenden Gebet verbunden waren, in dem der Glaube an einen Erlöser zum Ausdruck kam.“[1] Augustinus betrachtete z. B. die „Paradiesehe“ im Sinn eines „Natursakraments“.[2] Er verstand diese Ehe ähnlich wie Johannes Paul II. aber wohl eher im Sinn des „Sakraments der Schöpfung“. Wenn dieser Ansatz von Augustinus schon damals in die klare Differenzierung von Anfang, Erlösung und Eschatologie eingebettet worden wäre, hätte er sich in der Theologiegeschichte vielleicht durchgesetzt So aber wurde der Gedanke einer „Paradiesehe“ nicht rezipiert. Ausführlich geht auf die Position des Augustinus und einer damit verbundenen „Selbstkorrektur“ Joachim Piegsa in seinem Faszikel *Das Ehesakrament* im *Handbuch der Dogmengeschichte* ein.[3]

Johannes Paul II. intendiert „unter *Ursakrament* jenes *Zeichen*, welches *das unsichtbare, von Ewigkeit in Gott verborgene Geheimnis*, auf wirksame Weise

1 Scheffczyk, Gnadenlehre, 197.

2 Vgl. Scheffczyk, Natursakramente, Sp. 696-697.

3 „In seinen ‚Retractationes' (427) wird Augustinus manches, was missverständlich oder irrig war in seinen vor-ausgegangenen Werken, erläutern oder verbessern, so auch Aussagen über den ehelichen Geschlechtsakt. Im Prolog schrieb Augustinus: ‚Ich will meine Werke, Bücher, Briefe und Abhandlungen mit einer quasi richterlichen Strenge durchsehen und das, woran ich Anstoß nehme, wie mit dem Griffel eines Zensors festhalten.' Eine Selbstkorrektur dieser Art ist ein einzigartiger Vorgang in der Literaturgeschichte. Augustinus korrigierte seine eigene Meinung über Geschlechtlichkeit und Ehe dahingehend, dass Mann und Frau bereits im Paradies durch die körperliche Vereinigung Kinder zeugen sollten. Seine anders lautende frühere Ansicht bezeichnete er als unhaltbar. Doch daran hält er immer noch fest, dass die körperliche Vereinigung im Paradies willentlich geschehen sollte, ohne sexuelle Lust. Der Wille hätte die Sexualorgane beherrscht und bewegt. Diese Meinung hatte Augustinus bereits in ‚De civitate Dei' vertreten. Gegen die Tatsache, dass der Mensch bei der geschlechtlichen Erregung nicht Herr über das körperliche Geschehen sei, sträubt sich Augustinus. Sowohl das stoische Ideal, über jede leidenschaftliche Erregung erhaben zu sein, wie auch eigene Erfahrungen haben seinen Widerwillen gegen die sexuelle Lust hervorgebracht. Sein Wunschbild bleibt eine Sexualität, die der Liebe bzw. dem Willen völlig untergeordnet ist. Augustinus gibt zu, dass das Eheleben seiner Zeitgenossen im Widerspruch zu seiner Lehre steht und dass die völlige Enthaltsamkeit leichter durchzuhalten ist als die Beschränkung des ehelichen Umgangs auf die Fortpflanzung. Denn Liebe statt Libido, Herzensverbindung statt fleischlicher Verbindung sind seine Forderungen.

Zur Lehre des Augustinus über Geschlechtlichkeit und Ehe darf man zusammenfassend festhalten: ‚Er (Augustinus) stellt nirgends ausdrücklich fest, dass die Ehe eine besondere Gnadengabe mit sich bringt (…). Indessen verlangt sie (die besondere Gnade) der ganze Gedankengang seiner Lehre als logische Folgerung (…). Spätere Schriftsteller begnügten sich, ihm zu folgen. Und es dauerte noch lange, bis die lateinischen Theologen erkannten, dass der Ritus der Ehe eine Quelle der Gnade sei.' Noch zur Zeit der Frühscholastik wird Abaelard (1080-1143) leugnen, dass die Ehe Gnade verleiht (…).

Augustinus verblieb bei der Meinung, dass die drei Ehegüter (bona matrimonii) Treue (fides), Nachkommenschaft (proles) und unauflösliches Band (sacramentum) – vor allem die Zeugung von Nachkommenschaft – den Geschlechtsverkehr rechtfertigen, da er von sündhafter Begierde (concupiscentia) begleitet wird, die ‚durch die Sünde (Ursünde) entstanden ist und nach der Sünde strebt'“ (Piegsa, Ehesakrament, 57-58). Vgl. Nocke, Ehe, 367.

in die sichtbare Welt übermittelt"[1]. Dieses „Ursakrament" umfängt die Wirklichkeit der Begnadung des Menschen vor dem Sündenfall, die „Übermittlung" des „Geheimnis[ses] des göttlichen Lebens, an dem der Mensch wirklich teilnimmt. In der Geschichte des Menschen beginnt diese Teilnahme mit der ursprünglichen Unschuld, die auch Quelle des ursprünglichen Glücks ist" (TdL 19,4). In seinen Reflexionen bringt Johannes Paul II. diese Wirklichkeit „des ursprünglichen Beschenktwerdens des Menschen" (TdL 96,2), d. h. „*den Heilsinhalt* (in gewisser Weise die ‚Heilssubstanz') des Ursakraments"[2], auf vielerlei Weise zum Ausdruck: Er spricht von „Mann bzw. Frau als Subjekt der Heiligkeit" (TdL 96,6), von der Teilhabe am „Geheimnis des göttlichen Leben[s]" (TdL 96,1), von der „ursprünglichen Unschuld" (TdL 96,3), dem „übernatürlichem Geschenk" (TdL 96,5), dem „Gnadenstand der ursprünglichen Unschuld und Gerechtigkeit" (TdL 96,2), von der „gottgeschenkten ursprünglichen Gnade, die der vernunftbegabten Seele von Anfang an eingeflößt worden war" (TdL 97,1), und davon, dass „der Mensch in seiner Seele die Frucht der ewigen Erwählung in Christus" (TdL 96,4) trug. Johannes Paul II. nennt es auch „das ursprünglichste Beschenktwerden des Menschen von Gott" (TdL 96,3), die „ursprüngliche Heiligkeit und Reinheit" (TdL 96,4) oder die „Gnade der Gotteskindschaft" (TdL 96,4). Alle diese Formulierungen beschreiben für Johannes Paul II. ein und dieselbe Wirklichkeit des ursprünglichen Gnadengeschenks der „Teilhabe am göttlichen Leben" selbst.[3] Im Epheserbrief wird diese anfängliche Begnadung oder auch „Heiligkeit" und „Untadeligkeit" mit dem Gesegnetsein „vor der Erschaffung der Welt" umschrieben.[4]

Seinsmäßig ist die ursprüngliche Unschuld, Heiligkeit und Gerechtigkeit ein Geschenk Gottes an den Menschen und stellt bereits eine wirkliche Teilhabe am göttlichen Leben dar. Im Sinne einer solchen Partizipation ist der Mensch „Subjekt der Heiligkeit" (TdL 96,6). Es handelt sich hier um den tiefsten Aspekt des Partizipationspersonalismus Johannes Pauls II. Am Beginn steht als Gabe die sich schenkende Liebe Gottes, die den Menschen infolge einer substanziellen Begnadung erst zur Hingabe befähigt. In der aktuellen Hingabe zwischen Mann und Frau, d. h. in der geschlechtlichen Vereinigung verwirklicht der Mensch

---

1 „(...) un primordiale *sacramento*, inteso quale *segno che trasmette* efficacemente *nel mondo visibile il mistero invisibile nascosto in Dio dall'eternità*" (Giovanni Paolo II, L'Amore Umano 19,4). (Eigenübersetzung; vgl. TdL 19,4).

2 „(...) *il contenuto salvifico* (in certo senso la ‚sostanza salvifica') del sacramento primordiale" (Giovanni Paolo II, L'Amore Umano 99,8). (Eigenübersetzung; vgl. TdL 98,8).

3 Aufgrund dieser Teilhabe bringt der Mensch „seine besondere Ähnlichkeit mit Gott in die Welt, durch die er auch seine ganze ‚Sichtbarkeit' in der Welt, seine Körperlichkeit, sein Mann- bzw. Frausein und seine Nacktheit transzendiert und beherrscht" (TdL 19,3).

4 „Gepriesen sei der Gott und Vater unseres Herrn Jesus Christus: Er hat uns mit allem Segen seines Geistes gesegnet durch unsere Gemeinschaft mit Christus im Himmel. Denn in ihm hat er uns erwählt vor der Erschaffung der Welt, damit wir heilig und untadelig leben vor Gott" (Eph 1,3-4).

dann wiederum das, was er als Geschenk erfahren hat. Obwohl es im theologischen Anfang zu keiner solchen geschlechtlichen Vereinigung kam, führen diese Gedankengänge Johannes Pauls II. zu der Aussage, dass die Ehe „im Anfang“ auch als „Ursakrament“ oder „Sakrament der Schöpfung“ bezeichnet werden kann. Die Ehe drückt also für Johannes Paul II. nicht nur den Beginn der menschlichen Gemeinschaft aus, die durch die Fortpflanzung weitergeführt wird, „sie ist gleichzeitig Ausdruck des Heilswillens des Schöpfers“ (TdL 96,7).

3.6.1.1 Zeichen und Wirkung

Im Zustand der ursprünglichen Unschuld wird das „Sakrament als sichtbares Zeichen (…) durch den Menschen begründet, sofern er ein Körper ist, durch sein sichtbares Mann- bzw. Frausein“ (TdL 19,4). Das sakramentale Zeichen der Ehe als „Ursakrament der Schöpfung“ ist das Ein-Fleisch-Werden von Mann und Frau. Auf diese Weise wird mit der ehelichen Hingabe nicht nur die Berufung des Menschen als Mann und Frau zur bräutlichen Hingabe enthüllt[1], sondern auch die Hingabe Gottes an das Geschöpf. Zudem macht die leibliche Hingabe als sakramentales Zeichen das von Ewigkeit her in Gott verborgene Geheimnis und damit das Göttliche überhaupt sichtbar. So wird der Leib *vor* dem Sündenfall in seiner Männlichkeit und Weiblichkeit zum sakramentalen Zeichen der Ehe als „Ursakrament der Schöpfung“.[2] Die Erfahrung der sakramentalen Wirkung dieses Zeichens ehelicher Hingabe im Zustand der „ursprünglichen Unschuld“ besteht in einem Wertfühlen[3]: als Mann und Frau „Subjekt der Heiligkeit“ (TdL 96,6) zu sein. „Diese dem Menschen vom Schöpfer ursprünglich verliehene Heiligkeit gehört zur Wirklichkeit des ‚Sakraments der Schöpfung‘“ (TdL 96,6). „Subjekt der Heiligkeit“ ist in diesem Kontext ein Synonym für die „Teilhabe am göttlichen Leben“. Johannes Paul II. fügt hinzu: „In diesem Sinn ist die Ehe ein Ursakrament“[4].

Obwohl die „Teilhabe am göttlichen Leben“ als Geschenk Gottes im Sinne einer Begnadung seinsmäßig am Anfang steht, ist der Mensch dazu berufen,

---

1 „Wenn sie sich voreinander nicht schämten, dann heißt das, dass das Bewusstsein der Hingabe, des Schenkens sie vereinte, dass sie das Empfinden der bräutlichen Bedeutung ihrer Leiber hatten, in dem die Freiheit des Geschenks zum Ausdruck kommt und sich der ganze innere Reichtum der Person kundtut“ (TdL 19,1).

2 „Das Sakrament als sichtbares Zeichen wird durch den Menschen begründet, sofern er ein Körper ist, durch sein sichtbares Mann- bzw. Frauseins begründet. Der Leib, und nur er, kann das Unsichtbare sichtbar machen: das Geistliche und Göttliche. Er wurde geschaffen, das von Ewigkeit her in Gott verborgene Geheimnis in die sichtbare Wirklichkeit der Welt zu übertragen und so Zeichen dieses Geheimnisses zu sein“ (TdL 19,4).

3 „‚Die mit dem Empfinden für die bräutliche Bedeutung des Leibes verbundene ursprüngliche Unschuld‘ bewirkt, dass ‚der Mensch sich in seinem Leib als Mann bzw. Frau als Subjekt der Heiligkeit empfindet (…). Er ‚empfindet sich‘ so und ist es von ‚Anfang‘ an“ (TdL 96,6).

4 „In questo senso è sacramento primordiale“ (Giovanni Paolo II, L'Amore Umano 97,6). (Eigenübersetzung; vgl. TdL 96,6).

diese Teilhabe zu vergrößern. Dieses Wachsen und Vermehren gilt nicht nur für die Situation des Menschen nach dem Sündenfall. Indem Gott den Menschen zur Hingabe begnadet, ist die Hingabe nicht nur der sichtbare Ausdruck und die Verwirklichung dessen, was der Mensch als Geschenk erfahren hat, sondern ebenso der sakramentale Weg zur Vergöttlichung des Menschen. Natürlich stellt sich die Frage, inwieweit sich der Mensch als „Subjekt der Heiligkeit" fühlen bzw. sich seiner Heiligkeit bewusst werden konnte. Die Offenbarung betont ja gerade, dass dem Menschen erst durch die Sünde die Augen für Gut und Böse aufgingen (Gen 3,7). Außerdem ist nicht vollkommen evident, warum sich der Mensch seiner Heiligkeit ausgerechnet durch die Erfahrung des bräutlichen Sinns des Leibes bewusst werden sollte. Ist die Grundlage für die Wahrnehmung von Heiligkeit und Begnadung im Paradies nicht in der unmittelbaren Gemeinschaft mit Gott verankert? Besteht der paradiesische Zustand des Menschen tatsächlich so ausschließlich im Ein-Fleisch-Sein? Die Frage verschärft sich im Blick auf den eschatologischen Zustand des Menschen. Denn für die ewige Vollendung ist eine leibliche Vereinigung von Mann und Frau nicht mehr angedacht. Damit stellt sich eine weitere Frage: Wie hätte der Mensch ohne Sündenfall und ohne Tod das „Ursakrament der Schöpfung" in Ewigkeit vollzogen? Welche Rolle hätte das Ein-Fleisch-Werden gespielt? Damit aber wirft sich die Frage auf, ob mit dem biblischen Hinweis „im Anfang" tatsächlich dieser Urzustand eingefangen wird, der den ewigen Paradieszustand des Menschen bedeutet hätte.

3.6.1.2 Weitergabe der Urbegnadung

Für die Ehe als „Ursakrament der Schöpfung" bildet der menschliche Leib in seiner Männlichkeit und Weiblichkeit das sichtbare Zeichen. Nunmehr geht es Johannes Paul II. um die Rolle der Ehe bei der Weitergabe dieser „Teilhabe am göttlichen Leben" im Zustand der ursprünglichen Unschuld und Gerechtigkeit. Anders gewendet gilt es die Frage zu klären, wie die Schöpfungsgnade der anfänglichen Gotteskindschaft auf spätere Generationen übertragen worden wäre.

Mit dem Schöpfungsakt Gottes und mit dem damit verbundenen „Ursakrament der Ehe" ist für Johannes Paul II. auch der Weg der Weitergabe der übernatürlichen Begnadung auf weitere Generationen mitgegeben. Er bringt die Gnade der Gotteskindschaft des Menschen *vor* dem Sündenfall eindeutig mit der geschlechtlichen Vereinigung von Mann und Frau in Verbindung. Kraft „des Heilswillens und -wirkens Gottes ‚im Anfang', im Geheimnis der Schöpfung (...) waren Mann und Frau, wenn sie sich vereinigten, um ‚ein Fleisch' zu werden (Gen 2,24)", so Johannes Paul II., „zugleich zur Einheit der Kinder Gottes ‚in Wahrheit und Liebe' bestimmt (vgl. Gaudium et spes, Nr. 24), die im eingeborenen und von Ewigkeit her geliebten Sohn an Kindesstatt angenommen sind" (TdL 100,1). Wie vom ehelichen Verkehr die Nachkommenschaft abhängt, so ist nach dem Ansatz von Johannes Pauls II. an denselben Akt auch die Vermittlung der Heiligkeit an die nachfolgenden Menschen gebunden.[1] „Wenn es sich dann um die Ehe handelt, kann man folgern, das sie – eingesetzt im Rahmen des Sakraments der Schöpfung in seiner Gesamtheit, das heißt im Zustand der ursprünglichen Unschuld – nicht nur der Weiterführung des Schöpfungswerkes, also der Fortpflanzung, dienen sollte, sondern auch dazu", so Johannes Paul II., „eben dieses Sakrament der Schöpfung, das heißt die übernatürlichen Früchte der ewigen Erwählung des Menschen durch den Vater im ewigen Sohn, auf die späteren Generationen der Menschheit auszudehnen: Es sind die Früchte, mit denen der Mensch im Schöpfungsakt selbst von Gott begnadet wurde" (TdL 96,7) „Die Zeugungskräfte des ersten Paares", so Charles E. Curran, „führen auch das Werk der Schöpfung fort. So ist die Ehe das Ursakrament der Schöpfung selbst"[2]. Zum ehelichen Akt gehören die Fortpflanzung sowie die Weitergabe der Urbegnadung. Weil die Ehe so in doppelter Weise der Weiterführung des Schöpfungswerkes dient, ist, wie Johannes Paul II. unterstreicht, „die Ehe ein Sakrament, insofern sie wesentlicher Bestandteil und, ich würde sagen, zentraler Punkt des ‚Sakraments der Schöpfung' ist" (TdL 96,6).

Gott hätte also die gegenseitige Liebe von Mann und Frau dazu genützt, um in ihr selbst gegenwärtig zu werden und die beiden dadurch immer mehr mit seinem göttlichen Leben zu erfüllen. Im Augenblick der ehelichen Vereinigung, durch welche Mann und Frau einem Kind das Leben weitergegeben hätten, hätte also Gott diesen Ausdruck der menschlichen Liebe dazu genützt, dem Kind Anteil am göttlichen Leben zu schenken, ihm von Anfang an seine Gnade mit auf den Weg zu geben. Deshalb spricht Johannes Paul II. von der Ehe als „Ursakrament der Schöpfung". Was wir auf dem Weg der Erlösung von der Taufe her kennen, nämlich dass ein Mensch durch die Taufe in die Gemeinschaft mit Gott erhoben wird und an der Gnade Anteil erhält, das wäre nach der ursprünglichen Schöpfungsordnung dem Menschen in analoger Weise durch den ehelichen Akt der Zeugung vermittelt worden. Die eheliche Vereinigung wird hier als sakramentaler Akt verstanden, durch den Gott dem neu ins Dasein tretenden Geschöpf seine ursprüngliche Begnadung vermittelt.

3.6.1.3 Im Hinblick auf Christus

Traditionell wird die Geschichte von der Heilsgeschichte unterschieden wie die Natur von der Gnade. Johannes Paul II. betont, dass der Sündenfall den Menschen nicht auf die reine Natur zurückgeworfen hat. Die Gottesferne ist nicht

1 „Die Einsetzung der Ehe nach den Worten von Genesis 2,24 drückt nicht nur den Beginn der grundlegenden menschlichen Gemeinschaft aus, die durch die ihr innewohnende Kraft der ‚Fortpflanzung' (‚seid fruchtbar und vermehret euch', Gen 1,28) der Weiterführung des Schöpfungswerkes dient, sondern sie ist gleichzeitig Ausdruck des Heilswillens des Schöpfers, der dem ewigen Erwähltsein des Menschen entspricht" (TdL 96,7).

2 „The procreative powers of the first couple also continue the work of creation. Thus, marriage is the primordial sacrament of creation itself" (Curran, Moral, 166). (Eigenübersetzung).

derart, dass die Menschen jeder Gnade bloß eine reine Natur darstellen. Ein zweites Moment ist in der traditionellen Theologie die Trennung von Schöpfung und Erlösung. Dabei wird das Verhältnis von Schöpfung und Erlösung so gedeutet, dass im Menschen vor der Erlösung Christus noch nicht gegenwärtig ist. Im Denken Johannes Pauls II. aber geht es immer um „die ganze Geschichte des Menschen, die zugleich Geschichte der Erlösung ist“ [1]. Von Anfang an ist der Mensch begnadet. „Diese übernatürliche Begnadung, die vor der Ursünde geschah (…), eine Begnadung, die Frucht des Erwähltseins des Menschen in Christus vor aller Zeit war, hat sich *im Hinblick auf Ihn, auf jenen einzig Geliebten* vollzogen, auch wenn sie chronologisch seinem Kommen im Fleisch vorgreift“[2]. Somit ist für Johannes Paul II. der ewige Heilsplan Gottes auch Teil des göttlichen Wesens. Das heißt, Gottes Liebe ist von Ewigkeit her darauf angelegt, sich einem Geschöpf ganz hinzugeben. Christus gehört als der, der in die Schöpfung eingeht und durch den die Schöpfung in Gott aufgenommen wird, zum ewigen Wesen Gottes. Alles ist auf Christus hin geschaffen (vgl. Kol 1,16f.). Und „es ist uns Menschen [außer Christus] kein anderer Name unter dem Himmel gegeben, durch den wir gerettet werden sollen“ (Apg 4,12).

Menschsein ist ohne Christus nicht zu verstehen. Christus ist der Ort, an dem die Schöpfung in das innertrinitarische Leben hineingenommen ist. „Erste und entscheidende Quelle für das Verständnis des innersten Wesens des Menschen ist also die Heiligste Dreifaltigkeit. All das besagt die biblische Formulierung vom ‚Abbild Gottes‘, die sich bereits am Anfang des Buches Genesis findet (vgl. *Gen* 1, 26-27).“[3] Und umgekehrt ist Christus mit dem Schöpfungsakt in die Schöpfung hineingelegt. Geschichtlich betrachtet ist die Menschwerdung zum einen das Offenbarmachen Gottes sowie des Menschen, zum anderen die Eröffnung der Möglichkeit, vollkommen am göttlichen Leben teilzunehmen, was dem Wesen nach im Menschen angelegt ist. Er ist hingeordnet auf Christus. In seinem Apostolischen Schreiben über die Würde und Berufung der Frau stellt Johannes Paul II. fest: „Im Lichte der Offenbarung *bedeutet Schöpfung zugleich Anfang der Heilsgeschichte*.“[4] So ist auch der sakramentale „Anfang“ des Menschen und der Ehe eng mit der Erwählung des Menschen in Christus zur Gotteskindschaft verknüpft. Im Stand der ursprünglichen Unschuld „trug die Erwählung des Menschen in Christus von Ewigkeit her bereits im Akt seiner Schöpfung Früchte. Man muss also erkennen“, so Johannes Paul II., „dass

1 Johannes Paul II., Erinnerung und Identität, 187.

2 „Questa gratificazione soprannaturale, che ebbe luogo prima del peccato originale (…) gratificazione che fu frutto dell’elezione dell’uomo in Cristo prima dei secoli – si è compiuta appunto *per riguardo a Lui, a quell’unico Diletto,* pur anticipando cronologicamente la sua venuta nel corpo” (Giovanni Paolo II, L’Amore Umano 97,5). (Eigenübersetzung; vgl. TdL 96,5).

3 Johannes Paul II., Erinnerung und Identität, 141-142.

4 Johannes Paul II., Mulieris dignitatem, Nr. 9.

das Ur-Sakrament der Schöpfung seine Wirksamkeit aus dem ‚geliebten Sohn’ schöpft“ (TdL 96,7).

Wie bereits angemerkt, erschließt der Brief an die Epheser schon in seinen ersten Versen den ewigen Heilsplan Gottes für den Menschen (Eph 1,3.4). In diesen Versen kommt klar zum Ausdruck, dass der ewige Heilsplan Gottes sowohl der Erschaffung der Welt als auch der Erschaffung des Menschen vorausgeht. Aus dieser Tatsache zieht Johannes Paul II. den Schluss: „Also beginnen diese göttlichen Pläne sich bereits in der ganzen Wirklichkeit der Schöpfung zu verwirklichen“ (TdL 96,3). Auch der Zustand der ursprünglichen Unschuld, Gerechtigkeit und Heiligkeit ist eine Frucht der Erwählung in Christus.[1] Diese Gnade der ursprünglichen Gerechtigkeit und Unschuld ist ein übernatürliches Geschenk und geht der Menschwerdung und Erlösung zeitlich voraus. Die Wirklichkeit der Erschaffung des Menschen war bereits von seiner ewigen Erwählung von Christus durchdrungen, von jenem Christus, der noch kein Christus war. Denn Christus bedeutet menschgewordener Sohn Gottes. In dieser Sicht Johannes Pauls II. hat jegliche Teilhabe am göttlichen Leben ihren Urgrund in der Hingabe Gottes an den Menschen, durch die Menschwerdung wie am Kreuz. „Dieses Beschenktwerden wurde ihm im Hinblick auf den zuteil, der von der Ewigkeit her als Sohn ‚geliebt‘ war“, erklärt Johannes Paul II., „auch wenn sie – den Dimensionen der Zeit und Geschichte entsprechend – der Menschwerdung dieses ‚geliebten Sohnes‘ und ebenso der ‚Erlösung‘, die wir in ihm ‚durch sein Blut‘ haben (Eph 1,7), vorausgegangen ist“ (TdL 96,5). Diese Deutung Johannes Pauls II. schließt die Meinung aus, dass die Menschwerdung zur Erlösung des Menschen nicht notwendig war, aber auch, dass sich die Menschwerdung Gottes ohne Sündenfall nicht ereignet hätte. Damit zeigt sich, dass die ganze „Theologie des Leibes“ letztlich die Entfaltung einer Christologie bzw. Soteriologie darstellt.

3.6.2 „Ursakrament der Erlösung“

Johannes Paul II. unterscheidet vom „Sakrament der Schöpfung“ das „Sakrament der Erlösung“ (TdL 97,2). Als Ursakrament gründet das „Sakrament der Schöpfung“ in der ehelichen Vereinigung von Mann und Frau. Der „‚erste Adam‘, der Mensch, Mann und Frau, geschaffen im Zustand der ursprünglichen Unschuld und in diesem Zustand zur ehelichen Vereinigung berufen (in diesem Sinne sprechen wir vom Sakrament der Schöpfung)“, war „Zeichen des ewigen Geheimnisses“ (TdL 97,5). Von zentraler Bedeutung für die ganze „Theologie des Leibes“ ist die Aussage, dass das Mann- und Frausein mit seiner Leiblichkeit in den Bereich des sakramentalen Zeichens gehört. Die eheliche Vereini-

1 Johannes Paul II. hält fest, „dass die Wirklichkeit der Erschaffung des Menschen bereits von seiner ewigen Erwählung in Christus durchdrungen war: Berufung zur Heiligkeit durch die Gnade der Gotteskindschaft“ (TdL 96,4).

gung von Mann und Frau ist im Rahmen des „Sakraments der Schöpfung“ ein Bestandteil des sakramentalen Zeichens. Mit diesem ursprünglichen Zeichen des „Sakraments der Schöpfung“ war die sakramentale Wirkung des Fühlens der Urbegnadung des Menschen verbunden. Denn im Zustand der ursprünglichen Unschuld koppelte sich die Weitergabe der ursprünglichen Begnadung im Rahmen der ehelichen Vereinigung an den Vollzug der Fortpflanzung.

„Obwohl die Gnade nach dem Fall verloren ist“, so Curran zum Ansatz Johannes Pauls II., „hörte die Ehe nicht auf, in gewissem Sinn ein Modell zu sein des großen Geheimnisses oder Sakraments der Bundesliebe Gottes für sein Volk“[1].

Dem „Ursakrament der Schöpfung“ stellt Johannes Paul II. nun das „Ursakrament der Erlösung“ gegenüber. Dieses „Ursakrament der Erlösung“ im Neuen Bund tritt an die Stelle des „Ursakraments der Schöpfung“ und trägt eine analoge Struktur. Die Verbindung von Mann und Frau wird durch das bräutliche Verhältnis Christus-Kirche ersetzt.[2] Aufgrund der Ehe als Modell „gewinnt das Sakrament der Erlösung in gewissem Sinn die Gestalt und die Form des Ursakraments“[3]. Bei diesem „Ursakrament der Erlösung“ ist das sakramentale Zeichen das bräutliche Verhältnis Christus-Kirche.[4] Als sakramentale Wirkung nach der Erbsünde geht mit diesem „Ursakrament der Erlösung“ als einer „endgültigen Verwirklichung des von Ewigkeit her in Gott verborgenen Geheimnisses“ (TdL 97,3) eine „neue übernatürliche Begnadung des Menschen im ‚Sakrament der Erlösung'“[5] einher. Diese „neue übernatürliche Begnadung“ ist eingetreten, als „Christus die Kirche geliebt und sich für sie hingegeben hat, um sie im Wasser und durch das Wort rein und heilig zu machen“ (Eph 5,25-26). Diese „neue Begnadung“ der Gotteskindschaft ist „eine wirkliche *Erneuerung* (oder eine ‚Wieder-Schöpfung‘, d. h. eine neue Schöpfung) *dessen, was den Heilsin-*

1 „Although grace is lost after the fall, marriage never ceased to be in some sense a figure of the great mystery or sacrament of God's covenant of love for his people" (Curran, Moral, 166). (Eigenübersetzung).

2 „Diese erlösende Selbsthingabe ‚für' die Kirche schließt – nach paulinischen Denken– auch die Selbsthingabe Christi ‚an' die Kirche ein nach dem Bild und Sinnbild der bräutlichen Beziehung, die Mann und Frau in der Ehe verbindet“ (TdL 97,2).

3 „(…) il Sacramento della Redenzione riveste, in certo senso, la figura e la forma del sacramento primordiale" (Giovanni Paolo II, L'Amore Umano 98,2). (Eigenübersetzung; vgl. TdL 97,2).

4 „Wie der ‚erste Adam', der Mensch, Mann und Frau, geschaffen im Zustand der ursprünglichen Unschuld und in diesem Zustand zur ehelichen Vereinigung berufen (in diesem Sinne sprechen wir vom Sakrament der Schöpfung), Zeichen des ewigen Geheimnisses war, so ist der ‚zweite Adam‘, Christus, der mit der Kirche durch das Sakrament der Erlösung durch ein unauflösliches Band – analog dem unauflöslichen Band der Eheleute – mit der Kirche verbunden ist, endgültiges Zeichen desselben ewigen Geheimnisses“ (TdL 97,5).

5 „(…) nuova gratificazione soprannaturale dell'uomo nel ‘Sacramento della Redenzione'" (Giovanni Paolo II, L'Amore Umano 98,3). (Eigenübersetzung; vgl. TdL 97,3).

halt (gewissermaßen die ‚Heilssubstanz‘) des Ursakraments“[1] der Schöpfung ausmachte. Johannes Paul II. definiert diese „neue Schöpfung“ im Kontext der Erlösung: „sie bedeutet die Annahme alles Geschaffenen, um in der Schöpfung die von Gott für sie bestimmte Fülle an Gerechtigkeit, Beständigkeit und Heiligkeit auszudrücken und um jene Fülle vor allem in dem als Mann und Frau ‚als Ebenbild Gottes‘ geschaffenen Menschen zum Ausdruck zu bringen“ (TdL 99,7). Diese „‚neue Schöpfung‘ (...) unterscheidet sich (…) vom Sakrament der Schöpfung insofern, als das ursprüngliche mit der Schöpfung verbundene Beschenktwerden jenen Menschen ‚im Anfang‘ durch die Gnade in den Stand der ursprünglichen Unschuld und Gerechtigkeit versetzte“ (TdL 97,3). „Das neue Beschenktwerden des Menschen im Sakrament der Erlösung schenkt ihm hingegen vor allem die ‚Vergebung der Sünden‘“ (TdL 97,3). Schließlich geht es um den mit der Erbsünde belasteten Menschen. Die Tilgung der Erbschuld stellt also die entscheidende Gnade der Erlösung dar, unter der Johannes Paul II. die Wiederherstellung der ursprünglichen Begnadung versteht. Gleichzeitig aber sieht er in Christus eine neue Begnadung, die die ursprüngliche Begnadung des Menschen übersteigt. „Die Gnade fließt noch mehr über“[2], so Curran. Damit wird deutlich, dass die Fortsetzung der Urbegnadung durch das „Sakrament der Erlösung“ mehr ist als nur die Identität des von Ewigkeit her in Gott verborgenen Geheimnisses. Einerseits geht es beim „Sakrament der Erlösung“ um die „Kontinuität der Verwirklichung“, andererseits ist diese „neue übernatürliche Begnadung des Menschen im ‚Sakrament der Erlösung‘ auch eine neue Verwirklichung des von Ewigkeit her in Gott verborgenen Geheimnisses“[3].

Zwischen Schöpfung und Erlösung gibt es eine Kontinuität.[4] Im Denken Johannes Pauls II. bereitet das „Sakrament der Schöpfung“ auf das „Sakrament der Erlösung“ vor. Umgekehrt nimmt das „Heilswirken, das vom Geheimnis der Erlösung fließt, (...) das ursprüngliche heiligende Wirken Gottes im Geheimnis der Schöpfung in sich auf“ (TdL 100,2), sodass „jenes Ursakrament sich auf neue Weise im ‚Sakrament‘ Christi und der Kirche verwirklicht“[5]. Deshalb ist auch die Bedeutung der Ehe für das Heilswerk Gottes nicht aufgehoben. Ganz im Gegenteil, im „Schöpfungs- und Erlösungsplan Gottes“, so Piegsa,

1 „(…) un reale *rinnovamento* (ovvero di una ‚ri-creazione’, cioè di una nuova creazione) *di ciò che costituiva il contenuto salvifico* (in certo senso la ‘sostanza salvifica’) del sacramento primordiale” (Giovanni Paolo II, L’Amore Umano 99,8). (Eigenübersetzung; vgl. TdL 98,8).

2 „Grace abounds even more” (Curran, Moral, 166). (Eigenübersetzung).

3 „La nuova gratificazione soprannaturale dell’ uomo nel ‚Sacramento della Redenzione’ è anche una nuova attuazione del Mistero nascosto dall’eternità in Dio” (Giovanni Paolo II, L’Amore Umano 98,3). (Eigenübersetzung; vgl. TdL 97,3).

4 „There is a continuity between creation and redemption” (Curran, Moral, 166). (Eigenübersetzung).

5 „(…) che quel sacramento primordiale si realizza in un modo nuovo nel ‚sacramento’ di Cristo e della Chiesa“ (Giovanni Paolo II, L’Amore Umano 100,2). (Eigenübersetzung; vgl. TdL 99,2).

„spielt (…) die Ehe eine sehr wichtige Rolle.“[1] Denn die „Ehe [ist] gleichsam der Schauplatz der Verwirklichung der ewigen Pläne Gottes geblieben“ (TdL 97,1). Obgleich „die Perspektive der Fortpflanzung (...) durch das *Erbe der Ursünde* verdunkelt“ wurde und „die Ehe als Ursakrament jener übernatürlichen Wirkkraft beraubt wurde“, hat die „*Ehe nie aufgehört, Gestalt jenes Sakraments zu sein,* von dem wir *im Brief an die Epheser* lesen [Eph 5,22-33]“[2]. Nicht zuletzt deshalb „beziehen sich (…) die Worte Christi (…) auf die Ehe als Ursakrament und bekräftigen gleichzeitig dieses Sakrament auf der Grundlage des Erlösungsgeheimnisses“[3] (vgl. Mt 19,3-9). So hört „die ursprüngliche ‚leibliche Einheit‘ von Mann und Frau (…) nicht auf, die Geschichte des Menschen auf Erden zu prägen, auch wenn sie die Durchsichtigkeit des Sakraments als Heilszeichen, die sie ‚im Anfang‘ besaß, verloren hat“ (TdL 100,1).

Johannes Paul II. entwickelt im Kontext der Ehe eine spezifisch dynamische Sicht der Kirche. Wie sich nämlich der Mann der Frau hingibt, so gibt sich Christus seiner Braut – der Kirche – hin. Jedoch muss die Hingabe in beiden Fällen sozusagen ankommen. Zwar ist sich Johannes Paul II. bewusst, dass die Analogie des Epheserbriefes darauf nicht näher eingeht, doch „wie die Ehefrau durch die eheliche Liebe ihren Mann ergänzt“, so „lebt die Kirche aus dem Sakrament der Erlösung und vervollständigt ihrerseits dieses Sakrament“ (TdL 97,4). Die Gnade ist nicht einfach da. Wie die Ehe immer neu zu verwirklichen ist, so muss auch die Gnade immer neu gelebt werden. Aus diesem dynamischen Zueinander entspringt die „ganze Fruchtbarkeit und geistige Mutterschaft“ (TdL 97,4) der Kirche als ständiges Hervorbringen der Begnadung. Die Entfaltung der „Theologie des Leibes“ zeigt gerade an dieser Stelle besonders deutlich, dass sie letztlich in eine Ekklesiologie einmündet.

3.6.3 Stadien in der Heilsökonomie

Die Ehe steht in einer doppelten Beziehung zur sakramentalen Ordnung (Heilsökonomie). Auf der einen Seite bildet sie das Modell für alle Sakramente des Neuen Bundes, andererseits stellt sie deren integrierenden Bestandteil dar. Als integrierender Bestandteil verleiht die Ehe der neuen sakramentalen Ordnung ihre Grundstruktur.[4] Um die Stellung der Ehe in der Heilsökonomie eingehen-

1 Piegsa, Ehesakrament, 78.

2 „La prospettiva della procreazione (...) è stata offuscata dalla *eredità del peccato originale* (...) il matrimonio, come sacramento primordiale, è stato privato di quella efficacia soprannaturale (...), *il matrimonio non cessò mai di essere la figura di quel sacramento,* di cui leggiamo *nella Lettera agli Efesini* [Ef 5,22-33]" (Giovanni Paolo II, L'Amore Umano 98,1). (Eigenübersetzung; vgl. TdL 97,1).

3 „(…) le paraole di Cristo (…) si riferiscono al matrimonio come sacramento primordiale e nello stesso tempo confermano quel sacramento sulla base del mistero della redenzione" (Giovanni Paolo II, L'Amore Umano 101,1). (Eigenübersetzung; vgl. TdL 100,1).

4 „Die Sakramentalität der Ehe ist nicht nur *Modell und Gestalt* des Sakraments der Kirche (Christi und der Kirche), sondern sie bildet auch einen *wesentlichen Teil* des neuen Erbes:

der zu analysieren, können in der Konzeption Johannes Pauls II. gleichsam als Zusammenfassung vier Stadien unterschieden werden: das Stadium der Ehe „im Anfang“, das Stadium nach dem Sündenfall und zwar vor oder außerhalb der Kirche, das Stadium der Ehe im Erlösungswerk als Verbindung zwischen Christus und der Kirche im Sinn der Ursakraments der Erlösung und schließlich das Stadium der christliche Ehe als eines der sieben Sakramente der Kirche.

Erstens: Im Sinn des Ursakraments ist die Ehe „im Anfang“ „wesentlicher Bestandteil“ und „zentraler Punkt des ‚Sakraments der Schöpfung‘“ (TdL 96,6). Aufgrund ihrer bräutlichen Struktur wird die Ehe zum „Prototyp“ (TdL 98,2) für alle Sakramente. Im Zustand der ursprünglichen Unschuld und Gerechtigkeit verband sich mit der Ehe die sakramentale Wirkung, die ursprüngliche Begnadung im Rahmen der Fortpflanzung an kommende Generationen weiterzugeben.

Zweitens: Für die heilsgeschichtliche Situation des Menschen nach dem Sündenfall gilt, dass die ursprüngliche Weitergabe der Begnadung infolge der Erbsünde nicht mehr möglich war. Doch ist die Ehe der „Schauplatz der Verwirklichung der ewigen Pläne Gottes geblieben“ (TdL 97,1).[1] Vorausgesetzt, Mann und Frau leben in dieser Situation nach dem Sündenfall die aufrichtige Hingabe ihrer selbst, bereitet sie ihr eheliches Leben aufgrund des „Sakraments der Schöpfung“ auf das „Sakrament der Erlösung“ vor – lenkt sie darauf hin – und stellt sie „in die Dimension des Heilswerkes“ hinein (vgl. TdL 97,1). In eben diesem Hinlenken und Vorbereiten ist die sakramentale Wirkung der Ehe nach dem Sündenfall auszumachen. Das ist die Verfasstheit des Menschen bis zur Menschwerdung. In seiner Enzyklika *Dominum et vivificantem* unterstreicht Johannes Paul II. deswegen, dass man das Wirken des Heiligen Geistes „nicht nur auf die 2000 Jahre seit Christi Geburt beschränken [kann]. Man muss weiter zurückgehen und das ganze Wirken des Heiligen Geistes vor Christus in den Blick nehmen – sein Wirken von Anfang an, in der ganzen Welt und vor allem in der Heilsordnung des Alten Bundes.“[2] Johannes Paul II. spricht an dieser Stelle aber nicht nur von einem Wirken, „das sich (…) schon auf jene ausgewirkt hat, die an den kommenden Christus glaubten“, sondern von einem

jenen des Sakraments der Erlösung, mit dem die Kirche in Christus begnadet wurde“ („La sacramentalità del matrimonio non è soltanto *modello e figura* del sacramento della Chiesa (di Cristo e della Chiesa), ma costituisce anche *parte essenziale* della nuova eredità: quella del sacramento della Redenzione, di cui la Chiesa viene gratificata in Cristo” [Giovanni Paolo II, L'Amore Umano 99,1]). (Eigenübersetzung; vgl. TdL 98,1).

1 Obwohl Mann und Frau den Zustand der ursprünglichen Unschuld verloren haben und die „Entdeckung der bräutlichen Bedeutung des Leibes (...) für sie nicht länger eine einfache Offenbarungs- und Gnadenwirklichkeit“ darstellt, „bleibt diese Bestimmung als dem Menschen vom Ethos des Geschenks aufgetragene Verpflichtung bestehen, sie ist sozusagen als fernes Echo der ursprünglichen Unschuld in die Tiefe des Menschenherzens eingeschrieben“ (TdL 19,2).

2 Johannes Paul II., Dominum et vivificantem, Nr. 53.

„Wirken an jedem Ort und in jeder Zeit, ja in jedem Menschen“[1]. Im Denken Johannes Pauls II. ist dies ebenso die Situation jener Menschen, die sich außerhalb der Gemeinschaft der Kirche befinden. Für diesen Gedankengang möchte er allerdings „noch weiter ausholen, weil wir wissen, dass ‚der Wind weht, wo er will‘, wie Jesus im Gespräch mit Nikodemus anschaulich sagt [Joh 3,8]. Das II. Vatikanische Konzil, das sich vor allem auf das Thema der Kirche konzentriert hat, erinnert uns an das Wirken des Heiligen Geistes ‚auch außerhalb‘ des sichtbaren Leibes der Kirche.“[2] Johannes Paul II. zitiert das Konzil, das von „allen Menschen guten Willens [spricht], in deren Herzen die Gnade unsichtbar wirkt. Da nämlich Christus für alle gestorben ist und da es in Wahrheit nur eine letzte Berufung des Menschen gibt, die göttliche, müssen wir festhalten, dass der Heilige Geist allen die Möglichkeit anbietet, diesem österlichen Geheimnis in einer Gott bekannten Weise verbunden zu sein.“[3]

Drittens. Aufgrund des Erlösungswerks Jesu Christi und der neuen Begnadung als Neuschöpfung stellt sich die Situation des Menschen völlig neu dar. Stammte die ursprüngliche Gnadenordnung aus dem „Sakrament der Schöpfung“, so geht aus dem „Sakrament der Erlösung“ eine neue Gnadenordnung hervor. „Die Ehe, die Ursakrament ist –, wird in der bräutlichen Liebe zwischen Christus und Kirche sozusagen wiedergeboren“[4]. In dieser neuen Heilsökonomie ist die Ehe nicht nur in der Weise Modell, dass die bräutliche Beziehung Christus-Kirche analog der Beziehung Mann-Frau zu denken ist. Vielmehr geht nach Johannes Paul II. „die neue Sakramentenökonomie aus der bräutlichen Begnadung der Kirche vonseiten Christi hervor“[5]. Die Ehe im Erlösungswerk offenbart nicht nur das „Sakrament der Erlösung“ und zeigt es auf. Die Ehe verleiht dem „Sakrament der Erlösung“ seine Grundstruktur. Allerdings unterscheidet sich die neue Sakramentenökonomie von der ursprünglichen Sakramentenökonomie in der Weise, dass sie sich an den Menschen der dreifachen Begierde wendet. Maßgebend ist nun, dass die Kirche in ihrem bräutlichen Verhältnis zu Christus die Funktion der Weitergabe der Begnadung übernimmt. Diese Weitergabe der Begnadung macht das Wesen der Kirche aus. Und in diesem Sinn löst die Beziehung Christus-Kirche als „Ursakrament der Erlösung“ die eheliche Verbindung von Mann und Frau als „Ursakrament der Schöpfung“ ab. Die Beziehung Christus-Kirche wird sozusagen zum Ursakrament der neuen Schöpfung.

---

1 Ebd.

2 Ebd.

3 GS 22.

4 „ Il matrimonio, che è sacramento primordiale – rinato, in un certo senso, nell'amore sponsale di Cristo e della Chiesa“ (Giovanni Paolo II, L'Amore Umano 102,10). (Eigenübersetzung; vgl. TdL 101,10).

5 „La nuova economia sacramentale (...) emergendo dalla sponsale gratificazione della Chiesa da parte di Cristo“ (Giovanni Paolo II, L'Amore Umano 99,4). (Eigenübersetzung; vgl. TdL 98,4).

Viertens. Von diesen drei Dimensionen ist die christliche Ehe als Sakrament im engeren Sinn, d. h. als eines der sieben Sakramente der Kirche zu unterscheiden. Dieses Sakrament vermittelt die Erlösungsgnade im Sinn der „Erlösung des Leibes“ an die Eheleute. Johannes Paul II. beschreibt die Wirkung der „Tiefe des Geheimnisses der Erlösung und der Erlösung des Leibes“ näher: „Denn Erlösung bedeutet gleichsam eine ‚neue Schöpfung‘ – sie bedeutet die Annahme alles Geschaffenen“, so Johannes Paul II., „um in der Schöpfung die von Gott für sie bestimmte Fülle an Gerechtigkeit, Beständigkeit und Heiligkeit auszudrücken und um jene Fülle vor allem in dem als Mann und Frau ‚als Ebenbild Gottes‘ geschaffenen Menschen zum Ausdruck zu bringen“ (TdL 99,7). Für Johannes Paul II. ist die sakramentale Ehe ein Instrument in der Hand Gottes, um die Erlösungsgnade nicht nur den Eheleuten zu vermitteln und in ihrer Beziehung fruchtbar zu machen, sondern über sie hinaus der ganzen Schöpfung zukommen zu lassen. Durch die sakramentale Ehe wird die Kirche als „Sakrament der Erlösung“ in Christus auf besondere Weise für die Menschheit und die Welt fruchtbar.

3.6.4 Ethische Dimension des Ehesakraments

Der Verfasser des Epheserbriefs fordert Mann und Frau als Eheleute auf, ihre Beziehung nach dem Vorbild der bräutlichen Beziehung Christus-Kirche zu gestalten.[1] Wenn der Mensch der Geschichte dabei „die Würde und Heiligkeit der körperlichen ehelichen Vereinigung aufgrund des Geheimnisses der Erlösung wiederfinden muss“ (TdL 100,6), so ist damit die sittliche Forderung verbunden, mit Hilfe der Gnade die Begierde in der Selbstbeherrschung zu überwinden: „Frucht solcher Selbstbeherrschung ist die Einheit und Unauflöslichkeit der Ehe und darüber hinaus ein feineres Empfinden für die Würde der Frau im Herzen des Mannes (wie auch für die Würde des Mannes im Herzen der Frau) sowohl im ehelichen Zusammenleben wie in allen gegenseitigen Beziehungen“ (TdL 101,1). In dieser Spannung zwischen Erlösung und sittlicher Forderung ist „die Ehe als Sakrament (…) zugleich als Gnade geschenkt und als Ethos anvertraut“ (TdL 101,4). Dieses dynamische Zusammenspiel von Erlösungsgnade und sittlicher Forderung bestimmt die ethische Dimension der Ehe als eines der sieben Sakramente.[2] Trotz allem aber „gelingt es keiner menschlichen Anstrengung, auch nicht der strengsten Einhaltung der Gebote, das Gesetz ‚zu erfüllen‘“, denn eine solche *„‚Erfüllung‘ kann nur von einem Geschenk Gottes herkommen“*[3]. Der Primat kommt stets der Gnade zu und nicht dem Ethos.

1 „Ihr Männer, liebt eure Frauen, wie Christus die Kirche geliebt und sich für sie hingegeben hat“ (Eph 5,25).

2 „Mittels der Ehe als Sakrament (als eines der Sakramente der Kirche) durchdringen diese beiden Dimensionen der Liebe, die bräutliche und die erlösende, zusammen mit der Gnade des Sakraments das Leben der Eheleute“ (TdL 102,4).

3 Johannes Paul II., Veritatis splendor, Nr. 11.

3.6.4.1 Dynamik Sakrament und Ethos

Wolfgang Kluxen definiert „Ethos" grundsätzlich als „die konkrete Gestalt sittlichen Lebens"[1]. Johannes Paul II. spricht sowohl vom „*,Ethos' der Schöpfung*"[2] wie auch vom „Ethos der Erlösung" (TdL 100,3). Beim „Ethos der Schöpfung" geht es um die gelebte Heiligkeit. Beim „Ethos der Erlösung" um die Rückkehr zu dieser Heiligkeit durch die Überwindung der Begehrlichkeit.[3] An dieser Stelle seiner „Theologie des Leibes" jedoch versteht der Papst unter Ethos vor allem den sittlichen Anspruch der Ehe, d. h. der im Leben verwirklichten Werte der selbstlosen Hingabe. Dieses Ethos zeigt sich dann besonders in der ehelichen Treue.

Als Menschen der Geschichte sind die Eheleute eingeladen, aus der Kraft des Geheimnisses der „Erlösung des Leibes" ihr Leben zu gestalten. Als „wirksamer Ausdruck der Heilsmacht Gottes" (TdL 101,1) ist die Ehe als eines der sieben Sakramente ein Mittel Gottes, trotz des Sündenfalls seinen ewigen Plan zu verwirklichen. Mit dem Sakrament der Ehe wird dem Menschen einerseits die Gabe (= Gnade) zur Überwindung der dreifachen Begierde geschenkt, andererseits verbindet sich damit für denselben Menschen der Appell (= Ethos), die Begierde zu beherrschen.[4] Auf diese Weise ist die sakramental vermittelte Gnade der Ehe nicht getrennt vom Ethos zu denken. Sie verknüpft sich mit Blick auf ihre Fruchtbarkeit immer mit der Dimension des Sollens. Die Worte Jesu schließen also auch die Art und Weise ein, wie die Ehe als sakramentales Zeichen zu leben ist. Gerade im Bereich der fleischlichen Begierde wird so die ethische Bedeutung der Ehe für die Eheleute deutlich. In Anlehnung an 1 Kor 7,9 stellt Johannes Paul II. die „nach dem Geist" gelebte Ehe als „ethische Ord-

---

1 Kluxen, Ethos, Sp. 939. [Die im LThK typischen Abkürzungen sind vom Autor ergänzt]

2 Johannes Paul II., Mulieris dignitatem, Nr. 12.

3 Als weiteres Beispiel führt Johannes Paul II. den Egoismus an, der sich z. B. im Herrschen des Mannes über die Frau äußert. Durch die Erbsünde bildete sich eine Tradition, die für die Frau mit Diskriminierungen verbunden war. So schreibt Johannes Paul II. in *Mulieris dignitatem:* „In dieser Tradition ‚herrschte' der Mann, ohne genügend auf die Frau und jene Würde Rücksicht zu nehmen, die das *‚Ethos' der Schöpfung* den gegenseitigen Beziehungen zweier in der Ehe verbundener Personen zugrunde legte. Dieses ‚Ethos' wird *von den Worten Christi* in Erinnerung gerufen und *bekräftigt*: Es ist das ‚Ethos' des Evangeliums und der Erlösung" (Johannes Paul II., Mulieris dignitatem, Nr. 12). Gerade der Umgang Jesu mit Frauen ist Ausdruck dieses „Ethos der Erlösung" und stellt für die damaligen Gepflogenheiten etwas ganz Neues dar. Dies gilt insbesondere für jene Frauen, die in der öffentlichen Meinung als Sünderinnen, Prostituierte und Ehebrecherinnen dastehen (Vgl. Joh 4,7-30; Lk 7,36-50 und Joh 8,3 11): „In der gesamten Lehre Jesu wie auch in seinem Verhalten stoßen wir auf nichts, was die zu seiner Zeit übliche Diskriminierung der Frau widerspiegeln würde. Im Gegenteil, *seine Worte und Taten bringen stets die der Frau gebührende Achtung und Ehrfurcht zum Ausdruck*" (Ebd., Nr. 13).

4 Für Johannes Paul II. ist „die Ehe als Sakrament, das seinen Ursprung im Geheimnis der Erlösung hat, dem geschichtlichen Menschen zugleich als Gnade geschenkt und als Ethos anvertraut" (TdL 101,4).

nung“ (TdL 101,3) der „Unordnung der Leidenschaften“ infolge der Begierde des Fleisches gegenüber. Von „Unordnung“ ist dann zu sprechen, wenn die Begierde des Fleisches zur „Quelle der Sucht nach egoistischer Befriedigung“ (TdL 101,4) wird und dadurch den „inneren Gesichtskreis verdunkelt“ (TdL 101,5). Das heißt, diese „Sucht nach egoistischer Befriedigung“ hat das Du lediglich zum Objekt der Befriedigung und akzeptiert dieses nicht als Subjekt, das sich nur durch die freie Selbsthingabe seiner selbst verwirklichen kann. Zu dieser vollen „communio personarum“ in der Freiheit der Hingabe führt das Leben „nach dem Geist“: „so erlaubt das Leben ‚nach dem Geist‘ (das heißt die Gnade des Ehesakraments) dem Mann und der Frau, zurückzufinden zur wahren Freiheit des Geschenks, verbunden mit dem Empfinden für die bräutliche Bedeutung des Leibes“ (TdL 101,5). Diese Überwindung der dreifachen Begierde in der „ethischen Ordnung der Ehe“ mit Hilfe der sakramentalen Gnade oder diese bereits für den Menschen der Geschichte erfahrbare Form der „Erlösung des Leibes“ bezeichnet Johannes Paul II. auch als „Hoffnung im Alltag der Ehe, (…) als Hoffnung der Zeitlichkeit“. (TdL 101,4). So werden Mann und Frau infolge der Gnade dazu befähigt, in der „ethischen Ordnung“ die eheliche Treue zu leben.

Die Sakramente, z. B. die Taufgnade als unauslöschliches Merkmal, wirken nicht aus sich heraus. Gegenüber einer solchen, mehr statischen Sicht der Dinge, betont Johannes Paul II. eine dynamische Wechselwirkung zwischen Sakrament und Ethos (vgl. TdL 98,5). Dieser Zusammenhang zwischen Sakrament und Ethos ist im Epheserbrief eindeutig gegeben. Einerseits wird die sittliche Verwirklichung der christlichen Berufung durch die Sakramente gestärkt bzw. erst ermöglicht. Deshalb nimmt der Verfasser immer Bezug auf „das Geheimnis (…), das kraft der Erlösung Christi in den Christen bereits wirksam ist – und vor allem kraft der Taufe zur vollen Wirkung gelangt“ (TdL 94,4). Das christliche Ethos schöpft seine Kraft aus der sakramentalen Verwirklichung des ewigen Heilsplans.[1] Auf der anderen Seite hängen von der sittlichen Verwirklichung der christlichen Berufung die Wirksamkeit des Sakraments und die Teilhabe am Geist Gottes (Pneuma) ab. Deshalb unterbreitet Eph 5,21-6,9 detaillierte Richtlinien über die sittlichen Verpflichtungen einer christlichen Gemeinschaft (Familienordnung): sogenannte „‚Haustafeln‘ nach der Definition Luthers; gleichsam ein Familienkodex“ (TdL 88,5). Auch für Heinrich Schlier sind „die Mahnungen bis 6,9 eine Voraussetzung dafür, dass man sich mit Pneuma erfüllt“[2]. Die Befolgung der „Ermahnungen von sittlichem Charakter, die genau das *Ethos* betreffen, welches das Leben der Christen kennzeichnen sollte, d. h.

1 „Somit bleiben also die moralischen Aspekte der christlichen Berufung nicht nur mit der Offenbarung des ewigen göttlichen Geheimnisses in Christus und seiner Annahme im Glauben verknüpft, sondern auch mit der sakramentalen Ordnung“ (TdL 93,4).

2 Schlier, Epheser, 250.

der Menschen, die sich der Erwählung bewusst sind, die sich in Christus und in der Kirche verwirklicht"[1], bestimmt die Fruchtbarkeit der Sakramente.

Im Denken Johannes Pauls II. steht das Ethos in solcher Weise zur sakramentalen Ordnung in Beziehung, dass das Ethos mit seinen moralischen Aspekten und Appellen sogar zum Bestandteil des sakramentalen Zeichens gehört. Zwar befähigt die Taufgnade auf der einen Seite erst zu einem christlichen Leben (= Ethos), andererseits kann sich diese Taufgnade nur entfalten, wenn das christliche Ethos gelebt wird. Evident sind sowohl die dynamische Wechselwirkung zwischen Sakrament und Ethos als auch das Ethos als Bestandteil des sakramentalen Zeichens, insbesondere beim Sakrament der Ehe. Die sakramentale Ehegnade befähigt die Ehepartner zur Treue (= Ethos). Doch ist diese gelebte Treue zugleich ein wesentlicher Bestandteil des sakramentalen Zeichens und damit Voraussetzung für eine Fruchtbarkeit der Gnade dieses Sakraments.

3.6.4.2 Mitwirkung am Erlösungswerk

Im Rahmen dieser Arbeit soll das Ethos auch in seinem Verhältnis zur menschlichen Erfahrung, zur göttlichen Offenbarung sowie zur „Sakramentalität der gesamten christlichen Existenz in der Kirche und besonders der Ehe" (TdL 93,4) beleuchtet werden. Auf der Ebene des Sakraments gipfeln diese Überlegungen in der Verpflichtung zur Mitwirkung am Werk der Erlösung.

Auf der Ebene der Erfahrung hat der Mensch die Pflicht, sich zu vollbringen. Es handelt sich hierbei um ein Wachsen, das zur Bereicherung der eigenen Subjektivität führt. In seinen Mittwochskatechesen bezeichnet Johannes Paul II. „dieses Ethos" auf der Erfahrungsebene als „eine vernunftgemäße Interpretation, eine philosophische Auslegung personalistischen Charakters" (TdL 100,3). Im Hinblick auf die Ehe nimmt der Mensch die Pflicht wahr, die Beziehung untereinander derart zu gestalten, dass sie zu einer gegenseitigen Bereicherung der Subjektivität der Eheleute führt. Im Bereich der Offenbarung spricht Johannes Paul II. vom „theologischen Wesen" (TdL 100,3) des Ethos. Denn für den Menschen leitet sich aus seinem Glauben[2] die Pflicht ab, Gott zu erkennen und „vollkommen [zu] sein, wie es auch euer himmlischer Vater ist" (Mt 5,48). Eben weil der Mensch der göttlichen Gemeinschaft („communio") ähnlich ist, kommt ihm die Verpflichtung zu, entsprechend seinem Urbild nach Vollkommenheit zu streben. Als „Imago Dei" ist der Mensch zur „Imitatio Dei" aufgerufen.[3] In seinem Apostolischen Schreiben *Mulieris dignitatem* meint Johannes Paul II. zu dieser „Berufung und Aufgabe": „Im Bild und Gleichnis Gottes, welches das

1 „(…) esortazioni di carattere morale, concernenti appunto l'*ethos* che deve qualificare la vita dei cristiani, cioè degli uomini consapevoli della elezione che si realizza in Cristo e nella Chiesa" (Giovanni Paolo II, L'Amore Umano 99,5). (Eigenübersetzung; vgl. TdL 98,5).

2 „Das Sakrament setzt die Offenbarung des Geheimnisses voraus, und es setzt auch dessen gläubige Annahme durch den Menschen voraus" (TdL 93,5).

3 Vgl. O'Reilly, Wojtyła, 74-76.

Menschengeschlecht seit dem ‚Anfang‘ in sich trägt, ist das gesamte ‚Ethos‘ des Menschen begründet: Altes und Neues Testament werden dieses ‚Ethos‘ entfalten, dessen Gipfel das *Liebesgebot* darstellt.“[1] Dieses „theologische Wesen“ des Ethos ist die Grundlage für jene Verpflichtung, die sich hernach aus der „Sakramentalität des ganzen christlichen Lebens“ (TdL 93,4) ergibt.

Auf der Ebene des Sakraments ergibt sich gerade für die Eheleute als logische Konsequenz die Pflicht, an der Erlösung mitzuwirken. Weil das Ethos ein Bestandteil des sakramentalen Zeichens der Ehe ist, hängt nämlich von der sittlichen Verwirklichung der christlichen Berufung die Wirksamkeit des Ehesakraments ab. „Wenn die Ehe als Sakrament ein wirksames Zeichen des Heilshandelns Gottes ‚im Anfang‘ ist, so bildet dieses Sakrament“ für Johannes Paul II. „auch ein Wort, das den Menschen, Mann und Frau, dazu aufruft, sich bewusst an der Erlösung des Leibes zu beteiligen“ (TdL 100,4) Diese Aufforderung oder Pflicht ergibt sich aus dem Bewusstsein, mit Christus das Sakrament der Erlösung zu bilden.[2] Und Johannes Paul II. betont, dass diese Pflicht Mann und Frau „sowohl im ursprünglichen Rahmen des Geheimnisses der Schöpfung als auch, in der Folge, im Rahmen des Geheimnisses der Erlösung (...) durch die Wirklichkeit der Erlösung von Neuem und für immer als Aufgabe anvertraut ist“ (TdL 100,5).

Diese Beteiligung der Eheleute an der „Erlösung des Leibes“ ist aber immer auch eine Beteiligung an der Erlösung der Welt. „Denn die ursprüngliche ‚leibliche Einheit‘ von Mann und Frau hört nicht auf, die Geschichte des Menschen auf Erden zu prägen, auch wenn sie die Durchsichtigkeit des Sakraments als Heilszeichen, die sie ‚im Anfang’ besaß, verloren hat“ (TdL 100,1). Deshalb geht es nie allein um die Eheleute und ihr Heil. „Das Heil, das immer Gabe des Geistes ist“, erklärt Johannes Paul II. in seiner Enzyklika *Redemptoris missio,* „erfordert die Mitarbeit des Menschen, sowohl zur Erlangung des eigenen Heiles wie des Heiles anderer.“[3] In diesem Sinn ist für ihn gerade die sakramentale Ehe ein Instrument in der Hand Gottes, um die Erlösungsgnade nicht nur den Eheleuten zu vermitteln und in ihrer Beziehung fruchtbar zu machen, sondern auch an der Verwirklichung des ewigen Heilsplanes und somit an der Erlösung der Welt mitzuwirken. Immer wird durch die sakramentale Ehe das „Sakrament der Erlösung“ in Christus auch für die Menschheit und die Welt fruchtbar.

So ist für Johannes Paul II. kein Mensch um seiner selbst Willen Glied der Kirche. Vielmehr ist er dazu berufen, am Erlösungswerk Christi für die gesamte Menschheit mitzuwirken. „Die Kirche ist ja in Christus gleichsam das Sakrament, das heißt Zeichen und Werkzeug für die innigste Vereinigung mit Gott

1 Johannes Paul II., Mulieris dignitatem, Nr. 7.

2 Johannes Paul II. spricht von „Christen (…), die sich der Erwählung bewusst sind, die sich in Christus und der Kirche verwirklicht“ (TdL 98,5).

3 Johannes Paul II., Redemptoris missio, Nr. 9.

wie für die Einheit der ganzen Menschheit."[1] Die Kirche ist nicht nur um der Menschen willen da, die zu ihr gehören. Vielmehr sind diese Menschen von Gott dazu auserwählt, durch ihr Christsein die Stellvertretung und Pro-Existenz Christi für alle sakramental auszuüben. Die Kirche stellt also innerhalb der Menschheit ein Werkzeug Gottes dar, das der ganzen Menschheit das Heil vermittelt. In der Bulle *Incarnationis mysterium* unterstreicht Johannes Paul II., dass es gerade auch im geistlichen Bereich darum geht, sich „ganz den anderen zu öffnen. Denn auch im geistlichen Bereich lebt keiner nur für sich allein. Und die heilsame Sorge um das eigene Seelenheil wird erst dann von Furcht und Egoismus befreit, wenn sie zur Sorge auch um das Heil des anderen wird. Das ist die Wirklichkeit der Gemeinschaft der Heiligen, das Geheimnis der ,stellvertretenden Wirklichkeit'."[2] In diesem Licht muss auch das Ethos der christlichen Ehe und die Verantwortung der Eheleute verstanden werden.

3.6.4.3 Matrix des Sakraments der Ehe

Um die Bedeutung der christlichen Ehe sowie der „Theologie des Leibes" überhaupt erfassen zu können, ist es notwendig, die Ehe auf den drei Ebenen von Erfahrung, Offenbarung und Sakrament noch tiefer auszuloten. So fasst Johannes Paul II. diese drei Ebenen im Kontext der sittlichen Bedeutung der Worte Jesu (Mt 19,6) in dem einen Satz zusammen: „Wir können natürlich für dieses Ethos eine vernunftgemäße Interpretation, eine philosophische Auslegung personalistischen Charakters finden; doch in seinem theologischen Wesen ist es ein Ethos der Erlösung, ja ein Ethos der Erlösung des Leibes" (TdL 100,3). Die „vernunftgemäße Interpretation, eine philosophische Auslegung personalistischen Charakters" bedeutet im Denken Johannes Pauls II. nichts anderes als die reflektierte Erfahrung des Menschen. Mit der „Erlösung" ist die Offenbarungsebene und mit der „Erlösung des Leibes" die sakramentale Dimension menschlichen Seins beschrieben. Werden nun diese drei Ebenen gleich einem Koordinatensystem mit den drei Momenten der Wirklichkeitsbetrachtung (Beziehungsgeflecht, Wert und Pflicht) verknüpft, ergibt sich das Grundschema oder die „Matrix"[3], die der „Theologie des Leibes" und dem Sakrament der Ehe zugrunde liegt.

In einem ersten Schritt soll das Beziehungsgeflecht den drei Ebenen von Erfahrung, Offenbarung und Sakrament zugeordnet werden. Was das Beziehungsgeflecht von Mann und Frau betrifft, kann dieses im Bereich der Erfahrung phänomenologisch beschrieben werden. So ergeben sich bereits aus der Erfahrung die Sehsüchte nach Monogamie, Treue und vollkommener Vereinigung. Dies

1 LG 1.
2 Johannes Paul II., Incarnationis mysterium, Nr. 10.
3 Im Rahmen der „Theologie des Leibes" spricht Johannes Paul II. im Kontext der Kommunikation von „der Matrix von Subjekten" (TdL 14,4).

kommt sozusagen dem Einstieg in den Personalismus Wojtyłas gleich. Um aber die Erfahrungen, mit denen immer schon ein Verstehensmoment verbunden ist, auch erklären zu können, ist eine metaphysische Grundlegung im Sinn der Akt-Potenz-Lehre notwendig. Dazu gehören die Einsichten in das unterschiedliche Wesen von Mann und Frau sowie in die damit verbundenen naturgegebenen geschlechterspezifischen Aufgaben. Im Licht der göttlichen Offenbarung wird diese Beziehung von Mann und Frau zu einer unauflöslichen Verbindung. Diese unauflösliche Verbindung bringt Christus klar zum Ausdruck: „Was aber Gott verbunden hat, das darf der Mensch nicht trennen“ (Mt 19,6). Mit Blick auf die Beziehung Christus-Kirche und im Rahmen dieser Beziehung (Erlösung) wird die Beziehung Mann-Frau in der Ehe sogar zum Sakrament.[1] Dabei ist der Leib ein Teil des sakramentalen Zeichens.

All dem liegt ein Wert bzw. eine Würde zugrunde, welcher wiederum den drei Ebenen zugeordnet werden kann. Im Bereich der Erfahrung handelt es sich um den Wert der Tiefe des menschlichen Geheimnisses. Das ist der subjektive Reichtum der Person. Der ganze Personalismus Wojtyłas baut auf die Vermehrung und das Wachsen dieses subjektiven Reichtums auf, wie es Mann und Frau auf unersetzbare Weise erfahren können, wenn sie ihre eheliche Beziehung gelungen leben. Im Licht der göttlichen Offenbarung spricht Johannes Paul II. nicht mehr nur vom subjektiven Reichtum der menschlichen Person, sondern vom „,Herz' (…), jenen ‚innersten Ort‘ im Menschen, wo Gut und Böse, Sünde und Gerechtigkeit, Begehrlichkeit und Heiligkeit miteinander kämpfen“ (TdL 100,7). Das Herz ist „das ‚sacrum' (das innere Heiligtum) der Person“ (TdL 100,6). Hier geht es um die Vergöttlichung des Menschen und darum, dass die „Erlösung (...) zur Grundlage [wird], um die besondere, in der Würde von Mann und Frau als Personen verwurzelte Würde des menschlichen Leibes zu begreifen. Diese Würde begründet ja letztlich die Unauflöslichkeit des ehelichen Bundes“ (TdL 100,3). Gerade in den Worten Jesu wird die Würde und Heiligkeit der körperlichen Vereinigung in der Ehe unablässig deutlich. Diese eheliche Vereinigung gehört für Johannes Paul II. zur „sakramentalen Grundlage“.[2] Auf dieser sakramentalen Ebene muss zunächst die Würde des Anfangs als bleibende Berufung gesehen werden, die durch die Erlösung wieder hergestellt wurde.

1 „Wenn Christus im Matthäus- und Markusevangelium (Vgl. Mt 19; Mk 10) seinen Gesprächspartnern gegenüber die Ehe als vom Schöpfer ‚im Anfang‘ eingesetztes Sakrament bestätigt – und demgemäß ihre Unauflöslichkeit fordert –, öffnet er damit selbst die Ehe dem Heilswirken Gottes, den Kräften, die aus der ‚Erlösung des Leibes‘ entspringen und helfen, die Folgen der Sünde zu überwinden und die Einheit von Mann und Frau nach dem ewigen Plan des Schöpfers aufzubauen“ (TdL 100,2).

2 „Diese sakramentale Grundlage trifft immer konkrete Personen; sie durchdringt das, was beide, Mann und Frau, in ihrer ursprünglichen Würde als Abbild und Gleichnis Gottes aufgrund ihrer Erschaffung und damit in eben der Würde sind, die der Mensch trotz der Sünde ererbt hat und die ihm durch die Wirklichkeit der Erlösung von Neuem und für immer als Aufgabe anvertraut ist“ (TdL 100,5).

Denn das „Heilswirken, das vom Geheimnis der Erlösung fließt, nimmt das ursprüngliche heiligende Wirken Gottes im Geheimnis der Schöpfung in sich auf" (TdL 100,2). Aber auch die Beteiligung der Eheleute an der „Erlösung des Leibes" und der „Welt" bildet einen Wert.

Das Beziehungsgeflecht mit den zugrundeliegenden Werten verbindet sich mit Pflichtmomenten, die in einem dritten Schritt wiederum auf den Ebenen Erfahrung, Offenbarung und Sakrament näher beschrieben werden können. In den Werken Wojtyłas war die Rede vom personalistischen Wert bzw. von der personalistischen Norm. Die menschliche Erfahrung gebietet sozusagen als grundsätzliche Pflicht die Selbstachtung sowie die Achtung des anderen.[1] Die gegenseitige Achtung von Mann und Frau ist evident[2] und mit dem sittlichen Auftrag verbunden, die dreifache Begierde zu überwinden. „Diesem Menschen der Begehrlichkeit wird in der Ehe das Sakrament der Erlösung als Gnade und Zeichen des Bundes mit Gott geschenkt" sowie „als Ethos anvertraut: seinem Herzen, seinem Gewissen, seinen Blicken und seinem Verhalten" (TdL 100,7). Diese Verpflichtung bezeichnet Johannes Paul II. als „Ethos der Erlösung" (TdL 100,3). In den Mittwochskatechesen zur „Theologie des Leibes" entspricht der Pflicht das Ethos. Durch die gläubige Annahme der göttlichen Offenbarung verpflichten sich die Eheleute zum Ethos der Treue. Sie sind sich der Berufung zur Heiligkeit im ehelichen Akt bewusst. Wenn Johannes Paul II. weitergehend vom „Ethos der Erlösung des Leibes" (TdL 100,3) spricht, dann ist mit der Ergänzung „Leib" die sakramentale Dimension dieser Ebene bereits ausgedrückt. Weil Mann und Frau mit Hilfe der göttlichen Gnade zur Entfaltung des Ehesakraments gelangen, diese Entfaltung aber auch von ihrer gelebten Treue abhängt, verbindet sich mit dieser Wechselwirkung der sittliche Aufruf, die Forderung der Treue nämlich um der Fruchtbarkeit des Ehesakramentes willen anzunehmen. „Man kann sagen, dass auf diese Weise die Erlösung dem Menschen als Gnade des neuen Bundes mit Gott in Christus geschenkt und zugleich als Ethos aufgetragen wird: als jene Form der Moral, die dem Handeln Gottes im Geheimnis der Erlösung entspricht" (TdL 100,4).

3.7 HERMENEUTIK DES EHESAKRAMENTS

Für das katholische Eheverständnis gilt grundsätzlich: Mann und Frau spenden sich das Sakrament der Ehe gegenseitig. Darüber hinaus misst Johannes Pauls

1 „Christus, der in der Bergpredigt das Gebot ‚Du sollst nicht die Ehe brechen' auslegt (…), vertraut mit denselben lapidaren Worten jedem Mann die Ehrfurcht vor jeder Frau als Aufgabe an; gleichzeitig (obwohl das aus dem Text nur indirekt hervorgeht) vertraut er auch jeder Frau die Ehrfurcht vor jedem Mann an. Schließlich vertraut er jedem (...) die Selbstachtung an (...), und das im Hinblick auf den Leib als Mann- und Frausein" (TdL 100,6).

2 „Wer seine Frau aus der Ehe entlässt und eine andere heiratet, begeht ihr gegenüber Ehebruch. Auch eine Frau begeht Ehebruch, wenn sie ihren Mann aus der Ehe entlässt und einen anderen heiratet" (Mk 10,11-12).

II. der Frage nach dem sakramentalen Zeichen eine Schlüsselbedeutung zu. Dieses „sakramentale Zeichen, das auf ein Gnadengeschenk hinweist und dieses zugleich bewirkt, besteht nach der überwiegenden Auffassung in der lateinischen Kirche im Ehekonsens zwischen den Getauften und nicht in der priesterlichen Segnung', wie es die orthodoxe Kirche lehrt.“[1] Interessanterweise hat sich das „Zweite Vatikanum“, erklärt Piegsa weiter, „dazu nicht eindeutig geäußert, wahrscheinlich mit Rücksicht auf die orthodoxe Praxis.“[2] Nach der Pastoralkonstitution *Gaudium et spes* „entsteht durch den personal freien Akt, in dem sich die Eheleute gegenseitig schenken und annehmen, eine nach göttlicher Ordnung feste Institution“[3]. „Im Eherecht des CIC/1983 (can. 1055-1165)“, schreibt Sattler, „sind die Anliegen des Vatikanum II aufgenommen.“[4] Can. 1057 §1 lautet: „Die Ehe kommt durch den Konsens der Partner zustande, der zwischen rechtlich dazu befähigten Personen in rechtmäßiger Weise kundgetan wird; der Konsens kann durch keine menschliche Macht ersetzt werden.“ „‚Ich nehme dich an als meine Frau …' – ‚Ich nehme dich an als meinen Mann …' – So beginnt das ehekonstituierende Wort beim Großen Vermählungsspruch“[5], meint Nocke. Und weiter: „Diese (aus dem römischen Recht stammende) Überzeugung (consensus facit nuptias = der Konsens bewirkt die Vermählung) war ihrerseits in langen Auseinandersetzungen mit Rechtsvorstellungen aus dem fränkischen Raum (z. B. Erzbischof Hinkmar von Reims [+882]: Die Ehe kommt durch den Beischlaf zustande) erarbeitet worden.“[6] Die Lösung des Problems vereinigt für Nocke beide Auffassungen. „Der von den Päpsten *Alexander III.* (1159-1181), *Innozenz III.* (1198-1216) und *Gregor IX.* (1227-1241) sanktionierte Kompromiss lautete: Durch den Konsens wird die Ehe gültig (matrimonium ratum = gültig geschlossene Ehe), durch den Beischlaf unauflöslich (matrimonium consummatum = vollzogene Ehe).“[7]

Zusammenfassend wird der Ehekonsens nach Müller durch das „sinnenfällige Zeichen des ehelichen Ja-Wortes“[8] zum Ausdruck gebracht. Dieses Zeichen hat sakramentale Wirkung und schmiedet das unauflösliche Band der beiden Ehepartner, d. h. es „bezeichnet und bewirkt die geistliche Gabe und innere Gnade der Verbindung Christi und der Kirche, die in der Ehe dargestellt wird und an der die Ehe partizipiert“[9]. Wie bei der Eucharistie sozusagen als sakramentale Wirkung der Leib Christi bleibt, so bleibt bei der Ehe das unauflösliche Band zwischen Mann und Frau. „Aber erst der Ehekonsens in Verbindung mit

1 Piegsa, Ehesakrament. 79. Vgl. Müller, Dogmatik, 764.
2 Piegsa, Ehesakrament, 79.
3 GS 48.
4 Sattler, Ehe, 144. [Die Abkürzungen sind ergänzt]
5 Nocke, Ehe, 371.
6 Ebd., 368.
7 Ebd.
8 Müller, Dogmatik, 764.
9 Ebd.

dem Vollzug der Ehe (ratum et consummatum) macht die Ehe schlechterdings unauflösbar. Die nur geschlossene, aber nicht vollzogene Ehe kann unter Umständen durch ein päpstliches Privileg getrennt werden, wenn ein Partner einem Orden beitreten will, während der andere Partner zum Eingehen einer anderen Ehe frei ist"[1]. Darüber hinaus kennt die katholische Kirche das „Privilegium Paulinum" (1 Kor 7,15), erklärt Piegsa, für „‚religiös gemischte Ehen' zwischen einem christlichen und einem heidnischen Ehepartner, ‚meistens wohl, wenn einer der beiden den christlichen Glauben angenommen hatte'."[2] Das sogenannte „Petrinische Privileg" gilt als „Ausweitung" des „Paulinischen Privilegs" für die Fälle von Polygamie oder Gefangenschaft.[3]

3.7.1 Zeichen und „Sprache des Leibes"

Traditionell setzt sich das sakramentale Zeichen der Ehe aus dem Wort und dem Willenskonsens von Mann und Frau zusammen. Auch Johannes Paul II. bestätigt für das sakramentale Zeichen der Ehe: „Die Worte des Ehekonsenses *konstituieren dieses Zeichen*"[4]. Gleichzeitig entwickelt Johannes Paul II. eine neue und erweiterte Sicht dieses sakramentalen Zeichens: „Beide, Mann und Frau, stellen, da sie im Augenblick der Eheschließung Spender des Sakraments sind, das vollgültige und tatsächliche sichtbare Zeichen eben dieses Sakraments dar" (TdL 103,4). Aus diesem Grund reduziert sich das sakramentale Zeichen der Ehe nicht auf die Worte bei der Trauung bzw. auf den Vermählungsspruch, mit dem sich die Brautleute das Sakrament der Ehe tatsächlich spenden und durch dessen Worte die Ehe rechtlich geschlossen wird (ratum). Da die Ehe erst durch die geschlechtliche Vereinigung der Eheleute vollzogen wird (consummatum), darf für Johannes Paul II. der Vollzug der Ehe nicht aus dem Gesamt des sakramentalen Zeichens der Ehe als eines der sieben Sakramente ausgeklammert werden. In ähnlicher Weise weitet Nocke den Blick auf das sakramentale Zei-

1 Ebd., 764-765.

2 Piegsa, Ehesakrament, 69.

3 „Auf dem Privilegium Paulinum aufbauend, entwickelte sich im 16. Jh. ein sog. *Petrinisches Privileg.* In der entsprechenden Regelung des heutigen Kirchenrechts wird diese Bezeichnung nicht gebraucht, sondern von einer ‚Ausweitung des Paulinischen Privilegs' ist die Rede, die im 16. Jh. durch drei päpstliche Konstitutionen für die Missionsländer vollzogen wurde (...). Nach der Darlegung des Paulinischen Privilegs werden zwei zusätzliche Fälle genannt, in denen die Auflösung einer Naturehe möglich ist. Der erste Fall betrifft die Polygamie. Nach seiner Taufe ist der Betreffende nicht gezwungen, beim ersten und eigentlichen Partner seiner Naturehe zu verbleiben. Er darf den wählen, der das beste Zusammenleben nach christlichen Geboten gewährleistet. – Der zweite Fall: Wenn bei Gefangenschaft oder Verfolgung das bisherige eheliche Zusammenleben nicht mehr möglich ist und es sich hierbei ebenfalls um eine Naturehe handelt, so wird sie durch die neue Ehe, die nach der Taufe eine Partners geschlossen wurde, ‚von selbst aufgelöst' wie beim Paulinischen Privileg" (Piegsa, Ehesakrament, 71). Vgl. CIC 1148-1149.

4 „Le parole del consenso coniugale *costituiscono questo segno*" (Giovanni Paolo II, L'Amore Umano 106,1). (Eigenübersetzung; vgl. TdL 105,1).

chen der Ehe: „Das vor der Gemeinde gesprochene Wort, mit dem Mann und Frau sich gegenseitig als Eheleute annehmen, ist nicht nur informierendes, sondern auch performatives, Wirklichkeit schaffendes Zeichen einer Annahme, die zwar längst vor diesem Zeichen begonnen hat und hernach ein Leben lang neu vollzogen werden soll, sich aber in diesem Zeichen verdichtet und Verbindlichkeit schafft."[1] „Thomas unterscheidet in Anlehnung an Hugo von St. Viktor (+1141) zwischen dem verbalen Treueversprechen", erklärt Sattler, „das sich die Eheleute selbst zusprechen (*forma sacramenti;* personaler Konsens in der Bekundung der zeitentgrenzten Liebe), und dem gelebten Vollzug der Ehe (*materia sacramenti;* leibliche Gemeinschaft der Eheleute)"[2], dagegen unterscheidet Johannes Paul II. die „intentionale Ordnung", die er direkt „während des Trauritus" erblickt, von der „realen Ordnung", die indirekt „während des ganzen Lebens" zu verwirklichen ist.[3] Im intentionalen Bereich verleihen Braut und Bräutigam „während des Trauritus" ihren Worten „einen intentionalen Ausdruck auf der Ebene des Verstandes und des Willens, des Gewissens und des Herzens"[4]. Der Verstand umfasst die Fähigkeit zu reflektieren, der Wille die Selbstbestimmung, das Gewissen den Anruf von außen oder die Wahrheit, der sich die Person stellt, und das Herz die personale Subjektivität. Das ist die erste Dimension des sakramentalen Zeichens. Auf dieser Ebene sind die Worte „während des Trauritus" nicht zuletzt wegen des Körperbewusstseins von Mann und Frau auf die zweite Dimension des sakramentalen Zeichens der Ehe „hingeordnet". Diese zweite und reale Dimension „während des ganzen Lebens" als vielgestaltige personale Hingabe im Alltag nennt Johannes Paul II. mit Berufung auf die alttestamentlichen Propheten[5] „Sprache des Leibes" (TdL 103,4):

1 Nocke, Ehe, 373.

2 Sattler, Ehe, 142. [Die Abkürzungen sind ergänzt]. Anton Ziegenaus schreibt zu dieser Frage nach „Form" und „Materie" bei der Ehe: „Beim Ehesakrament handelt es sich nicht wie bei anderen Sakramenten um den Gebrauch materieller Dinge. Die hylemorphistische Erklärung der Sakramente in der Scholastik hat deshalb die Frage nach Form und Materie beim Ehesakrament aufgeworfen und gemeint, die Form wäre das gegenseitige Versprechen zur dauernden Lebensgemeinschaft und die Materie die Leiber der Partner. Jedoch dieses stark sinnenhafte Denken übersieht, dass das Versprechen nicht Leibern, sondern Personen gegeben wird. Deshalb kam man zu der Theorie, die Willenserklärung der Partner als ‚Materie' und die Segnung durch den Priester als Form zu betrachten. Dem widerspricht allerdings die Erkenntnis innerhalb der westlichen Theologie – die Ostkirche denkt hier anders –, dass sich die Partner das Sakrament einander selbst spenden" (Ziegenaus, Heilsgegenwart, 578).

3 „Die Worte der Brautleute gehören zur Gesamtstruktur des sakramentalen Zeichens nicht nur durch das, was sie bedeuten, sondern gewissermaßen auch mit dem, was sie bedeuten und bestimmen. Das sakramentale Zeichen besteht in der intentionalen Ordnung, insofern es gleichzeitig in der realen Ordnung besteht" (TdL 103,3).

4 „Gli danno una espressione intenzionale sul piano dell'intelletto e della volontà, della coscienza e del cuore" (Giovanni Paolo II, L'Amore Umano 104,5). (Eigenübersetzung; vgl. TdL 103,5).

5 Um die „prophetische Sicht des Leibes" zu erschließen, die sich in der „Sprache des Leibes" artikuliert, bedient sich Johannes Paul II. jener Analogie, die sich im Alten Testament vor-

„die ewige und jedes Mal neue ‚Sprache des Leibes' *ist nicht nur das Substrat, sondern gewissermaßen der konstitutive Inhalt der Personengemeinschaft*"[1]. Das heißt, die Personengemeinschaft der Ehe vollzieht sich in der „Sprache des Leibes". In dieser Dimension geht es nicht mehr nur um eine Intention, sondern um die Realität des ehelichen Lebens als Verwirklichung und Vollzug der geschlechtlichen Vereinigung. „Die Personen – Mann und Frau – werden zum gegenseitigen Geschenk füreinander. Sie werden in ihrem Mann- und Frausein zum Geschenk dadurch, dass sie die bräutliche Bedeutung des Leibes entdecken und diese unwiderruflich auf sich anwenden: im ganzen Leben" (TdL 103,5). Zwar wird diese Dimension personal im Leib verwirklicht, doch ist die „Sprache des Leibes" nicht allein eine körperliche Angelegenheit. Schließlich bringt die geschlechtliche Vereinigung immer auch den ganzen Geist wie die Selbstlosigkeit der Hingabe zum Ausdruck.

Johannes Paul II. entwickelt so eine neue Sicht des sakramentalen Zeichens der Ehe, die in der Annahme gründet, „dass zur Struktur der Ehe als sakramentales Zeichen wesentlich auch die Sprache des Leibes gehört" (TdL 104,1). „Die Sprache des Leibes tritt (…) in die Gesamtstruktur des sakramentalen Zeichens ein" (TdL 105,1). Deutlich bringt Johannes Paul II. die Gesamtstruktur des sakramentalen Zeichens und die damit verbundene neue Sicht der Dinge zum Ausdruck: „Die Liturgie des Ehesakraments verleiht diesem Zeichen Gestalt: direkt während des sakramentalen Ritus aufgrund der Gesamtheit seiner vielsagenden Ausdrucksformen; indirekt während des ganzen Lebens. Mann und Frau tragen als Eheleute dieses Zeichen ihr ganzes Leben lang und bleiben diese Zeichen

---

nehmlich bei den Propheten Hosea, Ezechiel und Deuterojesaja findet. In dieser Perspektive ist der Bund zwischen Gott und dem Volk Israel nicht nur ein Vertrag, sondern sie vergleichen ihn mit dem Verhältnis Braut und Bräutigam (Vgl. Jes 54,5.6.10). Folglich ist auch „der Bruch des Bundes nicht nur die Verletzung des mit der Autorität des obersten Gesetzgebers verbundenen Vertrages, sondern sie bedeutet Untreue und Verrat: einen Schlag, der geradewegs sein Herz als Vater, als Bräutigam und als Herr durchbohrt" (TdL 104,3). Anhand der „Sprache des Leibes" bringen die Propheten zum Ausdruck, was dem eheähnlichen Bund entspricht und was ihm widerspricht. Anlass boten die verschiedenen Formen der Götzendienste Israels und die wiederholte Untreue gegen Jahwe. Hosea verurteilt den Götzendienst aufgrund der Analogie mit der Ehe nicht nur verbal als Ehebruch, er fordert auch zu symbolischen Handlungen auf: „Geh, nimm dir eine Kultdirne zur Frau, und (zeuge) Dirnenkinder! Denn das Land hat den Herrn verlassen und ist zur Dirne geworden" (1,2). Auf derselben Linie spricht Ezechiel symbolisch vom Ehebruch Jerusalems (Ez 16,8.15) oder vom Ehebruch Jerusalems und Samarias (Ez 23). Die Propheten erlauben dem Leib in seinem Mann- bzw. Frausein sozusagen selbst in ethischen Kategorien zu sprechen und stellen das sittlich Gute (Treue) und Böse (Untreue, Ehebruch) gegenüber. Sie loben Treue und Reinheit als ein Gut und verurteilen Untreue und Ehebruch als etwas Böses.

1 „(…) il perenne ed ogni volta nuovo ‚linguaggio del corpo', *è non soltanto il ‚substrato' ma, in certo senso, il contenuto costitutivo della comunione delle persone*" (Giovanni Paolo II, L'Amore Umano 104,5). (Eigenübersetzung; vgl. TdL 103,5).

bis zum Tod.“[1] Schließlich sind die Worte bei der Trauung als Anfang und Bereitschaft der Intention nach zielgeordnet auf die Realität des ehelichen Lebens. Folglich reicht die eheliche Vereinigung in den Bereich des sakramentalen Zeichens. Denn die „Worte würden nicht in sich das sakramentale Zeichen der Ehe bilden, entspräche ihnen nicht die menschliche Subjektivität und zugleich das an ihr Mann- und Frausein gebundene Bewusstsein des Leibes von Bräutigam und Braut“ (TdL 103,4). Aus diesem Grund setzt sich das „sakramentale Zeichen der Ehe“ aus dem „Ehekonsens und dessen Verwirklichung“[2] zusammen. Wie Wojtyła in seiner philosophischen Anthropologie den Menschen als Urheber seiner Taten ins Zentrum seiner Analysen stellt und das Wesen der Person von ihrer Tat her erschließt, so sieht er im Licht der Offenbarung die personale Selbstbestimmung als Grundlage für das Sakrament der Ehe, während er das Wesen der Ehe von der Tat her deutet, die dem Willensakt des Ehekonsenses entspringt. Selbstbestimmung und Tat der Person fließen zusammen in das sakramentale Zeichen der Ehe ein. „Das Zeichen des Ehesakraments wird dadurch verwirklicht, dass die von den Neuvermählten gesprochenen Worte dieselbe ‚Sprache des Leibes‘ wieder aufnehmen wie am ‚Anfang'“ (TdL 103,5), d. h. sich gegenseitig in selbstloser Liebe hingeben, wie es der „bräutlichen Bedeutung des Leibes“ entspricht.

3.7.1.1 Prophetisches Zeichen

Die Gesamtstruktur des sakramentalen Zeichens der Ehe besteht aus dem „Wort“ und der „Sprache des Leibes“ als tagtägliche sowie lebenslange Aufgabe. Wie die Propheten des Alten Testaments im Vergleich mit der Beziehung von Ehemann und Ehefrau den Ehebruch Israels anprangern und zur Treue aufrufen, so sind auch die Eheleute aufgerufen, die tägliche Verwirklichung ihrer Vermählungsworte in der Wahrheit der ehelichen Treue zu gestalten.[3] Mühen sich nun die Eheleute in ihrem Leben darum, dass der Leib durch Liebe, Treue und Ehrbarkeit die Wahrheit sagt, reihen sie sich in die prophetischen Zeichen des Alten Testaments ein. Ihr Leib beginnt zu sprechen. Damit kommt der

1 „La liturgia del sacramento del matrimonio dà forma a quel segno: direttamente, durante il rito sacramentale, in base all'insieme delle sue eloquenti espressioni; indirettamente, nello spazio di tutta la vita. L'uomo e la donna, come coniugi, portano questo segno in tutta la loro vita e rimangono quel segno fino alla morte" (Giovanni Paolo II, L'Amore Umano 104,7). (Eigenübersetzung; vgl. TdL 103,7).

2 „(...) il segno sacramentale del matrimonio (...) il consenso coniugale e la sua attuazione“ (Giovanni Paolo II, L'Amore Umano 108,2). (Eigenübersetzung; vgl. TdL 107,3).

3 Die Propheten bezeichnen „eheliche Treue und Reinheit als ‚Wahrheit', den Ehebruch oder die Prostitution hingegen als ‚Unwahrheit', als ‚Falschheit der Sprache des Leibes (…), weil im ersten Fall das Subjekt (d. h. Israel als Braut) im Einklang steht mit der Bedeutung, die dem menschlichen Leib (wegen seiner Männlichkeit und Weiblichkeit) in der Gesamtstruktur der Person zu eigen ist; im zweiten Fall hingegen steht dasselbe Subjekt im Gegensatz und im Widerspruch zu dieser Bedeutung“ (TdL 104,9).

„Sprache des Leibes“ nicht nur eine ethische Dimension („gut“ und „böse“) zu, vielmehr unterscheidet Johannes Paul II. eine „wahre“ von einer „unwahren“ bzw. „falschen Sprache des Leibes“. Die Revelanz dieser Kategorien mag verwundern. „Gewöhnlich wird angenommen“, so Rocco Buttiglione, „dass zwar eine Aussage wahr oder falsch sein kann, nicht aber ein Verhalten oder eine Tat“[1]. Tatsächlich aber „gebraucht Johannes Paul II. die Formulierung ‚Sprache des Leibes‘ eben in dem Zusammenhang“, erklärt Janet E. Smith, „dass es eine Entsprechung geben muss zwischen dem, was unser Leib tut, und dem, was wir als wahre Liebende beabsichtigen“[2]. „Wahre Liebe“ bedeutet, den Partner nicht als Objekt der Befriedigung zu gebrauchen, sondern selbstlos zum Geschenk für ihn zu werden.[3] Ist das die Absicht, müssen die Gesten, Reaktionen etc. damit übereinstimmen. „Wie die Sprache, das heißt die Wortzeichen, der Wahrheit dienen und sie ausdrücken soll – nur dann entspricht sie der Würde des Menschen –, so soll auch das Handeln, die Gesten des Leibes, besonders in diesem Austausch inter-personaler Hingabe, die das eheliche Leben auszeichnet, der Wahrheit entsprechen.“[4] Smith fügt zwei Beispiele an, wie Worte oder Handlungen nicht mit den Bedeutungen im Einklang stehen, die ihnen eigentlich anhaften. Nicht wenige fühlen sich im Nachhinein betrogen, wenn sie die Worte „Ich liebe dich“ hören. Für sie klingen zunächst die Bedeutungen von „Ich will für dich sorgen“, „Ich möchte dich liebenswürdig behandeln“, „Ich möchte dich nicht verletzen“. In Wirklichkeit aber wurden sie zu irgendwelchen Handlungen (z. B. Sex) verführt. Weil die Worte „Ich liebe dich“ nicht das hielten, was sie versprachen, fühlt man sich betrogen, missbraucht und belogen.[5] Rocco Buttiglione vertieft dieses Beispiel: „In jeder unangemessenen Liebe z. B. wird versucht, in der Sprache des Leibes dem anderen (der anderen) zu sagen: ‚Ich gehöre dir restlos‘, wobei man diese Bedeutung sogar innerlich empfinden mag“, so Buttiglione, „was aber unter Bedingungen geschieht, unter denen dieses Bekenntnis objektiv unwahr ist, weil man schon einer anderen Frau oder einem anderen Mann gehört oder eine Mission höheren Ranges zu erfüllen hat.“[6] Generell kann nach Gerl-Falkovitz der „Leib (…) nicht mehr ‚sprechen‘, wenn er sich an eingeschränkte Bedingungen halten muss: ‚Gib dich mir

1 Buttiglione, Leib, 94-95.

2 „(…) there must be a correspondence between what our bodies do and what we, as true lovers, intend. It is in this context that John Paul II uses the phrase ‚language of the body‘“ (Smith, Pope John Paul II, 239). (Eigenübersetzung).

3 „Die leibliche Ganzhingabe wäre eine Lüge, wenn sie nicht Zeichen und Frucht personaler Ganzhingabe wäre, welche die ganze Person, auch in ihrer zeitlichen Dimension, mit einschließt. Wenn die Person sich etwas vorbehielte, zum Beispiel die Möglichkeit, in Zukunft anders zu entscheiden, so wäre schon dadurch ihre Hingabe nicht umfassend“ (Johannes Paul II., Familiaris consortio, Nr. 11).

4 Wojtyła, Die menschliche Person im Kontext, 173.

5 Vgl. Smith, Pope John Paul II, 241.

6 Buttiglione, Leib, 99.

nur für einen Augenblick; ich will meine Befriedigung, nicht deine Liebe; auf keinen Fall ein Kind …’“[1]. Das andere Beispiel ist, wie Judas das Zeichen des Kusses zum Verrat missbraucht, wo doch der Kuss eigentlich ein Zeichen von Zärtlichkeit und Nähe ist. Buttiglione deutet diesen sogenannten „Judaskuss“ allgemein: „Ein Verhalten ist falsch, wenn es künstlich von seiner natürlichen Bedeutung losgerissen wird. Es ist objektiv und an sich falsch, noch ehe es dazu dient, ein anderes Subjekt zu betrügen.“[2] In diesem Sinn drückt für Johannes Paul II. „der Leib (…) die Wahrheit durch Liebe, Treue und Ehrbarkeit, so wie die Unwahrheit, also die Falschheit, (…) durch all das aus(…), was der ehelichen Liebe, Treue und Ehrbarkeit widerspricht“ (TdL 105,1), doch möchte er die ethische Differenzierung damit nicht einfach durch eine logische ersetzen. Schließlich kann eine „Analyse der Sprache des Leibes (…) mir viel darüber sagen, ob bestimmte Verhaltensweisen adäquat oder nicht adäquat sind, bestimmte Bedeutungen zum Ausdruck zu bringen“, bestätigt Buttiglione, „aber sie sagt mir in letzter Instanz nicht, welches Verhalten der gegebenen Situation objektiv, auf adäquate Weise, entspricht. Denn das ist eine der Ethik zufallende Aufgabe.“[3] Deshalb bringt für Johannes Paul II. die „Sprache des Leibes“ nur im Gesamt von Logik und Ethik die Wahrheit über den Menschen wie auch über die „communio personarum“ zum Ausdruck.[4]. „Auf diese Weise scheint auch die Vorstellung von der ‚prophetischen‘ Rolle des Leibes begründet zu sein: ‚Prophet‘ ist der, der für und im Auftrag von jemandem spricht: im Namen und mit der Autorität einer Person“ (TdL 106,1).

Entscheidend für die Eheleute wird dann das, was Johannes Paul II. die „Relecture“ der „Sprache des Leibes“ nennt. Darunter ist ein stetes Neu-Erlernen der aufrichtigen Hingabe seiner selbst im Sinn der bräutlichen Liebe zu verstehen. Allein dadurch verleihen Mann und Frau dem Zeichen der Ehe als eines der sieben Sakramente der Kirche genau wieder jenen Inhalt, den das Zeichen der Ehe als „Ursakrament der Schöpfung“ im Anfang ausmachte.[5] Aus diesem Grund kann Johannes Paul II. sagen, „das Wesentliche für die Ehe als Sakrament ist die in der Wahrheit wiedergelesene Sprache des Leibes. Gerade darin besteht das sakramentale Zeichen“ (TdL 104,9). Hier merkt Richard Grecco allerdings an, die Akzentuierung, die Johannes Paul II. „auf das Wiedererschaffen, das

1 Gerl-Falkovitz, Mann und Frau, 69.

2 Buttiglione, Leib, 95.

3 Ebd., 99.

4 Grecco meint, es gehe dem Papst dabei nicht um die „Frage, wie der einzelne Mensch zum Urheber seiner je eigenen Körpersprache wird. Es geht vielmehr um eine Sprache, ‚die Gott grundgelegt hat, indem er den Menschen als Mann und Frau schuf, und die Christus erneuert hat‘“ (Grecco, Lehräußerungen, 248).

5 „Die Sprache des Leibes, die durch den Mund der Spender des Ehesakraments der Kirche zum Ausdruck gebracht wird, stiftet dasselbe sichtbare Zeichen des Bundes und der Gnade, das – in seinem Ursprung auf das Schöpfungsgeheimnis zurückgehend – sich ständig aus der Kraft der der Kirche von Christus geschenkten Erlösung des Leibes nährt“ (TdL 105,1).

Wieder-Gestalten, das Wider-Entdecken des Sinnes und dann schließlich das Wieder-Nachlesen der Sprache des Leibes legt, wirkt ein wenig übertrieben.“[1] Tatsächlich ist die permanente Wiedererlangung der leiblichen Hingabe an das Du als Ausdruck der sich schenkenden Liebe ein hohes Ideal. Außerdem „lehrt die Erfahrung, dass die Zeit ein solches tiefes Miteinander abflachen kann. Aber gerade daran ist abzulesen“, so Gerl-Falkovitz, „dass die Sprache des Leibes nicht mehr gelingen kann, wenn sie nicht mehr durchpulst ist von Leben und Liebe und Ausschließlichkeit“[2]. Und für Gerl-Falkovitz führen entsprechende Bedenken zuerst „zur Frage einer umfassenden ‚Erziehung' zur Ehefähigkeit, nicht aber zur Leugnung der Leibsprache als solcher.“[3] Exakt dieser Thematik widmet Wojtyła/Johannes Paul II. sein Buch *Erziehung zur Liebe* und stellt die Frage: „Was kann für den christlichen Lebensstil wesentlicher sein als die Erziehung zur Liebe, die Überwindung der verschieden Arten des Egoismus?“[4] Die Frage ist gleichzeitig Programm.

3.7.1.2 Mensch als Autor

Für die Hermeneutik[5] der Ehe ist die Erfahrung des Menschen ein entscheidender Schlüssel. Einerseits gilt das für das Verstehen des sakramentalen Zeichens des „Ursakraments der Erlösung“. Denn ohne die Verbindung von Mann und Frau wäre die Beziehung Christus-Kirche nicht nachvollziehbar. Aus diesem Grund bezeichnet Johannes Paul II. die Ehe auch als den integrierenden Bestandteil des „Ursakraments der Erlösung“. Umgekehrt wächst die Ehe gleichzeitig am „Ursakrament der Erlösung“. Außerdem lässt sich aus dem Erfahrungsbereich der Ehe von Mann und Frau auch die Grundstruktur der menschlichen Person erschließen. Im Rahmen der Philosophie Wojtyłas wird diese Grundstruktur anhand der „personalistischen Norm“ dargestellt. Mit dieser Norm verbindet sich ein Grundethos. Derart ergeben sich die wesentlichen Momente der philosophisch-theologischen Anthropologie Wojtyłas/Johannes Pauls II., wie sie dem geschichtlichen Menschen nach dem Sündenfall eigen sind. Wenn Johannes Paul II. ausführt, dass „der menschliche Leib eine Sprache [spricht], deren ‚Autor‘ nicht er ist. Ihr ‚Autor‘ ist der Mensch als Mann oder Frau, als Bräutigam oder Braut – der Mensch mit seiner immerwährenden Berufung zu personaler Gemeinschaft“ (TdL 104,7), der als Folge der „Relecture“ „wieder die bräutliche Bedeutung des Leibes ans Licht bringt, die gänzlich in die Struktur selbst der Männlichkeit und Weiblichkeit des personalen Subjekts eingeschrie-

1 Grecco, Lehräußerungen, 249.
2 Gerl-Falkovitz, Mann und Frau, 69.
3 Ebd.
4 Wojtyła/Johannes Paul II., Erziehung zur Liebe, 14-15.
5 „Hermeneutik ist die Kunst und die Lehre vom Verstehen“ (Wieland, Hermeneutik, Sp.1). [Die im LThK typischen Abkürzungen sind vom Autor ergänzt]

ben ist“[1], dann fängt Johannes Paul II. mit diesen Worten eine Kernaussage seiner Studie *Person und Tat* ein. Diese Studie entstand ja in der Absicht, die „Struktur des personalen Subjekts“ zu enthüllen. Wesentlich erschloss sich so die Struktur des personalen Dynamismus, d. h. die Person als Urheberin ihrer Taten. Im Kontext des Ehekonsenses verwendet Johannes Paul II. dieselben Termini, wie sie ihm in seinem philosophischen Hauptwerk zur Darstellung der Selbstbestimmung des Menschen und seines personalen Dynamismus dienten: „die Absicht, die Entscheidung und die Wahl“ (TdL 105,5). Das „Autor“-Sein der „Theologie des Leibes“ entspricht der „Urheberschaft“ aus *Person und Tat*. Exakt vor dem Hintergrund von *Person und Tat* ist „der Mensch Urheber von Handlungen (...) und zugleich Urheber ihrer Bedeutungen. Die Summe jener Bedeutungen stellt gewissermaßen das Ganze der Sprache des Leibes dar, mit der die Brautleute als Spender des Ehesakraments miteinander sprechen wollen“ (TdL 105,6). In diesem Sinn offenbaren nunmehr die Tat und der Leib die Person. Zwar beginnt der Leib gleichsam zu sprechen, doch ist der „Autor“ bzw. „Urheber“ dieser Sprache des Leibes nicht der Leib, sondern der Mensch (als Mann und Frau) mit seinem personalen Dynamismus.

Für eine Rückkehr zur „wahren Sprache des Leibes“ (Relecture) ist allerdings die Offenbarung durch den Erlöser unabdingbar. Denn im Licht der göttlichen Offenbarung wird die Wahrheit über den Menschen in einer solchen Art ausgedrückt, wie sie aus der Erfahrung allein nicht abzuleiten ist.[2] Aus diesem Grund unterscheidet Johannes Paul II. die „Anthropologie“ von der „theologischen Anthropologie“ (TdL 106,5), in deren Bereich Gott sozusagen die Grunderfahrung des Menschen nützt, um sich und sein Geheimnis dem Menschen zu offenbaren. Im Licht dieses Geheimnisses, d. h. der Hingabe Gottes an den Menschen mit dem Plan der Vergöttlichung des Menschen, wird der Mensch fähig, die „Sprache des Leibes“ wiederzulesen, „mit der Gott begonnen hat, als er den Menschen als Mann und Frau schuf: eine Sprache, die von Christus erneuert worden ist“ (TdL 105,4). Dabei offenbart insbesondere die Menschwerdung die Hingabe Gottes an den Menschen. Aus diesem Grund kann Johannes Paul II. sagen: „Man darf nicht vergessen, dass die Sprache des Leibes, ehe sie vom Mund der Brautleute, den Spendern der Ehe als Sakrament der Kirche, gesprochen wird, durch das Wort des lebendigen Gottes gesprochen wurde, vom Buch Genesis, über die Propheten des Alten Bundes bis zum Verfasser des Epheserbriefes“ (TdL 105,4). Im Denken Johannes Pauls II. leuchtet damit das fundamentale Verhältnis von Offenbarung und Tradition auf. Ohne die Tradition des Wortes ist die Offenbarung nicht zu verstehen. Auf der Grundlage dieser Tradition bringen Mann und Frau

1 „(...) riportando alla luce il significato sponsale del corpo come integralmente iscritto nella struttura stessa della mascolinità e femminilità del soggetto personale“ (Giovanni Paolo II, L'Amore Umano 106,5). (Eigenübersetzung; vgl. TdL 105,5).

2 So lässt sich z. B. die Trinität nicht auf die Erfahrung des Menschen zurückführen. Ebenso wenig ist der ewige Heilsplan Gottes für den Menschen aus der Erfahrung heraus zu entwickeln.

mit den Worten des Eheversprechens diese „ganze Fülle und Tiefe des Geheimnisses“ (TdL 105,4) mit zum Ausdruck, das sowohl die vollkommene Hingabe Gottes an den Menschen als auch seine Berufung zur Vergöttlichung umfasst.

3.7.1.3 Christus als Adressat

Wie bereits ausgeführt, wird das sakramentale Zeichen der Ehe durch die Worte des Eheversprechens gleichsam gesetzt, beinhaltet aber intentional schon „in der Perspektive des gemeinsamen Lebens und der ehelichen Berufung“ (TdL 106,2) als „zukunftsweisendes Zeichen (…) die Ehe- und Familiengemeinschaft von Personen“ (TdL 105,6). Mann und Frau sprechen sich bis zum Tod in der Sprache des Leibes aus. Sie führen den „ehelichen Dialog“ und sind dazu „aufgerufen (…) durch ihr Verhalten und Betragen, durch ihre Handlungen und Gesten (…) der Sprache des Leibes solche Inhalte zu geben, aus denen sich dann eheliche Liebe, Treue und Wahrhaftigkeit und den Bund, der unauflöslich bis zum Tod bleibt, aufbauen und ständig vertiefen“ (TdL 106,2). In diesem Kontext wird noch einmal sehr deutlich, dass das sakramentale Zeichen der Ehe als eines der sieben Sakramente der Kirche nicht auf ein „bloß momentanes, flüchtiges Zeichen“ (TdL 105,6), also den Worten während des Eheversprechens reduziert werden darf, sondern, dass dieses „Zeichen der Ehe als Sakrament der Kirche“ vielmehr von den Inhalten bestimmt wird, „deren Urheber die Eheleute sind“ (Tdl 106,3). Das „Ganze der Sprache des Leibes“ (TdL 105,6), d. h. die Summe der Taten und ihrer Bedeutungen, wird in seiner Fülle zum prophetischen Zeichen. Dadurch wird die Wahrheit über den Menschen solcher Art ausgedrückt, wie sie alleinig aus der Erfahrung nicht hervorgeht. Gleichzeitig kann die durch die „Sprache des Leibes“ ausgedrückte eheliche Treue nur aufgrund der Offenbarung begriffen werden. Schließlich erkennt der Mensch erst im Licht der Offenbarung, dass er sich auch um Christi willen hingibt. Somit tragen Mann und Frau gute und böse Tage nicht nur um ihrer selbst willen, sondern ebenso um Christi willen durch. Dass also letztlich Christus der Adressat personaler Hingabe ist, gehört zum Wesenskern dessen, wie die „Sprache des Leibes“ zum prophetischen Zeichen wird.

Zusammenfassend nützt Gott die Grunderfahrung des Menschen als Mann und Frau, um sich zu offenbaren und dem Menschen seinen ewigen Heilsplan als „ganze Fülle und Tiefe des Geheimnisses“ mitzuteilen. Im Licht seines Geheimnisses (Hingabe) und Plans (Vergöttlichung) wird der Mensch fähig, auf dem Weg der „Relecture“ die „Sprache des Leibes“ neu zu erlernen. Dabei beginnt der Leib zu sprechen, doch ist der Urheber der Mensch. Die mit der „Sprache des Leibes“ in Wahrheit verbundene Hingabe hat nicht nur den ehelichen Partner zum Ziel, sondern auch Christus. Mit dieser Wahrheit verbindet sich zutiefst die sakramentale Wirksamkeit des Eheversprechens. So „tritt jeder Mann und jede Frau in die Heilsgeschichte ein und wird durch das Sakrament als sichtbares Zeichen des Bundes und der Gnade in sie hineingenommen“ (TdL

106,5). In dieser sakramentalen Dimension menschlichen Seins kommt all das zum Tragen, was im Rahmen dieser Arbeit noch als „Spirale des Heils“ beschrieben wird. Der integrierte Leib hat sakramentalen Charakter und vermittelt eine wachsende und zunehmende Teilhabe am göttlichen Leben. Organisch damit verbunden ermöglicht die Teilhabe am göttlichen Leben andererseits eine vollkommenere Integration des Leibes. Genauerhin ist der Leib des Menschen das sakramentale Zeichen. Je mehr die Integration der psychosomatischen Dynamismen gelingt, desto mehr hat der Mensch einerseits an der sakramentalen Gnade teil und umso mehr wirkt er diese Gnade auch. Beim Sakrament kommt also hinzu, dass das, wozu der Mensch berufen ist, sich bereits verwirklicht. Und das ist so, weil der Mensch von Anfang an im Blick auf Christus erlöst ist. Um aber die „Sprache des Leibes in Wahrheit“ zu verwirklichen, muss die Begierde überwunden werden. Zur Erfüllung dieser Berufung ist das „Geheimnis der Erlösung des Leibes“ notwendig.

Der Vollständigkeit halber soll noch auf die Beziehung der „Sprache des Leibes“ als prophetischem Zeichen zum Ethos hingewiesen werden. Im Bereich des Ethos entspricht der Wahrheit der „Sprache des Leibes“ die eheliche Treue. Aber erst vom Ehebruch her ist die Lüge zu verstehen. Denn durch das Fremdgehen des anderen wird jeder im Innersten verletzt. Jeder Ehebruch geht an die Substanz. „Wo Sexualität von Anfang an auf Pluralität ausgerichtet ist, zeitgeistig oder aus eigener Beschränkung heraus“, so Gerl-Falkovitz, „gelangt die Sprache des Leibes gar nicht zu ihrer ganzen Selbstaussage: Sie versackt einfach im Selbstgenuss. Wie wenig das von dem Partner ‚verziehen‘ wird, zeigen die Mythen aller Jahrhunderte, die die dramatische Rache des Betrogenen ausmalen.“[1]

3.7.2 „Hermeneutik des Menschen“

Die ganze Schaffenskraft Johannes Pauls II. widmet sich im Grunde der Frage, welchen Schlüssel man zum Verständnis des Menschen findet und wie das Menschsein zu deuten ist. Auf den Ebenen von Erfahrung, Offenbarung und Sakrament entfaltet er eine „Hermeneutik des Menschen“[2]. Dieses Verstehen des Menschen beginnt bei Wojtyła auf der Ebene der Erfahrung im Bereich der „ratio“. Eine solche philosophische Anthropologie entfaltet Wojtyła in der Studie *Person und Tat*. Dabei ist die Bezeichnung „philosophische Anthropologie“ lediglich eine umfassendere Formulierung für Personalismus.[3] Darüber hinaus deutet

1 Gerl-Falkovitz, Mann und Frau, 69-70.

2 Wojtyła, Die anthropologische Vision der Enzyklika „Humanae Vitae“, 183.

3 „Bekanntlich gibt es im zeitgenössischen philosophischen Denken viele Richtungen und Abstufungen des Personalismus, je nach den unterschiedlichen Grundlagen, Voraussetzungen und Methoden des Denkens und des Verfahrens in Philosophie und Wissenschaft. Die Tatsache der Existenz verschiedener Richtungen des Personalismus und – umfassender formuliert – der philosophischen Anthropologie ist natürlich von Gewicht für den allgemeinen Stand der Kultur und die Sensibilität für Werte“ (Wojtyła, Die menschliche Person im Kontext, 160-161).

Johannes Paul II. den Menschen im Rahmen seiner theologischen Anthropologie mit „ratio et fides" und spricht von der „Anthropologie (bzw. anthropologische Hermeneutik) des Evangeliums" (TdL 107,1). Das Eintreten in die Offenbarung im Sinn einer Begegnung mit Christus vertieft nicht nur die Verstehensmomente aus der Erfahrung und eröffnet dem Menschen die eschatologische Dimension bzw. sein letztes Ziel (Auferstehung und Vergöttlichung). Ausgehend von Gen 1,26f. erschließt sich dem Menschen zudem seine Gottebenbildlichkeit. „Dieses Ebenbild und diese Ähnlichkeit betreffen nicht nur die geistige Natur, durch welche die Person in ihrer individuellen Einzigartigkeit konstituiert wird, sondern auch die Dimension der Beziehung, das heißt, des Verhältnisses der Person zu einer anderen Person, das genügend tief in die innere Struktur der Person eingeschrieben ist."[1] Dieses Ebenbild-Sein, vertieft Ratzinger in seiner Hinführung zum Apostolischen Schreiben *Mulieris dignitatem*, ist „wesentlich in der Personalität verankert, Personalität aber ist Rationalität: Sie schließt ihrem Wesen nach die Ausrichtung auf ‚communio' ein, gerade so weist sie auf den dreieinigen Gott hin"[2]. Ein erster und fundamentaler Ausdruck dieser „Ausrichtung auf ‚communio'" ist das Mann- und Frausein des Menschen. Ratzinger weiter: „Die Verwiesenheit von Mann und Frau aufeinander gehört in diesem Sinn in den Kern der Schöpfungsgestalt des Menschen; sie hat mit seiner Gottebenbildlichkeit zu tun, insofern sie ein wesentlicher Ausdruck des Beziehungscharakters der menschlichen Existenz ist."[3] Weil so „Menschsein (…) Berufensein zur interpersonalen Gemeinschaft"[4] bedeutet, macht Ratzinger bei Johannes Paul II. „drei Grundelemente der menschlichen Existenz" aus: „Der Mensch ist als einziges Geschöpf von Gott um seiner selbst willen gewollt – nicht Mittel, sondern ‚Selbstzweck' würde Kant sagen; er ist nicht einfach da, sondern muss erst zur Verwirklichung seiner selbst kommen, die seine Aufgabe ist; diese ‚Selbstverwirklichung' aber geschieht nur, wenn der Mensch sich nicht selber sucht, sondern sich gibt"[5]. Eben diese Hingabe macht Christus „dem Menschen (…) voll kund"[6]. „Jesus Christus bleibt, so sagt der deutsche Philosoph Karl Jaspers [1883-1969], der Maßgebendste unter den Maßgebenden der Geschichte."[7]

Bei dieser Gottebenbildlichkeit des Menschen kommt dem Leib eine Schlüsselrolle zu. Nach *Veritatis splendor* „entdeckt die menschliche Person in ihrem Leib die vorwegnehmenden Zeichen, den Ausdruck und das Versprechen der Selbsthingabe in Übereinstimmung mit dem weisen Plan des Schöpfers."[8] Der Leib offenbart das Personsein sowie die Berufung zur „communio personarum"

1 Wojtyła, Die anthropologische Vision der Enzyklika „Humanae Vitae", 184.
2 Ratzinger, Die Frau, 113.
3 Ebd.
4 Johannes Paul II., Mulieris dignitatem, Nr. 7.
5 Ratzinger, Die Frau, 113.
6 GS 22.
7 Johannes Paul II., Ansprache an die Publizisten, 2.
8 Johannes Paul II., Veritatis splendor, Nr. 48.

und damit die Wahrheit, dass der Mensch „sich selbst nur durch die aufrichtige Hingabe seiner selbst finden“[1] und verwirklichen kann. Darüber hinaus „spiegelt“ die Zweigeschlechtlichkeit von Mann und Frau die Personengemeinschaft Gottes wider.[2] Für Peter Bristow „verlängert sich“ das Abbild-Gottes-Sein dabei bis in den Leib hinein.[3]

Außerdem erhellen sich im Licht der Offenbarung die Hintergründe der Erbsünde sowie deren Folgen. Nach dem Sündenfall („lapsus“) lässt sich beim Menschen, so Ratzinger zur „Hermeneutik des Menschen“ bei Johannes Paul II., eine dreifache „Brechung im Kern seiner Existenz“ ausmachen: „Es entsteht ein Bruch im eigenen Ich; es entsteht ein Bruch in der Beziehung von Mann und Frau, und es entsteht ein Bruch zwischen Mensch und Schöpfung“[4]. Beim Verhältnis von Mann und Frau tritt an die Stelle von „Selbstschenkung“ der „Herrschaftswille“ des Mannes über die Frau; aus „communio wird Unterdrückung“; die Frau ist nicht mehr „Mit-Subjekt“, sondern „Objekt des Genusses, der Ausbeutung“.[5] Nichtsdestotrotz darf dieser Mensch wegen seinen Verfehlungen und Sünden nicht nur angeklagt werden.[6] Denn aufgrund der Erlösung durch Christus („redemptus“) ist er unablässig aufgerufen, mit der Gnade Gottes die Sünde zu überwinden und zur „aufrichtigen Hingabe seiner selbst“ zurückzukehren.[7] Ist der Mensch aber „simul lapsus et redemptus“, dann deutet das Erlöstsein („redemptus“) bereits die Dimension des Sakraments als Wirklichkeit an, obgleich der Mensch ein Gefallener („lapsus“) bleibt. Schließlich ist mit der Formel „homo simul lapsus et redemptus“ nicht nur ausgesagt, dass der Mensch erlöst ist, sondern vor allem wie sich die Erlösung vollzieht, eben sakramental. Diesen Zusammenhang zu erkennen, macht bei Johannes Paul II. die „Hermeneutik des Sakraments“ aus. Die „Berufung des Menschen“ wird einerseits offenbart und andererseits gewirkt, begreift man ihn vom sakramentalen Zeichen her. In dieser Sicht kann der Mensch nur anhand der „Hermeneutik des Sakraments“ adäquat einordnen, was er erfährt. Dass der Mensch ohne die „Hermeneutik des Sakraments“ nicht letztgültig zu verstehen ist, wird für Jo-

---

1 GS 24.

2 „This does not mean that sexuality applies to God who is above it, but only that it mirrors the communion of the persons in Him“ (Bristow, Christian, 279).

3 „In this sense, the image of God also extends to the body, although naturally this does not imply bodiliness to God, but is based on the *relationship* of persons which in humans is through the body“ (Ebd.).

4 Ratzinger, Die Frau, 114.

5 Vgl. ebd.

6 Das ist für Johannes Paul II. die Position der „modernen Hermeneutik des Menschen“ (TdL 107,1), die er in den „Meistern des Argwohns“ (Freud, Marx, Nietzsche) vertreten weiß.

7 Denn der Mensch der dreifachen Begierde „ist gerufen durch das Geheimnis der Erlösung des Leibes, ein göttliches Geheimnis, das zugleich – in Christus und durch Christus in jedem Menschen – menschliche Wirklichkeit ist. Zu diesem Geheimnis gehört außerdem ein bestimmtes Ethos, das seinem Wesen nach ‚menschlich‘ ist und das wir bereits früher ‚Ethos der Erlösung‘ genannt haben“ (TdL 107,2).

hannes Paul II. insbesondere beim ehelichen Leben deutlich. „Die Dimension des Zeichens, die der Ehe als Sakrament eigen ist, bestätigt die besondere theologische Anthropologie, die besondere Hermeneutik des Menschen, die man in diesem Fall auch ‚Hermeneutik des Sakraments' nennen könnte, weil man mit ihr den Menschen vom sakramentalen Zeichen her begreifen kann" (TdL 107,5). Deswegen ist die Anthropologie Johannes Pauls II. als „Hermeneutik des Menschen" ihrem Wesen nach nichts anderes als diese „Hermeneutik des Sakraments". Denn die sakramentale Dimension menschlichen Seins ist der Schlüssel schlechthin zur Deutung und zum Verständnis jenes Menschen, dem in der Erfahrung deutlich wird, dass er der Urheber seiner Taten und deshalb zur Selbstbestimmung fähig ist. Maßgeblich im Denken Johannes Pauls II. bleibt gerade im Hinblick auf das Sakrament der Ehe die Tatsache, dass das sakramentale Zeichen eben nicht nur aus den Worten des Ehekonsenses besteht, sondern, dass Mann und Frau eingeladen sind, dieses Zeichen bis zu ihrem Lebensende durch ihr Verhalten fortwährend neu zu setzen.[1] Diese lebenslange Aufgabe der Eheleute beschreibt Johannes Paul II. auch als „Relecture" der „Sprache des Leibes" in der Wahrheit. Dabei geht Johannes Paul II. für Piegsa von einem „christlichen Heilsoptimismus" aus, „der nicht naiv, sondern realistisch ist."[2] Denn die dreifache Begierde „zerstört nicht (…) die Fähigkeit zum Wiederlesen der Sprache des Leibes in der Wahrheit, und zwar in immer reiferer und vollkommenerer Weise, wofür das sakramentale Zeichen in seinem ersten liturgischen Vollzug und dann im ganzen Leben gesetzt wird" (TdL 107,3). Ebenso betont er, dass „immer die Möglichkeit besteht, im Bereich des Ethos der Erlösung vom Irrtum zur Wahrheit überzugehen, sowie auch die Möglichkeit der Rückkehr, das heißt der Umkehr, von der Sünde zur Reinheit als Ausdruck eines Lebens nach dem Geist (vgl. Gal 5,16)" (TdL 107,3). Für Johannes Paul II. belegt diese permanente Umkehrmöglichkeit zur „Sprache des Leibes in der Wahrheit" in der ehelichen Personengemeinschaft wiederum die Selbstbestimmung der Person und ihre Urheberschaft menschlicher Handlungen.

3.7.3 „Spirale des Heils"

Den Begriff der „Hermeneutik" als Methode des Verstehens und der Sprache führt Johannes Paul II. ein, um den Ausdruck „Sprache des Leibes" zu deuten und zu erfassen. Diese Hermeneutik ergibt sich aus „ratio" (Erfahrung) und „fides" (Offenbarung). Eine Kernaussage lautet: Der Mensch als Person erfährt sich als der, der Urheber des sakramentalen Zeichens ist. Um jedoch sich selbst

1 „Der Mensch, Mann und Frau, als Verwalter des Sakraments Urheber (Mit-Urheber) des sakramentalen Zeichens, ist bewusstes und zur Selbstbestimmung fähiges Subjekt. Nur auf dieser Grundlage kann er die Sprache des Leibes sprechen wie auch Urheber (Mit-Urheber) der Ehe als Zeichen sein: als göttliches Zeichen der Erschaffung und Erlösung des Leibes" (TdL 107,5).

2 Piegsa, Für eine Zivilisation, 216.

und sein Tun zu verstehen, braucht er die „Hermeneutik des Sakraments". Er erfährt sich hier als „simul lapsus et redemptus". Als solcher ist der Mensch aller Zeiten in den Kampf gestellt „zwischen der Sünde, die die Menschheit von ihren Stammeltern ererbt hat, und der rettenden Gnade, die von Christus, dem Sohn Marias, gespendet wird."[1]. Bisweilen erscheinen in diesem täglichen Ringen gerade die Anforderungen Jesu für die Ehe als zu hoch. Denn die „Forderungen Jesu im Bereich der Geschlechtlichkeit und Ehe sind hart für unsere erbsündlich bedingte Konkupiszenz", bestätigt Piegsa, „aber sie sind nicht unerfüllbar. Es gehört nämlich zur Grundüberzeugung biblischen Glaubens, dass Gott die Erfüllung seines Willens möglich macht durch seine Gnade."[2] Nichtsdestotrotz setzt die Gnade die Natur voraus. Damit ergibt sich für den Menschen die Aufgabe „eines bewussten Arbeitens an sich selbst – eines Arbeitens unter der Anleitung des Lehrmeisters Christus."[3]

Wenn Jesus beispielsweise dazu aufruft „Seid barmherzig, wie es auch euer Vater ist!" (Lk 6,36), dann geht es bei diesem Appell für Johannes Paul II. um nicht weniger als „den Kern des evangelischen *Ethos* (…). Es geht hier nicht nur um die Befolgung eines Gebotes oder einer sittlichen Norm, sondern um die Erfüllung einer Grundvoraussetzung dafür, dass Gott dem Menschen sein Erbarmen erweisen kann"[4]. „Selig die Barmherzigen, denn sie werden Erbarmen finden" (Mt 5,7). Doch gibt Johannes Paul II. in seiner Enzyklika *Veritatis splendor* gleichzeitig zu bedenken: „Die Liebe Christi nachzuahmen und nachzuleben, ist dem Menschen aus eigener Kraft allein nicht möglich. Er wird zu dieser Liebe fähig allein *kraft einer Gabe, die er empfangen hat."*[5] Als weiteres Beispiel für dieses Miteinander von menschlichem Bemühen und der Gnade Gottes nennt Johannes Paul II. die Ehelosigkeit „um des Himmelreiches willen". Dazu geht er im Rahmen seiner „Theologie des Leibes" auf das Pauluswort ein, dass der Unverheiratete „dem Herrn gefallen will" (1 Kor 7,32). Dieses Wollen „ist einerseits ein Bemühen des Menschen, das sich auf Gott richtet und nach der Möglichkeit sucht, ihm zu gefallen, das heißt die Liebe durch die Tat zum Ausdruck zu bringen", so Johannes Paul II., „andererseits entspricht diesem Bestreben ein Wohlgefallen Gottes, der dadurch, dass er die Mühen des Menschen annimmt, sein Werk mit der Gewährung einer neuen Gnade krönt: Denn von Anfang an war dieses Bestreben sein Geschenk" (TdL 84,1). Gott schenkt sowohl das Wollen als auch die Kraft für das Vollbringen. Weil aber die „Erlösung des Leibes" Gnade ist, liegt der Akzent bei jedem menschlichen Mitwirkenwollen von Anfang an auf der Gnade. Johannes Paul II. spricht von einem „ständigen Heilsdialog, der von Gott begonnen wurde. An ihm nimmt

1 Johannes Paul II., Erinnerung und Identität, 191.
2 Piegsa, Die Ehe, 214.
3 Johannes Paul II., Erinnerung und Identität, 42.
4 Johannes Paul II. Dives in misericordia, Nr.3.
5 Johannes Paul II., Veritatis splendor, Nr. 22.

selbstverständlich jeder Christ teil, der aus dem Glauben lebt" (TdL 84,1).[1] Man könnte diesen „ständigen Heilsdialog" als „Kreisbewegung"[2] verstehen, doch ist im Rahmen dieser Arbeit die Rede von der „Spirale des Heils" bzw. „Heilsspirale".[3]

3.7.3.1 Am Beispiel der Integration

In einem ersten Schritt lässt sich diese „Spirale des Heils" im Denken Wojtyłas/ Johannes Pauls II. bereits am Beispiel der Integration des Leibes darlegen. Von der philosophischen Linie Wojtyłas herkommend kann festgestellt werden, dass die Integration des Leibes die personale Subjektivität des Menschen bereichert. Über dieses Wachsen hinaus, das sich nach dem Grundsatz der philosophischen Anthropologie vollzieht, wird dieselbe personale Subjektivität zudem durch die Teilhabe am Geist Gottes bereichert. Diese Teilhabe wiederum ermöglicht erst die immer vollkommenere Integration des Leibes. Dabei hat dieser integrierte Leib sakramentalen Charakter. Denn theologisch betrachtet vermittelt ein solch integrierter Leib eine wachsende und zunehmende Teilhabe am göttlichen Leben. Erst der auferstandene Leib des Menschen ist schließlich ein vollkommen integrierter und damit erlöster Leib. Dieser auferstandene Leib offenbart und ermöglicht die vollkommene Teilhabe am göttlichen Leben in Fülle. Im konkreten Leben befindet sich der Mensch zwar auf einem organischen Aufstieg zu diesem Ziel, doch bleiben die beschriebenen Ebenen und Wirkungsweisen ständig präsent und durchdringen sich gegenseitig.

Nun aber betont die Pastoralkonstitution *Gaudium et spes* die Universalität des Heils: „er, der Sohn Gottes, hat sich in seiner Menschwerdung gewisser-

---

1 Gleichzeitig „empfangen auch diejenigen, die die Ehe wählen und in ihr leben, von Gott eine ‚Gnadengabe', ‚ihre Gnadengabe', das heißt eben die Gnade dieser Entscheidung, dieser Art zu leben, dieses Standes" (TdL 84,8).

2 „So wahr es ist, dass die Sakramente für den Menschen da sind, wäre es doch eine anthropozentrische Engführung zu meinen, der Sinn eines Sakraments sei schon erfüllt, wenn es vom Menschen gläubig empfangen wird, m.a.W.: Wenn es beim Menschen ankommt. Dann wäre der Mensch das Ziel Gottes. Doch gelangt das Werk Gottes erst dann zum Ziel, wenn es zu Gott zurückfindet. Deshalb ist die Heilung der zehn Aussätzigen (Vgl. Lk 17,11-18) nur bei dem einen angekommen, der Jesus dankte und Gott die Ehre gab. Das ganze Heilswerk ist eine Kreisbewegung in der die Entäußerung und der Gehorsam des Sohnes bis zum Tod zu einer Erhöhung führen, und schließt, wie der Philipperhymnus (Phil 2,6-11) zeigt, mit der ‚Verherrlichung Gottes, des Vaters'" (Ziegenaus, Heilsgegenwart, 19-20).

3 Auf diese Weise erklärt Johannes Paul II. auch das Zusammenspiel von Weisheit und Reinheit. Schon im Lichte der Weisheitsliteratur (Sir, 23,4-6; 51,20) habe sich „eine doppelte Bedeutung der Reinheit ab[ge]zeichnet: als Tugend und als Gabe. Die Tugend steht im Dienst der Weisheit, und die Weisheit versetzt in die Lage, die Gabe, die von Gott kommt, anzunehmen. Diese Gabe festigt die Tugend und ermöglicht ihr, in der Weisheit die Früchte einer reinen Lebensführung zu genießen" (TdL 57,4). In diesem Kontext übersetzt der Papst Weisheit 8,21 nach der Vulgata-Version: „Ich wusste, dass ich ohne die Gnade Gottes nicht enthaltsam sein konnte; und schon das war Weisheit, zu wissen, wessen Geschenk das ist" (TdL 57,4).

maßen mit jedem Menschen vereinigt.“[1] Weil so auch das Ostergeheimnis „für alle Menschen guten Willens [gilt], in deren Herzen die Gnade unsichtbar wirkt (…), müssen wir festhalten, dass der Heilige Geist allen die Möglichkeit anbietet, diesem österlichen Geheimnis in einer Gott bekannten Weise verbunden zu sein.“[2] Im Dekret über die Missionstätigkeit der Kirche *Ad gentes* ist die Rede von „Wegen, die er weiß“ („viis sibi notis“).[3] Für die Nicht-Getauften nämlich, schreibt Johannes Paul II. in seiner Enzyklika *Redemptoris missio* „ist das Heil in Christus zugänglich kraft der Gnade, die sie zwar nicht förmlich in die Kirche eingliedert – obschon sie geheimnisvoll mit ihr verbunden sind –, aber ihnen in angemessener Weise innerlich und äußerlich Licht bringt.“[4] „Innerlich und äußerlich Licht bringen“ bedeutet, dass die Gnade schon wirkt. „Diese Gnade kommt von Christus, sie ist Frucht seines Opfers und wird vom Heiligen Geist geschenkt: sie macht es jedem Menschen möglich, bei eigener Mitwirkung in Freiheit das Heil zu erlangen.“[5] Denn das „Geheimnis der Erlösung des Leibes“ ist „ein göttliches Geheimnis, das zugleich – in Christus und durch Christus in jedem Menschen – menschliche Wirklichkeit ist“ (TdL 107,2). Und weil die „Erlösung des Leibes“ bereits für jeden Menschen eine Wirklichkeit darstellt, spürt auch jeder Mensch, was „Erlösung des Leibes“ ist. Und zu „diesem Geheimnis gehört außerdem ein bestimmtes Ethos, das seinem Wesen nach ‚menschlich‘ ist und das wir bereits früher ‚Ethos der Erlösung‘ genannt haben“ (TdL 107,2).

Am Beispiel eines fastenden Hindu aufgezeigt, bedeutet das Fasten die Integration der psychosomatischen Dynamismen. Rein menschlich betrachtet, bereichert er damit seine personale Subjektivität. Aber diese Integration hat auch in seinem Fall sakramentalen Charakter und vermittelt auch für ihn eine Teilhabe am göttlichen Leben. Dies wiederum ermöglicht eine vollkommenere Integration des Leibes und damit ein Fortschreiten auf der „Spirale des Heils“. Sakramentalen Charakter kann dem Geschehen insofern zugedacht werden, als Gott das freiheitliche leib-seelische Handeln des Fastenden als Weg für eine Vermittlung seiner Gnade benützen kann, insofern dieses Fasten auf ein wahres Gut ausgerichtet ist. Die Gnade wird ihm in Jesus Christus geschenkt, auch wenn er sich mit dem Erlöser noch nicht personal vereinigt hat. Die Kirche ist ihm dabei Werkzeug des Heils. Sie ist mit ihm in ihrer sakramentalen Wirkung verbunden. Damit ist noch keine Aussage über das ewige Heil des Hindu gemacht. Jedoch wird die Wirkung, die er erfährt, als Hineinwirken des Heiligen Geistes in sein Leben gedeutet.

1 GS 22.
2 GS 22.
3 AG 7.
4 Johannes Paul II., Redemptoris missio, Nr. 10.
5 Ebd.

3.7.3.2 Am Beispiel der Ehe

Grundsätzlich setzt sich das Sakrament der Ehe aus einer menschlichen und einer göttlichen Dimension zusammen. Zur menschlichen Dimension zählen sowohl die bräutliche als auch die erlösende Dimension der ehelichen Liebe. Die bräutliche Dimension der Liebe, das Erleben des anderen als Geschenk, vollzieht sich in der leiblichen Vereinigung. Die erlösende Dimension ist die Selbstlosigkeit als Triebüberwindung, die Johannes Paul II. auch eheliche Keuschheit nennt. Somit „besagt Keuschheit keineswegs eine Verdrängung oder Missachtung der menschlichen Geschlechtlichkeit", erklärt er, „sie bedeutet vielmehr eine geistige Kraft, die die Liebe gegen die Gefahren von Egoismus und Aggressivität zu schützen und zu ihrer vollen Entfaltung zu führen versteht."[1] Zu den menschlichen „Vorbedingungen" rechnet er in *Familiaris consortio* außerdem „Beharrlichkeit und Geduld, Demut und Starkmut, das kindliche Vertrauen in Gott und seine Gnade, das regelmäßige Gebet sowie den häufigen Empfang der Eucharistie und des Bußsakramentes."[2] All das öffnet den Menschen für die Kraft der Gnade Gottes. Mit Verweis auf die Enzyklika *Humanae viate,* Nr. 12, unterstreicht Johannes Paul II. in seiner „Theologie des Leibes" „wie die Eheleute im Gebet diese entscheidende Kraft und jede andere göttliche Hilfe erflehen sollen; wie sie aus der immer lebendigen Quelle der Eucharistie Gnade und Liebe schöpfen sollen; wie sie demütig und beharrlich ihre Mängel und Sünden im Bußsakrament überwinden sollen" und bezeichnet diese drei als „die unfehlbaren und unerlässlichen Mittel zur Gestaltung einer christlichen Spiritualität des Ehe- und Familienlebens" (TdL 126,5). Die Gnade als Teilhabe am göttlichen Leben bedingt dann die göttliche Dimension des Sakraments. „Mittels der Ehe als Sakrament (als eines der Sakramente der Kirche) durchdringen diese beiden Dimensionen der Liebe, die bräutliche und die erlösende, zusammen mit der Gnade des Sakraments das Leben der Eheleute" (TdL 102,4). Was die menschliche Dimension betrifft, so muss das sakramentale Zeichen um seiner Fruchtbarkeit willen mehr und mehr von der bräutlichen und erlösenden Dimension der Liebe durchdrungen sein.

Vor diesem Hintergrund der Verbindung der bräutlichen Dimension des Leibes mit seiner erlösenden Dimension wird der Sinn der Leiblichkeit des Menschen noch klarer. Wenn „das ‚tiefe Geheimnis' der Verbindung Christi mit der Kirche uns dazu verpflichtet, *die bräutliche Bedeutung des Leibes mit seiner erlösenden Bedeutung* zu verbinden, dann finden die Eheleute in dieser Verbindung die Antwort auf die Frage nach dem Sinn ihres ‚Leibseins'"[3]. Denn ob diese bräut-

1 Johannes Paul II., Familiaris consortio, Nr. 33.

2 Ebd.

3 „(...) se il ‚grande mistero' dell'unione di Cristo con la Chiesa ci obbliga a collegare *il significato sponsale del corpo con il suo significato redentore*, in tale collegamento i coniugi trovano la risposta all'interrogativo sul senso di ‚essere corpo'" (Giovanni Paolo II, L'Amore Umano 103,5). (Eigenübersetzung; vgl. TdL 102,5).

liche und erlösende Dimensionen des Leibes gelebt werden oder nicht, hat Konsequenzen für die Wirksamkeit des Sakraments. Je mehr diese beiden menschlichen Dimensionen eins sind, umso zeichenhafter und damit gnadenvoller ist das Sakrament. Je vollkommener die menschliche Dimension den Eheleuten gelingt, desto reicher gestaltet sich die göttliche Dimension des Sakraments.[1] Umgekehrt vervollkommnet sich die menschliche Dimension umso mehr, je tiefer sie aus der göttlichen Dimension lebt, d. h. je erlöster sie ist.[2] In diesem Sinn ist von einem „Gotteskreis" oder von einer „Spirale des Heils" die Rede. Diese „Heilsspirale" der Ehe wird in Gang gesetzt durch die Erlösungsgnade aus der bräutlichen Beziehung Christus-Kirche.[3] Den Anfang machen also nicht die Eheleute mit ihrem menschlichen Bemühen, vielmehr bildet die Beziehung Christus-Kirche die eigentliche Quelle. Dass der Anstoß sozusagen von außen kommt, ist bedeutsam. Dadurch ist alles Gnade. In dieser Lesart ist die häufig von Johannes Paul II. benützte Wendung „zur Hingabe befreit" zu verstehen.

An dieser Stelle wirft sich die Frage nach der Freiheit des Menschen auf, die „dem Menschen vom Schöpfer gegeben [ist] als Gabe und Aufgabe zugleich."[4] Im Sinne der „Heilsspirale" hat der Mensch die Freiheit zwischen „alles ist Gnade" als Geschenk und dem echten Ethos als wirklichem menschlichen Beitrag. Wenn der Mensch „zur Freiheit befreit" ist und alles bereits ein Geschenk der Gnade ist, dann bedeutet dies konkret für die menschliche Dimension des Ehesakraments, dass auch die Selbstlosigkeit und die eheliche Keuschheit immer schon Früchte der erlösenden Gnade Gottes sind. Darüber hinaus aber hat der Mensch die Möglichkeit, an der Vervielfachung der Gnade mitzuwirken. Konkret auf die Ehe angewandt: Je mehr Mann und Frau das eheliche Ethos bejahen und leben, umso mehr wird die Gnade vervielfältigt. Es liegt am Menschen, ob er sich für die Gnade öffnet und ob er sie vervielfältigt oder nicht. Aber alles, was er vervielfältigt, ist wiederum reine Gnade. Zwar kommt in der „Heilsspirale" der Primat der Gnade und nicht dem Willen zu, trotzdem gibt

1 Wird z. B. von den Eheleuten „die Begehrlichkeit des Fleisches als Quelle der Sucht nach egoistischer Befriedigung überwunden", wird umgekehrt „das ‚Fleisch' selbst" immer mehr „in dem sakramentalen Bund von Mann und Frau zur spezifischen Grundlage einer dauerhaften und unauflöslichen Gemeinschaft in personenwürdiger Weise" (TdL 101,4).

2 In *Erziehung zur Liebe* spricht Wojtyła noch von der „Problematik des Ehesakramentes" mit einer „ersten Instanz", in der „die Ehe Gott nahe [ist] als die Verbindung von Personen, die sich auf menschliche Liebe stützt" und von einer „höheren Instanz", in der „die Ehe Gott nahe [ist] als Liebesverbindung von Personen, des Mannes und der Frau, die sich auf das Geheimnis der Menschwerdung stützt – das Geheimnis der Gnade, die in die Natur eingeht" (Wojtyła/Johannes Paul II., Erziehung zur Liebe, 46-47).

3 „Die Gnade bewirkt, dass der Mensch Gott nahe ist" (Ebd., 46).

4 Johannes Paul II., Erinnerung und Identität, 61. „Diese unauflösliche Verbindung zwischen der Gnade des Herrn und der Freiheit des Menschen, zwischen der Gabe und der Aufgabe hat der hl. Augustinus mit schlichten und tiefen Worten zum Ausdruck gebracht, wenn er betet: *‚Da quod iubes et iube quod vis'* (Gib, was Du gebietest, und gebiete, was Du willst)" (Johannes Paul II., Veritatis splendor, Nr. 24).

es in diesem System ein echtes Ethos. Dieses Ethos kann nur dynamisch verstanden und erklärt werden. Und um dieses Ethos fassen oder gar erklären zu können, gilt es in einen Prozess einzutauchen.

Diese „Heilspirale", deren Quelle die Beziehung Christus-Kirche darstellt, ist auf jede menschliche Berufung anwendbar. Für Johannes Paul II. ist „jene Verbindung von der bräutlichen Bedeutung des Leibes mit der ‚erlösenden' Bedeutung gleichermaßen wesentlich und *gültig für die Hermeneutik des Menschen* allgemein: für das grundsätzliche Problem seines Verständnisses sowie des Selbstverständnisses seines Seins in der Welt"[1]. Gerade die „Verbindung Christi mit der Kirche erlaubt uns zu verstehen, auf welche Weise die bräutliche Bedeutung des Leibes durch die erlösende Bedeutung ergänzt wird, und zwar auf den verschiedenen Lebenswegen und verschiedenen Situationen: nicht nur in der Ehe oder in der ‚Enthaltsamkeit' (Jungfräulichkeit oder Zölibat)", so Johannes Paul II., „sondern zum Beispiel auch in den vielgestaltigen Formen *menschlichen Leidens*, ja selbst *bei der Geburt oder im Tod* des Menschen"[2]. „In allem will die erlösende Liebe des Bräutigams am Werk sein", so Martin, „in allem geschieht die Heimholung der Welt durch ihn"[3].

Im Konzept der „Spirale des Heils" wird die Methode Johannes Pauls II. deutlich. Er formuliert ein Grundprinzip, das er im Verlauf seiner Arbeit immer verfeinerter anwendet und ausdrückt.

3.7.4 „Sakrament der Ewigkeit"

Zu einer christlichen und ganzheitlichen Anthropologie gehört auch die Dimension der Ewigkeit. Die Eschatologie wiederum ist nicht ohne die Dimensionen des „Anfangs" und der „Geschichte" zu entwickeln.[4] Wie das „Sakrament der Schöpfung" zum „Anfang" gehört, so ist die „geschichtliche Situation des Menschen" immer schon in das Erlösungswerk eingesenkt. „Die Erlösung ist der Weg zur Auferstehung. Die Auferstehung ist die endgültige Vollendung der Erlösung des Leibes" (TdL 70,8). Ohne den Terminus „Sakrament der Ewig-

1 „(…) quel collegamento del significato sponsale del corpo con il suo significato ‚redentore' è ugualmente essenziale e *valido per l'ermeneutica dell'uomo* in generale: per il fondamentale problema della comprensione di lui e dell'auto-comprensione del suo essere nel mondo" (Giovanni Paolo II, L'Amore Umano 103,5). (Eigenübersetzung; vgl. TdL 102,5).

2 „L'unione di Cristo con la Chiesa ci consente di intendere in quale modo il significato sponsale del corpo si completa con il significato redentore, e ciò nelle diverse strade della vita e nelle diverse situazioni: non soltanto nel matrimonio o nella ‚continenza' (ossia verginità o celibato), ma anche, per esempio, nella multiforme *sofferenza umana*, anzi: nella stessa *nascita e morte* dell'uomo" (Giovanni Paolo II, L'Amore Umano 103,8). (Eigenübersetzung; vgl. TdL 102,8)

3 Martin, Katechesen, 22.

4 Für Johannes Paul II. ist „die eschatologische Darstellung des Menschen, die sich auf den Glauben ‚an die Auferstehung der Toten' stützt, mit dem Hinweis auf den ‚Anfang' wie auch mit dem tiefen Bewusstsein von der ‚geschichtlichen' Situation des Menschen verbunden" (TdL 70,5).

keit“ expressis verbis zu verwenden, ist er dem Inhalt und der Sache nach im Denken Johannes Pauls II. doch zugegen. Dies wird deutlich, erschließt man vom „Sakrament der Schöpfung“ und dem „Sakrament der Erlösung“ ausgehend das „Sakrament der Ewigkeit“ unter den Aspekten von Zeichen und Wirkung. Wenn Johannes Paul II. ausführt, „dass die endzeitliche Wirklichkeit (...) zur Quelle vollkommener Verwirklichung der ‚trinitarischen Ordnung‘ in der geschaffenen Welt der Personen wird“ (TdL 68,4), dann berechtigt gerade das Wort „Quelle“ zum Sprechen von einer sakramentalen Dimension dieser eschatologischen Wirklichkeit. Das ewige Leben ist demnach ein Vollzug oder eine Vermittlung.

Im „Sakrament der Schöpfung“ ist das sakramentale Zeichen die Ehe von *Mann und Frau.* Im leiblichen Vollzug wird die eheliche Hingabe sichtbar. Die sakramentale Wirkung oder Fruchtbarkeit ist die Vermittlung der Urbegnadung an das Kind wie auch an die kommenden Generationen. Beim „Sakrament der Erlösung“ wird die Ehe zwischen Mann und Frau als sakramentales Zeichen vom Zeichen der bräutlichen Beziehung zwischen *Christus und Kirche* abgelöst. Die gegenseitige Hingabe wird im Leben der Kirche sichtbar, die der Leib Christi ist. Die sakramentale Wirkung ist primär die Vermittlung der Erlösungsgnade an die Kinder der Kirche und sekundär an die Menschheit. Werden diese Gedankengänge fortgeführt, ergibt sich im Denken Johannes Pauls II. zwangsläufig die Frage nach dem „Sakrament der Ewigkeit“. Zeichen und Wirkung dieses eschatologischen Sakraments sind eindeutig zu definieren. Das Zeichen ist der auferstandene „Christus (…) alles und in allen“ (Kol 3,11). Im ersten Korintherbrief „wird die Auferstehung Christi als Beginn jener eschatologischen Erfüllung dargestellt, in der durch Ihn und in Ihm alles zum Vater zurückkehrt, alles ihm unterworfen, das heißt endgültig ihm zurückerstattet wird, ‚damit Gott herrscht über alles und in allem‘ (1 Kor 15,28)“ (TdL 70,3). Johannes Paul II. verwendet sogar im Blick auf diese endzeitliche Wirklichkeit den für seinen Sakramentenbegriff grundlegenden Ausdruck „Mysterium“ und hebt die Bedeutung des auferstandenen Leibes für die Teilhabe am göttlichen Leben hervor.[1] Genauerhin setzt sich das sakramentale Zeichen aus *Christus und Kosmos mit den Kindern Gottes* zusammen. In diesem Zeichen wird sichtbar, dass in Christus jeder jedem in einem vollkommenen gegenseitigen Sich-Schenken ganz gehört.[2] Als sakramentale Wirkung lässt sich die „vollkommene[…] Verwirklichung der ‚trinitarischen Ordnung‘ in der geschaffenen Welt

1 Der Papst spricht vom „Mysterium der Auferstehung (...), durch das wir endgültig den Heiligen Geist empfangen haben“, und betont „die paulinische Interpretation der ‚künftigen Welt‘ und des Zustandes des Menschen in jener Welt (...), in welcher jeder zugleich mit der Auferstehung des Leibes in Fülle am Geschenk des lebenspendenden Geistes, d. h. an der Frucht der Auferstehung Christi, teilhaben wird“ (TdL 72,6).

2 Eingeschlossen ist darin die „eschatologische Vollkommenheit des Leibes, der voll und ganz der vergöttlichenden Tiefe des Schauens Gottes ‚von Angesicht zu Angesicht‘ unterworfen wird, in dem sowohl die ewige Jungfräulichkeit (verbunden mit der bräutlichen Bedeutung des

der Personen" (TdL 68,4) ausmachen. Die sakramentale Fruchtbarkeit ist sozusagen die Vermittlung der Fülle des Lebens des dreifaltigen Gottes. Am nächsten kommt dem wahrscheinlich der Begriff „communio", so Johannes Paul II. im Gespräch mit Frossard, der „sowohl das Einssein mit dem lebendigen Gott von Angesicht zu Angesicht" bezeichnet, „wie auch die Einheit der Menschen untereinander, die endgültig zu der gottgewollten Fülle ihrer Existenz und Koexistenz gelangt sind: *communio sanctorum*, die Gemeinschaft der Heiligen."[1] Dabei sind die Engel mit eingeschlossen.

Johannes Paul II. entfaltet vor allem anhand des ersten Korintherbriefes eine „Anthropologie der Auferstehung" (TdL 72,1). Beim auferstandenen Menschen durchdringt die personale Subjektivität, die am Geist Gottes teilhat, den Leib. Diese „Vergeistigung des Leibes wird die Quelle seiner Kraft und Unvergänglichkeit oder Unsterblichkeit sein" (TdL 72,2). Indem Paulus den auferstandenen Leib beschreibt, wird offenbar, wozu der Mensch als Person berufen ist. Deshalb kann Johannes Paul II. anhand dieser eschatologischen Sicht eine Anthropologie entwickeln und darlegen, wozu der Mensch als Person berufen ist, nämlich zu einer derartigen Umgestaltung seiner personalen Subjektivität und zu einer solchen Teilhabe am göttlichen Leben, die Johannes Paul II. auch „authentische Leiblichkeit" nennt. Auf der Grundlage seines philosophischen Ansatzes erklärt Johannes Paul II. die „authentische Leiblichkeit", in dem er die Integration des Auferstehungsleibes und ihr Ziel beschreibt: „Da man von der Auferstehung des Leibes, d. h. des Menschen in seiner authentischen Leiblichkeit, spricht, müsste folglich der ‚geistige Leib' eben das vollkommene Empfindungsvermögen der Sinne, ihre vollkommene Harmonie mit der Tätigkeit des menschlichen Geistes in Wahrheit und Freiheit bedeuten" (TdL 72,4).

In der philosophischen Anthropologie Wojtyłas wurde die Frage nach der Stellung des Leibes dahingehend beantwortet, dass der psychosomatische Dynamismus in den personalen Dynamismus zu integrieren ist. Im Rahmen der „Theologie des Leibes" Johannes Pauls II. erfährt diese Aufgabe aufgrund der „Erlösung des Leibes" eine entscheidende Vertiefung. Denn alles in allem muss der Mensch durch die Teilhabe am Geist Gottes als Person so wachsen, dass er die Berufung zur „authentischen Leiblichkeit" immer mehr verwirklichen kann. Insofern dies auf sakramentale Weise geschieht, leuchtet die vermittelnde Funktion des Leibes auf. Diese anthropologische Stellung des Leibes erhält in der endzeitlichen Verwirklichung des Menschen ihre letztgültige Bedeutung. Die Vereinigung des Menschen mit Gott geschieht auch im ewigen Leben in Christus durch den Leib.

Leibes) als auch die ewige Intersubjektivität aller Menschen, die (als Männer und Frauen) an der Auferstehung teilhaben, ihre unerschöpfliche Quelle finden wird" (TdL 71,5).

1 Johannes Paul II., Fürchtet euch nicht, 91.

3.8 EKKLESIOLOGISCHE ASPEKTE

Was das Zweite Vatikanische Konzil an Neuem gebracht hat, ist für Johannes Paul II. in erster Linie ein neues Selbstverständnis der Kirche.[1]

Wegweisend für das Konzil war zunächst die Besinnung auf die „neutestamentlichen Kirchentheologien"[2], so Siegfried Wiedenhofer, wie Kirche als „Leib Christi" oder als „Volk Gottes". „Was der Geist der Kirche heute durch das Konzil sagt", erklärt Johannes Paul II. 1979 in seiner Enzyklika *Redemptor hominis,* „was er in dieser Kirche allen Kirchen sagt, dient ganz gewiss – trotz einiger gelegentlicher Unruhe – dem Ziel, dem ganzen Volk Gottes im Bewusstsein seiner Heilssendung einen noch festeren Zusammenhalt zu geben."[3] Mit dieser Rückbesinnung auf die Kirche als „Volk Gottes" verbindet sich nach Walter Kasper eine „erneuerte, keine neue Vision" von Kirche: „Es ist das Bild einer Kirche, welche weder klerikal ‚von oben nach unten' noch laikal ‚von unten nach oben' strukturiert ist, welche vielmehr eine einzige lebendige communio-Wirklichkeit ist, Volk Gottes in der ganzen Vielfalt der Charismen, Ämter und Dienste, eine Kirche, die wir alle sind."[4] Anlässlich des 20jährigen Jubiläums des Konzils lud Johannes Paul II. 1985 zu einer außerordentlichen Bischofssynode nach Rom. Kasper nennt „deren vom Papst selbst vorgegebene Zielsetzung die Feier und Förderung des II. Vatikanischen Konzils"[5]. Als Ergebnis bestätigt diese „in der ‚Communio-Ekklesiologie' die zentrale und grundlegende Idee der Dokumente des Zweiten Vatikanischen Konzils."[6] Allerdings muss man nach Kasper dabei die ursprüngliche Bedeutung von „Communio (κοινωνία)" im Blick haben, das „in der Bibel und in der alten Kirche nicht (…) in erster Linie Gemeinschaft, sondern vielmehr Teilhabe (participatio)"[7] bedeutet. „Primär meint Communio nicht ein Netz personaler Beziehungen zwischen den einzelnen Christen, einzelnen Gruppen und Gemeinden. Communio ist nicht etwas", so Kasper, „was wir machen und herstellen können. Gemeint ist vielmehr die Gemeinschaft und Versöhnung mit Gott, die uns in Jesus Christus eröffnet wird, und die durch die Verkündigung des Wortes Gottes und die Feier der Sakramente gegenwärtig wird."[8] Und weiter: „Communio sanctorum bedeutet deshalb ursprünglich nicht Gemeinschaft der Heiligen, sondern Gemeinschaft des Heiligen, gemeinsame Anteilhabe an den Sancta, das heißt an den Sacramenta."[9]

1 In seiner Enzyklika *Dives in misericordia* bezeichnet er als „eine Frucht des Konzils" „die Vertiefung und vielfache Bereicherung des Wissens um die Kirche" (Johannes Paul II., Dives in misericordia, Nr. 1).
2 Wiedenhofer, Ekklesiologie, 65.
3 Johannes Paul II. Redemptor hominis, Nr. 3.
4 Kasper, Kirche Jesu Christi, 219.
5 Ebd., 257.
6 Johannes Paul II., Ecclesia de Eucharistia, Nr. 34.
7 Kasper, Kirche Jesu Christi, 273.
8 Ebd., 232.
9 Ebd.

Darüber hinaus versteht das Konzil die Aufgabe der Kirche im Heilsplan Gottes mehr als Dienst an der Erlösung für alle Menschen. Sie ist nicht nur ein Instrument zur Rettung derer, die durch Taufe und Glaube in die Nachfolge Christi eintreten. Vielmehr sollen durch die Kirche alle Menschen von der Gnade Gottes erreicht werden. Das Geheimnis Gottes soll „durch die Kirche der Menschheit vermittelt“[1] werden. Die Kirche ist in der Hand Gottes das Werkzeug, durch das Gott die Menschheit mit sich versöhnt, aber auch die Menschen untereinander in Einheit zusammenführt. In diesem Sinn sagt die Kirche „von sich selbst, dass sie ‚in Christus gleichsam das Sakrament, d. h. Zeichen und Werkzeug für die innigste Vereinigung mit Gott wie für die Einheit der ganzen Menschheit' ist (‚Lumen gentium', Nr. 1). Alle Menschen sind von diesem Sakrament der Einheit umfangen.“[2]

Ausgehend vom Verständnis der Kirche als „Leib Christi“ und „Volk Gottes“, das Wojtyła in die Konzilsdebatten eingebracht hat, führen seine folgenden Überlegungen im Rahmen der „Theologie des Leibes“ zur zentralen Betrachtung der „Kirche als Braut Christi“ (vgl. Eph 5). Für Johannes Paul II. erschließt sich die Beziehung Christus-Kirche als „Ursakrament der Erlösung“ und damit als Weg für die Anteilnahme des Menschen am Leben Gottes selbst (Vergöttlichung). Auf diese Weise wird deutlich, wie Johannes Paul II. die „Communio-Ekklesiologie“ des Zweiten Vatikanischen Konzils weiterführt. Schließlich „meint communio die Anteilnahme am Leben des dreifaltigen Gottes, welches das Urbild aller communio-Einheit ist“[3], so Kasper.

3.8.1 Kirche als Leib Christi

„Es steht außer Zweifel“, so Angelo Scola, „dass der Begriff des mystischen Leibes Christi den Ausgangspunkt der ekklesiologischen Sicht Wojtyłas zumindest bis zum Konzil darstellt“[4]. Ausgangspunkt ist die paulinische Deutung der Kirche als „Leib Christi“ (1 Kor 12,12-27). Diese besagt einerseits, „dass die Kirche der in Christus aus vielen Gläubigen geeinte Leib ist, dessen verschiedene Glieder im einen Geist füreinander und miteinander da sind (Röm 12,5; 1 Kor12,12f.27)“, erklärt Wiedenhofer, aber „dann in den Deutropaulinen (…), dass die Kirche die geschichtliche Erscheinungsgestalt und die irdische Kommunikationsgestalt Christi ist, durch die das Haupt, Christus, in der Geschichte wirksam und gegenwärtig ist (Eph 1,22f; 4,7-16; 5,21-33; Kol 1,18; 2,19).“[5] In dieser Sicht hat das fleischgewordene Wort seine gottgewollte Fortführung

1 Johannes Paul II., Erinnerung und Identität, 186.
2 Wojtyła, Zeichen des Widerspruchs, 37.
3 Kasper, Kirche Jesu Christi, 274.
4 „È fuori dubbio che la nozione di Corpo mistico di Cristo costituisca il punto di partenza della visione ecclesiologica di Wojtyła almeno fino al Concilio“ (Scola, Interventi, 294). (Eigenübersetzung).
5 Wiedenhofer, Ekklesiologie, 66.

durch die Geschichte in der menschlichen Gemeinschaft des fortlebenden Leibes der Kirche. „Die Enzyklika Mystici Corporis (vom 29. Juni 1943) fasst die Leib-Christi-Ekklesiologie zusammen“[1], so Ziegenaus. Nach Hans Jorissen „stellt die Enzyklika den Höhepunkt und das Ende des körperschaftlichen Kirchenmodells dar, in dem der Begriff des mystischen Leibes Christi die Totalidentität mit der römisch-katholischen Kirche zum Ausdruck brachte.“[2]

Schon während des Konzils wollte es Wojtyła nicht dabei belassen, die Kirche einfachhin als „geheimnisvollen Leib Christi“ vorzustellen. Vielmehr müsse die Zielgerichtetheit der Kirche dargelegt werden. Es „muss die heiligmachende Sendung der Kirche hinsichtlich der menschlichen Person gezeigt werden“[3]. Wojtyła geht es also weniger um die Frage, wie sich die Kirche konstituiert, sondern wofür diese gestiftet worden ist. In ihrer Zielgerichtetheit hat die Kirche soteriologischen Charakter. In der Kirche ist Christus in der Welt und in der Geschichte gegenwärtig und durch die Kirche erlöst er die Welt. Dadurch hebt Wojtyła den personalistischen Aspekt der Kirche hervor. Insofern „die Person in die Kirche als Gesellschaft eintritt und ihre übernatürliche Berufung erfüllt, was nicht ohne die Kirche geschieht, konstituiert die Person die Zelle dieses Leibes“[4]. Nur wenn sich die Person dieser ihrer übernatürlichen Berufung bewusst ist, kann sie sich für die Kirche verantwortlich fühlen. Diese Verantwortung ist ein Zeichen der Liebe zur Kirche. „Einerseits wird so die Gefahr eines religiösen Individualismus ausgeschlossen, andererseits wird der geistlichen Notwendigkeit des zeitgenössischen Menschen Rechnung getragen, der immer mehr verlangt, seiner Berufung als Person bewusst zu werden“[5].

In einer schriftlichen Eingabe zum Schema *De ecclesia* thematisiert Wojtyła in autoteleologischer Manier die Heiligkeit als das innere Ziel der Kirche. Letztlich ist das Ziel die Vergöttlichung des Menschen als Teilhabe am göttlichen Leben: „Aus der Sendung der göttlichen Personen nämlich, des Sohnes wie auch des Heiligen Geistes, die in ihrer Zeit sichtbar gewesen ist, nimmt die Kirche als sichtbarer Leib ihren Anfang gleichzeitig mit einer unsichtbaren, geistigen und übernatürlichen Bewegung, welche die menschlichen Personen auf die Teilhabe an der göttlichen Heiligkeit hinordnet“[6]. Diese Teilhabe am

---

1 Ziegenaus, Heilsgegenwart, 33.

2 Jorissen, Leib, Sp. 772. [Die im LThK typischen Abkürzungen sind vom Autor ergänzt]

3 „(...) ostenditur missio salvifica Ecclesiae erga personam humanam“ (ASyn I/4, 598). (Eigenübersetzung).

4 „(...) persona autem humana constituit cellulam huius Corporis in quantum in Ecclesia-societate invenit et adimplet vocationem suam supernaturalem, quod non fit sine Ecclesia“ (ASyn I/4, 598). (Eigenübersetzung).

5 „Sic etiam excludetur periculum in individualismi religiosi in Ecclesia, alia autem ex parte consuletur necessitati spirituali hominis contemporanei, qui semper magis persona vocationis suae conscia fieri postulat“ (ASyn I/4, 598). (Eigenübersetzung).

6 „Ex missione enim Divinarum Personarum: Filii scil. et Spiritus Sancti, quae suo tempore visibilis fuit, Ecclesia ut Corpus visibile inchoatur simul quidem cum invisibili, spirituali ac

göttlichen Leben werde bereits in der Heiligen Schrift als ureigenstes Ziel der Kirche erkannt. Wojtyła führt zwei Belegstellen an. „Wie du mich in die Welt gesandt hast, so habe auch ich sie in die Welt gesandt. Und ich heilige mich für sie, damit auch sie in der Wahrheit geheiligt sind“ (Joh 17,18-19). Und: „wie Christus die Kirche geliebt und sich für sie hingegeben hat, um sie im Wasser und durch das Wort rein und heilig zu machen. So will er die Kirche herrlich vor sich erscheinen lassen, ohne Flecken, Falten oder andere Fehler; heilig soll sie sein und makellos“ (Eph 5,25-27). Eben diese Aussage vermisst Wojtyła im Textvorschlag, dass nämlich die Kirche der Vergöttlichung des Menschen dient. „Zwar ist die Kirche als solche heilig, sie verkündet das Werk der Heiligkeit, stellt es vor und bietet den Menschen die Mittel der Heiligung an. Aber diese *Heiligkeit der Kirche erscheint* doch in besonderer Weise *in den menschlichen Personen*, indem sie diese Personen kraft der heiligmachenden Gnade am göttlichen Leben wachsen lässt“[1]. Selbst im Kontext der Mariologie vedeutlicht Wojtyła, dass die „heiligmachende Aufgabe der Kirche“ im Schema *De ecclesia* „nicht genügend zum Ausdruck kommt. Denn im Schema erscheint die Ekklesiologie zu wenig als Soteriologie. Deshalb kommt die Zielgerichtetheit der Kirche nicht ausreichend zum Vorschein, nämlich wie Christus dem Menschen, sogar dem ganzen Menschengeschlecht, das Heil verleihen zu wollen“[2].

Dreißig Jahre später thematisiert Johannes Paul II. dieses sein Anliegen erneut und führt es weiter: „Gott hat den Menschen ihr eigenes Heil, er hat ihnen die Kirche und in der Kirche das gesamte Heilswerk Christi anvertraut. Er hat jedem jeden einzelnen Menschen und zugleich die Gesamtheit der Menschen anvertraut. *Er hat jedem alle und alle jedem anvertraut.*“[3] Näherhin erläutert Johannes Paul II. dies anhand eines Schlagworts des Konzils. „*Aggiornamento* ist nicht nur die Erneuerung der Kirche an sich und die Einheit der Christen, damit ‚die Welt glaube‘ (Joh 17,21), sondern auch und vor allem in dem Heilshandeln für die Welt.“[4] Und weiter: „In allen Dimensionen des menschlichen Lebens, des zeitlichen Lebens, wird somit die soteriologische Verfassung der Kirche damit bestätigt. Die Kirche ist der Leib Christi: der lebendige Leib, der alles mit Leben erfüllt.“[5] Diese ekklesiologische Aussage Johannes Pauls II. bringt

---

supernaturali motu, qui personas humanas ad participationem Divinae Sanctitatis ordinat“ (ASyn II/4, 340). (Eigenübersetzung).

1 „Ecclesia, qua talis, est sancta, opus sanctitatis praedicat ac proponit, media sanctificationis hominibus subministrat. Specialiter tamen haec *sanctitas Ecclesiae in personis humanis* apparet, crescere eos faciens in vita divina ope gratiae sanctificantis“ (Ebd.). (Eigenübersetzung).

2 „(…) quod munus salvificum Ecclesiae in schemate non est expressum sufficienter. Ecclesiologia schematis non videtur sufficienter soteriologica. Ex hac parte non apparet etiam sufficienter finalitas Ecclesiae: Ecclesia sicut Christus vult hominibus, immo, toto generi humano praestare salutem“ (ASyn III/2, 179). (Eigenübersetzung).

3 Johannes Paul II., Die Schwelle der Hoffnung, 52.

4 Ebd., 104.

5 Ebd.

abermals zum Ausdruck, wie dann auch die gesamte „Theologie des Leibes" letztlich in die Soteriologie einmündet.

3.8.2 Kirche als Volk Gottes

Gerade nach dem Ersten Vatikanischen Konzil und infolge der Dogmatisierung des päpstlichen Primats war die Ekklesiologie sehr stark durch das hierarchische Denken geprägt.[1] Kirche wurde immer mehr als soziologisch wahrnehmbare Größe verstanden, die sich durch die äußere Zugehörigkeit der Gläubigen konstituiert. Derweil ist die „Kirche" nach Wiedenhofer „historisch aus dem Volk Israel hervorgegangen"[2]: „Die Kirche ist das ‚Volk Gottes' (Röm 9,25f), das ‚Israel Gottes' (Gal 6,16), der ‚Same Abrahams' (Röm 9,7f), die (wahre) ‚Gotteskindschaft' (Röm 9) (und am häufigsten) die ‚(versammelte) Gemeinde Gottes' (ἐκκλησία τοῦ θεοῦ [...]): 1 Kor 15,9; Gal 1,13; 1 Kor 10,32; 11,22; 1 Kor 14 u.ö.)."[3] Tatsächlich ergänzt das Zweite Vatikanische Konzil dann mit der Kirchenkonstitution „Lumen gentium (...) die Rede vom Leib Christi um die weniger exklusive vom Volk Gottes"[4], so Ruster. Deren zweites Kapitel trägt die Überschrift „Volk Gottes".[5] Die Väter des Konzils waren nach Wojtyła „der festen Überzeugung, dass sich die vielfältige Wirklichkeit der Kirche in bloß gesellschaftlichen Kategorien nicht hinreichend ausdrücken lasse, selbst wenn die Kirche als Gesellschaft ‚Volk Gottes' genannt werde", denn um „ihren Wesensgehalt zu erfassen, muss man sie auf das Geheimnis der Allerheiligsten Dreieinigkeit zurückführen. Aus diesem Grund beginnt die Konstitution über die Kirche mit einer Darlegung der göttlichen Heilsordnung, die im Grunde eine trinitarische ist"[6]: „So erscheint die ganze Kirche als ‚das von der Einheit des Vaters und des Sohnes und des Heiligen Geistes her geeinte Volk'."[7] Gleichzeitig wird im „neu rezipierten Verständnis der Kirche als ‚Volk Gottes'", so Wiedenhofer, „die Kirche nach innen hin als ein Mysterium des Glaubens und als eine geschichtliche Gemeinschaft der Gläubigen wiederentdeckt. Auch das

1 Durchgesetzt hat sich in dieser Zeit „die im Geist der Restauration (...) und des Ultramontanismus entwickelte, in den Dogmen des Vatikanum I kulminierende Ekklesiologie der Neuscholastik. In klarer, defensiver Abgrenzung von der neuzeitlichen, weithin als heillos betrachteten Geschichte und den modernen demokratischen Gesellschaften wird die katholische Kirche als eine eigene, vollständig verschiedene und unabhängige (Libertas ecclesiae), in sich autarke, in der absoluten Souveränität des unfehlbaren Papstes ruhende ‚societas perfecta' betrachtet, die von Gott mit allen notwendigen Heilsmitteln (besonders dem hierarchischen Amt und den durch sie verwalteten Sakramenten) ausgestattet ist" (Kehl, Ekklesiologie, Sp. 571). [Die im LThK typischen Abkürzungen sind vom Autor ergänzt]

2 Wiedenhofer, Ekklesiologie, 93.

3 Ebd., 67.

4 Ruster, Mystici, Sp. 583. [Die im LThK typischen Abkürzungen sind vom Autor ergänzt]

5 Vgl. LG 9-17.

6 Wojtyła, Zeichen des Widerspruchs, 66.

7 LG 4.

Verhältnis zur Welt erfährt eine erneuerte Bestimmung."[1] Kasper hat auf die „Verwirrungen" hingewiesen, die mit der Bezeichnung von Kirche als „Volk Gottes" verbunden sind bzw. waren.[2]

Wojtyła erhebt in der Debatte über die Kirche sein Wort erstmals am 21. Oktober 1963. „Die Bischöfe mussten damals zum Beschluss der Koordinierungskommission Stellung nehmen", berichtet Grootaers, „das Kapitel III ‚*Über das Volk Gottes, besonders die Laien*' des neuen Entwurfs einer Konstitution ‚De Ecclesia' in zwei Kapitel zu teilen: Kapitel II über das Volk Gottes und ein neues Kapitel IV über die Laien."[3] Wojtyła war der Meinung, durch eine Voranstellung des Volkes Gottes könne die hierarchische Struktur der Kirche in ihrer dienenden Funktion viel besser verstanden werden. „Die hierarchische Konstitution der Kirche erscheint dann wie ein *Instrument für das bonum commune* des ganzen Volkes Gottes."[4] Gleichzeitig baut sich das Volk Gottes durch Glaube und Gnade von innen her auf, wobei die Gnade kraft der Sakramente der Kirche empfangen wird. „Es ist notwendig, dass diese Transzendenz des Volkes Gottes im lebendigen Glauben kraft der Sakramente *vorausgesetzt* wird für die Transzendenz der Kirche selbst in Richtung auf jede beliebige Gesellschaft in der natürlichen Ordnung und in Richtung auf die ganze irdische Bürgerschaft hin"[5]. „Auf diese Weise vollzieht auch das Volk Gottes in der Kirche eine Ähnlichkeit des Geheimnisses der Inkarnation selbst, weil sie zugleich in der Menschheit, in jedweder Gesellschaft und menschlichen Gemeinschaft verbleibt, sowie diese zugleich überschreitet"[6]. Außerdem stellt Karol Wojtyła fest, „den *katholischen Gläubigen*, die im Schoß der Kirche leben, scheint *nicht nur eine größere Verantwortung aufgeladen* zu sein, auch sei ihre Stellung schwerer und gleichsam schlechter als die jener, die ohne eigene Schuld außerhalb der Kirche leben"[7].

1 Wiedenhofer, Ekklesiologie, 87-88.

2 „Denn dem Konzil ging es bei dem Begriff ‚Volk Gottes' um den heilsgeschichtlichen Begriff λαός τοῦ θεοῦ, um das von Gott auserwählte, berufene und gesandte Volk Gottes. Doch diese theologische Pointe wurde nachher weithin übersehen; man verstand den Begriff ‚Volk' nicht im Sinn des biblischen, heilsgeschichtlich gemeinten λαός, sondern im Sinn des profangriechischen politischen Begriffs δῆμος. Konsequenterweise forderte man eine Demokratisierung der Kirche. Schließlich postulierte man eine Kirche des Volkes und eine Theologie des Volkes, Begriffe, die ihre Wurzeln nachweislich nicht in der Bibel, sondern in der politischen Aufklärung bei Rousseau und Saint-Simon haben" (Kasper, Kirche Jesu Christi, 264-265).

3 Grootaers, Karol Wojtyła, 453.

4 „Haec hierarchica constitutio Ecclesiae melius tum apparebit ut *instrumentum ad bonum commune* totius populi Dei" (ASyn II/3, 155). (Eigenübersetzung).

5 „Haec autem transcendentia populi Dei in fide viva ope sacramentorum *supponatur* oportet transcendentiae ipsius Ecclesiae respectu cuiusvis societatis in ordine naturali et respectu totius civitatis terrenae" (Ebd.). (Eigenübersetzung).

6 „Hoc modo etiam populus Dei in Ecclesia similitudinem facit ipsius mysterii Incarnationis, simul enim intime manet in humanitate in qualibet scil. societate et communitate humana simulque eam transcendit" (Ebd.). (Eigenübersetzung).

7 „(...) *conditio fidelium catholicorum*, qui in sinu Ecclesiae vivunt, videtur *non tantum maiore responsabilitate onerata*, sed etiam difficilior et quasi peior conditione eorum, qui sine propria

Wojtyła vermisst im Text das, was die Kirche den Gläubigen anbietet, um das übernatürliche Ziel zu erreichen. Er meint, dass „bei der Erklärung des Satzes ‚extra Ecclesiam nulla salus' zugunsten derer, die ohne eigene Schuld *außerhalb* der Kirche sind (…), das Heil *innerhalb* der Kirche sich allzu rigide und sparsam zeigt, was allerdings den Worten widerspreche: ‚mein Joch ist süß und meine Last ist leicht'"[1].

Bereits diese wenigen Wortmeldungen zum Thema Kirche auf dem Konzil machen drei Grundanliegen deutlich: Erstens: Die Kirche baut sich nicht von ihrer hierarchischen Struktur her auf, sondern von der inneren Verbindung der Gläubigen zu Christus. Zwar bedarf es dazu der Sakramente und des Priestertums, doch liegt der Akzent auf einer geistig begründeten Ekklesiologie. Zweitens: Auch die Kirche muss mit der Hermeneutik der „Sprache des Leibes" verstanden werden. Sie ist eine sakramentale Wirklichkeit, deren sichtbares Zeichen im Volk Gottes besteht, das sich aus den Gläubigen der verschiedensten Nationen zusammensetzt. Drittens: Die sakramentale Wirkung der Kirche geht über die getaufen Gläubigen hinaus und vermittelt das Heil an alle Menschen und den ganzen Kosmos. In diesem Sinn entwirft Johannes Paul II. eine „Theologie der Nation"[2]. Ihr Fundament ist das Geheimnis der Inkarnation des Sohnes, das den Anfang einer ganz neuen Ordnung bildet, nämlich der Zeugung „aus dem Heiligen Geist", die nicht ein Geborenwerden „aus dem Fleisch" ist, sondern ein Geborensein „aus Gott" (vgl. Joh 1,13). Ihre „Frucht ist unsere übernatürliche Kindschaft, unsere Annahme an Kindes statt", sodass „diejenigen, welche so ‚aus Gott' geboren werden, zu Mitgliedern der ‚göttlichen Nation'"[3] werden. Das Zweite Vatikanische Konzil spricht vom „Gottesvolk" und unterstreicht, dass zum „neuen Gottesvolk (…) alle Menschen gerufen"[4] werden. „Die Kirche, das auf den Neuen Bund gegründete Gottesvolk, ist das neue Israel, das den Charakter der Universalität besitzt: Alle Nationen haben in ihr das gleiche Bürgerrecht."[5]

3.8.3 Kirche als Braut Christi

Für Johannes Paul II. handeln die Worte „Dies ist ein tiefes Geheimnis; ich beziehe es auf Christus und die Kirche" (Eph 5,32) nicht ausschließlich vom in Gott verborgenen Geheimnis. Ebenso wenig gilt das Hauptaugenmerk rein dem

culpa extra Ecclesiam degunt" (Ebd., 157). (Eigenübersetzung).

1 „(...) in explicatione illius sententiae ‚extra Ecclesiam nulla salus' aliqualiter in favorem eorum, qui sine propria culpa *extra* Ecclesiam sunt (...) salus *intra* Ecclesiam ostendatur nimis rigide et parce, quod etiam his verbis contrairet: ‚iugum meum suave est et onus meum leve'" (Ebd.). (Eigenübersetzung).

2 Johannes Paul II., Erinnerung und Identität, 96.

3 Ebd.

4 LG 13.

5 Johannes Paul II., Erinnerung und Identität, 97.

Sakrament der Ehe. Im Fokus steht vielmehr das Moment der bräutlichen Verbindung zwischen Mann-Frau und Christus-Kirche.[1] Analog zur Ehe muss man die „Sakramentalität der Kirche“ als „Sakramentalität der Verbindung Christi mit der Kirche begreifen“ (TdL 98,8). Wenn der Epheserbrief bei der Sakramentalität der Kirche den Gesichtspunkt *Verbindung* von Christus und Kirche als bräutliches Zueinander begründet, dann unterstreicht das Zweite Vatikanum darüber hinaus in der dogmatischen Konstitution über die Kirche den Aspekt der *Vereinigung*: „Die Kirche ist ja in Christus gleichsam das Sakrament, das heißt Zeichen und Werkzeug für die innigste Vereinigung mit Gott wie für die Einheit der ganzen Menschheit.“[2] „Es heißt in diesem Text des Zweiten Vatikanischen Konzils nicht: ‚Die Kirche ist ein Sakrament‘, sondern sie ist ‚gleichsam das Sakrament‘, womit darauf hingewiesen wird“, so Johannes Paul II. in einer Katechese zur „Theologie des Leibes“, „dass wir von der Sakramentalität der Kirche in analoger und nicht identischer Weise sprechen müssen, wenn wir uns auf die sieben Sakramente beziehen, die von der Kirche durch die Einsetzung Christi verwaltet werden“ (TdL 93,7). Dabei bedingen und erklären sich der sakramentale Charakter der Kirche und die sieben Sakramente gegenseitig. Einerseits bringen die Sakramente den sakramentalen Charakter der Kirche zum Ausdruck, andererseits bildet der sakramentale Charakter der Kirche die Quelle für die Sakramente.[3] Somit spricht Eph 5,32 „*von den Grundlagen der Sakramentalität* des ganzen christlichen Lebens und im Besonderen von den Grundlagen der Sakramentalität der Ehe“[4]. Maßgeblich für die Ekklesiologie Johannes Pauls II. ist nun, dass der Vergleich der Beziehung Christus-Kirche mit der bräutlichen Liebe der Ehegatten im Epheserbrief „nicht nur von der Verwirklichung des ewigen göttlichen Geheimnisses [handelt], sondern auch davon, wie [!] dieses Geheimnis in der sichtbaren Ordnung zum Ausdruck kommt, wie es sichtbar geworden und somit in den Bereich des Zeichens eingetreten

1 Eph 5,32 handelt „vor allem – von dem Geheimnis, das sich dadurch verwirklicht, dass Christus, der in seiner Erlöserliebe die Kirche geliebt und sich für sie hingegeben hat, sich in eben diesem Akt mit der Kirche als Bräutigam verbunden hat, so wie sich Mann und Frau in der vom Schöpfer eingesetzten Ehe miteinander verbinden“ (TdL 93,6). Infolge dieser großen Analogie darf die bräutliche Liebe zwischen Mann und Frau in der Ehe als Abbild des Verhältnisses zwischen Christus und der Kirche verstanden werden.

2 LG 1.

3 „Man kann sagen, dass diese Sakramentalität der Kirche von allen Sakramenten dargestellt wird, durch welche sie ihre heiligmachende Sendung erfüllt. Man kann außerdem sagen, dass die Sakramentalität der Kirche Quelle der Sakramente und insbesondere der Taufe und der Eucharistie ist, wie sich aus dem bereits analysierten Abschnitt des Epheserbriefes (Vgl. Eph 5,25-30) ergibt. Schließlich müssen wir sagen, dass die Sakramentalität der Kirche in einer besonderen Beziehung zur Ehe – dem ältesten ‚Sakrament‘ – steht“ (TdL 93,7).

4 „(…) parli *delle basi della sacramentalità* di tutta la vita cristiana, e in particolare delle basi della sacramentalità del matrimonio“ (Giovanni Paolo II, L'Amore Umano 93,4). (Eigenübersetzung; vgl. TdL 93,4). „Er spricht also von der Sakramentalität der gesamten christlichen Existenz in der Kirche und besonders der Ehe in indirekter Weise, doch in so grundlegender Weise wie möglich“ (TdL 93,4).

ist" (TdL 95B,6). Denn mit diesen Gedanken leistet Johannes Paul II. einen entscheidenden Beitrag zur Klärung der Frage, inwieweit nun Christus oder die Kirche als Ursakrament bezeichnet werden können.

3.8.3.1 „Ursakrament der Erlösung"

Die ekklesiologische Tragweite der Katechesen Johannes Pauls II. über die „Theologie des Leibes" ist ohne die ekklesiologischen Diskussionen des 19. bzw. 20. Jahrhunderts nicht zu verstehen. „Im Rahmen der im 19. Jahrhundert neu einsetzenden, auf patristische Ansätze zurückgreifenden Reflexion auf den Zusammenhang von Inkarnation, Kirche und Sakramenten suchte man begrifflich zu differenzieren"[1], so Peter Walter. Gegenstand der Diskussion ist der Terminus „Ursakrament", d. h. die „Bezeichnung Jesu Christi bzw. der Kirche im Hinblick auf die in der Sichtbarkeit der Menschennatur des göttlichen Logos (Hypostatische Union) bzw. der Institution Kirche mit ihren Sakramenten sich vollziehende Vermittlung des göttlichen Heils in der Welt."[2] Walter bietet einen historischen Überblick über die theologischen Auseinandersetzungen.[3] Einerseits wird das „Ursakrament" auf das fleischgewordene Wort, nämlich auf Jesus Christus selbst gedeutet,[4] zum anderen auf den fortlebenden Christus

1 Walter, Ursakrament, Sp. 481. [Die im LThK typischen Abkürzungen sind vom Autor ergänzt]

2 Ebd. [Die im LThK typischen Abkürzungen sind vom Autor ergänzt]

3 „Der Güntherianer Johann Heinrich Pabst (1785-1838) etwa nannte die Kirche ‚Sacrament aller Sacramente' und Christus ‚Grund-Sacrament' (…), während H. Klee die Kirche als ‚großes Sakrament' (…) und E. Commer sie als ‚Übersakrament' bezeichnete (…). Letzterer unterschied Christus als ‚sacramentum maximum' von der Kirche als ‚quasi sacramentum maximum' und Maria als ‚quasi sacramentum maius in ecclesia' (…). Im Anschluss an ihn bezeichnet C. Feckes die Kirche als ‚das eine große christliche Sakrament' bzw. ‚Übersakrament' und die Menschwerdung Christi als ‚Ursakrament' (…); letzteres hatte bereits der protestantische Kirchenrechtler R. Sohm getan (…). In der französischen Ekklesiologie (È. Mersch, Y. Congar, H. de Lubac) wurde diese Differenzierung aufgegriffen, wenn auch sprachlich anders gefasst. Der Sprachgebrauch K. Rahners, der die Kirche seit 1946 Ursakrament nannte, und O. Semmelroths, der diesem zugleich Breitenwirkung verschaffte (…), bedeutete zunächst einen terminologischen Rückschritt. Die weitere theologische Diskussion bestätigte die Auffassung, dass dem Gottmenschen Jesus Christus, nicht der Kirche die Bedeutung eines Ursakraments zukommt; letztere ist in ihrer gott-menschlichen Struktur in Analogie zu jenem zu sehen (Vgl. LG 8). Deshalb wird ihm die Bezeichnung ‚Ursakrament' vorbehalten und die Kirche als ‚Wurzel-' bzw. ‚Grundsakrament' bezeichnet. Das Vatikanum II. hat, obwohl es dem Gedanken zum Durchbruch verhalf, diese terminologischen Differenzierungen nicht übernommen, sondern sich darauf beschränkt, die Kirche ‚gleichsam … Sakrament' (LG 1) bzw. ‚allumfassende[s] Heilssakrament' (LG 8) zu nennen" (Walter, Ursakrament, Sp. 481-482. [Die im LThK typischen Abkürzungen sind vom Autor ergänzt]

4 Wie Jesus Christus „als Gott und Mensch das Ursakrament" darstellt, verdeutlicht Anton Ziegenaus „an der Perikope von der Heilung des Gelähmten (Mk 2,1-12; vgl. auch Lk 7,49) (…): Als er durch eine Dachöffnung vor Jesus hinuntergelassen wurde, sagte dieser: ‚Deine Sünden sind vergeben.' Die Anwesenden Schriftgelehrten erblickten darin eine Lästerung, weil nur Gott Sünden vergeben könne. Darin hatten sie recht, insofern sich die Sünde letztlich gegen Gott richtet und deshalb nur von ihm – nicht von einem Menschen (und schon gar

durch die Geschichte in der Gestalt der Kirche. Auf der einen Seite Christus, die Kirche auf der anderen. Letztendlich nannten „eine Anzahl katholischer Theologen", so Nocke, „Christus ‚Ursakrament', die Kirche ‚Grundsakrament' und die sieben Einzelsakramente ‚Selbstvollzüge (bzw. Grundvollzüge) der Kirche'. So entstand, näher beim Sprachgebrauch der Alten Kirche, ein *analoger Sakramentsbegriff*."[1] Gerhard Ludwig Müller bezeichnet Christus als das „Ursprungssakrament des Heils" und die Kirche als „Wurzelsakrament".[2]

Ohne die verschiedenen Positionen auch nur zu erwähnen, misst Johannes Paul II. der Frage nach dem „Ursakrament" eine zentrale Bedeutung zu. Für ihn können aber weder die Kirche noch Christus allein als „Ursakrament" definiert werden. Im Rahmen seiner Mittwochskatechesen zur „Theologie des Leibes" bietet er eine geniale Lösung: Nicht Christus für sich und nicht die Kirche für sich, sondern das Ereignis, das in der geschichtlich gelebten Verbindung zwischen Christus und seiner Kirche besteht. Das „Ursakrament" ist die bräutliche Beziehung Christus-Kirche[3]: „Dieses Verhältnis ist Offenbarung und Verwirklichung des Heilsmysteriums in der Zeit, der Erwählung aus Liebe, das seit Ewigkeit her in Gott verborgen ist"[4]. Durch dieses „Ursakrament" vermittelt Gott der Menschheit den Anteil am göttlichen Leben, der durch die Ursünde verlorengegangen ist. Durch dieses Ursakrament wird die Menschheit wieder auf den Weg

---

nicht vom Wasser) – vergeben werden kann. Jesus kann jedoch Sünden vergeben – und zum Beleg dafür heilt er den Gelähmten –, weil seine menschliche Gestalt Heilsorgan des ewigen Sohnes ist, der sich in ihr inkarniert hat. So ist Jesus Ursakrament, sichtbares Zeichen für die unsichtbar göttliche Wirklichkeit und sogar – zunächst – einziges wirklichkeitserfülltes Zeichen, während den übrigen Zeichen diese Fülle fehlt; sein ganzes Handeln ist sakramental. So lehrt ganz allgemein das Zweite Vatikanum, dass ‚die angenommene Natur dem göttlichen Wort als lebendiges, ihm unlöslich geeintes Heilsorgan dient' (LG 8)" (Ziegenaus, Heilsgegenwart, 13-14). „Jesu ganzes Sein und Handeln ist, aufgrund seiner gott-menschlichen Konstitution sakramental. Die einzelnen Heilshandlungen der Kirche müssen, sollen sie Sakramente sein, in Jesus Christus, dem Ursakrament wurzeln und sich von ihm herleiten lassen. Näherhin sind die einzelnen Sakramente Ausfaltungen des Ursakraments, wie Leo I. (+461) es in einer Predigt formuliert hat: ‚Was am Erlöser sichtbar war, ist in die Sakramente übergegangen'" (Ebd., 18).

1 Nocke, Sakramentenlehre, 210. Vgl. ebd., 219-220.

2 „Jesus Christus ist in seinem Sein und Wirken (in seiner Predigt der Gottesherrschaft, Berufung und Sendung der Jünger und Apostel, Sündenvergebung, Mahlgemeinschaft mit Sündern, Krankenheilungen, Neubewertung der Ehe vom Heilswillen Gottes her und Stiftung des Realgedächtnisses seines Todes beim Letzten Abendmahl) Ursprungssakrament des Heils, das in den Sakramenten vermittelt wird. Die Kirche ist daher das Wurzelsakrament des eschatologischen Heilswillens, aber in ihren konkreten sakramentalen Vollzügen an das Heilswirken Jesu gebunden" (Müller, Dogmatik, 648).

3 „Die erlösende Selbsthingabe ‚für' die Kirche schließt – nach paulinischem Denken – auch die Selbsthingabe Christi ‚an' die Kirche ein nach dem Bild und Sinnbild der bräutlichen Beziehung, die Mann und Frau in der Ehe verbindet" (TdL 97,2).

4 „Questo rapporto è rivelazione e realizzazione nel tempo del mistero della salvezza, dell'elezione di amore, ‚nascosta' dall'eternità in Dio" (Giovanni Paolo II, L'Amore Umano 90,1). (Eigenübersetzung; vgl. TdL 90,1).

gebracht, auf dem das Geschöpf in der Vergöttlichung voranschreiten kann. In der Konzeption Johannes Pauls II. konnte das „Ursakrament der Schöpfung" aufgrund des Sündenfalls seine ursprüngliche Aufgabe nicht mehr erfüllen. Gott ersetzte dieses „Ursakrament der Schöpfung" mit einem neuen „Ursakrament", das den Menschen den Anteil an seinem göttlichen Leben vermitteln sollte. Johannes Paul II. spricht vom „Ursakrament der Erlösung" als „*ein neues* Sakrament des Menschen in Christus und der Kirche: *Sakrament ,des Menschen und der Welt'*, so wie die Schöpfung des Menschen, als Mann und Frau, nach dem Ebenbild Gottes das Ursakrament des Menschen und der Welt war"[1]. Die Ordnung, nach der jeweils ein Ehepaar seinen eigenen Kindern die Begnadung, d. h. die Gemeinschaft mit Gott mit auf den Weg gegeben hätte, wird durch eine neue Ordnung abgelöst. Eine neue eheliche Gemeinschaft wird von Gott selbst eingesetzt, die auf sakramentale Weise dem Menschen den Anteil an seinem göttlichen Leben vermittelt. Nun sind es nicht mehr viele Gemeinschaften, die für einzelne Menschen als Werkzeug in der Hand Gottes dienen, sondern Gott hat eine einzige eheliche Gemeinschaft eingesetzt, die in der Hand Gottes als Werkzeug für die ganze Menschheit diese Aufgabe übernimmt. Diese neue eheliche Gemeinschaft ist für Johannes Paul II. das bräutliche Verhältnis zwischen Jesus Christus und seiner Braut, der Kirche, der „Ehebund", „den Christus in seinem Tod und seiner Auferstehung mit der Kirche geschlossen hat."[2]

Allerdings unterscheidet sich die Selbstmitteilung Gottes an die Schöpfung im Anfang von jener in der Erlösungswirklichkeit. Im Anfang, d. h. im Werk der Schöpfung, geschieht die Selbstmitteilung Gottes an die Schöpfung durch die Ehe. Deshalb spricht Johannes Paul II. auch von der Ehe als dem „Ursakrament der Schöpfung". Von daher rührt die sakramentale Gegenwart des göttlichen Lebens in jeder Person. Das göttliche Leben ist in die personale Subjektivität vollkommen integriert. Diese Integration bedeutet, dass die Person vollständig im Besitz des göttlichen Lebens ist. In diesem Zustand der ursprünglichen Unschuld ist auch der Leib vom göttlichen Leben vollkommen durchdrungen. Und in der Hingabe bringt der Leib dieses göttliche Leben zeichenhaft zum Ausdruck. Zudem vermittelt der Leib diesen Stand, d. h. die Teilhabe am göttlichen Leben, an den Kosmos.

Im Werk der Erlösung vollzieht sich die Selbstmitteilung Gottes an die Schöpfung durch das neue bräutliche Verhältnis Christus-Kirche („Ursakrament der Erlösung"). Primäre Frucht ist die sakramentale Gegenwart Christi und des Heiligen Geistes im Getauften. Allerdings ist dieses göttliche Leben nicht einfach im Besitz der Person. Vielmehr handelt es sich um einen Prozess

1 „(...) un nuovo sacramento dell'uomo in Cristo e nella Chiesa: sacramento ‚dell'uomo e del mondo', cosí come la creazione dell'uomo, maschio e femmina, ad immagine di Dio fu l'originario sacramento dell'uomo e del mondo" (Giovanni Paolo II, L'Amore Umano 103,7). (Eigenübersetzung; vgl. TdL 102,7).

2 Wojtyła, Zeichen des Widerspruchs, 109.

der personalen Integration des göttlichen Lebens und zwar durch und nach dem Maß des personalen Mitwirkens der Person. Dieses personale Mitwirken der Person ist das Ethos, das durch die Sünde an Strahlkraft verliert.[1] „Das Heil, das immer Gabe des Geistes ist, erfordert die Mitarbeit des Menschen“, so Johannes Paul II. in *Redemptoris missio,* „sowohl zur Erlangung des eigenen Heils wie des Heiles anderer.“[2] Denn nach dem Maß der personalen Teilhabe am göttlichen Leben, das durch ethisches Mitwirken gewonnen wird, ist der Leib erlöst und entfaltet die sakramentale Wirksamkeit. Dieser erlöste Leib vermittelt das Erlöstsein an „andere“ und den ganzen Kosmos. Durch „den neuen Bund Christi mit der Kirche wird die Ehe aufs Neue in jenes ‚Sakrament des Menschen’ einbezogen, das das Universum umfasst, in das Sakrament des Menschen und der Welt, das sich kraft der ‚Erlösung des Leibes’ nach dem Vorbild der bräutlichen Liebe Christi zur Kirche bis zur endgültigen Erfüllung im Reich des Vaters verwirklicht“ (TdL 102,8). „Die Ehe als Sakrament bleibt ein lebendiger Teil dieses Heilsprozesses“ (TdL 102,8).[3]

Je vollkommener die „Kirche als des neuen Menschen in Christus und als des neuen Volkes in Christus“[4] in ihren Gliedern ihr bräutliches Verhältnis zu Christus lebt und vor der Welt sichtbar zum Ausdruck bringt, umso fruchtbarer wird dieses „Ursakrament“ für die ganze Menschheit. „Durch die Vereinigung mit Christus verschließt sich das Volk des Neuen Bundes keineswegs in sich selbst, sondern wird vielmehr zum ‚Sakrament’ für die Menschheit, zum Zeichen und Werkzeug des von Christus gewirkten Heiles, zum Licht der Welt und zum Salz der Erde (vgl. *Mt* 5,13-16) für die Erlösung aller.“[5] Christus ist der Vermittler zwischen Gott und den Menschen. Er hat die Brücke vom Vaterherzen Gottes zu den Herzen der Menschen geschlagen. Durch sein Erlösungswerk hat er die Erlösungsgnade bereitgestellt. Aber er gründet die Ankunft dieser Gnade in der Welt auf das Fundament dieses „Ursakraments“. Und er bindet die Vermittlung und Verteilung der Gnade an die Menschen an ein sakramentales Werkzeug, sein bräutliches Verhältnis zu seiner Kirche. Umgekehrt „lebt die Kirche aus dem Sakrament der Erlösung und vervollständigt ihrerseits dieses Sakrament“ (TdL 97,4).

---

1 „Aber auch wir haben als Söhne und Töchter der Kirche gesündigt, und es wurde der Braut Christi verwehrt, in ihrer ganzen Schönheit zu erstrahlen“ (Johannes Paul II., „Incarnationis mysterium“, Nr. 11).

2 Johannes Paul II., Redemptoris missio, Nr. 9.

3 „In questo nuovo sacramento della redenzione è inscritto organicamente il matrimonio, cosí come fu inscritto nell’originario sacramento della creazione” (Giovanni Paolo II, L’Amore Umano 103,7; vgl. TdL 102,7).

4 Wojtyła, Zeichen des Widerspruchs, 109.

5 Johannes Paul II., Ecclesia de Eucharistia, Nr. 22.

3.8.3.2 Mariologische Implikationen

Hier spielt nun Maria eine entscheidende Rolle.[1] Maria ist diejenige, die von Anfang an in diesem bräutlichen Verhältnis zum Erlöser steht und das Brautsein in der sakramentalen Ordnung der Erlösung verwirklicht. Eine Braut ist diejenige, die am Weg des Bräutigams Anteil nimmt, die ihr Herz mit dem erfüllt, was dem Bräutigam wichtig ist, die sich dem Bräutigam vollkommen hingibt. Der Erlöser „konnte sich verlassen auf ihr Herz, auf das Herz, das ihm behilflich war, auf menschliche Weise, in den Ausdrücken des menschlichen Denkens und Fühlens das großmütige Herz des Vaters zu offenbaren.“[2] Genau das hat Maria von der Empfängnis Jesu Christi bis unter das Kreuz und darüber hinaus gelebt und verwirklicht. Dass „seine Mutter zum Mysterium der Erlösung und der Kirche gehört“[3], bestätigt Jesus mit den Worten „Frau, siehe, dein Sohn!“ (Joh 19,26). *Lumen gentium* bezeichnet Maria als die „großmütige Gefährtin und die demütige Magd des Herrn“, die „beim Werk des Erlösers in durchaus einzigartiger Weise in Gehorsam, Glaube, Hoffnung und brennender Liebe mitgewirkt [hat] zur Wiederherstellung des übernatürlichen Lebens der Seelen.“[4] In seinen „Marianischen Katechesen“ sagt Johannes Paul II.: „Indem der Herr den Menschen ‚als Mann und Frau‘ (vgl. Gen 1,27) erschuf, wollte er auch in der Erlösung dem Neuen Adam die Neue Eva zur Seite stellen. Das Paar der Stammeltern hatte den Weg der Sünde eingeschlagen; ein neues Paar, der Sohn Gottes unter Mitarbeit der Mutter hat das Menschengeschlecht in seiner ursprünglichen Würde wieder hergestellt“[5]. Manfred Hauke bezeichnet diese „Katechese mit dem Titel ‚Maria einzigartige Mitarbeiterin an der Erlösung (…)‘“ vom 9. April 1997 als das „Herzstück der päpstlichen Lehre über die Teilnahme Mariens am Heilsgeschehen“[6]. Wenn auch die Teilhabe Mariens am Erlösungswerk einzigartig ist, so hat sie ihre Aufgabe nie für sich allein und für sich selbst erfüllt, schließlich gilt „der Ruf Gottes, am Werk des Heiles mitzuarbeiten, jedem menschlichen Sein“[7]. Von Anfang an stand sie stellvertretend

1 Der Erlöser „hat die Rechte der Mutter bis zum Schluss respektiert, ja er hat sie zusammen mit seiner gottmenschlichen Natur in sein Erlösungsmysterium hineingenommen“ (Wojtyła, Zeichen des Widerspruchs, 86).

2 Ebd.

3 Ebd., 87.

4 LG 61.

5 „Avendo creato l'uomo ‚maschio e femmina‘ (cfr. Gen 1,27), il Signore vuole affiancare, anche nella Redenzione, al Nuovo Adamo la Nuova Eva. La coppia dei progenitori aveva intrapreso la via del peccato; una nuova coppia, il Figlio di Dio con la collaborazione della Madre, avrebbe ristabilito il genere umano nella sua dignità originaria“ (Giovanni Paolo II, Bellissima II, 50). (Eigenübersetzung).

6 Hauke, Mütterliche, 139.

7 „Anche se la chiamata di Dio a collaborare all'opera della salvezza riguarda ogni essere umano, la partecipazione della Madre del Salvatore alla Redenzione dell'umanità rappresenta un fatto unico e irrepetibile“ (Giovanni Paolo II, Bellissima II, 49). (Eigenübersetzung).

für alle Menschen, insbesondere für diejenigen, die sich konkret in den Dienst des Erlösungswerkes stellen. Hauke spricht von einer „Mittlerschaft, die sich (1) auf das von Christus vollbrachte Erlösungswerk auf der Erde (objektive Erlösung) bezieht und (2) auf die Verteilung der Heilsfrüchte an die konkreten Subjekte (subjektive Erlösung)“[1]. Johannes Paul II. sagt: „Maria, die neue Eva, wird so zur vollkommenen Ikone der Kirche. Sie vertritt im Heilsplan Gottes unter dem Kreuz die erlöste Menschheit, die heilsbedürftig ist und die fähig gemacht wird, einen Beitrag zur Entwicklung des Heilswerkes zu leisten“[2].

Maria ist die Urzelle der Kirche, die von Anfang an darauf angelegt war, sich zum ganzen Leib der Kirche weiterzuentwickeln. Maria ist die „‚Erhabene Gefährtin des Erlösers'“[3], die die Kirche vertritt, aber ihre Aufgabe nur mit der Kirche erfüllen kann. Umgekehrt kann die Kirche nie ohne Maria wirklich ihre Aufgabe als Braut Christi leben und verwirklichen. Maria ist in ihrer Vollkommenheit der Hingabe an Christus ein unverzichtbarer, integraler Bestandteil der Kirche als Braut Christi. Mit Berufung auf eine Wendung von Augustinus[4] sagt Wojtyła: „Gott wollte es so, dass der Mensch an der Erlösung und am Heil der Welt *mitbeteiligt* sei: ‚Er, der dich ohne dich erschaffen hat, wird dich nicht retten ohne dich.' Den größten Anteil am Heilswerk hat Gott der Mutter Christi zugewiesen: ‚der holden Gefährtin Christi'.“[5] So kann Johannes Paul II. sagen: Christus, der menschgewordene Gottessohn, braucht zur Erlösung der Welt die Kirche, nämlich als seine Braut. Ohne seine Braut, die konkret die ständige Hingabe[6] an ihren Bräutigam lebt, ist das sakramentale Zeichen, die sakramentale Wirklichkeit des „Ursakraments der Erlösung“, unvollständig.[7] In diesem Sinn „lebt die Kirche aus dem Sakrament der Erlösung und vervollständigt ihrerseits

1 „(...) mediazione che si riferisce (1) all'opera della redenzione svolta da Cristo su questa terra (redenzione oggettiva) e (2) alla distribuzione dei frutti di salvezza ai soggetti concreti (redenzione oggettiva)" (Hauke, Introduzione, 255). (Eigenübersetzung).

2 „Maria, Nuova Eva, diviene così icona perfetta della Chiesa. Essa, nel disegno divino, rappresenta sotto la Croce l'umanità redenta che, bisognosa di salvezza, è resa capace di offrire un contributo allo sviluppo dell'opera salvifica" (Giovanni Paolo II, Bellissima II, 50). (Übersetzung: Hauke).

3 Johannes Paul II., Predigt in der Sixtinischen, 14.

4 Augustinus, Sermo 169,13 (zit. nach: Wojtyła, Zeichen des Widerspruchs, [Anm. 19] 87).

5 Wojtyła, Zeichen des Widerspruchs, 87.

6 „Das Sakrament der Erlösung, Frucht der Erlöserliebe Christi, wird aufgrund seiner Liebe zu seiner Braut, der Kirche, eine bleibende Dimension des Lebens der Kirche selbst, eine grundlegende und lebenspendende Dimension. Es ist das ‚mysterium magnum', das ‚große Geheimnis' Christi und der Kirche; das ewige Geheimnis, das von Christus, der ‚sich für sie hingegeben hat' (Eph 5,25), verwirklicht wurde; das Geheimnis, das sich in der Kirche ständig verwirklicht, weil Christus ‚die Kirche geliebt hat' (Eph 5,25), indem er sich mit ihr in unauflöslicher Liebe vereint hat, so wie sich die Brautleute, Mann und Frau, in der Ehe miteinander verbinden“ (TdL 97,4).

7 „Christus ist nie allein; der totus Christus (ganze Christus) umfasst – um ein Wort Augustins aufzugreifen – Christus nach dem Haupt und nach seinen Gliedern“ (Kasper, Kirche Jesu Christi, 270).

dieses Sakrament, so wie die Ehefrau durch die eheliche Liebe ihren Ehemann ergänzt" (TdL 97,4). Gleichzeitig aber braucht auch die Kirche Maria, um vollkommene Braut Christi sein zu können. Und in dem Maß, als sich die Glieder der Kirche mit Maria vereinen, können sie ihren Beitrag in der sakramentalen Ordnung der Erlösung leisten und vervollkommnen. In diesem Sinn ist Maria auf ganz besondere Weise „Mutter der Kirche"[1]. Sie garantiert vom ersten Augenblick der Ankunft des Erlösers bis zu seiner Wiederkunft in Herrlichkeit die Vollkommenheit und Vollständigkeit des „Ursakraments", das aber nicht ohne die konkrete Gemeinschaft der Gläubigen in der Welt bestehen kann.

3.8.4 „Der Weg der Kirche ist der Mensch"

Mit seiner Antrittsenzyklika *Redemptor hominis* hat Johannes Paul II. die schon zum Schlagwort gewordene Formulierung geprägt: „Der Mensch (…) ist der *erste und grundlegende Weg der Kirche*"[2]. *„Aber diese ‚Entscheidung für den Menschen' wurde nicht in allen kirchlichen Bereichen bereitwillig aufgenommen, auch nicht in theologischen Kreisen"*, erklärt Dziwisz, und verweist auf *„manch einen, der jene Behauptung des Menschen als ‚Weg' der Kirche als einen Skandal auffasste, als ob der neue Papst, indem er die Aufmerksamkeit auf die zentrale Stellung der menschlichen Person lenkte, gewissermaßen den Primat Gottes tangieren würde."*[3] So hat diese Wendung Johannes Pauls II. „in einer kirchlichen Situation, auf der noch gewisse Ängste aus der Vergangenheit lasteten, auch Verwunderung ausgelöst, worüber man die Nase hätte rümpfen können. Doch dann wurde es zum Programm der ganzen Kirche, zum Programm seines Pontifikats."[4] Sicherlich haben solche Ängste auch ihre Berechtigung. Die nachkonziliare Krise der Kirche hängt zum großen Teil damit zusammen, dass die christliche Botschaft ihres übernatürlichen Charakters beraubt und auf eine immenante Ebene transponiert wurde. Aber genau diesen Vorwurf kann man bei genauerem Hinsehen Johannes Paul II. nicht machen. Denn mit seinem Programm erhebt er gerade umgekehrt den Menschen auf eine göttliche Ebene. *„Was einigen wie eine halbe Häresie erschien"*, so Dziwisz, *„hat nicht wenig dazu beigetragen, den alten Gegensatz zwischen theozentrischem und anthropozentrischem Denken zu überwinden. Der Papst hat beides in der Geschichte des Menschen miteinander verbunden. Er hat vorweggenommen, was für die*

1 Wojtyła verbindet die Empfängnis der Kirche mit dem Tod des Erlösers am Kreuz, mit Pfingsten die Geburt der Kirche. An Pfingsten wurde nämlich das, was am Kreuz empfangen wurde, der Welt kund gemacht. Auch Maria, die Mutter Christi, erblickte „erst an Pfingsten, im Zeitpunkt der Geburt, ihren Sohn zum ersten Mal in seinem neuen Leib, der Kirche" (Wojtyła, Zeichen des Widerspruchs, 109).

2 Johannes Paul II., Redemptor hominis, Nr. 14.

3 Dziwisz, Papst, 75.

4 Ebd.

Kirche und die Menschheit die wichtigste Frage im 21. Jahrhundert werden sollte, die anthropologische Frage.“[1]

„Die authentische Bedeutung dieser oft missverstandenen Feststellung“, merkt Ratzinger an, „kann man nur wirklich verstehen, wenn man daran erinnert, dass der ‚Mensch‘ im vollen Sinne des Wortes für den Papst Jesus Christus ist. Seine Leidenschaft für den Menschen hat nichts mit einem selbstgenügsamen Anthropozentrismus zu tun. Hier ist der Anthropozentrismus auf das Oben hin offen.“[2] „Wenn nämlich der Mensch der Weg der Kirche ist“, bestätigt Johannes Paul II., „so führt dieser Weg über das ganze Geheimnis Christi als göttliches Modell des Menschen.“[3] In diesem Sinn verweist Johannes Paul II. immer wieder auf die zentrale Aussage der Pastoralkonstitution *Gaudium et spes*: „Christus, der neue Adam, macht eben in der Offenbarung des Geheimnisses des Vaters und seiner Liebe dem Menschen den Menschen selbst voll kund und erschließt ihm seine höchste Berufung.“[4] Diese „höchste Berufung“ des Menschen besteht darin, durch „aufrichtige Hingabe“ sich selber zu finden und jetzt schon am inneren Leben Gottes teilzuhaben, d. h. in seiner „Vergöttlichung“. In seiner Verkündigungsbulle des Großen Jubiläums des Jahres 2000 schreibt Johannes Paul II. deshalb: „Wenn die Kirche Jesus von Nazaret als wahren Gott und vollkommenen Menschen verkündet, eröffnet sie jedem Menschen die Aussicht, ‚vergöttlicht‘ und damit mehr Mensch zu werden.“[5] Von daher ergibt sich für Johannes Paul II., „dass wir *diesen Weg* mit jedem Menschen so gehen müssen, *wie Christus ihn vorgezeichnet hat*, indem er in sich selbst den Vater und dessen Liebe offenbarte.“[6] Theozentrik und Anthropozentrik sind bei ihm identisch. Was der Mensch ist, betont Ratzinger, erklärt sich vom vollkommenen Menschen her.[7] Deshalb kann Johannes Paul II. gleichzeitig formulieren: „Jesus Christus in der Hauptweg der Kirche. Er selbst ist unser Weg zum Haus des Vaters und auch der Zugang zu jedem Menschen.“[8] In seiner Enzyklika über das göttliche Erbarmen *Dives in misericordia* schreibt er: „Je mehr sich die Sendung der Kirche auf den Menschen konzentriert, je mehr sie sozusagen anthropozentrisch ist, desto mehr muss sie sich als theozentrisch erweisen und es in Wirklichkeit sein, sich also in Jesus Christus auf den Vater ausrichten. Während verschiedene Geistesströmungen in der Vergangenheit und der Gegenwart dazu neigten und neigen, Theozentrik und Anthropozentrik voneinander zu trennen

1 Ebd., 76.
2 Ratzinger, Einheit, 27.
3 Johannes Paul II., Dominum et vivificantem, Nr. 59.
4 GS 22.
5 Johannes Paul II., Incarnationis mysterium, Nr. 2.
6 Johannes Paul II., Dives in misericordia, Nr. 1.
7 „Wer der Mensch ist, können wir letztlich nur an dem ablesen, der ganz das Wesen des Menschseins erfüllt: Gottes Ebenbild zu sein, ja, der Gottes eigener Sohn ist, Gott von Gott und Licht vom Licht“ (Ratzinger, Glaube als Refugium, 50).
8 Johannes Paul II., Redemptor hominis, Nr. 13.

und sogar in Gegensatz zueinander zu bringen, bemüht sich die Kirche, darin Christus folgend, deren organische, tiefe Verbindung in die Geschichte des Menschen einzubringen. Das ist auch ein Grundgedanke, vielleicht sogar der wichtigste in der Lehre des letzten Konzils.“[1]

Betrachtet man das gesamte philosophische und theologische Lebenswerk Johannes Pauls II., so bildet es einen eindrucksvollen Aufstieg zum Absoluten, zu den höchsten Geheimnissen des dreifaltigen Gottes und der universalen Vollendung der Schöpfung im ewigen Leben. Und alles geht von der Frage aus: „Was ist der Mensch?“ Wie sich aus einem kleinen Samenkorn ein mächtiger Baum entwickeln kann, so entfaltet Johannes Paul II. – ausgehend von der menschlichen Erfahrung – die Wahrheit über den Menschen bis hin zu seiner höchsten Berufung: seiner Veröttlichung. Es ist also mehr als verständlich, dass er darin auch die Aufgabe der Kirche gerade in der heutigen Welt erblickt. Wenn er das Programm formuliert, „der Weg der Kirche ist der Mensch“, so möchte er nicht einem verflachten Christentum das Wort reden, vielmehr sollte die Kirche gleichsam die ganze Menschheit an der Hand nehmen, sie zum wahren Geheimnis des Menschen emporführen und ihr ihre göttliche Berufung erschließen. Johannes Paul II. ist davon überzeugt, dass sein Ansatz ein gewaltiges missionarisches Potential besitzt. Dies gilt sowohl für seine inhaltliche Überzeugungskraft gegenüber denjenigen, die sich noch in der Finsternis befinden, als auch für seinen apostolischen Impuls gegenüber denen, die das Licht der Wahrheit erkannt haben und in der Verantwortung gegenüber der Welt stehen. Die „Theologie des Leibes“ zeigt in der Menschwerdung des Sohnes Gottes die universale Zusammengehörigkeit der Menschheit mit dem Kosmos und dem Schöpfer auf. Mit seinem Leib ist der erlöste Mensch in den allesumfassenden Leib Christi aufgenommenen, der die Kirche mit allen Menschen und der ganzen Schöpfung verbindet.

3.9 FRAGEN DER SPEZIELLEN MORAL

Gegen Ende seiner Katechesen zur „Theologie des Leibes“ meint Johannes Paul II., die „bisherigen Gedanken über die menschliche Liebe würden irgendwie unvollständig bleiben, wenn wir nicht versuchten, ihre konkrete Anwendung im Bereich der Ehe- und Familienmoral zu sehen“ (TdL 118,1). Der Speziellen Moral sind in den Überlegungen Johannes Pauls II. zur „Theologie des Leibes“ die Themen Kunst (TdL 60-63), die „Ehelosigkeit um des Himmelreiches willen“ (TdL 73-85) und die Enzyklika Pauls VI. *Humanae vitae* vom 25. Juli 1968 (TdL 118-132) zuzuordnen. In dieser Enzyklika haben „jene Fragen ihren Ursprung“, so Johannes Paul II., „die gewissermaßen die Gesamtheit unserer Reflexionen durchziehen. Daraus folgt, dass dieser abschließende Teil nicht

1 Johannes Paul II., Dives in misericordia, Nr. 1.

künstlich an diese Gesamtheit angehängt, sondern mit ihm auf organische und homogene Weise verbunden ist. Jener Teil, der sich in der Gesamtordnung am Ende befindet, steht gewissermaßen gleichzeitig am Anfang des Ganzen“ (TdL 133,4). Analog zu dieser Aussage ziehen sich die Fragen nach der menschlichen Liebe wie ein „roter Faden“ durch das ganze Pontifikat Johannes Pauls II., stehen aber ebenso an dessen Beginn. Ähnliches gilt für seine Pastoral[1] und Lehrtätigkeit als junger Priester, Bischof und Kardinal. „Denn lange bevor er zum Papst gewählt wurde und als er noch nur Karol Wojtyła war“, so John Crosby, „betrieb er schon erste philosophische und theologische Arbeit, die sehr reich ist in dem, was sie über ‚die tiefsten Gründe‘ der kirchlichen Lehre über Ehe, Elternschaft und Reinheit sagt und impliziert“[2]. Seine ethische Studie *Liebe und Verantwortung* (1962) verlieh ihm schließlich Bekanntheit über die Grenzen Polens hinaus. Als Paul VI. den Bericht der „päpstlichen Studien-Kommission zu Fragen des Bevölkerungswachstums und der Geburtenregelung“[3] abwartete,

1 „*Als junger Priester* lernte ich, die menschliche Liebe zu lieben. Das ist eines der grundlegenden Themen, auf das ich mein Priesteramt, meine Aufgabe auf der Kanzel, im Beichtstuhl und auch im geschriebenen Wort konzentriert habe. Wenn man die menschliche Liebe liebt, so entsteht auch das lebendige Bedürfnis, alle Kräfte zugunsten der ‚schönen Liebe‘ einzusetzen. Denn die Liebe ist schön. Die jungen Menschen suchen stets das Schöne in der Liebe; sie wollen, dass ihre Liebe schön ist. Auch wenn sie schwach werden und Verhaltensmustern folgen, die sehr wohl als ‚Skandal der heutigen Welt‘ bezeichnet werden können (und leider sehr verbreitet sind), so wünschen sie sich im Grunde ihres Herzens dennoch eine schöne und reine Liebe. Dies gilt für junge Männer und Frauen gleichermaßen. Letzten Endes wissen sie, dass ihnen außer Gott niemand eine solche Liebe geben kann. Und deshalb sind sie bereit, Christus zu folgen und keine Rücksicht zu nehmen auf die Opfer, die hierfür gebracht werden müssen“ (Johannes Paul II., Die Schwelle der Hoffnung, 151).
„Als Seelsorger habe ich viele junge Menschen auf die Ehe vorbereitet. Mein Priestertum hat niemals trennend zwischen uns gestanden, im Gegenteil. Es brachte mich ihnen näher und hat mir geholfen, sie besser zu verstehen.
Sie lernten sich kennen, sie entschieden sich füreinander, sie gründeten Familien. Ich segnete ihre Ehen, ich nahm an ihren jungen Ehefreuden teil, ich taufte ihre Kinder, die zur Welt kamen. Sie hatten Vertrauen zu mir, und wir sprachen offen über all ihre Probleme.
(…) Die menschliche Liebe der Brautleute, der Ehegatten, der Väter und Mütter war ein Thema, das sich wie ein roter Faden durch all meine Überlegungen und Beiträge zog; er war verknüpft mit meiner ganzen Lebenserfahrung, mit meinem eigenen Weg (…). So ist es immer gewesen. Und so ist es auch heute noch. Das ist ein großes Thema, das ich unaufhörlich erforsche, und ich erkenne immer besser, wie tief es den Worten der Offenbarung eingeschrieben ist. Ich glaube, dass es da noch viel zu tun gibt“ (Johannes Paul II., Fürchtet euch nicht, 15).

2 „But long before he was elected Pope and while he was still only Karol Wojtyła, he was already doing original philosophical and theological work which is very rich in what it says and implies about ‚the deepest reasons‘ for the teachings of the Church on marriage, parenthood, chastity"(Crosby, Personalism, 196). (Eigenübersetzung).

3 Diese Kommission gelangte „mehrheitlich zu dem Urteil (…), dass Antikonzeption als solche nicht in sich sittlich verwerflich sei. Zu dieser Überzeugung fand auch die von Paul VI. in der gleichen Sache berufene Bischofs-Kommission, die sich mit qualifizierter Mehrheit dafür aussprach, die Methodenwahl der Empfängnisregelung den Eheleuten selbst zu überantworten“ (Hunold, Humanae vitae, Sp. 316). [Die im LThK typischen Abkürzungen sind vom Autor ergänzt]

soll er dieses Buch nicht nur gelesen haben. *Liebe und Verantwortung* soll ihn bei der Abfassung von *Humanae vitae* sogar maßgeblich beeinflusst haben.[1] Nachweislich ließ Paul VI. 1971 eine von Wojtyła und einer Arbeitsgruppe aus Lublin erstellte Abhandlung in französischer Sprache zum Thema *Humanae vitae* an alle päpstlichen Nuntiaturen versenden.[2]

3.9.1 Kunst und das „Ethos des Bildes“

Am 4. April 1999 richtete Johannes Paul II. einen *Brief an die Künstler*. Mit diesem Schreiben wollte er sich gleichsam aus dem Vatikan „zur Stimme der größten Künstler machen, die hier die Fülle ihrer oft von großer spiritueller Tiefe durchdrungenen genialen Begabung ausgegossen haben“[3]. Darin appelliert er an eine „‚Spiritualität‘ des künstlerischen Dienstes“, auf die der polnische Dichter Cyprian Norwid (1821-1883) in seinem Werk *Promethidion* (Dialog I) mit den Worten anspiele: „Die Schönheit ist dazu da, zu begeistern für das Werk – das Werk, um auferstehen zu lassen.“[4] Für den Bereich der Architektur führt Johannes Paul II. die Baumeister der Basilika Sankt Peter in Rom an: Donato Bramante (1444-1514), Gian Lorenzo Bernini (1598-1680), Francesco Borromini (1599-1667), Carlo Maderno (1556-1626) und Michelangelo Buonarroti (1475-1564), „der in der Sixtinischen Kapelle von der Schöpfung bis zum Jüngsten Gericht das Drama und Geheimnis der Welt zusammengestellt hat, indem er Gottvater, dem Richter Christus und dem Menschen auf seinem mühseligen Weg von den Ursprüngen bis ans Ziel der Geschichte ein Gesicht gegeben hat.“[5] Bereits zum Abschluss der Restaurierungsarbeiten dieser Fresken hatte Johannes Paul II. im April 1994 die Sixtinische Kapelle als „das Heiligtum der Theologie des menschlichen Leibes“[6] bezeichnet. Insbesondere die Darstellung des Jüngsten Gerichts sei von „einer einzigen künstlerischen Logik durchdrungen“, die er die „Logik des Glaubens [nennt], den die Kirche verkündet“[7].

1 „Paul VI read it while awaiting the report of the technical commission of theologians and doctors which John XXIII had appointed to study the birth-control issue (…). When he came to write his own encyclical *Humanae Vitae* (25 July 1986 on the subject, much of Wojtyła's thinking reappeared in the argument and gave the document an original and positive content which a simple reiteration of traditional Catholic teaching would have lacked" (Johnson, Pope, 54-55). „Manche Eingeweihte glauben, dass in diesen Aussagen von ‚Humanae vitae‘ schon deutlich der Einfluss des damaligen Kardinals Wojtyłas zu spüren sei, der beratend an der Enzyklika Pauls VI. mitgearbeitet habe“ (Böckle, Anthropologie, 117).

2 Der Text liegt dem Verfasser dieser Arbeit vor.

3 Johannes Paul II., Brief an die Künstler, Nr. 9.

4 Wojtyła, Das Problem der Bildung, 82. Vgl. Johannes Paul II., Brief an die Künstler, Nr. 4.

5 Johannes Paul II., Brief an die Künstler, Nr. 9.

6 Johannes Paul II., Predigt in der Sixtinischen, 14.

7 Ebd., 15. „Das soll nicht heißen, dass der geniale menschliche Geist nicht auch in anderen religiösen Umfeldern anregende Eindrücke gefunden hat. Man denke nur an die antike, besonders die griechische und römische Kunst und die noch immer blühende Kunst der ältesten orientalischen Kulturen. Es ist jedoch wahr, dass das Christentum kraft des zentralen Dogmas von der

Diese Logik bewahre die Würde des Leibes. „Löst man ihn dagegen aus dieser Dimension heraus, so wird er gewissermaßen zum Objekt, das man sehr leicht erniedrigen kann, weil nur in den Augen Gottes der menschliche Leib nackt und unbedeckt bleiben und zugleich seinen Glanz und seine Schönheit unversehrt bewahren kann."[1]

Bereits im Frühjahr 1981 war Johannes Paul II. im Rahmen von vier Mittwochskatechesen ausführlich auf den menschlichen Körper als Gegenstand von audiovisuellen Medien aller Art wie Film oder Fotografie (die modernen Technologien der Kommunikation sind hier mit eingeschlossen) und von Kunst (Skulptur, Malerei, Musik, Theater, Ballett) eingegangen. Schließlich begegnet der Mensch „der Wirklichkeit des Körpers und erfährt den Körper auch, wenn dieser zu einem Thema seines schöpferischen Schaffens, zu einem Kunstwerk, zum Inhalt der Kultur wird" (TdL 60,2). Dabei steht für Johannes Paul II. die Autonomie der Kunst außer Frage.[2] Ansonsten räumt er im Rahmen der „Theologie des Leibes" ein, dass die Begegnung mit dem menschlichen Körper als Kultur- und Kunstgegenstand „vor allem auf der Ebene der ästhetischen Erfahrung erfolgt, bei der es sich um Einsicht in das Kunstwerk handelt (griechisch: aisthánomai – ich schaue an, ich betrachte), also um den dargestellten Körper außerhalb seiner Seinsidentität, um seine Abbildung in ganz anderer Weise und nach den Kriterien künstlerischen Schaffens" (TdL 60,2). Doch dürfe dieses Betrachten nicht von den Überlegungen zum „begehrlichen Blick" getrennt werden (vgl. TdL 60,2). Folgedessen „gehört also der ganze Bereich der ästhetischen Erfahrung zugleich in das Ethos des Leibes" (TdL 60,3). „Insofern darf die künstlerische Darstellung nicht nur durch die Ästhetik bestimmt sein", so Martin, „sie besitzt auch eine ethische Dimension"[3]. Tatsächlich spricht Johannes Paul II. vom „Ethos des Bildes – oder der Beschreibung – und dem Ethos des Sehens und Hörens, des Lesens oder anderer Formen der Erkenntnis (…), durch die man dem Inhalt des Kunstwerkes oder der Audiovision im weiteren Sinn des Wortes begegnet" (TdL 63,1) und er ruft im Zeitalter „der modernen Massenkultur" die „traditionelle lateinische Terminologie" mit dem „Wort ‚ob-

---

Fleischwerdung des Wortes Gottes dem Künstler einen Horizont anbietet, der besonders reich an inspirierenden Motiven ist. Welche Verarmung wäre für die Kunst ein Aussetzen des unerschöpflichen Stromes des Evangeliums!" (Johannes Paul II., Brief an die Künstler, Nr. 13).

1 Johannes Paul II., Predigt in der Sixtinischen, 15.

2 „Die Konzilsväter widmen in der Pastoralkonstitution *Gaudium et Spes* der richtigen Förderung des kulturellen Fortschritts ein eigenes Kapitel (Nr. 53-63) und gehen, wie in der alten Kirche, ohne Enge und Ängstlichkeit das Problem mit Freimut an. Die Welt ist eine eigenständige Wirklichkeit, sie hat ihre Eigengesetzlichkeit. Davon ist auch die Autonomie der Kultur und mit ihr die der Kunst betroffen. Diese Autonomie ist, recht verstanden, kein Protest gegen Gott oder gegen die Aussagen des christlichen Glaubens; sie ist vielmehr der Ausdruck dessen, dass die Welt Gottes eigene, in die Freiheit entlassene Schöpfung ist, dem Menschen zur Kultur und Verantwortung übergeben und anvertraut" (Johannes Paul II., Ansprache an die Publizisten, 1)

3 Martin, Katechesen, 17.

scaena' (obszön)“ in Erinnerung, das „alles“ bezeichne, „was sich nicht vor den Augen von Zuschauern abspielen darf, was von angemessener Diskretion umgeben sein muss und nicht willkürlich dem Blick des Menschen ausgesetzt werden darf“ (TdL 63,2). Zur Zeit ihres Vortrags blieben diese Ansprachen nicht unwidersprochen. Denn das „alte und heikle Problem, das der Papst hier in Angriff nimmt“, so Lino Ciccone, „ist jenes der *Beziehungen zwischen Kunstwerk und Ethik,* oder zwischen *Ethik und Ästhetik,* oder, wenn man es vorzieht, von der Existenz oder Nichtexistenz moralischer Grenzen in der Fertigstellung von Kunstwerken“[1]. Offensichtlich war die Furcht vor Beschränkungen für das künstlerische Schaffen der Grund, dass „dies einer der wenigen Punkte der päpstlichen Katechesen war, der die Aufmerksamkeit der öffentlichen Meinung hervorgerufen hat“[2].

Johannes Paul II. möchte mit diesen vier Katechesen das Prinzip der „bräutlichen Bedeutung des Körpers“ und die damit verbundene Dimension Sich-schenkender-Hingabe auf den Bereich der Kunst anwenden. Selbst wenn er nicht fordert, „dass der menschliche Körper in seiner Nacktheit nicht ein Gegenstand von Kunstwerken werden kann“, sieht er doch „ein sehr delikates Problem, das verschiedene Grade hat, je nach den Beweggründen und Umständen sowohl auf Seite der künstlerischen Tätigkeit als auch auf Seite der Erkenntnis des Kunstwerks oder der Reproduktion“ und unterstreicht deshalb, „dass diese Frage weder rein ästhetisch noch moralisch belanglos ist“ (TdL 61,1). Kritisch bei der künstlerischen Darstellung der körperlichen Liebe von Mann und Frau ist für Johannes Paul II. nicht allein die Reduzierung des menschlichen Körpers auf ein Objekt der Befriedigung, sondern die Deprivation der subjektiven Dimension der Hingabe und die damit einhergehende Verletzung eines intimen Kosmos.[3] Die Schwelle zur Pornovision bzw. Pornographie wird in dem Moment überschritten, „wenn im Kunstwerk oder durch die Techniken audiovisueller Wiedergabe das Recht auf die Intimität des Körpers in seiner Männlichkeit und Weiblichkeit verletzt wird“, d. h. „jene tiefe Gesetzmäßig-

1 „(...) il problema qui affrontato dal Papa è quello, annoso e spinoso, dei rapporti tra opera d'arte ed etica, o tra etica ed estetica, o, se si preferisce, dell'esistenza o meno di limiti morali nella produzione di opera d'arte" (Ciccone, Uomo-Donna, 81). (Eigenübersetzung).

2 „(...) questo sia stato uno dei pochi punti della Catechesi pontificia che hanno richiamato l'attenzione dell'opinione pubblica" (Ebd.). (Eigenüberstezung).

3 Denn die „künstlerische Darstellung des menschlichen Körpers in seiner Nacktheit als Mann und Frau, um ihn zunächst zu einem Modell und danach zum Thema des Kunstwerks zu machen, ist in gewissem Sinne immer eine Verlegung außerhalb dieser Konfiguration des interpersonalen Sich-Schenkens“, „eine Entwurzelung, eine Loslösung des menschlichen Körpers von dieser Konfiguration“, sodass „der menschliche Körper jene tief subjektive Bedeutung des Geschenks“ verliert und „zu einem Objekt vielfältiger Erkenntnis“ (TdL 61,1) wird. Demgegenüber bestätigt beim Menschen der Begehrlichkeit das Auftreten der Scham immer „wieder dieselbe Regel. Der Mensch, der seiner personalen Sensibilität folgt, will nicht durch seine anonyme Nacktheit zum Objekt für andere werden und will auch nicht, dass der andere in ähnlicher Weise für ihn zum Objekt wird“ (TdL 61,3).

keit des Geschenks und des gegenseitigen Sich-Schenkens, die der Männlichkeit und Weiblichkeit in der ganzen Struktur des Menschseins eingeschrieben ist“ (TdL 61,4). Schließlich wird dabei „das, was im richtigen Empfinden des Menschen unbedingt in die personale Sphäre zwischen zwei Menschen gehört und gehören muss (…) sozusagen zum öffentlichen Eigentum“ (TdL 62,2). Das „Element der Hingabe verschwindet (…) in den Bereich eines sinnentleerten Empfangs und einer unbekannten Antwort und wird so irgendwie in der intentionalen Ordnung bedroht, indem es als anonymes Objekt der Aneignung missbraucht werden kann“ (TdL 62,3).

Zwar betont Johannes Paul II., dass seine Erläuterungen „weder einer puritanischen Geisteshaltung noch einem engherzigen Moralismus [erwachsen]; ebenso wenig ist es Ergebnis eines vom Mänichäismus belasteten Denkens“ (TdL 62,5). Doch geht es ihm mit *Humanae vitae,* Nr. 22, um „die Notwendigkeit, ‚ein für die Erziehung zur Reinheit günstiges Klima zu schaffen’. Damit will sie sagen, dass das Erleben des Leibes in der ganzen Wahrheit seiner Männlichkeit und Weiblichkeit der Würde dieses Leibes und seiner Bedeutung im Aufbau der Gemeinschaft der Personen entsprechen muss“ (TdL 63,6). Konsequenterweise sieht Johannes Paul II. „eine besondere Verantwortung nicht nur künstlerischer, sondern auch ethischer Natur“ (TdL 63,4). Im Idealfall sollte sich der Künstler „der ganzen Tragweite des Gegenstandes und der damit zusammenhängenden Werteskala bewusst sein; er darf sie nicht nur theoretisch berücksichtigen, sondern muss sie auch praktisch leben“ (TdL 63,4).[1] Johannes Paul II. verfolgt den Anspruch, dass der Künstler mit seinen Werken, die den Körper in seiner Männlichkeit und Weiblichkeit thematisieren, „den Betrachter durch den Körper zum personalen Gesamtgeheimnis des Menschen führt. In der Begegnung mit solchen Werken, bei der wir uns von ihrem Gehalt nicht zum ‚begehrlichen Blick’ verleitet fühlen (…), lernen wir gewissermaßen jene bräutliche Bedeutung des Körpers kennen, die Entsprechung und Maß der ‚Reinheit des Herzens’ ist“ (TdL 63,5).[2] Parallel dazu ist der Betrachter beim Aufbau eines „für die Erziehung zur Reinheit günstigen Klimas“ nicht weniger in die

---

1 Zwar sagt die künstlerische Fähigkeit, „Objekte herzustellen“, „an und für sich noch nichts über seine moralischen Dispositionen aus“, wie Johannes Paul II. in seinem *Brief an die Künstler* ausführt, doch betont der Papst gleichzeitig die gegenseitige Bedingtheit von künstlerischer und moralischer Verfasstheit: „Beim Gestalten eines Werkes bringt der Künstler in der Tat sich selber soweit zum Ausdruck, dass seine Schöpfung einen einzigartigen Widerschein seines Seins, dessen also, was er ist und wie er ist, darstellt“ (Johannes Paul II., Brief an die Künstler, Nr. 2).

2 „Jede echte Form von Kunst ist, jeweils auf ihre Art, ein Zugang zur tiefsten Wirklichkeit des Menschen und der Welt“ (Johannes Paul II., Brief an die Künstler, Nr. 6). „Echtes und verantwortliches künstlerisches Tun ist bestrebt, die Anonymität des menschlichen Körpers als wahlloses Objekt zu überwinden, indem es“, so der Papst, „durch die schöpferische Kraft einen eigentümlichen künstlerischen Ausdruck für die Wahrheit über den Menschen in seiner Körperlichkeit als Mann und Frau sucht, die sozusagen dem Betrachter und im weiten Sinn jedem Empfänger des Werkes als Aufgabe anvertraut wird“ (TdL 63,7).

Pflicht genommen. Johannes Paul II. spricht von einem „gegenseitigen Kreislauf, der zwischen Bild und Schauen, zwischen dem Ethos des Bildes und dem Ethos des Sehens zustande kommt“, sodass es ebenso vom Betrachter abhängt, „ob er entschlossen ist, die Mühe aufzubringen, sich einer solchen Wahrheit zu nähern, oder ob er lediglich ein oberflächlicher Konsument der Eindrücke bleibt, also jemand, der die Begegnung mit dem anonymen Subjekt-Körper bloß auf der Ebene der Sinnlichkeit genießt“ (TdL 63,7). Nichtsdestotrotz misst Johannes Paul II. der Kunst eine hohe Bedeutung bei. Schon in seinem Drama *Der Bruder unseres Gottes* legt Wojtyła dem Maler und Protagonisten Adam Chmielowski (1845-1916) die Worte in den Mund, „dass ein Bild es vermag, einen Menschen aufzubrechen … einen Menschen umzuwandeln“[1]. „Vom Kontakt mit den Kunstwerken erwartet sich die Menschheit aller Zeiten“, schreibt Johannes Paul II. an die Künstler, „über ihren Weg und ihre Bestimmung aufgeklärt zu werden.“[2]

Zusammenfassend lässt sich feststellen: Es ist das Anliegen Johannes Pauls II., der Kunst in der Darstellung des menschlichen Körpers sowohl Richtung als auch Grenzen aufzuzeigen. Je mehr es der Kunst gelingt, die Bedeutung des menschlichen Leibes für die „communio personarum“ zu vermitteln, umso höheren Wert besitzt sie. Je mehr sie im Betrachter die Begehrlichkeit hervorruft und Momente der geschlechtlichen Beziehung zwischen Mann und Frau, die der Intimsphäre zugehören, öffentlich preisgibt, umso mehr büßt sie an Wert ein. Johannes Paul II. appelliert hier vor allem an die erzieherische Verantwortung der Kunst.[3] Letztlich verdienen Darstellungen, die diesem hohen Anspruch nicht gerecht werden, nach Johannes Paul II. gar nicht mehr die Bezeichnung Kunst. Damit sind die Grenzen eng abgesteckt. Wo sie im Einzelfall verlaufen, bleibt im Grunde genommen eine Ermessenssache des Einzelnen. Gefordert sind Ehrlichkeit und Aufmerksamkeit in Bezug auf das „richtige Empfinden“. Kunst ist damit sehr deutlich abgegrenzt gegenüber aller Art von Pornographie, von der die heutige Gesellschaft insbesondere im Zeitalter des Internets gekennzeichnet ist. Andererseits aber ist die Kunst durch die Vision der „Theo-

1 Wojtyła, Der Bruder, 91. Adam Chmielowski war ein Künstler, der die Malkunst aufgab, um sich in Krakau ganz den Ärmsten der Armen zu widmen. Alle seine Werke ließ er zerstören. Erhalten blieb nur das Bild „Ecce Homo“, auf das die zitierte Textpassage anspielt. 1887 schloss er sich mit dem Ordensnamen Albert dem Dritten Orden der Franziskaner an. Johannes Paul II. sprach ihn 1983 selig und am 12. November 1989 heilig.

2 Johannes Paul II., Brief an die Künstler, Nr. 14.

3 Johannes Paul II. gibt allgemeine Kriterien an, durch die es ihm gelingt, für ein sehr aktuelles Problem sensibel zu machen, ohne von vornherein die Haltung der grundsätzlichen Verweigerung einzunehmen. Doch stellt sich in der Anwendung der allgemeinen Prinzipien auf die konkrete Situation der Kunst heraus, dass es sich dabei um eine pastorale wie pädagogische Methode handelt, um einen Appell an die Aufrichtigkeit. Derjenige, der die Prinzipien Johannes Pauls II. teilt, spürt selbst, wie schnell er in den bildenden Künsten mit der Darstellung des nackten Körpers an Grenzen gelangt. Und das ist ohne Zweifel die Absicht Johannes Pauls II. in seinen Ausführungen über das „Ethos des Bildes“.

logie des Leibes“ kraftvoll inspiriert und herausgefordert. Trotzdem bleibt die Frage offen, wie ein nackter menschlicher Körper dargestellt werden kann, der einerseits die „bräutliche Bedeutung des Leibes“ zum Ausdruck bringt, andererseits aber die von Johannes Paul II. gesteckte Grenze nicht überschreitet. Selbst wenn Benedikt XVI. eine enge Grenzziehung zu bestätigen scheint[1], sollte jegliche Prüderie vermieden werden, immerhin ließ gerade Johannes Paul II. im Zug der Restaurierung der Fresken Michelangelos die nachträglich übermalten Flächen der nackten Körper wieder freilegen.[2]

3.9.2 Zölibat und Jungfräulichkeit „um des Himmelreiches willen“

Im Rahmen der „Theologie des Leibes“ behandelt Johannes Paul II. auch den Ruf Christi zur Ehelosigkeit und spricht von der „Theologie der Ehelosigkeit ‚um des Himmelreiches willen‘, das heißt die Theologie der Jungfräulichkeit oder des Zölibats“ (TdL 79,7). Diese Thematik der Speziellen Moral bei Johannes Paul II. ist hinlänglich behandelt.[3] Grundsätzlich unterscheidet er die Jungfräulichkeit oder Ehelosigkeit „um des Himmelreiches willen“ (vgl. Mt 19,11-12), die als Frucht einer persönlichen Entscheidung immer freiwillig sein

1 Anlässlich des 30jährigen Bestehens des von Johannes Paul II. gegründeten Instituts für Studien über Ehe und Familie sagt Benedikt XVI. am 13. Mai 2011: „Kurz nach dem Tod Michelangelos wurde Paolo Veronese unter der Anschuldigung, er habe unschickliche Figuren rund um das Letzte Abendmahl gemalt, vor die Inquisition zitiert. Darauf antwortete der Maler, dass auch in der Sixtinischen Kapelle die Körper mit wenig Ehrfurcht nackt dargestellt waren. Gerade der Inquisitor war es, der mit einer dann berühmt gewordenen Antwort Michelangelo verteidigte: ‚Weißt du nicht, dass in diesen Figuren nur der Geist verborgen ist?‘ Wir Modernen tun uns schwer damit, diese Worte zu verstehen, weil uns der Körper als träge, schwerfällige Materie erscheint, die im Gegensatz zu der dem Geist eigenen Erkenntnis und Freiheit steht. Aber die von Michelangelo gemalten Körper sind von Licht, Leben, Glanz bewohnt. Er wollte auf diese Weise zeigen, dass unsere Körper ein Geheimnis in sich bergen. In ihnen erscheint der Geist und wird wirksam. Sie sollen geistige Leiber sein, ‚überirdische‘ Leiber, wie der hl. Paulus sagt (Vgl. *1 Kor* 15,44). Wir können uns also fragen: Kann diese Bestimmung des Leibes die Etappen seines Weges erleuchten? Wenn unser Leib dazu berufen ist, geistlich zu sein, muss dann seine Geschichte nicht die des Bundes zwischen Körper und Geist sein? Tatsächlich ist der Leib, weit davon entfernt, sich dem Geist zu widersetzen, der Ort, wo der Geist wohnen kann. In diesem Licht lässt sich verstehen, dass unsere Körper nicht träge, schwerfällige Materie sind, sondern, wenn wir hinzuhören verstehen, die Sprache der wahren Liebe sprechen“ (Benedikt XVI., Ansprache an die Teilnehmer des Internationalen Kongresses des Päpstlichen Instituts „Johannes Paul II.“ für Studien über Ehe und Familie, Dokumentation).

2 „Johannes Paul hatte nicht nur die Restaurierung der Fresken genehmigt, was in manchen kunstverständigen Kreisen beträchtlichen Streit hervorrief; er stellte auch sicher, dass bei der Reinigung des *Jüngsten Gerichts* die Restauratoren etwa die Hälfte der Beinlinge, Lendenschurze und sonstigen Drapierungen, mit denen prüde Kirchenmänner Jahre nach der Vollendung des Meisterwerks die nackten Gestalten Michelangelos hatten bedecken lassen, entfernt wurden (die verbleibenden Drapierungen beließ man aus historischen Gründen)“ (Weigel, Zeuge, 751).

3 Mayer, Zölibat als Weg personaler Selbstverwirklichung. Die Sicht des Zölibates bei Johannes Paul II./Karol Wojtyła und dessen anthropologisch-spirituellen Grundlagen, St. Ottilien 2011.

muss, vom endzeitlichen Zustand des Menschen: „Wenn nämlich die Menschen von den Toten auferstehen, werden sie nicht mehr heiraten“ (Mk 12,25). Die bewusst gewählte Lebensform der Ehelosigkeit mit ihrer „überirdische[n] Zielsetzung“ (TdL 74,6) als Motiv und Beweggrund ist also nicht nur ein „charismatisches Zeichen“ (TdL 75,1), das nur die „fassen“ können, denen dieses „Gnadengeschenk“ (TdL 73,4) gegeben ist, sondern stellt zudem ein „eschatologisches Zeichen“ (TdL 73,5) dar, nimmt sie doch das vorweg, „was jedem Menschen bei der künftigen Auferstehung geschenkt wird“ (TdL 73,1).[1] „Dieses charismatische Zeichen für die ‚künftige' Welt“, so Johannes Paul II. weiter, „ist jedoch Ausdruck der echtesten Kraft und Dynamik des Geheimnisses der ‚Erlösung des Leibes'“ (TdL 75,1). Ohne dass Christus die Kraft dazu gibt, ist der Zölibat nicht lebbar. Umgekehrt ist der gelebte Zölibat ein Beweis dafür, dass die erlösende Gnade Christi wirkt und die „Erlösung des Leibes“ bereits Realität ist. Doch ist die Entscheidung des zölibatär Lebenden auf den Verzicht der ehelichen Vereinigung, sowie Zeugung, Kinder, Familiengemeinschaft nur dadurch zu „verwirklichen, dass er die Sündhaftigkeit seines Menschseins den Kräften unterordnet, die aus dem Geheimnis der Erlösung des Leibes quellen. Er muss das tun wie jeder andere Mensch auch, der keine solche Entscheidung trifft und dem der Weg der Ehe bleibt“ (TdL 77,4). Er muss auf seine Weise seine Begehrlichkeit überwinden und durch Selbstbeherrschung zur Liebe im umfassenden Sinn befähigt werden. Gleichzeitig bleibt der Ruf zur Ehelosigkeit „um des Himmelreiches willen“ für Martin „ein ‚außergewöhnlicher' Weg, nicht alltäglich und nicht für alle geltend“[2]. Zwar handelt es sich um einen Rat und nicht um ein Gebot[3], doch teilt Johannes Paul II. „die Ansicht der gesamten lehrmäßigen und seelsorglichen Überlieferung“ (TdL 77,6) von der „Überlegenheit über die Ehe“ und der Tatsache, „dass Christus sie stillschweigend der Ehelosigkeit zuspricht: Er sagt es jedoch nicht direkt. Erst Paulus wird von denen, die sich für die Ehe entschieden haben, sagen, dass sie ‚richtig handeln', und von allen, die zu einem Leben in freiwilliger Ehelosigkeit bereit sind, dass sie ‚besser handeln' (vgl. 1 Kor 7,38)“ (TdL 77,5). Selbstverständlich bedeutet das für Johannes Paul II. keine Entwertung der Ehe, wonach die Ehelosen die Vollkommenen seien und die Verheirateten die Unvollkommenen.[4] Denn vom

1 Norbert Martin nennt dies „die vorweggenommene Anthropologie der Auferstehung, d. h. sie vermag für das gläubige Auge etwas auszusagen über das ‚schon' und doch ‚noch nicht' voll Sichtbare der eschatologischen Vollendung des Leibes“ (Martin, Katechesen, 19).

2 Ebd.

3 „Was die Frage der Ehelosigkeit angeht, so habe ich kein Gebot vom Herrn. Ich gebe euch nur einen Rat“ (1 Kor 7,25).

4 Johannes Paul II. erblickt bei Paulus „keinerlei Grundlage dafür, diejenigen, die in der Ehe leben, als ‚fleischlich' zu betrachten und jene hingegen, die aus religiösen Motiven die Ehelosigkeit wählen, als ‚geistlich'. Denn in der einen wie in der anderen Lebensform – wir würden heute sagen: in der einen und in der anderen Berufung – ist jene Gabe wirksam, die jeder von Gott empfängt, das heißt die Gnade, welche bewirkt, dass der Leib ‚Tempel des Heiligen Gei-

„Stand der Vollkommenheit (status perfectionis)“ spricht man in der christlichen Tradition „im Hinblick auf ein Leben nach den evangelischen Räten (Armut, Keuschheit und Gehorsam), weil dieses dem Aufruf Christi zur Vollkommenheit entspricht (‚Wenn du vollkommen sein willst …‘, Mt 19,21). Die Vollkommenheit des christlichen Lebens hingegen wird mit dem Maß der Liebe gemessen“ (TdL 78,3). Zwar stellen die evangelischen Räte eine wesentliche Hilfe zu einem vollkommenen Leben dar, doch ist dieses Maß ebenso außerhalb eines Ordensinstituts zu erlangen. Und weil das Maß die Liebe ist, kann für Curran eine Person außerhalb eines Ordens sogar ohne Weiteres einen höheren Grad an Vollkommenheit erreichen.[1]

Sowohl der freien Entscheidung für die Ehelosigkeit als auch der freien Entscheidung für die Ehe liegt die „Bejahung der bräutlichen Bedeutung des menschlichen Leibes in seiner Männlichkeit und Weiblichkeit“ (TdL 81,3) zugrunde. Auf derselben Grundlage ist der Mensch „fähig, die personale Selbsthingabe an einen anderen Menschen im Ehebund zu wählen, in dem sie ‚ein Fleisch‘ werden, und er ist ebenso fähig, auf diese Selbsthingabe an eine andere Person freiwillig zu verzichten, um sich in der Wahl der Ehelosigkeit ‚um des Himmelreiches willen‘ ganz Christus schenken zu können“ (TdL 80,6). Auf diese Weise wird zudem deutlich, „dass dieser Verzicht vonseiten einzelner Personen, Männer und Frauen, gewissermaßen unerlässlich ist, damit eben die bräutliche Bedeutung des Leibes im Gesamtethos des menschlichen Lebens und vor allem im Ethos des Ehe- und Familienlebens leichter erkannt wird“ (TdL 81,4).

Johannes Paul II. verschweigt in seinem Buch *Auf, lasst uns gehen!* nicht, gegen den Zölibat werde „gelegentlich mit der Einsamkeit des Priesters und des Bischofs argumentiert.“[2] Tatsächlich bleibt der ehelos lebende Mensch „seiner Natur nach ‚doppelt‘ angelegt (…) (das heißt als Mann ausgerichtet auf die Frau und als Frau ausgerichtet auf den Mann)“, doch ist er dennoch „fähig (…), in seinem Alleinsein (…) eine neue und sogar erfülltere Form der zwischenmenschlichen Gemeinschaft mit anderen zu entdecken“ (TdL 77,2). Schließlich geht es auch bei dieser Lebensform immer um Gemeinschaft und Hingabe, die unter Umständen sogar erfüllter sein kann.[3] „Ich persönlich“, so Johannes Paul II., „habe mich niemals einsam gefühlt. Abgesehen von dem Bewusstsein

stes‘ ist und bleibt – sowohl in der Jungfräulichkeit als auch in der Ehe –, wenn der Mensch seiner Gnadengabe treu bleibt und entsprechend seinem Stand, das heißt seiner Berufung, sich an diesem ‚Tempel des Heiligen Geistes‘, der sein Leib ist, nicht versündigt“ (TdL 85,4).

1 „In addition, the person who lives in the world and is not a religious can reach a superior degree of perfection whose measure is charity than someone who is in religious life” (Curran, Moral, 186).

2 Johannes Paul II., Auf, lasst uns gehen, 148.

3 „Wenn der Mensch die Ehelosigkeit um des Himmelreiches willen wählt, hat er das Bewusstsein, dass er sich selbst auf diese Weise ‚anders‘ und ‚vollkommener‘ verwirklichen kann als in der Ehe, indem er zur ‚aufrichtigen Hingabe für die anderen‘ wird (Vgl. Gaudium et spes, Nr. 24)“ (TdL 77,2).

der Nähe des Herrn war ich auch rein menschlich immer umgeben von vielen Personen und pflegte zahlreiche Kontakte zu Priestern – Präfekten, Pfarrern, Pfarreivikaren – und zu Laien jeden Standes.“[1] Als erfüllende Berufung setzt der Verzicht auf die Ehe die Motivation „um des Himmelreiches willen“ voraus. Wenn der zölibatär Lebende aber „einerseits das Eheleben entbehrt und andererseits ein klares Ziel vermisst, für das er auf dieses Eheleben verzichtet“, könnte er bald „unvermutet vor einer gewissen inneren Leere stehen“ (TdL 84,2). Eine solche Leere kann verschiedene Folgen haben. Im Licht dieser Aussage Johannes Pauls II. kann sowohl das Schicksal der Priester erblickt werden, die aufgrund einer Eheschließung aus dem Priesteramt ausgeschieden sind als auch der Priester, die aus mangelnder Anerkennung und Sinnhaftigkeit ihres Daseins unter einem „Burn-Out-Syndrom“ leiden. Gerade Letzteres hat nicht so sehr mit der Überlastung an sich zu tun, sondern mit dieser „inneren Leere“, in der der Priester sich nicht mehr klar bewusst ist, wofür er seinen Verzicht auf sich nimmt. Die Anerkennung, die jeder Mensch für seinen Einsatz braucht, wird ihm entweder durch das „Bewusstsein der Nähe des Herrn“ zuteil oder sie wird in einem Ersatz gesucht, wie z. B. in der Zuneigung eines menschlichen Partners.

„Der Priester, der frei ist von der persönlichen Sorge um die Familie“, so Johannes Paul II. ganz konkret in seinem Buch *Auf, lasst uns gehen!*, „kann sich *mit ganzem Herzen* der pastoralen Sendung widmen. Von daher versteht sich auch die Unnachgiebigkeit, mit der die Kirche des lateinischen Ritus die Tradition des Zölibats für ihre Priester verteidigt und dem Druck widersteht, der im Laufe der Geschichte von Zeit zu Zeit dagegen aufkommt.“[2] Denn die Aussage Jesu „um des Himmelreiches willen“ (Mt 19,12) setzt „die Liebe als Bereitschaft zur ausschließlichen Selbsthingabe um des ‚Reiches Gottes willen'“ voraus, „die mit dem Willen verbunden ist, am Erlösungswerk Christi teilzunehmen“ (TdL 79,8). In diesem Sinn schreibt Paulus: „Der Unverheiratete sorgt sich um die Sache des Herrn; er will dem Herrn gefallen“ (1 Kor 7,32). Während „der verheiratete Mann sich auch darum sorgen muss, wie er seine Frau zufriedenstellen kann“ (TdL 84,1). Angesichts der Schwierigkeiten, die durchaus mit der Jungfräulichkeit oder der Ehelosigkeit „um des Himmelreiches willen“ verbunden sein können und sind, rät er zum Vertrauen. „Wer nicht verheiratet ist, kann, ‚wenn er mit dem Herrn verbunden ist', gewiss sein,“ so Johannes Paul II., „dass seine Schwierigkeiten Verständnis finden werden: ‚Wir haben ja nicht einen Hohenpriester, der nicht mitfühlen könnte mit unserer Schwäche, sondern einen, der in allem wie wir in Versuchung geführt worden ist, aber nicht gesündigt hat' (Hebr 4,15)“ (TdL 84,3). Diese Gewissheit „erlaubt es dem Unverheirateten nicht so sehr, sich ausschließlich den eventuellen persönlichen

1 Johannes Paul II., Auf, lasst uns gehen, 148.
2 Ebd., 147.

Problemen zu widmen als vielmehr, sie einzubeziehen in den großen Strom der Leiden Christi und seines Leibes, der die Kirche ist" (TdL 84,3). Im Sinn der oben erläuterten „Spirale des Heils" muss sich aber auch beim Unverheirateten „das, was Gott dargeboten wird, durch die sittliche Reinheit auszeichnen und setzt darum eine Haltung ‚ohne Flecken oder Falten', ‚heilig und makellos', voraus, ganz nach dem jungfräulichen Vorbild der Kirche, die Christus gegenübersteht (Eph 5,27)" (TdL 84,5).

Im Rahmen seiner „Theologie des Leibes" versteht Johannes Paul II. die „bräutliche Bedeutung des Leibes" für einen „um des Himmelreiches willen" zölibatär lebenden Menschen im Sinn eines Lebens der Hingabe für die Anderen, für Christus und die Kirche. Jede Assoziation des Bräutlichen mit sexuellen Empfindungen oder Beziehungen wäre ein Missverständnis bzw. eine Fehldeutung. Für Johannes Paul II. ist die Sprache vom bräutlichen Charakter des Leibes der Ehelosen eine Folgerung aus seinem anthropologischen Ansatz. Der Mensch kann seinen personalen Dynamismus nur in, durch und mit seinem Leib verwirklichen. „Communio personarum" ist in dieser Welt auf die leibliche Dimension des Menschseins angewiesen. Allein in diesem allgemeinsten Sinn spricht Johannes Paul II. von der bräutlichen Dimension des Leibes in seiner Männlichkeit und in seiner Weiblichkeit auch bei Menschen, die „um des Himmelreiches willen" die ehelose Lebensform gewählt haben. Zumindest auf dieser Ebene ist die Kritik Currans nicht angebracht, der „Leib hat keine positive Rolle in der jungfräulichen Liebe"[1]. Für Johannes Paul II. bedeutet die „Erlösung des Leibes" grundsätzlich die Befreiung von den Begierden, doch ohne dass der Mensch die Dynamik der Hingabe an andere Personen verliert. „Erlösung des Leibes" heißt nicht, der Mensch verzichte auf die Dynamik. Auch bleibt die Sexualität, die zum anderen hinzieht, die Grundlage der Hingabe seiner selbst. So gehört zur „Erlösung des Leibes" alles, was zur Hingabe führt, ohne dass der Mensch Opfer der Begierde wird. Eben das ist der gelebte Zölibat.

Wenn Joseph Ratzinger in seiner Hinführung zum Apostolischen Schreiben *Mulieris dignitatem* auf das „Geheimnis Christi" verweist, dem „vom Wesen her ein ‚sponsaler' Symbolismus" innewohne, und dass dieser „christologische und sponsale Gehalt der Sakramente, nur er, erklärt, warum Christus als Apostel nur Männer berief und allein ihnen den Auftrag für die Verwaltung der Sakramente von Eucharistie und Buße übertrug"[2], dann ist davon in den Katechesen zur „Theologie des Leibes" trotz aller Betonung des Bräutlichen keine Rede. Die Diskussion um Frauen als Kleriker erklärt Johannes Paul II. 1994 mit dem Apostolischen Schreiben *Ordinatio sacerdotalis* „endgültig" für beendet.[3]

1 „The body does not have a positive role in virginal love" (Curran, Moral, 18g). (Eigenübersetzung).

2 Ratzinger, Die Frau, 117-118.

3 *„Obwohl die Lehre über die nur Männern vorbehaltene Priesterweihe sowohl von der beständigen und umfassenden Überlieferung der Kirche bewahrt als auch vom Lehramt in den*

Ebenso wenig wird ein Priestermangel aufgrund des „Pflichtzölibats“ oder gar eine Aufhebung des Zölibats thematisiert.[1]

3.9.3 *Humanae vitae* und die „Theologie des Leibes“

Zum Abschluss seiner Katechesen zur „Theologie des Leibes“ behandelt Johannes Paul II. im Rahmen von 16 Katechesen die Enzyklika Pauls VI. *Humanae vitae,* „die als ‚Pillenenzyklika' verkürzt im öffentlichen Gedächtnis hängenblieb und ansonsten in ihren Lehren zumeist wirkungslos war“[2], so Gerl-Falkovitz. Selbst wenn erst „aufgrund der heutigen technischen Manipulationsmöglichkeiten bei der Entstehung und Selektion menschlichen Lebens (In-vitro-Fertilisation, Pränataldiagnostik, Präimplantationsdiagnostik)“, führt Gerl-Falkovitz weiter aus, „das Anliegen des Rundschreibens besser verstanden [wird], wenn auch in seinem restriktiven Lebensschutz weithin nicht geteilt“[3], so lautet doch die zentrale Forderung dieser Enzyklika, „dass *jeglicher Vollzug der Ehe* von sich aus auf die Erzeugung menschlichen Lebens ausgerichtet bleibt.“[4] Damit verbunden sind die Themen „verantwortliche Elternschaft“ und „natürliche Empfängnisregelung“ bzw. „Zeitwahlmethode“. Die Ablehnung der Antikonzeption durch das Lehramt der Kirche[5] löste zum Teil heftige Reaktionen aus und erstmals, so Piegsa, „wurde eine päpstliche Enzyklika in einer (…) breiten Öffentlichkeit diskutiert und kritisiert.“[6] Zwar muss *Humanae vitae* nach Konrad Hilpert „auch als Protest gegen einen damals vorhandenen Verhütungspaternalismus der entwickelten gegenüber den armen Ländern und dessen Regierungen wahrgenommen werden“[7], doch hat wohl kaum „ein päpstliches Lehrschreiben weltweit eine solche Aufmerksamkeit auf sich gezogen

Dokumenten der jüngeren Vergangenheit mit Beständigkeit gelehrt worden ist, hält man sie in unserer Zeit dennoch verschiedenenorts für diskutierbar, oder man schreibt der Entscheidung der Kirche, Frauen nicht zu dieser Weihe zuzulassen, lediglich eine disziplinäre Bedeutung zu. Damit also jeder Zweifel bezüglich der bedeutenden Angelegenheit, die die göttliche Verfassung der Kirche selbst betrifft, beseitigt wird, erkläre ich kraft meines Amtes, die Brüder zu stärken (Vgl. Lk 22,32), dass die Kirche keinerlei Vollmacht hat, Frauen die Priesterweihe zu spenden, und dass sich alle Gläubigen der Kirche endgültig an diese Entscheidung zu halten haben“ (Johannes Paul II., Ordinatio sacerdotalis, Nr. 4).

1 „Gegenwärtig veranlasst der katastrophale Priestermangel in weiten Teilen der Welt zu Nachfragen nach der Geltung der Zulassungsbedingungen. Ohne dogmatische Schwierigkeiten ließe sich das Junktim zwischen der Ehelosigkeit und dem Ordo als rein disziplinare, nur die lateinische Partikularkirche betreffende Regelung ändern oder aufheben“ (Beinert, Priester, 541). [Die Abkürzungen sind vom Autor ergänzt]

2 Gerl-Falkovitz, Mann und Frau, 60-61.

3 Ebd., 61.

4 „(…) ut *quilibet matrimonii usus* ad vitam humanam procreandam per se destinatus permaneat” (DH 4475; vgl. HV 11)

5 *Humanae vitae* qualifiziert „den Gebrauch direkt empfängnisverhütender Mittel als immer unerlaubt“ (HV 16).

6 Piegsa, Der Mensch III, 201.

7 Hilpert, Kontinuitäten, 483.

und zugleich innerkirchlich eine so kritische und zwiespältige Aufnahme gefunden wie Humanae vitae", führt Hunold aus, „sodass sich zahlreiche nationale Bischofskonferenzen veranlasst sahen, dem Lehrentscheid Verstehens- und Entscheidungshilfen beizugeben."[1] Beispielsweise verabschiedete die Deutsche Bischofskonferenz die *Königsteiner Erklärung*[2]. Laut dieser Erklärung, so Hunold, „bleibt gegenüber der vorgelegten Lehräußerung für die einzelnen Christen die Möglichkeit und Pflicht der eigenen Gewissensentscheidung bestehen, sodass sie in ernsthafter Auseinandersetzung mit der kirchlichen Lehre und in abwägender Rücksicht auf die eigenen Lebensumstände von Fall zu Fall durchaus zu einer anderen Entscheidung finden können"[3]. Diskutiert wurde fortan das Zueinander von persönlicher Gewissensentscheidung und der Kompetenz des Magisteriums.[4]

Was vom „gütigen Johannes XXIII. (1958-1962) nur beschwiegen" wurde, meint Heinz-Joachim Fischer, „war die Vorgabe für Johannes Paul II."[5] In der Sexualmoral der katholischen Kirche rechnet Fischer dazu in erster Linie das vehemente Eintreten für die Lehre von *Humanae vitae*, das von Anfang an seine „schärfsten Kritiker" auf den Plan rief.[6] Lehramtlich bekräftigt Johannes Pauls II. *Humanae vitae* zunächst mit seinem Apostolischen Schreiben *Familiaris consortio* vom 22. November 1981.[7] Darin richtet er „einen dringenden Aufruf an die Theologen (...), dem kirchlichen Lehramt mit gemeinsamer Kraft zur Seite zu stehen und dahin zu wirken, dass die biblischen Grundlagen, die ethische Motivation und die personalistische Be-

1 Hunold, Humanae vitae, 317. [Die im LThK typischen Abkürzungen sind vom Autor ergänzt]

2 Wort der deutschen Bischöfe zur seelsorglichen Lage nach dem Erscheinen der Enzyklika „Humanae vitae" (19./30.8.1968 Königstein/Taunus), in: Dokumente der Deutschen Bischofskonferenz, Bd. 1 (1965-1969) (hg. vom Sekretariat der Deutschen Bischofskonferenz, Bonn 1998), 465-471.

3 Hunold, Humanae vitae, 317. [Die im LThK typischen Abkürzungen sind vom Autor ergänzt]

4 „Durch die Königsteiner Erklärung sind Themenfelder tangiert worden, die – im übrigen nicht nur in direktem Zusammenhang mit Humanae vitae, sondern auch in einem ganz allgemeinen Sinne – vor allem in nachkonziliarer Zeit in der Moraltheologie (wie auch teilweise überschneidend in Dogmatik und Fundamentaltheologie) als die am heftigsten umstrittenen und diskutierten zu gelten haben. Zu nennen wären hier die Auseinandersetzungen um lehramtliche Kompetenz im Bereich des Sittlichen (unter besonderer Rücksicht des natürlichen Sittengesetzes), um die grundsätzliche Möglichkeit eines ‚intrinsece malum' und um jene Frage nach dem persönlichen Gewissensentscheid vor dem Anspruch kirchlicher Lehrverkündigung, zu der sich die Königsteiner Erklärung dezidiert geäußert hat" (Schulz, Enzyklika, 39). [Die Abkürzungen sind vom Autor ergänzt]

5 Fischer, Johannes Paul II., 244.

6 Vgl. ebd., 243-246.

7 „Deshalb haben die Väter der Synode in ihrer letzten Versammlung wörtlich erklärt: ‚Diese Heilige Synode, versammelt in der Einheit des Glaubens mit dem Nachfolger Petri, hält fest an dem, was im II. Vatikanischen Konzil (Vgl. Gaudium et Spes, 50) und dann in der Enzyklika *Humanae vitae* dargelegt wird, dass nämlich die eheliche Liebe voll menschlich, ausschließlich und offen für das neue Leben sein muss (*Humanae vitae*, 11, vgl. 9 und 12)" (Johannes Paul II., Familiaris consortio, Nr. 29).

gründung dieser Lehre immer deutlicher werden."[1] Dieser „personalistischen Begründung" widmete er selbst kurz vor seiner Wahl zum Papst z. B. die Beiträge *Die anthropologische Vision der Enzyklika „Humanae vitae"*[2] und *Die menschliche Person im Kontext der ehelichen Hingabe und Elternschaft.*[3] „Ich möchte aber klarstellen", referiert Wojtyła damals, „dass ich nicht beabsichtige, hier meine eigene Konzeption von der Person vorzutragen oder näher zu erläutern. Ich möchte vielmehr nur die Wahrheit vom Menschen als Person aufweisen, wie sie der Lehre der Kirche zugrunde liegt und insbesondere ihren Standpunkt der Empfängnisverhütung gegenüber bestimmt."[4] Kein anderes Ziel verfolgt Johannes Paul II. mit der „Theologie des Leibes".[5] Denn „der ganze als ‚Theologie des Leibes' bezeichnete biblische Hintergrund" bietet für Johannes Paul II., „wenn auch indirekt, die Bestätigung der Wahrheit der in Humanae vitae enthaltenen moralischen Norm" (TdL 120,6) und es gibt für ihn „gute Gründe, warum jeder Gläubige und insbesondere jeder Theologe die Morallehre der Enzyklika in diesem Gesamtzusammenhang wiederlesen und immer tiefer erfassen soll" (TdL 119,5). Ein solcher Grund ist die Feststellung Johannes Pauls II., dass *Humanae vitae* zwar „dem biologischen Aspekt des Problems, das heißt dem zyklischen Charakter der menschlichen Fruchtbarkeit, gebührende Aufmerksamkeit" widmet, dreht es sich allerdings um „verantwortliche Elternschaft", „lässt sich doch ein Problem wie dieses angesichts seiner so tief personalen und sakramentalen, theologischen Bedeutung nicht allein auf dieser Ebene lösen" (TdL 130,3). Es bedarf einer „ganzheitlichen Sicht des Menschen"[6] als Person. Ebenso wenig lässt sich die Frage nach der künstlichen Empfängnisverhütung einfach mit dem Verweis auf eine heteronome Willensäußerung Gottes für beendet erklären. Wenn aber doch „jemand auf der Aussage besteht, dass Gott die künstliche Verhütung verbietet, dann würde der Heilige Vater umgekehrt fragen", so Crosby, „warum Gott das verbietet? Und seine Antwort lautet, dass es gegen die ‚Wahrheit über den Menschen' ist"[7]. Diese „Wahrheit über den Menschen" möchte Johannes Paul II. mit seiner „Interpretation der Morallehre der Enzyklika Humanae vitae" (TdL 123,8) im Rahmen der „Theologie des Leibes" verständlich vermitteln.

1 Ebd., Nr. 31.

2 Wojtyła/Johannes Paul II., Die anthropologische Vision der Enzyklika „Humanae Vitae", in: Ders., Primat des Geistes. Philosophische Schriften, Stuttgart-Degerloch 1980, 177-202.

3 Wojtyła, Die menschliche Person im Kontext der ehelichen Hingabe und Elternschaft, in: Piegsa J./Zeimentz H. (Hg.), Person im Kontext des Sittlichen. Beiträge zur Moraltheologie. Josef Georg Ziegler zum sechzigsten Geburtstag gewidmet (= Moraltheologische Studien, Syst. Abt., 7), Düsseldorf 1979, 160-174.

4 Ebd., 161.

5 Vgl. Marengo, Contesto, 31f.

6 Vgl. Johannes Paul II., Familiaris consortio, Nr. 32; HV 7.

7 „Or if one insists on saying that God prohibits artificial contraception, the Holy Father will ask in turn, But why does God prohibit it? And his answer is that it is opposed to ‚the truth about man'" (Crosby, Personalism, 196). (Eigenübersetzung).

Schließlich spornt die Einsicht in den Sinngehalt zur Befolgung dieser Lehre an.[1] Außerdem fördert sie den geschuldeten Gehorsam („religiosum voluntatis et intellectus obsequium").[2]

3.9.3.1 Verantwortliche Elternschaft

„Verantwortliche Elternschaft" bedeutet, dass ein Ehepaar „entweder, nach klug abwägender Überlegung, sich hochherzig zu einem größeren Kinderreichtum entschließt, oder bei ernsten Gründen und unter Beobachtung des Sittengesetzes zur Entscheidung kommt, zeitweise oder dauernd auf weitere Kinder zu verzichten" (HV 10). Schon das Zweite Vatikanum bezeichnete die Eheleute bei der verantwortlichen Weitergabe des Lebens „gleichsam als Interpreten" der Schöpferliebe Gottes, die bei ihrer Entscheidung achten sollen „auf ihr eigenes Wohl wie auf das ihrer Kinder – der schon geborenen oder zu erwartenden" und „sie müssen die materiellen und geistigen Verhältnisse der Zeit und ihres Lebens zu erkennen suchen und schließlich auch das Wohl der Gesamtfamilie, der weltlichen Gesellschaft und der Kirche berücksichtigen."[3] Johannes Paul II. erinnert in seinem Interview-Buch *Die Schwelle der Hoffnung überschreiten* beispielsweise an die Bedeutung der „verantwortlichen Elternschaft" für die Vermeidung von Überbevölkerung.[4] Aber ein entsprechendes „Urteil müssen im Angesicht Gottes die Eheleute letztlich selbst fällen."[5] Dabei ist es nach *Gaudium et spes* „nicht erlaubt, in der Geburtenregelung Wege zu beschreiten, die das Lehramt in Auslegung des göttlichen Gesetzes verwirft."[6] Bei dieser Aussage

1 „The human person is so made for the truth, that he can live it only if he understands it. This of course does not mean that a Catholic is excused from a norm which he does not yet fully understand; it just means that the faithful owe it to themselves as persons to do everything they can to develop their understanding of the norms of the Church, and that the Church owes it to the faithful to do everything she can to build up their understanding of what she teaches. And I might add that she owes this to them, in the view of John Paul, not just because their understanding of the norms facilitates their compliance with the norms, but in the first place because she takes them seriously as persons by leading them beyond a blind obedience and by educating them to a rational obedience, an *obsequium rationabile,* as St. Paul calls it" (Ebd., 198-199).

2 „Dieser religiöse Gehorsam des Willens und des Verstandes ist in besonderer Weise dem authentischen Lehramt des Bischofs von Rom, auch wenn er nicht kraft höchster Lehrautorität spricht, zu leisten; nämlich so, dass sein oberstes Lehramt ehrfürchtig anerkannt und den von ihm vorgetragenen Urteilen aufrichtige Anhänglichkeit gezollt wird, entsprechend der von ihm kundgetanen Auffassung und Absicht. Diese lässt sich vornehmlich erkennen aus der Art der Dokumente, der Häufigkeit der Vorlage ein und derselben Lehre, und der Sprechweise" (LG 25).

3 GS 50.

4 „*Die Bevölkerungsentwicklung muss sehr wohl in Betracht gezogen werden.* Der richtige Weg ist der, den die Kirche als *verantwortliche Elternschaft* bezeichnet" (Johannes Paul II., Die Schwelle der Hoffnung, 233). Vgl. Piegsa, Für eine Zivilisation, 218-219.

5 GS 50.

6 GS 51.

hätte das Konzil „differenzieren müssen zwischen ‚natürlicher' Familienplanung und einer solchen mit ‚künstlichen' Mitteln, wie dies Papst Paul VI. in seiner Enzyklika ‚Humanae vitae' 1968 getan hat", merkt Piegsa an, und unter „den ‚künstlichen' Mitteln wiederum hätte es unterscheiden müssen zwischen solchen, die nur empfängnisverhütend wirken und denen, die zugleich frühabtreibend wirken, indem sie die Einnistung des Keims verhindern, wie z. B. die sog. ‚Spirale' und heute fast alle Verhütungspillen. Die letztgenannte Unterscheidung hat Paul VI., in ‚Humanae vitae' 1968, nicht mehr vorgenommen."[1] Den Gatten ist sittlich erlaubt, „dem natürlichen Zyklus der Zeugungsfunktionen zu folgen" und „den Verkehr auf die empfängnisfreien Zeiten zu beschränken und so die Kinderzahl zu planen" (HV 16). Piegsa verweist hier an „die entscheidende Wende durch Papst *Pius XII.*", der sich bereits „eindeutig für die Zeitwahlmethode aus[sprach], d. h. für die natürliche Familienplanung, und gleichzeitig dafür, dass die Ehegatten die geschlechtliche Lust genießen dürfen, auch wenn keine Nachkommenschaft daraus hervorgeht", was „ein klares Abrücken von der *augustinischen* Lehre [bedeute], dass die an sich moralisch schlechte Lust (*neuplatonische* Sicht) durch ‚drei Ehegüter' gerechtfertigt werden müsse: Nachkommenschaft, Treue und unauflösliche Lebensgemeinschaft (proles, fides, sacramentum)."[2] Einen Fortschritt bringt das Zweite Vatikanum mit der Formulierung, „dass es keinen wahren Widerspruch geben kann zwischen den göttlichen Gesetzen hinsichtlich der Übermittlung des Lebens und dem, was echter ehelicher Liebe dient."[3] Für Piegsa ist damit nämlich „ein wichtiges Kriterium genannt in Bezug auf die verantwortliche Elternschaft: Sie soll der ehelichen Liebe *dienen,* nicht schaden."[4] Gegenüber den Aussagen der Pastoralkonstitution *Gaudium et spes* Nr. 50 u. Nr. 51 stellt für Johannes Paul II. auch *Humanae vitae* eine weitere „Entwicklung und Ergänzung" (TdL 120,1) dar. Schließlich begründet die Enzyklika die sittliche Norm nicht mit einem „Nicht-Widerspruch"[5], sondern verwurzelt diese „in einer von Gott bestimmten unlösbaren Verknüpfung der beiden Sinngehalte – liebende Vereinigung und Fortpflanzung –, die beide dem ehelichen Akt innewohnen. Diese Verknüpfung darf der Mensch nicht eigenmächtig auflösen" (HV 12). Denn seiner „innersten Struktur nach", lautet die Begründung im nächsten Satz, „befähigt der eheliche Akt, indem er den Gatten und die Gattin aufs engste miteinander vereint, zugleich zur Zeugung neuen Lebens, entsprechend den Gesetzen, die in die Natur

1 Piegsa, Für eine Zivilisation, 219.

2 Piegsa, Der Mensch III, 197-198.

3 GS 51.

4 Piegsa, Der Mensch III, 196.

5 Johannes Paul II. möchte grundsätzlich „nicht von Widerspruch, sondern nur von Schwierigkeit sprechen", die daher rührt, „dass die Kraft der Liebe im Menschen der Begehrlichkeit eingepflanzt ist", insbesondere in „die Begehrlichkeit des Fleisches (...). Und darum ist die Liebe auch nicht imstande, sich in der Wahrheit der Sprache des Leibes zu verwirklichen, es sei denn durch Beherrschung der Begehrlichkeit" (TdL 127,4).

des Mannes und der Frau eingeschrieben sind" (HV 12). Somit betont *Humanae vitae* den „inneren Bezug zur sogenannten objektiven sittlichen Ordnung, die auf Gott zurückzuführen ist, und deren Deuterin das rechte Gewissen ist" (HV 10). Formulierungen wie „innerste Struktur", d. h. „das ‚Wesen' (oder die Natur) des ehelichen Aktes" (TdL 118,6), oder „Gesetze, die in die Natur selbst des Mannes und der Frau eingeschrieben sind", d. h. die „Natur der handelnden Subjekte, also der Eheleute" (TdL 118,5), verweisen auf eine „Norm des Naturrechts" (TdL 118,6). „‚Naturrecht' steht im Deutschen gewöhnlich für die ‚Lex naturalis'", so Kluxen, „die im Gegensatz zu Konvention und positiver, gegebenenfalls rechtlicher Regel das ‚natürliche Sittengesetz' meint (Sittengesetz), also nicht nur ‚natürliche' Rechtsregeln oder -ansprüche (iura naturalia)."[1] Wird dieses „Naturrecht" allerdings mit den „biologischen Gesetzmäßigkeiten" identifiziert, spricht Wojtyła von einer „Begriffsverwirrung".[2] Als ob die kirchliche Ehelehre, so Scheffczyk, „die biologische Gesetzmäßigkeit und Richtigkeit des Zeugungs- und Fortpflanzungsgeschehens zur moralischen Norm erhebe."[3] In der Konzeption Wojtyłas/Johannes Pauls II. entspricht das Naturrecht vielmehr dem Menschen als Person. Um dies zu verdeutlichen, verweist Wojtyła in seinem Beitrag *Die menschliche Person und das Naturrecht* auf die Definitionen von Person bei Boëthius („est rationalis naturae individua substantia" – „ist eine vernunftbegabte Natur individueller Substanz"), sowie Recht („est quaedam rationis ordinatio ad bonum commune ab eo qui curam communitas habet promulgata" – „ist eine Anordnung der Vernunft im Hinblick auf das Gemeinwohl, hervorgegangen und bekanntgemacht von dem, der die Verantwortung für die Gesamtheit trägt") und Naturrecht („est participatio legis aeternae in rationali creatura" – „ist in der vernunftbegabten Kreatur die Teilhabe am ewigen Gesetz") bei Thomas von Aquin.[4] Maßgeblich für Wojtyła ist die grundsätzliche und wesensmäßige Entsprechung von Person („vernunftbegabte Natur") und Gesetz („Anordnung der Vernunft"). „Aus diesen elementaren Feststellungen ist zu ersehen, dass dem Recht kein willkürliches Eingreifen des subjektiven Verstandes in die objektive Welt innewohnt, sondern dass das Recht eine grundsätzliche Einstellung gegenüber der objektiven Ordnung, und zwar einer Wert-

1 Kluxen, Naturrecht, Sp. 684. [Die im LThK typischen Abkürzungen sind vom Autor ergänzt]

2 „Wir haben dies (...) im Zusammenhang mit der Enzyklika Humanae Vitae erlebt, als in der Presse – und nicht nur dort – darüber diskutiert wurde, inwieweit das Naturrecht für eine Person eine Norm, beziehungsweise die Grundlage für eine Norm darstellen kann. Das Naturrecht wurde in eben diesem Sinne interpretiert. Man ging nämlich davon aus, dass das Naturrecht mit der biologischen Gesetzmäßigkeit gleichzusetzen ist, wie sie uns beim Menschen im Bereich der sexuellen Aktualisierung begegnet – dass dies also das Naturrecht sei. Aufgrund dieser Begriffsverwirrung, die bei Verfassern verschiedener Beiträge und Publikationen festzustellen war, wurde dem Heiligen Vater und mit ihm dem Magisterium der Kirche eine Begriffsbestimmung des Naturrechts in den Mund gelegt, die von der Interpretation der Kirche weit entfernt ist" (Wojtyła, Die menschliche Person und das Naturrecht, 61-62).

3 Scheffczyk, Ehe, 55.

4 Vgl. Wojtyła, Die menschliche Person und das Naturrecht, 62.

ordnung, enthält."[1] Das heißt, der Verstand findet die objektive Ordnung vor, deckt sie auf und lenkt auf sie hin. Diese „Ausrichtung des menschlichen Verstandes auf die objektive Ordnung, eine Hinwendung, die die eigentliche Komponente jener *ordinatio rationis* ist", kommt für Wojtyła in erster Linie bei „Thomas in der Beschreibung des Naturrechts zum Ausdruck. Die Begegnung des menschlichen Verstandes, der eine solche Haltung gegenüber der objektiven Ordnung einnimmt – das ist die Begegnung mit der göttlichen Quelle des Rechts. Es ist eine grundlegende Begegnung: ein Teilnehmen an diesem ewigen Recht, das sich gewissermaßen mit Gott, mit dem göttlichen Verstand identifiziert."[2] Dabei kommt der Vernunft durchaus eine „*aktive Rolle* (…) bei der Auffindung und Anwendung des Sittengesetzes" bzw. Naturrechts zu.[3] Das erklärt nach *Veritatis splendor* auch, „warum dieses Gesetz *Natur*gesetz genannt wird: Es wird so genannt nicht im Blick auf die Natur der vernunftlosen Wesen, sondern weil die Vernunft, die dieses Gesetz erlässt, zur menschlichen Natur gehört".[4] Nach Seifert unterstreicht „insbesondere Johannes Paul II., dass die in HUMANAE VITAE und anderswo vorgetragene kirchliche Lehre nur eine Erklärung des natürlichen Sittengesetzes sei, wie es – wenigstens grundsätzlich – der rein natürlichen Vernunft des Menschen zugänglich ist."[5] Deshalb betont Johannes Paul II. auch, dass die „Kirche (…) diese Norm [lehrt], obwohl sie nicht formell (d. h. buchstäblich) in der Heiligen Schrift enthalten ist (TdL 119,3). Außerdem hat „die Kirche ihre Lehre über Empfängnisregelung weder

1 Ebd.

2 Ebd., 63.

3 „Die Lehre des Konzils unterstreicht einerseits *die aktive Rolle der menschlichen Vernunft* bei der Auffindung und Anwendung des Sittengesetzes: Das sittliche Leben erfordert die Kreativität und den Einfallsreichtum, die der Person eigen und Quelle und Grund ihres freien und bewussten Handelns sind. Andererseits schöpft die Vernunft ihre Wahrheit und ihre Autorität aus dem ewigen Gesetz, das nichts anderes als die göttliche Weisheit ist. Dem sittlichen Leben liegt also das Prinzip einer ‚richtigen Autonomie' des Menschen als Person und Subjekt seiner Handlungen zugrunde. *Das Sittengesetz kommt von Gott und findet immer in ihm seine Quelle:* Aufgrund der natürlichen Vernunft, die aus der göttlichen Weisheit stammt, ist es zugleich *das dem Menschen eigene Gesetz.* Das Naturgesetz ist nämlich, wie wir gesehen haben, ‚nichts anderes als das von Gott uns eingegebene Licht des Verstandes. Dank seiner wissen wir, was man tun und was man meiden soll. Dieses Licht und dieses Gesetz hat uns Gott bei der Erschaffung geschenkt'. Die richtige Autonomie der praktischen Vernunft bedeutet, dass der Mensch ein ihm eigenes, vom Schöpfer empfangenes Gesetz als Eigenbesitz in sich trägt. Doch *die Autonomie der Vernunft kann nicht die Erschaffung der Werte und sittlichen Normen* durch die Vernunft *bedeuten.* Würde eine solche Autonomie die Leugnung der Teilhabe der praktischen Vernunft an der Weisheit des göttlichen Schöpfers und Gesetzgebers einschließen oder einer schöpferischen Freiheit das Wort reden, die je nach den historischen Umständen oder der Verschiedenheit von Gesellschaften und Kulturen sittliche Normen hervorbringt, dann stünde eine solchermaßen bekämpfte Autonomie im Gegensatz zur Lehre der Kirche über die Wahrheit vom Menschen. Sie wäre der Tod der wahren Freiheit" (Johannes Paul II., Veritatis splendor, Nr. 40).

4 Ebd., Nr. 42.

5 Seifert, Unterschied, 192.

als Dogma vorlegt, das einfach in demütigem Glaubensgehorsam angenommen werden müsste“, schreibt Seifert, „noch als ein bloßes Kirchengebot, wie etwa die verschiedenen Fastenvorschriften, die ihre verbindliche Kraft aus der Befugnis der Kirche beziehen, ihren Gliedern bestimmte positive Gesetze zu geben“[1]. Die Kirche lehrt die Norm von *Humanae vitae* vielmehr „in der Überzeugung, dass die Auslegung der Gebote des natürlichen Sittengesetzes in die Zuständigkeit des Lehramtes fällt“ (TdL 119,3). Darüber hinaus ist diese Norm dann in der „vollere[n] Ganzheit“ „der biblischen Anthropologie zu suchen“, „eben in der ‚Theologie des Leibes'“, durch die deutlich wird, „dass die genannte sittliche Norm nicht nur Teil des Naturrechts ist, sondern ebenfalls Teil der von Gott geoffenbarten sittlichen Ordnung“ (TdL 119,4).[2] Zusammenfassend meint Piegsa im Hinblick auf die Begründung durch die biblische Offenbarung: „Die Grundlage, auf der die katholische Ehelehre, einschließlich der verantwortlichen Elternschaft, aufbaut, ist nicht der Onantext, sondern die Ordnung des *‚Anfangs'*, die *Schöpfungsordnung*.“[3]Und weiter: „Näherhin betrachtet besteht die Ordnung des ‚Anfangs' im untrennbaren Zusammenhang des *Fruchtbarkeitsauftrags (Gen 1,28)* mit dem Auftrag zur *Liebes- und Lebensgemeinshaft (Gen 2,24)*, sowie mit dem *Kulturauftrag (Gen 2,15)*.“[4]

3.9.3.2 „Natürliche Empfängnisregelung“

Entsprechend der Lehre von *Humanae vitae* kann die „natürliche Empfängnisregelung“ aus guten Gründen sittlich gerechtfertigt sein.[5] Bei einer solchen „natürlichen Regelung der Empfängnis“ (TdL 122,3) „machen die Eheleute von einer naturgegebenen Möglichkeit rechtmäßig Gebrauch“ (HV 16). Hingegen „hindern sie den Zeugungsvorgang bei seinem natürlichen Ablauf“ (HV

---

1 Ebd.

2 Die Postulierung einer „sittlichen Ordnung“ rein menschlichen Ursprungs getrennt von der „Heilsordnung“ Gottes würde für Johannes Paul II. zu „einem falschen Autonomiebegriff“ führen (Vgl. Johannes Paul II., Veritatis splendor, Nr. 37).

3 Piegsa, Der Mensch III, 203. „In der *Hl. Schrift* finden wir keine *direkten* Aussagen zur verantwortlichen Elternschaft bzw. zum Missbrauch der geschlechtlichen Hingabe in der Ehe. Das Wort ‚Onanie', das sich vor allem für den Missbrauch in Form der Selbstbefriedigung eingebürgert hat, geht zwar auf den biblischen *Onan* zurück, der ‚den Samen zur Erde fallen und verderben' ließ (*Gen 38,9*). Doch wird hier nicht die Selbstbefriedigung verurteilt, sondern die Empfängnisverhütung (coitus interruptus), sofern sie darauf abzielte, dem kinderlos verstorbenen Bruder keine Nachkommenschaft zu erwecken. Damit hatte *Onan* gegen das Gesetz der Leviratsehe (Schwagerehe) verstoßen (*Gen 25,5-10*)“ (Ebd., 202-203).

4 Ebd., 204.

5 „Wenn also gerechte Gründe dafür sprechen, Abstände einzuhalten in der Reihenfolge der Geburten – Gründe, die sich aus der körperlichen oder seelischen Situation der Gatten oder aus äußeren Verhältnissen ergeben“, so HV 16, „ist es nach kirchlicher Lehre den Gatten erlaubt, dem natürlichen Zyklus der Zeugungsfunktionen zu folgen, dabei den ehelichen Verkehr auf die empfängnisfreien Zeiten zu beschränken und die Kinderzahl so zu planen, dass die (…) sittlichen Grundsätze nicht verletzt werden.“

16) mit der „künstliche[n] Empfängnisverhütung" (TdL 122,3).[1] Nach *Humanae vitae* handelt es sich bei diesen Methoden „um ganz unterschiedliche Verhaltensweisen"[2]. In *Familiaris consortio* spricht Johannes Paul II. von „einem Unterschied, der größer und tiefer ist, als man gewöhnlich meint, und der letzten Endes mit zwei sich gegenseitig ausschließenden Vorstellungen von Person und menschlicher Sexualität verknüpft ist."[3] Im Blick auf den „Unterschied ethischer Natur" (TdL 122,2) beider Verhaltensweisen argumentiert Johannes Paul II. in der „Theologie des Leibes" einerseits mit der personalen Struktur des Menschen, andererseits mit dem Plan Gottes. Überlegungen, dass bisweilen auch die „natürliche Empfängnisregelung" von Ehefrauen als „contra naturam" empfunden wird, spielen in den Ausführungen Johannes Pauls II. keine Rolle.[4]

George Weigel bringt das erste Argument Johannes Pauls II. auf den Punkt: „Periodische Abstinenz von sexueller Aktivität, indem man die natürlichen Rhythmen des Körpers zur Regulierung der Fruchtbarkeit ausnutzt, ist eine menschlichere Methode der Ausübung der Zeugungsverantwortung".[5] Sie wird der personalen Struktur des Menschen gerecht. Um dies zu verdeutlichen, ruft Johannes Paul II. die Grundlagen seiner philosophischen Anthropologie und der „Theologie des Leibes" in Erinnerung. „Der menschliche Leib ist nicht nur das somatische Feld sexueller Regungen, sondern gleichzeitig das Ausdrucksmittel des Menschen als integrales Ganzes, der Person, die sich selbst durch die ‚Sprache des Leibes' offenbart" (TdL 123,2).[6] In der ganzheitlichen und personalen Sicht ehelicher Liebe „wird der Leib als besonderer Wert und als Ausdruck der Person, gewissermaßen als Äußerung und Offenbarung der dem

1 Sittlich unerlaubt sind ferner der „direkte Abbruch einer begonnenen Zeugung, vor allem die direkte Abtreibung (...), die direkte, dauernde Sterilisierung des Mannes oder der Frau (...). Ebenso ist jede Verhandlung verwerflich, die entweder in Voraussicht oder während des Vollzugs des ehelichen Aktes oder im Anschluss an ihn beim Verlauf seiner natürlichen Auswirkungen darauf abstellt, die Fortpflanzung zu verhindern, sei es als Ziel, sei es als Mittel zum Ziel" (HV 14).

2 HV 16.

3 Johannes Paul II., Familiaris consortio, Nr. 32.

4 „Gemeint sind jene – geistig oft hochstehende – Frauen, die diese Methode allmählich immer stärker als contra naturam erleben. Es handelt sich oft um Frauen, die jahrelang nur diese Methode angewandt hatten. Oft sind es daher nicht mehr junge Eheleute. Ihre Libido ist nicht selten gegenüber früheren Jahren reduziert. Bei der geringen Zahl der ehelichen Begegnungen besteht aber dann ganz besonders der Wunsch nach einer wirklichen personalen und den ganzen Menschen beglückenden Begegnung" (Eiff, Liebe, 582).

5 Weigel, Zeuge, 356.

6 Der menschliche Körper ist „Terrain, ja (...) in gewissem Sinne sogar das Mittel der Expression für die Person. Die in strengem Sinne personale Struktur der Selbst-Beherrschung und Selbst-Zugehörigkeit durchzieht gleichsam den Körper und drückt sich in ihm aus" (Wojtyła, Person und Tat, 234). In *Familiaris consortio* spricht Johannes Paul II. vom „Geist im Fleisch, das heißt als Seele, die sich im Leib ausdrückt, und als Leib, der von einem unsterblichen Geist durchlebt wird, ist der Mensch in dieser geeinten Ganzheit zur Liebe berufen" (Johannes Paul II., Familiaris consortio, Nr. 11).

Menschen eigenen Wahrheit personalen Seins erlebt. Er bildet zugleich den Werkstoff und das Zeichen der Freundschaft, der Vereinigung, der ‚communio personarum'. Er ermöglicht es den Eheleuten, ‚das eigentliche Wesen ihrer Einheit' zu erfahren."[1] Dabei ist der „Mensch in Bezug auf die Männlichkeit und Weiblichkeit seiner subjektiven Struktur nicht der Reaktivität des Körpers unterworfen" (TdL 123,3). Das ergibt sich aus dem personalen Dynamismus mit seinen Strukturen von Selbstbesitz und Selbstbeherrschung, den Johannes Paul II. in seiner „Theologie des Leibes" nahezu wörtlich in Erinnerung ruft: „Der Mensch ist eben deshalb Person, weil er sich selbst besitzt und Herr über sich selbst ist. Sofern er sich selbst besitzt, kann er sich dem anderen schenken" (TdL 123,5). Die Selbstbeherrschung bewahrt vor allem in der ehelichen Hingabe die „Dimension der Freiheit des Geschenks" (TdL 123,5). Ohne Selbstdisziplin und ohne Selbstkontrolle kann in diesem Bereich wohl kaum von einer steten „authentischen Hingabe" in Freiheit gesprochen werden.[2] Deswegen entspricht die „Selbstbeherrschung (…) tatsächlich der grundlegenden Konstitution der Person: Sie ist eine ‚natürliche' Methode", so Johannes Paul II.; die „Ausdehnung der ‚künstlichen Mittel' hingegen tut der konstitutiven Dimension der Person Gewalt an, bringt den Menschen um die ihm eigene Subjektivität der Tat und macht ihn zum Gegenstand der Manipulation" (TdL 123,1). Wojtyła erinnert an das Zeugnis Mahatma Gandhis (1869-1948).[3] Wird durch künstliche Eingriffe die liebende Vereinigung der Eheleute von der potenziellen Fruchtbarkeit getrennt, „kann man weder von der Wahrheit des Selbstbesitzes noch von der Wahrheit der gegenseitigen Selbsthingabe und Annahme der Personen sprechen. Diese Verletzung der inneren Ordnung der ehelichen Vereinigung, deren Wurzeln in die Ordnung der Person hinabreichen, ist das eigentliche Übel des empfängnisverhütenden Aktes" (TdL 123,7). Die „Empfängnisverhütung", resümiert Johannes Paul II. in *Evangelium vitae,* „widerspricht der vollständigen Wahrheit des Geschlechtsaktes als Ausdruck ehelicher Liebe" und „widersetzt sich der Tugend der ehelichen Keuschheit"[4]. Zu dieser „ehelichen Keuschheit" gehört wesentlich, den jeweilig anderen Partner in der Ehe in keiner Weise als

1 Wojtyła, Die menschliche Person im Kontext, 168.

2 „Die authentische Hingabe (…) entsteht notwendigerweise aus der Selbstkontrolle, die ja eng verbunden ist mit der Selbstbeherrschung (…). Nur Menschen, die sich selbst zu beherrschen vermögen, können sich auf diese Weise Selbstdisziplin auferlegen, einander auf authentische Weise schenken – als Personen, die sich ihrer Würde bewusst sind, also einander in voller Freiheit schenken" (Wojtyła, Die anthropologische Vision der Enzyklika „Humanae Vitae", 196).

3 Gandhi berichtet in seiner Autobiografie, „er sei zweimal während seines Lebens dem Einfluss der Propaganda gefolgt, die den Gebrauch künstlicher Mittel im Eheleben empfiehlt, mit der Absicht, die Empfängnis auszuschließen. Er kam indes zur Überzeugung, ‚dass man sein Handeln mehr auf die inneren Kräfte stützen soll und dahin kommen muss, die Herrschaft über sich durch die Kontrolle über sich selbst zu gewinnen'" (Wojtyła, Die Wahrheit der Enzyklika, 203).

4 Johannes Paul II., Evangelium vitae, Nr. 13.

Objekt zu benutzen. In diesem Sinn weist *Humanae vitae* „mit Recht darauf hin, dass ein dem Partner aufgenötigter Verkehr, der weder auf sein Befinden noch auf seine berechtigten Wünsche Rücksicht nimmt, kein wahrer Akt der Liebe ist, dass solche Handlungsweise vielmehr dem widerspricht, was mit Recht die sittliche Ordnung für das Verhältnis beider Gatten zueinander verlangt.“[1] Und Wojtyła merkt an: „Im Licht dieses personalen Kriteriums sollte man auch den Begriff der ‚ehelichen Pflicht' interpretieren.“[2] Wie die Annahme von „Zeiten und Dialog“ im Rahmen der „natürlichen Empfängnisregelung“ positiv die eheliche Liebe fördert, entfaltet Johannes Paul II. z. B. in *Familiaris consortio.*[3]

Das zweite Argument setzt beim ewigen Heilplan Gottes an. Zu diesem Plan gehört nach Gen 1,28 die Fortpflanzung („Gott segnete sie und Gott sprach zu ihnen: Seid fruchtbar und vermehrt euch“) und nach Gen 2,24 die liebende Gemeinschaft („Darum verlässt der Mann Vater und Mutter und bindet sich an seine Frau und sie werden *ein* Fleisch“). In diesem Sinn bezeichnet *Gaudium et spes* „Gott selbst“ als den „Urheber der Ehe, die mit verschiedenen Gütern und Zielen ausgestattet ist“[4]. Gleichzeitig ist die „Ehe als Bund menschlicher Personen (…) von jeher Ausdruck des Bundes des Menschen und der Menschheit mit Gott als dem Schöpfer und dem Erlöser der Menschen“, sodass „Sinn und Zweck dieses einzigartigen ‚Bundes' einer Person mit einer anderen Person – ein Mann und eine Frau – (…) nicht willkürlich von Menschen festgesetzt werden [können], da Gott diese schon von Ewigkeit her bestimmt hat.“[5] Die „natürliche Empfängnisregelung“ als Methode und für Rötzer als „partnerschaftlicher Weg“[6] vorbehaltloser Selbsthingabe verleiht nach Weigel „der Tatsache körperlichen Ausdruck, dass Ehepaare die ‚Werkzeuge des Plans' sind, den Gott in die Fortpflanzung eingebaut hat.“[7] Sie ist ein Zeugnis der „Treue zum göttlichen Plan, der sich kundtut in der ‚innersten Struktur des ehelichen Aktes' und in der

1 HV 13.

2 Wojtyła, Die menschliche Person im Kontext, 171.

3 „Die Entscheidung für die natürlichen Rhythmen beinhaltet ein Annehmen der Zeiten der Person, der Frau, und damit auch ein Annehmen des Dialoges, der gegenseitigen Achtung, der gemeinsamen Verantwortung, der Selbstbeherrschung. Die Zeiten und den Dialog annehmen heißt, den zugleich geistigen und körperlichen Charakter der ehelichen Vereinigung anerkennen und die personale Liebe in ihrem Treueanspruch leben. In diesem Zusammenhang macht das Ehepaar die Erfahrung, dass die eheliche Vereinigung um jene Werte der Zärtlichkeit und Affektivität bereichert wird, die die Seele der menschlichen Geschlechtlichkeit bilden, auch in ihrer leiblichen Dimension. Auf diese Weise wird die Sexualität in ihrer echt- und vollmenschlichen Dimension geachtet und gefördert, sie wird nicht ‚benutzt' wie ein Gegenstand, was die personale Einheit von Seele und Leib auflösen und so die Schöpfung Gottes in ihrer intimsten Verflechtung von Natur und Person verletzen würde“ (Johannes Paul II., Familiaris consortio, Nr. 32).

4 GS 48.

5 Wojtyła, Die menschliche Person im Kontext, 162-163.

6 Vgl. Rötzer J., Natürliche Geburtenregelung, Freiburg/Br. [14]1985, 9f. (zit. nach: Piegsa, Für eine Zivilisation, 223).

7 Weigel, Zeuge, 356.

‚unauflöslichen Verknüpfung der beiden Bedeutungen (Sinngehalte) des ehelichen Aktes'" (TdL 121,6)[1] und „in dessen treuer Befolgung das wahre Wohl des Menschen besteht" (TdL 124,6). Das untrennbare Band zwischen ehelicher Vereinigung und Fruchtbarkeit entspricht der Würde des Menschen als Person und fördert sein „wahres Wohl". „Wenn die Ehegatten durch Empfängnisverhütung diese beiden Sinngehalte, die der Schöpfergott dem Wesen von Mann und Frau und der Dynamik ihrer sexuellen Vereinigung eingeschrieben hat, auseinanderreißen, liefern sie den Plan Gottes ihrer Willkür aus", schreibt Johannes Paul II., „sie ‚manipulieren' und erniedrigen die menschliche Sexualität – und damit sich und den Ehepartner –, weil sie ihr den Charakter der *Ganz*hingabe nehmen."[2]

Wenngleich die Enzyklika die „biologische Gesetzmäßigkeit voraus[setzt]" (TdL 124,6), geht es doch „nicht so sehr" um „Treue gegenüber einem unpersönlichen Naturrecht" als vielmehr um „die Treue gegenüber der Person des Schöpfers; er ist die Quelle und der Herr jener Ordnung, die in diesem Gesetz offenbar wird" (TdL 124,6). Deswegen ist der Vorwurf der „Biologisierung der Ethik" (TdL 125,2)[3] für Johannes Paul II. „eine Entstellung des wahren Gedan-

---

1 Auch die Enzyklika erklärt, dass Ehegatten „bei der Aufgabe, das Leben weiterzugeben, keineswegs ihrer Willkür folgen dürfen, gleichsam als hinge die Bestimmung der sittlich gangbaren Wege von ihrem eigenen und freien Ermessen ab. Sie sind vielmehr verpflichtet, ihr Verhalten auf den göttlichen Schöpfungsplan auszurichten, der einerseits im Wesen der Ehe selbst und ihrer Akte zum Ausdruck kommt, den andererseits die beständige Lehre der Kirche kundtut" (HV 10).

2 Johannes Paul II., Familiaris consortio, Nr. 32. Vgl. Piegsa, Humanae vitae, 11-13.

3 In *Veritatis splendor* geht Johannes Paul II. ausführlich darauf ein: „In diesem Zusammenhang wurde gegen die traditionelle Auffassung vom Naturgesetz der *Einwand des Physizismus und Naturalismus* erhoben: Diese Auffassung würde als sittliche Gesetze behandeln, was an sich nur biologische Gesetze wären. So hätte man allzu oberflächlich manchen menschlichen Verhaltensweisen einen bleibenden, unveränderlichen Wert zugesprochen und sich angemaßt, auf dieser Grundlage allgemein gültige sittliche Normen zu formulieren. Nach Ansicht mancher Theologen würde eine solche ‚biologistische oder naturalistische Beweisführung' auch in einigen Dokumenten des Lehramtes der Kirche vertreten, besonders in denen, die den Bereich der Sexualethik und Ehemoral betreffen. Aufgrund einer naturalistischen Auffassung des Sexualaktes wären Empfängnisverhütung, direkte Sterilisierung, Autoerotik, voreheliche Beziehungen, homosexuelle Beziehungen sowie künstliche Befruchtung als sittlich unzulässig verurteilt worden. Doch nach Meinung dieser Theologen berücksichtigt eine moralisch negative Bewertung solcher Handlungsweisen weder den Menschen als vernünftiges und freies Wesen noch die kulturelle Bedingtheit jeder sittlichen Norm auf angemessene Weise. Der Mensch als vernunftbegabtes Wesen könne nicht nur, sondern *müsse* geradezu *frei den Sinn* seines Verhaltens selbst bestimmen. Dieses ‚den Sinn bestimmen' werde natürlich die vielfältigen Grenzen des Menschen in seinem leiblichen und geschichtlichen Daseinszustand berücksichtigen müssen. Es werde außerdem die Verhaltensmodelle und die Bedeutungen, die diese in einer bestimmten Kultur annehmen, zu beachten haben. Und vor allem wird es das grundlegende Gebot der Gottes- und der Nächstenliebe respektieren. Gott jedoch – so behauptet man dann – hat den Menschen als freies Vernunftwesen geschaffen, er hat ihn ‚der Macht der eigenen Entscheidung' überlassen und erwartet von ihm eine eigenständige, vernünftige Gestaltung seines Lebens. Die Liebe zum Nächsten würde vor allem und ausschließlich Achtung vor seiner freien Selbstentscheidung bedeuten. Die Mechanismen der dem Menschen eigentümli-

kens der Enzyklika Humanae vitae (vgl. HV 14), wenn man lediglich die biologische Gesetzmäßigkeit losgelöst von der Ordnung der Natur, d. h. vom Plan des Schöpfers, im Blick hat (eine solche Reduktion wird von einigen Gegnern der Lehre verwendet)" (TdL 124,6). „Als vernunftbegabtes und freies Wesen kann und muss der Mensch mit Einsicht jene biologische Gesetzmäßigkeit wiederlesen, die zur natürlichen Ordnung gehört. Er kann und muss sich mit ihr in Einklang bringen, um jene ‚verantwortliche Elternschaft' auszuüben, die nach dem Plan des Schöpfers in die natürliche Ordnung der menschlichen Fruchtbarkeit eingeschrieben ist" (TdL 125,1). Zur Wahrheit dieses Schöpferplans gehört es, dass der eheliche Akt potenziell auf Elternschaft ausgerichtet ist.[1] Aus diesem Grund ist für Johannes Paul II. der „Begriff der sittlich richtigen Regelung der Empfängnis (…) nichts anderes als das Wiederlesen der ‚Sprache des Leibes' in ihrer Wahrheit" (TdL 125,1).

Johannes Paul II. baut seine Stellungnahme zu den beiden Wegen, die Empfängnis zu regeln, zusammenfassend auf zwei Grundgedanken auf. Zum einen geht es ihm um den personalen Dynamismus als solchen: Eine Person kann sich nur in dem Maß verwirklichen, als sie sich selbst in Besitz nimmt und in dieser Verfügung über sich selbst für den anderen zum Geschenk macht. Ohne die „Tugend der Enthaltsamkeit" (TdL 130,5) ist das aber nicht möglich. Die Wege der künstlichen Empfängnisverhütung aber manipulieren und verändern die Grundverfassung der Person, sodass sie sich nicht mehr so in Besitz nehmen und schenken kann, wie sie wirklich ist. Der zweite Grundgedanke geht von der Natur des Menschen aus: Sie wird von Johannes Paul II. umittelbar als Plan des Schöpfers für den Menschen gedeutet. Diesen Plan zu bejahen und ohne Manipulation in seinem Leben zu verwirklichen, entspricht einer personalen Zuwendung zum Schöpfergott und damit ebenfalls der authentischen Verwirklichung der eigenen Person.[2] Wenn also ernsthafte Gründe vorliegen, können die Eheleute bewusst die unfruchtbare Zeit der Frau für ihre eheliche Vereinigung nutzen, ohne dabei gegen die beiden genannten Prinzipien zu verstoßen. Künstliche Empfängnisverhütung dagegen wird keinem der beiden voll gerecht.

---

chen Verhaltensweisen sowie die sogenannten ‚natürlichen Neigungen' würden – wie es heißt – höchstens eine allgemeine Orientierung für richtiges Verhalten festlegen, sie könnten aber nicht über die sittliche Bewertung der einzelnen, hinsichtlich der jeweiligen Situation sehr komplexen menschlichen Handlungen entscheiden" (Johannes Paul II., Veritatis splendor, Nr. 47).

1 „Soll er demnach in Wahrheit ausgeführt werden, so muss die Haltung der handelnden Personen sowohl vom Bewusstsein möglicher Elternschaft als auch – was weit wesentlicher ist – von einer gewissen Bereitschaft zur Elternschaft geprägt sein. Ich kann Vater, Mutter sein" (Wojtyła, Die menschliche Person im Kontext, 172).

2 Nicht umsonst können die Katechesen zur „Theologie des Leibes" nach Johannes Paul II. auch mit „Die menschliche Liebe im göttlichen Heilsplan" (TdL 133,1) betitelt werden.

3.9.3.3 Sakramentales Zeichen

Die „Interpretation der Morallehre der Enzyklika Humanae vitae ist auf dem umfassenden Hintergrund der zur Theologie des Leibes gehörenden Gedanken zu interpretieren. Besonders wichtig für diese Interpretation sind", wie Johannes Paul II. ausführt, „die Gedanken über das ‚Zeichen' im Zusammenhang mit der als Sakrament verstandenen Ehe. Das Wesen der Verletzung des ehelichen Aktes und seiner inneren Ordnung kann ohne ein Überdenken der ‚Begehrlichkeit des Fleisches' theologisch nicht richtig verstanden werden" (TdL 123,8).

Die „Theologie des Leibes" stellt einen umfassenden Ansatz dar, welcher die großen Linien der Heilsgeschichte zu deuten vermag. Gleichzeitig wird in der Beschränkung auf die Themen der ehelichen Beziehung und der „bräutlichen Bedeutung des Leibes" sichtbar, dass der gesamte Entwurf der „Theologie des Leibes" von Anfang an dazu gedacht war, die kirchliche Lehre von *Humanae vitae* tiefgehend zu begründen.

Darin besteht die Stärke der „Theologie des Leibes", gleichzeitig aber auch ihre Schwäche. Denn wäre sie nicht so zielstrebig auf dieses letztlich pastorale Ziel hingeordnet, also darauf, die Gültigkeit der Enzyklika aufzuweisen, so hätte Johannes Paul II. die Bedeutung der Leiblichkeit für ein christliches Leben wohl umfassender ausgeführt und nicht auf diese speziellen Lebenssituationen beschränkt. Nun aber wird die „Erlösung des Leibes" als Kernmitte von Erlösung insgesamt in der einen Aufgabe des Menschen angesiedelt, nämlich in der Überwindung der sexuellen Begehrlichkeit und in der Befähigung zur selbstlosen Hingabe in der Ehe.

So zeigt Johannes Paul II. auf, dass die Enzyklika *Humanae vitae* nicht nur ein Dokument über die moralische Bewertung von Empfängnis verhütenden Mitteln darstellt, sondern in erster Linie ein Menschenbild aufzeigt, das seinem anthropologischen Ansatz gleichkommt. Gleichzeitig unterstreicht er, dass das Ethos, welches die Enzyklika vertritt, genau den Forderungen der „bräutlichen Bedeutung des Leibes" entspricht, wie er sie dargestellt hat. Somit scheiden sich für ihn genau an diesem Lehrdokument die Geister. Wer bereit ist, nach dieser Lehre zu leben und das dargelegte Ethos zu befolgen, öffnet sich für die „Erlösung des Leibes", wer sie aber übergeht und dem Zeitgeist folgt, verrät die erlösende Gnade, die uns in Christus angeboten ist.

Johannes Paul II. schreibt: „Durch das Licht der Vernunft und die Unterstützung der Tugend entdeckt die menschliche Person in ihrem Leib die vorwegnehmenden Zeichen, den Ausdruck und das Versprechen der Selbsthingabe in Übereinstimmung mit dem weisen Plan des Schöpfers."[1]

Alles, was die Verwirklichung der menschlichen Person in der wahren Hingabe ihrer selbst sowie die Heiligung des Menschen ausmacht, kulminiert in den konkreten Idealen, wie sie in der Enzyklika *Humanae vitae* aufgezeigt wer-

1 Johannes Paul II., Veritatis splendor, Nr. 48.

den. Denn der Leib des Menschen ist das sakramentale Zeichen, in dem der Heilsplan Gottes für den Menschen seinen Ausdruck und seine Verwirklichung findet.

3.10 DIE FUNDAMENTALKRITIK VON FRANZ BÖCKLE

„Die vorliegenden Katechesen begannen (...) während der Vorbereitung zur Bischofssynode 1980, die dem Thema Ehe und Familie galt", so Johannes Paul II. in seiner letzten Ansprache zur „Theologie des Leibes", „und enden nach der Veröffentlichung des Apostolischen Schreibens Familiaris consortio, das Frucht der Arbeiten dieser Synode ist. Es ist allen bekannt, dass die Synode von 1980 auch auf die Enzyklika Humanae vitae Bezug genommen und deren Lehre voll und ganz bestätigt hat" (TdL 133,4).[1] Die Publikation von *Familiaris consortio* 1982 im Herder-Verlag enthält im Anhang einen Kommentar von Franz Böckle.[2] 1986 geht Böckle mit seinem Beitrag *Anthropologie und sittliche Weisung nach dem Apostolischen Schreiben „Familiaris consortio"* erneut ausführlich auf diese Thematik ein[3] und stellt grundsätzliche „Anfragen, die sich weniger an die Konsequenzen als vielmehr an die anthropologisch-ethische Methode realistischer Phänomenologie und ihrer Problematik richten."[4] Kernaussagen seiner Kritik wiederholt Böckle abschnittweise nahezu wortwörtlich 1987 in der Abhandlung *Was bedeutet „Natur" in der Moraltheologie?*[5] bzw. 1989 in dem Artikel *„Humanae vitae" und die philosophische Anthropologie Karol Wojtyłas*[6]. Dieses bei Böckle bekannte Phänomen von „Mehrfachpublikationen"[7] deutet auch auf die Wichtigkeit einer Thematik hin.

1 Schon während der ersten seiner 133 Ansprachen erklärt der Papst, dieser „Zyklus der Betrachtungen" habe „auch das Ziel, den Vorbereitungsarbeiten für die Synode sozusagen von ferne zu folgen" (TdL 1,5).

2 Böckle F., Kommentar, in: Johannes Paul II., Dem Leben dienen. Apostolisches Schreiben über die Aufgaben der christlichen Familie in der Welt von heute. Mit einem Kommentar von Franz Böckle, Freiburg/Br.-Basel-Wien 1982, 167-203. [zit. als: Böckle, Kommentar]

3 Böckle F., Anthropologie und sittliche Weisung nach dem Apostolischen Schreiben „Familiaris consortio", in: Höver G./Öhlschläger R./Risse H. T./Tiefenbacher H. (Hg.), Die Würde des Menschen. Die theologisch-anthropologischen Grundlagen der Lehre Papst Johannes Pauls II., Mainz-München 1986, 107-122. [zit. als: Böckle, Anthropologie].

4 Böckle, Anthropologie, 119.

5 Böckle F., Was bedeutet „Natur" in der Moraltheologie?, in: Ders. (Hg.), Der umstrittene Naturbegriff, Person, Natur, Sexualität in der kirchlichen Morallehre (= Schriften der Katholischen Akademie in Bayern Bd. 124), Düsseldorf 1987, 45-68. [zit. als: Böckle,Natur]

6 Vgl. F. Böckle, „Humanae vitae" und die philosophische Anthropologie Karol Wojtyłas. Zur päpstlichen Lehrposition zur künstlichen Befruchtung und ihrer Begründung, in: HerKorr 43 (1989) 374-380.

7 Halter, Böckle, 821.

3.10.1 „Rückfragen“ an die Anthropologie Karol Wojtyłas

In seiner Analyse des „Personalismus“ oder der „realistischen Phänomenologie“ Wojtyłas/Johannes Pauls II. geht Böckle von der „(Selbst-)Erfahrung des handelnden Menschen“ bei Wojtyła aus, die immer mit einem „unmittelbare[n] Erfassen des Gegenstandes (der Korrelation von Handeln und Handelndem)“ [1] verbunden ist. Dass Böckle die philosophische Methode Wojtyłas als „realistische Phänomenologie“ charakterisiert, trifft insoweit zu, als sich Wojtyła dieser philosophischen Methode verpflichtet weiß und davon überzeugt ist, dass er mit dieser Methode – ausgehend von den Erscheinungen – die Wirklichkeit erfassen bzw. zum Wesen vordringen kann. In diesem Zusammenhang ruft Böckle die erkenntnistheoretische Deutung des „operari sequitur esse“ in Erinnerung, aus der Wojtyła das Grundanliegen von *Person und Tat* ableitet, d. h. die Person (esse; ‚seiendes Ich') erschließt sich aus ihrem Tun (operari; ‚handelndes Ich'). „Dieser Weg zum Finden der Wahrheit über die Person, die sich selbst als Subjekt einbringt und als ‚Objekt' verwirklicht und dabei auch den anderen in der gleichen Personalität sehen muss, ist für die Ethik ungemein fruchtbar“, erkennt Böckle an, um dann gleichzeitig festzustellen: „Er darf aber nicht überzogen und verfälscht werden“[2]. Böckle setzt seine fundamentale Kritik an der anthropologischen Konzeption Wojtyłas mit der Behauptung an, bei dessen „realistischer Phänomenologie“ gehe der phänomenologische Prozess nur so weit, wie das Bewusstsein die eigene Subjektivität der Person erschließt. Doch sei dieser Teil der Analyse kein gesicherter Prozess für die Erschließung des gesamten Menschseins. Es ist also kein Weg, um eine Ontologie des Menschen im Sinn der Anthropologie zu begründen.

Grundsätzlich muss festgehalten werden, dass für Wojtyła die vernunftgemäße Reduktion der phänomenologisch erfassten Wesensgehalte nicht ein zusätzlicher, willkürlich von der Vernunft vorgenommener Erkenntnisakt im Sinn einer subjektiven Konstruktion ist. Vielmehr ist es ein im Sinn der Intentionalität der „realistischen Phänomenologie“ aus den Ergebnissen des phänomenologischen Erfassens notwendigerweise resultierender Schritt der Vernunft. Das heißt, die Ergebnisse dessen, was durch die Erfahrung evident gegeben ist (Verstehensmomente), führen bei einer ehrlichen Gesamtschau zu einer bestimmten allgemeinen Konzeption des menschlichen Wesens, d. h. seines Seins. Wenn also Böckle schreibt, dass „die Induktion (als Mittel der ‚Inter-Subjektivierung') und Reduktion (als konsequente Durchdringung und Erschließung des Gegenstandes) folgen müssen“, nämlich als Prozess der vernunftgemäßen Durchdringung der einzelnen Verstehensmomente, die zu einem umfassenden Erkennen führt, „um so vom ‚Erfahren' zum ‚Verstehen' und ‚Ergründen', d. h. zum Erfassen der der

1 Böckle, Anthropologie, 111.
2 Ebd., 111-112.

Erfahrung zugrundeliegenden ‚real existierenden Wirklichkeit' zu gelangen"[1], so ist ihm zuzustimmen. Indem für Böckle aber der „phänomenologische Ansatz (...) nur als Instrument einer Phase der Untersuchung verstanden"[2] werden kann, stellt er den erkenntnistheoretischen Wert einer solchen Reduktion wiederum in Frage und bestreitet die Möglichkeiten des Erkennens ontologischer Grundlagen auf dem Weg der Phänomenologie. Er löst dieses Erkennen wieder ab und deutet es als eigenständiges Konstrukt der Vernunft. Dieses soll durch die phänomenologische Betrachtung im Nachhinein bestätigt oder durch die Erfahrung begründet werden. Damit lehnt Böckle die Einheit von Verstehen und Erkennen im realistisch phänomenologischen Erkenntnisprozess ab. Deswegen bleibt für ihn die Gedankenwelt Wojtyłas eine letztlich unvermittelte Kombination von Bewusstseinsphilosophie und behaupteter, nicht erkannter Metaphysik. Aus diesem Grund weist er ebenso die anthropologische Grundlegung der Ethik und der sittlichen Normen zurück, wie sie Wojtyła mit seinem personalistischen Ansatz vornimmt. Das ist der entscheidende Punkt. Denn nach Böckle „vertritt unter Fachleuten niemand mehr einen biblischen oder naturrechtlichen Positivismus in der Weise, dass aus der Bibel oder aus der Schöpfungsordnung unmittelbar göttliche Normen abzulesen wären."[3]

3.10.1.1 „Realistische Phänomenologie" der Erkenntnis

Zwar gesteht Böckle zu, Wojtyła erweitere mit seiner Konzeption der „realistischen Phänomenologie" die traditionelle Anthropologie, was eindeutig eine Bereicherung der christlichen Anthropologie bedeute. Sie „vervollständigt (...) das Bild der menschlichen Person und stellt somit eine notwendige Ergänzung der Sicht des Menschen in der Seinsphilosophie dar."[4] Es erschließen sich neue Sphären des personalen Dynamismus: das Erleben des eigenen „Ich" in der Selbstbestimmung, die Sphäre des Bewusstseins, die Sphäre der eigenen Subjektivität bzw. der Einheit des personalen Seins, zudem die Transitivität und Intransitivität der menschlichen Person im Erleben der Beziehungen der einzelnen Sphären untereinander. Doch bleibt für Böckle „ihr erkenntnistheoretischer Status ungeklärt."[5] Hier stellt er erneut fest, Phänomenologie und Seinsphilosophie seien zwei Dinge, die zunächst unvermittelt nebeneinander in Erscheinung treten und im Nachhinein kombiniert werden, so, als ob die Seinsphilosophie sich in keiner Weise aus den Ergebnissen der Phänomenologie ableiten lässt.[6]

1 Ebd., 111.
2 Ebd.
3 Böckle, Natur, 46.
4 Böckle, Anthropologie, 119-120.
5 Ebd., 119.
6 „Andererseits wird nun gerade gegenüber der Phänomenologie die Notwendigkeit des Beitrags der Seinsphilosophie festgehalten, die allein einen fundierten, realistischen, dynamischen (perfektioristisch geprägten) Personenbegriff gewährleisten kann" (Ebd., 120).

Die Seinsphilosophie, d. h. die Vorstellung einer personalen Seinsgrundlage, ist für Wojtyła jedoch die Basis dafür, die Person perfektioristisch zu denken, das heißt das Verständnis dafür, dass sich die Person durch ein entsprechendes Handeln vervollkommnet oder – mit den Worten Wojtyłas – vollbringt.[1]

Wenn Böckle ausführt, dass „der eigenständige Beitrag der Phänomenologie quasi nur ein Sonderfall ihrer primären Funktion" ist, „nämlich als Aufweismethode für die vorausgesetzte ontologische Anthropologie zu dienen"[2], dann wird deutlich, wie Böckle die Tragfähigkeit des phänomenologischen Ansatzes Wojtyłas ohne hinreichende Begründung ablehnt, nämlich allein mit der Behauptung, die „realistische Phänomenologie" führe nicht zu einem Erkennen der ontologischen Grundlage der Person, d. h. des Personseins. Damit verbindet er den Vorwurf, Wojtyła benütze seine gesamte phänomenologische Analyse lediglich dazu, um eine von vornherein feststehende ontologische Konzeption zu untermauern bzw. aufzuweisen. Auf diese Weise spricht er Wojtyła und seinem gesamten Werk *Person und Tat* jegliche gnoseologische Bedeutung hinsichtlich des Erkennens des Personseins des Menschen ab. Was Böckle in den Raum stellt, wird von ihm lediglich behauptet, aber nicht begründet. Die ganze Feinarbeit, die Wojtyła mit seiner Analyse leistet, übergeht er und betrachtet sie in keiner Weise als überzeugende Beweisführung. Böckle erkennt zwar gewisse Ergebnisse Wojtyłas an, lässt sich aber letztlich nicht unvoreingenommen auf seine gesamte Gedankenführung ein. Von vornherein nämlich schließt er eine ontologische Grundlegung des personalen Seins als Ausgangspunkt für eine allgemeine Ethik akzeptieren. Nach Böckle kann „nicht von einer Seinsordnung auf die Sollensordnung geschlossen"[3] werden. Allerdings spricht es für Böckles Redlichkeit, dass er seinen eigenen Ansatz offenlegt, wenn er schreibt, bei Wojtyła sei „die angestrebte Vereinbarkeit von Seinsphilosophie und Bewusstseinsphilosophie gefährdet. Denn mit deren für das neuzeitliche Denken fundamentalen Einsicht, dass Erkenntnis nie absolut, sondern nur in geschichtlicher Brechung im Erkenntnissubjekt gegeben sein kann, ist der hier vorausgesetzte Wirklichkeitsbegriff nur schwer vereinbar."[4]. Das heißt nichts anderes, als dass

1 Ganz besonders deutlich wird das Gesagte bei der Beurteilung des Unterbewusstseins. Denn es werde „im Zusammenhang mit der Analyse des Unterbewussten (in der somatischen Schicht, aber auch in der emotionalen Schicht) die strukturelle Priorität der Potentialität vor dem Bewusstsein postuliert mit der Konsequenz" (Böckle, Anthropologie, 120), und jetzt zitiert Böckle aus *Person und Tat*: „Jegliche Analyse des Menschen – jede Analyse von Person und Tat –, die nur vom Bewusstsein ausginge, wäre von vornherein zur Inadäquatheit verurteilt" (Wojtyła, Person und Tat, 109). Zweifelsohne postuliert Wojtyła für die Erklärung der unterbewussten Vorgänge eine ontologische Grundlage, welche diesen Akten des Unterbewussten vorausgeht. Gerade in *Person und Tat* führt Wojtyła die Analyse des Unterbewusstseins phänomenologisch akribisch und konsequent durch. Dabei leitet er das Unterbewusstsein aus dem personalen Dynamismus ab, wie er sich phänomenologisch vorurteilsfrei erschließt.

2 Böckle, Anthropologie, 120.

3 Böckle, Natur, 56.

4 Böckle, Anthropologie, 120.

Böckle von Anfang an nicht bereit ist, die Ergebnisse der modernen Bewusstseinsphilosophie in eine Seinsphilosophie einzubringen. Wojtyła selbst ist überzeugt, dass ihm genau dieser Schritt gelingt.

An dieser Stelle wird deutlich, wie entscheidend die jeweiligen philosophischen Voraussetzungen sind. Aus diesem Grund ist die „Krise der nachkonziliaren Theologie“ für Ratzinger „in weitem Maße eine Krise ihrer philosophischen Fundamente.“[1] Falls nämlich „die philosophischen Grundlagen nicht geklärt werden, dann verliert die Theologie den Boden unter den Füßen. Denn dann ist nicht mehr klar, bis zu welchem Punkt der Mensch wahrhaft die Realität erkennen kann und auf welchen Grundlagen er denken und sprechen kann.“[2] Wie ein Plädoyer für den philosophischen Ansatz Wojtyłas/Johannes Pauls II. klingt Ratzingers Analyse: „Der Philosophie, die in den theologischen Schulen dargelegt wurde, fehlte es an Reichtum der Wahrnehmung; es fehlte ihr die Phänomenologie und die mystische Dimension.“[3]

3.10.1.2 „Realistische Phänomenologie“ des Sittlichen

Wie Böckle Karol Wojtyła tatsächlich einordnet, zeigt sich an den Konsequenzen, die er daraus für die Bewertungen der philosophischen Ethik Wojtyłas zieht. „Das bisher Gesagte“, so Böckle, „gilt auch für eine ‚realistische Phänomenologie’ des Sittlichen.“[4] Er meint, gerade im Blick auf den perfektioristischen Charakter menschlichen Handelns baue die Ethik auf ein vorgefertigtes ontologisches Konzept auf. Der phänomenologische Zugang diene selbst hier lediglich zur Abstützung der vorgefertigten ontologischen Grundlagen. Mit dieser Bewertung stellt er das Werk Wojtyłas regelrecht auf den Kopf und ignoriert sein Grundanliegen.

Es ist und bleibt das große Verdienst Wojtyłas, dass er die Erkenntnis der sittlichen Natur der menschlichen Person auf phänomenologische Weise erschlossen hat. Fundamentale Bedeutung besitzt vor allem sein Nachweis, dass dem Menschen die Tatsache, wie er sich durch sittlich gutes Handeln vollbringt, durch die Erfahrung unmittelbar zugänglich ist. Die ontologische Bereicherung und die damit verbundene Wahrheit über das sittlich Gute (und damit die Normen) kann der Mensch dabei dadurch erkennen, dass ihm die eigene seinsmäßige Subjektivität durch das innere Wertfühlen und das Gewissen zugänglich ist. Dasselbe gilt für die Verminderung der eigenen Subjektivität durch Handlungen, die sittlich schlecht sind. Die gesamte Autoteleologie basiert auf einem phänomenologischen Realismus und nicht, wie Böckle behauptet[5], auf

1 Ratzinger, Einheit, 23.

2 Ebd., 23-24.

3 Ebd., 23.

4 Böckle, Anthropologie, 120.

5 „Wenn jedoch auch die Autoteleologie der menschlichen Person im Handeln und der gesamte damit verbundene Komplex der Dynamik des Strebens nach Selbstverwirklichung und –ver-

metaphysischen Vorentscheidungen. Böckle dagegen erkennt eine Übereinstimmung bzw. innere „Verbindung von Subjektivität und Objektivität" nicht an. Dies hätte für die Moraltheologie radikale Konsequenzen. Gegenüber Wojtyła, der die Evidenz seiner in der Erfahrung gründenden philosophischen Ethik aufzuweisen versucht, stellt Böckle die Behauptung in den Raum, die „Verbindung von Subjektivität und Objektivität" sei ja „bereits für die Anthropologie nicht hinlänglich geklärt und gesichert"[1]. Dies macht er zunächst für die Anthropologie geltend, um daraus den Schluss zu ziehen, dass eine solche Verbindung erst recht auf dem Gebiet der Ethik nicht nachgewiesen sei. Aber gerade darin besteht die Stärke im Denken Wojtyłas: Er stellt die Verbindung allein schon dadurch her, dass er nach dem Grundsatz „Mensch, erkenne dich selbst" seiner Ethik einen Erkenntnisprozess zugrunde legt, nach dem sich das menschliche Subjekt zunächst selbst Objekt ist. Aus diesen Erfahrungen des Subjekts entfaltet er die gesamte Ethik auf phänomenologische Weise.

Dessen ungeachtet weist Böckle dann doch darauf hin, dass die „personalistische Norm (…) im ethischen Denken K. Wojtyłas den Rang eines obersten Grundsatzes" innehat, die als „bestimmte Grundhaltung, man könnte sagen: Motivation, für jede Tat vorschreibt (positiv: die Person zu bejahen, negativ: die Person nicht nur als Mittel zu gebrauchen) – (…) fast den Allgemeinheitsgrad des ‚bonum faciendum, malum vitandum'" erreicht, „jedoch notwendigerweise die Ergänzung durch eine Methode der Normbegründung fordert, sobald es um konkrete ethische Fragen geht."[2] Es ist Böckle zuzustimmen, dass Wojtyła im Rahmen von *Person und Tat* aus dem personalen Dynamismus nur die personalistische Norm als Grundlage ethischen Handelns ableitet. Indem Johannes Paul II. aber im Rahmen der „Theologie des Leibes" die Erfahrungen der leiblichen Dimension des Menschseins hinzuzieht, gelingt es ihm, die Normen zu konkretisieren und eine Grundlage für die Normenbegründung zu schaffen, beispielsweise im Blick auf die Wahrheit über den bräutlichen Charakter des menschlichen Leibes. So finden das 5./7./8. und 10. Gebot des Dekalogs bereits in der personalistischen Norm eine Grundlage für die Normbegründung. Indessen setzen das 4./6. und 9. Gebot zwar auch die personalistische Norm voraus, finden aber durch die „Theologie des Leibes" eine ganz neue Grundlage, wie z. B. die Frage nach der ehelichen Treue. Darüber hinaus ist durch die „Theologie des Leibes" sowohl der Bezug zum Schöpfer als auch die Einbindung in den Kosmos gegeben, was zu einer Grundlage für die Begründung der ersten drei Gebote des Dekalogs führt. Denn sich selber anzunehmen, verlangt, sich dem

vollkommnung in der Tat (der perfektioristische Aspekt des ‚Werdens' der Person) letztlich nur mit ontologischen Kategorien erfasst werden kann, dann hat die Bewusstseinsanalyse zur Begründung normativer Ethik ebenfalls nur noch dienende Funktion zum Aufweis einer vorgegebenen Sollensordnung" (Ebd., 120).

1 Ebd.

2 Ebd., 121-122.

Schöpfer zu verdanken und die vollkommene Abhängigkeit vom Schöpfer zur Verwirklichung des eigenen Personseins anzuerkennen. Darin gründet die „erste Tafel“ des Dekalogs (vgl. Ex 20,2–11).

Wenn aber die Verbindung zwischen der Normenbegründung und der Verwirklichung des Personseins verloren geht, dann verliert sich die katholische Moraltheologie konsequenterweise in einer reinen Zweckethik. Sie kann Normen nur durch Ziele begründen, die außerhalb des Menschen liegen und dem Relativismus unterliegen, z. B. der Güterabwägung. Konsequent ist dann eine „autonome Moral“, für die es objektive Normen nicht mehr geben kann. In diesem Sinn meint Ratzinger, „die Krise der philosophischen Orientierung äußert sich aus theologischer Sicht vor allem als Krise der moraltheologischen Norm. Hier findet sich die Verbindung von Philosophie und Theologie, die Brücke zwischen dem rationalen Forschen über den Menschen und dem theologischen Auftrag; dabei ist es allzu offensichtlich, dass man sich diesem nicht entziehen kann. Wo die antike Metaphysik zusammenbricht, verlieren auch die Gebote ihre innere Verbindung: Dann wächst die große Versuchung, sie allein auf eine geschichtlich-kulturelle Ebene zu reduzieren.“[1] Auf dieser Ebene begründet Franz Böckle die Verbindlichkeit von Normen: „Wir brauchen auch verbindliche Normen. Sie haben eine unverzichtbare Funktion. Sie ermöglichen gemeinsame Verantwortung, garantieren Verlässlichkeit und geben dem Gewissen Orientierung. Sie fallen aber nicht vom Himmel. Sie entstammen als Produkte normativer Vernunft einem kultur- und offenbarungsgeschichtlichen Prozess, dessen verantwortliches Subjekt der Mensch selbst ist. Gott hat dem Menschen die Vernunft gegeben, damit er ordnend das Zusammenleben in der Welt gestalte.“[2]

Demgegenüber hatte „Wojtyła“, so Ratzinger weiter, „von Scheler gelernt, mit einer bislang nicht gekannten, menschlichen Sensibilität das Wesen der Jungfräulichkeit, der Ehe, der Mutterschaft, der Vaterschaft, der Sprache des Leibes und folglich das Wesen der Liebe zu erforschen. Er nahm in seinem Denken die neuen Entdeckungen des Personalismus auf.“[3] Gerade durch die „Theologie des Leibes“ „lernte er auch erneut zu verstehen, dass der Leib selbst spricht, dass die Schöpfung spricht und uns den Weg weist, den es zu gehen gilt: Das Denken der Moderne hat für die Moraltheologie eine neue Dimension erschlossen, und Wojtyła hat dies unter ständiger Einbeziehung von Reflexion und Erfahrung, von pastoraler und spekulativer Berufung erkannt, und er verstand sie in ihrer großen Einheit mit den großen Themen der Tradition.“[4]

1 Ratzinger, Einheit, 24-25.
2 Böckle, Natur, 49.
3 Ratzinger, Einheit, 25.
4 Ebd., 25.

3.10.2 „Rückfragen" an die Begründung von *Humanae vitae*

Franz Böckle bewertet die Ausführungen Johannes Pauls II. in *Familiaris consortio* durchaus positiv: „Gegenüber dem traditionellen Ansatz kirchlicher Dokumente, der meist von einer abstrakten Aktanalyse ausging, wird eine entscheidende Wende vollzogen. Johannes Paul II. moralisiert nicht, er stellt nicht gleich Verbote auf, sondern zeigt die Konsequenzen einer von vorbehaltloser Liebe getragenen Sexualität auf."[1] „Vieles von dem, was der Papst sagt", so Böckle auch zur „Frage der Antikonzeption", „ist übrigens unbestritten. Der Konsens ist vermutlich größer als der Dissens."[2] Dazu rechnet er „die grundlegende Aufgabe der Familie, dem Leben zu dienen"[3]. Ebenso die Ablehnung der „Aktivitäten von Regierungen oder anderen öffentlichen Autoritäten, die in irgendeiner Weise die Freiheit der Ehegatten, über Nachkommenschaft zu entscheiden, zu beschränken versuchen."[4] Auf der anderen Seite setzen die „Rückfragen" Böckles an jener Stelle von *Familiaris consortio* an, an der die Lehre von *Humanae vitae* bestätigt wird: „Diese Heilige Synode (...) hält fest an dem, was im II. Vatikanischen Konzil (vgl. *Gaudium et spes,* 50) und dann in der Enzyklika *Humanae vitae* dargelegt wird, dass nämlich die eheliche Liebe voll menschlich, ausschließlich und offen für das neue Leben sein muss (*Humanae vitae, 11,* vgl. 9 und 12)."[5] In der dazugehörigen Anmerkung Nr. 83 in *Familiaris consortio* zitiert Johannes Paul II. *Humanae vitae:* „dass *jeglicher Vollzug der Ehe* von sich aus auf die Erzeugung menschlichen Lebens ausgerichtet bleibt."[6] Bezeichnenderweise setzt „Johannes Paul II. (...) den Satz in eine Fußnote und deutet ihn im Text mit dem Hinweis auf die Konzilsaussage, dass ‚die eheliche Liebe' (also nicht ‚jeder Gebrauch') ... ‚offen für das neue Leben sein müsse'. Man sollte diese Entwicklung wohl beachten."[7] Dass die Pastoralkonstitution „die Ausrichtung auf Zeugung nicht mehr von jedem ehelichen Akt, sondern von der Ehe und der ehelichen Liebe in ihrer Gesamtheit" verlangt (‚Gaudium et spes' 50)"[8], entnimmt Böckle dem einleitenden Satz von GS 50: „Ehe und eheliche Liebe sind ihrem Wesen nach auf die Zeugung und Erziehung von Nachkommenschaft ausgerichtet." Diese Entwicklung, dass „die aus ‚Casti connubii' übernommene These von der Bestimmung jedes einzelnen Aktes nicht unbedeutend modifiziert wird"[9], setzt sich für Böckle auch mit

1 Böckle, Anthropologie, 112.
2 Ebd., 114.
3 Johannes Paul II., Familiaris consortio, Nr. 28.
4 Ebd., Nr. 30.
5 Ebd., Nr. 29.
6 „(...) ut *quilibet matrimonii usus* ad vitam humanam procreandam per se destinatus permaneat" (DH 4475). Vgl. HV 11.
7 Böckle, Anthropologie, 116.
8 Ebd.
9 Ebd.

Humanae vitae fort. Denn dort werde „ausdrücklich erklärt, der Akt trage nur innerhalb ganz bestimmter biologischer Gesetzmäßigkeiten zur Weckung neuen Lebens bei. Und diese Gesetzmäßigkeiten schaffen gleichsam selbst Ordnung im Naturhaushalt, indem sie ‚von selbst Abstände in der Aufeinanderfolge der Geburten schaffen' (Nr. 11).“[1] „Das sittlich Widersprüchliche liegt dementsprechend bereits nach ‚Humanae vitae' nicht mehr im Widerspruch gegen den Zeugungszweck als solchen“, so Böckle, „sondern im Widerspruch gegen den durch biologische Gesetze umschriebenen und ihnen gemäß zu verwirklichenden Fruchtbarkeitsauftrag der Gatten.“[2] Dass aber dann unter bestimmten Umständen doch nur die natürliche Familienplanung als sittlich gerechtfertigt gilt, stellt für Böckle wiederum einen Rückschritt dar. Denn das bedeute, dass diese Planung „nicht durch den Eingriff in die biologische Gesetzmäßigkeit geschehen dürfe, sondern durch eine periodische Enthaltung verwirklicht werden müsse. Damit wird aber die Gestalt des personalen sexuellen Verhaltens primär von der biologischen Schicht her interpretiert und an sie gebunden. Das entspricht einer Ontologie des Seienden unter der Vorherrschaft des Dinges.“[3] Als ob bei Wojtyła/Johannes Paul II. die Natur des Menschen isoliert ist und auf ihre bloß biologische Dimension reduziert werden könnte, sodass Natur und Person getrennt sind. Sein Naturbegriff ist vielmehr ganzheitlich, d. h. die Natur ist in die Person integriert (methaphysische Auffassung).[4] Gerade der bei Johannes Paul II. „verwandte Naturbegriff in Bezug auf den Menschen ist“ auch nach Scheffczyk „kein biologischer oder biologistischer, sondern ein geistig-personaler, wie er der leib-geistigen Einheit des Menschen entspricht.“[5] Und weiter: „Man kann diesen Begriff und die hinter ihm stehende Anthropologie des Personalismus ablehnen und als metaphysisch abtun (obgleich sie immer induktiv von dem Phänomen ausgeht und an der Erfahrung ausgerichtet bleibt). Aber man kann gegen sie redlicher Weise nicht den Vorwurf des

1 Ebd., 116-117. Über die „Güter der christlichen Ehe“ heißt es in der Enzyklika Pius XI. *Casti connubii*: „Wenn Wir uns aber anschicken, darzulegen, welche und wie groß diese von Gott verliehenen Güter der wahren Ehe sind, (…) so kommen Uns die Worte des vortrefflichen Kirchenlehrers [*Augustinus*] in den Sinn (…): ‚Dies alles (…) sind Güter, deretwegen die Ehe gut ist: Nachkommenschaft, Treue, Sakrament'“ (DH 3703). „Deshalb hat die Nachkommenschaft unter den Gütern der Ehe den ersten Platz inne“ (DH 3704).

2 Böckle, Anthropologie, 117.

3 Böckle, Natur, 68.

4 „In dieser Situation kann ein Konflikt zwischen der Person und der Natur nur dann entstehen, wenn wir Natur in dem Sinne interpretieren, wie sie von den Phänomenologen verstanden wurde, das heißt als Subjekt einer instinktiven Aktualisierung als Subjekt ausschließlich dessen, was geschieht. Hierbei kommt es zu einem Gegensatz zwischen der Person und der Natur, und zwar: Natur als Quelle dieser Art von Aktualisierung schließt die Person aus; die Person hingegen, als Quelle einer ihr eigenen Aktualisierung, konkret ausgedrückt als Quelle des Handelns, das heißt von Taten, steht über der Natur und stellt sich ihr in gewissem Sinne entgegen“ (Wojtyła, Die menschliche Person und das Naturrecht, 60).

5 Scheffczyk, Ehe, 57.

Biologismus erheben."[1] Zu den Anfragen Böckles, „ob nicht eine methodisch berechnete, systematische Frustrierung der Ovulation und eine Festlegung der geschlechtlichen Vereinigung nach einem biologischen Rhythmus auch als Manipulation personaler Sexualität empfunden werden könnte", und im Blick auf den personalistischen Ansatz Wojtyłas/Johannes Pauls II., „ob nicht der Begriff der Integrität der Person zu einseitig an der biologischen Zeit orientiert sei"[2], verweist Wojtyła/Johannes Paul II. stets auf seine „ganzheitliche anthropologische Vision"[3] bzw. „ganzheitliche Sicht des Menschen" (TdL 59,3). Er warnt regelrecht vor einer Wissenschaft[4] mit dem „Charakter rein biologischen Wissens, weil sie sich darauf gründet, das Körperliche im Menschen von dem, was geistig ist, zu trennen" (TdL 59,3).[5] Nach Scheffczyk müssen sich vielmehr die Kritiker der kirchlichen Ehelehre selber fragen lassen, ob sie mit ihrer „Ablehnung von Metaphysik, von Schöpfungs- und Heilslehre in Fragen der Anthropologie, der Ehe und Geschlechtlichkeit" nicht „einer rein physizistischen Deutung des Geschlechtlichen, einer rein naturalistischen Auffassung der Ehe" erliegen.[6] Scheffczyk also spielt den Ball zurück und macht gerade in der Argumentation von Böckle einen Biologismus aus. Für Johannes Paul II. jedenfalls ist der Leib kein „Rohmaterial, bar jeglichen Sinnes und moralischen Wertes" und die Dynamismen der Natur und des Leibes sowie deren Neigungen stellen nicht „nur *‚physische' Güter*" dar, „von einigen ‚vor-sittliche' Güter genannt."[7] Die *„Person selbst in der Einheit von Seele und Leib* (ihrer sowohl geistigen wie biologischen Neigungen)*"*[8], erklärt Johannes Paul II. in *Veritatis splendor,* verlangt selbstredend „die Einbindung von Vernunft und freiem Willen in alle leiblichen und sinnlichen Kräfte. *Die menschliche Person ist, einschließlich des Leibes, ganz sich selbst überantwortet und gerade in der Einheit von Seele und Leib ist sie das Subjekt ihrer sittlichen Akte."*[9]

Letztlich geht es um die Frage, welche Bedeutung man der Inkarnation für die Anthropologie beimisst. Bereits im 3. Jh. formuliert der Schriftsteller Tertul-

---

1 Ebd.

2 Böckle, Anthropologie, 118.

3 Wojtyła, Die anthropologische Vision der Enzyklika „Humanae Vitae", 186.

4 „Die innere Ordnung des ehelichen Verhältnisses verlangt (…), dass viele Momente biologischer, soziologischer, psychologischer und demographischer Art berücksichtigt werden, eben weil es um das Handeln und das gemeinsame Handeln mit Verstand begabter Personen geht. Wir verfügen heute über ein reiches Wissen über jedes dieser Momente. Sie dringen daher stärker in das Bewusstsein der handelnden und gemeinsam handelnden Eheleute. Jedoch keines dieser Momente lässt aus sich heraus die volle Wahrheit, das heißt die wesentliche Würde des ehelichen Aktes, in den Blick kommen. Dies vermag nur – wie ‚Humanae vitae' lehrt – eine ganzheitliche Sicht des Menschen" (Wojtyła, Die menschliche Person im Kontext, 171).

5 Vgl. Wojtyła, Die anthropologische Vision der Enzyklika „Humanae Vitae", 194-195.

6 Scheffczyk, Ehe, 66-67.

7 Johannes Paul II., Veritatis splendor, Nr. 48.

8 Ebd., Nr. 50.

9 Ebd., Nr. 48.

lian (ca. 150-220): „Caro salutis est cardo – Das Fleisch ist der Angelpunkt des Heils“[1]. In diesem Sinn schreibt Scheffczyk über die Bedeutung des Leibes in Fragen der Anthropologie, der Ehe und Geschlechtlichkeit bei Wojtyła/Johannes Paul II.: „Wer mit dem Glauben ernst macht, dass Gott Mensch geworden und ein menschliches Sein mit Seele und Leib angenommen hat, der muss die Schöpfung, das Geschöpf und seinen Leib in einem ganz anderen Licht sehen. Er wird sich dann zwar den Vorwurf gefallen lassen müssen, dass er das Natürliche sakramentalisiere, die Schöpfung überhöhe und die Freiheit des Menschen beschneide.“[2] Doch genau dafür hat sich Johannes Paul II. entschieden und damit Kirche und Welt einen unersetzbaren Dienst erwiesen. Er schenkte dem Menschen die Wahrheit über sich selbst – im Licht der christlichen Offenbarung.

3.11 SYSTEMATISCHE ZUSAMMENFASSUNG

Der anthropologischen Konzeption Karol Wojtyłas/Johannes Pauls II. liegt eine Matrix zugrunde. Wie in einem Koordinatensystem lassen sich auf der einen Seite zunächst die Wirklichkeiten anführen, die sich dem Menschen der Reihe nach erschließen: beginnend mit dem „eigenen Ich“ sind es Subjekt, Gemeinschaft, Kosmos sowie das Absolute, also Gott. Auf der anderen Seite werden diese Wirklichkeiten jeweils auf den Ebenen der Erfahrung, Offenbarung und sakramentalen Verwirklichung betrachtet. Als dritte Dimension gesellt sich der Dreiklang von Sein, Wert und Pflicht hinzu. Es sind also drei Aspekte, unter denen die einzelnen Wirklichkeiten auf den verschiedenen Ebenen verstanden werden können.

Diese Matrix kann als hermeneutischer Schlüssel für das Denken Wojtyłas/Johannes Pauls II. verstanden werden. Ausgangspunkt ist die Wahrheit über den Menschen, wie sie jedem auf der Ebene der Erfahrung zugänglich ist. Damit verbindet sich, was Gott durch die Offenbarung in Jesus Christus über den Menschen kundgetan hat und im Glauben zugänglich ist. Schließlich kann der Mensch erst ganz verstanden werden, wenn klar wird, wie Gott seinen geoffenbarten Plan verwirklicht, nämlich auf sakramentale Weise.

Die Erfüllung des Heilsplans Gottes in der Geschichte spielt sich auf der Ebene des Sakraments ab, das heißt, es ist eine sakramentale Wirklichkeit. Entscheidend dabei ist, dass Gott die sinnlich wahrnehmbare Wirklichkeit wie den Leib des Menschen benützt, um sich und sein Leben der menschlichen Person mitzuteilen. Johannes Paul II. zeigt auf, dass nicht nur die sichtbare, leibliche Komponente der sakramentalen Wirklichkeit erfahrbar ist, sondern eben auch die Auswirkungen auf die menschliche Person im konkreten Lebensvollzug.

1 De carnis resurrectione, 8,3: PL 2,806 .Vgl. KathKK 1015.
2 Scheffczyk, Ehe, 66.

Die Erlösung des Leibes, d. h. die Überwindung der Begehrlichkeit, ist zwar ein Ethos, das dem Menschen aufgegeben ist, doch stellt sie letztlich die Frucht des Gnadenwirkens Gottes dar, also eine sakramentale Mitteilung des göttlichen Lebens an den Menschen.

Hier verbinden sich Erfahrung und Glaubensüberzeugung. Was der Mensch erfahren kann, versteht er im Licht der Offenbarung als sakramentale Verwirklichung des Heils. Gleichzeitig offenbart sich im zeichenhaften, sakramentalen Vorgang selbst, was durch Gottes Handeln verwirklicht wird.

Dadurch entwickelt sich eine neue Sicht der Wirklichkeit. Auf den Menschen fällt ein Licht, das die Wahrheit über den Menschen über die beiden Ebenen der Erfahrung und der Offenbarung hinaus weitet. Zugleich gehört auch die Sakramentalität zum Bereich der Offenbarung, insofern es sich um die Verwirklichung dessen handelt, was durch die Offenbarung verheißen ist. Erneut spielt der Erfahrunsgbegriff Wojtyłas eine entscheidende Rolle. Ausgangspunkt ist nämlich auch auf dieser Ebene das, was am sakramentalen Vorgang wahrnehmbar, also erfahrbar ist. Mit den damit verbundenen Verstehensmomenten wird der Glaube an das Wirken Gottes in der Welt, in der Geschichte verknüpft.

Auf der Grundlage eines erweiterten Sakramentenbegriffs spielen für Johannes Paul II. zwei Formen des göttlichen Gnadenwirkens eine Rolle. Einmal geht es lediglich um das Hineinwirken des Heiligen Geistes in die Schöpfung. Johannes Paul II. spricht hier vom „Sakrament der Welt“. Zum anderen geht es um die personale Gegenwart des Heiligen Geistes in der Schöpfung, d. h. in der menschlichen Person. Letzteres wird dem Menschen durch sie Sakramente der Kirche vermittelt.

Die Gnaden der Sakramente entspringen dabei einer einzigen Quelle, dem „Ursakrament der Erlösung“. Johannes Paul II. deutet es analog zur Ehe im Zustand der ursprünglichen Unschuld als „Ursakrament der Schöpfung“.

Danach wäre im ursprünglichen Heilszustand durch die eheliche Vereinigung dem Kind nicht nur das Leben geschenkt, sondern sakramental auch das Leben der Gnade vermittelt worden.

Durch den Sündenfall hat die Ehe diese sakramentale Fähigkeit eingebüßt. Nichtsdestotrotz bleibt die Ehe der Schauplatz der Verwirklichung des ewigen Heilsplans Gottes. Dabei können in der Konzeption Johannes Pauls II. vier Stadien in der Heilsökonomie unterschieden werden: „im Anfang“, nach dem Sündenfall bzw. vor oder außerhalb der Kirche, im Erlösungswerk und die christliche Ehe als eines der sieben Sakramente der Kirche.

Heilsgeschichtlich wurde nach Johannes Paul II. das „Ursakrament der Schöpfung“ (Mann-Frau) nun durch das „Ursakrament der Erlösung“ (Christus-Kirche) abgelöst. Bei diesem Ursakrament des Neuen Bundes ist das sakramentale Zeichen das bräutliche Verhältnis Christus-Kirche. Die sakramentale Wirkung ist die Tilgung der Erbsünde und eine neue Begnadung der Gotteskindschaft als Neuschöpfung, die die Begnadung im Zustand der ursprünglichen Unschuld übersteigt.

Im Erlösungswerk offenbart die Ehe von Mann und Frau nicht nur das „Ursakrament der Erlösung“ und zeigt es auf (vgl. Eph 5). Sie verleiht diesem seine Grundstruktur. Dabei übernimmt nun die Kirche in ihrem bräutlichen Verhältnis zu Christus die Funktion der Weitergabe der Begnadung. Diese Weitergabe der Begnadung macht das Wesen der Kirche aus. Eben in diesem Sinn löst die Beziehung Christus-Kirche als „Ursakrament der Erlösung“ (neue Gnadenordung) die eheliche Verbindung von Mann und Frau als „Ursakrament der Schöpfung“ (ursprüngliche Gnadenordnung) ab.

Die „Theologie des Leibes“ mündet schließlich in die eschatologische Betrachtung ein. Johannes Paul II. zeigt auf, welche Rolle der auferstandene Leib für die Mitteilung des göttlichen Lebens an den Menschen im ewigen Leben hat. So ergibt sich in der Konzeption Johannes Pauls II. so etwas wie das „Sakrament der Ewigkeit“, dessen Zeichen von Christus und dem Kosmos zusammen mit den erlösten Kindern Gottes gebildet wird und dessen Wirkung in der Vermittlung der Fülle des Lebens des dreifaltigen Gottes besteht.

Auch in der christlichen Ehe als einem der sieben Sakramente der Kirche fließt die Gnade aus der Quelle Christus-Kirche. Dieses Sakrament vermittelt als Wirkung die Erlösungsgnade im Sinne der „Erlösung des Leibes“ an die Eheleute. Dabei konstituieren für Johannes Paul II. nicht allein die Worte des Ehekonsenses das sakramentale Zeichen. Zur Gesamtstruktur gehört ebenso die „Sprache des Leibes“, d. h. das Zusammenleben von Mann und Frau ihr ganzes Leben hindurch, insbesondere mit dem Ein-Fleisch-Werden und der ehelichen Keuschheit. Letzteres bezeichnet keine Missachtung der menschlichen Geschlechtlichkeit, sondern eine geistige Kraft, die die Liebe gegen die Gefahren von Egoismus und Aggressivität schützt und zu ihrer vollen Entfaltung zu führen versteht. Aus diesem Grund ist es den Eheleuten aufgegeben, die „Sprache des Leibes“ in der Wahrheit immerzu wiederzulesen („Relecture“), d. h. die aufrichtige Hingabe und damit die „bräutliche Bedeutung des Leibes“ immer wieder neu zu erlernen. So werden Mann und Frau zu den Autoren der „Sprache des Leibes“ und gleichzeitig ein Leben lang zu den Urhebern des sakramentalen Zeichens der Ehe. In dieser Sicht ist das Ethos mit seinen moralischen Aspekten und Appellen Bestandteil des sakramentalen Zeichens.

Johannes Paul II. zeigt das dynamische Zusammenspiel von Sakrament und Ethos bei der christlichen Ehe auf. Mit dem Sakrament wird dem Menschen einerseits die Gabe (Gnade) zur Überwindung der dreifachen Begierde geschenkt, andererseits verbindet sich damit für denselben Menschen der Appell (Ethos), die Begierde zu beherrschen und die selbstlose Hingabe zu leben. Im Sinne der „Heilsspirale“ hat der Mensch die Freiheit zwischen „alles ist Gnade“ als Geschenk und dem echten Ethos als wirklichem menschlichen Beitrag. Je mehr der Mensch „zur Freiheit befreit“ wird, umso mehr werden die menschlichen

Dimensionen des Ehesakraments wie Selbstlosigkeit und eheliche Keuschheit Früchte der erlösenden Gnade Gottes sein. Darüber hinaus aber hat der Mensch die Möglichkeit, an der Vervielfachung der Gnade mitzuwirken. Konkret auf die Ehe angewandt: Je mehr Mann und Frau das eheliche Ethos leben, umso mehr wird die Gnade vervielfältigt. Es liegt am Menschen, ob er in der Gnade wächst oder nicht. Aber alles, was er vervielfältigt, ist wiederum reine Gnade. Zwar kommt in der „Heilsspirale" der Primat der Gnade und nicht dem Willen zu, trotzdem gibt es in diesem System ein echtes Ethos. Dieses Ethos kann nur dynamisch verstanden und erklärt werden.

Das sakramentale Wirken Gottes kulminiert im Geheimnis der Kirche, die durch die Hingabe Jesu Christi gestiftet worden ist und der immerfort ihr Haupt sowie ihren Bräutigam bildet. Dabei ist die Kirche nicht nur um der Menschen willen da, die zu ihr gehören. Vielmehr sind diese Menschen von Gott dazu auserwählt, durch ihr Christsein bzw. ihre Beziehung zu Christus die Stellvertretung und Pro-Existenz Christi für alle sakramental auszuüben. „Die Kirche ist ja in Christus gleichsam das Sakrament, das heißt Zeichen und Werkzeug für die innigste Vereinigung mit Gott wie für die Einheit der ganzen Menschheit."[1] Die Kirche als Sakrament für die Welt stellt innerhalb der Menschheit ein Werkzeug Gottes dar, das der ganzen Menschheit Heil vermittelt. Je vollkommener die Kirche in ihren Gliedern ihr bräutliches Verhältnis zu Christus lebt und vor der Welt sichtbar zum Ausdruck bringt, umso fruchtbarer wird das „Ursakrament der Erlösung" für die ganze Menschheit. Die sakramentale Ehe ist ebenso ein Instrument in der Hand Gottes, um die Erlösungsgnade nicht nur den Eheleuten zu vermitteln und in ihrer Beziehung fruchtbar zu machen, sondern über sie hinaus der ganzen Menschheit und der Schöpfung (= Kosmos) zukommen zu lassen.

3.12 KRITISCHE WÜRDIGUNG UND AUSBLICK

Das Thema dieser Arbeit lautet: *Die Theologie des Leibes von Papst Johannes Paul II. Philosophische und theologische Grundlagen.* Die philosophische Grundlage der „Theologie des Leibes" bildet die Studie *Person und Tat.* Sie stellt eine Analyse des personalen Dynamismus dar und führt Karol Wojtyła zur Selbstbestimmung als der Eigentlichkeit der Person sowie zur personalistischen Norm: Die Person ist um ihrer selbst willen zu bejahen. Gleichzeitig liefert sie als Ergebnis die Wahrheit, dass sich der Mensch als Person nur in einer Gemeinschaft, in einer „communio personarum" verwirklichen kann. Auf dieser Grundlage öffnet Wojtyła das Tor für eine autoteleologische Moral, die sich an dem Prinzip orientiert: Handelt die Person gut, wird sie selbst reicher, d. h. das Gute vollbringt die Person, umgekehrt ist schlecht, was die Person in ihrer Sub-

1 LG 1.

jektivität mindert. Der Ansatz kommt dem Bedürfnis des heutigen Menschen sehr entgegen und bildet tatsächlich ein neues Fundament, um die christliche Moral vermittelbar zu machen. Allerdings reichen diese Prinzipien noch nicht aus, um in die Spezielle Moral einzutreten.

Das zweite Hauptwerk *Als Mann und Frau schuf er sie*, das Johannes Paul II. in den Mittwochskatechesen vorgetragen und selbst als „Theologie des Leibes“ bezeichnet hat, bringt mit seinem personalistischen Ansatz zwei Dinge in Verbindung: zum einen den menschlichen Leib, das Mann- und Frausein, und zum anderen das Licht der Offenbarung. Zwar öffnet sich mit den Fragen nach der menschlichen Liebe und der Ehe das Tor für ein Feld der Speziellen Moral, doch erweist sich die „Theologie des Leibes“ letztlich wieder nicht als Entfaltung der Speziellen Moral. Vielmehr führt der personalistische Ansatz erneut zu einem allgemeinen Imperativ ähnlich der personalistischen Norm: Der Mensch verwirklicht sich in dem Maß, als er die „bräutliche Bedeutung seines Leibes“ lebt. Von diesem Punkt an aber entwickelt Johannes Paul II. nicht eine Moraltheologie, sondern eine Theologie, die letztlich in den Entwurf einer umfassenden Soteriologie einmündet. Bezugspunkte dieser Soteriologie sind eine Christologie und eine Ekklesiologie, die auf dem Hintergrund einer Erweiterung des Sakramentenbegriffs entfaltet werden. Dabei bildet ein phänomenologisch geprägtes Offenbarungsverständnis die theologische Grundlage für die „Theologie des Leibes“.

Als Ergebnis dieser Arbeit kann festgehalten werden, dass die „Theologie des Leibes“ weder eine Ehepastoral, noch eine ausschöpfende Entfaltung einer katholischen Ehemoral ist. Zu diesen Themen enthalten die Frühschriften Wojtyłas wie *Liebe und Verantwortung* oder *Erziehung zur Liebe* wesentlich mehr als die sogenannte „Theologie des Leibes“.[1] Die „Theologie des Leibes“ beschränkt sich auf den Aufruf zur Überwindung der Begehrlichkeit. Darüber hinaus werden keine moral- oder pastoraltheologischen Hilfen geboten. Es finden sich beispielsweise keine Antworten auf die Frage, wie der Mensch seine Probleme mit der Sexualität im konkreten Leben lösen kann. Sämtliche Versuche, Einzelthemen der Moraltheologie auf der Grundlage des Denkens Johannes Pauls II. zu entfalten, müssen entweder auf seine Schriften außerhalb der „Theologie des Leibes“ wie *Liebe und Verantwortung* oder auf Texte seiner Lehrverkündigung zurückgreifen. Ergänzend werden dabei oft ganz andere Quellen wie z. B. das Zweite Vatikanische Konzil, die Enzykliken *Casti connubii* oder *Humanae vitae* herangezogen. Denn die Katechesen über die Enzyklika *Humanae vitae* sind nur ein Appendix und eine Anwendung verschiedener Implikationen der „Theologie des Leibes“ auf diese Fragestellung.

1 „As is clear from this presentation of John Paul II's thought, a theology of the body ist not concerned only with the topic of sexuality. It includes many other areas, which are only developed in a small part by the Pope in his *Catecheses*. Some of them are addressed in other writings" (Granados, Theology of the Body, 114).

Keinesfalls handelt es sich um eine erschöpfende Behandlung der Enzyklika, sondern vielmehr um eine nachdrückliche Begründung. Gleiches gilt für die im Rahmen der Mittwochskatechesen angesprochenen Themen Zölibat und Kunst.

Vergleicht man die Impulse Johannes Pauls II. in der „Theologie des Leibes" mit dem traditionellen Verständnis der Kirche vom Weg zur Heiligkeit, so stellt die Hervorhebung der „bräutlichen Bedeutung des Leibes" und der ehelichen Vereinigung doch eine einseitige Akzentuierung dar. Wollte man die „Theologie des Leibes" als Anleitung zum geistlichen Leben heranziehen, würde man zu einer Hochstilisierung und Überbetonung des bräutlichen Charakters des menschlichen Leibes und zu einer einseitigen Aufmerksamkeit gegenüber der gelebten Geschlechtlichkeit gelangen. Dessen ungeachtet bestehen das große Verdienst der „Theologie des Leibes" und die bleibende Bedeutung der Katechesen in drei Momenten: *Erstens*: Ein grundsätzlich positives Verhältnis zum menschlichen Leib und zur Sexualität in der Deutung des ehelichen Akts als Offenbarung des Wesens Gottes. *Zweitens*: Die Herausarbeitung eines neuen Verständnisses und Selbstverständnisses von Kirche als Sakrament der Welt. *Drittens*: Die Entfaltung einer Spiritualität der Hingabe, die eine umfassende Anregung für die persönliche Formung des christlichen Lebens darstellt und Orientierung für den Aufbau kirchlicher Gemeinschaft bietet.

Während seiner letzten Katechese zur „Theologie des Leibes" kehrt Johannes Paul II. im Kontext der durch die Enzyklika *Humanae vitae* aufgeworfenen Fragen wieder an den Anfang seiner Mittwochsansprachen zurück und erinnert an deren Bezug zur Bischofssynode von 1980 zum Thema *De muneribus familiae christianae* und dem daraus hervorgegangenen Apostolischen Schreiben *Familiaris consortio* vom 22. November 1981: „Die Lehre von Familiaris consortio fordert, dass sich sowohl die Formulierung der Fragen als auch die Suche nach entsprechender Antwort auf die biblischen und personalistischen Gesichtspunkte konzentrieren" (TdL 133,2). Wegweisend erscheint die Aussage, dieser Inhalt „gibt auch die Richtung für die Entwicklung der Theologie des Leibes an und mithin die Richtung ihrer allmählichen Ergänzung und Vertiefung" (TdL 133,2).

Die Katechesen „Theologie des Leibes" stellen von ihrem Charakter nämlich keine Katechesen dar und vermitteln pädagogisch gesehen schwierig nachzuvollziehende Inhalte. Auch basieren sie auf keiner echten Exegese, sondern auf einer biblischen Ekklektik. Sie beschränken sich auf einige wenige Bibelstellen, die Johannes Paul II. eher als Anknüpfungspunkte verwendet. Sie dienen ihm mehr als Anstöße zu bibeltheologischen Reflexionen und werden exegetisch weder eingeordnet noch ausgewertet. Anklänge dazu sind höchstens in den Fußnoten zu finden. Ekklektisch sind auch die patristischen und dogmengeschichtlichen Verweise. Die liturgischen Texte beschränken sich auf den Trauritus. Kirchengeschichtliche und kirchenrechtliche Themen spielen überhaupt keine Rolle. Zudem ist fraglich, ob die Anmerkungen in den Fußnoten überhaupt von Johannes Paul II. selbst stammen.

Im Bereich der Fundamentalmoral entwickelt Johannes Paul II. einen einzigartigen Ansatz. Gleiches gilt für seine Gesellschaftslehre und für seine Philosophie. Allerdings beschränkt sich seine philosophiegeschichtliche Auseinandersetzung auf Kant und Scheler. Verweise auf die antike Philosophie, auf Augustinus und Thomas von Aquin sind abermals ekklektisch. Auch hier verwendet er wenige Begriffe und Definitionen, deren Zusammenhänge ihm jedoch bestens vertraut sind.

Trotzdem bieten die im Rahmen dieser Arbeit entfaltete philosophische Anthropologie Wojtyłas und die „Theologie des Leibes“ Johannes Pauls II. großartige Analysen der menschlichen Person. Während diese Analysen auf der Ebene der Erfahrung sehr umfassend entfaltet werden, fällt auf der Ebene der Offenbarung auf, dass Johannes Paul II. den Horizont der ehelichen Gemeinschaft und der Geschlechtlichkeit nicht verlässt.[1] Es scheint berechtigt, von den biblischen Äußerungen über die Ehe auszugehen, um die Bedeutung des Leibes zu erschließen. Dennoch stellt sich die Frage, warum Johannes Paul II. diese Ergebnisse nicht für eine allgemeine Anthropologie auswertet, in der die Aussage „Der Leib offenbart die Person“ einen allgemeingültigen Ausdruck findet. Man könnte erwarten, dass ergänzend dargestellt wird, wie der Leib die Person über das Verhältnis von Mann und Frau hinaus offenbart: vom Kind bis zum Greis, vom Nichtverheirateten bis zum Priester. So fragt Charles E. Curran nach der Bedeutung dieser Ansprachen für Witwen und Witwer oder auch für Homosexuelle.[2] Die Katechesen sind hier einseitig. Auch erscheint im Rahmen der Katechesen Sünde als Sünde des Leibes (Unreinheit, Unbeherrschtheit) zu sehr auf die sexuelle Begierlichkeit konzentriert.

Eine Vertiefung der „Theologie des Leibes“ müsste *erstens* herausarbeiten: Die Hingabe an ein Du braucht einen Weg der Kommunikation, d. h. der Mitteilung. Dieser Weg ist der Leib. In den Katechesen fehlt die Entfaltung des Gedankens, dass es auch über die Ehe hinaus keine zwischenmenschliche Kommunikation ohne den Leib geben kann. So müsste die Frage näher erörtert werden, wie sich die Hingabe konkret gestaltet und welche Rolle der Leib im Füreinander-da-Sein und in der gelebten Liebe einnimmt. Schließlich spricht Johannes Paul II. fortwährend von der gelebten Liebe.

Zweitens: Auch stellt sich die Frage, warum Johannes Paul II. seine Ausführungen als „Theologie des Leibes“ bezeichnet, aber diese letztlich nicht zu einer

---

1 „(…) it has also been said that John Paul II has too narrow a vision of bodiliness, as if the body referred only to the sexual body. This concern is indeed a valid one. However, one can argue that John Paul II was already aware of this limitation of his *Catechesis*. He did not want to offer a complete Theology of the Body, but limited his reflection to marriage and family” (Ebd., 121).

2 Vgl. Curran, Moral, 168.

allgemeinen Theologie im anthropologischen Sinn entfaltet. Denn die Grundlagen dafür sind geschaffen und Johannes Paul II. liefert wichtige Anhaltspunkte: der Leib offenbart die Person; im Leib erfährt sich der Mensch als Geschenk für den anderen; durch das Handeln im Leib bereichert die Person ihre Subjektivität; der Leib stellt letztlich den Ausdruck für den gesamten personalen Dynamismus dar, d. h. im Leib wird der innere Reichtum der Person sichtbar.

Drittens: Exakt in diesem letzten Punkt verknüpft Johannes Paul II. die Erfahrungs- mit der Offenbarungsebene. Das ist der Schlüssel zu seinem Denken. Als gefallene Menschen erleben wir die Begierde als leiblichen Ausdruck eines Mangels an subjektiver Vollkommenheit. Umgekehrt offenbart die Selbstbeherrschung und die Erlangung der Reinheit in diesem Sinn die Gegenwart des Heiligen Geistes, die Teilhabe am göttlichen Leben, d. h. die Vergöttlichung.

Vor allem darum geht es Karol Wojtyła/Johannes Paul II.: „Die Moraltheologie ist eine Reflexion, die die *‚Moralität'*, das heißt das Gute und das Schlechte der menschlichen Handlungen und der Person, die sie vollzieht, zum Inhalt hat, und in diesem Sinne steht sie allen Menschen offen; aber sie ist auch ‚Theologie', weil sie Anfang und Endziel des sittlichen Handelns in dem erkennt, der ‚allein gut ist' und der dem Menschen dadurch, dass er sich ihm in Christus hingibt, die Glückseligkeit des göttlichen Lebens anbietet."[1]

1 Johannes Paul II., Veritatis splendor, Nr. 29.

4. ABKÜRZUNGSVERZEICHNIS

Die theologischen Abkürzungen entsprechen: Schwertner S.M., Theologische Realenzyklopädie. Abkürzungsverzeichnis, Berlin u.a. ^{2}1994. Ergänzt durch: Kasper W. (ed.), Abkürzungsverzeichnis LThK 11, Freiburg/Br. ^{3}2001, 689*–746*.

AAS	Acta Apostolicae Sedis (vgl. Quellen)
ADCOV	Acta et Documenta Concilio Oecumenico Vaticani secondo (vgl. Quellen)
AfkKR	Archiv für katholisches Kirchenrecht
AG	Ad gentes (vgl. Quellen)
AHus	Analecta Husserliana
Ang.	Angelicum
ARPs	Archiv für Religionspsychologie
ASyn	Acta Synodalia Sacrosancti Concilii Oecumenici Vaticani II (vgl. Quellen)
AT	Altes Testament
CdM	Collona di Mariologia
CIC	Codex Iuris Canonici (vgl. Quellen)
CivCatt	Civiltà Cattolica
Conc(D)	Concilium
Com(US)	Communio
DAS	Der Apostolische Stuhl (vgl. Quellen)
DH	Denzinger-Hünermann (vgl. Quellen)
Div.	Divinitas
DV	Dei verbum (vgl. Quellen)
DT(P)	Divus Thomas
EKK	Evangelisch-katholischer Kommentar zum Neuen Testament
Ergbd.	Ergänzungsband
EV	Evangelium vitae
FC	Familiaris consortio
FKTh	Forum katholische Theologie
FZPhTh	Freiburger Zeitschrift für Philosophie und Theologie
GAT	Grundrisse zum Alten Testament
GS	Gaudium et spes (vgl. Quellen)
GMS	Grundlegung zur Metaphysik der Sitten
HerKorr	Herder Korrespondenz

HThK	Herders Theologischer Kommentar zum Neuen Testament
HV	Humanae vitae (vgl. Quellen)
IKaZ	Internationale Katholische Zeitschrift
J	Jahwist
KathKK	Kathechismus der Katholischen Kirche (vgl. Quellen)
KlBl	Klerusblatt
KpV	Kritik der praktischen Vernunft
KUL	Katholische Universität Lublin
LG	Lumen gentium (vgl. Quellen)
LM	Lutherische Monatshefte
LThK	Lexikon für Theologie und Kirche
LTP	Laval théologique et philosophique
LXX	Septuaginta
MThZ	Münchener theologische Zeitschrift
NSchol	New scholasticism
NT	Neues Testament
NTD	Das Neue Testament Deutsch
OR	L'Osservatore Romano
OR (D)	L'Osservatore Romano (deutsch) (vgl. Quellen)
P	Priesterschrift
PhB	Philosophische Bibliothek
PL	Patrologiae cursus completus. Accurante Jacques-Paul Migne. Series Latina
PPR	Philosophy and Phenomenological Research
RAC	Reallexikon für Antike und Christentum
RdT	Rassegna di Teologia
Ren.	Renovatio
RH	Redemptor hominis
RM	Redemptoris missio
SacDo	Sacra doctrina
Sal.	Salesianum
SapDom	Sapienza
SC	Sacrosanctum Concilium (vgl. Quellen)
SJP	Salzburger Jahrbuch für Philosophie (und Psychologie)
StZ	Stimmen der Zeit
TdL	Theologie des Leibes (vgl. Johannes Paul II., Die menschliche Liebe im göttlichen Heilsplan. Eine Theologie des Leibes. Mittwochskatechesen 1979-1984, Martin N. u. R. [Hg.], Kisslegg [2]2008)
ThG	Theologie der Gegenwart
ThRv	Theologische Revue
TOB	Theology of the Body

TS	Theological Studies
TThZ	Trierer theologische Zeitschrift
Univ.	Universitas
VAS	Verlautbarungen des Apostolischen Stuhls (vgl. Quellen)
VS	Veritatis splendor
ZKTh	Zeitschrift für Katholische Theologie

5. LITERATURVERZEICHNIS

Zur Zitierweise

Die verschiedenen Werke eines Autors sind im Literaturverzeichnis alphabetisch geordnet. Da zahlreiche Werke und Artikel von Karol Wojtyła/Johannes Paul II. zitiert werden, ist zur leichteren Orientierung der Artikel berücksichtigt.

5.1 QUELLEN

5.1.1 Allgemeine Quellen

Acta Apostolicae Sedis, Civitas Vaticani 1909f. [zit. als: AAS]

Acta et Documenta Concilio Oecumenico Vaticani II Apparendo, Series I (Antepraeparatoria) Civitas Vaticani 1960f. [zit. als: ADCOV I]

Acta Synodalia Sacrosancti Concilii Oecumenici Vaticani II, Civitas Vaticani 1970f. [zit. als: ASyn]

Benedikt XVI., Ansprache an das Kardinalskollegium und die Mitarbeiter der Römischen Kurie beim Weihnachtsempfang (22.12.2005), in: OR (D) 13.1.2006, 9-11. [zit. als: Benedikt XVI., Ansprache an das Kardinalskollegium]

Benedikt XVI., Ansprache an die Teilnehmer des Internationalen Kongresses des Päpstlichen Instituts „Johannes Paul II." für Studien über Ehe und Familie (13.5.2011), in: OR (D) 27.1.2011, Dokumentation. [zit. als: Benedikt XVI., Ansprache an die Teilnehmer des Internationalen Kongresses des Päpstlichen Instituts „Johannes Paul II." für Studien über Ehe und Familie]

Benedikt XVI., Ansprache anlässlich des 25jährigen Bestehens des Päpstlichen Instituts „Johannes Paul II." für Studien über Ehe und Familie (11.5.2006), in: OR (D) 26.05.2006, 7. [zit. als: Benedikt XVI., Ansprache anlässlich des 25jährigen Bestehens]

Benedikt XVI./Benedetto XVI, Lettera del Santo Padre: „Il Vaticano II – Una risposta ancora attuale alle domande del nostro tempo (28.10.2008), in: Kijas Z. J./Dobrzyński A. (Hg.), Cristo Chiesa Uomo. Il Vaticano II nel Pontificato di Giovanni Paolo II, 15-17. [zit. als: Benedikt XVI., Lettera del Santo Padre]

Benedikt XVI., Predigt zur „Missa Chrismatis" (5.4.2012), in: OR (D) 20.4.2012, 9. [zit. als: Benedikt XVI., Predigt zur Missa]

Boëthius, Liber de Persona et duabus naturis contra Eutychem et Nestorium c. 2 (= Ed. M. Elsaesser PhB 397), Hamburg 1988, 74f. [zit. als: Boëthius, Liber de Persona]

Codex Iuris Canonici – Codex des kanonischen Rechts. Lat.-dt. Ausgabe, Kevelar [12]2012. [zit. als: CIC]

Denzinger H.-Hünermann P. (Hg.), Enchiridion symbolorum definitionum et declarationum de rebus fidei et morum = Kompendium der Glaubensbekenntnisse und kirchlichen Lehrentscheidungen, Freiburg/Br. [40]2005. [zit. als: DH]

Der Apostolische Stuhl, hg. vom Sekretariat der Deutschen Bischofskonferenz/ L'Osservatore Romano, deutschsprachige Redaktion, Köln 1982ff. [zit. als: DAS]

Die Bibel, Altes und Neues Testament. Einheitsübersetzung, Freiburg/Br. 1980.

Erstes Vatikanisches Konzil, Dogmatische Konstitution „Dei Filius" über den katholischen Glauben, zit. nach: DH 3000-3045.

Gesenius W., Hebräisches und aramäisches Handwörterbuch über das Alte Testament, Berlin-Göttingen-Heidelberg [17]1962. [zit. als: Gesenius, Handwörterbuch]

Insegnamenti di Giovanni Paolo II Bd. 1-28, Città del Vaticano 1979f. [zit. als: Giovanni Paolo II, Insegnamenti]

Johannes Paul I., Ansprachen bei der wöchentlichen Generalaudienz, in: Paul VI./Johannes Paul I./Johannes Paul II., Wort und Weisung im Jahr 1978, Kevelar 1979, 11-29.

Kant I., Gesammelte Schriften, begonnen v. der Königlich Preußischen Akademie der Wissenschaften (*Akademieausgabe*), 1. Abtlg. (Bd. I-IX): Werke; 2. Abtlg. (Bd. X-XIII): Briefwechsel; 3. Abtlg. (Bd. XIV-XXIII): Nachlass, Berlin 1900-1955; 4. Abtlg. (Bd. XXIV-XXIX): Vorlesungen, Berlin 1966ff. [zit. als: Kant, Schriften]

Katechismus der Katholischen Kirche. Neuübersetzung aufgrund der Editio typica Latina, München 2005 (korrigierter Nachdruck der Ausgabe von 2003). [zit. als: KathKK]

L'Osservatore Romano. Wochenausgabe in deutscher Sprache, Ostfildern 1971f. [zit. als: OR(D)]

Paul VI., Apostolisches Schreiben Evangelii nuntiandi an die Bischöfe, den Klerus und alle Gläubigen auf der ganzen Welt (8.12.1975), in: AAS 68 (1976) 5-76.

Paul VI., „Humane vitae"' – Über die rechte Ordnung der Weitergabe menschlichen Lebens (25.7.1968), in: AAS 60 (1968) 481-503, (Lateinisch-deutsch = Nachkonziliare Dokumentation, Bd. 14, Trier 1968). [zit. als: HV]

Paul VI./Johannes Paul I./Johannes Paul II., Wort und Weisung im Jahr 1978, Kevelar 1979.

Pius XI., Enzyklika „Casti conubii“ (31.12.1930), in: AAS 22 (1930) 539-592.

Thomas von Aquin, zitiert nach der Ausgabe: Sancti Thomae de Aquino, Summa Theologiae, Torino ³1999.

Verlautbarungen des Apostolischen Stuhls, hg. vom Sekretariat der Deutschen Bischofskonferenz, Bonn 1975ff. [zit. als: VAS]

Wort der deutschen Bischöfe zur seelsorglichen Lage nach dem Erscheinen der Enzyklika „Humanae vitae“ (19./30.8.1968 Königstein/Taunus), in: Dokumente der Deutschen Bischofskonferenz Bd. 1 (1965-1969) (hg. vom Sekretariat der Deutschen Bischofskonferenz, Bonn 1998), 465-471.

Zweites Vatikanisches Konzil, Dekret über die Missionstätigkeit der Kirche „Ad Gentes“, in: LThK Ergbd. III, Freiburg/Br. ²1986, 22-125. (lat. in: AAS 58 [1966] 947-990). [zit. als: AG]

Zweites Vatikanisches Konzil, Dogmatische Konstitution über die göttliche Offenbarung „Dei verbum“, in: LThK Ergbd. II, Freiburg/Br. ²1986, 504-583. (lat. in: AAS 58 [1966] 817-836). [zit. als: DV]

Zweites Vatikanisches Konzil, Dogmatische Konstitution über die Kirche „Lumen gentium“, in: LThK Ergbd. I, Freiburg/Br. ²1986, 156-347. (lat. in: AAS 57 [1965] 5-75). [zit. als: LG]

Zweites Vatikanisches Konzil, Konstitution über die heilige Liturgie „Sacrosanctum Concilium“, in: LThK Ergbd. I, Freiburg/Br. ²1986, 14-109. (lat. in: AAS 56 [1964] 97-138). [zit. als: SC]

Zweites Vatikanisches Konzil, Pastorale Konstitution über die Kirche in der Welt von heute „Gaudium et spes“, in: LThK Ergbd. III, Freiburg/Br. ²1986, 280-592. (lat. in: AAS 58 [1966] 1025-1115). [zit. als: GS]

5.1.2 Internetquellen

Außer der Datumsangabe im Format TT.MM.JJJJ statt nach ISO 8601 (JJJJ-MM-TT) wurde Jens Bleuels Zitationsempfehlung angewendet. Bleuel J., Zitation von Internet-Quellen, in: Huf T. (ed.), Wie kommt Wissenschaft zu Wissen? Bd. 1, Einführung in das wissenschaftliche Arbeiten, Hohengehren 2001, 383-398.

Johannes Paul II., Ansprache an der Päpstlichen Hochschule „Angelicum“ (17.11.1979), Online in Internet: URL: http://www.vatican.va/holy_father/john_paul_ii/speeches/1979/november/documents/hf_jp-ii_spe_19791117_angelicum_ge.html [Stand 19.3.2013] [zit. als: Johannes Paul II., Ansprache an der Päpstlichen Hochschule]

Giovanni Paolo II/Johannes Paul II., Discorso alla III Conferenza dell'Episcopato Latinoamericano (28.1.1979), Online in Internet: URL: http://www.vatican.va/holy_father/john_paul_ii/speeches/1979/january/documents/hf_jp-ii_spe_19790128_messico-puebla-episc-latam_it.html [Stand 19.3.2013]. [zit. als: Giovanni Paolo II/Johannes Paul II., Discorso alla III Conferenza dell'Episcopato Latinoamericano]

Giovanni Paolo II/Johannes Paul II., „Maestro della fede" – In occasione del IV Centenario della morte di San Giovanni della Croce, Dottore, della Chiesa (14.12.1990), Online in Internet: URL: http://www.vatican.va/holy_father/john_paul_ii/apost_letters/documents/hf_jp-ii_apl_19901214_juan-de-la-cruz_it.html [19.3.2013]. [zit. als: Giovanni Paolo II/Johannes Paul II., Maestro della fede]

John Paul/Johannes Paul II., Message to the Bishops from North and Central America and the Carribean (16.1.1985), Online in Internet: URL: http://www.vatican.va/holy_father/john_paul_ii/messages/pont_messages/1985/documents/hf_jp-ii_mes_19850116_presuli-americhe_en.html [19.3.2013]. [zit. als: John Paul II/Johannes Paul II., Message to the Bishops from North and Central America and the Carribean]

Siebenrock R., Von der Mitte in die Weite. Karl Rahner – aus Sicht der „Generation danach",Online in Internet: URL:

http://www.christ-in-der-gegenwart.de/archiv/artikel_detail_html?k_beitrag=474960. [19.3.2013]. [zit. als: Siebenrock, Rahner]

5.1.3 Werke Karol Wojtyłas/Johannes Pauls II.[1]

Karol Wojtyła (Schriften vor dem Pontifikat)

Wojtyła K., Auf der Suche nach den Grundlagen des Perfektiorismus in der Ethik, in: Ders./Johannes Paul II., Primat des Geistes. Philosophische Schriften, Stuttgart-Degerloch 1980, 309-326. [zit. als: Wojtyła, Auf der Suche nach den Grundlagen des Perfektiorismus]

Wojtyła K., Das Problem der Bildung von Kultur durch menschliche *praxis*, in: Ders., Wer ist der Mensch? Skizzen zur Anthropologie, Nissing H.-G. (Hg.), München 2011, 75-89. [zit. als: Wojtyła, Das Problem der Bildung]

Wojtyła K., Das Problem der Trennung von Erlebnis und Akt in der Ethik im Lichte der Anschauungen Kants und Schelers, in: Ders./Johannes Paul II., Primat des Geistes. Philosophische Schriften, Stuttgart-Degerloch 1980, 199-229. [zit. als: Wojtyła, Das Problem der Trennung]

1 Vgl. Bibliografien im Literaturverzeichnis: Gramatowski/Wilińska, Karol Wotyla; Nissing, Auswahlbiografie.

Wojtyła K., Das Problem des Willens in der Analyse des ethischen Aktes, in: Ders./Johannes Paul II., Primat des Geistes. Philosophische Schriften, Stuttgart-Degerloch 1980, 281-308. [zit. als: Wojtyła, Das Problem des Willens]

Wojtyła K., Der Bruder unseres Gottes – Strahlung des Vaters. Zwei Dramen, Freiburg/Br.-Basel-Wien 1981. [zit. als: Wojtyła, Der Bruder]

Wojtyła K./Johannes Paul II., Der Gedanke ist eine seltsame Weite. Betrachtungen – Gedichte, Freiburg/Br.–Basel–Wien [2]1990.

Wojtyła K., Der Glaube bei Johannes vom Kreuz, Wien 1998. [zit. als: Wojtyła, Der Glaube bei Johannes vom Kreuz]

Wojtyła K., Der intentionale Akt und die menschliche Tat – oder: Tat und Erfahrung, in: Ders., Wer ist der Mensch? Skizzen zur Anthropologie, Nissing H.-G. (Hg.), München 2011, 25-37 [zit. als: Wojtyła, Der intentionale Akt]

Wojtyła K./Jawień A., Der Laden des Goldschmieds. Meditationen über das Sakrament der Ehe, die sich vorübergehend zum Drama wandeln, Freiburg/Br.–Basel–Wien [4]1980.

Wojtyła K./Szostek A./Styczeń T. (Hg.), Der Streit um den Menschen. Personaler Anspruch des Sittlichen, Kevelaer 1979.

Wojtyła K./Johannes Paul II., Die anthropologische Vision der Enzyklika „Humanae Vitae“, in: Ders., Primat des Geistes. Philosophische Schriften, Stuttgart-Degerloch 1980, 177-202. [zit. als: Wojtyła/Johannes Paul II., Die anthropologische Vision der Enzyklika „Humanae Vitae“]

Wojtyła K., Die Aufgabe christlicher Philosophie heute, in: Ders., Wer ist der Mensch? Skizzen zur Anthropologie, Nissing H.-G. (Hg.), München 2011, 107-108 [zit. als: Wojtyła, Die Aufgabe christlicher Philosophie]

Wojtyła K., Die Jugendgedichte des Papstes. Renaissance Psalter, Graz-Wien-Köln 2000.

Wojtyła K., Die menschliche Person im Kontext der ehelichen Hingabe und Elternschaft, in: Piegsa J./Zeimentz H. (Hg.), Person im Kontext des Sittlichen. Beiträge zur Moraltheologie. Josef Georg Ziegler zum sechzigsten Geburtstag gewidmet (= Moraltheologische Studien, Systematische Abt. Bd. 7), Düsseldorf 1979, 160-174. [zit. als: Wojtyła, Die menschliche Person im Kontext]

Wojtyła K., Die menschliche Person und das Naturrecht, in: Ders./Johannes Paul II., Von der Königswürde des Menschen, Stuttgart [2]1980, 59-64. [zit. als: Wojtyła, Die menschliche Person und das Naturrecht]

Wojtyła K., Die personale Struktur der Selbstbestimmung, in: Ders., Wer ist der Mensch? Skizzen zur Anthropologie, Nissing H.-G. (Hg.), München 2011, 13-22. [zit. als: Wojtyła, Die personale Struktur der Selbstbestimmung]

Wojtyła K., Die Stufen des Seins aus Sicht einer Phänomenologie der Tat, in: Ders., Wer ist der Mensch? Skizzen zur Anthropologie, Nissing H.-G. (Hg.), München 2011, 53-60. [zit. als: Wojtyła, Die Stufen des Seins]

Wojtyła K., Die Transzendenz der Person in der Tat, in: Ders., Wer ist der Mensch? Skizzen zur Anthropologie, Nissing H.-G. (Hg.), München 2011, 39-52. [zit. als: Wojtyła, Die Transzendenz der Person]

Wojtyła K., Die Wahrheit der Enzyklika „Humanae Vitae", in: Ders./Johannes Paul II., Von der Königswürde des Menschen, Stuttgart [2]1980, 203-215 [zit. als: Wojtyła, Die Wahrheit der Enzyklika]

Wojtyła K./Johannes Paul II., Erziehung zur Liebe. Mit einer ethischen Fibel, Stuttgart-Degerloch [2]1979. [zit. als: Wojtyła/Johannes Paul II., Erziehung zur Liebe]

Wojtyła K., Esercizi spirituali per i giovani, Vatikan 1982. [zit. als: Wojtyła, Esercizi]

Wojtyła K., Ethics and Moral Theology, in: Ders., Person and Community. Selected Essays (= Catholic Thought from Lublin IV), Woznicki A. N. (Hg.), New York-Berlin u.a. 1993, 101-106. [zit. als: Wojtyła, Ethics and Moral Theology]

Wojtyła K., Human Nature as the Basis of Ethical Formation, in: Ders., Person and Community. Selected Essays (= Catholic Thought from Lublin IV), Woznicki A. N. (Hg.), New York-Berlin u.a. 1993, 95-99. [zit. als: Wojtyła, Human Nature]

Wojtyła K., In Search of the Basis of Perfectionism in Ethis, in: Ders., Person and Community. Selected Essays (= Catholic Thought from Lublin IV), Woznicki A. N. (Hg.), New York-Berlin u.a. 1993, 45-56. [zit. als: Wojtyła, In Search of the Basis of Perfectionism]

Wojtyła K., Jeremia. Ein nationales Drama in drei Teilen, Paderborn 1996. [zit. als: Wojtyła, Jeremia]

Wojtyła K., L'umanesimo di San Giovanni della Croce, in: Delogu A./Morace A.M. (Hg.), Filosofia e letteratura in Karol Wojtyła, Vatikan 2007, 5-24. [zit. als: Wojtyła, L'umanesimo]

Wojtyła K., Liebe und Verantwortung. Eine ethische Studie, München [2]1981. [zit. als: Wojtyła, Liebe und Verantwortung]

Wojtyła K./Johannes Paul II., Lubliner Vorlesungen, Stuttgart-Degerloch, 1981. [zit. als: Wojtyła/Johannes Paul II., Lubliner Vorlesungen]

Wojtyła K., Man in the Field of Responsibility, South Bend 2011. [zit. als: Wojtyła, Man in the Field of Responsibility]

Wojtyła K., Ohne Menschenrechte keine Freiheit und kein Frieden, in: Ders./Johannes Paul II., Von der Königswürde des Menschen, Stuttgart [2]1980, 311-322. [zit. als: Wojtyła, Ohne Menschenrechte keine Freiheit]

Wojtyła K., Participation or Alienation?, in: AHus 6 (1977) 61-73. [zit. als: Wojtyła, Participation or Alienation]

Wojtyła K., Perché l'uomo. Scritti inediti di antropologia e filosofia, Serretti M. (Hg.), Mailand-Vatikan 1995. [zit. als: Wojtyła, Perché l'uomo]

Wojtyła K., Person and Community. Selected Essays (= Catholic Thought from Lublin IV), Woznicki A. N. (Hg.), New York-Berlin u.a. 1993. [zit. als: Wojtyła, Person and Community]

Wojtyła K., Person: Ich und Gemeinschaft, in: KlBl 57 (1977), 189-192. [zit. als: Wojtyła, Person: Ich und Gemeinschaft]

Wojtyła K., Person: Subjekt und Gemeinschaft, in: Ders./Szostek A./Styczeń T. (Hg.), Der Streit um den Menschen. Personaler Anspruch des Sittlichen, Kevelaer 1979, 13-68. [zit. als: Wojtyła, Person: Subjekt und Gemeinschaft]

Wojtyła K., Person und Tat, Freiburg/Br.–Basel-Wien 1981. [zit. als: Wojtyła, Person und Tat]

Wojtyła K./Johannes Paul II., Primat des Geistes. Philosophische Schriften, Stuttgart-Degerloch 1980. [zit. als: Wojtyła/Johannes Paul II., Primat des Geistes]

Wojtyła K., Quellen der Erneuerung. Studie zur Verwirklichung des Zweiten Vatikanischen Konzils, Freiburg/Br.–Basel-Wien 1981. [zit. als: Wojtyła, Quellen]

Wojtyła K., Subjectivity and the Irreducible in Man, in: AHus 7 (1978), 107-114. [zit. als: Wojtyła, Subjectivity and the Irreducible]

Wojtyła K., Subjektivität und „das Unreduzierbare" im Menschen, in: Ders., Wer ist der Mensch? Skizzen zur Anthropologie, Nissing H.-G. (Hg.), München 2011, 3-12 [zit. als: Wojtyła, Subjektivität und „das Unreduzierbare"]

Wojtyła K., Teoria e prassi nella filosofia della persona umana, in: SapDom 29 (1976) 377-384. [zit. als: Wojtyła, Teoria e prassi]

Wojtyła K., Theorie und *praxis* – ein allgemeinmenschliches und ein christliches Thema, in: Ders., Wer ist der Mensch? Skizzen zur Anthropologie, Nissing H.-G. (Hg.), München 2011, 61-73 [zit. als: Wojtyła, Theorie und *praxis*]

Wojtyła K., The Intentional Act and the Human Act that is, Act and Experience, in: AHus 5, Dordrecht 1976, 269-280. [zit. als: Wojtyła, The Intentional Act and the Human Act]

Wojtyła K., The Problem of Experience in Ethics, in: Ders., Person and Community. Selected Essays (= Catholic Thought from Lublin IV), Woznicki A. N. (Hg.), New York-Berlin u.a. 1993, 107-127. [zit. als: Wojtyła, The Problem of Experience in Ethics]

Wojtyła K., The Problem of the Separation of Experience from the Acts in Ethics, in: Ders., Person and Community. Selected Essays (= Catholic

Thought from Lublin IV), Woznicki A. N. (Hg.), New York-Berlin u.a. 1993, 23-44. [zit. als: Wojtyła, The Problem of the Separation of Experience]

Wojtyła K., The Problem of the Theory of Morality, in: Ders., Person and Community. Selected Essays (= Catholic Thought from Lublin IV), Woznicki A. N. (Hg.), New York-Berlin u.a. 1993, 129-161. [zit. als: Wojtyła, The Problem of the Theory of Morality]

Wojtyła K., The Structure of Self-Determination as the Core of the Theory of the Person, in: Tommaso d'Aquino nel suo Settimo Centenario. Atti del Congresso Internazionale (17-24.4.1974), Napoli 1978, 37-44. [zit. als: Wojtyła, The Structure of Self-Determination]

Wojtyła K., The Transcendence of the Person in Action and Man's Self-Teleology, in: AHus 9, Dordrecht 1979, S. 203-212.

Wojtyła K., Thomistic Personalism, in: Ders., Person and Community. Selected Essays (= Catholic Thought from Lublin IV), Woznicki A. N. (Hg.), New York-Berlin u.a. 1993, 165-175. [zit. als: Wojtyła, Thomistic Personalism]

Wojtyła K., Tutte le opere letterarie. Poesie. Drammi e scritti sul teatro, Reale G./Styczeń T. (Hg.), Mailand 2001. [zit. als: Wojtyła, Tutte le opere]

Wojtyła K., Über die metaphysische und die phänomenologische Grundlage der moralischen Norm, in: Ders./Johannes Paul II., Primat des Geistes. Philosophische Schriften, Stuttgart-Degerloch 1980, 230-262. [zit. als: Wojtyła, Über die metaphysische und die phänomenologische Grundlage]

Wojtyła K., Über die Möglichkeit, eine christliche Ethik in Anlehnung an Max Scheler zu schaffen. Habilitationsschrift, vorgelegt der Theologischen Fakultät der Jagiellonen-Universität zu Krakau, in: Ders./Johannes Paul II., Primat des Geistes. Philosophische Schriften, Stuttgart-Degerloch 1980, 35-197. [zit. als: Wojtyła, Über die Möglichkeit, eine christliche Ethik]

Wojtyła K./Johannes Paul II., Von der Königswürde des Menschen, Stuttgart ^{2}1980. [zit. als: Wojtyła, Von der Königswürde]

Wojtyła K., Vorwort des Autors zur englisch-amerikanischen (Erst-) Ausgabe von „Person und Tat“ in der Reihe „Analecta Husserliana“, in: Ders., Person und Tat, Freiburg/Br.–Basel-Wien 1981, 365-366. [zit. als: Wojtyła, Vorwort des Autors]

Wojtyła K., Wer ist der Mensch? Skizzen zur Anthropologie, Nissing H.-G. (Hg.), München 2011. [zit. als: Wojtyła, Wer ist der Mensch]

Wojtyła K., Zeichen des Widerspruchs. Besinnung auf Christus, Freiburg/Br.–Basel-Wien ^{2}1979. [zit. als: Wojtyła, Zeichen]

Johannes Paul II. (Schriften während des Pontifikats)

Giovanni Paolo II, Bellissima tra le donne. La Beata Vergine Maria (= Le Catechesi del Papa 4A), Chirico F. (Hg.), Napoli 2004. [zit. als: Giovanni Paolo II, Bellissima I]

Giovanni Paolo II, Bellissima tra le donne. La Beata Vergine Maria (= Le Catechesi del Papa 4B), Chirico F. (Hg.), Napoli 2004. [zit. als: Giovanni Paolo II, Bellissima II]

Giovanni Paolo II, Catechesi Sul Matrimonio. Con i commenti originali di S. Cipriani/G. Concetti/P. G. Pesche/Riva A., Concetti G. (Hg.), Rom 1980.

Giovanni Paolo II, L'Amore Umano Nel Piano Divino. La redenzione del corpo e la sacramentalità del matrimonio nelle catechesi del mercolidì (1979-1984), Gilfredo M. (Hg.), Vatikan 2009. [zit. als: Giovanni Paolo II, L'Amore Umano]

Giovanni Paolo II, Totus Tuus. Il Magistero Mariano di Giovanni Paolo II, Calkins B. (Hg.), Siena 2006.

Giovanni Paolo II, Uomo e Donna lo creò. Catechesi sull'amore umano, Vatikan [9]2009. [zit. als: Giovanni Paolo II, Uomo e Donna]

Johannes Paul II., Ansprache an die Päpstliche Bibelkommission. Die authentische Bibelauslegung ist wichtig für den Glauben und die Kirche (23.4.1993), in: OR (D) 14.5.1993, 10-12. [zit. als: Johannes Paul II., Ansprache an die Päpstliche Bibelkommission]

Johannes Paul II., Ansprache an die Publizisten und an die Künstler (19.11.1980), in: OR (D) 28.11.1980, 1-3. [zit. als: Johannes Paul II., Ansprache an die Publizisten]

Johannes Paul II., Ansprache vor den Vereinten Nationen zum 50jährigen Bestehen der Weltorganisation (5.10.1995), in: OR (D) 13.10.1995, 1-2 u. 4. [zit. als: Johannes Paul II., Ansprache vor den Vereinten Nationen]

Johannes Paul II., Ansprache zum 30. Jahrestag der Verkündigung der Apostolischen Konstitution „Gaudium et spes“ (8.11.1995), in: OR (D) 1.12.1995, Beilage XLVI, 7-8. [zit. als: Johannes Paul II., Ansprache zum 30. Jahrestag]

Johannes Paul II., Auf, lasst uns gehen! Erinnerungen und Gedanken, Augsburg 2004. [zit. als: Johannes Paul II., Auf, lasst uns gehen]

Johannes Paul II., Brief an die Familien (2.2.1994), in: AAS 86 (1994), 868-925 (= VAS, 112). [zit. als: Johannes Paul II., Brief an die Familien]

Johannes Paul II., Brief an die Frauen (29.6.1995), in: AAS 87 (1995), 803-812 (= VAS, 122). [zit. als: Johannes Paul II., Brief an die Frauen]

Johannes Paul II., Brief an die Künstler (4.4.1999), in: AAS 91 (1999), 1155-1172 [= DAS (1999), 663-678]. [zit. als: Johannes Paul II., Brief an die Künstler]

Johannes Paul II., „Cristifideles laici"- Über die Berufung und Sendung der Laien in Kirche und Welt (30.12.1988), in: AAS 81 (1989), 393-521 (= VAS, 87). [zit. als: Johannes Paul II., Christifideles laici]

Johannes Paul II., Der Heilige Geist. Katechesen 1989-1991 (= Communio personarum Bd. 6), Martin N. u. R./Hilla D. J. (Hg.), St. Ottilien 1993.

Johannes Paul II., Die Erlösung des Leibes und die Sakramentalität der Ehe. Katechesen 1981-1984 (= Communio personarum Bd. 2), Martin N. u. R. (Hg.), Vallendar-Schönstatt 1985.

Johannes Paul II., Die menschliche Liebe im göttlichen Heilsplan. Eine Theologie des Leibes. Mittwochskatechesen 1979-1984, Martin N. u. R. (Hg.), Kisslegg ²2008. [zit. als: TdL]

Johannes Paul II., Die menschliche Liebe im göttlichen Heilsplan. Katechesen 1979-1981 (= Communio personarum Bd. 1), Martin N. u. R. (Hg.),Vallendar-Schönstatt 1985.

Johannes Paul II., Die Schwelle der Hoffnung überschreiten, Messori V. (Hg.), Hamburg 1994. [zit. als: Johannes Paul II., Die Schwelle der Hoffnung]

Johannes Paul II., „Dives in misericordia"- Über das göttliche Erbarmen (30.11.1980), in: AAS 72 (1980), 1177-1232 (= VAS, 26). [zit. als: Johannes Paul II., Dives in misericordia]

Johannes Paul II., „Dominum et vivificantem"- Über den Heiligen Geist im Leben der Kirche und Welt (18.5.1986), in: AAS 78 (1986), 809-900 (= VAS, 71). [zit. als: Johannes Paul II., Dominum et vivificantem]

Johannes Paul II., „Ecclesia de Eucharistia"- Über die Eucharistie in ihrer Beziehung zur Kirche (17.4.2003), in: AAS 95 (2003), 433-475 (= VAS, 159). [zit. als: Johannes Paul II., Ecclesia de Eucharistia]

Johannes Paul II., Erinnerung und Identität. Gespräche an der Schwelle zwischen den Jahrtausenden, Augsburg 2005. [zit. als: Johannes Paul II., Erinnerung und Identität]

Johannes Paul II., „Evangelium vitae"- Über den Wert und die Unantastbarkeit des menschlichen Lebens (25.3.1995), in: AAS 87 (1995), 401-522 (= VAS, 120). [zit. als: Johannes Paul II., Evangelium vitae]

Johannes Paul II., „Familiaris consortio" – Über die Aufgaben der christlichen Familie in der Welt von heute (22.11.1981), in: AAS 74 (1982) 81-191, (= VAS, 33). [zit. als: Johannes Paul II., Familiaris consortio]

Johannes Paul II., „Fides et ratio" – Über das Verhältnis von Glaube und Vernunft (14.9.1998), in: AAS 91 (1999), 5-88, (= VAS, 135). [zit.: Johannes Paul II., Fides et ratio]

Johannes Paul II., „Fürchtet euch nicht!" André Frossard im Gespräch mit Johannes Paul II., München-Zürich-Wien 1982. [zit. als: Johannes Paul II., Fürchtet euch nicht]

Johannes Paul II., Geschenk und Geheimnis. Zum 50. Jahr meiner Priesterweihe, Graz-Wien-Köln 1997. [zit. als: Johannes Paul II., Geschenk und Geheimnis]

Johannes Paul II., Ich glaube an Gott den Schöpfer. Katechesen 1985-1986 (= Communio personarum Bd. 4), Martin N. u. R./Hilla D.J. (Hg.), St. Ottilien 1993. [zit. als: Johannes Paul II., Ich glaube an Gott]

Johannes Paul II., „Incarnationis mysterium" – Verkündigungsbulle des Großen Jubiläums des Jahres 2000 (29.11.1998), in: AAS 91 (1999), 129-143, (= VAS, 136). [zit.: Johannes Paul II., Incarnationis mysterium]

Johannes Paul II., Jesus Christus, der Erlöser. Katechesen 1986-1989 (= Communio personarum Bd. 5), Martin N. u. R./Hilla D.J. (Hg.), St. Ottilien 1993. [zit. als: Johannes Paul II., Jesus Christus]

Johannes Paul II., „Laborem exercens" – Über die menschliche Arbeit zum neunzigsten Jahrestag der Enzyklika „Rerum Novarum" (14.9.1981), in: AAS 73 (1981), 577-647, (=VAS, 32). [zit. als: Johannes Paul II., Laborem exercens]

John Paul II, Man and Woman He created Them. A Theology of the Body. Translation, Introduction, and Index by Michael Waldstein, Boston 2006. [zit. als: John Paul II, Man and Woman]

Johannes Paul II., „Mulieris dignitatem" – Über die Würde und Berufung der Frau anlässlich des Marianischen Jahres (15.8.1988), in: AAS 80 (1988) 1653-1729, (= VAS, 86). [zit. als: Johannes Paul II., Mulieris dignitatem]

John Paul II, On the Centenary of Blondel´s L´action, in: Com(US) 20 (1993) 721-723.

Johannes Paul II., „Ordinatio sacerdotalis" – Über die nur Männern vorbehaltene Priesterweihe (22.5.1994), in: AAS 86 (1994), 545-549, (= VAS, 117). [zit. als: Johannes Paul II., Ordinatio sacerdotalis]

Johannes Paul II., „Orientale lumen" – Zum hundertsten Jahrestag des Apostolischen Schreibens „Orientalium dignitas" von Papst Leo XIII. (2.5.1995), in: AAS 87 (1995), 745-774, (= VAS, 121). [zit. als: Johannes Paul II., Orientale lumen]

Johannes Paul II., Predigt in der Sixtinischen Kapelle zum Abschluss der Restaurierungsarbeiten an den Fresken des Michelangelo (8.4.1994), in: OR (D) 29.4.1994, 14-15. [zit. als: Johannes Paul II., Predigt in der Sixtinischen]

Johannes Paul II., „Redemptor hominis" – Zum Beginn seines päpstlichen Amtes (4.3.1979), in: AAS 71 (1979), 257-334, (= VAS, 6). [zit. als: Johannes Paul II., Redemptor hominis]

Johannes Paul II., „Redemptoris mater" – Über die selige Jungfrau Maria im Leben der pilgernden Kirche (25.3.1987), in: AAS 79 (1987), 361-433, (= VAS, 75). [zit. als: Johannes Paul II., Redemptoris mater]

Johannes Paul II., „Redemptoris missio" – Über die fortdauernde Gültigkeit des missionarischen Auftrages (7.12.1990), in: AAS 83 (1991), 249-340, (= VAS, 100). [zit. als: Johannes Paul II., Redemptoris missio]

Johannes Paul II., Römisches Triptychon. Meditationen, Freiburg/Br. 2003. [zit. als: Johannes Paul II., Römisches]

Johannes Paul II., Seid das Salz der Erde! Botschaften des Papstes an die Jugend der Welt, Rimmel T. M./Rosen J. (Hg.), München 1997.

Johannes Paul II., „Sollicitudo rei socialis" – Zwanzig Jahre nach der Enzyklika „Populorum progressio" (30.12.1987), in: AAS 80 (1988), 513-586, (= VAS, 82). [zit. als: Johannes Paul II., Sollicitudo rei socialis]

Johannes Paul II., „Tertio millennio adveniente" – Zur Vorbereitung auf das Jubeljahr 2000 (10.11.1994), in: AAS 87 (1995) 5-41 (= VAS, 119). [zit. als: Johannes Paul II., Tertio millennio]

Johannes Paul II., „Ut unum sint" – Über den Einsatz für die Ökumene (25.5.1995), in: AAS 87 (1995), 921-982, (= VAS, 121). [zit. als: Johannes Paul II., Ut unum sint]

Johannes Paul II., „Testament", in: Ders., Ich bin froh – seid ihr es auch: Das Testament, München 2005, 55-63.

Johannes Paul II., ‚Veritatis splendor' – Über einige grundlegende Fragen der kirchlichen Morallehre (6.8.1993), in: AAS 85 (1993), 1133-1228, (= VAS, 111). [zit. als: Johannes Paul II., Veritatis splendor]

6.2 LITERATUR

Albacete L., „Younger than Sin", in: Com(US) 22 (1995), 593-612. [zit. als: Albacete, Younger]

Alberigo G., Grossartige Ergebnisse – Schatten von Ungewissheit, in: Ders./ Wittstadt K., Geschichte des Zweiten Vatikanischen Konzils Bd. IV, Mainz 2006, 727-756. [zit. als: Albergio, Ergebnisse]

Alberigo G./Wittstadt K. (Hg.), Geschichte des Zweiten Vatikanischen Konzils Bd. I-V, Mainz 1997f.

Alberti G. R., Karol Wojtyła. Uno stile conciliare, Venezia 2012. [zit. als: Alberti, Karol Wojtyła]

Allard J.-L. (Hg.), Jacques Maritain: A Philosopher in the World, Ottawa 1985.

Anderson C./Granados J., Called to Love. Approaching John Paul II's Theology of the Body, New York 2009. [zit. als: Anderson/Granados, Theology of the Body]

Arzobispado di Madrid, Der Leitfaden, Madrid 2011.

Aster E. v., Geschichte der Philosophie, Stuttgart [18]1998. [zit. als: Aster, Geschichte der Philosophie]

Augé M., La Riforma Liturgica e Giovanni Paolo II, in: Kijas Z. J./Dobrzyński A. (Hg.), Cristo Chiesa Uomo. Il Vaticano II nel Pontificato di Giovanni Paolo II, Città del Vaticano 2010, 141-153. [zit. als: Augé, Giovanni Paolo II]

Balz H./Schneider G., Exegetisches Wörterbuch zum Neuen Testament. Bd. I-II, Stuttgart-Berlin-Köln [2]1992. [zit. als: Balz/Schneider, Exegetisches Wörterbuch]

Bartoszewski W. (Hg.), Die Kraft des Augenblicks. Begegnungen mit Papst Johannes

Paul II., Freiburg/Br. 2004.

Baumgartner H. M., „Kant", in: LThK V, Freiburg/Br. [3]2006, Sp. 1198-1203. [zit. als: Baumgartner, Kant]

Bechmann U., „Brautsymbolik. I. Biblisch", in: LThK II, Freiburg/Br. [3]2006, Sp. 664-665. [zit. als: Bechmann, Brautsymbolik]

Becker J./Luz U., Die Briefe an die Galater, Epheser und Kolosser (= NTD Bd. 8/1), Göttingen [18]1998.

Beinert W., „Lehramt", in: LThK VI, Freiburg/Br. [3]2006, Sp. 751-753. [zit. als: Beinert, Lehramt]

Beinert W., „Priester", in: Ders./Stubenrauch B. (Hg.), Neues Lexikon der katholischen Dogmatik, Freiburg/Br.-Basel-Wien 2012, 538-541. [zit. als: Beinert, Priester]

Beinert W./Stubenrauch B. (Hg.), Neues Lexikon der katholischen Dogmatik, Freiburg/Br.-Basel-Wien 2012.

Berger D., Thomas von Aquin begegnen, Augsburg 2002. [zit. als: Berger, Thomas von Aquin]

Berger K., Formen und Gattungen im Neuen Testament, Tübingen 2005. [zit. als: Berger, Formen]

Berger K., Kommentar zum Neuen Testament, Gütersloh [2]2012. [zit. als: Berger, Kommentar]

Böckle F., Anthropologie und sittliche Weisung nach dem Apostolischen Schreiben „Familiaris consortio", in: Höver G./Öhlschläger R./Risse H. T./Tiefenbacher H. (Hg.), Die Würde des Menschen. Die theologisch-anthropologischen Grundlagen der Lehre Papst Johannes Pauls II., Mainz-München 1986, 107-122. [zit. als: Böckle, Anthropologie]

Böckle F. (Hg.), Der umstrittene Naturbegriff. Person, Natur, Sexualität in der kirchlichen Morallehre (= Schriften der Katholischen Akademie in Bayern Bd. 124), Düsseldorf 1987.

Böckle F., „Humanae vitae" und die philosophische Anthropologie Karol Wojtyłas. Zur päpstlichen Lehrposition zur künstlichen Befruchtung und ihrer Begründung, in: HerKorr 43 (1989) 374-380.

Böckle F., Kommentar, in: Johannes Paul II., Dem Leben dienen. Apostolisches Schreiben über die Aufgaben der christlichen Familie in der Welt von heute. Mit einem Kommentar von Franz Böckle, Freiburg/Br.-Basel-Wien 1982, 167-203. [zit. als: Böckle, Kommentar]

Böckle, F., Was bedeutet „Natur" in der Moraltheologie?, in: Ders. (Hg.), Der umstrittene Naturbegriff, Person, Natur, Sexualität in der kirchlichen Morallehre (= Schriften der Katholischen Akademie in Bayern Bd. 124), Düsseldorf 1987, 45-68. [zit. als: Böckle, Natur]

Böttigheimer C., Lehrbuch der Fundamentaltheologie. Die Rationalität der Gottes-, Offenbarungs- und Kirchenfrage, Freiburg/Br. 2009. [zit. als: Böttigheimer, Fundamentaltheologie]

Bohlen R., „Levirat", in: LThK VI, Freiburg/Br. ^{3}2006, Sp. 864. [zit. als: Bohlen, Levirat]

Bomenuto A., Sessualità e Santità nell'opera di Giovanni Paolo II, Assisi 2011.

Boniecki A., The Making of the Pope of the Millennium. Kalendarium of the Life of Karol Wojtyła, Stockbridge 2000.

Bons E., „Ehe. IV. Im Alten Testament", in: LThK III, Freiburg/Br. ^{3}2006, Sp. 469-470. [zit. als: Bons, Ehe]

Borgonovo G., Karol Wojtyła/Giovanni Paolo II: una passione continua per l'uomo, Soveria Mannelli 2003. [Borgonovo, Wojtyła/Giovanni Paolo II]

Borgonovo G./Cattaneo A. (Hg.), Giovanni Paolo Teologo. Nel segno delle Encicliche, Milano ^{2}2003.

Borse U., Der Brief an die Galater (= Regensburger Neues Testament), Regensburg 1984. [zit. als: Borse, Galater]

Brandscheidt R., „Herz. II. Biblisch", in: LThK V, Freiburg/Br. ^{3}2006, Sp. 49-50. [zit. als: Brandscheidt, Herz]

Bransfield J. B., The Human Person. According to John Paul II, Boston 2010. [zit. als: Bransfield, John Paul II]

Bristrow P., Christian Ethics and the Human Person. Truth and Relativism in Contemporary Moral Theology, Oxford 2009. [zit. als: Bristrow, Christian]

Bronk A./Dybciak K./Dyczewski L. u.a. (Hg.), Ethos. Sonderausgabe Nr. 1, Lublin 1993.

Bürkle H., „Mythos. I. Begriff", in: LThK VII, Freiburg/Br. ^{3}2006, Sp. 597-598. [zit. als: Bürkle, Mythos]

Burigana R./Turbanti G., Zwischen den Sitzungsperioden: Vorbereitung des Konzilsabschlusses, in: Alberigo G./Wittstadt K., Geschichte des Zweiten

Vatikanischen Konzils Bd. IV, Mainz 2006, 531-726. [zit. als: Burigana/Turbanti, Sitzungsperioden]

Buttiglione R., Der Leib als Sprache, in: Bronk A./Dybciak K./Dyczewski L. u.a. (Hg.), Ethos. Sonderausgabe Nr. 1, Lublin 1993, 87-100. [zit. als: Buttiglione, Leib]

Buttiglione R., Die Herrlichkeit Gottes ist der lebendige Mensch. Den Dialog mit der Moderne möglich machen – Anmerkungen zur Philosophie Karol Wojtyłas, in: Deutsche Tagespost 9.4.2005. [zit. als: Buttiglione, Herrlichkeit Gottes]

Buttiglione R., Giovanni Paolo II: Papa dei diritti umani, in: Kijas Z. J./ Dobrzyński A. (Hg.), Cristo Chiesa Uomo. Il Vaticano II nel Pontificato di Giovanni Paolo II, 39-55. [zit. als: Buttiglione, Giovanni Paolo II]

Buttiglione R., Il pensiero di Karol Wojtyła, Milano 1982.

Buttiglione R./Fedeli C./Scola A. (Hg.), Karol Wojtyła. Filosofo, Teologo, Poeta. Atti del I Colloquio Internazionale del Pensiero Cristiano, Vatikan 1984.

Caffarra C., Introduzione Generale, in: Giovanni Paolo II, Uomo e Donna lo creò. Catechesi sull'amore umano, Vatikan [9]2009, 5-24. [zit. als: Caffarra, Introduzione]

Caffarra C., La verità e fecondità del dono, in: Melina L./Grygiel S. (Hg.), „Amare l'amore umano". L'eredità di Giovanni Paolo II sul Matrimonio e la Famiglia, Siena 2007, 187-193. [zit. als: Caffarra, La verità]

Calkins B., Introduzione, in: Giovanni Paolo II, Totus Tuus. Il Magistero Mariano di Giovanni Paolo II, Calkins B. (Hg.), Siena 2006, 9-37. [zit. als: Calkins, Introduzione]

Christe W., „Gaudium et spes", in: LThK IV, Freiburg/Br. [3]2006, Sp. 304-305. [zit. als: Christe, Gaudium et spes]

Ciccone L., Uomo-Donna. L'amore umano nel piano divino. La grande Catechesi del mercoledì di Giovanni Paolo II (5 settembre 1979 – 28 novembre 1984), Turin 1986. [zit. als: Ciccone, Uomo-Donna]

Ciccone L., Per una corretta comprensione della catechesi di Giovanni Paolo II nelle udienze generali del mercoledi, in: DT(P) 84 (1980) 356-380. [zit. als: Ciccone, Per una corretta comprensione]

Cichon-Brandmaier S., „Das aber ist ein großes Geheimnis". Neuere Aspekte zur Theologie des Ehesakramentes, in: Hauke M./Stickelbroeck M. (Hg.), Donum Veritatis. Theologie im Dienst an der Kirche, Regensburg 2006, 221-237. [zit. als: Cichon-Brandmaier, Geheimnis]

Cipriani S., Riflessioni di un esegeta, in: Giovanni Paolo II, Catechesi Sul Matrimonio. Con i commenti originali di S. Cipriani/G. Concetti/P.G. Pesche/ Riva A., Concetti G. (Hg.), Rom 1980, 9-26. [zit. als: Cipriani, Riflessioni]

Concetti G., Introduzione, in: Giovanni Paolo II, Catechesi Sul Matrimonio. Con i commenti originali di S. Cipriani/G. Concetti/P.G. Pesche/Riva A., Concetti G. (Hg.), Rom 1980, 5-8. [zit. als: Concetti, Introduzione I]

Concetti G., Le relazioni della coppia, in: Giovanni Paolo II, Catechesi Sul Matrimonio. Con i commenti originali di S. Cipriani/G. Concetti/P.G. Pesche/Riva A., Concetti G. (Hg.), Rom 1980, 45-59. [zit. als: Concetti, Relazioni]

Conley J. J., The Philosophical Foundations of the Thought of John Paul II. A Response, in: McDermott J. M. (Hg.), The Thought of Pope John Paul II. A Collection of Essays and Studies, Rom 1993, 23-28. [zit. als: Conley, Philosophical]

Cooper A. G., The Body: Witness to Creation, in: Anthropotes 26 (2010) 97-120. [zit. als: Cooper, Body]

Crosby J., The Personalism of John Paul II as the Basis of His Approach to the Teaching of *Humanae Vitae*, in: Smith J. E. (Hg.), Why Humane Vitae was right. A Reader, San Francisco 1993, 193-227. [zit. als: Crosby, Personalism]

Curran C. E., The Moral Theology of Pope John Paul II, Washington 2005. [zit. als: Curran, Moral]

Curran C. E./McCormick R. A. (Hg.), John Paul II and Moral Theology, Mahwah/New Jersey 1998.

Dautzenberg G., „Leib. II. Biblisch-theologisch", in: LThK VI, Freiburg/Br. [3]2006, Sp. 764-765. [zit. als: Dautzenberg, Leib]

Dec I., Person als Subjekt. Zum Personbegriff bei Karol Wojtyła, in: ThG 76 (1986) 294-307. [zit. als: Dec, Person]

Deines R., „Sadduzäer", in: LThK VIII, Freiburg/Br. [3]2006, Sp. 1423-1424. [zit. als: Deines, Sadduzäer]

Dörmann J., Johannes Paul II. Sein theologischer Weg zum Weltgebetstag der Religionen in Assisi, Stuttgart 2011. [zit. als: Dörmann, Johannes Paul II.]

Dziwisz S., Mein Leben mit dem Papst. Johannes Paul II. wie er wirklich war, Leipzig 2007. [zit. als: Dziwisz, Papst]

Eicher P., Die anthropologische Wende. Karl Rahners philosophischer Weg vom Wesen des Menschen zur personalen Existenz, Freiburg Schweiz 1970. [zit. als: Eicher, Rahner]

Eicher P. (Hg.), Neues Handbuch theologischer Grundbegriffe Bd. I-V. Erweiterte Neuausgabe, München 1991.

Eiff A. W. v., „Liebe und Verantwortung" als Basis der Geburtenregelung. Ein Beitrag zur Bischofssynode im Anschluss an das gleichnamige Buch von Karol Wojtyła, in: Her-Korr 34 (1980) 580-583. [zit. als: Eiff, Liebe]

Eley L., „Intuition“, in: Krings H./Baumgartner H. M./Wild C. (Hg.), Handbuch philosophischer Grundbegriffe Bd. 3, München 1973, 748-760. [zit. als: Eley, Intuition]

Ermecke G., Die fundamental-moralischen Grundlagen für die sittliche Verbindlichkeit von „Familiaris Consortio“, in: Div. 26 (1982) 369-381.

Fischer H.-J., Die Jahre mit Johannes Paul II. Rechenschaft über ein politisches Pontifikat, Freiburg/Br.-Basel-Wien 1998. [zit. als: Fischer, Johannes Paul II.]

Franzen A., Kleine Kirchengeschichte, Freiburg/Br.-Basel-Wien 262011.

Fries H., Papsttum und Kirche: Perspektiven des gegenwärtigen Pontifikats. Ein Gespräch mit Professor Heinrich Fries, in: HerKorr 35 (1981), 69-75. [zit. als: Fries, Papsttum]

Frings M. S., Einleitung, in: Wojtyła K./Johannes Paul II., Primat des Geistes. Philosophische Schriften, Stuttgart-Degerloch 1980, 19-33. [zit. als: Frings, Einleitung]

Gałkowski J. W., The Place of Thomism in the Anthropology of K. Wojtyła, in: Ang. 65 (1988) 181-194. [zit. als: Gałkowski, Thomism]

Gendreau B. A., The Integral Humanism of Jacques Maritain and the Personalism of John Paul II, in: Allard J.-L. (Hg.), Jacques Maritain: A Philosopher in the World, Ottawa 1985, 43-52. [Gendreau, The Integral Humanism]

Gerl-Falkovitz H.-B., „Als Mann und Frau schuf er sie …“ Die Erlösung des Leibes und seiner Geschlechtlichkeit nach Johannes Paul II., in: Nissing, H.-G./Zekorn S. (Hg.), Staunend vor dem Menschen. Das Denken Papst Johannes Pauls II., Kevelar 2011, 59-79. [zit. als: Gerl-Falkovitz, Mann und Frau]

Giertych W., „Verum Bonum“ in the Moral Teaching of John Paul II: Kijas Z. J./Dobrzyński A. (Hg.), Cristo Chiesa Uomo. Il Vaticano II nel Pontificato di Giovanni Paolo II, Città del Vaticano 2010, 97-108. [zit. als: Giertych, Verum bonum]

Gnilka J., Das Evangelium nach Markus. 2. Teilband Mk 8,27-16,20 (= EKK Bd. II/2), Zürich-Einsiedeln-Köln 1979, [zit. als: Gnilka, Markus II]

Gnilka J., Das Matthäusevangelium I. Teil. Kommentar zu Kap. 1,1-13,58 (= HThK Bd. I/1), Freiburg/Br. 1988. [zit. als: Gnilka, Matthäusevangelium I]

Gnilka J., Das Matthäusevangelium II. Teil. Kommentar zu Kap. 14,1-28,20 (= HThK Bd. I/2), Freiburg/Br. 1988. [zit. als: Gnilka, Matthäusevangelium II]

Gnilka J., Der Epheserbrief (= HThK), Freiburg/Br. 21977. [zit. als: Gnilka, Epheserbrief]

Gnilka J., „Sakrament. II. Biblisch-theologisch“, in: LThK VIII, Freiburg/Br. 32006, Sp. 1438-1440. [zit. als: Gnilka, Sakrament]

Grabowski J. S., Vorwort, in: John Paul II, The Theology of the Body. Human Love in the Divine Plan, Boston 1997, 15-21. [zit. als: Grabowski, Vorwort]

Gramatowski W./Wilińska Z., Karol Wotyla w świetle publikacji. Karol Wojtyła negli scritti. Bibliografia, Città del Vaticano 1980. [zit. als: Gramatowski/Wilińska, Karol Wojtyła]

Granados J., The Theology of the Body in the United States, in: Anthropotes 25 (2009) 101-125. [zit. als: Granados, Theology of the Body]

Grasso G., Per una ricerca della filosofia soggiacente agli interventi di Karol Wojtyła al Concilio Ecumenico, in: SacDo 29 (1979) 165-190.

Grecco R., Jüngste kirchliche Lehräußerungen, in: Conc(D) 20 (1984), 244-250. [zit. als: Grecco, Lehräußerungen]

Greshake G., „Auferstehung der Toten. VI. Systematisch-theologisch", in: LThK I, Freiburg/Br. [3]2006, Sp. 1202-1206. [zit. als: Greshake, Auferstehung]

Grootaers J., Ebbe und Flut zwischen den Zeiten, in: Alberigo G./Wittstadt K., Geschichte des Zweiten Vatikanischen Konzils Bd. II, Mainz 2000, 620-670. [zit. als: Grootaers, Ebbe]

Grootaers J., Karol Wojtyła auf dem Zweiten Vatikanum. Eine Dokumentation zur Konzilstätigkeit des gegenwärtigen Papstes, in: HerKorr 33 (1979) 453-458. [zit. als: Grootaers, Karol Wojtyła]

Halter H., Franz Böckle (1921-1991), in: Hilpert K. (Hg.), Christliche Ethik im Porträt. Leben und Werk bedeutender Moraltheologen, Freiburg/Br. 2012, 817-839. [zit. als: Halter, Böckle]

Hartelt K., „Sekretariate", in: LThK IX, Freiburg/Br. [3]2006, Sp. 411-412. [zit. als: Hartelt, Sekretariate]

Harvanek R. F., The Philosophical Foundations of the Thought of John Paul II, in: McDermott J. M. (Hg.), The Thought of Pope John Paul II. A Collection of Essays and Studies, Rom 1993, 1-21. [zit. als: Harvanek, John Paul II]

Hauke M., Die Mütterliche Vermittlung, in: Ziegenaus A. (Hg.), Totus Tuus. Maria in Leben und Lehre Johannes Pauls II. (= Mariologische Studien Bd. XVIII), Ziegenaus A. (Hg.), Regensburg 2004, 125-175. [zit. als: Hauke, Mütterliche]

Hauke M., Introduzione alla Mariologia (= Collona di Mariologia Bd. 2), Lugano 2008. [zit. als: Hauke, Mariologia]

Hauke M., Karl Rahner in der Kritik von Leo Scheffczyk, in: FKTh 28 (2012) 161-184. [zit. als: Hauke, Rahner]

Hauke M./Stickelbroeck M. (Hg.), Donum Veritatis. Theologie im Dienst an der Kirche. Festschrift zum 70. Geburtstag von Anton Ziegenaus, Regensburg 2006.

Hilberath B. J., Gnadenlehre, in: Schneider T. (Hg.), Handbuch der Dogmatik Bd. II, Düsseldorf [4]2009, 3-46. [zit. als: Hilberath, Gnadenlehre]

Hilla D. J., Person – Prinzip der Theologie. Zur Theologie Papst Johannes Paul II., in: IKaZ 19 (1990) 376-383.

Hilla D.J., Personalistische Grundlegung der Moral dargestellt auf der Grundlage des Personalismus K. Wojtyłas, in: Aletheia. An International Yearbook of Philosophy Vol. VI, Bern-Berlin u.a. 1993/1994, 246-264.

Hilpert K. (Hg.), Christliche Ethik im Porträt. Leben und Werk bedeutender Moraltheologen, Freiburg/Br. 2012.

Hilpert K., Kontinuitäten, Problemfelder und Perspektiven kirchlicher Sexuallehre, in: Ders. (Hg.), Zukunftshorizonte katholischer Sexualethik (= Quaestiones Disputate Bd. 241), Hünermann P./Söding T. (Hg.), Freiburg/Br. 2011, 473-489. [zit. als: Hilpert, Kontinuitäten]

Hilpert K. (Hg.), Zukunftshorizonte katholischer Sexualethik (= Quaestiones Disputate Bd. 241), Hünermann P./Söding T. (Hg.), Freiburg/Br. 2011.

Hirschberger J., Geschichte der Philosophie. Bd. I, Altertum und Mittelalter, Freiburg/Br.-Basel-Wien [13]1984.

Hirschberger J., Geschichte der Philosophie. Bd. II, Neuzeit und Gegenwart, Freiburg/Br.-Basel-Wien [12]1984.

Hirschberger J., Kleine Geschichte der Philosophie, Freiburg/Br. [17]1982.

Höffe O., Immanuel Kant, München [7]2007. [zit. als: Höffe, Kant]

Höffe O., Lexikon der Ethik, München [6]2002. [zit. als: Höffe, Lexikon der Ethik]

Höffe O., Papst Johannes Paul II. und die Menschenrechte: Philosophische Überlegungen, in: FZPhTh 27 (1980) 36-55.

Höffner J., Vorwort, in: Wojtyła K./Szostek A./Styczeń T. (Hg.), Der Streit um den Menschen. Personaler Anspruch des Sittlichen, Kevelaer 1979, 5-8. [zit. als: Höffner, Vorwort]

Höver G., Verantwortete Elternschaft – Überlegungen im Hinblick auf eine Theologie des Leibes, in: Hilpert K. (Hg.), Zukunftshorizonte katholischer Sexualethik (= Quaestiones Disputate Bd. 241), Hünermann P./Söding T. (Hg.), Freiburg/Br. 2011, 263-278. [zit. als: Höver, Verantwortete Elternschaft]

Höver G./Öhlschläger R./Risse H. T./Tiefenbacher H. (Hg.), Die Würde des Menschen. Die theologisch-anthropologischen Grundlagen der Lehre Papst Johannes Pauls II., Mainz-München 1986.

Hofmann M., Maria, die neue Eva. Geschichtlicher Ursprung einer Typologie mit theologischem Potential (=Mariologische Studien Bd. XXI), Ziegnaus A. (Hg.), Regensburg 2011. [zit. als: Hofmann, Maria]

Hofmann P., Benedikt XVI. Einführung in sein theologisches Denken, Paderborn 2009. [zit. als: Hofmann, Benedikt XVI.]

Hofmann P., Katholische Dogmatik. Paderborn 2008. [zit. als: Hofmann, Dogmatik]

Hogan R. M., The Theology of the Body in John Paul II. What it means, why it matters, Ijamsville 2006. [zit. als: Hogan, Theology of the body]

Hogan R. M./LeVoir J. M., Covenant of Love. Pope John Paul II on Sexuality, Marriage and Family in the Modern World, San Francisco [2]1992.

Hossfeld F.-L., „Pentateuch“, in: LThK VIII, Freiburg/Br. [3]2006, Sp. 18-23. [zit. als: Hossfeld, Pentateuch]

Hoye J. H., Abhängigkeit in der Wahrheit. Der Mensch und das Gute bei Karol Wojtyła/Johannes Paul II., in: Nissing, H.-G./Zekorn S. (Hg.), Staunend vor dem Menschen. Das Denken Papst Johannes Pauls II., Kevelar 2011, 80-96. [zit. als: Hoye, Wojtyła/Johannes Paul II.]

Hunold G. W., „Erotik“, in: LThK III, Freiburg/Br. [3]2006, Sp. 822-824. [zit. als: Hunold, Erotik]

Hunold G. W., „Humanae vitae“, in: LThK V, Freiburg/Br. [3]2006, Sp. 316-318. [zit. als: Hunold, Humanae viate]

Jaworski M., Der christozentrische Humanismus von Johannes Paul II., in: FKTh 1 (1985) 20-26. [zit. als: Jaworski, Humanismus]

Jaworski M., Die Konzeption der Anthropologie und das Menschenbild bei Karol Wojtyła, in: ARPs 14 (1980) 277-292. [zit. als: Jaworski, Konzeption der Anthropologie]

Jaworski M., Die Verwurzelung der christlichen Botschaft in der Kultur in Anlehnung an die Lehre Johannes Paul II. unter besonderer Berücksichtigung der christlichen Werte der polnischen Kultur, in: ARPs 16 (1983) 11-21. [zit. als: Jaworski, Verwurzelung der christlichen Botschaft]

Johnson P., Pope John Paul II and the Catholic Restoration, Michigan 1982. [zit. als: Johnson, Pope]

Jones D. A., John Paul II and Moral Theology, in: O'Collins G./Hayes M.A., The Legacy of John Paul II, London-New York 2008, 79-109. [zit. als: Jones, John Paul II]

Jorissen H., „Leib Christi. II. Systematisch-theologisch“, in: LThK VI, Freiburg/Br. [3]2006, Sp. 771-773. [zit. als: Jorissen, Leib]

Kasper W., Die Kirche Jesu Christi. Schriften zur Ekklesiologie I (= Gesammelte Schriften Bd. 11), Augustin G./Krämer K. (Hg.), Freiburg/Br. 2008. [zit. als: Kasper, Kirche Jesu Christi]

Kasper W., Katholische Kirche. Wesen-Wirklichkeit-Sendung, Freiburg/Br. [4]2012. [zit. als: Kasper, Katholische Kirche]

Kasper W., Ökumene – menschlich, charismatisch, spirituell, in: Bartoszewski W. (Hg.), Die Kraft des Augenblicks. Begegnungen mit Papst Johannes Paul II., Freiburg/Br. 2004, 186-191. [zit. als: Kasper, Ökumene]

Kasper W., Theologie und Kirche, Mainz 1987. [zit. als: Kasper, Theologie]

Katholisches Säkularinstitut Cruzadas de Santa María (Hg.), Mensch erkenne Deine Würde. Reflexionen zur „Theologie des Leibes“ von Papst Johannes Paul II. (= Pasinger Philothea Bd. II), München 2007.

Kehl M., „Ekklesiologie“, in: LThK III, Freiburg/Br. [3]2006, Sp. 568-573. [zit. als: Kehl, Ekklesiologie]

Kijas Z. J./Dobrzyński A. (Hg.), Cristo Chiesa Uomo. Il Vaticano II nel Pontificato di Giovanni Paolo II. Atti del Congresso Internazionale promosso dalla Pontificia Facoltà Teologica San Bonaventura-Seraphicum e dalla Fondazione Giovanni Paolo II Centro di Documentazione e Studio del Pontificato. Roma, 28-30 ottobre 2008, Città del Vaticano 2010.

Klimkeit H.-J., „Mani. II. Manichäismus“, in: LThK VI, Freiburg/Br. [3]2006, Sp. 1267-1269. [zit. als: Klimkeit, Manichäismus]

Kluxen W., „Ethos“, in: LThK III, Freiburg/Br. [3]2006, Sp. 939-940. [zit. als: Kluxen, Ethos]

Kluxen W., „Naturrecht. I. Philosophisch“, in: LThK VII, Freiburg/Br. [3]2006, Sp. 684-688. [zit. als: Kluxen, Naturrecht]

Knop J., „Soteriologie“, in: Beinert W./Stubenrauch B. (Hg.), Neues Lexikon der katholischen Dogmatik, Freiburg/Br.-Basel-Wien 2012, 590-595. [zit. als: Knop, Soteriologie]

Köchler H., Die dialektische Konzeption der Selbstbestimmung. Überlegungen zum systematischen Ansatz von Karol Wojtyła, in: ZKTh 101 (1979) 1-5. [zit. als: Köchler, Die dialektische Konzeption der Selbstbestimmung]

Köchler H., Die phänomenologisch-ontologische Grundlage der Anthropologie von Karol Wojtyła, in: SJP 25 (1980), 157-163. [zit. als: Köchler, Phänomenologisch-ontologische Grundlage]

Köchler H., The Phenomenology of Karol Wojtyła. On the Problem of the Phenomenological Foundation of Anthropology, in: PPR 42 (1982) 326-334.

König F., „Geht hinaus in die ganze Welt“, in: Bartoszewski W. (Hg.), Die Kraft des Augenblicks. Begegnungen mit Papst Johannes Paul II., Freiburg/Br. 2004, 146-152. [zit. als: König, Geht hinaus]

Krings H./Baumgartner H. M./Wild C. (Hg.), Handbuch philosophischer Grundbegriffe Bd. 3, München 1973.

Küng G., Der Mensch als handelnde Person. Zum philosophischen Werk des neuen Papstes, in: Univ. 34 (1979) 157-162.

Kunzmann P./Burkard F.-P./Wiedmann F. (Hg.), dtv-Atlas Philosophie. Mit 115 Abbildungsseiten in Farbe, München [12]2005. [zit. als: Kunzmann/Burkard/Wiedmann, Philosophie]

Kupczak J., Destined for Liberty. The Human Person in the Philosophy of Karol Wojtyła/John Paul II, Washington D.C. 2000. [zit. als: Kupczak, Destined]

Langenmeyer G., „Begierde. I. Theologisch-anthropologisch", in: LThK II, Freiburg/Br. [3]2006, Sp. 141-142. [zit. als: Langenmeyer, Begierde]

Lehmann K., „Rahner, Karl", in: LThK VIII, Freiburg/Br. [3]2006, Sp. 805-808. zit. als: [Lehmann, Rahner]

Loss N. M., I primi capitoli del libro della genesi nelle catechesi settimanali di Giovanni Paolo II, in: Sal. 44 (1982) 3-34.

Lubac de H., Geheimnis aus dem wir leben, Einsiedeln [2]1990. [zit. als: De Lubac, Geheimnis]

Lutz-Bachmann M., „Marx. II. Lehre", in: LThK VI, Freiburg/Br. [3]2006, Sp. 1449-1451. [zit. als: Lutz-Bachmann, Marx]

Luz U., Das Evangelium nach Matthäus. 1. Teilband Mt 1-7 (= EKK Bd. I/1), Düsseldorf-Zürich-Neukirchen/Vluyn [5]2002. [zit. als: Luz, Matthäus I]

Luz U., Das Evangelium nach Matthäus. 3. Teilband Mt 18-25 (= EKK Bd. I/3), Düsseldorf-Zürich-Neukirchen/Vluyn 1997. [zit. als: Luz, Matthäus III]

Luz U., Der Brief an die Epheser, in: Becker J./Luz U., Die Briefe an die Galater, Epheser und Kolosser (= NTD Bd. 8/1), Göttingen [18]1998, 105-180. [zit. als: Luz, Epheser]

Maliński M., Wer ist Karol Wojtyła? Auskünfte eines Freundes über Johannes Paul II., München 1998. [zit. als: Maliński, Karol Wojtyła]

Mannion G. (Hg.), The Vision of John Paul II. Assessing His Thought and Influence, Collegeville-Minnesota 2008.

Marengo G., Il contesto storico-teologico delle catechesi, in: Anthropotes 25 (2009) 19-41. [zit. als: Marengo, Contesto]

Marengo G., Introduzione, in: Giovanni Paolo II, L'Amore Umano Nel Piano Divino. La redenzione del corpo e la sacramentalità del matrimonio nelle catechesi del mercolidì (1979-1984), Marengo G. (Hg.), Vatikan 2009, 5-76. [zit. als: Marengo, Introduzione]

Marengo G., L'antropologia adequata nelle catechesi sull'amore umano. Linee di riflessione, in: Melina L./Grygiel S. (Hg.), „Amare l'amore umano". L'eredità di Giovanni Paolo II sul Matrimonio e la Famiglia, Siena 2007, 149-172. [zit. als: Marengo, L'antropologia]

Marengo G., Sinossi, in: Giovanni Paolo II, L'Amore Umano Nel Piano Divino. La redenzione del corpo e la sacramentalità del matrimonio nelle catechesi del mercolidì (1979-1984), Marengo G. (Hg.), Vatikan 2009, 499-510. [zit. als: Marengo, Sinossi]

Martin N., Die Katechesen Johannes Pauls II. über das christliche Menschenbild (1979-1984), in: FKTh 3 (1987) 1-27. [zit. als: Martin, Katechesen]

Martin N. u. R., Vorwort, in: Johannes Paul II., Die menschliche Liebe im göttlichen Heilsplan. Eine Theologie des Leibes, Martin N. u. R. (Hg.) Kisslegg ²2008, 27-36. [zit. als: Martin, Vorwort]

Martin N. u. R./Hilla D. J., Vorwort, in: Johannes Paul II., Ich glaube an Gott den Schöpfer. Katechesen 1985-1986 (= Communio personarum Bd. 4), Martin N. u. R./Hilla D. J. (Hg.), St. Ottilien 1993, 9-10. [zit. als: Martin/Hilla, Vorwort]

May G., „Enzyklika", in: LThK III, Freiburg/Br. ³2006, Sp. 697-698. [zit. als: May, Enzyklika]

Mayer M., Zölibat als Weg personaler Selbstverwirklichung. Die Sicht des Zölibates bei Johannes Paul II./Karol Wojtyła und dessen anthropologisch-spirituellen Grundlagen (= Moraltheologische Studien Bd. 7), Breuer C. (Hg.), St. Ottilien 2011. [zit. als: Mayer, Zölibat]

McDermott J. M. (Hg.), The Thought of Pope John Paul II. A Collection of Essays and Studies, Rom 1993.

Meisner J., Geleitwort zur Neuauflage, in: Johannes Paul II., Die menschliche Liebe im göttlichen Heilsplan. Eine Theologie des Leibes, Martin N. u. R. (Hg.) Kisslegg ²2008, 17-20. [zit. als: Meisner, Geleitwort]

Melady M. B., The Rhetoric of Pope John Paul II. The pastoral visit as a new vocabulary of the sacred, Westport 1999.

Melina L., Learning to Love at the School of John Paul II and Benedikt XVI, Leominster 2011. [zit. als: Melina, Love]

Melina L., Liebe auf katholisch. Ein Handbuch für heute, Augsburg 2009. [zit. als: Melina, Liebe]

Melina L./Grygiel S. (Hg.), „Amare l'amore umano". L'eredità di Giovanni Paolo II sul Matrimonio e la Famiglia, Siena 2007. [zit. als: Melina/Grygiel, Amare l'amore]

Merecki J., Sulla ricezione della teologia del corpo in Polonia, in: Anthropotes 25 (2009) 91-99. [zit. als: Merecki, Teologia del corpo]

Metzler J. B., Philosophen Lexikon. Von den Vorsokratikern bis zu Neuen Philosophen, Stuttgart-Weimar ²1995. [zit. als: Metzler, Philosophen]

Miggelbrink R., Einführung in die Lehre von der Kirche, Darmstadt 2003. [zit. als: Miggelbrink, Einführung]

Mittelstrass J., „Erfahrung. Philosophisch", in: LThK III, Freiburg/Br. ³2006, Sp. 752-754. [zit. als: Mittelstrass, Erfahrung]

Modras R., Karol Wojtyła the Philosopher, in: Mannion G. (Hg.), The Vision of John Paul II. Assessing His Thought and Influence, Collegeville-Minnesota 2008, 29-44. [zit. als: Modras, Karol Wojtyła]

Modras R., Pope John Paul's Theology of the Body, in: Curran C. E./McCormick R. A. (Hg.), John Paul II and Moral Theology, Mahwah/New Jersey 1998, 149-156. [zit. als: Modras, Theology of the Body]

Modras R., The Moral Philosophy of Pope John Paul II, in: TS 41 (1980) 683-697. [zit. als: Modras, Moral Philosophy]

Möhle H., „Wille. I. Philosophisch-anthropologisch", in: LThK X, Freiburg/Br. [3]2006, Sp. 1203-1205. [zit. als: Möhle, Wille]

Moeller C., Die Geschichte der Pastoralkonstitution, in: LThK Ergbd. III, Freiburg/Br. [2]1986, 242-278. [zit. als: Moeller, Pastoralkonstitution]

Müller G. L., Katholische Dogmatik. Für Studium und Praxis der Theologie, Freiburg/Br. [5]2003. [zit. als: Müller, Dogmatik]

Müller G. L., Themen und Perspektiven einer theologischen ANTHROPOLOGIE, in: Päpstlicher Rat für die Familie (Hg.), Lexikon Familie, Paderborn 2007, 9-13. [zit. als: Müller, Themen]

Müller H.-P., „Mythos. III. Biblisch-theologisch", in: LThK VII, Freiburg/Br. [3]2006, Sp. 600-602. [zit. als: Müller, Mythos]

Müller M./Halder A. (Hg.), Kleines Philosophisches Wörterbuch, [11]1984. [zit. als: Müller/Halder, Kleines Philosophisches Wörterbuch]

Nell-Breuning O. v., Politische Theologie Papst Johannes Pauls II., in: StZ 198 (1980) 675-686. [zit. als: Nell-Breuning, Johannes Pauls II.]

Nissing H.-G./Zekorn S. (Hg.), Staunend vor dem Menschen. Das Denken Papst Johannes Pauls II., Kevelar 2011.

Nissing H.-G., „Wer ist der Mensch?" Ein erster Blick auf Denken und Werk Karol Wojtyłas/Johannes Pauls II., in: Wer ist der Mensch? Skizzen zur Anthropologie, Nissing H.-G. (Hg.), München 2011, VII-LXV. [zit. als: Nissing, Wer ist der Mensch]

Nissing H.-G., Wissenschaftliche Auswahlbiografie. Karol Wojtyła/Johannes Paul II. 1939-2005, in: Ders./Zekorn S. (Hg.), Staunend vor dem Menschen. Das Denken Papst Johannes Pauls II. Kevelar 2011, 157-192. [zit. als: Nissing, Auswahlbiografie]

Nocke F.-J., Allgemeine Sakramentenlehre, in: Schneider T. (Hg.), Handbuch der Dogmatik Bd. II, Düsseldorf [4]2009, 188-225. [zit. als: Nocke, Sakramentenlehre]

Nocke F.-J., Ehe, in: Schneider T. (Hg.), Handbuch der Dogmatik Bd. II, Düsseldorf [4]2009, 362-376. [zit. als: Nocke, Ehe]

Noriega J., La vocazione al dono di sé, in: Melina L./Grygiel S. (Hg.), „Amare l'amore umano". L'eredità di Giovanni Paolo II sul Matrimonio e la Famiglia, Siena 2007, 195-203. [zit. als: Noriega, La vocazione]

O'Collins G./Hayes M. A. (Hg.), The Legacy of John Paul II, London-New York 2008.

O'Reilly A. M., Conjugal Chastity in Pope Wojtyła (= American University Studies Series VII, Theology and Religion Bd. 291), New York-Bern-Frankfurt 2010. [O'Reilly, Wojtyła]

Ognibeni B., Giovanni Paolo II davanti alla Sacra Scrittura, in: Melina L./Grygiel S. (Hg.), „Amare l'amore umano". L'eredità di Giovanni Paolo II sul Matrimonio e la Famiglia, Siena 2007, 113-122. [zit. als: Ognibeni, Giovanni Paolo II]

Ott L., Grundriss der Katholischen Dogmatik. Freiburg/Br. [6]1963. [zit. als: Ott, Grundriss]

Patt H. J., Das Menschenbild von Papst Johannes Paul II. nach „Redemptor hominis", in: Ren. 36 (1980) 137-143. [zit. als: Patt, Menschenbild]

Pavan P., Einleitung zur „Erklärung über die Religionsfreiheit", in: LThK Ergbd. II, Freiburg/Br. [2]1986, 704-711. [zit. als: Pavan, Einleitung]

Percy A., The Theology of the Body made simple. Discover John Paul II's radical Teaching on Sex, Love and the Meaning of Life, Boston 2005. [zit. als: Percy, Theology of the Body]

Pérez-Soba J. J., Vocazione all'amore e teologia del corpo, in: Anthropotes 27 (2011) 97-123.

Pesce P. G., Nel mistero della creazione, in: Giovanni Paolo II, Catechesi Sul Matrimonio. Con i commenti originali di S. Cipriani/G. Concetti/P.G. Pesche/Riva A., Concetti G. (Hg.), Rom 1980, 27-43. [zit. als: Pesce, Mistero]

Pesch O. H., Das Zweite Vatikanische Konzil (1962-1965). Vorgeschichte Verlauf – Ergebnisse Nachgeschichte, Würzburg [4]1996. [zit. als: Pesch, Konzil]

Piegsa J., Das Ehesakrament (= Handbuch der Dogmengeschichte Bd. IV/6), Schmaus M./Grillmeier A./Scheffczyk L./Seybold M. (Hg.) , Freiburg/Br.-Basel-Wien 2002 [zit. als: Piegsa, Ehesakrament]

Piegsa J., Der Mensch – das moralische Lebewesen. Bd. 1, Fundamentale Fragen der Moraltheologie, St. Ottilien 1996 [zit. als: Piegsa, Der Mensch I]

Piegsa J., Der Mensch – das moralische Lebewesen. Bd. 3, Wahrheit und Treue, St. Ottilien 1998 [zit. als: Piegsa, Der Mensch III]

Piegsa J., Die Ehe in der christlichen Heilsordnung, in: Hauke M./Stickelbroeck M. (Hg.), Donum Veritatis. Theologie im Dienst an der Kirche, Regensburg 2006, 209-219. [zit. als: Piegsa, Die Ehe]

Piegsa J., Erlösung des Leibes und Sakramentalität der Ehe. Einige ausgewählte Fragen aus aktueller Sicht, in: Stöhr J. (Hg.), Die Familie: ein Herzensanliegen. Zur neueren Theologie der christlichen Ehe, St. Ottilien 1988, S. 102-117.

Piegsa J., „Für eine Zivilisation der Wahrheit und der Liebe". Anmerkungen zur Enzyklika „Evangelium vitae", in: FKTh 12 (1996) 211-228. [zit. als: Piegsa, Für eine Zivilisation]

Piegsa J./Zeimentz H. (Hg.), Person im Kontext des Sittlichen. Beiträge zur Moraltheologie (Josef Georg Ziegler zum sechzigsten Geburtstag gewidmet), Düsseldorf 1979.

Piegsa J., Zwanzig Jahre „Humanae vitae", Augsburg 1988. [zit. als: Piegsa, Humanae vitae]

Pieper A., „Nietzsche", in: LThK VII, Freiburg/Br. [3]2006, Sp. 829-830. [zit. als: Pieper, Nietzsche]

Pieronek T., Ricezione del Concilio Vaticano II nei lavori e documenti del Sinodo di Cracovia 1972-1979, in: Kijas Z. J./Dobrzyński A. (Hg.), Cristo Chiesa Uomo. Il Vaticano II nel Pontificato di Giovanni Paolo II, Città del Vaticano 2010, 56-66. [zit. als: Pieronek, Ricezione]

Półtawski A., Vorwort, in: Wojtyła K./Johannes Paul II., Primat des Geistes. Philosophische Schriften, Stuttgart-Degerloch 1980, 11-18. [zit. als: Półtawski, Vorwort]

Possenti V., Giovanni Paolo II e il tomismo: il centenario dell'"Aeterni Patris", in: RdT 21 (1980) 38-45.

Pottmeyer H. J., Die Würde des Menschen in der christlichen Anthropologie der Antrittsenzyklika Johannes Pauls II. „Redemptor hominis" als Relecture von „Gaudium et spes", in: Höver G./Öhlschläger R./Risse H. T./Tiefenbacher H. (Hg.), Die Würde des Menschen. Die theologisch-anthropologischen Grundlagen der Lehre Papst Johannes Pauls II., Mainz-München 1986, 29-43. [zit. als: Pottmeyer, Würde]

Poupard P., Denker und Poet auf der Suche nach Heiligkeit, in: Bartoszewski W. (Hg.), Die Kraft des Augenblicks. Begegnungen mit Papst Johannes Paul II., Freiburg/Br. 2004, 38-43. [zit. als: Poupard, Denker]

Quelquejeu B./Jossua J.-P., „Erfahrung", in: Eicher P. (Hg.), Neues Handbuch theologischer Grundbegriffe Bd. I, München 1991, 349-359. [zit. als: Quelquejeu/Jossua, Erfahrung]

Raffelt A., „Nouvelle Théologie", in: LThK VII, Freiburg/Br. [3]2006, Sp. 935-937. [zit. als: Raffelt, Nouvelle Théologie]

Rahner J., „Ekklesiologie", in: Beinert W./Stubenrauch B. (Hg.), Neues Lexikon der katholischen Dogmatik, Freiburg/Br.-Basel-Wien 2012, 165-167.

Rahner K., Der Papst könnte dazulernen. Gespräch mit Professor Dr. Karl Rahner, in: LM 20 (1981), 211-214. [zit. als: Rahner, Papst]

Rahner K., Gnade als Mitte menschlicher Existenz. Ein Gespräch mit und über Karl Rahner aus Anlass seines 70. Geburtstages, in: HerKorr 28 (1974), 77-92. [zit. als: Rahner, Gnade]

Rahner K., Grundkurs des Glaubens. Einführung in den Begriff des Christentums, Freiburg/Br. [3]1984. [zit. als: Rahner, Grundkurs]

Rahner K., Theologie und Lehramt, in: StZ 198 (1980), 363-375. [zit. als: Rahner, Theologie]

Rahner K., Über die Einheit von Gottes- und Nächstenliebe, in: Rahner K., Schriften zur Theologie. Bd. 6, Einsiedeln 1965, 277- 298. [zit. als: Rahner, Einheit]

Rahner K., Zum Geleit, in: Eicher P., Die anthropologische Wende. Karl Rahners philosophischer Weg vom Wesen des Menschen zur personalen Existenz, Freiburg Schweiz 1970, IX-XIV. [zit. als: Rahner, Zum Geleit]

Ratzinger J., Begegnungen mit Papst Johannes Paul II., in: Bartoszewski W. (Hg.), Die Kraft des Augenblicks. Begegnungen mit Papst Johannes Paul II., Freiburg/Br. 2004, 44-58. [zit. als: Ratzinger, Begegnungen]

Ratzinger J., Die Einheit von Mission und Person in der Gestalt von Johannes Paul II., in: Ders./Benedikt XVI., Johannes Paul II. Mein geliebter Vorgänger, Augsburg 2008, 17-42. [zit. als: Ratzinger, Einheit]

Ratzinger J., Der Geist der Liturgie. Eine Einführung, Freiburg/Br. 2000. [zit. als: Ratzinger, Geist der Liturgie]

Ratzinger J., Der Glaube als Refugium der Humanität. Die 14 Enzykliken von Johannes Paul II., in: Ratzinger J./Benedikt XVI., Johannes Paul II. Mein geliebter Vorgänger, Augsburg 2008, 45-61. [zit. als: Ratzinger, Glaube als Refugium]

Ratzinger J., Der Glaube antwortet auf die Krise der Vernunft, in: Deutsche Tagespost 17.10.1998, 3. [zit. als: Ratzinger, Der Glaube antwortet]

Ratzinger J., Die Frau, Hüterin des Menschen. Versuch einer Hinführung zum Apostolischen Schreiben „Mulieris Dignitatem“, in: Johannes Paul II., Die Zeit der Frau. Apostlisches Schreiben „Mulieris Dignitatem“, Freiburg/Br. 1988, 109-120. [zit. als: Ratzinger, Die Frau]

Ratzinger J., Glaube als Weg. Hinführung zur Enzyklika des Papstes über die Grundlagen der Moral, in: IKaZ 22 (1993), 564-570. [zit. als: Ratzinger, Glaube als Weg]

Ratzinger J./Benedikt XVI., Johannes Paul II. Mein geliebter Vorgänger, Augsburg 2008.

Ratzinger J., Kommentar zum Prooemium der dogmatischen Konstitution über die göttliche Offenbarung, I. und II. Kapitel, in: LThK Ergbd. II, Freiburg/Br. [2]1986, 504-528. [zit. als: Ratzinger, Kommentar zum Prooemium]

Ratzinger J., Kommentar zur Pastoralkonstitution über die Kirche in der Welt von heute „Gaudium et spes" Art. 11-22, in: LThK Ergbd. III, Freiburg/Br. [2]1986, 313-354. [zit. als: Ratzinger, Kommentar]

Ratzinger J., Vom Verstehen des Glaubens. Anmerkungen zu Rahners Grundkurs des Glaubens, in: ThRv 74 (1978) 177-186. [zit. als: Ratzinger, Rahner]

Reimers A. J., The Thomistic Personalism of Karol Wojtyła (Pope John Paul II), in: Atti del IX Congresso Tomistico Internazionale VI. Storia del Tomismo Fonti e Riflessi, Vatikan 1992, 364-369. [zit. als: Reimers, Thomistic]

Rimmel T. M./Fink E. M., Das Herz der Weltjugendtage: „Kultur des Lebens", in: Kirche heute (Februar 2005), 19-21. [zit. als: Rimmel/Fink, Weltjugendtage V]

Rimmel T. M./Fink E. M., Die Weltjugendtage: „Fenster des Heiligen Geistes" Teil 1, in: Kirche heute (Dezember 2003), 10-13. [zit. als: Rimmel/Fink, Weltjugendtage III]

Rimmel T. M./Fink E. M., Die Weltjugendtage: „Fenster des Heiligen Geistes" Teil 2, in: Kirche heute (Mai 2004), 12-15. [zit. als: Rimmel/Fink, Weltjugendtage IV]

Rimmel T. M./Fink E. M., Die Weltjugendtage: „heilsgeschichtliche Ereignisse", in: Kirche heute (Juni 2003), 11-14. [zit. als: Rimmel/Fink, Weltjugendtage II]

Rimmel T. M./Fink E. M., Die Weltjugendtage: Vermächtnis und Auftrag, in: Kirche heute (November 2002), 13-15. [zit. als: Rimmel/Fink, Weltjugendtage I]

Rimmel T. M./Rosen J., Die Idee der Weltjugendtage, in: Johannes Paul II., Seid das Salz der Erde! Botschaften des Papstes an die Jugend der Welt, Rimmel T. M./Rosen J. (Hg.), München 1997, 139-152. [zit. als: Rimmel/Rosen, Weltjugendtage]

Röd W., Der Weg der Philosophie. Von den Anfängen bis ins 20. Jahrhundert. Bd. I, Altertum, Mittelalter, Renaissance, München 1994. [zit. als: Röd, Der Weg der Philosophie I]

Röd W., Der Weg der Philosophie. Von den Anfängen bis ins 20. Jahrhundert. Bd. II, 17. bis 20. Jahrhundert, München 1996. [zit. als: Röd, Der Weg der Philosophie II]

Röhrig H.-J., „Stanislaus", in: LThK IX, Freiburg/Br. ³2006, Sp. 930-931. [zit. als: Röhrig, Stanislaus]

Romero O. A., In meiner Bedrängnis. Tagebuch eines Märtyrerbischofs 1978-1980, Freiburg/Br. 1993. [zit. als: Romero, Tagebuch]

Routhier G., Das besondere Werk zu Ende führen: Die Mühlen der vierten Sitzungsperiode, in: Alberigo G./Wittstadt K., Geschichte des Zweiten Vatikanischen Konzils Bd. V, Mainz 2008, 57-213. [zit. als: Albergio, Ergebnisse]

Ruster T., „Mystici Corporis Christi", in: LThK VII, Freiburg/Br. ³2006, Sp. 583. [zit. als: Ruster, Mystici]

Rynkiewicz K., Von der Grundlegung der christlichen Ethik zur Grundlegung der philosophischen Anthropologie. Eine kritische Untersuchung zum Personbegriff bei Karol Wojtyła, Berlin 2002. [zit. als: Rynkiewicz, Von der Grundlegung der christlichen Ethik]

Sand A., „καρδία" in: Balz H./Schneider G., Exegetisches Wörterbuch zum Neuen Testament. Bd. II, Stuttgart-Berlin-Köln ²1992, Sp. 615-619. [zit. als: Sand, καρδία]

Sattler D., „Ehe", in: Beinert W./Stubenrauch B. (Hg.), Neues Lexikon der katholischen Dogmatik, Freiburg/Br.-Basel-Wien 2012, 140-145. [zit. als: Sattler, Ehe]

Sattler D., „Sakrament", in: Beinert W./Stubenrauch B. (Hg.), Neues Lexikon der katholischen Dogmatik, Freiburg/Br.-Basel-Wien 2012, 556-564. [zit. als: Sattler, Sakrament]

Schatz K., Allgemeine Konzilien – Brennpunkte der Kirchengeschichte, Paderborn ²2008. [zit. als: Schatz, Allgemeine Konzilien]

Scheler M., Der Formalismus in der Ethik und die materiale Wertethik. Neuer Versuch der Grundlegung eines ethischen Personalismus, Bern ⁵1966. [zit. als: Scheler, Formalismus in der Ethik]

Scheffczyk L., Christentum als Unmittelbarkeit zu Gott. Erwägungen zu Karl Rahners „Grundkurs des Glaubens", in: IKaZ 6 (1977) 442-450. [zit. als: Scheffczyk, Grundkurs]

Scheffczyk L., Die Heilsverwirklichung in der Gnade. Gnadenlehre, in: Ders./ Ziegnaus A. (Hg.), Katholische Dogmatik Bd. VI, Aachen 1998. [zit. als: Scheffczyk, Gnadenlehre]

Scheffczyk L., Die „organische" und die „transzendentale" Verbindung zwischen Natur und Gnade (Ein Vergleich zwischen M J. Scheeben und K. Rahner aus Anlass des Scheebens-Gedenkens), in: FKTh 4 (1988) 162-179. [zit. als: Scheffczyk, Natur und Gnade]

Scheffczyk L., Grundlagen des Dogmas. Einleitung in die Dogmatik, in: Ders./ Ziegnaus A., Katholische Dogmatik Bd. I, Aachen 1997. [zit. als: Scheffczyk, Grundlagen]

Scheffczyk L./Ziegenaus A., Katholische Dogmatik Bd. I-VIII, Aachen 1997f.

Scheffczyk L., „Natursakramente", in: LThK VII, Freiburg/Br. ^{3}2006, Sp. 696-697. [zit. als: Scheffczyk, Natursakramente]

Scheffczyk L., „Persönlicher Personalismus"? Zur Kritik päpstlicher Lehraussagen, in: MThZ 35 (1984) 60-68.

Scheffczyk L., „Urstand. II. Systematisch-theologisch", in: LThK X, Freiburg/ Br. ^{3}2006, Sp. 486-488. [zit. als: Scheffczyk, Urstand]

Scheffczyk L., Zur christozentrischen Anthropologie der Enzyklika „Fides et Ratio", in: Hauke M./Stickelbroeck M. (Hg.), Donum Veritatis. Theologie im Dienst an der Kirche, Regensburg 2006, 17-28. [zit. als: Scheffczyk, Fides et Ratio]

Scheffczyk L., Zur Theologie der Ehe (= Respondeo. Eine theologische Schriftenreihe Bd. 6), Bökmann J. (Hg.), Abensberg o. Jahr, 17-28. [zit. als: Scheffczyk, Ehe]

Schischkoff G., „Induktion", in: Schmidt H., Philosophisches Wörterbuch (neu bearbeitet von Schischkoff G.), Stuttgart ^{22}1991, 333. [zit. als: Schischkoff, Induktion]

Schlier H., Der Brief an die Epheser. Ein Kommentar, Düsseldorf ^{3}1962. [zit. als: Schlier, Epheser]

Schmidbaur H. C., Person: Ontologisch-wesenhaft oder aktualistsich zu verstehen? Ein Beitrag der Kirche im Konflikt zwischen Verfasungstradition und der Novellierung des Embryonenschutzgesetzes, in: AfkKR 170/II (2001) 463-469. [zit. als: Schmidbaur, Person]

Schmidinger H., Der Mensch ist Person. Ein christliches Prinzip in theologischer und philosophischer Sicht, Wien 1994 [zit. als: Schmidinger, Mensch]

Schmidt H., Philosophisches Wörterbuch (neu bearbeitet von Schischkoff G.), Stuttgart ^{22}1991

Schmitz H., „Verlautbarungen des Apostolischen Stuhls", in: LThK X, Freiburg/Br. ^{3}2006, Sp. 691-693. [zit. als: Schmitz, Verlautbarungen]

Schmitz K. L., At the Center of the Human Drama. The Philosophical Anthropology of Karol Wojtyła/Pope John Paul II, Washington 1993. [zit. als: Schmitz, At the center]

Schnackenburg R., Das Johannesevangelium II. Teil. Kommentar zu Kap. 5-12 (= HThK Bd. IV/2), Freiburg/Br. ^{4}1985. [zit. als: Schnackenburg, Johannesevangelium II]

Schnackenburg R., Das Johannesevangelium III. Teil. Kommentar zu Kap. 13-21(= HThK Bd. IV/3), Freiburg/Br. [5]1986. [zit. als: Schnackenburg, Johannesevangelium III]

Schnackenburg R., Der Brief an die Epheser (= EKK Bd. X), Zürich- Einsiedeln-Köln 1982. [zit. als: Schnackenburg, Epheser]

Schnackenburg R., Die sittliche Botschaft des Neuen Testaments Bd. I. Von Jesus zur Urkirche (= HThK Supplementband I), Freiburg/Br. 1986. [zit. als: Schnackenburg, Sittliche Botschaft I]

Schnackenburg R., Die sittliche Botschaft des Neuen Testaments Bd. II. Die urchristlichen Verkündiger (= HThK Supplementband II), Freiburg/Br. 1988. [zit. als: Schnackenburg, Sittliche Botschaft II]

Schneider C., „Eros I (literarisch)“ in: RAC VI., Stuttgart 1966, Sp. 306-312. [zit. als: Schneider, Eros]

Schneider G., „ἀγάπη“ in: Balz H./Schneider G., Exegetisches Wörterbuch zum Neuen Testament. Bd. I, Stuttgart-Berlin-Köln [2]1992, Sp. 19-29. [zit. als: Schneider, ἀγάπη]

Schneider T., Handbuch der Dogmatik Bd. II, Düsseldorf [4]2009

Schulz C., Die Enzyklika „Humanae vitae“ im Lichte von „Veritatis splendor“. Verantwortete Elternschaft als Anwendungsfall der Grundlagen der katholischen Morallehre (=Moraltheologische Studien Bd. 6), Breuer C. (Hg.), St. Ottilien 2008. [zit. als: Schulz, Enzyklika]

Schulz C., „Wer das erfassen kann, der erfasse es (Mt 19,22) – Ehelosigkeit in endzeitlicher Hoffnung in der ‚Theologie des Leibes‘ bei Johannes Paul II., in: FKTh 27 (2011) 249-269.

Schulz M., Karl Rahner begegnen, Augsburg 1999. [zit. als: Schulz, Rahner]

Schwaderlapp D., Erfüllung durch Hingabe. Die Ehe in ihrer personalistischen, sakramentalen und ethischen Dimension nach der Lehre und Verkündigung Karol Wojtyłas/Johannes Paul II. (=Moraltheologische Studien Bd. 2), Breuer C. (Hg.), St. Ottilien 2002. [zit. als: Schwaderlapp, Erfüllung]

Scola A., Gli interventi di Karol Wojtyła al Concilo Ecumenico Vaticano II. Esposizione ed interpretazione teologica, in: Buttiglione R./Fedeli C./Scola A. (Hg.), Karol Wojtyła. Filosofo, Teologo, Poeta. Atti del I Colloquio Internazionale del Pensiero Cristiano, Città del Vaticano 1984, 289-306. [zit. als: Scola, Interventi]

Scola A., Il mistero divino dell'amore nell' insegnamento di Giovanni Paolo II, in: Melina L./Grygiel S. (Hg.), „Amare l'amore umano“. L'eredità di Giovanni Paolo II sul Matrimonio e la Famiglia, Siena 2007, 23-33. [zit. als: Scola, Giovanni Paolo II]

Seifert J., Der sittliche Unterschied zwischen natürlicher Empfängnisregelung und künstlicher Empfängnisverhütung, in: Wenisch E. (Hg.), Elternschaft und Menschenwürde. Zur Problematik der Empfängnisregelung, Vallendar-Schönstatt 1984., 191-242. [zit. als: Seifert, Unterschied]

Seifert J., Die Person, mehr als die Substanz, als „eigentlich Seiendes". Karol Wojtyła und die Notwendigkeit einer neuen und zugleich klassischen, personalistischen Metaphysik, in: Stróżewski W. (Hg.), Servo Veritatis, Krakau 1988, 53-73. [zit. als: Seifert, Person]

Seifert J., Johannes Paul II. über die Ehemoral. Seine Lehren und ihre Hintergründe in einer personalistischen Philosophie der menschlichen Sexualität, in: IKaZ 26 (1997) 44-65.

Semen Y., La sessualità secondo Giovanni Paolo II, Milano 2005. [zit. als: Semen, Giovanni Paolo II]

Skrzypczak R., Karol Wojtyła al Concilio Vaticano II. La Storia e i Documenti, Verona 2011. [zit. als: Skrzypczak, Karol Wojtyła]

Smith J. E., Pope John Paul II and *Humane Vitae,* in: Ders. (Hg.), Why Humanae Vitae was right. A Reader, San Francisco 1993, 229-250. [zit. als: Smith, Pope John Paul II]

Spaemann R., Moralische Grundbegriffe, München ^{3}1986. [zit. als: Spaemann, Grundbegriffe]

Spindelböck J., Als Mann und Frau berufen zur Liebe. Wesentliche Aspekte der „Theologie des Leibes" Johannes Pauls II., in: Theologisches 41 (2011), Sp. 277-286. [zit. als: Spindelböck, Als Mann und Frau]

Spindelböck J., Der Mensch im Bereich seiner Verantwortlichkeit. Die Ethik Karol Wojtyłas kurzgefasst, in: Theologisches 41 (2011), Sp. 575-582. [zit. als: Spindelböck, Verantwortlichkeit]

Spindelböck J., Karol Wojtyła als Ethiker. Eine Einführung in sein Denken, in: Theologisches 40 (2010), Sp. 309-322. [zit. als: Spindelböck, Wojtyła]

Splett J., Anthropologie aus christlicher Erfahrung. Mensch- und Menschlichsein im Denken Karol Wojtyłas, in: Nissing, H.-G./Zekorn S. (Hg.), Staunend vor dem Menschen. Das Denken Papst Johannes Pauls II., Kevelar 2011, 28-58. [zit. als: Splett, Anthropologie]

Splett J., Freiheit in Leiblichkeit, in: Katholisches Säkularinstitut Cruzadas de Santa María (Hg.), Mensch, erkenne Deine Würde. Reflexionen zur „Theologie des Leibes" von Papst Johannes Paul II., München 2007, 23-39.

Splett J., Theater des Wortes. Zum dichterischen Schaffen Karol Wojtyłas, in: Nissing, H.-G./Zekorn S. (Hg.), Staunend vor dem Menschen. Das Denken Papst Johannes Pauls II., Kevelar 2011, 118-156. [zit. als: Splett, Theater]

Stein E., Der Aufbau der menschlichen Person, Freiburg/Br.-Basel-Wien 1994. [zit. als: Stein, Aufbau der menschlichen Person]

Steins G., „Elohist", in: LThK III, Freiburg/Br. [3]2006, Sp. 608-609. [zit. als: Steins, Elohist]

Steins G., „Jahwist", in: LThK V, Freiburg/Br. [3]2006, Sp. 713-714. [zit. als: Steins, Jahwist]

Stöhr J. (Hg.), Die Familie: ein Herzensanliegen. Zur neueren Theologie der christlichen Ehe, St. Ottilien 1988,

Stróżewski W. (Hg.), Servo Veritatis, Krakau 1988.

Stubenrauch B., Dreifaltigkeit, Regensburg 2002. [zit. als: Stubenrauch, Dreifaltigkeit]

Styczeń T., Ethik der ehelichen Liebe nach Karol Wojtyła, in: KlBl 64 (1984) 293-296.

Styczeń T., Gott ist Vater ... Meditation über den weniger bekannten Titel der Enzyklika „Dives in misericordia", in MThZ 35 (1984) 279-294.

Styczeń T., Vere tu es homo absconditus?, in: Buttiglione R./Fedeli C./Scola A. (Hg.), Karol Wojtyła. Filosofo, Teologo, Poeta. Atti del I Colloquio Internazionale del Pensiero Cristiano, Vatikan 1984, 129-134. [zit. als: Styczeń, Vere]

Styczeń T., Wer ist Johannes Paul II. eigentlich? in: Ders./Dziwisz S., 25 Jahre Nachfolger des heiligen Petrus. Johannes Paul II. – Ein Fels in der Brandung, Stein am Rhein 2003, 8-48. [zit. als: Styczeń, Johannes Paul II.]

Styczeń T./Dziwisz S., 25 Jahre Nachfolger des heiligen Petrus. Johannes Paul II. – Ein Fels in der Brandung, Stein am Rhein 2003.

Szostek A., Auf der Suche nach der freimachenden Wahrheit. Zur Anthropologie von „Redemptor hominis", in: Höver G./Öhlschläger R./Risse H. T./Tiefenbacher H. (Hg.), Die Würde des Menschen. Die theologisch-anthropologischen Grundlagen der Lehre Papst Johannes Pauls II., Mainz-München 1986, 15-27. [zit. als: Szostek, Wahrheit]

Tymieniecka A.-T., Einführung des Herausgebers, in: Wojtyła K., Person und Tat, Freiburg/Br.–Basel-Wien 1981, 366-370. [zit. als: Tymieniecka, Einführung des Herausgebers]

Vilanova E., Die Intersessio (1963-1964), in: Alberigo G./Wittstadt K., Geschichte des Zweiten Vatikanischen Konzils Bd. III, Mainz 1997, 572-560. [zit. als: Vilanova, Intersessio]

Voderholzer R., Henri de Lubac begegnen, Augsburg 1999. [zit. als: Vorderholzer, Henri de Lubac]

Vorgrimler H., „Sakrament. III. Theologie- u. dogmengeschichtlich", in: LThK VIII, Freiburg/Br. [3]2006, Sp. 1440-1442. [zit. als: Vorgrimler, Sakrament I]

Vorgrimler H., „Sakrament. IV. Systematisch-theologisch“, in: LThK VIII, Freiburg/Br. [3]2006, Sp. 1443-1445. [zit. als: Vorgrimler, Sakrament II]

Waldstein M., „Als Mann und Frau schuf er sie“, in: Päpstlicher Rat für die Familie (Hg.), Lexikon Familie, Paderborn 2007, 514-525. [zit. als: Waldstein, Mann und Frau]

Waldstein M., Introduction, in: John Paul II, Man and Woman He Created Them. A Theology of the Body, Boston 2006, 1-128. [zit. als: Waldstein, Introduction]

Waldstein M., John Paul II's Theology of the Body. A Remedy for our Culture, in: Kijas Z. J./Dobrzyński A. (Hg.), Cristo Chiesa Uomo. Il Vaticano II nel Pontificato di Giovanni Paolo II, Città del Vaticano 2010, 291-293. [zit. als: Waldstein, John Paul II's Theology of the Body]

Waldstein M., Systems of Reference to TOB, in: John Paul II, Man and Woman He Created Them. A Theology of the Body, Boston 2006, 731-735. [zit. als: Waldstein, Systems]

Walter P., „Ursakrament“, in: LThK X, Freiburg/Br. [3]2006, Sp. 481-482. [zit. als: Walter, Ursakrament]

Weber M., „Privilegium Paulinum“, in: LThK VIII, Freiburg/Br. [3]2006, Sp. 606-607. [zit. als: Weber, Privilegium]

Weger K.-H., Karl Rahner. Eine Einführung in sein theologisches Denken, Freiburg/Br. 1978. [zit. als: Weger, Rahner]

Weigel G., Der Papst der Freiheit. Johannes Paul II. Seine letzten Jahre und sein Vermächtnis, Paderborn u.a. 2011. [zit. als: Weigel, Der Papst der Freiheit]

Weigel G., „Gaudium et spes”: the New Humanism of John Paul II, in: Kijas Z. J./Dobrzyński A. (Hg.), Cristo Chiesa Uomo. Il Vaticano II nel Pontificato di Giovanni Paolo II, Città del Vaticano 2010, 261-277. [zit. als: Weigel, Gaudium et spes]

Weigel G., Zeuge der Hoffnung. Johannes Paul II. Eine Biographie. Paderborn u.a. [3]2011. [zit. als: Weigel, Zeuge]

Weischedel W., Die philosophische Hintertreppe. 34 große Philosophen in Alltag und Denken, München [17]1988. [zit. als: Weihschedel, Philosophische Hintertreppe]

Weiss O., „Modernismus“, in: LThK VII, Freiburg/Br. [3]2006, Sp. 367-370. [zit. als: Weiss, Modernismus]

Weissmahr B., Die Wirklichkeit des Geistes. Eine philosophische Hinführung, Stuttgart 2006. [zit. als: Weissmahr, Die Wirklichkeit des Geistes]

Wengst K., Das Johannesevangelium. 2. Teilband: Kapitel 11-21 (= Theologischer Kommentar zum Neuen Testament Bd. IV/2), Stuttgart-Berlin-Köln 2001. [zit. als: Wengst, Johannesevangelium]

Wenisch E. (Hg.), Elternschaft und Menschenwürde. Zur Problematik der Empfängnisregelung, Vallendar-Schönstatt 1984.

West C., Theologie des Leibes für Anfänger. Einführung in die sexuelle Revolution nach Papst Johannes Paul II., Kisslegg [2]2006. [zit. als: West, Theologie des Leibes]

West C., Theology of the Body Explained. A Commentary on John Paul's „Gospel of the Body", Wiltshire 2003. [zit. als: West, Theology of the body]

Westermann C., Genesis. I.Teilband Genesis 1-11, Neukirchen-Vluyn 1974. [zit. als: Westermann, Genesis]

Westermann C., Theologie des Alten Testaments in Grundzügen (= GAT Bd. 6), Göttingen [2]1985. [zit. als: Westermann, Theologie]

Wiedenhofer S., Ekklesiologie, in: Schneider T. (Hg.), Handbuch der Dogmatik Bd. II, Düsseldorf [4]2009, 47-154. [zit. als: Wiedenhofer, Ekklesiologie]

Wieland G., „Hermeneutik. I. Begriff u. Geschichte", in: LThK V, Freiburg/Br. [3]2006, Sp. 1-3. [zit. als: Wieland, Hermeneutik]

Wierzbicki A. M., Im Zeichen von Menschenwürde und Menschenrechten. Politisches Denken bei Papst Johannes Paul II., in: Nissing, H.-G./Zekorn S. (Hg.), Staunend vor dem Menschen. Das Denken Papst Johannes Pauls II., Kevelar 2011, 79-117. [zit. als: Wierzbicki, Menschenwürde]

Wierzbicki A. M., Introduction, in: Wojtyła K., Man in the Field of Responsibility, South Bend 2011, VII-XIX. [zit. als: Wierzbicki, Introduction]

Wildfeuer A. G., „Person. I. Philosophisch", in: LThK VIII, Freiburg/Br. [3]2006, Sp. 42-46. [zit. als: Wildfeuer, Person]

Williams G. H., The Mind of John Paul II. Origins of His Thought and Action, New York 1981.

Wittstadt K., Am Vorabend des II. Vatikanischen Konzils (1. Juli – 10. Oktober 1962), in: Alberigo G./Wittstadt K., Geschichte des Zweiten Vatikanischen Konzils Bd. I, Mainz 1997, 457-560. [zit. als: Wittstadt, Vorabend]

Woznicki A. N., A Christian Humanism. Karol Wojtyła's Existential Personalism, New Britain, Ct, 1980.

Ziegenaus A., Die Heilsgegenwart in der Kirche. Sakramentenlehre, in: Scheffczyk L./Ziegenaus A. (Hg.), Katholische Dogmatik Bd. VII), Aachen 2003 [zit. als: Ziegenaus, Heilsgegenwart]

Ziegenaus A. (Hg.), Totus Tuus. Maria in Leben und Lehre Johannes Pauls II. (= Mariologische Studien Bd. XVIII), Ziegenaus A. (Hg.), Regensburg 2004.

Ziegler J. G., Laudatio, in: Wojtyła K., Person: Ich und Gemeinschaft, in: KlBl 57 (1977) 189-190. [zit. als: Ziegler, Laudatio]

MORALTHEOLOGISCHE STUDIEN

Neue Folge

hrsg. von Clemens Breuer

BAND 1

Joachim Piegsa

Ehe als Sakrament – Familie als Hauskirche

Das christliche Verständnis von Ehe und Familie in den Herausforderungen unserer Zeit

288 Seiten, ISBN 3-8306-7066-4, Euro 19,50

Der sakramentale Hintergrund der Ehe wird in dieser Untersuchung umfassend theologisch begründet und zugleich die Bedeutung für die Kirche und den Staat entwickelt.

BAND 2

Dominik Schwaderlapp

Erfüllung durch Hingabe

Die Ehe in ihrer personalistischen, sakramentalen und ethischen Dimension nach Lehre und Verkündigung Karol Wojtyłas/Johannes Pauls II.

276 Seiten, ISBN 3-8306-7130-X, Euro 34,00

Kaum ein Papst dürfte sich so intensiv mit der Ehe in all ihren Dimensionen seit nunmehr 50 Jahren beschäftigt haben wie Karol Wojtyla/Johannes Paul II. Er hinterlässt der Kirche eine umfassende Anthropologie und Theologie der Ehe, die ihresgleichen sucht.

BAND 3

Martin Klose

„weil es Gott durch die Kirche befiehlt"

Der Moraltheologe Christoph Moufang (1817–1890) im Spannungsfeld seiner Zeit. Ein Beitrag zur neuscholastischen Theologie

508 Seiten, ISBN 3-8306-7155-5, Euro 58,00

Die streng ultramontan orientierte sog. zweite Mainzer Schule spielte eine führende Rolle bei der Durchsetzung der Neuscholastik in Philosophie und Theologie. Christoph Moufang war als Moraltheologe einer ihrer herausragenden Vertreter. Die vorliegende Untersuchung widmet sich der Frage nach Inhalt, Umfang, Art und Bedeutung von Moufangs Beitrag zur Moraltheologie der Neuscholastik.

MORALTHEOLOGISCHE STUDIEN
Neue Folge
hrsg. von Clemens Breuer

BAND 4

Josef Spindelböck

Grundentscheidung und konkrete sittliche Verhaltensweisen
Einheit und Dissoziierung von fundamentaler Option und konkreten sittlichen Entscheidungen in der moraltheologischen Diskussion

410 Seiten, ISBN 3-8306-7163-6, Euro 38,00

In der eigentlichen Tiefe seiner Person nimmt der Mensch ganzheitlich Stellung zum Wahren und Guten und letztlich zu Gott als Ursprung seiner Existenz und Ziel seines Strebens. Eine Sichtung neuerer moraltheologischer Ansätze.

BAND 5

Roland Graf

Klonen: Prüfstein für die ethischen Prinzipien zum Schutz der Menschenwürde

452 Seiten, ISBN 3-8306-7170-9, Euro 29,80

Die Klontechniken und die Forschung mit Stammzellen haben neue ethische Fragestellungen aufgeworfen, die hier umfassend diskutiert werden.

BAND 6

Christian Schulz

Die Enzyklika „Humanae vitae" im Lichte von „Veritatis splendor"
Verantwortete Elternschaft als Anwendungsfall der Grundlagen der katholischen Morallehre

304 Seiten, ISBN 3-8306-7327-2, Euro 58,00

Die Moralenzyklika „Veritatis splendor" Johannes Pauls II. aus dem Jahre 1993 bietet entscheidende Verständnishilfen für das Prinzip der „verantworteten Elternschaft" und der umstrittenen Enzyklika „Humanae Vitae".

BAND 7

Martin Mayer / Clemens Breuer (Hrsg.)

Zölibat als Weg personaler Selbstverwirklichung

Die Sicht des Zölibates bei Johannes Paul II. / Karol Wojtyła und dessen anthropologisch-spirituellen Grundlagen

318 Seiten, ISBN 3-8306-7454-2, Euro 34,80

Diskussionsbeitrage zur Integration des Zölibats ins eigene Dasein und wie der zölibatär Lebende sich zur reifen Persönlichkeit entwickeln kann, in der die Geschlechtlichkeit entsprechend ihrer eigentlichen Sinnrichtung gelebt wird.